D1719219

Die Bonus-Seite

Ihr Vorteil als Käufer dieses Buches

Auf der Bonus-Webseite zu diesem Buch finden Sie zusätzliche
Informationen und Services. Dazu gehört auch ein kostenloser
Testzugang zur Online-Fassung Ihres Buches. Und der besondere
Vorteil: Wenn Sie Ihr **Online-Buch** auch weiterhin nutzen wollen,
erhalten Sie den vollen Zugang zum **Vorzugspreis**.

So nutzen Sie Ihren Vorteil

Halten Sie den unten abgedruckten Zugangscode bereit und
gehen Sie auf **www.galileocomputing.de**. Dort finden Sie den
Kasten **Die Bonus-Seite für Buchkäufer**. Klicken Sie auf **Zur
Bonus-Seite/Buch registrieren**, und geben Sie Ihren **Zugangscode** ein. Schon stehen Ihnen die Bonus-Angebote zur Verfügung.

Ihr persönlicher
Zugangscode

7u9v-idx8-6tgp-eyhj

Jürgen Sieben

Oracle SQL

Galileo Press

Liebe Leserin, lieber Leser,

vielen Oracle-Entwicklern ist unser Autor Jürgen Sieben bereits durch sein umfassendes Handbuch zu Oracle PL/SQL bekannt, für das wir viele positive Rückmeldungen bei Lesern und in der Fachpresse erhalten haben. Daher freue ich mich, dass er jetzt mit einem zweiten Buch »nachlegt« und auf seine unnachahmliche Art und Weise auch das Thema Oracle SQL in den Blick nimmt.

Mit seiner Hilfe wird Ihnen ein Einstieg in die Arbeit mit SQL mühelos gelingen, denn er schafft es, Sie ohne unnötigen theoretischen Ballast in die Grundlagen der Datenbank einzuführen. Zugleich erhalten Sie einfachen Zugang zur Abfragesprache SQL und lernen, wofür sie da ist und was Sie mit ihr machen können. Viele Beispiele, von ganz einfachen bis hin zu praxisnahen, komplexen Abfragen, garantieren, dass Sie Schritt für Schritt optimal alles nachvollziehen können. Sie lernen Zeilen- und Gruppenfunktionen in SQL kennen, aber auch fortgeschrittene Themen wie die analytischen Funktionen oder die MODEL-Klausel, die Ihnen helfen werden, auch schwierige Aufgaben zu meistern. Komplizierte Abfragen werden detailliert erläutert und ganz nebenbei erlernen Sie Strategien, mit denen Sie Abfragen selbst bewältigen.

Dieses Buch wurde mit großer Sorgfalt lektoriert und produziert. Sollten Sie dennoch Fehler finden oder inhaltliche Anregungen haben, scheuen Sie sich nicht, mit uns Kontakt aufzunehmen. Ihre Fragen und Änderungswünsche sind uns jederzeit willkommen.

Viel Vergnügen beim Lesen!

Wir freuen uns auf den Dialog mit Ihnen.

Ihr Stephan Mattescheck
Lektorat Galileo Computing

stephan.mattescheck@galileo-press.de
www.galileocomputing.de
Galileo Press · Rheinwerkallee 4 · 53227 Bonn

Auf einen Blick

Wir hoffen sehr, dass Ihnen dieses Buch gefallen hat. Bitte teilen Sie uns doch Ihre Meinung mit. Eine E-Mail mit Ihrem Lob oder Tadel senden Sie direkt an den Lektor des Buches: *stephan.mattescheck@galileo-press.de*. Im Falle einer Reklamation steht Ihnen gerne unser Leserservice zur Verfügung: *service@galileo-press.de*. Informationen über Rezensions- und Schulungsexemplare erhalten Sie von: *julia.mueller@galileo-press.de*.

Informationen zum Verlag und weitere Kontaktmöglichkeiten finden Sie auf unserer Verlagswebsite *www.galileo-press.de*. Dort können Sie sich auch umfassend und aus erster Hand über unser aktuelles Verlagsprogramm informieren und alle unsere Bücher versandkostenfrei bestellen.

An diesem Buch haben viele mitgewirkt, insbesondere:

Lektorat Stephan Mattescheck
Korrektorat Annette Lennartz, Bonn
Herstellung Melanie Zinsler
Layout Vera Brauner
Einbandgestaltung Barbara Thoben, Köln
Coverfotos Getty Images: 90309207©Image Source Ltd (Mann),
            Fotolia: 1098292©PanOptika (Platine)
Satz III-satz, Husby
Druck Beltz Druckpartner, Hemsbach

Dieses Buch wurde gesetzt aus der TheAntiquaB (9,35/13,7 pt) in FrameMaker. Gedruckt wurde es auf chlorfrei gebleichtem Offsetpapier (90 g/m²).

Der Name Galileo Press geht auf den italienischen Mathematiker und Philosophen Galileo Galilei (1564–1642) zurück. Er gilt als Gründungsfigur der neuzeitlichen Wissenschaft und wurde berühmt als Verfechter des modernen, heliozentrischen Weltbilds. Legendär ist sein Ausspruch Eppur si muove (Und sie bewegt sich doch). Das Emblem von Galileo Press ist der Jupiter, umkreist von den vier Galileischen Monden. Galilei entdeckte die nach ihm benannten Monde 1610.

Bibliografische Information der Deutschen Nationalbibliothek:
Die Deutsche Nationalbibliothek verzeichnet diese Publikation in der Deutschen National-bibliografie; detaillierte bibliografische Daten sind im Internet über *http://dnb.d-nb.de* abrufbar.

ISBN 978-3-8362-1875-7
1. Auflage 2013
© Galileo Press, Bonn, 2013

Inhalt

4   Aufbau einer Oracle-Datenbank

TEIL II   Die SELECT-Anweisung

5   Grundlagen: Auswahl und Projektion

7 Zeilenfunktionen

9 Analytische Funktionen 315

10 Unterabfragen 361

TEIL III Datenmanipulation und Erzeugung von Datenbankobjekten

11 Datenmanipulation

12 Views erstellen

13   Tabellen erstellen

14   Indizes erstellen

15 Einführung in die Rechteverwaltung von Oracle 543

TEIL IV   Spezielle Abfragetechniken

16 Hierarchische Abfragen 563

19 Pivotieren von Daten 661

20 Umgang mit Datum und Zeit 681

21 Objektorientierung in der Oracle-Datenbank   709

TEIL V   Datenbankmodellierung

22 Die Grundlagen der Datenmodellierung   753

26 Abbildung objektorientierter Strukturen 835

27 Internationalisierung 845

Kapitel 1
Einführung

Dieses Buch stellt Ihren Begleiter für die ersten Schritte mit der Oracle-Datenbank dar. Wir werden gemeinsam den Aufbau und die Arbeitsweise der Datenbank erkunden und dabei die Sprache SQL erlernen, mit deren Hilfe wir die Daten der Datenbank für uns verfügbar machen, aber auch verändern können.

Also, Oracle und SQL sollen es sein. Warum gerade SQL, und warum gerade Oracle? Eine Frage, die Sie sich möglicherweise noch nicht gestellt haben oder aber deren Beantwortung aus Ihrer Situation heraus trivial erscheint. Ich habe mir diese Frage gestellt, um eine Idee davon zu bekommen, warum Sie sich für dieses Buch interessieren, es vielleicht sogar bereits gekauft haben. Was ist Ihre Motivation, SQL auf Oracle zu lernen? In meinen Kursen, die ich zu diesem Thema gebe, stoße ich oft auf ähnliche Motivationen. Da sind die Mitarbeiter der Fachabteilungen, die für gelegentliche Berichte schon einmal auf die Datenbank zugegriffen haben, ihr Wissen aber nun strukturieren und vertiefen möchten. Da sind die Anwendungsentwickler, die sehr gute Kenntnisse in Programmiersprachen haben, nun aber genauer wissen möchten, wie die Datenbank tickt. Dann sind da die Umsteiger, die bereits gute Kenntnisse in anderen Datenbanksystemen gesammelt haben und überrascht waren, dass einige Dinge bei Oracle ganz anders gehen, als ihnen bislang bekannt war. Und da sind schließlich die Mitarbeiter, die Projekte anderer Kollegen übernehmen sollen und nun vor einer Menge Abfragen stehen, die sie nicht verstehen.

1.1 Für wen ist dieses Buch geschrieben?

Egal, was nun Ihre Motivation ist, für mich ist entscheidend, das Thema so aufzubereiten, dass möglichst viele von Ihnen mit dem Stoff etwas anfangen können. SQL ist eine Abfragesprache, mit der Sie Daten aus einer Datenbank ermitteln, aber auch anlegen oder ändern können. SQL ist vor allem jedoch auch eine – meist jahrelange – Beschäftigung mit einer extrem mächtigen und vielseitigen Programmiersprache. Daher sollte mein Buch nicht nur einmal, beim ersten Lesen oder während einer Schulung, interessant sein, sondern darüber hinaus auch später noch Ihren Weg mit SQL ein weiteres Stück begleiten können. Für mich ergibt sich daraus, dass wir einerseits die Grundlagen von SQL kennenlernen werden, andererseits aber auch fortgeschrittene und zum Teil recht komplizierte Probleme diskutieren werden. Dabei verwende ich einen spiralförmigen Ansatz: Wir beginnen damit, das Gebiet einmal aus größerer Höhe zu umkreisen. Dabei lassen wir noch einige Details und Hinterhältigkeiten weg. Dann aber werde ich die Gebiete noch ein weiteres Mal besprechen, zum Teil in anderem Zusammenhang, und dann werden wir die gesamte Bandbreite von SQL in Oracle kennenlernen. Das Buch verfolgt dabei den Ansatz, dass Sie sich einzelne Themengebiete für später aufbewahren können, wenn Sie zunächst einmal ein anderes Thema bearbeiten wollen. Die entsprechenden Hinweise finden Sie jeweils zu Beginn der Kapitel.

Ich gehe davon aus, dass Sie dieses Buch vielleicht komplett im Selbststudium, vielleicht aber auch begleitend zu einem Einstiegskurs in SQL benutzen werden. Der erste Weg ist für viele der härtere; daher muss ich dafür Sorge tragen, meinen Teil dazu beizutragen, das zum Teil komplexe Thema möglichst einfach und nachvollziehbar darzustellen. Doch auch wenn Ihnen über die ersten Hürden hinweggeholfen wird, werden Sie den gesamten Umfang von SQL in einer Schulung nicht durchmessen können. Sie werden sich – so Ihr Interesse an SQL denn geweckt und die Notwendigkeit zum Einsatz vorhanden ist – schnell über die Grundlagen hinausentwickeln und weitere Themen erobern wollen. Auch dann bietet Ihnen dieses Buch genügend Material zur Vertiefung Ihres Wissens an. Ich habe mich entschlossen, einzelnen Kapiteln Übungen mitzugeben. Nicht alle Kapitel bieten sich hierfür an, doch möchte ich die Chance nutzen, Ihnen mit Textaufgaben zu ermöglichen, SQL praktisch und mit neuen Aufgabenstellungen zu üben.

Ich gehe davon aus, dass es wichtiger ist, zu erklären, *warum* etwas getan werden muss, als *wie* etwas getan werden muss. Anders gesagt: Dieses Buch ist nur zum Teil eine Referenz zu SQL, in der Sie im Index einen Befehl nachschlagen können und auf Seite 371 alle Optionen und Verwendungsmöglichkeiten aufgelistet bekommen. Diese Funktion übernehmen die Online-Ressourcen, die bei Oracle auf einem sehr hohen Niveau sind, wesentlich besser. Zudem ist diese naturgemäß von der Version der Datenbank abhängig und daher schon veraltet, bevor sie ausgeliefert wird. Ich gebe der Erläuterung des Zusammenhangs den Vorzug vor der Auflistung von Funktionen. Ich möchte den zur Verfügung stehenden Platz nutzen, um Ihnen ein Verständnis der Denkweise und Möglichkeiten von SQL zu geben. Die Online-Dokumentation sorgt dann für den syntaktischen Unterbau.

1.2 Aufbau des Buches

Das Buch ist in mehrere, große Teile untergliedert. Diese Teile folgen dem Gedanken, dass ich zunächst die Grundlagen, sowohl der Datenbank als auch der Abfragesprache SQL, besprechen möchte. Danach folgt ein Teil, der sich mit der Anwendung von

SQL in konkreten Einsatzszenarien auseinandersetzt und weitergehende technologische Konzepte erläutert. Zu ausgewählten Kapiteln (zu den einführenden insbesondere) biete ich darüber hinaus Übungen an, deren Lösung Sie mit einer kurzen Darstellung der Strategie online auf der Bonus-Seite zu diesem Buch finden.

1.2.1   Teil 1 – Einführung und Grundlagen

Im ersten Teil des Buches werde ich das nötige Vorwissen erläutern, dass Sie benötigen, um SQL zu erlernen. Diese Kapitel haben daher noch nichts mit SQL direkt zu tun, bereiten aber die Basis, sowohl technisch als auch vom Verständnis her.

Kapitel 2 – Verwendete Werkzeuge und Skripte

In diesem Kapitel beschriebe ich, wie eine Oracle-Datenbank installiert und konfiguriert wird. Die Beschreibung ist so gehalten, dass Sie eine Datenbank einrichten können, die Sie für die Beispiele des Buches benötigen. Zudem erläutere ich das Programm SQL-Developer, mit dem wir in diesem Buch die SQL-Anweisungen erstellen werden.

Kapitel 3 – Konzept einer relationalen Datenbank

Dieses Kapitel erläutert, was eine Datenbank ausmacht und welche Anforderungen an solche Systeme gestellt werden. Wir werden untersuchen, warum es sinnvoll ist, Daten auf Tabellen zu verteilen, und welche grundlegenden Regeln hierbei beachtet werden. Zudem werde ich Ihnen die – überraschend einfachen – Spielregeln für relationale Datenbanken erläutern. Das Kapitel führt aber auch in SQL ein und erläutert, woher diese Sprache kommt und was man damit machen kann. Schließlich können Sie Ihr Wissen an einem bestehenden Datenmodell des Benutzers HR ausprobieren, um zu verstehen, auf welche Weise Datenbanken modelliert werden.

Kapitel 4 – Aufbau einer Oracle-Datenbank

Den Abschluss des Teils bildet ein Kapitel, das Ihnen einen Überblick über die Arbeitsweise der Oracle-Datenbank gibt. Zudem erläutere ich die Datentypen, die Oracle für die Verwendung in Tabellen bereitstellt.

1.2.2   Teil 2 – Die SELECT-Anweisung

Der zweite Teil des Buches befasst sich mit den Grundlagen der Sprache SQL, der Syntax und den wichtigsten Abfragestrategien und Funktionen. Alle Kapitel des zweiten Teils enden mit einer kleinen Gruppe von Aufgaben, mit deren Hilfe Sie im Selbststudium Ihr Wissen prüfen können.

Kapitel 5 – Grundlagen: Auswahl und Projektion

Mit diesem Kapitel beginnen wir die Beschäftigung mit der Sprache SQL. Sie werden einfache SQL-Anweisungen schreiben und verstehen. Fragen wie die Auswahl und Projektion von Daten stehen im Mittelpunkt dieses Kapitels. Hier legen wir die syntaktischen Grundlagen, überlegen, wie einzelne Spalten und Zeilen ausgewählt werden können, und beginnen damit, einfache Rechnungen und Operationen an den Daten für eine Auswertung vorzunehmen.

Neben diesen Kernfunktionen werden Sie aber auch bereits leistungsfähigere Fallunterscheidungen kennen- und anwenden lernen und werden wir Pseudospalten, Schlüsselwerte und speziellere Werte wie etwa den `null`-Wert besprechen. Gerade dieses letzte Thema wird uns bereits hier in logische Extrembereiche führen, die bei der Beschäftigung mit Datenbanken allgegenwärtig sind.

Kapitel 6 – Daten aus mehreren Tabellen lesen: Joins

In diesem Kapitel werden wir die Möglichkeiten, die wir in SQL haben, extrem erweitern, denn Sie lernen, auf welche Weise Daten aus mehreren Tabellen zusammengestellt werden. Mit Hilfe dieser Fähigkeiten entstehen leistungsfähige Berichte, die für die Arbeit mit Datenbanken unerlässlich sind. Das Mittel hierfür sind die sogenannten Joins, deren verschiedene Varianten in diesem Kapitel besprochen werden. In dieses Kapitel fällt aber auch die Verwendung der Mengenoperationen, die – ähnlich einem Join – Daten aus verschiedenen Tabellen kombinieren.

Kapitel 7 – Zeilenfunktionen

Dieses Kapitel erweitert die Kenntnis von SQL um Zeilenfunktionen, Funktionen, die es ermöglichen, die Daten der Tabelle für einen Bericht aufzuarbeiten, zu ändern oder anders darzustellen. Diese Funktionen werden sehr häufig im Berichtswesen eingesetzt, stellen aber gleichzeitig auch den ersten Bereich dar, in dem sich Datenbanken voneinander unterscheiden, denn nicht alle Funktionen haben standardisierte Bezeichner. Das Kapitel dient, im Sinne eines ersten Herangehens an diese Funktionen, als Überblickskapitel, das die Zeilenfunktionen so darstellt, dass der besprochene Funktionsumfang für 90 % der Anweisungen ausreicht. Speziellere Optionen werden dann in späteren Kapiteln besprochen. Die Zeilenfunktionen dieses Kapitels werden in Datums-, Text-, mathematische und allgemeine Funktionen unterteilt. Den Abschluss bildet ein kurzes Beispiel zur Programmierung eigener Funktionen mittels der Programmiersprache PL/SQL.

Kapitel 8 – Gruppenfunktionen

Eine weitere Stufe auf der Komplexitätsleiter stellen die Gruppenfunktionen dar, mit deren Hilfe aus Daten einer Tabelle leistungsfähige Berichte erstellt werden. Wir starten in diesem Kapitel mit den Grundfunktionen zur Summierung, Durchschnittsbildung, Maximal- bzw. Minimalfunktionen etc. Doch werden auch weitergehende Konzepte der Gruppenfunktionen, wie etwa die Gruppierung oder das Filtern von Gruppenfunktionen, besprochen. Ein Überblick über spezielle Gruppenfunktionen rundet das Kapitel ab.

Kapitel 9 – analytische Funktionen

Dieses Kapitel, zumal an dieser Stelle, hat mir etwas Mühe bereitet. Einerseits gehört die Besprechung analytischer Funktionen zur Besprechung von Gruppenfunktionen hinzu, andererseits ist dieses Kapitel von der Natur der Sache her komplexer, als es möglicherweise dem Ausbildungsstand des Lesers entspricht. Hier greift dann die Empfehlung, ein Kapitel gerne auch auf später zu verschieben, sollte die Komplexität zu schnell steigen. Inhaltlich werden analytische Funktionen als Erweiterung der Abfragestrategie besprochen, dabei widmen wir uns der Partitionierung, Sortierung und Filterung über Fensterfunktionen, die für diese Gruppe von Funktionen typisch sind. Schließlich werden die analytischen Funktionen, die nur als solche existieren, besprochen und in Anwendungsszenarien gezeigt.

Kapitel 10 – Unterabfragen

Dieses Kapitel erweitert die Kenntnis über SQL durch Unterabfragen, mit deren Hilfe Hilfsabfragen berechnet werden können, um mit deren Ergebnissen die eigentliche Abfrage beantworten zu können. Die Fähigkeit, erkennen zu können, wann eine Unterabfrage erforderlich ist, wird einen Zentralpunkt dieses Kapitels einnehmen. Dabei betrachten wir die verschiedenen Formen der Unterabfrage, die skalare, die harmonisierte Unterabfrage, aber auch Unterabfragen mit mehreren Zeilen und/ oder mehreren Spalten. Zudem werden wir Unterabfragen in den unterschiedlichsten Klauseln der SQL-Anweisung kennenlernen.

1.2.3   Teil 3 – Datenmanipulation und Erzeugung von Datenbankobjekten

Teil 2 hatte sich mit der Syntax und den verschiedenen Formen der select-Anweisung beschäftigt, mit deren Hilfe Daten aus einer Tabelle ausgelesen werden können. In diesem Teil werden wir unsere Kenntnis von SQL durch Anweisungen erweitern, die es uns gestatten, Daten innerhalb der Datenbank zu manipulieren. Zudem sehen wir uns an, auf welche Weise Datenbankobjekte wie Tabellen oder Views erstellt werden.

Kapitel 11 – Datenmanipulation

Den Anfang macht ein Kapitel über die Anweisungen zum Einfügen, Ändern und Löschen von Daten. Neben diesen »klassischen« Anweisungen lernen Sie aber auch die merge-Anweisung kennen, die sehr leistungsfähig ist und für viele Arbeiten einge- setzt werden kann. Sie werden erkennen, dass Sie sehr vom Wissen profitieren, das

Sie sich im zweiten Teil erarbeitet haben, so dass wir hier zügig vorankommen werden. Einen gewichtigen Teil dieses Kapitels nimmt aber auch die Diskussion des Transaktionsbegriffs ein, denn dieser Begriff ist für das Verständnis von Datenbanken zentral. Nun werden wir, nach der allgemeinen Einführung in Teil 1 und 2, diesen Begriff konkret im Einsatz sehen. Schließlich zeige ich Ihnen noch, wie Sie mit Fehlern bei der Manipulation sinnvoll umgehen.

Kapitel 12 – Views erstellen

Dieses Kapitel führt in die Arbeit mit Views ein. Diese Datenbankobjekte werde ich über den grünen Klee loben, denn für mich sind Views eines der wichtigsten Hilfsmittel bei der Arbeit mit Datenbanken. Ich werde erläutern, woher meine Begeisterung für Views kommt und wie sie verwendet werden können. Wir werden dabei sowohl einfache als auch komplexe Views besprechen und auch ihre Cousins, die materialisierten Views darstellen. Eine Diskussion der möglichen Einsatzbereiche rundet das Verständnis ab.

Kapitel 13 – Tabellen erstellen

Konsequenterweise muss natürlich auch das Erstellen von Tabellen besprochen werden. Im Gegensatz zur Erstellung von Views ist bei der Erstellung einer Tabelle jedoch fast immer eine grafische Oberfläche beteiligt, wie in unserem Fall der SQL Developer. Da es keinen Vorteil bringt, die Anweisung händisch zu formulieren, und da die grafischen Werkzeuge stets auch die resultierenden SQL-Anweisungen darstellen können, macht es keinen Sinn, jedes syntaktische Detail der Erstellung von Tabellen zu besprechen, zumal dieses Thema sehr stark in Richtung Datenbankadministration abwandert. Wichtiger ist mir in diesem Kapitel daher die Darstellung der verschiedenen Tabellentypen wie der Indexorganisierten Tabelle oder der Temporären Tabelle, deren Einsatzbereiche ich erläutern werde. Zudem führe ich die Idee der Aktiven Tabelle ein und erläutere die Ideen hinter diesem Konstrukt. Daher fällt auch ein kurzer Exkurs zum Thema Trigger in dieses Kapitel.

Kapitel 14 – Indizes erstellen

Wohl kaum ein Thema der Datenbanken wird so kontrovers und leider auch falsch diskutiert wie die Indizierung. Den einen gilt die Indizierung als zentrales Performanz-Tuning-Thema, andere denken ausschließlich an den Aufwand, der für Indizierung betrieben werden muss. Dieses Kapitel erläutert das Prinzip der Indizierung und ordnet Indizes als Bestandteil einer Strategie zur Optimierung der Antwortzeiten ein. Zudem erläutere ich aber auch speziellere Indextypen, die für das einsteigende Verständnis nicht erforderlich sind, im weiteren Verlauf aber recht wichtig werden können. Zu diesen Indextypen gehören Bitmap- sowie Domänenindizes.

Kapitel 15 – Einführung in die Rechteverwaltung von Oracle

Mit diesem abschließenden Kapitel des dritten Teils ist das Instrumentarium von SQL komplett, denn hier werden die Anweisung zur Verwaltung von System- und Objektrechten in der Oracle-Datenbank betrachtet. Spätestens nach der Lektüre dieses Kapitels werden die Installationsskripte verständlich sein und das allgemeine Verständnis der Arbeitsweise so vollständig, dass die meisten Aufgabenstellungen gemeistert werden können. Zentrale Begriffe, die in diesem Kapitel beleuchtet werden, sind das Schema, der Tablespace, System- und Objektrechte, Rollen und Passwort- und Ressourcenrechte. Da dieses Buch jedoch kein Administrationsbuch ist, werden die Konzepte nur eingeführt, nicht jedoch in jedem Detail erläutert.

1.2.4 Teil 4 – spezielle Abfragetechniken

Dieser vierte Teil wurde erforderlich, um ein Problem aufzulösen, das ansonsten nur sehr schwer zu lösen ist: Viele Anweisungen enthalten hochspezialisierte Optionen, zum Beispiel aus dem Bereich der Internationalisierung, deren Anwendung beim ersten Erläutern schlicht zu detailliert würde. Um dieses Problem zu umgehen, werden in diesem Teil Abfragetechniken und die aus dem Blickwinkel einer Abfragestrategie eingesetzten Werkzeuge erläutert. Spätestens ab diesem Teil ist dieses Buch nicht mehr für Einsteiger geeignet, sondern dient dem fortgeschrittenen SQL-Anwender als Fundgrube für Problemlösungsstrategien und speziellere Optionen.

Kapitel 16 – hierarchische Abfragen

Hierarchische Abfragen belasten SQL bis an die Grenzen seiner Ausdrucksfähigkeit. Da aber parallel die Speicherung hierarchisch organisierter Daten in Datenbanken allgegenwärtig ist, liefert Oracle bereits seit vielen Jahren eine proprietäre Erweiterung für dieses Problem mit. Erst mit der Version 11gR2 ist zudem eine ISO-kompatible Methode der Beantwortung solcher Fragestellungen hinzugekommen.

Kapitel 17 – XML-Abfragen

Das Thema XML hat seit Version 9 der Datenbank in jedem neuen Release an Bedeutung gewonnen. Mittlerweile stellt sich eine Oracle-Datenbank wahlweise als relationale oder als XML-Datenbank dar. Dieses Kapitel führt in den Standard SQL/XML ein, beschreibt den Datentyp XMLType der Oracle-Datenbank und diskutiert einige einfache Beispiele in der XML-Abfragesprache XQuery, die vollständig in der Oracle-Datenbank implementiert ist. Ein kurzer Ausblick beschäftigt sich mit Techniken zur Indizierung von XML. Aufgrund des Umfangs des Themas kann jedoch lediglich eine Einführung in die Thematik gegeben werden, keine umfassende Diskussion.

Kapitel 18 – die MODEL-Klausel

Seit Version 10g der Oracle-Datenbank verfügt SQL über einen mächtigen Mechanismus, um Daten aus bestehenden Daten abzuleiten und neu zu berechnen. Für diese Anwendungsbereiche, die normalerweise einer Tabellenkalkulation vorbehalten waren, liefert Oracle mit der model-Klausel ein weitgehend vollständiges Instrumentarium zur Kalkulation solcher Werte mit. Ungeachtet der vergleichsweise geringen Kenntnis dieser Funktionen in weiten Teilen der SQL-Anwendergemeinde schlägt dieses Kapitel eine Bresche für das Thema und zeigt Einsatzbereich, Syntax und Vorteile dieser Strategie.

Kapitel 19 – Pivotieren von Daten

Unter der Pivotierung von Daten versteht man das Vertauschen von Spalten und Zeilen eines Berichts. Dieses Thema beherrschen spezielle Anwendungs-Steuerelemente, doch innerhalb von SQL ist dies eine eher schwierige Übung. Zum einen wird dieses Kapitel eine Do-it-yourself-Methode vorstellen, die von allen Datenbanken beherrscht und seit vielen Jahren eingesetzt wird. Zum anderen stelle ich die neue pivot-Klausel der Datenbankversion 11g vor, mit deren Hilfe dieser Abfragetyp einfacher und zum Teil auch leistungsfähiger umgesetzt werden kann.

Kapitel 20 – Umgang mit Datum und Zeit

Es mag zunächst überraschen, dass in diesem Teil noch ein Kapitel über den Umgang mit Datum und Zeit erforderlich ist. Der Grund liegt in der Berücksichtigung verschiedener Zeitzonen, der Probleme internationalisierter Datenmodelle und nicht zuletzt in der Diskussion über das Für und Wider der ISO-konformen versus der Oracle-konformen Implementierung von Datumsfunktionen. Dieses Kapitel ist also definitiv interessant für alle, die mit Datum und Zeit auf hohem Niveau arbeiten müssen. Das Kapitel bespricht alle Optionen der Erzeugung und Konvertierung von Datumsformaten, auch im multikulturellen Kontext, inkl. und exkl. Zeitzonen und zeigt auf, welche Zeitzonen unterstützt werden und wo dies nachgeschlagen werden kann. Wir beschäftigen uns noch einmal mit dem Intervall, ich zeige die Grenzen der Algebra mit Intervallen auf und vieles mehr. Ein weiterer Schwerpunkt dieses Kapitels ist die Einführung der Flashback-Abfrage, die uns die Entwicklung von Daten über die Zeit darstellen hilft.

Kapitel 21 – Objektorientierung in der Datenbank

Dieses Kapitel betrachtet die objektrelationalen Fähigkeiten der Oracle-Datenbank, soweit sie aus dem Blickwinkel von SQL von Interesse sind. Wir hören also dort auf, wo die Programmierung mit diesen Typen beginnt. Neben einer Einführung in die Ideen der Objektorientierung steht hier die Arbeit mit SQL-Typen, Varrays und Nested Tables im Mittelpunkt. Ich werde Vor- und (vor allem) Nachteile der objektrelationalen Speicherung mittels objektorientierter Tabellen diskutieren, aber auch Wege aufzeigen, wie die Fähigkeiten dieses Bereichs sinnvoll eingesetzt werden können, zum Beispiel im Zusammenhang mit objektrelationalen Views.

1.2.5   Teil 5 – Datenbankmodellierung

Der abschließende Teil des Buches kommt bei den meisten anderen Büchern über SQL eigentlich als Erstes: Hier geht es um die Modellierung von Datenbanken. Ich habe dieses Thema bewusst an das Ende des Buches gestellt, denn einerseits benötigt ein großer Teil der Anwender von SQL dieses Wissen nicht, da sie ohnehin nur mit bestehenden Datenmodellen arbeiten. Zum anderen, und das ist das aus meiner Sicht größere Problem, kommt diese Diskussion einfach viel zu früh. Ein Einsteiger in SQL kämpft mit den Grundlagen und hat daher einfach noch nicht den Überblick, sich um Feinheiten der Modellierung zu kümmern. Dieser Teil ist allerdings auch keine vollständige Darstellung dieses Problemfeldes, sondern versucht, sozusagen »aus der Praxis für die Praxis«, einige wichtige Strategien zu erläutern, ohne das Thema durch allzu viel Theorie zu überladen.

Kapitel 22 – die Grundlagen der Datenmodellierung

Vielleicht schwer zu glauben, aber wahr: In diesem Kapitel spielen Normalisierungs-regeln eine eher untergeordnete Rolle. Ich werde zwar auch erläutern, warum Nor-malisierungsregeln verwendet werden, sortiere sie allerdings eher in die Kategorie »Hilfsmittel« ein, um ein gutes Datenmodell zu verifizieren. Wichtiger ist mir in die-sem Kapitel, übliche Strategien zur Speicherung von Daten in Tabellen zu finden und aufzuzeigen. Zentrale Fragen sind dabei: Wie gehen wir mit Primär- und Fremd-schlüsseln um, wie mit wiederkehrenden Spalten, die etwa das Anlage- oder letzte Änderungsdatum zeigen sollen. Fragen der Indizierung, die sich unmittelbar aus dem Datenmodell ergeben, werden ebenso behandelt wie Konventionen und Überle-gungen zur Wahl der korrekten Datentypen. Ich werde einige Namenskonventionen vorstellen, die ich in Projekten als angenehm empfunden habe, ohne Sie allerdings als »Anfänger« abstempeln zu wollen, wenn Sie eine andere Strategie wählen.

Kapitel 23 – Datenmodellierung von Datum und Zeit

Und noch ein Kapitel zum Thema Datum und Zeit! Dieses Kapitel beschäftigt sich mit diesem Komplex aus Sicht der Datenmodellierung: Wie werden Datumsbereiche gespeichert, was verbirgt sich hinter dem Datentypen WM_PERIOD, und welche Vorteile bietet es, sich bei Datenwarenhäusern eine Zeitdimension auszuleihen? Ein weiterer, wichtiger Bereich dieses Kapitels sind Strategien zum Logging von Daten sowie zur Historisierung, wo wir uns historisierende und bitemporale Datenmodelle anschen werden.

Kapitel 24 – Speicherung hierarchischer Daten

Auch dieses Kapitel hat im vorigen Teil schon eine Einführung durch die hierarchischen Abfragestrategien erhalten. Nun geht es um die verschiedenen Modellierungstechniken zur Speicherung hierarchischer Daten. In diesem Kapitel werden wir uns eine Erweiterung der Speicherung hierarchischer Daten durch eine ausgelagerte Hierarchietabelle ansehen, aber auch Ideen, wie etwa die Closure Table und andere mehr.

Kapitel 25 – Data Warehouse

Demjenigen, der Data Warehouses kennt, ist klar: So ein Thema kann nicht in einem Kapitel erläutert werden. Mir geht es darum, in diesem Kapitel die Grundlagen eines typischen Data Warehouses darzustellen und die Unterschiede zu »normalen« Datenbanken herauszuarbeiten. Natürlich wird der Begriff des *Star Schemas* hier eine Rolle spielen, aber mir geht es auch um das Problem, das durch diese Modellierung gelöst werden soll.

Kapitel 26 – Abbildung objektorientierter Strukturen

Ebenfalls als ergänzendes Thema zu Kapitel 20, »Objektorientierung in der Datenbank«, ist dieses Kapitel gedacht. Es geht im Kern um das Problem, auf welche Weise Tabellen gestaltet werden können, um Objekte einer Anwendung aufnehmen zu können. Die Kernprobleme stellen dabei das Konzept der Vererbung einerseits und die Behandlung von Kollektionen andererseits dar, denn diese fundamental anders implementierten Zusammenhänge lassen sich nicht ohne Probleme aufeinander abbilden.

Kapitel 27 – Internationalisierung

In diesem abschließenden Kapitel gehe ich der Frage nach, welche Auswirkung eine internationalisierbare Anwendung auf die Speicherung der Daten in der Datenbank hat. Die zentrale Fragestellung lautet hier, welche Strategien zur Speicherung übersetzbarer Daten existieren, denn viele der anderen Probleme (Datumsformate, Sortierungen etc.) sind bereits durch die Datenbank gelöst. In diesem Kapitel werden wir auf das Thema Zeichensatzkodierung zu sprechen kommen, der wir viele Probleme zu verdanken haben, aber auch hinterhältige Datumsformate kennenlernen. Der Schwerpunkt liegt jedoch auf Überlegungen zu Datenmodellen, mit deren Hilfe Stammdaten übersetzbar gespeichert werden können, sowie deren Auswirkungen auf die referenzielle Integrität der Datenbank.

1.3 Danksagung

Diesmal hat meine Frau angemerkt, dass ich mir nun nicht einbilden solle, jedes Jahr ein Buch schreiben zu wollen. Da wären durchaus noch andere Sachen zu tun, sie hätte da schon eine ganze Liste im Hinterkopf. Doch andererseits hat meine Frau auch als Testleserin der ersten Kapitel maßgeblichen Anteil am Gelingen des Buches (ich hoffe, dass Sie den wohltuenden Einfluss durchaus bemerken) ... Daher gilt mein Dank meiner Frau, einerseits für das Verständnis, dass nicht alle Möbel gebaut werden konnten und andererseits für die Mithilfe und konstruktive Kritik am Buch.

Mein Dank gilt darüber hinaus den Fachlektoren und Herrn Mattescheck von Galileo Press, der dieses Projekt begleitet hat.

Nicht zuletzt gilt mein Dank Ihnen, den Lesern, dafür, dass Sie sich die Zeit nehmen, dieses Buch zu lesen. Ich hoffe, sie betrachten die investierte Zeit nicht als verloren. Ich weiß, dass ich Ihnen da und dort erhebliche Konzentration abverlangen muss. Aus der Erfahrung meiner Kurse muss ich allerdings sagen, dass leider kein Weg an dieser Lernkurve vorbeiführt. Falls Sie nicht das Gefühl haben, ich stünde Ihrem Verständnis auch noch im Weg, wäre damit schon ein Ziel erreicht, das ich angestrebt habe. Gerne erwarte ich Ihre Rückmeldung, die – über den Verlag – auch an mich weitergeleitet und von mir beantwortet werden wird, und hoffe, dass Sie mit dem Buch Ihrem Ziel, SQL zu erlernen, ein gutes Stück näherkommen werden.

TEIL I

Einführung und Grundlagen

Bevor wir uns der Sprache SQL zuwenden, installieren und konfigurieren wir die verwendeten Werkzeuge. Anschließend möchte ich Ihnen einen Überblick über relationale Datenbanken im Allgemeinen und Oracle im Besonderen geben.

Kapitel 2

Verwendete Werkzeuge und Skripte

Bevor wir mit SQL starten, möchte ich Ihnen gern die Werkzeuge vorstellen, mit denen wir arbeiten werden, und die Installation und Inbetriebnahme dieser Werkzeuge mit Ihnen besprechen.

Es immer das gleiche Problem: Zu Beginn der Beschäftigung mit SQL müssen wir einige Werkzeuge aufsetzen und initialisieren, damit Sie die Beispiele auch nachvollziehen können. Dabei verwende ich SQL-Anweisungen, die ich nicht erklären werde, einfach, weil SQL natürlich insgesamt noch unbekannt ist. Ich möchte Sie daher bitten, die folgenden Anweisungen möglichst exakt und ohne den Anspruch auszuführen, bereits jetzt verstehen zu wollen, was hier passiert. Ich verspreche Ihnen, wenn Sie später auf dieses Kapitel zurückkommen werden, werden Sie alle Anweisungen verstehen.

2.1 Aufsetzen einer Beispieldatenbank

Alle Beispiele dieses Buches werden auf der Basis von Daten ausgeführt, die Oracle bei einer Datenbank als Standard mitliefert. Diese Daten sind so gestaltet, dass sie sich ideal zum Üben eignen, und es gibt kaum eine Funktionalität von SQL, die ich Ihnen nicht anhand dieser Daten zeigen könnte. All diese Daten sind natürlich nur sinnvoll in einer Datenbank, die Ihnen zur Verfügung steht. Aber gerade das ist nicht immer einfach, zum Beispiel im Umfeld von Unternehmen, die zum Teil strenge Restriktionen bei den Softwarepaketen haben, die eingesetzt werden dürfen. Dennoch gehe ich optimistisch davon aus, dass Sie eine solche Datenbank zur Verfügung haben. Ideal ist eigentlich ein eigener Rechner oder ein Laptop, auf den Sie eine Datenbank von Oracle installieren können. Wie das geht, beschreibe ich in den folgenden Abschnitten. Ich zeige die Installation auf dem Betriebssystem Windows, für die anderen unterstützten Systeme stellt Oracle eine Installationsanleitung zur Verfügung (natürlich auch für Windows), die von Ihnen sinngemäß angewendet werden sollte. Das eigentliche Installationsprogramm ist dann identisch, die Unterschiede liegen lediglich in der Vorbereitung des Betriebssystems.

2.1.1 Warum Sie eine Datenbank zum Testen haben sollten

Eine eigene Oracle-Datenbank, in der Sie als Superadministrator alle Fäden in der Hand haben, sind unter vielerlei Gesichtspunkten sinnvoll. Vielleicht möchten Sie, wenn Sie fortgeschritten sind, einige Funktionen ausprobieren, die im Unternehmen nicht lizenziert oder einfach nicht installiert sind. Sie möchten sich ungezwungen bewegen können, ohne das Gefühl haben zu müssen, Sie könnten anderen Benutzern der Datenbank durch Ihre Aktionen schaden. All dies können Sie tun, wenn Sie eine eigene Datenbank auf Ihrem Laptop installieren. Ich könnte mir nun die Arbeit, Ihnen die Installation der Datenbank zu erklären, etwas einfacher machen und Ihnen empfehlen, die *Oracle Express Edition* zu installieren. Diese kostenfreie Datenbank können Sie einfach herunterladen, und die Installation ist trivial, da im Grunde nur ein Doppelklick und die Angabe eines Passwortes erforderlich sind. Ich mache das allerdings nicht, sondern gehe mit Ihnen die Installation einer »großen« Datenbank durch. Auch diese Version kann kostenfrei heruntergeladen und für Schulungs- und Testzwecke lizenzkostenfrei genutzt werden. Zudem bietet diese Datenbank den Vorteil, Ihnen auch bei fortgeschrittenen Ansprüchen an SQL noch alle Funktionen anbieten zu können, während einige spezielle Funktionen bei der Oracle Express Edition nicht vorhanden sind. Zudem wird bei den großen Datenbankversionen eine Vielzahl an Beispieldaten mitgeliefert, die sich als Spielwiese hervorragend eignen.

2.1.2 Eine Datenbank herunterladen und installieren

Sie werden SQL anhand einer *Oracle-Enterprise-Edition*-Datenbank kennenlernen. Diese Datenbankedition ist das Flaggschiff der Oracle-Datenbankflotte. Die Unterschiede zu den kleineren Editionen, der *Standard Edition* oder der *Personal Edition*, bestehen aber weniger in der Größe der Installation als in der Menge der Funktionen. Wenn Sie den Aufwand, eine solch große Datenbank zu installieren, scheuen, können Sie natürlich gern auch die kleine Variante, die Oracle Express Edition, installieren. Doch gerade fortgeschrittene Themen werden eventuell nicht vollständig funktionieren; auch sind die Daten der Benutzer SH und HR, die ich verwende, in dieser Datenbank nicht enthalten, sondern müssen von Ihnen manuell nachinstalliert werden.

Systemanforderungen für Windows

Bitte stellen Sie sicher, dass Ihr System mindestens über die in Tabelle 2.1 aufgeführten Anforderungen verfügt.

Bereich	Anforderung
System-Architektur	Prozessor: Intel (x86), AMD64, Intel EM64T
Arbeitsspeicher (RAM)	minimal 1 GB (Windows 7: 2 GB)
virtueller Speicher	doppelte Arbeitsspeichermenge
Festplattenplatz	typische Installation: 5,35 GB
Videoauflösung	1.024 x 768, 256 Farben

Tabelle 2.1 Anforderungen für Windows

Die Anforderungen für 64-Bit-Windows sind, bis auf eine höhere Arbeitsspeicherausstattung (speziell für Windows 7 ff.) identisch.

Falls Sie die Datenbank auf ein anderes System installieren möchten, empfehle ich die Installationsanweisungen zu Ihrem Betriebssystem. Diese finden Sie in der Online-Dokumentation von Oracle bei der Datenbankversion, die Sie installieren möchten (Details siehe Abschnitt 2.5, »Online-Dokumentation und weiterführende Literatur«.

Herunterladen der Datenbank

Zunächst laden Sie eine Kopie der Datenbank in der aktuellen Version herunter. Zum Zeitpunkt, als dieses Buch entstand, tauchte die Datenbankversion 12c bereits gerüchteweise am Horizont auf, allerdings war sie offiziell weder angekündigt, noch konnte sie testweise heruntergeladen werden. Das mag in der Zwischenzeit anders sein, doch verwende ich aus diesem Grund die momentan aktuelle Version, 11g Release 2.

Um alle Versionen der Oracle-Datenbank sowie alle Produkte des Oracle-Kosmos herunterzuladen, lautet die Adresse *http://otn.oracle.com*. Bitte verwenden Sie kein *www* im Namen, sondern geben Sie die Adresse exakt so ein, wie oben beschrieben. Sie werden zu einer Seite weitergeleitet, die als *Oracle Technology Network* (*OTN*) bezeichnet wird und die zentrale Anlaufstelle zur technischen Dokumentation von Oracle-Produkten darstellt. Abbildung 2.1 zeigt die Einstiegseite.

Im oberen Teil der Seite sehen Sie ein Einblendmenü, dass Ihnen die Verzweigung zu den verschiedenen Bereichen der Seite ermöglicht. Hier können Sie über das Menü Downloads • Database • Oracle Database 11g zur Seite mit den entsprechenden Dateien verzweigen (Abbildung 2.2).

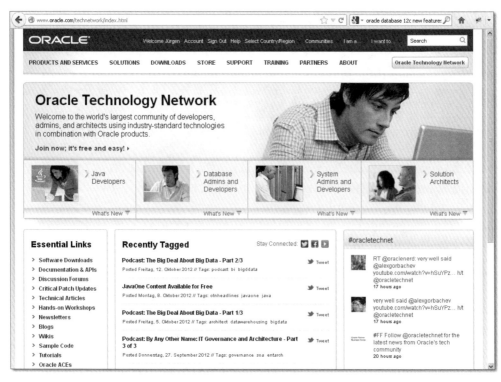

Abbildung 2.1 Die Einstiegsseite des Oracle Technology Networks

Abbildung 2.2 Verzweigung zu den Installationsdateien

Hier müssen Sie die Lizenzbedingungen akzeptieren (Achtung, sollten Sie ein Terrorist sein, dürfen Sie die Datenbank nicht herunterladen!) und anschließend auf die Version klicken, die Sie laden möchten. Wählen Sie für unser Beispiel die Version Microsoft Windows (32-bit), es sei denn, Sie verwenden ein 64-Bit-Betriebssystem. Alternativ können Sie natürlich auch die Dateien für Ihr favorisiertes Betriebs-system laden. Hier wäre auch der Ort, sich für die ORACLE DATABASE 11G RELEASE 2 EXPRESS EDITION zu entscheiden, falls Sie diese kleinere Datenbank installieren möchten.

Bitte entscheiden Sie sich nicht dafür, zwei Datenbanken gleichzeitig auf Ihrem Rechner zu installieren, wenn Sie nicht genau wissen, was Sie tun. Die Administration zweier Datenbanken auf einem Rechner ist für den Neueinsteiger anspruchsvoll und birgt erhebliches Frustpotenzial, wenn nicht alles so läuft, wie gedacht. Möchten Sie beide Datenbanken ausprobieren, empfehle ich, eine virtuelle Umgebung, zum Beispiel mit VMWare oder der Virtual Box von Oracle, anzulegen und die Datenbanken dort zu installieren. Dass dies unproblematisch funktioniert, sehen Sie eventuell auch daran, dass meine Datenbank auf einem Mac unter Parallels in einer Windows XP-Partition läuft.

Vor dem Herunterladen der beiden Dateien *File_1* und *File_2* mit strammen 2 GB Größe steht noch die Anmeldung als Nutzer im OTN. Diese Mitgliedschaft ist kostenlos, aber nicht anonym, und erforderlich, um eine Datei herunterladen zu dürfen (Abbildung 2.3).

Abbildung 2.3 Anmeldemaske

Nach der Anmeldung wird das Herunterladen der Dateien gestartet. Entpacken Sie beide Dateien *in ein (und dasselbe) Verzeichnis*. Dadurch werden die Dateien der zweiten Teildatei an die korrekte Stelle des ersten Verzeichnisses eingefügt und dadurch für das Installationsprogramm sichtbar. Das entpackte Verzeichnis sollte anschließend etwa so aussehen wie in Abbildung 2.4.

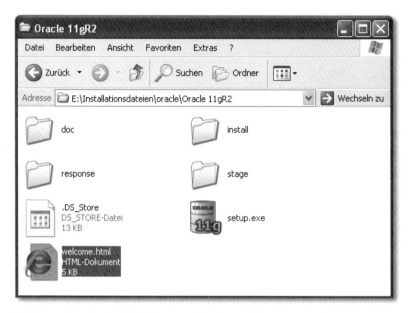

Abbildung 2.4 Das Installationsverzeichnis nach dem Entpacken

Die Datei *welcome.html* verweist auf Installationsdateien und weitere, wichtige Oracle-Dokumentationen. Diese Dokumentationen sind, wie beinahe der gesamte Oracle-Kosmos, englischsprachig. Bei Problemen bei der Installation, oder falls Sie im Detail über die Voraussetzungen einer Installation, die ersten und anschließenden Schritte etc. informiert sein möchten, lohnt ein Blick in den DATABASE QUICK INSTALLATION GUIDE, bei intensiver Beschäftigung mit dem Thema in den DATABASE INSTALLATION GUIDE. Da wir lediglich eine Datenbank aufsetzen, um die Buchbeispiele nachzuvollziehen, reicht uns die kurze Installationsanweisung der nächsten Abschnitte.

Installation der Datenbank

Die eigentliche Installation wird gestartet über das Programm *setup.exe*, wie das an sich ja auch zu erwarten war. Das Programm prüft zunächst, ob die Hard- und Softwareanforderungen für den Betrieb der Datenbank gegeben sind und startet anschließend die Java-Anwendung zur Installation der Anwendung (Abbildung 2.5).

An der Titelleiste des Fensters ist unschwer zu erkennen, dass wir insgesamt neun Schritte zur Installation der Datenbank benötigen. Auf der ersten Seite wird eine Supportmail-Adresse gesetzt. Das ist für uns nicht weiter von Belang. Lassen Sie dieses Feld daher frei, nehmen Sie auch das Häkchen zur Lieferung von Sicherheitsupdates über *My Oracle Support* weg, und gehen Sie (nach der Bestätigung, dass Sie durchaus wissen, was Sie tun) zur nächsten Seite.

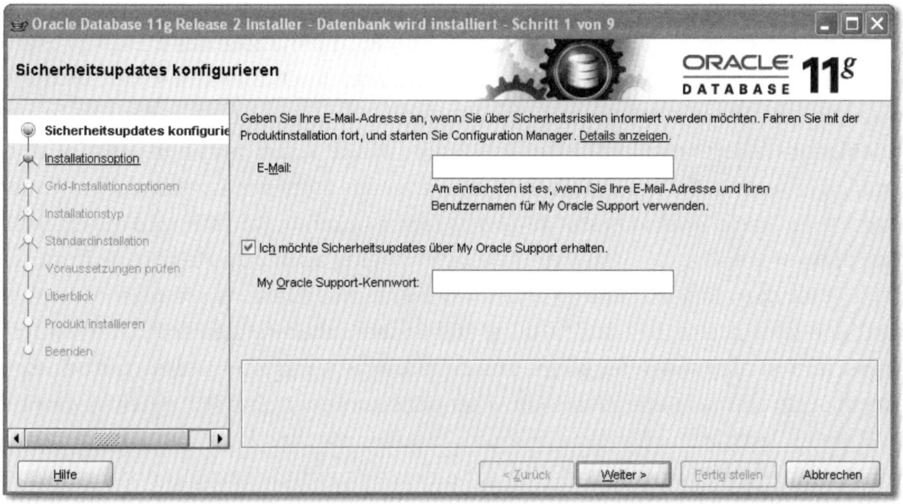

Abbildung 2.5 Das eigentliche Installationsprogramm

Die folgende Seite lässt Ihnen die Wahl zwischen der Installation einer neuen oder der Konfiguration einer bestehenden Datenbank. Zudem können Sie hier auch nur die Oracle-Software installieren. Wählen Sie die Option DATENBANK ERSTELLEN UND KONFIGURIEREN, und gehen Sie zu Schritt 3. Wählen Sie anschließend in Schritt 3 die Option DESKTOPKLASSE, und gehen Sie weiter. In Schritt 4 wird es nun interessanter (Abbildung 2.6).

Abbildung 2.6 Grundlegende Einstellungen zur Installation

Hier wird zum einen definiert, wohin die Software installiert werden soll. Sie können gern ein Verzeichnis Ihrer Wahl festlegen, doch ist es gute Praxis, lediglich den Laufwerksbuchstaben auszutauschen und den Rest unverändert zu lassen, einfach, damit sich andere in Ihrer Installation direkt zurechtfinden. Beim Lesen des Buches profitieren Sie dadurch, dass ich mich, falls nötig, ebenfalls auf die Ordnernamen der Standardinstallation beziehen werde. *Oracle Base* bezeichnet das Verzeichnis, in das alle Oracle-Produkte installiert werden. Seit Version 11 wird dieses Verzeichnis *app* genannt, vorher hieß es *oracle*. Was im Installationsprogramm als *Softwareverzeichnis* bezeichnet wird, ist im Oracle-Umfeld besser als *Oracle Home* bekannt. Dorthin wird die eigentliche Software von Oracle installiert. Da wir gleichzeitig auch eine Datenbank installieren (Details dazu folgen später), können wir hier zum anderen noch angeben, wohin die Datendateien, also die Dateien, die später unsere Tabellendaten enthalten werden, gespeichert werden sollen. Sie können hier einfach die Standardeinstellungen belassen oder aber ein abweichendes Verzeichnis benennen, müssen aber sicherstellen, dass ca. 4 GB freier Festplattenplatz vorhanden ist. Merken Sie sich bitte den Begriff *Oracle Home*, da in vielen Dokumentationen auf dieses Verzeichnis Bezug genommen wird. In diesem Verzeichnis befinden sich viele Hilfsprogramme, aber auch SQL-Skripte, die von der Datenbank benötigt werden, um Funktionen nachzuinstallieren etc. Später wird lediglich gesagt, ein Skript befinde sich zum Beispiel in *<OracleHome>\rdbms\admin*. Sie wissen nun, wo Sie nach dieser Datei suchen müssen.

Anschließend können Sie die Edition der Datenbank wählen. Lassen Sie die Standardeinstellung ENTERPRISE EDITION (3,27GB) bestehen. Mit dieser Festlegung werden alle Optionen der Enterprise Edition zur Wahl gestellt. Sie können später, wenn Sie mögen, einzelne Optionen abwählen oder hinzuinstallieren, doch falls Sie sich an dieser Stelle für die Standard Edition entscheiden, ist Ihnen dieser Weg verbaut. Die Standard Edition ist lediglich dann interessant, wenn Sie sich eine Umgebung schaffen möchten, in der Sie nicht versehentlich Funktionen der Enterprise Edition nutzen können, zum Beispiel weil Sie eine Anwendung entwickeln möchten, die unter der Standard Edition lauffähig ist.

Zum nächsten Punkt, der Zeichensatzkodierung, empfehle ich Ihnen, den voreingestellten Zeichensatz zu ändern. Ich empfehle Ihnen hier UTF-8. Eine Diskussion über das Für und Wider dieser Einstellung folgt im Buch, allerdings können Sie diese Einstellungen nur bei der Installation der Datenbank festlegen. UTF-8 bringt Ihnen hier die umfassendsten Optionen und kooperiert auch besser mit Technologien wie XML.

Darunter haben Sie die Möglichkeit, einen Bezeichner für Ihre Datenbank festzulegen. Beschränken Sie sich hier auf acht Buchstaben, ohne Sonderzeichen. Ich verwende im Buch die Bezeichnung `ora11g`. Diese Bezeichnung benötigen Sie später, um bei mehreren Datenbanken auf einem Server diejenige auszuwählen, mit der Sie arbeiten möchten. Wir werden diesen Namen wieder benötigen, wenn wir eine Verbindung zur Datenbank aufbauen.

Legen Sie anschließend ein Passwort fest. Dieses Passwort wird für die Administration der Datenbank benötigt und gibt Ihnen Zugriff auf alle weiteren Optionen. Eventuell ist Oracle der Meinung, dass das von Ihnen gewählte Passwort nicht sicher genug ist. Für eine Beispieldatenbank ist es aber in Ordnung, dieses dennoch zu akzeptieren. Eine Produktionsdatenbank sollte aber natürlich ausreichend geschützt werden, und dazu gehört eben auch ein starkes Passwort.

Wenn Sie auf WEITER klicken, wird geprüft, ob die Voraussetzungen für die Installation auf Ihrem System erfüllt sind. Wenn eine Option als nicht erfolgreich gemeldet wird, Sie aber das Gefühl haben, dass sie ausreichen sollte, können Sie einzelne Tests auch ignorieren. Für unsere Testdatenbank dürfte das normalerweise auch in Ordnung sein. Besser wäre natürlich, alle Bedingungen würden erfüllt.

Das Installationsprogramm listet nun noch einmal auf, was es zu installieren gedenkt (Abbildung 2.7).

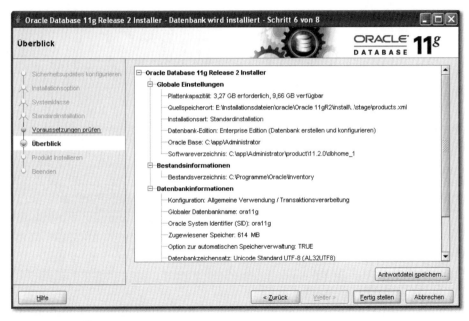

Abbildung 2.7 Übersicht über die zu installierenden Komponenten

Anschließend bestätigen Sie die Installation mit einem Klick auf FERTIG STELLEN und warten, bis das Installationsprogramm seine Arbeit erledigt hat. Das dauert in etwa eine Viertelstunde, kann aber je nach System und Wellenschlag auch einmal länger dauern. Meiner Erfahrung nach läuft das Installationsprogramm recht sicher, fassen Sie sich in Geduld, und schauen Sie von Zeit zu Zeit nach, welche der Arbeiten bereits erledigt wurden. Insbesondere der letzte Schritt, die ORACLE-DATENBANKKONFIGU-RATION, kann manchmal den Eindruck erwecken, es passiere nichts, doch in aller Regel wird die Datenbank korrekt installiert.

Im letzten Installationsschritt wird also die Datenbank eingerichtet. Das Installationsprogramm startet hierfür den DATENBANK-KONFIGURATIONSASSITENTEN (DBCA;

Abbildung 2.8). Diese Anwendung können Sie auch später starten, wenn Sie eine Option der Datenbank nachinstallieren möchten. Oracle legt einen Eintrag im Startmenü an, und zwar in Start • Programme • Oracle • OraDb11g_home1 • Konfigurations- und Migrationstools.

Abbildung 2.8 Der Datenbank-Konfigurationsassistent

Prüfung der Installation

Zum Abschluss der Installation meldet der DBCA die erfolgreiche Installation (Abbildung 2.9).

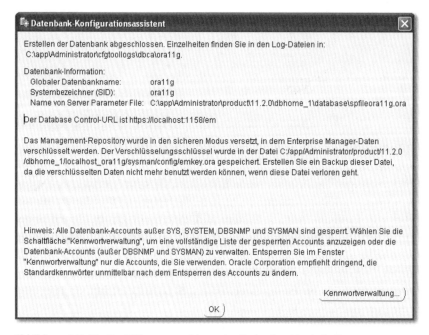

Abbildung 2.9 Die Bestätigungsmeldung der Datenbankinstallation

Diesem Bildschirm können Sie entnehmen, dass die Datenbank erfolgreich installiert wurde. Interessant ist die URL im oberen Drittel des Bildschirms, die angibt, dass unter dieser Adresse ein Administrationsprogramm für die Datenbank angeboten wird. Dabei handelt es sich um das *Database Control*. Wir werden dieses Programm zum Lernen von SQL nicht benötigen, doch ist diese Anwendung für Datenbankadministratoren die zentrale Bedienkonsole der Datenbank. Starten Sie die URL, um sicherzugehen, dass die Installation erfolgreich verlaufen ist. Eventuell müssen Sie bestätigen, dass Sie der Verbindung zu diesem Werkzeug trauen (die Verbindung wird über *https* hergestellt und erfordert daher ein Zertifikat). Um sich anzumelden, verwenden Sie den Benutzer SYS und das eingangs der Installation vergebene Passwort. Stellen Sie zudem sicher, dass Sie sich als SYSDBA anmelden (Abbildung 2.10). Die Anwendung ist ein sogenanntes Dashboard, das Ihnen ermöglicht, auf einen Blick zu sehen, wie es der Datenbank geht, und anschließend in allen Bereichen der Datenbankadministration in die Tiefe zu gehen. Einen Blick ist die Anwendung sicher wert, doch sind wohl viele Details ohne weitere Erläuterungen nicht verständlich.

Abbildung 2.10 Das Database Control

Eine Funktion dieses Programms ist jedoch wichtig. Normalerweise ist die Datenbank nach der Installation direkt auch gestartet. Allerdings könnte es sein, dass die Datenbank nicht erreichbar, oder besser, heruntergefahren ist. In diesem Fall sollten Sie sich an diese Anwendung erinnern, denn auf der Einstiegsseite finden Sie eine Schaltfläche, die es Ihnen ermöglicht, die Datenbank zu starten. Andersherum wird auch ein Schuh daraus: Da die Datenbank nicht unerhebliche Ressourcen Ihres Rechners verbraucht, können Sie diese freigeben, indem Sie die Datenbank nach der Benutzung herunterfahren. Eine Anmerkung allerdings: Eine Oracle-Datenbank können Sie nicht mit einem Programm wie Word vergleichen. Der Start und das Herunterfahren sind deutlich aufwendiger. Geben Sie Ihrem Rechner daher etwas Zeit, bis alles eingerichtet ist. Wenn Sie die Datenbank nur zum gelegentlichen Arbeiten mit SQL einrichten möchten, wäre dies ein weiteres Argument für einen virtuellen Rechner, der sich normalerweise viel einfacher in einen Stand-by-Modus bringen lässt. Innerhalb der virtuellen Maschine wird Oracle dann stets ausgeführt.

Eine letzte Anmerkung zu diesem Thema: Oracle bietet vorkonfigurierte Maschinen inkl. einer installierten Version von Oracle Linux, eine Oracle-Datenbank und weitere Oracle-Softwareprodukte zum Herunterladen an. Dies kann ein interessanter Weg zum Ausprobieren von Oracle-Produkten sein. Für unser Buch eignen sich die Maschinen allerdings nicht so gut, weil die Daten nicht vergleichbar sind und daher die Beispiele des Buches nicht funktionieren.

2.2   SQL Developer

Teil 2 der Installation betrifft den *SQL Developer*. Der SQL Developer ist eine Java-Anwendung, mit der Sie SQL-Anweisungen auf komfortable Weise erstellen und die Ergebnisse betrachten können. Darüber hinaus ist dieses Werkzeug auch zur Programmierung der Datenbank mit der Programmiersprache *PL/SQL* geeignet. Zwar liefert Oracle mit der Datenbankversion 11g dieses Werkzeug bereits mit, doch leider in einer veralteten Version, so dass wir für unser Buch die aktuelle Version herunterladen und installieren werden. Das geht zum Glück ganz einfach, denn im Grunde muss diese Anwendung lediglich entpackt werden und benötigt keine dedizierte Installation.

2.2.1   SQL Developer herunterladen und installieren

Auch den SQL Developer können Sie über das *Oracle Technology Network* (*OTN*) herunterladen, und zwar im Bereich DOWNLOADS • DEVELOPER TOOLS • SQL DEVELOPER. Unter diesem Link wird Ihnen die jeweils aktuelle Version angeboten. Auch hier sind die Anmeldung bei Oracle sowie die Bestätigung der Lizenzbedingungen erforderlich. Die Installationsdatei liegt in verschiedenen Varianten vor, und zwar für Windows, Linux und für Macintosh OS X. Lauffähig ist die Anwendung als Java-Anwendung, aber auch auf anderen Plattformen; lesen Sie dazu die Installationsanweisungen. Für Windows ist die komfortabelste Version wohl die erste, die nicht nur die Anwendung selbst, sondern auch das *Java Development Kit* (*JDK*) in der jeweils benötigten Version beinhaltet. Möchten Sie ein auf Ihrem System vorhandenes JDK verwenden, bieten sich die anderen Installationen an. Für die anderen Plattformen ist es notwendig, das JDK in der minimal geforderten Version vorab herunterzuladen und zu installieren. Auch das JDK ist – Sie haben es sicher gehört – mittlerweile eine Software aus dem Oracle-Imperium, so dass es ebenso unter OTN heruntergeladen werden kann. Sie finden die Einstiegsseite unter DOWNLOADS • POPULAR DOWNLOADS • JAVA FOR DEVELOPERS.

Haben Sie die Installationsdatei für den SQL Developer heruntergeladen, ist zur Installation lediglich erforderlich, die Datei in ein Verzeichnis zu entpacken; ich verwende standardmäßig das Verzeichnis *Programme*. Danach kann sie direkt gestartet werden, indem Sie im Verzeichnis die Datei *sqldeveloper.exe* doppelklicken. Sollte

2

Ihre Installationsversion kein JDK enthalten haben, müssen Sie beim Start der Anwendung den Pfad auf das lokal installierte JDK eingeben, welches hierfür natürlich vorher installiert worden sein muss.

2.2.2   Übersicht SQL Developer

Wenn Sie den SQL Developer zum ersten Mal starten, werden Sie gefragt, ob Sie die im Dialog angegebenen Dateitypen standardmäßig mit dem SQL Developer öffnen möchten. Es handelt sich um Dateitypen, die normalerweise lediglich SQL-Anweisungen enthalten, daher können Sie aus meiner Sicht diese Nachfrage für alle Dateitypen bejahen. Anschließend öffnet sich das Hauptfenster der Anwendung mit einem Startbildschirm.

Die Anwendung ist, wie viele Entwicklungsumgebungen, in mehrere Fenster aufgeteilt. Neben dem Begrüßungsbildschirm steht eine Vielzahl weiterer Fenster zur Verfügung. Für uns ist zunächst das Wichtigste, eine Verbindung zu der gerade installierten Datenbank aufzubauen. Daher sehen wir uns die Schritte hierfür an.

2.2.3   Eine Datenbankverbindung aufbauen

Normalerweise wird im linken Fensterbereich bereits das VERBINDUNGEN-Fenster angezeigt. Sollte dies nicht so sein, wählen Sie im Menü ANSICHT den Eintrag VERBINDUNGEN, ziemlich am Ende des Menüs. Im dann erscheinenden Fenster klicken Sie auf das grüne Kreuz, das sich in der Titelleiste dieses Fensters befindet. Es öffnet sich ein Editor, der Ihnen die Erstellung einer neuen Verbindung erlaubt (Abbildung 2.11).

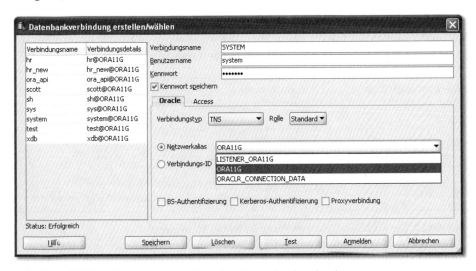

Abbildung 2.11 Der Editor zum Erstellen einer Datenbankverbindung

In diesen Editor tragen Sie nun die folgenden Informationen ein:

- VERBINDUNGSNAME: SYSTEM
- BENUTZERNAME: system
- KENNWORT: Ihr Kennwort, das Sie bei der Installation der Datenbank festgelegt haben
- KENNWORT SPEICHERN: Dieses Ankreuzfeld können Sie ankreuzen, wenn Sie das Passwort nicht bei jeder Anmeldung angeben möchten.
- Unterhalb des Reiters ORACLE wählen Sie als VERBINDUNGSTYP TNS.
- Es wird ein Auswahlmenü eingeblendet. Wählen Sie aus diesem Menü den Eintrag mit der Bezeichnung, die Sie Ihrer Datenbank gegeben haben, im Beispiel: ora11g.
- Klicken Sie auf die Schaltfläche TEST. Im unteren Bereich des Editors, über den Schaltflächen, sollte links nun die Meldung ERFOLGREICH erscheinen.
- Speichern Sie die Änderungen, und klicken Sie anschließend auf ANMELDEN.

Daraufhin schließt sich der Editor, und Sie kehren zum Hauptfenster zurück. Im Darstellungsbereich des Fensters Verbindungen ist ein Eintrag SYSTEM zu sehen. Klicken Sie mit der rechten Maustaste auf den Eintrag, und sehen Sie sich die Optionen an. Mit ANMELDEN verbinden Sie sich mit der Datenbank, ABMELDEN bewirkt naheliegenderweise das Gegenteil, die Option EINSTELLUNGEN bringt Sie zum Editor für die Datenbankverbindungen zurück. Wählen Sie diese Option, denn wir müssen noch weitere Verbindungen anlegen.

Die weiteren Verbindungen unterscheiden sich vom Eintrag SYSTEM lediglich im Verbindungsnamen, dem Benutzernamen und dem Kennwort. Um diese neuen Verbindungen schnell anlegen zu können, klicken Sie im Editor auf den Eintrag SYSTEM, und ändern Sie die drei genannten Felder. Anschließend klicken Sie auf SPEICHERN und ändern die Felder erneut. Die Groß- und Kleinschreibung spielen keine Rolle. Die Eintragungen für die weiteren Verbindungen lauten, wie in Tabelle 2.2 aufgeführt.

Verbindungsname	Benutzername	Passwort
SCOTT	scott	tiger
SH	sh	sh
HR	hr	hr
SYS	sys	Kennwort der Installation

Tabelle 2.2 Die Angaben zu den weiteren Datenbankbenutzern

Sie können derzeit die Benutzer SCOTT, SH und HR noch nicht testen; beim Versuch wird die Fehlermeldung zurückgegeben, dass diese Benutzer gesperrt sind. Das zumindest ist das Verhalten, wenn Sie die Datenbank in Version 11 installiert haben und keine ältere Version. Das ist korrekt so und wird durch das Installationsskript von der Webseite des Buches geändert werden. Wichtig ist daher, dass die Passworte so verwendet werden, wie oben angegeben. Ansonsten können Sie sich nicht mit diesen Benutzern verbinden.

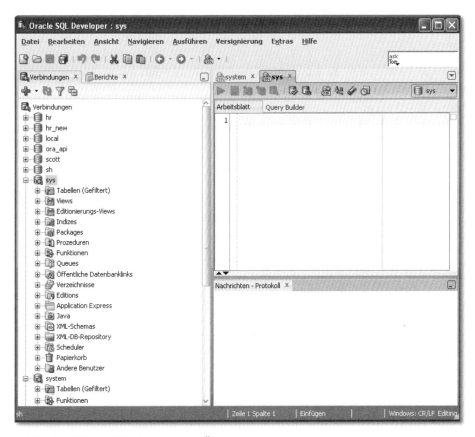

Abbildung 2.12 Der SQL Developer im Überblick

Lassen Sie uns Revue passieren, was bisher geschehen ist: Wir haben das Programm SQL Developer installiert und gestartet und mehrere Verbindungen zur gleichen Datenbank eingerichtet. In der Datenbank existieren Benutzer mit unterschiedlichen Namen und unterschiedlichen Daten. Über die Auswahl der entsprechenden Verbindung können Sie sich mit diesen Datenbankbenutzern verbinden. Wenn ich später im Buch davon ausgehe, dass Sie sich mit dem Benutzer SCOTT verbinden, ist damit also gemeint, dass Sie sich an der Datenbank anmelden, indem Sie mit der rechten Maustaste diesen Eintrag anwählen und ANMELDEN wählen (oder alternativ auf das Pluszeichen links vom Verbindungsnamen klicken). Wenn Sie sich anmelden, sehen Sie zudem, dass im Hauptfenster der Anmeldung ein Eingabefenster für

Ihre SQL-Anweisungen geöffnet wurde. Der Reiter dieses Fensters hat den Namen der Verbindung, in dessen Namen Sie sich an der Datenbank angemeldet haben. Wenn wir uns später mit mehreren Benutzern verbinden, können Sie sehen, dass auch mehrere Fenster geöffnet werden. Achten Sie bitte stets darauf, die SQL-Anweisungen in das richtige Fenster zu schreiben, damit Sie die Anweisungen auch ausführen können. Bereits jetzt können Sie diesen Effekt sehen, wenn Sie sich parallel noch mit dem Benutzer SYS verbinden. Die Oberfläche sieht nun ähnlich aus wie in Abbildung 2.12.

Da Sie sich mit einem Benutzer der Datenbank verbunden haben, wird für diesen Benutzer eine Reihe von Ordnersymbolen angezeigt. Derzeit ist noch nicht so wichtig, zu verstehen, was dort alles angeboten wird. Wichtig ist im Moment nur, dass dies so ist. Daran erkennen Sie, dass die Verbindung zur Datenbank erfolgreich ausgeführt werden konnte. Melden Sie sich abschließend vom Benutzer SYS ab, indem Sie auf den Eintrag SYS mit der rechten Maustaste klicken und ABMELDEN wählen. Schließen Sie anschließend den Reiter SYS. SYS ist der Eigentümer der Datenbank, sozusagen der Root-Benutzer. Wir arbeiten nur sehr selten mit diesem Benutzer. Im Gegensatz dazu ist SYSTEM der Hauptadministrator der Datenbank. Viele Arbeiten werden wir mit diesem Benutzer durchführen.

2.2.4 SQL-Anweisungen ausführen

Lassen Sie uns eine erste SQL-Anweisung ausführen. Melden Sie sich als Benutzer SYSTEM an. Anschließend lokalisieren Sie das Eingabefenster und tippen in den Hauptbereich folgende Anweisung ein:

```
select sysdate
  from dual;
```

Wenn Sie diese Zeilen eingefügt haben, können Sie sie ausführen, indem Sie im Bereich der Schaltflächen oberhalb des Eingabefensters die Schaltfläche mit dem grünen Pfeil klicken. Alternativ funktioniert auch die Tastenkombination [Strg]+[↵]. Unmittelbar anschließend sehen Sie das Ergebnis Ihrer Anweisung im unteren Bereich des Fensters: Es wird das aktuelle Datum angezeigt. Es gibt noch eine zweite Möglichkeit, Anweisungen auszuführen, und zwar mit der neben dem grünen Pfeil liegenden Schaltfläche SKRIPT AUSFÜHREN ([F5]). Im Gegensatz zur ersten Schaltfläche ist das Ausgabeergebnis zwar inhaltlich gleich, es sieht aber deutlich anders aus. Der Grund: Die Anweisung wird nicht im SQL Developer, sondern durch eine Anwendung ausgeführt, die jeder Oracle-Datenbank beiliegt: dem Kommandozeilen-Werkzeug sqlplus. Der eigentliche Name dieser Anwendung lautet SQL*Plus, doch rufen Sie die Anwendung auf der Kommandozeile über den angegebenen Befehl auf.

Versuchen Sie es ruhig einmal: Starten Sie eine Kommandozeile, und geben Sie den Befehl ein. Es folgen noch drei Parameter, die auf nachstehende Weise übergeben werden:

```
sqlplus system/<Passwort>@<Name der Datenbank>
```

Für das Passwort verwenden Sie natürlich Ihr Passwort, während der Name der Datenbank der beim Installieren angegebene Name ist, in unserem Beispiel ora11g. Ich habe im Beispiel lediglich den Benutzernamen und die Datenbank angegeben, daher fragt mich SPL*Plus beim Start noch nach dem Passwort. Es erscheint die Meldung aus Abbildung 2.13.

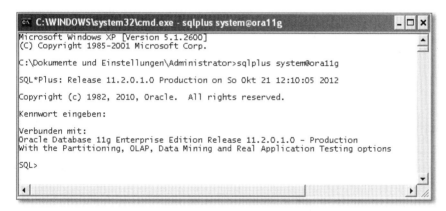

Abbildung 2.13 Das Programm SQL*Plus

Nun haben Sie einen Prompt, nach dem Sie die gleiche SQL-Anweisung wie bereits vorher einfügen können. Im Unterschied zum SQL Developer reicht nun die Eingabe des Semikolons, um die Anweisung auszuführen, und genau dafür ist das Semikolon da. Es beendet eine SQL-Anweisung, ist aber streng genommen nicht Teil dieser Anweisung. Sie sehen nun zwar auch die Zeit, aber in einem anderen Format als im SQL Developer. Die Gründe hierfür werden wir ebenfalls noch besprechen.

Warum zwei Möglichkeiten, SQL-Anweisungen auszuführen? Die erste Möglichkeit werden Sie als Standard immer verwenden. Der Vorteil der ersten Form ist, dass die Ergebnisse in einer leistungsfähigen Tabelle angezeigt werden und nicht nur in Textform. Diese Tabelle können Sie sortieren, die Spalten verschieben etc. Die zweite Variante verwenden Sie nur dann, wenn Sie mehrere SQL-Anweisungen im Block ausführen möchten. Das ist praktisch, wenn Sie eine SQL-Skriptdatei ausführen möchten wie die, die ich Ihnen mit dem Buch mitliefere, um die Benutzer der Datenbank für unsere Zwecke korrekt einzurichten. Ähnlich einer Batchdatei werden alle Anweisungen ausgeführt, ohne dass Sie diese einzeln starten müssen.

2.3   Die Datenbankbenutzer

Um nun mit der Datenbank arbeiten zu können, stehen uns verschiedene Benutzer mit Beispieldaten zur Verfügung. Im Folgenden möchte ich Ihnen die Benutzer kurz vorstellen.

2.3.1   SYS und SYSTEM

Diese beiden Benutzer (es existieren noch weitere, die uns allerdings nicht interessieren) werden immer und in jeder Oracle-Datenbank installiert. SYS, hatte ich gesagt, ist der Eigentümer der Datenbank, SYSTEM sein Hauptadministrator. Wir verwenden diese Benutzer, wenn administrative Arbeiten erledigt werden müssen, nicht aber zum Lernen von SQL. Diese beiden Benutzer haben erhebliche Rechte in der Datenbank und können daher durchaus einiges kaputt machen. Verwenden Sie diese Benutzer bitte nur in zwei Fällen: Wenn ich im Buch ein Skript vorstelle, das im Namen dieser Benutzer ausgeführt werden soll, oder aber, wenn Sie wissen, was Sie tun ;-).

2.3.2   SCOTT

SCOTT ist der bekannteste Beispielbenutzer von Oracle. Jeder, der Oracle-SQL gelernt hat, kennt ihn und auch die Daten dieses Benutzers. Scott war (das nur zur Folklore und damit Sie mitreden können) ein früher Mitarbeiter von Oracle. Er hatte eine Katze, die den Namen Tiger hatte. Daher wird traditionell für diesen Benutzer das Passwort tiger verwendet, wie ich das hier auch tue. Natürlich ist das keine akzeptable Praxis für Produktionsdatenbanken, die normalerweise diesen Benutzer auch nicht installieren.

Der Benutzer verfügt nur über sehr wenige Daten, 14 Mitarbeiter einer Firma, eine Tabelle mit Abteilungen (das sind auch nur vier) und einige Gehaltsstufen. Die Daten sind aber so clever zusammengestellt, dass wir beinahe alle Eigenheiten von SQL anhand dieser Daten verdeutlichen können. Schön daran ist die kleine Datenmenge, so dass wir unsere Ergebnisse notfalls auch händisch prüfen können. Das ist ein nicht zu unterschätzender Vorteil beim Lernen.

2.3.3   HR

Eine Weiterentwicklung des Benutzers SCOTT ist der Benutzer HR. Dieses Akronym steht für *Human Ressources*. Dieser Benutzer umfasst etwa 100 Mitarbeiter, mehr Abteilungen, mehr Informationen. Für weitergehende SQL-Anweisungen werde ich diesen Benutzer verwenden.

2.3.4 SH

Schließlich wird in diesem Buch auch noch der Benutzer SH verwendet. Das Akronym SH steht für *Sales History*. Dieser Benutzer beinhaltet Tabellen, die immerhin etwa eine Million Zeilen enthalten. Diese Tabellen bieten sich an, wenn wir komplexere Auswertungen durchführen.

2.3.5 OE

Ein weiterer Benutzer mit Testdaten ist der Benutzer *Order Entry* (*OE*). Wir werden diesen Benutzer im Buch selbst nicht verwenden, doch finden sich in der Online-Dokumentation Beispiele, die für diesen Benutzer gedacht sind. Der Benutzer enthält Bestelldaten zu einem imaginären Unternehmen.

2.4　Die Beispielskripte

Beginnen wir nun damit, die Umgebung für unsere Bedürfnisse zu optimieren. Da wir anhand der Beispielbenutzer SQL erlernen werden, muss ich zunächst dafür sorgen, dass alle Benutzer für Sie auch verfügbar sind und mit den Rechten ausgestattet werden, die für die Beispiele benötigt werden. Dazu habe ich auf der Webseite zum Buch ein einführendes Skript zur Verfügung gestellt, das wir nun als Benutzer SYS ausführen müssen. Gehen Sie hierfür wie folgt vor:

► Laden Sie zunächst die Skripte zum Buch herunter.

► Öffnen Sie eine Konsole (WINDOWS-R, anschließend cmd eingeben und den Dialog bestätigen). Das Skript funktioniert nur über die Konsole, nicht aber über den SQL Developer!

► Starten Sie SQL*Plus als Benutzer SYS (Befehl sqlplus eingeben, dabei den Benutzernamen SYS/<Passwort>@<Datenbank> as sysdba verwenden). Alternativ können Sie das Kennwort weglassen und später eingeben, wie im Ausgabebeispiel unten.

► Geben Sie ein einzelnes @-Zeichen ein, ziehen Sie anschließend die Skriptdatei *Kapitel 2 - Umgebung einrichten.sql* in das Konsolenfenster, und lassen Sie sie dort fallen.

► Klicken Sie in das Konsolenfenster, um es zu aktivieren, und bestätigen Sie die Eingabe mit der ⏎-Taste.

Funktioniert alles, sollten Sie in schneller Folge einige Befehle und Bestätigungen sehen. Das Ergebnis sollte ähnlich aussehen wie folgende Ausgabe:

```
SQL> connect sys@ora11g as sysdba
Kennwort eingeben:
Connect durchgeführt.
```

```
SQL> @"E:\SQL-Skripts\Kapitel 2\Umgebung einrichten.sql"
Benutzer wurde geändert.
Benutzer wurde geändert.
Benutzer wurde geändert.
Benutzerzugriff (Grant) wurde erteilt.

SQL> drop role plustrace;
drop role plustrace
            *
FEHLER in Zeile 1:
ORA-01919: Rolle 'PLUSTRACE' nicht vorhanden

SQL> create role plustrace;
Rolle wurde erstellt.

SQL> grant select on v_$sesstat to plustrace;
Benutzerzugriff (Grant) wurde erteilt.
SQL> grant select on v_$statname to plustrace;
Benutzerzugriff (Grant) wurde erteilt.
SQL> grant select on v_$mystat to plustrace;
Benutzerzugriff (Grant) wurde erteilt.
SQL> grant plustrace to dba with admin option;
Benutzerzugriff (Grant) wurde erteilt.

SQL> set echo off
Connect durchgeführt.
Tabelle wurde erstellt.
Connect durchgeführt.
Tabelle wurde erstellt.
Connect durchgeführt.
Tabelle wurde erstellt.
```

Listing 2.1 Die Ausgabe des Vorbereitungsskripts

Wahrscheinlich werden die Umlaute bei Ihnen durch Sonderzeichen ersetzt. Das ist leider in der Konsole so und sollte uns nicht weiter stören. Beenden Sie SQL*Plus, indem Sie die Anweisung exit zweimal in das Konsolenfenster eingeben und bestätigen.

Um sich zu vergewissern, dass alles korrekt funktioniert hat, verbinden Sie sich anschließend im SQL Developer mit dem Benutzer SCOTT. Die Fehlermeldung sollte nicht auftauchen und die Verbindung erfolgreich hergestellt werden können. Wenn das funktioniert hat, sind Sie soweit: Die Beispielbenutzer und die Datenbank sind installiert, es kann losgehen!

Noch eine Anmerkung zur Ausführung der anderen Beispielskripte. Diese Skripte funktionieren alle auch über den SQL Developer. Um diese Skripte ausführen zu können, öffnen Sie sie im SQL Developer. Wenn Sie bei der Installation des Programms festgelegt haben, dass der Mime-Typ SQL durch den SQL Developer geöffnet werden soll, reicht hierfür ein Doppelklick auf die Skriptdatei. Anschließend wird für diese Datei ein separates Eingabefenster geöffnet. Rechts oben in diesem Fenster finden Sie ein unscheinbares Einblendmenü, in dem Sie auswählen können, unter welcher Datenbankverbindung das Skript ausgeführt werden soll. Im Skript habe ich jeweils vermerkt, für welchen Benutzer ein Skript gedacht ist.

2.5   Online-Dokumentation und weiterführende Literatur

Die Seite *Oracle Technology Network* (*OTN*) kennen Sie ja nun bereits. Diese Seite ist nicht nur für das Herunterladen von Oracle-Programmen da, sondern auch für die wirklich ungewöhnlich reichhaltige Dokumentation der Oracle-Datenbank. Jede Datenbankversion bietet eine vollständige Sammlung von HTML- oder PDF-Dateien an, die jeden Aspekt der Datenbank dokumentieren. Das soll jetzt nicht abschrecken, aber die Dokumentation umfasst mehr als 50.000 Seiten. Natürlich müssen Sie diese Dokumentation nicht komplett lesen, aber es ist beruhigend, zu wissen, dass für jeden Aspekt auch eine offizielle Dokumentation existiert, die sich sachlich auf sehr hohem Niveau bewegt.

Ich werde im weiteren Verlauf des Buches einige Dokumente besonders empfehlen, damit Sie sich über einen Aspekt von SQL besser informieren können. All diese Dokumente finden Sie auf OTN unter ORACLE TECHNOLOGY NETWORK • DOCUMENTATION • DATABASE. Dieser Link führt Sie unmittelbar zur Dokumentation der aktuellen Version der Datenbank. Haben Sie aber nicht die aktuelle Version der Datenbank installiert, und möchten Sie zur Dokumentation Ihrer Datenbankversion gelangen, wählen Sie den Link ORACLE TECHNOLOGY NETWORK • DOCUMENTATION. Nun öffnet sich eine Seite, auf der Sie die Dokumentation Ihrer Datenbankversion wählen können. Zwar variiert das Layout der verschiedenen Dokumentationen nach der Version, doch überall finden Sie eine Möglichkeit, die eigentliche Dokumentationsseite anzuzeigen.

In Abbildung 2.14 sehen Sie die Einstiegsseite der Dokumentation der Version 11g Release 2.

Sie sehen links oben ein Suchfeld, mit dem Sie die Dokumentation direkt online durchsuchen können. Unterhalb des Suchfeldes existiert eine Reihe von Links, die zum Beispiel die *Master Book List* beinhaltet. Dieser Link verzweigt zu einer Reihe von Dateien, die verschiedene Aspekte der Oracle-Datenbank eingehend besprechen. Die Anzahl der Dokumente erschlägt einen zunächst. Doch liegen viele Dokumente in verschiedenen Fassungen für die unterstützten Betriebssysteme vor, andere Dokumente beschäftigen sich mit Spezialthemen, die Sie als Einsteiger nicht wirklich tangieren.

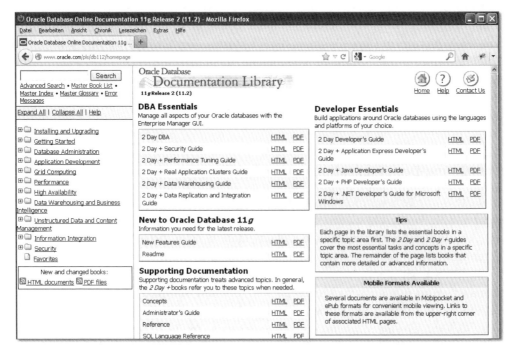

Abbildung 2.14 Die Einstiegsseite der Datenbankdokumentation 11gR2

Dennoch ist ein Selbststudium anhand dieser Dokumente äußerst mühsam, denn die Texte sind recht trocken, technisch und kompakt. Nur selten wird wirklich erklärt, viel häufiger lediglich erläutert, was vorhanden und wie es zu benutzen ist, aber eben nicht, warum und auf welche Weise etwas funktioniert. Nicht zuletzt aus diesem Grund werden Sie sich ja auch entschlossen haben, ein Buch zur Einführung zu erstehen. Wenn Sie die Einführung in die Oracle-Welt mit Hilfe dieses Buches allerdings erfolgreich gemeistert haben und Sie weitergehende Informationen, zum Beispiel zu einem speziellen Befehl, interessieren, so werden Sie hier fündig: Geben Sie in das Suchfenster zum Beispiel den Begriff »merge« ein, und suchen Sie danach (Abbildung 2.15). Dieser SQL-Befehl wird im Buch natürlich intensiv besprochen, doch vielleicht suchen Sie eine Option, die wir, weil sie zu speziell ist, nicht behandelt haben, dann werden Sie hier fündig. Lassen Sie mich an diesem Beispiel einmal die Organisation der Dokumentation aufzeigen:

Zunächst suchen wir nach dem Begriff und verzweigen dann zur ersten Fundstelle, die einen Treffer in der Datei *SQL Language Reference* anzeigt. Diese Datei enthält eine komplette Dokumentation aller SQL-Befehle der Oracle-Datenbank und umfasst immerhin 1.630 Seiten.

Abbildung 2.15 Das Suchergebnis nach dem Befehl MERGE

Klicken Sie auf den Link, sehen Sie eine Seite aus dieser Dokumentation als HTML-Seite. Wie bereits gesagt, können Sie diesen Link auch als PDF-Datei herunterladen. Das tue ich aber eigentlich selten, denn die Online-Dokumentation ist stets aktuell, normalerweise gut verfügbar und schnell. Daher ziehe ich diese Form der lokal gespeicherten PDF-Datei vor. Der Aufbau der Seite ist für jeden Befehl gleich: Zunächst wird der Zweck der Anweisung beschrieben. Dann folgen Voraussetzungen, um diesen Befehl nutzen zu dürfen. Es folgt das sogenannte *Train Diagram* (*Eisenbahndiagramm*), mit dem Oracle die Optionen eines Befehls grafisch darstellt (Abbildung 2.16).

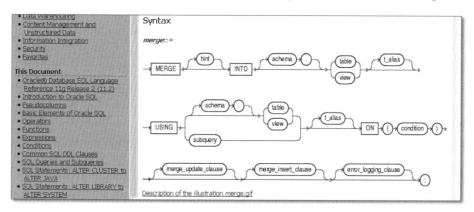

Abbildung 2.16 Das Train Diagram der MERGE-Anweisung (Ausschnitt)

Stellen Sie sich den Weg wie eine Spielzeugeisenbahn vor. Links oben beginnen Sie Ihre Fahrt. Stoßen Sie auf ein rechteckiges Kästchen, in das Sie einfahren müssen, handelt es sich hierbei um ein verpflichtendes Schlüsselwort. Sehen Sie eine Weiche, können Sie in alle möglichen Richtungen fahren, die ovalen Kästchen, die Sie dabei passieren, sind optional. Führt die Strecke durch ein ovales Kästchen, müssen Sie an dieser Stelle die sinngemäß korrekte Angabe machen, etwa den Namen einer Tabelle nennen. Dann existieren noch ovale Kästchen mit der Endung _clause. Diese Klauseln werden durch weitere Train Diagrams erläutert, die an diesen Stellen eingefügt werden müssen. Alle Klauseln werden anschließend textuell erläutert. Zu diesen Erläuterungen kommen Sie, indem Sie auf den Link oberhalb des Train Diagrams der entsprechenden Klausel klicken. Den Abschluss der Dokumentation bildet eine Sektion, die ich immer als Erstes lese: Ein Beispiel. Diese Beispiele sind normalerweise für die Benutzer SCOTT, HR, SH oder OE gemacht. Leider steht nicht dabei, für welche Benutzer sie gedacht sind, doch kennen Sie nach der Lektüre dieses Buches die Tabellen so gut, dass Sie unmittelbar erkennen können, für welchen Benutzer eine Abfrage gilt. In diesem Fall ist das Beispiel für den Benutzer OE gedacht (Abbildung 2.17).

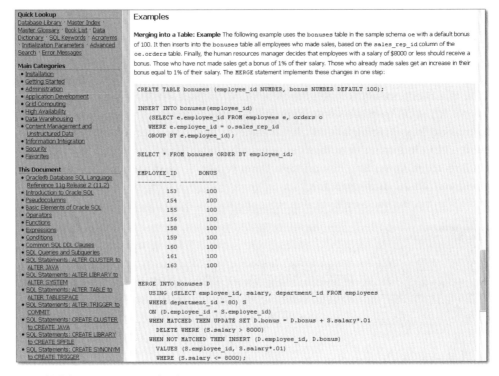

Abbildung 2.17 Beispiel für die MERGE-Anweisung

Informationen auf diesem Level sind, wie gesagt, für jede SQL-Anweisung verfügbar. Nicht alle finden sich dabei in der angesprochenen Datei, alle jedoch finden Sie über das zentrale Suchfenster.

Wenn Sie die Liste der PDF-Dateien durchsehen, stellen Sie fest, dass im Umfeld von SQL einige interessante Dateien zu finden sind. Neben der *SQL Language Reference* existieren noch eine *SQL Language Quick Reference*, ein *Developer User's Guide* und einige Dateien zu SQL*Plus. Doch auch in anderen Dateien werden Sie fündig, so existiert zum Beispiel noch die Datei *Data Warehousing Guide*, die einige spezielle und extrem leistungsfähige Erweiterungen von SQL bespricht. Ich werde im Buch öfter einmal auf diese Quellen verweisen, wenn es sinnvoll ist. Dadurch werden Sie im Laufe der Zeit diese Dokumentation für sich zu nutzen lernen.

Als allgemeiner Einstieg (das klingt netter, als es ist, die Datei ist ziemlich kompakt und wohl eher schwer verständlich) in die Oracle-Dokumentation gilt im Übrigen der *Concepts Guide*. Diese Datei ist mit »nur« 460 Seiten das Richtige für einen ruhigen Abend …

Kapitel 3

Konzept einer relationalen Datenbank

Bevor wir uns mit der Abfragesprache SQL beschäftigen, möchte ich einen kurzen Überblick über die Arbeitsweise von Datenbanken und die dahinter stehenden Überlegungen geben. Die Kenntnis dieser Grundlagen ist unverzichtbar für den Einsatz der Sprache SQL.

Dieses Kapitel führt Sie in die Grundlagen von Datenbanken ein, und zwar so weit, wie es erforderlich ist, damit Sie die folgenden Erklärungen zu den einzelnen SQL-Anweisungen verstehen können. Dennoch ist es nicht erforderlich, zunächst alle Abschnitte dieses Kapitels durchzuarbeiten. Wenn Sie Neuling in Datenbanken allgemein sind, empfehle ich Ihnen zumindest die ersten drei Abschnitte dieses Kapitels. Sie stellen das Handwerkszeug zum Verständnis von Datenbanken dar und geben eine erste Orientierung, was eigentlich durch SQL bearbeitet werden soll.

3.1 Die Idee der relationalen Speicherung

Ich möchte eine längere Geschichte kurz machen und ein paar Entwicklungsschritte der elektronischen Datenhaltung bis zur Erfindung der Datenbank zusammenfassen: Möchten Sie Daten, zum Beispiel zu Geschäftsvorfällen, elektronisch ablegen, benötigen Sie eine Speicherform, die es Ihnen erlaubt, schnell und sicher auf alle Teilinformationen zugreifen zu können. Stellen Sie sich vor, eine Datei enthielte den gesamten Kundenbestand und die Bestellinformationen Ihrer Kunden der letzten zehn Jahre. Natürlich bedeutete die Erfassung der Daten eine erhebliche Arbeit. Um den Aufwand der Datenerfassung zu rechtfertigen, haben Sie daher einige Anforderungen an diese Datei:

▶ Es wäre schön, wenn die Datei nicht kaputtginge.

▶ Sie möchten Daten in dieser Datei schnell und effizient finden können.

▶ Da Sie nicht allein in Ihrem Unternehmen sind, sollte es möglich sein, mit mehreren Benutzern gleichzeitig auf diese Datei zugreifen zu können.

▶ Änderungen, die ein Benutzer vornimmt, sollten nicht von anderen Benutzern unabsichtlich überschrieben werden können.

▶ Die Analyse der Daten sollte einfach möglich sein. Es sollte also keine besondere Mühe machen, herauszufinden, wie hoch das Bestellvolumen aller Bestellungen des letzten Jahres war.

▶ Die Daten, die sich in dieser Datei befinden, möchten Sie nicht nur zur Erstellung und Erfassung von Bestellvorgängen, sondern auch für Marketingmaßnahmen, Bonusprogramme und weitere, jetzt noch unbekannte Zwecke nutzen können.

▶ ...

Sicher können Sie die Liste oben noch beliebig erweitern. Doch schon aus den Anforderungen, die ich hier zusammengestellt habe, wird klar, dass eine einfache Textdatei diese Anforderungen nicht wird erfüllen können. Dateien des Dateisystems gestatten nicht die parallele (hier als zeitgleich verstandene) Bearbeitung durch mehrere Benutzer. Die Datensicherheit ist alles andere als gewährleistet (wenn Sie schon länger mit dem PC arbeiten – wie alt ist ihre älteste, noch funktionsfähige Datei?). Und selbst wenn Sie in regelmäßigen Abständen Sicherheitskopien angelegt haben, so sind die Änderungen nach der letzten Kopie doch niemals geschützt, wenn wir einmal von Programmen absehen, die versuchen, aktuelle Schattenkopien der Datei im Hintergrund zu halten. Auch die anderen Anforderungen sind nur schwer durchzusetzen: Eine Suche in der Datei ist nur mit den Mitteln der Volltextsuche möglich, eine Summenbildung über die Teilbeträge ist mit vernünftigem Aufwand gar nicht zu realisieren.

Tatsächlich wurden und werden auch heute noch Daten in einer einfachen Textdatei gespeichert, allerdings in einer weiterentwickelten Variante, nämlich *ISAM* (*Index Sequential Access Method*). Diese Speichermethode ist seit den 1960er Jahren bekannt und Grundlage für viele Produkte, denen man diese Herkunft vielleicht gar nicht zugetraut hätte: So ist ISAM Grundlage der weit verbreiteten Datenbank MySQL, die insbesondere für Webanwendungen verwendet wird, aber auch für JET, die Datenbankmaschine, auf der Microsoft Access aufbaut. Zudem ist diese Speicherform auch heute noch auf Großrechnern verbreitet: Viele Anwendungen basieren auf der Kombination von ISAM mit *COBOL* (*Common Business Language*), einer Programmiersprache, die für den betriebswirtschaftlichen Bereich optimiert ist, und stellen nicht selten den Kern von geschäftskritischen Anwendungen bei Banken, Versicherungen und anderen Unternehmen mit großen Datenbeständen dar.

Ihre Wahl zur Speicherung strukturierter Informationen könnte ja aber auch auf eine Tabellenkalkulation, wie zum Beispiel Microsoft Excel, gefallen sein. Einige der Probleme einfacher Textdateien haben wir in Excel nicht, so ist die schnelle Berechnung von Summen oder die Filterung der Daten kein Problem. Doch andere Anforderungen lassen sich nicht umsetzen: Es ist auch in Excel ein großes Problem, die Daten zu schützen, und zwar ebenso vor Totalverlust durch Festplatten- oder logische Dateifehler wie auch vor inhaltlichen Fehlern durch die Überschreibung von Informationen durch mehrere Anwender. Zudem ist es unmöglich, zeitgleich mit mehreren Benutzern an der Datei zu arbeiten, um nur einige Probleme zu nennen.

Die Idee der Speicherung in Tabellen ist jedoch gut; wenn wir die Vorteile dieses Ansatzes kombinieren mit einer Software, die darauf ausgelegt ist, Daten sehr gut zu schützen und gleichzeitig die Probleme beim parallelen Zugriff durch mehrere Benutzer zu schützen, dann haben wir bereits das, was wir eine relationale Datenbank nennen, oder, um etwas genauer zu sein, ein relationales Datenbankmanagementsystem, also ein Programm, das relationale Datensammlungen verwaltet. Eine Relation ist in der Informatik schlicht ein anderes Wort für eine Tabelle. Eine relationale Datenbank ist also eine Datenbank, die Daten in Tabellen speichert. Toll, denken Sie, worin denn sonst? Nun, dass Sie diesen Gedanken haben, ist nicht zuletzt Larry Ellison zu verdanken, dem Gründer und Chef von Oracle, denn unter anderem seine Datenbank Oracle ist so weit verbreitet, dass eine relationale Datenbank geradezu als Synonym für Datenbanken verstanden wird. Natürlich sind auch andere Produkte an dieser Synonymbildung beteiligt, denn sowohl Microsoft SQL Server als auch MySQL (genauer InnoDB) und PostgreSQL (also zwei Beispiele für OpenSource-Datenbanken), DB2 (von IBM) und beinahe beliebig viele weitere Datenbanken sind relationale Datenbanken, speichern ihre Daten also in Tabellen.

Das muss jedoch nicht so sein: So gibt es Datenbanken, die Informationen in Form multidimensionaler Würfel speichern (zwingen Sie mich bitte nicht, Ihnen erklären zu müssen, wie siebendimensionale Würfel aussehen ...), andere Datenbanken speichern Daten in hierarchischen Strukturen wie zum Beispiel XML. Das relationale Datenmodell hat sich jedoch durchgesetzt und macht heute einen Markanteil von gefühlt weit über 95 % aus. Unter diesen Datenbanken wiederum hat sich Oracle durchgesetzt und hat einen – ebenfalls gefühlten – Marktanteil von über 50 % im Umfeld unternehmenskritischer Anwendungen in Mittelstand und Industrie.

3.1.1   Aufteilung der Daten auf Tabellen

Nachdem wir die Idee der Speicherung in Tabellen grundsätzlich hergeleitet haben, schauen wir uns nun an, auf welche Weise Daten in einer solchen relationalen Datenbank gespeichert werden. Lassen Sie sich von umfangreichen Büchern zum Thema nichts Falsches einreden: Die Kernidee relationaler Datenbanken ist sehr, sehr einfach. Darin gleicht eine relationale Datenbank vielleicht dem Schach: Die Regeln sind dort auch ganz einfach. Allerdings – und das ist die schlechte Nachricht – kann das Spiel, das wir mit diesen Regeln spielen, auch bei Datenbanken alles andere als einfach sein.

Natürlich, und das ist Ihnen bereits beim Lesen dieser ersten Abschnitte klar, kann eine einzige Tabelle wohl kaum all die Daten aufnehmen, die Sie benötigen, um zum Beispiel die Organisation eines Unternehmens zu bewältigen. Je nach Komplexität und Größe des Unternehmens hätte die hierfür nötige Tabelle so viele Spalten, dass ein sinnvolles Arbeiten wohl kaum noch möglich ist. Es müssen also weitere Ideen her, wie eine solche Datenbank aufgebaut werden könnte, um auch komplexe Daten und riesige Datenmengen in den Griff zu bekommen. Und da wären wir nun bei den einfachen Spielregeln, nach denen relationale Datenbanken organisiert werden.

3.1.2   Die Spielregeln relationaler Datenbanken

Wenn Sie, und das ist sozusagen das »Hello World«-Beispiel im Umfeld von Datenbanken, eine Rechnung in einer Tabelle speichern möchten, so stehen Sie bereits vor einem Problem. Wenn Sie nämlich eine solche Rechnung betrachten, stellen Sie fest, dass die Rechnung Anteile enthält, die nur einmal pro Rechnung verwendet werden, wie zum Beispiel die Anschrift des Rechnungsempfängers, das Rechnungsdatum usw., während andere Anteile häufiger auftauchen können, wie zum Beispiel die einzelnen Rechnungspositionen, die in sich immer gleich strukturiert sind. Wollten wir diese Informationen nun in einer Tabelle speichern, so stehen wir vor der Frage, wie. Denn einerseits könnten wir pro Rechnung in unserer Tabelle eine einzige Zeile anlegen, dann jedoch müssten wir mehrere Spalten für die Speicherung der Rechnungspositionen vorsehen. Doch wie viele? Zehn? 20? Glauben Sie mir: Aus lauter Bosheit wird ein Kunde 21 Artikel bestellen, wenn sie maximal 20 vorgesehen haben. Das ist eine Konsequenz aus Murphys Gesetz (Kurzform: »*Alles, was schiefgehen kann, wird auch schiefgehen.*«, siehe auch den entsprechenden Artikel auf Wikipedia), doch auch ohne diesen philosophischen Hintergrund sehen wir die Grenzen: Was, wenn zu einer Information *beliebig viele* Informationen gespeichert werden können müssen? Dann versagt dieses Modell.

Gut, aber wir können ja auch pro Rechnungsposition eine Zeile der Tabelle verwenden. Das löst das Problem mit der Beschränkung der Anzahl der Rechnungsposition, zwänge uns aber andersherum dazu, die Informationen, die nur einmal pro Rechnung existieren, mehrfach zu speichern. Das hat mehrere Nachteile: Wie finden Sie so zum Beispiel heraus, wie viele Rechnungen die Tabelle enthält? Um das zu entscheiden, müssten wir die Anzahl *unterschiedlicher* Einträge in den Spalten mit den nur einmal vorhandenen Informationen zählen. Dann speichern wir Informationen sehr häufig redundant, also mehrfach als Kopie. Das ist nicht nur unter dem Gesichtspunkt der Dateigröße nicht gut, sondern auch eine Fehlerquelle für die Daten selbst, weil nun die Änderung an einer dieser Informationen an allen identischen Kopien durchgeführt werden müsste (Abbildung 3.1).

	A	B	C	D	E	F	G	H	I	J	K	L
1	Datum	Empfänger	Strasse	PLZ	Ort	Preis	Artikel_1	Menge_1	Preis_1	Artikel_2	Menge_2	Preis_2
2	13.11.2011	Müller	Wolfsweg 1	12345	Dorthausen	104,6	Feldwurst	2	12,5	Waldwurst	5	8,9
3												
4												
5	Datum	Empfänger	Strasse	PLZ	Ort	Preis	Artikel	Menge	Preis			
6	13.11.2011	Müller	Wolfsweg 1	12345	Dorthausen	104,6	Feldwurst	2	12,5			
7	13.11.2011	Müller	Wolfsweg 1	12345	Dorthausen	104,6	Waldwurst	5	8,9			
8	13.11.2011	Müller	Wolfsweg 1	12345	Dorthausen	104,6	Wiesenwurst	3	11,7			

Abbildung 3.1 Zwei Modellierungsvarianten, beide schlecht ...

Wie kommen wir aus dieser Situation heraus? Wir brauchen beides: Einmal vorhandene Informationen dürfen nur einmal gespeichert werden, mehrfach vorhandene Informationen müssen beliebig häufig gespeichert werden können. Das geht nur durch zwei Tabellen. Denn mit zwei Tabellen können wir eine Zeile der einen Tabelle, die nur die einmal vorkommenden Informationen enthält, kombinieren mit einer Tabelle, die alle mehrfach vorkommenden Informationen einer Rechnung enthält. Dafür ist es allerdings erforderlich, einen Mechanismus einzurichten, der die beiden Zeilen miteinander verbindet. Und wie das gemacht wird, ist die zentrale (und einzige!) Idee von Datenbanken: Wir benötigen eine Spalte, die es uns ermöglicht, eine Zeile der Tabelle mit den einmalig vorkommenden Daten zu identifizieren. Diese Information muss zweifelsfrei und eindeutig möglich sein. Haben wir solch ein Kriterium, könnte dieses Kriterium in der zweiten Tabelle zu jeder Zeile gespeichert werden, die zu dieser Rechnung gehört, so wie das in Abbildung 3.2 gezeigt wird. Hier werden der Rechnung 7411 insgesamt drei Positionen in der zweiten Tabelle zugeordnet. Ich habe die Darstellung nach Rechnungsnummern sortiert, damit Sie den Zusammenhang leichter erfassen können. Der Datenbank ist so etwas allerdings egal, die Daten können in beliebiger Reihenfolge auftauchen.

	A	B	C	D	E	F	G
1	RE_NR	Datum	Empfänger	Strasse	PLZ	Ort	Gesamtpreis
2	7411	13.11.2011	Müller	Wolfsweg 1	12345	Dorthausen	104,6
3	7412	13.11.2011	Meier	Hauptstr. 2	23456	Ahausen	72,1
4	7413	14.11.2011	Schmitz	Brahmsstr. 3	45678	Irgendwo	76,5

	A	B	C	D
1	RE_NR	Artikel	Menge	Preis
2	7411	Feldwurst	2	12,5
3	7411	Waldwurst	5	8,9
4	7411	Wiesenwurst	3	11,7
5	7412	Hasenrücken	1	16,5
6	7412	Waldwurst	4	8,9
7	7413	Aufschnitt	1	8,3
8	7413	Feldwurst	2	12,5
9	7413	Hasenrücken	1	16,5
10	7413	Waldwurst	3	8,9

Abbildung 3.2 Schon besser: Die Daten sind auf zwei Tabellen verteilt.

Unterhalten wir uns zunächst darüber, welche Anforderungen wir an eine solche »identitätsstiftende« Spalte haben. Zwei Anforderungen werden in Datenbanken an eine solche Spalte gestellt: Die Information dieser Spalte muss, bezogen auf die Spalte, eindeutig sein. Wir nennen diese Anforderung unique. Das ist sofort einleuchtend: Der Wert 7411 darf in der Spalte RE_NR in der Tabelle für die Rechnung nicht ein zweites Mal vorkommen. Die zweite Bedingung ist »typisch für Informatiker« und erscheint zunächst nicht sehr einleuchtend: Die Information muss vorhanden sein. Diese Anforderung nennen wir not null. Damit ist gemeint, dass die Information, nun ja, nicht fehlen darf. Das aber ist in Tabellen durchaus möglich, wenn nämlich die Zelle einer Spalte einfach leer ist. Zwar könnten Sie nun argumentieren, dass, solange diese Zelle die einzige ist, die leer ist, dies auch ein eindeutiges Kriterium sein kann, doch »denken« Datenbanken über nicht bekannte Daten anders, konsequenter, als der allgemeine Menschenverstand: Eine fehlende Information ist nicht bekannt, kann also nicht verglichen werden. Da eine Information fehlt, ich sie also nicht kenne, könnte die Information ebenso gut 17,35 sein, oder 21. Ist es aber möglich, dass die Information jede beliebige Zahl darstellen kann, könnte sie also auch eine der bereits verwendeten Zahlen in der Spalte sein. Sicher sind Sie erst, wenn Sie *wissen*, um welche Zahl es sich handelt. Daher verbietet eine Datenbank, dass in einer Spalte, die als Identifikationsspalte verwendet werden soll, Informationen fehlen. Halten wir, sozusagen nebenbei, fest: Eine fehlende Information wird als null-Wert bezeichnet. Dieser Wert ist nicht gleich 0 oder einer leeren Zeichenkette, er ist überhaupt nicht gleich irgendetwas, er ist schlicht unbekannt, nicht definiert, nicht vorhanden. Mathematische Vergleiche lassen sich mit diesem Wert nicht anstellen.

Andersherum: Wenn sichergestellt ist, dass in einer Spalte einer Tabelle eine Information, bezogen auf die anderen Spaltenwerte, eindeutig ist *und* dass diese Information nicht fehlen darf, ist die Spalte geeignet, eine Zeile der Tabelle eindeutig zu kennzeichnen: Es kann keine zwei Zeilen der Tabelle geben, die diesen Spaltenwert gemeinsam haben. Damit haben wir das, was in einer Datenbank ein Schlüsselwert genannt wird. Etwas genauer: Dadurch, dass dieser Wert eine Zeile eindeutig kennzeichnet, wird dieser Wert der *Primärschlüssel* zu einer Zeile genannt. Allein durch die Kenntnis des Primärschlüssels kommen Sie zur durch den Schlüssel repräsentierten Zeile der Tabelle. In unserem Beispiel ist dies einfach eine Rechnungsnummer. Wichtig: Diese Information ist Rechnungsnummer *und sonst nichts*. Es ist problematisch, wenn diese Rechnungsnummer noch für andere Zwecke als für die Identifikation einer einzelnen Rechnung verwendet wird, weil dadurch die Gefahr besteht, dass diese Nummer später einmal geändert werden müsste. Daher gilt es als gute Praxis, die Rechnungsnummer als sogenannten *technischen Schlüssel* auszulegen, was bedeutet, dass es sich bei dem Schlüssel um eine beliebige Zahl ohne weiteren Informationswert handelt.

Gut. Mit diesem Primärschlüssel haben wir nun die Zeile der Tabelle gekennzeichnet, auf der nur eine Zeile pro Rechnung gespeichert wird. Nennen wir diese Tabelle die RECHNUNG. Der Schlüsselwert, der hier verwendet wird, wird nun in einer Spalte der zweiten Tabelle gespeichert, die die Rechnungspositionen enthält Diese Tabelle nennen wir RECHNUNG_POSITION. Damit nun jede Rechnungsposition eindeutig einer bestimmten Rechnung zugeordnet werden kann, ist es ausreichend, nur den Primärschlüssel der zugehörigen Rechnung bei jeder Rechnungsposition zu speichern. Halten wir aber auch fest: Die Rechnungsnummer dient eigentlich bislang nur dazu, die Verbindung zwischen den beiden Tabellen aufzubauen. Dass diese Nummer natürlich auch gut genutzt werden kann, um mit dem Kunden zu kommunizieren (»Beziehen Sie sich bei Reklamationen bitte immer auf die Rechnungsnummer ...«) ist angenehm, aber eigentlich nicht erforderlich: So hätte auch die Angabe des Rechnungsdatums und des Adressaten der Rechnung ausreichen können, eine Rechnung zu identifizieren. Nach der Einführung einer Rechnungsnummer allerdings ist diese Kommunikation viel einfacher und weniger anfällig für Fehler. Doch eigentlich benötigen wir die Rechnungsnummer aus technischen Gründen.

Welche Anforderungen muss aber nun die Spalte in Tabelle RECHNUNG_POSITION erfüllen, die die Rechnungsnummer als Referenz auf die Rechnung speichert? Ihnen ist wahrscheinlich intuitiv klar, was diese Information ausdrückt, aber wie erklären Sie das Ihrem Kind (oder wie meine Tochter in solchen Situationen gern sagt: »How can I press me out?«)? Lassen Sie es mich einmal so versuchen: *Wenn* eine Information in der Spalte verwendet wird, *dann* muss sie auch als Information in der Spalte mit dem Primärschlüssel vorhanden sein. Eigentlich klar, oder? Aber warum habe ich das »wenn« im vorigen Satz so betont? Muss denn nicht die Information *immer* enthalten sein? Nein, das ist keinesfalls so. Stellen Sie sich als Beispiel vor, Sie wollten speichern, ob eine Wohnung einen Mieter hat oder nicht. Ein Mieter könnte theoretisch mehrere Wohnungen mieten, allerdings hat eine Wohnung genau einen Mieter. Wir haben hier eine ähnliche Situation wie bei der Speicherung von Rechnungen: Eine Rechnung kann mehrere Rechnungspositionen haben, eine Rechnungsposition muss aber zu genau einer Rechnung gehören. Und genau das ist an dem Beispiel mit der Wohnung anders: Eine Wohnung kann durchaus im Moment nicht vermietet sein und hätte dann in der Spalte mit dem Mieter keinen Eintrag. Aber wenn eine Wohnung dann vermietet wird, dann macht der Eintrag nur dann Sinn, wenn es den Mieter in der Tabelle der Mieter auch wirklich gibt. Die zweite Tabelle, die mehrere Zeilen zu einer Rechnung speichern kann, ist also an den Daten der Spalte der ersten Tabelle interessiert. Wenn ein Wert in der Spalte der zweiten Tabelle eingefügt wird, so muss der Wert dieser Spalte als Wert in der Primärschlüsselspalte der ersten Tabelle enthalten sein.

Wenn Sie so etwas von einer Spalte einer Tabelle fordern, wird diese Tabelle dadurch zur sogenannten *Fremdschlüsselspalte*. Dieser etwas seltsam klingende Begriff sagt also: Der Schlüssel dieser Spalte ist eine Referenz auf einen »fremden«, also irgendwo anders definierten, Primärschlüssel. Die Datenbank wird garantieren, dass *niemals* ein Verstoß gegen diese Regel erlaubt wird. »Niemals« ist in der Computerindustrie ein großes Wort, aber hier stimmt es: Solange die Datenbank überhaupt funktioniert, wird sie die Einhaltung dieser Bestimmung garantieren. Das ist eine ganz wichtige Zusicherung für Sie als Benutzer der Datenbank und einer der Hauptunterschiede zu einer normalen Datei.

Dieses Spiel können wir nun immer weiter spielen, denn wenn wir uns noch einmal Abbildung 3.2 ansehen, haben wir kein ganz gutes Gefühl: In der zweiten Tabelle werden die Artikel mit ihren Einzelpreisen immer wiederholt. Ist das so in Ordnung? Nein, natürlich nicht. Wir sollten darüber nachdenken, die Artikel, die ja mehrfach verkauft werden könnten, in eine eigene Tabelle ARTIKEL zu speichern. Um nun die Artikel in den Rechnungspositionen referenzieren zu können, benötigen wir einen Primärschlüssel, aber auf welcher Seite? Ganz einfach: Weil uns die Wiederholung der Artikel in der Tabelle RECHNUNG_POSITION stört, ist dort offensichtlich die Seite mit den vielen Daten, also gehört hier der Fremdschlüssel hin. Auf der anderen Seite, also in der neu zu schaffenden Tabelle ARTIKEL ist daher der Primärschlüssel. Und auch das macht Sinn: Jeder unterschiedliche Artikel erhält damit einen eindeutigen Primärschlüssel als Identifikationskriterium, eine *Artikelnummer*. Den gleichen Gedanken können wir auch für die Kunden haben. Was, wenn ein Kunde mehrfach Ware bestellt? Dann müsste ich auch den Kundennamen noch wiederholen. Also böte sich eine Kundentabelle an, die meine Kunden enthält und auf die ich (mit einem Fremdschlüssel) aus der Tabelle RECHNUNG zeige. Damit ist in der Tabelle KUNDEN demzufolge eine *Kundennummer* erforderlich, die dort als Primärschlüssel dient. Machen Sie sich doch einmal die kleine Mühe, dieses Datenmodell für sich zu entwerfen. Wie Sie feststellen sollten, wird die Tabelle RECHNUNG gewissermaßen »entvölkert« und besteht nachher nur noch aus einer Rechnungsnummer, einem Datum und einer Referenz auf eine Kundennummer aus der Tabelle KUNDE. Die Tabelle RECHNUNG_POSITION ist ebenfalls nur noch eine Sammlung von Zahlen, nämlich der Rechnungsnummer, der Artikelnummer und der Anzahl der einzelnen Artikel. Das Ganze ist zwar weniger übersichtlich, aber dafür haben wir ja einen Computer, der das verwaltet. Aber eines stimmt nun ebenfalls: Alle relevanten Daten werden nun nur noch einmal, in jeweils einer Tabelle, gespeichert, »benutzt« werden die Daten lediglich als Referenz auf ihre Primärschlüsselinformation. Und genau das ist das Ziel, dass wir beim Speichern von Daten in der Datenbank erreichen möchten.

Noch etwas stört mich, aber aus anderem Grund: Die Spalte Gesamtpreis in der Tabelle RECHNUNG enthält einen Wert, über den man trefflich streiten kann. Muss er wirklich in der Datenbank gespeichert werden, wenn ich ihn doch ganz einfach aus den hinterlegten Daten errechnen kann? Diese Diskussion hat eine andere Dimension, es gibt ebenso viele Argumente dafür wie dagegen. Ich entscheide mich dagegen, diese Information zu speichern, sondern entscheide, den Betrag bei Bedarf zu berechnen. Daher zeigt Abbildung 3.3 das Datenmodell ohne die Gesamtpreisspalte. Die Daten sind nun auf vier Tabellen verteilt. Das ist vielleicht zunächst nicht sehr übersichtlich, aber leistungsfähig: Stellen Sie sich zum Beispiel vor, zu einem Kunden sollen weitere Informationen gespeichert werden, etwa eine Telefonnummer, eine E-Mail-Adresse oder Ähnliches. In den früheren Ansätzen wäre dies nicht einfach zu realisieren, denn es müssten Spalten in der Tabelle RECHNUNG hinzugefügt werden, die anschließend für jeden Kunden mit redundanten Informationen gefüllt werden müssten. In der Implementierung unten ist dies nicht erforderlich: Da ein Kunde nur einmal in der Tabelle KUNDE gespeichert wird, ist es ausreichend, dort die Spalten hinzuzufügen und die Daten pro Kunde einmal einzufügen. Alle Rechnungen haben so Zugriff auf diese Werte und können damit arbeiten.

Ich hoffe, dass dieses Beispiel Ihnen ein erstes Gefühl dafür gibt, wie Daten in einer Datenbank gespeichert werden. Zunächst ist das Ergebnis unserer Bemühungen vielleicht etwas unübersichtlich, doch werden Sie sich schnell an diese Art der Speicherung gewöhnen. Es ist halt immer wieder dasselbe, die gleichen Mechanismen wiederholen sich in den Datenmodellen immer wieder. Zum Teil muss man natürlich schwierigere Wege gehen, das hängt von den Aufgaben ab, die die Daten zu erfüllen haben. Aber als Einstieg in das Verständnis reicht dieses Wissen allemal, weitere Informationen finden Sie in Teil 5, »Datenbankmodellierung«.

RECHNUNG		
RE_Nr	Datum	Kunde_Nr
7411	13.11.2011	123
7412	13.11.2011	234
7413	14.11.2011	345

KUNDE				
Kunde_Nr	Empfänger	Strasse	PLZ	Ort
123	Müller	Wolfsweg 1	12345	Dorthausen
234	Meier	Hauptstr. 2	23456	Ahausen
345	Schmitz	Brahmsstr. 3	45678	Irgendwo

RECHNUNG_POSITION		
RE_NR	Artikel_Nr	Menge
7411	17	2
7411	18	5
7411	19	3
7412	20	1
7412	18	4
7413	21	1
7413	17	2
7413	20	1
7413	18	3

ARTIKEL		
ArtikelNr	Bezeichnung	Preis
17	Feldwurst	12,5
18	Waldwurst	8,9
19	Wiesenwurst	11,7
20	Hasenrücken	16,5
21	Aufschnitt	8,3

Abbildung 3.3 Alles getrennt – nicht übersichtlich, aber redundanzfrei

Das war es schon, mehr gibt es nicht. Nun gut, vielleicht noch eine Kleinigkeit: Eine Datenbank kann für eine Spalte noch eine Regel hinterlegen, die für jeden Eintrag in dieser Spalte gelten soll. Mit solchen Regeln können Sie zum Beispiel sicherstellen, dass ein eingefügter Wert zwischen 100 und 5367 liegen muss, oder nur einen der Werte Ja, Nein oder Morgen vielleicht enthalten darf. Man nennt diese Regel einen check, eine Prüfung, die als feste Regel hinterlegt wird.

Fassen wir also zusammen:

▶ Eine Datenbank speichert Daten in Tabellen.

▶ Daten werden dabei (hoffentlich sinnvoll) auf verschiedene Tabellen aufgeteilt.

▶ Die Beziehung zwischen zwei Tabellen wird über einen Primärschlüssel auf der Tabelle, die nur einmalige Informationen zu einer Rechnung speichert, und einem Fremdschlüssel in der Tabelle, die mehrere Informationen zu einer Rechnung speichert, hergestellt.

▶ Die Tabellen haben ein System von Zusicherungen, die dem Benutzer garantieren, dass niemals gegen sie verstoßen wird. Diese Zusicherungen werden *Constraints (Einschränkungen)* genannt.

3.1.3   Die 1:n-Beziehung und ihre Varianten

Wie wir gesehen haben, ist es möglich, dass eine Tabelle mit mehreren anderen Tabellen in Beziehung steht. Nehmen wir als Beispiel die Tabelle ARTIKEL aus unserem Rechnungsmodell. Dass es sinnvoll ist, diese Information in eine eigene Tabelle auszulagern, leuchtet unmittelbar ein: Der gleiche Artikel kann (und soll) ja mehrfach verkauft werden. Wir haben also, wenn wir die Daten nicht auf eine neue Tabelle auslagern, das Problem, die Details zu dem Produkt (Einkaufspreis, Gewicht, Ausführung oder was auch immer) immer wieder speichern zu müssen, wenn dieser Artikel erneut bestellt würde. Nun sind wir mit den Spielregeln ja bereits vertraut: Die Artikel legen wir in einer Tabelle mit dem Namen ARTIKEL ab. Nur noch einmal zur Wiederholung: Welche Tabelle enthält nun den Primärschlüssel zum Artikel, und in welche Tabelle legen wir die Referenz, also den Fremdschlüssel, auf diesen Artikel? Bitte lehnen Sie sich zurück und beantworten Sie sich die Frage, bevor Sie weiterlesen.

Sehr wahrscheinlich kommen wir zum gleichen Ergebnis: Wir benötigen eine Tabelle ARTIKEL mit dem Primärschlüssel ARTIKELNUMMER, denn ein Artikel soll ja mehrfach verkauft werden, daher muss in der Tabelle ARTIKEL der Artikel eindeutig identifizierbar sein. Es macht keinen Sinn, die Referenz auf diesen Artikel in der Tabelle RECHNUNG hinterlegen zu wollen, denn dort ist es nicht möglich, mehrere Artikel pro Rechnung zu referenzieren. Daher bleibt nur die Tabelle RECHNUNG_POSITION, und das macht Sinn: Jede Bestellposition hat ja genau einen Artikel. Dieser Artikel kann aber in mehreren Rechnungen bestellt werden und daher in der Tabelle RECHNUNG_POSITION mehrfach auftauchen. Vielleicht ist die Entscheidung zwischen der Primärschlüssel- und der Fremdschlüsselseite zu Anfang das Schwierigste an der Modellierung. Mir hilft dabei, ganz konsequent einen Gedanken zu denken: Was darf es nur einmal geben? Dorthin muss der Primärschlüssel. Wenn eine Person mehrfach Kunde eines Restaurants ist, muss der Kunde den Primärschlüssel besitzen. Arbeiten mehrere Mitarbeiter in einer Abteilung, muss die Abteilung die Primärschlüsselinformation beinhalten. Aber genau dieses Beispiel ist vielleicht interessant: Natürlich ist es sinnvoll, einem Mitarbeiter eine Personalnummer zu geben. Daran können wir zum Beispiel seine monatlichen Gehaltsabrechnungen binden oder andere Informationen. Wenn wir aber ausdrücken möchten, dass ein Mitarbeiter in einer Abteilung arbeitet, ist diese Personalnummer nicht geeignet: Mehrere Mitarbeiter arbeiten in einer Abteilung. Oder andersherum: In einer Abteilung arbeiten mehrere Mitarbeiter, daher benötigt die Abteilung den Primärschlüssel. Wenn wir also die Beziehung zwischen Abteilung und Mitarbeiter ausdrücken möchten, ist die Abteilungsnummer der Primärschlüssel. Möchten wir ausdrücken, dass ein Mitarbeiter monatliche Gehaltsabrechnungen erhält, ist die Personalnummer der Primärschlüssel. Das Prinzip ist immer wieder das gleiche, Sie müssen aber sehr genau darauf achten, welche Beziehung Sie eigentlich ausdrücken möchten.

Dieses Prinzip der Speicherung nennen wir eine 1:n-Beziehung, denn 1 Zeile der einen können n Zeilen einer zweiten Tabelle zugeordnet werden. Von dieser Regel können wir einige Spezialfälle ableiten, es bleibt aber dabei: Es gibt keine weitere architektonische Idee in Datenbanken, nur Anwendungen dieser einen Idee. Sehen wir uns einige Spezialfälle an:

▶ Es könnte zum Beispiel sein, dass eine Zeile einer Tabelle auf der 1-Seite mit mindestens einer Zeile einer zweiten Tabelle auf der n-Seite verknüpft sein muss. In diesem Fall ist es also nicht erlaubt, dass für eine Zeile der Primärseite keine Zeile auf der Sekundärseite existiert. Dieser einfache Sonderfall kann (vielleicht zu Ihrer Überraschung) von Datenbanken nicht garantiert werden, denn zum Zeitpunkt der Einfügung einer Zeile auf der Primärseite ist ja bereits gegen diese Regel verstoßen worden, weil zu diesem Zeitpunkt der Eintrag der zweiten Seite nicht vorhanden ist. Aber auch später kann eine solche Zusicherung in Datenbanken nur durch weitergehende Programmierung sichergestellt werden, in dem zyklisch nach Verstößen gegen diese Regel gesucht wird.

▶ Dann könnte es sein, dass auch auf der Sekundärseite lediglich maximal eine Zeile zu einer Zeile auf der Primärseite erlaubt ist. Dadurch würde die Beziehung zu einer 1:0..1-Beziehung, das heißt, dass zu einer Zeile der Primärseite keiner oder ein Eintrag auf der Sekundärseite vorhanden sein kann. Dieser Sonderfall kommt gelegentlich vor und ist dadurch sicherzustellen, dass die Fremdschlüsselspalte außerdem noch eindeutig sein muss, also mit dem Constraint unique belegt wird. Als Beispiel könnten Sie sich vorstellen, dass ein Interessent in einer Tabelle gespeichert wird. Sollte dieser Interessent nun zu einem Kunden werden, indem er einen Artikel bei Ihnen kauft, könnten in einer weiteren Tabelle zu diesem Interessenten Kundeninformationen gespeichert werden. Weitere Beispiele finden sich auch, wenn Personen in der Datenbank verschiedene Ausprägungen erhalten können, zum Beispiel als Kunde, als Lieferant, als Interessent oder als Mitarbeiter. Manchmal werden die Detailinformationen zu diesen Rollen, die eine Person spielen kann, in separaten Tabellen gespeichert. Diese Tabellen enthalten die spezifischen Informationen für eine Person nur einmal.

▶ Noch etwas verschärft würde die Situation, wenn die Fremdschlüsselspalte zudem nicht null sein darf, also einen Wert enthalten muss. In diesem Fall haben wir eine 1:1-Beziehung zwischen den beiden Tabellen. Ein solcher Fall gilt gemeinhin als schlechtes Datenbankdesign, denn man könnte in diesem Fall einfach beide Tabellen in einer zusammenführen. In Extremsituationen kann aber auch ein solches Modell einmal möglich oder gar notwendig sein. Ich erinnere mich daran, dass im medizinischen Umfeld (und da und dort auch in besonders sicherheitsorientierten Webdiensten) Adressinformationen und medizinische Informationen auf getrennten Servern gespeichert werden mussten. Hier können durchaus solche Beziehungen existieren.

3.1.4   Die m:n-Beziehung

Einen weiteren Sonderfall müssen wir allerdings etwas genauer erörtern: Es gibt die Beziehung mehrerer Zeilen der einen Tabelle zu mehreren Zeilen einer anderen Tabelle. Als Beispiel könnten wir uns vorstellen, dass ein Patient Medikamente benötigt. Machen Sie sich dieses Beispiel vielleicht parallel auf einem Blatt Papier klar, indem Sie einfach zwei Kästchen für die Tabellen PATIENT und MEDIKAMENT zeichnen und überlegen, wohin genau Sie welche Information speichern möchten. Nun kann ein Patient durchaus mehrere Medikamente benötigen, wir speichern also einen Patienten in der einen Tabelle, die Medikamente in einer zweiten Tabelle und referenzieren dort den Patienten. Leider funktioniert das nicht, denn ein Medikament kann durchaus auch von mehreren Patienten genommen werden, wir müssten die Beziehung also auch umgekehrt vornehmen können. Nun können wir aber keine Liste von Patienten zum Medikament speichern und umgekehrt auch keine Liste von Medikamenten zum Patienten. Wir haben ein Problem. Dieses Problem taucht sehr häufig auf. Einige Beispiele:

▶ Ein Mitarbeiter kann – über die Zeit – in mehreren Abteilungen arbeiten, in einer Abteilung arbeiten jedoch auch mehrere Mitarbeiter.

▶ Ein Kunde leiht mehrere DVDs aus, die gleiche DVD kann jedoch auch von mehreren Kunden ausgeliehen werden.

Allerdings ist dieses Problem zum Glück nicht von grundsätzlicher Bedeutung, wir benötigen keine neuen Mittel, um es zu lösen, sondern es ergibt sich eine Lösung aus dem, was wir bereits wissen. Lassen Sie mich diese Lösung allerdings – ganz gemein –

von der anderen Seite aus angehen, um Ihnen zu zeigen, dass es sich tatsächlich um eine Anwendung dessen handelt, was wir bereits wissen. Um das zu erklären, stellen wir uns vor, wir wollten eine Tabellenlandschaft generieren, um zu speichern, wie Mitarbeiter in einem Unternehmen arbeiten. Unsere Mitarbeiter arbeiten in einer Abteilung und haben einen Job. Wir denken über die Tabellen nach, die wir benötigen werden, um die Informationen zu unseren Mitarbeitern zu speichern, und kommen auf das Ergebnis gemäß Abbildung 3.4.

MITARBEITER

Personal_Nr	Name	Einstelldatum	Gehalt	Beruf_Nr	Abteilung_Nr
123	Meier	01.01.2001	3500	15	10
234	Schmitz	01.10.2005	2700	19	20
456	Müller	22.07.1997	3250	23	20
567	Walter	10.05.1986	4000	27	20

ABTEILUNG

Abteilung_Nr	Bezeichnung	Ort
10	Entwicklung	Köln
20	Verwaltung	Düsseldorf

BERUF

Beruf_Nr	Bezeichnung	Gehalt_von	Gehalt_bis
15	Abteilungsleiter	3000	4500
19	Analyst	2000	3500
23	Programmiere	2500	3250
27	Manager	3500	4000

Abbildung 3.4 Mitarbeiter mit Jobs in Abteilungen

Eine Tabelle soll unsere Mitarbeiter speichern. Da aber unsere Mitarbeiter zum Teil den gleichen Job haben, bietet es sich an, die Informationen zu den Jobs in eine Tabelle auszulagern. Im Grunde ist das die gleiche Entscheidung wie in unserem ersten Beispiel mit der Rechnung, nur andersherum: Eine Rechnung hat mehrere Rechnungspositionen, daher speichern wir die Rechnungspositionen in eine eigene Tabelle. Hier könnten wir analog argumentieren: Ein Job hat mehrere Mitarbeiter, die ihn ausführen, daher sollten wir die Mitarbeiter in eine eigene Tabelle auslagern. Das klingt zwar ein wenig komisch, ist aber logisch das Gleiche. Wir sehen aber bereits, dass es ein weiteres Prinzip in Datenbanken gibt, Daten auf mehrere Tabellen auszugliedern: Wir lagern sich wiederholende Information auf eine eigene Tabelle aus, um diese Informationen dort nur einmal speichern zu müssen. Alles ist eine Frage des Blickwinkels, so also auch hier. Ich entscheide mich, die Jobs in eine eigene Tabelle auszulagern, damit ich die Details zum Job nicht mehrfach speichern muss. Der gleiche Gedanke bewegt mich bezüglich der Abteilungen: Ich möchte gern eine eigene Tabelle für Abteilungen haben, denn mehrere Mitarbeiter arbeiten in einer Abteilung, ich möchte die Informationen zu den Abteilungen nicht mehrfach speichern müssen. Oder, als Gedankenspiel, noch einmal andersherum: Eine Abteilung enthält mehrere Mitarbeiter, daher sollten die Mitarbeiter in eine eigene Tabelle ausgelagert werden.

Nun zunächst die Frage: Wo sind hier die Primär- und wo die Fremdschlüssel? Primärschlüssel benötigen wird bei der Job- und der Abteilungstabelle, denn dort soll ein Job oder eine Abteilung ja nur einmal gespeichert werden und nicht mehrfach. Da mehrere Mitarbeiter den gleichen Job haben oder in der gleichen Abteilung arbeiten, sind dort die Fremdschlüssel erforderlich. Um eine Referenz eines Mitarbeiters auf einen Eintrag in der Jobtabelle zu realisieren, muss eine Spalte den Primärschlüssel der Jobtabelle aufnehmen. Um eine Referenz eines Mitarbeiters auf einen Eintrag in der Abteilungstabelle zu realisieren, muss eine weitere Spalte in der Mitarbeitertabelle den Primärschlüssel aus der Abteilungstabelle aufnehmen. Soweit alles klar? Sie haben damit ein wesentliches Prinzip der Erzeugung von Datenmodellen, also der Verteilung von Daten auf Tabellen, kennengelernt.

Das ist zwar hübsch, aber was hat das mit der Beziehung der Patienten zu den Medikamenten zu tun? Wir wollten ja die Frage klären, wie mehrere Zeilen einer Tabelle mit mehreren Zeilen einer anderen Tabelle in Beziehung gestellt werden können. Achtung: Ich ziehe jetzt an einem Faden und der ganze Knoten löst sich in Wohlgefallen auf: Die Tabellen JOB und ABTEILUNG haben bereits eine solche m:n-Beziehung. Wie das? Sehen wir es uns an: Natürlich ist es möglich, dass der gleiche Job in mehreren Abteilungen vorkommen kann. Korrekt? Ja, denn wenn zum Beispiel jede Abteilung einen Manager hat, ist der gleiche Beruf Manager in mehreren Abteilungen vorhanden. Außerdem kann eine Abteilung mehrere Berufe enthalten, falls die Mitarbeiter einer Abteilung unterschiedliche Berufe haben. Ein Beruf kann also in mehreren Abteilungen vorkommen und eine Abteilung kann mehrere Berufe aufnehmen. Zwischen diesen beiden Tabellen ist die gleiche Beziehung entstanden wie zwischen den Tabellen Patient und Medikament.

Ich musste dazu keine neue, grundsätzliche Idee einführen. Es hat gereicht, die Beziehung über einen Primärschlüssel einfach zweimal zu erstellen. Verwirrend ist das Beispiel, weil ich aus einem anderen Blickwinkel das Problem gelöst habe. Daher möchte ich die Kernidee nun aus dem ersten Blickwinkel (Patient und Medikament) noch einmal erläutern. Doch eine Bitte habe ich vorher: Entlassen Sie mich doch bitte aus der Verantwortung, ständig neue Beispieldaten erfinden zu müssen. Ich werde von nun an keine Daten mehr anzeigen, sondern nur noch zeigen, welche Tabellenspalten in welcher Tabelle enthalten sind. Dafür verwende ich ein sogenanntes *ERD* (*Entity Relationship Diagram*), mit dessen Hilfe die Beziehung zwischen den Tabellen auf einfache Art dargestellt werden kann. Ein ERD stellt eine Tabelle als Kästchen mit einem Namen und einer Liste der Tabellenspalten dar. Zwischen den Tabellen werden Linien gezeichnet, die die Beziehung dieser Tabellen untereinander darstellen.

Auf einer Seite dieser Verbindungslinien ist die Linie in drei Teillinien aufgeteilt. Das nennt man einen *Krähenfuß*, und dieser zeigt an, dass auf dieser Seite die Fremdschlüsselseite der Beziehung zu finden ist. Gut, nun aber zurück zu der Erläuterung der m:n-Beziehung zwischen den Patienten und Medikamenten.

Wir haben gesehen, dass die Beziehung zwischen den Patienten und den Medikamenten nicht direkt in den jeweiligen Tabellen gespeichert werden kann, weil sowohl in der Patiententabelle eine Liste von Medikamenten als auch in der Medikamententabelle eine Liste von Patienten gespeichert werden können muss. Das geht nicht, wie am Beispiel der Medikamententabelle schnell klar wird: Ein Medikament wie Aspirin kann potenziell von Hundertausenden Patienten eingenommen werden, das können wir innerhalb einer Zeile einfach nicht speichern, wie benötigen eine weitere Tabelle. Um dieses Problem zu lösen, müssen wir zu einem Kunstgriff greifen, der Ihnen zunächst einmal wie eine neue Idee vorkommen mag: Wir benötigen eine dritte Tabelle, mit deren Hilfe wir die Beziehung zwischen den Patienten und den Medikamenten speichern können. Diese dritte Tabelle enthält im einfachsten Fall lediglich die Primärschlüsselinformationen der beiden Tabellen Patient und Medikament. Das Ergebnis sehen Sie in Abbildung 3.5.

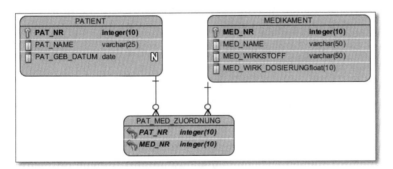

Abbildung 3.5 Eine m:n-Beziehung als ERD

Die Abbildung zeigt die beiden Tabellen PATIENT und MEDIKAMENT. Wir erkennen an dem kleinen Schlüsselsymbol neben den Spalten PAT_NR und MED_NR, dass dies die Primärschlüsselspalten sind. Im Gegenzug erkennen wir in der Tabelle PAT_MED_ZUORDNUNG die Spalten mit den kleinen Pfeilsymbolen. Diese stellen einen Fremdschlüssel dar. Ich habe (was geschickt ist) die gleichen Bezeichnungen für die Spalten verwendet, damit Sie die Zusammenhänge so einfach wie möglich sehen können. Zudem erkennen Sie die Linien zwischen den Tabellen mit einer (liegenden) 1 auf der Primärschlüsselseite und einer (ebenfalls liegenden) 0 auf der Fremdschlüsselseite. Direkt an die 0 schließt sich der schon erwähnte Krähenfuß an, der für »viele« steht. Diese Verbindung zeigt als die 1-0..n Verbindung an.

Nun besteht eine Verbindung zwischen der Tabelle PATIENT und der Tabelle PAT_MED_ZUORDNUNG sowie von der Tabelle MEDIKAMENT zur gleichen Tabelle über die jeweiligen Primärschlüssel und die Fremdschlüssel. Funktioniert nun alles? Ja, denn wenn wir möchten, dass Patient 3 die Medikamente A, C und D nimmt, legen wir drei Zeilen mit den Informationen 3|A, 3|C und 3|D an. Soll umgekehrt das Medikament C auch noch von den Patientinnen 4 und 7 genommen werden, werden zusätzlich lediglich die beiden Zeilen 4|C und 7|C eingefügt. Da die Tabelle beliebig erweitert werden kann, können nun Patienten beliebig viele Medikamente einnehmen und kann umgekehrt ein Medikament von beliebig vielen Patienten eingenommen werden. Das Problem ist gelöst. Achten Sie aber darauf, dass das *Tupel* (so bezeichnet man in unserem Zusammenhang eine Zeile einer Tabelle) 3|A nur *einmal* in dieser Tabelle erscheinen sollte! Zwar könnte man argumentieren, dass es doch egal ist, wenn doppelt gespeichert wird, dass Patient 3 das Medikament A nimmt, doch stimmt das nicht: Einerseits ist das redundante Information. Zum anderen, und das ist schlimmer, wird, wenn später die Informationen wieder mittels SQL zusammengetragen werden, eine Zeile für *jede* Zuordnung zwischen Patient und Medikament ausgegeben. Wäre ein Tupel in der Tabelle PAT_MED_ZUORDNUNG doppelt, würden auch der Patient und das zugehörige Medikament dadurch doppelt ausgegeben. Das wollen wir natürlich verhindern. Am einfachsten geschieht dies, indem die beiden Spalten PAT_NR und MED_NR zusammen einen Primärschlüssel bilden. Damit ist gemeint, dass die Kombination der beiden Spalten eindeutig und nicht null sein muss. Das ist in Datenbanken durchaus möglich und sollte auch hier so eingerichtet werden. Ich habe das in Abbildung 3.5 auch schon gemacht, Sie erkennen das, wenn Sie genau hinsehen, daran, dass die kleinen Pfeilsymbole auf kleinen Schlüsseln sitzen. Na ja, vielleicht doch etwas klein, das Ganze. Aber Sie wissen ja jetzt Bescheid ...

Oft werden solche Hilfstabellen als Zuordnungstabelle bezeichnet. Diese Zuordnungstabellen wirken zunächst, als seien sie überflüssig wie ein Kropf, denn sie sind ja »nur« aus technischen Gründen erforderlich, aber der Eindruck trügt: Nur in dieser Tabelle ist die Beziehung zwischen dem Patienten und den Medikamenten hinterlegt. Denken wir den Gedanken doch ein wenig weiter: Was, wenn nun die Zuordnung zwischen Patient und Medikament durch weitere Informationen erweitert werden soll? In welcher Dosierung hat der Patient ein Medikament genommen, von wann bis wann, und wer hat es verschrieben? Hat es dazu ein Rezept gebraucht, und wenn ja, wie ist dessen Nummer? All diese Informationen können Sie sinnvoll nur noch in der neuen Zuordnungstabelle speichern, denn nur dort ist die Beziehung zwischen dem Patienten und dem Medikament hinterlegt. Wenn Sie mir bis dahin folgen, sehen Sie auch die Ähnlichkeit zu meinem ersten Erklärungsversuch mit den Mitarbeitern, den Jobs und den Abteilungen. Ich habe in diesem Beispiel bei der »Zuordnungstabelle« begonnen und die beiden anderen aus dieser Tabelle herausgeworfen, weil ich keine redundante Information speichern wollte. Bei dem Beispiel mit den Patienten und den Medikamenten habe ich die Beziehung in eine Tabelle ausgelagert, weil es anders nicht geht, und anschließend diese Zuordnungstabelle aufgeblasen mit Informationen, die nur hier gespeichert werden konnten. An Ende sind wir bei einem Datenmodell angekommen, das für beide Probleme exakt gleich aussieht. Es ist eben alles eine Frage des Blickwinkels.

3.1.5   Zusammenfassung

Sicher ist die Gedankenwelt relationaler Datenbanken zu Beginn verwirrend und komplex. Doch ich glaube, der Gedanke, dass keine weiteren Prinzipien hinzukommen, ist auch tröstlich: Wenn Sie das bisher Gesagte verstanden haben, am besten so gut, dass Sie die Inhalte Ihrem Lebensabschnittsgefährten erklären können, haben Sie Datenbanken verstanden. Der Rest ist dann nur noch Ausschmückung. Sollte umgekehrt der Stoff bis hierhin noch unklar sein, bitte ich Sie: Hören Sie für heute auf, lesen Sie diesen Abschnitt morgen noch einmal durch, und fragen Sie sich, ob Sie die Idee aufgenommen haben. Das ist sehr wichtig für das weitere Verstehen. Sie tun sich sehr viel leichter, wenn Sie dieses Hin- und Herdenken nachvollzogen und verstanden haben.

Fassen wir noch einmal die Kernpunkte zusammen. Bei der Gelegenheit werde ich noch einige Fachbegriffe einführen, mit deren Hilfe wir uns später besser unterhalten können. Wir haben damit begonnen, uns klar zu machen, dass wir für die Speicherung von Daten in Datenbanken Tabellen, auch Relationen genannt, einsetzen. Die Tabellen werden so gewählt, dass es möglich ist, Informationen möglichst ohne Redundanz, also doppelte Speicherung der gleichen Information, zu erzeugen. *Gleiche Information* ist dabei nicht ganz einfach zu definieren, denn es reicht nicht, verhindern zu wollen, dass zum Beispiel die gleiche Zahl mehrfach gespeichert wird. Redundanz bezieht sich auf den Sinn von Information, auf den semantischen Gehalt. Im Beispiel der Beziehung zwischen Patient und Medikament haben wir die Schlüsselinformationen von Patient und Medikament mehrfach gespeichert. Doch in der Zuordnungstabelle ist das Tupel eines Patienten- und eines Medikamentenschlüssels eben nicht redundant, denn trotz der Wiederholung der Schlüsselwerte ist nur an dieser Stelle die Beziehung zwischen Patient und Medikament gespeichert.

Wir haben gesehen, dass bei der Modellierung unserer Tabellenlandschaft mehrere Wege nach Rom führen können. Ein Grund, Daten auf mehrere Tabellen zu verteilen, besteht darin, Informationen, die nur einmal vorkommen, auch nur einmal zu speichern (die Tabelle RECHNUNG ist hierfür ein Beispiel). Dadurch wandern die Informationen, die mehrfach benötigt werden, in eine eigene Tabelle (RECHNUNG_POSITION). Ein anderer Grund besteht darin, dass im Umkehrschluss Informationen, die mehrfach vorkommen, aus Tabellen eliminiert und in eigene Tabellen ausgelagert werden, damit sie nicht mehrfach gespeichert werden müssen. Beispiele waren hier die

Job- und Abteilungsinformationen, die in separate Tabellen ausgelagert wurden. Zwar sind beide Motivationen inhaltlich identisch, da sie aber von entgegengesetzten Blickwinkeln herrühren, halte ich es für klarer, sich beide Positionen zu vergegenwärtigen. Natürlich gibt es noch weitere Problemstellungen, die als Resultat eine bestimmte Menge an Tabellen zur Folge haben.

Das Erstellen von Datenbankmodellen ist Inhalt eines eigenen Berufs, daher möchte ich hier gar nicht erst den Versuch unternehmen, alles, was hierzu zu sagen ist, in dieser Einleitung darzustellen. Weitere Informationen zu den Prinzipien dieser Methodik finden Sie in Teil 5, »Datenbankmodellierung«, in dem ich versuche, die normalerweise genutzten Prinzipien zu erläutern, aber auch einige der häufigen Fehler zu beleuchten.

Tabellendaten werden über eine kleine Zahl von Constraints geschützt. Darunter verstehen wir Garantien, die die Datenbank dem Anwender gibt. Diese Garantien werden immer durchgesetzt, unabhängig von der Größe der Datenbank, der Anzahl der gleichzeitig an ihr arbeitenden Benutzer oder der Art der Informationen, die in die Datenbank eingefügt werden. Constraints stellen die Grundlage der Arbeit mit Datenbanken dar und sind essenziell dafür, dass Abfragen und Analysen der Daten korrekt durchgeführt werden können. Es gibt nur drei echte und zwei abgeleitete Constraints:

► Der Primärschlüssel-Constraint (Primary Key)
  Dieser Constraint ist eine Kombination aus den beiden Constraints not null und unique, die weiter unten erläutert werden.

► Der Fremdschlüssel-Constraint (Foreign Key)
  Dieser Constraint stellt sicher, dass ein Spaltenwert, wenn er denn verwendet wird, als Primärschlüsselinformation in einer referenzierten Spalte vorhanden ist.

► Der Constraint not null
  Dieser Constraint stellt sicher, dass ein Zellwert nicht leer sein darf. Auch dieser Constraint ist kein echter Constraint, sondern ein Spezialfall des allgemeineren check-Constraints, der weiter unten erläutert wird.

► Der Constraint unique
  Klingt einfach, ist aber für die Datenbank der komplizierteste Constraint, da er, auch bei vielen Milliarden Zeilen einer Tabelle, schnell sicherstellen muss, dass ein Wert nur einmal in einer Spalte vorhanden ist. Dieser Constraint hat keine Zusicherung auf not null, es ist also möglich, diesen Constraint auch auf Spalten anzuwenden, die null-Werte enthalten dürfen. In diesem Fall werden null-Werte ignoriert.

► Der Constraint check
  Dieser Constraint überprüft bei einer Änderung, ob eine Zelle einer Anforderung genügt. Mögliche Prüfungen sind die auf Existenz eines Wertes (der Wert darf nicht null sein), auf Wertelisten (der Wert muss in einer Liste von Werten enthal-

ten sein oder zwischen einem Minimum und einem Maximum liegen) oder beliebige weitere (allerdings relativ einfache) Prüfungen.

Das war's: Mehr bewegliche Teile gibt es in Datenbanken eigentlich nicht, wenn wir einmal von der Programmierung absehen.

3.2   SQL – die »Lingua franca« der Datenbank

Als *Lingua franca* (freie Sprache) wird ja eine Verkehrssprache zwischen verschiedenen Sprachgemeinschaften verstanden, und so lässt sich SQL auch für die verschiedenen Datenbanken verstehen. Es handelt sich um eine Abfragesprache für relationale Datenbanken, die es ermöglicht, möglichst standardisiert Daten in Datenbanken zu bearbeiten und auszuwerten, aber auch die Datenbanken als solche zu administrieren. Mehr noch: Relationale Datenbanken sind verpflichtet, einerseits keine anderen Speicherformen als eben Relationen (Tabellen) zu verwenden und auch intern ausschließlich mit SQL die Daten zu verwalten und die Datenbank zu steuern. SQL ist also die Kerntechnik zur Benutzung von Datenbanken. Es ist absolut unumgänglich für jedes Programm, in der Kommunikation mit Datenbanken SQL einzusetzen, selbst wenn der Anwender einen anderen Eindruck haben mag. Denn auch Anwendungen mit einer grafischen Benutzeroberfläche setzen Ihre Anweisungen unter der Haube in SQL-Anweisungen um, die dann in der Datenbank ausgeführt werden. Die Kenntnis von SQL ist also essenziell (und da Sie dies wissen, haben Sie ja auch dieses Buch erstanden) für die Arbeit mit Datenbanken. Bevor wir uns aber in die Arbeitsweise dieser Sprache vertiefen, sollten wir kurz besprechen, woher SQL kommt, wie es definiert ist und was von dem Standard zu halten ist.

3.2.1   Was ist SQL?

SQL (gesprochen entweder wie die Großbuchstaben oder auch »Siekwel« nach dem ursprünglichen Namen *SEQUEL*) steht für *Structured Query Language*, also *strukturierte Abfragesprache*. Sie wurde 1970 durch den in Datenbankkreisen sehr bekannten E. F. Codd veröffentlicht. Kommerziell erhältlich war die Sprache allerdings erst gegen 1979, vertrieben durch die Firma *Relational Software, Inc.*, die heute – na? –, richtig, *Oracle* heißt. Diese Abfragesprache ist der De-facto-Standard für relationale Datenbankmanagementsysteme und verspricht, aufgrund der Standardisierung eine einheitliche Programmierung von Anwendungen gegen beliebige *Datenbankmanagementsysteme* zu ermöglichen. Zum Begriff Datenbankmanagementsystem, oder genauer relationales Datenbankmanagementsystem: Wir unterscheiden das Programm, das relationale Datenbanken verwaltet (eben das relationale Datenbankmanagementsystem, kurz *RDBMS*) von der eigentlichen Datensammlung in Form von Tabellen mit Daten, die normalerweise als *Datenbank* bezeichnet wird. In der Praxis wird allerdings nicht so genau unterschieden, sondern je nach Zusammenhang das RDBMS mit der Datenbank gleichgesetzt (»Oracle ist eine blöde Datenbank ...«). Gemeint ist dann aber immer das RDBMS. SQL als Abfragesprache ist also eine Abfragesprache, die durch das RDBMS interpretiert und auf die Datenbank angewendet wird.

Standardisiert wird SQL heute durch zwei Institute: Das *American National Standards Institute (ANSI)* und die *International Organization for Standardization (ISO)*, beide natürlich weit bekannt und akzeptiert. *Was* allerdings gerade Standard ist und inwiefern man sich als Anwender auf die Implementierung dieser Standards in den verschiedenen Datenbanken verlassen kann, ist eine andere Frage, die ich in Abschnitt 3.2.4, »Kurzübersicht: Die Standards und was davon zu halten ist«, noch etwas genauer beleuchten werde.

SQL-Anweisungen selbst lesen sich wie ein etwas krummer englischer Satz. Diese Nähe zur englischen Sprache ist gewollt, die erste Benennung der Sprache, *SEQUEL* (*Structured English Query Language*) deutet bereits darauf hin. Das Ziel der Sprache ist es, Ihnen zu ermöglichen, die Daten einer Datenbank zu verwalten und zu analysieren, ohne dass Sie wissen müssen, wie genau diese Analyse technisch durchzuführen ist. Das RDBMS ist dafür verantwortlich, Ihre Anfrage in eine Strategie umzurechnen, nach der die Daten aus den Tabellen gelesen, aufeinander bezogen, ausgewertet und dargestellt werden. Insofern ist SQL eine *deskriptive Programmiersprache*, denn Sie legen lediglich das Ergebnis der Auswertung fest, der Weg zu den Daten und die Ausführung der Abfrage werden im Hintergrund durch die Datenbank erledigt. Sollten Sie als alter Programmierfuchs hier ein ungutes Gefühl bekommen (»Na, wird die Datenbank das auch richtig machen?«), kann ich Sie beruhigen, sie wird. In den allermeisten Fällen jedenfalls. Und im Regelfall besser, als Sie und ich das vielleicht gemacht hätten, denn Oracle als Hersteller dieser Datenbank hat viele Kunden mit vielen Anforderungen und viele Jahre Erfahrung, die in diese Datenbank geflossen sind. Ich werde Ihnen im Verlauf des Buches noch an einigen Punkten aufzeigen, wie viel Erfahrung in der Datenbank steckt. Sollten Sie dagegen erleichtert gedacht haben, »Gott sei Dank, dass die Datenbank die Programmierung für mich übernimmt«, kann ich nur sagen: Stimmt.

Wie auch immer, nehmen wir für den Anfang einfach hin, dass alles funktioniert, wie gewünscht. Nutzen Sie die Intelligenz, die in der Datenbank steckt. Ich habe die Erfahrung gemacht, dass es umso leichter fällt, SQL zu lernen, je unvoreingenommener man sich auf die Syntax und die Denkweise einlässt. Programmierer tun sich oft etwas schwerer, weil sie der Datenbank »auf die Sprünge« helfen möchten und sich permanent Gedanken darüber machen, welche Arbeit die Datenbank nun ausführen muss und wie das schneller gehen könnte, oder, schlimmer noch, schneller gehen *müsste*. Denn darin steckt bereits der Handlungsimpuls, der Datenbank vorschreiben zu wollen, was sie zu tun hat, noch bevor man sicher sagen kann: schneller gehen *wird*.

3.2.2   Von Daten und Informationen

Eine Datenbank, das sagt bereits die Bezeichnung, speichert *Daten*. Daten sind, für sich genommen, vollständig nutzlos, wenn sie nicht in einem Sinnkontext stehen. Was sagt uns der Wert Essen ? Wir wissen nicht, ob wir von der Stadt im Ruhrgebiet oder vom Essen und Trinken sprechen. Wir wissen auch nicht, was uns dieser Wert sagen soll. Wohnt da wer? Geht es um Einwohnerzahlen, um Rezepte, Restaurants? Daten für sich sind uninteressant. Sie werden erst durch den Kontext, in den es gestellt wird, zur *Information*. Im Folgenden geht es uns also um Informationen, nicht um Daten. Und die Umwandlung von Daten zu Informationen nimmt SQL für uns vor, indem es nämlich Daten auswählt, zusammenstellt, in einen Zusammenhang bringt, der es uns ermöglicht, eine Information aus der Datenflut zu gewinnen. Wie hoch ist der durchschnittliche Umsatz aller Niederlassungen im letzten Quartal im Vergleich zum Vorquartal? Welcher Mitarbeiter muss nächste Woche zum Personalgespräch? Wir speichern also Daten und keine Informationen in Datenbanken. Die Anzahl der Daten, die wir speichern, ist so bemessen, dass die Informationen, die wir eingangs besessen haben, aus den Daten wieder zu extrahieren sind. Daher benötigen wir einen Mechanismus, um die Daten so zu kombinieren, dass die ursprünglichen Informationen für uns sichtbar werden. Und dieses Mittel heißt SQL. Anders formuliert: Eine Datenbank ohne SQL wäre schlicht nutzlos.

Dabei gilt es, einen interessanten Effekt zu beachten: Eine Datenbank enthält viel mehr Information, als Sie ursprünglich in die Datenbank eingefügt haben. Was ich damit meine, ist: Eine Tabellenlandschaft wird aufgesetzt, um die Mitarbeiter einer Firma zu speichern. Hinzu kommt deren Beruf und das Gehalt, die Abteilung, in der sie arbeiten, das Einstelldatum und noch einige weitere Daten. Das Ziel der Speicherung der Daten ist, die Lohnabrechnung durchzuführen, einen Überblick über das Unternehmen zu behalten, Personalgespräche planen zu können und weitere Zwecke. Daher müssen Sie so viele Daten speichern, wie nötig sind, um die Informationen zur Ausführung dieser Aufgaben zu ermitteln. So weit, so gut. In den Kursen zu SQL, die ich gebe, machen wir gegen Ende, wenn das Wissen über SQL stabiler ist, eine Abfrage gegen eine solch einfache Tabelle. Die Fragestellung lautet: Wo sind meine sozialen Brennpunkte im Unternehmen? Vielleicht überrascht Sie diese Frage. Und doch wäre es möglich, aus den paar Daten, die wir oben angesprochen haben, eine Information dieser Art zu gewinnen. Eine andere Frage ist, ob die Qualität dieser Information hoch genug ist, um irgendeine Schlussfolgerung daraus zu ziehen. Doch könnte ein Kriterium Folgendes sein: Nenne mir alle Mitarbeiter, die den gleichen Beruf haben wie andere Mitarbeiter, jedoch früher eingestellt wurden als diese und ein niedrigeres Gehalt verdienen. Könnten das nicht die unzufriedenen oder weniger leistungsfähigen Mitarbeiter sein? Wie gesagt, mir geht es nicht um die Würdigung der Belastbarkeit dieser Information, sondern um etwas anderes: Sie erkennen an diesem einfachen Beispiel, dass Daten, die zu einem bestimmten Zweck gespeichert wurden, über diesen Zweck hinaus Informationen enthalten. Ich habe ein Beispiel gewählt, dass Ihnen möglicherweise eher unangenehm ist, und das habe ich ganz bewusst getan. Welche Informationen in Ihren Daten verborgen sind, lässt sich nur sehr schwer im Vorfeld beurteilen, denn es hängt von der Kreativität der Fragesteller ab. Was wir aber lernen, ist: Daten können zu unterschiedlichsten Informationen zusammengestellt werden, auch zu solchen, die bei der Modellierung der Tabellen gar nicht geplant waren. Das Werkzeug, das diese Zusammenstellung für uns übernimmt, lautet SQL. Aufgrund der Vielgestaltigkeit der Fragestellungen lautet eine Grundanforderung an SQL, dass es uns ermöglichen muss, beliebige Zusammenhänge zwischen Daten herstellen zu können, wenn wir der Meinung sind, aus dieser Zusammenstellung eine bestimmte Information gewinnen zu können. Und genau das leistet SQL. Insofern ist eine Datenbank leistungsfähiger als ein Anwendungsprogramm, denn im Anwendungsprogramm ist die Aufgabe der Programmierer, eine genau umrissene Menge von Anwendungsfällen zu implementieren: Das Programm tut, wofür es geschrieben wurde, und nicht mehr. Wenn Sie SQL beherrschen, verfügen Sie über ein Instrumentarium, um beliebige Informationen aus den verfügbaren Daten zusammenzustellen.

3.2.3 Wozu wird SQL in der Datenbank verwendet?

Für alles. Es gibt keine Aktion in der Datenbank, von der Installation einer neuen Datenbank, über die Benutzung und Administration derselben bis zur Entsorgung, die nicht mit Hilfe von SQL-Anweisungen durchgeführt wird. Und wenn ich sage »keine Aktion«, dann meine ich auch wirklich keine. Der große Vorteil dieses Ansatzes steckt darin, dass ein Programm, das SQL-Anweisungen interpretieren kann, auch alle Aktionen innerhalb der Datenbank ausführen kann. Aber natürlich muss man hier etwas genauer sein: Mit der etwas markigen Aussage zu Anfang dieses Abschnitts meine ich, dass keine Aktivität innerhalb der Datenbank durch eine andere Technologie als SQL *veranlasst* werden kann. Das tatsächliche Schreiben von Daten auf eine Festplatte wird natürlich schon durch Programme erledigt, die zum Beispiel in C oder in Java programmiert sind. Aber es gibt keine Schnittstelle zwischen der Außenwelt und der Datenbank, die nicht SQL als Kommandosprache verwenden würde. Ich nehme aber an, etwas konkreter hätten Sie es schon gern?

Zum einen wird SQL verwendet, um Daten einer Tabelle zu lesen, zu erstellen, zu ändern oder zu löschen. Diese Aufgaben sind für die meisten Anwender von SQL zentral und diese Anweisungen werden natürlich auch den größten Teil dieses Buches bestimmen. Insbesondere das Lesen von Daten mit Hilfe der select-Anweisung wird uns lange beschäftigen. Dann jedoch werden auch Tabellen mit SQL erzeugt, geändert oder gelöscht, ebenso wie Datenbankbenutzer, eigene Programme innerhalb der Datenbank oder auch Datenbankdateien auf der Festplatte. Dieser Bereich von SQL ist allgemein eher die Domäne der sogenannten Datenbankadministratoren, aber auch Entwickler von Datenbankanwendungen haben hier Berührungspunkte. In unserem Buch werden wir einige dieser Anweisungen kennenlernen, wenn wir eigene Tabellen erstellen oder uns das Rechtekonzept von Oracle genauer ansehen.

Entsprechend des Einsatzbereichs der SQL-Anweisungen unterscheiden wir im Sprachumfang von SQL dann auch verschiedene Bereiche, obwohl diese Unterscheidung nicht mehr Teil des ISO-Standards ist:

▶ *DML (Data Manipulation Language)*
   SQL-Anweisungen dieser Gruppe dienen der Manipulation von Daten innerhalb von bestehenden Tabellen. Diese Gruppe umfasst Anweisungen zum Erstellen (insert), Ändern (update) und Löschen (delete) von Daten. Ich fasse in diese Gruppe auch die Anweisung zum Lesen (select) von Daten, weil diese Anweisungen in sonst keine Gruppe so recht passt und oft in Zusammenhang mit den DML-Anweisungen verwendet wird.
   Eng mit dieser Gruppe assoziiert sind auch die Anweisungen zum Festschreiben (commit) und Zurücknehmen (rollback) von Datenänderungen. All diesen Befehlen ist gemein, dass sie lediglich auf bereits bestehende Tabellen aufsetzen können und nicht in der Lage sind, eigene Tabellen zu erzeugen. Das ist die Domäne der DDL.

▶ *DDL (Data Definition Language)*
   In diese Gruppe fallen Anweisungen zum Erstellen (create), Ändern (alter) oder Löschen (drop) von Datenbankobjekten, wie Tabellen, Indizes, oder was immer sonst noch in einer Datenbank enthalten sein kann, allgemein genannt werden.

▶ *DCL (Data Control Language)*
   Diese Gruppe umfasst nur wenige Befehle, die es ermöglichen, Rechte innerhalb der Datenbank zu erteilen (grant) oder zu entziehen (revoke). Mit Rechten innerhalb der Datenbank ist zum Beispiel gemeint, dass ein Benutzer eine Tabelle erstellen oder die Daten aus der Tabelle eines anderen Benutzers lesen darf.

Das wäre eigentlich der Kernumfang von SQL. Klingt nicht allzu kompliziert, oder? Allerdings sind einige der Befehle mit sehr vielen Optionen ausgestattet. Bei Oracle ist der (offiziell gar nicht zu SQL gehörende) Befehl create database einer der Befehle, der gute Chancen auf den Titel des komplexesten Computerbefehls überhaupt haben könnte. Warum soll dieser Befehl übrigens keine SQL-Anweisung sein? Na ja, er erzeugt eine Datenbank. Da aber SQL innerhalb von Datenbanken ausgeführt wird, kann es ja eigentlich auch keine SQL-Anweisung sein ... Nun gut, eher ein Nebenthema. Die einzelnen Befehle können sich immer auf eine ganze Gruppe von Themengebieten beziehen. So ist zum Beispiel der Befehl create gleichzeitig dazu da, Tabellen, Benutzer, Views, Festplattendateien, Indizes usw. zu erzeugen. Der Befehl erzeugt halt irgendetwas. Und je nachdem, was erzeugt wird, hat er wiederum verschiedene Optionen, so dass der Befehl als Ganzes dann eben doch abendfüllend werden kann.

Unser Streifzug durch Oracle-SQL kann nicht jede Option jeden Befehls besprechen. Viele Gründe sprechen dagegen: Zum einen ist der Umfang der Optionen für ein einzelnes Buch viel zu hoch. Dann sind viele Optionen so speziell, dass sie ohne intensive Kenntnis der Anforderungen an die Administration einer Datenbank gar nicht verständlich sind. Einige der Befehle sind zudem nur für eine kleine, aber feine Minderheit von Anwendern von Interesse (zum Beispiel die Optionen im Umfeld von Vektordaten oder Ähnliches), so dass eine Mehrheit der Leser sich gähnend abwenden würde. Da ich das nun überhaupt nicht möchte, werde ich mich auf zwei Dinge konzentrieren: Zum einen werde ich mich bemühen, zu erklären, *warum* und *wie* etwas funktioniert, so dass Sie anschließend in der Online-Dokumentation mit Gewinn ermitteln können, wie eine konkrete Anwendung bei Ihnen funktionieren wird. Zum anderen werde ich eine Auswahl treffen, die Interessantes von zu Speziellem scheidet und die Kernfunktionen bespricht. Natürlich macht es Sinn, bei speziellem Interesse die Online-Dokumentation einmal daraufhin durchzusehen, was es »noch so gibt«, dazu lade ich Sie ausdrücklich ein, und das werde ich an den entsprechenden Stellen auch anregen, indem ich Ihnen Verweise auf die Quellen gebe, in denen Sie weiterführende Informationen finden.

3.2.4   Kurzübersicht: Die Standards und was davon zu halten ist

Einige Industriestandards funktionieren so, dass ein Gremium tagt, einen Standard definiert und diesen veröffentlicht. Die Industrie erzeugt dann Produkte, die gegen eine Testsuite dieses Standards validiert werden und, wenn alle Tests gelingen, als standardkompatibel gelten. So ist das zum Beispiel bei XML. Bei SQL ist die Richtung allerdings andersherum: Die Industrie programmiert munter drauflos und erweitert den Sprachumfang von SQL durch eigene, proprietäre Ergänzungen, die spezielle Probleme lösen helfen. So ist das zum Beispiel mit Abfragen zu hierarchischen Daten gegangen. Zunächst fällt einem Datenbankhersteller auf, dass gewisse Abfrageprobleme mit SQL nicht gut zu lösen sind, dann wird eine Erweiterung programmiert, die es anschließend, wenn alles gut läuft, in den Standard schafft oder auch nicht. Aus diesem Grund ist der SQL-Standard in mehrerlei Hinsicht eben nicht auf gleiche Weise normativ wie in anderen Bereichen: Zum einen ändert sich der Standard über die Zeit, er ist versioniert. Da Datenbanken allerdings sehr lange in einer bestimmten Version im Einsatz bleiben, ist es sehr wahrscheinlich, dass Sie mit Datenbanken arbeiten werden, die nicht alle Funktionen des jeweils neuesten Standards implementiert haben (können). Es ist also erforderlich, für eine bestimmte Datenbankversion zu kodieren, denn nur dort ist der konkrete Funktionsumfang bekannt. Zum anderen ist der SQL-Standard seit vielen Versionen in Teilgebiete aufgeteilt. Der momentan aktuelle Standard ISO/IEC 9075:2011 ist zum Beispiel in neun nicht chronologisch nummerierte Einzelbereiche unterteilt, die sich jeweils mit speziellen Aspekten von SQL beschäftigen. Ein Beispiel: ISO 9075:2011 Part 2 beschäftigt sich mit SQL/Foundation. Diese einzelnen

Bereiche stecken Gebiete ab, die ein RDBMS implementieren kann oder muss, um kompatibel zum Standard zu sein. Als Minimum gilt hierbei, dass eine Datenbank *Core SQL* unterstützt, das heißt, dass mindestens die beiden Teilspezifikationen 2 und 11 (Foundation und Schemata) unterstützt werden müssen. Umgekehrt heißt das aber auch: Eine Datenbank, die nur diese zwei von neun Teilen unterstützt, darf sich bereits SQL-Datenbank nennen. Die nächste Frage wäre dann noch: Wird dieser Kern vollständig unterstützt oder nur sinngemäß? Damit ist gemeint, dass die Unterstützung entweder mit exakt gleicher Syntax oder mit abweichender Syntax erfolgen könnte, das ein Benutzer also entweder das gleiche SQL für mehrere Datenbanken benutzen kann oder – mit abweichender Syntax – das gleiche in verschiedenen Datenbanken erreichen kann. In der Dokumentation zur Oracle-Datenbank werden verschiedene Möglichkeiten der Unterstützung des Standards definiert:

- ▶ volle Unterstützung (Syntax und Semantik stimmen überein)
- ▶ teilweise Unterstützung (teilweise stimmt die Syntax, teilweise nicht, immer stimmt aber die Semantik)
- ▶ erweiterte Unterstützung (die Semantik wird nicht nur unterstützt, sondern sogar durch Oracle erweitert)
- ▶ äquivalente Unterstützung (die Semantik ist da, die Syntax ist aber proprietär)
- ▶ ähnliche Unterstützung (die Semantik ist ähnlich, und auch die Syntax wird anders sein, es kann aber »etwa« das Gleiche erreicht werden)

Alles klar? Und das nun noch für jede SQL-Anweisung, für jede Datenbankversion und, wenn Sie denn wollen, noch für jedes RDBMS. Jetzt kommt noch hinzu, dass Datenbanken ihre eigenen Erweiterungen mitbringen, die es noch nicht in den Standard geschafft haben, aber eventuell bald etc. Sie sehen bereits: Schon auf dieser Ebene ist ein verbindlicher, allumfassender Standard überhaupt nicht vorauszusetzen, die Programmierung ist immer die Programmierung gegen eine konkrete Datenbank eines konkreten Herstellers in einer konkreten Version. Es kommt nämlich noch ein anderer Punkt hinzu: Datenbanken sind fundamental unterschiedlich implementiert. Sonst gäbe es ja letztlich nur eine Datenbank. Oracle hat ein komplett anderes System, Zeilen während der Bearbeitung zu sperren, als andere Datenbanken. Diese und viele weitere Unterschiede machen es unmöglich, das gleiche SQL gegen mehrere Datenbanken einzusetzen, wenn man einmal von den trivialsten Abfragen absieht. Da Datenbanken, und Oracle ganz besonders, von unglaublicher Leistungsfähigkeit sind, wenn sie bis zur Neige genutzt werden, sind gerade die Dinge, die Spaß machen, eben nicht standardkonform. Oder, wenn sie es doch sind, unterstützen nicht alle Datenbanken diese Funktionalität. Oder erst in einer Version, die im Projekt noch nicht eingesetzt wird. Und immer, auch das ist eine Folge von Murphys Gesetz, fehlt gerade das, was gebraucht würde.

Zwar sind Standards also wichtig, um eine Richtschnur für die Funktionalität, die in allen Datenbanken vorhanden ist, zu haben, in der Realität werden Sie sich aber über kurz oder lang auf eine Datenbank konzentrieren und dort Ihre SQL-Fähigkeiten verfeinern. Das ist letztlich natürlich auch der Grund, warum ich ein Oracle-SQL-Buch schreibe und nicht einfach ein ISO-SQL-Buch. Das könnte man zwar auch tun, dann jedoch funktionierte wohl kaum eine der aufgeführten SQL-Anweisungen ohne Änderungen auf Ihrer konkreten Datenbank. Und die Erweiterungen Ihrer Datenbank blieben natürlich ebenfalls auf der Strecke.

3.3   Analyse vorhandener Datenmodelle

Das Erlernen von SQL gliedert sich in zwei große Teilbereiche: Das Verstehen von SQL an sich, die Befehle, die Syntax und die Abfragestrategien. Zum anderen ist es jedoch erforderlich, zu verstehen, auf welche Weise die Daten in der konkreten Datenbank organisiert sind. Beim ersten Teil dieser Lernkurve meine ich, Ihnen helfen zu können, denn das ist Thema dieses Buches. Der zweite Teil entzieht sich jedoch meiner Einflusssphäre, das müssen Sie (leider) selber machen. Damit Ihnen diese Arbeit etwas leichter fällt, möchte ich Ihnen gerne zeigen, welche Strategie Sie anwenden können, um die Datenmodelle Ihrer Datenbank verstehen zu lernen.

3.3.1   Warum es nicht »das« Datenmodell gibt

Ich habe ja bereits auf die eine oder andere Besonderheit der Organisation von Daten in mehreren Tabellen hingewiesen, und wir haben auch bereits Beispiele gesehen. Vielleicht haben Sie das Gefühl, Datenmodellierungsprobleme wie eine 1:n-Beziehung würden auf immer gleiche Weise in Datenbanken umgesetzt. Das ist aber nur insofern richtig, als Legoland aus im Prinzip gleichen Steinen zusammengebaut wurde. Wie die Tabellen zusammengestellt werden, entscheidet sich an anderen Kriterien, die nicht immer logisch sein müssen. Hier eine kleine Auswahl an Kriterien, die die Strategie der Tabellenlandschaft beeinflussen:

▶ Die Anforderung an die Daten
  Tabellen werden zusammengestellt, um eine bekannte Menge von Problemstellungen bearbeiten zu können. Das, was zum Zeitpunkt des Aufsetzens eines Datenmodells als Problemfeld bekannt ist, hat Einfluss auf die Aufteilung der Daten. Dadurch kann es sein, dass Sie Daten auf mehrere Tabellen verteilt vorfinden, obwohl Sie eigentlich für Ihre Aufgabenstellung die Daten in einer Tabelle benötigen würden. Andere Anwendungen allerdings benötigen die Daten aufgeteilt, daher wurde diese Speicherform gewählt.

► Das Alter des Datenmodells

Das Alter eines Datenmodells ist ein entscheidender Faktor für die Gestalt eines Datenmodells. Datenbanken speichern Daten über sehr lange Zeit. Daher kann es, nein, wird es vorkommen, dass sich die Anforderungen an die Verwendung der Daten über die Zeit ändern. Nun reichen die Spalten oder Tabellen der ersten Version des Datenmodells nicht mehr aus, die Daten zu speichern. Anbauten werden gemacht, die aber dennoch mit den Bestandsdaten kooperieren müssen. Diese Anbauten machen Datenmodelle nicht selten unübersichtlich und unlogisch.

► Vorlieben der Entwicklerteams

Einige Fragestellungen lassen sich auf verschiedene Weise lösen. Ein Paradebeispiel ist die Speicherung von Zeitintervallen (also von wann bis wann war eine Information gültig?). Ein Entwicklerteam entscheidet sich für Variante A, ein anderes für Variante B. Gerade in Verbindung mit dem vorherigen Punkt wird das Ganze lustig, wenn nämlich in einem Datenmodell verschiedene Strategien zu finden sind. Das setzt sich dann fort über verschiedene Standards zur Spaltenbenennung, die Verwendung verschiedener Spaltentypen usw.

► Die Kenntnisse der Datenmodellierer

Datenmodellierung ist ein eigener Beruf. Datenmodelle können daher aus berufenem oder weniger berufenem Munde kommen. Oft ist es so, dass Anwendungsentwickler, deren Kernkompetenz eben nicht auf der Datenbankseite des Problems liegt, ein Datenmodell konzipieren, das den Anforderungen nur mäßig genügt (die gute Seite daran ist, dass das dieselben Entwickler normalerweise auch ausbaden müssen ...). Änderungen an bestehenden Datenmodellen sind aber wegen Grund zwei dieser Aufzählung sehr schwierig, zumal der auf der Datenbank aufsetzende Programmcode normalerweise wenig Verständnis für ein verbessertes Datenmodell hat und die Arbeit schlicht einstellt, wenn Sie zu viel ändern. Daher kommen auch hier Lösungen vor, die den Namen nicht recht verdienen.

Auch diese Liste ließe sich verlängern. Sie erkennen aber, dass aufgrund der konkreten Situation in Ihrem Unternehmen ein Datenmodell entstanden sein kann, das erhebliche Anstrengungen zu seinem Verständnis erfordert. Diese Lernkurve kann ich nur sehr beschränkt abfedern. Sicher ist es sinnvoll, Teil 5, »Datenbankmodellierung«, durchzuarbeiten, wenn Sie sich schwertun, die Strukturen in Ihrem Datenmodell zu durchschauen. Als ersten Einstieg kommen hier aber einige Tipps, die Ihnen helfen werden, vorhandene Datenmodelle zu verstehen.

3.3.2   Beispielanalyse: Der Benutzer HR

Zunächst eine Begriffserklärung vorweg: Ein *Schema* in einer Oracle-Datenbank bezeichnet die Datenbankobjekte (also Tabellen etc.), die einem Benutzer gehören. In einer Oracle-Datenbank können nebeneinander sehr viele Benutzer existieren. Einige von diesen Benutzern dürfen eigene Tabellen anlegen, andere nicht. Wenn ein Benutzer eine Tabelle anlegt, so ist das *seine*, das heißt, er verwaltet diese Tabelle, er darf sie löschen, ändern, mit Daten füllen etc. Andere Datenbankbenutzer dürfen dies nicht, es sei denn, der Eigentümer der Tabelle hätte dies erlaubt oder diese Datenbankbenutzer hätten die Administrationsrechte für die Datenbank. Diese Administrationsbenutzer dürfen Rechte erteilen und entziehen und eben auch Datenbankobjekte aller anderen Benutzer verwalten. Wenn ich also nun vom Schema HR spreche, so gibt es in der Datenbank einen Datenbankbenutzer HR (das steht hier für *Human Resources*) mit einigen Tabellen und einigen Beispieldaten. Dieser Beispielbenutzer ist Teil der von Oracle mitgelieferten Beispieldaten und kann daher auf allen Datenbanken installiert, wenn nicht sogar vorausgesetzt werden. Ist er bei Ihnen nicht vorhanden, konsultieren Sie bitte Abschnitt 2.1, »Aufsetzen einer Beispieldatenbank«, um das folgende Beispiel nachvollziehen zu können.

Sie können nun einen ersten Blick auf das Schema HR werfen, indem Sie eine Datenbankverbindung zu HR öffnen und den Ordner *Tabellen* im SQL Developer öffnen. Sie sehen eine Darstellung etwa wie die in Abbildung 3.6.

Abbildung 3.6 Die Tabellen des Schemas HR

Nur sieben Tabellen, das ist gut. Damit sollte die Analyse schnell vonstattengehen. Sehen wir uns die Tabellennamen an: Zum Glück heißen die Tabellen hier nicht X1000PAT oder so, sondern EMPLOYEES und DEPARTMENTS. Das hilft uns bereits ein wenig, denn so identifizieren wir eine Tabelle, bei der wir unsere Arbeit starten möchten: Wir befinden uns im Schema Human Resources, also ist die Tabelle EMPLOYEES sozusagen unser natürlicher Startpunkt. Das Nächste, was wir nun testen, ist, ob die Tabellen Primär- und Fremdschlüssel einsetzen. Ist dies der Fall, haben Sie schon fast gewonnen, denn die Zusicherungen, die diese Constraints Ihnen geben, legen fast immer auch das Datenmodell und die dahinterstehende Denkweise offen. Nur: Wo sehen Sie diese Constraints? Zum Glück ist das ganz einfach: Sie klicken auf die

Tabelle EMPLOYESS und sehen, dass auf dem rechten Bildschirmbereich eine Detaildarstellung der Tabelle eingeblendet wird, die alle Spalten der Tabelle zeigt. Das interessiert uns derzeit noch nicht, wir wählen den Reiter CONSTRAINTS im oberen Bereich dieser Detaildarstellung (Abbildung 3.7).

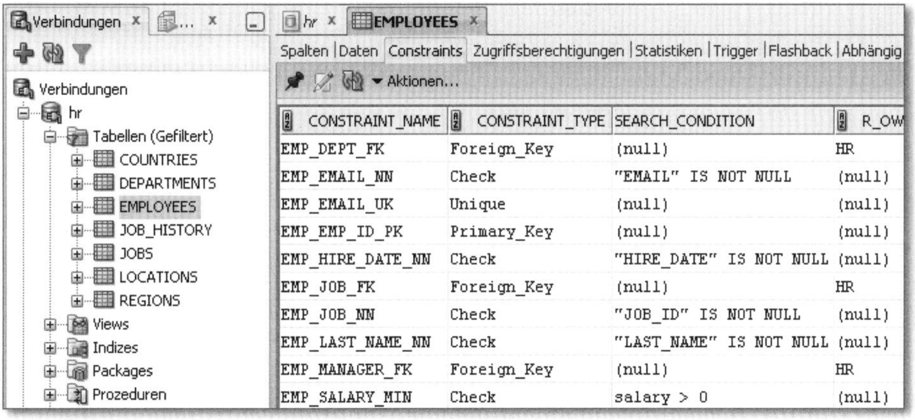

Abbildung 3.7 Die Constraints der Tabelle EMPLOYEES

Offensichtlich hatten wir mit unserer Annahme Recht: Diese Tabelle ist wohl wirklich zentral. Lassen wir uns nicht verwirren, denn uns interessieren nur zwei Constraint-Typen: Primär- und Fremdschlüssel. Netterweise steht der Typ in der Spalte CONSTRAINT_TYPE. So fällt die Auswahl leicht. Der Primärschlüssel, das lernen wir, wenn wir auf den Eintrag klicken, ist die Spalte EMPLOYEE_ID. Das überrascht nicht wirklich, ist aber hiermit bestätigt. Die Fremdschlüssel zeigen auf die Tabellen, die mit dieser Tabelle verbunden sind. Machen Sie sich jetzt bitte die Mühe, sich einige Zeit mit diesem Datenmodell zu beschäftigen. Gehen Sie die verschiedenen Tabellen durch, und analysieren Sie, welche Fremdschlüssel auf welche Spalten zeigen. Malen Sie ein ERD auf ein Stück Papier, und versuchen Sie, die Beziehungen zwischen den Tabellen sichtbar zu machen. Sie werden feststellen, dass die meisten Beziehungen durchaus sinnvoll und beinahe selbsterklärend sein werden. Einige Beziehungen sind aber auch durchaus sonderbar.

Wie motiviere ich Sie nun, diese Übung tatsächlich durchzuführen und nicht einfach nur die Lösung hier im Buch nachzusehen? Vielleicht durch die Anmerkung, dass Sie das Prinzip wirklich nur verstehen, wenn Sie es selbst machen? Gönnen Sie sich diese Zeit, es wird Ihnen tatsächlich leichter fallen, meinen weiteren Erläuterungen zu folgen, wenn Sie sich selbst mit dem Datenmodell beschäftigt haben. Aber natürlich kann ich nichts machen, das Buch muss weitergehen, daher kommt in Abbildung 3.8 das Datenmodell als ERD, so wie ich es zeichnen würde, wenn ich denn müsste.

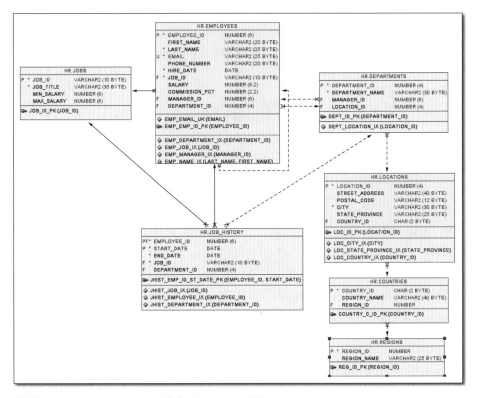

Abbildung 3.8 Das Datenmodell des Benutzers HR

Diesmal habe ich den SQL Developer DataModeler genutzt. Die Bildchen sind nicht ganz so schön, doch ist das Importieren der Tabellendaten sehr einfach und recht schnell. Einige Dinge, das vorweg, können wir uns leicht erklären: So ist die Relation zwischen den Tabellen JOBS, EMPLOYEES und DEPARTMENTS grundsätzlich klar. Auch das Datenmodell in Richtung LOCATIONS, COUNTRIES und REGIONS ist klar, denn eine Region hat mehrere Länder, darin mehrere Städte, die jeweils mehrere Abteilungen des Unternehmens beherbergen können. Das haken wir ab, das ist klar. Doch jetzt kommen die etwas härteren Brocken: Sehen wir uns an, auf welche Weise JOB_HISTORY eingebunden ist. Es gibt dort keinen Primärschlüssel, sondern lediglich Referenzen auf die Tabellen JOBS, EMPLOYEES und DEPARTMENTS. Die Idee ist: Wird ein Mitarbeiter in eine andere Abteilung versetzt oder erhält er einen neuen Job, soll der alte Job in der Tabelle JOB_HISTORY gespeichert werden, damit diese Information nicht verloren geht. In dieser Tabelle stehen dann die Spalten START_DATE und END_DATE, die anzeigen, von wann bis wann ein Mitarbeiter eine Position in einer Abteilung innehatte. Das ist, so hoffe ich, auch noch nachvollziehbar.

Vollends seltsam sind aber zwei Verbindungen, die sich auf die Tabellen EMPLOYEES und DEPARTMENTS beziehen. Zum einen ist da die normale 1:n-Beziehung zwischen

EMPLOYEES und DEPARTMENTS. Es existiert aber auch noch eine umgekehrte Beziehung zwischen diesen beiden Tabellen. Darf ich so hinterhältig sein, zu fragen, welche der beiden Verbindungen eigentlich die »normale« ist, die wir erwartet hatten, und welche erklärungsbedürftig ist? Normal ist die Beziehung zwischen DEPARTMENTS und EMPLOYEES, also Fremdschlüssel in EMPLOYEES, Primärschlüssel in DEPARTMENTS, denn eine Abteilung kann mehrere Mitarbeiter haben. Die andere Relation besagt, dass eine Abteilung genau einen Abteilungsmanager haben kann und dass dieser in der Tabelle EMPLOYEES vorhanden sein muss. Die 1:n-Beziehung ist in dieser Hinsicht vielleicht etwas seltsam: Sie besagt aber, dass ein Manager theoretisch mehrere Abteilungen führen könnte, dann nämlich, wenn in der Tabelle DEPARTMENTS eine EMPLOYEE_ID mehrfach auftauchte. Was würden Sie tun, um sicherzustellen, dass alle Abteilungen einen anderen Abteilungsleiter haben? Es soll also im Prinzip eine 1:1-Beziehung hergestellt werden. Erinnern Sie sich noch an diesen Sonderfall? Dann erinnern Sie sich auch daran, dass in diesem Fall die Fremdschlüsselspalte in DEPART-MENTS einen unique-Constraint erhalten muss.

Die zweite seltsame Verbindung ist die Verbindung der EMPLOYEES-Tabelle mit sich selbst. Das kann ja nur ein Fehler sein, oder? Nein, natürlich nicht, diese Sonderform weist darauf hin, dass innerhalb der Tabelle eine Beziehung zwischen verschiedenen Spalten existiert. Im konkreten Fall ist das so: Es existiert die Spalte EMPLOYEE_ID und die Spalte MANAGER_ID. Ein Mitarbeiter mit einer eindeutigen Mitarbeiternummer hat einen direkten Vorgesetzten, der ebenfalls durch seine Mitarbeiternummer identifiziert wird. Mit Hilfe der Fremdschlüsselbeziehung zwischen diesen beiden Spalten wird nun sichergestellt, dass der Mitarbeiter, der als Vorgesetzter eines anderen Mitarbeiters eingesetzt wird, tatsächlich auch existiert. Fehlte dieser Fremdschlüssel, könnte als Mitarbeiter auch 1234 eingesetzt werden, und dieser Wert stellte dann keinen existierenden Mitarbeiter dar. Doch wo wir schon einmal dabei sind: Wo ist denn nun hier die 1- und wo die n-Seite? Denken Sie nicht zu kompliziert, denn die Antwort ist ganz einfach: Da die Spalte EMPLOYEE_ID Primärschlüssel ist, muss hier die 1-Seite liegen, folglich ist die MANAGER_ID die n-Seite. Und das macht denn auch Sinn: Ein Manager kann mehrere Untergebene haben, daher muss seine Mitarbeiternummer auch in der Spalte MANAGER_ID mehrfach auftauchen dürfen.

3.3.3 Ausblick

Wenn Sie dieses Beispiel selbst nachvollzogen haben, haben Sie bereits viel über die Analyse von Datenmodellen gelernt. Ihre Datenmodelle sind ziemlich sicher umfangreicher als dieses Beispiel, aber vieles wiederholt sich auch, daher ist die reine Größe nicht das einzige Kriterium. Außerdem kommt Hoffnung noch von anderer Seite: In großen Datenmodellen sind nicht alle Tabellen mit allen anderen Tabellen vernetzt. In den Datenmodellen bilden sich oft »Dateninseln«, eine Gruppe von

Tabellen, die die Daten für ein Teilgebiet der Anwendung speichern. Oft reicht es für eine Problemstellung aus, diese Teiltabellen zu kennen, die Kenntnis aller Tabellen eines Datenmodells ist nicht immer erforderlich. Als letzte Zwischenmotivation könnte ich Ihnen noch anbieten, dass das Verständnis der weiteren Tabellen eines Datenmodells immer schneller vonstattengeht als der erste Einstieg, weil über die Zeit die Kenntnis der immer wiederkehrenden Denkweise der Datenmodellierer das Verständnis der anderen Tabellen erleichtert. Einige Spalten haben immer die gleiche Funktion und können daher bei der Analyse schnell als bekannt vorausgesetzt werden. Dies erleichtert die Orientierung in solchen Datenmodellen enorm!

Kapitel 4
Aufbau einer Oracle-Datenbank

*In diesem Kapitel werden wir die Arbeitsweise und einige grund-
legende technische Eigenschaften der Oracle-Datenbank besprechen.
Einerseits werfen wir einen Blick auf die Abläufe, die von einer Datenbank durchgeführt werden müssen, wenn SQL-Anweisungen ausgeführt werden, zum anderen werde ich einen groben Überblick über die
Datentypen geben, die bei Oracle verwendet werden, um Daten in
Tabellen zu speichern.*

Die Kenntnis dieser beiden Bereiche ist für das Gesamtverständnis von SQL erforderlich, allerdings können Sie das Lesen dieses Kapitels gern auch auf einen späteren
Zeitpunkt verschieben, wenn Sie zunächst nur daran interessiert sind, Daten aus
einer bereits bestehenden Datenbank zu lesen. Alle Anwendungsentwickler, aber
auch Anwender, die mit großen Datenmengen zu tun haben werden, sollten diese
Informationen jedoch kennen, damit Sie in der Lage sind, grob abzuschätzen, ob eine
SQL-Anweisung gegen eine Datenbank für Performanzprobleme sorgen wird oder
nicht.

4.1   Wie arbeitet eine Oracle-Datenbank?

In diesem Abschnitt werden wir uns einige grundlegende Strategien ansehen, nach
denen die Oracle-Datenbank verfährt, wenn sie Aufgaben erledigen soll. Das Niveau
ist so gewählt, dass Sie als Leser einen Eindruck von der Arbeitsweise bekommen,
ohne allzu tief in die Materie eingeführt zu werden. Weitere Informationen sind
dann die eigentliche Aufgabe meines Buchs *Oracle PL/SQL – das umfassende Handbuch*, weil dieses Wissen wichtiger für Anwendungsentwickler ist.

4.1.1   Eine SQL-Anweisung wird ausgeführt

Starten wir unseren Rundgang durch die Arbeitsweise mit der Frage, wie eine SQL-
Anweisung grob ausgeführt wird. Dabei wissen wir zwar noch nicht, wie eine solche
Anweisung konkret aussieht, aber das Prinzip können wir uns dennoch bereits jetzt
klarmachen. Eine SQL-Anweisung wird so gut wie nie innerhalb der Datenbank

erzeugt, sondern kommt von außen. Vielleicht sitzen Sie am Programm SQL Developer und tippen die Anweisung in den Editor. Nun schicken Sie diese Anfrage an die Datenbank und erwarten eine Antwort. Die Datenbank muss nun vier Schritte ausführen, um diese Antwort zu liefern:

Parsen der Syntax

Der erste Schritt klingt einfach, ist es aber für die Datenbank nicht unbedingt: Ist Ihre Anfrage syntaktisch korrekt geschrieben worden? Stehen alle Schlüsselworte an der richtigen Stelle, sind die Klammern korrekt gesetzt, wurde der Befehl sinnvoll abgeschlossen, kurz: Könnte das eine gültige SQL-Anweisung sein? Die Datenbank muss also die Zeichenkette auf diese Regeln hin untersuchen – *parsen*, wie man das nennt – und moniert bereits zu diesem Zeitpunkt, wenn irgendetwas schiefläuft.

Prüfung gegen das Data Dictionary

Der nächste Schritt besteht darin, zu prüfen, ob die Tabelle, aus der eine Information gelesen wird, überhaupt existiert. Sind zudem die Spalten innerhalb dieser Tabelle korrekt geschrieben? Um diesen Schritt zu prüfen, müssen wir weiter in die Datenbank hinabsteigen, denn nun ist nicht nur eine »einfache« Syntaxprüfung ausreichend, sondern die Prüfung muss gegen eine Liste aller verfügbaren Tabellen und deren Spalten erfolgen. Informationen dieser Art speichert Oracle in einer Gruppe von Tabellen, die allgemein als *Data Dictionary* bezeichnet wird. Das Data Dictionary kennt nicht nur die Tabellen der Datenbank, sondern auch noch die Benutzer, die sonstigen Datenbankstrukturen, aber auch zum Beispiel in der Datenbank abgelegte Programme und vieles mehr. Im Data Dictionary sind also die Strukturen der Datenbanktabellen hinterlegt, nicht jedoch die eigentlichen Daten der Tabelle. Die finden sich dann in den Datendateien für die einzelnen Tabellen.

Berechtigungsprüfung

Der nächste Schritt geht nun noch weiter und klärt, ob der angemeldete Benutzer die angeforderte Information überhaupt sehen darf. Diese Prüfung ist relativ trivial, wenn bekannt ist, dass der angemeldete Benutzer der Eigentümer einer Tabelle ist, denn dann darf er die Daten in jedem Fall lesen. Allerdings könnte es auch sein, dass der angemeldete Benutzer das Leserecht auf eine Tabelle durch den Eigentümer der Tabelle zugewiesen bekommen hat oder das Recht aufgrund anderer Rechtekonstellationen eingeräumt bekommt. Diese Prüfung muss also erfolgen. Die Daten für diese Prüfung werden ebenfalls dem Data Dictionary entnommen.

Ausführungsplan

Der letzte Schritt vor der eigentlichen Ausführung der Abfrage besteht darin, dass das RDBMS eine Strategie entwickeln muss, welche der beteiligten Tabellen als erste angesprochen werden soll und mit welchem Algorithmus die Abfrage ausgeführt werden soll. Dieses Thema ist extrem komplex. Innerhalb von Oracle ist für diese Berechnung ein eigenes Programm zuständig, das als *CBO (Cost Based Optimizer)* bekannt ist und ähnlich einem Straßennavigationsprogramm viele der plausiblen Routen durchrechnet und den Aufwand der einzelnen Routen schätzt. Das Ergebnis ist eine Liste durchgerechneter »Routen« mit einer Bewertung in Form eines dimensionslosen Kostengewichts. Der Plan mit dem geringsten Kostengewicht gewinnt und steuert, wie die Ausführung ausgeführt werden wird. Vielleicht erinnern Sie sich daran, dass ich eingangs sagte, die Datenbank übernehme für Sie die Berechnung, auf welche Weise Ihre Abfrage bearbeitet wird. Hier ist dieser Punkt in der Verarbeitungskette der Anfrage. Hier ist es auch, wo sich die Performanz der Datenbank maßgeblich entscheidet, denn ein guter Ausführungsplan (also die günstigste Route) kann massive Auswirkungen auf die Geschwindigkeit der Abfrage haben. Neue Datenbankversionen lernen hier ständig hinzu und optimieren so auch bestehende Abfragen.

Datengewinnung

Der logisch nächste Schritt besteht darin, entlang des Ausführungsplans die Daten aus den Tabellen zu lesen. Die Datenbank wäre allerdings schlecht beraten, wenn sie diese Daten ständig von Festplatte läse. Daher verfügt das RDBMS über einen großen Speicherbereich, in dem gelesene Daten aus Tabellen zwischengespeichert werden. Einen solchen Speicherbereich, der Daten von der Festplatte zum schnelleren Lesen im Arbeitsspeicher vorhält, nennt man einen *Cache*. Da dort Daten der Datenbank zwischengespeichert werden, nennt man diesen speziellen Cache den *Data Block Buffer Cache*. Oracle wird zunächst nachsehen, ob die Daten, die für Ihre Anfrage gebraucht werden, in diesem Cache bereits vorhanden sind. Nun könnten Sie einwenden, dass diese Daten dort ja vielleicht veraltet sind, aber das stimmt nicht: Da auch alle Änderungen dort vorgenommen und erst von dort auf die Festplatten geschrieben werden, ist im Data Block Buffer Cache der Datenbestand immer aktuell, dort ist sozusagen vorn bei der Oracle-Datenbank. Finden wir die benötigten Daten hier, ist der Rest einfach: Wir geben die Daten nun an die Anwendung aus, die sie verlangt hat. Sind die Daten dort allerdings nicht vorhanden, muss das RDBMS die Daten von der Festplatte nachladen. Die neu ankommenden Daten verdrängen dann *die* Daten aus dem Data Block Buffer Cache, die am längsten nicht mehr verwendet wurden (es werden also nicht die Daten verdrängt die als Erstes gelesen wurden, sondern die, die am längsten nicht benötigt wurden), und stehen ab da zur Verfügung, bis auch sie durch neuere Daten verdrängt werden.

Datenverarbeitung und Sortierung

Allerdings könnte noch ein Zwischenschritt vor der tatsächlichen Auslieferung der Daten erforderlich werden: Wenn der Anwender eine bestimmte Sortierung der Daten angefordert hat, wird die Datenmenge nun noch sortiert. Die sortierte Datenmenge wird allerdings nicht im Data Block Buffer Cache gespeichert, sondern in einem Speicherbereich, der für Ihre Datenbankverbindung reserviert wurde. Es macht keinen Sinn, die Daten zentral zu sortieren, denn wenn der nächste Benutzer ähnliche Daten anfordert, kann es sein, dass einige Zeilen zusätzlich angefragt werden, die Sortierung aufgrund unzähliger Gründe anders ausfiele oder Ähnliches. Diese Zeilen müssten dann in die sortierte Darstellung eingefügt werden. Dieser Aufwand ist höher, als die Daten mehrfach zu sortieren und beim anfragenden Anwender zwischenzuspeichern. Aus diesem Grund erhöht eine Sortierung allerdings die Last auf dem Datenbankserver, und zwar sowohl bezüglich der Rechenleistung als auch bezüglich der Speicheranforderungen.

Daten an die Anwendung liefern

Eigentlich ist nichts Besonderes dabei, die Daten an die Anwendung zu schicken, es ist aber relevant, festzuhalten, dass die Anwendung die Daten anfordert, und nicht etwa umgekehrt die Datenbank einfach alle Daten über das Netzwerk schickt. Der Grund: Es könnte ja sein, dass eine Anfrage viele Millionen Treffer liefert, die Anwendung aber nur an wenigen 100 Treffern interessiert ist. In diesem Fall wäre es eine Verschwendung, den gesamten Datenbestand über das Netzwerk zu schicken. Ist also eine Abfrage abgeschlossen, »weiß« die Datenbank, welche Daten für diesen Benutzer auszugeben sind und signalisiert der anfordernden Anwendung, dass die Daten bereitstehen. Die Anweisung fordert dann nach Bedarf die Informationen an, die nach wie vor auf dem Datenbankserver vorgehalten werden. Die Daten einer SQL-Anweisung werden von der Datenbank in eine Speicherstruktur geladen, die als *Cursor* bezeichnet wird. Sie können sich diesen Cursor vorstellen wie eine Schachtel Schminktücher, aus dem das oberste Tuch herausschaut: Die Anwendung kann so lange neue Tücher aus der Schachtel ziehen, bis diese leer ist. Ein Tuch, das einmal aus der Schachtel entnommen wurde, ist allerdings nicht mehr in die Schachtel hineinzubekommen. Genauso arbeitet auch der Speicherbereich, der die Daten an die Anwendung liefert. Ist der Cursor leer oder signalisiert die Anwendung, dass keine weiteren Daten gelesen werden sollen, ist die Aktion für die Datenbank beendet und eine neue Anfrage kann starten (na ja, etwas vereinfacht ist das schon, aber es reicht für das allgemeine Verständnis).

4.1.2   Änderung von Daten und der Begriff der Transaktion

Ähnlich geht die Datenbank vor, wenn Daten innerhalb der Datenbank geändert werden sollen. Im Gegensatz zum ersten Beispiel, dem Lesen von Daten, werden bei einer Änderung die Daten im Data Block Buffer Cache jedoch geändert. Es kann sein, dass Sie Daten hinzufügen, ändern oder löschen. In jedem Fall wird diese Aktion innerhalb des Arbeitsspeichers des RDBMS durchgeführt und nur sporadisch auch auf Festplatte gespeichert.

Tabellenzeilen und Blöcke

Zeilen einer Tabelle werden innerhalb eines sogenannten *Blocks* gespeichert, einer Datenstruktur von typischerweise 8 kB Größe. Viele dieser Blöcke bilden zusammengenommen eine Tabelle. Sie werden auch im Namen des Caches (Data *Block* Buffer Cache) verwendet, und daran können Sie erkennen, dass immer komplette Blöcke mit einzelnen Zeilen zwischen der Festplatte und dem RDBMS ausgetauscht werden, nicht aber einzelne Zeilen. Sollte es nun zu einer Änderung innerhalb eines Blocks gekommen sein, geht bei diesem Block, bildlich gesprochen, eine Lampe an: Er zeigt an, dass er geändert wurde und damit, im Oracle-Jargon, *dirty* geworden ist. In regelmäßigen Abständen wird das RDBMS nun alle geänderten Blöcke (*dirty blocks*) auf Festplatte speichern, Ihre Datenänderung hat den Weg in die Datenbank abgeschlossen.

Ein weiterer Begriff spielt hier noch eine Rolle: der der *Transaktion*. Jede Änderung kann von Ihnen als Benutzer zurückgenommen werden, sollten Sie sich vertan haben. Wollen Sie eine oder mehrere Änderungen jedoch permanent in der Datenbank belassen, müssen Sie diese Änderung bestätigen. Die Zeitspanne zwischen der ersten Änderung von Daten und der Bestätigung oder der Rücknahme von Änderungen wird als Transaktion bezeichnet. Diese Transaktion stellt nicht nur sicher, dass ungewünschte Änderungen rückstandsfrei aus der Datenbank gelöscht werden können, sondern schützt die Daten auch vor der gleichzeitigen Änderung durch andere Benutzer und sorgt zudem dafür, dass andere Benutzer Ihre Änderungen erst dann sehen können, wenn sie die Änderungen als permanente Änderung in der Datenbank speichern.

Oracle garantiert Ihnen in der Folge, dass alle Änderungen, die Sie an Daten vorgenommen haben, nach der Bestätigung durch Sie (und die Rückmeldung dieser Bestätigung durch die Datenbank) nicht mehr durch Datenbankfehler verloren gehen können. Theoretisch könnte direkt im Anschluss an Ihre Bestätigung die Festplatte der Datenbank zerstört werden – die Daten der Datenbank blieben erhalten, zumindest dann, wenn der Administrator der Datenbank seinen Job versteht und entsprechende Sicherheitsnetze, die Oracle empfiehlt und voraussetzt, auch in Betrieb hat.

4.1.3   Daten- und Lesekonsistenz

Um zu verstehen, welche Aufgaben durch ein RDBMS erfüllt werden, muss ich Ihnen nun noch den Begriff der *Konsistenz* erläutern. Ich muss Ihnen gestehen, dass ich,

weil ich viel mit Datenbanken zu tun habe, über diesen Begriff gar nicht mehr nachdenke, sondern ihn einfach benutze. Das ist natürlich für ein SQL-Buch nicht hin-
nehmbar, denn der Begriff ist vielgestaltig. Ursprünglich bedeutet das Wort so viel
wie Zusammenhalt, Geschlossenheit. Im Umfeld von Datenbanken ist allerdings
gemeint, dass Daten *widerspruchsfrei* sind. Und das ist nun auch nicht leicht zu erklären, denn widerspruchsfrei hat nichts mit dem Begriff *sinnvoll* zu tun. Machen wir
uns das Problem an einem Beispiel klar: Wenn Sie eine Rechnung speichern, hat diese
Rechnung Rechnungspositionen. Rechnungspositionen ohne zugehörige Rechnung
betrachten wir als Dateileichen. Um zu verhindern, dass Rechnungspositionen ohne
zugehörige Rechnungen gespeichert werden, vereinbaren wir einen Fremdschlüssel
zwischen der Rechnung und seinen Rechnungspositionen. Die Daten sind dann
widerspruchsfrei, wenn keine Rechnungspositionen ohne zugehörige Rechnung
existieren. Da wir einen Fremdschlüssel haben, kann uns die Datenbank diese Anforderung garantieren. Anforderungen dieser Art bezeichnen wir als Datenkonsistenz.
Sie werden bemüht sein, ein Datenmodell aufzubauen, das ein möglichst hohes Maß
an Datenkonsistenz erreicht, denn nur dann können Sie davon ausgehen, dass die
Daten »stimmen«. Ich habe diesen Begriff in Anführungszeichen gesetzt, denn der
Begriff ist natürlich nur in Bezug auf die durchgesetzten Anforderungen stimmig, es
ist natürlich ohne Weiteres möglich, einen falschen Rechnungsbetrag in der Datenbank zu speichern oder die Rechnung dem falschen Kunden zuzuordnen. Diese Art
Prüfung nimmt die Datenbank nicht vor: Ist der falsche Kunde in der Datenbank vorhanden, wird die Datenbank die Rechnung voller Überzeugung dem falschen Kunden
zuordnen, denn es gibt keine *Heuristik* (»*ein analytisches Vorgehen, bei dem mit
begrenztem Wissen über ein System mit Hilfe von Mutmaßungen Schlussfolgerungen
über das System getroffen werden*« – Wikipedia), die festlegen könnte, welcher Kunde
welche Rechnung erhalten muss. Datenkonsistenz hat also insofern nichts mit *korrekten* (im Sinne von sinnvollen, richtigen) Daten zu tun, allerdings gibt Ihnen der
Begriff der Datenkonsistenz eine belastbare Zusicherung bezüglich der *Struktur* der
Daten: Es gibt einfach keine Rechnungspositionen, die nicht einer Rechnung zugeordnet werden können. Davon können Sie sicher ausgehen.

Ich sagte vorhin, Sie werden bemüht sein, ein *möglichst hohes* Maß an Datenkonsistenz in Ihren Datenmodellen durchzusetzen. Warum diese Einschränkung? Einerseits ist es nicht möglich, alle Anforderungen durch Constraints in der Datenbank
durchzusetzen. Andererseits, und das ist der häufigere Fall, ist die Datenkonsistenz
aufgrund geschäftlicher Anforderungen nicht durchsetzbar. Nehmen Sie ein Callcenter als Beispiel, das anlässlich einer Europameisterschaft über das Telefon Fußbälle
verkaufen soll. Ein Kunde meldet sich, möchte einen Ball kaufen. Das Callcenter
fragt, weil die Eingabemaske dies fordert, nach dem Geburtsdatum des Kunden. Der
will sein Geburtsdatum aber nicht nennen. Nun sagen Sie dem Kunden, dass dies leider ein Pflichtfeld im Datenbankmodell ist. Der Kunde antwortet, dass er dann den

Ball leider nicht möchte. Nun sagen Sie, ach was, das sei kein Problem, das Geburtsdatum laute in diesem Fall halt 12.3.45 (einfach, weil es so schön schnell zu tippen ist und von der Eingabemaske akzeptiert wird). Sie sehen: Hier bewahrheitet sich, was jeder Handwerker seit Langem weiß: Nach *fest* kommt *ab*. Ist Ihr Datenmodell zu restriktiv, wird dies lediglich die Kreativität der Bediener fordern, die Datenqualität jedoch nicht mehr steigern können.

Erweitert wird der Begriff der Datenkonsistenz noch im Umfeld einer Transaktion. Konsistenz in diesem Zusammenhang meint, dass sich die Daten vor Beginn der Transaktion in einem Zustand befunden haben, der die Geschäftssituation korrekt abbildet. Der Klassiker zur Erläuterung dieses Sachverhalts ist die Umbuchung eines Geldbetrags zwischen zwei Konten. Vor Beginn der Umbuchung ist das Kontosaldo der beiden beteiligten Konten korrekt, spiegelt also die Geschäftssituation korrekt wieder. Nun wird eine Umbuchung vorgenommen. Ziel ist, dass die beteiligten Konten nach der Umbuchung ebenfalls wieder die Geschäftssituation korrekt abbilden. Die Daten sind vor und nach der Transaktion *konsistent*. Das Problem: Da die Transaktion mehrere Teilschritte durchführen musste, um den Geldbetrag umzubuchen, waren die Daten zwischenzeitlich nicht konsistent. Das ist so lange kein Problem, wie es unmöglich ist, dass dieser inkonsistente Zustand dauerhaft gespeichert und als konsistent dargestellt wird. Auch das kann die Datenbank sicher verhindern, denn dafür existiert die Transaktion: Alle Teilschritte einer Transaktion gelingen entweder ganz oder gar nicht. Das bedeutet, dass die Daten vor der Transaktion und nach der Transaktion konsistent sind, weil die Transaktion nur als Ganzes gespeichert wird, niemals aber Teilergebnisse. Eine Datenbank, die dies nicht sicherstellen könnte, wäre vollständig nutzlos, denn logische Fehler dieser Art lassen sich im Nachhinein so gut wie gar nicht mehr korrigieren. Stellen Sie sich hierfür nur vor, es wäre möglich, eine Geldbuchung teilweise zu speichern: Das Geld würde zwar ab-, nicht aber zugebucht und verschwände daher. Solche Zustände sind für eine Datenbank unhaltbar.

Der Begriff der Lesekonsistenz ist demgegenüber etwas schwieriger zu erläutern. Das Problem ist hier, dass mehrere Benutzer gleichzeitig am Datenbestand arbeiten. Stellen wir uns wieder vor, dass ein Benutzer einen Geldbetrag zwischen zwei Konten bewegen muss. Ein zweiter Benutzer erfragt den Kontostand eines der beteiligten Konten in genau dem Moment, indem der andere Benutzer den Geldbetrag transferiert. Nun könnte es sein, dass der erste Benutzer das Geld bereits von Konto A abgebucht hat, um es auf Konto B zu buchen, während der zweite Benutzer die Kontensalden der Konten A und B erfragt. Da das Geld zwar ab-, dem zweiten Konto jedoch noch nicht zugebucht wurde, hat der zweite Benutzer nun den Eindruck, das Geld sei nicht vorhanden: Er sieht einen Zustand der Daten, der nicht konsistent ist. Nur wird die Datenbank diese Daten niemals dauerhaft speichern, denn das stellt die Transaktion sicher. Die Daten, die der zweite Benutzer gelesen hat, sind gewissermaßen *Phantomdaten*, die nur in dieser einen Millisekunde gelesen werden konnten. Nun mag Sie dieses Problem kalt lassen, weil Sie ein solches Zusammentreffen für extrem unwahrscheinlich halten. Datenbanken haben jedoch oftmals Tausende parallel arbeitende Benutzer. Nun möchten Sie für eine Auswertung den aktuellen Kontostand von Hunderten Konten erfragen. In diesem Zusammenhang wäre es ein Wunder, wenn der Bericht stimmte, verfügte die Datenbank nicht über Mechanismen, um die Lesekonsistenz zu gewährleisten. Lesekonsistenz bezeichnet also die Fähigkeit der Datenbank, eine konsistente (im Sinne der Geschäftsregeln stimmige) Sicht auf die Daten zu berechnen, auch wenn sich die Daten unter der Abfrage bewegen.

Oracle erstellt (mit Mitteln, deren Erläuterung etwas jenseits des Themas unseres Buches liegt) ein Abbild, einen sogenannten *Snapshot* der Daten, der ein konsistentes Abbild der Datenbank *zum Zeitpunkt der Abfrage* des Berichts darstellt, auf dessen Grundlage der Bericht berechnet wird. Ähnliche Mechanismen werden von allen Datenbanken eingerichtet, das ist keine Besonderheit von Oracle, doch ist die Frage, wie effizient eine solche Lesekonsistenz eingerichtet wird, durchaus eine Frage, die verschiedene Datenbanken unterscheidet. Die genaue Kenntnis dieser Implementierungen ist allerdings für Anwendungsentwickler interessant, für die reine Verwendung von SQL als Abfragesprache ist lediglich wichtig, dass Oracle stets Lesekonsistenz garantiert, jedenfalls so lange, wie sich Entwickler von Anwendungssoftware am Begriff der Transaktion orientieren und diese korrekt einsetzen. Denn, das ist klar geworden, die Transaktion ist der zentrale Schutzmechanismus der Datenbank vor inkonsistenten Daten, sowohl beim Speichern von Daten, als auch bei der Implementierung der Lesekonsistenz. Warum? Ohne die Transaktion hätte die Datenbank ja keine Ahnung davon, *wann* ein Datenbestand konsistent ist. Woher sollte die Datenbank wissen, dass der Geschäftsvorfall, den ein Benutzer ausführt, ausgerechnet dann wieder zu einem konsistenten Zustand führt, wenn das Geld von Konto A auf Konto B gebucht wurde? Könnte es nicht sein, dass noch 500 weitere Schritte erforderlich sind, bevor die Daten wieder konsistent sind? Das kann die Datenbank nicht beurteilen, sondern nur der Prozess, der den Geschäftsvorfall implementiert, letztlich also die Anwendung. Und das Mittel, der Datenbank mitzuteilen, wann ein Schritt fertig und der Geschäftsvorfall damit abgeschlossen ist, ist die Transaktion. Sie sagt: Ich fange mit Beginn der Transaktion mit der Arbeit an und bin mit dem Ende der Transaktion fertig. Ob innerhalb der Transaktion einer, drei oder 4 Millionen einzelne Arbeitsschritte liegen, ist dabei unerheblich für die Datenbank. Liest ein zweiter Benutzer Daten, so kann er lediglich die Daten lesen, die zum Zeitpunkt der Abfrage nicht durch eine Transaktion geschützt waren. Stellen Sie sich das vielleicht wie bei einer Baustelle vor: Ein Vorhang stellt den Zustand der Daten vor Beginn der Bauarbeiten dar. Diese Daten lesen Sie, wenn Sie eine Abfrage machen. Hinter dem Vorhang werden die Daten umgebaut. Mit dem Ende der Transaktion wird der Vorhang zur Seite gezogen, und Sie dürfen die neuen Daten benutzen.

ACID

In Prosa habe ich Ihnen nun erläutert, was Datenbanktheoretiker unter dem wenig schmeichelhaften Akronym ACID (eigentlich Säure, hier steht es aber für *Atomicity, Consistency, Isolation* und *Durability*) umschreiben:

▸ Atomicity oder Atomarität steht dafür, dass eine Anweisung ganz oder gar nicht ausgeführt wird.

▸ Consistency oder Konsistenz steht dafür, dass die Daten vor und nach Abschluss einer Operation (sinngemäß gilt das auch für eine Transaktion) konsistent im Sinne der Datenbank-Constraints sind.

▸ Isolation stellt sicher, dass sich parallel arbeitende Benutzer nicht gegenseitig stören, kurz jeder Anwender das Gefühl hat, allein auf der Datenbank zu arbeiten.

▸ Durability oder Dauerhaftigkeit definiert, dass die Daten nach Abschluss (und Bestätigung an den Benutzer) einer Transaktion nicht mehr verloren gehen können, selbst dann nicht, wenn die Datenbank nach dieser Aktion defekt würde.

4.2   Oracle-Datentypen

Eine Datenbank definiert spezielle Datentypen, die benötigt werden, um näher zu beschreiben, welche Art Daten in einer Tabelle abgelegt werden können. Wenn wir der Datenbank erklären, welche Art Daten abgelegt werden sollen, hat das einerseits den Vorteil, dass die Datenbank die Speicherung solcher Informationen optimieren kann, andererseits können aber mit den richtigen Datentypen auch spezielle Rechenoperationen oder auch Sortierfunktionen verbunden werden, die ansonsten nicht möglich wären. Grob gesagt, unterteilt Oracle die Datentypen in skalare, nicht mehr weiter teilbare Datentypen, wovon es eigentlich nur drei Grundtypen gibt, nämlich Zeichenketten, Zahlen und Datumsangaben, und in komplexere, objektorientierte Typen, die Sie zum Teil selbst erstellen können, die aber auch von Oracle mitgeliefert werden. Zu diesen Typen gehört zum Beispiel der Datentyp XMLType, mit dessen Hilfe XML-Dokumente in der Datenbank gespeichert und wie XML behandelt werden können. Eine Sonderstellung nehmen schließlich noch die besonders großen Objekte wie Bilder, Videodaten oder große Textdateien wahr. Diese Datenstrukturen benötigen eine Sonderbehandlung, weil durch eine einzelne Tabellenzelle riesige Datenmengen repräsentiert werden können, die, würden sie nicht speziell behandelt, schnell einen Datenbankserver lahmlegen könnten.

Sehen wir uns die einzelnen Datentypen im Folgenden genauer an. Ich werde Ihnen nicht alle Details zu den jeweiligen Datentypen auflisten, dazu sind einige Informationen dann doch zu detailliert. Andererseits möchte ich Ihnen gern auch eine Stelle anbieten, an der Sie nachschlagen können, wenn Sie ein technisches Detail eines Datentyps interessiert. Daher habe ich die Beschreibung der Datentypen zunächst im Freitext und anschließend in eine formalere Beschreibung als technische Daten unterteilt. Sie können sich also aussuchen, bis zu welchem Detaillierungsgrad Sie sich in den Datentyp einlesen möchten. Sollten Sie sich nur einen Überblick verschaffen wollen, lassen Sie die technischen Beschreibungen einfach weg und kommen später darauf zurück, wenn Sie die Informationen benötigen. Zudem habe ich eine eingehendere Diskussion der Datentypen aus technischer Sicht in das Buch *Oracle PL/SQL – das umfassende Handbuch* integriert, weil ich finde, dass dieses Wissen vor allem für Anwendungsentwickler und Datenbankadministratoren von Interesse ist.

4.2.1   Texttypen

Texttypen stellen wohl die bekanntesten und am einfachsten zu benutzenden Datentypen einer Tabelle dar. In der Folge sehen wir uns die verschiedenen Varianten der Texttypen an.

VARCHAR2

Wir definieren für eine Textspalte, wie lang das Feld maximal werden darf, und das ist es im Prinzip auch schon. Bei Oracle heißt der hierfür verwendete Datentyp varchar2. Die »2« am Ende ist wichtig. Es gibt zwar auch den Datentyp varchar, den die meisten anderen Datenbanken einsetzen, Oracle aber empfiehlt, diesen Datentyp derzeit nicht zu nutzen. Er ist im Moment einfach nur ein Synonym für varchar2, Oracle hat aber angekündigt, dies in Zukunft zu ändern. Daher: varchar2. Die Längenbeschränkung kann frei bis zu maximal 4.000 Byte eingestellt werden. Ob dies gleichbedeutend mit 4.000 Zeichen ist, lesen Sie bitte in Kapitel 27, »Internationalisierung«, nach, eine Antwort ist nicht so einfach zu geben und erfordert etwas Hintergrundwissen. Kurz gesagt: Es stimmt nicht überein, wenn Sie einen Multibyte-Zeichensatz wie Unicode verwenden. In diesem Fall könnten weniger Zeichen als 4.000 in diesen Datentyp passen, weil einzelne Zeichen mehrere Byte Speicherplatz benötigen.

Interessant an diesem Datentyp ist, dass bei der Speicherung diesen Typs eine variable Länge von Zeichen gespeichert wird. Ist also eine Spalte definiert als varchar2(25 char), dann sollen bis zu 25 Buchstaben in dieser Spalte Platz haben (auch zur Klausel char verweise ich auf den oben genannten Abschnitt zur Erläuterung, er stellt im Rahmen der maximalen Größenbeschränkung auf 4.000 Byte sicher, dass entsprechend viele Zeichen der Zeichensatzkodierung eingegeben werden können, auch wenn dadurch mehr Byte für die Speicherung benötigt werden). Wird nun in einer Zelle dieser Spalte ein Name mit nur 14 Buchstaben gespeichert, wird auch nur dieser Platz auf der Festplatte reserviert. Nun muss allerdings die Datenbank in einer Extrainformation speichern, wie lang diese Zelle tatsächlich ist. Dazu wird ein weiteres Byte gespeichert, falls die Spalte bis zu 250 Byte lang werden darf. Sollen bis zu 4.000 Byte gespeichert werden, sind drei zusätzliche Byte zur Längenangabe erforderlich. Daraus könnte man nun die Empfehlung ableiten, eine Spalte solle, wenn sie denn zum Beispiel einen Namen speichern muss, 250 Byte lang sein dürfen und darüber hinaus immer 4.000 Byte, denn in diesem Fall werden ja nur die tatsächlich erforderlichen Informationen gespeichert und kein Platz verschwendet. Man hat dadurch nun auch die Möglichkeit, ungewöhnlich lange Nachnamen speichern zu können. Man weiß ja nie. Leider ist diese Vorgehensweise auf längere Sicht nicht zu empfehlen. Es gibt eine Reihe von Problemen, die diese Denkweise mit sich bringt. Nicht unerheblich ist das Argument, dass sie Ausdruck einer mangelnden Datenanalyse und damit fehlenden Problembewusstseins ist, gravierender ist allerdings, dass technische Probleme bei der freizügigen Verwendung zu langer Spaltenwerte die Folge sein können. Gern würde ich an dieser Stelle die Diskussion dieser Vor- und Nachteile aussitzen, weil sie den Rahmen des bislang technisch bekannten weit überschreiten müsste. Hoffentlich habe ich bis hierhin bereits so viel Vertrauen bei Ihnen erworben, dass Sie mir glauben, wenn ich sage, dass es für die Datenbank am besten ist, wenn Sie Ihre Datenstrukturen so konkret wie möglich beschreiben. Nur in diesem Fall ist die Datenbank in der Lage, Sie optimal bei der Erfüllung der Aufgaben zu unterstützen.

> **Technische Daten**
>
> Die Daten werden als Codes in der jeweils eingestellten Zeichensatzkodierung der Datenbank gespeichert. Vorangestellt ist 1 Byte als Längenzeiger, der ab einer Länge von 250 Zeichen in einen Längenzeiger von 3 Byte umgewandelt wird (ein Flag-Byte und zwei Längenbytes).
>
> Bei Multibyte-Zeichensätzen (Unicode) können mehrere Bytes pro Zeichen verwendet werden. Die Anzahl der maximal möglichen Zeichen pro Zelle kann in diesem Umfeld bis auf 1.000 heruntergehen, weil in Unicode ein Zeichen bis zu 4 Byte Speicherplatz beanspruchen kann. UTF-8 als Sonderform von Unicode verwendet unterschiedlich viele Bytes pro Zeichen und kann daher keine Zusage über die Anzahl der Zeichen in einer Zelle jenseits von 1.000 machen.
>
> Ein technischer Hinweis zur Längenbeschränkung: Um eine Spalte zu indizieren, müssen mindestens zwei dieser Spalten in einen Datenbankblock passen. Ein solcher Datenbankblock ist typischerweise 8 kB groß. Von dieser Größe müssen Sie noch etwa 500 Byte für die Blockverwaltung abziehen, bleiben ca. 7.500 Byte. Definieren Sie nun einen Index auf einer Spalte vom Typ `varchar2(4000)`, wird der Index nicht angelegt, weil nicht sichergestellt werden kann, dass mindestens zwei Indexzeilen in einen Block passen. Das ist eines der vielen Probleme mangelhafter Größenanpassung der `varchar2`-Spalten.

CHAR

Eine besondere Rolle spielt hier der ebenfalls vorhandene Datentyp char. Dieser Datentyp hat eine feste Breite; legen Sie eine Spalte vom Typ char(20 BYTE) an, werden immer diese 20 Byte für die Speicherung der Daten benötigt. Allerdings: Technisch gesehen ist auch dieser Speichertyp ein varchar2-Typ, denn bei der Speicherung wird die Zeichenkette einfach mit Leerzeichen bis zur angegebenen Speicherbreite aufgefüllt. Wenn Sie diesen Datentyp zur Speicherung »normaler« Zeichenketten verwenden, ist dieser Typ lediglich Platzverschwendung. Ich verwende diesen Datentyp hin und wieder, wenn ich genau weiß, dass ich immer exakt drei Zeichen benötigen werde. Dann hat für mich die Verwendung dieses Datentyps den Vorteil, diese Information sozusagen mit sich zu tragen. Ein Beispiel wäre eine Spalte, die den zwei- oder dreistelligen Ländercode eines Landes gemäß ISO-Norm aufnehmen soll. Ein weiterer Anwendungsfall für diesen Datentyp ist eine Spalte, die ein Kennzeichen aufnehmen soll, wie zum Beispiel Y oder N für einen Wahrheitswert. Denn, ja, das ist ein bekannter Nachteil von Oracle, den ich inhaltlich nie verstanden habe: Oracle kennt keinen Spaltentyp boolean, der direkt Wahrheitswerte aufnehmen könnte. Daher behilft man sich im Regelfall mit einer solchen Spalte oder einer Zahl, die nur 1 oder 0 aufnimmt. Verwende ich eine Zeichenspalte, kann auch hier char(1 byte) sinnvoll sein, um dies anzuzeigen. Eine bessere oder schlechtere Speicherung hat das allerdings nicht zur Folge.

Technische Daten

Die Daten werden als Codes in der jeweils eingestellten Zeichensatzkodierung der Datenbank gespeichert. Vorangestellt ist 1 Byte als Längenzeiger, der ab einer Länge von 250 Zeichen in einen Längenzeiger von 3 Byte umgewandelt wird (ein Flag-Byte und zwei Längenbytes). Die Längenbeschränkung des Typs char ist auf 2.000 Byte festgelegt.

Eine Spalte vom Typ char ist technisch mit einer Spalte vom Typ varchar2 identisch, bis auf die kleinere Maximallänge. Geben Sie keine Länge für diese Spalte an, wird standardmäßig eine Länge von 1 Byte angenommen.

NVARCHAR2 und NCHAR

Diese beiden Typen sind analog zu den Grundtypen zu sehen, haben aber eine eventuell abweichende Zeichensatzkodierung. Details finden Sie in Kapitel 27, »Internationalisierung«.

4.2.2 Datumstypen

Ja, Datumstypen in Datenbanken, das ist so eine Sache. In Kapitel 7, »Zeilenfunktionen«, werden wir uns in einem eigenen Abschnitt um das Rechnen mit Datumstypen kümmern, Zeitzonen bespreche ich dann in Kapitel 20, »Umgang mit Datum und Zeit«. Hier sollen lediglich die verschiedenen Varianten der Speicherung besprochen werden, aber auch das hat es bereits in sich!

DATE

Zunächst einige grundlegende Dinge. Ein Datum wird dem geneigten Benutzer immer nur als Zeichenkette dargestellt. Das hat seinen Grund darin, dass wir Menschen mit einer Zahl wie 2456260.83670138 so unsere Probleme haben. Diese Probleme sind einem Computer natürlich vollständig fremd. Intern wird daher so etwas Ähnliches wie diese Zahl oben gespeichert. Lassen Sie mich die Dinge nicht noch komplizierter machen, als sie ohnehin schon sind und gehen wir daher im Folgenden davon aus, dass die Datenbank eine Zahl wie die da oben speichert, wenn sie ein Datum meint. Was bedeutet diese Zahl? Der Ganzzahlanteil der Zahl stellt die Anzahl der Tage dar, die seit dem 01.01.4713 vor Christus vergangen sind. Fragen Sie mich etwa, warum genau dieses Jahr? Ehrlich gesagt: Keine Ahnung, nächste Frage. Ist eigentlich auch egal: Für die meisten Leasing-Verträge dürfte das reichen, und auch Musikwissenschaftler verzweifeln hier nicht, denn auch das Geburtsdatum Johann Sebastian Bachs (das ist der 31.03.1685, ihr Banausen ...) passt in diese Datenbank, was man von SQL Server bis Version 2005 einschließlich nicht behaupten konnte, denn dort war das Minimum der 01.01.1753; erst mit Version 2008 hat man das auf den 01.01.0001 korrigiert. Ich denke mal, man ist bei Microsoft der Meinung gewesen, vorher sei ohnehin nichts Wesentliches in der Welt passiert ... Spaß beiseite, bei Oracle haben Sie also ausreichend Reserve in die Vergangenheit. Der Zahl oben können Sie also zumindest entnehmen, dass ich diese Zeilen folglich am 28.11.2012 geschrieben habe. Der Nachkommaanteil der Zahl oben ist der Dezimalbruch des aktuellen Tages, der bereits vergangen ist. Wäre dies 0,5, wäre also der halbe Tag rum, damit folglich 12:00 Uhr mittags. Hieraus haben Sie bestimmt bereits errechnet, dass es im Beispiel oben 20:04:51 gewesen ist und eigentlich Zeit, für heute Feierabend zu machen. Wie auch immer: Diese Systematik wird uns dabei helfen, mit Datumsangaben zu rechnen, denn wenn wir einen Tag addieren wollen, addieren wir einfach die Zahl 1, bei einer Stunde die Zahl 1/24 usw. Wir halten aber ebenso fest: Ein Datum bei Oracle enthält *immer* auch die Uhrzeit. Auch hierin unterscheidet sich Oracle von anderen Datenbanken, bei denen mit den Datentypen date, datetime und time drei Datentypen mit entsprechendem Inhalt zur Verfügung stehen. Und, schlimmer: Hierin unterscheidet sich Oracle auch vom ISO-Standard, der beim Datentyp date ebenfalls keinen Zeitanteil kennt. Wir werden die Folgen, die sich hieraus ergeben, noch häufiger diskutieren. Dass Oracle andererseits einen Zeitanteil enthält, ist historisch gewachsen und kann mit Rücksicht auf bestehende Anwendungen nun auch nicht mehr geändert werden.

Der Datentyp date ist grundsätzlich sekundengenau, hat aber keinerlei Vorstellung von Zeitzonen, Sommerzeit oder etwas Ähnlichem. Hier könnte es zur Verwirrung kommen: Wenn Sie dem Computer entlocken möchten, wie spät es im Moment ist, steht dafür eine Funktion zur Verfügung, die bei Oracle sysdate heißt. Diese Funktion liefert die Zeit, die gerade auf dem Datenbankserver eingestellt ist. Diese Zeit könnte (und wird) natürlich durchaus auf eine spezielle, lokal gültige Zeitzone, eventuell mit Sommerzeit, eingestellt sein. Diese Zeit wird also angezeigt. Was ich aber sagen möchte, wenn ich behaupte, der Datentyp date kenne keine Zeitzone, ist, dass die Information über die eingestellte Zeitzone des Datenbankservers im Datentyp weder bekannt ist noch gespeichert wird. Daher ist es der Datenbank letztlich egal, welche Zeitzone eingestellt war, es ist für den Datentyp date lediglich wichtig, zu speichern, welches Datum und welche Uhrzeit zum Abfragezeitpunkt auf dem Datenbankserver eingestellt waren. Etwas genauer werden wir diesen Aspekt aber noch erläutern.

Technische Daten

Die Daten werden als feste, 7 Byte lange Strukturen abgelegt. Die einzelnen Bytes enthalten immer die Angaben über Jahrhundert, Jahr des Jahrhunderts, Monat, Tag, Stunde, Minute und Sekunde. Eine Ausgabe eines Datums zeigt für den 17.11.2012 09:42:42 folgende Informationen:

Typ=12 Len=7: 120,112,11,17,10,43,43

Jahrhundert und Jahr sind in *Excess-100-Notation* geschrieben, was meint, dass Sie 100 subtrahieren müssen, um auf das tatsächliche Datum zu kommen. Diese Notation wird gewählt, um Datumsangaben vor Christus verwalten zu können: Ist das Ergebnis der Subtraktion negativ, ist das Datum vor Christus. Zudem hat diese Speicherung zur Folge, dass sich die Datumsangaben leichter sortieren lassen. Im Gegensatz zu den Angaben zu Monat und Tag, die so gespeichert werden, wie sie sind, werden die Angaben zu Stunde, Minute und Sekunde in Excess-1-Notation geschrieben, Sie müssen also jeweils 1 von der Zeit abziehen, um die tatsächliche Zeit zu erhalten. Mitternacht wäre also gespeichert als 1, 1, 1. Diese Art der Speicherung macht Rechenoperationen mit Datumsangaben extrem effizient, denn Sie können auf einfache Weise eine Stunde hinzufügen etc.

TIMESTAMP

Eine erste Erweiterung erfährt der ältere Datumstyp date durch die Einführung des Datumstypen timestamp. Dieser Typ ist in der Lage, feinere Zeitintervalle als eine Sekunde zu speichern. Je nachdem, wie genau die innere Uhr des Datenbankservers arbeitet, kann die Funktion systimestamp, die analog zur Funktion sysdate für den Datumstyp date arbeitet, eine Auflösung bis zu einer Milliardstel Sekunde liefern. Normalerweise ist die Auflösung eine Millisekunde. Wenn Sie diesen Datumstyp benutzen, können Sie bei der Anlage einer Tabelle einstellen, wie viele Nachkommastellen Sie für diesen Typ vornehmen möchten. Als Standard sind sechs Nachkommastellen eingestellt, Sie haben aber die Wahl zwischen null bis neun Nachkommastellen.

Technische Daten

Es gilt alles, was auch schon für den Typ date gesagt wurde. Tatsächlich ist die Speicherung (bis auf die Angabe des Typs) vollständig identisch mit der normalen Datumspeicherung, wenn Sie als Spaltentyp timestamp(0) definieren. Allerdings kann es sein, das 4 zusätzliche Byte erforderlich werden, wenn Sie Sekundenbruchteile speichern möchten, so dass dieser Datentyp dann 11 Byte Speicherplatz benötigt. Diese 4 Byte werden immer benötigt, unabhängig von der gewählten Genauigkeit Ihrer Speicherung.

TIMESTAMP WITH (LOCAL) TIME ZONE

Im Gegensatz zum timestamp ist der timestamp with time zone mit Funktionen ausgestattet, die es ermöglichen, die Zeitzone zu speichern und zu analysieren. Mit diesem Datumstyp halten ganz neue Fragestellungen Einzug in die Diskussion. Wenn Sie sich zum Beispiel vorstellen, eine Datenbankanwendung sammle Daten in unterschiedlichen Zeitzonen, stellt sich die Frage, ob sich der gespeicherte timestamp auf die Zeitzone beziehen soll, die am Erfassungsort gilt (dann verwenden Sie den Typ timestamp with time zone), so dass Sie den Daten entnehmen können, dass eine Zeile in einer Tabelle um 09:00 Uhr Ortszeit erfasst wurde, oder ob die lokal gültige Zeitzone berücksichtigt, aber ihre lokale Zeitzone zur Anzeige herangezogen werden soll (dann verwenden Sie timestamp with local time zone), so dass die Erfassung einer Zeile in der Tabelle um 09:00 Uhr dann zum Beispiel als 13:00 Uhr *GMT* (*Greenwich Mean Time*) bzw. genauer: *UTC* (*Coordinated Universal Time*), die heute verwendet wird, gespeichert werden könnte. Der technische Unterschied: Beim Datentyp timestamp with time zone wird die Zeitzone mit gespeichert, während dies beim timestamp with local time zone nicht passiert, die Zeit wird also bei der Erfassung in die lokal gültige Zeitzone umgerechnet und so gespeichert. Wir werden diesen Datentyp im Umfeld der Datumsfunktionen noch genauer kennenlernen, daher sollen diese Anmerkungen zunächst reichen. Insbesondere möchte ich Ihnen an dieser Stelle die Diskussion über die Benennung der Zeitzonen und die damit verbundenen Probleme ersparen, wie zum Beispiel die politisch motivierte Zeitzone Nepals oder Venezuelas oder die Doppeldeutigkeiten in der Benennung.

Technische Daten

Es gilt alles, was auch schon für den Typ timestamp gesagt wurde. Zusätzlich werden für den Datentyp timestamp with time zone nun aber noch 2 Byte für die Speicherung der Zeitzone benötigt. Nun werden also insgesamt 7 Byte für das Datum, 4 Byte für den Sekundenbruchteil und weitere 2 Byte für die Zeitzone, also insgesamt 13 Byte, genutzt. Interessanterweise wird diese Speicherbreite auch benötigt, wenn Sie als Typ `timestamp (0) with time zone` verwenden. Die 4 Bytes für die Speicherung der Sekundenbruchteile sind dann allerdings auf 0 gesetzt. Der Datentyp `timestamp with local time zone` wird identisch zu `timestamp` gespeichert.

INTERVAL YEAR TO MONTH und INTERVAL DAY TO SECOND

Keine Datumstypen im eigentlichen Sinne stellen diese beiden Datentypen dar, sie dienen der Bemessung von Zeitdauern, also Zeitintervallen. Eindeutig möglich ist die Bemessung dieser Zeitintervalle sozusagen rechts und links einer Sollbruchstelle, an der im Zeitsystem die verschiedenen Dauern aufeinander abgebildet werden: Zum einen ist ein Jahr in zwölf Monate aufgeteilt, zum anderen ist ein Tag in Stunden, Minuten und Sekunden aufgeteilt. Die beiden Unterteilungen sind konstant, doch die Anzahl der Tage pro Monat und die Abbildung der sieben Wochentage auf einen Monat variiert. Folgerichtig existieren also auch zwei Datentypen für diese beiden Intervalle.

Ein Intervall kann sehr lange Zeitdauern umfassen. Die Anzahl der Jahre, die durch diesen Datentyp dargestellt werden kann, kann bis zu +/- 2.147.483.648 Jahre umfassen. Standardmäßig wird eine Dauer von 2 Jahresstellen, also bis zu 99 Jahre, angenommen. Falls längere Dauern verwendet werden sollen, kann dies beim Datumstyp angegeben werden, indem die Anzahl der Jahresstellen explizit übergeben wird. Dieser Datentyp wird seltener in Tabellenspalten als vielmehr zu Berechnungen in SQL-Anweisungen eingesetzt. Etwas anders sieht dies beim `interval day to second` aus, der in einigen Datenmodellen schon einmal verwendet wird, um die Uhrzeit zu speichern, ohne Beteiligung des Jahres. Sie werden möglicherweise dennoch diesen Datentyp selten in Tabellen finden, da er relativ neu (ab Version 9 der Oracle-Datenbank) und die Verarbeitung etwas speziell ist. Nicht wirklich kompliziert, aber für den »SQL-Normalanwender« syntaktisch ungewohnt. Beispiele für diesen Datentyp und für die Verarbeitung finden Sie in Kapitel 7, »Zeilenfunktionen«.

Technische Daten

Das Intervall `year to month` wird als 5 Byte lange Information gespeichert, wobei die Anzahl der Jahre als Excess-2.147.483.648 in den ersten 4 Byte und die Monate als Excess-60-Notation im letzten Byte gespeichert werden. Auch hier gilt die gleiche Systematik: Negative Jahre werden errechnet, indem 2.147.483.648 von der Jahreszahl abgezogen wird. Warum der Monat als Excess-60 geschrieben wird, habe ich nicht ermitteln können. Vielleicht weiß ja einer der Leser Rat.

Das Intervall `day to second` ist intern ein `timestamp` ohne Zeitzone. Mithin kann also eine Milliardstel Sekunde gespeichert werden. Die Speicherung umfasst in jedem Fall 11 Byte, die Bytes für Jahrhundert, Jahr, Monat sind auf 0 gesetzt.

4

4.2.3   Zahlentypen

Eigentlich, und das macht die Diskussion für mich leichter, existiert nur ein einziger Zahlentyp in einer Oracle-Datenbank, nämlich der Typ number. Alle anderen Zahlen, die noch verwendet werden können, sind Ableitungen dieses Basistyps, und zwar immer Einschränkungen. Diese Einschränkungen werden aus unterschiedlichen Gründen gemacht, teils, um dem ISO-Standard zu genügen, teils aber auch, um dem Computer einen Datentyp zur Verfügung zu stellen, mit dem er effizienter rechnen kann.

NUMBER

Wie gesagt, bei diesem Typ handelt es sich um den Grundtyp aller Zahlenspeicherungen in der Datenbank. Die Grenzen dieses Typs sind schnell genannt, aber weniger schnell ausgeschöpft: Die Zahlen reichen von -10^{-130} bis $10^{126} - 1$ und haben gleichzeitig eine Genauigkeit von 38 Nachkommastellen. Das sind bereits sehr große und auch sehr kleine Zahlen. Dieser Zahlenraum kann allerdings bei Bedarf auch noch verschoben werden, also könnte zum Beispiel die größtmögliche Zahl verringert werden zugunsten einer noch präziseren Speicherung extra kleiner Zahlen, oder im Gegenteil könnte die Genauigkeit verringert werden zugunsten noch größerer Maximalzahlen. Bei der Verwendung von number als Datentyp für Tabellenspalten sollte zudem immer noch eine Einschränkung des Typs vorgenommen werden. Diese Einschränkungen werden nach dem Muster »<Anzahl der Gesamtstellen>,<davon Nachkommastellen>« durchgeführt. Ein Beispiel: Die Spalte vom Typ number(7,2) kann Zahlen aufnehmen mit fünf Stellen vor und zwei Stellen nach dem Komma. Würde eine Zahl eingefügt, die mehr als fünf Stellen vor dem Komma besitzt, würfe die Datenbank einen Fehler. Bei einer Zahl, die mehr als zwei Nachkommastellen aufwiese, rundete die Datenbank auf zwei Nachkommastellen. Wissen Sie also sicher, dass lediglich Ganzzahlen gespeichert werden sollen, könnte eine Angabe der Form number(12) helfen, diese Zusicherung auch durchzusetzen. Achten Sie insbesondere darauf, dass berechnete Zahlen Rundungsfehler enthalten können und statt einer Ganzzahl dann zum Beispiel 3,9999999999999 liefern könnten. Hier hilft Ihnen der Spaltentyp, die Zahl auf 4 aufzurunden.

> **Technische Daten**
>
> Die Speicherung von Zahlen ist nicht ganz trivial und technisch wahrscheinlich auch nicht unbedingt so interessant. Halten wir fest: Eine Zahl in der Datenbank kann unterschiedlich viele Byte zur Speicherung benötigen, abhängig davon, wie sie als Exponentialzahl ausgedrückt werden kann: Wird zum Beispiel die Zahl 10.000 gespeichert, wird sie, ebenso wie die Zahl 100.000.000, die gleiche Speichermenge benötigen, da sie einmal als 10^4, andererseits als 10^8 gespeichert werden kann. In diesen Fällen benötigt der Datentyp 2 Byte zur Speicherung. Andere Zahlen benötigen in Abhängigkeit zu der Stellenzahl eine unterschiedlich große Anzahl Bytes zur

> Speicherung. Die Maximalgröße, die ich finden konnte, sind 22 Byte. Leider macht diese Form der Speicherung, die in sich ja sehr effizient ist, eine Vorhersage über den Speicherverbrauch auf der Festplatte sehr schwer.

BINARY_FLOAT und BINARY_DOUBLE

Diese beiden Datentypen stellen Spezialtypen dar, die *IEEE-(Institute of Electrical and Electronics Engineers-)*kompatibel sind und abweichende Speichergrenzen haben: binary_float speichert Werte von +/- $10^{38,53}$ mit sechs Nachkommastellen und binary_double Werte von +/- $10^{308,25}$ mit 13 Nachkommastellen Genauigkeit. Sie werden etwas anders gespeichert, werden aber deutlich seltener verwendet, eben vorrangig im Ingenieursbereich. Der Vorteil dieser Datentypen liegt darin, dass sie durch spezielle Algorithmen in den CPUs verarbeitet werden können und daher viel schneller rechnen als der Typ number, der auf Softwareroutinen von Oracle zurückgreifen muss. Allerdings ist die Genauigkeit nicht so gut wie bei number, so dass zum Beispiel aus der Addition von 0,3 und 0,1 als binary_float durchaus das Ergebnis 0,40000000600000 herauskommen kann. Diese Limitierung ist durch die Rechenarithmetik bedingt und kein Bug. Zudem muss wohl gesagt werden, dass Sie wirklich sehr viele Rechnungen durchführen müssen, um einen Unterschied in der Rechenzeit zu bemerken. Das kann aber, je nach Anwendung, auch durchaus erforderlich sein.

Eine letzte Anmerkung: Diese Datentypen existieren erst ab Version 10 der Datenbank, sind also vorher nicht einsetzbar.

Technische Daten

Die Speicherung dieser beiden Zahlentypen ist einfacher als beim number-Datentyp: binary_float wird konstant mit 5 Byte gespeichert, während binary_double konstant 8 Byte verwendet. Da es nicht einfach ist, den number-Datentyp so einzuschränken, dass er diesen Datentypen entspricht (und in keinem Fall eine konstante Speichercharakteristik aufweisen wird), ist die Verwendung dieser beiden Zahlentypen im entsprechenden Umfeld wohl angezeigt.

FLOAT

Dann existiert noch der Datentyp float, der allerdings lediglich eine Ableitung von number ist und unterschiedliche Längenbegrenzungen hat. Ich erwähne ihn hier lediglich der Vollständigkeit halber. Die Speicherung und das Verhalten dieses Datentyps ist analog zu number. Oracle empfiehlt, diesen Typ nicht zu benutzen (er wird intern für die Umwandlung in andere Typen verwendet) und stattdessen die vorbezeichneten binary_float- und binary_double-Typen zu verwenden.

4

Kompatible (syntaktisch unterstützte Zahlentypen)

Diese Typen sind technisch gesehen number-Datentypen, die allerdings mit entsprechenden Einschränkungen vordefiniert sind. Der Grund ist, dass mit diesen Typen ISO-kompatible Datentypen angeboten werden können. Statt einer genauen Besprechung möchte ich Ihnen diese Typen lediglich in einer kurzen, tabellarischen Übersicht zeigen (Tabelle 4.1).

Name des Datentyps	Oracle-Entsprechung
numeric(p,s), decimal(p,s), dec(p,s)	number(p,s)
integer, int, smallint	number(38,0)
double_precision, real	number

Tabelle 4.1 Liste der kompatiblen Datentypen

4.2.4   Große Objekte

Eine besondere Betrachtung verdient die Verwaltung sehr großer Datenmengen, wie zum Beispiel Videodaten, Musik oder große Textmengen. Im Gegensatz zu normalen Datentypen wird hier die Informationen in einen separaten Bereich ausgelagert und werden nur gelesen, wenn sie explizit auch angefordert werden. Damit ist gemeint, dass in der Tabelle (je nach Größe der Information) nur ein Zeiger gespeichert wird, der auf die eigentliche Information zeigt. Diese Information *muss* also nicht notwendigerweise gelesen werden, sie *kann* es, wenn sie benötigt wird. Diese Speicherform wird für große Objekte genutzt, die in der Fachsprache als *LOB* (*Large Object*) bezeichnet werden. Diese LOBs liegen in verschiedenen Varianten vor, die allerdings weniger unterschiedlich sind, als Sie vermutlich zu Beginn denken könnten: Es ist lediglich die Frage, ob die Informationen als Zeichen einer Zeichensatzkodierung aufgefasst werden oder nicht. Weil die Gemeinsamkeiten dieser Datentypen größer sind als die Unterschiede, bespreche ich die Datentypen hier gemeinsam.

CLOB, NCLOB und BLOB

Die drei Varianten sind also clob, nclob und blob. Der erste der drei Typen speichert große Textmengen und interpretiert diese in der Zeichensatzkodierung der Datenbank. Der zweite macht das Gleiche, allerdings in der zusätzlichen Zeichensatzkodierung laut NLS (die Beschreibung hierzu finden Sie in Kapitel 27: »Internationalisierung«). blob schließlich interpretiert die Informationen überhaupt nicht und speichert sie einfach, wie sie sind. Der Unterschied ist insofern von Belang, als wir in clob für Texte übliche Arbeiten wie das Ersetzen, Suchen etc. von Zeichenketten durchführen können, in blob jedoch nicht. Die maximale Speichermenge ist wahrlich beeindruckend, hängt aber von einem Parameter ab, den der Datenbankadministrator einstellt: der Blockgröße. Diese kann zwischen 2 und 32 kB variieren und ist typischerweise auf 8 oder 16 kB eingestellt. Die maximale Speichergröße eines LOB kann – in Abhängigkeit von dem besagten und einem zweiten Parameter – zwischen etwa 16 und 128 TB *pro Zelle* liegen. Für einen Hilfstext sollte das ausreichen, auch der ein oder andere Film kann hier gespeichert werden. Erst bei *wirklich* langen Dokumentarfilmen dürfte die Aufteilung auf zwei Zellen erforderlich werden ... Solche Datenmengen möchten Sie natürlich nicht im Arbeitsspeicher verwalten, schon gar nicht gleich 100.000 Mal.

Für den Anwender ist insbesondere der clob-Datentyp interessant, da er die Manipulation von Zeichenketten in SQL erlaubt. Allerdings besteht hier eine Maximalgrenze von 32 kB für die einfache Manipulation mit Hilfe von SQL-Anweisungen. Ein Beispiel könnte sein, dass in einer clob-Spalte eine Zeichenkette durch eine andere ersetzt werden soll. Das kann man tun, wenn die Länge dieser Zeichenkette diese 32 kB nicht überschreitet. Anderenfalls benötigen Sie eine Programmierung in PL/SQL, oder zumindest den Aufruf eines mitgelieferten PL/SQL-Programms, um mit den großen Datenmengen umgehen zu können. Details hierzu finden Sie ebenfalls im Buch *Oracle PL/SQL – das umfassende Handbuch.*

Technische Daten

Vielleicht möchten Sie das so genau gar nicht wissen? Dieser Datentyp ist ein gutes Beispiel für die zum Teil extrem kleinen Schräubchen, an denen Sie innerhalb von Oracle drehen können. Beinahe jeder Aspekt der Speicherung kann parametriert werden. Ich möchte diese Details hier nicht alle ausbreiten, denn ohne Kenntnis von Begriffen wie MINEXTENTS, FREELIST, RETENTION CLAUSE usw. machen diese Optionen keinen Sinn.

Lassen Sie mich zum technischen Hintergrund so viel sagen: Bis zu einer Größe von 4.000 Byte wird die Information in der Zeile selbst gespeichert, ähnlich einer varchar2-Spalte (so Sie das nicht anders anordnen, aber diese Anmerkung mache ich nur dieses eine Mal, sie könnte fast hinter jeder näheren Beschreibung stehen, die nun noch folgt). Erst, wenn die Größe der Information diese Schwelle überschreitet, verbleibt in der Spalte ein Pointer von wenigen Byte Größe, der auf die Speicherstelle zeigt, an der die Information liegt. Diese Speicherstelle befindet sich physikalisch in einem anderen Bereich der Datenbank, einem sogenannten LOB-Segment. Dieser Segmenttyp ist spezialisiert auf die Speicherung großer Informationen. Wichtiger jedoch für den Datenbankadministrator ist die Tatsache, dass dieses Segment in einer separaten Datenbankdatei gespeichert und somit gesteuert werden kann, auf welcher Festplatte diese großen Informationen liegen sollen. Das ist vital für Fragen des Backups zum Beispiel. Nun gut, lassen wir es dabei, alles Weitere sollten Sie in einem Administrationsbuch nachschlagen.

BFILE

Dieser Datentyp ist vollständig anders aufgebaut als die anderen LOB-Typen, denn dieser Typ speichert lediglich eine Referenz auf eine Datei außerhalb der Datenbank. Es gibt einige gute Gründe für diesen Datentyp im Gegensatz zu einer einfachen Textspalte, die einen Dateipfad speichert, zum Beispiel den, dass dieser Typ nicht nur den Dateinamen, sondern auch noch ein spezielles Datenbankobjekt, ein sogenanntes DIRECTORY, referenziert. Ein DIRECTORY ist ein Zeiger auf einen Ordner im Dateisystem, kann aber außer dem Pfad auch noch die Zugriffsrechte darauf verwalten, so dass es sich hierbei um einen intelligenteren Pfadnamen handelt. bfile Spalten speichern nun eine Referenz auf das DIRECTORY-Objekt und den Dateinamen. Das macht mehr Flexibilität aus, denn sollte sich der Pfad zur Datei ändern, muss hier nur das DIRECTORY-Objekt umgebogen werden. Ebenso könnte einem Benutzer das Recht, aus dem DIRECTORY-Objekt zu lesen, dynamisch zugeteilt oder entzogen werden, so dass der Zugriff auf Dateien einfacher zu verwalten ist.

Ein weiterer Vorteil liegt darin, dass der bfile-Datentyp SQL auch Zugriff auf die Datei im Dateisystem ermöglicht. Wenn ein Zeiger auf eine Datei eingerichtet ist, kann SQL diese Spalte behandeln, als ob die Datei als clob-Spaltenwert innerhalb der Datenbank gespeichert wäre, mit dem wichtigen Unterschied, dass dieser Datentyp keine Lesekonsistenz kennt wie das bei clob der Fall ist. Damit ist gemeint, dass die SQL-Anweisung die Datei so liest, wie die Datei zum Zeitpunkt des Lesens der Datei eben aussieht, nicht notwendigerweise so, wie die Datei aussah, als die SQL-Anweisung gestartet wurde. Diesen Komfort haben wir (neben vielen anderen) nur, wenn die Daten innerhalb der Datenbank verwaltet werden.

Technische Daten

Der Datentyp speichert eine Datenmenge von ca. 20 Byte plus die Länge des Namens des DIRECTORY-Objekts plus die Länge des Dateinamens. Insofern haben wir einen kleinen Overhead in Vergleich zum einfachen Dateipfad, der allerdings zum Teil dadurch ausgeglichen wird, dass ein Dateipfad in der Regel wohl länger sein wird als der Name des DIRECTORY-Objekts, der ihn repräsentiert. Da der Datentyp zudem manuelle Programmierung des Zugriffs auf die Datei erspart, empfehle ich den Typ, falls das Lesen der Datei innerhalb der Datenbank gefordert wird, die Datei selbst aber aus irgend einem Grund außerhalb der Datenbank gespeichert werden soll. Dieser Datentyp ist aber auch ein gutes Beispiel für Irrwege, die aufgrund der Vielzahl der Optionen gegangen werden könnten: Sie könnten diesen Datentyp verwenden wollen, um zum Beispiel als CSV vorliegende Daten in die Datenbank zu lesen. Hierfür gibt es den schnelleren und einfacher zu bedienenden Weg der *externen Tabelle*.

4.2.5   Sonstige Datentypen

Was bleibt? Einerseits der berühmte, bereits seit vielen Jahren als veraltet eingestufte Datentyp LONG, den Sie bitte nicht mehr benutzen. Er ist im Übrigen nicht identisch mit dem Datentyp Long aus Java, sondern ist der Vorläufer von LOB. LONG ist nun clob, während LONG_RAW nun blob ist. Schluss. Ich werde diesen Datentyp nicht mehr weiter besprechen, dessen Zeit ist rum. Wenn Sie diesen Datentyp immer noch in Ihren Datenmodellen finden, bitte ich Sie, sich an anderer Stelle umzusehen, wie mit diesem Dinosaurier zu verfahren ist. Da er nur noch sehr selten auftaucht, ist das Wissen über den Typ eher nebensächlich, oder besser: Spezialwissen geworden (was natürlich nicht sagt, dass Oracle selbst diesen Datentypen immer noch verwendet, aber das ist eine andere Geschichte).

ROWID, UROWID, GUID

Diese Datentypen sind für die interne Verwaltung der Datenbank erforderlich und stellen Zeiger auf interne Zeilen oder Objekte der Datenbank dar. Ich möchte diese Typen hier eher nur erwähnen, aber nicht genauer besprechen, weil das sehr weit führen würde. Den Typ rowid werde ich noch häufiger im Buch besprechen, so dass dann klar werden wird, was hier gespeichert wird. Als Spaltentypen in Tabellen sind diese Typen eher selten anzutreffen, weil die Informationen von der Datenbank für uns unsichtbar vorgehalten werden, in Sonderfällen kann das aber durchaus einmal sein.

Mitgelieferte Objekttypen

In diese Gruppe fallen Typen, die mehr Funktionalität als die Standarddatentypen anbieten. In diese Gruppe fallen aber auch ausschließlich Spezialtypen, so dass eine eingehende Diskussion hier zu weit führen würde. Einige Beispiele möchte ich gern nennen, um Ihnen ein Gefühl für diese Datentypen zu geben.

Da wäre zum einen der Typ XMLType, mit dessen Hilfe XML-Dateien komplett erstellt, verwaltet, durchsucht etc. werden können. Dieser sehr mächtige Datentyp stellt sogar Funktionen zum Umwandeln der Daten mit Hilfe von XSL zur Verfügung, zudem kann man innerhalb dieses Typs problemlos mit Hilfe von XPath suchen. Das alles sagt Ihnen nichts? Macht nichts, wir werden ein wenig XML in Kapitel 17, »XML-Abfragen«, beleuchten, dadurch wird einiges klarer werden.

Zum anderen ist vielleicht die URI-Gruppe interessant. Mit Hilfe dieser Datentypen lassen sich Verbindungen zu Internetressourcen aufbauen oder entsprechende URLs innerhalb der Datenbank speichern. Auch hier ist die Funktionsvielfalt groß, das Detailwissen, das vorhanden sein muss, aber auch.

Schließlich noch die Gruppe der Medientypen. Hier gibt es spezielle Typen für spezielle Medienformen, so zum Beispiel den DICOM-Datentyp für medizinische Bildgebungsverfahren, Datentypen für Fotomedien, aber auch für exotischere Anwendungsfälle wie

Vektordatenspeicherung für geografische Anwendungen etc. All diese Typen wären ein prima Thema für ein Spezialbuch, sie werden aber in diesem Buch nur am Rande eine Rolle spielen können. Das ist andererseits schade, denn mit Hilfe dieser Typen könnte ich als Autor mit wenig Aufwand beeindruckende Dinge tun, aber ehrlich: Wen interessieren schon die Wünsche und Nöte eines Buchautors?

4.3   Zusammenfassung

Dieses Kapitel beinhaltet eine Menge an Grundlageninformationen zu Datenbanken im Allgemeinen und Oracle im Besonderen. Ich habe versucht, die Arbeitsweise relationaler Datenbanken weit genug zu erläutern, um Ihnen ein Gefühl für deren Arbeitsweise zu geben. Dieses Wissen ist wichtig, um die Anweisungen der Sprache SQL in den richtigen Kontext zu stellen und damit besser zu verstehen.

Relationale Datenbanken sind, wie Sie gesehen haben, Datensammlungen, die die Informationen in geeigneter Weise auf mehrere Tabellen verteilen und dort speichern. Sie sind deshalb ideal für die Speicherung strukturierter Informationen ausgelegt und erlauben durch einfache Kernprinzipien, Daten für beinahe jeden Anwendungsfall sinnvoll zu speichern. Dabei ist die Denkweise allerdings etwas gewöhnungsbedürftig und nicht immer intuitiv, vor allem dann nicht, wenn die Sichtweise auf ein Problem eine Lösung nahelegt, die durch relationale Datenmodelle genau andersherum gelöst wird. Das haben wir zum Beispiel im Zusammenhang der Frage gesehen, auf welcher Seite einer Beziehung die Primärschlüsselseite ist.

Grundsätzlich basieren relationale Datenbanken auf einer überraschend kleinen Anzahl von Bausteinen: der 1:n-Beziehung zwischen zwei Tabellen und gerade einmal drei Einschränkungen, nämlich unique, foreign key und check. Wir haben gesehen, dass die Constraints not null und primary key aus den drei anderen Constraints abgeleitet werden können und daher keine echten, eigenen Constraints darstellen. Danach haben wir uns angesehen, auf welche Weise Datenmodelle aus dieser Kernidee gebildet werden. Unsere Sicht auf diese Dinge ist zwar noch nicht ausreichend untermauert, um eigene Datenmodelle entwickeln zu können, ist aber bereits ausreichend für die Analyse einfacher, bestehender Datenmodelle, wie wir bei der Analyse des Datenmodells des Benutzers HR gesehen haben. Im Rahmen dieser Analyse fiel uns auf, dass es, neben der einfachen 1:n-Beziehung, noch weitere Anwendungen dieser Idee gibt, zum Beispiel der gegenseitige Verweis aufeinander oder die Beziehung einer Tabelle mit sich selbst.

Im weiteren Verlauf habe ich mich bemüht, die Arbeitsweise einer Oracle-Datenbank zu schildern, mit den verschiedenen Phasen der Ausführung einer SQL-Anweisung über das Parsen, den Check gegen das Data Dictionary, die Rechteprüfung und die abschließende Berechnung des Ausführungsplans. An dieses Wissen werde ich in den weiteren Kapiteln des Buches immer wieder anknüpfen, so dass bei Ihnen nicht nur das Wissen über die Anweisung als solche, sondern auch über die Konsequenzen einer Anweisung für die Datenbank wächst.

Ich habe dann die Datentypen der Oracle-Datenbank vorgestellt und auf Einstiegsniveau die Besonderheiten der entsprechenden Typen dargestellt. Die Kenntnis der verfügbaren Typen ist essenziell für das Verständnis von Umwandlungsfunktionen, aber auch von Zeilenfunktionen, die mit diesen Datentypen intensiv arbeiten. Wir haben dabei nicht nur die skalaren Basistypen `number`, `date` und `varchar2` kennengelernt, sondern auch etwas ungewöhnlichere Datentypen wie LOBs oder die objektorientierten Datentypen, wie etwa `XMLType`. In einer kurzen Diskussion habe ich außerdem den Standard ISO-SQL vorgestellt und erklärt, was von diesem Standard zu halten ist. Sie haben gesehen, dass Oracle sich bemüht, standardkonform zu agieren, dies jedoch nur bis zu einem gewissen Grad tut, der einerseits historisch bedingt, andererseits aber auch in der konkreten Implementierung einer Oracle-Datenbank begründet ist. Dabei habe ich gezeigt, dass Oracle den ISO-SQL-Standard größtenteils unterstützt, wenn auch teilweise mit abweichender Syntax oder aber nur sinngemäß, den Standard andererseits aber auch durch leistungsfähige Funktionen erweitert, die (derzeit) noch nicht im Standard implementiert sind.

TEIL II

Die SELECT-Anweisung

Dieser Teil des Buches beschäftigt sich mit der wichtigsten Anweisung von SQL, der SELECT-Anweisung, mit deren Hilfe Daten aus Tabellen gelesen werden. Da dieser Befehl auch die meisten logischen Fall-stricke beinhaltet, ist die Kenntnis dieser Anweisung gleichzeitig die beste Grundlage für das Verständnis aller weiteren SQL-Anweisungen.

Kapitel 5
Grundlagen: Auswahl und Projektion

Nähern wir uns der ersten SQL-Anweisung, indem wir die Möglichkeiten und einfache Anwendungen der Anweisung betrachten.

In diesem Kapitel möchte ich die Grundlagen für die Anwendung der `select`-Anweisung legen. Die `select`-Anweisung ist für das Lesen von Daten aus Tabellen erforderlich und stellt die wohl am häufigsten genutzte Anweisung in SQL dar. Da in die Zuständigkeit dieser Anweisung aber nicht nur die Auswahl der Zeilen fällt, sondern auch das Zusammentragen dieser Informationen aus den verschiedenen Tabellen sowie die Aufarbeitung der Daten für den auszugebenden Bericht, ist die Anweisung gespickt mit Optionen, Erweiterungen und komplizierten logischen Problemen, die gelöst werden wollen. Viele Anwender meinen diese Anweisung, wenn sie sagen, sie arbeiteten mit SQL. Die Beschäftigung mit dieser Anweisung ist streckenweise wahrscheinlich alles andere als einfach, aber es ist auch faszinierend, welche Fragestellung mit Hilfe dieser Anweisung beantwortet werden können. Und keine Bange: Diese Probleme bekommen wir in den Griff.

Die Einführung dieser Anweisung habe ich in diesem Kapitel in die Bereiche Auswahl, Projektion, Fallunterscheidung und `null`-Wert-Behandlung untergliedert. Die Entscheidung hierfür fiel deshalb, weil diese Grundfunktionen ohne weitergehende Konstrukte wie Zeilenfunktionen oder die Verbindung mehrerer Tabellen möglich sind und Ihnen bereits einige Möglichkeiten zur Abfrage von Daten zur Verfügung stellen. Ab diesem Kapitel werde ich Ihnen auch eine kleine Auswahl an Übungen zu dem Stoff anbieten, denn Lesen ist das eine, viel wichtiger ist es, SQL selber zu schreiben und sich mit der Syntax aktiv auseinanderzusetzen. Lösungen zu diesen Aufgabenstellungen können Sie natürlich als Skript auf der Webseite zum Buch herunterladen.

5.1 Projektion

Auswahl und *Projektion* sind zwei zentrale Begriffe, wenn es darum geht, Daten aus Tabellen zu lesen. Unter der Auswahl verstehen wir die Auswahl von Zeilen einer Tabelle für die Ausgabe. Projektion bezeichnet im Gegenzug die Auswahl gewisser Spalten einer Tabelle. Mit der Auswahl beschäftigt sich der nächste Abschnitt, hier soll es zunächst um die Projektion von Spalten gehen. Das ist zunächst eine ganz einfache Angelegenheit, doch nutze ich die Einfachheit dieses Teils von SQL, um Ihnen direkt einige weitergehende Möglichkeiten zu zeigen, die Ihnen erläutern werden, auf welche Weise SQL unter der Haube eigentlich arbeitet. Dieses Wissen ist sehr wichtig, damit Sie sich später einfach erklären können, warum einige Dinge funktionieren und andere nicht.

5.1.1 Spalten einschränken

Nun geht es also los: Wir schreiben unsere erste SQL-Anweisung. Ich verbinde mich mit dem Benutzer SCOTT, denn für unsere ersten Gehversuche hat dieser Benutzer den Vorteil, kleine Tabellen anzubieten, so dass man die select-Anweisungen notfalls händisch kontrollieren kann. Sie können die Anweisung gern im SQL Developer schreiben (wie Sie sich dort anmelden, hatte ich ja in Kapitel 2, »Verwendete Werkzeuge und Skripte«, beschrieben; sehen Sie dort nach, wenn Sie Schwierigkeiten mit der Anmeldung haben sollten). Ich werde die Anweisungen im einfachen SQL*Plus schreiben, nicht weil ich grafischen Oberflächen nicht traue (im Gegenteil entwickle ich meinen Datenbankcode fast ausschließlich im SQL Developer), sondern, weil ich die Anweisungen damit besser in diesem Buch darstellen kann. Ich wäre ansonsten gezwungen, Sie mit einer großen Menge an Bildschirmfotos zu langweilen. Das nimmt nicht nur Platz weg, sondern ist auch weniger klar als die einfache Ausgabe des SQL*Plus, zumal das Buch ohnehin in Schwarzweiß gedruckt ist und Sie die sehr praktische Hervorhebung der Schlüsselworte nicht erkennen könnten.

Eine select-Anweisung besteht bei Oracle immer aus mindestens zwei verpflichtenden Schlüsselworten, nämlich select und from. select leitet die Auswahl der Spalten ein, während from angibt, in welcher Tabelle die Daten stehen, die wir sehen möchten. Ich starte mit der einfachsten select-Anweisung. Nach dem Eintippen führen Sie die Anweisung aus, indem Sie die Schaltfläche ANWEISUNG AUSFÜHREN wählen oder aber den Tastaturbefehl Strg + ↵ .

```
SQL> select *
  2    from emp;

EMPNO ENAME    JOB         MGR HIREDATE      SAL    COMM  DEPTNO
----- -------- -------- ------ -------- ------- ------- -------
 7369 SMITH    CLERK      7902 17.12.80     800              20
 7499 ALLEN    SALESMAN   7698 20.02.81    1680     300      30
 7521 WARD     SALESMAN   7698 22.02.81  1312,5     500      30
...
14 Zeilen ausgewählt.
```

Listing 5.1 Eine einfache SQL-Anweisung

Hinter dem Schlüsselwort `select` sehen Sie, dass ich ein * eingefügt habe. Das bedeutet alle Spalten. Gut zu wissen, wir werden es aber sehr selten verwenden, denn besser ist es, explizit hinzuschreiben, welche Spalten wir tatsächlich sehen möchten. Zur Formatierung der SQL-Abfrage: Sie können an jeder beliebigen Stelle neue Zeilen einfügen (außer innerhalb eines Schlüsselwortes wie `select` oder `from` natürlich) und Einrückungen verwenden, wie Sie mögen. Dieser *Weißraum*, wie diese Einrückungen gern genannt werden, hilft bei der Strukturierung der Anweisung und schafft Überblick. Zudem können Sie die Anweisung in Groß- oder Kleinschreibung (oder in irgendeiner Zwischenform) schreiben, da SQL grundsätzlich Groß- und Kleinschreibung nicht unterscheidet.

Hier steht also gewissermaßen der englische Satz: Wähle alle Spalten aus der Tabelle mit dem Namen `EMP`. Da wir zudem keine Festlegung getroffen haben, die einschränkt, welche Zeilen wir sehen möchten oder nicht (das ist die Aufgabe der Auswahl, die wir im nächsten Abschnitt besprechen), hat die Datenbank so reagiert, dass uns eben einfach alle Zeilen gesendet wurden. Aber hierzu direkt einige kleine Anmerkungen: Ich habe in Abschnitt 4.1, »Wie arbeitet eine Oracle-Datenbank?«, gesagt, dass das Ergebnis einer Abfrage auf dem Datenbankserver verbleibt und nicht auf einen Rutsch zur Anwendung geschickt wird. Das aber scheint hier genau passiert zu sein, denn die Anwendung zeigt uns ja direkt alle Zeilen. Aber auch in diesem Fall hat sich die Anwendung um das Lesen der Daten gekümmert. Das Ganze lief so ab: Sie haben den SQL Developer angewiesen, eine Zeichenkette, die (hoffentlich) eine korrekte `select`-Anweisung darstellt, an die Datenbank zu senden. Dort wurde die Anweisung ausgeführt und die Ergebnismenge bereitgestellt. Der SQL Developer hat daraufhin so lange, wie ihm danach war, Zeilen angefordert, in ein Tabellenlayout umgerechnet und diese Tabelle anschließend angezeigt. Das ist nicht nur eine launige Formulierung, denn der SQL Developer wird bei Anweisungen, die sehr viele Zeilen zurückliefern, nach 50 oder 100 Zeilen aufhören, die Daten aus der Datenbank zu lesen. Erst wenn wir in der Tabelle nach unten rollen, werden weitere Daten aus der Datenbank gelesen. Auf diese Weise gehen wir einigermaßen sinnvoll mit dem Arbeitsspeicher um und garantieren gleichzeitig auch noch gute Antwortzeiten. Es mag aber gerade zu Beginn verwirrend sein, auseinanderzuhalten, welche Arbeit von der Datenbank und welche vom Anwendungsprogramm geleistet wird, mit dem Sie gerade arbeiten.

Die zweite Bemerkung betrifft das Semikolon am Ende der SQL-Anweisung. Dieses Semikolon werden Sie im Buch immer sehen, es handelt sich allerdings nicht um einen Teil der SQL-Anweisung, sondern um ein Steuerzeichen in `SQL*Plus`, das anzeigt, dass die SQL-Anweisung hier zu Ende ist und durch die Eingabe der Zeilentaste ausgeführt werden soll. Bei der Konsolenanwendung `SQL*Plus` steht mir keine Taste zur Ausführung einer SQL-Anweisung zur Verfügung. Da die Anweisung andererseits über mehrere Zeilen geht, benötigt das Programm also eine Möglichkeit, zu entscheiden, »ob noch etwas kommt« oder ob es die Anweisung ausführen soll. Beim SQL Developer benötigen Sie dieses Semikolon nicht, ich empfehle aber, es dennoch zu schreiben. Der Grund: Wenn Sie mehrere SQL-Anweisungen untereinander schreiben, können Sie eine einzelne Anweisung ausführen, indem Sie die Schreibmarke irgendwo innerhalb der Anweisung platzieren und die Anweisung ausführen. SQL Developer wird nun die SQL-Anweisung bis zum nächsten Semikolon auswählen und ausführen. Das ist sehr praktisch und funktioniert ohne Semikolon nicht immer fehlerfrei.

Die letzte Anmerkung bezieht sich auf die Reihenfolge, in der die SQL-Anweisung ausgeführt wird. Ich werde im Laufe des Buches noch häufiger auf die Reihenfolge der Ausführung zu sprechen kommen, denn sie entscheidet mit darüber, was in select-Anweisungen geht und was nicht. In diesem einfachen Beispiel liest die Datenbank die Anweisung wie folgt: Gehe zur Tabelle EMP und lese dort alle Spalten. Die Reihenfolge ist also umgekehrt zu dem, was Sie schreiben, zunächst wird die from-Klausel (als *Klausel* bezeichnen wir die einzelnen Bestandteile der SQL-Anweisung) ausgeführt und erst dann die select-Klausel. Das macht hier noch nichts, aber wir halten im Hinterkopf, dass dies so funktioniert.

Erweitern wir unsere Anweisung, indem wir die Spaltenauswahl einschränken. Das geht ganz einfach dadurch, dass wir, durch Kommata getrennt, die Spalten aufführen, die wir sehen möchten:

```
SQL> select ename, job, sal
  2    from emp;

ENAME      JOB            SAL
---------- --------- ----------
SMITH      CLERK          800
ALLEN      SALESMAN      1600
WARD       SALESMAN      1250
JONES      MANAGER       2975
...
14 Zeilen ausgewählt.
```

Listing 5.2 Auswahl der Spalten

Sie sehen, dass die Anweisung einfach nur die Spalten ausgibt, die Sie anfordern. Noch etwas fällt auf: Die Spaltenbezeichnungen in der Ausgabe sind in Großbuchstaben notiert, obwohl wir die Anweisung in Kleinbuchstaben formuliert haben. Das ist eine Eigenheit von SQL, denn in SQL wird die Groß- und Kleinschreibung generell nicht unterschieden. Sie können also alles kleinschreiben, so wie ich das eigentlich grundsätzlich tue (ich habe das Gefühl, der Computer schreie mich an, wenn ich etwas in Großbuchstaben schreibe, und das mag ich nicht). Oder Sie schreiben die

Schlüsselworte der SQL-Anweisung in Großbuchstaben, wie Sie das vielleicht in SQL-Anweisungen oder in anderen SQL-Fachbüchern oft sehen. Ich halte mich an andere Konventionen: So rücke ich die Klauseln rechtsbündig unter das erste Schlüsselwort, in unserem Fall also `select`. Durch diese Einrückung entsteht eine Art »weißer Spalte« rechts neben den Schlüsselworten, und rechts dieser Spalte kommen die Einschränkungen, die Spaltenliste, die Tabellennamen usw. Damit komme ich relativ lange aus und diese Formatierung, an die ich mich mittlerweile einfach gewöhnt habe, erscheint mir auch in gedruckter Form noch klar genug. Im SQL Developer kommt hinzu, dass die Schlüsselworte ohnehin farbig unterlegt sind, dann haben Sie gar keine Schwierigkeiten bei der Unterscheidung.

Ich finde an dem Beispiel oben aber noch etwas anderes interessant: Die Reihenfolge der Ausgabe der Spalten entspricht genau unserer Vorgabe. Lassen Sie uns doch damit noch etwas spielen. Wie wäre es vielleicht mit folgender Anweisung?

```
SQL> select job, ename, job, sal, sal
  2     from emp;

JOB         ENAME       JOB               SAL         SAL
---------   ----------  ---------  ----------  ----------
CLERK       SMITH       CLERK             800         800
SALESMAN    ALLEN       SALESMAN         1600        1600
SALESMAN    WARD        SALESMAN         1250        1250
MANAGER     JONES       MANAGER          2975        2975
...
14 Zeilen ausgewählt.
```

Listing 5.3 Wiederholte Spaltenausgabe

Wir sehen, dass wir eine Spalte mehrfach ausgeben können, indem wir sie einfach mehrfach nennen. Auch die Reihenfolge ist gemäß unserer Vorgabe. Das meine ich mit dem Begriff *deskriptive Programmiersprache*, denn wir beschreiben nur, wie der Bericht am Ende aussehen soll. Den Rest macht die Datenbank. Damit wir uns nicht falsch verstehen: Diese Anweisung macht vielleicht überhaupt keinen Sinn, es ist jedoch schön, zu wissen, dass es geht.

5.1.2 Mit Spaltenwerten rechnen

Nun gut, wir können nun also Spalten auswählen und die Inhalte anzeigen. Aber natürlich geht noch viel mehr. So können wir zum Beispiel mit den Spaltenwerten rechnen und neue Ergebnisse erzielen. Lassen Sie uns doch einmal ausgeben, um welchen Betrag das Gehalt eines Mitarbeiters stiege, wenn wir eine Gehaltserhöhung von pauschal 3 % gewährten. Wichtig bei der nun folgenden Abfrage ist es, im

Hinterkopf zu behalten, dass diese Art Abfrage niemals Daten der Tabelle ändern kann. Wir lesen die Daten der Tabelle, rechnen die Werte um und zeigen das Ergebnis auf dem Bildschirm an. Das ist alles. Das Rechnen mit Spaltenwerten geht ganz einfach, es ist nicht nötig, für jede Zeile einer Tabelle eine Formel anzugeben, wie das in Excel zum Beispiel nötig wäre, sondern wir rechnen einfach mit den Spaltenbezeichnern, etwa so:

```
SQL> select ename, job, sal, sal * 1.03
  2   from emp;

ENAME      JOB             SAL   SAL*1.03
---------- --------- ---------- ----------
SMITH      CLERK            800        824
ALLEN      SALESMAN        1600       1648
WARD       SALESMAN        1250     1287,5
JONES      MANAGER         2975    3064,25
...
14 Zeilen ausgewählt.
```

Listing 5.4 Spaltenwerte können einfach berechnet werden.

In diesem Beispiel wurde das neue Gehalt als das 1,03fache des bisherigen Gehalts ausgegeben. Alles, was hierzu erforderlich war, ist, den Namen der Spalte mit 1.03 zu multiplizieren. Beachten Sie bitte, dass Sie in diesem Fall als Dezimaltrenner den Punkt verwenden müssen, ansonsten wäre für SQL nicht unterscheidbar, ob eine neue Spalte ausgegeben oder eine Dezimalzahl eingegeben werden soll. Als Rechenanweisung ist auf diese einfache Weise die Multiplikation (*), Division (/), Addition (+) und Subtraktion (-) möglich. Wir haben zwar auch noch weitere Rechenmöglichkeiten, die jedoch werden durch den Aufruf einer Zeilenfunktion ermöglicht. Zeilenfunktionen besprechen wir in Kapitel 7, »Zeilenfunktionen«. Bitte experimentieren Sie mit eigenen Rechenabfragen. Subtrahieren Sie zum Beispiel die Spalte MGR von der Spalte EMPNO, addieren Sie doch einmal ganz frech 14 zur Spalte HIREDATE und sehen Sie, was herauskommt. Zur Überprüfung der Rechnungen können Sie einfach so verfahren, wie ich in meiner Anweisung: Wiederholen Sie die Spalte, einmal mit, einmal ohne Rechnung. Dann haben Sie die beiden Werte direkt nebeneinanderstehen.

Rechnungen mit Operatoren unterliegen im Übrigen den gleichen Vorrangregelungen, die Sie schon aus der Grundschule kennen, es gilt Punkt- vor Strichrechnung. Ich empfehle aber nicht, Anweisungen im Vertrauen hierauf zu schreiben: Da es möglich ist, Klammern zu verwenden, um einen Spaltenwert zu berechnen, sollten Sie dies auch tun und sich nicht auf diese Regeln verlassen. Dafür gibt es keinen »harten« Grund, lediglich einen Grund, dessen Nichtbeachtung Sie hart ankommen könnte: Es erhöht das Verständnis der SQL-Anweisung, wenn Sie Klammern verwenden. Ich habe mir angewöhnt, immer die einfachste Form zu wählen, eine Formel zu schreiben, weil ich weiß, dass im Regelfall ich derjenige sein werde, der die Formel nach drei Wochen noch verstehen muss. Und da bin ich schon einige Male böse hereingefallen, habe auf den ersten Blick gedacht: Was soll denn der Unsinn, das muss doch eigentlich anders heißen – und habe einen Fehler eingebaut.

Mit numerischen Spalten können wir nun rechnen. Und wenn Sie das Datum einmal um 14 erweitert haben, sehen Sie, dass gewisse Rechnungen sogar mit Datumsspalten funktionieren. Dass bei der Addition einer Zahl zu einem Datum Tage hinzuaddiert werden, ergibt sich aus dem, was ich zur Speicherung des Datumstyps in Abschnitt 4.2, »Oracle-Datentypen«, geschrieben habe. Was aber können wir mit alphanumerischen Spalten tun? Das sehen wir uns im folgenden Abschnitt an.

5.1.3   Mit alphanumerischen Spalten arbeiten

Alphanumerische Spalten lassen sich natürlich nicht mit Algebra beeindrucken. Versuchen Sie dies, erhalten Sie eine Fehlermeldung, die Ihnen sagt, dass diese Operation numerische Datentypen erwartet, diese aber nicht erhält:

```
SQL> select ename + 24
  2    from emp;
select ename + 24
       *
FEHLER in Zeile 1:
ORA-01722: Ungültige Zahl
```

Listing 5.5 Alphanumerische Spalten können nicht rechnen.

It's not a bug, it's a feature: Sehen wir das Ganze von der positiven Seite und halten fest, dass die Datenbank eine Plausibilitätsprüfung unserer Anweisungen vornimmt. Das Beispiel oben ist offensichtlicher Unfug (*grober Unfug* ist leider nicht mehr strafrechtlich zu ahnden, sondern lediglich eine Ordnungswidrigkeit, was in Anbetracht mancher Softwareprodukte wirklich schade ist ...), doch können wir uns ja vorstellen, eine Spalte enthielte offensichtlich nur Zahlen, das Rechnen damit ist jedoch dennoch nicht möglich, weil die Spalte als alphanumerische Spalte angelegt wurde. Das könnte dann auf einen Fehler in der Datenmodellierung hindeuten. Oft tauchen diese Fehler auch im Umfeld von Datumsangaben auf. Das ist besonders schade, denn in einer alphanumerischen Spalte, die Datumsangaben speichert, können Sie nicht verhindern, dass ein Kunde am »grün« Geburtstag hat.

Was aber können wir mit alphanumerischen Spalten machen? Zum einen können wir diese Spalten aneinanderkleben, konkatenieren, wie das heißt. Dafür gibt es einerseits eine Funktion, die ich allerdings noch nie benutzt habe, und einen Operator, den ich immer verwende:

```
SQL> select ename || job
  2    from emp;

ENAME||JOB
-------------------
SMITHCLERK
ALLENSALESMAN
WARDSALESMAN
JONESMANAGER
...
14 Zeilen ausgewählt.
```

Listing 5.6 Konkatenation alphanumerischer Spalten mit Operator

Ich möchte Ihnen die Funktion zum Konkatenieren nicht vorenthalten, werde sie aber nachreichen, wenn wir über Zeilenfunktionen sprechen. Nun ja, die Ausgabe oben ist noch etwas verbesserungsfähig. Zumindest ein Leerzeichen zwischen den Spaltenwerten wäre doch schön. Doch wie können Sie ein solches Zeichen zwischen zwei Spalten einfügen? Zum Glück ist auch diese Erweiterung noch ganz einfach machbar: Sie fügen die Zeichenkette mit einfachen Anführungsstrichen einfach ein:

```
SQL> select ename || ' ' || job
  2    from emp;

ENAME||''||JOB
-------------------
SMITH CLERK
ALLEN SALESMAN
WARD SALESMAN
JONES MANAGER
MARTIN SALESMAN
...
14 Zeilen ausgewählt.
```

Listing 5.7 Konkatenation alphanumerischer Spalten mit Leerzeichen

Wichtig ist hier, dass Sie einfache Anführungsstriche verwenden. Doppelte Anführungszeichen oder irgendwelche anderen Zeichen sind nicht erlaubt. Dann haben wir einfach zweimal den Verbindungsoperator verwendet. Dieser senkrechte Strich wird auf Windows dadurch erzeugt, dass Sie die Taste Alt Gr + < drücken (unten links auf der Tastatur). Dieses Zeichen heißt zwar offiziell Verkettungsoperator, wird aber viel häufiger *Pipe* genannt. Der Name rührt vom Betriebssystem UNIX her, wo dieses Zeichen dazu verwendet wird, die Ausgabe mehrerer Konsolenprogramme zu verketten. Wir verwenden zur Verkettung also ein doppeltes Pipe-Zeichen.

Auch mit diesen neuen Fähigkeiten möchte ich nun etwas herumspielen. Was wäre eigentlich, wenn ich einfach nur eine Zeichenkette ausgäbe, ganz ohne Spalte? Geht so etwas überhaupt? Und wenn das mit Zeichenfolgen geht, gehen dann auch Zahlen? Nicht lange fragen, einfach machen:

```
SQL> select 'Willi hat Durst!', 17
  2    from emp;

'WILLIHATDURST!'         17
---------------- ----------
Willi hat Durst!         17
Willi hat Durst!         17
Willi hat Durst!         17
Willi hat Durst!         17
Willi hat Durst!         17
...
14 Zeilen ausgewählt.
```

Listing 5.8 Ausgabe konstanter Zeichenketten und Zahlen

Hm, die Ausgabe ist vielleicht etwas verwirrend auf den ersten Blick. Wir haben keine Spalte angegeben und dennoch 14 Zeilen zurückerhalten. Wie kann das sein? Die Antwort liegt wieder einmal in der Art, wie SQL arbeitet: Die Fragestellung lautet hier nämlich: Gehe zur Tabelle EMP und gib für jede Zeile der Tabelle die Zeichenfolge »Willi hat Durst!« und die Zahl 17 aus. Nun ja, und genau das hat die Datenbank auch gemacht. Halten Sie diese Möglichkeit im Hinterkopf, denn das können wir an mancher Stelle sehr schön benutzen. Ich versuche einmal eine Anfrage, die Ihnen ein Gefühl dafür geben kann, wie diese einfachen Textverkettungen (diesmal aber wieder mit einem Spaltenwert) zu etwas Sinnvollem genutzt werden könnten. Ich stelle mir vor, in einer Tabelle stünden Dateinamen. Nun müssten diese Dateien, die in einem Verzeichnis auf Festplatte stehen, in ein anderes Verzeichnis kopiert werden. Schön wäre eine Batchdatei, die das Umkopieren der Daten in einem Rutsch erledigen könnte. Damit alles etwas realistischer rüberkommt, stellen wir uns weiterhin vor, die Dateien lägen in verschiedenen Ordnern, so dass die Operation auch nicht einfach so im Betriebssystem erledigt werden kann. Unser Dateiname ist in der Spalte ENAME hinterlegt, der Ordner ist in Spalte JOB abgelegt. Dann könnte eine Anfrage etwa so aussehen:

```
SQL> select 'cp C:\my_files\' || job || '\' ||
  2         ename || '.txt' || ' E:\ files\' || job ||
  3         '\' || ename || '.txt '
  4    from emp;
```

```
'CPC:\MY_FILES\'||JOB||'\' ...
--------------------------------------------------------------
cp C:\my_files\CLERK\SMITH.txt E:\files\CLERK\SMITH.txt
cp C:\my_files\SALESMAN\ALLEN.txt E:\files\SALESMAN\ALLEN.txt
cp C:\my_files\SALESMAN\WARD.txt E:\files\SALESMAN\WARD.txt
cp C:\my_files\MANAGER\JONES.txt E:\files\MANAGER\JONES.txt
...
14 Zeilen ausgewählt.
```

Listing 5.9 Ein Anwendungsbeispiel zur Konkatenation von Textspalten

Finden Sie nicht so beeindruckend? Na ja, wir stehen ja auch erst am Anfang unserer Möglichkeiten. Dennoch gehört nicht viel Fantasie dazu, sich vorzustellen, dass Anweisungen dieser Art sehr viel Zeit sparen können. Wir müssten aus einer wirklich großen Tabelle so eine Abfrage zum Beispiel kombinieren mit einer Filterung nur der Dateien, die aufgrund irgendwelcher Gründe kopiert werden müssten, um zu verstehen, wie uns das helfen kann.

5.1.4   Die Tabelle DUAL

In den ersten Abfragen haben wir gesehen, dass wir Zeilen einer Tabelle ausgeben können. Insbesondere das Beispiel aus Listing 5.8 hat uns aber auch gezeigt, dass es nicht immer Sinn macht, sich auf eine Tabelle zu beziehen. In diesem Beispiel machte die Ausgabe keinen Sinn, weil ich nicht 14 identische Ausgaben erzeugen wollte, sondern nur eine. Andere Informationen haben deshalb keinen Bezug zu einer Tabelle, weil sie nirgendwo in unseren Tabellen gespeichert werden. Ein Beispiel hierfür wäre das aktuelle Datum. Wo soll dieses Datum auch gespeichert werden, es ändert sich ja ständig. Tatsächlich haben wir oft Anwendungsfälle, bei denen wir eigentlich keine Tabelle benötigen. Das Problem: Wir brauchen den Bezug auf eine Tabelle, weil bei Oracle die Klausel from verpflichtend ist. Andere Datenbanken haben diese Einschränkung nicht, Oracle schon. Wie lösen wir also diese Situation? Oracle bietet für solche Zwecke eine Tabelle an, die eigentlich gar keine ist. Diese Tabelle heißt DUAL und wird immer dann angesprochen, wenn keine Tabelle gemeint ist. Ich könnte hier das Beispiel von vorhin noch einmal verwenden, doch ist die Situation günstig, die schon bei den Datentypen besprochene Funktion sysdate zu verwenden. Sysdate liefert das aktuelle Datum und ist nirgendwo gespeichert. Wenn Sie also wissen möchten, welches Datum wir haben, schreiben Sie:

```
SQL> select sysdate
  2    from dual;
SYSDATE
-------------------
18.11.2011 11:39:43
```

Diese Tabelle ist Thema vieler Forumseinträge und Objekt wildester Spekulationen. Insbesondere drehen sich die Mutmaßungen um die Frage: Warum heißt die Tabelle DUAL so, wie sie heißt? Sie ahnen es schon: Man weiß es nicht. Oracle hat wohl einfach seinen Spaß an diesem Namen, und wir haben unseren Spaß an Oracle. Wichtiger ist, dass die Tabelle genau so aussieht, wie Sie sie für Ihre Anfrage brauchen. Wenn Sie vier Spalten ausgeben müssen, ist das genauso in Ordnung wie eine einzige Spalte. Es ist einfach ein Platzhalter, mit dessen Hilfe Sie ein syntaktisch korrektes SQL selbst dann schreiben können, wenn Sie keine Tabelle ansprechen möchten.

Experimentieren Sie doch mit dieser Tabelle, und machen Sie sich mit der Verwendung vertraut. Über diese Tabelle sollten Sie später nicht mehr nachdenken müssen, sondern sie einfach als syntaktischen Teil vieler SQL-Anweisungen benutzen.

5.1.5   Spalten- und Tabellenalias

Ein Schönheitsfehler unserer Anfragen liegt sicher darin, dass Formeln oder längere Konkatenationen von alphanumerischen Spalten in lange und nichtssagende Spaltenüberschriften münden. Doch ist es nicht nur ein ästhetisches Problem, dass ein Anwender mit diesen Spaltenüberschriften haben könnte, sondern es gibt auch handfeste technische Gründe dafür, solche Spaltenüberschriften zu unterbinden: SQL-Anweisungen können ineinander geschachtelt werden oder aber als sogenannte View in der Datenbank hinterlegt werden. Wenn das gemacht wird, müsste eine SQL-Anweisung, die sich auf diese Spalte bezieht, diesen kryptischen Namen wiederholen. Das ist nicht nur unschön, sondern auch nicht erlaubt, denn die Namenskonvention für Spalten einer Tabelle (oder Abfrage, das ist in diesem Fall das Gleiche), legt fest, dass nur Buchstaben (ohne Umlaute oder sonstige Sonderzeichen) und die Sonderzeichen _ und $ bzw. #, wobei die letzten beiden Zeichen von Oracle »strongly discouraged« sind, also nicht verwendet werden sollten, obwohl es möglich ist. Wenn nun aber eine Spaltenbezeichnung eine Rechenregel enthält, verstößt diese gegen die Namenskonventionen für Spalten.

Einfaches Spaltenalias

Wir schlagen nun zwei Fliegen mit einer Klappe, wenn wir Spaltenaliase einführen. Ein *Spaltenalias* ist ein alternativer Name für eine Spalte. Dieser alternative Name wird, durch ein Leerzeichen getrennt, hinter der Spalte oder der Formel, die eine Spalte berechnet, eingefügt und anschließend ausgegeben. Dieses Spaltenalias kann entweder die Groß- und Kleinschreibung beachten oder auch nicht, je nachdem, wie er verwendet wird. Sehen wir uns zunächst eine Abfrage mit einfacher Verwendung an. In dieser Form verhält er sich ganz so, als hieße die Spalte immer schon wie das Alias, Groß- und Kleinschreibung werden nicht beachtet:

```
SQL> select ename mitarbeiter, job beruf
  2    from emp;


MITARBEITER BERUF
----------- ---------
SMITH       CLERK
ALLEN       SALESMAN
WARD        SALESMAN
JONES       MANAGER
MARTIN      SALESMAN
...

14 Zeilen ausgewählt.
```

Listing 5.10 Verwendung eines einfachen Spaltenalias

Das Spaltenalias wird für eine Spalte vereinbart, indem es, durch ein Leerzeichen getrennt, hinter den Spaltennamen geschrieben wird. Schon diese einfache Verwendung hat viel Schönes: So wird maskiert, wie die Spalte eigentlich heißt, und der Spaltenname durch eine sprechende Bezeichnung ersetzt. Gerade im Berichtswesen ist das oftmals eine große Hilfe, denn die Leser des Berichts sind normalerweise nicht die gleichen, die auch die SQL-Anweisung geschrieben haben oder gar das Datenmodell der Datenbank kennen. Die Spalten sind in Datenmodellen oft nicht so bezeichnet, wie es der Leser eines Berichts erwarten würde, weil in Datenbanken an den Namen der Spalte oftmals noch weitere Anforderungen gestellt werden als nur die Bezeichnung des Inhalts. Genauso werden Spaltenaliase aber auch benutzt, um eine Rechenformel zu maskieren. Das Auseinanderdividieren von Beginn und Ende der Rechenformel und Beginn des Alias können Sie dabei beruhigt der Datenbank überlassen. Dennoch gibt es schnell einmal Fehler bei der Syntax, wenn Ihnen ein Komma zu viel oder zu wenig in die Abfrage hineinrutscht. Daher also noch einmal die Regel: Ein Alias wird direkt hinter der Spaltenbezeichnung oder der Formel einer Spaltenberechnung geschrieben, lediglich durch ein Leerzeichen getrennt. Das Komma hat hier nichts zu suchen, sondern wird ausschließlich verwendet, um neue Spalten zu beschreiben.

Eine alternative Schreibform existiert noch, die ich allerdings nur sehr selten benutze: Sie können zwischen Spalte und Alias noch ein optionales Schlüsselwort as verwenden. Viele andere Datenbanken fordern von Ihnen dieses Schlüsselwort, und auch im SQL-Standard ist es definiert. Bevor ich Ihnen begründe, warum ich es dennoch nicht verwende, möchte ich Ihnen die Verwendung zunächst einmal zeigen. Bitte sehen Sie sich das nachfolgende Beispiel für eine Abfrage an, die neben diesem Schlüsselwort auch noch eine Rechenformel maskiert:

```
SQL> select ename as mitarbeiter, (12*sal) as jahresgehalt
  2    from emp;
```

```
MITARBEITER JAHRESGEHALT
---------- ------------

SMITH              9600
ALLEN             19200
WARD              15000
JONES             35700

...
14 Zeilen ausgewählt.
```

Listing 5.11 Verwendung eines einfachen Spaltenalias mit Schlüsselwort AS

Was habe ich gegen dieses Schlüsselwort? Einerseits ist es nicht nötig, aber man könnte natürlich argumentieren, dass die Verwendung die Klarheit der Anweisung erhöht. Diesen Gedanken finde ich eigentlich auch richtig. Mich stört aber eine Eigenheit von Oracle: Ein solches Alias ist, wie wir bald sehen werden, auch für Tabellen möglich. Dort wird es ebenso vereinbart wie ein Spaltenalias. Dort aber ist das Schlüsselwort as verboten. Einmal optional erlaubt, einmal verboten – da lasse ich es einfach überall weg. Na ja, ist halt eine Eigenart von mir, schreiben Sie es gern, wenn Sie mögen.

Spaltenalias für Sonderzeichen

In der zweiten Variante haben wir ein Spaltenalias, dass nicht nur Groß- und Kleinschreibung beachtet, sondern zudem auch noch alle Sonderzeichen erlaubt, die im Spaltenalias in der einfachen Form oben verboten sind. Diese Schreibweise empfehle ich Ihnen, noch bevor ich Sie Ihnen zeige, nur für den wirklich allerletzten Schritt vor der Darstellung der Anweisung oder dem Ausdruck. SQL-Anweisungen können auch in der Datenbank gespeichert werden (wir sprechen dann von einer View, wie Sie im weiteren Verlauf des Buches noch lernen werden), und diese View kann dann wiederum mit SQL befragt werden. Wenn dies geschieht, muss die Abfrage die Spalten der View exakt so ansprechen, wie Sie das Alias definiert haben, also in Groß- und Kleinschreibung und in der gleichen syntaktischen Form, die wir im nächsten Beispiel sehen. Das mag Ihnen zwar möglich erscheinen, die allermeisten SQL-Anwender rechnen aber nicht mit solchen Fallstricken, Fehler sind die unausweichliche Folge. Die Schreibweise ist eigentlich genau gleich, nur wird das Spaltenalias mit – wichtig! – doppelten Anführungszeichen eingerahmt. Das sieht dann so aus:

```
SQL> select ename "Mitarbeiter", (12*sal) " Gehalt/Jahr"
  2    from emp;

Mitarbeiter  Gehalt/Jahr
----------   -------------
SMITH                9600
ALLEN               19200
WARD                15000
```

```
JONES              35700
MARTIN             15000
...
14 Zeilen ausgewählt.
```

Listing 5.12 Verwendung eines expliziten Spaltenalias

Diese Funktionalität ist schon sehr leistungsfähig und muss in speziellen Abfragen auch benutzt werden, zum Beispiel, wenn aus SQL XML erstellt werden soll, das Groß- und Kleinschreibung unterscheidet. Nur ist klar, dass die Benennung einer Tabellenspalte mit einem solchen Konstrukt (Ja, das ist möglich, aber ich wollte, das hätte ich Ihnen nicht verraten!) ein Alptraum ist. Glauben Sie auch nicht, die Ausgabe dieser Anweisung hätte in SQL*Plus so »ohne Weiteres« funktioniert! Die Eingabe mit dem Summenzeichen ist möglich gewesen, die Ausgabe enthielt aber ein einfaches »S« an Stelle des Summenzeichens. Mit so etwas wollen Sie sich in SQL eigentlich nicht herumschlagen, das ist etwas für Oberflächenentwickler. Bedenken Sie auch, dass die allermeisten Anwendungen Ihnen erlauben, die Spaltenbeschriftung im Bericht selbst und nicht in SQL festzulegen. Vielleicht machen Sie in solchen Situationen eher Gebrauch von dieser Möglichkeit. Lassen Sie sich bei der Erstellung einer SQL-Anweisung nicht von ästhetischen Überlegungen treiben (es sei denn, sie formatieren die Abfrage, da ist das sogar dringend gewünscht). SQL ist eine Programmiersprache, um aus Datenbanken Daten herauszulesen und zu Informationen zusammenzustellen, nicht aber, um hübsche Ausgaben zu erzeugen. Das machen wir später, in der Oberfläche oder im Berichtswerkzeug.

Tabellenalias

Ich hatte bereits angedeutet, dass ein Alias auch für eine Tabelle vereinbart werden kann. In unseren Beispielen ist das zwar noch nicht nötig und sinnvoll, aber wenn ich schon Aliase bespreche, dürfen diese nicht fehlen, zumal es hierzu wenig Aufregendes zu sagen gibt. Ein Alias für eine Tabelle ist in SQL erforderlich, wenn Sie eine Abfrage gegen mehrere Tabellen durchführen. Wenn Sie mit mehreren Tabellen arbeiten, kann es sein, dass zwei Spalten in den beiden Tabellen den gleichen Namen haben, etwa die Spalten DEPTNO in der Tabelle EMP und DEPT. Oracle wüsste nun nicht, welche der beiden Spalten Sie meinen, wenn Sie einfach DEPTNO schrieben. Daher können Spalten in SQL auch immer als <Tabelle>.<Spalte> geschrieben werden, also zum Beispiel als EMP.ENAME statt einfach ENAME. Und hier kommt das Spaltenalias ins Spiel: Definieren Sie ein Alias für eine Tabelle, kann dieses Alias statt des Tabellennamens verwendet werden und erspart Ihnen Tipparbeit. Wenn wir also das Alias E für die Tabelle EMP und das Alias D für die Tabelle DEPT vereinbart haben, können wir von E.DEPTNO und D.DEPTNO sprechen, und die Konfusion ist behoben.

Ein solches Tabellenalias wird genauso definiert wie ein Spaltenalias, nur dass hier das Schlüsselwort as nicht verwendet werden darf (warum auch immer, der SQL-

Standard kennt auch hier das Schlüsselwort as). Verwenden Sie es doch, erhalten Sie einen Fehler:

```
SQL> select *
  2    from emp as e;
  from emp as e
           *
FEHLER in Zeile 2:
ORA-00933: SQL-Befehl wurde nicht korrekt beendet
```

Daher ist nur die Verwendung ohne das Schlüsselwort erlaubt. Grundsätzlich möglich ist es übrigens auch, ein Tabellenalias mit Sonderzeichen zu vereinbaren, wie Sie das auch bei Spaltenaliasen können. Das ist aber wieder etwas, was ich Ihnen lieber nicht gesagt hätte, denn Tabellenaliase werden ausschließlich innerhalb einer SQL-Anweisung verwendet, sind mithin nach technischen Gesichtspunkten zu wählen. In diesem Zusammenhang haben Sonderzeichen einfach keinen Platz. Zum Schluss also ein kurzes Beispiel für die Verwendung eines Tabellenalias. Wir werden dieses Verfahren noch intensiv anwenden, wenn wir mit Daten aus mehreren Tabellen arbeiten, spätestens ab dann können Sie das auch verwenden, ohne nachzudenken.

```
SQL> select e.ename as "Mitarbeiter",
  2          (12 * e.sal) as " Gehalt/Jahr"
  3    from emp e;


Mitarbeiter  Gehalt/Jahr
-----------  -------------
SMITH               9600
ALLEN              19200
WARD               15000
JONES              35700
MARTIN             15000
...
14 Zeilen ausgewählt.
```

Listing 5.13 Verwendung eines expliziten Spaltenalias und Tabellenalias

Zu diesem Tabellenalias noch einen etwas hinterhältigen Hinweis: Sie erinnern sich, dass die Datenbank zuerst die Tabelle analysiert und erst dann die Spaltenliste bearbeitet? Nun, davon profitieren wir hier: Wäre das andersherum, wäre das Tabellenalias e noch gar nicht bekannt, wenn wir die Spaltenliste bearbeiten, und dürfte dort nicht genutzt werden. So aber ist das Tabellenalias im ersten Schritt definiert und wird im zweiten Schritt benutzt. Wie gesagt, hier hat das noch keine funktionale Auswirkung, wir werden aber Fälle sehen, wo dies der Fall ist.

5.2 Auswahl

Soweit zunächst zur Projektion von Spalten. Kommen wir nun zur Auswahl, die unsere Fähigkeit, mit den Daten der Tabelle zu arbeiten, massiv erweitert. Die Auswahl wird in einer separaten Klausel vereinbart, die der from-Klausel nachgestellt wird: der where-Klausel. Das macht, im Sinne eines englischen Satzes, auch einen schlanken Fuß, denn so bleibt eine lesbare Konstruktion erhalten. Sehen wir uns im Folgenden die Möglichkeiten der where-Klausel an.

5.2.1 Zeilen auswählen mit der WHERE-Klausel

Zunächst einmal erweitern wir also unsere select-Anweisung durch die where-Klausel. Dieses Schlüsselwort leitet die Auswahl ein. Innerhalb dieser where-Klausel werden Bedingungen angegeben, die anschließend für jede Zeile der Tabelle geprüft werden. Liefert die Prüfung für eine Zeile den Wahrheitswert true zurück, wird die Zeile ausgewählt und dargestellt, in allen anderen Fällen wird die Ausgabe der Zeile unterdrückt. Sehen Sie sich eine einfache Projektion an:

```
SQL> select ename, job, sal
  2    from emp
  3   where job = 'MANAGER';

ENAME       JOB            SAL
---------- --------- ----------
JONES       MANAGER       2975
BLAKE       MANAGER       2850
CLARK       MANAGER       2450
```

Listing 5.14 Eine einfache Projektion

In dieser Auswertung haben wir nur die Manager gefiltert. Sie sehen, dass nach der from-Klausel einfach mit der where-Klausel weitergeschrieben wurde. Innerhalb der where-Klausel werden die Spaltennamen gleich einer Zeichenkette gesetzt. Daher benötigen wir auf der rechten Seite des Vergleichs auch wieder die einfachen Anführungszeichen. Wiederum kümmert sich die Datenbank darum, jede einzelne Zeile der Spalte JOB mit der konstanten Zeichenfolge MANAGER zu vergleichen. Allerdings gilt eine wichtige Einschränkung: Im Gegensatz zu den Schlüsselworten von SQL, beachtet SQL beim Vergleich von Zeichenketten die Groß- und Kleinschreibung. Daher müssen wir darauf achten, den Suchbegriff exakt so zu schreiben, wie er in der Datenbank gespeichert ist. In unserem Beispiel ist das nicht schwer, weil in der Datenbank alle Zeichenketten in Großbuchstaben gespeichert sind. Das ist aber eher die Ausnahme.

Ein Vergleich kann auch zwischen zwei Spalten durchgeführt werden. Das Beispiel dazu macht nun vielleicht nicht viel Sinn, es zeigt aber, wie so etwas funktioniert.

Suchen wir alle Mitarbeiter, deren Mitarbeiternummer kleiner ist als die Managernummer in Spalte MGR:

```
SQL> select empno, ename, job, mgr
  2     from emp
  3    where empno < mgr;

    EMPNO ENAME       JOB             MGR
---------- ---------- --------- ----------
      7369 SMITH      CLERK          7902
      7499 ALLEN      SALESMAN       7698
      7521 WARD       SALESMAN       7698
      7566 JONES      MANAGER        7839
      7654 MARTIN     SALESMAN       7698
      7698 BLAKE      MANAGER        7839
      7782 CLARK      MANAGER        7839
7 Zeilen ausgewählt.
```

Listing 5.15 Projektion mit einem Spaltenvergleich

Nähern wir uns ohne Vorbehalte, ist auch das ganz einfach und logisch: Für jede Zeile
der Tabelle EMP wird nun die Spalte EMPNO mit der Spalte MGR verglichen. Ist Spalte
EMPNO kleiner als MGR, wird die Zeile ausgegeben, ansonsten nicht.

Machen Sie sich auch hier kurz klar, in welcher Reihenfolge die Auswertung ausgeführt wird: Zunächst beginnen wir wieder bei der Tabelle EMP. Nun aber wird als
Nächstes die where-Klausel ausgewertet und erst danach die select-Klausel. Das stellt
sicher, dass Berechnungen nur für die Zeilen durchgeführt werden müssen, die auch
tatsächlich dargestellt werden. Stellen Sie sich eine sehr große Tabelle mit mehreren
Millionen Zeilen vor. Da ist es nur richtig, zunächst zu sehen, welche Zeilen eigentlich
ausgegeben werden sollen, bevor für diese Zeilen die select-Klausel berechnet wird.
Umgekehrt ist es aber auch so, dass aus diesem Grund Spaltenaliase, die in der
select-Klausel vereinbart werden, in der where-Klausel noch unbekannt sind, wie das
folgende Beispiel zeigt:

```
SQL> select ename, job, 12 * sal jahresgehalt
  2     from emp
  3    where jahresgehalt > 50000;
 where jahresgehalt > 50000
       *
FEHLER in Zeile 3:
ORA-00904: "JAHRESGEHALT": ungültiger Bezeichner
```

Listing 5.16 Ungültige Verwendung eines Spaltenalias in der WHERE-Klausel

Vor dem Hintergrund dieser Überlegung ist dieser Fehler gut verständlich. Ohne dieses Wissen könnte man schon ins Grübeln kommen. Natürlich haben Sie Recht, wenn Sie bemängeln, die Datenbank solle doch wohl in der Lage sein, die gesamte SQL-Anweisung durchzusehen und die Vereinbarung des Alias auch in der where-Klausel zu erlauben. Leider habe ich auf diese Fragen der Implementierung aber keinen Einfluss, ich bin nur der Bote der schlechten Nachricht ... Meiner Kenntnis nach ist diese Einschränkung aber in allen SQL-Implementierungen zu beachten. Nur der Vollständigkeit halber: Um das Problem oben zu lösen, müssen Sie die Formel zur Berechnung des Jahresgehalts in der where-Klausel wiederholen:

```
SQL> select ename, job, 12 * sal jahresgehalt
  2    from emp
  3   where 12 * sal > 50000;


ENAME      JOB       JAHRESGEHALT
---------- --------- ------------
KING       PRESIDENT       60000
```

Listing 5.17 Projektionen können keine Spaltenaliase verwenden.

Eine andere Idee funktioniert leider auch nicht: Sie können in der where-Klausel die Formel 12 * sal nicht mit einem Spaltenalias verbergen und dieses Alias anschließend in der select-Klausel verwenden:

```
SQL> select ename, job, jahresgehalt
  2    from emp
  3   where 12 * sal as jahresgehalt > 50000;
 where 12 * sal as jahresgehalt > 50000
                *
FEHLER in Zeile 3:
ORA-00920: Ungültiger relationaler Operator
```

Listing 5.18 Ungültige Verwendung eines Alias in der WHERE-Klausel

Die Vereinbarung eines Spaltenalias ist syntaktisch nur in der select-Klausel erlaubt.

5.2.2   Boolesche Operatoren

Als nächstes Erweiterung der where-Klausel werden wir die *Booleschen Operatoren* einführen, die es uns erlauben, mehrere Filterkriterien zu kombinieren. Boolesche Operatoren, also die Operatoren AND, OR und NOT, kombinieren einzelne Tests zu einem Gesamttest. Nun stehen wir vor einem logischen Problem, denn einige Fragen tauchen auf, die Sie umfassend erst verstehen, wenn wir das Problem des null-Wertes näher betrachtet haben. Das werde ich allerdings erst in Abschnitt 5.7, »Der NULL-Wert«, tun. Aber auch ohne Berücksichtigung dieses Problems stellen sich schon einige Fragen: Zunächst ganz simpel: Wie ist die Syntax? Die ist wirklich einfach, Sie schreiben einfach das erste Filterkriterium, gefolgt von AND oder OR, und dann das nächste Filterkriterium. Klammern dürfen und sollten auch gesetzt werden, insbesondere, wenn Sie nicht nur einen Booleschen Operator benutzen, sondern mehrere. Auch bei den Booleschen Operatoren gibt es eine Vorrangregelung ähnlich der Punkt- vor Strichrechnung, und zwar NOT vor AND vor OR. Aber das vergessen Sie am besten gleich wieder, denn hier helfen Ihnen und anderen Klammern wesentlich besser, um zu verstehen, was eigentlich passiert. Sehen wir uns ein Beispiel an. Ich hätte gern alle Mitarbeiter aus Abteilung 30, die mehr als 1200 Taler verdienen:

```
SQL> select ename, job, deptno, sal
  2    from emp
  3   where deptno = 30
  4     and sal > 1200;

ENAME      JOB          DEPTNO        SAL
---------- ---------- ---------- ----------
ALLEN      SALESMAN           30       1600
WARD       SALESMAN           30       1250
MARTIN     SALESMAN           30       1250
BLAKE      MANAGER            30       2850
TURNER     SALESMAN           30       1500
```

Listing 5.19 Alle Mitarbeiter aus Abteilung 30 mit einem Gehalt > 1.200

Sie sehen, es ist wirklich ganz einfach, solange wir uns in diesen Gefilden bewegen. Die weiteren Beispiele dieses Abschnitts werden ebenfalls ein Problem umschiffen, um das wir uns später kümmern werden: Spalten, die auch null-Werte enthalten können.

Die einzelnen Filterkriterien können so kompliziert sein, wie Sie mögen, wichtig ist nur, dass im Ergebnis der Vergleich mit null, wahr oder falsch evaluiert. An sich ist nicht viel mehr zu diesen Booleschen Operatoren zu sagen. Ich zeige Ihnen noch ein etwas komplexeres Beispiel, das mit allen Operatoren arbeitet:

```
SQL> select ename, job, deptno, sal
  2    from emp
  3   where not(job = 'SALESMAN' or job = 'MANAGER')
  4     and (sal > 1500 or ename = 'SMITH');
```

```
ENAME      JOB          DEPTNO        SAL
---------- ---------- ---------- ----------
SMITH      CLERK            20        800
SCOTT      ANALYST          20       3000
KING       PRESIDENT        10       5000
FORD       ANALYST          20       3000
```

Listing 5.20 Etwas komplexeres Beispiel für Boolesche Operatoren

Ehm, mal eben überlegen, was ich da eigentlich gefragt habe: Also, einerseits möchte ich keine Salesmen oder Manager sehen (für diesen Teil der Abfrage lernen wir im nächsten Abschnitt noch einen eleganteren Weg der Abfrage). Dann müssen die Mitarbeiter zudem noch mehr als 1500 Taler verdienen oder SMITH heißen. Klingt nicht sehr sinnvoll, benutzt aber alle Booleschen Operatoren. Sie sehen, wie sinnvoll die Klammersetzung ist, denn eventuell könnte ich das gleiche Ergebnis auch ohne Klammern erreichen, doch dann wäre es wesentlich schwerer zu verstehen.

5.2.3 Einschränkungen mit LIKE, IN und BETWEEN

Filterkriterien haben oft ähnliche Strukturen. Immer mal wieder wollen wir Werte aus einer Liste von Werten auswählen oder ausschließen, außerdem kommt es oft vor, dass wir nicht genau wissen, wie ein Suchbegriff lautet; wir kennen nur einen Teil und wollen dennoch alle Treffer für diesen Teil finden. Dafür gibt es in SQL einige Funktionen, die diese Aufgaben erleichtern. Zum Teil sind sie auch mit den Mitteln, die wir bereits kennen, auszudrücken, aber die Erweiterungen sind stets leichter verständlich und haben eine kürzere SQL-Anweisung zur Folge.

LIKE

Der Operator like wird dazu benutzt, in Zeichenketten ein Muster zu finden. SQL definiert dabei zwei Platzhalterzeichen, die aus mir nicht recht erfindlichen Gründen nicht mit den Platzhaltern anderer Suchmaschinen übereinstimmen, nämlich die Zeichen % und _. Ich zeige ihren Einsatz einmal an einem einfachen Beispiel:

```
SQL> select ename, job, sal
  2    from emp
  3   where ename like 'M%';


ENAME      JOB              SAL
---------- ---------- ----------
MARTIN     SALESMAN        1250
MILLER     CLERK           1300
```

Listing 5.21 Die Verwendung von LIKE

Da ist wohl nicht viel Spannendes dran: Wir vergleichen die Spalte mit dem Muster M%, wobei das %-Zeichen für kein, ein oder mehrere beliebige Zeichen stehen kann und inhaltlich dem * in vielen anderen Suchmasken entspricht. Zum Teil (zum Beispiel bei Microsoft Access) kann das Zeichen * auch in SQL genutzt werden, es ist aber kein Standard, bei Oracle funktioniert das nicht. Achten Sie bitte darauf, dass der Suchbegriff inkl. des Platzhalterzeichens in einfachen Hochkommata stehen muss. Das Platzhalterzeichen wird nur in Kombination mit dem Operator like als Platzhalter erkannt. Wenn Sie statt like einfach = geschrieben hätten, würde ein Mitarbeiter gesucht, der M% heißt und natürlich nicht existiert. Das zweite Platzhalterzeichen _ steht für genau ein beliebiges Zeichen und wird viel seltener verwendet. Ich finde das immer etwas weit hergeholt, wenn als Beispiel alle Mitarbeiter ausgewählt werden, die als zweiten Buchstaben ein A haben, aber bitteschön:

```
SQL> select ename, job, sal
  2    from emp
  3    where ename like '_A%';


ENAME      JOB           SAL
---------- --------- ----------
WARD       SALESMAN      1250
MARTIN     SALESMAN      1250
JAMES      CLERK          950
```

Listing 5.22 Die Verwendung des Platzhalters »_«

Schwieriger wird es, wenn Sie nach genau diesen Zeichen suchen, also wissen möchten, ob eine Spalte das Zeichen % enthält. Das Problem ist klar: Wenn wir like verwenden, wird das Prozentzeichen als Platzhalter erkannt. Um like nun mitzuteilen, dass wir beabsichtigen, nach dem Prozentzeichen selbst zu suchen, vereinbaren wir ein spezielles Zeichen, das als escape-Zeichen deklariert wird. Wenn dieses Zeichen vor einem Platzhalterzeichen eingesetzt wird, sucht like literal nach dem Platzhalterzeichen. Auch hierzu ein Beispiel: Ich suche einen Beruf mit einem Prozentzeichen. Den gibt es zwar in meinen Daten nicht, aber das Prinzip wird dadurch deutlich. Und um zu zeigen, dass die Suche auch funktioniert, habe ich einfach einen Beruf für diese Abfrage um ein Prozentzeichen erweitert. Diese Anfrage funktioniert also bei mir und nicht bei Ihnen:

```
SQL> select ename, job, sal
  2    from emp
  3    where job like 'C%\%' escape '\';


ENAME      JOB           SAL
---------- --------- ----------
SMITH      CLERK%         800
```

```
ADAMS       CLERK%           1100
JAMES       CLERK%            950
MILLER      CLERK%           1300
```

Listing 5.23 Maskierung des Platzhalterzeichens

Ich habe das bislang nur sehr selten benötigt, aber Sie haben ja das Buch gekauft, damit es Ihnen auch in seltenen Situationen weiterhilft. Es gibt im Übrigen keine Konvention für das Zeichen, das als Maskierungszeichen gewählt wird, ich habe hier das Zeichen \ gewählt, weil es oft als Maskierungszeichen verwendet wird, es hätte aber auch jedes andere Zeichen funktioniert. Wir lesen den Ausdruck oben also so: Suche alle Berufe, die mit C beginnen, anschließend beliebige Zeichen enthalten und auf einem Prozentzeichen enden.

REGEXP_LIKE

In die Diskussion des like-Operators fällt seit Datenbankversion 10g auch die Diskussion des regexp_like-Operators. Das ist für mich etwas schwierig, denn *reguläre Ausdrücke*, die mit diesem Operator möglich werden, sind ein ganzes Feld für sich. Wie weit geht man hier? Zunächst einmal muss ich erklären, was ein regulärer Ausdruck eigentlich ist. Ein regulärer Ausdruck ist eine Zeichenkette, die nach bestimmten syntaktischen Regeln einen Textfilter beschreibt, der wiederum auf eine Zeichenkette angewendet werden kann. Im Klartext: Wir können mit regulären Ausdrücken in komplexen Mustern beschreiben, wonach wir suchen. Ein Beispiel wäre die Suche nach einer E-Mail-Adresse. Eine solche Adresse hat einen Teil vor dem @-Zeichen und einen dahinter. Der Teil hinter dem @ hat mindestens noch einen Punkt mit zwei oder maximal drei Buchstaben dahinter. Mit regulären Ausdrücken können wir jetzt einen Suchfilter beschreiben, der vielleicht Folgendes ausdrückt:

Der Suchbegriff startet mit beliebig vielen Zeichen bis zu einer Obergrenze von x Zeichen. Dann kommt ein @. Danach folgen einige Zeichen, in denen folgende Liste von Zeichen nicht mehr vorkommt, sodann ein Punkt. Danach noch maximal drei Zeichen.

Das ist für diejenigen, die den ganzen Tag reguläre Ausdrücke schreiben, natürlich noch viel zu einfach. Das geht auch genauer, aber Sie verstehen das Prinzip. Damit ich nun diese Suchkriterien so beschreiben kann, dass nicht nur ich (was immer das Hauptproblem ist), sondern auch der Computer versteht, wonach ich suche, vereinbaren reguläre Ausdrücke eine spezielle Syntax. Und – warum überrascht mich das eigentlich nicht? – hier kochen alle Implementierungen ihr eigenes Süppchen, die Syntax unterscheidet sich entweder völlig oder in Details voneinander. Das macht ist auch sinnvoll, denn dadurch dürfen Sie die Syntax für jede Programmiersprache immer wieder neu lernen ... Oracle, das freut Sie sicherlich, zu hören, unterstützt die Syntax *POSIX Standard Extended Regular Expression (ERE)*, natürlich erweitert um nicht standardkonforme Erweiterungen für multilingualen Einsatz und einige Perl-inspirierte Erweiterungen, die alle RegExp-Implementierungen können und die Oracle auch cool findet. Das Ganze ist etwas kompliziert.

Hier ist nicht der Platz für eine vollständige Darstellung dieser Syntax, sondern lediglich für den Versuch, Ihnen ein Gefühl für die Verwendung zu geben. Ich zeige Ihnen in Tabelle 5.1 einmal die Grundbausteine, ohne die multilingualen und Perl-inspierten Erweiterungen.

Operator	Beschreibung
\	Kann, je nach Zusammenhang, bedeuten: ▶ das Zeichen selbst ▶ Maskierungszeichen für das folgende Zeichen ▶ Ankündigung für einen Operator ▶ nix
*	Platzhalter für keines oder mehrere Zeichen
+	Platzhalter für eines oder mehrere Zeichen
?	Platzhalter für keines oder ein Zeichen
|	Alternative: Kann mehrere Varianten eines Suchmusters finden (zum Beispiel: Meier|Maier|Meyer).
^	Anfang einer Zeichenkette. Sollte diese mehrere Zeilen umfassen, der Beginn einer Zeile
$	Ende einer Zeichenkette. Sollte diese mehrere Zeilen umfassen, das Ende einer Zeile
.	Platzhalter für ein beliebiges Zeichen außer NULL
[ ]	Muster, nach dem gesucht werden soll. Es wird das Muster exakt gesucht. Soll erreicht werden, dass dieses Muster gerade nicht gefunden werden soll, wird dem Muster das Circumflex (^) vorangestellt.
{m}	Suche exakt m Treffer.
{m,}	Suche mindestens m Treffer.
{m,n}	Suche mindestens m und höchstens n Treffer.
()	Gruppierung eines Ausdrucks. Diese Gruppe von Ausdrücken wird als ein Unterausdruck behandelt.

Tabelle 5.1 Einige grundlegende Bausteine für einen regulären Ausdruck

Operator	Beschreibung
\n	n Steht für eine Zahl zwischen 1 und 9. Der Ausdruck referenziert dann den n-ten Unterausdruck, der vorher über ( ) definiert wurde.
[..]	Definiert ein zusammengesetztes Zeichen, das als ein Zeichen behandelt werden soll (zum Beispiel [.ch.] für Spanisch).
[: :]	Definiert eine Klasse von Zeichen (zum Beispiel [:alpha:], die Klasse aller alphabetischen Zeichen).
[==]	Definiert eine *Äquivalenzklasse* (zum Beispiel [=a=], findet alle Zeichen mit dem Basisbuchstaben a wie à, ä oder Ähnliches).

Tabelle 5.1 Einige grundlegende Bausteine für einen regulären Ausdruck (Forts.)

Gut, ich glaube, auch hier wäre ein Beispiel nicht schlecht. Ich suche alle Mitarbeiter, deren Namen ein doppeltes L, M oder N enthält. Mir ist egal, ob dieser Buchstabe groß- oder kleingeschrieben ist:

```
SQL> select ename, job, sal
  2     from emp
  3     where regexp_like (ename, '([lmn])\1', 'i');


ENAME      JOB            SAL
---------- ---------- ----------
ALLEN      SALESMAN       1600
MILLER     CLERK          1300
```

Listing 5.24 Anwendungsbeispiel für einen regulären Ausdruck

In diesem Beispiel wird zunächst nach einem Treffer aus der Gruppe der Zeichen l, m oder n gesucht. Dabei können auch Großbuchstaben gefunden werden, weil das kleine 'i' am Ende des Ausdrucks die Suche *insensitive*, also unabhängig von Groß- und Kleinschreibung, macht. Die Buchstabengruppe wird dabei als Unterausdruck vereinbart (das machen die runden Klammern um die Gruppe von Zeichen in der eckigen Klammer) und direkt danach wird noch einmal nach dem Inhalt des Unterausdrucks gesucht. Das passiert durch den Ausdruck \1, der den Inhalt des ersten Unterausdrucks wiederholt. Und voilà: Nur doppelte Buchstaben werden gefunden. Wir hätten statt der Liste der Buchstaben auch zum Beispiel [:alpha:] schreiben können, dann hätte der Ausdruck alle Mitarbeiter mit irgendeinem doppelten Buchstaben im Namen gefunden. Sie sehen schon, die Funktionen sind ein ganz anderes Kaliber als die einfache Mustersuche mit like.

Lassen wir es für den Moment dabei bewenden. Wir haben noch nicht genug Überblick, um uns jetzt bereits in den Tiefen einer solchen Spezialsuche zu verlieren. Ich komme auf das Thema noch einmal in Abschnitt 7.3.3, »Reguläre Ausdrü-cke«, zurück.

IN

Der Operator in findet alle Zeilen, deren Spaltenwert in einer Liste von Werten vor-kommt. Dieser Operator ist sehr praktisch und wird extrem häufig benutzt. Das kommt bestimmt auch daher, dass dies so einfach ist, wie das folgende Beispiel zeigt:

```
SQL> select ename, job, sal
  2    from emp
  3    where job in ('SALESMAN', 'MANAGER');


ENAME      JOB             SAL
---------- --------- ----------
ALLEN      SALESMAN       1600
WARD       SALESMAN       1250
JONES      MANAGER        2975
MARTIN     SALESMAN       1250
BLAKE      MANAGER        2850
CLARK      MANAGER        2450
TURNER     SALESMAN       1500
```

Listing 5.25 Verwendung des Operators IN

Es gibt auch das Gegenteil, nämlich die Suche nach not in, aber das können Sie sich auch so vorstellen, ohne dass ich hier den Code dafür aufführe. Diese Alternative mit not in wäre auch die elegantere Methode des Ausschlusses zweier Berufe im Vergleich zum Verfahren in Listing 5.20, wo ich die Liste der auszuschließenden Berufe über eine or-Kette bestimmt hatte. Lesen Sie sich aber bitte unbedingt auch Abschnitt 5.7, »Der NULL-Wert«, durch, um Probleme mit dem null-Wert zu erkennen.

BETWEEN

Auch der between-Operator ist sehr beliebt und wird häufig verwendet. Sehen wir uns auch diesen Operator einmal im Einsatz an. Ich möchte in der Tabelle SALGRADE nach-schlagen, in welche Gehaltsstufe ein Gehalt von 1750 Talern fällt:

```
SQL> select *
  2    from salgrade;


   GRADE      LOSAL      HISAL
---------- ---------- ----------
        1        700       1200
        2       1201       1400
        3       1401       2000
```

```
       4        2001       3000
       5        3001       9999
```

Listing 5.26 Die Tabelle SALGRADE

Wenn wir uns die Tabelle ansehen, erkennen wir eine Spalte LOSAL und HISAL mit den Unter- bzw. Obergrenzen. Unser Gehalt muss also zwischen diesen Grenzen liegen, um die Gehaltsstufe zu ermitteln:

```
SQL> select grade
  2    from salgrade
  3   where 1750 between losal and hisal;

     GRADE
----------
         3
```

Listing 5.27 Verwendung des BETWEEN-Operators

Der Operator between löst dieses Problem sehr intuitiv. Stattdessen hätten wir natürlich auch schreiben können

```
where 1750 >= losal and 1750 <= hisal
```

doch ist der Weg über die between-Anweisung wohl intuitiver verständlich und auch etwas kürzer, weil der Wert 1750 nicht wiederholt werden muss. Allerdings ist es interessant, zu prüfen, wie diese Funktion mit Extremwerten umgeht. Ist also ein Wert von 3000 noch in Gehaltsstufe 4?

```
SQL> select grade
  2    from salgrade
  3   where 3000 between losal and hisal;

     GRADE
----------
         4
```

Listing 5.28 Schreibtischtest für den Extremwert 3.000 mit BETWEEN

Er ist es. Das klingt auch nach einer guten Idee, zumal die Funktion auch mit Datumsangaben genutzt werden kann und einfache Prüfungen auf gültige Datensätze erlaubt:

```
where sysdate between date_from and date_to
```

Doch dieser Komfort hat auch eine problematische Seite. Was passiert, wenn sich die Grenzen von LOSAL und HISAL überlappen, wenn also zum Beispiel 3000 sowohl die Obergrenze von Gehaltsstufe 4 als auch die Untergrenze von Gehaltsstufe 5 wäre? In diesem Fall liefert between tatsächlich beide Gehaltsstufen zurück, was falsch wäre. Wir müssen also auf sich nicht überlappende Bereich achten. Doch gerade das ist nicht ganz einfach: Machen wir hierzu einmal einen Ausflug zum Benutzer HR. In dessen Tabelle JOB_HISTORY gibt es Einträge mit einer Gültigkeitsspalte, wie Sie sich eventuell noch dunkel erinnern. Hier einige Daten aus dieser Tabelle:

```
SQL> connect hr/hr
Connect durchgeführt
SQL> select employee_id, start_date, end_date,
  2          job_id, department_id
  3      from job_history;
EMPLOYEE_ID START_DA END_DATE JOB_ID     DEPARTMENT_ID
----------- -------- -------- ---------- -------------
        102 13.01.93 24.07.98 IT_PROG               60
        101 21.09.89 27.10.93 AC_ACCOUNT           110
        101 28.10.93 15.03.97 AC_MGR               110
        201 17.02.96 19.12.99 MK_REP                20
        114 24.03.98 31.12.99 ST_CLERK              50
        122 01.01.99 31.12.99 ST_CLERK              50
        200 17.09.87 17.06.93 AD_ASST               90
        176 24.03.98 31.12.98 SA_REP                80
        176 01.01.99 31.12.99 SA_MAN                80
        200 01.07.94 31.12.98 AC_ACCOUNT            90
10 Zeilen ausgewählt.
```

Listing 5.29 Datumsbereiche mit zwei Datumsangaben

Interessant an diesen Daten finde ich die Zeilen 2 und 3 für den Mitarbeiter 101. Sie können dort erkennen, dass als Enddatum für den älteren Eintrag der 27.10.1993 eingetragen ist, während das Startdatum auf den 28.10.1993 eingestellt wurde. Das klingt zunächst plausibel. Was aber passiert, wenn ich am 27.10.1993 nachmittags wissen möchte, welcher Datenbestand nun gilt? Ich frage auf folgende Weise:

```
where sysdate between start_date and end_date
```

und erhalte keine Zeilen für den Mitarbeiter 101 zurück. Wissen Sie, warum? Es ist schwer zu sehen, aber ich sagte ja bereits, dass ein Datum (bei Oracle) immer auch die Uhrzeit beinhaltet. In dieser Tabelle steht als Enddatum der 27.10.1993 00:00 Uhr und als Startdatum des nächsten Intervalls der 28.10.1993 00:00 Uhr. Ich frage aber zum Zeitpunkt 27.10.1993 15:20 Uhr, und dieser Zeitpunkt ist weder Teil des ersten noch des zweiten Intervalls, ich erhalte keine Zeile zurück. Nun ist andererseits auch keine Lösung, das Intervallende auf den 28.10.1993 zu legen, denn dann wären bei einer Abfrage zu diesem Zeitpunkt beide Intervalle gültig. Das mag Ihnen jetzt spitzfindig vorkommen, aber bitte bedenken Sie, dass wir nicht immer mit der JOB_HISTORY zu tun haben, bei der solche Überschneidungen extrem unwahrscheinlich wären, sondern auch mit vielen anderen Tabellen, wo diese Überschneidungen dann an der Tagesordnung sein werden. Daher sollte Ihnen das Problem grundsätzlich bekannt sein. Im Beispiel oben gibt es keine einfache Lösung, die wir bereits kennen. Als ersten Lösungsweg müssten wir sysdate auf 00:00 Uhr zurückschalten, um ein korrektes Ergebnis zu erhalten, und wir wissen noch nicht, wie das geht. Im zweiten Lösungsweg müssten wir auf between verzichten und stattdessen schreiben:

```
where sysdate >= start_date and sysdate < end_date
```

Ein dritter Weg besteht darin, Intervalle um den kleinsten Zeitbetrag, der in Oracle möglich ist, differieren zu lassen: Wir könnten das ältere Intervall am 27.10.1993 23:59:59 enden und das neuere Intervall am 28.10.1993 00:00 Uhr beginnen lassen, dann ginge auch between wieder. Der SQL-Standard definiert hier im Übrigen noch eine overlaps-Funktion, die genutzt werden kann, um zu ermitteln, ob sich zwei Zeitintervalle überlappen oder nicht. Witzigerweise ist das auch in Oracle möglich, aber nicht dokumentiert und daher für die normale Verwendung derzeit nicht empfohlen. Wir werden uns das zwar noch ansehen, allerdings erst in Kapitel 20, »Umgang mit Datum und Zeit«, wo wir diese und andere exotische Themen rund um Datumsangaben und deren Berechnung behandeln.

5.2.4   Duplikate filtern mit DISTINCT

Betrachten wir folgende Anweisung:

```
SQL> connect scott/tiger
Connect durchgeführt.
SQL> select deptno
  2    from emp;

    DEPTNO
----------
        20
        30
        30
        20
        30
        30
        10
        20
```

```
        10
        30
        20
        30
        20
        10
14 Zeilen ausgewählt.
```

Listing 5.30 Abfrage zur Darstellung der Abteilungsnummern aus EMP

Diese Abfrage gibt die Abteilungsnummern der Tabelle EMP zurück. Unschön daran ist, dass die Nummern mehrfach ausgegeben werden. Das ist zwar einerseits klar, denn die Nummern kommen ja auch mehrfach in der Tabelle vor, aber eigentlich reicht es uns, wenn wir jede Nummer nur einmal sehen. Was tun? Uns kommt eine Idee: Das ist die n-Seite der Beziehung zwischen den Tabellen EMP und DEPT. Wir könnten ja zur 1-Seite gehen und dort die Abfrage stellen, denn dann sähen wir jede Nummer nur einmal. Gesagt, getan:

```
SQL> select deptno
  2    from dept;

    DEPTNO
----------
        10
        20
        30
        40
```

Listing 5.31 Abfrage zur Darstellung der Abteilungsnummern aus DEPT

Hier taucht auf einmal die Nummer 40 auf, die wir in der ersten Abfrage nicht gesehen haben. Warum eigentlich? Nach kurzem Nachdenken ist klar: Abteilung 40 gibt es zwar, dort arbeitet aber niemand. Das Problem dabei: Wir fragen offensichtlich unterschiedliche Dinge mit den beiden Abfragen. Die erste Abfrage fragt: »In welchen Abteilungen arbeiten Mitarbeiter?«, während die zweite Abfrage fragt: »Welche Abteilungen gibt es?«. Nachdem wir das nun verstanden haben, kommen wir aber zu unserer Ausgangsfrage zurück: Wie können wir das Wiederholen von Werten unterdrücken?

Wir benötigen dazu eine Erweiterung der select-Klausel, und zwar die Anweisung distinct. Diese Anweisung wird direkt nach dem Schlüsselwort select notiert, noch vor der Spaltenliste. Sehen wir uns diese Abfrage einmal an:

```
SQL> select distinct deptno
  2    from emp;
```

```
    DEPTNO
----------
        30
        20
        10
```

Listing 5.32 Einsatz der Klausel DISTINCT

Jetzt sehen wir das gewünschte Ergebnis. distinct hat offensichtlich die Dubletten unterdrückt. Eine Dublette in diesem Zusammenhang ist im Übrigen eine Zeile, die in allen Spaltenwerten übereinstimmt. Wenn die Zeile nur in einem Attribut (also einen Spaltenwert) differiert, wird sie von distinct als unterschiedlich angesehen.

Dabei könnte ich es belassen, hätte ich diese Anweisung nicht geradezu inflationär in SQL-Anweisungen meiner Kunden gesehen. Daher ein kleiner technischer Ausflug. Was macht diese Klausel eigentlich? Platt gesagt, muss sie Dubletten unterdrücken. Das könnte man nun so machen, dass alle Zeilen sortiert und anschließend nur die unterschiedlichen Zeilen ausgegeben werden. Sortieren? Da war doch etwas? Wenn wir Daten sortieren, heißt das, dass diese Daten in unserem eigenen Arbeitsspeicher sortiert abgelegt werden müssen. Das hat die Datenbank grundsätzlich nicht so gern, es erhöht den Aufwand für das RDBMS. So geht die Datenbank zwar nicht vor, aber erhöhter Aufwand entsteht durch diese Klausel doch. Wenn wir uns darstellen lassen, was die Anweisung macht, erkennen wir die Strategie (Abbildung 5.1).

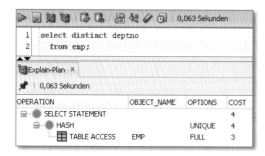

Abbildung 5.1 Der Ausführungsplan einer DISTINCT-Anweisung

Ich benutze hier eine Funktion des SQL Developers, und zwar die vierte Schaltfläche über dem Eingabefenster für die Anweisungen: EXPLAIN PLAN (F10). Der Ausführungsplan zeigt uns, dass ein sogenannter Unique-Hash verwendet wird. Na toll. Was ist das denn? Ein Hashcode ist das Ergebnis eines Algorithmus, der aus einer gegebenen Eingangsgröße einen immer gleichen Ausgangscode errechnet. Für unterschiedliche Eingangsgrößen ist dieser Code ungleich. Es gibt sehr viele unterschiedliche Hashcodes, daher ist die Wahrscheinlichkeit, dass zwei Eingangsgrößen den gleichen Hashcode erhalten, extrem gering. Für jede Abteilungsnummer in unserem Beispiel wird nun so ein Hashcode berechnet. Sollte die Abfrage mehrere Spalten liefern, wird der Hashcode über die Konkatenation aller Spaltenwerte berechnet und ist demnach nur gleich, wenn alle Spaltenwerte übereinstimmen. Dieser Code wird in eine interne Tabelle geschrieben, die in der ersten Spalte den Code speichert und in der zweiten den Wert, der zu diesem Code geführt hat. Ist der Code in dieser Liste bereits vorhanden, wird er ignoriert. Ist die Datenbank also durch alle Zeilen gegangen, hat sie in der Tabelle alle unterschiedlichen Werte. Das ist zwar eine clevere Idee, aber dennoch kostet diese Anweisung Zeit. Zudem ist bei Oracle dieser Trick auf bis zu 255 unterschiedliche Werte limitiert, dann nämlich endet die interne Hashtabelle. Die Folge wäre anschließend ein noch einmal erhöhter Rechenaufwand für die Datenbank.

Nun ist `distinct` nichts grundsätzlich Schlimmes. Sie sollten es verwenden, *wenn es nötig oder gar unumgänglich* ist. Aber genau hier liegt das Problem. Verwenden Sie `distinct` bitte nicht, nur weil Sie denken, diese Anweisung könnte der Datenbank die Arbeit erleichtern. Tut sie nicht. Wenn die Datenbank denkt, dass eine Vorfilterung mittels `distinct` die Arbeit reduzieren wird, dann wird sie das schon tun, auch wenn Sie das nicht angeben. Viel wahrscheinlicher ist aber, dass es mehr Arbeit kosten wird, dieses `distinct` durchzuführen. Bitte merken Sie sich folgende Marschrichtung: `distinct` wird eingesetzt, wenn es keine andere Alternative gibt. In einer SQL-Anweisung wird `distinct` zudem immer nur einmal eingesetzt, niemals mehrfach.

5.3   Sortieren von Zeilenmengen

Ein weiterer Punkt, den wir bislang nicht beachtet haben, ist der, in welcher Reihenfolge die Zeilen der Tabelle von der Abfrage zurückgeliefert werden. Bislang ist die Reihenfolge zufällig, auch wenn, je nach Abfrage, durchaus der Eindruck von Sortierung entstehen kann. Wir haben das aufgrund der noch sehr einfachen Abfragen bislang nicht gesehen, doch kann es passieren, dass die Datenbank entscheidet, für eine bestimmte Art der Abfrage die Daten zunächst zu sortieren, damit die Abfrage effizienter ausgeführt werden kann. Aber eigentlich sollte man doch erwarten können, dass die Daten in irgendeiner Form sortiert gespeichert werden, oder nicht?

Zur Beantwortung dieser Frage möchte ich Ihnen gern einen Vergleich vorstellen, der Ihnen erläutern wird, wie eine Tabelle Daten speichert. Vergleichen wir dazu doch einmal eine Tabelle mit einem Lagerraum voller leerer Regale. Jeder Regalplatz hat eine Stellnummer, ansonsten ist der Lagerraum groß und leer. Nun kommt eine Palette Farbe, die Sie in das Lager räumen müssen. Große Eimer, kleine Eimer, blaue Farbe, gelbe Farbe, Acryllack und Kunstharzlack, alles durcheinander. Wie wollen Sie hier Ordnung hineinbringen? Eines ist sicher: Egal, für welches Sortierkriterium Sie sich entscheiden, es wird nicht das Richtige sein. Sortieren Sie nach Farbe, fragt jemand nach allen Kunstharzlacken. Sortieren Sie hiernach, fragt jemand nach allen 2,5 kg-Gebinden. Also warum nicht von vornherein auf eine Sortierung verzichten und alles so ins Lager einräumen, wie es kommt? Denn, und das kommt ja noch hinzu: Haben Sie alles schön nach Farbe sortiert, kommt eine neue Lieferung Gelb. Leider steht Gelb in der Mitte, eingerahmt von Rot und Blau. Räumen Sie jetzt das ganze Lager um, um Platz für die neuen, gelben Eimer zu schaffen? Täten Sie das, täten Sie bald nichts anderes mehr. Was passiert aber nun, wenn Farbe dem Lager entnommen wird? Wir nehmen drei Eimer Farbe heraus, und zwar von irgendwo. Dort hinterlassen wir also leere Stellplätze. Kommt nun neue Farbe, werden diese Eimer zunächst in die leeren Stellplätze eingeräumt, anschließend erst wird ein neues Regal mit Eimern belegt. Spätestens jetzt ist die Reihenfolge der Eimer nicht mehr vorherzusagen.

Genauso arbeitet Oracle mit Tabellen. Daher gibt es für uns nur eine einzige Möglichkeit, eine spezielle Sortierung der Tabelle sicherzustellen: Wir müssen die Daten der Tabelle explizit sortiert anfordern. Hierzu erweitern wir unsere select-Anweisung um die Klausel order by.

ORDER BY

Die Verwendung der Klausel order by ist ebenfalls sehr intuitiv. Die Klausel wird grundsätzlich als letzte Klausel an alle Klauseln (auch an die, die noch kommen werden) angehängt. Gleichzeitig wird diese Klausel aber auch immer als allerletzter Rechenschritt durchgeführt. Wir erinnern uns an die Reihenfolge der Ausführung. Bislang wissen wir: Erst from, dann where, dann select, dann order by. Aus dieser Reihenfolge folgt auch, dass die Sortierung nach einem eventuell definierten Spaltenalias erfolgen kann, denn die Sortierung wird ja nach der select-Anweisung durchgeführt, und zu diesem Zeitpunkt sind die Spaltenaliase bekannt.

Starten wir auch hier wieder mit einem einfachen Beispiel:

```
SQL> select ename, job, sal
  2    from emp
  3   where deptno = 30
  4   order by ename;

ENAME      JOB              SAL
---------- ---------- ----------
ALLEN      SALESMAN        1600
BLAKE      MANAGER         2850
JAMES      CLERK            950
MARTIN     SALESMAN        1250
TURNER     SALESMAN        1500
WARD       SALESMAN        1250
```

Listing 5.33 Einfache ORDER-BY-Anweisung

Nun ist die Liste der Mitarbeiter aus Abteilung 30 nach Name aufsteigend sortiert.

ASC/DESC

Eigentlich habe ich Ihnen einen Teil der Anweisung unterschlagen, denn um eine aufsteigende Sortierung sicherzustellen, muss diese eigentlich über die Klausel asc (für *ascending – aufsteigend*) hinter dem Spaltennamen angegeben werden. Diese Klausel ist aber die Standardeinstellung, daher kann sie auch weggelassen werden. Im nächsten Beispiel werde ich nach mehreren Spalten sortieren, und zwar einmal auf- und einmal absteigend, dann erkennen Sie, wie die Klauseln eingesetzt werden. Die Klausel für absteigende Sortierung heißt desc (für *descending – absteigend*). Hier also die Anwendung dieser Klauseln:

```
SQL> select ename, job, sal
  2    from emp
  3   where deptno = 30
  4   order by sal desc, ename asc;

ENAME       JOB            SAL
----------  ---------  ----------
BLAKE       MANAGER        2850
ALLEN       SALESMAN       1600
TURNER      SALESMAN       1500
MARTIN      SALESMAN       1250
WARD        SALESMAN       1250
JAMES       CLERK           950
```

Listing 5.34 Auf- und absteigende Sortierung

Die Klausel asc können Sie immer weglassen, was normalerweise auch getan wird, die Klausel desc dagegen ist natürlich immer verpflichtend, wenn Sie absteigend sortieren möchten. Wie Sie sehen, ist die primäre Sortierung nach dem Gehalt absteigend, sollten aber zwei Mitarbeiter das gleiche Gehalt beziehen (Martin und Ward in unserem Beispiel), werden diese Mitarbeiter nach Namen sortiert.

NULLS FIRST und NULLS LAST

Eine letzte Erweiterung der Klausel order by betrifft die Behandlung von null-Werten. Diese können natürlich nicht sortiert werden, da ihr Inhalt unbekannt ist. Doch können die null-Werte summarisch der Auswertung entweder voran- oder nachgestellt werden. Dies steuert die Klausel nulls first bzw. nulls last, die einfach nach asc oder desc an die Spaltensortierung angefügt wird. Lassen Sie die Festlegung weg, werden null-Werte im Übrigen als letzte Werte ausgegeben, der Standard ist also nulls last, wenn Sie aufsteigend sortieren. Falls Sie absteigend sortieren, ist der Standard nulls first. Ein null-Wert wird also normalerweise als »größer« als jede bekannte Information eingeschätzt. Und genau diese Standardeinschätzung können Sie durch die Klausel nulls first oder nulls last explizit festlegen. Auch die Verwendung dieser Klausel sehen wir uns an einem Beispiel an:

```
SQL> -- Zum Vergleich die Suche ohne NULLS FIRST:
SQL> select ename, job, sal, comm
  2    from emp
  3    where deptno = 30
  4    order by comm asc;


ENAME      JOB              SAL        COMM
---------- --------- ---------- ----------
TURNER     SALESMAN        1500           0
ALLEN      SALESMAN        1600         300
WARD       SALESMAN        1250         500
MARTIN     SALESMAN        1250        1400
JAMES      CLERK            950
BLAKE      MANAGER         2850


SQL> -- dann mit der Klausel
SQL> select ename, job, sal, comm
  2    from emp
  3    where deptno = 30
  4    order by comm asc nulls first;


ENAME      JOB              SAL        COMM
---------- --------- ---------- ----------
JAMES      CLERK            950
BLAKE      MANAGER         2850
TURNER     SALESMAN        1500           0
ALLEN      SALESMAN        1600         300
WARD       SALESMAN        1250         500
MARTIN     SALESMAN        1250        1400
```

Listing 5.35 Klausel NULLS FIRST bei aufsteigender Sortierung

Einfluss der Sortierung auf die Datenbankleistung

Eine Sortierung hat immer einen erhöhten Aufwand zur Folge. Das liegt an zwei Tatsachen: Es ist zum einen immer aufwendiger, etwas zu tun, als es zu lassen. Dann aber erfordert die Sortierung, dass die Daten der Tabelle nicht im großen *Data Block Buffer Cache*, also dem zentralen Speicherbereich für Tabellendaten, vorgehalten werden, sondern sortiert im kleineren *Sessionspeicher*, nach dem Begriff *Session*, der die logische Verbindung eines Benutzers mit der Datenbank bezeichnet. Daten in diesem Speicherbereich sind privat für den angemeldeten Benutzer, der diese Session besitzt, und können von anderen Benutzern nicht gelesen werden. Das ist grundsätzlich kein Problem, wird es aber, wenn entweder die Tabelle, die ich sortieren möchte, sehr groß ist, oder, wenn sehr viele Benutzer permanent Tabellen sortieren. Ich möchte nicht, dass ein falscher Zungenschlag in diese Diskussion kommt: Wenn Sie Daten einer Tabelle sortiert benötigen, sortieren Sie diese mit Hilfe von SQL, wie in den Beispielen vorher gesehen.

Bitte sortieren Sie aber nicht, weil Sie hoffen, damit der Datenbank etwas Gutes zu tun, oder weil Sie denken, dass die Daten auf diese Weise in irgendeiner Form »schöner« wären. Eine Sortierung innerhalb einer Anweisung ist nur in ganz seltenen Fällen erforderlich, aber genau das ist das Stichwort: Bitte sortieren Sie, wo es *erforderlich* ist, sei es, weil Sie die Daten aus Geschäftsgründen sortiert benötigen oder weil ein spezieller Abfragegrund dies erforderlich macht. Sortieren Sie bitte nicht leichtfertig, einfach nur, weil Sie das immer so machen oder es hübschere Daten liefert. Sie machen der Datenbank das Leben dadurch schwerer, die Abfrage langsamer und die Speicheranforderung höher.

Wenn wir mehr Verständnis für die Arbeitsweise von SQL erlangt haben und damit auch syntaktisch mehr ausdrücken können, werde ich im Rahmen der sogenannten Top-N-Analyse noch einmal auf das Sortieren zurückkommen und fragen, auf welche Weise diese Sortierung optimiert werden kann. Eines ist aber sicher: Wenn eine sehr große Tabelle sortiert werden muss, reicht Ihr Sessionspeicher für die Speicherung der sortierten Daten sicher nicht aus. Die Datenbank wird dann gezwungen, die überzähligen Daten in eine temporäre Datei auf der Festplatte auszulagern, zu *swappen*, wie man das Denglisch so schön nennt. Dass der Zugriff auf Festplatte etwa 10^5-mal langsamer ist als der Zugriff auf den Arbeitsspeicher, können Sie dann sehr schön am praktischen Beispiel erleben.

5.4   Fallunterscheidungen

Die nächste Erweiterung der Möglichkeiten betrifft keine weitere select-Klausel, sondern einige Verfahren, die in SQL implementiert sind, um uns Fallunterscheidungen zu ermöglichen. Im Überblick sind das die case- und die decode-Anweisung. Diese Auswahl ist didaktisch etwas schwierig, denn die decode-Anweisungen ist eigentlich eine Zeilenfunktionen und gehört hier nicht recht her. Zudem ist sie Oracle-proprietär und relativ alt. Da fragt sich, ob ich die überhaupt noch besprechen sollte. Da diese Anweisung aber in vielen existierenden Anweisungen enthalten ist und da und dort auch heute noch genutzt wird, habe ich mich entschlossen, sie schon hier zu besprechen.

5.4.1 CASE-Anweisung

Beginnen wir mit der case-Anweisung. Diese Anweisung ist seit Oracle Version 9 im Angebot, also noch ein relativ junges Mitglied der SQL-Familie. Ich denke, dass die Funktion initial aus Gründen der Kompatibilität zu ISO-SQL aufgenommen wurde, doch bietet die case-Anweisung Möglichkeiten, die bei der bis dahin vorherrschenden decode-Anweisung zu äußerst unschönem Code geführt hat. Die case-Anweisung unterscheidet verschiedene Fälle und kann je nach Fall unterschiedliche Geschäftsregeln implementieren. Achten Sie aber auf eine Einschränkung: Da die Ergebnisse Ihrer Fallunterscheidung anschließend wieder in einer Tabelle angezeigt werden muss, darf es nicht vorkommen, dass verschiedene Zweige Ihrer Fallunterscheidung unterschiedliche Datentypen zurückliefern. Das könnte zum Beispiel passieren, wenn Sie für alle »normalen« Fälle eine Zahl zurückliefern, beim Fehlen eines Wertes jedoch »Wert nicht definiert« oder eine andere Zeichenkette. So etwas geht nicht, oder nur, wenn Sie dafür Sorge tragen, dass alle Zahlen ebenfalls als Zeichenketten interpretiert werden.

Die einfache CASE-Anweisung

Als Beispiel möchte ich Ihnen zunächst die einfache case-Anweisung vorstellen. Die Ausgangssituation: Wieder einmal wollen wir das Gehalt unserer Mitarbeiter erhöhen, allerdings ist die Erhöhung an den Beruf gekoppelt. Wir wollen das zukünftige Gehalt unserer Mitarbeiter aber mit einer einzigen SQL-Abfrage ermitteln.

Syntaktisch besteht die einfache case-Anweisung aus dem Schlüsselwort case, dem eine Spaltenbezeichnung folgt, deren Werte getestet werden sollen. Für jeden möglichen Wert folgt nun eine Klausel der Form when <Wert> then <Ergebnis>. Sind alle Fälle getestet, gibt es noch eine Voreinstellung, die ansonsten gelten soll, welche durch die Klausel else eingeleitet wird. Wir schließen die case-Anweisung durch das Schlüsselwort end ab. Wem das zu theoretisch war, dem ist vielleicht mit einer Abfrage besser gedient:

```
SQL> select ename, job,
  2        case job
  3          when 'MANAGER' then sal * 1.02
  4          when 'ANALYST' then sal * 1.03
  5          when 'SALESMAN' then sal + 50
  6          when 'CLERK' then sal + 80
  7          else sal
  8        end as new_sal
  9   from emp;
```

```
ENAME       JOB          NEW_SAL
----------  ---------    ----------

SMITH       CLERK              880
ALLEN       SALESMAN          1650
WARD        SALESMAN          1300
JONES       MANAGER         3034,5
MARTIN      SALESMAN          1300
BLAKE       MANAGER           2907
CLARK       MANAGER           2499
SCOTT       ANALYST           3090
KING        PRESIDENT         5000
TURNER      SALESMAN          1550
ADAMS       CLERK             1180
JAMES       CLERK             1030
FORD        ANALYST           3090
MILLER      CLERK             1380
```

Listing 5.36 Eine einfache CASE-Anweisung

In dem Beispiel habe ich verschiedene Gehaltsaufschläge für verschiedene Berufs-gruppen umgesetzt. Sie erkennen, dass einige Berufsgruppen prozentuale Aufschläge erhalten, andere wiederum einen absoluten Aufschlag, wieder andere überhaupt kei-nen Zuschlag. Diese Anweisung löst also die Fragestellung sehr elegant und wird daher auch sehr häufig eingesetzt. Statt einer einfachen Anweisung wie sal * 1.03 könnte sogar eine weitere case-Anweisung in die umgebende Anweisung hinein geschachtelt werden, was erklärt, warum eine case-Anweisung durch end beendet werden muss. Werden nämlich case-Anweisungen geschachtelt, wäre ohne das end nicht erkennbar, wo die geschachtelte Anweisung endet und die umgebende Anwei-sung weitergehen soll. Sehen wir uns doch auch so etwas einmal kurz an:

```
SQL> select ename, job,
  2         case job
  3           when 'MANAGER' then
  4               case deptno
  5                 when 10 then sal * 1.01
  6                 when 20 then sal * 1.02
  7                 when 30 then sal * 1.04
  8                 else sal
  9               end
 10           when 'CLERK' then sal + 80
 11           else sal
 12         end as new_sal
 13    from emp;
```

```
ENAME      JOB        NEW_SAL
---------- ---------- ----------
SMITH      CLERK             880
ALLEN      SALESMAN         1600
WARD       SALESMAN         1250
JONES      MANAGER        3034,5
MARTIN     SALESMAN         1250
BLAKE      MANAGER          2964
CLARK      MANAGER        2474,5
...
```

Listing 5.37 Geschachtelte CASE-Anweisung

Bereits an diesem einfachen Beispiel sehen Sie, dass Sie eine sehr saubere Einrückung der Abfrage vornehmen sollten; ansonsten dauert es nicht lange, bis Sie nichts mehr verstehen. Die Abfrage sagt also: »Manager, gut und schön, aber in welcher Abteilung?« und vergibt abhängig hiervon unterschiedliche Gehaltszuschläge. Oracle teilt mit, dass die Schachtelungstiefe, also die Anzahl der case-Anweisungen, die ineinander geschachtelt werden können, nur durch den Arbeitsspeicher begrenzt ist. Ich teile mit, dass die Schachtelungstiefe durch mein Verständnis begrenzt ist. Und das endet vor dem Ende des Arbeitsspeichers. Eine andere Grenze dürfte Sie wahrscheinlich ebenso kaltlassen: Die Anzahl der Prüfungen, die Sie in einer case-Anweisung nacheinander durchführen können, beträgt 65.535 (wobei die when-Klausel und die then-Klausel jeweils als eine Prüfung gezählt werden).

Das ist sozusagen die Pflicht. Nun zur Kür der case-Anweisung.

Die auswertende CASE-Anweisung

Im Englischen ist einiges einfacher: Die folgende case-Anweisung wird dort als *Searched Case Expression* bezeichnet. Ich habe mich entschlossen, *searched* mit *auswertend* zu übersetzen. Vielleicht stimmen Sie mir zu, wenn Sie sehen, was diese Anweisung von der einfachen case-Anweisung unterscheidet. Der Nachteil der einfachen case-Anweisung ist, dass lediglich geprüft werden kann, ob eine Spalte einen Wert aus einer Liste von Werten besitzt. Was, wenn wir zum Beispiel wissen möchten, ob ein Mitarbeiter in einen gewissen Gehaltsbereich fällt oder ob sein Name mit M beginnt? Solche Prüfungen sind nicht zu machen. Hierzu bietet die case-Anweisung eine andere Notation an, die dieses Problem elegant umschifft:

```
SQL> select ename, job,
  2         case
  3         when job = 'MANAGER' and sal < 2900
  4             then sal * 1.03
  4         when job = 'MANAGER' then sal * 1.02
  5         when job like 'SALES%' then sal + 120
```

```
6              when deptno = 20 then sal + 25
7              else sal
8          end as new_sal
9    from emp;
```

```
ENAME      JOB         NEW_SAL
---------- ---------   ----------
SMITH      CLERK            825
ALLEN      SALESMAN        1720
WARD       SALESMAN        1370
JONES      MANAGER        3034,5
MARTIN     SALESMAN        1370
BLAKE      MANAGER        2935,5
CLARK      MANAGER        2523,5
SCOTT      ANALYST         3025
KING       PRESIDENT       5000
TURNER     SALESMAN        1620
ADAMS      CLERK           1125
JAMES      CLERK            950
FORD       ANALYST         3025
MILLER     CLERK           1300
```

Listing 5.38 Auswertende CASE-Anweisung

Eigentlich sieht alles sehr ähnlich aus, doch statt der Formulierung `case <Spalte>` steht hier einfach `case`. Wir können das vielleicht so lesen:

```
case true
when <Vergleich> then ...
```

Will sagen: Wir müssen den Vergleich in jede Fallunterscheidung hineinschreiben. Wollten wir konstant eine Spalte auf einen Wert hin prüfen, zwänge uns das dazu, immer wieder `job = 'MANAGER'` zu schreiben, was länger wäre und natürlich der Grund dafür ist, dass es die einfache `case`-Anweisung gibt. Reicht diese Prüfung jedoch nicht aus, können wir mit der auswertenden Schreibweise beliebige Prüfungen vornehmen und daran die Ergebnisse orientieren. Im Beispiel oben sehen Sie, dass ich einmal die Prüfung auf den Job um eine Prüfung auf ein Maximalgehalt erweitert habe und einmal nicht, dass ich eine Mustersuche integriert habe oder gar eine völlig andere Spalte als Entscheidungsgrundlage prüfe. All das ist möglich.

Diese Schreibweise ist sehr mächtig und erlaubt feingranulare Unterscheidungen, schafft aber auch ein neues Problem. Dieses Problem können wir uns an den ersten beiden Fallunterscheidungen im Beispiel klarmachen. Beide Male prüfe ich auf den Beruf des Managers, im ersten Fall zusätzlich noch auf ein Maximalgehalt. Nun ist die Frage, wie die Abfrage diesen Fall bearbeitet. Es könnte sein, dass die Abfrage zunächst für einen Manager mit einem Gehalt kleiner dem Maximalgehalt einen Zuschlag von 3 % gewährt, um direkt danach diesen Zuschlag jedoch wieder auf 2 % zu senken, denn die nächste Fallunterscheidung trifft ja ebenfalls zu. Die case-Anweisung arbeitet aber anders: Sobald ein Treffer erzielt wurde, wird zur nächsten Zeile der Tabelle vorangeschritten, die weiteren Optionen werden nicht mehr ausgewertet (Oracle nennt das *Short Circuit* – Kurzschluss). Daraus folgt, dass Sie, um korrekte Ergebnisse zu erzielen, die Reihenfolge Ihrer Tests beachten müssen: Sie arbeiten sich vom konkreten zum allgemeinen Fall vor. In unserem Beispiel ist die Reihenfolge korrekt, denn wir beginnen mit der Anforderung, dass zusätzlich zur Übereinstimmung im Beruf noch ein Maximalgehalt nicht überschritten sein darf. Trifft dies nicht zu, ist das Maximalgehalt also überschritten, greift die erste Prüfung nicht mehr, die zweite Prüfung wird evaluiert: Der Manager erhält lediglich 2 %. Umgekehrt: Hat der Manager das Maximalgehalt von 2900 Talern noch nicht erreicht, greift die erste Prüfung, ihm werden 3 % Aufschlag zuerkannt und der nun folgende zweite Prüfschritt wird nicht mehr ausgewertet.

In komplexen Zusammenhängen ist der korrekte Aufbau des Entscheidungsbaums ein großes Problem, der gut getestet werden muss. Natürlich ist das ein generelles Problem und nicht etwa das von SQL. Es müsste ohnehin gelöst werden. Vielleicht tendieren Sie aber zu einem Ansatz, der diese Entscheidung in mehreren Durchläufen trifft. Das mag auf den ersten Blick verlockend erscheinen, doch könnte es sein, dass Sie durch das mehrmalige Durchlaufen der Mitarbeiter Seiteneffekte erhalten, die Sie auch nicht wirklich mögen, wenn beispielsweise ein Mitarbeiter durch die Änderung des ersten Durchlaufs sich nun für einen zweiten Erhöhungsschritt erst qualifiziert. Tests sind in jedem Fall erforderlich. Natürlich können auswertende case-Anweisungen auch geschachtelt werden. Dann dürften Sie endgültig im Logik-Nirwana angekommen sein ...

5.4.2 DECODE-Funktion

Diese Anweisung ist der alte Hund, den ich eigentlich gar nicht beschreiben wollte. Es handelt sich um eine Zeilenfunktion, die der einfachen case-Anweisung funktional gleicht, dies aber mit einer kürzeren, dafür aber auch unübersichtlicheren Syntax erreicht. Die Idee: Sie übergeben der Funktion decode zunächst die Spalte, die Sie prüfen möchten, anschließend dann eine Reihe von Vergleichs- und Ersetzungszeichen und abschließend den Standardwert. Ich formuliere mein Beispiel aus Listing 5.36 um, so dass stattdessen die decode-Anweisung verwendet wird:

```
SQL> select ename, job,
  2         decode(job,
  3                'MANAGER', sal * 1.02,
```

```
4                    'ANALYST', sal * 1.03,
5                    'SALESMAN', sal + 50,
6                    'CLERK', sal + 80,
7                    sal) as new_sal
8    from emp;

ENAME      JOB         NEW_SAL
---------- ----------  ----------
SMITH      CLERK            880
ALLEN      SALESMAN        1650
WARD       SALESMAN        1300
JONES      MANAGER       3034,5
MARTIN     SALESMAN        1300
...
```

Listing 5.39 Verwendung der DECODE-Anweisung

In dieser Einrückung der Optionen erkennen Sie gut die zueinandergehörenden Pärchen sowie den abschließenden Standardwert. Diese Funktion hat man jahrelang mit Erfolg verwendet, und dennoch stirbt sie langsam aus, denn sie ist nicht standardkonform, man kann sie nur in SQL und nicht auch in der Oracle-eigenen Programmiersprache PL/SQL einsetzen. Vor allem aber sind mit der decode-Anweisung komplexere Prüfungen wie mit der auswertenden case-Anweisung unmöglich. Daher hat sich die einheitliche Verwendung der case-Anweisung durchgesetzt.

Eine Besonderheit der decode-Funktion möchte ich Ihnen dennoch zeigen. Diese Besonderheit betrifft die Fähigkeit, mit null-Werten umzugehen. Bei der einfachen case-Anweisung ist eine Prüfung auf null-Werte nicht möglich, wie das folgende Beispiel zeigt:

```
SQL> select ename, mgr,
  2        case mgr
  3        when null then 'Kein Manager'
  4        else 'hat Manager' end
  5    from emp

ENAME             MGR CASEMGRWHENN
---------- ---------- ------------
SMITH            7902 hat Manager
...
CLARK            7839 hat Manager
SCOTT            7566 hat Manager
KING                  hat Manager
```

```
TURNER           7698 hat Manager
...
MILLER           7782 hat Manager
14 Zeilen ausgewählt.
```

Listing 5.40 Die einfache CASE-Anweisung kann NULL-Werte nicht prüfen ...

Anders die decode-Anweisung. Wenn ich in diesem Zusammenhang eine Prüfung auf null vornehmen möchte, geht das ganz intuitiv:

```
SQL> select ename, mgr,
  2          decode(mgr,
  3            null, 'Kein Manager',
  4            'hat Manager')
  5    from emp;


ENAME           MGR DECODE(MGR,N
---------- ---------- ------------
SMITH           7902 hat Manager
...
CLARK           7839 hat Manager
SCOTT           7566 hat Manager
KING                 Kein Manager
TURNER          7698 hat Manager
...
MILLER          7782 hat Manager
14 Zeilen ausgewählt.
```

Listing 5.41 ... im Gegensatz zur DECODE-Funktion.

Wir können Prüfungen auf einen null-Wert auch in der case-Anweisung durchführen, doch muss ich dazu zunächst das null-Wertproblem besprechen und die Werkzeuge erläutern, die zu seiner Behebung verfügbar sind. Beides tue ich in Abschnitt 5.7, »Der NULL-Wert«, so dass ich diese Diskussion bis dahin vertagen möchte.

Ob der Vorteil der null-Wertbehandlung der decode-Funktion die Nachteile aufwiegt, vermag ich nur für mich zu entscheiden, und ich finde: nein. Ich habe die decode-Anweisung im Zusammenhang mit der Pivotierung (der Umwandlung von Zeilen zu Spalten in einer Auswertung) noch lange Zeit benutzt, aber auch das ist in Version 11g, durch eine neue pivot-Klausel, nicht mehr erforderlich. Sehen Sie die decode-Funktion daher vielleicht als Information an, die Sie benötigen, wenn Sie SQL-Anweisungen verstehen müssen, die bereits vorhanden sind, aber ignorieren Sie die Anweisung für Ihre eigenen Abfragen.

5.5 Pseudospalten

Oracle definiert einige Spalten, die in allen Tabellen abgefragt werden können, ohne jedoch dort angelegt worden zu sein. Das klingt seltsamer, als es ist, denn diese Spalten gewähren Zugriff auf Informationen, die Oracle im Hintergrund ohnehin für jede Spalte verfügbar halten muss, oder die sich aus der Position einer Zeile in einer Abfrage ergeben. Einige der Pseudospalten sind immer verfügbar, andere nur in bestimmten Abfragezusammenhängen oder aber auch nur in Bezug auf spezielle Funktionen der Datenbank. In diesem Abschnitt möchte ich Ihnen die geläufigen Pseudospalten erläutern, die immer verfügbar sind. Im Zusammenhang mit erweiterten Abfragestrategien werde ich dann die spezielleren Pseudospalten erläutern.

5.5.1 ROWNUM

Beginnen wir unseren Rundblick über die Pseudospalten mit der Spalte rownum. Diese Pseudospalte liefert die Ordinalzahl der gerade gelesenen Zeile. Diese Pseudospalte ist manchmal ganz praktisch, zum Beispiel wenn die Menge der Zeilen, die eine Anfrage zurückliefert, begrenzt werden soll. Sehen wir uns ein Beispiel an:

```
SQL> select rownum, ename, job
  2    from emp;

    ROWNUM ENAME      JOB
---------- ---------- ---------
         1 SMITH      CLERK
         2 ALLEN      SALESMAN
         3 WARD       SALESMAN
         4 JONES      MANAGER
         5 MARTIN     SALESMAN
         6 BLAKE      MANAGER
         7 CLARK      MANAGER
         8 SCOTT      ANALYST
         9 KING       PRESIDENT
        10 TURNER     SALESMAN
        11 ADAMS      CLERK
        12 JAMES      CLERK
        13 FORD       ANALYST
        14 MILLER     CLERK
14 Zeilen ausgewählt.
```

Listing 5.42 Einfache Benutzung der Pseudospalte ROWNUM

Die Verwendung ist also ganz so, als wäre eine Spalte in der Tabelle vorhanden, die diese Zeilennummer speichert. Dass es sich bei diesem Wert allerdings um eine virtuelle Zeilennummer handelt, sehen Sie, wenn Sie die Abfrage durch eine where-Klausel einschränken, denn auch dann kommt eine aufeinanderfolgende Kette von Zeilennummer zurück:

```
SQL> select rownum, ename, job
  2    from emp
  3    where deptno = 20;


    ROWNUM ENAME      JOB
---------- ---------- ---------
         1 SMITH      CLERK
         2 JONES      MANAGER
         3 SCOTT      ANALYST
         4 ADAMS      CLERK
         5 FORD       ANALYST
```

Listing 5.43 ROWNUM mit Projektion

Eines geht jedoch nicht: Wir können mit dieser Funktion nicht die, sagen wir, fünfte Zeile einer Tabelle ermitteln, indem wir vielleicht eine Anwendung schreiben wie die folgende:

```
SQL> select rownum, ename, job
  2    from emp
  3    where rownum = 5;
Es wurden keine Zeilen ausgewählt
```

Listing 5.44 Fehlerhafter Versuch, die fünfte Zeile einer Tabelle zu lesen

Der Versuch schlägt fehl, weil die Spalte rownum dynamisch für jede Zeile, die geliefert werden soll, berechnet wird. Dies beginnt bei 1, und da diese Zeilennummer nicht gleich 5 ist, wird diese Zeile nicht ausgegeben, ebenso wenig die folgende Zeile etc.

Allerdings können wir anhand der rownum gut nachweisen, in welcher Reihenfolge die Auswertung vorgenommen wird. Lassen Sie uns eine Abfrage machen, die die fünf bestverdienenden Mitarbeiter ausgibt. Hierzu wird die Spalte rownum zweimal verwendet, einmal als Zähler und einmal als Einschränkung der Zeilennummer in der where-Klausel:

```
SQL> select rownum, ename, job, sal
  2    from emp
  3    where rownum < 6
  4    order by sal desc;
```

```
   ROWNUM ENAME      JOB             SAL
---------- ---------- --------- ----------
         4 JONES      MANAGER         2975
         2 ALLEN      SALESMAN        1600
         5 MARTIN     SALESMAN        1250
         3 WARD       SALESMAN        1250
         1 SMITH      CLERK            800
```

Listing 5.45 Fehlerhafter Versuch, die fünf Topverdiener zu ermitteln

Das ging gleich in mehrerlei Hinsicht schief: Zum einen ist die Zeilennummer nun nicht mehr korrekt, sie ist offensichtlich durcheinandergeraten, zum anderen sind schlicht falsche Daten ausgegeben worden, denn SMITH ist nicht einer der Topverdiener, sondern im Gegenteil der Mitarbeiter mit dem geringsten Einkommen im Unternehmen. Was ist passiert? Zum einen wurde die where-Klausel ausgewertet, bevor die select-Klausel berechnet wurde. Das hat hier zur Folge, dass die zufällig ersten fünf Mitarbeiter der Tabelle ausgewählt wurden. Anschließend hat die Pseudospalte die Zeilennummern für diese fünf Zeilen berechnet, das war in der select-Klausel. Als Letztes dann hat die Klausel order by diese fünf Zeilen nach Gehalt absteigend sortiert. So einfach geht das also nicht, wir müssen etwas warten, bevor wir die Möglichkeiten kennen, um solche Top-N-Abfragen, wie man dieses Konstrukt nennt, korrekt durchführen zu können.

Wir werden im weiteren Verlauf des Buches die rownum-Pseudospalte noch in verschiedenen Szenarien kennenlernen. Lassen wir es für eine Einführung erst einmal bei diesen Angaben.

5.5.2 Sequenzwerte

Oracle kennt keinen Spaltentyp autowert oder Ähnliches, um bei der Neuanlage einer Zeile automatisch einen neuen Primärschlüsselwert zu vergeben. Stattdessen verwendet Oracle sogenannte *Sequenzen*. Eine Sequenz ist ein Datenbankobjekt, das angelegt werden muss und dann in einstellbarer Schrittweite und mit einer Reihe weiterer Optionen neue Zahlen ausspuckt, wenn man sie danach fragt. Und genau um dieses Fragen soll es gehen, denn das wird über eine Pseudospalte gemacht. Legen wir zunächst einmal eine solche Sequenz an. Wir benötigen dafür die SQL-Anweisung create, die wir später noch genauer sehen, aber aufgrund des wirklich trivialen Einsatzzwecks hier auch einmal vorwegnehmen können:

```
SQL> create sequence emp_seq;
Sequence wurde erstellt.
```

Listing 5.46 Erzeugung einer Sequenz

Ich denke, das erklärt sich soweit selbst. Nun kann auf diese Sequenz zugegriffen werden. Da wir nichts anderes vereinbart haben, wird die Sequenz beim Wert 1 beginnen und immer in Einerschritten hochzählen, wenn wir die Sequenz um den nächsten Wert bitten. Ich mache das jetzt einfach dreimal, dann sollte das Prinzip klar sein. Ich benutze eine von zwei Pseudospalten, nextval, um den nächsten Wert der Sequenz abzufragen, und die Pseudospalte currval, um den gerade aktiven Wert zu erfragen. Damit Oracle weiß, welche Sequenz ich anspreche (es könnte beliebig viele Sequenzen in der Datenbank geben), stelle ich den Namen der Sequenz voran. Dann ist vielleicht noch interessant, dass ich die Tabelle DUAL anspreche, denn naturgemäß befinden sich die Werte nun einmal nicht in einer Tabelle (klingt doch logisch, oder? Ist aber dennoch völlig falsch, aber das erkläre ich später).

```
SQL> select emp_seq.nextval
  2    from dual;
  NEXTVAL
----------
        1


SQL> select emp_seq.currval
  2    from dual;
  CURRVAL
----------
        1


SQL> select emp_seq.nextval
  2    from dual;
  NEXTVAL
----------
        2
```

Listing 5.47 Verwendung der Pseudospalten NEXTVAL und CURRVAL

Vielleicht hierzu noch der Hinweis, dass eine Zahl, die einmal aus einer Sequenz ausgelesen wurde, nie wieder aus der Sequenz herauskommen wird. Wenn Sie diese Zahl nicht verwenden, wird sie auch später nicht mehr vorkommen. Sequenzen sind daher nicht dazu geeignet, zum Beispiel eine ununterbrochene Rechnungsnummer für eine Rechnungstabelle zu erzeugen. Denn wenn ein Fehler bei der Anlage der Rechnung passiert und die Rechnung daher nicht angelegt werden kann, ist die Rechnungsnummer aus der Sequenz dennoch verloren, eine lückenhafte Folge von Zahlen wäre die Folge. Der Fehler liegt hier aber an anderer Stelle: Primärschlüssel tragen niemals Geschäftsinformationen, daher sind Lücken in der Folge der Primärschlüssel technisch egal. Wenn Sie lückenlose Rechnungsnummern benötigen, liegt der Verdacht nahe, dass diese Rechnungsnummern eben doch Geschäftsinformationen tragen und daher streng genommen ein Verstoß gegen die Idee von Primärschlüsseln sind. In jedem Fall können Sie lückenlose Rechnungsnummern nicht mit Sequenzen erzeugen.

5.5.3 ROWID

Diese Pseudospalte ist etwas technischer. Sie bezeichnet einen Zeiger, der als Speicheradresse einer Zeile verstanden werden kann. Für Oracle ist diese rowid der schnellste Weg, um auf eine Zeile einer Tabelle zuzugreifen, ganz ähnlich, wie der Speicherpfad einer Datei der schnellste Weg ist, eine Datei auf der Festplatte zu finden. Sie werden die rowid normalerweise nicht direkt abfragen und verwenden müssen, es sei denn, Sie benötigen die Information, um welche Zeile genau es sich handelt, wenn Sie keinen Primärschlüssel haben. Das ist aber ein eher exotischer Anwendungsfall. Lustig aussehen tut die rowid dennoch, wie wir uns hier vor Augen führen können:

```
SQL> select rowid, ename, job
  2    from emp;


ROWID               ENAME      JOB
------------------  ---------- ---------
AAAT7WAAEAAAAA/AAA  SMITH      CLERK
AAAT7WAAEAAAAA/AAB  ALLEN      SALESMAN
AAAT7WAAEAAAAA/AAC  WARD       SALESMAN
AAAT7WAAEAAAAA/AAD  JONES      MANAGER
AAAT7WAAEAAAAA/AAE  MARTIN     SALESMAN
AAAT7WAAEAAAAA/AAF  BLAKE      MANAGER
AAAT7WAAEAAAAA/AAG  CLARK      MANAGER
AAAT7WAAEAAAAA/AAH  SCOTT      ANALYST
AAAT7WAAEAAAAA/AAI  KING       PRESIDENT
AAAT7WAAEAAAAA/AAJ  TURNER     SALESMAN
AAAT7WAAEAAAAA/AAK  ADAMS      CLERK
AAAT7WAAEAAAAA/AAL  JAMES      CLERK
AAAT7WAAEAAAAA/AAM  FORD       ANALYST
AAAT7WAAEAAAAA/AAN  MILLER     CLERK
```

Listing 5.48 Pseudospalte ROWID im Einsatz

Wenn Sie sich diese Spaltenwerte etwas genauer ansehen, kommt Ihnen der Zeichenvorrat möglicherweise etwas seltsam vor. Es handelt sich um eine Kodierung, die *base64* genannt wird und aus insgesamt 64 unterschiedlichen Zeichen aufgebaut ist. Verwendet werden die Zeichen A–Z, a–z, 0–9, + und / in einer speziellen Kodierung, die 3 Byte Information in vier Zeichen unterbringt. Die Details sind im Moment nicht so wichtig, doch ist vielleicht interessant, dass die rowid direkt auf die Stelle auf der Festplatte zeigt, an der die Zeile gespeichert wird. In unserem Vergleich mit dem Lagerraum entspricht die rowid der Nummer eines Lagerplatzes. Allerdings ist die rowid nicht als Primärschlüssel einer Zeile geeignet. Das hängt damit zusammen, dass Zeilen durch physikalische Änderungen an der Datenbank ihre Position ändern können (das Lager zieht, bildlich gesprochen, um oder wird neu sortiert). In diesem Fall wird den Zeilen eine neue rowid zugewiesen, die Primärschlüsselinformation muss jedoch stets gleich bleiben.

Verwendet wird die rowid zur Indizierung einer Tabelle, aber auch explizit von Programmierern, die mit der rowid Sperrmechanismen programmieren können. Aber Sie sehen schon, im Normalfall ist diese Information für den SQL-Anwender weniger relevant.

5.5.4   ORA_ROWSCN

Das Gleiche gilt auch für diese Pseudospalte. Mit ihr kann ein interner »Zeitstempel« abgefragt werden, der uns sagt, zu welcher Zeit eine Zeile zum letzten Mal geändert wurde. *SCN* steht für *System Change Number*, und diese Spalte wird hochgezählt, wann immer diese Daten durch eine Änderung betroffen sind. Auch diese Information wird so gut wie nie von SQL-Anwendern benötigt, sondern fast ausschließlich zur Programmierung von Sperrmechanismen. Eine Ausnahme gibt es allerdings, die ich in Abschnitt 20.5, »Abfragen über die Zeit: Flashback«, besprechen werde: Sogenannte Flashback-Abfragen gestatten es Ihnen, den Zustand einer Tabelle in der Vergangenheit zu erfragen. Dafür sind diese Informationen relevant. Ich zeige Ihnen hier einmal die Verwendung, allerdings ist dies bei unseren Standardtabellen noch nicht sehr aussagekräftig, weil die Tabellen derzeit nur eine einzige Zahl für die gesamte Tabelle verwenden. Details, wie das geändert wird und was dadurch möglich ist, folgen, wie gesagt, später:

```
SQL> select ora_rowscn, ename, job
  2    from emp;

ORA_ROWSCN ENAME      JOB
---------- ---------- ---------
  14114343 SMITH      CLERK
  14114343 ALLEN      SALESMAN
  14114343 WARD       SALESMAN
  14114343 JONES      MANAGER
  ...
```

Listing 5.49 Ausgabe der Pseudospalte ORA_ROWSCN

5.5.5 Weitere Pseudospalten

Es gibt noch weitere Pseudospalten, zum Beispiel im Umfeld von hierarchischen Abfragen, bei Tabellenfunktionen oder auch im Bereich der Objektorientierung. Da aber für die jeweiligen Zusammenhänge so viel Vorwissen erforderlich ist, macht es keinen Sinn, die Anwendung bereits hier vorwegzunehmen. Ich komme an gegebener Stelle auf diese Pseudospalten zurück.

5.6 Kommentare

Es ist an jeder Stelle der SQL-Anweisung möglich, Kommentare zu integrieren, um zu erläutern, warum gewisse Details der Abfrage formuliert wurden, wie sie sind, oder um Kommentare für zukünftige Änderungen oder Ähnliches zu notieren. SQL bietet dabei zwei unterschiedliche Kommentarzeichen an, einen einzeiligen und einen mehrzeiligen Kommentar.

5.6.1 Einzeiliger Kommentar

Der einzeilige Kommentar wird durch ein zweifaches Minuszeichen eingeleitet und erklärt den Rest der aktuellen Zeile zu einem Kommentar. Der Kommentar endet mit dem Zeilenabschlusszeichen, das heißt, mit Beginn der neuen Zeile wird die Anweisung wieder als SQL aufgefasst:

```
select ename, job -- ab hier ist alles ein Kommentar
  from emp;
```

Listing 5.50 Ein einzeiliger Kommentar

Dieser Kommentar ist einfach zu benutzen, kann aber in gewissen Zusammenhängen zu Problemen führen. Ich erinnere mich an ein Projekt, bei dem ich diesen Kommentar nicht verwenden durfte. Der Grund: Es konnte sein, dass durch die Integration der SQL-Anweisungen in Skriptdateien die Zeilensprünge am Ende einer Zeile entfernt wurden. Das ist hier natürlich fatal, denn dadurch endet die SQL-Anweisung mit dem ersten Kommentar. Ein solches Szenario ist aber selten, normalerweise ist dieser Kommentar ganz unproblematisch.

5.6.2 Mehrzeiliger Kommentar

Ein mehrzeiliger Kommentar hat ein Steuerzeichen, um den Kommentar zu beginnen, und eines, um den Kommentar zu beenden. Dadurch können auch Zeilenumbrüche im Kommentar enthalten sein. Dieser Kommentar wird gern während der Entwicklung von SQL-Anweisungen verwendet, weil er es ermöglicht, Teile der SQL-

Anweisung auszublenden. Das kann für die Fehlersuche nützlich sein. Die Steuerzeichen für mehrzeilige Kommentare sind /* für den Beginn eines Kommentars und */ für dessen Ende:

```
select ename, job /*
        Dies ist ein mehrzeiliger Kommentar,
        der auch SQL-Teile verstecken könnte */
    from emp;
```

Listing 5.51 Ein mehrzeiliger Kommentar

Dieser Kommentar ist einfach zu benutzen, kann aber in gewissen Zusammenhängen zu Problemen führen. Auch hier erinnere ich mich an ein Projekt, bei dem ich diesen Kommentar nicht verwenden durfte ;-). Diesmal war das Problem, dass in der Auswertung der Skriptdateien, die meine SQL-Anweisungen enthielten, das Zeichen /* als Steuerzeichen verwendet wurde. Das ist hier natürlich fatal, denn dadurch würden durch meine Kommentare unliebsame Operationen ausgeführt. Ein solches Szenario ist aber selten, normalerweise ist dieser Kommentar ganz unproblematisch ...

5.6.3 Einige Anmerkungen zu Kommentaren

Sollten Kommentare nun geschrieben werden? Die Diskussion darüber ist in lebhaftem Gange. Entwickler mögen Kommentare eigentlich nicht, sie sind fest davon überzeugt, dass ihr Code Kommentar genug sei. Das glaube ich persönlich nicht, sondern halte das für eine Schutzbehauptung, aber ein anderes Argument ist stärker: Kommentare gammeln. Damit ist gemeint, dass Sie eventuell einen Kommentar schreiben, um ein spezielles Vorgehen in der SQL-Anfrage zu begründen. Dann ändert sich jedoch die Geschäftsregel, und Sie passen das spezielle Verfahren an. Denken Sie jetzt immer daran, auch den Kommentar zu ändern? Die Realität zeigt: nein. Dadurch erhalten Sie Kommentare, die nichts mehr mit dem Code selbst zu tun haben und eher verwirren als helfen. Ganz schlimm finde ich persönlich auskommentierte SQL-Fragmente in einer Abfrage. Die meisten SQL-Anweisungen, die über längere Zeit verwendet werden, sind in irgendeiner Form durch ein Versionierungssystem geschützt. Daher können zu jeder Zeit ältere Versionen der Abfrage aus dem Versionisierungssystem geladen werden. Kommentare, die Spalten auskommentieren, sind in Ordnung, solange ich die Anweisung entwickle, wenn sie aber ausgeliefert wird, gehören diese SQL-Fragmente nicht mehr in die Anweisung, sondern sollten ganz schlicht gelöscht werden.

Ich persönlich verwende Kommentare innerhalb von SQL-Anweisungen sehr sparsam und vor allem für zwei Zwecke: Einerseits zur Gliederung, um in umfangreichen Abfragen Spaltenbereiche zu kennzeichnen. In der Spaltenliste kommen dann an der entsprechenden Stelle Kommentare vor, wie etwa: /* Bereich Geschäftspartnerdaten */ oder ähnlich. Wenn ich die Oracle-proprietäre Schreibweise für Joins verwende (mehr dazu im nächsten Kapitel) trenne ich dann und wann auch die Join-Bedingungen von den Projektionsbedingungen durch einen Kommentar. Zum anderen verwende ich Kommentare, um offensichtlich seltsame oder unverständliche Abfragepassagen kurz zu erklären, damit ich nicht in Versuchung komme, bei einer *Refaktorisierung* (einer fachlichen Überarbeitung) der Abfrage nicht Fehler in die Abfrage »hineinzuverbessern«. Diese Kommentare betrachte ich aber argwöhnisch, weil sie der Tendenz zum Gammeln unterliegen.

In einem ganz anderen Umfeld werden Kommentare allerdings weit häufiger eingesetzt: Sie können SQL-Anweisungen in Textdateien speichern und als Skript »in einem Rutsch« ausführen lassen. Die Dateien auf der Buchseite sind ein Beispiel hierfür. In solchen Dateien werden Kommentare sehr häufig eingesetzt, um die Bedienung des Skripts zu erläutern, Parameter zu erklären oder was auch immer. In diesem Zusammenhang sorgen die Parameter dafür, dass trotz der vielen Anmerkungen die Datei immer noch für ein Programm wie SQL*Plus ausführbar bleibt, denn Kommentare werden in diesem Zusammenhang einfach ignoriert. In eine ähnliche Kerbe schlägt zudem die Verwendung von Kommentaren in der Programmierung der Datenbank durch PL/SQL. Das ist aber nicht unser Thema in diesem Buch, daher erwähne ich lediglich, dass Kommentare dort ebenfalls häufiger verwendet werden als in einfachem SQL.

Ein letztes Wort vielleicht noch: Bitte, bitte, machen Sie keine Witze in Kommentaren! Nichts ist schlimmer als Kommentare zu lesen, die versuchen, witzig zu sein. Ebenso unschön ist die Angewohnheit, SMS-artige Kommentare zu schreiben. Kurz und knapp ist in Ordnung, aber bitte professionell und klar. Sie haben als Leser der Kommentare ja normalerweise die Aufgabe, zu verstehen, warum ein Kollege die Abfrage so und nicht anders geschrieben hat. Daher konzentrieren Sie sich darauf, in die Gedankenwelt des Kollegen und des Fachproblems einzudringen. Witze oder kryptische Abkürzungen bringen einen dabei nicht weiter, sondern maximal auf die Palme. Ich erinnere mich an einen Forumseintrag bei AskTom (*http://asktom.oracle.com*), einem Oracle-Forum, bei dem man kompetente Hilfe zu Oracle-Problemen erhalten kann. Ein Teilnehmer schrieb folgende Antwort auf eine Diskussion:

> *What a load of bs that was, in ur views abt teradata :(*

Tom Kyte, der diese Seite betreibt, nervt so etwas schon lange, daher seine Antwort:

> *Wow, your keyboard is in desperate need of repair, either that or you want to appear to be 14 years old.*

Auch ich bin der Meinung, ein Kommentar, der dazu gedacht ist, Dinge zu verdeutlichen, sollte nicht mit Nebelkerzen um sich werfen, nur damit der Autor cooler erscheint, als er vielleicht ist (ebenso ist es bei einem Forum, wenn ich darum bitte, dass mir etwas erklärt wird; warum mache ich es dann allen schwerer, zu verstehen, was eigentlich mein Problem ist?)

5.7   Der NULL-Wert

Hach, mein Lieblingsthema! Der null-Wert ist es hauptsächlich, der eine Datenbank zu so einem hinterhältigen Biest macht. Mit dem null-Wert verlassen wir nämlich die Welt der intuitiv erfassbaren Logik (»Wer nicht für mich ist, ist gegen mich ...«) und führen eine eher esoterische, dreiwertige Logik ein, die neben wahr und falsch noch unbekannt als dritten Wahrheitswert kennt. Der null-Wert ist dieser dritte Wahrheitswert. Das Problem: Der null-Wert kann mit nichts verglichen werden, er ist weder wahr noch falsch, sondern eben einfach unbekannt. Das hat interessante Konsequenzen, die uns durch das gesamte Buch begleiten werden.

5.7.1   Was ist ein NULL-Wert bei Oracle?

Eigentlich ist mit dem Anleser oben doch alles gesagt, oder? Nein, denn in den verschiedenen Datenbankimplementierungen wird der null-Wert unterschiedlich konsequent implementiert. Microsofts SQL Server kann zum Beispiel in der Standardparametrierung null-Werte auf Gleichheit prüfen, indem sie mit dem Operator = verglichen werden. Oracle kann das aber nicht, weil Gleichheit bei Zahlen zum Beispiel bedeutet, dass deren Differenz = 0 ist. Sie kommen in sehr viele logische Extremsituationen. Oracle ist da konsequenter, aber auch wieder nicht so konsequent wie andere Datenbanken. Sehen wir uns ein Beispiel an. Wir möchten errechnen, wie hoch das tatsächliche Jahresgehalt unserer Mitarbeiter ist. Das Jahresgehalt berechnet sich als Summe des 12fachen Monatsgehalts plus der eventuell vorhandenen Boni. Wir schreiben also:

```
SQL> select ename mitarbeiter,
  2         (sal * 12) + comm jahresgehalt
  3    from emp;

MITARBEITER JAHRESGEHALT
----------- ------------
SMITH
ALLEN              19500
WARD               15500
JONES
MARTIN             16400
BLAKE
```

```
CLARK
...
14 Zeilen ausgewählt.
```

Listing 5.52 So geht's nicht: Berechnung des Jahresgehalts mit NULL

Und wir erhalten ein Ergebnis, das wir so nicht erwartet hätten, denn »es ist doch klar«, was zu tun ist, wenn kein Bonus vorhanden ist. Dann soll er doch schlicht ignoriert werden. Aber woher soll die Datenbank das wissen? Wenn ich zu einer Zahl eine weitere, unbekannte Zahl hinzufüge, wird das Ergebnis ebenfalls unbekannt sein. Das ist die Begründung für das Ergebnis oben. In diesem Fall ist der null-Wert konsequent berücksichtigt und die Ausgabe eines Ergebnisses verweigert worden. Zur Lösung dieses Problems muss ich etwas vorgreifen und eine erste Zeilenfunktion vorstellen: die Funktion NVL (das steht für *Null-Value*). Mit Hilfe dieser Funktion kann ein Ersatzwert vergeben werden. Das sieht dann so aus:

```
SQL> select ename mitarbeiter,
  2         (12 * sal ) + nvl(comm, 120) jahresgehalt
  3    from emp;

MITARBEITER JAHRESGEHALT
----------- ------------
SMITH              9720
ALLEN             19500
WARD              15500
JONES             35820
MARTIN            16400
...
14 Zeilen ausgewählt.
```

Listing 5.53 Berechnung des Jahresgehalts mit Ersatzwert für NULL

Tja, damit hätten Sie nicht gerechnet, dass ich jedem, der keinen Bonus erhält, einen Bonus von 120 Talern ausschütten werde, oder? Und genau so hat auch die Datenbank gedacht: Woher soll sie in einem solchen Fall annehmen können, dass statt des fehlenden Wertes 0 eingefügt werden soll? oder eben 120? Die syntaktischen Details erspare ich mir hier. Es ist wie in einer Excel-Formel, es werden der Name der Funktion, die Spalte und der Ersatzwert übergeben. Ich komme noch auf diese Funktionen zurück, zeige dann auch noch einen ISO-kompatiblen Weg für diese Funktionalität, und allgemein werden Sie nach der Beschäftigung mit Zeilenfunktionen diese Funktion hier als ganz einfach empfinden.

Nicht ganz so konsequent ist Oracle übrigens bei null-Werten in Zeichenketten. Sehen Sie sich folgende Abfrage an:

```
SQL> select 'Der fehlende Text lautet: ' || null ausgabe
  2    from dual;
```

```
AUSGABE
--------------------------
Der fehlende Text lautet:
```

Nicht, dass ich hier übertrieben pingelig sein möchte, aber konsequenterweise ist der resultierende Text doch nun auch nicht bekannt, wenn ich eine unbekannte Textpassage an den Text anfüge. Tatsächlich hatte ich dieses Problem, als ich mit meiner lockeren Oracle-Einstellung an eine Ingres-Datenbank geraten bin, die im obigen Beispiel schlicht einen null-Wert zurücklieferte. Ich habe ganz schön gebraucht, bis ich auf den Grund dieses Problems gestoßen bin!

Ich werde noch an mehreren Stellen dieses Buches auf den null-Wert und die damit verbundenen Schwierigkeiten zurückkommen. Einige Probleme kann ich jetzt noch nicht erläutern, weil Grundlagen fehlen, die wir zum Verständnis benötigen. Andererseits kann und werde ich Ihnen bereits jetzt die logische Behandlung erläutern, damit Sie gewappnet sind, wenn wir auf die Probleme stoßen. Also denn!

5.7.2 Ein bisschen Quälerei mit NULL-Werten

Wenn wir einen dritten Wahrheitswert in die Diskussion bringen, dann stellt sich die Frage, wie sich die bisher bekannte logische Welt durch diesen Wert ändert. Wenn eine Aussage nicht nur wahr oder falsch, sondern auch noch unbekannt sein kann, müssen wir uns insbesondere fragen, wie sich ein solcher Wahrheitswert mit den anderen zusammen verhält. Sie kennen sicher noch die Wahrheitswertetabellen für die Fragestellungen A und B bzw. A oder B. Erweitern wir diese Wahrheitswertetabelle jedoch um den null-Wert, kommen einige überraschende Ergebnisse ans Licht (Tabelle 5.2).

a und b	w	f	n
w	w	f	n
f	f	f	f
n	n	f	n

a oder b	w	f	n
w	w	w	w
f	w	f	n
n	w	n	n

Tabelle 5.2 Wahrheitswertetabelle in dreiwertiger Logik

Wenn Sie die Tabelle lesen, stellen Sie fest: Ist Aussage A wahr und Aussage B null, ist auch das Ergebnis null. Ist dagegen Aussage A falsch und Aussage B null, ist das Ergebnis falsch. Das hat damit zu tun, dass es in diesem Fall keinen Unterschied macht, ob Aussage B noch `wahr` oder `falsch` ist, das Ergebnis ist in jedem Fall `falsch`. Analog, aber im Ergebnis genau andersherum verhält es sich, wenn gelten soll Aussage A ist `wahr` *oder* Aussage B ist `null`, denn dann ist das Ergebnis `wahr`, weil es wiederum egal ist, ob Aussage B nun `wahr` oder `falsch` ist, das Ergebnis ist immer `wahr`. Vielleicht kommt Ihnen das wie eine Denksportaufgabe aus Logistan vor, und da ist sicher auch etwas dran. Aber das Unangenehme ist: Situationen wie diese hier sind alltäglich in Datenbanken, und zwar immer dann, wenn ein Spaltenwert `null` werden könnte. Wann, fragen wir uns, kann er das? Oder besser andersherum: Wann sind wir sicher, dass wir kein Problem mit einem `null`-Wert haben werden?

Was nicht hilft, ist, vorab zu gucken, ob denn in einer Spalte `null`-Werte enthalten sind oder nicht. Zum einen kann es sein, dass sich dieser Zustand zwischen Gucken und Abfragen bereits geändert hat, zum anderen schreiben Sie die meisten Auswertungen so, dass sie öfter als einmal verwendbar sind. Dann kommt das Problem mit dem `null`-Wert auf Sie zu, früher oder später. Was also hilft? Nur eines: Die Spalte muss über einen `not null`-Constraint verfügen. Nur in diesem Fall garantiert die Datenbank, dass diese Spalte nicht anfällig ist für Probleme mit diesem Wert. Das ist also bei Primärschlüsselspalten der Fall oder bei Spalten, die explizit diesen Constraint führen. Hier müssen Sie in der Definition der Tabelle nachschlagen, um sicher zu sein.

Als kleine Denksportaufgabe können Sie ja einmal versuchen, herauszufinden, was eigentlich die Negation der Aussage A und B bzw. A oder B ist. Auch mit diesen Problemen kämpfen Sie in Datenbanken ständig, daher macht es Sinn, sich diese Zusammenhänge einmal vor Augen zu führen.

5.7.3   Der NULL-Wert bei Booleschen Operatoren

Einen Problembereich von `null`-Werten können wir allerdings schon betrachten, denn er ist die direkte Umsetzung der theoretischen Überlegungen von vorhin in SQL. Wir hatten ja Projektionen mit mehreren Filterkriterien erstellt und die einzelnen Filterkriterien mit den Booleschen Operatoren verbunden. Natürlich ist das nichts anderes als die Wahrheitstabelle oben: Aussage A ist dann eben das erste Filterkriterium und Aussage B das zweite. Konkreter: Wir haben folgende SQL-Anweisung:

```
SQL> select ename, job, sal, comm, deptno
  2    from emp
  3   where comm >= 0
  4      or deptno = 20;
```

Listing 5.54 Eine erste, problematische Abfrage ...

Sehen Sie sich die Abfrage an. Das Problem: Wir wissen, dass die Spalte COMM viele `null`-Werte enthält. Wie verhält sich diese Abfrage nun für eine Zeile, für die gilt, dass die Spalte COMM einen null-Wert enthält und die Spalte DEPTNO den Wert 20? Ich löse das noch nicht auf, sondern verschärfe die Situation durch die Negation dieser Frage:

```
SQL> select ename, job, sal, comm, deptno
  2    from emp
  3   where not (comm >= 0
  4            or deptno = 20);
```

Listing 5.55 ... verschärft durch eine Negation ...

Ach nein, die Negation gefällt mir nicht, daher möchte ich die auflösen und durch eine positive Formulierung ersetzen. Aber – ist die Auflösung der Negation in der folgenden Anweisung korrekt?

```
SQL> select ename, job, sal, comm, deptno
  2    from emp
  3   where comm < 0
  4     and deptno != 20;
```

Listing 5.56 ... und die (hoffentlich korrekte) Vereinfachung

Wie? Ihnen schwirrt der Kopf? Wie kann das denn sein? Sehen Sie, solche Probleme tauchen auf, wenn wir mit Logik hantieren. Das sollte man ohnehin nicht, das ist was für Computer, nicht für Menschen. Vielleicht sollte ich das Ganze auflösen? In der ersten Abfrage habe ich das Problem, dass ein null-Wert mit einem or verknüpft wird. Ein Blick auf die Wahrheitswertetabelle sagt uns, dass, wenn einer der beteiligten Spalten null und der andere wahr ist, dennoch wahr zurückgeliefert wird, das heißt: Diese Abfrage wird alle Mitarbeiter der Abteilung 20 liefern und zusätzlich noch die Salesmen, deren Kommission ja mindestens 0 Taler beträgt. Insgesamt liefert die Abfrage damit neun Zeilen zurück. Überraschenderweise liefert die Negation dieser Einschränkung aber nun nicht die Mitarbeiter zurück, die durch die erste Abfrage nicht erreicht wurden, wie man sich das vielleicht vorstellen könnte. Die zweite Abfrage liefert gar keine Zeilen zurück. Warum das so ist, sieht man besser an der Umformung der Bedingung in Abfrage 3. Die Umformung stimmt, ich erkläre nachher, wie das geht, aber zunächst werfen wir einen Blick darauf, warum hier keine Zeile zurückgeliefert wird. Durch die Negation wird aus dem or ein and. Ist nun ein Teil der Abfrage null, kann die Abfrage nicht mehr wahr zurückliefern, denn das geht bei and nur, wenn beide Teile der Abfrage bekannt sind. Daher muss die Spalte COMM < 0 sein, was nie der Fall ist. Ist die Spalte COMM null, ist der Wahrheitswertegehalt ebenfalls null und die Zeile wird nicht zurückgeliefert.

Diese Probleme haben wir bereits mit nur zwei Filterkriterien. Wie soll das erst werden, wenn wir sieben, acht Filterkriterien haben? Lassen Sie sich nicht entmutigen, das geht alles, man muss nur gehörigen Respekt vor logischen Problemen entwickeln und sich langsam bewegen. Der »gesunde Menschenverstand« hilft Ihnen hier im Übrigen überhaupt nicht, logisch denken ist für Menschen eine Anstrengung, kein Talent.

Nun noch einmal zurück zu den Regeln der Auflösung der Negation einer Aussage. Aus der Aussage not(A or B) wird not A **and** not B. Umgekehrt wird aus der Aussage not(A and B) die Aussage not A **or** not B. Wenden wir diese Regeln auf das Beispiel an, folgt:

```
not (comm >= 0 or deptno = 20) ⇔
not (comm >= 0) and not(deptno = 20)
```

Das ist nun relativ einfach aufzulösen, achten Sie aber bitte darauf, dass das Gegenteil von >= nicht etwa <= ist, sondern <:

```
comm < 0 and deptno != 20
```

Sehen Sie mich nicht so an! Ich hätte auch gern dieses ganze Schulmathematikwissen hinter mir gelassen ... Leider kommt im Umfeld von Datenbanken die Mengenlehre (Teilmenge, Schnittmenge, Vereinigungsmenge) ebenso wieder zum Vorschein wie die logischen Grundprinzipien. Hatte man Ihnen nicht immer gesagt, in der Schule lernten Sie fürs Leben? Bitte sehr: Hier ist der Beleg.

Lassen Sie uns noch ein zweites Beispiel ansehen: Ich hätte gern gewusst, welche Mitarbeiter nicht durch den Mitarbeiter mit der Nummer 7839 geführt werden, in welchen Zeilen also nicht 7839 in der Spalte MGR enthalten ist. Also frage ich schnell nach:

```
SQL> select empno, ename, mgr
  2    from emp
  3   where mgr != 7839;

     EMPNO ENAME            MGR
---------- ---------- ----------
      7369 SMITH           7902
      7499 ALLEN           7698
      7521 WARD            7698
      7654 MARTIN          7698
      7788 SCOTT           7566
      7844 TURNER          7698
      7876 ADAMS           7788
      7900 JAMES           7698
      7902 FORD            7566
      7934 MILLER          7782
```

Listing 5.57 Anfrage mit Fehler: Wer hat nicht 7839 als Manager?

Das Problem: Der Mitarbeiter mit der Nummer 7839 fehlt. Das ist KING, der Präsident, und der hat – keinen Manager. Warum fehlt er? Weil für diese Zeile die Prüfung lautet:

```
where null != 7839
```

Und das ist nicht wahr, sondern null.

Ach, dann noch ein hübsches Beispiel für ein null-Wert Problem, das mir gerade einfällt. Folgende Anweisung liefert kein Ergebnis zurück, die zweite, die fast identisch ist, dagegen schon. Können Sie sich erklären, warum?

```
SQL> select ename, job, sal
  2    from emp
  3   where job not in ('SALESMAN', 'CLERK', null);
Es wurden keine Zeilen ausgewählt
```

```
SQL> select ename, job, sal
  2    from emp
  3   where job in ('SALESMAN', 'CLERK', null);
```

```
ENAME      JOB            SAL
---------- --------- ----------
SMITH      CLERK          800
ALLEN      SALESMAN      1600
WARD       SALESMAN      1250
MARTIN     SALESMAN      1250
TURNER     SALESMAN      1500
ADAMS      CLERK         1100
JAMES      CLERK          950
MILLER     CLERK         1300
```

```
8 Zeilen ausgewählt.
```

Listing 5.58 Anweisung, die einmal keine Zeilen liefert, einmal schon

Lassen Sie es mich ausführlich erklären, und zwar wieder ein wenig formal. In der ersten Anweisung steht:

```
job not in ('SALESMAN', 'CLERK', null)
```

Lösen wir das not in auf, erhalten wir:

```
not(job = 'SALESMAN' or job = 'CLERK' or job = null) ⇔
job != 'SALESMAN' and job != 'CLERK' and job != null
```

Und jetzt sehen Sie auch, warum keine Zeile zurückgeliefert wird: Der letzte Teilausdruck evaluiert nicht zu wahr oder falsch, weil null nicht auf Gleichheit geprüft werden kann. Durch den Operator and liefert der gesamte Ausdruck null und nicht wahr oder falsch. Im Gegensatz dazu liefert die zweite Anwendung Daten, weil:

```
job in ('SALESMAN', 'CLERK', null) ⇔
job = 'SALESMAN' or job = 'CLERK' or job = null
```

Diese or-Anweisung liefert wahr, sobald ein Beruf in der Liste enthalten ist. Das ist doch hinterhältig, oder?

Prüfung auf NULL-Werte

In einer SQL-Anweisung haben wir nun aber häufiger das Problem, dass wir wissen wollen, ob ein Wert nun ein null-Wert ist oder nicht. Vielleicht möchten wir alle Mitarbeiter filtern, deren COMM einen null-Wert enthält. Das ist nur auf eine Weise machbar: Sie müssen die Prüfung über die Klauseln is null oder is not null durchführen. Nun gut, es gibt noch einen anderen Ausweg, und der funktioniert so, dass wir für einen null-Wert einen Ersatzwert (mit der Funktion nvl) angeben und diesen dann verwenden. Hier erweitern wir unsere Fähigkeiten zunächst um die Filterung auf null-Werte. Sehen wir uns wieder ein Beispiel an, dann wird schnell klar, wie das geht:

```
SQL> select ename, job, sal
  2    from emp
  3   where comm is not null;


ENAME      JOB            SAL
---------- ---------- ----------
SMITH      CLERK          800
JONES      MANAGER       2975
BLAKE      MANAGER       2850
CLARK      MANAGER       2450
SCOTT      ANALYST       3000
KING       PRESIDENT     5000
ADAMS      CLERK         1100
JAMES      CLERK          950
FORD       ANALYST       3000
MILLER     CLERK         1300
```

Listing 5.59 Prüfung auf einen NULL-Wert

Wenn man es weiß, ist es ganz einfach ... Schlimmer noch: Wenn man immer daran denkt, hat man damit auch keine Probleme! Leider ist es häufig so, insbesondere zu Beginn der Beschäftigung mit SQL, dass der null-Wert nicht so präsent ist, dass man ständig daran denkt, die Prüfung über is null oder is not null durchzuführen und nicht einfach zu schreiben:

```
where comm != null
```

Listing 5.60 Das geht nicht: Falsche Prüfung eines NULL-Wertes

Das Problem: Diese Prüfung liefert niemals wahr, es sind also immer alle Zeilen weg.

5.8 Übungen

1. Erstellen Sie eine Liste der Mitarbeiter, die in Abteilung 30 arbeiten. Zeigen Sie Namen, Beruf und Gehalt dieser Mitarbeiter.

2. Zeigen Sie Namen, Beruf und Gehalt der Mitarbeiter aus Abteilung 20. Verwenden Sie die oben aufgeführten Begriffe als Spaltenbezeichnung. Sorgen Sie dafür, dass die Spaltenbezeichnungen in Groß- und Kleinschreibung angezeigt werden.

3. Zeigen Sie Abteilungsnummer, Namen und Jahresgehalt aller Mitarbeiter als das zwölffache Monatsgehalt zuzüglich der Kommission. Sollte ein Mitarbeiter nicht kommissionsberechtigt sein, soll ihm ein Bonus von 75 Talern zugestanden werden. Verwenden Sie hierfür die Funktion NVL. Sortieren Sie das Ergebnis absteigend nach Gehalt. Verwenden Sie Spaltenbezeichnungen nach eigener Entscheidung.

4. Zeigen Sie Namen und Beruf aller Mitarbeiter, die keinen Manager haben.

5. Erstellen Sie eine Liste aller Mitarbeiter. Zeigen Sie die Abteilungsnummer, den Namen, den Beruf und das Gehalt. Sortieren Sie die Auswertung nach Abteilung, absteigendem Gehalt und Namen.

6. Für einen Bericht sollen alle Berufsbezeichnungen in Deutsch dargestellt werden. Erstellen Sie diesen Bericht, und zeigen Sie Namen, Beruf und Gehalt mit diesen Spaltenbezeichnern.

7. Eine Lohnerhöhung steht an. Folgende Steigerungen sind vereinbart:
   - CLERK: +3% bis zu einer Gehaltsgrenze von 1.000 Talern, darüber 40 Taler
   - SALESMAN: Gehalt plus 10% des erworbenen Bonus
   - Mitarbeiter in Abteilung 20 mit einem Gehalt von weniger als 1.500 Talern: +50 Taler
   - alle anderen: +2%

   Zeigen Sie Namen, Beruf und Gehalt, sortiert nach Abteilung, Beruf und Namen.

Kapitel 6

Daten aus mehreren Tabellen lesen: Joins

Jetzt wird es ernst: Wir erweitern unsere Kenntnis um das Lesen aus mehreren Tabellen. Erst mit dieser Erweiterung wird SQL zu einem sinnvollen Abfragewerkzeug.

Durch die Regeln der Datenmodellierung bedingt, werden Daten zu Objekten, die wir in der Datenbank speichern wollen, auf mehrere Tabellen verteilt. Das macht sehr viel Sinn, da auf diese Weise Redundanz vermieden wird. Nun aber stehen wir vor der Herausforderung, die Daten in einer Abfrage so zusammenzustellen, dass das ursprüngliche Objekt wieder zum Vorschein kommt. So wird also aus den zwei Tabellen RECHNUNG und RECHNUNG_POSITION nun wieder eine komplette Rechnung. Zwar könnte man sich allein auf diese Art der Abfrage von Datenbanken beschränken, dass wir also lediglich die Objekte, die wir durch die Aufteilung auf einzelne Tabellen zerlegt haben, durch SQL nun wieder zu den ursprünglichen Objekten zusammensetzen. Wir werden allerdings auch feststellen, dass durch die Speicherung der Daten in mehreren Tabellen die einzelnen Daten auch zu ganz anderen Abfragen zusammengestellt werden können: So könnten wir durch geschickte Kombination der Daten herausfinden, welche Kunden längere Zeit nicht mehr bei uns bestellt haben, wer unsere Top-Kunden sind und ähnliche Abfragen. Der Grund für diese Flexibilität liegt darin, dass wir Informationen so in einfache Daten zerteilt haben, dass jede Tabelle für sich einen Aspekt der Gesamtinformation beschreibt, also sozusagen ein Objekt aus Bausteinen in seine Bausteine zerlegt. Jeder Baustein ist für sich mit Daten ausgestattet, die nun, in einem anderen Kontext, zu gänzlich neuer Information kombiniert werden können. Die Datenbank wird zu einem Informationspool, aus dem wir eine sehr große Menge an unterschiedlichen Informationen herauslesen können. Technische Grundlage für diese Funktionalität sind die verschiedenen Formen des Joins, die wir in diesem Kapitel kennenlernen werden.

Im Laufe der nun folgenden Kapitel werde ich das Niveau langsam immer weiter anziehen, ich setze voraus, dass die Fragen, die wir in früheren Kapiteln bearbeitet haben, soweit bekannt sind, dass eine kurze Erinnerung an die Zusammenhänge reicht, um Ihnen eine Konsequenz oder eine Eigenheit einer neuen Funktionalität zu erklären. Sollten Sie Schwierigkeiten mit einzelnen Punkten haben, bitte ich Sie, die entsprechenden Passagen der früheren Kapitel noch einmal nachzulesen. Der Stoff ist relativ umfangreich, und ich bin fest davon überzeugt, dass Sie mehr von diesem Buch profitieren, wenn ich diese Voraussetzung mache und nicht immer wieder die gleichen Dinge erläutere. Ansonsten ist dieses Kapitel so gedacht, dass Sie gern die einzelnen Abschnitte in beliebiger Reihenfolge lesen können oder auch später immer wieder auf diese Abschnitte zurückkommen können.

6.1   Einführung in Joins

Ein Join, das zur Begriffserklärung, ist schlicht der Name für eine logische Verbindung zwischen zwei Tabellen. Es ist wie schon so oft: Das Prinzip der Joins ist ganz einfach. Sie stellen die Verbindung zwischen zwei Tabellen her, und zwar über einen Vergleich, der zu einem der möglichen drei Wahrheitswerte ausgewertet wird. Dabei geht die Datenbank so vor, dass sie sich eine der beteiligten Tabellen ausguckt und dort Zeile für Zeile die Spalte oder die Spalten ausliest, die für die Join-Bedingung verwendet wird, und sie mit allen Zeilen der zweiten beteiligten Tabelle vergleicht. Kann dieser Vergleich zu wahr evaluiert werden, werden die Zeile der ersten und die Zeile der zweiten Tabelle ausgegeben, ist die Bedingung falsch oder null, nicht.

Was Sie allerdings zu Beginn wahrscheinlich etwas schwerer verstehen werden, ist: Das Ergebnis der Auswertung des Joins ist eine Relation. Also eine Tabelle. Was soll daran schwer zu verstehen sein? Nun, die weiteren Schritte, also die select-Klausel etc., beziehen sich nun auf eine Tabelle, die inhaltlich die Kombination der beiden Einzeltabellen über den Join darstellt. Die ursprünglichen Tabellen spielen nach dem Join keine Rolle mehr, so kann also nicht mehr auf eine Zeile einer der ursprünglichen Tabellen zugegriffen werden, die durch die Join-Bedingung abgelehnt wurden. Es ist eine – virtuelle – neue Tabelle entstanden, auf die sich die Abfrage nun bezieht. Diese Tabelle kann aus Sicht von SQL herkommen, woher sie will: Es kann sein, dass die Tabelle auf der Festplatte steht und in den Arbeitsspeicher geladen wurde, es kann sein, dass die Tabelle das Ergebnis einer anderen SQL-Abfrage ist und von dieser in den Arbeitsspeicher geschrieben wurde, es kann sein, dass der Benutzer eine Tabelle, die ausschließlich im Arbeitsspeicher steht, händisch mit Daten gefüllt hat. Egal, woher die Daten kommen: Nach der Abfrage durch SQL stellen diese Informationen die Relation dar, auf die sich alle nachfolgenden Operationen durch die verschiedenen Klauseln beziehen. Nachdem eine SQL-Anfrage also zwei Tabellen über einen Join verbunden hat, ist diese virtuelle Relation das Einzige, was die nachfolgenden SQL-Klauseln als Datengrundlage kennen.

Wenn wir zwei Tabellen miteinander durch einen Join verbinden, stehen der select-Klausel anschließend also grundsätzlich immer alle Spalten aller Tabellen zur Verfügung, die durch Joins aneinander gebunden wurden; das ist nun der Datenpool, aus dem die `select`-Klausel schöpfen kann. Da aber nun die Gefahr besteht, dass in den Tabellen Spalten mit gleichen Bezeichnungen definiert wurden, müssen wir, zumindest in diesen Fällen, kenntlich machen, welche Spalte genau gemeint ist. Das erreichen Sie dadurch, dass dem Spaltennamen der Tabellenname oder ein Tabellenalias vorangestellt wird. Fehlt dieses Präfix, so wird SQL einen Fehler ausgeben, falls sich der Spaltennamen doppelt in der Relation befindet und keine eindeutige Zuordnung durchgeführt werden kann. Ist der Spaltenname allerdings eindeutig, wird keine Fehlermeldung ausgegeben, sondern die passende Spalte ausgewählt. In Produktionscode gilt es als guter Stil, immer durch das Präfix kenntlich zu machen, woher die Spalte kommt, ob dies nun syntaktisch erforderlich ist oder nicht. Das hat, neben der Vermeidung des beschriebenen Fehlers, auch einen praktischen Nutzen: Da in der Praxis oftmals sehr viele Tabellen mit vielen Spalten miteinander verbunden werden, erklärt das Präfix, welche Informationen in der Spalte wahrscheinlich erwartet werden dürfen und woher genau diese Spalte ursprünglich kommt. Dass Sie der Datenbank zudem die Arbeit erleichtern, sei hier nur am Rande vermerkt.

6.1.1 Joins versus Datenbank-Constraints

Gerade für den Einsteiger in SQL ist die Trennung zwischen Primär- und Fremdschlüssel auf der einen und Joins auf der anderen Seite schwierig. Dabei sind dies Dinge, die faktisch nichts miteinander zu tun haben. Ein Join ist lediglich eine logische Verbindung zwischen zwei beliebigen Datenmengen für die Dauer einer `select`-Abfrage. Wenn Ihnen danach ist, können Sie gern Ihre Schuhgröße mit den Abflugdaten der Lufthansa in Verbindung stellen. Wenn Sie meinen, dass dadurch irgendeine sinnvolle Information aus der Datenbank kommt, tun Sie das. Es gilt ja zudem immer: Wir lesen lediglich Daten und stellen sie in irgendeine Beziehung zueinander. Ein Join in einer Abfrage ändert ebenso wenig Daten in der Datenbank wie jede andere Operation, die wir in einer `select`-Abfrage durchführen. Daher haben Joins keine Auswirkungen auf die Daten, auf deren Speicherung oder irgendeinen anderen Aspekt. Im Gegensatz dazu sind die Constraints Garantien, die uns die Datenbank bezüglich der Struktur der Daten gibt. Sie verhindern, dass Daten, die gegen diese Constraints verstoßen, in der Datenbank abgelegt werden können, und sie verhindern auch, dass Daten aus der Datenbank entfernt werden können, wenn deren Löschung einen Verstoß gegen ein Constraint zur Folge hätte. Das eine (Join) ist eine flüchtige Verbindung zwischen zwei Tabellen für die Dauer einer `select`-Abfrage, das andere (Constraints) ist die harte Verkabelung von Datenregeln in der Datenbank zum Schutz der Integrität der Daten.

Dennoch: Einen logischen Zusammenhang gibt es natürlich schon: Wir hatten ja die Daten eines Objekts auf mehrere Tabellen aufgeteilt und diese Verbindung über Primär- und Fremdschlüssel abgesichert. Wenn wir nun dieses Objekt wieder zusammenstellen möchten, bietet sich natürlich die Verbindung der Tabellen mit Hilfe von Joins entlang der durch die Constraints vorgegebenen Bahnen an. Im Regelfall werden Sie also Joins sehen, die genau die Spalten ansprechen, die durch Primär- und Fremdschlüssel-Constraints geschützt werden, das liegt einfach in der Natur der Sache. Ich werde Ihnen aber Beispiele zeigen, wo eine solche Verbindung gar nicht möglich ist, und mal sehen, wahrscheinlich werde ich Ihnen ein Beispiel zeigen, das zwar einfach nur Blödsinn ist, Ihnen aber zeigt, dass Joins und Constraints nicht das Gleiche sind oder gleich verwendet werden müssten.

6.1.2   Schreibweisen

Joins können bei Oracle in zwei Varianten geschrieben werden. Die eine Variante, unterstützt seit Version 9, ist ISO-SQL-konform und nutzt das Schlüsselwort `join` in den verschiedenen Ausprägungen. Die andere Form ist »gewissermaßen« Oracle-proprietär und schreibt die Join-Bedingungen in die `where`-Klausel; »gewissermaßen« Oracle-proprietär, weil diese Schreibweise auch bei anderen Datenbanken funktioniert, dort jedoch nicht auf gleiche Weise optimiert wird wie bei Oracle, weil diese Datenbanken mit dieser Schreibweise nicht rechnen. Beide Wege haben Vor- und Nachteile. Ich werde vorrangig die ISO-SQL-kompatible Schreibweise verwenden. Das hat zwei Gründe: Der erste ist die Kompatibilität (Oracle empfiehlt ebenfalls, diese Schreibweise zu verwenden), der zweite Grund ist, dass einige Join-Formen nur in dieser Schreibweise ausgedrückt werden können.

Gerade dieser Vorteil erscheint mir wesentlich, allerdings muss ich gestehen, dass ich in meinen SQL-Anweisungen, die ich in meinen Projekten schreibe, bevorzugt die Oracle-Schreibweise verwende. Das hat ebenfalls zwei Gründe: Ich bin zum einen daran gewöhnt, und es ist schwer, sich umzugewöhnen, zum anderen ist die Schreibweise einfach zu formatieren und relativ übersichtlich. Daher verwende ich die neuere Schreibweise bevorzugt dann, wenn ich Joins benötige, die nur in dieser Schreibweise funktionieren. Ich hätte mir dieses Eingeständnis natürlich sparen können, aber ich bin fest davon überzeugt, dass auch Sie, wenn Sie SQL-Anweisungen anderer (bevorzugt von solchen, die schon lange mit SQL und Oracle arbeiten) lesen, auf die Oracle-Schreibweise stoßen werden. Daher zeige ich Ihnen jeweils in einem Anhang zu den einzelnen Abschnitten auch diese Schreibweise.

Glücklicherweise ändert die Schreibweise überhaupt nichts an der Logik oder der Funktionsweise, beide Schreibweisen sind auch exakt gleich schnell, weil die Datenbank beide Schreibweisen zum gleichen Ausführungsplan umrechnet. Es ist tatsächlich weitgehend einfach Geschmackssache. Aber Sie wissen ja, wie das ist: In einem offiziellen Buch hält man sich gern an Standards, in der Hoffnung, damit für die meisten Leser die richtige Entscheidung getroffen zu haben. Zudem gelobe ich Besserung und werde auch in meinen Projekten versuchen, dieser Schreibweise einen breiteren Raum einzuräumen …

6.2 Inner Join

So, nach der Vorrede über Gemeinsamkeiten, Unterschiede und Schreibweisen nähern wir uns nun dem ersten Join-Typ, der gleichzeitig der einfachste und auch üblichste Join-Typ ist: der *Inner Join*. *Inner* bezieht sich in diesem Zusammenhang darauf, dass sich die beiden Tabellen in allen beteiligten Zeilen »sehen« können, dass es also zu jeder Zeile der einen mindestens eine zuzuordnende Zeile auf der anderen Seite gibt. Das klingt bei etwas Nachdenken wie eine Selbstverständlichkeit, dafür machen wir das Ganze schließlich, und ich schließe mich dem an, wohl wissend, dass die Erklärung, warum wir auch einen *Outer Join*, das logische Gegenstück, benötigen, die Dinge im Moment nur unnötig komplizieren machen würde ...

Wie schon gesagt, basieren Joins darauf, dass eine Zeile der einen mit einer oder mehreren Zeilen der anderen Tabelle verbunden wird. Sehen wir uns hierzu ein Beispiel an: In unserem Datenmodell des Benutzers HR sehen Sie die Tabelle EMPLOYEES, von der wir wissen, dass sie Beziehungen zur Tabelle JOBS und zur Tabelle DEPARTMENTS unterhält (und außerdem noch zur Tabelle JOB_HISTORY). Ich rufe Ihnen noch einmal kurz das Datenmodell in Erinnerung (Abbildung 6.1).

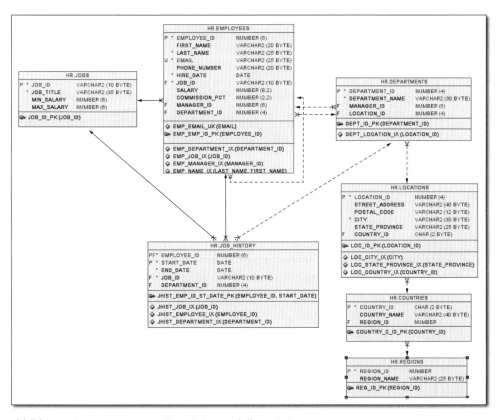

Abbildung 6.1 Zur Erinnerung: Das Datenmodell von HR

Nehmen wir uns eine beliebige Beziehung heraus, etwa die Beziehung zwischen der Tabelle JOBS und der Tabelle EMPLOYEES. Die 1-Seite der Beziehung ist natürlich auf der JOBS-Seite. Ich erkläre die Join-Bedingung aber lieber von der n-Seite ausgehend, da erscheint es mir noch etwas intuitiver. Ich habe nun folgende Frage: Welchen Job haben die Mitarbeiter? Natürlich könnte ich einfach eine JOB_ID ausgeben, aber die existiert nur aus technischen Gründen, und auch, wenn ich hiermit einigen Anwendungsentwicklern etwas Unerhörtes und völlig Neues sage: Technische Schlüssel haben auf der Oberfläche einer Anwendung nichts zu suchen! Ich habe Anwendungen gesehen, die sich zum Beispiel darin gefielen, als Initiator für eine Reservierung auf der Anwendungsoberfläche Benutzer 23492345743 anzugeben. Danke dafür! Nein, was wir eigentlich sehen möchten, ist die Bezeichnung, vielleicht auch eine, der Fachseite bekannte, Kurzform. Nur steht die Bezeichnung in Tabelle JOBS, während der Mitarbeiter in Tabelle EMPLOYEES steht.

Frage ich Sie nach dem Beruf des Mitarbeiters mit der Mitarbeiternummer 102, gehen Sie doch so vor: Sie suchen die Zeile 102 in Tabelle EMPLOYEES, gehen dann zur Spalte JOB_ID und merken sich den Schlüsselwert, der dort steht. Mit diesem Schlüsselwert gehen Sie nun zur Tabelle JOBS und suchen die Zeile mit dem passenden Schlüsselwert. Dann gehen Sie zur Spalte JOB_NAME und haben das Ergebnis. Ich mag die Vorstellung, diesen Schritt mit zwei Fingern nachzuvollziehen. In Abbildung 6.2 habe ich die beiden Tabellendaten einmal so nebeneinandergestellt, dass die beteiligten Zeilen zu sehen sind.

EMPLOYEE_ID	FIRST_NAME	LAST_NAME	JOB_ID			JOB_ID	JOB_TITLE
100	Steven	King	AD_PRES	SK	1	AD_PRES	President
101	Neena	Kochhar	AD_VP	NK	2	AD_VP	Administration Vice President
102	Lex	De Haan	AD_VP	LD	3	AD_ASST	Administration Assistant
103	Alexander	Hunold	IT_PROG	AH	4	FI_MGR	Finance Manager
104	Bruce	Ernst	IT_PROG	BE	5	FI_ACCOUNT	Accountant
105	David	Austin	IT_PROG	DA	6	AC_MGR	Accounting Manager
106	Valli	Pataballa	IT_PROG	VP	7	AC_ACCOUNT	Public Accountant

Abbildung 6.2 Die beiden Tabellen während der Auswertung des Joins

Ich stelle mir nun vor, dass der eine Finger auf der Zeile der EMPLOYEES-Tabelle (links) steht und der zweite Finger sich in der Tabelle JOBS (rechts) bewegt und eine passende Zeile sucht. Findet er ein Ergebnis, wird die Zeile der Tabelle EMPLOYEES und daneben die passende Zeile der Tabelle JOBS ausgegeben. Dann geht der Finger in der Tabelle EMPLOYEES eine Zeile weiter und sucht sich den entsprechenden Eintrag in der Tabelle JOBS, das Spiel geht von vorn los. Alles, was hierzu erforderlich ist, ist ein Vergleich zwischen zwei Spaltenwerten, nämlich der Spalte JOB_ID der EMPLOYEES-Tabelle und der Spalte JOB_ID der JOBS-Tabelle. Es ist klar, dass eine Zeile der Tabelle JOBS häufiger im Ausgabebaum erscheinen kann, nämlich dann, wenn deren Schlüssel eben häufiger in der Tabelle EMPLOYEES vorkommt. Dazu ist es ja eine 1-n-Beziehung. Also wird die resultierende Tabelle automatisch redundante Information aus der Tabelle JOBS anzeigen. Das stört uns allerdings nicht, denn das Ergebnis steht ja so nicht auf der Festplatte, sondern ist lediglich das Ergebnis einer Rechnung. Anders gesagt: Unsere Mitarbeiter haben wieder ihre alte, redundante Form, die wir vor dem Aufteilen auf mehrere Tabellen hatten und die letztlich der Grund für die Aufteilung auf die beiden Tabellen war.

6.2.1 Equi-Join

Formalisieren wir die Überlegungen aus der Einleitung, und es ist schnell klar, wie die Bedingung zur Prüfung des Joins lauten muss:

```
employees.job_id = jobs.job_id
```

Sind diese beiden Spaltenwerte gleich, gehören die Zeilen zusammen. Da in diesem Fall die Prüfung über ein Gleichheitszeichen erfolgt, nennen wir diesen Join angeberisch einen *Equi-Join* (nach *aequus = gleich*). Basierte die Join-Bedingung nicht auf einem Gleichheitszeichen, sondern zum Beispiel auf einer between-Anweisung, sprächen wir von einem Non-Equi-Join, aber den besprechen wir ja erst im nächsten Abschnitt. Ehrlich: Namen sind nett, aber in diesem Fall eigentlich unnötig. Nötig ist eine Bedingung, die zu wahr evaluiert werden kann. Ist das ein Vergleich über ein Gleichheitszeichen, schön, ist das etwas anderes, auch schön. Dennoch werden in der Literatur diese beiden Join-Formen voneinander unterschieden, daher möchte ich Ihnen zumindest erläutert haben, was sich dahinter verbirgt.

Ein einfaches Beispiel

Nun aber: Lassen Sie uns endlich eine SQL-Abfrage mit Join und allem Drum und Dran ansehen. Ich verwende das Beispiel von oben und außerdem auch noch ein Tabellenalias, denn ich bin zu faul, ständig den langen Tabellennamen zu schreiben. Außerdem mache ich eine Auswahl aus der Liste der Spalten der beiden Tabellen. Ich nehme hier, gegen meine Gewohnheit, auch die beiden technischen Schlüssel mit auf, damit Sie sehen, dass der Join tatsächlich über diese Spalte errechnet wurde:

```
SQL> select e.last_name, e.job_id, j.job_id, j.job_title
  2    from employees e
  3    inner join jobs j
  4      on e.job_id = j.job_id;

LAST_NAME    JOB_ID      JOB_ID      JOB_TITLE
-----------  ----------  ----------  ------------------------------
Gietz        AC_ACCOUNT  AC_ACCOUNT  Public Accountant
Higgins      AC_MGR      AC_MGR      Accounting Manager
Whalen       AD_ASST     AD_ASST     Administration Assistant
```

```
King         AD_PRES     AD_PRES     President
De Haan      AD_VP       AD_VP       Administration Vice President
Kochhar      AD_VP       AD_VP       Administration Vice President
Chen         FI_ACCOUNT  FI_ACCOUNT  Accountant
Faviet       FI_ACCOUNT  FI_ACCOUNT  Accountant
Popp         FI_ACCOUNT  FI_ACCOUNT  Accountant
...
107 Zeilen ausgewählt
```

Listing 6.1 Eine erste Join-Abfrage

Wir sehen einige neue Dinge:

▶ Zum einen fällt uns auf, dass wir zwei Tabellen ansprechen. Beide Tabellen vereinbaren ein kurzes Tabellenalias, indem dieses einfach nach einem Leerzeichen hinter den Tabellennamen geschrieben wird.

▶ Dieses Tabellenalias wird allen Spalten als Präfix in der select-Klausel vorangestellt, obwohl das eigentlich nur für die Spalten JOB_ID erforderlich gewesen wäre.

▶ Zwischen den Tabellen steht das Schlüsselwort inner join, über dessen Bedeutung wir in tiefes Grübeln verfallen ... Allerdings notieren wir auch gleich, dass das Schlüsselwort inner optional ist und auch weggelassen werden kann.

▶ Die Join-Bedingung schließt sich nach dem Schlüsselwort on an.

▶ Wir erkennen, dass die Spalte JOB_TITLE redundante Information enthält, weil eben mehrere Mitarbeiter den gleichen Beruf haben. Zudem erkennen wir, dass aufgrund der Join-Bedingung beide JOB_ID-Spalten der beiden Tabellen gleich sind.

▶ Etwas Wichtiges erkennen wir im Übrigen auch noch: Es werden 107 Zeilen ausgegeben, genauso viel, wie wir Mitarbeiter im Unternehmen haben. Das bedeutet also: Jeder Mitarbeiter ist auch mit einem Job versorgt. Es ist ganz wichtig, die Anzahl der Zeilen vorab grob zu schätzen und nach dem Join kurz zu prüfen, denn wir werden feststellen, dass uns bei Join-Abfragen durchaus einmal einige Zeilen abhandenkommen können. Hätten Sie gedacht, dass der null-Wert hier seine Finger im Spiel haben könnte?

Zwar haben Sie das bereits verstanden, aber ich möchte zur Klärung anhand dieses Beispiels noch einmal darauf hinweisen, dass die select-Klausel nun Zugriff auf alle Spalten der beiden Tabellen hat, als gäbe es nur eine Tabelle mit allen Spalten und der Anzahl Zeilen, die nach der Join-Bedingung übrig geblieben ist. Auch dieser Gedanke ist bei zwei Tabellen noch einfach nachvollziehbar, bei mehreren Tabellen darf man hier nicht den Überblick verlieren.

Ein Inner Join wird also durch das Schlüsselwort (inner) join zwischen zwei Tabellen vereinbart, die Join-Bedingung wird der zweiten Spalte nach dem Schlüsselwort on nachgestellt. Diese Join-Bedingung muss nicht unbedingt so einfach wie in unserem

Beispiel sein, sie kann auch aus mehreren Prüfungen, zum Beispiel auf mehrere Spalten, bestehen. Wichtig ist nur, dass die Prüfung so gestaltet ist, dass sie die zusammengehörenden Zeilen spezifiziert. In die Join-Bedingungen gehören auch keine weiteren Auswahlklauseln mehr hinein. Damit meine ich, dass in der Join-Bedingung nicht gefiltert werden sollte, welche Zeilen der beiden Tabellen überhaupt angezeigt werden sollen. Beachten wir die Reihenfolge der Berechnung unserer SQL-Anweisung, und es wird klar, dass wir die Filterung der Zeilen im Anschluss an die Verbindung der beiden Tabellen über die Join-Bedingung vornehmen können: Zunächst wird die from-Klausel mit der Join-Bedingung analysiert. Anschließend steht uns die Summe aller beteiligten Zeilen und aller beteiligten Spalten als neue Tabelle zur Verfügung. Auf diese Tabelle wird nun die where-Klausel angewendet, das heißt, wir können nun filtern, welche Zeilen wir nicht darstellen wollen, obwohl sie durch die Join-Bedingung eigentlich zu zeigen wären. Anschließend wird auf der jetzt noch verbleibenden Datenmenge die select-Klausel angewendet. Diese Klausel berechnet die Auswahl und die berechneten Spaltenwerte.

Die Aufteilung der Join-Bedingung und der Filterung in der where-Klausel ist nicht technisch motiviert, sondern logisch: Wenn Sie diese Trennung vornehmen, werden Ihre Join-Bedingungen normalerweise in all Ihren Abfragen, die Daten aus den gleichen Tabellen erfragen, auch gleich aussehen. Das hängt damit zusammen, dass die Join-Bedingung ja lediglich die logische Zusammengehörigkeit der Zeilen der beteiligten Tabellen beschreibt und nicht, welche Zeilen für eine Auswertung berücksichtigt werden sollen oder nicht. Daher empfehle ich, diese Filterung auch in der where-Klausel zu belassen, selbst dann, wenn es technisch möglich wäre, diese Filterung auch mit in der Join-Bedingung unterzubringen.

Ein Inner Join gegen mehrere Tabellen

Etwas komplexer, aber nicht komplizierter, wird die Situation, wenn wir einen Inner Join gegen mehrere Tabellen einrichten. Vielleicht zur Klärung: Für mich heißt kompliziert »schwer zu verstehen«, weil einfach so viele logische Probleme existieren, die das Verständnis erschweren. Im Gegensatz dazu verstehe ich komplex als »es ist zwar immer das gleiche Prinzip, aber durch die Häufung und die Unübersichtlichkeit schwerer zu verstehen«. In diesem Sinne also komplexer, weil mehrere Tabellen und mehrere Join-Bedingungen erstellt werden müssen. Lassen Sie sich aber nicht verwirren, und machen Sie sich klar: Bei n Tabellen benötigen Sie n-1 Join-Bedingungen. Haben Sie also, wie im folgenden Beispiel, drei Tabellen, benötigen Sie zwei Join-Bedingungen. Das ist der einzige Unterschied zu den bisherigen Beispielen. Im Anschluss haben wir dann eine virtuelle Tabelle mit allen Spalten aller drei Tabellen und allen Zeilen, die beide Join-Bedingungen erfüllen. Die Probleme mit Joins kommen noch früh genug, damit belasten wir uns hier noch nicht, sondern lassen Sie sich zunächst einmal auf die folgende Anweisung ein:

```
SQL> select e.last_name, j.job_title, d.department_name
  2    from employees e
  3    join jobs j
  4      on e.job_id = j.job_id
  5    join departments d
  6      on e.department_id = d.department_id
  7    where d.department_id < 100;


LAST_NAME   JOB_TITLE                  DEPARTMENT_NAME
----------  -------------------------  ----------------
Whalen      Administration Assistant   Administration
Fay         Marketing Representative   Marketing
Hartstein   Marketing Manager          Marketing
Raphaely    Purchasing Manager         Purchasing
Himuro      Purchasing Clerk           Purchasing
Tobias      Purchasing Clerk           Purchasing
Colmenares  Purchasing Clerk           Purchasing
Khoo        Purchasing Clerk           Purchasing
Baida       Purchasing Clerk           Purchasing
Mavris      Human Resources Repr.      Human Resources
Weiss       Stock Manager              Shipping
Fripp       Stock Manager              Shipping
Kaufling    Stock Manager              Shipping
...
98 Zeilen ausgewählt
```

Listing 6.2 Ein Inner Join zwischen drei Tabellen

So sieht die Abfrage schon realistischer aus, denn normalerweise werden die Schlüsselspalten, die für die Join-Bedingung erforderlich sind, nicht ausgegeben, und auch das optionale Schlüsselwort inner wird nicht verwendet. Ich habe die Ausgabe über die DEPARTMENT_ID gefiltert, einfach um zu zeigen, dass die Auswahlkriterien nach den Join-Bedingungen in der where-Klausel aufgenommen werden können, wie gehabt.

Schon zu diesem frühen Zeitpunkt möchte ich Ihnen ein System empfehlen, das mir bei der Erstellung von SQL-Anweisungen hilft: Schreiben Sie hin, was Sie bereits wissen. Was sie geschrieben haben, ist damit aus dem Kopf, sie haben den Kopf frei für das nächste Teilproblem. Im Fall dieser Anweisung gehe ich zum Beispiel wie folgt vor:

Als Erstes schreibe ich etwas in der Art wie:

```
select *
  from employees e
  join departments d
  join jobs j
```

Weil ich weiß, dass ich diese Tabellen benötigen werde. Als Nächstes ergänze ich dann die Join-Bedingungen. Die sind eigentlich keine Herausforderung, denn zwischen diesen Tabellen sind sie immer gleich:

```
select *
  from employees e
  join departments d on e.department_id = d.department_id
  join jobs j on e.job_id = j.job_id
```

Als Nächstes folgt dann die select-Liste, denn auch dort weiß ich bereits, welche Spalten ich sehen möchte. Werden komplizierte case-Anweisungen nötig oder Datumsberechnungen, die ich noch nicht überblicke, lasse ich die einfach noch weg:

```
select e.last_name, j.job_title, d.department_name
  from employees e
  join departments d on e.department_id = d.department_id
  join jobs j on e.job_id = j.job_id
```

Jetzt kann ich mich auf die where-Klausel konzentrieren, ein Bereich, in dem normalerweise Fehler gemacht werden. In unserem Fall ist das aber zum Glück trivial:

```
select e.last_name, j.job_title, d.department_name
  from employees e
  join departments d on e.department_id = d.department_id
  join jobs j on e.job_id = j.job_id
 where d.department_id < 100
```

Ich hätte hier die Wahl gehabt, die DEPARTMENT_ID aus EMPLOYEES oder aus DEPARTMENTS zu filtern. Natürlich ist das im Ergebnis das Gleiche, denn wir haben ja einen Inner Join zwischen den beiden Spalten. Ich bevorzuge aber die Filterung wie im Beispiel, weil ich dadurch dokumentiere, dass die Spalte auf dieser Seite Primärschlüsselinformation ist, also sozusagen »dort herkommt« und in EMPLOYEES »nur genutzt« wird. Sie mögen das für etwas kleinkariert halten, und ich stimme Ihnen zu (auch wenn es weh tut), doch bin ich fest davon überzeugt, dass eine Menge kleiner richtiger Entscheidungen in der Summe eine bessere SQL-Anweisung zur Folge hat. Diese kleinen Dinge erleichtern das Verständnis. Zudem ist es gut, sich konsistent zu entscheiden, denn dadurch machen Sie gewisse Dinge »immer so« und belasten sich damit nicht mehr. Ich habe das einmal so für mich formuliert: Ich schäme mich mittlerweile nicht mehr, einfachen Code zu schreiben. Denn: Ich weiß, dass ich mir selbst das Leben schwermache, wenn ich mich nicht an diese Maxime halte, denn ich selbst werde den Code später wieder verstehen müssen.

Gibt es zu Inner Joins noch Fragen? Ich glaube, nicht. Wenn Sie also zum Beispiel ermitteln möchten, in welcher Stadt ein Mitarbeiter wohnt, sehen Sie im Datenmodell nach, dass diese Information in der Tabelle LOCATIONS steht. Die Verbindung von EMPLOYEES zu LOCATIONS geht über die Tabelle DEPARTMENTS, und selbst, wenn Sie keine Spalte aus DEPARTMENTS benötigen, müssen Sie diese Tabelle dennoch ansprechen, denn die Join-Bedingungen für diesen Join lauten:

```
...
  from employees e
  join departments d on e.department_id = d.department_id
  join locations l on d.location_id = l.location_id
where ...
```

Das Verfahren selbst ist immer das Gleiche, zuerst kommt die Frage: »Welche Tabellen brauche ich?«, dann: »Wie komme ich dahin?«. Was Sie wissen, schreiben Sie hin. So kommt die Anweisung Stück für Stück zusammen.

6.2.2   Non-Equi-Join

Nachdem Sie den Equi-Join verstanden haben, ist die Erläuterung des Non-Equi-Joins nun so einfach, dass man zweifelt, warum hierfür eigentlich ein eigener Name erforderlich ist. Der einzige Unterschied zum Equi-Join besteht nämlich darin, dass die Join-Bedingung eben nicht auf einem Vergleich auf Gleichheit beruht, sondern auf einem anderen Verfahren. Welches, das ist egal, die Hauptsache ist, dass am Ende die Join-Bedingung ausgewertet werden kann. Um dieses Konzept zu verstehen, gehen wir kurz zum Benutzer SCOTT, denn dort gibt es eine schöne kleine Tabelle für dieses Thema: Wir hatten uns schon einmal die Tabelle SALGRADE angeschaut. Wir wollten wissen, welche Gehaltsstufe ein Mitarbeiter hat. Vielleicht erinnern Sie sich, dass ich ein Gehalt fest vorgegeben hatte und fragte, welche Gehaltsstufe denn hierfür gelte. Das war natürlich gewollt, denn so bin ich das Problem umgangen, bereits dort erklären zu müssen, was ein Join ist, denn die Gehälter der Mitarbeiter stehen ja in der Tabelle EMP und nicht in SALGRADE. Nun aber können wir anhand dieses Beispiels sehr schön einen Non-Equi-Join in Aktion erleben. Wie lautet die Join-Bedingung zwischen EMP und SALGRADE? Wir haben hier keine Gleichheitsbedingung und daher natürlich auch keine Primär- und Fremdschlüsselrelation. Die ist aus logischen Gründen nicht möglich. Unsere Prüfung muss also auf dem Vergleich beruhen, dass das Gehalt des Mitarbeiters zwischen LOSAL und HISAL liegt. Das geht ganz einfach, wie das folgende Beispiel zeigt:

```
SQL> select e.ename, e.job, s.grade
  2    from emp e
  3    join salgrade s
  4      on e.sal between s.losal and s.hisal;
```

ENAME	JOB	GRADE
SMITH	CLERK	1
JAMES	CLERK	1
ADAMS	CLERK	1
WARD	SALESMAN	2
MARTIN	SALESMAN	2
MILLER	CLERK	2
TURNER	SALESMAN	3
ALLEN	SALESMAN	3
CLARK	MANAGER	4
BLAKE	MANAGER	4
JONES	MANAGER	4
SCOTT	ANALYST	4
FORD	ANALYST	4
KING	PRESIDENT	5

14 Zeilen ausgewählt.

Listing 6.3 Beispiel für einen Non-Equi-Join

Die Join-Bedingung ist nun halt eine between-Anweisung, sonst ändert sich nichts. Aber eine interessante Beobachtung machen wir doch: Offensichtlich ist das Ergebnis nach Gehaltsstufe sortiert worden! Wie kommt das? Sehen Sie sich den Ausführungsplan dieser Anweisung in Abbildung 6.3 an.

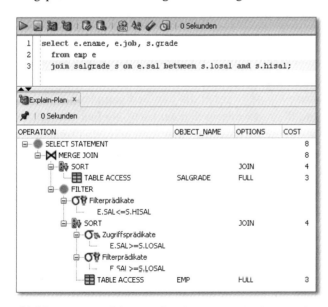

Abbildung 6.3 Ausführungsplan der Non-Equi-Join-Anweisung

Wir lesen diesen Plan von innen nach außen und von unten nach oben, also: Um die gesamte Anweisung ausführen zu können, musste zunächst getan werden, was in den Unterpunkten steht. Und dort erkennen Sie bereits im ersten Unterpunkt, dass die Tabelle SALGRADE sortiert wurde (Operation = SORT), um sie anschließend mit der nach Gehalt sortierten Tabelle EMP (ebenfalls Operation = SORT in Zeile 7) über die Join-Bedingung in Beziehung zu setzen. Noch etwas ist interessant: Unsere between-Anweisung ist in die zwei Bestandteile e.sal >= s.losal und e.sal <= s.hisal aufgeteilt worden (gleichsam als Beweis dafür, dass die between-Anweisung die äußeren Grenzwerte »mitnimmt«). Wieder einmal sind wir mehr oder weniger unbeteiligter Zuschauer der Entscheidung der Datenbank für eine spezielle Strategie zur Ausführung unserer Anweisung. Und genau in dieser unbeteiligten Grundhaltung liegt das Problem: Wir haben keinen Einfluss auf die Strategie, die von der Datenbank gewählt wird, daher können wir auch nicht sicher sagen, dass diese Sortierung immer und genau so durchgeführt werden wird. Möglicherweise wird sich die Datenbank bei größeren Datenmengen oder einer anderen Datenbankversion für eine andere Strategie entscheiden und eine andere (oder auch gar keine) Sortierung vornehmen. Sicher sind wir immer nur, wenn wir eine order by-Klausel verwenden.

Abschließend sei zum Thema Non-Equi-Join noch gesagt, dass beide Join-Typen (wenn wir denn überhaupt von unterschiedlichen Typen sprechen möchten) auch gemischt vorkommen, zum Beispiel dann, wenn wir im obigen Beispiel noch den Namen der Abteilung hätten ausgeben müssen. Dann wäre die Tabelle SALGRADE angesprochen worden wie im Beispiel und gleichzeitig die Tabelle DEPT über eine Equi-Join-Bedingung, nämlich e.deptno = d.deptno.

6.2.3   Oracle-proprietäre Schreibweise

Der Inner Join wird in der Oracle-proprietären Schreibweise einfach in die where-Klausel integriert. In der from-Klausel listen wir die beteiligten Tabellen als kommaseparierte Liste auf, in der where-Klausel werden die Join-Bedingungen notiert. Da nun die Join-Bedingungen und die Auswahlkriterien gemischt in einer Klausel stehen, empfiehlt sich ein etwas hausbacken wirkender Mechanismus: ein Kommentar. Ich schreibe in aufwendigeren Anweisungen durchaus diesen Kommentar und folge zudem einigen einfachen Regeln:

▶ In der Tabellenliste notiere ich die zentralen, wichtigen Tabellen zuerst und die unwesentlichen als letzte.

▶ In der where-Klausel notiere ich zuerst die Join-Bedingungen und dann die Auswahlkriterien.

▶ Die Reihenfolge der Join-Bedingungen entspricht der Reihenfolge der Tabellenliste.

▶ Die Reihenfolge der Auswahlkriterien entspricht ebenfalls dieser Reihenfolge.

Hier also das Beispiel von oben in Oracle-proprietärer Schreibweise. Ich habe geschrieben, dass ich die Tabellen nach Wichtigkeit sortiere. Hier ist mein Kriterium, dass ich die Tabelle JOBS lediglich benötige, um den Namen des konkreten Jobs nachzuschlagen, denn die näheren Angaben zu einem Beruf finden sich eben in dieser separaten Tabelle, referenziert werden diese Informationen über die Spalte JOB_ID. Da diese Speicherungsform sehr häufig verwendet wird, hat sich für diese Art Tabelle auch der etwas unscharfe Begriff *Lookup-Tabelle* eingebürgert. In der reinen Form wäre das etwa eine Tabelle, die hinter einem Kürzel, zum Beispiel für die Anrede, die ausgeschriebene Bezeichnung speichert und sonst nichts. Wenn aber, wie in diesem Beispiel, noch einige andere Informationen zu einem Job hinterlegt sind, wie etwa das Minimal- und Maximalgehalt, das für diesen Beruf gezahlt wird, so ist die Entscheidung, welche Tabelle nun »wichtiger« als die andere ist, nicht mehr so einfach. Dann entscheide ich einfach nach dem Blickwinkel, den meine Abfrage einnimmt. Ich sage hier: Gib mir den Mitarbeiter und seine Jobbezeichnung, dann ist für mich die Tabelle EMPLOYEES führend und kommt in der Abfrage als erste dran. Ähnlich sehe ich die Beziehung zur Tabelle DEPARTMENTS. Nun also die Anweisung:

```sql
SQL> select e.last_name, j.job_title, d.department_name
  2    from employees e, jobs j, departments d
  3   where /* JOINS */
  4         e.job_id = j.job_id
  5     and e.department_id = d.department_id
  6         /* CONSTRAINTS */
  7     and d.department_id = 20;

LAST_NAME    JOB_TITLE                 DEPARTMENT_NAME
-----------  ------------------------  ---------------
Hartstein    Marketing Manager         Marketing
Fay          Marketing Representative  Marketing
```

Listing 6.4 Einfacher Inner Join in Oracle-Schreibweise

Nun ja, in einem so einfachen Fall sind die Kommentare wohl eher überflüssig. Wenn Sie aber mit sieben oder acht Tabellen arbeiten und zudem noch einige Auswahlkriterien haben, ist das schon eine andere Sache. Ein Beispiel für eine Non-Equi-Join-Bedingung verkneife ich mir hier, es wäre lediglich die Join-Bedingung anzupassen.

6.3   Outer Join

Die Join-Bedingungen, die wir bislang besprochen haben, legen zugrunde, dass all die Zeilen einer Tabelle in der Ausgabe angezeigt werden, für die eine Übereinstimmung der Bedingung für mindestens eine Zeile in der verbundenen Tabelle gefunden wurde. Wir sollten meinen, dass dies ja auch beabsichtigt und damit sinnvoll ist. Könnte es aber einen Fall geben, wo wir mehr möchten? Natürlich, den gibt es. Sehen Sie sich dazu noch einmal kurz die Tabellen oben an. Was wäre, wenn ein Mitarbeiter aktuell keiner Abteilung zugeordnet wäre? Das Datenmodell verbietet das nicht, denn die Spalte `DEPARTMENT_ID` enthält keinen `not null`-Constraint. Möchte ich aber nun eine Auswertung machen, die alle Mitarbeiter zeigt, ob sie nun in einer Abteilung arbeiten oder nicht, und benötige ich zudem den Namen der Abteilung, geht das mit unseren bisherigen Mitteln nicht, denn für einen Mitarbeiter ohne Abteilung wird die Join-Bedingung niemals `wahr` werden, daher würde dieser Mitarbeiter in der Auswertung auch nicht auftauchen. Analog könnten wir uns überlegen, dass es Abteilungen geben könnte, in denen kein Mitarbeiter arbeitet. Dieser Fall ist niemals ausgeschlossen.

Erinnern Sie sich noch, warum? Nun, während wir im Fall, dass ein Mitarbeiter zwingend einer Abteilung zugeordnet werden muss, noch einen `not null`-Constraint verwenden können, ist dies andersherum in Datenbanken nicht durchsetzbar: Es gibt keinen Constraint, der dafür Sorge trägt, das *alle* Werte eines Primärschlüssels in einer Fremdschlüsselbeziehung auch referenziert werden müssen. Genau das aber müssten wir hier einfordern können. Zurück also zu unserer Überlegung: Es kann Abteilungen geben, in denen kein Mitarbeiter arbeitet. Eine Auswertung, die alle Abteilungen und die in ihnen arbeitenden Mitarbeiter zeigt, unterdrückt aus gleichem Grund alle Abteilungen ohne Mitarbeiter. Wir benötigen eine mächtigere Schreibweise für Joins, um diese Fälle zu bearbeiten, wir benötigen `Outer Joins`.

6.3.1 Left und Right Outer Join

Beginnen wir damit, dass wir unsere SQL-Anweisung dadurch erweitern, das wir alle Abteilungen darstellen, unabhängig davon, ob in ihr ein Mitarbeiter arbeitet oder nicht. Für den Fall, dass es Mitarbeiter gibt, möchten wir natürlich die »normale« Zuordnung beider Tabellenzeilen aufrechterhalten, die Ausgabe soll lediglich zusätzlich die Zeilen der Tabelle `DEPARTMENTS` enthalten, die keine Entsprechung auf der anderen Tabellenseite haben. Ersatzweise wollen wir daher auf dieser Seite null-Werte sehen. Der Join, den wir hierfür benötigen, wird deshalb als *Outer Join* bezeichnet, weil er sozusagen »über die Grenzen der Join-Bedingung hinaus« sehen kann. Wieder gibt es ein optionales Schlüsselwort, `inner` wird hier durch `outer` ersetzt, aber das reicht nicht: Zusätzlich muss angezeigt werden, ob die Zeilen der »rechten« oder »linken« Tabelle vollständig angezeigt werden sollen. Dementsprechend haben wir ein weiteres, diesmal verpflichtendes Schlüsselwort, nämlich `right` oder `left`, um diese Seite zu bestimmen. Rechts oder links bezieht sich auf die Position der Tabelle, die alle Zeilen anzeigen soll, bezogen auf das Schlüsselwort `join`. Wenn Sie also alle Mitarbeiter sehen wollen, ob diese nun in einer Abteilung arbeiten oder nicht, und die Tabelle EMPLOYEES steht links vom Schlüsselwort join, benötigen Sie einen left outer join. Ich hatte ja bereits beschrieben, dass ich mehr nach Gefühl entscheide, welche Tabelle als erste und welche als zweite geschrieben wird, und aus diesem Gedanken heraus ist auch klar, dass Sie sich bei der Join-Bedingung letztlich frei entscheiden können, ob Sie einen left oder right outer join schreiben. Denn wenn die Reihenfolge der Tabellen beliebig ist, kann diese natürlich so gewählt werden, dass zum Beispiel immer ein Left-Join verwendet werden kann. Wie üblich empfehle ich, sich für eine der beiden Schreibweisen zu entscheiden und dabei dann innerhalb der Anweisung konsequent zu bleiben, alles andere trägt lediglich zur Verwirrung bei.

Sehen wir uns also die Anweisung mit einem Outer Join an. Da wir die Tabelle DEPARTMENTS komplett darstellen möchten und ich mich entschieden habe, die Tabelle EMPLOYEES als erste zu nennen, benötigen wir hier also einen right outer join (das Schlüsselwort outer ist optional, daher lasse ich es gleich weg):

```
SQL> select e.last_name, d.department_name
  2    from employees e
  3    right join departments d
  4      on e.department_id = d.department_id;

LAST_NAME                 DEPARTMENT_NAME
------------------------- -------------------------------
King                      Executive
Kochhar                   Executive
De Haan                   Executive
Hunold                    IT
Ernst                     IT
Austin                    IT
Pataballa                 Shipping
Lorentz                   IT
Greenberg                 Finance
Faviet                    Finance
Chen                      Finance
Sciarra                   Finance
Urman                     Finance
Popp                      Finance
Raphaely                  Purchasing
...
Gietz                     Accounting
                          NOC
                          Manufacturing
                          Government Sales
                          IT Support
```

```
                              Benefits
                              Shareholder Services
                              Retail Sales
                              Accounting
                              Control And Credit
                              Recruiting
                              Operations
                              Treasury
                              Payroll
                              Corporate Tax
                              Construction
                              Contracting
                              IT Helpdesk

123 Zeilen ausgewählt.
```

Listing 6.5 Abfrage mit einem Right Outer Join

Sie erkennen, dass nun mehr Zeilen zurückgeliefert werden, als Mitarbeiter in der Tabelle EMPLOYEES existieren (das waren 107). 17 Abteilungen haben also offensichtlich in unseren Testdaten keine Mitarbeiter, wie Sie leicht nachzählen können. 123 Zeilen minus 17 sind aber nicht 107, sondern nur 106. Warum fehlt eine Zeile? Nun, in unserer Abteilung werden die Mitarbeiter, die in keiner Abteilung arbeiten, unterdrückt, daher können weniger Zeilen ausgegeben worden sein. Es ist nun sicherlich kein Hexenwerk, umgekehrt die Frage zu klären, welche Mitarbeiter in keiner Abteilung arbeiten. Sie können einfach right outer join durch left outer join ersetzen und sehen, dass in diesem Fall alle Mitarbeiter, auch die ohne Abteilung, angezeigt werden. Das sollten Sie sofort ausführen können, und als Ergebnis erwarten wir alle 107 Mitarbeiter zurück. Lassen Sie uns diese Abfrage aber noch leicht erweitern, indem wir lediglich *die* Mitarbeiter anzeigen lassen, die in keiner Abteilung arbeiten. Denken Sie kurz darüber nach, wie wir das erreichen. Es ist eigentlich nicht schwer, denn wir benötigen ja lediglich die Zeilen zurück, für die D.DEPARTMENT_ID den Wert null enthält:

```
SQL> select e.last_name, d.department_name
  2    from employees e
  3    left join departments d
  4      on e.department_id = d.department_id
  5    where d.department_id is null;


LAST_NAME                   DEPARTMENT_NAME
------------------------     -------------------
Grant
```

Listing 6.6 Ein Left Outer Join mit Filterung der Ergebnisliste

Lassen Sie sich durch den Outer Join nicht beirren, es bleibt bei der Reihenfolge der Ausführung der SQL-Anweisung: Erst wird die from-Klausel bearbeitet, dadurch entsteht eine virtuelle neue Tabelle. Diese Tabelle enthält die Daten, die wir in der right outer join-Abfrage beispielhaft gesehen haben, und zwar alle Spalten beider Tabellen. Daher ist es natürlich leicht möglich, in der where-Klausel die Zeilen der DEPARTMENTS-Tabelle auf null-Werte zu prüfen. Da es sich bei der gefilterten (aber nicht dargestellten) Spalte D.DEPARTMENT_ID um den Primärschlüssel der Tabelle DEPARTMENTS handelt, kann dieser nur dann null sein, wenn für diese Zeile keine entsprechende Join-Bedingung gefunden werden konnte, die zu wahr evaluiert. Daher ist die Filterung über den null-Wert dieser Spalte korrekt, um zu der Liste der Mitarbeiter zu kommen, die in keiner Abteilung arbeiten.

Outer Joins werden sehr häufig verwendet, oftmals sind Outer Joins sogar unbedingt *erforderlich*. Warum ist das so? Das wird sofort klar, wenn wir aus Sicht der Mitarbeiter diese Frage durchdenken: Wir möchten einen Bericht über alle unsere Mitarbeiter. Als eine der Spalten, die wir in der Ausgabe sehen möchten, blenden wir die Abteilungsbezeichnung ein. Auf einmal fehlt aber nun ein Mitarbeiter, weil einer nun einmal keiner Abteilung zugeordnet ist! Ich hatte ja bereits geschildert, dass dieser Fall durch das Datenmodell nicht geschützt ist, weil der not null-Constraint auf der Fremdschlüsselspalte fehlt. Dieser Fehler kann Ihnen in der Realität natürlich nicht passieren: Da Sie dies natürlich vorher geprüft hatten, ist Ihnen klar, dass Ihnen hier nur ein outer join helfen kann, richtig? Na ja, das mit der Analyse des Datenmodells ... Sie sehen aber an diesem Beispiel, wie schnell es passieren kann, dass eine Zeile bei der Verknüpfung zweier Tabellen verloren gehen kann. Stellen Sie sich vor, dass Sie die Anzahl der Zeilen, die durch eine Abfrage ermittelt werden soll, nicht genau kennen. Das Ergebnis lautet: 3.752 Zeilen wurden geliefert. Ist das nun korrekt oder nicht? Wir kommen um eine sorgfältige Analyse leider nicht herum, um zu verhindern, dass eine Abfrage, die zu Beginn vielleicht sogar noch korrekte Ergebnisse liefert, im Laufe der Zeit auf einmal nicht mehr korrekt funktioniert. Denn, wenn Sie sich auf eines verlassen können, ist es Folgendes: Wenn eine Datenanomalie auftreten kann (in unserem Beispiel, weil der not null-Constraint fehlt), wird sie auch auftreten, früher oder später. Das Lästige daran ist, dass diese Datenanomalien wahrscheinlich in Ihrem Testsystem gar nicht enthalten sind, weil dort die Kollegen, die die Testdaten erfassen, eben keine Datenanomalien hineinlegen. Sinnvoll wäre das aber in jedem Fall: Versuchen Sie, die Testdaten so hinterhältig wie möglich anzulegen, damit Sie bereits frühzeitig erkennen, welche Probleme Sie bekommen könnten.

Vielleicht noch ein weiterer Gedanke zum »fehlenden« not null-Constraint auf der Fremdschlüsselspalte: Hätten wir diesen Constraint, wäre die Folge, dass ein Mitarbeiter nur dann korrekt angelegt werden kann, wenn seine Abteilung bereits existiert. Wir müssten in einem solchen Datenmodell also zunächst die Abteilung und erst danach alle Mitarbeiter einfügen. Einschränkungen dieser Art bringen die Anwender schnell zu kreativen Lösungen: Da eine Abteilung angegeben werden muss, wird zunächst einmal der Mitarbeiter »irgendwo« untergebracht, bis man Näheres weiß ... Ein Datenmodell kann einfach nicht beliebig »fest« vereinbart werden und alle Eventualitäten schützen. Handwerker kennen dieses Phänomen schon lange in Bezug auf das Anziehen von Schrauben: Nach *fest*, sagt man dort, kommt *ab*. Sie müssen also damit rechnen, dass die Daten niemals so sauber in der Datenbank sind, wie Sie das gerne hätten.

Fassen wir zusammen: Wir können einen Join so erweitern, dass er entweder von der rechten oder linken Tabelle, die am Join beteiligt ist, alle Zeilen zusätzlich zu den Treffern der Join-Bedingung anzeigt. Diese Erweiterung ist immer dann zu überlegen,

▸ wenn eine Fremdschlüsselspalte keinen `not null`-Constraint hat und alle Zeilen dieser Tabelle dargestellt werden sollen, da in diesem Fall die Möglichkeit besteht, unbeabsichtigt Zeilen zu verlieren, die man eigentlich anzeigen wollte, oder aber dann,

▸ wenn die Abfrage alle Zeilen der Tabelle liefern soll, die in der Join-Bedingung den Primärschlüssel liefert, da in diesem Fall kein Constraint existiert, das sicherstellen könnte, das alle Primärschlüsselwerte durch auch referenziert werden.

Die Schreibweise ist einfach, das Schlüsselwort `join` muss lediglich um einen Richtungszeiger `right` oder `left` erweitert werden, der anzeigt, welche der beiden beteiligten Tabellen vollständig angezeigt werden soll.

6.3.2 Full-Join

Das letzte Beispiel hat aber auch gezeigt: Es gibt sowohl Zeilen in der Tabelle EMPLOYEES, zu denen es keine Entsprechung in der Tabelle DEPARTMENTS gibt, wie auch umgekehrt. Könnten wir nun auch all die Zeilen anzeigen, die auf der einen oder der anderen Seite keine entsprechende Zeile haben? Vielleicht erscheint diese Frage zunächst etwas akademisch, aber sie wird häufig gestellt. Ich erinnere mich daran, für einen Operationstrakt mit 15 Operationssälen eines Krankenhauses diese Frage beantwortet zu haben. Die Situation: Operationen wurden in diesem Krankenhaus über ein Planungsprogramm vorbereitet und in einem weiteren Programmteil dann entsprechend dokumentiert. Für eine Analyse der verbrauchten und geplanten Ressourcen war es erforderlich, zu zeigen, welche Operationen geplant und anschließend durchgeführt wurden. Allerdings wurden Operationen zwar geplant, aber nachfolgend nicht durchgeführt, vielleicht, weil der Patient nicht belastbar genug für eine Operation war. Andersherum gab es allerdings auch ungeplante Operationen durch Notfälle. In diesem Szenario sollten alle Fälle dargestellt werden.

Wir können diesen Fall auch mit unseren Testdaten darstellen. Wir möchten gerne sehen, welche Mitarbeiter keiner Abteilung zugeordnet sind und andererseits alle

Abteilungen, die keine Mitarbeiter beschäftigen. Die Mittel haben wir, allerdings benötigen wir eine Join-Bedingung, die auf beiden Seiten alle Zeilen anzeigt. Dies ist der *Full-Join*. Syntaktisch ist das nicht sehr spannend, es muss lediglich das Schlüsselwort right oder left durch full ersetzt werden. Hier also ein Beispiel für diesen Join-Typ:

```
SQL> select e.last_name, d.department_name
  2    from employees e
  3    full join departments d
  4      on e.department_id = d.department_id
  5    where d.department_id is null
  6      or e.department_id is null;


LAST_NAME                DEPARTMENT_NAME
------------------------ ---------------------
Grant
                         NOC
                         Manufacturing
                         Government Sales
                         IT Support
                         Benefits
                         Shareholder Services
                         Retail Sales
                         Accounting
                         Control And Credit
                         Recruiting
                         Operations
                         Treasury
                         Payroll
                         Corporate Tax
                         Construction
                         Contracting
                         IT Helpdesk


18 Zeilen ausgewählt.
```

Listing 6.7 Beispiel für einen Full-Join

In der Abfrage habe ich nun gefiltert, dass nur Zeilen geliefert werden sollen, die entweder durch den left oder right join zusätzlich angezeigt werden, indem ich einfach auf einen null-Wert auf der einen *oder* anderen Seite eingeschränkt habe. 18 Zeilen, dies als kurze Gegenprüfung, erscheinen uns plausibel, denn es ist der eine Mitarbeiter, der in keiner Abteilung arbeitet, und es sind die 17 Abteilungen ohne Mitarbeiter, die wir ja bereits gesehen haben. Solche kleinen Gegenprüfungen sind sehr wichtig. Lassen Sie sich nicht zu früh von Ihrer logischen Fähigkeit beeindrucken! Oftmals ist es so, dass Sie erst beim Schreiben einer Abfrage die tatsächlichen logischen Probleme vollständig verstehen. Diese kleinen Prüfungen helfen Ihnen, solche Probleme überhaupt erst einmal zu erkennen.

6.3.3   Cross-Join

Kommen wir zum letzten Outer Join, dem Cross-Join. Dieser Typ ist eher der Exot unter den Joins, er wird relativ selten verwendet. Dieser Join-Typ verbindet jede Zeile der einen mit jeder Zeile der zweiten Tabelle und erzeugt etwas, was ein *kartesisches Produkt* genannt wird. Stellen wir uns das an dem Beispiel unserer beiden Tabellen vor: Wenn jede Zeile der einen (EMPLOYEES, 107 Zeilen) mit jeder Zeile der anderen (DEPARTMENTS, 28 Zeilen) und jeder Zeile einer dritten (JOBS, 19 Zeilen) Tabelle verbunden wird, entstehen immerhin schon 107 * 28 * 19 = 56.924 Zeilen! Was soll erst passieren, wenn Sie mit richtig großen Tabellen arbeiten? Und dennoch wird dieser Join-Typ verwendet. Dies ist natürlich nur dann sinnvoll, wenn Sie explizit dieses kartesische Produkt haben möchten. Aber wann kann das der Fall sein? Ein Beispiel wäre, dass eine der beiden Tabellen sicher lediglich eine Zeile enthält und es keine sinnvolle Join-Bedingung gibt. Ich hatte diesen Fall einmal, als ich eine XML-Instanz durch ein Stylesheet umwandeln lassen wollte, das sich als Spaltenwert in einer Tabelle befand. Ich habe in diesem Fall dieses Stylesheet zur XML-Abfrage hinzugemischt, um es über SQL ansprechen zu können und zur Umwandlung von XML zu verwenden. Vielleicht erkennen Sie aber bereits an dem etwas speziellen Beispiel, dass die sinnvolle Verwendung dieses Join-Typs selten ist. Der Vollständigkeit halber zeige ich Ihnen aber dennoch die Syntax. Natürlich entfällt hier eine Join-Bedingung mit der on-Klausel:

```
SQL> select e.last_name, d.department_name
  2    from employees e
  3    cross join departments d


LAST_NAME                DEPARTMENT_NAME
------------------------ ------------------------------
King                     Executive
Kochhar                  Executive
De Haan                  Executive
Hunold                   IT
Ernst                    IT
Austin                   IT
Pataballa                Shipping
...
2996 Zeilen ausgewählt
```

Listing 6.8 Syntax einer Cross-Join-Abfrage

6.3.4   Oracle-proprietäre Schreibweise

Oracle kennt nur eine proprietäre Schreibweise für den `left` oder `right join`, nicht aber für den `full join`. Im Fall des `cross join` wird einfach nur die Join-Bedingung in der `where`-Klausel weggelassen. Eine `full join`-Abfrage muss relativ umständlich über `union all`-Abfragen erzeugt werden (siehe Abschnitt 6.5, »Mengenoperationen mit UNION, MINUS und INTERSECT«). Daher ist für uns und in diesem Kontext lediglich die Schreibweise des `right` und `left join` von Interesse. Diese Syntax ist allerdings so seltsam, dass die Anforderung, einen solchen Join zu schreiben, den ein oder anderen bereits in die ISO-kompatible Schreibweise »getrieben« hat.

Die Besonderheit der Schreibweise ist die, dass auf *der* Seite, auf der `null`-Werte erlaubt werden sollen (also genau auf der anderen Seite im Vergleich zur ISO-kompatiblen Schreibweise) die Join-Bedingung um ein Pluszeichen erweitert wird, das zudem in Klammern geschrieben sein muss. Bevor wir uns diese Schreibweise ansehen, soll auch hier angemerkt werden, dass die Seite, auf der das Pluszeichen ergänzt werden soll, ebenfalls in einer Abfrage durchgehend entweder auf die rechte oder linke Seite der Join-Bedingung geschrieben werden kann. Letztlich ist es ja egal, wie herum die Join-Bedingung geprüft wird. Bei der Schreibweise nach Oracle-Standard bevorzuge ich allerdings, das Pluszeichen nach rechts zu schreiben (was einem `left outer join` entspricht), weil diese Zeichen dann in einer komplexen Abfrage leichter zu erkennen sind, da sie sich nicht »mitten im Gewühl« verstecken, sondern alle rechts »rausgucken«. Auch hier ist es wieder so, dass wir keine logischen Unterschiede zwischen Oracle- und ISO-Schreibweise zu beachten brauchen, daher direkt das Beispiel in Oracle-Schreibweise:

```
SQL> select e.last_name, d.department_name
  2    from employees e, departments d
  3    where e.department_id = d.department_id (+)
  4    and d.department_id is null;


LAST_NAME                DEPARTMENT_NAME
------------------------ ------------------------
Grant
```

Listing 6.9 LEFT OUTER JOIN in Oracle-Schreibweise

Ein `full outer join` ist so nicht möglich, weil es in der Oracle-Schreibweise verboten ist, das Pluszeichen auf beide Seiten zu schreiben. Es gibt auch keine Ersatznotation für diesen Join-Typ. Ergibt sich Sie also für Sie die Notwendigkeit, einen `full outer join` zu verwenden, ist dies ein starkes Argument für die ISO-Schreibweise. Zusammenfassend kann ich sagen, dass die neue, ISO-kompatible Schreibweise mächtiger und wohl auch etwas klarer ist als die Oracle-proprietäre Schreibweise. Wie üblich gibt es auch keinerlei Performanzunterschiede, womit also auch dieses Argument entfällt, sich für eine Schreibweise zu entscheiden. Das Beharrungsvermögen gerade auch »alter Hasen« im Oracle-Umfeld ist allerdings beträchtlich (ich gebe zu, auch ich bin dafür anfällig) und sorgt dafür, dass Sie mit Sicherheit beide Schreibweisen sehen werden. Wofür Sie sich entscheiden, hängt von Ihrer persönlichen Vorliebe ab. Sind Sie noch unsicher, empfehle ich Ihnen, sich direkt an die neuere Schreibweise zu gewöhnen. Dies hat zudem den Vorteil, dass diese Schreibweise als Standard von mehreren Datenbanken und damit auch von mehr Datenbankentwicklern gekannt und verstanden wird, Ihr Code demnach also leichter portabel sein kann.

6.4   Anti-Join, Semi-Join und Self-Join

Na ja, zum Schluss dieses Themenkomplexes habe ich noch etwas Exotisches für Sie: einen Anti-Join, einen Semi-Join und einen Self-Join. Was, um alles in der Welt, ist denn das? Nun, in der Hauptsache sind es Begriffe und wenig mehr. Es sind Begriffe, die sich für eine gewisse Abfrageart eingebürgert haben. Betrachten wir die verschiedenen Begriffe kurz, dann wird es direkt klar.

6.4.1   Anti-Join

Wir haben eigentlich bereits einen Anti-Join gesehen, wenn auch gewissermaßen unabsichtlich und nicht mit der Syntax, die normalerweise für diesen Join-Typ vorgesehen ist, aber immerhin: die Abfrage nämlich, die bei einem Outer Join nur die Zeilen zurückliefern sollte, die auf der jeweils anderen Seite keine Entsprechung hat. Und das ist auch die Definition eines Anti-Joins: Zeige mir alle Zeilen, die in der zweiten Tabelle die Join-Bedingung nicht erfüllen. Wir haben das realisiert, indem wir eine oder beide Seiten auf null-Werte eingeschränkt haben. Es geht auch anders, wie beinahe alles in SQL auch anders geht. Leider fehlen uns für diese andere Schreibweise derzeit noch die Mittel, denn wir müssten hierzu SQL-Anweisungen schachteln können. Daher bespreche ich diese Schreibweise, wenn wir das Thema Unterabfragen bearbeiten, zumal inhaltlich beim Anti-Join nichts grundsätzlich Neues hinzukommt, denn wir konnten die Fragestellung ja bereits mit unseren Mitteln lösen. Daher möchte ich, mehr als Erinnerung, unsere Abfrage zeigen, die einen Anti-Join implementiert, verspreche aber, das Thema wieder aufzugreifen, wenn wir geschachteltes SQL besprechen:

```
SQL> select e.last_name
  2    from employees e
  3    left join departments d
  4      on e.department_id = d.department_id
  5   where d.department_id is null;
```

```
LAST_NAME               DEPARTMENT_NAME
----------------------- -------------------
Grant
```

Listing 6.10 Ein Anti-Join mit den bislang bekannten Mitteln

Als ich dieses Beispiel für das Buch geschrieben hatte, interessierte mich allerdings doch, ob mein Beispiel für diesen Abfragetyp tatsächlich schlechter ist als die eigentlich optimierte Schreibweise mit der Unterabfrage oder ob der Optimizer (Sie erinnern sich, das Programm, das den Ausführungsplan berechnet) meine Schreibweise optimiert. Als ich dann meine Schreibweise getestet habe, staunte ich zunächst einmal nicht schlecht, denn ich hatte mit diesem Ergebnis nicht gerechnet (Abbildung 6.4).

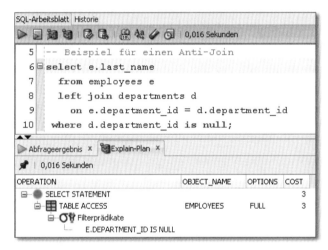

Abbildung 6.4 Der überraschende Ausführungsplan des Anti-Joins

Nanu? Nichts ist mehr zu sehen von einem Join zur Tabelle DEPARTMENTS, stattdessen lediglich ein Filter auf die Tabelle EMPLOYEES. Nach kurzem Stutzen wurde mir klar, dass ich das Beispiel des Anti-Joins soweit vereinfacht hatte, dass zur Beantwortung der Frage eigentlich gar kein Join mehr erforderlich ist, insbesondere deshalb, weil keine Spalte der Tabelle DEPARTMENTS in der Ausgabe ausgegeben werden soll (was bei dieser Abfrage ja auch Blödsinn wäre, weil diese Spalten alle null-Werte enthielten): Da die Beziehung über die Spalten DEPARTMENT_ID hergestellt wird, ist Oracle klar, dass eine solche Beziehung nicht existiert, wenn die lokale DEPARTMENT_ID leer ist. Kann man das voraussetzen? Könnte nicht auch noch der Fall auftreten, dass eine DEPARTMENT_ID zwar vergeben, in der Tabelle DEPARTMENTS aber nicht vorhanden ist? Nein, das geht nicht, das schützt der Fremdschlüssel-Constraint, daher ist diese Vereinfachung möglich. Die Datenbank ist schon clever, das muss man sagen!

6.4.2 Semi-Join

Auch das zweite Thema, den Semi-Join, würde ich gern vertagen: Es handelt sich um die speziellere Fragestellung eines allgemeinen Joins, die insofern spezieller ist, als es uns bei diesem Join-Typ nicht interessiert, *wie viele* zugehörige Zeilen ein Join liefert, sondern lediglich, *ob überhaupt* eine zugehörige Zeile vorhanden ist. Stellen wir uns hierzu vor, wir wollten alle Abteilungen liefern, in denen Mitarbeiter arbeiten. Wir haben diese Frage bereits beantwortet, indem wir auf die Tabelle EMPLOYEES eine distinct-Abfrage auf die Spalte DEPARTMENT_ID ausgeführt haben. Gut, aber die distinct-Klausel ist relativ teuer, da sie die gesamte Tabelle durchsucht und Dubletten bereinigt. Sie werden übrigens, wenn Sie parallel auch andere SQL-Bücher lesen (tun Sie so etwas etwa, wo Sie doch meins haben?) oft die Aussage finden, distinct sei teuer, da es die Tabelle sortieren müsse. Das stimmt zwar nur zum Teil, da Oracle nicht (teuer) sortiert, sondern (preiswerter) einen Hashcode berechnet, aber natürlich könnten wir von einer besseren Abfragestrategie profitieren, die nur *bis zum ersten Treffer* suchen und danach die Bedingung als erfüllt ansehen würde.

Haben wir also eine Fragestellung, die sich nur dafür interessiert, *ob* es eine Zeile in einer anderen Tabelle gibt (zum Beispiel finde alle Kunden, die jemals etwas bei uns bestellt haben), ist dies ein Semi-Join, denn uns interessiert nicht jede resultierende Zeile, sondern lediglich die Existenz *mindestens einer* Zeile in der anderen Tabelle. Und hierfür gibt es eine spezielle Syntax über die Klausel exists, die allerdings ebenfalls eine *Unterabfrage*, also eine geschachtelte SQL-Anweisung benötigt und daher erst zu diesem Zeitpunkt besprochen werden soll. Doch auch diese Fragestellung lässt sich bereits mit uns bekannten Mitteln lösen, wie Sie am Beispiel der distinct-Anweisung gesehen haben. Als Beispiel, oder besser, Beweis für diese Aussage zeige ich Ihnen hier einmal eine leicht abgewandelte Abfrage für das Problem: Welche Abteilung beinhaltet Mitarbeiter, und zwar diesmal aus Sicht der Tabelle DEPARTMENTS mit einem Join auf die Tabelle EMPLOYEES? Wir wollen wissen, wie die Abteilungen heißen, die Mitarbeiter beschäftigen, und benötigen daher dringend die Tabelle DEPARTMENTS. Andererseits ist die Information, ob in diesen Abteilungen Mitarbeiter arbeiten, nur in der Tabelle EMPLOYEES enthalten. Alle Abteilungen, die nun Mitarbeiter enthalten, sollen nur einmal aufgeführt werden. Das stellen wir durch die distinct-Klausel sicher:

```
SQL>    select distinct d.department_name
   2    from departments d
   3    join employees e
   4      on d.department_id = e.department_id;


DEPARTMENT_NAME
------------------------------
Administration
Accounting
```

```
Purchasing
Human Resources
IT
Public Relations
Executive
Shipping
Sales
Finance
Marketing
```

6

11 Zeilen ausgewählt.

Listing 6.11 Ein Beispiel für einen Semi-Join (ohne EXISTS-Klausel)

Die Arbeit, die hier zu tun ist, besteht darin, dass durch die distinct-Klausel die bereits beschriebene Hashtabelle mit den eindeutigen Ausgabewerten berechnen muss. Diese Arbeit entfällt in der optimierten Form, weil die Datenbank hier die effizientere Form des Semi-Joins implementieren kann: Sie bricht nach dem ersten Treffer die weitere Suche nach passenden Zeilen ab und kümmert sich um die nächste Zeile der Ausgangstabelle.

Sind Sie der Meinung, diese Fragestellung hätte ich leichter doch auch anders lösen können? Nutzen Sie diesen Impuls, und probieren Sie Ihre Lösung aus. Sie werden durch die Beschäftigung mit einem Problem ein sehr viel besseres Verständnis für solche Fragestellungen entwickeln, als wenn ich Ihnen diese anderen Varianten zeigte. Also: Wie sonst könnten Sie herausfinden, wie die Abteilungen heißen, in denen Mitarbeiter arbeiten? Zeigen Sie jede Abteilung dabei nur einmal.

6.4.3   Self-Join

Bliebe als letzter Join-Typ noch der Self-Join. Ein Self-Join ist ein Join auf die eigene Tabelle, Start und Ziel des Joins liegt also in derselben Tabelle, allerdings natürlich auf verschiedenen Spalten. Sie haben diese Situation bei der Analyse des Datenmodells von HR bereits als Fremdschlüssel-Constraint kennengelernt, und zwar zwischen den Spalten EMPLOYEE_ID als Primär- und MANAGER_ID als Fremdschlüsselspalte. Der Sinn des Constraints war, sicherzustellen, dass ein Manager, den ein Mitarbeiter erhält, tatsächlich auch ein Mitarbeiter des Unternehmens sein muss.

Auch bei diesem Join-Typ möchte ich den Hype um den Begriff etwas herunterkühlen, denn SQL ist es, wie schon gesagt, herzlich egal, woher Daten kommen. Für SQL ist alles lediglich eine Relation. So auch hier: Zufällig ist das Ziel des Constraints halt an derselben Stelle gespeichert. Das ändert an den logischen Begebenheiten gar nichts. Nach wie vor ist es möglich, zwischen diesen beiden Spalten Inner oder Outer

Joins zu vereinbaren, es gilt alles, was wir syntaktisch bereits gesagt haben. Insofern also nichts Neues. Gäbe es da nicht ein Problem: Wie sprechen wir eine Tabelle eigentlich zweimal an? Wir können ja wohl kaum sagen

```
select e.last_name, e.last_name
  from employees e
 where e.manager_id = e.employee_id;
```

denn woher sollte die Datenbank nun wissen, was wir meinen? Welche Spalte soll gleich welcher sein? So, wie wir oben fragen, kann eigentlich keine Zeile herauskommen, es sei denn, ein Mitarbeiter managt sich selbst. Der Trick, den wir hier benötigen, ist ganz simpel: Wir wiederholen einfach den Namen der Tabelle, vereinbaren aber zwei unterschiedliche Tabellenaliase. Auf diese Weise entstehen sozusagen zwei Zeiger (die Finger aus meinen früheren Erklärungsversuchen), die auf dieselbe Tabelle zeigen. Anschließend geht alles, wie gehabt. Wir können nun alle Join-Typen auch auf diese beiden Spaltenaliase anwenden. Als Beispiel für einen Self-Join möchte ich gern wissen, wie die Manager der Mitarbeiter heißen. Doch auch hier gilt: Nicht einfach lesen, sondern zunächst selber denken! Wenn die EMPLOYEES-Tabelle einmal mit dem Alias e für »Employee« und einmal mit dem Alias m für »Manager« angesprochen wird, wie lautet dann die Join-Bedingung, um für einen Mitarbeiter seinen Manager zu finden?

Okay, hier also die Abfrage:

```
SQL> select e.last_name mitarbeiter,
  2         m.last_name manager
  3    from employees e
  4    left join employees m
  5      on e.manager_id = m.employee_id;


MITARBEITER              MANAGER
------------------------ ---------------
Hartstein                King
Zlotkey                  King
Cambrault                King
Errazuriz                King
Partners                 King
Russell                  King
Mourgos                  King

...
107 Zeilen ausgewählt
```

Listing 6.12 Beispiel für einen Self-Join

Wir sprechen also die Tabelle EMPLOYEES zweimal an. Die richtige Join-Bedingung lautet, dass die Managernummer des Mitarbeiters gleich sein muss der Mitarbeiternummer des Managers, also e.manager_id = m.employee_id. Erfahrungsgemäß haben viele SQL-Anfänger mit diesen Entscheidungen Schwierigkeiten. Falls auch Sie, lassen Sie sich trösten: Das vergeht relativ schnell.

Nebenbei: Falls Sie die Abfrage selbst und nicht nur abgeschrieben haben: Haben auch Sie 107 Zeilen erhalten? Falls nicht, sage ich ja wohl gar nichts mehr dazu ...

6.5   Mengenoperationen mit UNION, MINUS und INTERSECT

Eine Art Join stellen auch die Mengenoperationen mit union, minus und intersect dar, allerdings in etwas anderem Sinne. Mit diesen Mengenoperationen ermöglichen wir, Vereinigungs- oder Schnittmengen zu bilden. Wenn Sie eine Schnittmenge zwischen zwei Tabellen bilden, handelt es sich eigentlich um eine Join-Operation, denn wir lassen nur Zeilen passieren, die in beiden Tabellen vorhanden sind. Der Unterschied liegt darin, dass wir keine Join-Bedingung angeben und daher nicht steuern können, worin genau die Gleichheit der beiden Tabellen bestehen soll. Bei den Joins hatten wir ja die Möglichkeit, mit beliebigen Booleschen Ausdrücken einen Vergleich zwischen zwei Zeilen herzustellen. Evaluiert dieser Vergleich zu wahr, sind die Zeilen als zueinandergehörend anzusehen. Die Mengenoperationen vergleichen stets alle Spalten der Tabelle und können lediglich auf Gleichheit aller Spaltenwerte vergleichen. Ein weiterer Unterschied: Im Unterschied zum Join werden bei einer Mengenoperation die Zeilen »hintereinander«, und nicht »nebeneinander« angeordnet, die Anzahl der Spalten bleibt bei Mengenoperationen also gleich, lediglich die Zahl der Zeilen ändert sich eventuell. Dies hat die direkte Konsequenz, dass beide Tabellen, die Sie mittels einer Mengenoperation verbinden möchten, in der Zahl und dem Datentyp der Spalten *positional* übereinstimmen müssen. Damit ist gemeint, dass die Spalten in der gleichen Reihenfolge die gleichen Datentypen haben müssen, nicht aber natürlich, dass die Spalten etwa die gleiche Spaltenbezeichnung benötigen.

6.5.1   UNION und UNION ALL

Beginnen wir mit der Vereinigungsmenge. Ich glaube, dass dies am einfachsten nachzuvollziehen ist: Ich werfe einfach beide Mengen zu einer zusammen. Allerdings gibt es einen wesentlichen Unterschied zwischen union und union all: union entfernt Dubletten, union all nicht. Dubletten entfernen? Das kennen Sie von der distinct-Klausel, Sie ahnen schon, dass diese Klausel für die Datenbank Mehrarbeit bedeutet. Konkret zwingen wir die Datenbank bei der Verwendung von union, die Tabellen jeweils zu sortieren (zumindest ist das so in Datenbankversion 11.2) und anschließend Dubletten zu entfernen. Diese Operation ist gerade bei großen Tabellen extrem aufwendig für die Datenbank, und zwar sowohl von der Rechen- als auch von der Speicherlast her. Sind beide Mengen so gestaltet, dass Überschneidungen der Zeilen ausgeschlossen sind, oder ist es egal, wenn eine Zeile in der Ergebnismenge doppelt auftaucht, sollte also in jedem Fall mit union all gearbeitet werden. Mit union arbeiten Sie nur, wenn das unumgänglich ist.

Als erstes Beispiel zeige ich eine Abfrage gegen die Tabelle DUAL. Dies ist ein bekannter, oft verwendeter »Trick«, um aus Daten, die nirgends gespeichert sind, eine Tabelle mit Daten zu machen. Sie werden diesen Trick später wieder antreffen, wenn wir Daten in Tabellen einfügen. Dieser Abfragetyp kann aber auch verwendet werden, wenn Sie einfach eine kleine Menge an Daten als Tabelle benötigen, wie in diesem Beispiel:

```
SQL>  select 'Peter' first_name, 'Schmitz' last_name
  2      from dual
  3    union all
  4    select 'Heike', 'Müller' from dual union all
  5    select 'Heinz', 'Maier' from dual;


FIRST_NAME LAST_NAME
---------- ---------

Peter      Schmitz
Heike      Müller
Heinz      Maier
```

Listing 6.13 Erzeugung mehrerer Zeilen mit Hilfe von UNION ALL

Natürlich verwende ich hier gemäß der Erläuterung vorab die union all-Klausel, denn die Daten sind alle unterschiedlich, eine Dublettenprüfung ist nicht erforderlich. Nebenbei: In diesem einen Beispiel verstoße ich gegen meine eigenen Formatierungsrichtlinien, denn wenn wir viele gleichartige Zeilen dieser Art benötigen, ist die Klausel from dual union all immer wieder die gleiche, daher kann ich damit leben, diese Klausel jeweils ans Ende der Zeile zu schreiben.

Etwas schwerer wird es für mich, mit den verfügbaren Daten ein einigermaßen sinnvolles Beispiel für eine union-Abfrage zu generieren. Gehen wir einfach einmal davon aus, dass wir zwei Tabellen haben, die Daten über Mitarbeiter präsentieren. Einmal ist diese Liste allerdings nach Beruf gefiltert, ein andermal nach Abteilung. Wir wollen nun eine Vereinigungsmenge dieser beiden Listen erstellen und die Dubletten ausfiltern. Filtere ich nach Beruf, werde ich ziemlich sicher auch Mitarbeiter »erwischen«, die in der Abteilung arbeiten, die in der zweiten Liste ausgegeben wurde. Daher wollen wir diese Mitarbeiter nicht doppelt sehen.

```
SQL> select first_name, last_name, department_id
  2    from employees
  3    where department_id = 60
  4  union
  5  select first_name, last_name, department_id
  6    from employees
  7    where job_id = 'IT_PROG';
```

FIRST_NAME	LAST_NAME	DEPARTMENT_ID
Alexander	Hunold	60
Bruce	Ernst	60
David	Austin	60
Diana	Lorentz	60
Valli	Pataballa	50

Listing 6.14 Ein Beispiel für eine UNION-Abfrage

In diesem Beispiel ist die Situation so, dass vier Mitarbeiter in Abteilung 60 arbeiten, fünf allerdings den Beruf IT_PROG haben. Ich freue mich übrigens besonders, dass meine Lieblingsmitarbeiterin *Valli Pataballa* in dieser Abfrage enthalten ist. Was für ein Name! Hätten wir diese Abfrage mit der union all-Klausel formuliert, hätten wir neun Zeilen mit vier Dubletten erhalten. Da das in diesem Umfeld nicht tolerabel gewesen wäre, ist hier die union-Klausel zu Recht verwendet worden. Natürlich ist die Abfrage nur ein Beispiel, ein schlechtes dazu, denn selbstverständlich hätten wir das Ergebnis viel leichter erhalten können, wenn wir mit einem or-Kriterium einfach nach Abteilung 60 *oder* Beruf IT_PROF gesucht hätten. Damit Sie das Beispiel ernst nehmen können, müssen Sie also für den Moment davon ausgehen, diese beiden Datensammlungen stammten nicht aus einer gemeinsamen Tabelle.

6.5.2   MINUS

Mit dieser Klausel machen wir genau das Gegenteil einer Vereinigungsmenge: Wir ziehen von der ersten Menge die zweite Menge ab. Wenn wir also das letzte Beispiel noch einmal verwenden, diesmal aber ein minus als Mengenoperator verwenden, erhalten wir in der ersten Variante (Teilmenge 1 minus Teilmenge 2) keine Zeilen zurück, denn Abteilung 60 besteht ausschließlich aus Programmierern, während wir im zweiten Beispiel (Teilmenge 2 minus Teilmenge 1) unsere schon angesprochene Valli Pataballa erwarten, denn sie arbeitet in Abteilung 50:

```
SQL> select first_name, last_name, department_id, job_id
  2    from employees
  3    where department_id = 60
```

```
   4  minus
   5  select first_name, last_name, department_id, job_id
   6    from employees
   7   where job_id = 'IT_PROG';
```

Es wurden keine Zeilen ausgewählt

```
SQL> select first_name, last_name, department_id, job_id
   2    from employees
   3   where job_id = 'IT_PROG'
   4  minus
   5  select first_name, last_name, department_id, job_id
   6    from employees
   7   where department_id = 60;
```

```
FIRST_NAME      LAST_NAME            DEPARTMENT_ID JOB_ID
--------------- -------------------- ------------- -------
Valli           Pataballa                       50 IT_PROG
```

Listing 6.15 Beispiel für eine MINUS-Abfrage, einmal für beide Richtungen

Es kommt also, wie bei dem mathematischen Operator, auf die Reihenfolge an. Die minus-Abfrage wird oft zusammen mit der union- oder union all-Mengenoperation angewendet, und zwar in der Form (A minus B) union all (B minus A). Die Klammern werden dann um die gesamten SQL-Anweisungen geschrieben. Ob Sie union oder union all verwenden, können Sie nun selbst entscheiden. Der Sinn dieser Abfrage: Dadurch können Sie erkennen, welche Zeilen in der einen oder anderen Tabelle enthalten sind, die nicht in der jeweils anderen vorkommen, oder anders ausgedrückt, die Zeilen, durch die sich beide Tabellen unterscheiden. Die folgende Abfrage zeigt diese kleine Abwandlung und das erwartete Ergebnis:

```
SQL> (select first_name, last_name, department_id, job_id
   2     from employees
   3    where department_id = 60
   4   minus
   5   select first_name, last_name, department_id, job_id
   6     from employees
   7    where job_id = 'IT_PROG')
   8  union all
   9  (select first_name, last_name, department_id, job_id
  10     from employees
  11    where job_id = 'IT_PROG'
  12   minus
  13   select first_name, last_name, department_id, job_id
```

```
14      from employees
15    where department_id = 60);
```

```
FIRST_NAME       LAST_NAME              DEPARTMENT_ID JOB_ID
--------------   --------------------   ------------- -------
Valli            Pataballa                         50 IT_PROG
```

Listing 6.16 Abfrage zur Ermittlung unterschiedlicher Zeilen in zwei Tabellen

Diese Form der Abfrage wird gerne für Testanwendungen genutzt: Sie definieren in einer Tabelle, welche Daten aus einer Operation erwartet werden. In die zweite Tabelle werden dann die Daten der Operation geschrieben. Anschließend lassen Sie die Abfrage von oben auf die beiden Tabellen los und haben einen erfolgreichen Test durchgeführt, wenn die Abfrage keine Zeilen liefert. Ansonsten haben Sie alle Zeilen im Ausgabeergebnis, die nicht wie erwartet aussehen, sowie die Zeilen, die stattdessen erwartet wurden.

6.5.3   INTERSECT

Als letzte Mengenoperation steht uns nun noch die intersect-Operation zur Verfügung. Sie ist vor dem Hintergrund des bisher Gesagten leicht zu verstehen: Sie liefert uns die Zeilen, die in beiden Tabellen vorkommen, und filtert alle anderen aus. Damit liefert uns diese Operation also die Schnittmenge zweier Tabellen. Die Anwendung ist analog zu den anderen Operationen, so dass wohl ein kurzes Beispiel für die Verwendung ausreicht. Wenn unsere Abfrage mit intersect vereinigt wird, erwarten wir, dass uns Valli Pataballa verlässt, denn sie ist die einzige Programmiererin, die nicht in Abteilung 60 arbeitet, und so ist es dann auch:

```
SQL> select first_name, last_name, department_id, job_id
  2    from employees
  3   where department_id = 60
  4   intersect
  5   select first_name, last_name, department_id, job_id
  6    from employees
  7   where job_id = 'IT_PROG';
```

```
FIRST_NAME       LAST_NAME              DEPARTMENT_ID JOB_ID
--------------   --------------------   ------------- -------
Alexander        Hunold                            60 IT_PROG
Bruce            Ernst                             60 IT_PROG
David            Austin                            60 IT_PROG
Diana            Lorentz                           60 IT_PROG
```

Listing 6.17 Beispiel für eine INTERSECT-Abfrage

6.5.4   Besonderheiten und Einsatzbeispiele

Einige kleine Besonderheiten müssen beachtet werden, wenn Sie Mengenoperationen einsetzen:

Typkonvertierung

In einer Mengenoperation wird Oracle nur im Ausnahmefall (wenn zum Beispiel ein Subtyp einer number-Spalte, etwa integer, verwendet wird) implizit konvertieren, falls die einzelnen Mengen unterschiedliche Spaltentypen verwenden. In der Regel wird die Datenbank in diesem Fall eine Fehlermeldung ausgeben. Wird also Spalte 1 der ersten Teilabfrage als varchar2-Spalte zurückgeliefert, Spalte 1 der zweiten Teilabfrage aber als number, wird die Datenbank Spalte 1 der zweiten Teilabfrage nicht mittels impliziter Konvertierung auf einen varchar2-Datentyp abbilden.

Sortierung

Eine SQL-Anweisung, die Mengenoperationen verwendet, kann sortiert werden, allerdings muss sich die order by-Klausel in der letzten Teilabfrage der gesamten Abfrage befinden, also am Ende der gesamten Mengenabfrage. Als Spaltenbezeichnung können andererseits ausschließlich die Spaltenaliase verwendet werden, die in der *ersten* Teilabfrage vereinbart wurden. Aus diesem Grund benötigen Spalten der weiteren Teilabfragen keine Spaltenaliase, selbst dann, wenn die Spalten Funktionen verwenden, die als Spaltenname ja eigentlich nicht zugelassen sind. Stellen Sie sich das Ganze so vor: Die verschiedenen Teilabfragen werden aneinandergehängt und mit den Spaltenbezeichnungen der ersten Teilabfrage benannt. Anschließend erst wird diese Ergebnismenge durch die order by-Klausel der gesamten Abfrage sortiert.

Einschränkungen

Mengenoperationen verbieten sich, wenn Sie LOB-Spaltentypen oder objektorientierte Spaltentypen verwenden. Andersherum: Mengenoperationen sind nur auf einfachen, skalaren Spaltentypen möglich, weil nur für diese Datentypen ein Vergleich möglich ist (auch der veraltete Datentyp long ist nicht erlaubt). Diese Einschränkung gilt nicht für die Mengenoperation union all, denn bei dieser Mengenoperation werden ja, wie wir gesagt haben, keine Vergleichsoperationen durchgeführt. Achten Sie aber darauf, dass Sie auch in diesem Fall natürlich nicht nach der LOB-Spalte sortieren können, da dies für LOB nicht definiert ist.

Ebenso können Mengenoperationen bei zwei weiteren Einsatzszenarien nicht verwendet werden, die wir noch nicht kennen, die ich aber dennoch bereits hier aufführe: Einerseits können Sie keine table-Ausdrücke verwenden. Diese Ausdrücke werden zum Beispiel benutzt, um Ergebnisse einer programmierten Logik als Tabelle zu interpretieren. Andererseits ist es nicht möglich, Zeilen einer Tabelle, die durch eine Mengenoperation ausgewählt werden, mit der Klausel for update gleichzeitig auch zu sperren. Mit dieser Option werden Zeilen für die spätere Änderung reserviert, ein Verfahren, das als *pessimistisches Sperren* bekannt ist. Es macht nichts, wenn diese Einschränkungen Ihnen derzeit noch nichts sagen, beide Verfahren werden hauptsächlich in der Programmierung genutzt, nur werden Sie beim späteren Nachschlagen daran erinnert, auf diese Einschränkungen zu achten.

Einsatzbereiche

Der Grund, warum ich Abfragen mit Mengenoperatoren relativ selten im Einsatz sehe, ist meiner Meinung nach der, dass viele Entwickler diese Operatoren nicht ausreichend präsent haben. Oft werden kompliziertere Mechanismen entwickelt, die im Endeffekt dann doch das gleiche Ergebnis erzielen, das einfacher auch durch eine Mengenoperation erreicht werden könnte.

Ein weit verbreiteter Einsatzbereich für Mengenoperationen ist die schon angesprochene Kombination aus minus- und union all-Abfrage. Diese Abfrage liefert uns den Unterschied zwischen zwei Tabellen und kann daher sehr gut verwendet werden, um Testszenarien durchzuspielen: Sie starten mit einer Tabelle mit Daten, die durch eine Logik umgewandelt werden soll. In einer zweiten Tabelle speichern Sie das erwartete Ergebnis dieser Umwandlung. Nun formen Sie die Daten der ersten Tabelle mit Ihrer Logik um und vergleichen das Ergebnis mit der Ergebnistabelle. Eventuelle Differenzen werden durch die Abfrage aufgezeigt und helfen Ihnen, Fehler zu finden.

Komplexe Anfragen mit sehr umfangreicher Logik können durch Mengenoperationen auch schon einmal in einzelne Bereiche aufgeteilt, berechnet und anschließend durch eine union all-Abfrage aneinander gebunden werden. Ich erinnere mich an eine meiner Anwendungen, bei der eine Benutzerverwaltung auf komplexe Weise Rechte über eine Rechtematrix an Benutzer binden konnte. Es gab verschiedene Regeln, nach denen sich Rechte innerhalb einer Matrix »sehen« und somit Rechte erteilen konnten oder nicht. Da die Abfrage überaus komplex geworden wäre, wenn alle Regeln zur gleichen Zeit berücksichtigt worden wären, habe ich die einzelnen Regeln separat gerechnet und anschließend durch union all miteinander verbunden. Dadurch reduzierte sich der Aufwand für die SQL-Anweisung.

Zudem haben Sie, je nach Situation, eventuell den Vorteil, dass eine union all-Anweisung auch einfach parallel, das heißt durch mehrere Prozessoren gleichzeitig, ausgeführt werden kann, denn die einzelnen Teilabfragen können sich ja definitionsgemäß nicht beeinflussen. Auch diese Option spricht, je nach Einzelfall, für die Mengenoperation.

6.6 Übungen

Führen Sie als Benutzer HR folgende Abfragen aus:

1. Zeigen Sie Namen, Berufsbezeichnung, Abteilung und Ort aller Mitarbeiter an, die in München (Munich) arbeiten.

2. Zeigen Sie Namen und Ort aller Abteilungen in Amerika (United States of America) an.

3. Zeigen Sie Namen, Berufsbezeichnung, Gehalt und Abteilungsnamen aller Mitarbeiter, deren Gehalt zwischen 10.000 und 20.000 Talern liegt. Schließen Sie Manager aus (deren Berufsbezeichnung den Begriff Manager enthält).

4. Zeigen Sie den Namen und die Abteilungsbezeichnung aller Mitarbeiter, deren Nachname mit G beginnt.

5. Zeigen Sie alle Abteilungsnamen an, die Mitarbeiter beschäftigen, die weniger als 6.000 Taler verdienen. Zeigen Sie jeden Abteilungsnamen nur einmal an.

6. Zeigen Sie die Berufsbezeichnung, den Namen und die Abteilung aller Verkäufer (deren Berufsbezeichnung den Begriff Sales enthält).

7. Zeigen Sie Namen und Gehalt aller Mitarbeiter, die noch in ihrem ursprünglichen Beruf arbeiten und mehr als 10.000 Taler Gehalt beziehen. Hilfestellung: Fragen Sie sich, welche Information für einen solchen Mitarbeiter *nicht* in der Datenbank steht.

Auch, wenn Sie meinen, die Antworten auf die Aufgaben selbst korrekt erstellt zu haben, bitte ich Sie, die Musterlösungen mit Ihren Lösungen zu vergleichen.

Kapitel 7
Zeilenfunktionen

Zeilenfunktionen erweitern die Fähigkeit von SQL erheblich. Mit Hilfe dieser Funktionen erhalten Sie Zugriff auf Informationen jenseits derer, die in den Datenbanktabellen enthalten sind, oder formen die Daten auf vielfältige Weise so um, dass sie zu Ihren Auswertungszielen passen. Die Kenntnis der Zeilen- und Gruppenfunktionen sind der Einstieg in mächtige Auswertungen mittels SQL.

Mit dem Einstieg in die Zeilenfunktionen kommen wir nicht nur an einen Punkt, an dem SQL an Mächtigkeit sehr gewinnt und uns die Möglichkeit gibt, sinnvollere Auswertungen zu erstellen, sondern auch zwangsläufig an einen Punkt, an dem die Struktur des Buches überdacht werden sollte. Ich stehe vor dem Problem, Ihnen einerseits einen erläuternden Zugang zu den Zeilenfunktionen zu ermöglichen, andererseits aber auch eine Form zu finden, die es Ihnen ermöglicht, schnell eine Funktion zu finden, um sich den Einsatz noch einmal zu vergegenwärtigen. Das Problem dabei ist, dass, wähle ich eine alphabtische Liste aller Funktionen, es für Sie schwer wird, wichtige Funktionen von speziellen zu unterscheiden. Sortiere ich allerdings nach Bedeutung, ist die Suche nach einer Funktion schwerer. Als Kompromiss biete ich Ihnen folgende Aufteilung an: Ich werde zum einen die Funktionen in grobe Anwendungsbereiche gliedern. Zum anderen werde ich innerhalb der Gliederung, so es sinnvoll ist, die speziellen Funktionen ans Ende des Abschnitts bringen. Innerhalb dieser beiden Bereiche werde ich dann die Funktionen allerdings alphabetisch sortiert zeigen.

Das zweite Problem bei der Besprechung der Funktionen ist, dass ich versuche, eine Balance zwischen kompletter Darstellung und Verständnis zu erreichen. Nehmen wir als Beispiel das Arbeiten mit Datumstypen. Die Funktionalität ist überbordend, da nicht nur exotische Kalender (zum Beispiel der Thai-Kalender) unterstützt werden, sondern auch Zeitzonen mit den verschiedenen logischen Problemen, dann noch Intervalltypen mit eigenen Rechenregeln. Erschwert wird das Ganze noch dadurch, dass die Funktionen im Zusammenspiel Wechselwirkungen haben können, die aufgezeigt werden müssen. Hier ist die Gefahr einfach groß, dass wir uns in Details verstricken, noch bevor das Prinzip verstanden wurde. Sicherlich sind die Informationen zu all diesen Fähigkeiten Teil eines SQL-Buches, aber noch nicht an dieser Stelle. Daher habe ich mich entschlossen, hier bereits die wichtigsten Funktionen bzw. die wesentlichen Optionen dieser Funktionen zu verwenden; eine detaillierte Darstellung folgt dann in speziellen Kapiteln, auf die ich bei der Besprechung der Funktionen hinweise. Dort geht es dann aber auch zur Sache.

Daher biete ich Ihnen hier zunächst eine Einführung in Zeilenfunktionen an, und zwar bis zu einem Niveau, das Sie befähigt, die meisten Anforderungen an Abfragen damit zu lösen. Platz für weitergehende Optionen ist dann in den vertiefenden Kapiteln. Dieses Kapitel können Sie in Teilen lesen, einiges überfliegen, wenn Sie das Gefühl haben, dieses Wissen derzeit noch nicht zu benötigen, und wieder auf dieses Kapitel zurückkommen, wenn Sie doch einmal verstehen wollen, was genau passiert und wie die Funktionen genutzt werden können.

7.1   Grundsätzliches zu Funktionen

Funktionen sind kleine Programme, die von Ihnen aufgerufen werden und eine Berechnung durchführen. Um uns dem Thema Funktionen zu nähern, betrachten wir zunächst einmal, was Funktionen eigentlich sind und wie sie verwendet werden.

7.1.1   Funktionstypen

Wir unterscheiden innerhalb der Datenbank drei Gruppen von Funktionen:

▶ Zeilenfunktionen
Diese Gruppe liefert für eine Zeile einer Tabelle jeweils auch ein Ergebnis zurück. Zeilenfunktionen werden eingesetzt, um zum Beispiel Zellwerte umzuformen, mit Datumsangaben zu rechnen und für viele weitere Funktionalitäten mehr. Kennzeichnend ist allerdings, dass für eine Zeile eben genau ein Wert zurückgeliefert wird: Die Zeilenzahl einer Abfrage ändert sich durch Zeilenfunktionen nicht.

▶ Gruppenfunktionen
Mittels Gruppenfunktionen werden Auswertungen auf mehrere Zeilen gemacht, die anschließend zu einer oder wenigen Zeilen verdichtet werden. Beispiele sind Funktionen zur Berechnung des Minimums, der Summe, des Durchschnitts einer Spalte oder Ähnliches.

▶ Analytische Funktionen
Diese Funktionen stellen eine Weiterentwicklung der Gruppenfunktionen dar und werden verwendet, um mit den Ergebnissen einer Abfrage (inkl. der Ergebnisse der Gruppenfunktionen) weitere Auswertungen zu berechnen.

Funktionen aller Funktionstypen werden von Oracle mitgeliefert und gehören zum festen Funktionsumfang von SQL in der Oracle-Implementierung. Allerdings können alle Funktionstypen auch von Ihnen selbst programmiert und SQL so um weitere Funktionalität erweitert werden. Wie das geht, sehen wir uns kurz an, allerdings möchte ich für weitere Diskussionen auf das Buch *PL/SQL – das umfassende Hand-*

buch verweisen, denn die Programmierung eigener Funktionen ist definitiv kein originäres SQL-Thema.

7.1.2   Funktionsparameter

Egal, wie Funktionen arbeiten, syntaktisch haben alle die Gemeinsamkeit, dass sie genau einen Wert zurückliefern. Als Beispiel für eine solche einfache Zeilenfunktion können Sie sich sysdate vorstellen: Sie kann pro Zeile aufgerufen werden und wird das aktuelle Datum inkl. der Uhrzeit zurückliefern. Um Funktionen allerdings noch besser einsetzen zu können, ist es ebenfalls möglich, der Funktion beim Aufruf einen oder mehrere sogenannte *Funktionsparameter* mitzugeben. Unter einem Funktionsparameter (oder auch einfach Parameter) verstehen wir einen Wert, auf dessen Basis die Funktion eine Berechnung durchführen kann. Stellen Sie sich zum Beispiel eine Funktion vor, die eine Zeichenfolge in Kleinbuchstaben umwandeln kann. Eine solche Funktion wird eine Zeichenkette benötigen, die sie umwandeln kann. Diese Zeichenkette wird von Ihnen der Funktion als Funktionsparameter übergeben. Dieser Parameter kann der Funktion entweder direkt, in unserem Beispiel als feste Zeichenkette, übergeben werden, es können aber auch Spaltennamen angegeben werden, womit SQL der Funktion dann für jede Zeile den entsprechenden Spaltenwert der Zeile als Funktionsparameter übergibt. Die Funktion zum Umwandeln einer Zeichenfolge in Kleinbuchstaben heißt lower und könnte dann verwendet werden wie folgt:

```
SQL> select lower('Wilfried')
  2    from dual;
LOWER('WILFRIED')
----------------
wilfried


SQL> select lower(ename), ename
  2    from emp;
LOWER(ENAME) ENAME
------------ ----------
smith        SMITH
allen        ALLEN
ward         WARD
jones        JONES
martin       MARTIN
blake        BLAKE
clark        CLARK
scott        SCOTT
king         KING
turner       TURNER
adams        ADAMS
```

```
james       JAMES
ford        FORD
miller      MILLER
```

14 Zeilen ausgewählt.

Listing 7.1 Aufruf der Funktion LOWER

Sie erkennen, dass der Funktion der Parameter in Klammern übergeben wird. In SQL, das haben Sie bereits gelernt, werden Zeichenketten ja in einfachen Anführungszeichen übergeben. Soll eine Zahl als Parameter übergeben werden, entfallen diese Hochkommata selbstverständlich. Im zweiten Aufruf sehen Sie, dass Sie der Funktion auch einfach einen Spaltennamen übergeben können, und die Funktion berechnet pro Zeile den jeweils neuen Wert. Ich habe einmal die Originalspalte neben der umgeformten Spalte ausgegeben, damit Sie die Arbeitsweise sehen. Sollte eine Funktion mehr als einen Parameter erwarten, übergeben Sie diese Parameter als Liste, die einzelnen Parameter werden dabei, wie schon von Spaltenlisten bekannt, einfach durch Kommata voneinander getrennt.

Alternativ existiert noch eine andere Variante, Parameter zu übergeben. Während die besprochene Variante eher an eine Tabellenkalkulation wie Excel oder Calc erinnert, ist diese zweite Variante »typisch SQL«, indem sie versucht, die satzartige Struktur beizubehalten. Leider können Sie sich nicht frei entscheiden, auf welche Weise Sie Parameter an SQL-Funktionen übergeben, einige erwarten eine kommaseparierte Liste von Parametern, andere die SQL-ähnliche Syntax. Diese Funktionen sind in Oracles SQL-Implementierung hineingenommen worden, weil der ISO-SQL-Standard dies so vorgibt und Oracle kompatibel hierzu bleiben möchte. Als Beispiel für diese zweite Art der Parameterübergabe sehen Sie sich die Funktion extract an, die in der Lage ist, aus einem Datum zum Beispiel das Jahr herauszufiltern. Das Jahr wird dann als Zahl ausgegeben:

```
SQL> select extract(year from sysdate)
  2    from dual;
EXTRACT(YEARFROMSYSDATE)
------------------------
                    2012
```

Listing 7.2 Aufruf einer Funktion mit ISO-SQL-Parametersyntax

An dem Durcheinander kann ich leider nichts ändern. Ich persönlich habe mich an die erste Aufrufsyntax gewöhnt, für mich hätte die zweite Aufrufsyntax nicht erfunden werden müssen. Allerdings gebe ich zu, dass diese Art des Aufrufs der Idee von SQL schon angemessen ist. Nun kenne ich diese Art des Aufrufs allerdings wirklich nur aus SQL und verstehe daher die Sonderrolle nicht recht, aber sei's drum.

7.1.3   Arten von Zeilenfunktionen

Zeilenfunktionen können in verschiedene Kategorien eingeteilt werden. Ich werde mich bei der Besprechung der Funktionen im Groben an diese Kategorien halten. Einige Funktionen sind aber so etwas wie »Querschnittsfunktionen«, da sie in mehrerlei Zusammenhang verwendet und dann jeweils anders bedient werden. Ein Beispiel hierfür ist die Funktion round, die zum Runden von Werten verwendet wird. Diese Funktion kann nicht nur im Zusammenhang mit Zahlen, sondern auch mit Datumsangaben verwendet werden, hat aber in beiden Zusammenhängen völlig andere Parameter. Daher bespreche ich diese Funktionen im Zusammenhang mit Datumsfunktionen *und* mathematischen Funktionen. Oracle bietet Zeilenfunktionen in folgenden Bereichen an:

▸ Datumsfunktionen
  In diesem Bereich haben wir nur relativ wenige, dafür aber mächtige Funktionen und zudem eine erklärungsbedürftige Arithmetik.

▸ Zeichenfunktionen
  Diese Funktionen beschäftigen sich mit der Umwandlung von Zeichenketten. Ein Beispiel haben Sie bereits mit der Funktion lower gesehen.

▸ Mathematische Funktionen
  In diesen Bereich fallen Funktionen zur Sinusberechnung, Wurzelberechnung usw.

▸ Konvertierungsfunktionen
  Unter Konvertierungsfunktionen verstehen wir Funktionen, die gebraucht werden, um einen Wert von einem Datentyp in einen anderen umzuwandeln, beispielsweise von einer Zeichenkette zu einem Datum. Die verschiedenen Konvertierungsfunktionen bespreche ich in dem jeweils spezielleren Datentyp, bei Zeichenketten oder Datumsangaben zum Beispiel in Abschnitt 7.2.1, »Erzeugung eines Datums«.

▸ Allgemeine Funktionen
  In diesen Bereich fallen Funktionen, die sonst nicht so einfach zuzuordnen sind. Ein Beispiel sind die Funktionen zur null-Wertbehandlung.

Im Folgenden sehen wir uns die Funktionen näher an.

7.2   Datumsfunktionen

Wie bereits in der Einführung zu diesem Kapitel beschrieben, werden wir uns hier nur um die wesentlichen Datumsfunktionen kümmern. Insbesondere möchte ich Ihnen ersparen, Ihnen alle Optionen, wie etwa Zeitzonen-Berücksichtigung oder die Details der Erstellung von Intervalltypen, nahezubringen. Das alles hole ich in Kapitel 20, »Umgang mit Datum und Zeit«, nach.

Zum Datum möchte ich einleitend noch einmal wiederholen, dass Sie, wenn Sie ein Datum angezeigt bekommen, niemals das sehen, was in der Datenbank tatsächlich gespeichert wird, sondern immer nur das Ergebnis einer Umrechnung dieses internen Speicherformats in eine für Menschen lesbare Form. Wiederholen wir kurz: Das Format, das gewählt wird, um Ihnen ein Datum für die Anzeige umzurechnen, ist entweder das Format, das für die eingestellte Sprache der Datenbank als Voreinstellung hinterlegt ist (bei einer auf Deutsch eingestellten Datenbank ist dies das Format 13.05.12, also im Prinzip dd.mm.yy), oder aber Sie haben bei der Anmeldung an die Datenbank oder das Programm, mit dem Sie sich an die Datenbank angemeldet haben, diese Voreinstellung durch eine andere Formatmaske ersetzt. Im SQL Developer passiert dies, und zwar durch das Datumsformat, das unter der Option EXTRAS • VOREINSTELLUNGEN • DATENBANK • NLS in den Eingabefeldern des entsprechenden Datumsformats hinterlegt wurde. Die dritte Ebene, das Datumsformat für die Anzeige zu beeinflussen, ist, dass Sie dies explizit festlegen, wenn Sie das Datum erfragen. Ich gehe einmal davon aus, dass Sie dies zu diesem Zeitpunkt dann auch bemerken werden ...

Beachten Sie bitte stets, dass wir immer mit diesen Datumsformaten zu tun haben, wenn wir auf der Oberfläche ein Datum sehen oder wenn wir ein Datum erzeugen und in die Datenbank schreiben möchten. Damit die Dinge in diesem Kapitel einfach bleiben, werde ich die Anzahl der möglichen Datumsformate sehr kleinhalten. Bitte merken Sie sich aber zwei verschiedene Formatierungen, die wir immer wieder benötigen werden. Die erste Formatierung entspricht dem »normalen« Datumsformat in Deutschland. Wichtig ist die Verwendung der Formatmaske in genau dieser Form, damit das Datum korrekt erkannt wird:

```
dd.mm.yyyy hh24:mi:ss
```

Achten Sie bitte besonders darauf, immer hh24 zu verwenden, damit Sie die Uhrzeit auch nachmittags noch korrekt angezeigt bekommen. Ein anderer Stolperstein ist die Formatmaske für Minuten, die eben nicht mm, sondern mi lautet. mm ist ja für den Monat reserviert. Das zweite Datumsformat, das ich immer wieder verwende, ist das ISO-Format für Zeiten. Auch hier gibt es leider leichte Abweichungen, aber in SQL verwenden wir folgende Form:

```
yyyy-mm-dd hh24:mi:ss.xxxxxxxxx
```

Dieses Format ist eigentlich das »logischste«, weil hier absteigend vom Jahr über Monat, Tag, Stunde, Minute und Sekunde sortiert wird. Wichtig ist, sich zu merken, dass in diesem Format Bindestriche für alle Einheiten größer oder gleich einem Tag und der Doppelpunkt für die Einheiten von Stunde abwärts verwendet werden. Eine Variante dieses Formats (die in XML gebräuchlich ist) hat anstelle des Leerzeichens zwischen dem Tag und der Stunde ein großes T stehen, was dann für Time steht und den Uhrzeitanteil einläutet. Die Formatmaske .xxxxxxxxx ist optional und wird verwendet, wenn Sie (bis zu neun) Stellen für Sekundenbruchteile benötigen. Ich werde normalerweise das bei uns in Deutschland geläufige Format benutzen, bin aber bei der Besprechung der Erzeugung eines Datums durch Literale gezwungen, auf die ISO-Formatierung auszuweichen, da in diesem Zusammenhang nur diese Schreibweise erlaubt ist.

7.2.1 Erzeugung eines Datums

Beginnen wir damit, uns die Funktionen anzusehen, die genutzt werden, um ein Datum zu erzeugen. Grob gesagt, stehen uns Funktionen zum Erzeugen eines Datums und Funktionen zum Konvertieren eines anderen Datentyps in ein Datum zur Verfügung.

SYSDATE und SYSTIMESTAMP

Diese Funktionen werden ohne Parameter aufgerufen und erlauben uns, die aktuelle Zeit *des Datenbankservers, auf dem unsere Datenbank läuft,* zu ermitteln. Diese Einschränkung ist wichtig, wir dürfen nicht vergessen, dass der *Datenbankserver* die Zeit ermittelt, nicht unser lokaler Rechner (es sei denn, die Datenbank läuft auf unserem lokalen Rechner). sysdate liefert den Datumstyp date zurück (zur Erinnerung – ein Datum umfasst bei Oracle grundsätzlich immer auch eine Uhrzeit, allerdings nur bis zu einer Sekunde und ohne Zeitzoneninformationen), während systimestamp den Datentyp timestamp with time zone liefert. Diese Angabe enthält also auch die Zeitzone, die für die Datenbank eingestellt ist. Die folgende Abfrage zeigt die Verwendung dieser Funktionen:

```
SQL> select sysdate, systimestamp
  2   from dual;

SYSDATE             SYSTIMESTAMP
------------------- -------------------------------
28.11.2011 08:36:36 28.11.11 08:36:36,796000 +01:00
```

Listing 7.3 Verwendung der Funktionen SYSDATE und SYSTIMESTAMP

Die Darstellung des Datums auf der Oberfläche ist, wie bereits in der Einleitung zu diesem Kapitel gesagt, kulturspezifisch und hängt von einem Datenbankparameter ab, der nls_date_format heißt. Dieser Parameter wird normalerweise über die Anwendung gesetzt, zum Beispiel in der schon beschriebenen Einstellungsseite des SQL Developer unter EXTRAS • VOREINSTELLUNGEN • DATENBANK • NLS. Ich zeige Ihnen an dieser Stelle, wie Sie den Wert dieses Parameters abfragen und auch ändern können. Die Abfrage zeigt Ihnen, welcher Parameter *im Moment der Abfrage* für Ihre

Datenbankverbindung gültig ist. Wenn ich mich später auf weitere Datenbankparameter beziehe, gilt diese Vorgehensweise analog:

```
SQL> select *
  2    from v$nls_parameters
  3   where parameter = 'NLS_DATE_FORMAT';


PARAMETER        VALUE
--------------   --------------------
NLS_DATE_FORMAT DD.MM.RR


SQL> alter session
  2  set nls_date_format = 'DD.MM.YYYY HH24:MI:SS';
Session wurde geändert.


SQL> select *
  2    from v$nls_parameters
  3   where parameter = 'NLS_DATE_FORMAT';


PARAMETER        VALUE
--------------   --------------------
NLS_DATE_FORMAT DD.MM.YYYY HH24:MI:SS
```

Listing 7.4 Abfrage und Änderung eines NLS-Parameters

Neu ist die Verwendung des SQL-Befehls `alter`, die irgendetwas ändert. Das kann das Passwort eines Benutzers, eine Tabelle oder, wie in unserem Fall, ein Sessionparameter sein. Durch diese Anweisung ist das Standardformat für die Darstellung eines Datums für die Dauer der Verbindung zur Datenbank (oder natürlich bis zur erneuten Änderung) geändert worden. Alle folgenden Aufrufe von `sysdate` liefern nur die Darstellung gemäß Ihrer neuen Einstellung, bis Sie sich wieder ab- und anmelden. Die Ausgabe der Funktion `systimestamp` ist zudem noch abhängig von der Zeitzone der Datenbank, die Sie so abfragen können:

```
SQL> select sessiontimezone
  2    from dual;


DBTIMEZONE
----------
+01:00
```

Listing 7.5 Abfrage der Zeitzone der Datenbank

Die Zeitzone stellt sich automatisch auf die Sommerzeit ein. Als ich diese Zeilen schrieb, war die Sommerzeit nicht aktiv, daher der Versatz um eine Stunde auf *CET*

(Central European Time). Wenn Sie diese Zeitzone bei sich einstellen möchten, kann das Zeitzonenkürzel CET ebenso angegeben werden wie die Zeitzone EUROPE/BERLIN.

CURRENT_DATE und CURRENT_TIMESTAMP

Ohne in die Diskussion zum Thema Zeitzonen bereits hier einsteigen zu wollen (siehe Kapitel 20, »Umgang mit Datum und Zeit«), ist es doch wichtig, die Funktionen current_date und current_timestamp zu erwähnen. Sie funktionieren ähnlich wie ihre sys-Pendants, allerdings wird nicht die Zeit des Betriebssystems, sondern die Zeit gemäß der für die aktuelle Session eingestellten Zeitzone zurückgegeben. Ist also zum Beispiel ein Benutzer an einer Datenbank angemeldet, die in Deutschland steht und auch die in Deutschland aktuell gültige Zeit anzeigt, ist es für einen Benutzer in Amerika dennoch möglich, zu erfragen, wie spät es in England ist. Voraussetzung ist, dass der Benutzer beim Anmelden den Parameter nls_territory (es gibt hierzu auch Alternativen, aber für uns reicht dies zunächst) auf AMERICA gesetzt hat.

TO_DATE, TO_TIMESTAMP und TO_TIMESTAMP_TZ

Diese Funktionen sind Konvertierungsfunktionen, die es Ihnen erlauben, eine Zeichenkette in einen Datumstyp umzuwandeln. Ich zeige hier nur die prinzipielle Bedienung. Alle Funktionen werden mit maximal drei Parametern aufgerufen, wovon wir uns zu diesem Zeitpunkt lediglich die ersten zwei ansehen. Der erste Parameter ist die Zeichenkette, die als Datum interpretiert werden soll. Wie bereits gesagt, kann dies entweder eine direkt eingefügte Zeichenkette oder ein Spaltenname sein. Der zweite Parameter beschreibt die Struktur des ersten Parameters, also wie die Zeichenkette zu interpretieren ist. Wenn Sie bedenken, dass in Amerika zum Beispiel der Tag und der Monat andersherum notiert werden als in Deutschland, wird klar, dass die Datenbank für eine Zeichenkette wie 04.09.2011 eine Erklärung benötigt. Ist der 4. September oder der 9. April gemeint? Zudem existieren in den verschiedenen Ländern verschiedene Konventionen bezüglich des Trennzeichens zwischen den einzelnen Datumsbestandteilen. All das kann mit einer Formatmaske definiert werden. Oracle stellt eine ganze Reihe dieser Formatmasken zur Verfügung, an dieser Stelle möchte ich nur einige wesentliche Beispiele aufzeigen (Tabelle 7.1).

Beschreibung	Formatmaske
Standardformat ohne Zeit	dd.mm.yyyy
Standardformat inkl. Zeit	dd.mm.yyyy hh24:mi:ss
ISO-Format (auch XML)	yyyy-mm-dd
ISO-Format inkl. Zeit	yyyy-mm-dd"T"hh24:mi:ss

Tabelle 7.1 Einige häufige Datumsformate

Sie erkennen, dass die Formatmasken erläutern, wo die Tages-, Monats- oder auch Stundeninformation erwartet wird. Beachten Sie bitte, dass ein Monat über die Formatmaske MM referenziert wird, die Minute allerdings durch MI. Die Formatmaske HH24 stellt die Uhrzeit auf den 24-Stunden-Modus. Mit diesem Wissen ausgestattet, ist die Verwendung dieser Funktionen nun ganz einfach:

```
SQL> select to_date(
  2            '15.05.2012 17:30',
  3            'dd.mm.yyyy hh24:mi') datum
  4    from dual;


DATUM
-------------------
15.05.2012 17:30:00
```

Listing 7.6 Verwendung der Konvertierungsfunktion TO_DATE

Nur, damit hier keine Verwirrung auftaucht: Sie haben eine Zeichenkette ohne Sekunde angegeben, daher wird in der Formatmaske keine Sekunde referenziert. Die Umwandlung in ein Datum funktioniert damit. Dennoch hat die Ausgabe der Anweisung eine Sekunde ausgegeben. Warum ist das so? Denken Sie bitte kurz selbst darüber nach, damit Sie Ihren Blick für die Unterschiede zwischen Zeichenketten und Datumsangaben schärfen.

In diesem Beispiel wird eine Sekunde angezeigt, weil ich vorher das Ausgabeformat von Datumsanweisungen so geändert hatte, dass Sekunden angezeigt werden *und die Ausgabe nun ein Datum ist, dass durch diese Formatierungsanweisung formatiert wird.* Die Zeichenkette, die Sie in der Funktion geschrieben und durch eine Formatmaske beschrieben haben, ist dagegen eine einfache Zeichenkette und kein Datum.

Als kleiner Tipp für den SQL Developer: Dort können Sie SNIPPETS hinterlegen (Menü ANSICHT • SNIPPETS) für Funktionen, die Sie häufig brauchen. In der Gruppe Konvertierungsfunktionen könnten Sie so einige Standarddatumsformate als Funktion hinterlegen und schnell aufrufen, wenn sie benötigt werden. Auf diese Weise können Sie sich einige Tipparbeit ersparen.

Datum mit Literalen erstellen

Ein Datum kann aber auch auf andere Weise erzeugt werden: Mit *Literalen* (dieser Begriff ist gleichbedeutend mit einer Konstanten und steht in diesem Zusammenhang für Schlüsselworte, die in SQL definiert sind, um diese Datentypen zu erzeugen). Es stehen für die Erzeugung von Datumsangaben zwei Literale zur Verfügung: das Literal date und das Literal timestamp. Bevor ich Ihnen ihre Verwendung zeige, muss ich auf ein Dilemma zu sprechen kommen, das Oracle in vielen Bereichen trifft: Der ISO-Standard setzt voraus, dass ein Datumstyp date keine Uhrzeit enthält, der Datentyp timestamp aber schon. Bei Oracle wiederum ist der Datumstyp date stets mit der Uhrzeit verbunden, wie wir bereits gesehen haben. Dies kann aus Gründen der Kompatibilität zu älteren Datenbanken (und der Abfragen die gegen diese Datenbanken entwickelt wurden) auch nicht geändert werden. Nun stellt sich die Frage, wie Oracle vorgehen soll, wenn eine Funktion des ISO-SQL-Sprachumfangs implementiert werden soll, die diesem Datentyp widerspricht. Oracle hat sich entschieden, in diesen Fällen dem Standard den Vorzug vor der eigenen Historie zu geben, das heißt hier, dass ein Datum, das über das Literal date erzeugt werden soll, keine Uhrzeit enthalten darf, obwohl der entstehende Datentyp date dies durchaus enthalten könnte. Dadurch kommen auf Sie Eigenheiten zu, die zunächst schwer zu akzeptieren, vor dem Hintergrund dieses Problems aber zumindest erklärbar sind. Die Erzeugung eines Datums mittels eines Literals ist ein Beispiel für dieses Dilemma. Sehen wir uns folgende Anweisung an:

```
SQL> select date '2012-05-15' datum
  2    from dual;


DATUM
-------------------
15.05.2012 00:00:00
```

Listing 7.7 Erzeugung eines Datums mittels Literal

So weit, so gut. Voraussetzung für eine erfolgreiche Konvertierung ist zweierlei: Zum einen müssen Sie verpflichtend das Format YYYY-MM-DD verwenden, wie oben gezeigt. Dieses Datumsformat kennen Sie bereits, es ist das ISO-Datumsformat mit den Bindestrichen, absteigend bis zu einem Tag. Diese Formatmaske wird stets komplett so erwartet, es dürfen keine Teile fehlen oder mehr eingetragen sein. Zum anderen *darf das Datum keine Uhrzeit* enthalten, wie bereits gesagt. Als Beleg sehen wir uns diesen Versuch an:

```
SQL> select date '2012-05-15 15:00:00' datum
  2    from dual;
select date '2012-05-15 15:00:00' datum
             *
FEHLER in Zeile 1:
ORA-01861: Literal stimmt nicht mit Formatzeichenfolge überein
```

Listing 7.8 Ein Literal DATE kann keine Uhrzeit enthalten.

Das macht im Licht der Erläuterung von vorhin Sinn, denn die ISO-Datumsangaben enthalten keine Uhrzeit, und die Erzeugung eines Datums mittels Literal ist eine ISO-SQL-Funktion.

Bitte beachten Sie auch, dass ein Jahr grundsätzlich vierstellig angegeben werden muss, um Seiteneffekte zu verhindern, die Sie so vielleicht nicht erwarten würden. Sehen Sie sich folgende Abfrage an:

```
SQL> select date '51-01-01'
  2     from dual;


DATE'51-01-01'
-------------------
01.01.0051 00:00:00
```

Listing 7.9 Sehr wörtlich: Die Umwandlung einer zweistelligen Jahresangabe

Die Umsetzung dieses Jahres ist tatsächlich ins erste Jahrhundert vorgenommen worden. Das ist eventuell nicht das, was Sie erwartet hätten, oder? Nun, denken wir einfach daran, dass wir ein Datum stets vierstellig beschreiben, dann sind solche Seiteneffekte grundsätzlich unmöglich.

Wollen Sie, dass Ihr Datum eine Uhrzeit enthält, können Sie einen timestamp mittels Literal erzeugen:

```
SQL> select timestamp '2012-05-15 15:20:00' datum
  2     from dual;


DATUM
--------------------------
15.05.12 15:20:00,000000000
```

Listing 7.10 Erzeugung eines Zeitstempels mittels Literal, diesmal mit Uhrzeit

Das funktioniert, wie Sie sehen, allerdings liefert Ihnen dieses Verfahren einen timestamp und kein date zurück. Möchten Sie also ein date mit Uhrzeit erzeugen, können Sie hierfür die ISO-Funktion nicht verwenden, sondern sind gezwungen, die (Oracle-proprietäre) Konvertierungsfunktion to_date zu verwenden.

TO_CHAR

Den umgekehrten Weg beschreibt die Funktion to_char, die unter anderem dazu genutzt werden kann, ein Datum in eine Zeichenkette umzuwandeln. *Unter anderem* deshalb, weil damit auch Zahlen und andere Datentypen umgewandelt werden können. Die Verwendung ist ganz ähnlich der anderer Konvertierungsfunktionen, nur dass nun als erster Parameter ein Datum erwartet wird. Normalerweise wird also hier entweder die Funktion sysdate oder systimestamp stehen oder ein Spaltenname einer Datumsspalte. Sie können aber auch mit der Funktion to_date ein Datum erzeugen und dieses direkt im Anschluss wieder in eine Zeichenkette umwandeln, wenn Sie dies mögen. Für alle drei Anwendungen sehen Sie nachfolgend eine Beispielanweisung:

```
SQL> select to_char(hiredate, 'dd.mm.yyyy') hiredate,
  2         to_char(sysdate, 'dd.mm.yyyy hh24:mi') heute,
  3         to_char(
  4           to_date('15.05.2012', 'dd.mm.yyyy'),
  5           'yyyy/mm') monat
  5    from emp
  6   where empno = 7839;


HIREDATE   HEUTE            MONAT
---------- ---------------- -------
17.11.1981 28.11.2011 09:07 2012/05
```

Listing 7.11 Verwendung der Konvertierungsfunktion TO_CHAR

Wiederholen wir noch einmal, warum die Datumsangaben so angezeigt werden, wie oben erfolgt. Ich mache dies so häufig, weil ich aus meinen Kursen weiß, dass diese Dinge häufig der Grund für Missverständnisse sind. Also, an den gewählten Formatierungen sehen Sie, dass diese Formatmasken, die in to_char explizit übergeben wurden, Vorrang vor der Einstellung von nls_date_format für unsere Session haben. Sollten Sie keine Einstellung von nls_date_format vorgenommen haben, ist der Wert dieses Parameters durch die Datenbank vorbelegt. Sie haben also insgesamt drei Ebenen, auf denen dieses Format gesteuert werden kann. In der Reihenfolge ihres Vorranges sind dies:

1. explizite Festlegung über to_char
2. Einstellung des Parameters nls_date_format für Ihre Session
3. Default-Einstellung der Datenbank

Gleichzeitig ist das aber auch die Reihenfolge, in der meine Nervosität steigt. Ich verlasse mich ungern auf Sessionparameter und schon gar nicht auf Datenbankvoreinstellungen, wenn ich darauf angewiesen bin, dass eine Konvertierung funktioniert. Ich bevorzuge den »harten Weg« und schreibe meine Konvertierungsmasken normalerweise direkt in den Aufruf der Konvertierungsfunktion. Grundsätzlich könnten Sie auch in der Funktion to_char die Formatmaske weglassen, dann aber muss die Zeichenkette so formatiert worden sein wie aktuell in nls_date_format (oder, genauer, wie in Ihrem Sessionkontext) definiert. Und wie gesagt, darauf verlasse ich mich sehr ungern.

7.2.2   Erzeugung eines Intervalls

Als weiterer Datumstyp haben wir noch das Intervall, und zwar in den zwei Ausführungen interval year to month und interval day to second. Ein Intervall ist streng genommen ja kein Datum, sondern eine Zeitdauer, doch benötigen wir Intervalle bei der Datumsarithmetik, zudem ist es manchmal sinnvoll, die Dauer eines Prozesses direkt zu speichern und nicht mit zwei Spalten über die Angabe von Start- und Endzeitpunkt.

Intervall mit Literalen erstellen

Das Prinzip: Ein Intervall wird dadurch erzeugt, dass eine Zeichenkette mittels einer Formatmaske beschrieben wird. Die Formatierung entspricht wieder dem ISO-Datumsformat, wir haben also Bindestriche im Datum und Doppelpunkte im Uhrzeitbereich. Allerdings beziehen wir uns nicht auf ein konkretes Jahr und einen konkreten Monat, sondern geben die Anzahl der Jahre bzw. Monate an. Auch hier gebe ich Ihnen lediglich einige Beispiele für die Erzeugung dieser Intervalle:

```
SQL> select interval '3-5' year to month jahr_monat,
  2          interval '36' month monate,
  3          interval '15' minute minuten,
  4          interval '4 3:20' day to minute tag
  5    from dual;

JAHR_MONAT MONATE MINUTEN        TAG
---------- ------ ------------   ------------------
+03-05     +03-00 +00 00:15:00   +04 03:20:00
```

Listing 7.12 Erzeugung von Intervallen mit Literalen

Sie erkennen das Prinzip: Ähnlich einer Formatmaske werden zur Erzeugung eines Intervalls einerseits die Zeitdauer als Zeichenkette angegeben (die Trennzeichen müssen so verwendet werden, wie oben angegeben), und anschließend wird das Intervall durch Literale festgelegt. Im ersten Beispiel sehen wir ein Intervall aus drei Jahren und fünf Monaten, während im zweiten Intervall 36 Monate als drei Jahre interpretiert werden (Achtung, gehen Sie bitte derzeit nicht über 99 Jahre, Monate oder Tage hinaus, dazu benötigen wir eine andere Syntax). Im dritten Beispiel habe ich ein Intervall von 15 Minuten angelegt, und im letzten Beispiel wird die Anzahl der Tage durch ein Leerzeichen von den Stunden, Minuten und Sekunden getrennt. Da in diesem Beispiel keine Sekunden verwendet werden, wird als Literal auch die Sekunde nicht erwähnt, sondern lediglich die kleinste, verwendete Einheit, hier also die Minute.

7.2.3 Rundungsfunktionen

Zur Rundung von Datumsangaben stehen die Funktionen round und trunc zur Verfügung. Zudem existiert noch die etwas gewöhnungsbedürftige Funktion extract, mit deren Hilfe Bestandteile eines Datums aus einem Datum extrahiert werden können. Diese Funktion bespreche ich allerdings nur grob, Details sehen Sie dann in Kapitel 20, »Umgang mit Datum und Zeit«.

ROUND und TRUNC

Diese beiden Funktionen stehen auch zum Runden von Zahlen zur Verfügung. Im Zusammenhang mit Datumsangaben können diese Funktionen verwendet werden, um ein Datum, das bei Oracle ja immer auch die Zeit enthält, zu vergröbern, das heißt, es kann zum Beispiel das Datum um die Information der Uhrzeit vergröbert werden, so dass das Datum einheitlich auf 00:00 Uhr gestellt wird. Beachten Sie aber, dass diese Funktionen nur für den Datumstyp date definiert sind, timestamp-Werte können mit diesen Funktionen nicht bearbeitet werden. Die Funktion round rundet dabei kaufmännisch auf oder ab, während die Funktion trunc immer abrundet. Der Clou der Funktionen besteht darin, dass nicht nur die Uhrzeit entfernt werden kann, sondern eine Reihe von weiteren Einheiten zur Vergröberung angegeben werden können, darunter zum Beispiel das Jahr (Y), der Monat (MM) oder das Quartal (Q). Mit Hilfe dieser Vergröberungen ist es möglich, unabhängig von der aktuellen Uhrzeit, ein konstantes Startdatum aus der Funktion sysdate zu erzeugen. Das wird oft im Zusammenhang mit Datumsarithmetik (siehe folgender Abschnitt) gemacht. Eine andere, wesentliche Anwendung besteht darin, Datumsangaben für eine Auswertung gezielt zu vergröbern, um auf diesen Datumsangaben dann Gruppierungen durchzuführen. So könnte zum Beispiel der Umsatz an einem Tag auf den Tag vergröbert werden und somit seine Uhrzeit verlieren. Anschließend können dann alle Umsätze dieses Tages auf einfache Weise zusammengefasst und saldiert werden.

Die Anwendung der Funktion ist relativ einfach. Es werden als Parameter zum einen ein Datum erwartet, das gerundet werden soll und als optionaler zweiter Parameter ein Format, das angibt, auf welche Einheit gerundet werden soll. Üblicherweise wird bei Datumsangaben abgerundet, um auszuschließen, dass eine Funktion zu unterschiedlichen Zeiten unterschiedliche Ergebnisse liefert, aber das kaufmännische Runden ist ebenso möglich:

```
SQL> select trunc(sysdate) heute,
  2            trunc(sysdate, 'MM') erster_des_monats,
  3            round(sysdate, 'MM') gerundeter_monat
  4     from dual;


HEUTE                  ERSTER_DES_MONATS GERUNDETER_MONAT
------------------     ----------------- ----------------
28.11.2011 00:00:00 01.11.11 00:00:00 01.12.11 00:00:00
```

Listing 7.13 Verwendung der Funktionen TRUNC und ROUND

Bei allen Verwendungen ist die Uhrzeit nun 00:00 Uhr, weil immer mindestens auf den Tag gerundet wurde. Wird kein zweiter Parameter eingegeben, wird als Voreinstellung der Tag (DD) verwendet. Bei der Funktion round erkennen Sie, wie der Monat zum ersten des nächsten Monats aufgerundet wurde, während trunc die gleiche Einheit auf den ersten des aktuellen Monats abrundet. Weitere Formatmasken und Anmerkungen zur Benutzung dann in Kapitel 20, »Umgang mit Datum und Zeit«.

EXTRACT

Mit der Funktion extract können Datumsbestandteile aus einem Datum extrahiert werden, und zwar gemäß ISO-Standard Jahr, Monat und Tag aus einem Datumstyp date und alle Angaben bis hinunter zur Zeitzone oder zur Sekunde aus einem Datentyp timestamp. Auch diese Funktion ist also ein Beispiel für das Oracle-Dilemma: Sie können aus sysdate keine Uhrzeit extrahieren, obwohl diese enthalten ist, weil die extract-Funktion kompatibel zum ISO-Standard ist und daher keine Uhrzeit im Typ date kennt. Die Verwendung ist etwas ungewöhnlich, weil die Parameterübergabe als Text mit Literalen erfolgt und nicht über gewöhnliche Parameter. Ich möchte hier nur einige Beispiele zeigen, die das Prinzip erläutern:

```
SQL> select extract(year from sysdate) jahr,
  2            extract(month from hiredate) monat
  3     from emp
  4     where empno = 7839;


    JAHR       MONAT
---------- ----------
    2012          11
```

Listing 7.14 Verwendung der Funktion EXTRACT

Beachten Sie, dass die extrahierten Werte nun kein Datum mehr darstellen, sondern »einfache« Zahlen. Daher können diese Werte nun nicht mehr mit Datumsfunktionen bearbeitet werden. Eine Alternative zu dieser Funktion bestünde darin, die Funktion to_char zu verwenden, etwa so:

```
SQL> select to_char(sysdate, 'yyyy') jahr
  2    from dual;


JAHR
----
2012
```

Listing 7.15 Verwendung von TO_CHAR als Ersatz für EXTRACT

Der Nachteil dieser Verwendung ist allerdings, dass das Ergebnis keine Zahl, sondern eine Zeichenkette ist. Diese könnte zwar noch in eine Zahl umgewandelt werden, doch steigt der Aufwand dann an, so dass dieser Weg wahrscheinlich aufwendiger wäre als die Verwendung von extract. Möchten Sie die Stunde aus date extrahieren, bleibt derzeit nur der Weg über die Konvertierung mit to_char bzw. to_number.

7.2.4 Datumsarithmetik

Das Rechnen mit Datumsangaben ist dann leicht, wenn Sie sich vorstellen, dass ein Datum eine Zahl bezeichnet mit einem Ganzzahlanteil, der die Anzahl der Tage seit einem Startdatum wiedergibt, und einem Nachkommaanteil, der den Anteil des Tages, der bereits vergangen ist, benennt. Daher böte es sich an, ein Datum mit Hilfe einfacher Zahlen zu berechnen, zum Beispiel durch Addition von 1 + 3/24, was einem Tag und drei Stunden entspräche. Zwei Gründe sprechen gegen diese einfache Arithmetik: Zum einen müssen diese *Magic Numbers* (spezielle Zahlen mit besonderer Bedeutung) allen bekannt sein, damit die Abfrage noch verständlich ist, zum anderen, und das ist wohl schwerwiegender, geht diese Arithmetik nicht mit dem Datentyp timestamp: Er würde durch Addition einer einfachen Zahl zum Datentyp date konvertiert und verlöre dadurch zum Beispiel seine Zeitzoneninformation oder auch Sekundenbruchteile. Aus diesem Grund verwende ich diese Art der Datumsarithmetik nicht, sondern zeige Ihnen die Grundlagen der Datumsarithmetik mit Intervallen. Bei diesem Verfahren werden Intervalle (also Zeitdauern) auf Datumsangaben addiert, was an sich ja auch logischer ist als das Rechnen mit Zahlen. Allerdings gebe ich hier wiederum nur ein Beispiel, die verwickelten Probleme dieses Ansatzes hebe ich mir auf, bis ich auf Ihre Begeisterung bezüglich SQL mehr vertrauen kann und Sie diese Hindernisse mit Nonchalance hinnehmen, sprich: in Kapitel 20, »Umgang mit Datum und Zeit« ...

Rechnen mit Intervallen

Als Startdatum wählen wir nun trunc(sysdate), weil auf diese Weise die Uhrzeit in unserer Arithmetik keine Rolle mehr spielt. Unterließen wir dies, wären nur Berechnungen nach dem Motto »morgen um diese Zeit« möglich, was möglicherweise manchmal in Ordnung ist, normalerweise aber wohl eher nicht gewünscht wird. Die Arithmetik ist ganz einfach zu verstehen, wenn man einmal das Prinzip durchschaut hat: Zu einem Startdatum wird ein Intervallwert hinzugefügt, und das Ergebnis ist wiederum ein Datum. Wird das Intervall addiert, liegt das Datum in der Zukunft, ansonsten in der Vergangenheit. Alle Beispiele wurden am 28.11.2012 gerechnet:

```
SQL> select trunc(sysdate)
  2              + interval '3' month
  3              + interval '1' day datum
  4    from dual;

DATUM
-----------------
29.02.13 00:00:00
```

```
SQL> select trunc(sysdate, 'MM')
  2              + interval '1' month
  3              + interval '3 15:30' day to minute datum
  4    from dual;

DATUM
-----------------
04.12.12 15:30:00
```

```
SQL> select trunc(sysdate)
  2              + interval '1 03:27:15' day to second datum
  3    from dual;

DATUM
-----------------
29.11.12 03:27:15
```

```
SQL> select trunc(sysdate)
  2              - interval '14' day datum
  3    from dual;

DATUM
-----------------
14.11.12 00:00:00
```

Listing 7.16 Beispiele für Datumsarithmetik mit Intervallen

Die Beispiele sind meiner Meinung nach selbsterklärend. Experimentieren Sie einfach ein wenig mit den Intervallen herum. Beachten Sie, dass Sie, wenn Sie ein interval day to second verwenden und mehrere Einheiten benötigen, die Literale der größten und der kleinsten *verwendeten* Einheit angeben müssen.

Subtraktion von Datumstypen

Ein anderer Weg der Datumsarithmetik besteht darin, von einem Datumstyp einen weiteren abzuziehen. Auf diese Weise wird die Zeitspanne zwischen den beiden Datumsangaben ausgegeben. Im Fall der Subtraktion des Datentyps date ist das Ergebnis eine Zahl, im Fall der Subtraktion des Datentyps timestamp ein interval. Die Subtraktion ist die einzig sinnvolle direkte arithmetische Operation auf zwei Datumsangaben. Sie wird oft eingesetzt, um Zeitdauern zu ermitteln, aber auch, um die Uhrzeit aus einem Datum zu extrahieren:

```
SQL> select sysdate - hiredate dauer
  2    from emp
  3    where empno = 7839;

     DAUER
----------
10968,4391


SQL> select sysdate - trunc(sysdate) uhrzeit
  2    from dual;

   UHRZEIT
----------
,439050926


SQL> select systimestamp - trunc(systimestamp) uhrzeit
  2    from dual;

UHRZEIT
-------------------------
+000000000 10:32:14.921000
```

Listing 7.17 Ergebnisse verschiedener Subtraktionen von Datumsangaben

7.2.5   Datumsfunktionen

Zusätzlich zu den Rechenregeln der Datumsarithmetik stehen nun noch einige Funktionen zur Verfügung, mit deren Hilfe komplexere Datumsoperationen leicht durchgeführt werden können.

ADD_MONTHS

Die Funktion add_months funktioniert analog zur Datumsarithmetik und erlaubt die Addition von Monaten zu einem Datum unter Berücksichtigung der verschiedenen Dauern des Monats. Daher ist die Funktion genauer, als wenn Sie zu einem Datum 30

Tage hinzuaddieren. Bitte beachten Sie, dass diese Funktion einen Parameter vom Typ timestamp zwar akzeptiert, das Ergebnis aber als date zurückliefert. Die Funktion erwartet zwei Parameter, als Erstes das Datum, auf das die Monate addiert werden sollen, und als zweites die Anzahl der Monate. Eine negative Anzahl für diesen zweiten Parameter zieht die entsprechende Anzahl Monate ab:

```
SQL> select add_months(trunc(sysdate), 3) add_months,
  2           trunc(sysdate)
  3               + interval '3' month mit_interval
  4    from dual;


ADD_MONTHS            MIT_INTERVAL
------------------- -------------------
28.02.2013 00:00:00 28.02.2012 00:00:00


SQL> select add_months(trunc(sysdate), 3) add_months,
  2           add_months(trunc(sysdate), -3) sub_months
  3    from dual;


ADD_MONTHS            SUB_MONTHS
------------------- -------------------
28.02.2013 00:00:00 28.08.2012 00:00:00
```

Listing 7.18 Verwendung der Funktion ADD_MONTHS

Im ersten Beispiel sehen Sie, dass add_months auch durch eine Intervallarithmetik ausgedrückt werden kann (zumindest so lange das resultierende Datum auch wirklich existiert, Näheres hierzu in Kapitel 20, »Umgang mit Datum und Zeit«). Da bei der Intervallarithmetik der Datentyp timestamp erhalten bleibt, ist das vielleicht ein Argument, diese Schreibweise zu bevorzugen.

LAST_DAY

Die Funktion last_day liefert den letzten Tag eines Monats. Diese Funktion berücksichtigt Schaltjahre und kann daher dazu genutzt werden, auf einfache Weise die Anzahl der Tage pro Monat zu errechnen. Bitte beachten Sie, dass diese Funktion einen Parameter vom Typ timestamp zwar akzeptiert, das Ergebnis aber als date zurückliefert. Die Funktion erwartet als einzigen Parameter ein Datum, für das der letzte Tag des Monats geliefert werden soll:

```
SQL> select last_day(sysdate) ultimo,
  2           extract(day from last_day(sysdate)) tage
  3    from dual;
```

```
ULTIMO                      TAGE
------------------- ----------
30.11.2012 13:02:10        30
```

Listing 7.19 Verwendung der Funktion LAST_DAY

MONTHS_BETWEEN

Diese Funktion berechnet die Anzahl der Monate und der Monatsbruchteile zwischen zwei Datumsangaben. Dabei werden Schaltjahre und die Monatslänge berücksichtigt. Als Parameter erwartet diese Funktion zwei Datumsangaben, wobei das spätere Datum als erster Parameter eingegeben wird, um eine positive Differenz zu erhalten. Ist das erste Datum früher als das zweite Datum, ist das resultierende Ergebnis negativ. Diese Funktion eignet sich insbesondere für die Berechnung eines Alters. Die folgende Abfrage liefert das Alter für jeden Mitarbeiter der Firma. Beachten Sie die Schachtelung der Funktionen sowie die Logik: Die Anzahl der Monate wird durch 12 geteilt und anschließend mit trunc auf 0 Nachkommastellen abgerundet. In diesem Zusammenhang wird die trunc-Funktion auf eine Zahl angewendet, funktioniert aber genauso wie für Datumsangaben. Die Abfrage wird dabei bis eine Sekunde vor dem Geburtstag das korrekte Alter angeben:

```
SQL> select ename, hiredate,
  2          trunc(
  3            months_between(
  4              sysdate, hiredate)/12) emp_alter
  5    from emp;
```

```
ENAME      HIREDATE             EMP_ALTER
---------- ------------------- ----------
SMITH      17.12.1980 00:00:00        30
ALLEN      20.02.1981 00:00:00        30
WARD       22.02.1981 00:00:00        30
JONES      02.04.1981 00:00:00        30
MARTIN     28.09.1981 00:00:00        30
BLAKE      01.05.1981 00:00:00        30
CLARK      09.06.1981 00:00:00        30
SCOTT      19.04.1987 00:00:00        24
KING       17.11.1981 00:00:00        30
TURNER     08.09.1981 00:00:00        30
ADAMS      23.05.1987 00.00:00        24
JAMES      03.12.1981 00:00:00        29
```

```
FORD        03.12.1981 00:00:00        29
MILLER      23.01.1982 00:00:00        29
```

14 Zeilen ausgewählt.

Listing 7.20 Verwendung der Funktion MONTHS_BETWEEN

Die Funktion months_between ist für Zeitstempel nicht definiert. Bei der Subtraktion von Zeitstempeln wird allerdings ein Intervall zurückgeliefert, aus dem wiederum die Anzahl der Monate leicht extrahiert werden kann.

NEXT_DAY

Schließlich noch die Funktion next_day. Diese Funktion liefert das Datum für den Tag, dessen Name als zweiter Parameter übergeben wird und der nach dem ersten Datum liegt. Als Beispiel: Falls heute ein Montag ist, liefert der Aufruf der Funktion mit sysdate als erstem Parameter und Montag als zweitem Parameter das Datum des kommenden Montags, also des Montags in einer Woche. Würde Dienstag als zweiter Parameter übergeben, würde allerdings direkt der nächste Tag geliefert, da dessen Datum größer ist als das heutige Datum. Bitte beachten Sie, dass diese Funktion einen Parameter vom Typ timestamp zwar akzeptiert, das Ergebnis aber als date zurückliefert. Besondere Beachtung verdient bei dieser Funktion die Tatsache, dass lediglich die Tagesbezeichnungen in der *aktuell eingestellten Sprache* erlaubt sind. Die eingestellte Sprache ermitteln Sie mit Hilfe des Parametes nls_language. Diese Funktion ist aufgrund der Abhängigkeit von diesem Parameter nur mit äußerster Vorsicht zu genießen, denn die Sprache kann schnell einmal anders eingestellt sein als gedacht, dann funktioniert next_day nicht. Daher ist dieses Beispiel nur lauffähig, wenn als aktuelle Sprache GERMAN eingestellt ist (auch diese Funktion wurde am Montag, 28.11.2012 gerechnet):

```
SQL> select next_day(sysdate, 'Montag') naechster_montag
  2    from dual;


NAECHSTER_MONTAG
-------------------
05.12.2012 13:12:27
```

Listing 7.21 Verwendung der Funktion NEXT_DAY

Groß- und Kleinschreibung sind bei dieser Funktion für den Parameter Wochentag egal, ebenso kann alternativ auch eine aus den ersten drei Buchstaben bestehende Abkürzung verwendet werden.

7.2.6   Übungen

1. In einer Textdatei finden Sie ein Datum der Form 23.12.2011 17:30. Konvertieren Sie diese Angabe in ein a) Datum, b) einen Zeitstempel.

2. Fügen Sie zum heutigen Datum, 00:00 Uhr, ein Intervall der Länge a) 2 Jahre und 3 Monate, b) 2 Tage, 5:27 Stunden hinzu.

3. Für alle Mitarbeiter aus der Tabelle EMP soll eine kleine Feierstunde aus Anlass der 30-jährigen Mitgliedschaft im Unternehmen veranstaltet werden, und zwar am Dienstag, der auf den Jubiläumstag folgt. Berechnen Sie für alle Mitarbeiter, wann die Feier stattfinden wird.

4. Konvertieren Sie die Spalte HIREDATE in einen Zeitstempel, und berechnen Sie, wie lange die Mitarbeiter im Unternehmen sind.

7.3   Textfunktionen

Unter die Textfunktionen fallen Funktionen zur Auswertung, Manipulation und Konvertierung von Zeichenketten. All diese Funktionen sind für varchar2-Spalten gedacht, funktionieren aber auch mit clob-Spalten, solange die Inhalte einer clob-Spalte die Größe von 32 kB nicht überschreiten. Daher können die meisten Textinhalte mit diesen Funktionen einfach in SQL manipuliert werden. Die Grenze von 32 kB ergibt sich daraus, dass in Oracles Programmiersprache PL/SQL eine Variable vom Typ varchar2 eben diese Größe annehmen kann. Die Funktionen arbeiten intern also mit Variablen dieses Typs, clob-Inhalte werden auf diese Variablen abgebildet und bearbeitet. Sind die Inhalte der clob-Spalten jedoch größer als 32 kB, kommen Sie um die Verwendung dafür geeigneter Programmierung nicht herum, die normalen SQL-Textfunktionen werfen in diesen Fällen einen Fehler. Diese Programmierung können Sie zwar auch selbst vornehmen, Oracle liefert jedoch einige Funktionen mit, die mit clob-Spalten umgehen können und Ihnen so die meisten Probleme des Umgangs mit diesen Datentypen abnehmen. Doch auch diese Funktionen sind nicht ohne Weiteres in SQL einsetzbar, weshalb ich sie hier nicht besprechen möchte.

7.3.1   Funktionen zur Textsuche und -auswertung

In diese Kategorie fallen Funktionen, die ermitteln, ob ein gesuchter Ausdruck Teil einer Zeichenkette ist, oder aber solche, um die Länge oder andere Angaben zu der Zeichenkette zu ermitteln.

INSTR

Die Funktion prüft, ob ein Suchbegriff in einer Zeichenfolge enthalten ist und gibt die Position des Treffers an. Neben diesen beiden erforderlichen Parametern (Zeichenfolge, in der gesucht wird, als erster und Suchbegriff als zweiter Parameter) ist es möglich, mit zwei optionalen Parametern anzugeben, ab welcher Stelle gesucht werden soll (standardmäßig ab dem ersten Zeichen) und das wievielte Auftreten gemeldet werden soll (standardmäßig das erste Auftreten).

Ein Beispiel macht die Verwendung klar: Es soll in einer Zeichenkette ab dem vierten Buchstaben gesucht und das zweite Auftreten des Suchbegriffs gefunden werden, in unserem Beispiel ist dies also der letzte *Backslash* (Rückstrich) vor dem Dateinamen:

```
SQL> select instr(
  2            'C:\my_folder\my_files\foo.txt',
  3            '\', 4, 2) position
  4    from dual;

   POSITION
----------
         22
```

Listing 7.22 Verwendung der Funktion INSTR

Position 22 ist der insgesamt dritte Schrägstrich der Pfadangabe und damit das korrekte Ergebnis. Beachten Sie bitte, dass die Position immer vom Anfang der Zeichenkette aus zählt, auch wenn festgelegt wurde, dass erst ab dem vierten Buchstaben gesucht werden soll, wie in unserem Beispiel. Zudem wird in SQL generell von 1 an gezählt und nicht, wie in den meisten Programmiersprachen, von 0 an beginnend. Eine sehr interessante Erweiterung dieser Funktion ist die Fähigkeit, von hinten nach vorn zu suchen, wenn als Startposition eine negative Zahl übergeben wird:

```
SQL> select instr(
  2            'C:\my_folder\my_files\foo.txt',
  3            '\', -1) position
  4    from dual;

   POSITION
----------
         22
```

Listing 7.23 Verwendung der Funktion INSTR mit negativem Beginn

Hier wird der erste Schrägstrich von hinten gesucht und die gleiche Position ermittelt wie bei der ersten Suche. Für die instr-Funktion existieren noch Unterformen für andere Zeichensatzkodierungen, die allerdings sehr speziell sind und die ich daher hier weglasse.

LENGTH

Die Funktion length gibt (zunächst einmal klingt das ganz einfach) die Länge einer Zeichenkette aus. Kompliziert wird es eigentlich nur durch die unterschiedlichen Zeichensatzkodierungen, denn es muss festgelegt werden, ob die Länge in Zeichen oder in Byte ausgegeben werden soll. Das folgende Beispiel zeigt die unterschiedlichen Funktionen, nämlich length und lengthb im Einsatz bei einer Datenbank mit der Zeichensatzkodierung UTF-8. In UTF-8 sind die Umlaute mit jeweils 2 Byte kodiert, und daher ist die resultierende Bytelänge um die Anzahl der Umlaute länger. Es existieren noch weitere Unterformen für andere Kodierungen, doch sind diese so speziell, dass ich sie hier weglasse:

```
SQL> select length('Törömtömtöm') zeichen,
  2          lengthb('Törömtömtöm') byte
  3    from dual;


   ZEICHEN       BYTE
---------- ----------
        11         15
```

Listing 7.24 Verwendung der Funktion LENGTH

Zwar hatte ich bereits darauf hingewiesen, aber dieses Beispiel illustriert noch einmal sehr schön, dass es wichtig ist, bei der Anlage einer Tabelle die Kodierung der Datenbank im Hinterkopf zu haben, denn unser Zitat passt nicht in eine Spalte vom Typ varchar2(11 byte), sondern nur in eine Zeile mit dem Typ varchar2(11 char).

SOUNDEX

Die soundex-Funktion klingt zunächst einmal wie ein Hoffnungsträger, denn sie gestattet die Suche nach ähnlich klingenden Namen innerhalb einer Datenbank, also zum Beispiel Meier, Mayer und Maier. Leider ist die Funktion aber nur für den englischen Sprachraum optimiert. Sie funktioniert zwar auch in Deutsch, aber nicht so gut, wie in englischen Sprachen. Verwendet wird hierfür ein Algorithmus von Russel/Odell der bereits 1918 entwickelt wurde. Das Verfahren basiert darauf, dass für eine Zeichenkette eine Zahl berechnet wird, die den ersten drei Konsonanten nach dem ersten Buchstaben des Wortes eine Zahl zuordnet. Dadurch werden ähnlich klingende Konsonanten durch die gleiche Zahl repräsentiert. Diese Zahl wird an den ersten Buchstaben des Begriffs gehängt und anschließend mit anderen soundex-Ergebnissen verglichen. Deutlich wird das vielleicht am ehesten an einem Beispiel:

```
SQL> select ename, job, soundex(ename) soundex
  2    from emp
  3   where soundex(ename) in
  4          (soundex('SMYTHE'), soundex('MÜLLER'))
```

```
ENAME       JOB       SOUNDEX
----------  --------- ----------
SMITH       CLERK     S530
MILLER      CLERK     M460
```

Listing 7.25 Verwendung der Funktion SOUNDEX

Dieses Verfahren ist im Deutschen nicht ganz so leistungsfähig wie in Englisch, insbesondere, weil durch die unterschiedliche Aussprache Konsonanten als gleich klingend kategorisiert werden, die es für unser Ohr nicht sind. Besser auf das deutsche Umfeld abgestimmt ist das sogenannte Kölner Verfahren, für das unter der Adresse *http:// www.x3m.ch/xlab/index.php/phonetik-fuer-die-deutsche-sprache.html* auch eine Implementierung für Oracle vorliegt. Wenn Sie mögen, können Sie sich dort den PL/SQL-Code herunterladen und ausführen. Anschließend können Sie die deutsche Suche über diese Funktion anstoßen, als sei es eine eingebaute SQL-Funktion:

```
SQL> select ename, job, soundex_ger(ename) soundex_ger
  2    from emp
  3   where soundex_ger(ename) in
  4          (soundex_ger('SCHMITT'), soundex_ger('MÜLLER'));


ENAME       JOB       SOUNDEX_GER
----------  --------- ----------
SMITH       CLERK     862
MILLER      CLERK     657
```

Listing 7.26 Verwendung des Kölner Verfahrens für die Suche

Mit diesem Verfahren, das sei allen Fans von Britney Spears zum Trost gesagt, reimt sich im Deutschen denn auch Britney Spears nicht mehr auf *bewährten Superzicke.*

7.3.2   Funktionen zur Textmanipulation

Funktionen dieser Gruppe ändern Texte, indem Teile ausgetauscht oder angefügt werden. Ebenso fallen Funktionen in diese Kategorie, die Teile eines Textes ausschneiden können.

CONCAT

Ehrlich? Diese Funktion habe ich noch nie benutzt. Sie *konkateniert* (hängt aneinander) zwei Zeichenketten und ist damit funktionsgleich mit dem Konkatenationsoperator ||, nur ist die Schreibweise länger, komplizierter und unflexibler. Also: Einfach vergessen. Wer sie trotzdem benutzen möchte: Der Aufruf ist so, dass der Funktion zwei Zeichenketten übergeben werden, die dann aneinandergehängt ausgegeben werden. Ich hätte Ihnen eine Empfehlung für diese Funktion gegeben, wenn zum Beispiel eine Liste von Zeichenketten möglich gewesen wäre und nicht nur zwei, oder wenn ein Parameter vorhanden wäre, der das Zeichen definiert, mit dem die Zeichenketten aneinandergehängt werden. Das ist zwar im ISO-Standard möglich, in Oracles SQL-Implementierung aber nicht, also gibt es keinen Mehrwert gegenüber dem Operator.

LOWER, UPPER, INITCAP sowie NLS-Varianten

All diese Funktionen arbeiten ganz ähnlich und ganz einfach. Sie dienen dazu, eine Zeichenkette in Kleinbuchstaben (lower), in Großbuchstaben (upper) oder in Kleinbuchstaben mit jeweils dem ersten Buchstaben eines Wortes in Großbuchstaben (initcap) umzuformen. Alle Funktionen liegen in einer Variante für den normalen Datenbankzeichensatz und in einer Variante für den Nationalen Zeichensatz vor, dann mit dem Präfix nls_, also zum Beispiel nls_lower. Alle Funktionen erwarten nur einen Parameter, nämlich die umzuformende Zeichenkette. Diese Funktion wird oft genutzt, um in einer Datenbank eine Suche nach Zeichenketten ohne Berücksichtigung der Groß- und Kleinschreibung zu realisieren:

```
SQL> select lower(ename) lower,
  2           upper(ename) upper,
  3           initcap(ename) initcap
  4    from emp
  5    where lower(ename) = lower('Miller');


LOWER      UPPER      INITCAP
---------- ---------- ----------
miller     MILLER     Miller
```

Listing 7.27 Verwendung der Funktionen LOWER, UPPER und INITCAP

Die NLS-Varianten setzen Sie ein, wenn die Datentypen der Spalte ebenfalls ein N als Präfix haben, also NCHAR oder NVARCHAR, denn das bedeutet, dass die Zeichensatzkodierung dieser Spalten in der zweiten (nationalen) Zeichensatzkodierung kodiert ist. Ich habe das bislang sehr selten in Projekten gesehen, aber vielleicht haben Sie ja solche Spalten. Mittlerweile werden Datenbanken immer häufiger in UTF-8 kodiert angelegt. In solchen Datenbanken gibt es keine Notwendigkeit für diese nls_-Funktionen mehr.

LPAD und RPAD

Noch ein altes »Schätzchen« sind die Padding-Funktionen. Früher wurden diese Funktionen intensiv verwendet, um eine Zeichenfolge oder eine Zahl auf eine feste Stellenzahl zu erweitern. Dies war erforderlich, um Ausdrucke auf einem Nadeldru-

cker in Spalten übereinander anordnen zu können. Die Funktion: Die Zeichenketten werden nach links (lpad) oder rechts (rpad) mit einem Füllzeichen aufgefüllt, bis
eine anzugebende Stellenzahl erreicht wird. Die Funktion erwartet drei Parameter:
Die Zeichenfolge, die aufgefüllt werden soll, die Anzahl der Stellen, auf die aufgefüllt werden soll, und das Füllzeichen. Ich werde diese Funktion noch benutzen,
zeige jetzt aber zuerst einmal ein eher altmodisches Beispiel für die Ausgabe einer
Abfrage:

```
SQL> select rpad(ename, 15, '.') ename,
  2          lpad(sal, 10, '.') sal
  3    from emp;


ENAME           SAL
--------------- ----------
SMITH.......... .......800
ALLEN.......... ......1600
WARD.......... ......1250
JONES.......... ......2975
MARTIN........ ......1250
BLAKE.......... ......2850
CLARK.......... ......2450
SCOTT.......... ......3000
KING.......... ......5000
TURNER........ ......1500
ADAMS.......... ......1100
JAMES.......... .......950
FORD.......... ......3000
MILLER........ ......1300


14 Zeilen ausgewählt.
```

Listing 7.28 Verwendung der Funktionen LPAD und RPAD

Ich habe hier, wie das normalerweise eigentlich auch gemacht wird, lediglich ein Auf-
füllzeichen, den Punkt, verwendet. Das muss aber nicht so sein, es ist durchaus möglich, dort eine Zeichenfolge beliebiger Länge einzufügen. Ist sie länger als die Anzahl
der aufzufüllenden Zeichen, wird das Ganze einfach abgeschnitten.

LTRIM, RTRIM und TRIM

Genau entgegengesetzt funktioniert die Funktion trim. Diese Funktion entfernt auf
einer oder beiden Seiten ein Zeichen, das mit übergeben werden kann. Fehlt es, werden Leerzeichen entfernt. Auch diese Funktion ruft die Parameter nach SQL-Standard
auf, also als Textausschnitt. Dabei sind folgende Formen möglich:

```
SQL> select trim(both '.' from '...SMITH...') text
  2    from dual;

TEXT
-----
SMITH

SQL> select trim(leading '.' from '...SMITH...') text
  2    from dual;

TEXT
--------
SMITH...

SQL> select trim(trailing '.' from '...SMITH...') text
  2    from dual;

TEXT
--------
...SMITH

SQL> select '#' || trim('   SMITH   ') || '#' text
  2    from dual;

TEXT
-------
#SMITH#
```

Listing 7.29 Verwendung der Funktion TRIM

Das Schlüsselwort both, um auf beiden Seiten die Zeichen zu löschen, kann auch weggelassen werden. Im letzten Beispiel habe ich auch das Zeichen, das gelöscht werden soll, weggelassen, dann ist der Standard ein einzelnes Leerzeichen. Um das zu zeigen, habe ich die #-Zeichen um den Namen konkateniert. Beachten Sie bitte, dass die Funktion trim nur ein einzelnes Zeichen als Parameter für ein Löschzeichen akzeptiert. Dieses Zeichen wird auch nur vom angegebenen Rand bis zum ersten Auftreten eines anderen Zeichens gelöscht.

Im Gegensatz zu trim können bei den Funktionen ltrim und rtrim Zeichenmuster übergeben werden. Allerdings trimmen diese Funktionen immer nur von einer Seite, nicht von beiden Seiten zur gleichen Zeit. Zudem werden die Parameter für diese Funktionen nun wieder klassisch übergeben, und zwar als Erstes die Zeichenkette, in der Zeichen getrimmt werden sollen, und als Zweites die Zeichensammlung, die getrimmt werden soll. Damit können mächtigere Dinge getan werden:

```
SQL>   select rtrim(
  2              ltrim(
  3                 '<Das ist ein Element/>', '<'), '/>') text
  4     from dual;
```

```
TEXT
-------------------
Das ist ein Element
```

Listing 7.30 Verwendung der Funktionen LTRIM und RTRIM

Bei diesen Funktionen wird also jedes Zeichen, dass sich im Ausdruck der zu trimmenden Zeichen befindet, berücksichtigt, bis ein Zeichen erreicht wird, das nicht in dem Ausdruck enthalten ist. Auf diese Weise können eben auch komplexere Ausdrücke bereinigt werden. Auch bei diesem Aufruf ist der zweite Parameter mit der Zeichensammlung optional, wird er weggelassen, wird auch hier ein einzelnes Leerzeichen angenommen, die Funktion ltrim(' SMITH ') ist dann funktional identisch mit trim(leading ' ' from ' SMITH '), aber deutlich kürzer. Als Empfehlung würde in diesem Fall dann die ltrim-Funktion aufgerufen; sollen aber von beiden Seiten einfach nur die Leerzeichen entfernt werden, ist trim(' SMITH ') die kürzeste Alternative. Natürlich können auch hier wieder Spaltennamen vom Typ varchar2 (auch clob innerhalb der angesprochenen Grenzen) angegeben werden.

REPLACE

Eine der am häufigsten genutzten Textfunktionen ist replace. Diese Funktion ersetzt eine Zeichenkette in einem Text durch eine andere Zeichenkette, und das so oft, wie die Zeichenkette im Text auftaucht. Die Zeichenkette, die als Ersatzzeichen eingefügt werden soll, kann auch fehlen, dann entfernt replace einfach die gesuchte Zeichenkette aus dem Text. Die Parameter werden »klassisch« übergeben, die Benutzung ist einfach und klar:

```
SQL> select replace(
  2              'Katalog 2011: ICD_2011', '2011', '2012') text
  3     from dual;
```

```
TEXT
---------------------
Katalog 2012: ICD_2012
```

```
SQL> select replace('SALESMAN', 'MAN') text
  2     from dual;
```

```
TEXT
-----
SALES
```

Listing 7.31 Verwendung der Funktion REPLACE

Dazu gibt es eigentlich nicht viel mehr zu sagen, die Reihenfolge der Parameter muss beachtet werden, aber das ist ohnehin klar, der Rest ist dann ganz einfach und intuitiv.

SUBSTR

Ebenso häufig wird sicherlich die Funktion `substr` verwendet. Diese Funktion schneidet aus einem Text ein Stück heraus, und zwar beginnend ab dem n-ten Zeichen m Buchstaben. Diese Sichtweise ist das einzige, was an dieser Funktion verwirrend sein kann. Wenn Sie aus einer Zeichenfolge das vierte, fünfte und sechste Zeichen ausschneiden möchten, müssen Sie schreiben: `substr('Zeichenfolge', 4, 3)`, denn Sie möchten beim vierten Zeichen beginnen und dann drei Zeichen in Folge ausschneiden. Ansonsten ist die Reihenfolge der Parameter: Text, Start, Länge. Der letzte Parameter, die Länge der zu entnehmenden Zeichenfolge, darf auch fehlen. In diesem Fall wird bis zum Ende der Zeichenkette entnommen.

```
SQL> select substr('Das ist ein Text', 9, 3) text
  2    from dual;

TEXT
----
ein

SQL> select substr ('Das ist ein Text', 9)
  2    from dual;

TEXT
--------
ein Text
```

Listing 7.32 Verwendung der Funktion SUBSTR

In dieser Form mag die Einsatzbandbreite nicht recht einleuchten. Normalerweise werden die Funktionen allerdings in Kombination angewendet, und dann wird klarer, wozu sie verwendet werden können. Im folgenden Beispiel liegen die Namen eines Mitarbeiters als Nachname, Vorname in einer Spalte vor. Sie sollen getrennt und auf einzelne Spalten aufgeteilt werden:

```
SQL> select substr('Müller, Peter',
  2              instr('Müller, Peter', ',') + 2) vorname,
  3          substr('Müller, Peter', 1,
  4              instr('Müller, Peter', ',') - 1) nachname
  5    from dual;

VORNAME NACHNAME
------- --------
Peter   Müller
```

Listing 7.33 Beispiel für die kombinierte Anwendung von Textfunktionen

Natürlich ist die Wiederholung des Namens in diesem Beispiel etwas ermüdend. Stellen Sie sich hier die Spaltenbezeichnung Ihrer Tabelle mit dem kombinierten Namen vor. Konzentration erfordert zudem die Kalkulation der »Zuschläge« auf die gefundene Position des Suchzeichens, in unserem Fall des Kommas. Normalerweise kommt man da wohl um das Ausprobieren nicht herum, mal schneidet man zu großzügig, mal zu scharf, selten richtig. Eine Alternative zu diesem Verfahren finden wir bei den regulären Ausdrücken, aber ob die Syntax dort so viel einfacher ist ...

TRANSLATE

Eine unterschätzte Funktion zum Schluss dieses Abschnitts: Die Funktion translate übersetzt alle Zeichen eines Textes gemäß einer Zeichenmaske durch Zeichen aus einer Ersetzungsmaske. Oft wird diese Funktion mit eher albernen Anwendungen gezeigt, wie zum Beispiel einer »Geheimschrift«, bei der alle Buchstaben durch einen anderen ausgetauscht werden. Prima! Aber ich habe diese Funktion schon oft sehr gut brauchen können, insbesondere durch eine Eigenheit: Wenn ein Zeichen einer Zeichenmaske in der Ersetzungsmaske fehlt, wird dieses Zeichen überall aus der Zeichenkette gelöscht. Das ist sehr angenehm, zum Beispiel für die Bereinigung von Telefonnummern:

```
SQL> select translate('+49 (171) 123-456-789',
  2          '0123456789+- ()', '0123456789') rufnummer
  3    from dual;

RUFNUMMER
--------------
49171123456789
```

Listing 7.34 Verwendung der Funktion TRANSLATE

Dieses Beispiel bereinigt alle Sonderzeichen aus der Telefonnummer, indem es die Ziffern sowohl in der Zeichenmaske, als auch in der Ersetzungsmaske belässt und nur die Sonderzeichen entfernt, da diese keine Entsprechung auf der Ersetzungsseite haben. Sollten Sie das Pluszeichen im Übrigen durch 00 ersetzen wollen, ginge dies nur durch ein geschachteltes `replace`, denn *ein* Zeichen der Zeichenmaske wird durch *ein* korrespondierendes Zeichen der Ersetzungsmaske ersetzt. Diesen Umbau überlasse ich Ihnen gern zur Übung.

7.3.3   Reguläre Ausdrücke

Eine spezielle Rolle nehmen *reguläre Ausdrücke* in SQL ein. Diese Funktionen erlauben die Anwendung regulärer Ausdrücke auf Zeichenketten und erweitern dadurch die Mächtigkeit von Textsuchen beträchtlich. Obwohl diese Funktionalität sehr verlockend klingt, wird sie dennoch stärker bei Ad-hoc-Abfragen eingesetzt, denn wenn Sie beständig nach einem bestimmten Muster in Ihren Textspalten suchen, ist das eigentlich ein Zeichen dafür, diese Informationen in eigene Spalten auszulagern. Gerade reguläre Ausdrücke sind zudem ein gutes Beispiel für das Problem, eine Balance zwischen vollständiger Beschreibung und Übersichtlichkeit zu finden. Ich habe ja bereits einige einführende Dinge zu regulären Ausdrücken in Kapitel 5, »Grundlagen: Auswahl und Projektion«, gesagt, hier nun möchte ich das Verständnis so erweitern, dass Sie spezielle Literatur zum Thema leicht verstehen können.

Beispiel: Regulärer Ausdruck zur Kontrolle einer E-Mail

Ich möchte reguläre Ausdrücke gern am Beispiel eines regulären Ausdrucks zur Prüfung von E-Mail-Adressen erklären. Das Ergebnis, zu dem wir kommen wollen, lautet:

```
^([[:alnum:]([%!#$%&*+=?^_`{|}~&)])]])*(\.?([[:alnum:]([%!#$%&*+=?^_`{|}~&)])])+)*@
([[:alnum:]]?([[:alnum:]-]*[[:alnum:]])?\.)+([[:alpha:]]{2}|com|org|net|edu|gov|
mil|biz|info|mobi|name|aero|asia|jobs|museum)$
```

Listing 7.35 Ein »ganz einfacher« regulärer Ausdruck

Alles klar? Gut, dann also nächstes Thema. Oder vielleicht erkläre ich das Problem doch noch ganz kurz ...

Wir möchten, so die Ausgangssituation, gern prüfen, ob eine E-Mail-Adresse plausibel ist. Natürlich können wir nicht prüfen, ob diese Adresse wirklich vorhanden ist, sondern uns interessiert, ob sie syntaktisch korrekt ist und eine funktionsfähige E-Mail-Adresse darstellen *könnte*. E-Mail-Adressen sind in einer Spezifikation definiert (RFC 5322) und dennoch nicht ganz einfach zu prüfen. Der Ausdruck oben passt aber auf die meisten gültigen E-Mail-Adressen, und außerdem ist es ja auch nur ein Beispiel, das die Verwendung zeigen soll.

Eine E-Mail-Adresse besteht aus zwei Teilen: Dem Teil vor dem @-Zeichen und dem Teil danach. Der erste Teil wird der *local-part* genannt, während der zweite Teil als *domain-part* bekannt ist. Für beide Teile gelten verschiedene Regeln, so dürfen im domain-part weniger Zeichen verwendet werden als im local-part, wo Sonderzeichen wie #$% erlaubt sind. Wenn wir einen ersten Versuch wagen, könnte dieser so ausse-hen, dass wir im local-part beliebige Zeichen erlauben, dann erwarten wir das Zeichen @ und im domain-part werden wieder beliebige Zeichen erlaubt. Dieses Muster könn-ten wir so schreiben:

```
*@*
```

Die Schreibweise sagt: Lass alle Zeichen zu und diese wiederum beliebig oft, was durch das Zeichen * angezeigt wird. Dann soll ein @ folgen und dann wieder beliebig viele Zeichen. Als Operator verwenden wir das schon angesprochene regexp_like, dann sähe die Anweisung aus wie folgt:

```
SQL> select 'Gültige E-Mail-Adresse' test_ergebnis
  2    from dual
  3   where regexp_like('info@foo.de', *@*');

TEST_ERGEBNIS
--------------------
Gültige E-Mail-Adresse
```

Listing 7.36 Erster Versuch eines Tests

Dieser erste Test hat allerdings noch nicht allzu viel Aussagekraft, denn er entspricht inhaltlich der Formulierung like '%@%' und nicht mehr. Diese Formulierung könnte sogar noch insofern vereinfacht werden, als die beiden Zeichen * auch weggelassen werden könnten, denn im Gegensatz zu like wird bei regexp_like auch dann wahr zurückgeliefert, wenn der Suchbegriff irgendwo in der Zeichenkette gefunden wird.

Wir könnten das Ganze insofern verschärfen, als wir sagen, dass wir am Ende des domain-parts in jedem Fall eine Formulierung wie .de oder ähnlich erwarten. Hier aber wird die Sache gleich kompliziert, denn einerseits gibt es etwa 200 gültige Län-derdomänen (die sich wahrscheinlich auch noch dann und wann ändern) und außer-dem eine Reihe Domänen mit drei Buchstaben, wie .org, .com usw. Die Prüfung auf einen Punkt ist auch nicht so ganz einfach, denn der Punkt ist ein regulärer Ausdruck und steht für ein beliebiges Zeichen, ist also Teil der Syntax von regulären Ausdrü-cken. Wenn wir das Thema in zwei Schritten angehen, lassen wir zunächst einmal alle zweistelligen Domänen zu und erwarten als Abschluss des domain-parts einen Punkt und diese Länderdomäne. Den einzelnen Punkt finden wir, indem wir ein Zeichen verwenden, das anzeigt, dass das nächste Zeichen nicht als Anweisung für den regu-lären Ausdruck verstanden werden soll, sondern als Zeichen, nach dem gesucht wird. Dieses Zeichen ist \ und wird dem Punkt direkt vorangestellt. Außerdem lassen wir nach diesem Punkt nicht mehr alle Zeichen zu, sondern nur noch Buchstaben in

Groß- und Kleinschreibung, und außerdem maximal zwei Stück. Danach soll unsere Zeichenkette enden. Diesen Ausdruck können wir nun so formulieren:

```
SQL> select 'Gültige E-Mail-Adresse' test_ergebnis
  2    from dual
  3    where regexp_like('info@foo.de',
  4          '@[a-z]+\.[a-z]{2}$');


TEST_ERGEBNIS
--------------------
Gültige E-Mail-Adresse
```

Listing 7.37 Erweiterung der Prüfung: Nur zweistellige Länderdomänen sind erlaubt.

Wir suchen also nach einer Zeichenkette, die mit einem @-Zeichen beginnt. Danach erwarten wir ein Zeichen aus dem Zeichenvorrat a-z (diesen Zeichenvorrat schreiben wir in eckige Klammern) und legen fest, dass an dieser Stelle diese Zeichen mindestens einmal, eventuell aber auch mehrfach auftauchen dürfen (das legt das +-Zeichen fest). Anschließend erwarten wir das Zeichen ».«, das wir hierzu mit dem \-Zeichen maskieren mussten, sowie wiederum Kleinbuchstaben, diesmal allerdings mindestens zwei Stück. Diese feste Anzahl haben wir in geschweiften Klammern hinter den Zeichenvorrat notiert. Damit wir keine Länderdomänen mit drei Buchstaben erlauben, erwarten wir als Nächstes, dass der Suchbegriff endet. Dies markieren wir durch das Zeichen $.

Ich habe Ihnen in Tabelle 7.2 eine Übersicht über die regulären Ausdrücke zusammengestellt, die sich auf die Quantifizierung von Zeichen beziehen.

Quantifizierer	Bedeutung
*	Zeichen darf keinmal oder beliebig häufig auftauchen.
+	Zeichen muss einmal, darf aber beliebig häufig auftauchen.
?	Zeichen darf keinmal, maximal aber einmal auftauchen.
{n}	Zeichen muss n-mal auftauchen.
{n,}	Zeichen muss mindestens n-mal auftauchen.
{n,m}	Zeichen muss mindestens n-mal, höchstens aber m-mal auftauchen.

Tabelle 7.2 Übersicht über die Quantifizierer in regulären Ausdrücken

Dieser Ausdruck hat noch eine Reihe von Nachteilen. Zunächst sind nur Kleinbuchstaben erlaubt. Dies könnten wir auf zwei Wegen lösen: Zum einen könnten wir nicht nur a-z, sondern auch A-Z erlauben. Zum anderen könnten wir dem Operator regexp_ like einen optionalen weiteren Parameter mit dem Wert i übergeben. Dadurch würde die gesamte Suche *case-insensitive*, es würden also Groß- und Kleinschreibung nicht mehr unterschieden. Dann dürfen derzeit im domain-part vor der Länderkennung nur Buchstaben auftauchen, nicht aber zum Beispiel weitere Punkte. Schließlich ist die Einschränkung im domain-part auf die Länderdomänen natürlich nicht akzeptabel. Gehen wir also etwas weiter. Es existieren sogenannte Klassen, mit deren Hilfe wir einfacher einen Zeichenvorrat definieren können. Diese Klassen haben neben ihrer einfachen Handhabung zudem den Vorteil, dass wir auch wirklich alle Zeichen einer Gruppe erreichen, unabhängig zum Beispiel von der eingestellten Sprache etc. Oracle bietet die in Tabelle 7.3 aufgeführten Klassen an.

Klasse	Beschreibung
[:alnum:]	alphanumerische Zeichen, entspricht [:alpha:] + [:digit:]
[:alpha:]	alphabetische Zeichen ohne Zahlen
[:blank:]	Leerzeichen und Tabulatoren
[:cntrl:]	Kontrollzeichen, die nicht gedruckt werden
[:graph:]	grafische Zeichen, entspricht [:lower:] + [:upper:] + [:punct:] + [:digit:]
[:lower:]	Kleinbuchstaben
[:print:]	druckbare Zeichen
[:punct:]	Punktierungszeichen (.,;:?! etc.)
[:space:]	»Weißraum«: Leerzeichen, horizontale und vertikale Tabulatoren, Absatzzeichen, Zeilensprung etc.
[:upper:]	Großbuchstaben
[:xdigit:]	Hexadezimalzeichen (0-9, A-F)

Tabelle 7.3 Liste der verfügbaren Klassen

Aus diesen Klassen können wir uns also bedienen. Zudem können wir eigene Gruppen anlegen (bis zu neun pro Ausdruck) und anschließend referenzieren. Diese Gruppen werden einfach durch runde Klammern definiert.

Zum anderen können wir für eine beliebige Stelle unseres Musters alternative Ausdrücke festlegen. Diese Ausdrücke werden durch das Zeichen | aneinandergehängt. Das können wir sehr gut benutzen, um auch eine Reihe von Domänen zuzulassen, die länger als zwei Buchstaben sind. Im Moment sind dies: `com`| `org`| `net`| `edu`| `gov`| `mil`| `biz`| `info`| `mobi`| `name`| `aero`| `asia`| `jobs`| `museum`. Wenn wir diese Auswahl alternativ zur zweistelligen Länderdomäne zulassen, wird unser Ausdruck direkt deutlich länger. Daher lasse ich diese Option im Moment zum Teil weg und erlaube im Moment nur `com` und `museum` als zwei Beispiele. Nun sieht unser Ausdruck so aus:

```
SQL> select 'Gültige E-Mail-Adresse' test_ergebnis
  2    from dual
  3    where regexp_like('info@foo.3-mail.com',
  4          '@([[:alnum:]-]+\.)+
               ([[:alpha:]]{2}|com|museum)$');


TEST_ERGEBNIS
--------------------
Gültige E-Mail-Adresse
```

Listing 7.38 Verwendung von Klassen, Gruppen und Alternativen

Gut, einmal Luft holen und weiter: Wir haben bislang noch nichts zum local-part gesagt, wir prüfen ab dem @-Zeichen. Danach folgt ein Ausdruck, den wir uns einmal gesondert ansehen:

`([[:alnum:]-]+\.)+`

Die alphanumerischen Zeichen wurden durch die Klasse `[:alnum:]` erlaubt. Zusätzlich wurde das ---Zeichen erlaubt. Dieser Zeichenvorrat steht in eckigen Klammern und muss mindestens einmal, kann aber auch mehrfach auftauchen, wie durch das +-Zeichen gekennzeichnet. Mit diesem Zeichenvorrat können also Domänennamen wie `My-Server-24` oder ähnlich erstellt werden. Anschließend erwarten wir einen Punkt. Diese Gruppe wurde als Gruppe durch die runden Klammern definiert und darf als Gruppe mehrfach verwendet werden, mindestens jedoch einmal. Hätten wir den Punkt einfach als weiteres Zeichen innerhalb des Zeichenvorrats erlaubt, wäre andererseits nicht auszuschließen gewesen, dass dieses Zeichen zweimal hintereinander verwendet würde, was nicht erlaubt ist.

Anschließend folgt die bereits bekannte Gruppe, die lediglich die Zeichen a-z, diesmal allerdings in Groß- und Kleinschreibung als Klasse, und davon genau zwei Buchstaben erlaubt. Ich habe aus drucktechnischen Gründen hier einen Zeilensprung eingefügt, den Sie bitte nicht übernehmen, wenn Sie die Anweisung selber schreiben möchten. Diese Gruppe ist nun aber durch die weiteren, alternativen Suchbegriffe erweitert. Diese Gruppe muss am Ende des Suchstrings liegen, denn auch das Ende-Zeichen der Zeichenkette ist in der Gruppe enthalten. Wenn Sie diesen Ausdruck testen, erkennen Sie, dass nun bereits viele Dinge nicht mehr möglich sind. So können keine zwei Punkte in der Domäne hintereinandergeschrieben werden, es ist nicht möglich, eine dreistellige Domäne außer .com anzugeben etc.

Als letzten Schritt möchte ich nun auch den local-part einschränken, allerdings ist es erlaubt, in diesem Teil mehr Zeichen zu verwenden als im domain-part. Konkreter, diese Zeichen sind erlaubt:

```
[[:alnum:]!#$%&''*+/=?^_`{|}~-]
```

Der Punkt und das @-Zeichen fehlen in der Liste der erlaubten Zeichen. Wäre dies nicht so, hätten wir auch [:punct:] zusätzlich erlauben dürfen, denn der Zeichenvorrat entspricht dieser angegeben Menge plus der beiden nicht erlaubten Zeichen. Dieses Zeichen ist insbesondere nicht zweimal hintereinander erlaubt. Dieser Ausdruck erlaubt also local-part-Bezeichner mit beinahe allen druckbaren Zeichen, mit Ausnahme eines Punktes oder eines @-Zeichens. Nun möchte ich erlauben, dass ein local-part einen Punkt enthalten darf, allerdings nur, wenn danach wieder ein Name gemäß des bereits beschriebenen Musters folgt. Nach wie vor ist kein @-Zeichen erlaubt, denn das trennt ja den local-part vom domain-part. Der nächste Schritt besteht also darin, eine Gruppe zu entwerfen, die mit einem Punkt beginnt, anschließend das Muster der ersten Gruppe wiederholt und als Gruppe keinmal oder beliebig oft wiederholt werden darf. Der Ausdruck hierfür lautet:

```
([[:alnum:]([%!#$%&*+=?^_`{|}~&)])+
(\.?([[:alnum:]([%!#$%&*+=?^_`{|}~&)])+)*
```

Ich habe den Zeilenumbruch an der Stelle eingeführt, an der die zweite Gruppe erlaubt wird. Sie sehen kleine Änderungen: So muss in beiden Gruppen mindestens ein Zeichen des Musters enthalten sein, die Bezeichner dürfen natürlich auch länger sein. Die zweite Gruppe muss mit einem Punkt beginnen, darf aber auch komplett fehlen oder beliebig oft wiederholt werden. Nun sind wir beinahe fertig. Ich lege nun noch fest, dass vor der ersten Gruppe der Suchtext beginnen muss, es also keine Zeichen vor dem Suchtext geben darf, hänge den bereits bestehenden Test des domain-parts an und lege fest, dass nach dieser Zeichenkette der Suchtext beendet sein soll:

```
SQL> set define off
SQL> select 'Gültige E-Mail-Adresse' test_ergebnis
  2    from dual
  3   where regexp_like('info.my-mail#23.mit_dem&dem@foo.de',
  4         '^([[:alnum:]([%!#$%&*+=?^_`{|}~&)])+
  5         (\.?([[:alnum:]([%!#$%&*+=?^_`{|}~&)])+)*
  6         @([[:alnum:]]?([[:alnum:]-]*[[:alnum:]])?\.)+
  7         ([[:alpha:]]{2}|com|org|net|edu|gov|mil|biz|
  8         info|mobi|name|aero|asia|jobs|museum)$');
```

```
TEST_ERGEBNIS
--------------------
Gültige E-Mail-Adresse
```

Listing 7.39 Komplette Anweisung zum Testen einer E-Mail-Adresse

Die Anweisung `set define off` zu Beginn ist ein Zugeständnis an `SQL*Plus`, denn dieses Programm erwartet nach dem Zeichen & die Deklaration einer Variablen. Da ich diesen Buchstaben verwenden wollte, habe ich die Deklaration von Variablen ausgeschaltet. Zu besseren Übersicht habe ich den regulären Ausdruck auf mehrere Zeilen verteilt. Gehen wir die einzelnen Bausteine noch einmal durch:

Zeile 4 enthält die erste Gruppe des local-parts, sie muss direkt als Erstes im Suchtext stehen, wie durch das *Caret* (^) festgelegt. Dann folgt in Zeile 5 die optionale, aber mehrfach erlaubte zweite local-part-Gruppe, die mit einem Punkt beginnen und mindestens ein Zeichen aus dem Zeichenvorrat folgen lassen muss. In Zeile 6 beginnt die Prüfung auf den domain-part, erkennbar an dem einleitenden @-Zeichen. Die Änderungen, die ich am domain-part vorgenommen habe, überlasse ich dem geneigten Leser zur eigenen Erklärung, es sind keine neuen Strategien hinzugekommen. Zeile 7 und 8 bestehen eigentlich nur noch aus den erlaubten Länderkennungen und der Liste der zusätzlich erlaubten domain-Bezeichner.

Nun gut, ich gebe zu, das war jetzt alles andere als einfacher Stoff. Ich hoffe dennoch, dass Sie ein wenig ein Gefühl für reguläre Ausdrücke bekommen haben. Sicherlich ist das ein Thema, in dem man routiniert werden kann, wenn man häufig mit solchen Fragestellungen zu tun hat. Für mich ist es, weil ich seltener damit zu tun habe, ein stets neuer Angang; ich tue mich mit der Syntax genauso schwer wie wahrscheinlich auch Sie. Meistens gehe ich von Beispielen im Internet aus und bastele so lange, bis alles einigermaßen läuft und lesbar ist. Das kopiere ich mir dann in die Abfrage und dann: Fire and forget! Ärgerlich ist natürlich zudem, dass die Beispiele aus dem Internet normalerweise nicht in der Datenbank funktionieren, weil die Implementierungen leicht unterschiedlich sind. Wie gesagt, leider ist grober Unfug kein Straftatbestand mehr, sonst hätte man Lust, die Urheber dieser Unterschiede in ein Zwangskonklave zu schicken, bis sich alle auf eine einheitliche Syntax geeinigt haben ...

Im Zusammenhang mit regulären Ausdrücken existieren in der Datenbank einige Funktionen, die mit diesen Ausdrücken verwendet werden können. Ich sehe die Grundlagen regulärer Ausdrücke nun als bekannt an und werde mich bei der Besprechung der Funktionen lediglich auf die Rahmenbedingungen ihrer Verwendung konzentrieren.

Optionale Parameter der REGEXP-Funktionen

Allen `regexp`-Funktionen können optionale Parameter aus der in Tabelle 7.4 gezeigten Auswahl übergeben werden, die das generelle Verhalten steuern.

Parmeter	Bedeutung
i	Die Suche ist case insensitive, Groß- und Kleinschreibung werden nicht beachtet.
c	Die Suche ist case sensitive, Groß- und Kleinschreibung werden beachtet.
n	Das Punktzeichen erkennt bei gesetztem Parameter das Zeilensprungzeichen, sonst nicht.
m	Bei gesetztem Parameter wird der Suchtext als mehrzeilig angesehen. Die Zeichen ^ und $ beziehen sich dann auf den jeweiligen Zeilenbeginn und das jeweilige Zeilenende. Ist der Parameter nicht gesetzt, wird der Text als einzeilig angesehen, und die Zeichen beziehen sich auf den Textbeginn sowie das Textende.
x	Ignoriert Weißraum.

Tabelle 7.4 Übersicht über die zusätzlichen Parameter

Sie sehen, die Parameter sind relativ speziell. Wenn Sie diese Parameter verwenden möchten, werden sie als Zeichenketten übergeben, wie in diesem Beispiel: `regexp_like('Foo', '.*', 'i', 'm', 'x')`

Nebenbei: Legen Sie nicht fest, ob die Suche case sensitive oder insensitive sein soll, wird dies durch einen Datenbankparameter mit dem Namen `nls_sort` definiert.

REGEXP_COUNT

Diese Funktion zählt, wie oft ein regulärer Ausdruck in einem Suchtext gefunden werden konnte. Verwendet wird sie analog zu den anderen Funktionen, erwartet also als ersten Parameter den Suchtext, dann den regulären Ausdruck. Es existiert allerdings ein optionaler Parameter, der als dritter Parameter übergeben werden muss, wenn er gewünscht ist oder falls Sie die optionalen Parameter zur Steuerung der Arbeitsweise verwenden möchten. Dieser Parameter ist eine Zahl, die festlegt, ab welcher Position im Suchtext die Suche begonnen werden soll. Als Beispiel zählen wir, wie oft die Kombination er in dem Suchbegriff ab der zweiten Stelle vorkommt:

```
SQL> select regexp_count(
   2            'Wer erkennt jedermanns Wert?',
   3            'er', 2) resultat
   4    from dual;
```

```
RESULTAT
----------
         4
```

Listing 7.40 Verwendung der Funktion REGEXP_COUNT

REGEXP_INSTR

Analog zur instr-Funktion liefert diese Funktion die Position, an der der reguläre Ausdruck gefunden wurde. Allerdings hat diese Funktion eine Reihe von Optionen, die die Verwendung etwas kompliziert machen könnten. Wichtig ist die Reihenfolge der Parameter. Jeder Parameter, mit Ausnahme des Suchbegriffs und des regulären Ausdrucks, ist optional. Wollen Sie einen optionalen Parameter benutzen, müssen allerdings alle optionalen Parameter, die vor diesem Parameter kommen, ebenfalls gesetzt werden. Die Parameter sind:

▶ position: An welcher Position soll mit der Suche begonnen werden? Standard ist 1.

▶ occurence: Der wievielte Treffer soll gefunden werden? Standard ist 1.

▶ return_option: Welche Position soll die Funktion im Falle eines Treffers zurücklegen? Übergeben Sie 0 (Standard), wird die Position des Beginns des Treffers zurückgeliefert, bei 1 wird die Position unmittelbar nach Ende des Treffers zurückgeliefert.

▶ match_parameter: Die optionalen Parameter (i, c, n, m, x), wie oben erläutert.

▶ subexpression: Enthält Ihr regulärer Ausdruck Untergruppen, kann über diesen Parameter gesteuert werden, welche Untergruppe für die Suche verwendet werden soll.

Ein Beispiel für diese Funktion:

```
SQL> select regexp_instr(
  2          'Das ist Text, Text in dem ich etwas suche',
  3          '[r|s|t][[:alpha:]]{3}', 3, 2, 1, 'i') r
  4  from dual;

         R
----------
        27
```

Listing 7.41 Die Verwendung der Funktion REGEXP_INSTR

Das Beispiel sucht ab dem dritten Zeichen die zweite Zeichenkette, die mit r, s oder t beginnt und insgesamt vier Buchstaben hat. Zurückgeliefert werden soll die Position des Zeichens nach diesem Begriff, außerdem soll die Suche case insensitive sein.

Gefunden wird das zweite Vorkommen des Wortes Text, geliefert wird die Position des Leerzeichens hinter diesem Wort.

REGEXP_LIKE

Zunächst: Oracle nennt regexp_like keine Funktion, sondern eine Bedingung. Dies hat seinen Grund darin, dass diese Bedingung, ähnlich wie like auch, einen Wahrheitswert zurückliefert, den SQL nicht als Funktionswert kennt. Da aber der Aufruf und die Verwendung wie eine Funktion aussehen, habe ich mich entschlossen, diesen hier einzugliedern und als Funktion, die einen Wahrheitswert liefert, zu betrachten. Allerdings: Die Tatsache, dass es sich bei regexp_like um eine Bedingung und keine Funktion handelt, sorgt dafür, dass Sie keinen sogenannten *Funktionsbasierten Index* aufbauen können (einen Begriff, den ich sozusagen vorwärts deklariere, weil ich ihn erst viel später erklären kann, ihn hier aber brauche, damit Sie diese Information später wiederfinden). Das geht nur mit den anderen Funktionen, die ich in diesem Abschnitt bespreche.

regexp_like haben Sie jetzt bereits mehrfach in Aktion gesehen, allerdings gibt es einige zusätzliche Parameter, die ich Ihnen gern zeigen möchte: Zunächst erwartet die Bedingung den Text oder die Spaltenbezeichnung, auf den der reguläre Ausdruck angewendet wird, sowie den regulären Ausdruck als zweiten Parameter. Der reguläre Ausdruck muss dabei als Zeichenkette übergeben werden. Anschließend stehen die optionalen Parameter gemäß Einführungstext dieses Abschnitts zur Verfügung. Ein Beispiel spare ich mir, da Sie die Funktion schon oft in Betrieb gesehen haben.

REGEXP_REPLACE

Diese Funktion ist analog zur Funktion replace dazu da, Teile einer Zeichenkette durch eine andere Zeichenkette zu ersetzen. Nach den üblichen Parametern für den Suchtext und den regulären Ausdruck kann auch hier eine optionale Zeichenfolge zum Ersetzen angegeben werden. Fehlt diese, wird der Suchbegriff aus dem Suchtext entfernt. Auch diese Funktion hat zwei weitere, optionale Parameter position und occurence, die steuern, ab wann der wievielte Treffer betrachtet werden soll. Zudem stehen die üblichen optionalen Parameter zur Verfügung. Eine Besonderheit besteht darin, dass in der Ersetzungszeichenfolge, die an Stelle des Suchbegriffs eingesetzt werden soll, Unterausdrücke des regulären Ausdrucks über die Notation \n referenziert werden können. Als Beispiel ersetzen wir das zweite Vorkommen der Worte ein Text im Suchtext durch eine leere Zeichenfolge:

```
SQL> select regexp_replace(
  2            'Das ist Text, Text in dem ich etwas suche',
  3            '[r|s|t][[:alpha:]]{3}', '', 1, 2, 'i') r
  4   from dual;
```

```
R
----------------------------------------
Das ist Text, in dem ich etwas suche
```

Listing 7.42 Verwendung der Funktion REGEXP_REPLACE

REGEXP_SUBSTR

Schließlich noch die Funktion regexp_substr. Mit dieser Funktion wird, analog zur Funktion substr, ein Teil einer Zeichenkette aus einem Suchtext ausgeschnitten und zurückgeliefert. Auch hier haben wir die beinahe üblichen optionalen Parameter position, occurence, match_parameter und auch hier, wie schon bei der Funktion regexp_instr, einen Parameter subexpression, um Bezug auf eine Untergruppe des regulären Ausdrucks für die Suche zu nehmen. Auch hier dürfte ein Beispiel für die Verwendung ausreichen, um die Funktion zu verstehen:

```
SQL> select regexp_substr(
  2            'Das ist Text, Text in dem ich etwas suche',
  3            '[r|s|t][[:alpha:]]{3}', 1, 2, 'i') r
  4  from dual;

R
----
Text
```

Listing 7.43 Verwendung der Funktion REGEXP_SUBSTR

7.3.4 Erzeugungs- und Konvertierungsfunktionen

Diese Gruppe ist relativ klein und beschäftigt sich mit der Erzeugung spezieller Zeichen oder der Konvertierung in andere Zeichenketten, insbesondere in einen anderen Zeichensatz.

ASCII

Die Funktion ascii liefert den Code eines Zeichens in der gewählten Zeichensatzkodierung. Der Code wird als Zahl geliefert und kann im Regelfall durch die Gegenfunktion chr bzw. nchr wieder in ein Zeichen übersetzt werden. Diese Funktion wird relativ selten gebraucht und soll auch nicht weiter erläutert werden.

CHR und NCHR

Die Funktion chr liefert ein Zeichen für einen Zeichencode. Dieser Zeichencode kann entweder manuell nachgeschlagen oder über ascii ermittelt werden. Die Funktion chr kann genutzt werden, um Sonderzeichen, die sonst nur schwer einzugeben werden, zu verwenden. Ein häufiges Beispiel ist chr(13) bzw. chr(10), manchmal auch in Kombination, um einen Zeilensprung in einer Zeichenmenge einzugeben. Seltenere Fälle nutzen die Funktion, um zum Beispiel chinesische Zeichen aus dem Unicode-Zeichenvorrat anzusprechen. Die Funktion nchr bezieht sich auf die nationale Zeichensatzkodierung.

7.3.5   Mister Q

Hinter dieser ominösen Überschrift verbirgt sich ein neuer Operator, der mit Version 10 der Datenbank eingeführt wurde. Er löst das Problem, in Zeichenketten das einfache Anführungszeichen maskieren zu müssen. Bislang war es so, dass Sie, wenn Sie eine Zeichenkette ausgeben wollten, die ein einfaches Anführungszeichen enthält, dieses Zeichen doppelt angeben mussten. Insbesondere in Konkatenationen von Zeichenketten und Spaltenwerten konnten auf diese Weise »Wüsten« von einfachen Anführungszeichen entstehen, wie etwa im folgenden Beispiel:

```
SQL> select 'select ''SMITH'' from dual' ausgabe
  2    from dual;
AUSGABE
-----------------------
select 'SMITH' from dual


-- Oder, mit Spaltenbezug:
SQL> select 'select ''' || ename || ''' from dual' ausgabe
  2    from emp
  3    where rownum = 1;
AUSGABE
----------------------------
select 'SMITH' from dual
```

Listing 7.44 Verwendung einfacher Anführungszeichen in der Ausgabe

Immer dann, wenn Sie also ein einfaches Ausführungszeichen in einem Text ausgeben möchten, müssen Sie es zweifach angeben, damit Oracle weiß, dass der Text beim ersten Anführungszeichen nicht enden soll. Vergessen Sie eines der einfachen Anführungszeichen, ist ein Fehler die Folge:

```
SQL> select 'select 'SMITH'' from dual' ausgabe
  2    from dual;
ERROR:
ORA-01756: Anführungsstrich fehlt bei Zeichenfolge
```

Listing 7.45 Ein Fehler taucht auf, sobald ein Anführungszeichen fehlt.

Gerade, wenn Sie umfangreichere Arbeiten an Texten durchführen, ist dieses Verhalten äußerst lästig. Nun aber kommt »Mister Q«, um dieses Problem aus der Welt zu schaffen:

```
SQL> select q'[select 'SMITH' from dual]' ausgabe
  2    from dual;
AUSGABE
-----------------------
select 'SMITH' from dual
```

Listing 7.46 Verwendung des Operators Q

So ist das Ganze doch deutlich lesbarer. Bei der Verwendung dieses Operators gelten im Übrigen folgende Regeln:

▸ Hinter dem Operator q folgt zunächst ein einfaches Anführungszeichen.

▸ Nach diesem Anführungszeichen folgt ein einzelnes, beliebiges Zeichen, das als Begrenzungszeichen verwendet wird und daher nicht im Text auftauchen darf.

▸ Wird eine Klammer als Begrenzungszeichen verwendet, erwartet der Operator die entsprechende schließende Klammer als Begrenzungsende, ansonsten wird das Begrenzungszeichen wiederholt.

▸ Die Zeichenkette wird hinter dem zweiten Begrenzungszeichen durch ein weiteres, einfaches Anführungszeichen beendet.

▸ Der gesamte Text zwischen den Begrenzungszeichen wird als Text interpretiert.

Damit ist es also möglich, ein Zeichen zu vereinbaren, dass den Text als Ganzes umschließt. Gern genommen wird hierfür die Tilde (~), weil sie einerseits einigermaßen einfach eingegeben werden kann und zudem in Texten extrem selten auftaucht. Die eckige Klammer geht aber natürlich auch. Leider ist der letzte Punkt der Strichaufzählung etwas blöd: Wenn wir nämlich in der Ausgabe auch einen Spaltenwert referenzieren möchten, geht das nun so einfach nicht mehr:

```
SQL> select q'[select ' || ename || ' from dual]' ausgabe
  2    from emp
  3   where rownum = 1;
AUSGABE
--------------------------------
select ' || ename || ' from dual
```

Listing 7.47 Leider funktioniert der Operator etwas zu gut.

Ob das nun das gewünschte Verhalten ist oder nicht, mögen Sie selbst entscheiden. Einerseits ist die Implementierung logisch, doch wenn Sie in der Ausgabe nicht den Spaltennamen, sondern den Spaltenwert einfügen möchten, müssen Sie so vorgehen:

```
SQL> select q'[select ']' || ename ||
             q'[' from dual]' ausgabe
  2    from emp
  3    where rownum = 1;


AUSGABE
-----------------------
select 'SMITH' from dual
```

Listing 7.48 Referenzierung eines Spaltenwertes mit dem Q-Operator

Diese Abfrage ist dann aber wieder so umständlich zu schreiben, dass die alte Schreibweise mit zwei einfachen Anführungszeichen doch wieder so schlecht nicht ist. Aber immerhin ist es gut, diesen neuen Operator im Hinterkopf zu haben, wenn er denn passt und eine Abfrage übersichtlicher zu gestalten hilft. Im Übrigen, wo wir gerade dabei sind, existiert natürlich auch noch eine weitere Lösung für dieses Problem:

```
SQL> select replace(
  2           q'[select '#ENAME#' from dual]',
  3           '#ENAME#', ename) ausgabe
  4    from emp
  5    where rownum = 1;


AUSGABE
-----------------------
select 'SMITH' from dual
```

Listing 7.49 Alternative Lösung des Problems mit der REPLACE-Funktion

7.3.6 Übungen

1. Erstellen Sie eine Abfrage, die für jeden Mitarbeiter aus Tabelle EMP eine Zeile in folgender Form ausgibt:
   Smith wird geführt durch Ford.
   Beachten Sie Groß- und Kleinschreibung.

2. Extrahieren Sie (mit allgemeingültigen Mitteln ohne Verwendung regulärer Ausdrücke) aus der Zeichenfolge Vorlesung_SQL-Grundlagen.pdf den Text SQL-Grundlagen. Zusatzaufgabe: Verwenden Sie hierfür einen regulären Ausdruck. Hierbei ist es in Ordnung, wenn der Unterstrich und der folgende Punkt mit ausgegeben werden.

3. Bereiten Sie den Text vorlesung_sql-grundlagen.pdf auf folgende Weise auf: Unterstriche sollen durch Leerzeichen ersetzt werden, die Dateiendung soll entfernt werden, die Schreibweise soll in Groß- und Kleinschreibung erfolgen und der Begriff »sql« soll in Großbuchstaben ausgegeben werden.

7.4   Mathematische Funktionen

Oracle liefert einen Satz mathematischer Funktionen mit, deren Umfang sich an normalen Tabellenkalkulationen orientiert, ohne allerdings allzu sehr in die Tiefe zu gehen. Die meisten Funktionen sind selbsterklärend und können eigentlich eher summarisch besprochen werden, da die Verwendung relativ ähnlich ist und das Ergebnis auch nicht weiter überraschend. Sollten zu den einzelnen Funktionen spezielle Erläuterungen nötig sein, werde ich die natürlich anmerken. In einem zweiten Teil werde ich Ihnen noch einen Einblick in die Konvertierung von Zahlen zu Zeichenketten und zurück liefern.

7

7.4.1   Übersicht über die mathematischen Funktionen

Die folgenden Unterabschnitte zeigen den Gesamtumfang der mathematischen Funktionen von Oracle. Zusätzlich existieren natürlich noch Gruppenfunktionen wie max oder min, doch werden wir diese separat besprechen. Ich glaube, dass für ein erstes Lesen ausreicht, sich an zwei oder drei Beispielen die Verwendung anzusehen und anschließend zu diesem Abschnitt zurückzukommen, wenn Sie eine konkrete Funktion benötigen und mehr über diese wissen möchten. Von generellem Interesse ist vielleicht die Genauigkeit, mit der diese Funktionen rechnen. Diese liegt im Allgemeinen bei 38 Nachkommastellen, einige Funktionen (alle transzendenten Funktionen wie sin, cos, sqrt, log etc.) liefern 36 Nachkommastellen und wenige (acos, asin, atan) liefern 30 Stellen Genauigkeit. Ob das im Einzelnen für Ihre Verwendung ausreicht, müssen Sie natürlich selbst entscheiden. In der allgemeinen Anwendung von SQL sind diese Genauigkeiten weit von einschränkenden Grenzen entfernt, so dass Sie normalerweise keine Probleme mit diesen Funktionen bekommen werden. Ein weiterer Aspekt stellt die Konvertierung von Datentypen beim Gebrauch dieser Funktionen dar. Einige Funktionen liefern den gleichen numerischen Datentyp zurück, der der Funktion als Parameter übergeben wurde, während andere diesen Typ ändern (müssen), so zum Beispiel dann, wenn die Quadratwurzel zu einer integer-Zahl gerechnet wird. Normalerweise ist das kein großes Problem, doch sollten Sie mit sehr vielen Rechnungen umgehen müssen, kann eine Optimierung in der Verwendung der richtigen Datentypen liegen, um die implizite Konvertierung zu umgehen. Überschätzen Sie die Effekte dieser Optimierung aber nicht. Oder anders gesagt: Wenn Sie mit diesen Effekten Performanzprobleme haben, glaube ich nicht, dass Sie gleichzeitig meine typische Leserschaft darstellen, denn diese Art Probleme stellen sich meiner Kenntnis nur bei sehr speziellen Anforderungen.

ABS

Die Funktion abs liefert den Absolutwert einer Zahl zurück. Die Funktion liefert den übergebenen Datentyp zurück, da außer der Entfernung eines negativen Vorzeichens keine weitere Operation durchgeführt werden muss. Als Parameter erwartet diese Funktion lediglich die Zahl, deren Absolutwert berechnet werden soll:

```
SQL> select abs(-24.378) betrag
  2    from dual;


BETRAG
------------
      24,378
```

Listing 7.50 Verwendung der Funktion ABS

COS, COSH, ACOS, SIN, SINH, ASIN, TAN, TANH, ATAN und ATAN2

Diese Funktionen sind als trigonometrische Funktionen bekannt und werden für Winkel- und Dreiecksberechnungen in vielen mathematischen Disziplinen benutzt. Die Grundfunktionen sind die Sinus-, Cosinus- und Tangens-Funktion, die bei Oracle in drei Varianten vorhanden sind:

▶ als Grundfunktionen sin, cos, tan

▶ als Hyperbelfunktionen sinh, cosh, tanh

▶ als Arcus-Funktionen asin, acos und atan. atan liegt außerdem noch in einer Variante atan2 vor, die es gestattet, den Winkel des korrekten Quadranten zu ermitteln. Sie wird in speziellen mathematischen Problemstellungen verwendet.

Bitte beachten Sie bei der Verwendung, dass alle Winkel im Bogenmaß angegeben werden müssen. Wenn Sie also zum Beispiel den sin(45°) berechnen möchten, lautet die Verwendung wie im ersten Beispiel. Beachten Sie aber, dass Computer näherungsweise rechnen und sich Rundungsfehler einschleichen können. So liefert die Berechnung von sin(30°) in SQL*Plus das korrekte Ergebnis nur durch eine implizite Rundung. Im SQL Developer wird das Ergebnis ausgegeben, wie unter dem Ergebnis von SQL*Plus gezeigt:

```
SQL> select sin(45 * 3.14159265359/180) sinus
  2    from dual;


     SINUS
----------
,707106781


SQL> select sin(30 * 3.14159265359/180) sinus
  2    from dual;
```

```
    SINUS
----------
       ,5
```

Ausgabe im SQL Developer:

0,50000000000000298434573127255848979959561

Listing 7.51 Verwendung der Funktion SIN

BITAND

Die Funktion `bitand` berechnet ein *bitweises Und* zwischen zwei Zahlen. Damit ist gemeint: Eine Zahl 13 (binär 1101) soll mit einer Zahl 9 (binär 1001) bitweise mit und verknüpft werden. Dann werden die beiden binären Zeichenketten übereinanderge-stellt und jede virtuelle Spalte mit und verknüpft. Ist das Ergebnis wahr, wird für diese Stelle eine 1 ausgegeben, ansonsten eine 0:

```
1101
1001
----
1001
```

Was sich zunächst einmal nicht sehr spannend anhört, wird verwendet, um in einer Spalte eine größere Menge von Information unterzubringen. Stellen Sie sich vor, zu einer Information möchten Sie verschiedene Flags speichern, die anzeigen, ob eine Option gewählt wurde oder nicht. Es stehen vier Optionen zur Verfügung, die, und das ist der Grund, warum wir nicht einfach eine Option speichern können, auch gleichzeitig gewählt sein könnten. Normalerweise verwenden wir nun in einer Tabelle pro Option eine Spalte. Das hat allerdings den Nachteil, dass wir, wenn wir noch nicht absehen können, wie viele Optionen wir vorhalten möchten, öfter das Datenmodell ändern müssten. Ein anderer Ansatz besteht nun darin, einfach eine Zahl zu speichern, zum Beispiel 13. Wie wir oben gesehen haben, hat diese Zahl die Binärschreibweise 1101. Wenn ich nun wissen möchte, ob Option 3 gewählt wurde oder nicht, frage ich, ob die dritte Stelle dieser Binärdarstellung eine 1 ist oder nicht. Die dritte Stelle hat einen Wert von 2^{n-1}, wobei n die Stelle ist, also $2^{3-1} = 2^2 = 4$. Nun wird ein bitweises und zwischen 13 und 4 durchgeführt. Ist das Ergebnis dieser Operation 4, ist das Bit gesetzt, ist es 0, nicht:

1101 and 0100 = 0100 = 4

Diese Operation kann nun von Ihnen zum Beispiel in einer case-Anweisung genutzt werden:

```
SQL> select case bitand(13, 4)
  2         when 4 then 'gesetzt'
```

```
  3        else 'nicht gesetzt' end flag
  4    from dual;
```

```
FLAG
-------
gesetzt
```

Listing 7.52 Verwendung der Funktion BITAND

Oracle bietet die Möglichkeit, Zahlen bis zu einer Maximalgröße von 2127-1 zu verwenden, wir können also bis zu 127 Flags in einer Zelle speichern. Optimiert ist die Verwendung zudem für bis zu 31 Flags, weil bei dieser maximalen Anzahl Flags eine 32-Bit-Zahl im Prozessor alle Flags aufnehmen und bitand in einer einzigen Rechenoperation kalkulieren kann. Dass Sie solche Spalten in Ihren Datenmodellen verwenden, kann ich nicht ruhigen Gewissens empfehlen, ich sehe solche Felder zudem vergleichsweise selten. Ein Problem dieser Felder ist nämlich, dass Sie die Bedeutung von Flag 17 irgendwo anders dokumentieren müssen. Hoffen Sie zudem, dass sich die Bedeutung dieses Flags über die Zeit niemals ändert, ansonsten stehen Ihnen lustige Rechenspiele bevor, um dieses Flag in allen Spalten sauber zu löschen und ein anderes dafür zu setzen. Alternativ könnten Sie die einzelnen Flags in eine zweite Tabelle auslagern oder sich fragen, ob die Anzahl der Optionen tatsächlich so unbekannt ist, dass Sie diesen Weg gehen müssen. Der Speicherverbrauch sollte nur in extremen Situationen ein Kriterium darstellen.

Eine ganz ähnliche Funktion, die auch mit solchen Bitflags arbeitet, sehen Sie übrigens in Abschnitt 7.4.2, »Konvertierungsfunktionen und Zahlenformate und Zahlenformate«, mit der Funktion bin_to_num.

CEIL und FLOOR

Die Funktionen ceil und floor werden genutzt, um die kleinste Ganzzahl, die größer oder gleich der übergebenen Zahl (ceil), oder die größte Ganzzahl, die kleiner oder gleich der übergebenen Zahl (floor) ist, zu ermitteln. Am einfachsten ist es, die Funktion im Einsatz zu sehen. Ich habe bewusst Werte gewählt, die beim Runden andere Ergebnisse geliefert hätten:

```
SQL> select ceil(18.1) ceil, floor(18.9) floor
  2    from dual;

      CEIL      FLOOR
---------- ----------
        19         18
```

Listing 7.53 Verwendung der Funktionen CEIL und FLOOR

EXP, LN, LOG, POWER und SQRT

Diese Funktionen zur Exponential-, Wurzel und Logarithmusrechnung gliedern sich in Gruppen: zum einen in die Funktionen exp und ln, die sich auf die *Eulersche Zahl e* beziehen, und zum anderen in die Funktionen power und log, die sich auf eine einstellbare Basis beziehen. Die Funktion sqrt liefert die Quadratwurzel einer Zahl. Die Verwendung der Funktionen ist in allen Fällen sehr ähnlich. Die Beispiele habe ich so zusammengestellt, dass Sie die zueinandergehörenden Funktionen im Vergleich sehen:

```
SQL> select exp(4), ln(54.59815)
  2    from dual;


   EXP(4) LN(54.59815)
---------- ------------
 54,59815            4
```

Listing 7.54 Verwendung der Funktionen EXP und LN

Ein Wort zur Eulerschen Zahl *e*: Diese Zahl ist als Basis des sogenannten natürlichen Logarithmus eine wichtige Naturkonstante. Sie wird nicht nur zur Berechnung von Wachstumsprozessen, sondern auch in der Finanzmathematik (zum Beispiel für Zinsenzinsrechnung etc.) sowie in der Stochastik (Wahrscheinlichkeitsrechnung) verwendet. Sie lautet $2,718281828459045235\dots$ und ist eine *irrationale Zahl*, sie kann also nicht als Bruch zweier Ganzzahlen ausgedrückt werden, das Nachkommastellenmuster wiederholt sich nie. Diese Eigenschaft hat die Eulersche Zahl also mit Pi gemeinsam, beide sind zudem *transzendentale Zahlen*, lassen sich also nicht durch eine algebraische Gleichung ausdrücken.

Hier ein Beispiel für die Funktionen power, log und sqrt:

```
SQL> select power(2, 8), log(2, 256), sqrt(81)
  2    from dual;

POWER(2,8) LOG(2,256)   SQRT(81)
---------- ---------- ----------
       256          8          9
```

Listing 7.55 Verwendung der Funktionen POWER, LOG und SQRT

Würde also die Funktion power mit der Basis *e* genutzt, entspräche das Ergebnis der Funktion exp:

```
SQL> select power(2.718281828459045235, 4), exp(4)
  2    from dual;
```

```
POWER(2.718281828459045235,4)     EXP(4)
----------------------------- ----------
                    54,59815   54,59815
```

Listing 7.56 Vergleich der Funktionen POWER zur Basis e und EXP

MOD und REMAINDER

Die Funktion mod scheint von einem anderen Stern zu kommen, und dieser Stern heißt Grundschule: Sie liefert den Rest, wenn a durch b geteilt wird und das »nicht geht«. Auf den ersten Blick erscheint seltsam, warum eine solche Funktion in SQL existiert, doch wird diese Funktion zwar selten verwendet, aber wenn man sie braucht, ist sie auch ziemlich konkurrenzlos. Sehr häufig sehen Sie diese Funktion, wenn Sie in einem Bericht eine alternierende Hintergrundfärbung benötigen. Dann könnten Sie die Zeilennummer mod 2 oder 3 rechnen und abhängig vom Ergebnis zum Beispiel eine CSS-Klasse für die Darstellung in Webanwendungen einsetzen:

```
SQL> select rownum, mod(rownum, 3),
  2         case mod(rownum, 3)
  3         when 0 then 'row-yellow'
  4         when 1 then 'row-green'
  5         when 2 then 'row-red'
  6         end css, ename, sal
  7    from emp;

   ROWNUM MOD(ROWNUM,3) CSS        ENAME             SAL
---------- ------------- ---------- ---------- ----------
        1             1 row-green  SMITH             800
        2             2 row-red    ALLEN            1600
        3             0 row-yellow WARD             1250
        4             1 row-green  JONES            2975
        5             2 row-red    MARTIN           1250
        6             0 row-yellow BLAKE            2850
        7             1 row-green  CLARK            2450
        8             2 row-red    SCOTT            3000
        9             0 row-yellow KING             5000
       10             1 row-green  TURNER           1500
       11             2 row-red    ADAMS            1100
       12             0 row-yellow JAMES             950
       13             1 row-green  FORD             3000
       14             2 row-red    MILLER           1300

14 Zeilen ausgewählt.
```

Listing 7.57 Verwendung der Funktion MOD

Sicher gibt es noch eine Reihe weiterer, interessanter Verwendungen, doch muss ich gestehen, dass diese Funktion zu denen gehört, die man, wenn man sie braucht, einfach nutzt, und die Verwendung anschließend direkt wieder vergisst (jedenfalls geht mir das so). Also: Ein nützliches Instrument in Ihrem SQL-Werkzeugkasten, das man einfach präsent haben sollte, wenn es denn einmal benötigt wird.

Die Funktion remainder ist eigentlich genau dasselbe, mit der Ausnahme, dass für die Berechnung des Restes eine andere mathematische Funktion verwendet wird: mod verwendet zur Berechnung floor, während remainder zur Berechnung round verwendet. Es ist also denkbar, dass die Funktion bei passenden Werten unterschiedliche Werte liefert. Zur Erklärung: Es gibt zwei Implementierungen der modulo-Funktion, die als *mathematische* und *symmetrische Implementierung* bezeichnet werden. Einige Programmiersprachen implementieren die eine, andere die andere Variante. Die Funktion mod implementiert die mathematische und remainder die symmetrische Variante, die sich bei negativen Zahlen dadurch unterscheiden, dass mod immer zur nächstkleineren Zahl geht, während remainder rundet. Wir sehen diesen Effekt an folgendem Vergleich. Zunächst wähle ich die Zahlen so, dass beide Funktionen das gleiche Ergebnis liefern, anschließend so, dass aufgrund der Rundung bei remainder nun ein anderes Ergebnis erzeugt wird:

```
SQL> select mod(-120, 50), remainder(-120, 50)
  2    from dual;

MOD(-120,50) REMAINDER(-120,50)
------------ ------------------
         -20                -20


SQL> select mod(-140, 50), remainder(-140, 50)
  2    from dual;

MOD(-140,50) REMAINDER(-140,50)
------------ ------------------
         -40                 10
```

Listing 7.58 Verwendung der Funktionen MOD und REMAINDER im Vergleich

NANVL

Dies ist eine Spezialfunktion, die Sie nicht benötigen, wenn Sie nicht mit den Datentypen binary_float und binary_double arbeiten. Falls doch, gibt es dort einen Wert *NaN (Not a Number)*, der anzeigt, dass ein Wert eben keine Zahl ist (es gibt in diesem Zusammenhang auch noch *inf* und *-inf* für positiv oder negativ unendlich). Sollte nun ein Wert keine Zahl sein, können Sie mit dieser Funktion diesen fehlenden oder fehlerhaften Wert durch einen Ersatzwert ersetzen lassen. Die Funktion ist so speziell, dass ich ein Beispiel hier nicht darstellen, sondern Sie auf die Online-Dokumentation verweisen möchte.

ROUND und TRUNC

Auch Zahlen können durch die Funktionen round und trunc bearbeitet werden. Wieder gilt, dass trunc immer abrundet, während round nach kaufmännischem Verfahren auf- oder abrundet. Die Besonderheiten dieser Funktion liegen nicht in der normalen Verwendung, bei der durch einen optionalen zweiten Parameter gesteuert werden kann, wie viele Nachkommastellen durch die Funktion berücksichtigt werden sollen. Vielmehr ist es die Fähigkeit, für diesen zweiten Parameter auch negative Werte akzeptieren zu können, womit die Funktion auf ganze Zehner, Hunderter, Tausender etc. rundet. Für beide Funktionen und die möglichen Anwendungsfälle möchte ich Ihnen hier jeweils ein Beispiel zeigen:

```
SQL> select round(12545.445) d_0,
  2         round(12545.445, 1) d_1,
  3         round(12545.445, 2) d_2,
  4         round(12545.445, -3) d_m3
  5    from dual;


      D_0         D_1         D_2        D_M3
---------- ---------- ---------- ----------
    12545     12545,4   12545,45       13000


SQL> select trunc(12545.445) d_0,
  2         trunc(12545.445, 1) d_1,
  3         trunc(12545.445, 2) d_2,
  4         trunc(12545.445, -3) d_m3
  5    from dual;


      D_0         D_1         D_2        D_M3
---------- ---------- ---------- ----------
    12545     12545,4   12545,44       12000
```

Listing 7.59 Verwendung der Funktionen ROUND und TRUNC mit Zahlen

Die Ergebnisse sind weitgehend selbsterklärend, wenn man einmal von der etwas überraschenden Verwendung der negativen Stellenzahl absieht. Ich empfehle Ihnen diese Funktion dennoch, zum Beispiel um Ihre Gehaltsabrechnung durch das Runden auf ganze Tausender etwas übersichtlicher zu machen ... Ähnlich wie bei der Arbeit mit Datumsangaben haben diese Formeln gegenüber der Formatierung durch eine Umwandlung in eine Zeichenkette den Vorteil, dass es sich nach wie vor um Zahlen handelt, mit denen Sie rechnen und nach denen Sie sortieren können. Im

Zusammenhang mit den Konvertierungsfunktionen im nächsten Abschnitt werden Sie erkennen, dass ähnliche Ergebnisse auch mit diesen Funktionen möglich sind, doch verlieren Sie eben den Datentyp, was Sie nicht ohne Not tun sollten.

SIGN

Die Funktion sign liefert das Vorzeichen einer Zahl. Damit wäre eigentlich alles gesagt, aber wieder einmal ist die Rechenregel leicht unterschiedlich, wenn Sie mit »normalen« Zahlen oder den Datentypen binary_double und binary_float arbeiten: Während beim Datentyp number und seinen Ableitungen drei Zustände unterschieden werden (negative Zahlen liefern -1, 0 liefert 0 und positive Zahlen liefern 1 zurück), ist dies bei den angesprochenen Datentypen auf die zwei Zustände -1 für negative und 1 für positive Zahlen und 0 beschränkt. Ansonsten ist bei dieser Funktion nichts Besonderes anzumerken, die Verwendung ist einfach:

```
SQL> select sign(-23), sign(0), sign(24), sign(null)
  2    from dual;


 SIGN(-23)    SIGN(0)    SIGN(24) SIGN(NULL)
---------- ---------- ---------- ----------
       -1          0          1
```

Listing 7.60 Verwendung der Funktion SIGN

WIDTH_BUCKET

Die Funktion width_bucket gestattet es Ihnen, eine Menge an Zeilen in eine Gruppe von gleich großen Wertebereichen einzusortieren. Stellen wir uns vor, wir wollten unsere Mitarbeiter in Gehaltsgruppen einteilen. Dabei legen wir fest, dass es verschiedene Gruppen geben soll. Beginnend bei 500 Talern als unterer Grenze und 5.500 Talern als Obergrenze sollen fünf gleich große Bereiche eingeteilt werden. Dann ergäbe sich eine Verteilung wie Sie sie in Tabelle 7.5 sehen.

Untergrenze (inkl.)	Obergrenze (exkl.)	Gruppe
500	1.500	1
1.500	2.500	2
2.500	3.500	3
3.500	4.500	4
4.500	5.500	5

Tabelle 7.5 Verteilung der Gruppen

Wichtig ist dabei, zu verstehen, dass die jeweilige Obergrenze nicht zum Intervall gehört, dieses Intervall ist also oben offen. Das hat die Konsequenz, dass Sie die Obergrenze immer größer als den Maximalwert wählen müssen, den Sie einfangen möchten. Wäre der Maximalwert in unserem Beispiel gleich 5.500, würde für diesen Wert eine sechste Gruppe oberhalb von Gruppe 5 angelegt. Die Untergrenze ist dagegen enthalten. Als Abfrage sieht das Ganze so aus:

```
SQL> select width_bucket(sal, 500, 5500, 5) gruppe,
  2          sal gehalt
  3   from emp
  4   order by gruppe, sal;

     GRUPPE     GEHALT
 ---------- ----------
          1        800
          1        950
          1       1100
          1       1250
          1       1250
          1       1300
          2       1500
          2       1600
          2       2450
          3       2850
          3       2975
          3       3000
          3       3000
          5       5000
14 Zeilen ausgewählt.
```

Listing 7.61 Verwendung der Funktion WIDTH_BUCKET

Sie erkennen, dass der Mitarbeiter mit einem Gehalt von 1.500 Talern genau auf der Grenze zu Gruppe 2 liegt. Gruppe 4 (3.500–4.500 Taler) ist gar nicht belegt.

7.4.2 Konvertierungsfunktionen und Zahlenformate

Auch hier möchte ich die Konvertierungsfunktionen im Zusammenhang mit Zahlen gesondert von den allgemeinen Konvertierungsfunktionen besprechen. Einige der Funktionen spreche ich nur kurz an, da sie ausschließlich dazu dienen, die einzelnen Zahlentypen ineinander umzuwandeln.

TO_NUMBER, TO_BINARY_DOUBLE, TO_BINARY_FLOAT und TO_CHAR

Diese Funktionen stellen das Gegenstück zu Funktionen wie to_date dar, denn sie erlauben die Konvertierung einer Zeichenkette in eine Zahl. Dabei wird wiederum eine Formatmaske erwartet, die analog auch bei der Funktion to_char im Zusammenhang mit Zahlen verwendet werden kann. Wir starten daher mit einer Übersicht über die Bausteine dieser Formatmasken in Tabelle 7.6.

Element	Beispiel	Bemerkung
, (Komma)	9,999,999	Wird als Tausendertrenner nach amerikanischem Standard verwendet und kann mehrfach vorhanden sein, allerdings weder als erstes Zeichen, noch rechts vom Dezimaltrenner bzw. Punkt.
. (Punkt)	9,999.00	Wird als Dezimaltrenner nach amerikanischem Standard verwendet und darf daher nur einmal vorkommen.
$	$9,990.00	Liefert die Zahl mit einem führenden Dollarzeichen.
0	0.00	Verpflichtend auszugebende Ziffer. Ist die Ziffer dieser Position nicht vorhanden, wird eine 0 ausgegeben.
9	9,999	Optionale Ziffer. Ist die Ziffer dieser Position nicht vorhanden, wird sie nicht ausgegeben. Stattdessen können allerdings Leerzeichen ausgegeben werden.
B	B9999	Liefert Leerzeichen, falls die Ziffern des Ganzzahlanteils nicht vorhanden sind.
C	C9,990.00	Liefert das ISO-Währungssymbol an der angegebenen Stelle. Das gelieferte Symbol wird durch den Parameter nls_iso_currency definiert.
D	9,990D00	Dezimaltrennzeichen, wie es durch den Parameter nls_numeric_character definiert ist. Im deutschen Sprachraum wird der Punkt geliefert.
EEEE	9.EEEE	Liefert den Wert in wissenschaftlicher Notation.
FM	FM99G999	Entfernt Leerzeichen aus der Zeichenkette, falls Ziffern nicht belegt wurden.
G	9G990D00	Liefert den Tausendertrenner, wie er durch den Parameter nls_numeric_character definiert ist. Im deutschen Sprachraum wird das Komma geliefert.

Tabelle 7.6 Liste der verfügbaren Formatmasken für Zahlen

Element	Beispiel	Bemerkung
L	L999	Liefert an der definierten Position das lokale Währungssymbol, wie es durch den Parameter nls_currency definiert wurde.
MI	999MI	Liefert negative Zahlen mit einem folgenden Minuszeichen (-). Bei positiven Zahlen wird ein Leerzeichen geliefert. Dieses Formatelement darf nur als letztes in der Formatmaske verwendet werden.
PR	999PR	Liefert negative Werte in spitzen Klammern (<>). Positive Werte werden mit einem nachfolgenden Leerzeichen geliefert. Dieses Formatelement darf nur als letztes in der Formatmaske verwendet werden.
RN, rn	RN	Liefert zahlen zwischen 1 und 3999 als römische Zahlen, entweder in Groß- (RN) oder Kleinbuchstaben (rn).
S	S9999 9999S	Liefert negative Werte mit Minuszeichen und positive Werte mit einem Pluszeichen an der spezifizierten Position. Dieses Formatelement darf nur entweder als erstes oder letztes in der Formatmaske verwendet werden.
TM	TM TM9 TME, TMe	Dieses Format liefert die Zahl in der kürzest möglichen Form (TextMinimum). Bei TM oder TM9 wird die Zahl ab 64 Stellen als wissenschaftliche Notation ausgegeben. Bei TME oder TMe wird die Zahl immer in wissenschaftlicher Notation ausgegeben.
U	U9999	Gibt an der spezifizierten Position das Eurozeichen (oder ein durch den Parameter nls_dual_currency spezifiziertes Symbol) aus.
V	999V99	Liefert einen Wert, multipliziert mit 10n, wobei n die Anzahl der 9en hinter dem V sind. Beispiel: 10 würde durch 99999V999 zu 10000 umgewandelt.
X	XXXX xxxx	Wandelt eine Ganzzahl >= 0 in eine hexadezimale Zahl. Negative Zahlen liefern einen Fehler, Kommazahlen werden gerundet.

Tabelle 7.6 Liste der verfügbaren Formatmasken für Zahlen (Forts.)

Wenn Sie die Tabelle durchsehen, erhalten Sie bereits ein Gefühl dafür, was möglich ist. Einige Masken werden recht häufig verwendet:

```
SQL> select to_char(12345.78, 'FM999G990D00') betrag
  2    from dual;
```

```
BETRAG
-----------
12.345,78
```

Listing 7.62 Verwendung der Funktion TO_CHAR

Diese Maske verwendet mindestens eine Stelle vor und zwei Stellen nach dem Komma, zudem werden die kulturspezifisch korrekten Tausender- und Dezimaltrennzeichen verwendet und überflüssige Leerzeichen entfernt. Eher eine untergeordnete Rolle spielen die Währungssymbole, zumindest dann, wenn Sie nicht nur mit Euro umgehen müssen. Dann wird die Währung wohl eher in einer Spalte beim Wert gespeichert worden sein und von dort zugemischt. Ich weiß auch nicht recht, was ich davon halten soll, wenn ein Geldbetrag einfach durch Änderung eines Sessionparameters von Euro in Dollar umgedeutet (und eben nicht umgerechnet) wird. Das ist für mich eher Spielkram. Normalerweise sollte man eine starke Empfehlung für die Formatelemente G und D aussprechen und nicht die »hartkodierten« Zeichen Komma und Punkt verwenden. Es gibt allerdings Ausnahmen: So können Sie eine solche Ausnahme in Betrieb sehen, wenn Sie Zahlenwerte mit Nachkommaanteilen im SQL Developer exportieren lassen, und zwar als insert-Anweisungen. Beachten Sie auch die Datumsfelder. Aufgrund einer etwas zu gut gemeinten Internationalisierung werden nämlich nun die landesspezifischen Tausender- und Dezimaltrenner verwendet, mit dem Erfolg, dass eine Zahl nun für SQL auf zwei Tabellenspalten aufgeteilt wird. Hier wäre die hartkodierte Variante deutlich besser gewesen! Einigen Formatmasken sieht man an, dass sie eigentlich für die Ausgabe eines Berichts auf der Oberfläche vorgesehen sind. Das ist natürlich auch in Ordnung so, allerdings haben die meisten Oberflächenwerkzeuge ebenfalls die Möglichkeit, Zahlen auf vielfältige Weise umzuformen. Daher bevorzuge ich normalerweise diese Möglichkeiten und lasse meine SQL-Anweisungen möglichst lange Zahlen liefern. Andererseits ist es manchmal natürlich beim Import von Textdaten, die als Zahlen interpretiert werden sollen, wichtig, auch etwas exotischere Formate beschreiben zu können, damit die Umformung in eine Zahl auch gelingt.

Ich glaube, ich kann mir Beispiele für die Umwandlung von Texten in Zahlen ersparen. Sie funktionieren exakt wie auch andersherum. Einige Besonderheiten gelten bei extremen Werten:

▶ Sind number-Werte extrem groß oder klein, werden sie in der Ausgabe durch die Tilde (~) oder die Tilde mit vorangestelltem Minuszeichen (-~) ersetzt. Diese Zeichenfolge steht für unendlich. Der SQL Developer schreibt tatsächlich auch infinity.

▶ binary_float- und binary_double-Werte werden bei extrem großen Werten durch inf bzw. -inf ersetzt; hat ein binary_float- bzw. binary_double-Wert den Wert NaN, wird stattdessen NaN *(Not a Number)* verwendet, falls keine Formatmaske angegeben wird. Wird eine Formatmaske angegeben, wird in allen Fällen das Pfundzeichen verwendet.

BITAND und BIN_TO_NUM

bin_to_num ist eine Spezialfunktion, die dazu dient, einen Bitvektor in eine Zahl umzurechnen. Überraschenderweise werden der Funktion die einzelnen Bits nicht als Zeichenkette, sondern in Form einzelner Parameter übergeben. Das hat seinen Grund darin, dass diese Funktion oft in einem Zusammenhang verwendet wird, bei dem einzelne Spalten eine 1 oder 0 enthalten und mit Hilfe dieser Funktion eine Filterung über diese Spalten erreicht werden kann. Daher möchte ich zunächst diese Verwendung zeigen und Sie bitten, dieses Beispiel sozusagen »trocken« nachzuvollziehen, da zur Erzeugung dieser Auswertung SQL-Kenntnisse erforderlich sind, die ich bislang noch nicht vermittelt habe. Die folgende Auswertung enthält Saldierungen auf verschiedenen Ebenen, die Umsätze werden nach Verkaufskanal, Land und Verkaufsmonat betrachtet, aber auch alle weiteren Auswertungsebenen sind enthalten, so zum Beispiel eine Summe über alle Verkaufskanäle oder alle Länder. Eine Reihe von Spalten enthält eine 1 oder 0, abhängig davon, ob über das entsprechende Kriterium (Channel CH, CalendarMonth MO oder Country CO) nun saldiert wurde (1) oder nicht (0).

```
CHANNEL_DESC  CALENDAR  CO  SALES$        CH   MO   CO
------------  --------  --  -----------   ---  ---  ---
Internet      2000-09   GB       16,569   0    0    0
Internet      2000-09   US      124,224   0    0    0
Internet      2000-09           140,793   0    0    1
Internet      2000-10   GB       14,539   0    0    0
Internet      2000-10   US      137,054   0    0    0
Internet      2000-10           151,593   0    0    1
Internet                        292,387   0    1    1
Direct Sales  2000-09   GB       85,223   0    0    0
Direct Sales  2000-09   US      638,201   0    0    0
Direct Sales  2000-09           723,424   0    0    1
Direct Sales  2000-10   GB       91,925   0    0    0
Direct Sales  2000-10   US      682,297   0    0    0
Direct Sales  2000-10           774,222   0    0    1
Direct Sales                  1,497,646   0    1    1
                              1,790,032   1    1    1
```

Listing 7.63 Beispielauswertung zur Erläuterung der Funktion BITAND

Diese Auswertung zeigt nun die drei Spalten CH, MO und CO mit der Information, ob die Zeile ein Aggregat über die entsprechende Spalte enthält. Möchte ich nun eine bestimmte Konstellation dieser Spalten finden, könnte ich so vorgehen, dass ich die drei Spalten einzeln in der where-Klausel anspreche und daraufhin überprüfe, ob 1 oder 0 enthalten ist. Habe ich aber viele Spalten und mehrere Kombinationen von Spalten, die ich ansprechen möchte, wird das schnell unübersichtlich. Hier hilft dann die bin_to_num-Funktion, denn sie erlaubt mir, die Suche auf folgende Weise einzuschränken:

```
... where bin_to_num(ch, mo, co) in (3, 7, 1)
```

Dieser Ausdruck filtert nun nur noch die Zeilen, deren drei Spalten CH, MO und CO die Werte [0|1|1] (3), [1|1|1] (7) oder [0|0|1] (1) enthalten.

Die Funktion bitand wird oft ebenfalls im Zusammenhang mit solchen Aufgabenstellungen verwendet. Ich hatte die Funktionsweise allerdings schon besprochen und brauche das hier daher nicht zu wiederholen. Logisch stellt diese Funktion so etwas wie das Gegenstück dar, denn sie erlaubt ja, aus einem Spaltenwert mehrere Flags herauszulesen.

7.4.3 Übungen

1. Formatieren Sie das Gehalt der Mitarbeiter aus Tabelle EMP so, dass der Betrag in lokaler Währung und mit lokal gültigen Dezimal- und Gruppentrennern ausgegeben wird. Es sollen stets zwei Nachkommastellen gezeigt werden. Unterdrücken Sie führende Leerzeichen.

2. Betrachten Sie die Spalte MGR der Tabelle EMP als Bitmap, die mehrere binäre Flags beinhaltet. Prüfen Sie, welche Mitarbeiter das Flag 8 ($2^8 = 256$) gesetzt haben.

3. Beantworten Sie zunächst theoretisch die Frage, ob die mathematische Funktion floor(sal/3) für die Spalte SAL der Tabelle EMP das gleiche Ergebnis liefert wie die Operation trunc(sal/3). Überprüfen Sie Ihre These. Gilt dies auch für die Operationen ceil und round?

4. Geben Sie alle Mitarbeiter aus der Tabelle EMP aus, deren Spaltenwerte aus EMPNO und MGR um nicht mehr als 100 auseinanderliegen.

7.5 Allgemeine Funktionen

Zum Abschluss dieses Kapitels folgen nun noch einige Funktionen, die nicht zu den anderen großen Gebieten passen. Zum einen sind das die restlichen Konvertierungsfunktionen in zum Teil recht spezielle Datentypen, dann aber auch die Vergleichsfunktionen greatest und least sowie einige Funktionen zum Arbeiten mit null-Werten. Es gibt noch mehr Funktionen, zum Beispiel zur Bearbeitung von XML, für die Kodierung und Dekodierung in verschiedenste Zeichensätze, die ich aber nicht separat bespreche möchte, weil sie auf Techniken aufbauen, die ich vorab erläutern müsste, oder aber die so speziell sind, dass kein allgemeines Interesse unterstellt werden kann. Diese Funktionen werden wir bei Bedarf in den entsprechenden Kapiteln einführen. Syntaktisch Neues ist nicht dabei, daher können Sie davon ausgehen, dass Sie diese Funktionen auch schnell verstehen werden und anwenden lernen, wenn es nötig ist.

7.5.1 Vergleichsfunktionen GREATEST und LEAST

Eine wichtige Funktion, die nicht recht in die anderen Kategorien passt, ist die Funktion greatest bzw. ihr Pendant least. Diese Funktionen vergleichen zwei oder mehr Spalten auf den jeweils größten bzw. kleinsten Wert und liefern diesen dann zurück. Stellen Sie sich folgende, vollständig sinnfreie Anweisung vor:

```
SQL> select empno, mgr,
  2         greatest(empno, mgr), least(empno, mgr)
  3    from emp
```

EMPNO	MGR	GREATEST(EMPNO,MGR)	LEAST(EMPNO,MGR)
7369	7902	7902	7369
7499	7698	7698	7499
7521	7698	7698	7521
7566	7839	7839	7566
7654	7698	7698	7654
7698	7839	7839	7698
7782	7839	7839	7782
7788	7566	7788	7566
7839			
7844	7698	7844	7698
7876	7788	7876	7788
7900	7698	7900	7698
7902	7566	7902	7566
7934	7782	7934	7782

```
14 Zeilen ausgewählt.
```

Listing 7.64 Verwendung der Funktionen GREATEST und LEAST

Vergleiche dieser Art zwischen Spaltenwerten sind ansonsten relativ schwer zu realisieren. Anwendungsbeispiele sind immer dann gegeben, wenn Sie bei einer Fragestellung sagen »was immer zuerst/zuletzt kommt«, beispielsweise wenn Sie entscheiden möchten, ob eine erneute Kontaktaufnahme zu einem Kunden sehcs Monate nach dem letzten Kontakt oder drei Monate nach der letzten Bestellung erfolgen soll etc.

7.5.2   Arbeiten mit dem NULL-Wert

Dass der null-Wert ein hinterhältiger Geselle ist, haben wir bereits gesehen. An dieser Stelle interessieren uns die verschiedenen Funktionen, die genutzt werden, um mit dem null-Wert umzugehen.

COALESCE

Die Funktion coalesce ist eine ISO-SQL-Funktion, die aus einer Reihe von übergebenen Parametern den ersten Parameter zurückliefert, der keinen null-Wert enthält. In der einfachsten Form mit zwei Parametern kann also mit coalesce ein Ersatzwert für null-Werte vereinbart werden. Durch seine Fähigkeit, auch mehrere Spalten gleichzeitig zu prüfen, lassen sich aber auch verschachtelte Aufrufe der sonst bei Oracle häufig verwendeten Funktion nvl vermeiden. Als Beispiel möchte ich entweder die COMM, die MGR, oder, wenn immer noch keine Werte vorhanden sind, die EMPNO-Spalte ausgeben:

```
SQL> select ename, empno, mgr, comm,
  2          coalesce(comm, mgr, empno) wert
  3    from emp;
```

ENAME	EMPNO	MGR	COMM	WERT
SMITH	7369	7902		7902
ALLEN	7499	7698	300	300
WARD	7521	7698	500	500
JONES	7566	7839		7839
MARTIN	7654	7698	1400	1400
BLAKE	7698	7839		7839
CLARK	7782	7839		7839
SCOTT	7788	7566		7566
KING	7839			7839
TURNER	7844	7698	0	0
ADAMS	7876	7788		7788
JAMES	7900	7698		7698
FORD	7902	7566		7566
MILLER	7934	7782		7782

```
14 Zeilen ausgewählt.
```

Listing 7.65 Verwendung der Funktion COALESCE

LNNVL

Das ist eine wirklich witzige Bedingung (und keine Funktion), die kaum jemand kennt. Das Problem: Sie möchten einen Vergleich durchführen, etwa comm > 0, haben nun aber das Problem, dass comm ein null-Wert sein könnte. Ich habe dieses Problem regelmäßig bei Datenänderungen, wenn ich wissen möchte, ob sich ein Spaltenwert zwischen dem alten und dem neuen Zustand geändert hat. Sage ich where alter_wert != neuer_wert, wird dies manchmal falsch gleich gemeldet, dann nämlich, wenn einer der beiden Werte ein null-Wert ist. Dieses Problem könnte man so zu lösen versuchen, dass man das Gegenteil fragt, nämlich: where not(alter_wert = neuer_wert), doch hilft auch das nicht weiter: Ist einer der beteiligten Werte null, ist auch dessen Negation null. Genau hier setzt nun die Funktion lnnvl an. Sie liefert falsch, wenn die Bedingung erfüllt ist, und wahr, falls nicht, oder wenn das Ergebnis null ist. Prüfe ich also: where lnnvl(alter_wert = neuer_wert), wird immer dann wahr geliefert, wenn die Werte unterschiedlich oder einer oder beide der beiden null-Werte sind. Leider liegt in diesem letzten Fall für den konkreten Einsatz ein Wermutstropfen in der Bedingung, denn wenn beide Werte null sind, möchte ich ebenfalls nicht gemeldet bekommen, die Werte seien ungleich, was hier allerdings passiert. Dieses Problem kann man alternativ so lösen: where nvl(alter_wert, -1) != nvl(neuer_wert, -1), denn in diesem Fall werden die null-Werte durch eine Ersatzfunktion vermieden, die bei null-Werten auf beiden Seiten falsch liefert, weil die Ersatzwerte gleich sind.

Die Bedingung lässt sich nur in der where-Klausel oder als Entscheidungsfunktion in einer case-Anweisung verwenden, ähnlich den Bedingungen like oder regexp_like. Der Grund: Diese Bedingungen liefern einen Wahrheitswert zurück, der lediglich in diesem Kontext erlaubt ist.

NULLIF

Die Funktion nullif ist sozusagen das Gegenstück zur Funktion nvl, denn sie liefert einen null-Wert, wenn die beiden übergebenen Parameter gleich sind, ansonsten wird Parameter 1 zurückgegeben. Es fällt mir, ehrlich gesagt, schwer, eine sinnvolle Anwendung für diese Funktion zu entwickeln, ich selbst habe sie noch nicht benötigt. Ich möchte aber nicht ausschließen, dass es Anwendungen gibt, in denen nullif kürzer ist als das logische Pendant, das aus folgender case-Anweisung gebildet wird:

```
case when spalte_1 = spalte_2 then null else spalte_1 end
```

Wenn Sie eine solche Verwendung sehen, ist hier ein Beispiel:

```
SQL> select nullif(empno, nvl(mgr, empno)) null_if,
  2         empno, mgr
  3    from emp;
```

```
NULL_IF      EMPNO        MGR
---------- ---------- ----------
      7369       7369       7902
      7499       7499       7698
      7521       7521       7698
      7566       7566       7839
      7654       7654       7698
      7698       7698       7839
      7782       7782       7839
      7788       7788       7566
                 7839
      7844       7844       7698
      7876       7876       7788
      7900       7900       7698
      7902       7902       7566
      7934       7934       7782
```

14 Zeilen ausgewählt.

Listing 7.66 Verwendung der Funktion NULLIF

Eine interessante Verwendung dieser Funktion liegt aber eventuell dann vor, wenn einer der beiden Parameter ein null-Wert ist. Die Dokumentation verbietet, dass der erste Parameter ein null-Wert sein darf, die Funktion reagiert darauf aber ohne Fehler und liefert einfach null zurück. Was diese Funktion in diesem Zusammenhang aber interessant machen könnte, ist die Tatsache, dass die Funktion dann null zurückliefert, wenn der erste Parameter null ist oder beide Parameter gleich sind. Vielleicht haben Sie Situationen, wo sie exakt eine solche Unterscheidung benötigen. Sind im Übrigen beide Parameter null-Werte, wird auch null zurückgeliefert.

NVL und NVL2

Der Klassiker der null-Wert-Funktionen ist sicherlich die Funktion nvl (*Null-Value*), die für den Fall, dass der erste übergebene Parameter einen null-Wert liefert, den zweiten Parameter als Ersatzwert liefert. Damit können Sie auf einfache Weise mathematische Berechnungen durchführen, an denen null-Werte beteiligt sein können, wie in der nachfolgenden, geradezu klassischen Beispielabfrage zur Berechnung des Jahresgehalts:

```
SQL> select ename, job,
  2         (sal * 12) + nvl(comm, 125) jahresgehalt
  3    from emp;
```

```
ENAME       JOB         JAHRESGEHALT
----------  ----------  ------------
SMITH       CLERK                9725
ALLEN       SALESMAN            19500
WARD        SALESMAN            15500
JONES       MANAGER             35825
MARTIN      SALESMAN            16400
BLAKE       MANAGER             34325
CLARK       MANAGER             29525
SCOTT       ANALYST             36125
KING        PRESIDENT           60125
TURNER      SALESMAN            18000
ADAMS       CLERK               13325
JAMES       CLERK               11525
FORD        ANALYST             36125
MILLER      CLERK               15725

14 Zeilen ausgewählt.
```

Listing 7.67 Berechnung des Jahresgehalts trotz NULL-Werten in COMM

Halten wir aber fest, dass die Funktion nvl Oracle-spezifisch ist und in anderen Datenbanken so nicht verwendet werden kann. Stattdessen bietet sich die etwas längere Funktion coalesce an (die zudem noch irgendwie unangenehmer zu tippen ist ...). Diese Funktion bietet allerdings den Vorteil, dass mehrere Parameter übergeben werden können. Das geht mit nvl nicht. Wollten Sie also eine Vorrangregelung einbauen à la »wenn diese Spalte null ist, nimm diese, ist diese auch null, nimm die andere«, ist coalesce intuitiver, weil die Rangfolge einfach aufgeschrieben wird, während nvl ineinander geschachtelt werden muss:

```
SQL> select coalesce(comm, mgr, empno) coal,
  2         nvl(comm, nvl(mgr, empno)) nvl
  3    from emp;

      COAL        NVL
----------  ----------
      7902        7902
       300         300
       500         500
      7839        7839
      1400        1400
      7839        7839
      7839        7839
      7566        7566
```

```
    7839        7839
       0           0
    7788        7788
    7698        7698
    7566        7566
    7782        7782
```

```
14 Zeilen ausgewählt.
```

Listing 7.68 Vergleich der Funktionen COALESCE und NVL bei mehreren Spalten

7.5.3   Konvertierungsfunktionen

Die Gruppe der übrig bleibenden Konvertierungsfunktionen ist gekennzeichnet durch viele Funktionen, die zwischen den verschiedenen Zeichensatzkodierungen und Zeichentypen hin und her konvertieren. Beispiele für solche Funktionen sind die Funktionen to_clob, to_nchar, to_multi_byte, to_single_byte, translate ... using und weitere. All diese Konvertierungsfunktionen erspare ich mir und verweise auf die Dokumentation, in der alle mit entsprechenden Beispielen aufgeführt werden. Die andere Gruppe bezieht sich, so wir sie denn noch nicht bereits bei den Zahlen- und Datumstypen besprochen haben, auf speziellere Datentypen wie raw. Auch diese Funktionen werden selten verwendet und haben daher eher ihren Platz in der Online-Dokumentation. In diese Gruppe fallen Funktionen wie rawtohex, hextoraw oder to_lob. Was dann noch bleibt, sind einige interessante Spezialfunktionen, die ich kurz vorstellen möchte.

CHARTOROWID und ROWIDTOCHAR

Jede Zeile, die in der Datenbank gespeichert wird, hat eine eindeutige Nummer. Diese Nummer wird rowid genannt und kann über eine Pseudospalte abgefragt werden, wie wir das ja bereits gesehen haben. Die Darstellung der rowid ist eine Darstellung in base64-Notation, die durch die Funktion rowidtochar ermittelt wird. Umgekehrt kann aus einer solchen base64-Notation wieder eine rowid gewonnen werden über den Aufruf der Funktion rowidtochar.

Beachten Sie bei der Verwendung dieser Funktion aber immer, dass die rowid nicht zwischen Datenbanken ausgetauscht werden kann, weil sie eindeutig für eine Datenbank und damit nicht portabel ist. Die rowid kann über kürzere Zeiträume als Ersatz für eine Primärschlüsselinformation verwendet werden. Über kürzere Zeiträume deshalb, weil die rowid durch Eingriffe des Administrators, etwa, wenn er die Tabelle in eine andere Datendatei umspeichert, geändert werden kann. Oft wird die rowid zur Implementierung von Sperrmechanismen verwendet. In diesem Zusammenhang ist normalerweise die Anforderung der kurzen Zeitspanne gegeben.

SCNTOTIMESTAMP und TIMESTAMPTTOSCN

Die *SCN* (*System Change Number*) ist eine Zahl, die bei jeder Änderung der Daten inkrementiert wird. Intern fungiert sie wie eine Art Uhr, die unabhängig von der Systemzeit ist. Aufgrund gewisser Eigenschaften der Datenbank, etwa der, spätestens nach Ablauf von drei Sekunden nicht gesicherte Daten auf die Festplatte zu speichern, kann die Datenbank im Rahmen dieser Abweichung aus einer SCN auch wieder die Uhrzeit berechnen, zu der diese Änderung durchgeführt wurde. Umgekehrt kann mit der Funktion timestamptoscn aus einem Zeitstempel die nächstgelegene SCN ermittelt werden.

Administratoren benötigen diese Informationen zum Beispiel, wenn nach einem Datenbankfehler der Zeitpunkt des Fehlers als SCN ausgedrückt werden soll, um die Datenbank bis zu dieser SCN wiederherzustellen. Aber auch ansonsten kann die Information aus der SCN verwendet werden, um zu ermitteln, wann eine Information zuletzt geändert wurde.

7.5.4   Funktionen für Spezialfelder von Oracle

Der Rest der mitgelieferten Zeilenfunktionen hat hier einfach noch keinen Platz: Diese Funktionen beschäftigen sich mit Spezialfällen, wie zum Beispiel den objektorientierten Typen oder XML, Funktionen im Zusammenhang mit Data Mining oder hierarchischen Abfragen. All diese Bereiche setzen so viel Fachwissen voraus, dass sie hier einfach nicht sinnvoll besprochen werden können. Es bleibt nur ein ganz kleiner Bereich, den ich Ihnen aber nicht vorenthalten möchte: Funktionen für den Sessionkontext.

Funktionen für den Sessionkontext

Hinter diesem Sammelbegriff verbergen sich Funktionen, die Ihnen, ähnlich wie die Funktion sysdate, Informationen anbieten, die nicht aus Ihren Daten abgeleitet werden, von Ihnen aber sinnvoll genutzt werden können. Ich möchte Ihnen drei Funktionen aus diesem Bereich vorstellen, mit denen schöne Dinge getan werden können: sys_context, user und userenv. Diese Funktionen bieten Informationen aus dem Sessionkontext an, das heißt, sie gewähren Zugriff auf Informationen bezüglich des angemeldeten Benutzers und andere, wichtige Dinge mehr. Beginnen wir mit einem Beispiel für die Funktion user, die oft eher wie eine Pseudospalte wirkt, aber ganz ähnlich wie sysdate eine Funktion ohne Parameter ist. Der Aufruf dieser Funktion liefert Ihnen ganz einfach den Namen des angemeldeten Benutzers:

```
SQL> select user
  2    from dual
```

```
USER
---------------
SCOTT
```

Listing 7.69 Verwendung der Funktion USER

So einfach, so gut. Komplizierter wird die Diskussion, weil wir normalerweise bei Anwendungen zwei Benutzerebenen unterscheiden müssen: Den Benutzer, der »physikalisch« an der Datenbank angemeldet ist, indem er seinen Benutzernamen und sein Passwort der Datenbank mitgeteilt hat, und der Anwendungsbenutzer, also der Benutzer, dessen Benutzername und Passwort durch den Endanwender auf der Bedienoberfläche eingegeben wurde. Oftmals ist das der gleiche Benutzer, fast ebenso häufig allerdings nicht. Dies hat den Grund, dass man nicht für jeden Anwendungsbenutzer immer auch einen Datenbankbenutzer anlegen möchte. Stellen Sie sich eine Anwendung vor, die im Internet zur Benutzung offen ist. Viele tausend Benutzer könnten diese Anwendung benutzen. Nun wäre es viel zu aufwendig und wohl auch zu unübersichtlich, für all diese Benutzer jeweils Datenbankbenutzer (mit den entsprechenden Benutzerrechten etc.) anlegen zu müssen. Stattdessen verwendet man etwas, was man einen *Anwendungsbenutzer* nennt. Das sind Benutzer, die für die Anwendung als Datenbankbenutzer erscheinen, innerhalb der Datenbank werden diese Benutzer jedoch in einfachen Tabellen gespeichert, und die Benutzerrechte beziehen sich immer nur auf die Funktionen, die diese Benutzer in der Anwendung ausführen. Die Datenbank »kennt« diese Benutzer eigentlich nicht, sondern für die Datenbank wird immer nur der tatsächliche Datenbankbenutzer, der sich angemeldet hat, referenziert. Dieser Benutzer wird durch die Funktion user abgefragt. Möchte eine Anwendung aber den Namen des Anwendungsbenutzers wissen, ist der einfachste Weg, dies zu erreichen, den Namen während der Anmeldung dieses Benutzers in einem Bereich zu speichern, der mit der logischen Datenbankverbindung, der Session, assoziiert ist: dem Sessionkontext. In diesem Kontext legt Oracle standardmäßig interessante Informationen ab, so etwa die Netzwerkadresse des Rechners, mit dem die Datenbankverbindung besteht, und eventuell auch den Namen des Programms. Wie diese Werte belegt werden, ist eine Frage, die durch Programmierung im Anwendungsprogramm geklärt werden muss. Ich zeige Ihnen den Aufruf, der dort durchgeführt werden müsste, ohne ihn allerdings näher zu erläutern. Das Szenario: Ich bin als *Datenbankbenutzer* SCOTT angemeldet, möchte im Sessionkontext nun aber hinterlegen, dass ich der *Anwendungsbenutzer* BLAKE bin. Das mache ich dann so:

```
SQL> call dbms_session.set_identifier('BLAKE');

Autruf wurde abgeschlossen.
```

Listing 7.70 Name des Anwendungsbenutzers im Sessionkontext setzen

Nach diesem Aufruf ist der Name BLAKE im Sessionkontext gesetzt; nun ist aber die Frage, wie dieser Name abgerufen werden kann. Einen kleinen Moment Geduld bitte noch, wir benötigen noch einen weiteren Begriff. Oracle gestattet es Ihnen pro Session, mehrere unabhängige Sessionkontexte zu verwenden. Die Idee dabei ist, dass eine Anwendung möglicherweise spezielle Anforderungen an die Inhalte hat, die in einem Sessionkontext gespeichert werden sollen. Zudem, das haben Sie oben gesehen, ist der Kontext, in den wir geschrieben haben, etwas zu einfach zu manipulieren, da haben wir eventuell andere Anforderungen. Zwar verfolgen wir dieses Thema nicht weiter, aber Sie verstehen nun, warum der Sessionkontext, den wir benutzen, einen speziellen Namen hat: USERENV. Dieser Name ist einfach ein Sessionkontext, den Oracle mitliefert und dessen Struktur bekannt ist. Da dieser Kontext häufig verwendet wird, existiert auch eine namensgleiche Funktion userenv, um auf den Sessionkontext USERENV zugreifen zu können. Diese Funktion ist mittlerweile veraltet und sollte nicht mehr verwendet werden. Stattdessen existiert die Funktion sys_context, die allgemein Sessionkontexte ansprechen kann. Um nun auf den Sessionkontext USERENV zugreifen zu können, wird dieser Funktion der Name des Kontextes übergeben sowie der Name der Variablen, die wir aus diesem Kontext ansprechen möchten. Dieser Kontext enthält interessante Informationen. Eine komplette Liste finden Sie in der Online-Dokumentation, speziell in der *Oracle SQL-Reference* im Kapitel *SYS_CONTEXT*.

In unserem Beispiel heißt diese Variable CLIENT_IDENTIFIER und enthält den eingangs von uns dort hineingeschriebenen Wert. Um nun diesen Wert zu erfragen, formulieren wir folgende Abfrage:

```
SQL> select sys_context('USERENV', 'CLIENT_IDENTIFIER') u
  2    from dual;


U
-----
BLAKE
```

Listing 7.71 Verwendung der Funktion SYS_CONTEXT für USERENV

Schön. Was aber kann man nun mit so etwas anstellen? Nun, stellen wir uns einfach einmal folgende Abfrage vor:

```
SQL> select ename, job, sal, comm
  2    from emp
  3    where ename =
            sys_context('USERENV', 'CLIENT_IDENTIFIER')
```

```
ENAME        JOB            SAL        COMM
----------  ----------  ----------  ----------
BLAKE        MANAGER        2850
```

Listing 7.72 Anwendung der Funktion SYS_CONTEXT

Nun kann also der Sessionkontext genutzt werden, um eine Abfrage zu filtern. So wie oben beschrieben, ist das noch nicht sehr aufregend. Lassen Sie mich Ihnen aber folgende Aussicht geben: Zum einen könnten wir uns vorstellen, dass diese Abfrage so erweitert wird, dass die Abteilung des Anwenders BLAKE ermittelt und zum Filtern verwendet wird. Dann sähe die Anweisung immer nur die Mitarbeiter, die in der gleichen Abteilung arbeiten wie der angemeldete Mitarbeiter. Zum anderen könnten wir diese Anfrage in der Datenbank speichern und nach außen hin so tun, als sei diese Abfrage die Tabelle. Das nennt man eine *View*. Der Benutzer dürfte dann nur noch diese View einsehen und nicht mehr die zugrunde liegende Tabelle: Die Datenbank zeigt nur noch die Daten, die der Benutzer sehen darf. Solche Szenarien werden sehr häufig benutzt und basieren nicht selten auf diesen Funktionen.

7.5.5   Übungen

1. Geben Sie den größeren der beiden Werte aus MGR oder EMPNO aus. Ein fehlender Wert wird als beliebig klein angesehen.

2. Geben Sie an, ob ein Mitarbeiter kommissionsberechtigt ist oder nicht. Als Ergebnis sollen Textausgaben diese Information im Klartext anzeigen.

3. Zeigen Sie alle Mitarbeiter, für die gilt, dass ihr Jahreseinkommen (12faches Gehalt plus Boni aus Spalte COMM) über 20.000 Talern liegt.

4. Ermitteln Sie, wie der Computer heißt, an dem Sie arbeiten. Geben Sie auch die IP-Adresse sowie den Namen des angemeldeten Benutzers an.

7.6   Eigene Funktionen erstellen: Berechnung der Fakultät

Zum Schluss dieses Kapitels möchte ich Ihnen noch an einem kurzen Beispiel erläutern, auf welche Weise Sie den Funktionsumfang von SQL durch eigene Funktionen erweitern können. Ich möchte hier ein ganz einfaches Beispiel zeigen, denn der Schwerpunkt soll nicht auf der Programmierung liegen, sondern das Prinzip zeigen. SQL kennt derzeit keine Funktion zur Berechnung der Fakultät. Das ändern wir nun. Zur Erstellung der Funktion benötigen wir eine Programmiersprache, in unserem Fall die Programmiersprache, die von Oracle mitgeliefert wird: PL/SQL. Das ist keine Spezialfunktion von SQL, sondern bedeutet *Procedural Language for SQL*. Die Syntax dieser Programmiersprache brauchen Sie im Moment noch nicht vollständig zu verstehen, ich bin sicher, Sie werden auch so folgen können.

7.6.1   Anforderungen und Test

Starten wir mit einem überraschenden Schritt: Wir benutzen die noch gar nicht vorhandene Funktion schon einmal, oder besser, wir tun so, als gäbe es die Funktion bereits. Wir überlegen uns, welche Anforderungen wir an diese Funktion haben. Wir müssen definieren, was die Funktion zurückliefern soll, wenn wir zum Beispiel 0! anfordern, oder 1!. Andere interessante Werte sind null!, -2!, 2.49! und 2.5!. Dann wollen wir noch sehen, ob die Funktion 7! korrekt ausrechnen kann. All diese Anforderungen schreiben wir einfach schon einmal in eine SQL-Anweisung, und zwar so, dass wir direkt sehen können, ob die Funktion auch richtig rechnet:

```
select 0 n, factorial(0) ergebnis, 1 erwartung
  from dual union all
select null, factorial(null), null from dual union all
select 1, factorial(1), 1 from dual union all
select -2, factorial(-2), null from dual union all
select 2.49, factorial(2.49), 2 from dual union all
select 2.5, factorial(2.5), 6 from dual union all
select 7, factorial(7), 840 from dual;
```

Natürlich funktioniert diese Anweisung noch nicht. Sie sehen aber, dass wir bereits einiges geleistet haben: Wir haben festgelegt, dass unsere Funktion factorial heißen soll. Sie wird einen Parameter erhalten, der das n, das wir übergeben, entgegennimmt. Die Funktion liefert den Datentyp number zurück. Außerdem haben wir nachgeschlagen, dass 0! = 1 definiert ist, dass die Fakultät auf negative Zahlen nicht definiert ist, und wir möchten, dass bei einem nicht ganzzahligen n dieser Wert auf die nächste Ganzzahl gerundet wird. Das sind nicht ganz alle Tests, aber uns reicht das so. Sie erkennen außerdem noch den »Trick« mit der union all-Abfrage gegen DUAL. Ich habe drei Spalten ausgegeben, damit ich direkt in einer Zeile sehen kann, welcher Parameter der Funktion übergeben wurde, was das errechnete Ergebnis ist und welches Ergebnis ich erwartet habe. Stimmen die Werte nachher überein, können wir sicher sein, dass unsere Funktion arbeitet, wie erwartet.

7.6.2   Implementierung in PL/SQL

Nun programmieren wir die Funktion. Wir verwenden eine wilde Mischung aus SQL und PL/SQL, um die Funktion zu erhalten. Der Rahmen ist eine SQL-Anweisung, mit der eine Funktion in der Datenbank gespeichert wird. Sobald ich das getan habe, gehört sie zu meinen Datenbankobjekten, ähnlich wie auch meine Tabellen. Ich kann sie unter dem Namen, den ich der Funktion vergebe, jederzeit wieder verwenden. Die SQL-Anweisung kennen Sie noch nicht, es ist eine `create`-Anweisung. Die Syntax soll Sie im Moment noch nicht stören, nehmen Sie sie einfach hin:

```
SQL> create or replace function factorial(
  2    n in number)
  3    return number
  4  as
  5  begin
  6    return null;
  7  end factorial;
  8  /


Funktion wurde erstellt.
```

Listing 7.73 Der »Rohbau«: Eine leere Funktion, die noch nichts tut

Dieser Rohbau, den ich oben eingegeben habe, tut noch gar nichts. Das macht aber auch nichts, denn er erlaubt uns, einen Blick auf die Strukturen zu werfen: Wir schreiben `create or replace`. Das bedeutet, dass wir die jetzt existierende Funktion durch einen Aufruf dieser Anweisung jederzeit durch die neue Fassung überschreiben können. Das ist angenehm während der Entwicklung, weil wir sonst die Funktion vorher immer wegwerfen und neu anlegen müssten. Dann sehen wir, dass eine bestimmte Syntax eingesetzt wird, um einen Parameter n zu vereinbaren und festzulegen, dass die Funktion eine Zahl zurückliefern soll. Dann folgen drei Schlüsselworte, die für PL/SQL typisch sind: as, `begin` und `end`. Hinter dem Schlüsselwort as können wir Variablen vereinbaren, die Zwischenergebnisse aufnehmen können. Ab `begin` wird dann gearbeitet, und zwar bis `end`. Sollten Sie PL/SQL bereits kennen und sich nun darüber beschweren, dass dies nicht alles ist: Ich weiß, aber hier geht es um das erste Verständnis, und dafür ist das absolut in Ordnung so. Zwischen `begin` und `end` sehen Sie, dass wir `return null;` geschrieben haben. Jede Funktion, haben wir gesagt, muss genau einen Wert zurückgeben. Durch die Anweisung `return` gibt unsere Funktion einen Wert zurück. Da wir es noch nicht besser wissen, gebe ich `null` zurück. Also wenigstens etwas ... Vielleicht etwas seltsam erscheint das letzte Zeichen: Der Schrägstrich sagt `SQL*Plus`, dass wir nun den PL/SQL-Modus verlassen. Bislang hat ja das Semikolon gesagt, dass eine SQL-Anweisung zu Ende ist. Da aber in PL/SQL jede Zeile des Programms mit einem Semikolon endet, benötigen wir ein anderes Zeichen, und das ist der Schrägstrich.

Nun können wir bereits unsere SQL-Anweisung zum Test dieser Funktion aufrufen. Sehen wir einmal, ob alle Tests bereits gelingen (ich zeige nicht noch einmal die Abfrage, sondern nur die Antwort):

```
         N   ERGEBNIS  ERWARTUNG
---------- ---------- ----------
         0                     1

         1                     1
        -2
      2,49                     2
       2,5                     6
         7                  5040
```

Listing 7.74 Erwartungsgemäß gelingen noch nicht alle Tests.

Alle Ergebnisspalten sind noch leer, wie erwartet. Aber: Die Funktion läuft bereits, wir haben keine Fehlermeldung bekommen! Nun folgt die Implementierung. Ich gehe mit Ihnen nicht alle Irrungen und Wirrungen durch, sondern zeige Ihnen gleich ein erstes Ergebnis:

```
SQL> create or replace
  2  function factorial(
  3    n in number)
  4    return number
  5  as
  6    resultat number := 1;
  7  begin
  8    case
  9    when n is null or round(n) < 0 then
 10      resultat := null;
 11    when round(n) <= 1 then
 12      resultat := 1;
 13    else
 14      for i in 2 .. round(n) loop
 15        resultat := resultat * i;
 16      end loop;
 17    end case;
 18    return resultat;
 19  end factorial;
 20  /

Funktion wurde erstellt.
```

Listing 7.75 Die Funktion FACTORIAL

Daran könnte man noch etwas Feintuning betreiben, aber ich denke, für unsere Zwecke ist wichtiger, zu verstehen, was eigentlich vor sich geht. Zunächst habe ich in

Zeile 6 eine Variable definiert, die Zwischenrechnungsergebnisse speichert. Damit kann ich später die Teilrechnungen für die Fakultätsberechnung speichern. Dann folgt ab Zeile 8 ein alter Bekannter: eine case-Anweisung, die für uns die verschiedenen unerlaubten Werte für n aussortiert. Ich habe hier öfter die Funktion round(n) aufgerufen, um das eingegebene n auf eine Zahl zu runden. Das kann man auch besser machen, aber egal. Wir erkennen, dass wir in den Fällen der unerlaubten n einfach gar nicht rechnen, sondern das Ergebnis einfach in die Variable resultat schreiben. Genauso gehe ich auch für die Werte 0 und 1 vor, denn dafür lohnt das Rechnen nicht. Einerseits ist 0! = 1, was Sie ohnehin nicht errechnen könnten, zum anderen müssen wir diese trivialen Werte nicht noch errechnen. Kommen wir in Zeile 14 an, haben wir also einen Wert für n, der mindestens 2 beträgt. Die Fakultätsfunktion wird gerechnet, indem ich einfach eine Zahl so lange mit einer um 1 größeren Zahl multipliziere, bis n erreicht ist. Denken wir uns 7!, dann würde ab Zeile 14 gerechnet: 2 * 3 * 4 * 5 * 6 * 7, und das ist 7! = 5040. Alle Zwischenergebnisse speichern wir in der Variablen resultat, die nach dieser Schleife (von loop bis end loop, Zeilen 14–16) das Ergebnis der Rechnung enthält. Es zeigt sich also, dass der Name der Variablen nicht schlecht gewählt wurde ... Genau diese Variable liefern wir nun über return resultat in Zeile 18 zurück. Das war es schon!

Testen wir diese Funktion, erhalten wir:

```
       N    ERGEBNIS   ERWARTUNG
---------- ---------- ----------
       0           1           1

       1           1           1
      -2
    2,49           2           2
     2,5           6           6
       7        5040        5040
```

Listing 7.76 Alle Tests gelingen. Die Funktion ist implementiert.

Da nun alle Tests gelingen, können wir die Fakultätsfunktion als ganz normale Funktion in SQL verwenden, als sei es eine eingebaute SQL-Funktion!

Kapitel 8
Gruppenfunktionen

SQL, das ist meine feste Überzeugung, ist so erfolgreich, weil es
Gruppenfunktionen gibt. Nur mit diesen Funktionen machen Daten-
banken wirklich Sinn, denn sie erlauben die Auswertung der umfang-
reichen Datenbestände zu aussagekräftigen Berichten.

Im Gegensatz zu einer Zeilenfunktion, die für jede berechnete Zeile auch ein Ergebnis liefert, sind Gruppenfunktionen so aufgebaut, dass sie mehrere Zeilen einer
Tabelle in eine oder wenige Zeilen aggregieren. Wie das geschieht, bestimmt einerseits die Funktion – es könnte zum Beispiel sein, dass die Funktion einfach nur Zeilen zählt, einen Minimumwert ermittelt oder eine Summe bildet. Andererseits wird
der Prozess auch von weiteren Klauseln unserer SQL-Anweisung bestimmt, die festlegen, welche Zeilen sozusagen als Eingang für die Gruppenfunktion verwendet werden sollen, nach welchem Kriterium die Gruppenfunktion in Teilauswertungen
unterteilt werden soll und welche Gruppenergebnisse angezeigt werden sollen und
welche nicht.

Die Gruppenfunktionen selbst gliedern sich in eher allgemeine Funktionen, die in
vielen verschiedenen Zusammenhängen genutzt werden können, und in Spezialfunktionen, etwa aus dem Bereich der Datenanalyse. Diese Funktionen würde ich
Ihnen gern beschreiben, wäre ich denn in diesem Metier etwas sattelfester. Doch tür-
men sich vor meinem inneren Auge die Fragezeichen, wenn ich zum Beispiel über
den Unterschied der Korrelationsfunktion nach Spearman im Gegensatz zur Ken-
dallschen Implementierung nachdenke ... Auch eine kurzer Blick in Wikipedia lehrt
mich: Da fehlt mir einfach Wissen. Bevor ich Sie nun mit Halbwissen langweile, verweise ich, was diese Funktionen angeht, auf weiterführende Literatur. Als Nächstes
streiche ich aus der Liste der Gruppenfunktionen noch die, die für andere, spezielle
Zwecke mitgeliefert werden, konkret zur Arbeit mit Objektstrukturen und XML,
zumal ich diese in eigenen Kapiteln erläutern werde. Schließlich entferne ich noch
die Funktionen, die nur als analytische Funktionen vorliegen, denn die bespreche ich
im nächsten Kapitel. Dann bleibt für dieses Kapitel gar nicht mehr so schrecklich viel
zu tun, und das muss ja nun das Ziel sein ...

Streiche ich also all diese Funktionen, bleibt ein Set von Funktionen, die Sie zum Teil
sicher bereits kennen bzw. erwarten, etwa die Funktionen min, max, sum, avg (*Average* =

Durchschnitt) oder count. Diese Funktionen werden wir besprechen, aber das geht relativ schnell. Komplizierter ist, dass wir die Gruppierung dieser Funktionen steuern können, um zum Beispiel Auswertungen bezogen auf die Abteilungen unseres Unternehmens durchführen zu können. Hier gibt es einiges zu sagen. Schließlich müssen wir uns sehr genau vor Augen führen, wie wir Gruppenfunktionen filtern können. Also doch noch genug Stoff für ein ganzes Kapitel.

8.1 Die Standard-Gruppenfunktionen

Oracle liefert »im Standardbereich« eine Liste von Gruppenfunktionen mit, die einfach und deskriptiv in der Anwendung sind und beinahe alle gleich verwendet werden.

8.1.1 AVG, MAX, MIN, SUM und COUNT

Diese Funktionen sind sozusagen die Grundlage der Gruppenfunktionen. Sie werden alle gleich verwendet und berechnen, was man von ihnen erwartet: den Durchschnitt, das Maximum oder Minimum, die Summe, oder sie zählen die Zeilen. Sie können die Gruppenfunktionen problemlos parallel benutzen, Oracle kümmert sich um die Interna:

```
SQL> select min(sal) min_sal,
  2         max(sal) max_sal,
  3         round(avg(sal), 1) avg_sal,
  4         sum(sal) sum_sal,
  5         count(*) cnt
  6    from emp;


   MIN_SAL    MAX_SAL    AVG_SAL    SUM_SAL    CNT
---------- ---------- ---------- ---------- ------
       800       5000     2073,2      29025     14
```

Listing 8.1 Verwendung aller Gruppenfunktionen auf einmal

Einige Anmerkungen zur Abfrage oben: Es könnte komisch wirken, dass ich count(*) geschrieben habe. Lassen Sie mich auf eine Besonderheit der count(*)-Funktion eingehen. Diese Funktion liefert immer einen Wert zurück, niemals null. Das heißt, dass selbst, wenn in einer Tabelle keine Zeilen gespeichert werden, durch diese Gruppenfunktion immer noch eine Zeile mit der Information 0 zurückgeliefert wird. Das kann sehr hilfreich sein, denn wenn Sie mehrere Tabellen miteinander über einen Join verbinden und in einer Tabelle diese Funktion haben, können Sie eben auch davon ausgehen, dass mindestens eine Zeile vorhanden ist.

Ansonsten denke ich, dass diese Gruppenfunktionen in dieser simplen Form keine weiteren Geheimnisse bergen. Sehen wir uns zunächst noch einige andere Beispiele an und beginnen dann, mit den Optionen zu spielen.

8.1.2   MEDIAN, VARIANCE und STDDEV

Diese Funktionen riechen schon sehr nach statistischen Funktionen. Ich bespreche sie dennoch, weil diese Grundfunktionen doch noch relativ häufig eingesetzt werden. Daher sollten Sie grob wissen, was sich hinter ihnen verbirgt.

MEDIAN

Der Median ist eine relativ neue Funktion im Konzert der Oracle-Gruppenfunktionen, er kam erst mit Version 10 der Datenbank und ist daher vielleicht nicht so bekannt wie die anderen Funktionen. Der Median ähnelt der Funktion avg, es wird ein Durchschnitt berechnet, allerdings auf andere Weise: Beim Median werden die Werte zunächst sortiert und dann der mittlere dieser Werte genommen. Bei 14 Zeilen und einer Sortierung nach der Größe haben wir dann zwei Werte, die in der Mitte stehen, nämlich die 7. und 8. Zeile. In diesem Fall wird aus diesen beiden Werten der Mittelwert gebildet. Sehen wir uns den Vergleich doch einmal gegen die Spalte MGR mit dem Ersatzwert 0 für den null-Wert gegen den median an:

```
SQL> select  round(avg(mgr)) avg_null,
  2          avg(nvl(mgr, 0)) avg,
  3          median(mgr) median_null,
  4          median(nvl(mgr, 0)) median
  5    from emp;


  AVG_NULL         AVG MEDIAN_NULL      MEDIAN
---------- ---------- ----------- ----------
      7739      7186,5        7698        7698
```

Listing 8.2 Vergleich der Funktionen AVG und MEDIAN

Wenn Sie die Auswertung untersuchen, stellen Sie fest, dass durch den Ersatzwert die median-Funktion überhaupt nicht beeindruckt werden konnte, der Mittelwert über avg dagegen schon. Warum das so ist, lesen Sie auch in Abschnitt 8.1.3, »Gruppenfunktionen und NULL-Werte«. Warum dieser Ersatzwert den Median kaltgelassen hat, können wir uns schon erklären, denn der Extremwert 0 wird in der Sortierung ganz außen eingefügt und dadurch den Mittelwert nicht stark beeinflussen. In unserem Beispiel haben wir ohne den Ersatzwert nur 13 Zeilen, daher war der sortierte siebte Wert unser Mittelwert. Da aber mehrere Mitarbeiter den gleichen Vorgesetzten haben und auch der sechste Wert 7698 ist, hat das Einfügen der 0 zu Beginn unserer sortierten Zahlenliste der Manager keinen Unterschied im Ergebnis erbracht, denn nun rücken alle Zahlen um eine Position auf und der Mittelwert zwischen dem ehemals sechsten und siebten (nun siebten und achten) Wert ist ebenfalls 7698.

Für die Statistiker unter Ihnen möchte ich noch anmerken, dass die Median-Funktion der Gruppe der *Quantile* zugehörig ist und auch als *0,5-Quantil* bezeichnet werden kann. Allen anderen ist spätestens jetzt auch klar, warum ich die Statistikfunktionen nicht besprechen möchte. Aber auch uns Normalmenschen muss klar sein, dass es *das* Berechnungsverfahren für Durchschnitte nicht gibt. Wir verwenden normalerweise das arithmetische Mittel (Summe durch Anzahl der Einzelwerte), wie es auch in der Funktion avg implementiert ist, es können aber beliebig viele andere Mechanismen herangezogen werden, wie zum Beispiel das geometrische Mittel (n-te Wurzel aus dem Produkt der n Einzelwerte), das harmonische Mittel (Anzahl durch die Summe der Kehrwerte der Einzelwerte) oder eben auch der Median.

Varianz und Standardabweichung

Beiden Funktionen, variance (Varianz) und stddev (Standardabweichung), liegt folgende Überlegung zugrunde: Wenn wir eine Menge Zahlen haben, die um einen gedachten oder berechneten Mittelpunkt herum angeordnet sind, interessiert uns eventuell, wie »nahe« am Mittelpunkt diese Daten bleiben. Blieben die Daten dicht am Mittelpunkt, ist die Streuung der Daten also gering und das Resultat gewinnt an Glaubwürdigkeit, wenn sich zum Beispiel eine Reihe von Messungen zu einer Größe alle ziemlich dicht auf einen Mittelwert einschießen. Als Mittelwert wird das arithmetische Mittel verwendet. Der Abstand wird allerdings als ein Quadrat aus der Differenz des Einzelwertes zum Mittelwert berechnet. Die Varianz ist nun der Mittelwert der Quadratgrößen, also sozusagen die Größe des Quadrats über der mittleren Abweichung, während die Standardabweichung die Wurzel aus der Varianz ist und damit wieder in der gleichen Einheit vorliegt wie die Einzelwerte. Die Standardabweichung entspricht bildlich also einer Kantenlänge des mittleren Abweichungsquadrats.

Ich zeige einfach einmal ein Beispiel für die Verwendung:

```
SQL> select median(empno),
  2         variance(empno),
  3         stddev(empno)
  4    from emp;


MEDIAN(EMPNO) VARIANCE(EMPNO) STDDEV(EMPNO)
------------- --------------- -------------
         7785      31788,8791    178,294361
```

Listing 8.3 Verwendung der Funktionen VARIANCE und STDDEV

Wir können diese Werte auch mit ähnlichen Werten aus den ersten Gruppenfunktionen vergleichen. So wäre zum Beispiel interessant, wie eigentlich die durchschnittliche Abweichung ermittelt würde, wenn wir einfach `avg(abs(mgr - avg(mgr)))` verglichen oder die maximale und minimale Abweichung. Leider ist diese Fragestellung mit unseren SQL-Kenntnissen so noch nicht lösbar, daher habe ich im Folgenden nur die Ergebnisse einer solchen Abfrage wiedergegeben:

```
STD_DEV     AVG_DEV    MIN_DEV    MAX_DEV
---------- ---------- ---------- ----------
103,71466  85,1005917 41,3076923 173,307692
```

Listing 8.4 Vergleich der Standardabweichung mit händischen Vergleichsrechnungen

Was Sie erkennen können, ist, dass die Standardabweichung in unserem Beispiel einen höheren Wert als die durchschnittliche Abweichung nach arithmetischem Mittel gebildet hat, weil durch die Quadrierung eine andere Gewichtung der Abweichung erreicht wird.

8.1.3   Gruppenfunktionen und NULL-Werte

Eine Besonderheit, die beinahe alle Gruppenfunktionen betrifft, ist, dass sie null-Werte ignorieren. Daher können diese Funktionen auch gut auf Spalten angewendet werden, die einzelne null-Werte enthalten. Allerdings muss man wissen, was man erwartet. Sehen Sie sich einfach einmal die Verwendung der Funktion avg in Bezug auf die Spalte MGR der Tabelle EMP an, und Sie ahnen, was ich meine:

```
SQL> select avg(mgr)
  2    from emp;

AVG(MGR)
----------
7739,30769
```

Listing 8.5 Verwendung der Funktion AVG mit NULL-Werten

Die schlichte Frage lautet nun: Stimmt das Ergebnis? Nun, diese Frage ist *so* natürlich nicht richtig gestellt. Wir wissen ja, warum unsere Datenbank Orakel heißt, will sagen, könnten Sie diese Frage an die Datenbank richten, bekämen Sie mit ziemlicher Sicherheit die Gegenfrage: Was wollten Sie denn wissen? Oder die Antwort: Ich habe beantwortet, *was Sie gefragt haben.* Aufgrund der Eigenschaft von Gruppenfunktionen, null-Werte zu ignorieren, haben wir nämlich eigentlich gefragt: Wie hoch ist der Durchschnittswert der Spalte MGR *für alle Mitarbeiter, die einen Manager haben?* Wir wissen aber bereits, wie wir dafür sorgen können, dass auch wirklich alle Spalten bei der Durchschnittsbildung berücksichtigt werden, es braucht dafür nur eine `nvl`-Funktion, um den fehlenden Wert zu ersetzen, sagen wir, durch 0:

```
SQL> select avg(nvl(mgr, 0))
  2    from emp;


AVG(NVL(MGR,0))
---------------
         7186,5
```

Listing 8.6 Verwendung der Funktion AVG ohne NULL-Werte

Nun wurde die Summe aller Werte gebildet und durch 14 geteilt. Das Ergebnis ist natürlich eine kleinere Zahl als vorher, sie ist sogar kleiner als das Minimum der »regulären« Zahlen der Spalte MGR, denn unser Ersatzwert ist so klein und die Zahl der Zeilen so klein, dass dieses Ergebnis herauskommt. Nun habe ich ja bereits bis zum Überdruss auf die Probleme hingewiesen, die durch `null`-Werte verursacht werden, doch bitte ich Sie, sich folgendes Szenario zu vergegenwärtigen: In obiger Abfrage werden nicht 14, sondern 40.000 Zeilen abgefragt und das Ergebnis lautet 7356. Vier Zeilen haben `null`-Werte. Ist das Ergebnis wirklich das, was Sie haben wollten?

Sehen wir uns ein anderes Beispiel an. Die normale Verwendung der `count`-Funktion ist die Form `count(*)`. Das muss aber nicht so sein, wir können durchaus auch `count(mgr)` schreiben. Der Unterschied ist wieder einmal der `null`-Wert: Bei `count(*)` zählt die Funktion jede Zeile, unabhängig davon, ob `null`-Werte in ihr enthalten sind oder nicht, ansonsten nur die Zeilen, deren angegebener Spaltenwert ungleich `null` ist. Nur, damit Sie mir das nicht einfach glauben müssen, sondern sich davon überzeugen können:

```
SQL> select count(*), count(sal), count(mgr), count(comm)
  2    from emp;

  COUNT(*) COUNT(SAL) COUNT(MGR) COUNT(COMM)
---------- ---------- ---------- -----------
        14         14         13           4
```

Listing 8.7 Die Funktion COUNT mit unterschiedlich vielen NULL-Werten

In unserem Beispiel hat jeder Mitarbeiter auch ein Gehalt, so dass in unserem Fall der Unterschied zwischen den ersten beiden Spalten nicht sichtbar ist, allerdings könnte es sein, dass in Zukunft ein Mitarbeiter ohne Gehalt eingestellt wird, dann würde `count(*)` ein falsch hohes Ergebnis liefern, es sei denn, das genau ist es, was Sie wissen wollten.

8.1.4   Gruppenfunktion und die DISTINCT-/UNIQUE-Klausel

Eine Erweiterung der Gruppenfunktionen liegt darin, dass wir entscheiden können, ob wir alle oder nur die unterschiedlichen Werte einer Spalte zählen möchten. Vielleicht denken Sie, dass das ja nun nichts Neues sei, denn ich hatte ja bereits die distinct-Klausel eingeführt. Allerdings ist die Frage, wann diese distinct-Klausel gerechnet wird. Wenn eine distinct-Klausel in einer select-Abfrage verwendet wird, werden zunächst alle Zeilen berechnet (inkl. der Gruppenfunktionen), und erst die Ergebniszeilen werden daraufhin untersucht, ob sich zwei Zeilen in allen Spalten gleichen. Das ist aber nicht, was wir hier machen möchten. Stellen Sie sich vor, Sie wollten zählen, wie viele *unterschiedliche* Berufe in Ihrem Unternehmen existieren. Dann benötigen Sie eine Möglichkeit, dies der Gruppenfunktion mitzuteilen, bevor sie berechnet wird. Die distinct-Klausel der select-Anweisung käme hierfür einfach zu spät.

Um nun diese Option zu erreichen, kann der Gruppenfunktion als eine Art Parameter die distinct- oder (das ist synonym) die unique-Klausel mitgegeben werden. Wollen wir also die Anzahl der unterschiedlichen Berufe ermitteln, schreiben wir:

```
SQL> select count(unique job) berufe
  2     from emp;

   BERUFE
----------
        5
```

Listing 8.8 Verwendung der DISTINCT-/UNIQUE-Klausel in Gruppenfunktionen

Ich habe mich hier zur unique-Klausel entschlossen, damit keine Verwechslung mit der distinct-Klausel möglich ist. Die Klausel wird aber, egal, welche Variante Sie wählen, immer als erste Klausel innerhalb der Klammer der Gruppenfunktion geschrieben. Natürlich können Sie auch mehrere Klauseln in einer Abfrage verwenden, wenn Sie mehrere Gruppenfunktionen benutzen. Diese Klausel ist auch für die anderen Gruppenfunktionen definiert.

8.2   Gruppierung von Gruppenfunktionen

Lassen Sie uns, bevor wir alle Gruppenfunktionen kennengelernt haben, den Einsatzbereich der Standardgruppenfunktionen noch etwas erweitern, und zwar um die Gruppierung. Bislang ist es zwar ganz interessant, das höchste Gehalt oder das Durchschnittsgehalt zu berechnen, aber eigentlich interessant ist natürlich der Vergleich der Gehälter unter den Abteilungen. Wir möchten also zunächst erreichen, dass uns die Gruppenfunktionen ihre Ergebnisse *bezogen auf eine Abteilung* berechnen.

8.2.1   Die Klausel GROUP BY

Damit dies gelingt, benötigen wir eine neue Klausel: die Klausel group by. Mit Hilfe dieser Klausel können wir der Abfrage mitteilen, nach welchem Kriterium die Gruppenfunktionen jeweils neu rechnen sollen. Stellen wir uns das so vor: Die ursprüngliche Tabelle wird durch die Angaben der Klausel group by in virtuelle Teiltabellen geteilt. Jede Teiltabelle enthält alle Zeilen der Ausgangstabelle einer Abteilung. Es wird nun also ebenso viele Teiltabellen wie unterschiedliche Abteilungen geben. Für jede Teiltabelle wird nun die Gruppenfunktion gerechnet und das Ergebnis ausgegeben. Als Folge erwarten wir demnach eine Auswertung, die wiederum ebenso viele Zeilen hat wie Abteilungen. Das Gruppierungskriterium in diesem Beispiel ist also die Spalte DEPTNO, wie das folgende Beispiel zeigt:

```
SQL> select deptno,
  2         min(sal) min_sal,
  3         max(sal) max_sal,
  4         sum(sal) sum_sal
  5    from emp
  6    group by deptno;


    DEPTNO    MIN_SAL    MAX_SAL    SUM_SAL
---------- ---------- ---------- ----------
        30        950       2850       9400
        20        800       3000      10875
        10       1300       5000       8750
```

Listing 8.9   Einfache Verwendung der Klausel GROUP BY

Das sieht doch schon nach Auswertung aus! Durch die Klausel group by sind nun also die Abteilungen miteinander vergleichbar geworden. Halten wir umgekehrt aber auch direkt eine Regel fest, die immer und unter allen Umständen gilt: Jede Spalte der select-Liste, die nicht in einer Gruppenfunktion verwendet wird, muss automatisch in die Klausel group by gestellt werden. Ist das unmittelbar einsichtig? Ich glaube kaum. Daher stellen wir uns eine Frage: Was, wenn wir zudem auch noch die Spalte ENAME hätten ausgeben wollen? Das Problem ist nun, dass die Datenbank nicht mehr weiß, wonach sie nun Gruppieren soll. Denn wir hatten ja gesagt, dass pro unterschiedlichem Wert des Gruppierungskriteriums eine Teiltabelle angefertigt wird. Wenn nun aber für eine Teiltabelle eine Gruppenfunktion berechnet wird und gleichzeitig drei verschiedene Mitarbeiternamen verwendet werden, wohin dann damit? Zwar könnten wir die Minima und Maxima theoretisch so oft wiederholen, wie Mitarbeiter in der Abteilung arbeiten, aber welchen Wert hat eine Aussage, die sagt, dass BLAKE ein Minimum von 950 *und* ein Maximum von 2.850 *und* eine Gehaltssumme von 9.400 Talern verdient? Solche Angaben sind nur für eine Abteilung aussagekräftig, nicht für einen einzelnen Mitarbeiter. Würden wir andersherum unsere Regel anwenden und auch den Mitarbeiternamen der Klauseln `select` und `group by` notieren, macht die ganze Abfrage keinen Sinn: Da jeder Mitarbeiter einen unterschiedlichen Namen hat, werden überhaupt keine Gruppen gebildet, die Abfrage würde einfach dreimal die Gehälter des Mitarbeiters als Minimum, Maximum und Summengehalt ausgeben. Es ist also wesentlich, dass wir uns im Vorhinein überlegen, welche Gruppierung wir durchführen wollen. Somit ist es leider auch nicht (so einfach) möglich, zu erkennen, welcher Mitarbeiter denn nun das Minimalgehalt verdient. Dazu benötigen wir einen anderen Zugang, denn das sind ja gleich zwei Wünsche auf einmal: Was ist das minimale Gehalt, und wer verdient es?

8.2.2   Der NULL-Wert und die Gruppierung

Unausweichlich: Ein Wort zum `null`-Wert im Zusammenhang mit der Gruppierung. Sollten Sie eine Auswertung über eine Spalte gruppieren, die auch `null`-Werte enthält, so passiert etwas Seltsames: SQL wird für diese Werte eine eigene Gruppe anlegen und alle Werte darin ebenfalls saldieren. Warum sollte das seltsam sein? Weil normalerweise die `null`-Werte unbekannte Werte repräsentieren und daher auch nicht in eine Gruppe gesteckt werden können sollten. Es könnte ja sein, dass die Werte unterschiedlich sind. Oder man könnte argumentieren, dass Gruppenfunktionen `null`-Werte ignorieren und dies folgerichtig eben auch für die Klausel `group by` gelten sollte. Tut es aber nicht, wie der nachfolgende Test zeigt:

```
SQL> select trunc(comm, -3) comm_group, count(*) amount
  2     from emp
  3     group by trunc(comm, -3);


COMM_GROUP     AMOUNT
---------- ----------
                   11
      1000           1
         0           3


3 Zeilen ausgewählt.
```

Listing 8.10 Gruppierung über einen NULL-Wert

Sagen wir, wir wollten unsere Bonusempfänger in Bonusklassen einteilen, die pro 1.000 gezahlte Taler gebildet werden. Nun interessiert mich, wie viele Bonusempfänger in diesen Gruppen existieren. Überraschenderweise zeigt sich die größte Gruppe als die derjenigen, die gar nicht bonusberechtigt sind. All diese (unterschiedlichen?) `null`-Werte wurden in einer Gruppe zusammengefasst. Lassen Sie uns nicht streiten, ob das sinnvoll ist oder nicht: Es ist so, Sie müssen im Notfall darüber nachdenken, ob Sie eine solche Gruppe nun sehen möchten oder nicht. Falls Sie diese Besonderheit ausschließen möchten, bieten sich die Wege über die where- oder die having-Klausel an. Beide Wege besprechen wir in Abschnitt 8.2.4, »Filtern der Gruppenergebnisse durch HAVING«, nach dessen Lektüre Ihnen denn auch klar sein wird, dass hier vernünftigerweise nur die Filterung über die where-Klausel in Betracht kommt.

8.2.3   Gruppieren nach mehreren Kriterien

Wenn wir uns überlegen, auf welcher Ebene wir eigentlich gruppieren möchten, könnte die Antwort ja lauten: auf Ebene der Abteilung und darin auf Ebene der Berufe. Diese geschachtelten Auswertungen sind überhaupt nicht selten, vielmehr ist das genannte Beispiel eher harmlos: Im Berichtswesen haben wir normalerweise Auswertungen nach sehr viel mehr Ebenen, in diesem Kontext auch gern als *Dimensionen* bezeichnet. Da sollen Auswertungen nach Verkaufskanal, Land, Monat, Produkt und von mir aus noch nach Lieferant gruppiert werden. Wie machen wir das? Bleiben wir zunächst beim Benutzer SCOTT. Für weitere Auswertungen schwenke ich dann um zum Benutzer SH (*Sales History*), denn dort sind ausreichend Daten für unsere Spielereien. Wir beginnen also damit, einen Bericht auszuführen, der nach den Dimensionen Abteilung und Job gruppiert wird:

```
SQL> select deptno, job,
  2         min(sal) min_sal,
  3         max(sal) max_sal,
  4         sum(sal) sum_sal
  5    from emp
  6   group by deptno, job
  7   order by deptno, job;
```

DEPTNO	JOB	MIN_SAL	MAX_SAL	SUM_SAL
10	CLERK	1300	1300	1300
10	MANAGER	2450	2450	2450
10	PRESIDENT	5000	5000	5000
20	ANALYST	3000	3000	6000
20	CLERK	800	1100	1900
20	MANAGER	2975	2975	2975
30	CLERK	950	950	950
30	MANAGER	2850	2850	2850
30	SALESMAN	1250	1600	5600

9 Zeilen ausgewählt.

Listing 8.11 Auswertung nach Abteilung und Beruf

Wir erhalten neun Zeilen zurück, aber das ist mehr oder weniger Zufall, denn es ist die Anzahl unterschiedlicher Berufe in den Abteilungen. Durch unsere Sortierung erkennen wir die Strukturen besser: Für die verschiedenen Abteilungen sind jeweils drei unterschiedliche Berufe im Einsatz. Natürlich sind viele Zeilen nicht sehr aussagekräftig, denn wenn in einer Abteilung ein Beruf nur einmal verwendet wird, hat die Teiltabelle hierfür eben nur eine einzige Zeile. Aber sehen wir uns zum Beispiel die SALESMAN in Abteilung 30 an. Dort arbeiten vier SALESMAN (die, die auch Kommissionen bekommen), und hier sehen wir, dass die Gruppenfunktionen durchaus korrekt rechnen, ebenso bei den CLERK in Abteilung 20. Soweit, so gut. Auch hier haben wir die Regel befolgt, dass die Spalten, die nicht in einer Gruppenfunktion verwendet werden, auch in der Klausel group by verwendet werden müssen. Eine Frage hätte ich: Ist die Reihenfolge der Spalten der Klausel group by eigentlich relevant? Käme ein anderes Ergebnis (bezogen auf die Zeilenzahl und die Zahlen) heraus, wenn wir nach JOB und DEPTNO gruppierten statt nach DEPTNO und JOB? Denken Sie doch bitte vorab darüber nach, und prüfen Sie, ob Ihre Überlegungen richtig waren:

```
SQL> select deptno, job,
  2         min(sal) min_sal,
  3         max(sal) max_sal,
  4         sum(sal) sum_sal
  5    from emp
  6   group by job, deptno
  7   order by deptno, job;


    DEPTNO JOB           MIN_SAL    MAX_SAL    SUM_SAL
---------- --------- ---------- ---------- ----------
        10 CLERK           1300       1300       1300
        10 MANAGER         2450       2450       2450
        10 PRESIDENT       5000       5000       5000
        20 ANALYST         3000       3000       6000
        20 CLERK            800       1100       1900
        20 MANAGER         2975       2975       2975
        30 CLERK            950        950        950
        30 MANAGER         2850       2850       2850
        30 SALESMAN        1250       1600       5600

9 Zeilen ausgewählt.
```

Listing 8.12 Gegencheck: Ist die Reihenfolge der Klausel GROUP BY relevant?

Ich habe bewusst die Sortierung und die Spaltenreihenfolge gleich gelassen, um das Ergebnis zu verdeutlichen: Es ist in diesem Beispiel nicht relevant, denn die Gruppierung ist hier so zu verstehen, dass die *feinste Granularität* der Auswertung bestimmt wird. Damit meine ich, dass wir durch die Klausel group by dieser Abfrage lediglich festlegen, bis zu welchem Detaillierungsgrad wir eine Auswertung möchten. Im nächsten Abschnitt werden wir lernen, dass wir diese Gruppierung auch vergröbern lassen können, und dann wird die Reihenfolge durchaus interessant.

Bevor wir nun weitergehen, noch eine weitere Frage: Hätte es einen Einfluss auf das Ergebnis, wenn unsere Daten aus mehreren Tabellen zusammengetragen würden? Ich meine damit: Kommen andere Ergebnisse heraus, wenn Daten aus mehreren Tabellen ausgewählt werden? Nun, das kann natürlich sein, zum Beispiel dann, wenn wir einen Outer Join verwenden, um zum Beispiel nicht nur die Abteilungen zu berücksichtigen, in denen auch tatsächlich Mitarbeiter arbeiten, sondern alle existierenden: Dann hätte die Relation, die nach der Auflösung des Joins entstünde, nicht nur mehr Spalten, sondern in diesem Fall auch mehr Zeilen. Dadurch entstehen mehr Teiltabellen und damit mehr Ergebnisse der Gruppenfunktionen. Möchten Sie diese Auswertung einmal dahingehend erweitern, dass Sie eine Zeile für Abteilung 40 integrieren? Hmm, wie war das jetzt noch einmal mit dem Outer Join? So war das:

```
SQL> select d.deptno, e.job,
  2         min(sal) min_sal,
  3         max(sal) max_sal,
  4         sum(sal) sum_sal,
  5         count(e.deptno) anzahl
  6    from emp e
  7    right join dept d on e.deptno = d.deptno
  8    group by d.deptno, e.job
  9    order by d.deptno, e.job;
```

DEPTNO	JOB	MIN_SAL	MAX_SAL	SUM_SAL	ANZAHL
10	CLERK	1300	1300	1300	1
10	MANAGER	2450	2450	2450	1
10	PRESIDENT	5000	5000	5000	1
20	ANALYST	3000	3000	6000	2
20	CLERK	800	1100	1900	2
20	MANAGER	2975	2975	2975	1
30	CLERK	950	950	950	1
30	MANAGER	2850	2850	2850	1
30	SALESMAN	1250	1600	5600	4
40					0

10 Zeilen ausgewählt.

Listing 8.13 Erweiterung der Auswertung um Abteilung 40

Beachten Sie bitte, dass wir hier einen Outer Join benötigen, der auf die Tabelle DEPT zeigt. Dann muss allerdings auch verpflichtend die Spalte D.DEPTNO in der select-Liste angesprochen werden, sonst haben Sie nur null-Werte in der Auswertung, denn Abteilung 40 gibt es in Tabelle EMP nicht. Dass für Abteilung 40 nun ausschließlich null-Werte angezeigt werden, hat uns nicht überrascht. Ich habe die Auswertung oben noch dadurch erweitert, dass ich mit der Funktion count(e.empno) die Anzahl der Mitarbeiter ausgegeben habe, und hier sehen Sie den Beleg, dass diese Funktion niemals einen null-Wert liefert, sondern für Abteilung 40 den Wert 0. Haben Sie etwa gedacht, Sie könnten hier count(*) verwenden? Wenn ja, warum geht das eigentlich nicht?

8.2.4 Filtern der Gruppenergebnisse durch HAVING

Da wir nun in der Lage sind, eine Auswertung nach Abteilungen durchzuführen, keimt schnell der Gedanke auf, gar nicht alle Gruppenergebnisse sehen zu wollen. Wir wollen also einige Gruppen ausblenden können. Was könnte uns dazu bringen? Vielleicht ist Abteilung 10 für uns nicht interessant, weil ohnehin Anzugetage und Geschäftsführerebene. Vielleicht sind wir auch nicht interessiert, Abteilungen zu sehen, deren Gehaltssumme über 10.000 Talern liegt. Erkennen Sie, dass diese beiden Einschränkungen völlig unterschiedlicher Natur sind? Das Problem: Die erste Einschränkung können (und sollten) wir bereits in der where-Klausel durchsetzen. Wenn mich Abteilung 10 nicht interessiert, bilde ich darüber auch keine Gruppe, sondern filtere diese Zeilen vorher aus. Bei der zweiten Einschränkung muss ich allerdings das Ergebnis der Gruppenberechnung kennen. Nun ist es aber so, dass es wohl kaum möglich sein wird, in der where-Klausel auch diese Gruppenergebnisse zu filtern, denn das bedeutete ja, dass wir sowohl steuern möchten, welche Zeilen in die Gruppe überhaupt hineingelangen (Bitte keine MANAGER!), und gleichzeitig wollen wir das Ergebnis dieser Berechnung auch noch filtern. Das klappt auch aus anderem Grund nicht: Aufgrund der Reihenfolge, in der die SQL-Anweisung berechnet wird. Wir erinnern uns: Zunächst wird die from-Klausel berechnet, dann die where-Klausel, dann die select-Klausel und damit die Gruppenfunktionen, als Letztes wird sortiert. Wir benötigen also einen Filter zwischen Berechnung der select-Klausel und Sortierung, nachdem die Gruppenfunktionen berechnet wurden. Und diese Klausel hat den Namen having. Sie hätte inhaltlich auch where heißen können, das geht aber syntaktisch nicht, weil die Datenbank nun nicht mehr auseinanderhalten könnte, was vor und was nach der Gruppenberechnung gefiltert werden muss.

Die having-Klausel wird vor der Klausel order by, aber nach der Klausel group by verwendet. In ihr können Sie auf die Formel zurückgreifen, die als Gruppenfunktion in der select-Liste vergeben wurde. Leider ist es nicht möglich, in der having-Klausel ein Spaltenalias zu verwenden, obwohl das nicht grundsätzlich unmöglich sein sollte, da zu diesem Zeitpunkt die Gruppenfunktionen ja bereits bekannt sind. Wahrscheinlich werden die Spaltenaliase erst nach der Filterung vergeben. Setzen wir also unsere Anforderung von oben um: Keine Gruppe für Abteilung 10 und keine Abteilungen mit einer Gehaltssumme größer als 10.000 Taler. Zur Erinnerung noch einmal die Auswertung ohne die Filter, damit wir das Ergebnis kontrollieren können:

```
SQL> select deptno, min(sal), max(sal), sum(sal)
  2    from emp
  3    group by deptno
  4    order by deptno;

    DEPTNO    MIN(SAL)    MAX(SAL)    SUM(SAL)
---------- ---------- ---------- ----------
        10        1300        5000        8750
        20         800        3000       10875
        30         950        2850        9400
```

```
SQL> select deptno, min(sal), max(sal), sum(sal)
  2    from emp
  3    where deptno != 10
  4    group by deptno
  5    having sum(sal) < 10000
  6    order by deptno;

    DEPTNO    MIN(SAL)    MAX(SAL)    SUM(SAL)
---------- ---------- ---------- ----------
        30         950        2850        9400
```

Listing 8.14 Filterung einer Gruppierung mit HAVING

Sie erkennen nun auch meine seltsame Einschränkung, denn Abteilung 10 wird ausgefiltert, weil ich sie ohnehin nicht sehen möchte, Abteilung 20 wiederum, weil dort mehr als 10.000 Taler verdient werden. Eine Verständnisfrage von mir: Hätten wir in der Abfrage nicht auch schreiben können: having deptno != 10 and sum(sal) < 10000? Wir hätten, und vielleicht halten Sie das auch für eine gute Idee, denn dadurch sind ja Ihre Filter alle an einer Stelle. Was aber stört mich an dieser Formulierung? Eigentlich nur die Tatsache, dass nun völlig unnötigerweise Gruppen berechnet werden, von denen ich bereits weiß, dass ich sie wegwerfen werde. Bei 14 Zeilen ist alles egal, da können Sie machen, was Sie wollen. Bei 14.000.000 Zeilen wiederum ist das eine ganz andere Sache. Da sind Sie froh um jede Zeile, die Sie nicht anfassen müssen. Daher ist die Filterung über where in diesem Zusammenhang Pflicht. Eigentlich ist es immer der gleiche Schnack: Sagen Sie der Datenbank so genau wie möglich, was Sie wollen, dann werden Sie auch die maximale Performanz aus der Datenbank erhalten.

8.2.5   Erweiterte Konzepte der Gruppierung: ROLLUP und CUBE

Direkt vorweg: Wir werden hier nur die Grundlagen der Erweiterung besprechen, einfach, weil sie so eminent praktisch sind und oft verwendet werden können, wo bislang noch aufwendig programmiert oder in Excel kodiert wird. Allerdings ist die Gruppierungserweiterung mit diesen Mitteln schnell eine Wissenschaft für sich, die an dieser Stelle zu weit führen würde.

ROLLUP

Wir erweitern unser Gruppierungskonzept, weil uns an der Auswertung über den Beruf und die Abteilung stört, dass wir nun nicht mehr sehen können, wie hoch die Gehaltssumme pro Abteilung ohne Berücksichtigung des Berufs ist. Wir kennen auch nicht die Gesamtsumme über das ganze Unternehmen, ohne die Abteilungen. Was wir möchten, ist aber eine Auswertung über diese Dinge. Es scheint, dass wir hierfür mehrere Auswertungen nacheinander vornehmen müssen, oder aber diese Teilsummen in Excel oder Calc bilden. Beides stimmt nicht. Wir erweitern die Klausel group by zunächst um den Begriff rollup. Sehen wir einmal, was dies mit der Auswertung macht:

```
SQL> select deptno, job,
  2          min(sal) min_sal,
  3          max(sal) max_sal,
  4          sum(sal) sum_sal,
  5          count(empno) anzahl
  6     from emp e
  7     group by rollup(deptno, job)
  8     order by deptno, job;
```

DEPTNO	JOB	MIN_SAL	MAX_SAL	SUM_SAL	ANZAHL
10	CLERK	1300	1300	1300	1
10	MANAGER	2450	2450	2450	1
10	PRESIDENT	5000	5000	5000	1
10		1300	5000	8750	3
20	ANALYST	3000	3000	6000	2
20	CLERK	800	1100	1900	2
20	MANAGER	2975	2975	2975	1
20		800	3000	10875	5
30	CLERK	950	950	950	1
30	MANAGER	2850	2850	2850	1
30	SALESMAN	1250	1600	5600	4

30	950	2850	9400	6
	800	5000	29025	14

13 Zeilen ausgewählt.

Listing 8.15 Erweiterung der Auswertung durch ROLLUP

Es sind zusätzliche Zeilen entstanden, und zwar Zeilen, in denen einerseits die Spalte JOB null-Werte enthält, und andererseits eine Zeile, bei der auch die Abteilung einen null-Wert enthält. Wenn wir die Daten näher analysieren, stellen wir fest, dass die Spalten mit den null-Werten nun die Ergebnisse der Gruppenfunktionen *ohne Berücksichtigung* der entsprechenden Spalten enthalten. Wir sehen nun die Gehaltsminima, -maxima und -summen sowie die Anzahl der Mitarbeiter *pro Abteilung* und in der letzten Zeile sogar für das Gesamtunternehmen. Es ist, als hätte die Anweisung unsere Klausel group by in drei Durchläufen so geändert:

```
group by (deptno, job)
group by (deptno)
group by ()
```

Das ist auch tatsächlich passiert. Und weil das so ähnlich aussieht, als habe die Anweisung die group by-Bedingungen von rechts nach links »aufgerollt«, heißt die Klausel rollup. Nun ist die Reihenfolge durchaus relevant, denn nun gibt es eine Auswertung, die fehlt: Wo sind die Salden nach Beruf, ohne Berücksichtigung der Abteilung? Diese Auswertung wäre Teil gewesen, wenn die Reihenfolge der Klausel group by andersherum geschrieben worden wäre, doch dann hätte die Auswertung nach Abteilung gefehlt.

CUBE

Genau hier setzt die nächste Erweiterung an: Wir verwenden die Klausel cube, wenn wir alle Permutationen der beiden Spalten analysieren möchten, also die Kriterien DEPTNO und JOB, DEPTNO, JOB und keine der beiden. Warum heißt dieses Schlüsselwort cube? Das ist etwas komplizierter zu erklären. Insgesamt bewegen wir uns mit unserer Abfrage nun sehr in Richtung *Datenwarenhaus*, wie man so etwas nennt, also einer Berichtsdatenbank, die beliebige Fragestellungen zu den vorliegenden Daten beantwortet. Man stellt sich in solchen Systemen die Daten als in einem Würfel gespeichert vor, dessen Kanten jeweils eine Dimension darstellen (wir belassen es jetzt einmal bei drei Dimensionen ...). Vielleicht geht es so: Stellen Sie sich einen Karteikasten vor, in dem für jeden Umsatztag des Jahres eine Karteikarte steht. Auf der Karteikarte wird in den Zeilen jede Niederlassung aufgeführt, in den Spalten jedes Produkt. In den Zellen stehen dann die Verkäufe eines Produkts in einer Niederlassung an einem Tag, wir denken uns hier einfach die Gesamtsumme des Umsatzes für dieses Produkt, dieses Tages und dieser Niederlassung als Zahl. In diesem Datenwürfel kann ich nun für jeden beliebigen Zeitraum, jede Produktauswahl und jede Niederlassung die Umsätze analysieren: Will ich die Umsätze eines Tages analysieren, nehme ich eine Karteikarte heraus. Geht es mir um die Umsätze eines Produkts in einem Monat, lese ich eine Spalte jeder Karteikarte eines Monats durch. Diese Technik nennt man dann *Slice & Dice* (etwa *in Scheiben schneiden und perspektivisch drehen*), weil wir den Würfel in alle denkbaren Raumrichtungen beschneiden können, um an unsere Informationen zu kommen. Tatsächlich ist die folgende Auswertung insofern ein »Datenwürfel« dieser Art, weil zu jeder möglichen Fragestellung die Ergebnisse bereits berechnet wurden:

```
SQL> select deptno, job,
  2           min(sal) min_sal,
  3           max(sal) max_sal,
  4           sum(sal) sum_sal,
  5           count(empno) anzahl
  6    from emp e
  7    group by cube(deptno, job)
  8    order by deptno, job;
```

DEPTNO	JOB	MIN_SAL	MAX_SAL	SUM_SAL	ANZAHL
10	CLERK	1300	1300	1300	1
10	MANAGER	2450	2450	2450	1
10	PRESIDENT	5000	5000	5000	1
10		1300	5000	8750	3
20	ANALYST	3000	3000	6000	2
20	CLERK	800	1100	1900	2
20	MANAGER	2975	2975	2975	1
20		800	3000	10875	5
30	CLERK	950	950	950	1
30	MANAGER	2850	2850	2850	1
30	SALESMAN	1250	1600	5600	4
30		950	2850	9400	6
	ANALYST	3000	3000	6000	2
	CLERK	800	1300	4150	4
	MANAGER	2450	2975	8275	3
	PRESIDENT	5000	5000	5000	1
	SALESMAN	1250	1600	5600	4
		800	5000	29025	14

18 Zeilen ausgewählt.

Listing 8.16 Ausgabe der Anweisung mit CUBE

In dieser Darstellung können Sie alle Kombinationen von Granularität bereits sehen. Möchten Sie eine Detaildarstellung der SALESMAN in Abteilung 30? Steht drin. Wie ist es mit der Auswertung der MANAGER des Unternehmens? Viertletzte Zeile. Die Gesamtübersicht? Letzte Zeile. Alles ist bereits berechnet. Die einzige Summe, die Sie eventuell noch bilden müssten, wäre die, dass Sie interessiert, wie viel die ANALYST und MANAGER zusammen verdient haben, aber diese Summe ist trivial aus der Tabelle ableitbar. Ich benutze solche Abfragen häufig für kleine Ad-hoc-Abfragen des Controllings, denn diese Daten können in Excel oder Calc mit einem Autofilter sehr schön durchsucht, gefiltert und grafisch aufbereitet werden. Allerdings hat dieses coole Feature auch einen echten Nachteil: Was, wenn wir nach sieben Dimensionen filtern? Wenn jeder mit jedem in Beziehung gebracht werden muss, kommen immerhin 7! = 5040 Gruppen heraus, die dann ja noch die Anzahl der jeweils unterschiedlichen Wertekombinationen als Zeilen enthalten. Das geht dann schon an die Ressourcen. Daher können diese Abfragen noch durch GROUPING SETS und ähnliche Strukturen gefiltert und optimiert werden, aber hier hören wir mit der Besprechung auf, denn das führt dann wirklich sehr weit.

Zwei kleine Dinge aber dann doch noch, einfach weil es so schön passt: Einerseits stört am Bericht oben, dass einfach ein null-Wert ausgegeben wird, wenn eine Zelle nicht zur Gruppierung gehört. Hier wäre natürlich schön, auszugeben: »Alle Jobs« oder Ähnliches. Dann wäre hilfreich, eine maschinenlesbare Form für die Frage zu erhalten, ob eine Spalte Teil der Gruppierung ist oder nicht. Sie werden die Auswertung dann wiedererkennen, wir hatten so etwas schon bei der Besprechung der Zeilenfunktion bintonum.

GROUPING

Beide Probleme gehen wir mit der für diesen Zweck idealen Zeilenfunktion grouping an, die immer dann eine 1 liefert, wenn nach der übergebenen Spalte gruppiert wurde, diese in der Klausel group by also *fehlt*. Damit, und mit einer kurzen Prüfung, können wir dann beide Probleme lösen, und zwar so:

```
SQL> select case grouping(d.dname)
  2            when 1 then 'Alle Abteilungen'
  3            else d.dname end abteilung,
  4          case grouping(e.job)
  5            when 1 then 'Alle Berufe'
  6            else e.job end beruf,
  7          grouping(d.dname) dept_group,
  8          grouping(e.job) job_group,
  9          sum(e.sal) summe
 10    from dept d
 11    join emp e on d.deptno = e.deptno
 12    group by cube(d.dname, e.job);
```

ABTEILUNG	BERUF	DEPT_GROUP	JOB_GROUP	SUMME
Alle Abteilungen	Alle Berufe	1	1	29025
Alle Abteilungen	CLERK	1	0	4150
Alle Abteilungen	ANALYST	1	0	6000
Alle Abteilungen	MANAGER	1	0	8275
Alle Abteilungen	SALESMAN	1	0	5600
Alle Abteilungen	PRESIDENT	1	0	5000
SALES	Alle Berufe	0	1	9400
SALES	CLERK	0	0	950
SALES	MANAGER	0	0	2850
SALES	SALESMAN	0	0	5600
RESEARCH	Alle Berufe	0	1	10875
RESEARCH	CLERK	0	0	1900
RESEARCH	ANALYST	0	0	6000
RESEARCH	MANAGER	0	0	2975
ACCOUNTING	Alle Berufe	0	1	8750
ACCOUNTING	CLERK	0	0	1300
ACCOUNTING	MANAGER	0	0	2450
ACCOUNTING	PRESIDENT	0	0	5000

18 Zeilen ausgewählt.

Listing 8.17 Die endgültige Auswertung mit GROUPING

Hören Sie mal: So unflott ist diese Auswertung nun auch wieder nicht, wir haben mit den Mitteln, die uns bislang zur Verfügung stehen, nun schon einiges erreicht!

Vielleicht sagen Sie mir, dass statt der grouping-Funktion im Beispiel oben durchaus auch eine einfache nvl-Funktion hätte verwendet werden können, um Ersatzwerte für die einzelnen Spalten zu geben. Vielleicht war das sogar Ihr direkter Impuls, als ich das Problem geschildert habe. Das stimmt auch, und Sie können die Abfrage gern einmal dahin umschreiben. Das hat allerdings einen wesentlichen Haken: Sollten Ihre Daten »von sich aus« null-Werte auf der entsprechenden Gruppierungsstufe enthalten, ist nun dieser null-Wert nicht mehr zu unterscheiden von einem künstlichen null-Wert, der entsteht, wenn nach dieser Spalte saldiert wird. Daher ist die Funktion grouping in diesem Zusammenhang Ihr einziger Ausweg. Zudem dokumentiert die Funktion auch sehr gut, was Sie eigentlich tun.

8.2.6   Geschachtelte Gruppenfunktionen

Als letzten Punkt zur Gruppierung von Gruppenfunktionen möchte ich noch anmerken, dass es möglich ist, Gruppenfunktionen zu schachteln. Das ist zum Beispiel interessant für Fragestellungen wie: Wie hoch ist das geringste Durchschnittsgehalt aller Abteilungen? Dabei wird in einem zweistufigen Prozess zunächst für jede Abteilung das Durchschnittsgehalt berechnet und anschließend aus dieser Gruppe das Minimum extrahiert. Beachten Sie aber bitte, dass Sie nun nicht gleichzeitig auch ausgeben können, in welcher Abteilung dieses minimale Durchschnittsgehalt errechnet wurde. Das ist das gleiche Problem wie bei der Fragestellung, welcher Mitarbeiter das Mindestgehalt verdient. Unser erster Ansatz schlägt also fehl, obwohl er syntaktisch nicht schlecht aussieht:

```
SQL> select deptno, min(avg(sal))
  2    from emp
  3    group by deptno;
select deptno, min(avg(sal))
       *
FEHLER in Zeile 1:
ORA-00937: keine Gruppenfunktion für Einzelgruppe

SQL> -- ... dann korrigiert
SQL> select min(avg(sal))
  2    from emp
  3    group by deptno;

MIN(AVG(SAL))
-------------
   1566,66667
```

Listing 8.18 Schachtelung von Gruppenfunktionen

Die Klausel group by bezieht sich also auf die innere Gruppenfunktion, wurde durch diese sozusagen verbraucht und steht dann für die äußere Gruppenfunktion nicht mehr zur Verfügung. Daher ist dann die Spalte DEPTNO nicht mehr zulässig. Und wieder einmal fehlen uns die Mittel, um eine scheinbar einfache Frage zu beantworten. Seien Sie aber unbesorgt: Das kommt noch.

8.3   Spezielle Gruppenfunktionen

Hier gehört zu Beginn des Abschnitts zunächst einmal eine deutliche Warnung hin: Was nun kommt, ist nichts für Einsteiger, sondern ein Abschnitt, den Sie durcharbeiten können, wenn Sie die Grundlagen gut verstanden haben. Die hier besprochenen Funktionen sind sehr speziell und werden im normalen Einsatz nicht sehr oft benötigt. Andererseits müssen sie natürlich in einem Kapitel über Gruppenfunktionen besprochen werden. Überfliegen Sie, wenn Sie mögen, die nächsten Abschnitte, und

kommen Sie hierhin zurück, wenn Sie sich mit den etwas abgefahreneren Möglichkeiten von SQL beschäftigen möchten.

8.3.1   DENSE_RANK und RANK

Diese beiden Funktionen sortieren einen hypothetischen Wert nach einem Sortie-
rungskriterium, sie geben also an, welchen Rang zum Beispiel ein Mitarbeiter einnehmen würde, falls er das gewählte Gehalt bekäme, aber auch welchen Rang ein Produkt
im Portfolio einnähme, wenn hypothetisch angenommene Umsätze realisiert werden könnten? Das Schöne an diesen Funktionen ist, dass sie – im Gegensatz zum Beispiel zur Pseudospalte rownum – anhand des beim Aufruf definierten Sortierkriteriums
sortiert werden und nicht von der Klausel order by abhängen, die ja bei der Pseudospalte rownum für das »Durcheinanderwirbeln« der Zeilennummern verantwortlich
war. Zudem ist es mit diesen Funktionen möglich, den Fall abzuhandeln, dass zwei
Zeilenwerte den gleichen Wert haben. In diesem Fall wird der gleiche Rang einfach
zweimal vergeben. Und nun unterscheiden sich die beiden Funktionen: Bei rank wird
der auf diese Dopplung folgende Rang nicht vergeben. Werden also zum Beispiel zwei
zweite Plätze vergeben, wird bei rank kein dritter Platz vergeben, sondern direkt der
vierte Platz. Im Gegensatz dazu wird bei dense_rank der dritte Platz vergeben, es entstehen also keine »Löcher«. Für die Sortierungsklausel bestehen ähnliche Optionen
wie für die Klausel order by, es können also mehrere Spalten angegeben und jeweils
asc oder desc sortiert werden, zudem existiert auch eine Option nulls first oder
nulls last. Etwas ungewöhnlich ist die Formulierung dieser Funktion, doch müssen
die Schlüsselworte genauso übergeben werden wie im folgenden Beispiel:

```
SQL> select rank(1600) within group
  2          (order by sal desc) rang,
  3        dense_rank(1600) within group
  4          (order by sal desc) dense_rang
  5     from emp;

     RANG  DENSE_RANG
---------- -----------
        7           6
```

Listing 8.19 Verwendung der Funktionen RANK und DENSE_RANK als Gruppenfunktionen

Vielleicht ist es zu Beginn etwas schwierig zu verstehen. Daher: Die Gehaltsverteilung ist wie folgt:

```
SQL>   select ename, job, sal
  2    from emp
  3    order by sal desc;
```

```
ENAME      JOB          SAL
---------- ---------- ----------
KING       PRESIDENT    5000
FORD       ANALYST      3000
SCOTT      ANALYST      3000
JONES      MANAGER      2975
BLAKE      MANAGER      2850
CLARK      MANAGER      2450
ALLEN      SALESMAN     1600
TURNER     SALESMAN     1500
MILLER     CLERK        1300
WARD       SALESMAN     1250
MARTIN     SALESMAN     1250
ADAMS      CLERK        1100
JAMES      CLERK         950
SMITH      CLERK         800
```

Listing 8.20 Übersicht über die Gehaltssituation

Sollte nun ein neuer Mitarbeiter mit einem Gehalt von 1600 Talern in das Unternehmen eintreten, reihte er sich mit ALLEN auf dem gleichen Rang ein, denn ALLEN verdient ebenfalls 1600 Taler. Über beiden existieren jedoch die beiden Mitarbeiter FORD und SCOTT, die beide 3000 Taler verdienen und damit beide auf dem zweiten Platz liegen. Daher würde unser neuer Mitarbeiter zusammen mit ALLEN als siebtbester Verdiener geführt. Da aber nun zwei Mitarbeiter den zweiten Platz belegen, wird dem neuen Mitarbeiter bei Verwendung der Funktion rank der 7. und bei Verwendung der Funktion dense_rank der 6. Platz zugesprochen.

Vielleicht fragen Sie sich, ob es nicht möglich wäre, diese Platzierungen ebenfalls auszugeben. Es ist möglich, aber nicht mit dieser Schreibweise: Diese Art Ausgabe kann durch die rank- und dense_rank-Funktion erfolgen, wenn sie als analytische Funktion mit abweichender Syntax verwendet werden. Das nächste Kapitel kümmert sich um diese Fälle, bleiben Sie also gespannt. Ich meine, dass diese hypothetischen Abfragen wohl eher selten eine Rolle spielen, aber da kann ich mich auch irren und nur bislang nicht auf solche Fälle gestoßen sein. In jedem Fall halten wir fest, dass diese Funktionen so funktionieren und für diesen Anwendungsfall gedacht sind.

Interessant ist diese Funktion aber dann vielleicht in Zusammenhang mit der Möglichkeit, den Rang auch gruppieren zu lassen. So kann mit einer Abfrage die Frage geklärt werden, welchen Rang ein Mitarbeiter mit einem Gehalt von 1600 Talern in den einzelnen Abteilungen einnehmen würde, wenn wir gleichzeitig nach Abteilung gruppieren:

```
SQL> select deptno,
  2          rank(1600) within group
  3            (order by sal desc) rang,
  4          dense_rank(1600) within group
  5            (order by sal desc) dense_rang
  6    from emp
  7    group by deptno;


  DEPTNO      RANG  DENSE_RANG
---------- ---------- -----------
      10         3           3
      20         4           3
      30         2           2


SQL> select deptno, ename, job, sal
  2    from emp
  3    order by deptno, sal desc;


  DEPTNO ENAME      JOB            SAL
---------- ---------- --------- ----------
      10 KING       PRESIDENT     5000
      10 CLARK      MANAGER       2450
      10 MILLER     CLERK         1300
      20 SCOTT      ANALYST       3000
      20 FORD       ANALYST       3000
      20 JONES      MANAGER       2975
      20 ADAMS      CLERK         1100
      20 SMITH      CLERK          800
      30 BLAKE      MANAGER       2850
      30 ALLEN      SALESMAN      1600
      30 TURNER     SALESMAN      1500
      30 MARTIN     SALESMAN      1250
      30 WARD       SALESMAN      1250
      30 JAMES      CLERK          950
14 Zeilen ausgewählt.
```

Listing 8.21 Verwendung der Funktion RANK mit einer Gruppierung

Wieder zeigt der Vergleich mit der Gehaltssituation pro Abteilung, auf welche Weise die Rangfolge berechnet wurde. Als letzte Anwendung der Funktionen rank bzw. dense_rank möchte ich noch zeigen, dass auch mehrere Kriterien zur Einsortierung des hypothetischen Mitarbeiters herangezogen werden können. Wir möchten nun wissen, wie ein Mitarbeiter positioniert würde, falls er SALESMAN ist, ein Gehalt von 1250 Talern bezöge und eine Kommission von 900 Talern erwirtschaftet hätte:

```
SQL> select rank(1250, 900) within group
  2              (order by sal desc, comm desc) rang
  3    from emp
  4    where job = 'SALESMAN';

      RANG
----------
         4


SQL> select ename, sal, comm
  2    from emp
  3    where job = 'SALESMAN'
  4    order by sal desc, comm desc;

ENAME             SAL       COMM
---------- ---------- ----------
ALLEN            1600        300
TURNER           1500          0
MARTIN           1250       1400
WARD             1250        500
```

Listing 8.22 Verwendung der Funktion RANK mit mehreren Parametern

8.3.2 FIRST und LAST

Diese Gruppenfunktionen sind eng an die Funktionen rank und dense_rank angelehnt, beantworten aber andere Fragen. Ähnlich wie die Schachtelung von Gruppenfunktionen, die Sie in Abschnitt 8.2.6, »Geschachtelte Gruppenfunktionen«, kennengelernt haben, dienen auch diese Funktionen dazu, Ergebnisse von Gruppenfunktionen zu filtern und zu bewerten. Typische Fragestellungen für diese Funktionen lauten: »Welche Abteilung hatte die geringsten Umsätze?« oder »Welches Produkt hat sich am besten verkauft?«. Auch hier kommt es wieder auf Feinheiten an: Wir wollen nun wissen, welches Produkt sich am besten verkauft, nicht aber gleichzeitig, *wie* gut. Hier geht es nur um die Identifikation eines Produkts anhand eines anderen Kennzeichens. Wie ist das zu verstehen? Nun, wir wollen die Produkt-ID eines Produkts ermitteln, dessen saldierte Umsätze, gruppiert nach Produkt, maximal sind. Das Kriterium, gerade diese ID zu wählen, ist also nicht, dass die ID irgendwie maximal wäre, sondern dass eine Summenbildung über eine andere Spalte diese ID qualifiziert.

Durch die geschachtelten Funktionen wären wir in der Lage, den maximalen Umsatz zu filtern, wüssten aber nicht, welches Produkt diesen erzielt hat. Mit den Funktionen first und last ermitteln wir die ID, die den maximalen Umsatz erzielt hat, wissen aber nicht, wie hoch dieser ist. Es gibt allerdings noch ein weiteres Problem: Es könnten zwei Produkte den gleichen Maximalumsatz haben. Die Frage ist, wie die Abfrage nun reagiert: Welches Produkt wird geliefert? Die Gruppenfunktionen first und last lösen dieses Problem auf einfache, aber vielleicht nicht immer sinnvolle Weise: Sie erwarten eine Gruppenfunktion für die Bewertung der ersten oder letzten Werte. Will sagen: Wenn eine Abfrage über die erfolgreichsten Produkte mehrere gleiche Maxima enthält, wir die Liste der Produkte über eine Gruppenfunktion analysiert, so dass nur ein Produkt als Ergebnis geliefert werden kann. Das kann die Funktion min oder max sein, aber auch count, avg, variance oder stddev. Auch hier hilft wahrscheinlich ein Beispiel weiter. Ich entnehme die Daten der Tabelle SALES des Benutzers SH. In dieser Tabelle sind ca. eine Million Zeilen mit Verkäufen verschiedener Produkte hinterlegt. Ich interessiere mich für die besten und schlechtesten Produkte bezogen auf den Umsatz und die Anzahl der verkauften Einheiten, gruppiert nach dem Verkaufskanal. Eine erste Auswertung zeigt uns die grundsätzlichen Daten:

```
SQL> select prod_id, channel_id,
  2          sum(amount_sold), sum(quantity_sold)
  3    from sales
  4    group by prod_id, channel_id
  5    having sum(amount_sold) > 3000000
  6    order by sum(amount_sold) desc;
```

PROD_ID	CHANNEL_ID	SUM(AMOUNT_SOLD)	SUM(QUANTITY_SOLD)
18	3	9044988,77	5615
17	3	5209413,72	3689
14	3	4442061,35	3625
18	2	4420923,94	2888
20	3	4211678,79	6841
13	3	3381154,87	3110
15	3	3203473,5	3237
21	3	3017888,81	2775

```
8 Zeilen ausgewählt.
```

Listing 8.23 »Normale« Auswertung der Tabelle SALES

Ich habe die Liste auf die besten acht Einträge begrenzt, aber bereits hier sehen wir das Problem, dass wir nun natürlich nicht gleichzeitig auch nach den verkauften Einheiten sortieren können. Wollen wir nun wissen, welches Produkt den größten/ kleinsten Umsatz brachte und am häufigsten/seltensten verkauft wurde, lautet die Abfrage:

```
SQL> select min(prod_id) keep
  2              (dense_rank first order by
                    sum(amount_sold) desc) top_revenue,
  3          min(prod_id) keep
  4            (dense_rank last order by
                    sum(amount_sold) desc) flop_revenue,
  5          min(prod_id) keep
  6            (dense_rank first order by
                    sum(quantity_sold) desc) top_seller,
  7          min(prod_id) keep
  8            (dense_rank last order by
                    sum(quantity_sold) desc) flop_seller
  9   from sales
 10   group by prod_id, channel_id;


TOP_REVENUE FLOP_REVENUE TOP_SELLER FLOP_SELLER
----------- ------------ ---------- -----------
         18           16         40          16
Abgelaufen: 00:00:00.26
```

Listing 8.24 Verwendung der Funktionen FIRST und LAST

Ich habe, das einmal vorweg, bei dieser Analyse über eine Million Zeilen einmal die Zeit stoppen lassen. Sie sehen: Die Abfrage dauerte etwa 0,26 Sekunden …

Etwas gewöhnungsbedürftig ist die Syntax. Wenn wir einmal eine der Spalten auseinandernehmen, können wir das lesen wie folgt: Gib mir die minimale Produkt-ID (für den Fall, dass es mehrere Produkte mit gleichem Umsatz gibt) für dasjenige Produkt, das in einem dense_rank (der auch *Olympisches Ranking* genannt wird) an erster Stelle liegt. Ermittle den Rang über eine absteigende Reihenfolge der saldierten Umsätze dieses Produkts. Am Ende der Anweisung steht dann noch: Gruppiere nach Produkt und Verkaufskanal. Die weiteren Spalten sind dann nur noch Variationen zum Thema: Einmal wird statt first die Option last angegeben und in den beiden verbleibenden Spalten sortieren wir eben nach QUANTITY_SOLD und nicht mehr nach AMOUNT_SOLD.

Vielleicht gelingt uns mit einer kombinierten Abfrage der geschachtelten Abfrage und der first-Abfrage doch noch, herauszufinden, wie hoch der maximale Umsatz ist? Sehen wir einmal:

```
SQL> select min(prod_id) keep
  2              (dense_rank first order by
  3                 sum(amount_sold) desc) prod_id,
```

```
4          max(sum(amount_sold)) max_amount
5      from sales
6      group by prod_id, channel_id;
```

```
PROD_ID MAX_AMOUNT
------- ----------
     18 9044988,77
```

```
Abgelaufen: 00:00:00.23
```

Listing 8.25 Kombination einer geschachtelten Gruppenfunktion
und einer FIRST-Funktion

Na also! Geht doch. Machen wir uns klar, warum: Deshalb, weil beide Funktionen
doch irgendwie sehr ähnlich strukturiert sind und eigentlich beide eine Schachtelung von Gruppenfunktionen vornehmen. Im Fall der ersten Spalte wird das Ranking
über die Gruppenfunktion sum durch die Gruppenfunktion min(prod_id) »geschachtelt«, in der zweiten Spalte wird dies direkt getan. Auch hier sehen wir im Übrigen,
dass die Abfrage meine Datenbank noch nicht arg ins Schwitzen gebracht hat ...

Syntaktisch gesehen, sind alle Schlüsselworte so erforderlich, wie oben verwendet.
Vor dem Schlüsselwort keep sind die Funktionen min, max, sum, avg, variance und stddev erlaubt. In der Klammer ist nur dense_rank first oder dense_rank last erlaubt,
danach muss eine Klausel order by kommen, die nach beliebigen Kriterien sortiert.
Dies muss durchaus nicht unbedingt eine Gruppenfunktion sein.

8.3.3   LISTAGG

Ganz neu (ab Version 11 Release 2) ist die Funktion listagg, die ein häufig auftretendes Problem der Programmierung in den Griff nimmt. Oft ist es nämlich so, dass Sie
eine Liste von Werten einer Spalte »hintereinander« als Zeichenkette benötigen.
Anwendungsprogramme beanspruchen so etwas, vielleicht aber auch Sie in entsprechenden Auswertungen. Und genau das leistet listagg, wie das folgende Beispiel
zeigt. Sie übergeben einerseits den Spaltenbezeichner, andererseits das gewünschte
Trennzeichen, und schon geht es los:

```
SQL> select deptno,
2          listagg (ename, ':') within group
3            (order by ename) mitarbeiterliste
4      from emp
5      group by deptno;
```

```
DEPTNO MITARBEITERLISTE
------ ------------------------------------
    10 CLARK:KING:MILLER
    20 ADAMS:FORD:JONES:SCOTT:SMITH
    30 ALLEN:BLAKE:JAMES:MARTIN:TURNER:WARD
```

Listing 8.26 Verwendung der Funktion LISTAGG

Auch, wenn Sie so etwas nicht benötigen: Das sieht doch zumindest nett aus. Im Ernst: Diese Funktionalität wurde bislang immer händisch kodiert oder mit einem komplexen SQL erzeugt. Diese Funktion implementiert dies nicht nur viel performanter als alle Programmierversuche, sondern auch noch innerhalb von SQL, so dass diese Funktion ganz normal genutzt werden kann, ohne auf eine Programmierung ausweichen zu müssen. Als Beschränkung muss aber festgehalten werden, dass diese Funktion maximal 4.000 Byte an Information zurückliefern kann, denn der Datentyp ist varchar2 und nicht etwa clob.

8.4   Übungen

1. Erstellen Sie eine Auswertung, die Ihnen die Gehaltssumme, die Anzahl der Mitarbeiter und die durchschnittlichen Gehälter pro Abteilung aus Tabelle EMP zeigt.

2. Erweitern Sie die Abfrage aus Übung 1 so, dass auch eine Auswertung pro JOB erstellt wird. Erstellen Sie anschließend eine ROLLUP- und eine CUBE-Erweiterung dieser Abfrage.

3. Zeigen Sie alle Abteilungen, deren Durchschnittsgehalt über 1.500 Talern liegt. Ignorieren Sie für die Auswertung die Berufe MANAGER und PRESIDENT.

4. Wie hoch ist das höchste durchschnittliche Gehalt pro Abteilung?

5. Wie hoch ist die prozentuale Differenz zwischen maximalem und durchschnittlichem Gehalt pro Abteilung? Geben Sie die Abteilung, das Maximal- und das Durchschnittsgehalt, die Differenz und die prozentuale Abweichung, bezogen auf das Maximum und den Durchschnitt, an. Runden Sie alle Zahlen auf eine Nachkommastelle, stellen Sie Prozentangaben als Prozentzahlen und nicht als Bruchzahlen dar.

Kapitel 9
Analytische Funktionen

Mit den analytischen Funktionen erreichen wir eine neue Qualität der Auswertung mittels SQL-Abfragen. Dieses Thema ist seit Version 9 der Datenbank neu hinzugekommen und wird immer noch weiter verfeinert. Die Möglichkeiten sind enorm, aber auch umfangreich. Dieses Kapitel schlägt einen Pfad durch das Dickicht und ermutigt Sie zu weiteren Erkundungen.

Analytische Funktionen sind Funktionen mit besonderen Möglichkeiten, die speziell auf die Anforderungen komplexer Berichte ausgerichtet sind. Sie werden berechnet, nachdem die Gruppenfunktionen ermittelt wurden, und können daher eingesetzt werden, um auf den Ergebnissen der Gruppenfunktionen aufbauend weitere Auswertungen zu betreiben. Ihr Einsatzgebiet scheint daher also die komplexe Berichterstattung zu sein, doch trübt dieser Eindruck. Analytische Funktionen können auch ohne Gruppenfunktionen eingesetzt werden. Sie sind zudem nicht nur sehr mächtig, sondern auch sehr schnell. Daher kommen Einsatzbereiche für »normale« SQL-Anweisungen hinzu, die mit Hilfe dieser Funktionen einfacher, performanter und übersichtlicher gelöst werden können als mit Standard-SQL.

Dieses Kapitel hat mir von der Positionierung her etwas Mühe bereitet. Auf der einen Seite macht es Sinn, dieses Kapitel im Anschluss an die Gruppenfunktionen einzusortieren, so wie es nun auch geschehen ist. Auf der anderen Seite muss ich Sie hier bereits zu einem relativ frühen Zeitpunkt durch recht komplexes SQL »scheuchen«, zudem sind die analytischen Funktionen recht speziell, was die Fragestellungen angeht. Falls Sie mit den Gruppenfunktionen bereits etwas Schwierigkeiten hatten und nun eher ein Thema bearbeiten möchten, dass die Grundlagen von SQL stärker erläutert, statt das Thema Berichterstellung in die Tiefe zu bearbeiten, empfehle ich Ihnen, zunächst das folgende Kapitel 10, »Unterabfragen«, durchzuarbeiten und auf dieses Kapitel später zurückzukommen. Andererseits werden Sie in diesem Kapitel eine Reihe bereits bekannter Gruppenfunktionen wiedertreffen, so dass die Menge Stoff, die ich hier neu einführen muss, auch wieder so riesig nicht ist. Entscheiden Sie. Falls Sie beim Lesen das Gefühl bekommen, das wird alles etwas heftig, gehen Sie einfach zum nächsten Kapitel weiter, dort können Sie sich dann wieder etwas erholen.

9.1   Die Idee der analytischen Funktionen

Zunächst einmal können alle Gruppenfunktionen, die wir bislang kennengelernt haben, auch als analytische Funktionen verwendet werden. Wir erweitern die Syntax der normalen Gruppenfunktionen, um aus ihnen analytische Funktionen zu machen. Daher drängt sich bei vielen Entwicklern der Eindruck auf, analytische Funktionen und Gruppenfunktionen seien »irgendwie« dasselbe. Das stimmt allerdings nicht: Analytische Funktionen unterscheiden sich insofern fundamental von Gruppenfunktionen, als sie mehrere Zeilen für eine Gruppe zurückliefern, ähnlich, wie das auch Zeilenfunktionen tun. Zum anderen werden analytische Funktionen, wie bereits gesagt, nach der Berechnung von Gruppenfunktionen ausgeführt, sie arbeiten also auf der Datenmenge, die nach der Anwendung der Klauseln group by und having berechnet wurde. Daher können diese Funktionen in diesen Klauseln auch nicht verwendet werden, ähnlich, wie Gruppenfunktionen auch nicht in der where-Klausel verwendet werden können. Nach der Berechnung der analytischen Funktionen wird die Ergebnismenge nur noch durch die Klausel order by der Anweisung sortiert.

Der eigentliche Clou ist aber, dass analytische Funktionen eigene Gruppierungen beinhalten, die in diesem Zusammenhang als *Partition* bezeichnet werden. Da diese Partitionierung durchgeführt wird, nachdem die Gruppenfunktionen berechnet wurden, steht uns damit ein weiterer Gruppierungsmechanismus zur Verfügung. Ein Beispiel für eine solche Partitionierung könnte sein, dass der Grundbericht mittels group by-Klauseln einen Bericht über alle Umsätze, gruppiert nach Umsatztag, berechnet hat. Die Gruppenfunktionen haben dabei die Umsätze eines Tages addiert. Nun könnten analytische Funktionen verwendet werden, um, basierend auf diesem Bericht, umsatzstarke Tage in Kategorien einzuteilen und besonders umsatzstarke Wochentage zu ermitteln. Innerhalb einer Partition sind nun wiederum eigene Sortierungen möglich, die steuern, nach welchem Sortierkriterium zum Beispiel eine Rangfolge berechnet werden soll, sowie sogenannte *Windows* (*Fenster*). Ein Window stellt einen Auswahlmechanismus innerhalb einer Partition dar (zum Beispiel nur die letzten 30 Umsatztage) und wird für jede Zeile der Eingangsdatenmenge neu berechnet, kann daher also für jede Zeile der Tabelle unterschiedlich viele Zeilen der Eingangsdatenmenge berücksichtigen.

9.1.1   Allgemeine Syntax

Syntaktisch erkennen Sie eine analytische Funktion an der Klausel over, die nach dem eigentlichen Namen der Funktion verwendet wird und die sogenannte *analytische Klausel* einführt. Diese Klausel wird in Klammern notiert und besteht aus bis zu drei Teilen.

Klausel PARTITION BY

Im ersten Teil dieser Klausel wird die Eingangsdatenmenge partitioniert, was ein anderes Wort für *gruppiert* im SQL-Sinne ist. Analytische Funktionen verfügen also über die Möglichkeit einer Gruppierung auf Spaltenebene, denn wenn jede analytische Funktion eine solche partition by-Klausel verwenden kann, sind eben auch unterschiedliche Gruppierungen zwischen zwei analytischen Funktionen möglich. Bislang wissen wir nur von der Klausel group by, die für alle Gruppenfunktionen der Abfrage obligatorisch ist. Wir können nicht gleichzeitig eine Gruppenfunktion für die gesamte Unternehmung und abteilungsbezogen rechnen lassen, weil wir ansonsten nicht wissen, wie die Ergebnisse nun dargestellt werden sollen. Diese Einschränkung gibt es bei analytischen Funktionen nicht, da diese Funktionen, wie gesagt, in der Lage sind, mehrere Zeilen für eine Gruppe zurückzuliefern.

Klausel ORDER BY

Etwas verwirrend: Eine analytische Funktion verfügt über eine eigene Klausel order by. Die Zeilen, die durch die analytische Funktion berechnet werden sollen, werden durch die Klausel innerhalb der analytischen Funktion *für diese Berechnung* sortiert. Das ist sinnvoll, wenn eine Spalte zum Beispiel das Gehalt mit einem absteigenden Ranking ausgibt, also dem Spitzenverdiener Rang 1 zuweisen soll, und eine andere Spalte das genaue Gegenteil. Das ist ohne eine solche Klausel nicht möglich. Allerdings ist wichtig, zu verstehen, dass die Sortierung der gesamten Abfrage durch diese Klauseln nicht beeinträchtigt wird. Es geht schlicht darum, der analytischen Funktion eine Information darüber zu geben, wie die Eingangsdaten sortiert werden sollen, um darauf ein entsprechendes Ergebnis zu berechnen. Die Ergebnisse dieser Rechnung werden zurückgeliefert und gehören zur Zeile wie jedes andere Rechenergebnis auch. Erst danach werden die Zeilen als Ganzes durch die Klausel order by der Abfrage sortiert.

Die Klausel verhält sich innerhalb einer analytischen Klausel weitgehend genauso wie die Klausel order by auf Abfrageebene, die Sie bereits kennen, Sie können jedoch weder positionale Referenzen (zum Beispiel order by 3) noch Spaltenaliase verwenden. Die sind noch nicht bekannt, weil die select-Klausel ja noch berechnet wird und die Spaltenaliase erst danach vergeben werden.

WINDOWING-Klausel

Diese dritte Klausel ist optional und gleichzeitig die komplexeste der drei Klauseln. Diese Klausel legt fest, welche Zeilenmenge konkret für die Berechnung der analytischen Funktion berücksichtigt werden soll. Die Idee dahinter ist folgende: Angenommen, wir haben eine Eingangsdatenmenge, die für jede Produktgruppe, jeden Monat und jeden Verkaufskanal die täglichen Umsätze aggregiert hat. Dann könnte die eingangs erwähnte Klausel partition by festlegen, dass auch die analytischen Funktionen nach Produkt und Verkaufskanal partitioniert werden sollen. Es würden also die

Umsätze eines Produkts und eines Verkaufskanals, aber aller betrachteten Monate nun in diese Partition gehören. Innerhalb dieser Partitionierung jedoch könnte die Aufgabenstellung lauten, einen gleitenden Durchschnitt der Verkaufszahlenentwicklung auszugeben, und zwar zum Beispiel als Durchschnitt über die letzten drei Monate. Nun müsste für jede Zeile berechnet werden, welche anderen Zeilen für die Berechnung dieses gleitenden Durchschnitts benötigt werden. Einerseits erfordert dies ein Sortierkriterium. Dann jedoch benötigen wir eben auch die Angabe, dass wir – aus Sicht der aktuellen Zeile – die zwei Vormonate betrachten möchten, über die nun der Durchschnitt dieses Monats gerechnet werden soll. Genau für diese Festlegung benötigen wir die windowing-Klausel.

Wir können entweder über eine Intervallgrenze oder über eine Zeilengrenze definieren, welche Zeilen für die Berechnung herangezogen werden. Typische Beispiele für diese beiden Einteilungen wären: Liefere mir alle Zeilen, deren Umsatzdatum 30 Tage vor dem aktuellen Umsatzdatum liegt, ein typisches Beispiel für die zweite Unterteilung wäre: Liefere mir alle vorhergehenden Zeilen bis zur aktuellen Zeile. Nicht alle analytischen Funktionen unterstützen die windowing-Klausel. Im Einzelfall werde ich das erwähnen.

Beispiel

Lassen Sie mich versuchen, diese Bestandteile einer analytischen Funktion anhand eines kleinen Beispiels deutlich zu machen. Wir haben eine Abfrage mit Gruppenfunktionen, die folgendes Ergebnis liefert:

```
QUART   CHANNEL_DESC         SUM_QUANTITY SUM_AMOUNT
------  -------------------- ------------ ----------
2000/1 Direct Sales              40409 3931018,81
2000/1 Internet                   1591  164832,16
2000/1 Partners                  20197 1889038,52
2000/2 Direct Sales              34222 3322469,77
2000/2 Internet                   1745   230780,2
2000/2 Partners                  19548 1818480,95
2000/3 Direct Sales              35842 3599187,19
2000/3 Internet                   3328  583771,14
2000/3 Partners                  19780 1938280,96
2000/4 Direct Sales              31423 3404750,08
2000/4 Internet                   6162  902593,26
2000/4 Partners                  18399 1980303,58
2001/1 Direct Sales              29881 3194385,57
2001/1 Internet                  12330 1431186,63
2001/1 Partners                  18397 1921525,24
2001/2 Direct Sales              30169 3313394,74
2001/2 Internet                  13969 1548823,87
```

```
2001/2 Partners                   19154 2060249,78
2001/3 Direct Sales               31476 3519853,32
2001/3 Internet                   16172 1661467,13
2001/3 Partners                   18121 2014678,18
2001/4 Direct Sales               31015 3360801,73
2001/4 Internet                   20514 2068019,03
2001/4 Partners                   18220 2042076,76
```

Listing 9.1 Ausgangsabfrage: Auswertung über Quartal und Verkaufskanal

Die Abfrage liefert eine Auswertung über die insgesamt acht Quartalsverkäufe der Jahre 2000 und 2001, gruppiert nach dem Quartal und innerhalb des Quartals nach dem Verkaufskanal (Direct Sales, Internet und Partners). Ich habe die Auswertung nach Quartal und Kanal sortiert, damit Sie sich besser zurechtfinden. Diese Auswertung stellt sozusagen die Eingangsdatenmenge dar, auf der die analytischen Funktionen nun arbeiten. Eine analytische Funktion hat, wie bereits gesagt, die Möglichkeit, die Abfrage nach eigenen Kriterien zu partitionieren. Natürlich ist diese Partitionierung nun nur noch auf der Eingangsdatenmenge möglich, wir können nicht mehr in die Daten sehen, die diese Eingangsdatenmenge berechnet haben. Vielleicht möchten Sie einen Vergleich der Umsätze pro Verkaufskanal über die Quartale anstellen, dann bietet sich eine Partitionierung nach Verkaufskanal an. Das virtuelle Ergebnis der ersten Partitionierung sähe dann so aus:

```
CHANNEL_DESC         QUART   SUM_QUANTITY  SUM_AMOUNT
-------------------- ------  ------------  ----------

Direct Sales         2000/1        40409  3931018,81
Direct Sales         2000/2        34222  3322469,77
Direct Sales         2000/3        35842  3599187,19
Direct Sales         2000/4        31423  3404750,08
Direct Sales         2001/1        29881  3194385,57
Direct Sales         2001/2        30169  3313394,74
Direct Sales         2001/3        31476  3519853,32
Direct Sales         2001/4        31015  3360801,73
```

Listing 9.2 »Virtuelle« erste Partition einer analytischen Funktion

Da wir die Eingangsdatenmenge nach Verkaufskanal partitionieren möchten, ist nun in der ersten Partition lediglich der Anteil der Umsätze durch den Verkaufskanal Direct Sales enthalten, die zweite Partition enthielte die Daten des Verkaufskanals Internet usw. Die nächste Klausel könnte nun die Reihenfolge steuern, nach der die analytische Funktion rechnen soll. Nehmen wir an, wir möchten die Umsätze (SUM_AMOUNT) dieses Verkaufskanals aufsteigend sortieren, dann ergäbe das als Eingangsgröße für die analytische Funktion folgende Ergebnismenge:

```
CHANNEL_DESC            QUART   SUM_QUANTITY SUM_AMOUNT
--------------------    ------  ------------ ----------

Direct Sales            2001/1         29881 3194385,57
Direct Sales            2001/2         30169 3313394,74
Direct Sales            2000/2         34222 3322469,77
Direct Sales            2001/4         31015 3360801,73
Direct Sales            2000/4         31423 3404750,08
Direct Sales            2001/3         31476 3519853,32
Direct Sales            2000/3         35842 3599187,19
Direct Sales            2000/1         40409 3931018,81
```

Listing 9.3 Sortierung vor Berechnung der analytischen Funktion

Wichtig: Die Anwendung dieser Sortierung hat nichts mit der Darstellung zu tun, die später durch die Klausel order by der Anweisung festgelegt wird. Die Sortierung innerhalb der analytischen Funktion gibt an, in welcher Reihenfolge die Daten von der analytischen Funktion für die Berechnung berücksichtigt werden. Dies wäre zum Beispiel wichtig, um nun eine Rangfolge der Quartale zu ermitteln.

Als Letztes wäre es nun noch möglich, nur einen Teil der Daten dieser Partition gemäß dieser Sortierung zu berücksichtigen. Vielleicht möchten Sie ermitteln, wie groß die Differenz des Umsatzes eines Quartals zum Durchschnitt der zwei folgenden Monate mit höherem Durchschnitt ist? Dann würde durch ein Window die Datenmenge geteilt wie folgt:

```
Fenster für Zeile 1:
Direct Sales          2001/1          29881 3194385,57
Direct Sales          2001/2          30169 3313394,74
Direct Sales          2000/2          34222 3322469,77
Fenster für Zeile 2
Direct Sales          2001/2          30169 3313394,74
Direct Sales          2000/2          34222 3322469,77
Direct Sales          2001/4          31015 3360801,73
Fenster für Zeile 3:
Direct Sales          2000/2          34222 3322469,77
Direct Sales          2001/4          31015 3360801,73
Direct Sales          2000/4          31423 3404750,08
Fenster für Zeile 4:
Direct Sales          2001/4          31015 3360801,73
Direct Sales          2000/4          31423 3404750,08
Direct Sales          2001/3          31476 3519853,32
...
```

Listing 9.4 Aufteilung der Abfrage auf Fenster

Wir erkennen, dass Fenster 1 nun die Zeilen 1, 2 und 3 enthält, während Fenster 2 die Zeilen 2, 3 und 4 berücksichtigt usw. Dadurch wird für jede Zeile der Eingangsdaten ein Fenster, beginnend bei der aktuellen Zeile und drei Zeilen lang, geöffnet. Die Reihenfolge der Zeilen ist wiederum abhängig von der Sortierung der analytischen Funktion und von den Daten, die durch die Partitionierung in diese Partition gelegt wurden. Mit den Zeilen dieses Fensters könnten nun die Berechnungen durchgeführt werden, zum Beispiel die Berechnung des Durchschnittsumsatzes aller drei Zeilen als laufender Durchschnitt.

9.1.2 Einsatzbereiche

Oracle selbst sieht den Einsatzbereich von analytischen Funktionen im komplexen Berichtswesen von Datenwarenhäusern. Das ist allerdings etwas zu kurz gegriffen, denn einige Funktionen eignen sich sehr gut für SQL-Anweisungen in Produktionsdatenbanken, die im Transaktionsbetrieb eingesetzt werden, sogenannten OLTP- (*Online Transaction Processing*-)Datenbanken. Dieser Datenbanktyp ist eigentlich der häufigere, denn er stellt eine Datenbank mit vielen gleichzeitig arbeitenden Benutzern dar, die kleine Datenänderungen machen, wie zum Beispiel Buchungssysteme. Demgegenüber sind Datenwarenhäuser (*Data Warehouses*) Datenbanken, die im Umfeld des Konzerncontrollings, des Marketings oder der Qualitätssicherung eingesetzt werden und typischerweise große, komplexe Auswertungen auf die durch OLTP-Systeme erfassten Daten durchführen. Wenn ich aber nun analytische Funktionen auch für OLTP-Systeme empfehle, dann deshalb, weil viele sehr angenehme Funktionen möglich sind, wie zum Beispiel das einfache Ranking, das wir schon durch die Gruppenfunktionen rank und dense_rank kennengelernt haben, das aber in der »analytischen Variante« erlaubt, nicht nur hypothetische Werte zu bewerten, sondern tatsächlich eine Rangfolge für Zeilen zu berechnen und auszugeben. Das ist schon sehr praktisch. Zudem benötigen auch Anweisungen im OLTP-Umfeld häufiger den Komfort der spaltenweisen Sortierung, um auf einfache Weise Abfragen zu formulieren.

9.2 Erweiterung von Gruppenfunktionen zu analytischen Funktionen

Beginnen wir unseren Rundblick mit den Funktionen, die wir bereits kennen, den Gruppenfunktionen. All diese Funktionen lassen sich durch die Erweiterung mit der over-Klausel zu einer analytischen Funktion erweitern. Alle Funktionen, die in diesem Abschnitt besprochen werden, unterstützen alle Teilklauseln der analytischen Klausel, insbesondere also auch die windowing-Klausel.

9.2.1 Einfache Beispiele

Sehen wir uns zunächst ein einfaches Beispiel an, und zwar mit den üblichen Gruppenfunktionen sum, max, min usw. Ich möchte von zwei Eigenschaften der analytischen Funktionen Gebrauch machen: Der Fähigkeit, mehrere Zeilen pro Gruppe zurückzuliefern, und von der Möglichkeit, die Zeilen separat zu sortieren. Als Aufgabenstellung möchte ich einen Bericht haben, der für unsere Mitarbeiter aus der Tabelle EMP (Benutzer SCOTT) einfach nur ein Gehalt aufsummiert. Ich werde diese Summierung auf dreierlei Art machen: Einmal möchte ich pro Abteilung die Gehaltssumme ausgeben, ein weiteres Mal mache ich das Gleiche, sortiere die Ergebnisse allerdings nach Name und Gehalt, eine dritte Spalte soll mir die Sortierung wie in Spalte 2 ausgeben, aber diesmal ohne die Partitionierung nach Abteilung. Sehen wir uns die Abfrage an:

```
SQL> select deptno, ename, sal,
  2         sum(sal) over (partition by deptno) dept_sal,
  3         sum(sal) over (
  4           partition by deptno
  5           order by deptno, sal, ename) cum_dept_sal,
  6         sum(sal) over (
  7           order by deptno, sal, ename) cum_tot_sal
  8    from emp
  9    order by deptno, sal, ename;
```

DEPTNO	ENAME	SAL	DEPT_SAL	CUM_DEPT_SAL	CUM_TOT_SAL
10	MILLER	1300	8750	1300	1300
10	CLARK	2450	8750	3750	3750
10	KING	5000	8750	8750	8750
20	SMITH	800	10875	800	9550
20	ADAMS	1100	10875	1900	10650
20	JONES	2975	10875	4875	13625
20	FORD	3000	10875	7875	16625
20	SCOTT	3000	10875	10875	19625
30	JAMES	950	9400	950	20575
30	MARTIN	1250	9400	2200	21825
30	WARD	1250	9400	3450	23075
30	TURNER	1500	9400	4950	24575
30	ALLEN	1600	9400	6550	26175
30	BLAKE	2850	9400	9400	29025

```
14 Zeilen ausgewählt.
```

Listing 9.5 Verwendung der analytischen Variante der Gruppenfunktionen

Sie erkennen in Zeile 2, wie die Funktion sum(sal) durch die Klausel over zu einer analytischen Funktion erweitert wird. Die analytische Klausel steht in Klammern, wie versprochen. Darin sehen Sie lediglich die Klausel partition by, die Klausel order by habe ich weggelassen. In diesem Fall ist mir die Sortierung egal, denn wir haben von der Fähigkeit der analytischen Funktionen Gebrauch gemacht, pro Zeile ein Ergebnis zurückzuliefern, als wäre es eine Zeilenfunktion. Als Ergebnis sehen Sie, dass die Summe der Gehälter pro Abteilung berechnet und für jede Zeile der Partition ausgegeben wird.

Fügen wir jetzt aber zu dieser Funktion noch die Klausel order by hinzu, wie ich das in Zeile 3 für die nächste Spalte gemacht habe, kommt etwas Erstaunliches heraus: Die Funktion addiert jetzt die Gehälter nach und nach, und zwar für jede Zeile das Gehalt der aktiven Zeile plus das aller Mitarbeiter der gleichen Abteilung, die *vor* dem aktuellen Mitarbeiter liegen, in unserem Fall also weniger verdienen oder im Alphabet vor dem aktuellen Mitarbeiter kommen. Wir können uns diese Sortierung vorstellen, als ob die analytische Funktion nur die Zeilen sehen könnte, die durch die Sortierung bereits bearbeitet wurden, nicht aber die, die noch kommen werden. Die Addition des Gehalts ist dann sozusagen die logische Folge.

In Zeile 6 schließlich nehme ich im Vergleich zur Spalte davor lediglich die Klausel partition by heraus. Das Ergebnis ist analog zur vorhergehenden Spalte, jedoch addiert die Spalte nun über den Abteilungswechsel hinaus immer weiter.

Die zweite und dritte Anwendung der analytischen Funktionen hatte jeweils eine order by-Klausel. Die Klausel entspricht allerdings genau der order by-Klausel, die wir für die gesamte Abfrage verwendet haben. Könnten wir die dann nicht weglassen? Ach nein, das hatten wir ja bereits gesehen, dann würde lediglich das »Endergebnis« mehrfach ausgegeben und die Gehälter nicht Zeile für Zeile aufaddiert. Aber ist die Sortierung wirklich unabhängig von der order by-Klausel, die wir am Ende der Anweisung stehen haben? Probieren wir es aus:

```
SQL> select deptno, ename, sal,
  2         sum(sal) over (partition by deptno) dept_sal,
  3         sum(sal) over (
  4           partition by deptno
  5           order by deptno, sal desc, ename)
                                     cum_dept_sal,
  6         sum(sal) over (
  7           order by sal, ename) cum_tot_sal
  8    from emp
  9   order by deptno, sal, ename;
```

```
DEPTNO ENAME          SAL   DEPT_SAL CUM_DEPT_SAL CUM_TOT_SAL
------ ---------- --------- ---------- ------------ -----------
    10 MILLER         1300       8750         8750        6650
    10 CLARK          2450       8750         7450       12200
    10 KING           5000       8750         5000       29025
    20 SMITH           800      10875        10875         800
    20 ADAMS          1100      10875        10075        2850
    20 JONES          2975      10875         8975       18025
    20 FORD           3000      10875         3000       21025
    20 SCOTT          3000      10875         6000       24025
    30 JAMES           950       9400         9400        1750
    30 MARTIN         1250       9400         7200        4100
    30 WARD           1250       9400         8450        5350
    30 TURNER         1500       9400         5950        8150
    30 ALLEN          1600       9400         4450        9750
    30 BLAKE          2850       9400         2850       15050
```

14 Zeilen ausgewählt.

Listing 9.6 Abweichende Klausel ORDER BY

Ich habe zwei Änderungen in den order by-Klauseln der analytischen Funktion versteckt, die Sortierung der Anweisung als Ganzes jedoch gleich gelassen, um Ihnen die Orientierung nicht zu erschweren.

Zum einen habe ich in der Spalte CUM_DEPT_SAL das Gehalt nun absteigend sortiert. Dieser Eingriff ist dann doch schon irgendwie witzig, denn die Zahlen scheinen nicht zu stimmen, irgendwie aber doch, denn die Gesamtsumme 8750 Taler für Abteilung 10 stimmt überein. Die Sortierung ist aber irgendwie in den Pilzen, scheint es. Nein, ist sie nicht, es ist nur in diesem Zusammenhang alles andere als eine gute Idee, die Sortierung zu verstellen. Was passiert ist, ist nämlich Folgendes: Wir saldieren für die Ermittlung der Werte die Gehälter absteigend. Das erste Gehalt in Abteilung 10 ist nun ein Gehalt von 5000 Talern, nämlich das von KING. Nun wird auf dieses Gehalt das nächstniedrigere Gehalt aufaddiert. Das ist das Gehalt von CLARK, 2450 Taler. Macht als Summe 7450. Diese Summe steht nun bei CLARK. Zuletzt wird auf dieses Gehalt dann noch das Gehalt von MILLER gerechnet: 1300 Taler, das sind dann insgesamt 8750 Taler. Dieses Gehalt wird bei MILLER angezeigt. Eigentlich sagt diese Spalte nun: Ziehe vom Gesamtgehalt der Abteilung das Gehalt der schlechter verdienenden Kollegen ab und zeige mir das Ergebnis. Da MILLER keinen schlechter verdienenden Kollegen hat, wird dort das gesamte Abteilungsgehalt angezeigt. Der nächste Kollege hat dann nur noch das Gesamtgehalt abzüglich des Gehaltes seiner Vorgängerkollegen »zur Verfügung«.

Zum anderen habe ich in der Spalte CUM_TOT_SAL die Sortierung so geändert, dass ich nach Gehalt und Name sortiere und die Sortierung nach Abteilung weglasse. Nun wird alles wirklich durcheinander, denn wir beginnen mit dem Addieren nun bei dem Mitarbeiter, der das unternehmensweit geringste Gehalt verdient. Das ist SMITH in Abteilung 20. Von dort aus wird die Gehaltssumme aufaddiert, bis wir beim Gesamtgehalt des Unternehmens (das wir aufgrund der Sortierung bei dem Mitarbeiter finden werden, der das höchste Gehalt hat, also bei KING) anlangen.

Diese Spielereien werden Sie wahrscheinlich nur dann machen wollen, wenn Sie Ihre Kollegen oder Vorgesetzten gründlich verwirren wollen. Halten wir aber fest: Die Klausel order by innerhalb der analytischen Funktion dient dazu, die Zeilen *für die Verarbeitung* durch die analytische Funktion zu sortieren. Dieser Schritt ist unabdingbar wichtig, zum Beispiel für die Berechnung von Rangfolgen. Die Klausel partition by regelt, wie die Daten vor der Verarbeitung durch die analytische Funktion logisch unterteilt werden sollen. Das gelingt natürlich nur noch im Rahmen dessen, was nach der Gruppierung von group by innerhalb der Anweisung an Daten sozusagen »übrig« geblieben ist, wir haben also Zugriff nur noch auf die Granularität, die durch die Gruppierung der Anweisung vorgegeben ist. In unserem Beispiel haben wir gar nicht gruppiert, daher haben wir Zugriff auf alle Zeilen der Ursprungstabelle. Das können wir aber auch ändern.

Nachdem alles berechnet wurde, wird das Ergebnis dann durch die order by-Klausel der umgebenden Abfrage sortiert. Diese order by-Klausel dient dann also eigentlich dazu, dem Anwender *sichtbar* und *plausibel* zu machen, was die analytischen Funktionen gerechnet haben. Im Beispiel oben ist also nicht die Klausel order by der analytischen Funktion falsch, sondern im Gegenteil die order by-Klausel der Anweisung, weil sie die Sortierung der analytischen Funktion, die in sich richtig und logisch ist, für die Auswertung durcheinandergebracht hat.

Als nächsten Fall möchte ich Ihnen noch eine kleine Auswertung zeigen, die einen Extremfall darstellt: Wir lassen einfach einmal alle Klauseln der analytischen Klausel weg, denn die sind ja optional. Was bleibt dann noch übrig, und was kommt heraus?

```
SQL> select ename, job, sal,
  2          sum(sal) over () sum_sal,
  3          avg(sal) over () avg_sal,
  4          max(sal) over () max_sal
  5     from emp;


ENAME      JOB              SAL    SUM_SAL     AVG_SAL    MAX_SAL
---------- ---------- ---------- ---------- ---------- ----------
SMITH      CLERK             800      29025 2073,21429       5000
ALLEN      SALESMAN         1600      29025 2073,21429       5000
WARD       SALESMAN         1250      29025 2073,21429       5000
JONES      MANAGER          2975      29025 2073,21429       5000
```

MARTIN	SALESMAN	1250	29025	2073,21429	5000
BLAKE	MANAGER	2850	29025	2073,21429	5000
CLARK	MANAGER	2450	29025	2073,21429	5000
SCOTT	ANALYST	3000	29025	2073,21429	5000
KING	PRESIDENT	5000	29025	2073,21429	5000
TURNER	SALESMAN	1500	29025	2073,21429	5000
ADAMS	CLERK	1100	29025	2073,21429	5000
JAMES	CLERK	950	29025	2073,21429	5000
FORD	ANALYST	3000	29025	2073,21429	5000
MILLER	CLERK	1300	29025	2073,21429	5000

Listing 9.7 Analytische Funktionen ohne analytische Klausel

Die Syntax sieht zwar etwas seltsam aus, ist aber durchaus logisch: Die analytische Klausel schreibt eine Klammer verpflichtend vor, die Klauseln innerhalb der Klammer sind aber sämtlich optional. Daher ist die leere Klammer lediglich Ausdruck der Tatsache, dass die analytische Klausel nicht weiter spezifiziert werden soll. Die Abfrage reagiert ähnlich, wie eine Gruppenfunktion, denn die Ergebnisse stimmen mit den Gesamtsummen überein. Allerdings bleibt es bei der Fähigkeit der Funktion, mehrere Zeilen pro Gruppe zurückzuliefern, ähnlich einer Zeilenfunktion. Diese Art der Verwendung einer analytischen Funktion wird manchmal auch eine *Berichtsfunktion* genannt, ich sehe in ihr allerdings keine eigene Funktion, sondern lediglich die konsequente Anwendung der Möglichkeiten, die wir bereits kennen. Erinnern Sie sich noch, dass wir nicht in der Lage waren, das Gesamtgehalt einer Abteilung und gleichzeitig die Mitarbeiternamen auszugeben, weil Gruppenfunktionen in ihrer Ausgabe auf eine Zeile pro Gruppe beschränkt sind? Diese Grenze ist nun gefallen. Nur zur Illustration dieser gefallenen Grenze möchte ich in der folgenden Auswertung einfach einmal verschiedene Gruppierungen als Summe aufzeigen. Sie werden die Auswertung direkt verstehen, es kommen keine neuen Strategien hinzu:

```
SQL> select ename, job, sal,
  2        sum(sal) over (
  3          partition by deptno) sum_dept_sal,
  4        sum(sal) over () sum_tot_sal
  5    from emp
  6    order by deptno, ename;
```

ENAME	JOB	SAL	SUM_DEPT_SAL	SUM_TOT_SAL
CLARK	MANAGER	2450	8750	29025
KING	PRESIDENT	5000	8750	29025
MILLER	CLERK	1300	8750	29025
ADAMS	CLERK	1100	10875	29025

FORD	ANALYST	3000	10875	29025
JONES	MANAGER	2975	10875	29025
SCOTT	ANALYST	3000	10875	29025
SMITH	CLERK	800	10875	29025
ALLEN	SALESMAN	1600	9400	29025
BLAKE	MANAGER	2850	9400	29025
JAMES	CLERK	950	9400	29025
MARTIN	SALESMAN	1250	9400	29025
TURNER	SALESMAN	1500	9400	29025
WARD	SALESMAN	1250	9400	29025

Listing 9.8 Berichtsfunktionen unterschiedlicher Granularität

Als Anmerkung noch eine Information zu einer zusätzlichen Option, die Sie bereits von den Gruppenfunktionen her kennen: Auch hier ist es möglich, die analytische Funktion lediglich auf die unterschiedlichen Werte einer Zeilenmenge anzuwenden, indem der Gruppenfunktion die Option distinct in der Klammer mitgegeben wird. Es ist also möglich, zum Beispiel zu schreiben:

```
select count(distinct job) over (...)
```

Listing 9.9 Verwendung der Klausel DISTINCT in analytischen Funktionen

Im nächsten Abschnitt gehen wir einen Schritt weiter, wenn wir die analytischen Funktionen mit den Gruppenfunktionen kombinieren, aber bereits in diesem Abschnitt ist Ihnen die Mächtigkeit dieser Funktionen klar geworden. Das Schöne: Das war nur der Anfang! Wir lernen bislang: Alle Klauseln innerhalb der analytischen Klausel sind optional. Die Klausel partition by regelt, wie die Daten für die Berechnung der analytischen Funktion aufgeteilt werden. Die Klausel order by regelt, wie die Daten vor der Berechnung durch die analytische Funktion sortiert werden. Die windowing-Klausel haben wir noch gar nicht genutzt (bzw., um genau zu sein, haben wir die Klausel mit ihren Standardwerten verwendet), obwohl sie hier durchaus möglich gewesen wäre. Da diese aber etwas komplexer zu verstehen ist, werde ich das in einem eigenen Abschnitt besprechen. Auch die Möglichkeiten, die sich bereits durch diese Optionen bieten, sind bereits faszinierend genug!

Sehen wir uns noch ein weiteres Beispiel für analytische Funktionen an. Bitte versuchen Sie einmal, sich die folgende Anweisung zu erklären:

```
SQL> select ename, sal,
  2        avg(sal) over (
  3          partition by deptno, job) avg_job_sal,
  4        count(*) over (
  5          partition by deptno) dept_count,
  6        stddev(sal) over (
```

```
 7                partition by deptno
 8                order by deptno, sal, ename) dept_sal_dev
 9      from emp
10      order by deptno, sal, ename;
```

ENAME	SAL	AVG_JOB_SAL	DEPT_COUNT	DEPT_SAL_DEV
MILLER	1300	1300	3	0
CLARK	2450	2450	3	813,172798
KING	5000	5000	3	1893,62967
SMITH	800	950	5	0
ADAMS	1100	950	5	212,132034
JONES	2975	2975	5	1178,71752
FORD	3000	3000	5	1182,75367
SCOTT	3000	3000	5	1123,3321
JAMES	950	950	6	0
MARTIN	1250	1400	6	212,132034
WARD	1250	1400	6	173,205081
TURNER	1500	1400	6	225
ALLEN	1600	1400	6	253,475837
BLAKE	2850	2850	6	668,331255

Listing 9.10 Ein weiteres Beispiel für analytische Funktionen

Ich bin sicher, Sie bekommen das heraus. Und das sollte Ihnen zu denken geben: Hat man sich nämlich einmal an diese Denk- und Schreibweise gewöhnt, sind die analytischen Funktionen eigentlich sehr intuitiv und einfach zu benutzen. Ich empfinde eine Abfrage wie die oben als einfach. Klar, werden Sie sagen, der kann ja SQL auch schon. Richtig, aber andererseits: Sehen Sie doch einmal auf den Rest der Abfrage. Da steht:

```
select ename, job, sal
  from emp
 order by deptno, sal, ename;
```

Und das ist wirklich viel einfacher als die Gruppenfunktionen, die wir vorher betrachtet haben. Etwas befremdlich ist sicher die Verwendung der Gruppenfunktion stddev mit einer order by-Klausel. Ehrlich gesagt, bin ich selbst nicht ganz sicher, ob diese Auswertung Sinn macht, sie berechnet halt eine gleitende Standardabweichung pro Abteilung über die Mitarbeiter und könnte zeigen, ob die Gehaltsabweichung »nach oben« immer weiter auseinanderklafft. Wichtig wäre mir hier nur, *dass* Sie sehen, dass wir diese gleitende Abweichung berechnen. Hadern Sie bitte nicht mit mir, wenn Sie die Auswertung als nicht sehr sinnig ansehen.

9.2.2   Kombination von analytischen Funktionen mit Gruppenfunktionen

In diesem Abschnitt kommt ein kleines bisschen Komplexität hinzu, denn nun werden wir Gruppenfunktionen und analytische Funktionen gleichzeitig verwenden. Wir starten mit einem einfachen Beispiel auf die Tabelle EMP, werden dann aber doch etwas komplexere Daten benötigen. Dazu wechsle ich dann wieder zum Benutzer SH.

Die folgende Auswertung geht von einem Datenbestand aus, wie er nach der Anwendung einer Gruppenfunktion geliefert werden würde. Ich möchte Ihnen diesen Datenbestand einmal vorab zeigen, bevor wir dann mit der analytischen Funktion weiterarbeiten:

```
SQL> select deptno, job, sum(sal) dept_sum_sal
  2    from emp
  3    group by deptno, job
  4    order by deptno, job;

    DEPTNO JOB       DEPT_SUM_SAL
---------- --------- ------------
        10 CLERK             1300
        10 MANAGER           2450
        10 PRESIDENT         5000
        20 ANALYST           6000
        20 CLERK             1900
        20 MANAGER           2975
        30 CLERK              950
        30 MANAGER           2850
        30 SALESMAN          5600
9 Zeilen ausgewählt.
```

Listing 9.11 Die Grundlage: Eine Auswertung mit Gruppenfunktion

Diese Auswertung gruppiert und sortiert also nach Abteilung und Job. Interessant ist vielleicht die letzte Zeile der Auswertung, denn dort werden die vier SALESMAN der Abteilung 30 zusammengefasst. Wenn wir analytische Funktionen einsetzen möchten, können wir das nun auf Basis dieser Daten tun. Sehen Sie sich einmal die folgende Auswertung an:

```
SQL> select deptno, job, sum(sal) dept_sum_sal,
  2           sum(sum(sal)) over () sum_tot_sal,
  3           sum(sum(sal)) over (
  4             partition by deptno) sum_dept_sal,
  5           sum(sum(sal)) over (
  6             partition by job) sum_job_sal
```

```
7    from emp
8    group by deptno, job
9    order by deptno, job;
```

```
DEPTNO JOB        DEPT_SUM_SAL TOT_SAL SUM_DEPT_SAL SUM_JOB_SAL
------ ---------- ------------ ------- ------------ -----------
    10 CLERK              1300   29025         8750        4150
    10 MANAGER            2450   29025         8750        8275
    10 PRESIDENT          5000   29025         8750        5000
    20 ANALYST            6000   29025        10875        6000
    20 CLERK              1900   29025        10875        4150
    20 MANAGER            2975   29025        10875        8275
    30 CLERK               950   29025         9400        4150
    30 MANAGER            2850   29025         9400        8275
    30 SALESMAN           5600   29025         9400        5600
9 Zeilen ausgewählt.
```

Listing 9.12 Verwendung analytischer Funktionen und Gruppenfunktionen

Das erste, was uns auffällt, ist, dass sich die Zahl der Zeilen nicht verändert hat. Das ist auch richtig, denn insofern verhalten sich analytische Funktionen ja wie Zeilenfunktionen. Dann sehen wir aber, dass auf Basis der Zahlen der bisher bestehenden Auswertungen nun Summen gebildet werden können, die wir ansonsten nicht haben darstellen können: Die Gesamtsumme aller Gehälter, die Summe über die Abteilung und die Summe über die Berufe. Gerade die letzte Spalte ist natürlich aufgrund der Sortierung etwas schwierig zu sehen, aber wenn Sie anhand der Stichprobe CLERK einmal die Werte der letzten Spalte vergleichen, sehen Sie, dass alle CLERK den Wert 4150 angezeigt bekommen, was der Summe ihrer Gehälter entspricht.

Doch halt, es war bereits möglich, diese Daten in einer Auswertung anzuzeigen, nämlich mit der Option group by cube! In dieser Auswertung hatten wir die gleichen Informationen, allerdings nicht als Spalten einer Auswertung, sondern als Zeilen, bei denen dann die Spalten, die Teil der Aggregation waren, als null-Werte dargestellt wurden. Diese Funktion hatte die Anzahl der Zeilen verändert. Die analytischen Funktionen, um im Bild zu bleiben, haben nicht die Zahl der Zeilen, wohl aber die Zahl der Spalten verändert. Die Zahlen selbst sind allerdings identisch, wie der folgende Vergleich zeigt:

```
SQL> select deptno, job, sum(sal) sum_sal
  2    from emp
  3    group by cube (deptno, job)
  4    order by deptno, job;
```

```
    DEPTNO JOB        SUM_SAL
---------- --------- -------
        10 CLERK        1300
        10 MANAGER      2450
        10 PRESIDENT    5000
        10              8750
        20 ANALYST      6000
        20 CLERK        1900
        20 MANAGER      2975
        20             10875
        30 CLERK         950
        30 MANAGER      2850
        30 SALESMAN     5600
        30              9400
           ANALYST      6000
           CLERK        4150
           MANAGER      8275
           PRESIDENT    5000
           SALESMAN     5600
                       29025
```

18 Zeilen ausgewählt.

Listing 9.13 Vergleich der Auswertung mit GROUP BY CUBE

Vergleichen Sie zum Beispiel die letzte Zeile der cube-Auswertung mit der Spalte TOT_SAL der analytischen Auswertung oder die Summe der Gehälter für den Beruf CLERK mit den schon angesprochenen 4150 Talern.

Wozu dient nun die Auswertung mit analytischen Funktionen auf die Ergebnisse von Gruppenfunktionen? Wenn wir uns das Ganze einmal mit einer »richtigen« Tabelle mit vielen Zeilen ansehen, wird es klar. Dazu sehen wir uns eine Auswertung auf die Tabelle SALES des Benutzers SH an. In dieser Tabelle, die etwa 1 Million Zeilen hat, sehen wir in einer Zeile den Verkauf eines Produkts an einem Tag in einem Land über einen Verkaufskanal. Die hier aufgezählten Spalten stellen im Datenmodell von SH Dimensionen eines gedachten *Datenwürfels*, eines *Cubes*, dar. Sie erinnern sich noch daran, dass wir bei der Besprechung der Anweisung group by cube diesen Vergleich erläutert hatten? In einer relationalen Datenbank haben wir keine Datenwürfel, sondern nur Tabellen. Als Modellierung dieser Datenwürfel ist es allerdings vergleichsweise einfach, dies nachzubilden. Dabei wird eine Tabelle in die »Mitte« gestellt. Diese Tabelle enthält die Verkaufsdaten. »Rundherum« werden die Tabellen angeboten, die Daten über die Auswertungsdimensionen des Datenwürfels enthalten. Das sieht dann in etwa so aus wie in Abbildung 9.1.

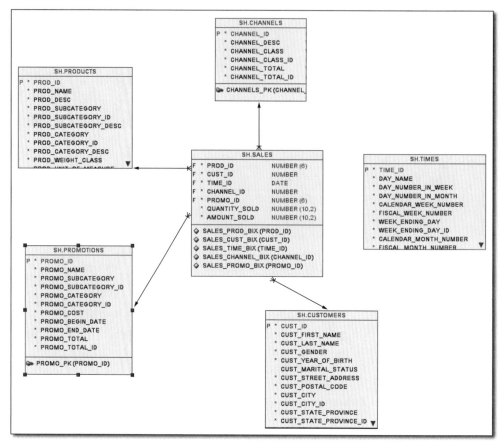

Abbildung 9.1 Datenmodell des Benutzers SH (Ausriss)

Da diese Anordnung der Tabellen typisch für solche Datenbanken ist und entfernt aussieht wie ein Stern (die dicke Tabelle in der Mitte, rundherum die »Strahlen«) spricht man in diesem Zusammenhang von einem *Star Schema*. Nähere Informationen zu diesen Datenmodellen finden Sie in Kapitel 22, »Die Grundlagen der Datenmodellierung«. Beim Benutzer SH ist die Tabelle SALES in der Mitte die »dicke« Tabelle, die in einem solchen Datenmodell die *Faktentabelle* genannt wird, während die anderen als *Dimensionstabellen* bezeichnet werden. *Fakten* sind in diesem Zusammenhang die Dinge, die eigentlich gemessen werden sollen, wie zum Beispiel der Umsatz, eingeräumte Skonti etc. Die Faktentabelle enthält in einem zweiten Bereich aber auch noch eine Reihe Fremdschlüsselspalten, die auf die Dimensionstabellen zeigen, passenderweise ebenso viele Fremdschlüsselspalten, wie Dimensionen existieren ... Am Datenmodell erkennen Sie zudem, dass die Verbindung von der Faktentabelle zu den Dimensionstabellen nur über diese Schlüsselbeziehung existiert.

Nun möchten wir eine Auswertung auf die Faktentabelle machen. Wie feingranular die Daten in dieser Faktentabelle liegen, entscheiden die Dimensionstabellen. Als Beispiel: Die Dimensionstabelle TIMES beschäftigt sich mit der Zeit und enthält für jeden Tag des Jahres eine Zeile. Wenn diese Dimensionstabelle also zehn Jahre abdeckt, werden dort etwa 3.650 Zeilen enthalten sein. Das ist wenig im Vergleich zur Faktentabelle, die in Produktionsumgebungen durchaus einmal um den Faktor 10^6 größer sein kann. Dennoch legt die Schlüsselbeziehung zwischen der Dimensionstabelle Zeit und der Faktentabelle fest, dass die Umsätze der Faktentabelle nun ebenfalls auf einen Tag bezogen gespeichert werden. Viele Auswertungen betreffen nun aber monatsbezogene Umsätze. Die Frage ist dann: Können wir nicht die Daten schon einmal auf einen Monat voraggregieren und auf dem Ergebnis unsere statistischen Auswertungen beziehen? Eine andere Form der feingranularen Speicherung der Faktentabelle kommt daher, dass ein Produkt an einem Tag vielleicht basierend auf unterschiedlichen Werbungsaktionen verkauft wurde. Daher muss der Verkauf einer Werbungsaktion zugeordnet werden. Wenn Sie in Ihrer Auswertung aber die Werbungsaktionen nicht berücksichtigen möchten, können Sie die Daten auch so voraggregieren, dass diese Unterscheidungen nicht mehr vorhanden sind.

Diese Aggregation wird durch »herkömmliche« Gruppenfunktionen erreicht. Auf der nun resultierenden Ergebnismenge werden dann die analytischen Funktionen eingesetzt, um die eigentliche Auswertung vorzunehmen. Genau dieses Verfahren soll die folgende Auswertung zeigen:

```
SQL> connect sh/sh
Connect durchgeführt.
SQL> select p.prod_category,
  2          p.prod_subcategory,
  3          p.prod_id,
  4          sum(amount_sold) sales,
  5          sum(sum(amount_sold)) over (
  6            partition by p.prod_category) cat_sales,
  7          sum(sum(amount_sold)) over (
  8            partition by p.prod_subcategory)
  9                              sub_cat_sales
 10    from sales s
 11    join customers c on s.cust_id = c.cust_id
 12    join countries co on c.country_id = co.country_id
 13    join products p on s.prod_id = p.prod_id
 14    where s.time_id=to_date('11.10.2000', 'dd.mm.yyyy')
 15    group by p.prod_category,
 16            p.prod_subcategory,
 17            p.prod_id
 18    order by prod_category, prod_subcategory;
```

```
PROD_CATEGORY                 PROD_SUBCATEGORY        PROD_ID
----------------------------  ----------------------- -------
    SALES   CAT_SALES SUBCAT_SALES
----------  ----------  ------------
Peripherals and Accessories  Printer Supplies             128
    2104,9   15976,16     15976,16
Peripherals and Accessories  Printer Supplies             129
   11606,65  15976,16     15976,16
Peripherals and Accessories  Printer Supplies             127
    2264,61  15976,16     15976,16
Software/Other               Bulk Pack Diskettes          125
    391,89    7207,29      955,44
Software/Other               Bulk Pack Diskettes          126
    563,55    7207,29      955,44
Software/Other               Recordable CDs               118
    239,12    7207,29     1814,07
Software/Other               Recordable CDs               119
    246,54    7207,29     1814,07
Software/Other               Recordable CDs               116
    358,96    7207,29     1814,07
Software/Other               Recordable CDs               114
    487,9     7207,29     1814,07
Software/Other               Recordable CDs               115
    221,27    7207,29     1814,07
Software/Other               Recordable CDs               117
    260,28    7207,29     1814,07
Software/Other               Recordable DVD Discs         124
   1405,65    7207,29     4437,78
Software/Other               Recordable DVD Discs         123
   3032,13    7207,29     4437,78

13 Zeilen ausgewählt.

Abgelaufen: 00:00:00.06
```

Listing 9.14 Etwas komplexeres Beispiel einer analytischen Auswertung

Das ist nun wirklich schon ein relativ dicker Brummer ... Lassen Sie uns strukturiert an diese Abfrage herangehen. Zunächst einmal können wir eine ganze Reihe an Zeilen der Abfrage als »letztlich uninteressant« ausfiltern, nämlich die Join-Bedingungen zwischen den Tabellen. Die Tabellen stehen in der from-Klausel, die Join-Bedingungen dahinter. Das konkrete Datenmodell interessiert hier nicht besonders. Wichtiger ist die where-Klausel, denn wir nehmen uns einen speziellen Tag heraus, und zwar den 11. Oktober 2000. Uns interessiert nur die Gruppierung nach Produkt. Zwar finden wir in der Klausel group by noch die übergeordneten Strukturen der Unterkategorie und Kategorie des Produkts, die sind allerdings grobgranularer als das einzelne Produkt (ein Produkt gehört zu genau einer Unterkategorie, die wiederum zu genau einer Kategorie gehört), haben mithin keine neue Gruppenbildung zur Folge und stehen nur aus syntaktischen Gründen dort. Nett, wenn man große Teile der Anweisung einfach ignorieren kann, oder? Denn nun steht eine einfache Anweisung da, die dem entspricht, was Sie bereits gesehen haben:

```
SQL> select p.prod_category,
  2         p.prod_subcategory,
  3         p.prod_id,
  4         sum(amount_sold) sales,
  5         sum(sum(amount_sold)) over (
  6             partition by p.prod_category) cat_sales,
  7         sum(sum(amount_sold)) over (
  8             partition by p.prod_subcategory)
  9                                      sub_cat_sales
 10     from ...
 11     group by prod_id ...
 12     where s.time_id=to_date('11.10.2000', 'dd.mm.yyyy')
 13     order by prod_category, prod_subcategory;
```

Listing 9.15 Pseudo-Abfrage, ohne die syntaktisch nötigen Klauseln

Über die Umsätze dieses Tages, die nach Produkt gruppiert wurden, wird nun eine einfache Auswertung gemacht, die insgesamt 13 Zeilen liefert. Ich habe aufgrund der vielen Spalten etwas Mühe mit der Formatierung, aber ich hoffe, Sie können das zuordnen: Es wird eine Summe über das Produkt, die Unterkategorie und die Kategorie des Produkts gemacht. Letztlich exakt das Gleiche wie in der Abfrage zuvor. Die Auswertung hat eine cube-Anweisung »imitiert« und die Daten als Spalten dargestellt, die durch die cube-Anweisung ansonsten als Zeilen angefügt worden wären.

Exkurs: Wie schreibe ich so eine Abfrage?

Vielleicht sagen Sie sich jetzt: Schön, so eine Abfrage kann ich verstehen, wenn sie dort steht, aber selber schreiben? Nie und nimmer. Ich möchte Ihnen ein wenig die Scheu davor nehmen. Denken Sie wieder zurück an meine Empfehlung, sich Schritt für Schritt vorzuwagen. Als Erstes steht ein Abfragerumpf, der lediglich die benötigten Tabellen auflistet und die Join-Bedingung vorbereitet:

```
select *
  from sales s
  join customers c
  join countries co
  join produtcts p
```

Dann fügen sich die Join-Bedingungen als nächste ganz natürlich ein, denn die Analyse des Datenmodells zeigt, dass immer auf Tabelle SALES die n-Seite der Verbindung ist und die anderen Tabellen sich damit alle auf die gleiche Tabelle beziehen:

```
select *
  from sales s
  join customers c on s.cust_id = c.cust_id
  join countries co on s.country_id = co.country_id
  join produtcts p on s.prod_id = p.prod_id
```

Als nächsten Schritt machen wir uns an die Gruppierung. Wir möchten sum(sales) anzeigen, gleichzeitig aber auch das Produkt, die Unterkategorie und die Kategorie anzeigen. Daher benötigen wir diese Spalten und eine Klausel group by, die alle Spalten ohne Gruppenfunktion enthält:

```
select p.prod_category, p.prod_subcategory, p.prod_id,
       sum(sales)
  from sales s
  join customers c on s.cust_id = c.cust_id
  join countries co on s.country_id = co.country_id
  join produtcts p on s.prod_id = p.prod_id
 group by p.prod_category, p.prod_subcategory, p.prod_id
```

Als Nächstes kümmere ich mich nun um die where-Klausel. Ich möchte auf den 11. Oktober 2000 einschränken:

```
select p.prod_category, p.prod_subcategory, p.prod_id,
       sum(sales)
  from sales s
  join customers c on s.cust_id = c.cust_id
  join countries co on s.country_id = co.country_id
  join produtcts p on s.prod_id = p.prod_id
 where s.time_id=to_date('11.10.2000', 'dd.mm.yyyy')
 group by p.prod_category, p.prod_subcategory, p.prod_id
```

Und damit haben wir es geschafft, der abschließende Schritt ist nun noch die Integration der analytischen Funktionen und ein wenig Verschönerung der Formatierung. Ich hoffe, Sie sehen diese erneute Erläuterung des schrittweisen Vorgehens nicht als sinnloses Seitenfüllen meinerseits an: Ich glaube, es ist wichtig, sich immer vor Augen zu halten, dass die einzelnen Schritte selbst nicht sehr kompliziert sind, wenn man sie denn separat durchdenkt und nicht alles auf einmal versucht. Mit der Zeit wird Ihnen dann die Erstellung komplexer select-Abfragen immer leichter fallen.

9.2.3   Die WINDOWING-Klausel

Diese Klausel habe ich mir zur separaten Besprechung aufgehoben, denn die Optionen dieser Klausel sind etwas umfangreicher und bedürfen der Erklärung. Die windowing-Klausel wird verwendet, um ein »Fenster« zu definieren, in dem eine Reihe von Zeilen sichtbar ist. Nur die Zeilen, die innerhalb des Fensters gesehen werden können, werden von der analytischen Funktion zur Berechnung berücksichtigt. Zur Definition des Fensters stehen zwei grundsätzliche Optionen zur Verfügung: Die Definition über eine Anzahl von Zeilen (rows) oder über ein Zeitintervall (range). Beide Bereiche müssen über einen Start- und einen Endpunkt definiert werden. Oracle bezeichnet die Definition mittels der rows-Klausel als *physikalische Definition*, weil sie sozusagen »physikalisch« Zeilen abzählt. Demgegenüber wird die Definition über die range-Klausel als *logische Definition* bezeichnet, denn durch die Angabe eines Zeitintervalls könnte die Anzahl der Zeilen, die in die analytische Funktion aufgenommen werden sollen, von Zeile zu Zeile variieren, das Entscheidungskriterium ist also durch die Daten selbst bestimmt.

ROWS

Soll das Fenster über eine Anzahl an Zeilen definiert werden, können entweder feste Zeilenzahlen angegeben oder ein Ausdruck zur Berechnung der Zeilenzahl verwendet werden. Starten wir mit einem einfachen Beispiel. Da wir festlegen wollen, dass eine gewisse Anzahl von Zeilen für unser Fenster herangezogen werden soll, ist natürlich auch ein Sortierkriterium erforderlich, damit die Datenbank weiß, auf welche Weise die Zeilen angeordnet werden sollen, um eine entsprechende Auswahl zu treffen. Das folgende Beispiel zeigt einen gleitenden Durchschnitt über die drei Vormonate. Da die Auswertung die Umsätze mit Hilfe der Klausel group by auf Monate aggregiert hat, wissen wir, dass wir die Umsätze der vorhergehenden zwei Zeilen bis zur aktuellen Zeile benötigen. Die folgende Auswertung zeigt das:

```
SQL> select p.prod_id, trunc(s.time_id, 'MM') sales_month,
  2         sum(amount_sold) sales,
  3         avg(sum(amount_sold)) over (
  4           order by trunc(s.time_id, 'MM')
  5           rows between 2 preceding and current row)
  6         three_month_avg
  7    from sales s
  8    join customers c on s.cust_id = c.cust_id
  9    join countries co on c.country_id = co.country_id
 10    join products p on s.prod_id = p.prod_id
 11   where p.prod_id = 13
 12     and s.time_id >= to_date('01.01.2001', 'dd.mm.yyyy')
 13   group by p.prod_id, trunc(s.time_id, 'MM')
 14   order by sales_month;
```

```
    PROD_ID SALES_MO       SALES THREE_MONTH_AVG
 ---------- -------- ----------- ----------------
         13 01.01.01   149353,95       149353,95
         13 01.02.01   175819,74      162586,845
         13 01.03.01   172683,53      165952,407
         13 01.04.01   186671,92       178391,73
         13 01.05.01    145000,2       168118,55
         13 01.06.01   177073,67       169581,93
         13 01.07.01    190704,7       170926,19
         13 01.08.01    186648,5      184808,957
         13 01.09.01   194597,74      190650,313
         13 01.10.01   201941,34       194395,86
         13 01.11.01   197739,91      198092,997
         13 01.12.01   227601,46      209094,237
```

Listing 9.16 Verwendung der WINDOWING-Klausel

Ich habe den relevanten Part hervorgehoben: Wir geben die Grenzen des Fensters durch eine Anzahl Zeilen bis zur aktuellen Zeile an. Da wir zwei Zeilen vor der aktuellen Zeile starten, bedeutet dies bei der aktuellen Gruppierung: »Vor zwei Monaten«. Von dort aus bis zum aktuellen Monat reicht unser Fenster, und darüber berechnen wir den laufenden Durchschnitt. Als Optionen für die rows-Klausel stehen Ihnen folgende Möglichkeiten zur Verfügung:

▶ Sie können mit der Klausel unbounded preceding alle Zeilen vom Beginn der Abfrage (oder besser der Partition) bis zur aktuellen Zeile ansprechen.

▶ Sie können mit der Klausel unbounded following alle Zeilen von der aktuellen Zeile bis zur letzten Zeile der Abfrage (auch hier wieder genauer der Partition) ansprechen.

▶ Die aktuelle Zeile können Sie mit current row ansprechen.

▶ Statt des Ausdrucks unbounded kann eine Konstante oder ein deterministischer Ausdruck verwendet werden, der zu einer positiven Ganzzahl evaluiert werden kann.

▶ Sie können die Klausel weglassen. In diesem Fall ist die Standardeinstellung rows between unbounded preceding and current row. Dies hatten wir uns zu Nutze gemacht, um eine Aggregation der Daten zu berechnen, ohne die windowing-Klausel zu verwenden.

Wenn Sie eine solche windowing-Klausel verwenden, müssen die Grenzen »Sinn« machen, zum Beispiel darf der Beginn des Fensters nicht hinter dem Ende liegen. Zudem sollten Sie unbedingt darauf achten, dass Ihr Sortierkriterium *deterministisch* ist, damit die Anfrage auch sinnvolle Werte zurückliefern kann. Deterministisch wird ein Sortierkriterium genannt, wenn es jede Zeile eindeutig einordnen kann. Eventuell erreichen Sie dies, indem Sie mehr Spalten zur Sortierung heranziehen, als zunächst beabsichtigt. Ein Beispiel ist die Sortierung über Abteilung und Gehalt in einer Auswertung. Dieses Kriterium ist dann nicht deterministisch, wenn zwei Mitarbeiter in der gleichen Abteilung das gleiche Gehalt verdienen, denn nun weiß die Abfrage nicht, welcher der beiden Mitarbeiter zuerst ausgegeben werden soll. Da dies nicht definiert wurde, wird die Datenbank den Datensatz als Erstes ausliefern, den sie aus irgendwelchen Gründen vorn sieht, und sei es, dass die Datenbank diesen Datensatz zuerst gelesen hat. Die Sortierung wird deterministisch, wenn sie noch um das Kriterium »nach Name« erweitert wird, um zu steuern, wie Mitarbeiter mit gleicher Abteilung und gleichem Gehalt sortiert werden sollen.

RANGE

Im Gegensatz zur physikalischen Definition ist die logische Definition entweder an den Datentyp `interval` gebunden (ein Fenster wird dadurch gekennzeichnet, dass zum Beispiel ein Umsatz in einem bestimmten zeitlichen Abstand zur aktuellen Zeile erzielt wurde), das heißt, es müssen Intervalle angegeben werden, mit deren Hilfe ein Datum als zum Fenster zugehörig ermittelt werden kann oder nicht. Oder aber die logische Definition ist an den Datentyp `number` gebunden. In diesem Fall wird das Fenster als ein Bereich von Werten verstanden, ein erzielter Umsatz muss also in Relation zum aktuellen Umsatz eine gewisse Höhe haben, um berücksichtigt zu werden. Die Sortierung muss dann natürlich auch Zahlen zurückliefern und keine Datumsangaben. Der Vorteil der `range`-Klausel gegenüber der `rows`-Klausel besteht in ihrer höheren Flexibilität, denn diese Klausel erlaubt eine variable Fenstergröße pro Zeile. Wenn Sie zum Beispiel eine `range`-Klausel verwenden wie `range between interval '4' day preceding and interval '0' day following`, kann es natürlich sein, dass Sie unterschiedlich viele Datenzeilen berücksichtigen, zum Beispiel deshalb, weil am Montag nicht so viele Umsätze in den letzten vier Tagen liegen wie etwa an einem Freitag. In dem Beispiel oben erkennen Sie, dass sich die Beschäftigung mit dem Intervalltyp auszahlt: Die Syntax entspricht exakt der Erzeugung von Intervallen, natürlich stehen Ihnen auch alle Intervalltypen zur Verfügung.

Etwas abgefahren wird es, wenn Sie zudem sogar eine eigene Funktion verwenden, um die Dauer des Intervalls zu ermitteln. Dies kann zum Beispiel eine Funktion sein, abhängig vom Wochentag ein unterschiedlich langes Intervall liefert, um einen Ausdruck wie »4 Handelstage« zu definieren. Auch das geht, Sie müssen allerdings diese Funktion selbst programmieren oder eine Spalte einer Tabelle mit den entsprechenden Informationen zur Hand haben, um solche Auswertungen durchführen zu können. Ich möchte Ihnen gern zwei Beispiele für die Verwendung der `range`-Klausel zeigen, einmal, um über ein Intervall, ein anderes Mal, um über einen Wert einen Bereich aufzubauen:

```
SQL> select p.prod_id, trunc(s.time_id, 'MM') sales_month,
   2          sum(amount_sold) sales,
   3          avg(sum(amount_sold)) over (
   4            order by trunc(s.time_id, 'MM')
   5            range between interval '1' month preceding
   6               and interval '1' month following)
   7          centered_month_avg
   8    from sales s
   9    join customers c on s.cust_id = c.cust_id
  10    join countries co on c.country_id = co.country_id
  11    join products p on s.prod_id = p.prod_id
  12   where p.prod_id = 13
  13     and s.time_id >= to_date('01.01.2001', 'dd.mm.yyyy')
  14   group by p.prod_id, trunc(s.time_id, 'MM')
  15   order by sales_month;


   PROD_ID SALES_MO       SALES CENTERED_MONTH_AVG
---------- -------- ---------- -------------------
        13 01.01.01  149353,95           162586,845
        13 01.02.01  175819,74           165952,407
        13 01.03.01  172683,53            178391,73
        13 01.04.01  186671,92            168118,55
        13 01.05.01   145000,2            169581,93
        13 01.06.01  177073,67            170926,19
        13 01.07.01   190704,7           184808,957
        13 01.08.01   186648,5           190650,313
        13 01.09.01  194597,74            194395,86
        13 01.10.01  201941,34           198092,997
        13 01.11.01  197739,91           209094,237
        13 01.12.01  227601,46           212670,685
```

Listing 9.17 Verwendung der RANGE-Klausel mit Intervallen

In dieser Auswertung habe ich im Vergleich zur vorhergehenden Auswertung lediglich die Definition des Intervalls verändert. Die Veränderung ist in diesem konkreten Beispiel ohne weitere Folgen zur ersten Formulierung, ich habe lediglich den Durchschnitt über den Vor-, den aktuellen und den Folgemonat berechnet und dies durch Intervalle ausgedrückt.

Das zweite Beispiel liefert eine Auswertung, die Umsatzquartale zählt, deren Verkaufszahlen für einen gegebenen Verkaufskanal um lediglich +/- 1.000 Stück auseinanderliegen:

```
SQL> select c.channel_desc,
  2          to_char(s.time_id, 'yyyy/Q') month,
  3          sum(s.quantity_sold) sum_quantity,
  4          count(*) over (order by sum(s.quantity_sold)
  5                         range between 1000 preceding
  6                         and 1000 following) anzahl
  7    from sales s
  8    join channels c on s.channel_id = c.channel_id
  9    join products p on s.prod_id = p.prod_id
 10   where s.time_id >=
               to_date('01.01.2000', 'dd.mm.yyyy')
 11     and c.channel_id = 3
 12   group by c.channel_desc, to_char(s.time_id, 'yyyy/Q')
 13   order by sum(s.quantity_sold);


CHANNEL_DESC           MONTH   SUM_QUANTITY      ANZAHL
--------------------   ------  ------------   ----------
Direct Sales           2001/1        29881            2
Direct Sales           2001/2        30169            3
Direct Sales           2001/4        31015            4
Direct Sales           2000/4        31423            3
Direct Sales           2001/3        31476            3
Direct Sales           2000/2        34222            1
Direct Sales           2000/3        35842            1
Direct Sales           2000/1        40409            1
```

Listing 9.18 Abfrage, die einen Bereich über verkaufte Einheiten bildet

In dieser Abfrage wird eine logische Definition über die Anzahl der verkauften Einheiten insofern gebildet, als die aktuell betrachtete Zeile zählt, wie viele andere Umsatzquartale bezogen auf die verkauften Einheiten in einem Intervall von +/- 1.000 Stück liegen. Sehen wir uns beispielhaft die fünfte Zeile, das Quartal 2001/3 an: Hier sehen Sie, dass die beiden Quartale vor dem aktuellen Quartal weniger als 1.000 Einheiten weniger verkauft haben als das aktuelle Quartal. Daher »sieht« diese Zeile ein Fenster mit der aktuellen und den beiden vorhergehenden Zeilen. Die nachfolgende Zeile ist mit 34222 verkauften Einheiten mehr als 1000 Einheiten entfernt und wird daher nicht berücksichtigt. Folgerichtig zählt die analytische Funktion für diese Zeile drei Quartale. Gerade die count-Funktion zeigt sehr schön, wie unterschiedlich groß das Fenster für jede Zeile gerechnet wird. Das ist eine direkte Folge der logischen Definition des Fensters.

9.2.4   RATIO_TO_REPORT

Diese Funktion steht nur als analytische Funktion zur Verfügung und nicht als Gruppenfunktion. Sie unterstützt als einzige Funktion dieses Abschnitts lediglich die Klausel partition-by, es ist weder eine Sortierung noch ein Fenster möglich (und auch nicht erforderlich). Was tut diese Funktion? Sie berechnet den Anteil einer Spalte am Gesamtbericht oder einer Partition des Gesamtberichts. Zum Verständnis:

```
SQL> select deptno, ename, job, sal,
  2          round(ratio_to_report(sal) over (
  3           partition by deptno) * 100, 1) dept_perc_sal,
  4          round(ratio_to_report(sal) over ()
  5                 * 100, 1) tot_perc_sal
  6    from emp;
```

DEPTNO	ENAME	JOB	SAL	DEPT_PERC_SAL	TOT_PERC_SAL
10	CLARK	MANAGER	2450	28	8,4
10	KING	PRESIDENT	5000	57,1	17,2
10	MILLER	CLERK	1300	14,9	4,5
20	JONES	MANAGER	2975	27,4	10,2
20	FORD	ANALYST	3000	27,6	10,3
20	ADAMS	CLERK	1100	10,1	3,8
20	SMITH	CLERK	800	7,4	2,8
20	SCOTT	ANALYST	3000	27,6	10,3
30	WARD	SALESMAN	1250	13,3	4,3
30	TURNER	SALESMAN	1500	16	5,2
30	ALLEN	SALESMAN	1600	17	5,5
30	JAMES	CLERK	950	10,1	3,3
30	BLAKE	MANAGER	2850	30,3	9,8
30	MARTIN	SALESMAN	1250	13,3	4,3

Listing 9.19 Verwendung der Funktion RATIO_TO_REPORT

Die Funktion berechnet, wie hoch der Anteil des Gehalts eines Mitarbeiters am Abteilungs- oder am Gesamtgehalt der Unternehmung ist. Der Wert wird als Zahl zwischen 0 und 1 ausgegeben und hier der Übersichtlichkeit halber auf eine Prozentzahl mit einer Nachkommastelle berechnet. Um die Funktion zu verwenden, müssen Sie einerseits angeben, welche Spalte in Relation zum Gesamtbericht bewertet werden soll (in unserem Fall die Spalte SAL), und andererseits, ob die Spalte zum Gesamtbericht oder zu einer Partition des Gesamtberichts in Beziehung gesetzt werden soll. In unserem Beispiel haben wir uns für die Beziehung des Gehalts zur Gesamtsumme der Gehälter des Gesamtunternehmens interessiert, wofür wir ein Partitionierungskriterium nicht benötigen, und zum anderen haben wir nach Abteilung partitioniert.

9.3 Analytische Rangfunktionen

Kommen wir zu einer weiteren Gruppe analytischer Funktionen, nämlich den Funktionen, die auf die eine oder andere Art Rangfolgen berechnen können. Ich bin bei der Zuordnung der Funktionen in diese Gruppe relativ großzügig und berücksichtige auch Funktionen, die ansonsten in keine andere Gruppe passen würden, wie die Funktionen lag und lead. Das macht insofern Sinn, als diese Funktionen nur im Zusammenhang mit einer Sortierung sinnvoll sind und daher eben auch eine gewisse Rangfolge bilden.

9.3.1 RANK, DENSE_RANK und PERCENT_RANK

Richtig spannend ist die Erweiterung der Gruppenfunktion zu analytischen Funktionen bei den Rangfunktionen, die wir ja bereits in Kapitel 8, »Gruppenfunktionen«, kennengelernt haben. Dort waren diese Funktionen insofern limitiert, als sie nur einen hypothetischen Fall in eine Reihenfolge einer Tabelle einsortieren konnten. Das ging deshalb auch nicht anders, weil eine Gruppenfunktion pro Gruppe eben nur einen Wert zurückliefern kann. Wenn wir aber eine Rangfolge über eine Gruppe errechnen und ausgeben wollten, benötigten wir die Fähigkeit, mehrere Zeilen pro Gruppe zurückzugeben. Und genau das können analytische Funktionen, wie wir bereits festgestellt haben. Daher ist die Erweiterung der Rangfunktionen zu analytischen Funktionen besonders interessant. Zudem ist gerade bei Rangfolgen die Fähigkeit analytischer Funktionen, die Zeilen vor der Berechnung zu sortieren, essenziell.

RANK und DENSE_RANK

Beides werden wir an folgendem Beispiel schön sehen können, das die Funktionen rank und dense_rank als analytische Funktionen einsetzt:

```
SQL> select ename, sal,
  2          rank () over (
  3            order by sal desc) top_sal,
  4          rank () over (
  5            order by sal) sal_rang,
  6          dense_rank() over (
  7            order by sal) sal_rang_dense
  8     from emp
  9   order by top_sal;


ENAME            SAL    TOP_SAL    SAL_RANG SAL_RANG_DENSE
---------- ---------- ---------- ---------- --------------
KING            5000          1         14             12
FORD            3000          2         12             11
```

SCOTT	3000	2	12	11
JONES	2975	4	11	10
BLAKE	2850	5	10	9
CLARK	2450	6	9	8
ALLEN	1600	7	8	7
TURNER	1500	8	7	6
MILLER	1300	9	6	5
MARTIN	1250	10	4	4
WARD	1250	10	4	4
ADAMS	1100	12	3	3
JAMES	950	13	2	2
SMITH	800	14	1	1

Listing 9.20 Einfache Verwendung der Funktionen RANK und DENSE_RANK

Diese Verwendung der Funktionen ist nun nichts Neues mehr für Sie, die einzige Besonderheit besteht darin, dass die Funktionen ohne einen Parameter aufgerufen werden (müssen, sollte ich sagen, denn ein Parameter ist auch nicht erlaubt), die leeren Klammern hinter rank bzw. dense_rank sind aber dennoch syntaktisch verpflichtend. Einer der Vorteile der Rangfunktionen besteht darin, dass sie das Problem gleicher Ränge lösen, und zwar entweder »olympisch« oder nicht: Beide Funktionen entscheiden nach dem Sortierkriterium, dass in unserem Beispiel die Mitarbeiter SCOTT und FORD sowie WARD und MARTIN auf gleichem Rang liegen. Daher wird in allen Anwendungen der gleiche Rang ausgegeben. Der Unterschied liegt im Rang des folgenden Mitarbeiters, der einmal »auf Lücke« und damit nicht olympisch, und einmal olympisch sortiert auftritt. Welche Variante Sie verwenden, hängt natürlich von den Gegebenheiten ab.

Bereits an dieser Stelle hätte ich eine Frage: Ist es möglich, mit unseren jetzigen Möglichkeiten, nur die Top 5 auszugeben? Erforderlich wäre dazu, die analytische Funktion in der where- oder having-Klausel einzufügen. Ich hoffe, dieser Hinweis hat Sie auf die richtige Fährte gebracht: Weil analytische Funktionen nach der having- (und damit natürlich auch nach der where-) Klausel berechnet werden, ist diese Auswertung derzeit noch nicht möglich.

PERCENT_RANK

Etwas spezieller ist die Funktion precent_rank, die ich als eher harmloses Beispiel für die statistischen Funktionen anführen möchte:

```
SQL> select ename, job, sal,
  2        round(percent_rank() over
  3          (order by sal desc) * 100, 1) perc_rank
  4* from emp
```

ENAME	JOB	SAL	PERC_RANK
KING	PRESIDENT	5000	0
FORD	ANALYST	3000	7,7
SCOTT	ANALYST	3000	7,7
JONES	MANAGER	2975	23,1
BLAKE	MANAGER	2850	30,8
CLARK	MANAGER	2450	38,5
ALLEN	SALESMAN	1600	46,2
TURNER	SALESMAN	1500	53,8
MILLER	CLERK	1300	61,5
WARD	SALESMAN	1250	69,2
MARTIN	SALESMAN	1250	69,2
ADAMS	CLERK	1100	84,6
JAMES	CLERK	950	92,3
SMITH	CLERK	800	100

Listing 9.21 Verwendung der Funktion PERCENT_RANK

Die Aussage dieser Funktion ist, dass ermittelt wird, »wie weit weg« ein Mitarbeiter vom Spitzengehalt des Unternehmens ist. Hier sehen wir, dass FORD und SCOTT schon »relativ nah« dran sind am Spitzengehalt, während SMITH nun wirklich 100 % weg vom Spitzengehalt ist ... Solche Auswertungen sind natürlich insofern interessant, als die Gehaltsverteilung mit einer solchen Funktion gezeigt werden kann. Es ergibt sich eine Art Histogramm, das zeigt, ob tendenziell mehr Mitarbeiter ein mittleres Gehalt oder ein höheres Gehalt beziehen. Stellen Sie sich hierfür einfach vor, eine Grafik zeigte diese Zahlen und fasse dabei alle Mitarbeiter in fünf gleichmäßig verteilten Gruppen zusammen. Dann wären in unserem Beispiel drei Mitarbeiter näher als 20 % am Spitzenverdienst, drei in der folgenden Gruppe bis 40 % Abstand, aber vier Mitarbeiter in der Gruppe 60–80 % weg vom Spitzenverdienst.

FIRST und LAST

Diese beiden Erweiterungen der rank- und dense_rank-Funktionen unterscheiden sich von ihnen dadurch, dass nur der erste oder der letzte ermittelte Wert dieser Gruppe zurückgegeben wird. Irgendwie, muss ich Ihnen gestehen, hat sich mir der Sinn dieser Funktionen als analytische Funktionen nicht recht erschlossen, da sie durch die Funktionen min und max als analytische Funktionen identisch ersetzt werden können – weder in der Dokumentation noch durch eigene Versuche habe ich Situationen hervorrufen können, in denen sich diese Funktionen unterschiedlich verhalten hätten. Daher mit etwas Ratlosigkeit meinerseits der Einsatz und der Vergleich mit der alternativen, aber aus meiner Sicht einfacheren Schreibweise.

```
SQL> select ename, job, sal,
  2         min(sal) keep (dense_rank first order by sal)
  3         over (partition by deptno) low_dept_sal,
  4         max(sal) keep (dense_rank last order by sal)
  5         over (partition by deptno) high_dept_sal
  6   from emp;
```

ENAME	JOB	SAL	LOW_DEPT_SAL	HIGH_DEPT_SAL
CLARK	MANAGER	2450	1300	5000
KING	PRESIDENT	5000	1300	5000
MILLER	CLERK	1300	1300	5000
JONES	MANAGER	2975	800	3000
FORD	ANALYST	3000	800	3000
ADAMS	CLERK	1100	800	3000
SMITH	CLERK	800	800	3000
SCOTT	ANALYST	3000	800	3000
WARD	SALESMAN	1250	950	2850
TURNER	SALESMAN	1500	950	2850
ALLEN	SALESMAN	1600	950	2850
JAMES	CLERK	950	950	2850
BLAKE	MANAGER	2850	950	2850
MARTIN	SALESMAN	1250	950	2850

Hier nun zum Vergleich die gleiche Abfrage mit den Funktionen min und max:

```
SQL> select ename, job, sal,
  2         min(sal) over (
  3           partition by deptno) low_dept_sal,
  4         max(sal) over (
  5           partition by deptno) high_dept_sal
  6   from emp;
```

ENAME	JOB	SAL	LOW_DEPT_SAL	HIGH_DEPT_SAL
CLARK	MANAGER	2450	1300	5000
KING	PRESIDENT	5000	1300	5000
MILLER	CLERK	1300	1300	5000
JONES	MANAGER	2975	800	3000
FORD	ANALYST	3000	800	3000
ADAMS	CLERK	1100	800	3000
SMITH	CLERK	800	800	3000
SCOTT	ANALYST	3000	800	3000
WARD	SALESMAN	1250	950	2850

TURNER	SALESMAN	1500	950	2850
ALLEN	SALESMAN	1600	950	2850
JAMES	CLERK	950	950	2850
BLAKE	MANAGER	2850	950	2850
MARTIN	SALESMAN	1250	950	2850

Listing 9.22 Verwendung der Funktionen FIRST und LAST

Wie gesagt, mir ist der Unterschied nicht klar. Vielleicht ist der Grund für diese beiden Funktionen, dass die ja sinnvollen Gruppenfunktionen aus prinzipiellen Überlegungen heraus auch als analytische Funktionen verwendbar sein sollten, obwohl funktional eine Alternative existiert.

FIRST_VALUE und LAST_VALUE

Ganz anders verhält es sich mit diesen beiden Funktionen, die jeweils nur als analytische Funktionen verfügbar sind. Diese Funktionen liefern auf den ersten Blick ein ganz ähnliches Ergebnis wie die vorher besprochenen Funktionen, haben aber einen anderen Einsatzbereich. Zunächst einmal liefern diese Funktionen den ersten oder letzten Wert einer Zahlenmenge, bezogen auf eine gegebene Sortierung. Dabei wird allerdings unterschieden, ob dieser letzte Wert ein null-Wert war oder nicht. Sie können der Funktion mitteilen, ob null-Werte respektiert werden sollen (respect nulls, das ist auch die Voreinstellung) oder nicht (ignore nulls). Verwenden Sie die zweite Einstellung, dann liefert diese Funktion den ersten oder letzten *von null verschiedenen* Wert. Das kann hervorragend dazu genutzt werden, fehlende Werte zu ersetzen. Stellen wir uns hierfür eine Abfrage vor, die nicht für jede Zeile einen Wert enthält. Grundlage ist die etwas sinnfreie Anfrage gegen die Tabelle EMP, deren Spalte COMM große Lücken enthält. Wir wollen nun diese Lücken schließen und ersatzweise den letzten vorhandenen Wert verwenden:

```
SQL> select ename, comm,
  2        last_value(comm) ignore nulls over (
  3          order by ename) last_values,
  4        first_value(comm) ignore nulls over (
  5          order by ename) first_values
  6    from emp
  7    order by ename;

ENAME           COMM LAST_VALUES FIRST_VALUES
---------- ---------- ----------- ------------
ADAMS
ALLEN            300         300          300
BLAKE                        300          300
CLARK                        300          300
```

FORD		300	300
JAMES		300	300
JONES		300	300
KING		300	300
MARTIN	1400	1400	300
MILLER		1400	300
SCOTT		1400	300
SMITH		1400	300
TURNER	0	0	300
WARD	500	500	300

Listing 9.23 Verwendung der Funktionen LAST_VALUE und FIRST_VALUE

Das Ergebnis zeigt, dass für die fehlenden Werte die letzten bekannten Ersatzwerte verwendet wurden, falls die Funktion last_value verwendet wird, und der erste, von null verschiedene Wert, falls first_value verwendet wurde. Dabei ist eines merkwürdig: Warum wird bei first_value in Zeile 1 ein null-Wert ausgegeben, wenn doch der erste von null verschiedene Wert ausgegeben werden soll? Der Grund hierfür liegt darin, dass wir keine windowing-Klausel angegeben haben. In diesem Fall gilt standardmäßig eine Klausel rows unbounded preceding and current row als vereinbart. Genau das ist aber in der ersten Zeile ein Problem, denn dadurch wird in dieser Zeile lediglich die erste Zeile für sich betrachtet. Das ändern wir in der nächsten Abfrage, denn nun geben wir bei der first_value-Funktion ein explizites Fenster an:

```
SQL> select ename, comm,
  2          last_value(comm) ignore nulls over (
  3            order by ename) last_values,
  4          first_value(comm) ignore nulls over (
  5            order by ename
  6            range between unbounded preceding and
  7                  unbounded following) first_values
  8    from emp
  9    order by ename;


ENAME            COMM LAST_VALUES FIRST_VALUES
---------- ---------- ----------- ------------
ADAMS                                      300
ALLEN             300         300          300
BLAKE                         300          300
CLARK                         300          300
FORD                          300          300
JAMES                         300          300
JONES                         300          300
```

KING		300	300
MARTIN	1400	1400	300
MILLER		1400	300
SCOTT		1400	300
SMITH		1400	300
TURNER	0	0	300
WARD	500	500	300

Listing 9.24 Korrektur der Verwendung mit explizitem Fenster

Durch die explizite Vereinbarung der Fenstergröße wird nun stets die gesamte Datenmenge betrachtet und dessen erster Wert verwendet. Diese Möglichkeit besteht bei `last_value` naturgemäß so nicht, denn hier wird ja der letzte bekannte Wert einer Gruppe gewählt. Fügten wir hier die `windowing`-Klausel entsprechend hinzu, hätte dies zur Folge, dass stets der Wert 500 angezeigt würde, da dieser der letzte bekannte Wert der gesamten Ergebnismenge ist. Daher ist für die Abfrage die Standardklausel für Fenster ausreichend.

Nun ist die Verwendung in diesem Zusammenhang etwas arg seltsam. Allerdings können wir uns vorstellen, dass wir eine Auswertung über die Anzahl der Mitarbeiter unseres Unternehmens pro Monat darstellen möchten. Nun wird also eine Tabelle benötigt, die alle Monate enthält, und eine zweite, die die Einstelldaten unserer Mitarbeiter beinhaltet. Eine Funktion könnte nun die Einstellungen pro Monat zählen und eine analytische Funktion könnte diese Zahl sortiert auf aggregieren. Nur ist dann auf einmal ein `null`-Wert für einen Monat vorhanden, indem nun keine Einstellungen vorgenommen wurden. Hier könnte eine solche Funktion den ermittelten Mitarbeiterbestand des letzten Monats mit einer Einstellung in die Folgemonate übernehmen und so eine sinnvolle weitere Auswertung ermöglichen.

Eine weitere Option dieser Funktion betrifft die Frage, auf welche Weise die Fenstergröße kalkuliert wird. Grund für diese Option ist wieder einmal ein `null`-Wert. Sollte in einer referenzierten Spalte die Zeile einen `null`-Wert enthalten, können Sie steuern, ob diese Zeile dennoch zum Fenster gehören soll (das ist der Standard) oder nicht. Im zweiten Fall müssen Sie nach der Spalte noch die Schlüsselworte `ignore nulls` hinzufügen. Der Standard, den Sie natürlich auch schreiben können, heißt `keep nulls`.

9.3.2   ROW_NUMBER

Eine ganz ähnliche Verwendung wie die Funktionen `rank` und `dense_rank` bietet auch die Funktion `row_number`. Sie ist das analytische Pendant zur Funktion `rownum` und behebt einige Schwächen dieser Funktion. Zwar wird auch diese Funktion vor dem Sortieren der Zeilen gerechnet, weil aber dieser Funktion eine order by-Klausel mitgegeben werden kann, ist dies kein Problem mehr. Die Funktion verhält sich ähnlich wie die Rangfunktionen, wird aber bei gleichen Zeilen gemäß Sortierkriterium nicht zweimal den gleichen Rang ausgeben, sondern nach weiteren Kriterien eine der beiden Zeilen als vorrangig vor der anderen ansehen. Aus diesem Grund sollten Sie bei der Konzeption der order by-Klausel darauf achten, dass die Sortierung deterministisch durchgeführt werden kann, da ansonsten das Ergebnis nicht vorhersagbar ist. Ein weiterer Vorteil der Funktion row_number gegenüber der Funktion rownum ist die Tatsache, dass der Funktion auch eine partition by-Klausel hinzugefügt werden kann, so dass die Nummerierung für jede Partition erneut bei 1 beginnt. Die Verwendung ist analog zur Funktion rank und daher für Sie nun ganz einfach:

```
SQL> connect scott/tiger
Connect durchgeführt.
SQL> select ename, sal,
  2          row_number() over (
  3            partition by deptno
  4            order by sal desc, ename) dept_row_num,
  5          row_number() over (
  6            order by sal desc, ename) tot_row_num,
  7          rank() over (
  8            order by sal desc) tot_rank
  9   from emp;
```

ENAME	SAL	DEPT_ROW_NUM	TOT_ROW_NUM	TOT_RANK
KING	5000	1	1	1
FORD	3000	1	2	2
SCOTT	3000	2	3	2
JONES	2975	3	4	4
BLAKE	2850	1	5	5
CLARK	2450	2	6	6
ALLEN	1600	2	7	7
TURNER	1500	3	8	8
MILLER	1300	3	9	9
MARTIN	1250	4	10	10
WARD	1250	5	11	10
ADAMS	1100	4	12	12
JAMES	950	6	13	13
SMITH	800	5	14	14

Listing 9.25 Verwendung der Funktion ROW_NUMBER

Es gilt allerdings: Ist die Klausel order by deterministisch, ist das Ergebnis der Funktionen row_number und rank gleich, weil in diesen Fällen keine doppelten Plätze vorkommen können. Sie haben in diesen Fällen also die Wahl. Welche Funktion Sie wählen, hängt vielleicht am ehesten von dem semantischen Gehalt ab, den Sie dieser Spalte beimessen möchten: Sollte die Abfrage einfach die fünf ersten Zeilen liefern, ist die Funktion row_number vielleicht eher geeignet als die Funktion rank, weil mit dem Begriff der Funktion deutlicher ausgedrückt werden kann, dass lediglich die Anzahl der Zeilen interessiert. Aber das ist wirklich ein haarfeines Argument. Die Funktion rank ist insofern mächtiger, als sie eben auch mehrere Zeilen mit dem gleichen Platz versehen kann. Das *kann* gut sein, muss es aber nicht. Stellen Sie sich einen Anwendungsfall vor, in dem Sie genau fünf Zeilen zurückerwarten. Die Funktion rank kann im ungünstigen Fall aber Hunderte Zeilen zurückliefern, wenn eben sehr viele Werte nach dem Sortierkriterium alle auf Platz 3 landen würden. Da sind Sie mit der Funktion row_number auf der sicheren Seite, sehen aber möglicherweise eben auch nicht, dass mehr als fünf Zeilen in die gewählte Gruppe fallen.

9.3.3   LAG und LEAD

Das sind beinahe meine Lieblingsfunktionen unter den analytischen Funktionen. Mit diesen beiden Funktionen gelingen Dinge, die ansonsten nur sehr schwer in SQL auszudrücken sind, denn sie erlauben den Zugriff auf eine Zeile vor oder hinter der aktuellen Zeile. lag zeigt dabei auf einen Vorgänger gemäß Sortierkriterium, lead auf einen Nachfolger. Stellen Sie sich vor, Sie möchten die Zeit berechnen, die zwischen den Vorkommnissen in zwei Zeilen vergangen ist. In der Tabelle EMP haben wir eine mögliche Konstellation: Wie viel Zeit ist zwischen der Einstellung zweier Mitarbeiter vergangen? Das ist mit diesen Funktionen gleich auf zweierlei Weise berechenbar: Zum einen aus der Sicht des früher eingestellten Mitarbeiters, oder eben aus Sicht des später eingestellten Mitarbeiters. Sehen wir uns die Verwendung einfach einmal an:

```
SQL> alter session set nls_date_format = 'dd.mm.yyyy';
Session wurde geändert.

SQL> select ename, hiredate,
  2        hiredate -
  3          lag(hiredate) over (
  4            order by hiredate) hired_after,
  5        lead(hiredate) over (order by hiredate)
  6            - hiredate hired_before
  7    from emp;
```

```
ENAME      HIREDATE   HIRED_AFTER HIRED_BEFORE
---------- ---------- ----------- ------------

SMITH      17.12.1980                       65
ALLEN      20.02.1981          65            2
WARD       22.02.1981           2           39
JONES      02.04.1981          39           29
BLAKE      01.05.1981          29           39
CLARK      09.06.1981          39           91
TURNER     08.09.1981          91           20
MARTIN     28.09.1981          20           50
KING       17.11.1981          50           16
JAMES      03.12.1981          16            0
FORD       03.12.1981           0           51
MILLER     23.01.1982          51         1912
SCOTT      19.04.1987        1912           34
ADAMS      23.05.1987          34
```

Listing 9.26 Verwendung der Funktionen LAG und LEAD

Zunächst ist es vielleicht etwas verwirrend, doch das legt sich schnell: In der Zeile HIRED_AFTER habe ich berechnet, wie viele Tage später der folgende Mitarbeiter eingestellt wurde. Daher kann beim ersten Mitarbeiter der Firma dieser Wert nicht berechnet werden, es gibt ja keinen Mitarbeiter, der vor SMITH eingestellt wurde, die Spalte ist null. Dann aber berechne ich einfach die Differenz des Einstellungsdatums von ALLEN und dem Einstellungsdatum des direkt vor ALLEN eingestellten Mitarbeiters, SMITH. Da ich auf den Vorgänger zugreifen möchte, verwende ich die Funktion lag. In der Spalte HIRED_BEFORE wiederum greife ich auf den Mitarbeiter zu, der direkt nach mir eingestellt wurde. Daher kann schon bei SMITH dieser Wert berechnet werden. Damit ich keine negativen Zahlen erhalte, subtrahiere ich nun das aktuelle Einstelldatum vom Einstelldatum des Nachfolgers, also lead(hiredate) - hiredate. Folgerichtig kann diese Differenz nun nicht mehr für ADAMS berechnet werden, denn er ist der Mitarbeiter, der als letzter zum Team gestoßen ist. Natürlich kann für diese Funktionen auch wieder eine partition by-Klausel angegeben werden. Damit verändert sich eigentlich nur eines: Es ist nun klar, dass zu weniger Mitarbeitern dieser Wert berechnet werden kann, weil ja für jede Abteilung ein Mitarbeiter der erste und einer der letzteingestellte Mitarbeiter ist.

Vielleicht möchten Sie die Differenz der beiden Einstelldaten als Intervall formatieren oder als Zeichenkette ausgeben. Allerdings stehen wir nun vor einem Problem: Wir können einer Zeilenfunktion keine analytische Funktion als Parameter übergeben. Warum eigentlich nicht? Okay, ich weiß, die Frage war blöd, weil sie bereits so oft gestellt wurde: Es ist eine Frage der Reihenfolge der Berechnung. Erst die Zeilen- und Gruppenfunktionen, dann die analytischen Funktionen. Stimmt. Wenn wir also die

Ergebnisse der analytischen Funktionen weiterverarbeiten möchten, kommen wir um eine andere Schreibweise der Anweisung nicht herum. Obwohl es für Sie noch nicht offensichtlich ist, aber fast immer, wenn ich gesagt habe, etwas gehe noch nicht, dann lag das daran, dass uns die Fähigkeit fehlt, SQL-Anweisungen ineinanderzuschachteln. Glücklicherweise naht im nächsten Kapitel Rettung, dann beschäftigen wir uns mit dem Thema Unterabfragen.

Nehmen wir ein weiteres Beispiel, um die Einsatzmöglichkeiten der Funktionen zu zeigen. In einem Bericht soll gezeigt werden, wie viel ein Mitarbeiter mehr verdient als sein schlechter verdienender Kollege in der gleichen Abteilung. Wieder zeige ich beide Richtungen in einer Abfrage:

```
SQL> select ename, job, sal,
  2         sal - lag(sal) over (
  3            partition by deptno
  4            order by sal, ename) more_than,
  5         lead(sal) over (
  6            partition by deptno
  7            order by sal, ename) - sal less_than
  8    from emp
  9    order by deptno, sal, ename;
```

ENAME	JOB	SAL	MORE_THAN	LESS_THAN
MILLER	CLERK	1300		1150
CLARK	MANAGER	2450	1150	2550
KING	PRESIDENT	5000	2550	
SMITH	CLERK	800		300
ADAMS	CLERK	1100	300	1875
JONES	MANAGER	2975	1875	25
FORD	ANALYST	3000	25	0
SCOTT	ANALYST	3000	0	
JAMES	CLERK	950		300
MARTIN	SALESMAN	1250	300	0
WARD	SALESMAN	1250	0	250
TURNER	SALESMAN	1500	250	100
ALLEN	SALESMAN	1600	100	1250
BLAKE	MANAGER	2850	1250	

Listing 9.27 Ein weiteres Beispiel für die Funktionen LAG und LEAD

Wir haben in unserer Abfrage stets die Zeile, die unmittelbar vor oder hinter der aktuellen Zeile gemäß einem Sortierkriterium liegt, ausgewählt. Das ist ein Sonderfall. Die Funktionen erlauben einen zweiten, optionalen Parameter, der angibt, die wievielte

Zeile als Vorgänger referenziert wird. Ich möchte im Moment noch bei der einfachen Option für diesen Parameter bleiben, denn die Erweiterung setzt SQL-Kenntnisse voraus, die Sie noch nicht haben. Diese Option erläutere ich dann am Ende dieses Abschnitts. Die einfache Verwendung dieses zweiten, optionalen Parameters besteht darin, den *Offset* der Zeile (also die Angabe, der wie vielte Vorgänger gewählt werden soll) als Zahl oder als Ergebnis einer einfachen Rechnung zu ermitteln. Die Verwendung zeige ich mit der folgenden Option zusammen.

Eine zweite, bereits von anderen Funktionen bekannte Option besteht im Umgang mit null-Werten. Und dies kommt bei diesen Funktionen in zweierlei Zusammenhang in Betracht: Zum einen könnte sich eine Funktion auf eine Zeile außerhalb des Fensters beziehen, das durch die Sortierbedingung vorgegeben ist. Wenn laut Sortierung eine Zeile die erste eines Fensters ist, gibt es eben keinen Vorgänger, alle Werte dieser Zeile sind daher null. Zum anderen ist es natürlich möglich, dass innerhalb des Fensters die referenzierte Spalte einen null-Wert aufweist. Diese beiden unterschiedlichen Szenarien behandeln die folgenden Optionen.

Den ersten Fall, dass nämlich eine Zeile außerhalb des Fensters referenziert wird (das ist – nebenbei – Datenbankdeutsch für die Aussage, dass diese Zeile nicht existiert …) , können wir durch einen optionalen, dritten Parameter behandeln. Stellen Sie sich diesen dritten Parameter wie eine eingebaute nvl-Funktion vor. Sollte also die referenzierte Zeile nicht vorhanden sein, wird dieser Ersatzwert genommen. Wenn Sie diesen Parameter verwenden, müssen Sie in jedem Fall auch den offset bestimmen, ansonsten weiß die Datenbank nicht, worauf sich der Ersatzwert bezieht. Möchten Sie also bezüglich des offset lediglich den Standard verwenden, wählen Sie hierfür den Wert 1.

Den zweiten Fall, nämlich dass eine innerhalb des Fensters liegende Zeile in der referenzierten Spalte einen null-Wert aufweist, wird durch die optionalen Schlüsselworte respect oder ignore nulls behandelt, die vor offset und der »nvl-Funktion« verwendet werden. Ich zeige sofort ein Beispiel, möchte jedoch vorweg noch erläutern, was diese Optionen bewirken: Sollte ignore nulls verwendet werden (respects nulls ist Standard und muss daher nicht notiert werden), werden null-Werte bei der Berechnung der vorhergehenden Zeile ignoriert. Die Berechnung bezieht sich daher lediglich auf die Zeilen, die einen Wert enthalten. Auch hier ist es wieder etwas schwierig, ein einfaches und überzeugendes Beispiel zu finden, doch nehmen wir folgende Abfrage, die alle Formen der null-Wertbehandlung aufzeigt:

```
SQL> select deptno, ename, sal, mgr,
  2         lead(mgr ignore nulls, 1, 0)
  3            over (partition by deptno
  4                  order by sal) colleague_mgr
  5    from emp;
```

DEPTNO	ENAME	SAL	MGR	COLLEAGUE_MGR
10	MILLER	1300	7782	7839
10	CLARK	2450	7839	0
10	KING	5000		0
20	SMITH	800	7902	7788
20	ADAMS	1100	7788	7839
20	JONES	2975	7839	7566
20	SCOTT	3000	7566	7566
20	FORD	3000	7566	0
30	JAMES	950	7698	7698
30	MARTIN	1250	7698	7698
30	WARD	1250	7698	7698
30	TURNER	1500	7698	7698
30	ALLEN	1600	7698	7839
30	BLAKE	2850	7839	0

14 Zeilen ausgewählt.

Listing 9.28 Abfrage zur Dokumentation der NULL-Wertbehandlung

Diese etwas seltsame Auswertung zeigt die Managernummer des Mitarbeiters, der in der gleichen Abteilung mehr verdient als der aktuelle Mitarbeiter. Sollte ein Mitarbeiter keinen besser verdienenden Mitarbeiter haben, wird stattdessen der Wert 0 ausgegeben. Interessant an dem Ergebnis der Abfrage oben sind die Zeilen 2 und 3, denn KING hat keinen besser verdienenden Kollegen in der gleichen Abteilung, erhält aus diesem Grund also den Wert 0, während CLARK zwar einen besser verdienenden Kollegen hat, nämlich KING; der jedoch hat keinen Manager, daher wird dieser Mitarbeiter für die Kalkulation des Fensters nicht berücksichtigt. Aus diesem Grund sieht also auch CLARK keinen Nachfolger, denn wir haben festgelegt, dass für die Berechnung des Nachfolgers null-Werte in der Spalte MGR ignoriert werden sollen. Daher erhält auch CLARK den Wert 0. Sie sehen an dieser Auswertung, dass ich den offset in dieser Abfrage auf den Standardwert 1 gestellt habe (das ist der zweite Parameter). Wie gesagt, könnten Sie hier auch eine andere Zahl oder die Optionen des folgenden Abschnitts verwenden.

Achtung

Der nun folgende Abschnitt macht keinen Sinn, wenn Sie das folgende Kapitel über Unterabfragen noch nicht gelesen haben. Kommen Sie daher auf diesen Abschnitt erst danach zurück. Ich muss diesen Abschnitt allerdings hier einfügen, da er eine Besonderheit der lag- und lead-Funktion betrifft, die ich daher an dieser Stelle besprechen muss.

Der offset-Parameter, der für die Auswahl des Vorgängers verwendet wird, kann auch Ausdrücke verwenden, um den Offset zur Vorgängerzeile dynamisch zu berechnen. Ein solcher Ausdruck kann eine einfache Rechenregel, aber auch zum Beispiel eine skalare Unterabfrage oder der Aufruf einer Funktion sein. Als Beispiel könnte ich mir vorstellen, dass wir berechnen, wie viele Tage nach Einstellung des *ersten* Mitarbeiters der gleichen Abteilung ein anderer Mitarbeiter eingestellt wurde:

```
SQL> select deptno, ename,
  2          (select count(*)
  3                from emp
  4               where deptno = e.deptno
  5                 and hiredate > e.hiredate) offset,
  6          hiredate -
  7          lag(hiredate,
  8            (select count(*)
  9                from emp
 10               where deptno = e.deptno
 11                 and hiredate < e.hiredate))
 12            over (order by deptno, hiredate) hired_after
 13    from emp e
 14   order by deptno, hiredate;
```

```
    DEPTNO ENAME          OFFSET HIRED_AFTER
---------- ---------- ---------- -----------
        10 CLARK               2           0
        10 KING                1         161
        10 MILLER              0         228
        20 SMITH               4           0
        20 JONES               3         106
        20 FORD                2         351
        20 SCOTT               1        2314
        20 ADAMS               0        2348
        30 ALLEN               5           0
        30 WARD                4           2
        30 BLAKE               3          70
        30 TURNER              2         200
        30 MARTIN              1         220
        30 JAMES               0         286
14 Zeilen ausgewählt.
```

Listing 9.29 Die Funktion LAG mit dynamisch berechnetem Offset

Diese Abfrage ist sicherlich schon etwas komplizierter zu verstehen, daher bespreche ich sie in Teilen. Die Idee: Ich möchte gern darstellen, wie viele Tage vergangen sind zwischen dem Einstellungsdatum eines Mitarbeiters und dem Datum, zu dem der erste Mitarbeiter in die Abteilung eingestellt wurde. Klar ist, dass wir uns hier stets auf die erste Zeile beziehen müssen. Der Abstand zu dieser ersten Zeile variiert nach einem Sortierkriterium. Daher muss dieser Abstand dynamisch berechnet werden. Der Ausdruck, der dies berechnen kann, ist eine skalare Unterabfrage, die zählt, wie viele Mitarbeiter vor dem aktuellen Mitarbeiter eingestellt wurden. Damit diese Angabe klarer wird, habe ich diese Zahl in der Spalte OFFSET separat ausgeben lassen. Die gleiche Zahl wird der analytischen Funktion als zweiter Parameter übergeben, so dass die Funktion lag nun weiß, auf welchen Vorgänger sie sich beziehen muss.

Leider ist das Beispiel, so nett es vielleicht ist, auch ebenso unnötig, denn dieses Abfrageergebnis hätte auch ohne analytische Funktion dargestellt werden können. Dazu subtrahiere ich vom Einstellungsdatum einfach eine skalare Unterabfrage, die mir das erste Einstellungsdatum der Abteilung liefert:

```
SQL> select deptno, ename, hiredate,
  2       hiredate -
  3       (select min(hiredate)
  4          from emp
  5         where deptno = e.deptno)  hired_after
  6    from emp e
  7   order by deptno, hiredate;

    DEPTNO ENAME      HIREDATE HIRED_AFTER
---------- ---------- -------- -----------
        10 CLARK      09.06.81           0
        10 KING       17.11.81         161
        10 MILLER     23.01.82         228
        20 SMITH      17.12.80           0
        20 JONES      02.04.81         106
        20 FORD       03.12.81         351
        20 SCOTT      19.04.87        2314
        20 ADAMS      23.05.87        2348
        30 ALLEN      20.02.81           0
        30 WARD       22.02.81           2
        30 BLAKE      01.05.81          70
        30 TURNER     08.09.81         200
        30 MARTIN     28.09.81         220
        30 JAMES      03.12.81         286

14 Zeilen ausgewählt.
```

Listing 9.30 Vereinfachte Abfrage mit gleichem Ergebnis

Zugegeben, das Beispiel war insofern etwas blöd, doch ist es eben auch schwierig, für solch einfache Daten immer gute Beispiele zu finden. Der Vergleich der Abfragen zeigt jedoch auch die Ähnlichkeit der analytischen Funktionen zu skalaren Unterabfragen. Daher bietet sich hier vielleicht einmal der Vergleich der Ausführungspläne an. Dieser Vergleich geht bereits bei diesen wenigen Zeilen zugunsten der ersten Abfrage mit der analytischen Funktion aus, denn sie rechnet effizienter als die skalare, harmonisierte Unterabfrage. Ich denke, Sie können sich die Ausführungspläne bereits selbst anzeigen lassen und benötigen diese daher nicht ausgedruckt.

9.4 Zusammenfassung

Analytische Funktionen sind das lange geforderte Mittel, um einfach und performant komplexe Berichte zu erzeugen. Basierend auf den Ergebnissen der »normalen« Zeilen- und Gruppenfunktionen ermitteln die analytischen Funktionen abgeleitete Werte, seien es einfache Rangfolgen, Summen, Minima und Maxima oder komplexe finanzmathematische und statistische Werte. Die Syntax ist dabei kompakt und relativ leicht zu erlernen, insbesondere, weil die gleichen Bausteine der analytischen Klausel immer wiederkehren und so die Einarbeitung erleichtern. Doch auch außerhalb des Berichtswesens werden analytische Funktionen eingesetzt, um performant Daten in eine Rangfolge zu bringen oder Vergleiche gegen Ergebnisse der analytischen Funktionen zu erlauben. Gerade diese letzte Funktionalität setzt allerdings voraus, dass SQL-Anweisungen geschachtelt werden können, denn analytische Funktionen werden stets als letzte Gruppe innerhalb der select-Klausel bearbeitet und können daher weder durch die where- noch durch die having-Klausel gefiltert werden.

Syntaktisch haben analytische Funktionen einige Besonderheiten, so müssen hinter dem Funktionsnamen immer Parameterklammern angegeben werden, auch wenn kein Parameter übergeben wird. Ebenfalls obligat ist die Erweiterung des Funktionsnamens durch die Klausel over, gefolgt von der analytischen Klausel, die ebenfalls mindestens durch zwei Klammern angezeigt werden muss, auch, wenn keine der Klauseln, aus der die analytische Klausel bestehen kann, verwendet werden soll. Diese Bestandteile sind:

► Die Klausel partition by, mit der die Eingangsdatenmenge nach einem nur für diese Funktion gültigen Partitionierungskriterium unterteilt werden kann. Die Partitionierung kann dabei (natürlich) nicht feiner sein als die Gruppierung der Abfrage durch die Klausel group by, die ja vor Berechnung der analytischen Funktionen bereits berechnet wurde.

► Die Klausel order by, bei der es wichtig ist, zu verstehen, dass die Sortierung vor der Berechnung durch die analytische Funktion gemeint ist, dass also festgelegt wird, basierend auf welcher Sortierung zum Beispiel eine Rangfolge ermittelt wird. Diese Klausel ist daher unabhängig von der order by-Klausel der Abfrage, die nach Berechnung der analytischen Funktionen die Ergebnisse sortiert. Wir halten fest, dass auch diese Klausel nur auf die analytische Funktion selbst bezogen ist und demnach in anderen Funktionen damit auch anders lauten kann.

▶ Die windowing-Klausel, mit der eine Auswahl an Zeilen der Eingangsmenge ausgewählt werden kann, um zum Beispiel einen Durchschnitt oder eine Summe über diese Teilmenge zu berechnen. Es stehen grundsätzlich die Möglichkeiten der physikalischen oder logischen Definition zur Verfügung, wobei sich der Unterschied darauf bezieht, dass bei der ersten Definition einfach nur die Anzahl der Zeilen, bezogen auf die gerade bearbeitete Zeile, angegeben wird, während bei der logischen Definition ein Kriterium angegeben wird, aufgrund dessen die Anzahl der Zeilen dynamisch berechnet wird. Zur Wahl steht in diesem Fall die Definition über ein Intervall oder über einen Zahlwert.

9.5 Übungen

1. Ermitteln Sie, um wie viel ein besser verdienender Mitarbeiter mehr verdient als sein schlechter verdienender Vorgänger. Zusatzaufgabe: Partitionieren Sie die Abfrage nach Abteilung.

2. Geben Sie zu jedem Mitarbeiter das Gehalt sowie das auf zwei Nachkommastellen gerundete Durchschnittsgehalt der Abteilung, in der der Mitarbeiter arbeitet, an.

3. Ermitteln Sie, wie viel Zeit zwischen der Einstellung jeweils zweier Mitarbeiter vergangen ist. Geben Sie das Ergebnis in einer Spalte bezogen auf die Abteilung, in einer zweiten Spalte bezogen auf das Unternehmen aus. Beide Zeitdauern sollen als gerundete Intervalle year to month ausgegeben werden.

4. Ermitteln Sie die Rangfolge der a) durchschnittlichen und b) absoluten Gehaltszahlungen pro Abteilung, und geben Sie die Platzierung aus. Sie können beide Rangfolgen in einer Abfrage berechnen.

5. Stellen Sie dar, wie hoch die Differenz des Gehalts eines Mitarbeiters zum kleinsten bzw. größten, im Unternehmen gezahlten Gehalt ist. Verwenden Sie für die Beantwortung die Funktion first_value. Zusatzaufgabe: Beziehen Sie die Auswertung auf eine Abteilung.

6. Warum funktioniert die Abfrage aus der vorhergehenden Abfrage für die Ermittlung der Differenz zum größten Gehalt nicht »ohne Weiteres« mit last_value?

Kapitel 10
Unterabfragen

Ein noch fehlendes Mittel der SQL-Anweisung ist die Schachtelung
von SQL-Anweisungen als sogenannte Unterabfragen. Viele Fragestel-
lungen verlangen nach dieser Schachtelung, damit Teilergebnisse vorab
berechnet und anschließend verglichen werden können oder andere
logische Probleme umgangen werden. Daher sind Unterabfragen ein
unverzichtbarer Bestandteil Ihrer SQL-Ausdrucksmöglichkeiten.

Bislang haben wir in unseren Abfragen immer darauf geachtet, die verschiedenen Klauseln der Abfrage nur einmal zu verwenden. Oft gibt es aber auch Fragestellungen, die auf diese Weise nicht zu beantworten sind. Ein Beispiel für eine solche Abfrage ist die überraschend einfache Frage: »Wie heißt der Mitarbeiter mit dem geringsten Einkommen in unserem Unternehmen?«. Das Problem: Wir müssten erst einmal wissen, wie hoch das geringste Einkommen ist, um anschließend zu schauen, welcher Mitarbeiter dieses Einkommen bezieht. Wollten wir beide Schritte auf einmal machen, müssten wir in unserer Abfrage nach dem Namen gruppieren, da diese Spalte nicht Teil der Gruppenfunktion ist. Tun wir dies, würde allerdings lediglich das Mindestgehalt pro Nachname ausgegeben, was, wenn wir einmal davon ausgehen, dass keine zwei Mitarbeiter den gleichen Nachnamen haben, lediglich dem Gehalt des Mitarbeiters entspräche. Die Formulierung dieser Abfrage ist eigentlich gar nicht schwer, schwerer ist es, zu erkennen, dass für eine Abfrage eine Unterabfrage erforderlich ist. Dann kommt noch das Problem hinzu, dass wir immer mehrere Wege haben, eine solche Abfrage zu formulieren. Dabei stellt sich natürlich sofort die Frage, ob ein Weg besser oder schlechter geeignet ist als ein anderer, ob vielleicht eine Formulierung langsamer ist als eine andere. All diese Punkte wollen wir in diesem Kapitel klären.

10.1 Die Unterabfrage in der WHERE-Klausel

Starten wir damit, die Fragestellung aus dem Einführungstext zu beantworten.

10.1.1 Unterabfragen, die einen Wert zurückliefern: Skalare Unterabfrage

Wenn wir wissen möchten, wie der Mitarbeiter heißt, der das geringste Gehalt bezieht, müssen wir zunächst ermitteln, wie hoch dieses Gehalt ist, um in einem zweiten Schritt zu ermitteln, welcher Mitarbeiter dieses Gehalt bezieht. Beide Fragen für sich sind einfach zu ermitteln:

```
SQL> -- Wie hoch ist das minimale Gehalt
SQL> select min(sal)
  2    from emp;


  MIN(SAL)
----------
       800


SQL> -- Wer verdient es?
SQL> select ename, job, sal
  2    from emp
  3   where sal = 800;


ENAME      JOB            SAL
---------- --------- ----------
SMITH      CLERK          800
```

Listing 10.1 Ausgangslage: Die beiden Teilabfragen

Nun kann es natürlich nicht bei diesem Verfahren bleiben, denn wir möchten nicht zwei Abfrage ausführen müssen, um eine Antwort zu erhalten. Ideal wäre es, wenn wir die erste Abfrage genau an der Stelle einfügen könnten, bei der in der zweiten Abfrage die Zahl 800 steht. Das werden wir auch tun, allerdings müssen wir nun dafür Sorge tragen, dass die Datenbank unsere Abfrage noch verstehen kann. Denn nun sind zwei select-Abfragen vorhanden, das kann schnell zu Verwirrungen führen. Tröstlich zu wissen, dass nun auch einmal der Computer verwirrt werden könnte und Klammern benötigt, um den Überblick zu behalten. Die Unterabfrage wird also als Ganzes eingeklammert und an der entsprechenden Stelle eingefügt:

```
SQL> select ename, job, sal
  2    from emp
  3   where sal = (select min(sal)
  4                  from emp);


ENAME      JOB            SAL
---------- --------- ----------
SMITH      CLERK          800
```

Listing 10.2 Unsere erste Unterabfrage: Wer verdient am wenigsten?

Trotz der kurzen Genugtuung bezüglich der Konfusion des Computers: Es bleibt dabei, dass wir Menschen immer noch schneller ins Chaos stürzen als der Computer.

Spätestens mit Einführung der Unterabfragen ist nun eine klare Formatierung Pflicht! Ich bemühe mich um eine solche, werde aber eventuell Probleme mit der Spaltenbreite des Buches bekommen, die mich zwingt, eine etwas unklarere Formatierung zu wählen. Daher möchte ich schon vorab betonen, dass die Formatierung, die Sie wählen, stets so eindeutig und klar wie irgend möglich gehalten sein sollte. Ich wiederhole gern, privat eher unordentlich zu sein, nicht aber bei der Formatierung in SQL. Eine unklare Formatierung wäre – diesen Begriff habe ich irgendwo gelesen und mag ihn in diesem Zusammenhang – *professioneller Selbstmord*.

Zurück zur Abfrage. Diese Abfrage, so einfach und überzeugend sie sich auch darstellen mag, ist ein Sonderfall in mehrerlei Hinsicht: Wir haben darauf geachtet (na ja, sagen wir in diesem Fall besser, es hat sich so ergeben), dass für einen *mathematischen Vergleich* auf beiden Seiten des Gleichheitszeichens auch nur genau eine Zahl steht. Links ist das kein Problem, denn dort wird ein Spaltenwert referenziert. Rechts aber ist das ein Problem, denn wir hätten vieles unternehmen (oder lassen) können, was zur Folge gehabt hätte, dass hier entweder mehrere Spalten und/oder mehrere Zeilen ausgegeben worden wären. All diese Varianten wären in der vorliegenden Form fehlerhaft gewesen: Wir müssen darauf achten, dass der Vergleich zu wahr evaluiert werden kann. In unserem Beispiel sorgt die Gruppenfunktion für genau eine Zeile (zumindest, solange Sie nicht noch nach Abteilung gruppieren!). Eine solche Abfrage nennen wir eine *skalare Unterabfrage*. Der Begriff leitet sich aus dem mathematischen Skalar ab, was eine mathematische Größe bezeichnet, die allein durch eine Zahl ausgedrückt wird. Übertragen auf Datenbanken meint dies: Ein einzelner Wert, der einem einfachen Grundtyp der Datenbank entspricht, also etwa ein Datum, eine Zahl oder eine Zeichenkette, nicht aber eine Gruppe von Spalten und/oder Zeilen oder komplexe, objektorientierte Strukturen. Solche skalaren Unterabfragen spielen in SQL eine besondere Rolle, da sie fast überall verwendet werden können. Ich komme später in diesem Kapitel noch einmal darauf zurück.

Beispiele für solche Fragestellungen gibt es viele: Wer arbeitet in der gleichen Abteilung wie BLAKE? Wer hat den gleichen Beruf wie SCOTT? Aber auch: Wer verdient mehr als MILLER, wer wurde vor KING eingestellt etc.? Vielleicht sehen Sie diese Liste bereits als Aufgabenliste? Versuchen Sie sich daran! Ich habe im SQL-Skript zu diesem Kapitel diese Fragen beantwortet, falls Sie mit einer nicht weiterkommen. Doch bevor Sie den einfachen Weg gehen: Versuchen Sie, die Fragen zunächst in die zwei Teilfragen zu zerlegen. Beantworten Sie zunächst die innere Abfrage und formulieren Sie diese in SQL. Dann kommt die äußere Abfrage. Kopieren Sie anschließend die innere in die äußere Abfrage.

Soweit also die einfachste Form der Unterabfrage in der where-Klausel. Lassen Sie uns die Dinge etwas komplexer machen, indem wir nun erweitern, dass auch mehrere Spalten oder mehrere Zeilen aus der Unterabfrage zurückgeliefert werden.

10.1.2   Unterabfragen mit mehreren Zeilen

Der einfachere der beiden Fälle ist eine Unterabfrage, die mehrere Zeilen zurückliefert. Wir können ja einfach die bereits bekannte Fragestellung nach dem Mitarbeiter mit dem geringsten Gehalt dahin erweitern, dass wir die Mitarbeiter mit dem geringsten Gehalt *ihrer Abteilung* erfragen. Klar ist, dass nun mehrere Mindestgehälter geliefert werden. Wenn wir dann aber in einem Vergleich noch ein Ergebnis ermitteln können möchten, benötigen wir einen Operator, der mit einer Menge von Werten umgehen kann. Zum Glück kennen wir den bereits: Es ist der Operator in. Wir haben diesen Operator bislang als Kurzform für eine Liste von or-Klauseln verwendet, nun füllen wir die Liste von Werten einfach mit einer Unterabfrage. Natürlich müssen wir keine Sorge dafür tragen, dass die Werte als kommaseparierte Liste formatiert werden, es reicht, die Einzelwerte als Zeilen einer Ergebnismenge zu übergeben. Nun ist die Formulierung der Abfrage oben relativ leicht:

```
SQL> select ename, job, sal, deptno
  2    from emp
  3   where sal in (select min(sal)
  4                   from emp
  5                  group by deptno);


ENAME      JOB              SAL    DEPTNO
---------- ---------- ---------- ----------
SMITH      CLERK            800        20
JAMES      CLERK            950        30
MILLER     CLERK           1300        10
```

Listing 10.3 Frage nach den Geringverdienern pro Abteilung

Das Gleichheitszeichen haben wir durch den in-Operator ersetzt und die Unterabfrage gruppiert nach Abteilung. Das war es auch schon, nun sehen wir die drei Mitarbeiter mit dem kleinsten Gehalt der Abteilung. Für alle, die jetzt einwenden, dass dieses Ergebnis reine Glückssache sei: Ich weiß, aber das klären wir im nächsten Abschnitt. Für alle, die das nicht einwenden: Denken Sie doch einmal darüber nach, warum Sie das eigentlich hätten einwenden müssen. Wir halten hier fest: Eine Unterabfrage kann mehrere Zeilen liefern. Wir müssen lediglich dafür Sorge tragen, dass der Operator mit dieser Ergebnismenge umgehen kann. Ich möchte Ihnen hier noch – mehr der Vollständigkeit halber – zwei Operatoren zeigen, die Sie ebenfalls für diese Aufgabe heranziehen können. Mir sind diese Operatoren nicht ganz geheuer, weil sie durch andere (einfachere) Formulierungen der SQL-Anweisung ersetzt werden können und logisch vertrackt sind, aber seis drum: Die Operatoren heißen all und any und können zwischen einem mathematischen Operator und der Unterabfrage geschrieben werden. Inhaltlich bedeuten diese Operatoren: ... als *alle* Werte der Unterabfrage ... oder ... als *einer* der Werte der Unterabfrage ... Klarer wird dies eventuell an einem kurzen Beispiel: Wir wollen wissen, wer weniger verdient als eines der Minimumgehälter der verschiedenen Abteilungen. Die Abfrage lautet nun:

```
SQL> select ename, job, sal, deptno
  2     from emp
  3     where sal < any (select min(sal)
  4                         from emp
  5                         group by deptno)
  6     order by sal;

ENAME       JOB              SAL    DEPTNO
----------  ---------  ----------  ----------
SMITH       CLERK            800        20
JAMES       CLERK            950        30
ADAMS       CLERK           1100        20
WARD        SALESMAN        1250        30
MARTIN      SALESMAN        1250        30
```

Listing 10.4 Verwendung der Funktion ANY

Nun ist es möglich, einen Vergleich über den mathematischen Operator < durchzuführen, der eigentlich nur mit Skalaren arbeiten kann, denn any »versteckt« die verschiedenen Werte der Unterabfrage vor dem mathematischen Operator, so dass dieser nun auch mit einer Menge an Werten verwendet werden kann. Das Problem: Wenn ein Wert kleiner als *irgendein* Minimum der Abteilung sein soll, ist dieser Wert doch wohl insbesondere kleiner als das *maximale* Mindestgehalt der Abteilungen. Das aber lässt sich doch direkt abfragen:

```
SQL> select ename, job, sal, deptno
  2     from emp
  3     where sal < (select max(min(sal))
  4                     from emp
  5                     group by deptno)
  6     order by sal;

ENAME       JOB              SAL    DEPTNO
----------  ---------  ----------  ----------
SMITH       CLERK            800        20
JAMES       CLERK            950        30
ADAMS       CLERK           1100        20
WARD        SALESMAN        1250        30
MARTIN      SALESMAN        1250        30
```

Listing 10.5 Umgeschriebene Variante, ohne ANY

365

Wenn ein Wert < any ist, ist er also kleiner als das Maximum der betrachteten Werte. Ist die Abfrage aber über > any gestellt, so ist das Minimum der betrachteten Werte gemeint. Ähnlich ist es mit all: < all meint kleiner als das Minimum, > all meint größer als das Maximum. Mir ist das alles zu sehr von hinten durch die Brust ins Auge, ich komme mit der direkten Formulierung wie < max einfach besser klar, das ist für mich logisch einfacher nachvollziehbar. Daher sind für mich diese Operatoren eher Randfiguren, die ich hiermit erläutert habe. Selber benutze ich diese Operatoren so gut wie nie.

10.1.3   Unterabfragen mit mehreren Spalten

Ein besonders trickreiches Konzept verbirgt sich hinter den Unterabfragen mit mehreren Spalten (und eventuell auch mehreren Zeilen, das kennen wir ja schon). Zunächst der eigentliche Anwendungsfall: In der Abfrage, die uns die Mitarbeiter liefern sollte, die jeweils das kleinste Gehalt ihrer Abteilung beziehen, habe ich bereits angedeutet, dass die Ausgabe Zufall ist. Zufall deshalb, weil zufällig kein Mitarbeiter einer Abteilung ein Gehalt bezieht, dass dem Mindestgehalt einer anderen Abteilung entspricht. Dann nämlich wäre dieser Mitarbeiter ebenfalls ausgegeben worden, obwohl dieser nicht das kleinste Gehalt seiner Abteilung bezieht. Das Problem können wir nur lösen, wenn wir neben dem Gehalt auch noch die Abteilung vergleichen. Ein Mitarbeiter muss also in Abteilung und Gehalt der Abteilung und dem Mindestgehalt entsprechen, das für die entsprechenden Abteilungen berechnet wurde. Unser Vergleich geht nun über zwei Spalten:

```
SQL> select ename, job, sal, deptno
  2    from emp
  3   where (deptno, sal) in
  4         (select deptno, min(sal)
  5            from emp
  6           group by deptno);


ENAME      JOB             SAL    DEPTNO
---------- ---------- ---------- ----------
JAMES      CLERK           950         30
SMITH      CLERK           800         20
MILLER     CLERK          1300         10
```

Listing 10.6 Unterabfrage mit mehreren Spalten

Sie erkennen, dass in der Hauptabfrage zwei Spalten in einer Klammer notiert wurden. Diese Klammern sind erforderlich, um anzuzeigen, dass nun ein *Tupel* (so bezeichnen wir eine Menge skalarer Werte einer Tabelle) mit einem anderen verglichen werden soll. Wieder verwenden wir den Operator in, um mit der Unterabfrage umzugehen, die nun mehrere Werte liefert. Die Unterabfrage wiederum liefert nun nicht nur mehrere Zeilen, sondern auch noch zwei Spalten. Diese Spalten müssen ebenso angeordnet sein wie das Tupel der äußeren Abfrage, will sagen: Die Einzelwerte des Tupels werden positional mit den Einzelwerten des Tupels der Unterabfrage verglichen. Wichtig dabei: Nicht die Namen der Spalten müssen gleich sein, sondern die Datentypen müssen sich vergleichen lassen, also number mit number, date mit date und varchar2 mit varchar2.

10.1.4   Paarweiser und nicht paarweiser Vergleich

Vergleiche dieser Art nennen wir einen *paarweisen Vergleich*, weil in diesem Vergleich alle Einzelwerte eines Tupels mit allen Einzelwerten eines anderen Tupels übereinstimmen müssen. Theoretisch können wir die Abfrage oben auch anders schreiben:

```
SQL> select ename, job, sal, deptno
  2    from emp
  3   where sal in (select min(sal)
  4                   from emp
  5                  group by deptno)
  6     and deptno in (select deptno
  7                      from emp)
  8   order by sal;


ENAME      JOB              SAL    DEPTNO
---------- ---------- ---------- ----------
SMITH      CLERK             800         20
JAMES      CLERK             950         30
MILLER     CLERK            1300         10
```

Listing 10.7 Andere Schreibweise, aber nur zufällig das gleiche Ergebnis

Wieder erhalten wir das gleiche Ergebnis, aber ebenfalls nur durch Zufall: Wir haben versucht, einen Vergleich über das Gehalt und die Abteilung dadurch zu realisieren, dass wir zwei Bedingungen mit jeweils einer Unterabfrage in die where-Klausel geschrieben haben. Das geht allerdings logisch nicht, denn nun fragen wir, »Hat ein Mitarbeiter das gleiche Gehalt wie ein Mindestgehalt einer Abteilung?« und »Arbeitet ein Mitarbeiter in einer der Abteilungen?«. Gerade die zweite Formulierung ist unter den gegebenen Umständen wirklicher Unsinn: Natürlich arbeitet jeder Mitarbeiter in einer der Abteilungen. Dadurch entfällt diese zweite Einschränkung logisch, weil sie immer wahr ist. Das wäre nur dann anders, wenn ein Mitarbeiter keiner Abteilung zugewiesen wäre. Sie können an dieser Formulierung aber sehen, dass diese Form der Schreibweise deshalb falsch ist, weil beide Einschränkungen *unab-*

hängig voneinander überprüft werden, der and-Operator wird lediglich die Ergebnisse dieser unabhängigen Prüfungen auswerten. Anders formuliert: Sie könnten denken, dass diese Schreibweise die Suche so einschränkt, dass sowohl Abteilung und Gehalt gleichzeitig übereinstimmen müssen. Das ist aber nicht so, es wird lediglich geprüft, ob das Gehalt *irgendeinem* Mindestgehalt einer Abteilung entspricht *und* ob die Abteilung *irgendeiner* Abteilung des Unternehmens entspricht. Daher nennen wir diese Suche die *nicht-paarweise Suche.* Der Unterschied kann sehr schwer zu erkennen sein und vor allem, je nach Datenlage, nicht einmal unterschiedliche Ergebnisse liefern, wie das auch in unserem Fall stimmt. Aber lassen Sie mich eine Abfrage konstruieren, die ein unterschiedliches Ergebnis liefert:

Ich suche einen Mitarbeiter, der das gleiche Gehalt und den gleichen Bonus verdient wie einer der SALESMAN. Als Ersatzwert für eine fehlende Bonusberechtigung soll angenommen werden, dass der Bonus 0 beträgt. Damit ich Ihnen nun einen Effekt zeigen kann, muss ich dem Mitarbeiter MILLER für diese Abfrage ein anderes Gehalt zuteilen, statt 1300 Talern soll er nun lediglich 1250 Taler verdienen. Die Rohdaten sehen also aus wie folgt:

```
SQL> select ename, job, sal, nvl(comm, 0) comm
  2    from emp;
```

ENAME	JOB	SAL	COMM
SMITH	CLERK	800	0
ALLEN	SALESMAN	1600	300
WARD	SALESMAN	1250	500
JONES	MANAGER	2975	0
MARTIN	SALESMAN	1250	1400
BLAKE	MANAGER	2850	0
CLARK	MANAGER	2450	0
SCOTT	ANALYST	3000	0
KING	PRESIDENT	5000	0
TURNER	SALESMAN	1500	0
ADAMS	CLERK	1100	0
JAMES	CLERK	950	0
FORD	ANALYST	3000	0
MILLER	CLERK	**1250**	0

Fragen wir nun, ob ein Mitarbeiter in Gehalt und Bonus mit irgendeinem SALESMAN übereinstimmt:

```
SQL> select ename, job, sal
  2    from emp
  3   where (sal, comm) in
```

```
 4        (select sal, comm
 5           from emp
 6          where job = 'SALESMAN')
 7      and job != 'SALESMAN';
```

Es wurden keine Zeilen ausgewählt

Der paarweise Vergleich hat keinen Treffer gefunden. Zwar existieren SALESMAN mit einem Gehalt von 1250 Talern, doch haben beide einen Bonus von 500 bzw. 1400 Talern. Der Bonus 0 ist zwar auch vorhanden, allerdings nur bei TURNER, der wiederum ein Gehalt von 1500 Talern bezieht. Anders ist die Situation in der folgenden Abfrage:

```
SQL> select ename, job, sal
  2    from emp
  3   where sal in
  4        (select sal
  5           from emp
  6          where job = 'SALESMAN')
  7      and nvl(comm, 0) in
  8        (select comm
  9           from emp
 10          where job = 'SALESMAN')
 11      and job != 'SALESMAN';

ENAME      JOB            SAL
---------- --------- ----------
MILLER     CLERK           1250
```

Listing 10.8 Vergleich von paarweisem und nicht paarweisem Vergleich

Diese Abfrage prüft im Falle des Mitarbeiters MILLER, ob *irgendein* SALESMAN ein Gehalt von 1250 Talern hat. Das ist gleich mehrfach der Fall: WARD und MARTIN verdienen dieses Gehalt. Dieser Teil der Aussage ist also wahr. Nun fragt die nächste Abfrage, ob *einer* der SALESMAN einen Bonus von 0 hat. Auch dies ist wahr, denn der SALESMAN TURNER hat noch keinen Bonus verdient. Beide Teilaussagen sind wahr, daher wird MILLER nun ausgegeben. Wird also das Tupel SAL, COMM verglichen, ist sichergestellt, dass der Treffer in einer Zeile der Vergleichsmenge ermittelt werden muss, während bei der nicht paarweisen Vergleichsform die beiden Bestandteile des Tupels unabhängig voneinander geprüft werden und ein Treffer dann erreicht wird, wenn jeder der beiden Werte unabhängig voneinander einen Treffer in der Vergleichsliste findet. Dieser Unterschied ist sehr klein und oftmals nicht von Belang, weil die verschiedenen Abfragetypen oft keine unterschiedlichen Ergebnisse liefern. Es können aber durch die falsche Abfrageform auch schwer zu findende Fehler versteckt sein, die Sie nur vermeiden können, wenn Ihnen der Unterschied zwischen den Abfrageformen klar ist. Und – nur, falls Sie dieses Problem ärgert: Es ist nicht von Oracle abhängig, sondern ein logisches Problem, mit dem Sie einfach umgehen müssen, ob Ihnen das passt oder nicht. Datenbanken denken logisch, nicht intuitiv. Versuchen Sie Ihrer Datenbank doch einmal »das meinte ich doch« zu vermitteln, und zumindest Sie wissen, was ich meine, wenn schon Oracle nicht ...

10.1.5   Harmonisierte Unterabfrage

Eine Sonderform der Unterabfrage ist die sogenannte *harmonisierte Unterabfrage*. Damit ist gemeint, dass in der Unterabfrage eine Referenz auf die äußere Abfrage enthalten ist. Auch hier sagt ein Beispiel wieder mehr als tausend Worte. Stellen wir uns vor, wir wollten wissen, wer ein Gehalt über dem Durchschnitt der Abteilung verdient, *in der er arbeitet*. Das klingt zunächst einmal nicht sehr spannend, denn wir haben ja bereits ähnliche Auswertungen gemacht. Wir könnten nun versuchen, eine Unterabfrage zu erstellen, die alle Durchschnittsgehälter aller Abteilungen berechnet, um dann das Tupel aus Abteilungsnummer und Gehalt mit dem ... Wahrscheinlich sehen Sie bereits jetzt das Problem auf Sie zukommen: Wie können wir in einem Tupel-Vergleich sagen, dass die erste Spalte gleich, die zweite aber größer sein soll als der Vergleichswert? Ganz einfach: gar nicht. Wenn wir einen solchen Vergleich anstellen möchten, müssen wir das anders angehen. Wir formulieren das so, dass für einen Mitarbeiter in einer Unterabfrage das Durchschnittsgehalt *seiner Abteilung* gerechnet wird und vergleichen anschließend das Ergebnis mit dem Gehalt des Mitarbeiters. Das Problem besteht in der Formulierung *seiner Abteilung*, denn woher »weiß« die Unterabfrage, in welcher Abteilung ein Mitarbeiter der äußeren Abfrage gerade arbeitet? Wir müssen der Unterabfrage mitteilen, wo in der äußeren Abfrage wir gerade sind, die Unterabfrage wird dadurch mit der äußeren *harmonisiert*, woher (Überraschung!) auch der Name resultiert. Sehen Sie sich bitte folgende Abfrage einmal genauer an:

```
SQL> select ename, deptno, job, sal
  2    from emp e
  3   where e.sal > (select avg(a.sal)
  4                    from emp a
  5                   where a.deptno = e.deptno);


ENAME          DEPTNO JOB             SAL
---------- ---------- --------- ----------
ALLEN              30 SALESMAN       1600
JONES              20 MANAGER        2975
BLAKE              30 MANAGER        2850
```

SCOTT	20 ANALYST	3000
KING	10 PRESIDENT	5000
FORD	20 ANALYST	3000

Listing 10.9 Beispiel für eine harmonisierte Unterabfrage

Der spannende Punkt ist die Referenz der inneren auf die äußere Abfrage durch das Tabellenalias e, das wir für die äußere Tabelle vereinbart haben. Damit Sie beide Quellen unterscheiden können, habe ich die innere Tabelle emp mit dem Tabellenalias a wie *average* versehen. Das Ganze funktioniert so: Für jede äußere Zeile wird nun die aktuelle Abteilungsnummer in die innere Abfrage »hineingereicht«. Da über diese Nummer nun die Mitarbeiter gefiltert werden, sieht die Gruppenfunktion lediglich die Mitarbeiter der aktuellen Abteilung. Darüber rechnet sie ein Durchschnittsgehalt. Ist dies geschehen, wird verglichen, ob das aktuelle Gehalt größer ist als dieses Durchschnittsgehalt. Ist das so, wird die Zeile der äußeren Tabelle ausgegeben. Daran, dass dies möglich ist, muss man sich wahrscheinlich zunächst einmal gewöhnen. Gewöhnen Sie sich aber nicht gleich zu sehr, denn normalerweise gibt es zu dieser Schreibweise eine Alternative, die etwas einfacher zu verstehen ist und die wir im nächsten Abschnitt behandeln werden. Die dort gezeigte Lösung dieses Problems hat zudem auch noch den Vorteil, dass wir einen Zugriff auf das Durchschnittsgehalt bekommen, es also auch in der select-Klausel ausgeben können, was in unserer Abfrage oben nicht geht. Ich sehe die harmonisierte Unterabfrage eher als eine syntaktische Alternative, Sie müssen sie kennen, weil sie Ihnen mit ziemlicher Sicherheit auch in Abfragen begegnen wird, die Sie nicht selbst geschrieben haben. Zudem ist die harmonisierte Unterabfrage häufig als *skalare Unterabfrage* anzutreffen (siehe Abschnitt 10.3, »Die Unterabfrage in der SELECT-Klausel (skalare Unterabfrage)«). Ich bevorzuge jedoch normalerweise die Schreibweise des nächsten Abschnitts.

10.2   Die Unterabfrage in der FROM-Klausel (Inner View)

Eine andere Variante der Unterabfrage ist recht einfach zu verstehen, es ändert sich im Vergleich zur ersten Form lediglich die Klausel, in der die Unterabfrage verwendet wird, nicht aber die grundsätzliche Syntax. Die Klausel wandert nun in die from-Klausel der Abfrage. Natürlich wird dort kein direkter Vergleich mit anderen Spaltenwerten durchgeführt, das ist der where-Klausel vorbehalten. Da in der from-Klausel die Tabellen aufgeführt werden, ist es vielmehr so, dass die Unterabfrage sich wie eine Tabelle verhält, das Ergebnis der Abfrage ist also einer Tabelle gleichzusetzen. Ich hatte ja verschiedentlich darauf hingewiesen, dass nach Auswertung der from-Klausel eine neue, virtuelle Tabelle entstanden ist, auf die sich nun die select-Klausel und auch die where-Klausel beziehen. Der Datenbank ist es dabei vollständig egal, ob die Daten einer Tabelle von der Festplatte in den Arbeitsspeicher geladen werden oder als Ergebnis einer Abfrage auf Daten des Arbeitsspeichers dort abgelegt werden. Daher gibt es keinerlei logische Unterschiede zwischen einer »richtigen« Tabelle und einer Abfrage in der from-Klausel. Wir nennen eine solche Abfrage in Anlehnung an den Begriff *View* – den ich in Kapitel 12, »Views erstellen«, noch näher beschreiben werde – eine *Inner View*. Dafür gibt es zwar auch deutsche Begriffe, doch sind diese recht ungebräuchlich, man könnte hier von einer »inneren Datensicht« sprechen.

10.2.1   Beispiel

Im Abschnitt 10.1.5, »Harmonisierte Unterabfrage«, habe ich diese Schreibweise bereits angekündigt, und ich möchte gern das dort beschriebene Beispiel heranziehen, um Ihnen eine andere, elegantere Lösung des dort geschilderten Problems zu zeigen. Wir wollten dort wissen, welcher Mitarbeiter mehr als das Durchschnittsgehalt seiner Abteilung verdient. Wir haben eine Lösung über die harmonisierte Unterabfrage erhalten, doch können wir mit einer Unterabfrage auch einen anderen Weg gehen. Angenommen, wir interpretieren die folgende Abfrage als Tabelle:

```
SQL> select deptno, avg(sal) avg_sal
  2    from emp
  3    group by deptno;

    DEPTNO    AVG_SAL
---------- ----------
        30 1566,66667
        20       2175
        10 2916,66667
```

Listing 10.10   Eine einfache Abfrage zu den Durchschnittsgehältern

Diese Abfrage ist für sich genommen nichts Besonderes. Wenn diese Abfrage jedoch als Tabelle interpretiert würde, ergäbe sich die Möglichkeit, das Problem mit einem Join auf diese Tabelle und einem Vergleich des aktuellen Gehalts gegen die Spalte AVG_SAL zu lösen. Die zugehörige Abfrage sieht so aus:

```
SQL> select e.ename, e.job, e.sal, a.avg_sal
  2    from emp e
  3    join (select deptno, avg(sal) avg_sal
  4            from emp
  5            group by deptno) a
  6    on e.deptno = a.deptno
  7   where e.sal > a.avg_sal;
```

```
ENAME      JOB              SAL   AVG_SAL
---------- ---------- ---------- ----------
ALLEN      SALESMAN       1600 1566,66667
JONES      MANAGER        2975       2175
BLAKE      MANAGER        2850 1566,66667
SCOTT      ANALYST        3000       2175
KING       PRESIDENT      5000 2916,66667
FORD       ANALYST        3000       2175
```

Listing 10.11 Lösung des Problems mit einer Inner View

Die einzelnen Teile der Abfrage für sich sind nicht neu. Die Verknüpfung zweier Tabellen über einen Join natürlich auch nicht. Neu ist lediglich, dass die eine Tabelle als Ergebnis einer select-Abfrage entstanden ist. Wenn wir das für den Moment hinnehmen, ist die Abfrage an sich nicht weiter aufregend. Natürlich können wir uns hier fragen, ob die Unterteilung der Prüfungen in eine Join-Bedingung und eine where-Klausel so richtig ist, oder ob nicht etwa beide Prüfungen in die Join-Bedingung gehört hätten. Ich habe mich für diese Aufteilung entschieden, weil die Join-Bedingung die Zuordnung der Tabellenzeilen regelt, während die where-Klausel filtert, welche Zeile in die Ausgabe kommt. Beachten Sie, dass ich die Unterabfrage genauso behandelt habe wie bereits in der where-Klausel, die SQL-Anweisung muss also in Klammern gesetzt werden. Um diese virtuelle Tabelle später zu referenzieren, wäre ein Name für dieses Konstrukt nicht schlecht, daher ist ein Tabellenalias für eine Inner View obligat. Beachten Sie auch einen wichtigen Unterschied zur Unterabfrage in der where-Klausel: Dort war es möglich, einfach gegen das Ergebnis der Funktion avg(sal) zu vergleichen. Da es sich in diesem Beispiel um eine Tabelle handelt, müssen Spaltenbezeichner vergeben werden, die der Namenskonvention für Spalten gehorchen, und das täte ein Funktionsname nicht. Daher muss der Funktionsname nun hinter einem Spaltenalias verborgen werden. Sind diese beiden Aliase vergeben, referenzieren Sie die Spalten der Abfrage einfach nach dem Schema Tabellenalias.Spaltenalias, wie bei jeder anderen Tabelle auch. Wie versprochen, wird die Mühe belohnt durch die Möglichkeit, auf den Durchschnittswert der Abteilung zugreifen zu können, was in der Variante mit der harmonisierten Sicht nicht möglich war.

10.2.2   Vergleich zur harmonisierten Unterabfrage

Welche der beiden Varianten, harmonisierte Unterabfrage oder Inner View, ist nun aber günstiger, welche Version sollten Sie verwenden? Aus Performanzgründen könnte ich nun sagen, es sollte einen Unterschied machen, denn bei der harmonisierten Unterabfrage wird ja für jede Zeile der äußeren Abfrage ein neuer Durchschnittswert berechnet, während bei der Inner View lediglich für jede Abteilung einmal der Wert berechnet und anschließend nur referenziert wird. In der Praxis ist ein Unterschied aber nicht spürbar, weil Oracle die harmonisierte Abfrage ohnehin in eine Inner View umschreibt. Wie bitte? Sollen wir wirklich glauben, dass Oracle den Sinn von SQL-Anweisungen so weitgehend versteht, dass es die Abfrage logisch umschreibt? Tatsächlich ist Oracle so frei, wie ein Vergleich der Ausführungspläne beider Anweisungen zeigt. Ich zeige den Ausführungsplan (eine aufgrund des verfügbaren Platzes etwas gekürzte Version) diesmal in SQL*Plus und nicht im SQL Developer, aber das Ergebnis ist natürlich gleich:

```
SQL> set autotrace on;
SQL> select ename, deptno, job, sal
  2    from emp e
  3    where e.sal > (select avg(a.sal)
  4                     from emp a
  5*                    where a.deptno = e.deptno)
```

```
Ausführungsplan
-----------------------------------------------------------
Plan hash value: 1245077725

---------------------------------------------------------------------------
| Id  | Operation              | Name    | Rows | Bytes | Cost
---------------------------------------------------------------------------
|   0 | SELECT STATEMENT       |         |    1 |    47 |    8
|*  1 |  HASH JOIN             |         |    1 |    47 |    8
|   2 |   VIEW                 | VW_SQ_1 |    3 |    78 |    4
|   3 |    HASH GROUP BY       |         |    3 |    21 |    4
|   4 |     TABLE ACCESS FULL  | EMP     |   14 |    98 |    3
|   5 |   TABLE ACCESS FULL    | EMP     |   14 |   294 |    3
---------------------------------------------------------------------------

Predicate Information (identified by operation id):
-----------------------------------------------------------
   1 - access("ITEM_1"="E"."DEPTNO")
       filter("E"."SAL">"AVG(A.SAL)")
```

Listing 10.12 Ausführungsplan der Variante »harmonisierte Unterabfrage«

Bereits hier sehen Sie, dass zur Berechnung der Abfrage eine View mit dem Namen VW_SQ_1 erstellt wurde. Da in dieser »Inner View« auch gruppiert wird, ahnen wir bereits, was die Datenbank da anstellt: Die Abfrage ist zu einer Inner-View-Variante umgeschrieben worden und hat daher den gleichen Ausführungsplan wie die Variante, die direkt die Inner View verwendet. Hier der Beleg:

```
SQL> select e.ename, e.job, e.sal, a.avg_sal
  2    from emp e
  3    join (select deptno, avg(sal) avg_sal
```

```
4                from emp
5                group by deptno) a
6        on e.deptno = a.deptno
7     where e.sal > a.avg_sal;
```

Ausführungsplan

```
---------------------------------------------------------------
Plan hash value: 269884559
---------------------------------------------------------------

| Id  | Operation             | Name | Rows  | Bytes | Cost
---------------------------------------------------------------
|   0 | SELECT STATEMENT      |      |     1 |    47 |    8
|*  1 |  HASH JOIN            |      |     1 |    47 |    8
|   2 |   VIEW               |      |     3 |    78 |    4
|   3 |    HASH GROUP BY      |      |     3 |    21 |    4
|   4 |     TABLE ACCESS FULL| EMP  |    14 |    98 |    3
|   5 |   TABLE ACCESS FULL   | EMP  |    14 |   294 |    3
---------------------------------------------------------------

Predicate Information (identified by operation id):
---------------------------------------------------------------

   1 - access("E"."DEPTNO"="A"."DEPTNO")
       filter("E"."SAL">"A"."AVG_SAL")
```

Listing 10.13 Zum Vergleich die Ausgabe mittels Inner View

Sie sehen: Bis auf den fehlenden Bezeichner der Inner View sind beide Pläne absolut identisch. Witzig vielleicht noch die Spaltenbezeichnung der von Oracle erstellten Inner View: ITEM_1 statt DEPTNO im zweiten Beispiel. Inhaltlich macht diese Umformung Sinn, denn wir können uns vorstellen, dass es nicht sinnvoll ist, 14-mal den Durchschnitt eines Abteilungsgehalts zu berechnen. Besser ist es, die verfügbaren Durchschnittsgehälter einmal zu berechnen und in der Folge einfach direkt zu vergleichen. Beeindruckend ist allerdings, dass die Datenbank dies erkennt und die Abfrage entsprechend umstellt. Bitte denken Sie nun aber nicht, dass es daher ohnehin egal sei, wie Sie eine Abfrage schreiben, Oracle optimiere alle Fehler ja ohnehin weg. Zunächst, und das ist die gute Nachricht, können Sie sich im Regelfall auf die einfachste (will meinen am einfachsten zu verstehende) Abfrage beschränken und die Datenbank den Rest machen lassen. Insofern könnte man auch argumentieren, dass eine schlechte select-Abfrage durch die Datenbank optimiert wird und daher kein Problem sei. Aber selbst, wenn die Datenbank eine schlechte select-Abfrage optimiert, stört diese die Datenbank eventuell weniger als vielmehr Sie selbst, wenn Sie später versuchen, Ihren eigenen Code noch zu verstehen. Weichen Sie aus Gründen der Geschwindigkeit (die Sie dann bitte auch nachgewiesen haben sollten) von einer einfachen Variante ab, wäre das im Übrigen vielleicht ein guter Grund für einen Kommentar.

Viel mehr ist aus meiner Sicht zum Thema Unterabfragen gar nicht zu sagen. Sie können natürlich mehrere Unterabfragen hintereinander schreiben und mit jeweils einem Tabellenalias bezeichnen, so, wie Sie das auch mit Tabellen tun. Auch in diesem Fall werden die einzelnen Unterabfragen (in Klammern) entweder über Komma aneinandergehängt oder aber durch das Schlüsselwort join. Wahrscheinlich jedoch bleiben Sie nach Lektüre dieses Kapitels mit dem Gefühl zurück, noch weit davon entfernt zu sein, das Thema durchdrungen zu haben. Das wäre jedenfalls normal. Dieses Thema beginnen Sie erst, zu beherrschen, wenn Sie viele Beispiele gerechnet und viele Probleme gelöst haben. Das kommt mit der Zeit von ganz allein. Allerdings werden Sie dann auch feststellen, dass es immer wieder auf diese Grundkonzepte ankommt. Es schadet daher nicht, dieses Kapitel nach einiger Zeit noch einmal durchzuarbeiten, um zu kontrollieren, ob sich bereits ein Lerneffekt eingestellt hat.

Eine Variante der Schreibweise ist allerdings noch ganz interessant und soll daher noch dargestellt werden: die with-Klausel.

10.2.3   Die WITH-Klausel

Eine weitere Klausel, die with-Klausel, kann verwendet werden, um die Definition einer Inner View aus dem Kontext der anderen Tabellen herauszulösen und der gesamten Abfrage voranzustellen. Der Grund: Zum einen erhöht dies die Lesbarkeit der Anweisung, denn die Unterabfrage steht nun nicht mehr »mitten im Gewühl«. Zum anderen können Unterabfragen mit dieser Schreibweise leichter wiederverwendet werden, wenn sie in komplexen Abfragen an mehreren Stellen verwendet und dort jeweils identisch neu definiert werden müssten. Beispiele hierfür wären union all-Anfragen, die in jedem Zweig eine identische Inner View referenzieren. Grundsätzlich ist die Schreibweise natürlich neu, es kommt aber fachlich kaum Neues hinzu. Sehen wir uns die Abfrage des vorhergehenden Abschnitts einmal mit einer with-Klausel an:

```
SQL> with averages as
  2       (select deptno, avg(sal) avg_sal
  3          from emp
  4          group by deptno)
  5  select e.ename, e.job, e.sal, a.avg_sal
  6    from emp e
  7    join averages a on e.deptno = a.deptno
  8    where e.sal > a.avg_sal;
```

ENAME	JOB	SAL	AVG_SAL
ALLEN	SALESMAN	1600	1566,66667
JONES	MANAGER	2975	2175
BLAKE	MANAGER	2850	1566,66667
SCOTT	ANALYST	3000	2175
KING	PRESIDENT	5000	2916,66667
FORD	ANALYST	3000	2175

Listing 10.14 Verwendung der Klausel WITH

Der Name der Abfrage, die Sie vereinbaren, wird also der Abfrage vorangestellt. Sie können hier direkt ein kurzes Alias vereinbaren oder später den vollen Namen in der Anweisung durch ein Alias referenzieren, wie im Beispiel oben. Möchten Sie mehrere Inner Views referenzieren und in der with-Klausel schreiben, geht auch das, indem Sie hinter dem Ende der ersten Deklaration einfach mit einem Komma die Deklaration der nächsten Inner View mit dem Namen beginnen, also etwa so:

```
with view_a as (),
     view_b as ()
select ...
```

Für die with-Klausel gilt das Gleiche wie für das für die from-Klausel Gesagte: Die Herkunft der Daten ist egal, nach der Auswertung dieser Klauseln ist eine einzige, virtuelle Tabelle entstanden, die all diese Werte in der angegebenen Join-Bedingung zusammenstellt und für die folgende Auswertung verfügbar macht.

10.3   Die Unterabfrage in der SELECT-Klausel (skalare Unterabfrage)

Die nächste Form der Unterabfrage, die wir uns ansehen möchten, ist etwas seltsam. Sie wird in der select-Klausel (aber nicht nur dort) verwendet. Diese Form der Unterabfrage geht nur mit einer skalaren Unterabfrage, denn sie darf nur genau einen Wert zurückliefern, was einleuchtet, wenn wir uns überlegen, dass sie als »Spaltenersatz« verwendet werden soll. Wenn ich sage, dass diese Funktion nur einen Wert zurückliefern darf, so meint das natürlich »einen Wert pro Zeile«, die Unterabfrage muss sich also verhalten wie eine Zeilenfunktion. Starten wir auch hier mit einem einfachen Beispiel. Ich möchte gern alle Abteilungen sehen, zusammen mit der Anzahl der Mitarbeiter, die in ihr arbeiten. Vielleicht versuchen Sie, die Abfrage schon einmal vorab mit Ihren SQL-Mitteln zu beantworten. Betrachten Sie die Abfrage aus Sicht der Tabelle DEPT.

Nach einigem Nachdenken kommen Sie vielleicht auf eine Lösung wie die folgende:

```
SQL> select d.deptno, d.dname, d.loc,
  2          count(e.empno) anzahl
  3    from dept d
  4    left join emp e on d.deptno = e.deptno
  5    group by d.deptno, d.dname, d.loc;

    DEPTNO DNAME          LOC               ANZAHL
---------- -------------- ------------- ----------
        20 RESEARCH       DALLAS                 5
        40 OPERATIONS     BOSTON                 0
        10 ACCOUNTING     NEW YORK               3
        30 SALES          CHICAGO                6
```

Listing 10.15 Abfrage aller Abteilungen und ihrer Mitarbeiterzahl mit herkömmlichen Mitteln

Ein Problem der Abfrage ist der Outer Join, den Sie benötigen, um auch die Abteilung OPERATIONS in BOSTON darzustellen, und andererseits der kleine Kniff, nicht count(*) zu verwenden, weil dann fälschlicherweise ein Mitarbeiter in der Abteilung BOSTON gezählt würde, der dort gar nicht arbeitet. Die folgende Fassung zeigt Ihnen die gleiche Abfrage, diesmal allerdings mit einer skalaren Unterabfrage in der select-Klausel:

```
SQL> select deptno, dname, loc,
  2          (select count(*)
  3             from emp e
  4            where e.deptno = d.deptno) anzahl
  5    from dept d;

    DEPTNO DNAME          LOC               ANZAHL
---------- -------------- ------------- ----------
        10 ACCOUNTING     NEW YORK               3
        20 RESEARCH       DALLAS                 5
        30 SALES          CHICAGO                6
        40 OPERATIONS     BOSTON                 0
```

Listing 10.16 Abfrage aller Abteilungen und ihrer Mitarbeiterzahl mit skalarer Unterabfrage

Diese Abfrage hat die Form einer harmonisierten Unterabfrage, wie wir sie bereits in der where-Klausel gesehen haben, die als zusätzliche Anforderung nur genau einen Wert zurückgeben darf. Eine skalare Unterabfrage muss nicht harmonisiert auftreten, tut es aber oft. Dadurch reichen wir eine Referenz auf die aktuelle Spalte der Tabelle in die Abfrage hinein, um einen zur aktuellen Zeile passenden Wert aus einer anderen Tabelle zu erfragen.

Ein einfacheres Beispiel einer skalaren Unterabfrage liefert einfach eine Information aus der gleichen Tabelle:

```
SQL> select ename, job, sal,
  2         (select sum(sal) from emp) sum_sal
  3    from emp;
```

```
ENAME      JOB              SAL    SUM_SAL
---------- --------- ---------- ----------
SMITH      CLERK            800      29025
ALLEN      SALESMAN        1600      29025
WARD       SALESMAN        1250      29025
JONES      MANAGER         2975      29025
MARTIN     SALESMAN        1250      29025
BLAKE      MANAGER         2850      29025
CLARK      MANAGER         2450      29025
SCOTT      ANALYST         3000      29025
KING       PRESIDENT       5000      29025
TURNER     SALESMAN        1500      29025
ADAMS      CLERK           1100      29025
JAMES      CLERK            950      29025
FORD       ANALYST         3000      29025
MILLER     CLERK           1300      29025
```

Listing 10.17 Verwendung einer skalaren Unterabfrage der gleichen Tabelle

Eine skalare Unterabfrage kann uns also durchaus einen Join ersparen. Nur, lohnt sich dieses Verfahren? Ist es die etwas schwieriger zu lesende Syntax wert, die dadurch entsteht, dass in der select-Liste nun SQL-Anweisungen eingeschachtelt werden, oder sollten wir in jedem Fall bei der herkömmlichen Fassung bleiben? Diese Frage ist nicht leicht zu beantworten. Zunächst einmal wird die Datenbank eine Abfrage dieser Art relativ gut optimieren. Dies geschieht dadurch, dass die Ergebnisse der Abfrage in einer internen Ergebnistabelle zwischengespeichert werden. Im ersten Beispiel oben könnte die Abfrage anhand der Abteilungsnummer also die Anzahl der Mitarbeiter zwischenspeichern. Wird eine neue Abteilung betrachtet, wird tatsächlich zur Tabelle EMP verzweigt und die Anzahl der Mitarbeiter gezählt. Beim zweiten Vorkommen der Abteilungsnummer ist dies jedoch nicht mehr der Fall, hier wird das bereits ermittelte Ergebnis zurückgeliefert. In unserer ersten Abfrage, die uns die Anzahl der Mitarbeiter dieser Abteilung lieferte, profitieren wir von dieser Optimierung nicht, weil in der Tabelle DEPT jede DEPTNO naturgemäß nur einmal vorkommen kann, aber in der zweiten Abfrage, die uns ja 14-mal dasselbe Ergebnis liefert, ist diese Optimierung interessant.

Andererseits ist die Maximalgröße der Zwischenergebnistabelle auf 255 unterschiedliche Ergebnisse beschränkt. Werden mehr unterschiedliche Werte berechnet, zum Beispiel weil wir über mehr als 255 Abteilungen verfügen, können diese nicht mehr zwischengespeichert werden, der Vorteil wäre dahin. Dann wiederum eignen sich skalare Unterabfragen nicht, wenn Sie mehrere Spalten aus einer anderen Tabelle erfragen möchten. In diesem Fall ist die Verwendung eines Joins zu der Tabelle einfacher. Meine Empfehlung ist, diese Form der Unterabfrage nur selten einzusetzen und nicht zur Regel werden zu lassen. Ich benutze diese Art der Abfrage normalerweise in komplexen Abfragen gegen viele Tabellen, in denen ich nur einen Wert aus einer Nachschlagetabelle in das Abfrageergebnis einbauen möchte. Stellen Sie sich folgendes Beispiel vor: In einer Abfrage gegen viele Tabellen benötigen Sie nun noch den Namen der Abteilung, in der ein Mitarbeiter arbeitet und sonst keine Information aus der Tabelle DEPT. Dann könnte es sinnvoll sein, auf einen Join auf diese Tabelle zugunsten einer skalaren Unterabfrage zu verzichten und so die Komplexität der Join-Bedingungen zu reduzieren.

Eine andere Eigenheit der skalaren Unterabfragen ist allerdings durchaus relevant und sollte im Hinterkopf behalten werden: Durch das Zwischenspeichern der Ergebnisse einer Abfrage sind skalare Unterabfragen besonders performant, wenn selbst programmierte Funktionen aufgerufen werden. Stellen wir uns eine Funktion my_function(spaltenwert) vor, die irgendeine Berechnung durchführt. Nun soll in einer Abfrage diese Funktion ein Ergebnis liefern, wie etwa in folgendem Beispielcode:

```
select ename, my_function(job)
  from emp;
```

In dieser Form würde die Funktion my_function für jede Zeile der Tabelle EMP aufgerufen. Das Problem hierbei ist noch nicht einmal die Rechenzeit der Funktion selbst als vielmehr die Tatsache, dass die Datenbank für jede Zeile nun aus der SQL-Umgebung in die PL/SQL-Umgebung, in der die Funktion programmiert wurde, wechseln muss. Diese Umgebungswechsel sind sehr ressourcenintensiv. Bei vielen Zeilen in der Tabelle EMP werden diese Umgebungswechsel die Abfragezeit massiv verschlechtern. Wenn Sie aber diesen Funktionsaufruf in eine skalare Unterabfrage verlegen, ist die Datenbank in der Lage, die Umgebungswechsel auf die tatsächlich unterschiedlichen Werte der Spalte JOB zu limitieren, zumindest, solange die Anzahl der unterschiedlichen Parameterwerte 255 nicht überschreitet. Für diejenigen, die bereits mehr wissen: Sie mögen einwenden, dass Oracle auch die Ergebnisse selbst programmierter Funktionen zwischenspeichern kann. Daher mag zunächst der Gewinn nicht ins Auge fallen. Leider stimmt das nur eingeschränkt: Es wird zwar die Rechenzeit in der Prozedur gespart, nicht aber der Umgebungswechsel, der hier das größere Problem darstellt. Zwar mag ich es nicht, etwas zu behaupten und dann nicht zu begründen, in diesem Fall möchte ich aber eine Ausnahme machen und mir die vollständige Begründung für diesen Optimierungsgewinn ersparen, denn er setzt sehr viel Detailwissen über die Arbeitsweise der Datenbank voraus. Vielleicht einigen wir uns darauf, dass Sie diese Möglichkeit im Hinterkopf behalten und verschiedene Implementierungen einer konkreten Abfrage ausprobieren, wenn Sie darankommen, anschließend zu entscheiden, ob die Optimierung in Ihrem konkreten Anwendungsfall Sinn macht oder nicht. Die Abfrage sähe dann jedenfalls aus wie in folgendem Beispiel:

```
select ename, (select my_function(job) from dual)
  from emp;
```

Diese Optimierung gilt übrigens immer, egal, an welcher Stelle der SQL-Anweisung Sie eine skalare Unterabfrage einsetzen. Ich bespreche sie im Zusammenhang mit der select-Klausel, weil sie hier als einziger Unterabfragetyp erlaubt ist, doch sind die Abfrage natürlich auch in der where- oder from-Klausel, ja selbst in der Klausel order by erlaubt, überall dort, wo Sie auch ein Literal schreiben dürfen. Stellvertretend zeige ich Ihnen, wie wir diese Optimierungstechnik in der where-Klausel einer Abfrage realisieren. Statt

```
select ename, job, sal
  from emp
 where 1 = my_function(job);
```

schreiben wir:

```
select ename, job, sal
  from emp
 where 1 = (select my_function(job) from dual);
```

Wenn Sie, wie ich das natürlich hoffe, dieses Buch aufmerksam lesen, werden Sie das Gefühl bekommen, dass Ergebnisse wie die in diesem Abschnitt nicht wirklich »neu« sind, wir hätten die Abfrageergebnisse auch mit anderen SQL-Mitteln hinbekommen können. Hier erinnern einige Abfrageergebnisse doch durchaus an Abfragen mit analytischen Funkionen. Das stimmt natürlich und ist ein Fakt, der sich im Laufe des Buches noch weiter und intensiver abzeichnen wird. In SQL führen viele Wege nach Rom, einige sind Umwege, andere Abkürzungen. Das Problem: Es lässt sich nicht eindeutig sagen, welche Wege immer schneller sind als andere, so dass Sie im Zweifel und bei Schwierigkeiten mit einer Abfrage eine andere Implementierung verwenden sollten, um zu sehen, ob diese Form für Ihr Problem besser geeignet ist. Eigentlich ist das auch nicht verwunderlich, wenn Sie sich überlegen, dass Oracle-Datenbanken Systeme unterstützen, in denen Tausende von Benutzern gleichzeitig lesen und schreiben, andererseits aber auch Systeme, in denen wenige Benutzer in mehrere hundert Terabyte großen Datenmengen nach Mustern suchen oder Ergebnisse berechnen lassen. Bei so unterschiedlichen Aufgaben kann eigentlich eine Formulierung nicht immer und für alle Anwendungsfälle optimal sein.

Sehen Sie das Ganze doch positiv: Bislang musste ich Ihnen Techniken erläutern, damit Sie überhaupt zu einem Abfrageergebnis kommen. Die meisten dieser Techniken kennen Sie nun, jetzt beginnen wir sozusagen mit ersten Kürelementen.

10.4   Unterabfragen und Joins

Einen Nachtrag zum Thema Joins muss ich in dieses Kapitel verlagern, denn bei der Besprechung der Joins konnten wir noch keine Unterabfragen verwenden, um spezielle Join-Typen zu demonstrieren. Teilweise habe ich mir mit alternativen Formulierungen beholfen, doch nun möchte ich auf dieses Thema zurückkommen und zwei spezielle Join-Typen besprechen, die normalerweise mit Unterabfragen realisiert werden.

10.4.1   Anti-Joins

Ein Anti-Join ist, wie Sie sich erinnern, ein Join-Typ, der gerade prüfen soll, welche Daten *nicht* in einer anderen Tabelle vorkommen. Interessant sind solche Anwendungen zum Beispiel, wenn Sie Kunden finden möchten, die in den letzten sechs Monaten keine Bestellung aufgegeben haben oder ähnliche Abfragen dieser Art. Ich hatte, um mit den bis dato bekannten SQL-Mitteln diese Fragestellung zu lösen, einen Outer Join auf die zweite Tabelle gemacht und all die Zeilen ermittelt, für die ein null-Wert in der verbundenen Tabelle zurückgeliefert wird. Alternativ lässt sich ein Anti-Join aber auch über eine Unterabfrage formulieren. Vielleicht möchten wir alle Mitarbeiter finden, die nicht in CHICAGO arbeiten:

```
SQL> select ename, job, sal
  2    from emp
  3    where deptno not in
  4        (select deptno
  5          from dept
  6          where loc = 'CHICAGO');

ENAME      JOB              SAL
---------- --------- ----------
MILLER     CLERK           1300
KING       PRESIDENT       5000
CLARK      MANAGER         2450
FORD       ANALYST         3000
```

```
ADAMS          CLERK                1100
SCOTT          ANALYST              3000
JONES          MANAGER              2975
SMITH          CLERK                 800
```

Listing 10.18 Verwendung einer Unterabfrage für einen Anti-Join

Die Unterabfrage liefert die Liste der Abteilungen in Chicago (beachten Sie, dass diese durchaus eine Liste von Abteilungen sein könnte, niemand schränkt ein, dass in Chicago nur eine Abteilung sein darf) und liefert anschließend eine Liste aller Mitarbeiter, die dort eben nicht arbeiten. Diese Art der Unterabfrage wird durch spezielle Optimierungstechniken unterstützt und ist daher vergleichsweise performant. Spannender ist natürlich die Frage, ob diese Schreibweise eines Anti-Joins eigentlich überhaupt ein richtiger Join oder nicht eher ein Constraint ist, denn in dieser Form wird ja lediglich eine Ausschlussliste von Werten geliefert, die in der Tabelle nicht berücksichtigt werden soll. Ein Zugriff auf die Spalten der Tabelle DEPT zum Beispiel ist aus der select-Klausel hier gar nicht möglich, die Spalten ergänzen also nicht die virtuelle Tabelle, sondern sind lediglich innerhalb der where-Klausel sichtbar. Eine Formulierung dieser Abfrage wäre also auch über einen einfachen Inner Join möglich:

```sql
SQL> select ename, job, sal
  2    from emp e
  3    join dept d on e.deptno = d.deptno
  4   where d.loc != 'CHICAGO';
```

```
ENAME        JOB                 SAL
----------   ----------   ----------
CLARK        MANAGER            2450
KING         PRESIDENT          5000
MILLER       CLERK              1300
JONES        MANAGER            2975
FORD         ANALYST            3000
ADAMS        CLERK              1100
SMITH        CLERK               800
SCOTT        ANALYST            3000
```

Listing 10.19 Vermeidung des Anti-Joins durch einen Inner Join

Hm, was soll ich dazu sagen? Stimmt. Aber nur in diesem Fall. Wollen wir zum Beispiel wissen, welcher Kunde in den letzten Monaten keine Bestellung aufgegeben hat, müssen wir diese Art des Joins schreiben, er ließe sich nicht durch eine einfache Prüfung wie oben ersetzen.

10.4.2   Semi-Joins mit der EXISTS-Klausel

Interessant ist auch die Verwendung einer Unterabfrage zur Realisierung eines Semi-Joins. Zur Erinnerung: Bei diesem Join-Typ ist nicht notwendigerweise interessant, wie oft genau eine Übereinstimmung zwischen zwei Tabellen erreicht werden konnte, sondern lediglich die Information wichtig, *dass* dies so ist. Auch hier können wir uns als Beispiel vorstellen, dass wir wissen möchten, ob ein Kunde in den letzten sechs Monaten Produkte bei uns bestellt hat. Wie viele Produkte er bestellt hat, ist für die Abfrage weniger wichtig als die Tatsache, dass er dies überhaupt getan hat. Auch zur Beantwortung dieser Frage lässt sich eine Unterabfrage nutzen, und zwar mit der sehr cleveren Klausel exists. Diese Klausel teilt der Datenbank unsere Intention mit, nur den ersten Treffer gemeldet zu bekommen. In der Unterabfrage wird nun so lange gesucht, bis eine Zeile dem Kriterium entspricht und danach direkt die nächste Zeile bearbeitet. Mein Beispiel wird sich wieder auf die Tabellen EMP und DEPT beschränken und Ihnen all die Abteilungen nennen, in denen ein Mitarbeiter wenigstens 3000 Taler verdient:

```
SQL> select deptno, dname, loc
  2    from dept d
  3   where exists
  4         (select 1
  5            from emp e
  6           where e.deptno = d.deptno
  7             and e.sal >= 3000);

   DEPTNO DNAME          LOC
---------- -------------- -------------
       10 ACCOUNTING     NEW YORK
       20 RESEARCH       DALLAS
```

Listing 10.20 Abfrage mit Semi-Join

Für diesen Abfragetyp fällt mir keine gleichwertige Formulierung mit einem Inner Join ein, denn die Optimierung über die Klausel exists ist in jedem Fall ein großer Gewinn. Ein Inner Join mit gleichem Ergebnis müsste in jedem Fall ein distinct enthalten, damit nicht für jeden Mitarbeiter über 3000 Taler die Informationen der Abteilung ausgegeben würden, zudem könnte die Abfrage nicht beim ersten Treffer aufhören, zu suchen, weil ihr nicht klar sein kann, dass wir lediglich an der schieren Existenz eines Mitarbeiters mit dieser Bedingung interessiert sind. Eine Abfrage sähe dann vielleicht so aus:

```
SQL> select distinct d.deptno, d.dname, d.loc
  2    from dept d
```

```
3    join emp e on d.deptno = e.deptno
4  where e.sal >= 3000;


    DEPTNO DNAME          LOC
---------- -------------- -------------
        20 RESEARCH       DALLAS
        10 ACCOUNTING     NEW YORK
```

Listing 10.21 Schlechter Ersatz: Semi-Join durch Inner Join simuliert

Interessant ist vielleicht die Anmerkung, dass dieser Semi-Join auch negiert werden kann, indem die Klausel not exists verwendet wird. Dadurch wird dieser Semi-Join zu einem – na? – richtig, Anti-Join. Allerdings verliert dieses Konstrukt dann auch viel Charme, denn nun muss ja in jedem Fall die gesamte referenzierte Tabelle daraufhin untersucht werden, ob sich nicht doch noch ein Treffer in den letzten Zeilen verstecken könnte. Und wiederum andererseits könnte dies doch wieder performant sein, wenn nämlich die referenzierte Spalte in der referenzierten Tabelle über einen Index verfügt, denn dort könnte schnell nachgeschaut werden, ob ein Eintrag in diesem Index existiert. Und wiederum andererseits … Sie erkennen: Es ist nicht so einfach, die meisten Optimierungsfragen müssen am lebenden Objekt, einer realistischen Datenmenge und mit einer klaren Zielsetzung gelöst werden. Hüten Sie sich vor »das ist immer schnell«-Aussagen, meistens stimmen diese nicht. Beginnen Sie damit, dass Sie eine Abfrage so elegant, wie Sie können, erstellen, und bleiben Sie dabei, bis Sie durch erhöhte Kenntnis einen noch eleganteren Weg finden oder durch schlechte Performanz zu einer alternativen Herangehensweise gezwungen werden.

Im Übrigen ist auch der Semi-Join, wie schon der Anti-Join, aus meiner Sicht eher ein Constraint als ein Join. Lediglich die Tatsache, dass er Daten aus einer zweiten Tabelle zur Filterung berücksichtigt, macht ihn zu einem Join-artigen Konstrukt. Ich mag aber die Forderung, die Spalten der verbundenen Tabelle auch nutzen zu können, wenn wir von Joins sprechen. Dieser Forderung entsprechen weder der Anti- noch der Semi-Join. Aber, was soll's: Offiziell wird auch hier von Joins gesprochen.

10.5 Übungen

1. Welche Abteilung hat die meisten Mitarbeiter? Zusatzaufgabe: Wer arbeitet in der Abteilung mit den meisten Mitarbeitern? Zeigen Sie den Namen und den Beruf.

2. Wer verdient mehr als SCOTT? Zusatzaufgabe: Welches Problem besteht bei dieser Fragestellung? Wie kann es gelöst werden?

3. Erzeugen Sie eine Abfrage, die für den Zeitraum 01.01.1980 bis 31.12.1982 jeweils eine Zeile pro Monat liefert. Machen Sie anschließend eine Auswertung, die ihre obige Abfrage als Inner View verwendet, um zu zeigen, wie viele Mitarbeiter in den jeweiligen Monaten eingestellt wurden. Zusatzaufgabe: Führen Sie eine Spalte mit, die anzeigt, wie viele Mitarbeiter im jeweiligen Monat im Unternehmen beschäftigt waren (die Zusatzaufgabe setzt voraus, dass Sie analytische Funktionen durchgearbeitet haben).

4. Zeigen Sie alle Abteilungen, in denen ein SALESMAN arbeitet. Geben Sie Abteilungen nur einmal aus, und versuchen Sie, die Abfrage so effizient wie möglich zu formulieren.

5. Zeigen Sie alle Mitarbeiter sowie die Anzahl der Mitarbeiter der jeweiligen Abteilung. Benutzen Sie keine analytische Funktion und auch keine Inner View.

6. Wessen Gehalt ist dem Durchschnittsgehalt der jeweiligen Abteilung am nächsten? Bearbeiten Sie diese Aufgabe in Teilschritten.

TEIL III

Datenmanipulation und Erzeugung von Datenbankobjekten

Nach den Grundlagen der Datenabfrage mit dem SELECT-Befehl beschäftigt sich dieser Teil mit der Manipulation von Daten in der Datenbank sowie dem Erzeugen und Verwalten von Datenbank-objekten. Dann komplettieren wir das Bild durch einen kurzen Blick auf die Rechteverwaltung von Oracle. Diese Fähigkeiten runden Ihre Kenntnis des Themas SQL ab und machen Sie fit für die weiter-führenden Konzepte.

Kapitel 11
Datenmanipulation

Nachdem wir ausführlich den lesenden Zugriff auf Daten in der Datenbank besprochen haben, werden wir uns nun um die Manipulation von Daten kümmern. Hierzu gehört das Einfügen, Ändern und Löschen von Daten ebenso wie eine Diskussion zum Begriff der Transaktion, die eine Datenbank von einem Dateisystem unterscheidet.

So viele Seiten und noch keine Daten geändert ... Man könnte ob der Aufgabe, die vor einem liegt, verzweifeln. Doch natürlich wäre dies fehl am Platz, denn was ich bereits weiß (und Sie bald auch): Die Datenmanipulation ist im Vergleich zum Lesen von Daten wirklich einfach, die Optionen überschaubar und vieles aus der Kenntnis der where-Klausel wiederverwendbar. Wir werden einige alte Bekannte, etwa Unterabfragen, wiedertreffen und im Kontext der Datenmanipulation einsetzen. Das macht diesen Bereich eigentlich zu einem erholsamen Teil des Lernens von SQL. Einige Grundlagen müssen wir uns im Vorfeld allerdings schon noch erarbeiten, zumal in das Gebiet der Datenmanipulation der Begriff der Datenbanktransaktion fällt, den Sie gut verstanden haben sollten, denn er ist Ihr Sicherheitsnetz für alle Arbeiten an der Datenbank.

11.1 Ihr Sicherheitsnetz: Die Transaktion

Vielleicht haben Sie den Begriff der Transaktion im Zusammenhang mit Datenbanken schon einmal gehört. Ich erlebe allerdings häufiger, dass die Vorstellung dessen, was eine Transaktion ist, eher nebulös ist. Das ist schade, denn Transaktionen sind für die Arbeit in Datenbanken nicht nur unverzichtbar, sondern geben Ihnen die Sicherheit, Datenänderungen jederzeit und rückstandsfrei widerrufen zu können. Zudem schützen Transaktionen Ihre Änderungen vor parallel arbeitenden Benutzern der Datenbank, die Ihre Änderungen erst dann sehen können, wenn Sie dies möchten. Gründe genug also, sich einmal etwas näher mit diesem Begriff auseinanderzusetzen.

11.1.1 Was ist eine Transaktion?

Zunächst einmal bezeichnet eine Datenbanktransaktion (oder hier, wie Sie bereits gemerkt haben, kurz eine Transaktion) eine Folge von Datenmanipulationsanweisungen, die entweder als Ganzes gelingen oder als Ganzes zurückgenommen werden soll. Für die Datenbank ist die Transaktion ein ganz wichtiges Element, denn nur mit diesem Hilfsmittel ist es der Datenbank möglich, zu erkennen, wann eine Datenänderung, die aus mehreren Einzeländerungen besteht, logisch beginnt und endet. Und nur in Kenntnis dieser logischen Grenzen kann die Datenbank einen Zeitpunkt festlegen, zu dem sie zurück kann, falls etwas schiefgeht, denn sie nimmt an, dass vor Beginn und nach Ende einer Transaktion die Daten jeweils konsistent sind und dauerhaft gespeichert werden sollen. So wichtig dieser Begriff ist, so selten müssen Sie mit diesem Thema aktiv umgehen, wenn man einmal davon absieht, dass Sie das Ende einer logischen Datenänderung durch die Anweisung `commit` bestätigen oder durch die Anweisung `rollback` zurücknehmen müssen. Das ist bei anderen Datenbanken anders, weil dort oftmals der Beginn einer Transaktion explizit angefordert werden muss. So etwas gibt es bei Oracle nicht, Sie arbeiten grundsätzlich immer unter Transaktionsschutz. Dieser Schutz beginnt mit der ersten Anweisung, die Daten ändert, und bleibt als Schutz im Hintergrund so lange bestehen, bis Sie eine der oben genannten Anweisungen zum Beenden der Transaktion absetzen (oder die Datenbank das für Sie tut, was, je nach Anweisung, auch einmal passieren kann).

Natürlich sind in Anwendungsprogrammen diese Gruppen von Anweisungen typischerweise sehr schnell abgearbeitet, eine Transaktion daher kurz. Aber wenn Sie an einer Datenbank im Dialogbetrieb, etwa über den SQL Developer, arbeiten, können Transaktionen zeitlich sehr lang sein. Zudem gibt es Anwendungsfälle, die extrem viele Änderungen in einer riesigen Transaktion zusammenfassen. All dies ist möglich und wird von Oracle unterstützt. Allerdings hat auch alles seinen Preis: Viele Anwender kennen und fürchten die Anrufe der Administratoren, wenn wieder einmal zu viele Ressourcen durch eine extrem große Transaktion belegt wurden. Da wir nach diesen Abschnitten aber die Transaktion als solche kennen und verstanden haben werden, wird es Ihnen anschließend nicht mehr schwer fallen, die Konsequenzen und Aufwände einer Transaktion einzuschätzen.

Erster Aspekt: Die logischen Rahmenbedingungen

Zunächst einmal können wir den Begriff der Transaktion aus logischer Sicht betrachten. Dann stellt sich eine Transaktion als eine Klammer um mehrere Anweisungen dar, die Daten in der Datenbank ändern. Wichtig ist, zu verstehen, dass diese Klammer immer nur im Rahmen unserer aktuellen Session, also der logischen Verbindung, die wir zur Datenbank haben, definiert ist. Eine Transaktion betrifft also stets nur *unsere* Änderungen an der Datenbank. Andere Benutzer können und werden parallel weitere Transaktionen in ihren Sessions haben, allerdings jeweils immer nur eine zur gleichen Zeit, niemals zwei gleichzeitig (hiervon gibt es eine etwas exotische Ausnahme, die wir im Moment noch nicht benötigen).

Eine Transaktion, haben wir gesagt, beginnt mit der ersten Anweisung, die einen Datenbestand ändert, etwa einer insert-Anweisung, die Daten in einer Tabelle neu anlegt. Durch die Transaktionsklammer sind diese Daten aus anderen Sessions nicht zu sehen, sie sind sozusagen »under construction«, bis wir die Daten freigeben. Das Beispiel der insert-Anweisung ist insofern unproblematisch, als diese Daten natürlich nicht bereits von anderen Benutzern zur gleichen Zeit geändert werden können, denn vor der Anweisung existierten die Daten ja nicht. Dies ist anders, wenn Sie Daten mit der update-Anweisung ändern oder mit der delete-Anweisung löschen möchten, denn nun stellt sich die Frage, was passiert, wenn ein anderer Benutzer genau die Daten, die Sie ändern möchten, ebenfalls gerade ändert. Die Datenbank wird solche Daten immer nur einer Transaktion zur gleichen Zeit zuteilen und für die gleichzeitige Änderung durch andere Benutzer sperren. Dabei sperrt die Datenbank immer eine ganze Zeile einer Tabelle, nie nur eine einzelne Zelle innerhalb der Zeile. Andererseits werden durch die Datenbank aber nie mehr Zeilen als unbedingt nötig gesperrt, so dass eine Zeile einer Tabelle auch dann noch von einem zweiten Benutzer gesperrt werden kann, wenn alle anderen Zeilen bereits von einem anderen Benutzer gesperrt wurden. Natürlich ist dieses Sperrverhalten sinnvoll, aber auch problematisch, wenn Sie zum Beispiel versuchen, nach dem Einfügen Ihrer Daten andere Daten zu ändern, die aktuell durch einen Dritten geändert werden. Tatsächlich sind diese Daten nun gesperrt und können von Ihnen nicht bearbeitet werden. Sie hängen also mitten in Ihrer Arbeit fest und müssen warten, bis die Daten durch den anderen Benutzer freigegeben werden.

Wir sehen also nun die beiden wichtigen Aspekte von Transaktionen:

▶ Sie koordinieren die nebenläufige (durch mehrere Benutzer parallel durchgeführte) Bearbeitung der Daten und stellen sicher, dass der ändernde Zugriff auf die Daten in einer logisch einwandfreien Umgebung so erfolgt, dass Sie stets das Gefühl haben, auf der Datenbank allein zu arbeiten.

▶ Zum anderen sorgen sie für die Möglichkeit, eine Reihe von Änderungsschritten zurückzunehmen, wie bereits beschrieben. Daher sind Transaktionen auch dann erforderlich, wenn Sie alleine an der Datenbank arbeiten.

Zweiter Aspekt: Die physikalischen Rahmenbedingungen

Ein Transaktion besteht aus zwei Teilen: Aus der Verwaltung der Sperre in der Datenbank und der Speicherung der alten Daten, die ja für den Fall des rollback irgendwo vorgehalten werden müssen. Physikalisch gesehen, arbeitet die Datenbank nämlich genau umgekehrt, wie ich es zunächst erwartet hätte: Wenn Sie Daten in einer Tabelle ändern, geschieht das so, dass der alte Zustand der Daten in einen eigenen Speicherbereich umkopiert und der neue Zustand der Daten direkt in die Tabelle eingefügt wird. Das macht Sinn, weil Sie im Regelfall Ihre Änderungen ja auch bestätigen und nicht wegwerfen wollen, denn in diesem Fall muss keine weitere Arbeit mehr geleistet werden, die Daten stehen ja bereits da, wo sie hingehören. Lediglich im (hoffentlich seltenen) Fall, dass Sie Änderungen wiederrufen möchten, muss der alte Datenbestand zu Beginn der Transaktion aus dem separaten Speicherbereich zurückgeschrieben werden, bevor andere Benutzer mit diesen Daten arbeiten dürfen. Der separate Speicherbereich wird das *Rollbacksegment* genannt, was Sinn macht, denn einerseits dient er (unter anderem) dem Rollback, andererseits ist die Bezeichnung Segment der allgemeine Ausdruck für eine Speicherstruktur, wie zum Beispiel eine Tabelle, ein Index oder Ähnliches (Abbildung 11.1).

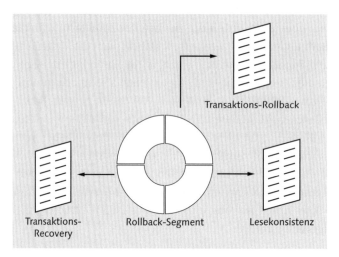

Abbildung 11.1 Aufgaben eines Rollback-Segments

Die Sperren werden auf witzige Weise verwaltet: Im Gegensatz zu vielen Datenbanken, die für die Liste der gesperrten Zeilen einer Tabelle eine zentrale Tabelle verwenden (das sogenannte *Transaktionslog*), sperrt Oracle eine Zeile lediglich durch ein kleines Kennzeichen bei der betroffenen Zeile selbst. Wenn nun ein Benutzer eine Zeile sperren möchte, wird er einfach zur Zeile gehen, diese sperren (wenn sie noch frei war) und dieses Kennzeichen setzen. Es wird also im Grunde mit roher Gewalt versucht, einfach die Sperren durchzusetzen, die eine Anweisung benötigt. Gelingt dies nicht, wird die Session, die die Sperre durchsetzen will, in eine zufällig lange Warteschleife geschickt und kommt wieder, um die Sperre nun zu erlangen. Auf diese Weise können durchaus mehrere Benutzer gleichzeitig um die gleiche Zeile kreisen, und zwar so lange, bis der Inhaber der Sperre diese aufgibt. Danach mahlt zuerst, wer zuerst kommt. Diese eher seltsam anmutende Strategie hat einen ganz wesentlichen Vorteil: Es ist im Grunde egal, wie viele Zeilen in der Datenbank gesperrt werden. Im Gegensatz zum Transaktionslog, das immer schwerfälliger wird, je mehr Zeilen gleichzeitig gesperrt werden, ist dies bei Oracle vollständig egal. Die Größe der Transaktion macht – aus diesem Blickwinkel zumindest – kein Problem. Das Problem wird verschoben in das Rollbacksegment, denn dort müssen nun große Mengen alter Zeileninformationen vorgehalten werden. Das Rollbacksegment wirkt aber nicht als Performanzbremse, weil es während des normalen Betriebs nicht gelesen werden muss (zumindest nicht durch andere Transaktionen), sondern es fungiert im Zusammenhang der Transaktion als Sicherheitsnetz, falls Sie ein `rollback` benötigen.

Dritter Aspekt: Die Grenzen von Transaktionen

Das Rollbacksegment stellt also nun das Problem dar: Sorgen Sie nämlich für extrem große Transaktionen, müssen enorm viele Daten in diesem Rollbacksegment vorgehalten werden. Sobald der Arbeitsspeicher nicht mehr reicht (oder nach Ablauf von längstens drei Sekunden), wird diese Information auf die Festplatte ausgelagert. Dadurch steigt die Größe einer Datei, die ebenfalls die *Rollback-* oder *Undodatei* genannt wird. Überschreitet diese Datei eine Maximalgröße, kann sie keine weiteren, alten Informationen mehr aufnehmen. Werden diese Informationen aber durch weitere Änderungsanweisungen nach wie vor produziert, wird die Datenbank diese Transaktion mit einem Fehler abbrechen. Spätestens dann haben Sie ein Telefonat mit Ihrem Administrator.

Oft wird aus diesem Problem abgeleitet, dass Transaktionen so klein wie möglich sein sollten. Das ist richtig, die Frage ist nur: Was ist »so klein wie möglich«? Ich vertrete die Auffassung, dass diese Minimalgröße durch die Geschäftsanforderung festgelegt wird. Wenn Daten teilweise nicht gesehen werden dürfen, weil daraus inkonsistente Abfragen anderer Benutzer resultieren könnten, oder wenn eine Änderungsaktion nicht vorhersehbare Zustände der Datenbank zurückließe, wenn einfach nach 1.000 geänderten Zeilen eine Transaktion mit `commit` abgeschlossen würde, wäre dies für mich kein akzeptables Verhalten der Datenbank. Dann muss entweder die Geschäftsanforderung geändert oder die Maximalgröße der Rollbackdatei erweitert werden.

Ein anderes Problem in Zusammenhang mit Transaktionen und der Rollbackdatei entsteht übrigens auch, wenn ein Benutzer liest und ein weiterer schreibt. Ich hatte in der allgemeinen Einführung ja bereits den Begriff der *Lesekonsistenz* eingeführt. Diese Lesekonsistenz wird bei Oracle durch das Rollbacksegment sichergestellt. Es gilt bei Oracle der Grundsatz, dass ein lesender Zugriff auf Daten niemals einen schreibenden Zugriff blockiert und umgekehrt. Diese an sich ja lobenswerte Eigenart der Datenbank hat einen ungewöhnlichen Seiteneffekt: Auch hier kann es sein, dass Sie einen Anruf vom Datenbankadministrator erhalten, obwohl Sie nur lesend auf die Datenbank zugreifen. Warum? Das Problem ist, dass die Datenbank auch für einen Lesezugriff die Daten so vorhalten muss wie sie *zum Zeitpunkt der Abfrage* sichtbar waren. Was aber, wenn nun ein anderer Benutzer auf die Daten, die gerade lesend benötigt werden, schreibend zugreift? Auch dann wird die Datenbank die alten Daten benötigen, die noch im Rollbacksegment stehen, um die Abfrage mit

11

den Daten zu vervollständigen, die zum Zeitpunkt der Abfrage gültig waren. Die neuen Daten sind ja noch nicht freigegeben und daher noch nicht zu verwenden. Nun müssen diese alten Daten aber so lange vorgehalten werden, bis die Abfrage beendet wurde.

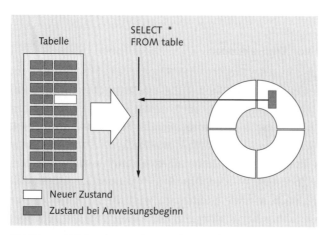

Abbildung 11.2 Implementierung der Lesekonsistenz

Abbildung 11.2 zeigt dieses Prinzip im Überblick: Trifft eine select-Abfrage auf eine Zeile, die durch das Kennzeichen als gesperrt markiert wurde, muss der vorher in dieser Zeile stehende Wert für die select-Abfrage verwendet werden. Dieser wird aus dem Rollbacksegment geliefert. Ist diese Abfrage aber ein komplexer, lang laufender Bericht, der einige Stunden Rechenzeit belegt, müssen die Daten ebenso lange vorgehalten werden, der damit verbundene Speicherbereich kann nicht freigegeben werden. Irgendwann werden konkurrierende Anforderungen durch Änderungen an Zeilen die Gesamtgröße der Rollbackdatei so erhöhen, dass auch hier wieder eine Grenze erreicht wird. Nun allerdings verhält sich die Datenbank so, dass die select-Abfrage beendet wird, denn die Datenbank sieht eine Abfrage als weniger wichtig im Vergleich zu einer Datenänderung an. Um nun die Datenänderung zu ermöglichen, wird die Abfrage beendet und der dadurch frei werdende Speicherbereich für die Änderung der Daten verwendet.

Dieses Problem taucht immer dann auf, wenn lang laufende Berichte auf Tabellen ausgeführt werden, die andererseits von anderen Benutzern geändert werden. Der Fehler taucht je sicherer auf, je höher die Gesamtlast der Änderungen pro Zeiteinheit sind, je »beschäftigter« die Datenbank also ist, denn dann werden ja immer mehr Informationen in das Rollbacksegment geschrieben. Stellen Sie sich das vielleicht so vor, als ob Sie ein Wehr in einen Bach einbauen. Ist das Wehr geöffnet, fließt eine gewisse Wassermenge durch das Wehr. Schließen Sie das Wehr, staut sich das Wasser, bis es irgendwann über die Ufer läuft. Wie lang dies dauert, hängt davon ab, wie viel Wasser fließt und wie viel Wasser der Bach aufnehmen kann, aber irgendwann wird er überlaufen, wenn Sie nicht rechtzeitig das Wehr wieder öffnen. Ist das Wehr aufgrund (Achtung, jetzt wird das Bild schräg) einer `select`-Abfrage heruntergelassen, können wir uns nun vorstellen, dass ein Wächter kommt und das Wehr zwangsweise öffnet, wenn der Bach überzulaufen droht. Der Fehler, den Oracle wirft, ist in der Szene gut bekannt und hat den Namen *Snapshot too old*. Dieser Fehler taucht also auf, wenn die Datenbank nicht mehr in der Lage war, den alten »Schnappschuss« der Daten, den sie für die Abfrage noch benötigte, aufrechtzuerhalten. Der hierfür nötige Speicherplatz konnte nicht mehr zur Verfügung gestellt werden. Auch dieser Fehler wäre Grund für einen Datenbankadministrator für ein klärendes Gespräch. Aus Sicht des Administrators sollten Sie solche lange laufenden Berichte in verkehrsarmen Zeiten durchführen (»kommen Sie doch heute Nacht um drei Uhr noch einmal rein, und lassen Sie den Bericht dann rechnen ...«), realistischer ist aber, dass Sie durch Optimierung der `select`-Abfrage die Ausführungszeit reduzieren können. Hilft das nicht mehr, sollten andere Strategien überlegt werden, etwa die, eine Tabelle mit den Daten zu füllen, die für das Berichtswesen benötigt werden. Diese Strategie zieht dann die betroffene Tabelle aus dem Fokus, denn weil auf diese Tabelle nun keine Änderungen mehr durchgeführt werden, entfällt die Notwendigkeit, für die Abfrage alte Daten im Rollbacksegment vorzuhalten. Ein SQL-Buch ist aber nicht der richtige Ort, alle möglichen Optionen hierfür zu diskutieren, das geht nur in enger Zusammenarbeit auch mit dem Datenbankadministrator und eventuell erfahrenen Kollegen oder externen Mitarbeitern, die für das gegebene Problem eine angemessene Lösung vorschlagen können.

11.1.2   Zusammenfassung: Wozu brauche ich Transaktionen?

Transaktionen sind – neben anderen – die Dinge, die eine Datenbank zu einer Datenbank machen und von einem Dateisystem unterscheiden. Sie stellen nicht nur ein Sicherheitsnetz für Sie dar, das Ihnen erlaubt, Änderungsschritte vollständig wieder zurückzunehmen und damit die Datenbank von einem konsistenten Zustand in einen neuen konsistenten Zustand zu überführen, sondern sie steuern zudem die Sichtbarkeit Ihrer Änderungen anderen Benutzern gegenüber. Im Gegensatz zu normalen Anwendungsprogrammen, die eine »Widerrufen«-Funktion kennen, um einmal gegebene Anweisungen zurückzunehmen und wieder auszuführen, ist bei einer Datenbank die Rücknahme einer einmal bestätigten Änderungsaktion nicht möglich. Das kann auch nicht so sein, denn diese bestätigte Änderung könnte wiederum Anlass für Änderungen der Daten durch andere Benutzer gewesen sein, die durch eine Rücknahme logisch inkonsistent würden. Durch den Einsatz von Transaktionen haben Sie also das Gefühl, allein auf der Datenbank zu arbeiten, obwohl viele hundert Benutzer parallel Daten bearbeiten, gleichzeitig nutzen Datenbanken diese Transaktionen, um den konsistenten und geschützten Zugriff auf einzelne Datenbankzellen zu orchestrieren. Ohne Transaktionen haben Sie keinerlei Schutz. Ärgerlich ist, dass einige Anwendungen ohne Transaktionsschutz arbeiten, denn die Datenbanktreiber, also die Programme, die eine Verbindung zwischen Ihrer Anwendung und der Datenbank herstellen, sind standardmäßig so eingestellt, dass ein automatisches `commit` nach jeder Anweisung ausgeführt wird. Auch der SQL Developer lässt sich so einstellen (siehe Abbildung 11.3), doch wird Sie nicht überraschen, dass ich dringend von dieser Option abrate. Betrachten Sie die Transaktion als Ihr Sicherheitsnetz und die Möglichkeit, selbst die Transaktion zu steuern, als Ihre ureigenste Aufgabe zur Wahrung der Datenkonsistenz.

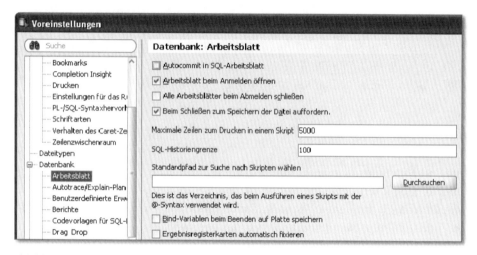

Abbildung 11.3 AutoCommit-Option im SQL Developer

Transaktionen werden bei Oracle stets implizit durch die erste Anweisung aus der Gruppe der sogenannten *DML*-Befehle (*Data Manipulation Language, Datenmanipulationssprache*) geöffnet und durch `commit` oder `rollback` beendet. Die Befehle dieser Gruppe lauten `insert`, `update`, `delete` und `merge` (und, wie Ihnen bereits aufgefallen sein dürfte, werden sie in diesem Kapitel besprochen ...). Eine Sonderstellung nimmt der Befehl `select` ein, denn er stört die Kreise der Transaktion nicht, beendet sie insbesondere auch nicht. Alle anderen SQL-Anweisungen haben ein implizites `commit` zur Folge und sind selbst nicht transaktionsgeschützt. Ein `create`-Befehl zum Beispiel kann man sich also vorstellen als eine Folge folgender Befehle:

```
commit;
create ...
commit;
```

Daran müssen Sie denken, denn wenn Sie eine Reihe von DML-Befehlen abgesetzt haben und dann feststellen, dass Ihnen eine View fehlt, die Sie schnell mal anlegen, ist Ihre Transaktion mit Anlegen der View bereits beendet und festgeschrieben. Seien also auch Sie beim Arbeiten mit DML-Anweisungen in einem »Sondermodus«: Die Datenbank ist im Editierungsmodus und erwartet von Ihnen eine *infor-mierte* Entscheidung, *wann* und *wie* sie diesen Modus wieder verlassen soll. Ein einfaches Anlegen einer View, die Vergabe eines Leserechts etc. sind keine infor-mierten Entscheidungen, sondern ein Versehen mit möglicherweise schlimmen Konsequenzen!

11.2   Die INSERT-Anweisung

Nach der Einführung in Transaktionen sollen nun tatsächlich auch Daten geschrie-ben werden. Wir starten mit dem Einfügen neuer Daten in die Datenbank. Grund-sätzlich stehen hierfür zwei Varianten zur Verfügung: zum einen das Einfügen von Daten direkt in der SQL-Anweisung, wobei mit dieser Methode jeweils eine Zeile pro Anweisung erzeugt wird, zum anderen das Kopieren von Daten aus einer Tabelle oder Abfrage in eine andere Tabelle. Bei dieser zweiten Methode können sehr viele Zeilen mit einer Anweisung erzeugt werden. Da die Datenbank besser arbeitet, wenn nicht zeilenweise, sondern mengenorientiert gearbeitet wird, ist die zweite Methode beim Einfügen großer Datenmengen vorzuziehen, falls dies möglich ist.

11.2.1   Allgemeine Syntax

Der Befehl zur Erzeugung neuer Daten lautet insert. Nach diesem Schlüsselwort wird zunächst angegeben, in welche Tabelle die Daten eingefügt werden soll. Zwischen dem Schlüsselwort insert und dem Tabellennamen wird, um einen einigermaßen gut klingenden englischen Satz zu erhalten, noch das Schlüsselwort into eingefügt. Nach der Tabellenangabe folgt normalerweise (allerdings ist dies optional) eine Liste der Spalten dieser Tabelle, die hier, im Gegensatz zur select-Klausel, jedoch in Klam-mern gesetzt werden muss. Diese Liste legt die Reihenfolge und die Auswahl der Spal-ten fest, in die die folgenden Daten eingefügt werden sollen. Anschließend kommt entweder eine Liste der einzufügenden Werte, die durch das Schlüsselwort values eingeleitet wird, oder eine select-Abfrage, die die benötigten Zeilen liefert.

INSERT-Anweisung mit VALUES-Klausel

Auch hier sehen wir uns zunächst ein einfaches Beispiel an. Wir möchten einen neuen Mitarbeiter in die Tabelle EMP einfügen. Bevor wir dies tun, wäre die Frage zu klären, welche Spalten unbedingt angegeben werden müssen. Wissen Sie die Ant-wort? Unbedingt angegeben werden müssen alle Spalten, die in der Tabelle ein Constraint not null besitzen. Dies kann entweder direkt oder als Teil eines Primär-schlüssels vergeben worden sein. Eine schnelle Analyse der Tabelle EMP zeigt uns, dass außer der Primärschlüsselspalte EMPNO keine weiteren Spalten eingefügt wer-den müssen (Abbildung 11.4).

Spalten | Daten | Constraints | Zugriffsberechtigungen | Statistiken | Trigger | Flashback | Abhängigkeiten | Details | Pa

Aktionen...

COLUMN_NAME	DATA_TYPE	NULLABLE	DATA_DEFAULT	COLUMN_ID	COMMENTS
EMPNO	NUMBER(4,0)	No	(null)	1	(null)
ENAME	VARCHAR2(10 BYTE)	Yes	(null)	2	(null)
JOB	VARCHAR2(9 BYTE)	Yes	(null)	3	(null)
MGR	NUMBER(4,0)	Yes	(null)	4	(null)
HIREDATE	DATE	Yes	(null)	5	(null)
SAL	NUMBER(7,2)	Yes	(null)	6	(null)
COMM	NUMBER(7,2)	Yes	(null)	7	(null)
DEPTNO	NUMBER(2,0)	Yes	(null)	8	(null)

Abbildung 11.4 NOT NULL-Constraints der Tabelle EMP

Stellt sich natürlich die Frage, wie ein neuer Primärschlüssel für diese Tabelle erzeugt werden kann. Ich werde diese Frage in einem späteren Abschnitt beantworten, für den Moment legen wir fest, dass der neue Mitarbeiter die Mitarbeiternummer 8000 erhalten soll:

```
SQL> insert into emp(empno, ename, job)
  2  values (8000, 'MEIER', 'ANALYST');
1 Zeile wurde erstellt.

SQL> select empno, ename, job, sal
  2    from emp
  3   where empno = 8000;
     EMPNO ENAME      JOB              SAL
---------- ---------- --------- ----------
      8000 MEIER      ANALYST

SQL> commit;
Transaktion mit COMMIT abgeschlossen.
```

Listing 11.1 Einfache INSERT-Anweisung

Sehen wir uns an, was ich vorab bereits beschrieben hatte: Dem Schlüsselwort insert folgt in Klammern die Liste der Spalten, die ich mit Werten belegen möchte. Nur die Spalte EMPNO ist hier Pflicht, alle anderen sind optional. Ich habe mich zusätzlich noch für die Spalten ENAME und JOB entschieden. Dann folgt das Schlüsselwort values, mit dem, ebenfalls in Klammern, eine Liste von Werten übergeben werden kann. Die Reihenfolge, in der ich nun die Werte angebe, entspricht natürlich der Spaltenliste in der insert-Klausel. Beachten Sie, dass alle Spalten, die von uns keinen Wert erhalten haben, einen null-Wert anzeigen. Nachdem wir diese Anweisung abgeschickt haben, hat die Datenbank automatisch eine Transaktionsklammer für uns geöffnet. Keine weiteren Aktivitäten waren hierfür erforderlich. Ein anderer Benutzer könnte zu diesem Zeitpunkt die Daten nicht sehen, nur wir in unserer Session. Das können wir leicht ausprobieren, indem wir anschließend nach dem gerade eingefügten Datensatz fragen. Uns wird der Datensatz gezeigt, anderen Benutzern jedoch nicht. Diese Eigenheit nutzen wir, um vor dem commit zu prüfen, ob die Daten korrekt eingefügt wurden oder nicht. Dieser Schritt ist daher sehr wichtig. Abschließend schließen wir unsere Transaktionsklammer durch die Anweisung commit. Erst jetzt sind unsere neuen Daten für andere Benutzer sichtbar.

Lassen Sie uns noch einen Moment bei dieser Variante der insert-Anweisung bleiben. Wir haben natürlich eine Reihe an Optionen, die sich als Spielarten dieser Grundanweisung herausstellen: Zum einen könnten wir in der insert-Klausel die Spaltenliste weglassen. Unsere Anweisung definierte dann also nicht, welche Spalten wir übergeben möchten. Als Folge hiervon müssen wir nun alle Spalten mit Werten belegen, die in der Tabelle enthalten sind, und zwar in der Reihenfolge, in der sie in der Tabelle definiert wurden. Diese Reihenfolge können Sie in Abbildung 11.4 erkennen, und zwar in der Spalte COLUMN_ID. Mittlerweile kennen Sie mich aber wahrscheinlich gut genug, um nicht überrascht zu sein, wenn ich Ihnen dieses Verfahren nicht empfehle: Eine insert-Anweisung wird besser dokumentiert und läuft zudem sicherer, wenn Sie explizit die Reihenfolge der Spalten festlegen. Interessanterweise könnte nämlich die Reihenfolge der Spalten zwischen verschiedenen Datenbanken mit gleichem Datenmodell (zum Beispiel einer Test-, Entwicklungs- und Produktionsdatenbank) voneinander abweichen, wenn nämlich Spalten in der Entwicklungsdatenbank hinzugefügt, für das Installationsskript auf der Produktionsdatenbank jedoch »aufgeräumt« und in ihrer Reihenfolge optimiert wurden. In solchen Fällen gelingen Ihre insert-Anweisungen nur auf einer der beteiligten Datenbanken, wenn Sie keine Spaltenreihenfolge definieren.

Als weitere Option könnten wir eine Spalte in der insert-Klausel zwar definieren, ihr aber keinen Wert zuweisen wollen. Dies können wir erreichen, indem wir positional korrekt für diese Spalte den Wert null übergeben. Schließlich können wir in der insert-Anweisung auch eine Reihe von SQL-Zeilenfunktionen verwenden, wie zum Beispiel die Funktionen sysdate oder user, aber auch to_date, to_number etc. sowie skalare Unterabfragen, die Sie in Kapitel 10, »Unterabfragen«, kennengelernt haben. Nachfolgend möchte ich Ihnen ein Beispiel für eine solche Anweisung geben:

```
SQL> insert into emp
  2   (empno, ename, job, mgr, hiredate, sal, comm, deptno)
  3   values
  4   (8001, 'MÜLLER', 'ANALYST',
  5    (select mgr
  6       from emp
  7      where job = 'ANALYST'
  8        and rownum = 1),
```

```
 9     trunc(sysdate),
10     (select round(avg(sal), -2)
11       from emp
12      where job = 'ANALYST'),
13     null,
14     (select min(deptno)
15       from emp
16      where job = 'ANALYST'));
1 Zeile wurde erstellt.


SQL> select *
  2    from emp
  3   where empno = 8001;
EMPNO ENAME    JOB      MGR HIREDATE   SAL COMM DEPTNO
------ ------- -------- ---- -------- ----- ----- ------
  8001 MÜLLER  ANALYST 7566 31.12.11  3000          20

SQL> commit;
Transaktion mit COMMIT abgeschlossen.
```

Listing 11.2 Eine komplexe INSERT-Anweisung

Diese Anweisung verwendet einerseits eine komplette Spaltenliste in der insert-Klausel, zum anderen wird die Spalte COMM mit einem null-Wert belegt (alternativ hätten Sie diese Spalte in beiden Klauseln auch weglassen können), einer Zeilenfunktion in der Spalte HIREDATE sowie drei skalaren Unterabfragen, die ein durchschnittliches Gehalt, auf 100 gerundet, den (zufällig ersten) Manager und die kleinste Abteilungsnummer aller anderen Mitarbeiter des gleichen Berufs erfragen. Die einzelnen Bestandteile der Anweisung kennen Sie bereits, doch ist die Zusammenstellung in diesem Kontext möglicherweise noch etwas fremd und gewöhnungsbedürftig. Ich kann aus meiner Erfahrung heraus allerdings sagen, dass insert-Anweisungen selten so komplex sind wie im zweiten Beispiel. Viel häufiger sind einfache insert-Anweisungen wie im ersten Beispiel.

INSERT-Anweisung mit SELECT-Abfrage

Recht häufig ist allerdings das zweite Verfahren, das ich eingangs beschrieben habe: Die insert-Anweisung mit einer select-Abfrage. Die select-Abfrage hat einfach die Aufgabe, eine Liste von Werten zu generieren, die anschließend in die Zieltabelle eingefügt werden. Der erste Teil der insert-Anweisung ist dabei, inkl. aller besprochenen Optionen, identisch zur ersten Variante. Die Unterschiede liegen also in der Fortführung der Anweisung. Auch hier verwende ich ein etwas seltsames Beispiel, das aber den Vorteil hat, mit unseren Daten direkt zu funktionieren. Im Gegensatz zu vorhin werde ich diese Daten nach dem Einfügen aber direkt wieder entfernen, da diese Daten ansonsten bei weiteren Anfragen stören:

```
SQL> insert into emp
  2     (empno, ename, job, mgr,
  3     hiredate, sal, comm, deptno)
  4   select empno + 1000, ename, job, mgr,
  5          trunc(sysdate), sal, comm, deptno
  6     from emp;
16 Zeilen wurden erstellt.


SQL> select empno, ename, job, sal
  2    from emp;
    EMPNO ENAME      JOB             SAL
---------- ---------- --------- ----------
     7369 SMITH      CLERK           800
     7499 ALLEN      SALESMAN       1600
     7521 WARD       SALESMAN       1250
     7566 JONES      MANAGER        2975
     7654 MARTIN     SALESMAN       1250
     7698 BLAKE      MANAGER        2850
     7782 CLARK      MANAGER        2450
     7788 SCOTT      ANALYST        3000
     7839 KING       PRESIDENT      5000
     7844 TURNER     SALESMAN       1500
     7876 ADAMS      CLERK          1100
     7900 JAMES      CLERK           950
     7902 FORD       ANALYST        3000
     7934 MILLER     CLERK          1300
     8369 SMITH      CLERK           800
     8000 MEIER      ANALYST
     8001 MÜLLER     ANALYST        3000
     8499 ALLEN      SALESMAN       1600
     8521 WARD       SALESMAN       1250
     8566 JONES      MANAGER        2975
     8654 MARTIN     SALESMAN       1250
     8698 BLAKE      MANAGER        2850
     8782 CLARK      MANAGER        2450
     8788 SCOTT      ANALYST        3000
     8839 KING       PRESIDENT      5000
     8844 TURNER     SALESMAN       1500
     8876 ADAMS      CLERK          1100
     8900 JAMES      CLERK           950
```

11

```
     8902 FORD          ANALYST          3000
     8934 MILLER        CLERK            1300
     9000 MEIER         ANALYST
     9001 MÜLLER        ANALYST          3000
32 Zeilen ausgewählt.
```

SQL> rollback;
Transaktion mit ROLLBACK rückgängig gemacht.

Listing 11.3 Eine INSERT-Anweisung mit SELECT-Klausel

Wenn Sie Ihr Wissen über select-Abfragen auspacken, erkennen Sie, dass diese Form der insert-Anweisung eigentlich nichts Besonderes an sich hat, außer natürlich, dass die Reihenfolge und Anzahl der Spalten der Abfrage in Reihenfolge und Anzahl mit der Spaltenliste der insert-Klausel übereinstimmen muss. Mit dieser Form der Anweisung erreichen wir, dass 16 Zeilen auf einmal erzeugt werden können. Andererseits ist dieser Weg natürlich auch nur dann möglich, wenn die Daten über SQL verfügbar sind. Sind sie dies nicht, gibt es zwei Tricks: zum einen den Trick mit der union all-Anfrage gegen DUAL. Mit diesem Trick können Sie eine Reihe von Zeilen über einfache Abfragen gegen die Tabelle DUAL für SQL verfügbar machen (den Trick kennen Sie nicht? Doch, sehen Sie einmal in Abschnitt 6.5, »Mengenoperationen mit UNION, MINUS und INTERSECT«, nach). Von der Menge Text her, die zu schreiben ist, ist dieses Verfahren oft kürzer als eine entsprechende Menge an insert-Anweisungen, insbesondere weil Sie die Spaltenliste nicht dauernd wiederholen müssen. Andererseits hat dieses Verfahren natürlich auch seine Grenzen, wenn Sie zu viele Zeilen auf diese Weise zusammenfügen möchten. In Datenbankversionen vor Version 11g ist zudem die Länge einer SQL-Anweisung auf 32 kB begrenzt, und das kann leicht bei sehr vielen Zeilen zusammenkommen. Als zweiten Trick können Sie Tabellen als sogenannte *externe Tabellen* anlegen. Dies bedeutet, dass die Daten dieser externen Tabellen nicht in der Datenbank, sondern in einer Textdatei im Betriebssystem vorgehalten werden, zum Beispiel in einer CSV-Datei. Sie beschreiben nun die Struktur dieser CSV-Datei, richten den Zugriff der Datenbank auf das externe Verzeichnis ein und können anschließend lesend (und seit Version 11g sogar auch schreibend) auf diese Tabellen zugreifen. In beiden Varianten profitieren Sie von der mengenorientierten Arbeitsweise, die im Regelfall deutlich schneller als der Weg über Einzelzeilenverarbeitung ist. Externe Tabellen besprechen wir nicht im Detail, sondern lediglich summarisch in Kapitel 13, »Tabellen erstellen«. Natürlich, das als letzte Anmerkung, können Sie im Rahmen der select-Abfrage alles einsetzen, was Sie in SQL so drauf haben. Oft wird eine solche insert-Anweisung mit einer komplexen select-Abfrage gewählt, um komplexe Berichte in eigenen Berichtstabellen zu speichern. Auf diese Weise können diese Berichte schneller verfügbar gemacht oder über die Zeit gespeichert werden. Gewissermaßen eine Variante dieses Verfahrens stellt zudem noch die *materialisierte Sicht* dar, bei der eine `select`-Abfrage nicht nur in der Datenbank gespeichert, sondern die Abfrageergebnisse auf der Festplatte hinterlegt werden. Hier dient die `select`-Abfrage, die Sie in der Datenbank speichern, als Quelle für eine `insert`-Anweisung, die das Abfrageergebnis speichert. Allerdings haben Sie natürlich nicht direkt mit den beiden Befehlen zu tun, das wird durch Oracle im Hintergrund erledigt.

11.2.2 Variationen zum Thema

Hier möchte ich gern zwei Themen mit Ihnen besprechen: die Verwendung von Sequenzen und Datenbank-Trigger.

Sequenzen

Sequenzen werden verwendet, um neue Primärschlüsselwerte für eine Spalte zu ermitteln. Andere Datenbanken kennen für diesen Zweck eine Autowertspalte, die es bei Oracle erst ab Version 12c geben wird bzw. gibt. Der Nachteil einer Autowertspalte besteht darin, dass er eindeutige Werte immer nur für diese Spalte garantieren kann. Da und dort kommt es aber vor, dass wir eindeutige Spaltenwerte spalten- oder gar tabellenübergreifend benötigen. Dies ist nur mit einer externen Quelle für solche Schlüsselwerte möglich. Zum anderen sind die externen Sequenzen leichter an unsere speziellen Anforderungen anpassbar. So können leicht Schrittweiten eingestellt werden (zum Beispiel sollen Zahlen in Inkrementen von 10 erzeugt werden) oder aber auch Cachegrößen vorgegeben werden, die dafür sorgen, dass in einem Rutsch gleich 20 oder mehr Primärschüssel erzeugt und im Arbeitsspeicher vorgehalten werden. Dies erhöht die Performanz. Schließlich können diese Sequenzen auch zyklisch angelegt werden, das heißt, sie zählen bis zu einem Maximalwert, um dann wieder von vorn zu beginnen.

Wie ist das Leben ohne Sequenzen und ohne Autorwertspalten? Vielleicht kommen Sie an einem Datenmodell aus, das eine Sequenz nachbildet. Dies gibt es relativ häufig, weil nicht alle Datenbanken solche Sequenzen haben und daher Anwendungen, die gegen mehrere Datenbanken einsetzbar sein sollen, nach Auswegen aus diesem Dilemma suchen. Meistens wird eine Tabelle eingerichtet, in der für jede Tabelle, die Primärschlüsselwerte verwalten soll, eine Zeile eingefügt wird. Als Primärschlüssel dieser »Primärschlüsseltabelle« wird dann der Name der Tabelle verwendet, für die der Primärschlüssel verwaltet werden soll. In einer weiteren Spalte wird dann der aktuelle Primärschlüsselwert gespeichert. Möchte nun ein Benutzer eine neue Zeile einfügen, muss er zunächst zu dieser zentralen Tabelle, sich dort den aktuell gültigen Schlüssel ansehen, die Zeile der entsprechenden Tabelle um 1 hochzählen und den neuen Wert dort ablegen. Dieser Wert kann nun als Primärschlüssel verwendet werden. Der Nachteil dieser Methode: Zu dieser Tabelle wollen alle Benutzer. Schlimmer noch: Alle Benutzer möchten gern in einige wenige Zeilen dieser Tabelle schreiben, nämlich in die Zeilen, die die Primärschlüssel der am häufigsten geänderten Tabellen enthalten. Nun wird diese eine Tabelle also zum Flaschenhals der gesamten Anwendung, denn nur, wenn ich dort einen Schlüssel »ergattert« habe, kann ich meine Zeile einfügen.

Es gibt zwar verschiedene Möglichkeiten, dieses Grundproblem zu mildern, aber keine, um es zu lösen, außer: Verwenden Sie ein Sequenz! Die Details dieser Diskussion ersparen wir uns und überlassen das dem PL/SQL-Buch, aber diese grundsätzliche Aussage kann ich guten Gewissens so stehen lassen. Wie aber macht Oracle das mit der Verwaltung der Primärschlüssel in Sequenzen? Überraschung: Genauso, wie ich es oben als handgemachte Lösung skizziert habe! Auch bei Oracle wird eine zentrale Tabelle geführt, die alle Sequenzen der Datenbank und den jeweils aktuell gültigen Schlüssel enthält. Toll, werden Sie denken, worin soll denn nun der Vorteil liegen? Nun, der Vorteil liegt im Caching. Normalerweise ist die Sequenz so eingestellt, das direkt 20 Primärschlüsselwerte auf einmal erzeugt und in der SGA (Sie erinnern sich?, der zentrale Arbeitsspeicherbereich der Datenbank) zwischengespeichert werden. Von dort aus können diese Wert sehr schnell ausgeliefert werden, und zwar, und das ist das Besondere, an alle Benutzer, die einen Wert dieser Sequenz erfragen. Programmierer könnten natürlich auch so einen Cache programmieren, aber es ist sehr schwer (wenn auch nicht unmöglich), diesen Cache mit anderen Benutzern zu teilen. Genau das aber tut der Cache der Sequenz. Zudem kann die Cachegröße pro Sequenz unterschiedlich eingestellt werden. Haben Sie nun eine Tabelle mit sehr großer Transaktionslast (sehr viele Benutzer fügen gleichzeitig Werte in die Tabelle ein), stellen Sie den Cache entsprechend hoch. Ist die Transaktionslast dagegen klein, stellen Sie den Cache herunter. Durch die große Anzahl »vorgefertigter« Primärschlüssel muss die Datenbank nun viel seltener zur internen Tabelle, um sozusagen Nachschub zu holen. Das spart sehr viel Zeit.

Tatsächlich können Sie sich die Tabelle, die die Sequenzen verwaltet, ansehen. Sie gehört dem Benutzer SYS und heißt SEQ$. Hier ist eine select-Abfrage gegen diese Sequenz (die Abfrage muss als Benutzer SYSTEM oder SYS erfolgen):

```
SQL> select obj#, increment$, minvalue, maxvalue,
  2         cycle#, cache, highwater
  3    from sys.seq$
  4   where rownum < 11;
```

OBJ#	INCR	MINVALUE	MAXVALUE	CYCLE#	CACHE	HIGHWATER
97	1	0	1,0000E+28	0	10	1
188	1	1	1,0000E+20	1	20	1
285	1	0	1,0000E+28	0	0	2
286	1	1	999999999	1	20	23

290	1	1	4294967	1	10000	130001
309	1	0	1,0000E+28	0	10	1
358	1	1	1,0000E+28	0	20	36675
359	1	1	1,0000E+28	0	20	1195
361	1	1	2000000000	1	10000	250004
417	1	1	1,0000E+28	0	20	1

```
10 Zeilen ausgewählt.
```

Listing 11.4 Abfrage gegen die Tabelle SYS.SEQ$

Typisch für Tabellen des Benutzer SYS ist, dass Sie fast nur Schlüsselwerte sehen, kaum einmal Klartextbezeichnungen. Namen sind jedoch Schall und Rauch, die Objektnummer steht für irgendeine Sequenz. In der Tabelle sehen Sie einige der Optionen, die ich bereits angesprochen hatte, ganz rechts, in der Spalte HIGHWATER, steht der aktuelle Wert der Sequenz (also, um etwas genauer zu sein, der Wert, der derzeit als Maximalwert in der SGA steht, was nicht notwendigerweise dem Wert entspricht, den diese Sequenz als nächsten liefern wird). Nun noch die Frage, wie eine solche Sequenz angelegt und benutzt wird. Ich nehme eine einfache Sequenz, sie soll ab dem Startwert 8100 einfach nur Zahlen liefern:

```
SQL> create sequence emp_seq start with 8100;
Sequence wurde erstellt.

SQL> insert into emp (empno, ename, sal)
  2 values (emp_seq.nextval, 'SCHMITZ', 1200);
1 Zeile wurde erstellt.

SQL> select empno, ename, sal
  2   from emp
  3  where empno >= 8100;
     EMPNO ENAME        SAL
---------- ---------- ----
      8100 SCHMITZ     1200

SQL> rollback;
Transaktion mit ROLLBACK rückgängig gemacht.
```

Listing 11.5 Erzeugen und Verwenden einer Sequenz

Die Sequenz bietet eine Pseudospalte NEXTVAL an (neben einer Pseudospalte CURRVAL, die den aktuellen Wert enthält), die den nächsten (wahrscheinlich bereits im Cache befindlichen) Wert liefert. Die Pseudospalte wird angesprochen, indem sie dem Namen der Sequenz über einen Punkt angehängt wird, ebenso wie wir eine Tabellenspalte über den Namen der Tabelle und einen Punkt ansprechen.

11

Nun könnten Sie sich (oder – schlimmer – mir …) die Frage stellen, ob wir eine Sequenz pro Tabelle einrichten sollten oder eine Sequenz für alle Tabellen. Alles kann, nichts muss, könnte man hier sagen: Sie haben die Wahl, die Anzahl der Sequenzen auf die Tabellen aufzuteilen. Sie können so viele oder so wenige Sequenzen einrichten, wie Sie mögen. Häufiger sehe ich, dass pro Tabelle eine Sequenz angelegt wird, als dass eine Sequenz für mehrere Tabellen verwendet wird. Allerdings könnte man als Zwischenlösung auch eine Sequenz für Stammdatentabellen und je eine Sequenz pro Bewegungsdatentabelle einrichten. Eine Empfehlung kann man da nicht so recht geben. Der einzige harte Grund für die Verwendung einer Sequenz für mehrere Tabellen ist die Tatsache, dass Sie aus irgendwelchen Gründen in den Tabellen übergreifend eindeutige Schlüssel benötigen. Als Einsatzgrenze für Sequenzen können wir darüber hinaus noch festhalten, dass diese nicht geeignet sind, wenn Sie eine *ununterbrochene Folge* von Primärschlüsselwerten benötigen, wie das zum Beispiel für Rechnungsnummern erforderlich ist. Der Grund: Hat eine Sequenz einmal Werte geliefert, werden diese Werte nicht mehr verwendet. Dadurch können Werte verloren gehen, »Löcher« entstehen, und zwar in folgenden beispielhaften Szenarien:

▸ Wenn die Sequenz einen Cache eingestellt hat und die Datenbank neu gestartet wird. In diesem Fall sind die im Cache befindlichen Werte verloren.

▸ Wenn Sie eine `rollback`-Anweisung geben. Auch in diesem Fall wird die verwendete Zahl nicht an die Sequenz zurückgeliefert.

▸ Falls eine `insert`-Anweisung aus irgendwelchen Gründen fehlschlägt. Auch in diesem Fall wird die aus der Sequenz gewonnene Nummer verworfen und neu angefordert. Das ist beinahe das Gleiche wie der vorherige Fall mit dem `rollback`, jedoch mit einem kleinen Unterschied: Misslingt diese eine `insert`-Anweisung, wird diese Anweisung abgelehnt, nicht aber die gesamte Transaktion. Wird die `insert`-Anweisung korrigiert und erneut eingegeben, kann anschließend die gesamte Transaktion bestätigt werden, der von der fehlerhaften `insert`-Anweisung verwendete Sequenzwert bleibt jedoch verworfen.

Sie mögen dieses Verhalten von Oracle als nicht sehr intuitiv ansehen oder der Meinung sein, Oracle solle sich hier »mehr Mühe geben«, Löcher in den Primärschlüsselwerten zu verhindern, doch spielen diese Löcher keine Rolle: Da ein Primärschlüssel ja definitionsgemäß keinerlei Geschäftsinformation trägt (was eine Rechnungsnummer nun einmal tut, weil an sie die Forderung der Lückenlosigkeit gestellt wird und sie dadurch die Zusicherung gibt, dass keine Rechnung fehlt), spielen Löcher dort auch keine Rolle. Möchten Sie dennoch eine Rechnungsnummer erzeugen, müssen Sie dies durch explizite Programmierung mit anderen Mechanismen erzeugen, dafür sind Sequenzen einfach nicht da. Es versteht sich im Übrigen von selbst, dass Sequenzen nur für numerische Primärschlüssel verwendet werden können, nicht aber für alphanumerische Schlüssel.

Datenbank-Trigger

Das Thema Datenbank-Trigger wird im PL/SQL-Buch ausführlich besprochen, weil es sich um ein Programmierthema handelt. Zudem werde ich Ihnen einige wenige Beispiele in Kapitel 13, »Tabellen erstellen«, zeigen. Hier sollen nur die grundlegenden Dinge soweit besprochen werden, dass Sie ein Gefühl für diese Konstrukte bekommen und sich nicht wundern, wenn auf einmal ganz andere Werte in den Tabellen stehen, als Sie einfügen wollten, oder wie von Zauberhand Werte auftauchen, die Sie nicht eingefügt haben.

Ein Trigger ist zunächst einmal ein kleines Programm, das immer dann ausgeführt wird, wenn ein definiertes Ereignis stattfindet. Ein solches Ereignis ist typischerweise das Einfügen, Ändern oder Löschen von Daten einer bestimmten Tabelle. Ein Trigger ist also in diesen Fällen stets einer definierten Tabelle zugeordnet und wird ausgeführt, wenn eine Datenänderung auf diese Tabelle durchgeführt wird.

Wozu dienen nun solche Trigger? Normalerweise werden mit Triggern zwei eng beieinanderliegende Aufgabenbereiche bearbeitet: Es werden Datenkonsistenzregeln und Zugriffsregeln durchgesetzt. Damit ist Folgendes gemeint:

- ▶ Datenkonsistenzregeln sind Regeln, die festlegen, dass gewisse Anforderungen an die Daten gestellt werden, die durch einfache Constraints oder Vorgabewerte nicht umgesetzt werden können. So könnte zum Beispiel geregelt sein, dass in einer Spalte Namen nur in Großbuchstaben gespeichert werden dürfen oder dass ein einmal eingefügtes Anlagedatum eines Datensatzes nicht mehr im Nachhinein geändert werden kann. Oft werden auch Sequenzen aus Triggern angesprochen, so dass die Vergabe eines neuen Primärschlüssels von der Datenbank direkt durchgeführt wird.

- ▶ Zugriffsregeln dienen dazu, Anforderungen an die Datensicherheit durchzusetzen. Beispiele könnten sein, dass eine Änderung von Daten nur in bestimmten Zeiträumen möglich sein darf oder dass Datenänderungen stets in anderen Tabellen protokolliert werden. Es könnte auch geregelt werden, dass Änderungen an Daten nur ermöglicht werden, wenn der Anwender sich aus dem lokalen Netzwerk angemeldet hat und nicht etwa über eine Internetverbindung.

Der Vorteil dieser Trigger ist, dass sie nur dadurch umgangen werden können, dass sie deaktiviert oder gelöscht werden. Sind sie aktiv, kann auch ein Datenbankadministrator die in den Triggern definierten Regeln nicht umgehen. Der Nachteil von Triggern liegt darin, dass, insbesondere wenn sehr weitgehende Geschäftsregeln in diesen Triggern umgesetzt wurden, die Übersicht darüber, wo und was geschieht, sehr schwierig aufrecht erhalten werden kann. Zudem gibt es hinterhältige logische Probleme mit Triggern, die zum Teil nur in speziellen Situationen auftauchen und daher die Fehlersuche erschweren. Eine – aus meiner Sicht – gute Strategie besteht daher darin, lediglich sehr datennahe Arbeiten in Triggern erledigen zu lassen. Dazu gehören die bereits angesprochenen Beispiele, wie etwa Großschreibung von Spaltenwerten, Vergabe von Standarddaten über eine Spalteneinstellungen hinaus, Schutz vor nachträglicher Änderung von Daten, Verwaltung von Sequenzen und das Dokumentieren von Datenänderungen in separaten Tabellen, das sogenannte Logging.

Halten wir fest, dass es möglich ist, auf Tabellen Trigger einzurichten, die das Einfügen, Ändern und Löschen von Daten beeinflussen können. Zum Teil werden Daten allerdings nicht nur durch Trigger, sondern auch durch Standardwerte für Spalten in die Tabellen eingefügt. Im Gegensatz zu diesen Standardwerten für einzelne Spalten können Trigger allerdings das Einfügen anderer Werte als die vorgesehenen Standardwerte verhindern. Daher stellen Trigger ein mächtiges Werkzeug der Datenbank dar, um Zusicherungen über die Daten zu machen.

11.3 Die UPDATE-Anweisung

Als nächste Anweisung möchte ich Ihnen die update-Anweisung vorstellen. Mit dieser Anweisung ist es möglich, bereits bestehende Daten in Tabellen zu ändern. Die update-Anweisung wird auch genutzt, um Zellwerte einer Zeile zu löschen, denn die Löschanweisung löscht stets die gesamte Zeile, niemals jedoch einzelne Zellwerte innerhalb einer Zeile.

11.3.1 Allgemeine Syntax

Auch diese Anweisung beginnt mit einem neuen Schlüsselwort, naheliegenderweise mit dem Schlüsselwort update. Anschließend wird, ähnlich der insert-Anweisung, zunächst festgelegt, welche Tabelle betroffen ist. Im Gegensatz zur insert-Anweisung ist diesmal allerdings nicht das Schlüsselwort into erforderlich. Nach der Angabe der Tabelle erfolgt die Zuweisung der Spaltenwerte nach dem Schlüsselwort set mit Hilfe einer einfachen Syntax, die nach dem Prinzip alter_spaltenwert = neuer_spaltenwert aufgebaut ist und mittels einer kommaseparierten Liste die zu ändernden Spalten angibt. Anschließend wird die Anweisung durch eine optionale where-Klausel eingeschränkt. Diese where-Klausel ist syntaktisch identisch aufgebaut wie die entsprechende Klausel in der select-Abfrage und dient auch dem gleichen Zweck: der Auswahl der Zeilen, die durch die update-Anweisung geändert werden sollen.

Auch hier soll uns ein erstes, einfaches Beispiel den Überblick erleichtern. Ich möchte gern allen SALESMAN eine Gehaltskürzung von 50 Talern zumuten und gleichzeitig eine Steigerung der Boni von 10 % einräumen:

```
SQL> select ename, job, sal, comm
  2    from emp
  3    where job = 'SALESMAN';
```

```
ENAME      JOB              SAL       COMM
---------- --------- ---------- ----------
ALLEN      SALESMAN        1600        300
WARD       SALESMAN        1250        500
MARTIN     SALESMAN        1250       1400
TURNER     SALESMAN        1500          0
4 Zeilen wurden ausgewählt.
```

```
SQL> update emp
  2     set sal = sal - 50,
  3         comm = comm * 1.1
  4   where job = 'SALESMAN';
4 Zeilen wurden aktualisiert.
```

```
SQL> select ename, job, sal, comm
  2     from emp
  3   where job = 'SALESMAN';
ENAME      JOB              SAL       COMM
---------- --------- ---------- ----------
ALLEN      SALESMAN        1550        330
WARD       SALESMAN        1200        550
MARTIN     SALESMAN        1200       1540
TURNER     SALESMAN        1450          0
```

```
SQL> rollback;
Transaktion mit ROLLBACK rückgängig gemacht.
```

Listing 11.6 Eine einfache UPDATE-Anweisung

Es zahlt sich nun aus, dass Sie bereits Erfahrung mit der select-Abfrage und deren where-Klausel gesammelt haben, denn nun können wir direkt unser Wissen auf die where-Klausel der update-Anweisung übertragen. Ich denke, dass Sie die syntaktischen Details dieser update-Anweisung oben direkt verstehen können. Allerdings sind einige Dinge doch erwähnenswert:

▶ Ich habe damit begonnen, zunächst eine select-Abfrage zu formulieren, die die Daten anzeigt, die ich ändern möchte. Dies kann ich Ihnen, insbesondere zu Beginn, nur dringend empfehlen, denn ich denke, auch Sie werden etwas hektisch, wenn als Antwort auf Ihre update-Anweisung 14 Millionen Zeilen aktualisiert zurückkommt, obwohl Sie doch nur die paar Bestellungen von gestern aktualisieren wollten. Nebenbei: Was machen Sie nun? Ich hoffe, wir sind uns einig: Die nächste Anweisung lautet rollback! Dieses Problem können Sie durch eine vorangehende select-Abfrage aus der Welt schaffen. Syntaktisch können Sie aus einer select-Abfrage zudem auch leicht eine update-Anweisung machen, denn die select-Liste wird einfach durch das Schlüsselwort update ersetzt, und zwischen Tabellenname und where-Klausel fügen Sie die set-Klausel ein.

▶ Nach dem Update wird zurückgemeldet, wie viele Zeilen durch die Anweisung geändert wurden. Prüfen Sie das immer, bevor Sie ein commit absetzen. Gerade update-Anweisungen sind oftmals schwer reversibel, denken Sie nur daran, wie Sie nach einem commit reagieren möchten, wenn nun alle Mitarbeiter in Abteilung 40 arbeiten. In welchen Abteilungen haben die Mitarbeiter vorher gearbeitet? Diese Information ist auf immer weg.

▶ Es klang im vorigen Strichpunkt bereits an: Auch die update-Anweisung eröffnet implizit eine Transaktionsklammer, die durch eine select-Abfrage auch nicht geschlossen wird. Daher empfiehlt sich zu Beginn, die geänderten Daten auf Plausibilität hin zu prüfen, bevor die Änderung festgeschrieben wird. Natürlich sind diese Anmerkungen besonders wichtig, wenn Sie im Dialogbetrieb mit der Datenbank arbeiten, Sie also sozusagen »am offenen Herzen« arbeiten. Hoffen Sie, dass dies in Ihrem beruflichen Alltag möglichst selten der Fall ist, denn der Stress bei Arbeiten an Produktionssystemen ist relativ hoch, die resultierende Lebensspanne kurz ...

11.3.2   Variationen zum Thema

Eigentlich war es das bereits, was Sie über eine update-Anweisung wissen müssen: Sie wählen mit der where-Klausel aus, welche Zeilen Sie aktualisieren möchten und teilen in der set-Klausel mit, welche Spalten wie verändert werden sollen. Kompliziert wird die update-Anweisung, wenn Sie die neuen Werte nicht einfach aus den bestehenden Daten ableiten können, sondern aus anderen Tabellen kopieren müssen. Dann helfen Ihnen skalare Unterabfragen, die oftmals die Form einer harmonisierten Unterabfrage haben. Hier ein Beispiel: Ich möchte allen Mitarbeitern einer Berufsgruppe als neues Gehalt das Mindestgehalt, das in dieser Gruppe gezahlt wird, zuweisen. Sie merken schon: Ich bin bei meinen Beispielen besonders sozial eingestellt. Das täuscht aber, im echten Leben bin ich eigentlich ganz nett ...

```
SQL> update emp e
  2    set sal = (select min(sal)
  3                 from emp
  4                where job = e.job);
16 Zeilen wurden aktualisiert.

SQL> select ename, job, sal
  2    from emp;
ENAME      JOB        SAL
---------- ---------- ----------
SMITH      CLERK             800
```

```
ALLEN       SALESMAN      1250
WARD        SALESMAN      1250
JONES       MANAGER       2450
MARTIN      SALESMAN      1250
BLAKE       MANAGER       2450
CLARK       MANAGER       2450
SCOTT       ANALYST       3000
KING        PRESIDENT     5000
TURNER      SALESMAN      1250
ADAMS       CLERK          800
JAMES       CLERK          800
FORD        ANALYST       3000
MILLER      CLERK          800
MEIER       ANALYST       3000
MÜLLER      ANALYST       3000
16 Zeilen ausgewählt.
```

```
SQL> rollback;
Transaktion mit ROLLBACK rückgängig gemacht
```

Listing 11.7 Rosskur: Alle auf Start zurück, nur dem Präsidenten ist's egal.

Die syntaktischen Details entsprechen dem, was wir in Kapitel 10, »Unterabfragen«, bereits über skalare Unterabfragen gesagt haben, daher verweise ich bei Fragen auf die Besprechung dort. Wir benötigen für eine harmonisierte Unterabfrage ein Tabellenalias auf die zu aktualisierende Tabelle, damit wir diese aus der Unterabfrage referenzieren können. Nicht so schön, aber möglich ist, dass die innere Abfrage (wie oben zu sehen) kein Tabellenalias vereinbart und seine lokalen Spalten damit referenziert, aber das sehen Sie in der Realität sehr häufig. Ein Punkt, der Fragen aufwirft, könnte sein: Wie schafft es die Datenbank eigentlich, das Minimum zu berechnen, wenn ich die gleiche Tabelle doch gerade ändern möchte. Vielleicht ändern sich die Minima durch die Änderung ja. Logisch wird aber immer zunächst die Unterabfrage berechnet und diese durch die update-Anweisung referenziert. Dieses Verhalten können Sie schön am Ausführungsplan der Anweisung sehen (Abbildung 11.5).

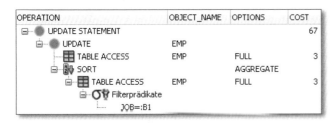

Abbildung 11.5 Ausführungsplan der Anweisung mit Unterabfrage

Um die update-Anweisung auszuführen, wird zunächst die Unterabfrage berechnet. Erst danach wird der Rest ermittelt. Eine skalare Unterabfrage verhält sich, ob nun harmonisiert oder nicht, ähnlich wie ein Literal, das heißt, es wird vorab berechnet und anschließend als Wert behandelt. Uns ist klar, dass hier nur skalare Unterabfragen, die also nur eine Spalte und eine Zeile liefern, verwendet werden dürfen, denn alles andere ließe sich nicht als Zellwert verwenden.

Einen Wermutstropfen hat diese Strategie allerdings: Die Performanz kann unter Umständen extrem langsam sein. Das Problem der harmonisierten Unterabfrage ist, dass diese Form der Abfrage nicht in jedem Fall durch die Datenbank so optimiert werden kann, dass eine wirklich performante Aktualisierung sichergestellt ist. Ich erinnere mich an ein Problem bei einer Tabelle mit ca. 75.000 Zeilen. Aus diesem Datenbestand wurden Dubletten entfernt. Dadurch entstanden allerdings Lücken in einer vorher lückenlosen Nummerierung, die nun, aufgrund von Geschäftsanforderungen, geschlossen werden sollten. Dabei handelte es sich nicht um die Primärschlüsselinformationen. Wie geht man nun vor? Ich finde, dass diese Diskussion ganz interessant ist, denn sie zeigt einige durchaus witzige Nebeneffekte. Um diese zu illustrieren, verwende ich eine Tabelle mit folgenden Daten:

```
SQL> select *
  2    from prod_table
  3   where rownum < 5


   PROD_ID PROD_NAME          PROD_DESC            PROD_TOTAL_ID
---------- ------------------ -------------------- -------------
        25 5MP Telephoto      Camera 5MP Telephoto            25
        27 HDTV Tuner         17" LCD w/ HDTV Tuner           27
        29 Envoy 256MB - 40GB Envoy 256MB - 40Gb             29
        31 Y Box              Y Box                          31
...
72000 Zeilen ausgewählt
```

Listing 11.8 Beispieltabelle für die UPDATE-Anweisung

Spalte PROD_TOTAL_ID enthält, wie Sie sehen, Lücken und soll nun aufsteigend nummeriert werden, ohne die Sortierung der Daten zu gefährden. Wenn wir uns nun die folgenden Lösungsansätze ansehen, bitte ich Sie, sich vor dem Weiterlesen Gedanken darüber zu machen, ob der jeweils eingeschlagene Weg funktionieren wird oder nicht. Für alle update-Anweisungen lassen wir uns zunächst nur den geplanten Ausführungsplan ausgeben, um zu sehen, ob unsere Strategie sinnvoll ist oder nicht. Zunächst ein erster Versuch, eine Abfrage für dieses Problem zu erstellen:

```
SQL> explain plan for
  2  update prod_table p
  3     set prod_total_id =
  4         (select rownum
  5           from prod_table pt
  6          where pt.prod_id = p.prod_id);
EXPLAIN PLAN ausgeführt.
```

```
SQL> @?/rdbms/admin/utlxpls
PLAN_TABLE_OUTPUT
-----------------------------------------------------------------

Plan hash value: 1969075048

-----------------------------------------------------------------
| Id  | Operation           | Name       | Cost      | Time
-----------------------------------------------------------------
|   0 | UPDATE STATEMENT    |            |15M   (2)| 50:06:23
|   1 |  UPDATE             | PROD_TABLE |         |
|   2 |   TABLE ACCESS FULL | PROD_TABLE |189   (1)| 00:00:03
|   3 |   COUNT             |            |         |
|*  4 |    TABLE ACCESS FULL| PROD_TABLE |189   (1)| 00:00:03
-----------------------------------------------------------------

Predicate Information (identified by operation id):
---------------------------------------------------

   4 - filter("PT"."PROD_ID"=:B1)
Note
-----
   - dynamic sampling used for this statement (level=2)
20 Zeilen ausgewählt.
```

Listing 11.9 Erster Versuch

Bereits die Schätzung der Datenbank lässt uns nichts Gutes ahnen, denn die Zeit für das Update wird bei ca. 50 Minuten veranschlagt. Doch hat die harmonisierte Unterabfrage noch ein grundsätzliches Problem. Sehen Sie das? Machten wir die update-Anweisung auf diese Weise, wären nachher alle PROD_ID-Spalten = 1. Warum ist das so? Ganz einfach: Durch den Join in die harmonisierte Unterabfrage wird für jede Zeile die innere Zeile neu gerechnet. Daher ist überall die Zeilennummer gleich 1. Lösen wir also dieses Problem, doch es bleibt beim schlechten Ausführungsplan, den ich daher hier nicht noch einmal ausgebe.

```
SQL> explain plan for
  2  update prod_table p
  3     set prod_total_id =
```

```
  4          (select rn
  5            from (select prod_id, rownum rn
  6                    from prod_table) pt
  7          where pt.prod_id = p.prod_id);
```

Listing 11.10 Zweiter Versuch: Nun zwar richtig, aber immer noch nicht schnell

Wenn wir dieses Update ausführen, kommt noch, je nach Umgebung, ein witziges Problem hinzu: Die Sortierung kann in diesen Fällen etwas seltsam aussehen. Ich habe in einem Projekt diese Anweisung gefunden, nachdem uns von der Fachseite das Problem mitgeteilt wurde, dass die Sortierung dieser Aktualisierung nur teilweise gelingt. Etwa 70–80 Zeilen sind korrekt sortiert, dann kommt aber ein Block anderer Produkte, die in sich auch wieder korrekt sortiert wurden, als Block jedoch nicht hinter die ersten Produkte gehörten usw. Was ist hier passiert? Das Problem liegt in der Ermittlung der neuen Zeilennummer, denn in aller Regel wird die Datenbank diese update-Anweisung auf mehrere Prozesse verteilen und parallel ausführen. Nun wird in jedem Teil die neue PROD_ID in der Reihenfolge der Bearbeitung korrekt ermittelt, doch ist der Startwert der neuen PROD_ID abhängig davon, welcher Prozess wann mit seinem Teil der Anweisung fertig ist. Dadurch wird die Sortierung sozusagen blockweise zufällig. Wir benötigen also zusätzlich noch ein definiertes Sortierkriterium, um sicher zu sein, dass die Sortierung erhalten bleibt. Unsere endgültige update-Anweisung sieht also so aus:

```
SQL> explain plan for
  2  update prod_table p
  3     set prod_total_id =
  4         (select rownum
  5            from (select prod_id
  6                    from prod_table
  7                   order by prod_id) pt
  8          where pt.prod_id = p.prod_id);
SQL> @?/rdbms/admin/utlxpls.sql
PLAN_TABLE_OUTPUT
------------------------------------------------------------------
Plan hash value: 293745717
------------------------------------------------------------------
```

Id	Operation	Name	Cost (%CPU)	Time
0	UPDATE STATEMENT		13M (1)	**45:21:39**
1	UPDATE	PROD_TABLE		
2	TABLE ACCESS FULL	PROD_TABLE	189 (1)	00:00:03
3	COUNT			
4	VIEW		189 (1)	00:00:03
* 5	TABLE ACCESS FULL	PROD_TABLE	189 (1)	00:00:03

```
-----------------------------------------------------------------
Predicate Information (identified by operation id):
-------------------------------------------------
   5 - filter("PROD_ID"=:B1)
17 Zeilen ausgewählt.
```

Lassen Sie uns die Anweisung ausführen, um zu sehen, wie gut die Schätzung der Datenbank ist. Hier ist das Ergebnis:

```
SQL> set timing on
SQL> update prod_table p
  2      set prod_total_id =
  3          (select rownum
  4              from (select prod_id
  5                        from prod_table
  6                        order by prod_id) pt
  7              where pt.prod_id = p.prod_id);
72000 Zeilen wurden aktualisiert.
Abgelaufen: 00:08:52.86


SQL> rollback;
Transaktion mit ROLLBACK rückgängig gemacht.
Abgelaufen: 00:00:00.56
```

Listing 11.11 Tatsächliche Ausführungszeit

Nun ja, das Ergebnis ist nicht ganz so schlecht, wie befürchtet, aber für das, was getan wurde, doch recht lang. Ein alternativer Ansatz benutzt zur Berechnung der neuen PROD_ID noch die analytische Funktion row_number() statt der einfacheren Pseudospalte rownum, in der Hoffnung, die Berechnung der neuen PROD_ID dadurch zu beschleunigen, und sieht so aus:

```
SQL> explain plan for
  2  update prod_table p
  3      set prod_total_id =
  4          (select rn
  5              from (select prod_id,
  6                           row_number()
  7                           over (order by prod_id) rn
  8                        from prod_table) pt
  9              where pt.prod_id = p.prod_id);

SQL> @?/rdbms/admin/utlxpls
PLAN_TABLE_OUTPUT
```

```
-------------------------------------------------------------
Plan hash value: 131813303
-------------------------------------------------------------

| Id | Operation              | Name       | Cost (%CPU)| Time

-------------------------------------------------------------

|  0 | UPDATE STATEMENT       |            |     29M  (2)| 99:07:15
|  1 |  UPDATE                | PROD_TABLE |            |
|  2 |   TABLE ACCESS FULL    | PROD_TABLE |    189  (1)| 00:00:03
|* 3 |   VIEW                 |            |    413  (2)| 00:00:05
|  4 |    WINDOW SORT         |            |    413  (2)| 00:00:05
|  5 |     TABLE ACCESS FULL  | PROD_TABLE |    189  (1)| 00:00:03

-------------------------------------------------------------

Predicate Information (identified by operation id):
--------------------------------------------------

   3 - filter("PT"."PROD_ID"=:B1)
17 Zeilen ausgewählt.
```

Listing 11.12 Unsere letzte Variante, leider immer noch langsam

Na bitte, es ist uns gelungen, die Kosten noch einmal in die Höhe zu treiben. Was soll erst passieren, wenn wir 75 Millionen Zeilen auf diese Weise aktualisieren möchten? Auch diese Anweisung habe ich einmal rechnen lassen. Hier ist das Ergebnis:

```
SQL> set timing on
SQL> update prod_table p
  3     set prod_total_id =
  4        (select rn
  5         from (select prod_id,
  6                      row_number()
  7                      over (order by prod_id) rn
  8               from prod_table) pt
  9         where pt.prod_id = p.prod_id);
72000 Zeilen wurden aktualisiert.
Abgelaufen: 00:49:53.90

SQL> rollback;
Transaktion mit ROLLBACK rückgängig gemacht.
Abgelaufen: 00:00:00.53
```

Listing 11.13 Ausführung der UPDATE-Anweisung mit analytischer Funktion

Offensichtlich weiß nun der Optimizer nicht mehr, wie er diese Abfrage optimieren soll. Das ist eigentlich erstaunlich, eigentlich ist die Berechnung der Reihenfolge über die analytische Funktion in select-Anweisungen eine gute Idee, hier aber nicht. Dieses Ergebnis, wie alle anderen auch, ist natürlich nicht repräsentativ, es hängt von der Datenbankversion, der Systemausstattung und vielem mehr ab. Erfahrene SQL-Entwickler werden auch andere Strategien vorschlagen, die in diesem konkreten Fall eventuell auch deutlich schneller sein können. Der Punkt ist aber: Selbst eine relativ einfache Anforderung wie diese hier kann beim »normalen« Einsatz der update-Anweisung zu immensen Problemen führen, selbst, wenn Sie alles in Ihrer (SQL-) Macht stehende getan haben, um die Gewinnung der neuen Daten zu beschleunigen. Wie schnell 72.000 Zeilen geschrieben werden können, sehen Sie an der Dauer der rollback-Anweisung. Das, kombiniert mit der Ausführungszeit für die Ermittlung der neuen Nummern, deutet darauf hin, dass die Arbeit auch in etwa einer Sekunde hätte erledigt werden können. Offensichtlich bleibt das Problem bestehen, dass durch die harmonisierte Unterabfrage die Ermittlung der neuen Zeilennummern jeweils neu angestoßen wird.

Die Frage, die sich stellt, ist, wie man solche Anweisungen schneller ausführen kann. Eine Variante wäre, die neuen Daten in eine eigene Tabelle zwischenzuspeichern, um anschließend die Aktualisierung gegen diese Tabelle ausführen zu lassen. Wenn Sie Kapitel 13, »Tabellen erstellen«, durchgearbeitet haben, wissen Sie, dass diese Tabelle auch eine sogenannte *temporäre Tabelle* sein könnte, eine Tabelle, die Daten nur im Rahmen Ihrer Session, normalerweise für die Länge einer Transaktion, behält und anschließend gleich wieder löscht. Tatsächlich lässt sich die Ausführungszeit mit diesem Hilfsmittel in etwa auf die erwartete eine Sekunde drücken. Das klingt gut, hinterlässt aber den faden Nachgeschmack, dass wir doch sehr viel Arbeit reinstecken müssen, ein im Grunde triviales update performant ausführen zu können. Nun sind wir in der gleichen Situation wie im Witz zu einer Joga-Sendung: Nun, da Sie die Position erreicht haben, verabschiede ich mich, nächste Woche erläutere ich Ihnen, wie Sie aus dieser Position wieder herauskommen. Oder, auf unser Beispiel bezogen: Ich komme im Verlauf des Kapitels noch einmal auf dieses Problem zurück und zeige Ihnen, wie wir dieses Problem noch lösen können.

Was wäre noch? An sich sind alle Varianten, die ich noch anführen könnte, aus diesen Beispielen ableitbar. Sie können ja eine einfache skalare Unterabfrage ausprobieren (BLAKE erhält das Gehalt von SMITH oder ähnlich). Sie stellen fest, dass Sie die where-Klausel immer benötigen; lassen Sie die weg, werden stets alle Zeilen der Tabelle geändert. Wenn Sie also mit der update-Anweisung arbeiten, hat die Prüfung der where-Klausel absoluten Vorrang vor allem anderen. Anschließend kommt die Prüfung der set-Klausel. Beides ist bei Datenänderungen eminent wichtig!

11.4   Die DELETE-Anweisung

Die letzte Grundtechnik ist das Löschen von Zeilen mit Hilfe der delete-Anweisung. Das zusätzliche Schlüsselwort zwischen delete und dem Tabellennamen heißt nun from. Witzigerweise darf dieses Schlüsselwort weggelassen werden, was grammatikalisch Sinn macht, wenn einfach die gesamte Tabelle gelöscht werden soll. Ich schreibe es aus Gewohnheit allerdings immer hin. Schön an der Anweisung ist, dass es hier keine Komplikation gibt außer der bereits bekannten where-Klausel, die steuert, welche Zeilen nun gelöscht werden sollen. Daher ist es ganz einfach, sich folgendes Beispiel klarzumachen:

```
SQL> delete from emp
  2    where empno >= 8000;
2 Zeilen wurden gelöscht.


SQL> commit;
Transaktion mit COMMIT abgeschlossen.


SQL> -- Variante ohne das Schlüsselwort FROM
SQL> delete emp;
14 Zeilen wurden gelöscht.


SQL> rollback;
Transaktion mit ROLLBACK rückgängig gemacht.
```

Listing 11.14 Eine einfache DELETE-Anweisung

Mehr ist dazu nicht zu sagen. Auch hier steht immer wieder das große ACHTUNG-Schild, das Sie bei der Arbeit mit Datenmanipulationsbefehlen immer berücksichtigen sollten: Drum prüfe, wer auf ewig festschreibt ... Machen Sie sich auch hier zur Gewohnheit, zunächst einmal mit einer select-Abfrage zu prüfen, ob Sie wirklich die richtigen Daten an den Flügeln haben, bevor Sie diese löschen.

Eine Anmerkung hätte ich noch zum Thema *Löschen, Löschen* oder *Löschen*. Es gibt nämlich drei Löscharten, von denen die delete-Anweisung die erste (und gewissermaßen harmloseste) ist. Die beiden anderen Löscharten heißen truncate und drop. Im Gegensatz zu den beiden weiteren Varianten ist ausschließlich delete durch die Transaktionsklammer geschützt. Die beiden anderen Varianten löschen schnell, gründlich und ohne Nachfrage. Allerdings gibt es noch weitere Unterschiede: Die delete-Anweisung ist ein »logisches Löschen«, will sagen, es wird tatsächlich eine einzelne Zeile einer Tabelle, basierend auf einer where-Klausel, gelöscht. Im Bild der Tabelle als Lagerhalle wäre das gleichbedeutend damit, dass ein einzelner Farbeimer aus dem Regal geräumt wird. Der Platz bleibt nun frei, die rote Fahne wird nicht bewegt. Im Gegensatz dazu räumt truncate ohne Transaktionsschutz rigoros das gesamte Lager leer und setzt die rote Fahne wieder auf den ersten Lagerplatz. Es handelt sich hierbei also um ein »physikalisches Löschen« auf der Festplatte, ohne Ansehen der einzelnen Zeilen und ohne mögliche Einschränkung über eine where-Klausel. Als Letztes ist das drop das schlichte Entfernen des Lagers von dieser Welt. Es werden nicht nur, wie bei `truncate`, die Lagerplätze physikalisch gelöscht (und der dadurch allokierte Speicher auf der Platte freigegeben), sondern zudem wird auch noch der Eintrag der Existenz der Tabelle im Data Dictionary entfernt, die Tabelle gibt es dadurch nicht mehr. Wobei gerade zu dieser letzten Variante seit Version 10 tröstend zu sagen ist, dass Tabellen nicht physikalisch gelöscht, sondern in den *Recycle Bin* (wie das bei Oracle heißt) verschoben werden und aus diesem auch wieder hervorgeholt werden können. Wollen Sie dies nicht, müssen Sie nach dem Löschen einer Tabelle diesen Recycle Bin entleeren (*purgen*) oder das unmittelbare Löschen bei der Anweisung mit angeben. Beides sehen wir uns in Kapitel 13, »Tabellen erstellen«, genauer an.

11.5 Die MERGE-Anweisung

Relativ neu (Version 9) und immer noch relativ unbekannt ist die Anweisung `merge`. Allerdings ist diese Anweisung besonders elegant und wird von mir sehr oft verwendet. Es ist im Kern eine Kombination von `insert` und `update` mit einem kleinen `delete`-Anhängsel. Der große Vorteil dieser Kombination liegt darin, dass für viele Anwendungen, die vorher nur über mehrere Anweisungen möglich waren, nun nur noch eine Anweisung erforderlich ist. Dies spart nicht nur Zeit, sondern ist insbesondere auch unter dem Aspekt der Datenkonsistenz wichtig, denn mehrere Anweisungen, die nacheinander ausgeführt werden, müssen nicht notwendigerweise die gleichen Daten sehen. So kann es passieren, dass sich Fehler einschleichen.

Nehmen wir ein Szenario für eine `merge`-Anweisung: Zwei Datenbanken erfassen Daten und sollen nun auf einen gemeinsamen Datenbestand gebracht werden. Die erste Tabelle fungiert dabei als Zieltabelle, soll also anschließend die Daten beider Datenbanken enthalten, während die zweite Datenbank zur dezentralen Datenerfassung genutzt wird und ihre Daten lediglich abliefern soll. Nun ist es natürlich möglich, dass Daten in der zweiten Datenbank geändert oder neu hinzugefügt wurden. Beide Fälle sollen berücksichtigt werden. Nun müsste aber zunächst eine `update`-Anweisung ausgeführt werden, um die Daten, die bereits in der Datenbank bestanden haben, zu aktualisieren, und anschließend eine `insert`-Anweisung für alle neu aufgenommenen Daten. Wenn wir uns dies bei einer Datenbank vorstellen, die gleichzeitig von mehreren Benutzern genutzt wird, ist einsichtig, dass durch den Zeitversatz der beiden Anweisungen Datenänderungen eventuell nicht gesehen werden, die für eine korrekte Ausführung der Anweisung allerdings nötig gewesen wären. Genau dieses Problem löst die `merge`-Anweisung, denn sie erkennt innerhalb eines Durchlaufs über die Daten, ob eine Zeile bereits existiert oder nicht. Existiert eine Zeile in der Zieltabelle, wird ein `update` durchgeführt, anderenfalls ein `insert`. Zudem kann im Fall einer gefundenen Zeile angegeben werden, ob (besser unter welcher Bedingung) diese gelöscht werden soll.

Ein anderes Szenario: Sie wissen, dass die Zeilen der zweiten Tabelle nicht geändert wurden, sondern lediglich neue Zeilen hinzukamen. Nun können Sie eine merge-Anweisung nutzen, um nur die Zeilen einzufügen, die noch nicht in der ersten Tabelle standen. Hierzu lassen Sie lediglich den update-Zweig der merge-Anweisung weg. Diese Art Abfrage hätte allerdings auch schon durch eine einfache insert-Anweisung durchgeführt werden können, indem Sie in der insert-Anweisung einen Anti-Join auf die Zieltabelle einfügen. Vielleicht entscheiden Sie sich dennoch für eine merge-Anweisung, einfach, weil dieses Vorgehen besser zu anderen Anweisungen passt, die ähnlich arbeiten, aber auch einen update-Zweig enthalten. Sie hätten in diesem Fall für alle Anweisungen eine sehr ähnliche Arbeitsweise.

Beide Fälle haben eine sehr wichtige Konsequenz: Eine solche Anweisung können sie stets mehrfach hintereinander ausführen, ohne befürchten zu müssen, dass die Anweisung Zeilen mehrfach einfügt. Es passiert einfach nichts, falls sich nichts geändert hat, ansonsten wird lediglich das minimal Nötige getan. Die Anweisung ist durch die Vielfalt der Funktionen etwas komplexer, daher unterteile ich die Besprechung der Optionen und beginne mit einem einfachen Beispiel.

11.5.1   Allgemeine Syntax

Die Syntax der merge-Anweisung ist etwas länger und beeindruckt eventuell durch die schiere Länge. Allerdings verfliegt dieser Eindruck schnell, wenn wir uns über die Funktion der einzelnen Klauseln unterhalten haben. Dann wird die Anweisung sehr einfach durchschaubar. Für unser Beispiel verwenden wir eine View auf die Tabelle EMP, die nur die Mitarbeiter der Abteilung 20 zeigt, dort einige Daten ändert und außerdem einen virtuellen Mitarbeiter hinzufügt. Eine View haben wir noch nicht besprochen, daher hier so viel: Eine View speichert eine SQL-Abfrage in der Datenbank und macht die Ergebnisse ebenso nutzbar wie eine explizit geschriebene Inner View in einer Abfrage. Dabei verwenden wir statt der gesamten Abfrage einfach nur den Namen der View, als sei dies eine Tabelle. Ich denke, die Anweisung brauche ich nicht zu erläutern, sie dient lediglich der Simulation für Arbeiten an der Quelltabelle. Die Anweisung für die View lautet:

```
SQL> create or replace view emp_dept_20 as
  2  select empno, ename, mgr, job,
  3         case ename
  4         when 'JONES' then sal + 20
  5         when 'FORD' then sal - 50
  6         else sal end sal
  7    from emp
  8   where deptno = 20
  9   union all
```

```
10   select 8000, 'MEIER', 7839, 'ANALYST', 2800
11     from dual;
```

View wurde erstellt.

Listing 11.15 Eine imaginäre Quelltabelle zur Demonstration von MERGE

Wir haben in der merge-Anweisung mehrere Klauseln. Zunächst beginnen wir mit der merge-Klausel, die, ähnlich wie die insert-Anweisung nach dem Schlüsselwort into, den Namen der Tabelle aufführt, in die unsere Daten hineingeschrieben werden sollen, also der Zieltabelle. Wir benötigen in jedem Fall ein Tabellenalias für diese Tabelle. Diese erste Klausel lautet also:

```
merge into emp e
```

Als Nächstes definieren wir, welche Daten in die Zieltabelle geschrieben werden sollen. Diese Klausel wird durch das Schlüsselwort using eingeleitet. Die Datenmenge, die wir einfügen wollen, kann entweder einfach eine Tabelle oder View sein, oder aber, was häufiger ist, eine Unterabfrage. Diese Unterabfrage muss dann, wie alle Unterabfragen, in Klammern notiert werden. Wir benutzen zunächst unsere View EMP_DEPT_20. Auch diese Tabelle benötigt ein Tabellenalias, ich verwende meistens einheitlich v wie values. Dann sieht die Anweisung aus wie folgt:

```
merge into emp e
using emp_dept_20 v
```

Als Nächstes müssen wir nun klären, wann Zeilen der beteiligten Tabellen als zueinandergehörend angesehen werden. Das ist eine Join-Bedingung und Ihnen von daher auch nicht neu. Ebenso wenig neu ist die syntaktische Formulierung, wir lassen lediglich das Schlüsselwort join weg:

```
merge into emp e
using emp_dept_20
on (e.empno = v.empno)
```

Die Bedingung muss übrigens verpflichtend in Klammern notiert werden! Es ist in unserem Beispiel natürlich schön, dass uns für diese Join-Bedingung ganz zufällig eine Primärschlüsselbeziehung vorliegt (und Sie merken daran, ich bin schon ein alter Fuchs …), aber das muss, wie bei jedem Join, wirklich nicht sein. Oftmals haben Sie hier andere Beziehungen. Achten Sie aber darauf, dass die Join-Bedingung deterministisch und eindeutig sein muss. Das will sagen: Es dürfen nicht mehrere Zeilen der Beziehung als gleich angesehen werden, ebenso wenig darf eine Beziehung über eine nichtdeterministische Funktion wie sysdate hergestellt werden. Sollte dies einmal nicht gelingen, werden Sie mit einem etwas seltsam klingenden Fehler konfrontiert:

```
ORA-30926: Stabile Zeilengruppe in den Quelltabellen
           kann nicht eingelesen werden
```

Dieser Fehler scheint so gar nichts mit der eigentlichen Fehlerursache zu tun zu haben, hat er aber. Mit einer »stabilen Zeilengruppe« ist gemeint, dass mehr als eine Zeile die Join-Bedingung erfüllt oder diese nicht deterministisch ermittelt wurde. Bei einer merge-Anweisung ist eine eindeutige Zuordnung einer Zeile der Quell- auf eine Zeile der Zieltabelle erforderlich, damit insbesondere die update-Anweisung weiß, welche Zeile sie für das update verwenden soll. Die Benennung des Fehlers weist darauf hin, dass dieser Fehler auch auftreten kann, wenn eine nichtdeterministische Bedingung, wie etwa über sysdate, verwendet wurde, wird aber auch in dem Fall angezeigt, wenn Sie zum Beispiel die Join-Bedingung e.job = v.job verwendet hätten. Diese Klausel sieht also aus wie eine normale Join-Bedingung, muss allerdings, als zusätzliche Anforderung, eine 1:0..1-Beziehung zwischen den Tabellen herstellen können, einer Zeile der Quelltabelle darf also nur *keine* oder *eine* Zeile der Zieltabelle zugeordnet werden.

Nun kommen die einzelnen Zweige. Unterschieden wird, ob die Join-Bedingung für die aktuelle Zeile der Quelltabelle eine Zeile in der Zieltabelle finden konnte. Ist das Ergebnis positiv, verzweigt die Anweisung in den update-Zweig, der durch die Schlüsselworte when matched then update set eingeleitet wird. Sie sehen schon: Am Ende wird daraus dann eine »normale« update-Anweisung, denn nach dem set folgt die kommaseparierte Liste der Spaltenzuweisungen, wie bei einer update-Anweisung. Ist das Ergebnis nicht positiv, verzweigt die Anweisung analog zum insert-Zweig: when not matched then insert (...) values (...). Auch hier wird die Anweisung syntaktisch zu einer normalen insert-Anweisung mit einer values-Klausel. Tatsächlich können hier auch Literale, Zeilenfunktionen und sogar skalare Unterabfragen verwendet werden, üblich ist jedoch die Referenz auf die Quelltabelle, die ich, wie gesagt, normalerweise mit dem Alias v bezeichne. Nun also ein komplettes Beispiel einer merge-Anweisung:

```
SQL> -- Daten vor dem Merge
SQL> select ename, job, sal
  2    from emp
  3   where deptno = 20;


ENAME      JOB            SAL
---------- --------- ----------
SMITH      CLERK          800
JONES      MANAGER       2975
SCOTT      ANALYST       3000
ADAMS      CLERK         1100
FORD       ANALYST       3000
```

5 Zeilen ausgewählt.

```
SQL> -- MERGE
SQL> merge into emp e
  2  using emp_dept_20 v
  3     on (e.empno = v.empno)
  4   when matched then update set
  5        e.sal = v.sal
  6   when not matched then insert
  7        (empno, ename, mgr, job, sal, deptno)
  8        values
  9        (v.empno, v.ename, v.mgr, v.job, v.sal, 20);
6 Zeilen integriert.

SQL> -- Daten nach dem Merge
SQL> select ename, job, sal
  2     from emp
  3   where deptno = 20;

ENAME      JOB             SAL
---------- --------- ----------
MEIER      ANALYST        2800
SMITH      CLERK           800
JONES      MANAGER        2995
SCOTT      ANALYST        3000
ADAMS      CLERK          1100
FORD       ANALYST        2950
6 Zeilen ausgewählt.

SQL> rollback;
Transaktion mit ROLLBACK rückgängig gemacht.
```

Listing 11.16 Beispiel einer MERGE-Anweisung

11.5.2   Variationen zum Thema

Nachdem Sie das Grundprinzip verstanden haben, möchte ich Ihnen nun noch einige wenige, dafür aber häufig anzutreffende Varianten zeigen.

MERGE-Anweisung mit nur einem Zweig

Die einfachste Variation zum Thema ist, dass Sie einen der beiden Zweige weglassen. Dadurch entsteht eine Anweisung, die in anderer Form zwar auch mit herkömmlichen Mitteln hätte geschrieben werden können, die aber andererseits einfacher zu formulieren und daher anschließend auch einfacher zu verstehen ist. Finden Sie nicht? Nun, nehmen wir als Beispiel eine Anweisung, die lediglich fehlende Zeilen einfügen soll. Wir benötigen hier einen Anti-Join, also eine Unterabfrage mit not in. In einer merge-Anweisung ergibt sich dies ganz einfach über den Zweig when not mat-ched, ohne weitere Unterabfrage. Voraussetzung ist natürlich, dass Sie sich an die Syntax dieser Anweisung gewöhnt haben, aber dann ist die Gliederung doch recht leicht verständlich und gut selbstdokumentierend. Gerade in Anwendungen, in denen viele Tabellen ineinander *integriert* werden, wie Oracle das so schön nennt, kann es vorteilhaft sein, immer wieder den gleichen Weg über die merge-Anweisung zu nehmen. Dadurch wird schneller klar, was die Anweisungen eigentlich tun. Zudem haben Sie nun ganz einfach die Möglichkeit, jederzeit einen der fehlenden Zweige hinzuzufügen oder auch zu löschen. Diese Flexibilität ist insbesondere während der Entwicklung nicht schlecht.

Es gibt aber noch einen gewichtigen weiteren Grund, merge-Anweisungen mit einem Zweig zu verwenden, und zwar im Umfeld von update-Anweisungen. Sie erinnern noch das Problem mit dem lange laufenden Update aus Abschnitt 11.3.1, »Allgemeine Syntax«? Lassen Sie uns einmal nachsehen, wie die Lösung mit der merge-Anweisung gelingt. Die Anweisung sieht nun aus wie folgt, ich zeige auch gleich den Ausführungsplan mit:

```
SQL> explain plan for
  2  merge into prod_table p
  3  using (select prod_id,
  4                 row_number() over (order by prod_id) rn
  4           from prod_table) v
  5     on (p.prod_id = v.prod_id)
  6   when matched then update set
  7        prod_total_id = v.rn;
EXPLAIN PLAN ausgeführt.


SQL> @?/rdbms/admin/utlxpls.sql
PLAN_TABLE_OUTPUT
-----------------------------------------------------------------
Plan hash value: 2330784507
-----------------------------------------------------------------
```

Id	Operation	Name	Cost (%CPU)	Time
0	MERGE STATEMENT		985 (1)	00:00:12
1	MERGE	PROD_TABLE		
2	VIEW			
* 3	HASH JOIN		985 (1)	00:00:12
4	VIEW		413 (2)	00:00:05

```
|  5 |        WINDOW SORT       |            |  413  (2) | 00:00:05
|  6 |        TABLE ACCESS FULL| PROD_TABLE| 189  (1) | 00:00:03
|  7 |        TABLE ACCESS FULL | PROD_TABLE| 189  (1) | 00:00:03
------------------------------------------------------------------
Predicate Information (identified by operation id):
------------------------------------------------------------------
   3 - access("P"."PROD_ID"="V"."PROD_ID")
19 Zeilen ausgewählt.
```

Listing 11.17 Warum nicht gleich so? Hier die schnelle Lösung für das UPDATE-Problem aus Abschnitt 11.3.1

Aha, das sieht doch gleich viel besser aus! Und zwar in zweierlei Hinsicht: Zum einen ist die harmonisierte Unterabfrage verschwunden, daher wirkt die gesamte Abfrage viel leichter verständlich. Zum anderen sieht es natürlich vor allem hinsichtlich des Ausführungsplans besser aus. Und auch wenn wir die Anweisung ausführen, enttäuscht sie nicht, denn hier ist das Ergebnis:

```
SQL> merge into prod_table p
  2  using (select prod_id,
  3               row_number() over (order by prod_id) rn
  3         from prod_table) v
  4     on (p.prod_id = v.prod_id)
  5   when matched then update set
  6        prod_total_id = v.rn;
72000 Zeilen integriert.
Abgelaufen: 00:00:00.45
```

Listing 11.18 Ein rundum überzeugendes Ergebnis

Ich kenne Kollegen, die update-Anweisungen nur dann verwenden, wenn Sie trivial einfach zu schreiben und alle Daten bereits vorhanden sind. Sobald die Komplexität ein gewisses (niedriges) Maß übersteigt, wechseln diese Kollegen bereits auf die merge-Anweisung mit nur einem update-Zweig und profitieren von einfacherer Schreibweise und besserer Performanz. Wer weiß, vielleicht gehören Sie ja auch bald zu dieser Gruppe? Das Beispiel zeigt aber auch, dass es sich lohnt, einmal die Ausführungspläne von Anweisungen zu studieren, bevor eine Lösung implementiert wird. Wie sie an diesem Beispiel sehen können, sind die Unterschiede manchmal wirklich frappierend.

MERGE-Anweisung im Umfeld von Datenbanklinks

Eine andere, naheliegende und gerade in diesem Zusammenhang häufig verwendete Variation ist, die Quell- oder Zieltabelle über einen Datenbanklink aus einer anderen Datenbank anzukoppeln. Hatte ich erklärt, was ein *Datenbanklink* ist? Sicherheitshalber: Ein Datenbanklink ist eine Verbindung einer Datenbank mit einer anderen Datenbank. Durch eine solche Verbindung können Sie in SQL die Daten einer anderen Datenbank ansprechen. Dies erfolgt so, dass dem Tabellennamen der Ferndatenbank ein @-Zeichen und der Name des Datenbanklinks angehängt werden. Hätten wir also einen Datenbanklink zur Produktionsdatenbank, den wir PROD nennen, könnten Daten aus der Tabelle EMP der Produktionsdatenbank über folgende select-Abfrage gelesen werden:

```
select *
  from emp@prod
```

Listing 11.19 Verwendung eines Datenbanklinks

Dadurch erreichen Sie, dass Sie Daten aus Subsystemen mit eigener Datenbank schnell und unkompliziert in das zentrale System integrieren können. Zwar stellt Oracle für diese Aufgaben eine ganze Reihe weiterer und zum Teil auch mächtigerer Optionen zur Verfügung, aber nicht immer benötigen Sie die großen Kanonen, um Ihre lokalen Spatzen zu erlegen. In diesen Fällen wäre eine merge-Anweisung ein eleganter und guter Weg. Sollten Sie sich für Datenbanklinks näher interessieren, besprechen Sie dies bitte mit Ihrem Datenbankadministrator, oder sehen Sie die Details in der Online-Dokumentation nach, denn die mit diesem Konstrukt verbundenen Optionen kann ich ohne einen weiten Ausflug in die Datenbankadministration nicht recht erklären.

MERGE-Anweisung mit optionalem DELETE-Zweig

Eine syntaktisch andere Variante ist die Option, gleichzeitig noch Daten zu löschen. Wir können uns vorstellen, dass wir gleichzeitig noch einen Mitarbeiter aus der Tabelle entfernen möchten. Die Bedingung ist, dass sein Name ADAMS lauten soll. Dann ändern wir die Anweisung wie folgt:

```
SQL> -- Daten vor dem Merge
SQL> select ename, job, sal
  2    from emp
  3   where deptno = 20;

ENAME      JOB            SAL
---------- ---------- ----------
SMITH      CLERK          800
JONES      MANAGER        2975
SCOTT      ANALYST        3000
ADAMS      CLERK          1100
FORD       ANALYST        3000
```

```
SQL> -- MERGE
SQL> merge into emp e
  2   using emp_dept_20 v
  3     on (e.empno = v.empno)
  4   when matched then update set
  5       e.sal = v.sal
  6       delete where ename = 'ADAMS'
  7   when not matched then insert
  8       (empno, ename, mgr, job, sal, deptno)
  9       values
 10       (v.empno, v.ename, v.mgr, v.job, v.sal, 20);
6 Zeilen integriert.

SQL> -- Daten nach dem Merge
SQL> select ename, job, sal
  2     from emp
  3   where deptno = 20;

ENAME      JOB           SAL
---------- --------- ----------
MEIER      ANALYST       2800
SMITH      CLERK          800
JONES      MANAGER       2995
SCOTT      ANALYST       3000
FORD       ANALYST       2950

SQL> rollback;
Transaktion mit ROLLBACK rückgängig gemacht.
```

Listing 11.20 MERGE-Anweisung mit DELETE-Zweig

Nun ist diese Löschoption vielleicht nicht das spannendste Kriterium. Öfter werden Sie finden, dass zum Beispiel Daten in einer Tabelle gelöscht werden, die älter als ein Stichpunktdatum sind, andere abgeglichen werden und wieder andere Daten hinzugefügt werden. Denkbar wäre so etwas zum Beispiel in Tabellen, die speziell nur einen definierten Ausriss aller Daten enthalten sollen. Solche Systeme finden sich vielleicht in Anwendungen, die Teildaten einer großen Datenbank für eine genauere Untersuchung bereitstellen oder Ähnliches. Ich erinnere mich zum Beispiel an eine Anwendung aus dem Bereich der Pharmaforschung, in der jeweils 10.000 Testergebnisse zur Detailanalyse auf eine weitere Datenbank kopiert wurden, damit die Analyse das Schreiben der neuen Testergebnisse auf dem Hauptrechner nicht stören konnte. Zudem konnte die Dateninsel, die nun geschaffen wurde, mit den Daten tun, was sie wollte, ohne die zentralen Testdaten zu gefährden.

MERGE-Anweisung mit optionalem UPDATE

Eine weitere Option besteht darin, dass wir bei einem Match zwischen den Tabellen das update noch an Bedingungen knüpfen können. Nun wird es hier schnell etwas schwierig mit den Beispieldaten, doch vielleicht können wir ja mit dieser Formulierung dafür sorgen, dass nicht das Gehalt mit jedem Aufruf der Anweisung immer kleiner wird:

```
SQL> -- Daten vor dem Merge
SQL> select ename, job, sal
  2    from emp
  3   where deptno = 20;
ENAME      JOB              SAL
---------- --------- ----------
SMITH      CLERK            800
JONES      MANAGER         2975
SCOTT      ANALYST         3000
ADAMS      CLERK           1100
FORD       ANALYST         3000


SQL> -- MERGE
SQL> merge into emp e
  2  using emp_dept_20 v
  3    on (e.empno = v.empno)
  4  when matched then update set
  5      e.sal = v.sal
  6      where e.sal = 3000
  7  when not matched then insert
  8      (empno, ename, mgr, job, sal, deptno)
  9      values
 10      (v.empno, v.ename, v.mgr, v.job, v.sal, 20);
2 Zeilen integriert.


SQL> -- Zur Kontrolle: zweite Merge-Anweisung ohne Folgen:
SQL> merge into emp e
  2  using emp_dept_20 v
  3    on (e.empno = v.empno)
  4  when matched then update set
  5      e.sal = v.sal
  6      where e.sal = 3000
  7  when not matched then insert
  8      (empno, ename, mgr, job, sal, deptno)
  9      values
 10      (v.empno, v.ename, v.mgr, v.job, v.sal, 20);
```

```
1 Zeile integriert.

SQL> -- Daten nach dem Merge
SQL> select ename, job, sal
  2    from emp
  3   where deptno = 20;
ENAME      JOB             SAL
---------- --------- ----------
MEIER      ANALYST        2800
SMITH      CLERK           800
JONES      MANAGER        2975
SCOTT      ANALYST        3000
ADAMS      CLERK          1100
FORD       ANALYST        2950
6 Zeilen ausgewählt.
```

SQL> rollback;
Transaktion mit ROLLBACK rückgängig gemacht.

Listing 11.21 Konditionales Update in der MERGE-Anweisung

In diesem Beispiel haben wir eine besondere Situation dadurch, dass die Daten der View EMP_DEPT_20 ja auf EMP basieren. Ändere ich also diese Tabelle, ändert sich auch die View. Daher ist es schwierig, zu verhindern, dass bei erneutem Aufruf der merge-Anweisung das Gehalt mehrfach geändert wird. Das ist nun ein exotischer Sonderfall, denn normalerweise sind die Daten, die in die Zieltabelle integriert werden sollen, konstant und ändern sich nicht. In unserem Beispiel habe ich durch die zusätzliche Prüfung verhindert, dass beim zweiten Durchlauf noch einmal eine Änderung des Gehalts von FORD durchgeführt wird. Im ersten Durchlauf hatte diese Änderung darüber hinaus noch die Konsequenz, dass das Gehalt von JONES gar nicht geändert wurde.

Auch hier hätte ich ein Beispiel für Sie: Ich musste einmal sicherstellen, dass Stammdaten, die in einer Kopie der Produktionsdatenbank ausgelagert und dort für eine neue Version vorbereitet wurden, wieder in die Produktion zurückkopiert wurden. Sinnigerweise ist aber nicht unterbunden worden, dass in dieser Migrationszeit Änderungen an den Stammdaten der Produktionsdatenbank durchgeführt wurden. Nun konnte es also passieren, dass Stammdaten der Kopie Änderungen der Produktion überspielen, die nach der Auslagerung der Daten vorgenommen wurden. Glücklicherweise hatte jede Stammdatentabelle ein Set von Spalten, in denen notiert wurde, wann die letzte Änderung der Daten durchgeführt wurde. Nun konnte ich eine merge-Anweisung so aufbauen, dass über die Schlüsselbeziehung zunächst einmal nur die Daten betrachtet wurden, die wir in der Kopie der Produktion geändert oder neu hinzugefügt hatten. Zu einer Aktualisierung von Daten, die auch in der Produktion vorhanden waren, kam es aber nur, wenn die Kopie aktuellere Daten hatte als die Produktion. Ansonsten hatte die Produktion Vorrang.

11.6 Erweiterung: Fehlerbehandlung während der Datenmanipulation

In diesem Abschnitt möchte ich Ihnen eine sehr schöne Erweiterung der DML-Anweisungen erläutern. Oft ist es so, dass während einer Datenänderung oder beim Einfügen vieler Daten aus einer Datenquelle einzelne Daten nicht übernommen werden können, vielleicht, weil die Werte für die Zielspalte zu groß sind, weil Constraints verletzt würden oder weil ein Datumsformat nicht erkannt werden konnte. Eine einzelne Zeile in vielen tausend Datensätzen hätte nun zur Folge, dass die gesamte Anweisung abgelehnt würde. Schlimmer noch: Als Fehlermeldung erhielten Sie in einem solchen Fall lediglich die Nachricht zurück, dass der Wert zu groß für die Spalte sei. Doch: Welcher Wert war das? Darüber gibt die Fehlermeldung keine Information. Schwerer noch sind Constraint-Fehler zu entdecken, denn wenn die Daten nicht in die Datenbanktabelle geschrieben sind, sehen Sie keine Constraint-Verletzungen. Genau dieses Einfügen wird aber durch den dann entstehenden Fehler verhindert. Die Folge sind lange händische Suchen nach dem Fehler, oftmals auch aufwendige Trial-and-Error-Kaskaden, bis die Daten endlich eingefügt werden können. Da dies oft nicht tolerabel ist, greifen viele Administratoren oder Entwickler zu einer Programmiersprache wie etwa PL/SQL, um die Daten nun zeilenweise einzufügen und bei Fehlern diese Datensätze in eine Fehlerdatei zu schreiben. Alles nicht nötig: Oracle kennt seit Version 10.2 eine in SQL integrierte und sehr komfortable Möglichkeit, mit solchen Fehlern umzugehen.

11.6.1 Die Klausel LOG ERRORS

Grundlage dieser Möglichkeit ist die Erweiterung der DML-Anweisungen durch die Klausel log errors. Die Idee: Es wird im Hintergrund eine Tabelle eingerichtet, in die fehlerhafte Datensätze geschrieben werden. Auf diese Weise können »die Guten ins Töpfchen, die Schlechten ins Kröpfchen« (aus Aschenputtel geguttenbergt) gelegt werden, ohne den Erfolg der gesamten Ausführung zu gefährden. Haben wir einmal einen solchen Mechanismus, können wir bei dieser Gelegenheit auch direkt den Fehlergrund, die Referenz auf die Zeile und andere Informationen mitgeben und speichern. Bei dieser Aktion werden wir zum ersten Mal auch eine sogenannte *autonome Transaktion* kennenlernen, was keine Transaktion aus der autonomen Szene beschreibt, sondern eine Transaktion, die unabhängig von einer bereits geöffneten Transaktionsklammer eine eingeschachtelte Transaktion bereitstellt. Verwendet werden autonome Transaktionen, um Fehler zu dokumentieren und in der Datenbank zu hinterlegen, selbst, wenn die Transaktion, in der der Fehler auftritt, durch `rollback` zurückgenommen wird. Hätten wir keine autonomen Transaktionen, würden diese Fehlereinträge ja ebenfalls bereinigt.

Diese autonomen Transaktionen erlauben also eine Transaktion in der Transaktion und sind daher die exotische Ausnahme, über die ich zu Beginn dieses Kapitels bei der Beschreibung von Transaktionen gesprochen hatte. Im Umfeld der Klausel `log errors` sind diese autonomen Transaktionen deshalb praktisch, weil im Fehlerfall die eigentliche Transaktion zurückgerollt werden kann, die aufgetretenen Fehler aber dennoch in der Fehlertabelle stehen und die Daten so auf einfache Weise korrigiert und erneut eingelesen werden können. Alternativ kann natürlich auch die Haupttransaktion bestätigt und können die fehlerhaften Daten nachträglich eingefügt werden. Das hängt vom Zusammenhang ab.

Zusätzlichen Komfort verbreitet die Klausel `log errors` zudem noch durch zwei weitere Optionen: Zum einen kann einer DML-Anweisung mit `log errors`-Klausel ein sogenanntes *Tag* (bitte englisch aussprechen: ein *Anhänger* oder *Etikett)* mitgegeben werden, mit dessen Hilfe in der Fehlertabelle die Zeilen identifiziert werden können, die durch den letzten Lauf erzeugt wurden. Zum anderen kann ein *reject limit (Abweisungsgrenze)* festgelegt werden. Übersteigt die Zahl der Fehler die Abweisungsgrenze, wird die Anweisung als Ganzes abgelehnt, wie das ohne `log errors`-Klausel bereits bei einem Fehler geschehen würde.

Diese Funktion hat ihre Grenzen bei sehr großen Datenmengen (Datentypen LOB), aber auch bei objektorientierten Datentypen. Zudem gibt es einige Einschränkungen, die nicht ganz einfach zu erklären sind, weil sie viel Wissen über Optionen voraussetzen, die wir noch nicht besprochen haben. Im Grunde kann man aber sagen: Für die meisten Anwendungen sind diese Möglichkeiten eine sehr elegante, schnelle und einfach zu handhabende Möglichkeit, mit Fehlern beim Import oder der Migration von Daten umzugehen.

Syntaktisch ist die Verwendung einfach: Es wird der DML-Anweisung die Klausel `log errors` als letzte Klausel angefügt. Allerdings ist ein bisschen Vorarbeit nötig, um die Klausel nutzen zu können. Ich möchte mich hier auf die häufigsten Einsatzwege beschränken und nicht jede Option ausloten. Ihr Datenbankadministrator kann Ihnen bei den weiteren Optionen sicher helfen. Da die Vorarbeiten bereits Einfluss auf die Formulierung der Klausel haben, müssen wir diese zunächst besprechen.

11.6.2   Vorbereitung zum Einsatz

Was wir vor allem benötigen, ist eine Tabelle, in die wir die Fehler von Anweisungen schreiben können. Hierzu stehen uns zwei Varianten zur Verfügung: Einerseits können wir diese Tabelle komplett automatisch von Oracle erzeugen lassen, zum ande-

11

ren können wir die Erzeugung der Tabelle manuell vornehmen. Die Tabelle, die von Oracle angelegt wird, um unsere Fehler aufzunehmen, umfasst normalerweise alle Spalten der Ursprungstabelle (also zum Beispiel von EMP) und fügt fünf weitere Spalten voran, die Sie in Tabelle 11.1 sehen.

Spalte	Typ	Bemerkung
ORA_ERR_NUMBER$	number	Oracle-Fehlernummer
ORA_ERR_MESG$	varchar2(2000)	Oracle-Fehlermeldung
ORA_ERR_ROWID$	rowid	Zeilen-ID
ORA_ERR_OPTYP$	varchar2(2)	Art der Anweisung: ▸ I (insert), ▸ U (update), ▸ D (delete)
ORA_ERR_TAG$	varchar2(2000)	Tag des Laufes

Tabelle 11.1 Liste der zusätzlichen Fehlerspalten

Auch, wenn wir die Fehlertabelle händisch erzeugen, sind diese fünf Spalten in jedem Fall mit diesen Datentypen und als die ersten Spalten der Tabelle anzulegen. Fehlt Ihnen in Spalte ORA_ERR_OPTYP$ eventuell eine Option für eine merge-Anweisung? Das sollte es nicht, denn gemäß der Arbeitsweise dieser Anweisung werden die Fehler, in den jeweiligen update- oder insert-Zweig der Anweisung aufgeteilt, in die Fehlertabelle geschrieben.

Beginnen wir mit der automatischen Erzeugung der Fehlertabelle. Wir verwenden hierzu ein mitgeliefertes *Package*, also eine Sammlung kleiner Programme in PL/SQL, das Oracle für diesen Zweck programmiert hat. Die einfachste Form, dieses Programm aufzurufen, besteht in der call-Anweisung, einer SQL-Anweisung, die es gestattet, Programme direkt aufzurufen. Wenn wir also für die Tabelle EMP eine Fehlertabelle anlegen lassen möchten, beginnen wir mit folgender SQL-Anweisung, die natürlich nur einmal ausgeführt werden muss, um die Fehlertabelle anzulegen, und danach nicht mehr:

```
SQL> call dbms_errlog.create_error_log('EMP', 'EMP_ERR');
Aufruf wurde abgeschlossen.
```

Listing 11.22 Aufruf des Packages zur Erzeugung der Fehlertabelle

Der Aufruf dieses Packages erfolgt so, dass zunächst der Name des Packages, dbms_errlog, gefolgt von einem Punkt und dem Namen des konkreten Programms innerhalb dieses Packages, `create_error_log`, geschrieben wird. Anschließend werden dem Programm, ähnlich einer Zeilenfunktion, zwei Parameter übergeben, nämlich der Name der Tabelle, für die eine Fehlertabelle erstellt werden soll, und der Name der zu erzeugenden Fehlertabelle. Anschließend können wir uns die Struktur der erzeugten Fehlertabelle ansehen. Hierfür verwende ich im folgenden Beispiel einen SQL*Plus-Befehl `desc` (wie *describe* = *beschreibe*), der die Spalten der neu geschaffenen Tabelle darstellt:

```
SQL> desc emp_err;
 Name                  Typ
 ----------------      --------
 ORA_ERR_NUMBER$       NUMBER
 ORA_ERR_MESG$         VARCHAR2(2000)
 ORA_ERR_ROWID$        ROWID
 ORA_ERR_OPTYP$        VARCHAR2(2)
 ORA_ERR_TAG$          VARCHAR2(2000)
 EMPNO                 VARCHAR2(4000)
 ENAME                 VARCHAR2(4000)
 JOB                   VARCHAR2(4000)
 MGR                   VARCHAR2(4000)
 HIREDATE              VARCHAR2(4000)
 SAL                   VARCHAR2(4000)
 COMM                  VARCHAR2(4000)
 DEPTNO                VARCHAR2(4000)
```

Listing 11.23 Beschreibung der erzeugten Error-Logging-Tabelle

Natürlich können Sie nach Aufruf dieses Programms (und der Aktualisierung der Liste der Tabellen) auch im SQL Developer diese Tabellendetails einsehen. Sie erkennen, dass die Tabelle einerseits die fünf bereits angesprochenen Spalten enthält. Wenn Sie die Tabelle manuell erstellen, müssen diese fünf Spalten die ersten Spalten der Fehlertabelle sein. Dann sehen wir alle Spalten der Tabelle EMP wieder, allerdings reduziert auf den Datentyp `varchar2(4000)`. Das hat folgenden Grund: Sollte ein Fehler beim Einfügen des Datensatzes auftauchen, zum Beispiel weil der Begriff zu lang für eine Spalte ist, muss er immer noch in die Fehlertabelle passen. Gemeinsame Grundlage aller Daten ist der Texttyp, denn in diesen können alle anderen Datentypen konvertiert werden. Die maximale Länge dieses Datentyps wird verwendet, um eben möglichst viele fehlerhafte Werte aufnehmen zu können. Wären die Grenzen enger gesteckt, könnte es sein, dass auch die Fehlertabelle die fehlerhaften Daten nicht aufnehmen könnte. In diesem Fall wäre also nichts gewonnen.

11.6.3 Verwendung der Klausel LOG ERRORS

Nachdem die Fehlertabelle nun angelegt ist, benötigen wir nun noch eine `insert`-Anweisung, die Fehler produziert, um die Klausel `log errors` in Aktion zu erleben. Ich möchte Daten einfügen, die sämtlich Fehler provozieren:

```
SQL> insert into emp (empno, ename, job, deptno)
  2  -- EMPNO existiert bereits
  3  select 7839, 'PETERS', 'ANALYST', 10 from dual
  4  union all
  5  -- ENAME zu lang
  6  select 8200, 'LAHMAR-SCHADLER', 'MANAGER', 20
  7    from dual union all
  8  -- DEPTNO existiert nicht
  9  select 8300, 'MÜLLER', 'CLERK', 70 from dual
 10  log errors into emp_err ('Testlauf') reject limit 10;
0 Zeilen wurden erstellt.
```

```
SQL> rollback;
Transaktion mit ROLLBACK rückgängig gemacht.
```

Listing 11.24 Anwendung der Klausel LOG ERRORS

Dass etwas schiefgelaufen ist, sehen wir daran, dass 0 Zeilen eingefügt wurden, nicht mehr jedoch daran, dass die Anweisung zurückgewiesen wurde, wie dies ohne `log errors`-Klausel der Fall gewesen wäre. Doch bevor wir uns die Fehler ansehen, werfen wir einen Blick auf die Syntax. Ich habe nach der `insert`-Anweisung die Klausel `log errors` verwendet. Mit dem Schlüsselwort `into` geben wir an, in welche Fehlertabelle die Fehler geschrieben werden sollen. Das ist natürlich der Name der Fehlertabelle, die wir vorhin mit der Funktion `dbms_errlog.create_error_log` erzeugt haben. In Klammern und als Zeichenkette folgt dann das Tag des Laufs. Unter diesem Namen (den wir durchaus auch dynamisch hätten berechnen können, vielleicht mit Verweis auf die Funktion `sysdate`) finden wir später die Fehler dieser Anweisung leichter wieder. Schließlich habe ich festgelegt, dass nach spätestens 10 Fehlern jeder weitere Fehler zum Abbruch der Anweisung führt. Damit können wir eine Notbremse einbauen, falls etwas gründlich schiefläuft. Lassen Sie diese Klausel weg, wird als `reject limit 0` angenommen, was dazu führt, dass sich die Anweisung verhält, als wäre überhaupt keine Klausel `log errors` angegeben worden: Der erste Fehler lässt die gesamte Anweisung scheitern (allerdings wird dieser erste Fehler in die Fehlertabelle geschrieben). Hier können `integer`-Zahlen angegeben werden. Nur, wie groß kann diese Zahl werden? Vielleicht interessiert Sie die genaue Maximalgrenze jetzt nicht so sehr, aber ich möchte Ihnen anhand dieses Beispiels einmal aufzeigen, wie freches Fragen zu interessanten Antworten führen kann: In der Dokumentation zu diesem Befehl ist die Obergrenze nicht angegeben, dort wird lediglich gesagt, dass eine Ganzzahl als Obergrenze angegeben werden kann. Gesagt, getan: Versuchen wir doch einmal eine wirklich große Obergrenze. Diese Ausgabe habe ich im Übrigen im SQL Developer erzeugt:

```
SQL> insert into emp (empno, ename, job, deptno)
  2  select 7839, 'PETERS', 'ANALYST', 10 from dual
  3  log errors into emp_err ('Testlauf')
  4  reject limit 1000000000000000;

Fehler bei Befehlszeile:35 Spalte:50
Fehlerbericht:
SQL-Fehler: ORA-30645: Zurückweisungsgrenze außerhalb des
                     zulässigen Bereichs
30645. 00000 -  "reject limit out of range"
*Cause:    Reject limit specifies the number of records
           rejected before terminating a table scan.
           The range is a either a number between
           1..100000 or UNLIMITED if no limit is intended.
*Action:   Change the token representing the reject limit
           to either a number in the range of 0 and 100000
           or the keyword UNLIMITED.
```

Listing 11.25 Fehlermeldung bei zu großer Obergrenze

Der Vorteil der Fehlermeldung innerhalb des SQL Developers ist, dass direkt nachgeschlagen wird, was der Grund und was die Lösung dieses Fehlers ist. Diese Information müssten Sie ansonsten in der Oracle-Online-Dokumentation nachschlagen. Und gerade hier entdecken wir die interessante Information: Weniger, dass wir maximal 100.000 Fehler explizit tolerieren können, sondern dass es noch das ansonsten verschwiegene Schlüsselwort UNLIMITED gibt, das wir verwenden können, wenn wir alle Fehler darstellen möchten. Raum für Fragen lässt zudem die Inkonsistenz zwischen der Beschreibung des Fehlers und der zu wählenden Aktion, denn in der Begründung des Fehlers wird die 0 verschwiegen …

11.6.4   Darstellung der Fehler

Nun sind also mit der ersten Anweisung unsere Fehler bereits in die Fehlertabelle geschrieben worden. Wenn Sie das Beispiel am Computer nachvollzogen haben, können Sie ja einmal die gesamte Fehlertabelle ansehen, hier muss ich mich auf einen Ausschnitt beschränken, weil ich ansonsten kein ordentliches Layout mehr hinbekomme:

```
SQL> select ora_err_number$ err_no,
  2         ora_err_mesg$,
  3         ora_err_tag$ ora_tag$,
  4         ename
  5    from emp_err;


ERR_NO ORA_ERR_MESG$                            ORA_TAG$   ENAME
------ ---------------------------------------- --------  ---------
  2291 ORA-02291: Integritäts-Constraint        Testlauf  MÜLLER
       (SCOTT.FK_DEPTNO) verletzt -
       übergeordneter Schlüssel nicht gefunden
     1 ORA-00001: Unique Constraint             Testlauf  PETERS
       (SCOTT.PK_EMP) verletzt
 12899 ORA-12899: Wert zu groß für Spalte       Testlauf  LAHMAR_S...
       "SCOTT"."EMP"."ENAME"
       (aktuell: 15, maximal: 10)
```

Listing 11.26 Ausgabe der Fehlertabelle

Das Prinzip der Ausgabe wird klar, hoffe ich. Interessant ist, dass die Eintragungen in diese Tabelle die rollback-Anweisung überstanden haben, wie erhofft. Zudem erlauben die Angaben eine detaillierte Analyse der fehlerhaften Daten und eine anschließende Korrektur.

Die Daten sind nun in der Tabelle EMP_ERR enthalten und können von dort, wie Daten jeder anderen Tabelle auch, abgefragt, geändert oder gelöscht werden. Das erwähne ich nur für den Fall, dass Sie eventuell aufgrund der autonomen Transaktion davon ausgehen, diese Daten seien auf irgendeine Art »anders« als andere Tabellendaten. Der einzige Unterschied besteht darin, dass sie im Zuge einer autonomen Transaktion eingefügt wurden, also nicht Teil der Gesamttransaktion waren. Für die Datenbank macht dies allerdings überhaupt keinen Unterschied, wenn erst einmal die Transaktion beendet wurde. Danach sind das ganz normale Daten.

11.6.5   Einsatzszenarien

Es ist, glaube ich, leicht ersichtlich, in welchen Szenarien diese Klausel eingesetzt werden kann: Natürlich kann diese Klausel verwendet werden, wenn Daten in die Datenbank eingelesen werden, sei es, dass die Daten über eine externe Schnittstelle zu einer anderen Datenbank, über eine CSV-Datei, einen WebService oder eine XML-Datei eingelesen wurden. Dann ist diese Klausel natürlich auch bei Migrationsprojekten sehr interessant, nämlich dann, wenn Daten aus mehreren Altsystemen in neue

Systeme übernommen werden sollen und sich anschließend erweist, wie gut die Stammdaten bereits übernommen wurden.

Anwendungen profitieren von diesem Automatismus auf besondere Weise, denn dort können Daten über eine Bedienungsseite eingefügt und die Fehler direkt anschließend in tabellarischer Form angezeigt werden. Eine Anwendungsseite könnte nun die Manipulation dieser Daten direkt ermöglichen, so dass interaktiv die offenen Fehler bearbeitet und die Daten in die eigentliche Tabelle umkopiert werden könnten. Anschließend könnten diese Daten aus der Fehlertabelle entfernt werden. Damit stellt die Fehlertabelle also eine Art To-do-Liste für importierte Daten dar. Natürlich konnte man auch vorher schon so etwas programmieren, doch nun ist die Programmierung auf ein Minimum beschränkt, große Teile der Programmierung können an SQL delegiert werden. Sie können diesen Vorteil gar nicht hoch genug bewerten: Einerseits erspart dies viel Zeit bei der Entwicklung des Codes; dieser Code muss ja nicht nur erstellt, sondern getestet, verwaltet und an neue Rahmenbedingungen angepasst werden. Schlimmer ist jedoch, dass die Programmierungslösung eine zeilenweise Verarbeitung erzwingt. Der Grund: Um sicherzustellen, dass eine fehlerhafte Zeile nicht zum Abbruch der gesamten Anweisung führt, darf diese Zeile eben nicht mit anderen Zeilen zusammen in einer SQL-Anweisung ausgeführt werden. Wird ein Fehler geworfen, ist dann nur diese eine Zeile betroffen. Dann kann, im Rahmen der Fehlerbearbeitung, diese Zeile kenntlich gemacht oder in eine Fehlertabelle geschrieben werden und beeinflusst die anderen Zeilen nicht.

11.7   Erweiterung: Multi-Table-Insert

Als Erweiterung zur `insert`-Anweisung existiert seit Version 9 der Datenbank noch eine die Möglichkeit, Daten direkt in mehrere Tabellen einfügen zu lassen. Dabei wird einer `insert`-Anweisung entweder einfach eine Liste von Tabellen mitgegeben, auf die sich die Anweisung beziehen soll, oder aber es wird optional ein Entscheidungsbaum definiert, der steuert, welche Zeilen in welche Tabelle eingefügt werden sollen. Diese Option erscheint zunächst einmal etwas befremdlich, doch benötigen Sie so etwas durchaus häufiger. Stellen Sie sich vor, eine Textdatei enthielte Daten, die auf mehrere Tabellen aufgeteilt werden müssen. Diese Operation ist nun in einem »Rutsch« möglich. Bestehende Daten einer Tabelle könnten mit einer Operation auf mehrere Teiltabellen verteilt werden und vieles mehr.

11.7.1   Kopieren von Daten in mehrere Zieltabellen

Die Syntax für diese Anweisung ist recht einfach, wir erweitern die `insert`-Anweisung durch das Schlüsselwort `all` oder `first` und schreiben eine `into`-Klausel für jede Tabelle, die wir ansprechen möchten. Um ein Beispiel zu zeigen, möchte ich die

Daten der Tabelle EMP auf drei Tabellen kopieren. Das ist zwar für sich kein besonders sinnvolles Vorgehen, zeigt aber die Syntax. Als erste Aufgabenstellung sollen die Daten der Tabelle EMP lediglich auf drei Zieltabellen kopiert werden, das heißt, dass alle Daten ohne Fallunterscheidung übernommen werden sollen. Dies erreichen wir durch die Klausel all. Um Ihnen das Beispiel zu zeigen, benötigen wir zunächst einige Tabellen. Ich habe mehrere leere Kopien der Tabelle EMP mit den Namen EMP_10, EMP_20 und EMP_30 erzeugt. Im Skript zum Buch sehen Sie, wie ich das gemacht habe. Die Anweisung, die ich dort verwende, erkläre ich in Kapitel 13, »Tabellen erstellen«, damit belasten wir uns hier noch nicht. Nun können wir uns die insert-Anweisung ansehen:

```
SQL> insert all
  2     into emp_10
  3     into emp_20
  4     into emp_30
  5  select *
  6    from emp;
42 Zeilen wurden erstellt.

SQL> select count(*)
  2    from emp_30;
 COUNT(*)
----------
       14

SQL> rollback;
Transaktion mit ROLLBACK rückgängig gemacht.
```

Listing 11.27 Eine erste Multi-Table-Insert-Anweisung

Das Schlüsselwort all bedeutet hier, dass alle Daten in alle Tabellen geschrieben werden sollen. Es leitet allerdings auch die Multi-Table-Version der insert-Anweisung ein, so dass es syntaktisch in jedem Fall erforderlich ist. Danach folgen die into-Klauseln, an denen auffällig ist, dass keine Kommata zur Trennung der Spaltenliste verwendet werden. Diese etwas seltsame Schreibweise wird verständlicher, wenn wir die folgenden Erweiterungen der insert-Anweisung betrachten, für den Moment nehmen wir das einfach so hin. Anschließend habe ich, wie bereits bei einer »normalen« insert-Anweisung, eine select-Abfrage formuliert, die hier die Daten der Tabelle EMP liefert. Die Kontrollabfrage, die ich im Anschluss gegen eine der neuen Tabellen ausgeführt habe, bestätigt, dass alle 14 Zeilen der Ausgangstabelle nun auch in Tabelle EMP_30 stehen. Der Vorteil ist vor allem darin zu sehen, dass zum Füllen der Tabellen die Datenmenge nur ein einziges Mal erzeugt werden musste. Das schafft, gerade bei sehr großen Tabellen, einen nicht unerheblichen Performanzgewinn.

11.7.2   Fallweises Einfügen in jeweils eine Zieltabelle

Richtig interessant wird die Sache aber erst, wenn wir die Daten der Ursprungstabelle auf mehrere Tabellen aufteilen und nicht einfach nur stumpf kopieren. Nun benötigen wir allerdings ein Entscheidungskriterium, um zu steuern, welche Zeilen in welche Tabellen eingefügt werden sollen. In unserem Beispiel, das haben Sie sich aufgrund der Namensgebung der neuen Tabellen wahrscheinlich schon gedacht, soll eine Kopie der Daten pro Abteilung in eine der entsprechenden Tabellen eingefügt werden. Das Entscheidungskriterium ist also die Spalte DEPTNO. Zudem wissen wir aber auch, dass in jedem Fall eine Zeile der Ausgangstabelle in genau eine Zieltabelle gelangen wird, denn die Spalte DEPTNO umfasst nur diese drei Werte und ist als Entscheidungskriterium eindeutig. In diesen einfachen Fällen können wir, um die Arbeit zu beschleunigen, statt der Klausel all die Klausel first verwenden. Diese Klausel zeigt an, dass der erste Treffer der Fallunterscheidung ausreicht, um die Zeile zuzuordnen, die anderen Fallunterscheidungen müssen nun nicht mehr ausgewertet werden. Die entsprechende Auswertung lautet dann wie folgt:

```
SQL> insert first
  2    when deptno = 10 then
  3    into emp_10
  4    when deptno = 20 then
  5    into emp_20
  6    when deptno = 30 then
  7    into emp_30
  8  select *
  9    from emp;
14 Zeilen wurden erstellt.

SQL> select count(*)
  2    from emp_30;
COUNT(*)
----------
         6

SQL> rollback;
Transaktion mit ROLLBACK rückgängig gemacht.
```

Listing 11.28 Aufteilung der Daten auf mehrere Tabellen

Das ist so schon recht beeindruckend, geht aber noch besser. Unsere Anweisung ist noch recht wackelig und das aus mehreren Gründen. Zum einen ist die Frage, was eigentlich passiert, falls die Tabelle EMP nun doch Werte außerhalb des Bereichs 10, 20 und 30 in der Spalte DEPTNO enthielte. Wohin gehen diese Zeilen? Werden sie einfach ignoriert? Dann wäre interessant, zu wissen, was eigentlich passiert, falls die Zieltabellen nicht exakt gleich gebaut wären wie die Tabelle EMP, wenn also zum Beispiel die Spalten in anderer Reihenfolge angelegt wären oder nur ein Teil der Spalten vorhanden wäre.

Zunächst können wir für den ersten Punkt Entwarnung geben. Falls ein Wert der Spalte DEPTNO nicht durch die Fallunterscheidung referenziert wird, wird diese Zeile schlicht ignoriert und nicht in die Zieltabellen kopiert. Anders wäre die Situation, wenn wir solche unvorhergesehenen Werte dennoch kopieren wollten. Dann müssten wir sicherstellen, dass alle Werte auch tatsächlich irgendwohin kopiert werden können. Sie sehen ja, dass die Fallunterscheidung wie bei einer case-Anweisung aussieht, daher wäre denkbar, dass auch eine else-Klausel existiert. Und genau das ist auch der Fall. Der zweite Punkt ist ebenfalls relativ einfach zu lösen, denn wir wissen aus der »einfachen« insert-Anweisung, dass es gute Praxis ist, die Spalten, die eingefügt werden sollen, explizit anzusprechen. Dort wird dies durch eine Auflistung der Spalten hinter der into-Klausel gemacht. Und genau dies geht auch mit der Multi-Table-Insert-Anweisung. Ich habe im nächsten Beispiel einmal beide Forderungen umgesetzt:

```
SQL> insert first
  2    when deptno = 10 then
  3    into emp_10
  4      (empno, ename, job, mgr,
          hiredate, sal, comm, deptno)
  5    when deptno = 20 then
  6    into emp_20
  7      (empno, ename, job, mgr, hiredate, sal, comm, deptno)
  8    else
  9    into emp_30
 10      (empno, ename, job, mgr, hiredate, sal, comm, deptno)
 11  select *
 12    from emp;
14 Zeilen wurden erstellt.

SQL> select count(*)
  2    from emp_30;

  COUNT(*)
----------
         6

SQL> rollback;
Transaktion mit ROLLBACK rückgängig gemacht.
```

Listing 11.29 Erweiterung um eine ELSE-Klausel und eine explizite Spaltenliste

11.7.3   Fallweises Einfügen in mehrere Zieltabellen

In der Realität werden Sie aber wohl eher selten eine Fallunterscheidung haben, die eindeutig ist. Stellen wir uns für unser Beispiel vor, dass noch weitere Tabellen existieren, die eine Unterscheidung nach dem Beruf treffen. In diesen Tabellen sollen die SALESMAN zusätzlich zur Unterteilung auf die drei Abteilungstabellen noch von den anderen Berufen getrennt werden, weil dort Boni bezahlt werden. Auch hierfür habe ich Tabellen angelegt, die den Namen SALES_EMP und OTHER_EMP tragen. In Tabelle OTHER_EMP fehlt die Spalte COMM. Nun sollen die Daten der Tabelle EMP also nicht nur auf die Teiltabellen pro Abteilung aufgeteilt werden, sondern zusätzlich noch auf die Tabellen laut Beruf. Klar ist, dass eine Zeile der Tabelle EMP nun also in mehrere Zieltabellen eingefügt werden muss. Unsere Anweisung kann nun die Klausel first nicht mehr verwenden, sondern geht zu all zurück:

```
SQL> insert all
  2     when deptno = 10 then
  3     into emp_10
  4       (empno, ename, job, mgr, hiredate, sal, comm, deptno)
  5     when deptno = 20 then
  6     into emp_20
  7       (empno, ename, job, mgr, hiredate, sal, comm, deptno)
  8     when deptno >= 30 then
  9     into emp_30
 10       (empno, ename, job, mgr, hiredate, sal, comm, deptno)
 11     when job = 'SALESMAN' then
 12     into sales_emp
 13       (empno, ename, job, mgr, hiredate, sal, comm, deptno)
 14     when job != 'SALESMAN' then
 15     into other_emp
 16       (empno, ename, job, mgr, hiredate, sal, deptno)
 17     values
 18       (empno, ename, job, mgr, hiredate, sal, deptno)
 19   select *
 20     from emp;
28 Zeilen wurden erstellt.

SQL> select count(*)
  2     from emp_30;
  COUNT(*)
----------
        6

SQL> select count(*)
```

```
   2    from sales_emp;
COUNT(*)
----------
        4


SQL> select count(*)
   2    from other_emp;
COUNT(*)
----------
       10


SQL> rollback;
Transaktion mit ROLLBACK rückgängig gemacht.
```

Listing 11.30 Eine etwas aufwendigere Fallunterscheidung

Im Lichte der bereits besprochenen Anweisungen ist diese nicht überraschend, im Detail sind aber doch interessante Dinge hinzugekommen. Gerade die Einfügeoperation in die Tabelle OTHER_EMP sollten wir uns genauer ansehen. Das Problem: Diese Tabelle hat weniger Spalten als die select-Abfrage liefert, denn es fehlt die COMM-Spalte. Nun reicht es nicht aus, lediglich die COMM-Spalte aus der Spaltenliste der insert-Anweisung auszunehmen, sondern hier benötigen wir zusätzlich auch noch eine values-Klausel, wie wir sie bereits von der insert-Anweisung her kennen. Diese Klausel macht auch bei den anderen Einfügeoperationen Sinn, denn sie steuert explizit, welche Spalte der select-Abfrage auf welche Spalte der Zieltabelle abgebildet werden soll. Das ist allerdings eine doppelte Sicherheit, denn durch die into-Klausel haben wir ja bereits die Möglichkeit, die Spalten der Zieltabelle in der gleichen Reihenfolge anzusprechen, wie die Daten durch die select-Abfrage geliefert werden. Im Zusammenhang mit unterschiedlich vielen Spalten ist allerdings die values-Klausel Pflicht, denn die Datenbank kann ja nun nicht wissen, welche Spalten der select-Abfrage wir nun gerade nicht mehr einfügen möchten.

11.7.4   Verwendung von Sequenzen

Bliebe noch die Frage, auf welche Weise nun bei einem Multi-Table-Insert neue Primärschlüsselwerte erzeugt werden könnten. Die Lösung liegt wiederum in der Verwendung der values-Klausel, die nun erforderlich ist. Der Grund ist nachvollziehbar: Stellen Sie sich die Arbeitsweise der Anweisung vor: Es wird zunächst durch eine select-Abfrage eine Datenmenge erzeugt. Diese Datenmenge verfügt über mehrere Spalten. Diese Spalten werden durch die into-Klausel der Einfügeoperationen referenziert. Dabei können natürlich Umformungen, Typkonvertierungen, Änderungen der Reihenfolge oder was auch immer sonst erforderlich werden. Diese Operationen werden innerhalb der `values`-Klausel jeder einzelnen Einfügeoperation durchgeführt. Wenn Sie nun einen neuen Primärschlüssel benötigen, ist ebenfalls hier der Ort, dies zu tun, denn es wird ja einfach für eine Spalte ein berechneter Wert benötigt.

Als Beispiel für die Anwendung möchte ich Ihnen ein Szenario geben, das etwas komplexer ist, von dem ich aber hoffe, dass es etwas realitätsnäher als die bisherigen Beispiele ist: Wir entschließen uns, das in die Jahre gekommene Datenmodell des Schemas `SCOTT` zu modernisieren. Es soll eine eigene Tabelle `JOBS` eingeführt werden, in denen die Berufe zentral gespeichert werden. Das eröffnet uns die Möglichkeit, weitere Angaben zum Beruf zu speichern. Die Datenmodellierer hatten so etwas beim Schema `HR` gesehen und sofort gesagt: Das brauchen wir auch. Allerdings möchte man nicht den Fehler machen, der dort begangen wurde, und die Zuordnung des Mitarbeiters zum Beruf direkt in die Tabelle `EMPLOYEES` speichern, denn wir möchten Berufe über die Zeit zuordnen können und wollen daher eine Tabelle `EMPLOYEE_JOB` haben, ebenso eine Tabelle `EMPLOYEE_DEPARTMENT`, die die Zuordnung eines Mitarbeiters zu einer Abteilung aufnimmt. Auch die Beziehung zu einem Vorgesetzten soll in eine eigene Tabelle `EMPLOYEE_MANAGER` ausgelagert werden, denn die Unterstellung kann sich in der gleichen Abteilung ändern und soll über die Zeit nachgezeichnet werden können.

Das Problem: Wie übernehmen wir die Altdaten des bestehenden Datenmodells? Es kommt noch hinzu, dass im Zuge der Umstellung jeder Mitarbeiter eine neue Primärschlüsselinformation erhalten soll. Die bisherige Jobbezeichnung wird allerdings dankenswerterweise als `JOB_ID` weitergeführt. Als Vorbereitung für die Migration der Daten wird zunächst die neue Tabelle `JOBS` erstellt und mit den bestehenden `JOB_ID` aus Tabelle `EMP` gefüllt. Das machen wir mit einer einfachen `insert`-Anweisung. Dann erstellen wir die neuen Tabellen `EMPLOYEE_MANAGER`, `EMPLOYEE_DEPARTMENT` und `EMPLOYEE_JOB`, die jeweils die Zuordnung über einen Zeitraum speichern. Hierfür werden die Tabellen durch eine `VALID_FROM` und `VALID_TO`-Spalte ergänzt. Da wir noch keine Historie pflegen, beginnen wir jetzt damit und setzen als `VALID_FROM` immer `HIREDATE` ein, als `VALID_TO` ein Datum in der Zukunft. Da Sie noch nicht die SQL-Anweisungen kennen, um Tabellen zu erstellen, gehen wir einfach davon aus, dass der Administrator diese Tabellen für Sie angelegt hat. Jetzt aber wird es spannend: Alle Mitarbeiter müssen in die neue Tabelle `EMPLOYEES` umziehen und einen Eintrag in den Tabellen `EMPLOYEE_MGR`, `EMPLOYEE_JOB` und `EMPLOYEE_DEPARTMENT` erhalten. Alles soll möglichst in einem Rutsch passieren.

Komplett können wir die Forderungen mit unseren derzeitigen SQL-Möglichkeiten noch nicht umsetzen, denn die Tabelle `EMPLOYEE_MGR` macht uns Probleme: Wie sollen wir wissen, wie die (neue) Mitarbeiter-ID des Managers heißt, der vielleicht noch gar nicht in die Tabelle eingefügt wurde? Dieses Problem spare ich hier aus, daher zeigt die folgende Multi-Table-Insert-Anweisung, die diese Forderung umsetzt, keinen Zweig für die Tabelle `EMPLOYEE_MGR`. Aber immerhin, der Rest gelingt:

```
SQL> insert all
  2         into employees
  3            (emp_id, emp_name, hiredate)
  4         values
  5            (emp_seq.nextval, ename, hiredate)
  6         into employee_job
  7            (emp_id, job_id, sal, comm,
                                  valid_from, valid_to)
  8         values
  9            (emp_seq.currval, job, sal, comm,
                                  hiredate, max_date)
 10         into employee_department
 11            (emp_id, dept_id, valid_from, valid_to)
 12         values
 13            (emp_seq.currval, deptno,
                                  hiredate, max_date)
 14  select empno, ename, job, mgr,
 15         hiredate, sal, comm, deptno,
 16         to_date('31.12.2099', 'dd.mm.yyyy') max_date
 17    from emp;
42 Zeilen wurden erstellt.

SQL> select *
  2    from employees;

    EMP_ID EMP_NAME   HIREDATE
---------- ---------- --------
      1000 SMITH      17.12.80
      1010 ALLEN      20.02.81
      1020 WARD       22.02.81
      1030 JONES      02.04.81
      1040 MARTIN     28.09.81
      1050 BLAKE      01.05.81
      1060 CLARK      09.06.81
      1070 SCOTT      19.04.87
      1080 KING       17.11.81
      1090 TURNER     08.09.81
      1100 ADAMS      23.05.87
      1110 JAMES      03.12.81
      1120 FORD       03.12.81
      1130 MILLER     23.01.82
14 Zeilen ausgewählt.
```

```
SQL> select *
  2    from employee_job;

    EMP_ID JOB_ID          SAL       COMM VALID_FR VALID_TO
---------- --------- ---------- ---------- -------- --------
      1000 CLERK           800              17.12.80 31.12.99
      1010 SALESMAN       1600        300 20.02.81 31.12.99
      1020 SALESMAN       1250        500 22.02.81 31.12.99
      1030 MANAGER        2975              02.04.81 31.12.99
      1040 SALESMAN       1250       1400 28.09.81 31.12.99
      1050 MANAGER        2850              01.05.81 31.12.99
      1060 MANAGER        2450              09.06.81 31.12.99
      1070 ANALYST        3000              19.04.87 31.12.99
      1080 PRESIDENT      5000              17.11.81 31.12.99
      1090 SALESMAN       1500          0 08.09.81 31.12.99
      1100 CLERK          1100              23.05.87 31.12.99
      1110 CLERK           950              03.12.81 31.12.99
      1120 ANALYST        3000              03.12.81 31.12.99
      1130 CLERK          1300              23.01.82 31.12.99
14 Zeilen ausgewählt.

SQL> select *
  2    from employee_department;

    EMP_ID    DEPT_ID VALID_FR VALID_TO
---------- ---------- -------- --------
      1000         20 17.12.80 31.12.99
      1010         30 20.02.81 31.12.99
      1020         30 22.02.81 31.12.99
      1030         20 02.04.81 31.12.99
      1040         30 28.09.81 31.12.99
      1050         30 01.05.81 31.12.99
      1060         10 09.06.81 31.12.99
      1070         20 19.04.87 31.12.99
      1080         10 17.11.81 31.12.99
      1090         30 08.09.81 31.12.99
      1100         20 23.05.87 31.12.99
      1110         30 03.12.81 31.12.99
      1120         20 03.12.81 31.12.99
      1130         10 23.01.82 31.12.99
14 Zeilen ausgewählt.
```

Listing 11.31 Schema-Migration mit einer einzigen Anweisung

Das Kernstück ist natürlich die Multi-Table-Insert-Anweisung. Hier habe ich die Sequenz EMP_SEQ neu angelegt und gesagt, dass beim Wert 1000 begonnen und in Schritten von 10 gezählt werden soll. Beachten Sie bei der Erzeugung der Primär- bzw. Fremdschlüsselwerte die Verwendung der beiden Pseudospalten NEXTVAL, um einen neuen Sequenzwert abzurufen, und CURRVAL, um den abgerufenen Wert für die Fremdschlüsselbeziehungen wiederzuverwenden. Die Tabellen haben natürlich jeweils unterschiedliche Spalten, doch ist dies mit der ohnehin erforderlichen values-Klausel (wegen der Primär- und Fremdschlüsselwerte) kein Problem. Die select-Abfrage, die die Daten bereitstellt, hat als zusätzliche Spalte den Maximaldatumswert definiert, dadurch erspare ich mir die Definition in jeder values-Klausel, was technisch aber auch gegangen wäre.

Es ist deutlich schwerer, die Tabelle EMPLOYEE_MGR zu füllen. Das Problem: Wir wissen nun nicht mehr, welche EMPNO auf welche EMP_ID abgebildet wurde. Daher können wir auch nicht sicher erfragen, welcher Mitarbeiter welchen neuen Mitarbeiter führt. Hätten wir die Daten in einer Anweisung übernehmen können, wäre das eventuell möglich gewesen, doch mit den Mitteln, die uns bislang zur Verfügung stehen, geht dies nicht. Wir können uns, weil wir Glück haben und die Mitarbeiternamen eindeutig sind, eine Hilfskonstruktion ausdenken und die Tabelle mit folgender Abfrage füllen:

```
SQL> insert into employee_mgr
  2  select e.emp_id, m.emp_id, hiredate,
  3         to_date('31.12.2099', 'dd.mm.yyyy')
  4    from emp
  5    join (select emp_id, empno
  6            from employees e
  7            join emp a on e.emp_name = a.ename) e
  8      on emp.empno = e.empno
  9    join (select emp_id, empno
 10            from employees e
 11            join emp a on e.emp_name = a.ename) m
 12      on emp.mgr = m.empno;
```

13 Zeilen wurden erstellt.

Listing 11.32 Aktualisierung der Tabelle EMPLOYEE_MGR

Die Idee der Abfrage: Hole zunächst die alten EMPNO-Werte anhand der Übereinstimmung des Namens mit den Namen der neuen EMPLOYEES-Tabelle. Diese Abfrage bildet die alten auf die neuen Mitarbeiterschlüssel ab. Auf diese Tabelle müssen wir uns zweimal beziehen, um die neue EMP_ID des Mitarbeiters und des Managers zu erfragen. Die resultierenden Werte werden dann in die Tabelle geschrieben. Alternativ wäre es auch möglich gewesen, die alte EMPNO in einer Spalte der Tabelle EMPLOYEES mitzuführen, die Daten zu migrieren und anschließend die Spalte wieder zu löschen.

Kapitel 12
Views erstellen

Als Inner View ist sie uns bereits begegnet, aber auch darüber hinaus ist der Begriff View oder auch Datensicht vielen geläufig, die mit Datenbanken zu tun haben. In diesem Abschnitt möchte ich mich etwas näher mit diesen Views beschäftigen.

Was ist eine View? In meinen Kursen kennen sehr viele Teilnehmer den Begriff, viele können auch sagen, was man mit einer View macht, aber was das genau ist? Da wird es normalerweise recht eng. Dabei ist die Antwort wirklich einfach: Eine View ist eine SQL-Abfrage mit einem Namen, gespeichert in der Datenbank. Weiter nichts. Wichtig: Nur die Abfrage als solche ist gespeichert, nicht aber die Ergebnisse der Abfrage. Die werden beim Abfragen der View dynamisch neu berechnet und ausgegeben. Verschiedentlich höre ich (und schlimmer, lese ich auch in Fachbüchern über SQL) eine Reihe falscher Vorstellungen über Views. Sie benötigten »temporären Speicherplatz«, umfangreichen Festplattenplatz, sie seien langsamer oder sonstige Geschichten. Ich bin nicht sattelfest in allen Datenbanken dieser Welt, um diese Geschichten für alle Datenbanken als falsch zu brandmarken, ich kann mir aber nicht vorstellen, dass diese Probleme tatsächlich existieren. Sicher tun sie es nicht bei Oracle.

Eine View ist eine Abfrage, die Sie in der Datenbank abgelegt haben. Fragen Sie nun eine View ab, heißt das für die Datenbank exakt das Gleiche, als führten Sie die dort gespeicherte Abfrage direkt aus. In beiden Fällen wird die Abfrage auf exakt gleiche Weise ausgeführt, allerdings hat Oracle im Fall der View den Vorteil, dass es die Abfrage bereits kennt und sie daher schon auf syntaktische Korrektheit hin prüfen konnte. Diese Arbeit entfällt nun. Da aber SQL-Abfragen in einem Cache vorgehalten werden, nachdem Sie einmal ausgeführt wurden, verliert sich dieser Vorteil nach der ersten Abfrage auch.

12.1 »Normale« Views

Beginnen wir mit den einfachen, normalen Views. Diese Views verhalten sich genau, wie im Einführungstext beschrieben. Von diesen Views unterscheide ich später dann noch die *materialisieren Views*, doch soll uns das hier noch nicht stören.

12.1.1   Was genau ist eine View?

Wenn eine View den Namen `emp_vw` für die SQL-Abfrage

```
select ename, job, sal
  from emp
 where deptno = 30;
```

vereinbart hat und Sie nun in einer Abfrage den Namen der View als Tabelle benutzen, wird diese Abfrage

```
select *
  from emp_vw
```

umgeschrieben zu

```
select *
  from (select ename, job, sal
                 from emp
           where deptno = 30);
```

Listing 12.1 Was ist eine View?

Und diese letzte Abfrage kennen Sie bereits als *Inner View*. Ob Sie also eine Inner View explizit hinschreiben oder aber die Inner-View-Abfrage unter einem Namen in der Datenbank speichern und über den Namen benutzen, macht überhaupt keinen Unterschied. Theoretisch ist die in der Datenbank gespeicherte View marginal schneller (zumindest bei der ersten Ausführung), weil die zugrunde liegende SQL-Anweisung ja bereits der Datenbank bekannt und somit geparst ist, doch können Sie dies im Regelfall ignorieren. Die Stärken von Views liegen auf anderem Gebiet. Bevor wir uns diese Gebiete ansehen, möchte ich nur kurz klären, was ich damit meine, dass die View in der Datenbank gespeichert sei. Wir hatten bereits den Begriff *Data Dictionary* besprochen (weil das aber lange her ist, das war die Sammlung aller Metadaten zu unseren Daten, also welche Tabellen gibt es, welche Spalten sind darin enthalten, welche Benutzer existieren, welche Rechte haben diese). In diesem Data Dictionary werden die SQL-Anweisungen als Zeichenketten unter dem Namen des Benutzers abgelegt, dem diese Views gehören. Sind Sie also als Benutzer SCOTT angemeldet, würde Ihre SQL-Anweisung unter dem gegebenen Namen und dem Eigentümer SCOTT abgelegt. Abbildung 12.1 zeigt die View im SQL Developer:

Sie können sich aber auch direkt in SQL anzeigen lassen, welche Views Ihnen gehören oder welche Sie darüber hinaus benutzen dürfen. Die Daten zu der View sind ja, wie bereits gesagt, im Data Dictionary der Datenbank gespeichert. Das wiederum sind Tabellen, in denen Daten stehen. Da allerdings das Datenmodell des Data Dictionary recht komplex ist, wird der Zugriff auf diese Tabellen normalerweise über eine Reihe von Views erledigt, die Oracle bei der Installation der Datenbank bereits angelegt hat. Von diesen Views gibt es eine ganze Menge, zu viele, um alle zu kennen. Allerdings lassen sich die Namen von vielen der Views gut merken, denn sie folgen einer Namenskonvention: Unterschieden wird anhand des Präfixes, ob die entsprechende View Ihnen die Objekte zeigt, auf die Sie Zugriff haben (ALL_), oder diejenigen, die Ihnen gehören (USER_). Der Unterschied liegt darin, dass eine View, die einem anderen Benutzer gehört, Ihnen zur Nutzung zur Verfügung gestellt werden könnte. Administratoren haben zudem noch eine große Zahl an Views, die mit dem Präfix DBA_ beginnen und zeigen, welche Objekte es generell im Data Dictionary gibt.

Abbildung 12.1 Die Übersicht über die Views im SQL Developer

Ich möchte Ihnen nun die View EMP_VW im Data Dictionary zeigen und hätte hierfür zwei Möglichkeiten: Die Views USER_VIEWS und ALL_VIEWS. Die zweite der beiden Views frage ich hier ab, weil diese View auch den Namen des Eigentümers enthält:

```
SQL> select owner, view_name, text_length, text
  2    from all_views
  3   where owner 'SCOTT';


OWNER VIEW_NAME  TEXT_LENGTH TEXT
----- ---------- ----------- ---------------------------------
SCOTT EMP_VW             267 select e.ename mitarbeiter,
                                    d.dname abteilung,
                                    m.ename manager, ...
```

Listing 12.2 Abfrage der View ALL_VIEWS

Wie Sie sehen, wird die select-Abfrage genauso abgespeichert, wie Sie sie eingegeben haben. Das ist sozusagen der Beleg: Eine View ist tatsächlich lediglich eine select-

Abfrage mit einem Namen. Eine wichtige Besonderheit existiert allerdings: Wenn Sie eine View definieren als

```
select *
  from emp;
```

wird dies nicht so, sondern in folgender Form abgelegt:

```
select empno, ename, job, mgr, hiredate, sal, comm, deptno
  from emp;
```

Der Platzhalter * wird also zu einer Spaltenliste aller Spalten aufgelöst. Das ist wichtig, falls Sie die Tabellen anschließend ändern möchten. Stellen Sie sich vor, sie löschen eine Spalte oder benennen eine Spalte der Tabelle um. Nun wird die View ungültig werden, denn die in der View angesprochene Spalte existiert in der Tabelle nicht mehr. Fügen Sie der Tabelle aber eine neue Spalte hinzu, wird die View diese Änderung nicht mitbekommen, also gültig bleiben (weil die zugrunde liegende Abfrage ja nach wie vor gültig ist) und nur die Spalten liefern, die zum Zeitpunkt der Definition der View in der Tabelle enthalten waren. Diese Eigenheit ist einer der Gründe, warum normalerweise der Platzhalter * in select-Abfragen nur für Ad-hoc-Abfragen akzeptabel ist. Er hat einfach zu viele Seiteneffekte, wenn Sie in Views oder sonst wie gespeicherten Abfragen verwendet werden.

12.1.2   Wie werden Views erstellt?

Zunächst einmal benötigen Sie, um Views zu erstellen, das Recht, dies zu tun, das sogenannte Recht create view . Dieses Recht erhalten Sie, falls Sie es nicht bereits besitzen, vom Administrator der Datenbank (sind Sie das selbst und wissen nicht, wie es vergeben wird, die Anweisung hierfür lautet grant create view to <benutzername>). Ich bin der festen Überzeugung, dass ein Benutzer, der Daten in einer Datenbank lesen darf, auch in der Lage sein muss, Views anzulegen, denn letztlich kann eine View niemals mehr als der Benutzer ohnehin darf, es ist also keine Erweiterung der Rechte in Bezug auf die Daten. Im Gegenteil unterstützen Views aber die Wiederverwendbarkeit der Abfragen, denn nun können andere Leseberechtigte die Abfragen untereinander zur Verfügung stellen und entsprechend nutzen. Zudem erhält der Administrator im Zweifel einen direkteren Zugang zu problematischen Anweisungen, weil diese sich nicht in einer Exceldatei oder einer lokalen Skriptdatei, sondern im Data Dictionary der Datenbank befinden, auf die der Administrator direkten Zugriff hat.

Erstellung von Views

Haben Sie das Recht, eine View zu erstellen, so ist dies ganz einfach. Sie benötigen die Anweisung create or replace view <Name> as select ..., um eine SQL-Anweisung als View in der Datenbank zu hinterlegen. Hier sehen Sie ein Beispiel:

```
SQL> create or replace view emp_vw as
  2  select e.ename mitarbeiter,
  3         d.dname abteilung,
  4         m.ename manager,
  5         e.job beruf,
  6         s.grade gehaltsstufe
  7    from emp e
  8    join dept d on e.deptno = d.deptno
  9    left join emp m on e.mgr = m.empno
 10    join salgrade s
 11      on e.sal between s.losal and s.hisal;
```

View wurde erstellt.

Listing 12.3 Beispiel für die Erstellung einer View

Das war alles. Nun ist die View nutzbar wie eine Tabelle:

```
SQL> select *
  2    from emp_vw;
```

MITARBEITE	ABTEILUNG	MANAGER	BERUF	GEHALTSSTUFE
KING	ACCOUNTING		PRESIDENT	5
FORD	RESEARCH	JONES	ANALYST	4
SCOTT	RESEARCH	JONES	ANALYST	4
JONES	RESEARCH	KING	MANAGER	4
BLAKE	SALES	KING	MANAGER	4
CLARK	ACCOUNTING	KING	MANAGER	4
ALLEN	SALES	BLAKE	SALESMAN	3
TURNER	SALES	BLAKE	SALESMAN	3
MILLER	ACCOUNTING	CLARK	CLERK	2
MARTIN	SALES	BLAKE	SALESMAN	2
WARD	SALES	BLAKE	SALESMAN	2
ADAMS	RESEARCH	SCOTT	CLERK	1
JAMES	SALES	BLAKE	CLERK	1
SMITH	RESEARCH	FORD	CLERK	1

Listing 12.4 Verwendung der View EMP_VW

Als Speicherplatz wurden nur die 267 Byte benötigt, die in der Auswertung oben für diese View angezeigt werden. Na ja, einige Byte mehr schon, aber wirklich kein relevanter Speicherverbrauch. Fragen Sie die View mit einer select-Abfrage ab, wird die View, wie erläutert, als Inner View an der Stelle Ihrer Anweisung eingefügt, an der vorher der Name der View stand. Diese Ersetzung können Sie sich gern als Zeichen-operation vorstellen, es wird also tatsächlich die Zeichenfolge der View-Abfrage als Inner View in die umgebende Abfrage der äußeren Abfrage eingefügt und erst danach die Abfrage optimiert. Dadurch erhält die Datenbank einen Überblick über die komplette Abfrage und optimiert nach Kräften die gesamte Abfrage.

Die Klausel FORCE

Anmerkungen zum Thema »Erzeugung von Views« gibt es eigentlich nur wenige. Vielleicht sollte ich erwähnen, dass es noch ein optionales Schlüsselwort force gibt, mit dem die View erzeugt werden kann. Diese Klausel legt fest, dass die View in jedem Fall angelegt wird, auch wenn die der View zugrunde liegende Abfrage ungültig ist. Das ist manchmal wichtig, wenn eine ganze Reihe an Views mit Hilfe eines Skripts angelegt werden soll und diese Views nun aufeinander aufbauen. Ohne diese Klausel schlüge die Erstellung einzelner Views fehl, wenn sie nicht in der richtigen Reihen-folge angelegt würden. Verwenden Sie diese Klausel nicht, wird standardmäßig die Klausel no force angenommen, die Sie auch explizit schreiben könnten. Wird eine View zunächst ungültig angelegt und später durch die Anlage weiterer Views doch gültig, kann sie direkt benutzt werden, denn der erste Zugriff auf eine ungültige View hat zur Folge, dass die Datenbank nun versucht, die View erneut zu parsen. Gelingt es nun, kann die View direkt verwendet werden. Hier ist die Anweisung von eben mit der Klausel force. Um allerdings zu zeigen, dass die Klausel auch eine Funktion hat, werde ich die Abfrage durch einen Fehler ungültig machen:

```
SQL> create or replace force view emp_wrong_vw as
  2  select e.ename mitarbeiter,
  3         d.dname abteilung,
  4         m.ename manager,
  5         e.jobname beruf,
  6         s.grade gehaltsstufe
  7  from emp e
  8  join dept d on e.deptno = d.deptno
  9  left join emp m on e.mgr = m.empno
 10  join salgrade s
 11    on e.sal between s.losal and s.hisal;
```

Warnung: View wurde mit Kompilierungsfehlern erstellt.

Listing 12.5 Verwendung der Klausel FORCE

Der falsche Spaltenname ist natürlich so nicht erlaubt. Durch die Klausel force hat das allerdings der Erstellung selbst nicht im Wege gestanden. Eine andere View des Data Dictionarys, die View USER_OBJECTS, gibt Auskunft über den Status dieser View:

```
SQL> select object_name, status
  2    from user_objects
  3    where object_type = 'VIEW';


OBJECT_NAME              STATUS
--------------------     -------
EMP_WRONG_VW             INVALID
EMP_VW                   VALID
```

Listing 12.6 Abfrage des Data Dictionarys

Sie sehen an diesem Beispiel übrigens, dass die Views des Data Dictionarys doch recht interessante Informationen enthalten. Alles, was auf der Oberfläche des SQL Developer gezeigt wird und sich auf die Datenbankstruktur bezieht, kommt aus diesen Views. Administratoren leben von diesen Views, denn sie zeigen, wie es der Datenbank »geht« und welche administrativen Schritte zu unternehmen sind. Bleibt die Frage: Welche Views gibt es denn nun eigentlich? Gegenfrage: Was fragen Sie mich? Fragen Sie doch einmal die View ALL_OBJECTS, und filtern Sie über den Objekttyp VIEW ... Sollten Sie dies tatsächlich einmal tun, stellen Sie fest, dass Ihnen auch eine Reihe Views mit dem Präfix V_$ angeboten werden. Diese Views werden (allerdings mit dem Präfix V$, ohne den Unterstrich) verwendet, um Dinge zu erfragen, die nicht permanent im Data Dictionary gespeichert werden, sondern die aktuelle Situation widerspiegeln, wie zum Beispiel die Anzahl aktuell angemeldeter Benutzer, der momentane Speicherverbrauch im Arbeitsspeicher etc. Daher heißen diese Views auch *Performance-Views*. Dass diese Views ohne Unterstrich verwendet werden, hat damit zu tun, dass für diese Views ein Synonym ohne Unterstrich vereinbart wurde. Ein weiteres Präfix lautet GV$ und ist wichtig, wenn Ihre Datenbank als Cluster mit der sogenannten *RAC-(Real Application Cluster-)*Option von Oracle aufgesetzt wurde. In diesem Fall besteht Ihr RDBMS aus mehreren, parallel laufenden Datenbankinstanzen, deren Arbeitsspeicher »horizontal«, also zwischen den laufenden Instanzen, harmonisiert werden. In solchen Clustern unterscheiden wir das konkrete System, mit dem wir in unserer Session verbunden sind, und den allgemeineren Service, der aus eventuell mehreren Clustern als Verbund aufgebaut wurde. Möchten Sie Informationen zur Datenbankinstanz, mit der Sie aktuell verbunden sind, nutzen Sie die bereits bekannten Präfixe V$. Wenn Sie aber Informationen über mehrere Cluster hinaus benötigen, verwenden Sie das Präfix GV$.

Die Klausel WITH CHECK OPTION

Diese Klausel ist schon etwas hinterhältiger zu erklären. Sie hat auf den lesenden Zugriff überhaupt keine Auswirkung, sondern auf den schreibenden Zugriff. Stellen Sie sich vor, sie hätten eine View auf die Tabelle EMP eingerichtet, die lediglich die Mitarbeiter der Abteilung 20 anzeigen soll:

```
SQL> create or replace view emp_dept_20 as
  2  select ename, job, sal, hiredate, deptno
  3    from emp
  4   where deptno = 20
  5   with check option;
```

View wurde erstellt.

Listing 12.7 Eine View mit CHECK-Option

Diese View erfüllt das Kriterium, eine »einfache« View zu sein (was das ist, erläutere ich im nächsten Kapitel) und kann daher direkt mit einer update-Anweisung aktualisiert werden. Nun könnten wir uns vorstellen, dass Sie auf den glorreichen Gedanken kommen, einen etwas unbeliebteren Kollegen schlicht in eine andere Abteilung zu versetzen. Zumindest hätte dies ja zur Folge, dass Sie diesen Mitarbeiter in der View nun nicht mehr sehen:

```
SQL> update emp_dept_20
  2     set deptno = 30
  3   where ename = 'ADAMS';
update emp_dept_20
         *
FEHLER in Zeile 1:
ORA-01402: Verletzung der WHERE-Klausel einer
          View WITH CHECK OPTION
```

Listing 12.8 Auslösen der CHECK-Option mit einer unerlaubten Datenänderung

Der Fehler liegt darin, dass die **check**-Option festlegt, dass Sie keine Datenänderung »zulasten Dritter« vornehmen dürfen, also Datenänderungen, die den betroffenen Datenbestand anschließend für die View unsichtbar machen würden. Der naheliegende Grund: Sie können die Auswirkung Ihrer Änderung nicht mehr kontrollieren, weil Sie das Ergebnis der Änderung nicht sehen können. Das ist eine sehr mächtige Funktion, die man im Hinterkopf haben sollte, wenn man in eine solche Situation kommt. Zusätzlich kann dieser Option (und auch der read only-Option, die wir im nächsten Abschnitt besprechen) noch die Klausel constraint, gefolgt von einem Bezeichner, nachgestellt werden. Diese Klausel sorgt dafür, dass der Klausel ein Name zugeordnet werden kann. Das ist sinnvoll, damit im Data Dictionary nur händisch benannte Objekte stehen. Fehlt diese Klausel nämlich, wird ein vom System erzeugter, eindeutiger Bezeichner verwendet. Und wohin das führt, wenn Systeme sich eindeutige Namen ausdenken, können Sie sich ja wohl vorstellen, oder nicht? Dann sehen Sie zu diesem Thema einmal im nächsten Abschnitt nach ...

Die Klausel WITH READ ONLY OPTION

Diese Klausel sollte vom Namen her bereits recht selbsterklärend sein. Sie wird eingesetzt, um DML-Anweisungen auf Views direkt zu unterbinden. Das scheint sehr sinnvoll, ist jedoch in der Praxis selten. Der Grund: Diese Einschränkung lässt sich einfacher über eine entsprechende Rechtevergabe bewerkstelligen. Das Szenario, nur ganz kurz umrissen: Benutzer A ist Eigentümer der View. Er möchte Benutzer B ein Recht einräumen, auf die View zuzugreifen. Dies macht er durch eine Rechtevergabe. Diese Rechtevergabe kann aber nun zum Beispiel lediglich ein `select`-Recht umfassen. Dadurch ist Benutzer B nicht in der Lage, DML-Anweisungen auf die View auszuführen. Sollte Benutzer A als Eigentümer der View durch diese Klausel eingeschränkt werden, ist das nur ein sehr schwacher Trost, denn das Recht, auf den zugrunde liegenden Tabellen DML-Anweisungen auszuführen, kann dem Eigentümer der Tabellen nicht entzogen werden. Die Klausel hätte hier also eher kosmetische Gründe. Dennoch soll aus Gründen der Vollständigkeit diese Klausel erklärt werden:

```
SQL> create or replace view emp_dept_30 as
  2  select ename, job, sal, hiredate, deptno
  3    from emp
  4   where deptno = 30
  5   with read only constraint chk_emp_dept_ro;
View wurde erstellt.


SQL> update emp_dept_30
  2     set ename = 'RINGER'
  3   where ename = 'TURNER';
 where ename = 'TURNER'
       *
FEHLER in Zeile 3:
ORA-42399: DML-Vorgang kann auf schreibgeschützter View
           nicht ausgeführt werden


SQL> rollback;
Transaktion mit ROLLBACK rückgängig gemacht.
```

Listing 12.9 Verwendung der Option READ ONLY mit CONSTRAINT

Eine Anmerkung zu diesen beiden Klauseln: Wird eine der beiden Klauseln verwendet, darf die Abfrage der View keine Klausel `order by` enthalten.

Auch für den Zweck, sich einmal die Constraints anzeigen zu lassen, steht eine View zur Verfügung. Hier können Sie auch schön sehen, was Oracle anstellt, um eindeutige Namen zu generieren:

```
SQL> select constraint_name, constraint_type, table_name
  2    from user_constraints;


CONSTRAINT_NAME                  C TABLE_NAME
------------------------------   - ----------------------
SYS_C0013395                     V EMP_DEPT_20
CHK_EMP_DEP_RO                    O EMP_DEPT_30
FK_DEPTNO                         R EMP
PK_DEPT                          P DEPT
PK_EMP                           P EMP
```

Listing 12.10 Abfrage der Constraints, die SCOTT gehören

12.1.3   Einfache und komplexe Views

Wir unterscheiden ferner noch zwischen einfachen und komplexen Views. Diese Unterscheidung ist für die Datenbank aus gutem Grund getroffen worden, denn einfache Views lassen sich mit DML-Anweisungen ändern, komplexe nicht. Damit ist gemeint, dass eine einfache View direkt über eine insert-Anweisung geändert werden kann. Natürlich wird nicht die View dadurch geändert, sondern die der View zugrunde liegende Tabelle. Bei einer einfachen View jedoch ist die Datenbank in der Lage, die insert-Anweisung direkt und logisch korrekt auf die Tabelle umzuleiten. Bei komplexen Views ist das nicht der Fall. Nur: Wann ist eine View eine einfache und wann eine komplexe View? Als Daumenregel können Sie sich merken: Gruppenfunktionen und Joins machen eine einfache View zu einer komplexen View, denn nun ist nicht mehr klar, auf welche Weise eine Änderung der Daten auf die unterliegenden Tabellen oder Zeilen weitergeleitet werden sollen. Sollten Sie dies etwas genauer wissen möchten, stellt Oracle Ihnen auch für dieses Problem eine View bereit. Sehen wir uns die Spalten unserer Views, die wir bisher erzeugt haben, an:

```
SQL> select table_name, column_name,
  2         updatable upd, insertable ins, deletable del
  3    from user_updatable_columns
  4   where table_name in (select view_name
  5                          from user_views);


TABLE_NAME                COLUMN_NAME               UPD INS DEL
------------------------   ------------------------  --- --- ---
EMP_DEPT_20               ENAME                     YES YES YES
EMP_DEPT_20               JOB                       YES YES YES
EMP_DEPT_20               SAL                       YES YES YES
EMP_DEPT_20               HIREDATE                  YES YES YES
EMP_DEPT_20               DEPTNO                    YES YES YES
```

EMP_DEPT_30	ENAME	NO	NO	NO
EMP_DEPT_30	JOB	NO	NO	NO
EMP_DEPT_30	SAL	NO	NO	NO
EMP_DEPT_30	HIREDATE	NO	NO	NO
EMP_DEPT_30	DEPTNO	NO	NO	NO
EMP_VW	MITARBEITER	NO	NO	NO
EMP_VW	ABTEILUNG	NO	NO	NO
EMP_VW	MANAGER	NO	NO	NO
EMP_VW	BERUF	NO	NO	NO
EMP_VW	GEHALTSSTUFE	NO	NO	NO
EMP_WRONG_VW	MITARBEITER	YES	YES	YES
EMP_WRONG_VW	ABTEILUNG	YES	YES	YES
EMP_WRONG_VW	MANAGER	YES	YES	YES
EMP_WRONG_VW	BERUF	YES	YES	YES
EMP_WRONG_VW	GEHALTSSTUFE	YES	YES	YES

20 Zeilen ausgewählt.

Listing 12.11 Darstellung der aktualisierbaren Spalten der Views

Bei näherer Betrachtung könnte die Frage auftauchen, warum die Spalten der View `EMP_DEPT_20` aktualisierbar sind, die von `EMP_DEPT_30` jedoch nicht (oder haben Sie sich direkt an die Klausel `read only` erinnert?) und auch, ob es vielleicht möglich sein könnte, dass eine Spalte zwar »einfügbar«, nicht jedoch aktualisierbar sein könnte? Je nach logischer Situation kann so etwas durchaus einmal vorkommen. Im Zweifelsfall können Sie jedenfalls hier nachsehen, ob Sie bereits eine komplexe oder doch nur eine einfache View erstellt haben.

Nun könnte es natürlich sein, dass Sie gern eine komplexe View mit DML-Anweisungen ändern können möchten. Wie gesagt, erlaubt das die Datenbank nicht, jedenfalls nicht direkt: Die Lösung für das logische Problem ist, dass Sie ein kleines Programm in PL/SQL schreiben müssen, um der Datenbank zu erläutern, auf welche Weise Änderungen an der View auf die der View zugrunde liegenden Tabellen weitergeleitet werden sollen. Ein solches Programm wird dann an das Ereignis gebunden, dass eine DML-Anweisung auf die View ausgeführt wurde. Ein Programm, das an ein Ereignis in der Datenbank gebunden wird, haben wir als Trigger bereits kennengelernt. Ein Trigger auf eine View wird `instead of`-Trigger genannt, denn er führt DML-Anweisungen *statt auf der View* auf den der View zugrunde liegenden Tabellen aus. Solche Trigger sind logisch hinterhältige Biester. Man kann Sie programmieren, allerdings sollten sie sehr sorgfältig auf Seiteneffekte hin getestet werden. Wie die meisten Programmierprobleme ist auch dieser Trigger für uns außerhalb des Fokus dieses Buches.

12.2   Einsatzbereiche von Views

Dass Views Vorteile haben, habe ich bereits erwähnt. Diese liegen allerdings weniger in der Steigerung der Geschwindigkeit (die wird normalerweise nicht tangiert), sondern in anderen Aspekten.

12.2.1   Kapselung von Logik

Ein wesentlicher Vorteil von Views ist, dass die Abfrage, die zur Erzeugung erforderlich ist, in der Definition der View gekapselt wird und damit für die Verwendung der View nicht mehr notwendig ist. Sie können also komplizierte SQL-Anweisungen hinter einer View verbergen und dem Anwender eine einfach zu benutzende Schnittstelle auf Ihre Daten zur Verfügung stellen. Gerade Anwendungsentwickler profitieren von dieser Eigenschaft von Views, denn wenn die Anwendung komplizierte `select`-Abfragen benötigt, müssen diese als einfacher Text in einer fremden Programmiersprache wie Java oder C# geschrieben werden. In diesen Sprachen wirken SQL-Anweisungen stets wie Fremdkörper, und schlimmer noch, können von dort nicht unmittelbar auf Korrektheit geprüft werden. Ob die angesprochenen Spalten existieren oder die Anweisung syntaktisch korrekt ist, wird erst zur Laufzeit der Anwendung ermittelt. Das ist nicht sehr komfortabel. Zudem muss die Anwendung definitiv zu viel über die Details der Datenspeicherung wissen: die Namen der Tabellen, die Spalten darin, die Schlüsselbeziehungen etc. All das sind Interna der Datenbank, die auf der abstrakteren Ebene der Anwendung eigentlich nicht mehr bekannt sein sollten. Wie Sie in der Definition der View oben sehen, können wir über einfache Spaltenaliase und die Verknüpfung mehrerer Tabellen eine beliebig gebaute Schnittstelle zu den Daten realisieren, die Kenntnis der unterliegenden Tabellen ist nun nicht mehr erforderlich, die Spalten tragen Bezeichner, die die Auswertung leicht machen. All das sind Vorteile für Anwendungsentwickler, aber auch für Fachabteilungen, die sich naturgemäß leichter mit auf diese Weise vorbereiteten Views tun als mit den Rohdaten in den Tabellen.

12.2.2   Zugriffsschutz

Ein ganz wesentlicher Vorteil von Views ist, dass nur die Spalten angezeigt werden, die auch angezeigt werden sollen. Diesen Vorteil spielen wir insbesondere mit der Rechteverwaltung einer Oracle-Datenbank aus, denn in diesem Zusammenhang ist es möglich, einem Benutzer `WILLI` ein Leserecht auf die View `EMP_VW` einzuräumen, nicht aber auf die Tabellen, die der View zugrunde liegen. Im Beispiel der View `EMP_VW` oben habe ich das konkrete Gehalt durch die Angabe einer Gehaltsstufe aus der `SALGRADE` vergröbert. Kein Benutzer, der Lesezugriff auf lediglich diese View hat, wird nun das konkrete Gehalt eines Mitarbeiters ermitteln können. Ebenso sind die

Details der Speicherung in drei Tabellen und die Schlüsselbeziehungen versteckt. Genauso gut hätte die View natürlich auch noch eine Auswahl über die Zeilen vornehmen können, so dass diese View zum Beispiel nur die Daten einer Abteilung zeigt. So könnte bei geschickter Planung eine View die Daten für jeweils unterschiedliche Benutzer auch unterschiedlich zusammenstellen. Oft wird dies genutzt, um Daten einer Datenbank, die von mehreren Niederlassungen gemeinsam verwendet werden, so zu filtern, dass sie für einen angemeldeten Benutzer nur die Daten dessen Niederlassung zeigt. Falls nötig oder erwünscht, können aber natürlich auch übergreifende Informationen, wie zum Beispiel Unternehmensbenchmarks, in eigenen Views angeboten werden, die dieser Einschränkung nicht unterliegen.

12.2.3 Programmieren nach dem Gelbe-Seiten-Prinzip

Ein ganz ähnlicher Vorteil wie die Kapselung der Logik existiert beim Gebrauch von Views noch in anderer Hinsicht: Sollten Sie eine Abfrage erstellt haben, die zwar die richtigen Daten liefert, dies aber nicht so schnell, wie Sie sich das wünschen, können Sie jederzeit einen Kollegen oder externen Dienstleister bitten, sich die Abfrage einmal anzuschauen und eventuell zu beschleunigen. Dieser Kollege kann dann in einer kontrollierten Umgebung solange an der Abfrage arbeiten, bis identische Daten zur Ursprungsview in der vorgegebenen Antwortzeit ermittelt werden. Sie merken bei den Auswertungen, die auf diesen Views aufbauen, nichts von diesen Veränderungen, außer einer erhöhten Performanz. Ganz ähnlich ist das Argument, wenn diese View dann aus Performanzgründen materialisiert werden soll: Bei diesem Verfahren wird die Auswertung, falls das logisch kein Problem darstellt, in verkehrsarmen Zeiten der Datenbank gerechnet und auf Festplatte gespeichert. Wird die View abgefragt, wird statt der Abfrage nun auf die bereits gerechneten Daten zurückgegriffen. Details zu materialisierten Views finden Sie in Abschnitt 12.4, »Materialized View«.

12.2.4 Lösung komplexer Probleme in Teilschritten

Views helfen bei der Lösung komplexer Probleme. Dies erreichen Sie dadurch, dass Sie in einem komplexen Bericht zum Beispiel mit der Integration der Stammdatentabellen beginnen können. Viele Berichte stellen Informationen über Bewegungsdaten mit Daten aus Stammdaten, wie den Kundendaten oder Ähnlichem, in Beziehung. Wenn dann in einer View schon einmal die Interna der Stammdaten gekapselt wurden, können Sie sich in einer zweiten View auf die Zusammenstellung der Bewegungsdaten konzentrieren und im letzten Schritt die Daten beider Teilauswertungen kombinieren. Eng daran angelehnt ist der Vorteil, dass eine View auf die Stammdatentabellen mit relativ hoher Sicherheit auch für andere Berichte wiederverwendet werden kann. Ich erinnere mich an eine Reihe von Abfragen, die sich auf eine Gruppe externer Dienstleister bezog. Diese Dienstleister konnten mehrere Adressen für ihre Niederlassung haben, wobei eine Adresse die Hauptadresse war. Zudem waren viele Tabellen historisierend gestaltet, so dass der Verlauf der Umzüge und die Vertragsverhältnisse über die Zeit nachgezeichnet werden konnten. Für die Auswertungen war das aber im Regelfall irrelevant: Hier zählten die aktuelle Hauptadresse sowie die aktuell gültigen Vertragsverhältnisse. Eine View auf diese Daten konnte einen guten Teil der Komplexität der gesamten Abfrage aufnehmen und zudem gut in vielen Berichten wiederverwendet werden.

Ähnlich ist eine zweite Stoßrichtung dieses Arguments: Sie können Views dafür benutzen, komplexe Abfragen sozusagen vertikal zu vereinfachen. Damit meine ich, dass Sie Teilprobleme einer Abfrage lösen, um auf dem Ergebnis dieser Abfrage weitere Teilprobleme zu lösen usw. Wenn Sie nicht zu tief schachteln, ist dieser Weg zumindest in der Erstellung der Abfrage oftmals ein einfacher Weg, ein komplexes Problem in den Griff zu bekommen. Später dann, wenn die gesamte Abfrage fachlich korrekt arbeitet, können Sie immer noch überlegen, ob Sie einige Views wieder auflösen und die SQL-Anweisungen direkt in die Abfragen schreiben. Doch oftmals ist das Verständnis eines Problems mindestens ebenso schwierig zu erlangen wie die Formulierung in SQL. Dabei hilft dieser Ansatz durchaus.

12.3   Wer sollte Views verwenden?

Jeder, der auch SQL-Abfragen schreibt. Für mich gehören diese beiden Rechte ähnlich eng zusammen, als ob Sie Word-Dokumente erstellen und diese auch auf Festplatte speichern dürfen. Was macht es für einen Sinn, komplexe Anweisungen schreiben zu dürfen, diese aber in lokalen Dateisystemen zu speichern? Dazu sind Datenbanken da. Views fressen kein Brot und erweitern Ihre Rechte nicht unzulässig.

Die interessantere Frage ist vielleicht: Wann sollten Sie Views *nicht* verwenden? Views werden problematisch, wenn die Abfragen exzessiv werden. Vielleicht planen Sie die *One-size-fits-it-all*-View. Eine View, die für alle denkbaren Fragestellungen bereits die Spalten bereithält. Das ist keine gute Idee. Generell und ein bisschen über den Daumen können Sie stets davon ausgehen, dass eine Schere aufklafft zwischen den Anforderungen *generisch verwendbar* und *schnell*. Ausnahmen bestätigen immer die Regel, aber wenn eine View Hunderte Spalten definiert und im Regelfall nur ganz wenige dieser Spalten auch wirklich angezeigt werden, müssen Sie im Hinterkopf behalten, dass alle Tabellen, die Spalten zuliefern, durch die Anfrage auch angesprochen werden, ob deren Spalteninformationen durch Ihre Abfrage nun benötigt werden oder nicht. Übertreiben Sie hier, sind Sie sicher auf dem falschen Weg. Hier sind mehrere kleine Views mit einem Ausschnitt der Daten wohl richtiger. Die andere Richtung wäre die exzessive Schachtelung der Views. Wenn eine View auf einer View auf einer View usw. aufbaut, wird irgendwann ein Punkt erreicht, wo die Datenbank keinen guten Ausführungsplan für diese Abfrage wird errechnen können. Meiner Erfahrung nach sollten Sie nicht über zwei bis drei View-Ebenen hinausgehen. Natürlich hängt das vom Einzelfall ab, aber um ein Gefühl zu bekommen, mag das hinkommen. Besonders schlecht ist, wenn eine View eine andere View referenziert und nicht alle Spalten dieser View benötigt. Dann kann es sein, dass zusätzlich zum Problem der großen Schachtelungstiefe auch noch das erste Problem mit den vielen abgefragten, aber nicht genutzten Spalten hinzukommt. In Summe wird dann bildlich gesprochen die halbe Datenbank befragt, nur um im Endeffekt drei Informationen zu ermitteln. Das ist ebenfalls sicher der falsche Weg.

Ansonsten empfehle ich Views ganz dringend den Anwendungsentwicklern. Views sind ein natürliches Mittel zur Entkoppelung der Schichten einer Anwendung. Warum muss die Änderung einer Spaltenbezeichnung zur Folge haben, dass der gesamte Anwendungscode durchsucht und neu kompiliert und ausgeliefert werden muss? Hier ist der Zugriff über Views viel einfacher und logischer. Natürlich weiß ich, dass heutzutage sehr oft Frameworks zur Entkopplung der Datenbank eingesetzt werden, wie etwa *Hibernate* oder *TopLink*. Doch auch diese Technologien durchbrechen dieses Problem nicht, sie verschieben es nur, denn nun müssen XML-Konfigurationsdateien angepasst werden. Auch hier können Views dazu führen, dass weniger Datenmodelländerungen über die Datenbank hinaus propagiert werden müssen, einfach, weil sich die Spaltenbezeichnung der Views nicht ändern. Ändert sich eine Tabellenspaltenbezeichnung, wird die zugehörige View invalide. Fixen Sie dieses Problem, ohne das Spaltenalias der Spalte zu ändern, wird die aufrufende Umgebung davon nichts erfahren. Zudem haben Views den Vorteil, dass sie einfach und ohne Aufwand lokal in der Datenbank auf fachliche Korrektheit hin geprüft werden können. Das ist sicher ein nicht zu unterschätzender Vorteil.

12.4 Materialized View

Was zunächst klingt wie ein schlechter Einfall aus Raumschiff Enterprise, ist ein Datenbankkonstrukt, dass die Vorteile von Views mit denen eines Indexes und einer Tabelle vereinigt. Eine relativ kleine Änderung am Begriff öffnet eine ganz neue Welt für die Beschleunigung von Anwendungen, Abfragen und Berichten.

12.4.1 Was ist eine Materialized View?

Zunächst einmal ist eine materialized View eine `select`-Abfrage, deren Ergebnis zu einem bestimmten Zeitpunkt berechnet und auf die Festplatte geschrieben wurde. Sie können sich eine materialized View also sozusagen als eine Tabelle auf Basis einer `select`-Abfrage vorstellen. Im Gegensatz zu einer solchen Tabelle hat die materialized View aber eine Reihe von Vorteilen, denn die materialized View kann vereinbaren, zu bestimmten Zeitpunkten aktualisiert zu werden. Das kann entweder eine wiederkehrende Zeit sein, aber auch ein Ereignis, wie etwa, dass sich die Daten der Tabellen, die der materialisierten Sicht zugrunde liegen, ändern. Sie können die Aktualisierung aber auch händisch oder programmtechnisch anfordern und so an beliebige Umstände binden.

Da die Daten der Abfrage zu einem bestimmten Zeitpunkt gerechnet und anschließend gespeichert werden, ist die materialized View also per Definition *nicht stets aktuell*. Das ist natürlich ein Nachteil, muss aber, je nach Situation, gar keiner sein. So ist es zum Beispiel so, dass sich ein Großteil des Berichtswesens nicht auf die aktuelle Situation, sondern auf den Datenbestand von gestern, des letzten Monats oder des abgelaufenen Quartals bezieht. In einem solchen Zusammenhang ist es natürlich kein Problem, wenn die letzten Nanosekunden fehlen. Auf der Habenseite der *MV* (*Materialized View* – ich habe den Begriff nun, glaube ich, oft genug geschrieben) steht dabei ein äußerst gewichtiges Argument: Da sich die Berichtsabfrage nun nicht auf die sich in ständiger Änderung befindlichen Produktionstabelle bezieht, sondern zumindest in Teilen auf die MV, entsteht kein Konflikt zwischen dem Lesezugriff und den Transaktionen der Tabellen, wie ich das bereits beschrieben habe.

Kenner der Materie werden mich nun eher aus dem Bereich der transaktionsorientierten Datenbanken kommend verorten. Im Gegensatz dazu standen ja die Datenwarenhäuser, die als Entscheidungssystem für ein komplexes Berichtswesen dienen. Streng genommen haben die MV in diesem Umfeld ihre originäre Heimat, und zwar als transparente Beschleunigungsmöglichkeit für komplexe Berichte. Das geht so: Stellen Sie sich vor, auf Basis von Millionen von Einzelbuchungen müsste ein Quartalsbericht erstellt werden. Dieser Bericht rechnet, sagen wir, fünf Stunden. Diese Zeit soll reduziert werden. Nun könnten wir uns vorstellen, dass wir die Zahlen auf Monatsebene in einer MV vorberechnen. Diese MV dient dann auch dem schnellen Berechnen eines Quartalsberichts. Der Clou: Die `select`-Abfrage bezieht sich gar nicht auf die MV, die ist sozusagen »stillschweigend« von einem Administrator eingerichtet worden. Die Datenbank kann nun, wenn man ihr das erlaubt, die eigentliche `select`-Abfrage, die den Monatsbericht berechnet, umschreiben und Teile durch die MV beantworten, die sie ja bereits vorgerechnet hat. Besser noch: Da das Datenwarenhaus so clever war, in einer Tabelle zu beschreiben, welche Monate zu einem Quartal gehören, kann die Datenbank bei der Beantwortung der Frage nach dem Quartalsbericht die MV mit den Monatsaggregaten heranziehen, indem sie »einfach« die passenden Monate auswählt und die vorberechneten Werte auf das Quartal aggregiert.

Das mag sich alles eher wie Zauberei anhören, doch wird dies tatsächlich so gemacht. Allerdings: Nicht in einem Einsteigerbuch zu SQL. Diese Funktionen sind so abgefahren, dass sie erst wirklich verständlich werden, wenn Sie längere Zeit mit solchen

Datenbanksystemen gearbeitet haben. Zudem wird, glaube ich, bereits hier offensichtlich, dass diese Verwendung nur funktioniert, wenn die MV absolut passgenau für eine konkrete Problemstellung entwickelt und getestet wurden. Eine einfache Lösung ist das in aller Regel nicht, aber eine sehr leistungsfähige.

Eine MV stellt also eine Art Tabelle dar, die Daten anderer Tabellen für das Berichtswesen oder andere Zwecke bereithält. Nun könnten Sie sich vorstellen, dass wir diesen Zweck auch erreichen könnten, indem wir eine Tabelle bereitstellen und mit Hilfe einer `select`-Abfrage in regelmäßigen Abständen mit Daten füllen. Welchen Vorteil sollte dann eine MV gegenüber einer solchen Tabelle haben? Am Ende, soviel ist klar, ist eine Tabelle eine Tabelle. Ob Sie diese händisch oder mit Hilfe der Automatismen einer MV mit Daten gefüllt haben, ist letztlich für die Benutzung der Tabelle uninteressant. Aber: Zum einen bietet die MV eine Reihe weitergehender Optionen (zum Beispiel das inkrementelle Aktualisieren, bei dem lediglich die seit der letzten Aktualisierung geänderten Daten aktualisiert werden), doch wiegt zum anderen mindestens ebenso schwer: Die MV dokumentiert, welche Daten in ihr enthalten sind, denn die `select`-Abfrage, die für die Datengewinnung benötigt wird, ist Teil der Definition der MV. Zudem sind alle nötigen Programmierarbeiten, um die Daten zu aktualisieren, bereits erledigt. Tom Kyte hat diesen Vorteil einmal so umschrieben:

> »also, die internen, optimierten Trigger in C, die Oracle geschrieben hat, sind also langsamer und verbrauchen mehr Ressourcen als der interpretierte, in PL/SQL geschriebene Code, den Sie entwickelt haben? Cool ...«

Es kommt hinzu, dass dieser Code bereits getestet und millionenfach eingesetzt wurde. Zudem können MV wie ein Index dazu herangezogen werden, andere Abfragen zu beschleunigen, ohne dass dies explizit programmiert werden müsste. All dies sollte Sie davon überzeugen: MVs existieren mit guter Begründung. Sie stellen keine allein selig machende Lösung dar, sind aber ein wichtiges Werkzeug in Ihrem SQL-Werkzeugkasten.

12.4.2   Erstellung von materialisierten Sichten

Lassen Sie uns etwas konkreter werden. Wie wird die Aktualisierung von MVs gesteuert, welche Optionen bieten sich hier? Zunächst einmal müssen wir ein neues Element kennenlernen, und zwar den sogenannten JOB. Ein JOB in der Datenbank ist ein Programm, das zu einer bestimmten Zeit ausgeführt wird, ähnlich einem `cron`-Job in UNIX oder einem `at`-Job in Windows. Zu einem Job gehören also eine Aktion, die ausgeführt werden soll, und eine Angabe über die Zeit, zu der die Aktion ausgeführt werden soll. Jobs in einer Oracle-Datenbank können wiederkehrend ausgeführt werden. Die Zeit, zu der dies passiert, wird über eine Datumsberechnung ermittelt. Was passieren soll, ist bei einer materialisierten Sicht relativ einfach zu beschreiben: Sie soll aktualisiert (`refresh`) werden. Dazu stellt die Datenbank ein vorgefertigtes Programm zur

Verfügung. Dieses Programm befindet sich in einem *Package*, das eine Sammlung von Programmen zu einem Thema darstellt. Konkret benötigen wir das Package dbms_ refresh und daraus das Programm refresh. Dies als Hintergrundinformation. Wenn wir nun eine Materialized View erstellen möchten, benötigen wir beinahe die gleichen Klauseln wie zum Erstellen einer normalen View, allerdings werden wir einige Optionen kennenlernen, die für die Aktualisierung der View von Belang sind. Aus dem eher komplexen Umfeld, in dem diese MVs verwendet werden, resultieren auch einige sehr spezielle Optionen. Diese werde ich mir und Ihnen hier ersparen, ebenso wie eine in die Tiefe gehende Diskussion über die logischen Grenzen inkrementeller Datenaktualisierung, ich denke, es ist auch so schon schwer genug.

Ein einfaches Beispiel

Stellen wir uns zunächst eine einfache Aufgabe. Diese soll darin bestehen, lediglich eine der Views, die wir bereits kennengelernt haben, als MV zu definieren. Wir möchten, dass sich die Daten der MV jeweils um 01:00 Uhr aktualisieren, damit wir am nächsten Morgen einen aktuellen Datenbestand vorfinden. Wir verwenden das einfachste Aktualisierungsmodell, das da heißt: Alles Alte weg, mach neu!

```
SQL> create materialized view emp_mv
  2  refresh complete on demand
  3  start with sysdate
  4  next trunc(sysdate) + interval '1 1' day to hour
  5  as
  6  select e.ename mitarbeiter,
  7         d.dname abteilung,
  8         m.ename manager,
  9         e.job beruf,
 10         s.grade gehaltsstufe
 11    from emp e
 12    join dept d on e.deptno = d.deptno
 13    left join emp m on e.mgr = m.empno
 14    join salgrade s
 15      on e.sal between s.losal and s.hisal;

Materialized View wurde erstellt.
```

Listing 12.12 Erstellung einer materialisierten Sicht

Von hinten her gesehen ist alles ganz bekannt, dort gibt es eine SQL-Abfrage, die die Daten bereitstellt. Zu Beginn der Anweisung fällt auf, dass keine Klausel or replace verwendet wurde. Das geht auch nicht, denn Objekte, die physikalisch auf die Platte geschrieben werden, können mit replace nicht ersetzt werden. Dann – klar – möchten wir eine materialized view erstellen, der wir auch einen Namen vergeben. Das Spannende kommt danach:

Mit der Klausel refresh complete on demand legen wir fest, dass diese MV bei der Aktualisierung komplett gelöscht und neu beschrieben werden soll. Zudem sagen wir, dass dies auf unser Verlangen hin geschehen soll (und nicht etwa, weil eine Transaktion die *Basistabellen*, also die in der select-Abfrage der MV verwendeten Tabellen, der MV verändert hat). Dann legen wir fest, dass wir möchten, dass die MV sofort gerechnet wird (start with sysdate) und dann jeweils am Folgetag um 01:00 Uhr aktualisiert werden soll. (Sagen Sie bloß, Sie müssten die Rechenregeln für Datumsangaben noch einmal nachschlagen?). Wie Sie sehen, hat die Anlage funktioniert. Das muss nicht so sein, insbesondere dann nicht, wenn Sie den Standardbenutzer SCOTT unverändert übernommen haben. Diesem Benutzer fehlt das Recht create materialized view, daher dürfte dies bei Ihnen nicht ohne unser Einrichtungsskript aus dem Einführungskapitel gelingen.

Nachdem die MV nun angelegt ist, sollten wir uns überzeugen, dass wir tatsächlich die MV zur Beantwortung unserer Abfrage heranziehen und nicht etwa die Basistabellen wie bei einer entsprechenden View. Das können wir relativ leicht tun, denn die select-Abfrage ist die gleiche wie bei der View EMP_VW. Ein Vergleich der beiden Anfragen sollte also zeigen, was passiert:

```
SQL> set autotrace on
SQL> select mitarbeiter, abteilung
  2      from emp_mv;

MITARBEITE ABTEILUNG
---------- --------------
KING       ACCOUNTING
FORD       RESEARCH
SCOTT      RESEARCH
...
14 Zeilen ausgewählt.

Ausführungsplan
------------------------------------------------------------
Plan hash value: 2967684236
------------------------------------------------------------

| Id  | Operation            | Name    | Rows
------------------------------------------------------------
|   0 | SELECT STATEMENT     |         |    14
|   1 |   MAT_VIEW ACCESS FULL| EMP_MV |    14
------------------------------------------------------------
```

```
Note
-----
    - dynamic sampling used for this statement (level=2)
```

SQL> select mitarbeiter, abteilung
** 2   from emp_vw;**

```
MITARBEITE ABTEILUNG
---------- --------------
KING       ACCOUNTING
FORD       RESEARCH
SCOTT      RESEARCH
...
14 Zeilen ausgewählt.


Ausführungsplan
-----------------------------------------------------------
Plan hash value: 2614604844
-----------------------------------------------------------
| Id | Operation                       | Name     | Rows |
-----------------------------------------------------------
|  0 | SELECT STATEMENT                |          |  42  |
|  1 |  MERGE JOIN                     |          |  42  |
|  2 |   SORT JOIN                     |          |  14  |
|  3 |    MERGE JOIN                   |          |  14  |
|  4 |     TABLE ACCESS BY INDEX ROWID | DEPT     |   4  |
|  5 |      INDEX FULL SCAN            | PK_DEPT  |   4  |
|* 6 |     SORT JOIN                   |          |  14  |
|  7 |      TABLE ACCESS FULL          | EMP      |  14  |
|* 8 |   FILTER                        |          |      |
|* 9 |    SORT JOIN                    |          |   5  |
| 10 |     TABLE ACCESS FULL           | SALGRADE |   5  |
-----------------------------------------------------------

Predicate Information (identified by operation id):
---------------------------------------------------
   6 - access("E"."DEPTNO"="D"."DEPTNO")
       filter("E"."DEPTNO"="D"."DEPTNO")
   8 - filter("E"."SAL"<="S"."HISAL")
   9 - access(INTERNAL_FUNCTION("E"."SAL")>=
              INTERNAL_FUNCTION("S"."LOSAL"))
       filter(INTERNAL_FUNCTION("E"."SAL")>=
         INTERNAL_FUNCTION("S"."LOSAL"))
```

Listing 12.13 Vergleich der Ausführungspläne

Der Unterschied ist offensichtlich: Die erste Auswertung hatte wenig mehr zu tun, als einen *Full Table Scan* auf die MV zu ermöglichen, wohingegen die zweite Auswertung über alle beteiligten Tabellen gehen musste. Hier ist die höhere Aktualität der zweiten Auswertung mit einem relativ hohen Aufwand erkauft, der bei der MV zumindest nicht in Form von Rechenzeit und eventuellen Problemen mit der Lesekonsistenz anfällt, wohl aber natürlich mit einem erhöhten Festplattenplatzverbrauch und einer gröber granulierten Aktualität der Abfrage. In einer Anwendung, die von vielen Benutzern lesend verwendet wird, nutze ich solche MVs auch dafür, die Aktualisierung der MV lediglich alle fünf Minuten durchzuführen und die Lesezugriffe auf die MV umzuleiten. Oft ist diese zeitliche Granularität absolut vertretbar und erspart der Datenbank eine häufige, komplexe select-Abfrage.

Optionen für die Aktualisierung

Die Aktualisierung der MV kann zunächst einmal vollständig (complete) oder inkrementell (fast) sein. Bei der inkrementellen Aktualisierung werden lediglich die Daten, die sich seit dem letzten Mal geändert haben, neu hinzugefügt bzw. geändert oder gelöscht. Natürlich ist bei großen MV diese Option hochgradig charmant und wird daher nach Möglichkeit auch angestrebt. Allerdings müssen dabei komplexe Probleme aus dem Weg geräumt werden, von denen ich einige im weiteren Verlauf skizzieren werde. Dann kann die Aktualisierung zeitlich auf Verlangen (on demand) oder aber durch eine Transaktion auf eine der Tabellen der SQL-Abfrage (on commit) gestartet werden. Gerade die zweite Option ist natürlich wiederum sehr interessant, birgt aber auch komplexe Probleme, deren Lösung man sich erst zutrauen sollte, wenn man das Problem komplett verstanden hat.

Zunächst einmal zu den Voraussetzungen für ein inkrementelles Refresh der MV. Das Problem ist komplex, denn es muss auf irgendeine Weise ermittelt werden, welche Zeilen einer Tabelle sich im Vergleich zum letzten Lesezeitpunkt verändert haben. Dafür stehen bei Oracle eine Reihe verschiedener Technologien zur Verfügung, doch wird im Zusammenhang mit der MV ein sogenanntes *Materialized View Log* eingesetzt. Dieses Log ist ein kleines Datenbankobjekt, in dem die Datenbank die Veränderungen einer Tabelle protokolliert. Benötigt eine MV Daten aus mehreren Basistabellen und soll eine inkrementelle Aktualisierung erreicht werden, muss für jede Basistabelle ein solches MV-Log erstellt werden. Die verschiedenen MVs, die sich auf diese Tabelle beziehen, registrieren in dem MV-Log ihr Interesse an diesen Daten. Erst, wenn die letzte MV ältere Einträge dieses MV-Logs gelesen hat, können diese entfernt werden. Nebenbei: Seien Sie froh, dass Oracle dieses Problem bereits gelöst hat. Das Erkennen einer Änderung einer Tabelle ist alles andere als trivial, denken Sie nur an die Probleme der Lesekonsistenz, die dazu führt, dass Sie gewisse Datenänderungen zu einem gegebenen Zeitpunkt nicht sehen können etc. Wir können mit unserer Beispiel-MV versuchen, zu einer inkrementell aktualisierenden MV zu kommen, aber selbst dieses einfache Beispiel muss ich mir für später aufheben, denn es ist unerwartet komplex. Einfacher lässt sich die inkrementelle Aktualisierung an einem überschaubareren Beispiel demonstrieren: der View auf die Abteilung 20. Zunächst richten wir ein MV-Log auf die Tabelle EMP ein, dann kann die MV erstellt werden:

```
SQL> set autotrace off
SQL>   create materialized view log on emp
  2    with primary key;
Log von Materialized View wurde erstellt.


SQL> create materialized view emp_dept_20_mv
  2  refresh fast on commit
  3  as
  4  select empno, ename, job, sal, hiredate, deptno
  5    from emp
  6   where deptno = 20;
Materialized View wurde erstellt.
```

Listing 12.14 Erstellung einer inkrementell aktualisierbaren MV

Bei der Einrichtung des MV-Logs haben wir angegeben, dass wir in jedem Fall den Primärschlüssel der Tabelle EMP mitspeichern möchten. Dies ist die Voraussetzung für die Zuordnung der Zeilen untereinander. Alternativ wäre auch die rowid möglich gewesen, falls zum Beispiel kein Primärschlüssel vorhanden ist oder aber die Datenbank das Vorhandensein der rowid fordert. In einem so einfachen Szenario gelingt die Einrichtung der MV als refresh fast on commit. Wir können uns aber problemlos vorstellen, dass dies ganz anders aussieht, wenn unsere MV Gruppenfunktionen oder Joins auf mehrere Tabellen enthält. Wir haben dann ein ähnliches Problem wie bei der Aktualisierung von Views mit einfachen und komplexen MVs. Doch schon in dieser einfachen Form bieten sich interessante Optionen. Zuvor müssen wir noch prüfen, ob auch alles funktioniert. Lassen Sie uns dazu einen neuen Mitarbeiter in Abteilung 20 aufnehmen und direkt im Anschluss sehen, ob dieser auch in der MV enthalten ist:

```
SQL> insert into emp (empno, ename, job, deptno)
  2  values (8100, 'MEYER', 'ANALYST', 20);


1 Zeile wurde erstellt.
SQL> commit;


Transaktion mit COMMIT abgeschlossen.


SQL> select *
  2    from emp_dept_20_mv;
```

EMPNO	ENAME	JOB	SAL	HIREDATE	DEPTNO
7369	SMITH	CLERK	800	17.12.80	20
7566	JONES	MANAGER	2975	02.04.81	20
7788	SCOTT	ANALYST	3000	19.04.87	20
7876	ADAMS	CLERK	1100	23.05.87	20
7902	FORD	ANALYST	3000	03.12.81	20
8100	**MEYER**	**ANALYST**			**20**

6 Zeilen ausgewählt.

Listing 12.15 Nachweis: Die MV funktioniert!

Zurück zu den Optionen: Bereits mit dieser einfachen Funktion können wir nun eine MV erzeugen, die zum Beispiel nur die Fehlerdaten der letzten sieben Tage einer anderen Tabelle enthält. Kommen neue Fehler hinzu, werden diese direkt auch in die MV eingefügt. Da diese Aktion im Rahmen der gleichen Transaktionsklammer wie das Einfügen des Datensatzes in der Ursprungstabelle erfolgt, haben wir absolut aktuelle Daten in der MV. Wir können bei der Auswertung der Daten dennoch nicht davon ausgehen, die Transaktionen der Ursprungstabelle nicht negativ zu beeinflussen, weil wir hoffen, dass unser Lesezugriff kein Problem für das Einfügen fehlerfreier Daten in der Ursprungstabelle darstellt, denn wenn Fehlerdaten in die MV geschrieben werden, konkurrieren die neuen Fehlerdaten, die nun ja auch auf die MV geschrieben werden, mit den select-Abfragen auf die MV. Zudem verteuern wir das Einfügen eines Fehlers in die Basistabelle durch das zusätzliche Aktualisieren der MV.

Erweitern wir unser Beispiel und versuchen, auch die View EMP_VW inkrementell zu aktualisieren. Das Problem, das wir nun vor uns haben, ist leicht zu verstehen: Dadurch, dass die View Daten aus mehreren Tabellen integriert, ist nicht mehr klar, welche Konsequenzen das Ändern einer Zeile einer Tabelle auf die Daten der MV hat, denn die Herkunft der einzelnen Zeilen ist nur dann einwandfrei sicherzustellen, wenn entweder die Primärschlüssel oder aber die rowid aller beteiligten Tabellen vorhanden sind. Denn nur mit dieser Information kann die Datenbank genau ermitteln, welche Teilinformationen der MV aus welcher Zeile der beteiligten Tabellen stammen. Dieses Wissen ist jedoch Voraussetzung für eine inkrementelle Aktualisierung. Das ist kein Problem beim refresh complete, denn dort wird ja alles verworfen und durch eine neue Version der Daten ersetzt.

So einfach die Problemstellung grundsätzlich zu verstehen ist, so komplex kann je nach konkreter Abfrage die Lösung dieses Problems sein. Hilfreich ist hierbei ein mitgeliefertes Programm der Oracle-Datenbank, dass uns – ähnlich wie die View USER_ UPDATABLE_COLUMNS – erläutert, ob eine MV inkrementell aktualisierbar ist, und, falls nicht, warum dies nicht möglich ist. Lassen Sie uns also damit beginnen, uns zunächst erklären zu lassen, warum die Abfrage der View EMP_VW ohne Änderung nicht inkrementell aktualisierbar ist. Als Voraussetzung benötigen wir nun die Tabelle MV_CAPABILITIES_TABLE, die Sie durch das Skript UTLXMV.SQL anlegen lassen können, wie in Abschnitt 2.1, »Aufsetzen einer Beispieldatenbank«, beschrieben. Das Programm, das uns die Möglichkeiten einer MV erläutert, ist in dem Package dbms_mv enthalten. Wie immer erkennen Sie an dem Präfix dbms_, dass es sich bei diesem Package um ein von Oracle erstelltes Package für die Arbeit am *Database Management System (dbms)*, also an der Datenbank, handelt. Innerhalb dieses Packages heißt die Prozedur passenderweise explain_mview. Im Gegensatz zu den anderen Aufrufen der Packages, die wir bislang gesehen haben, ist dies jedoch keine Funktion, die aus SQL heraus aufgerufen werden könnte, sondern eine sogenannte Prozedur, die irgendetwas tut, aber keine Daten an die aufrufende Umgebung zurückliefert, zumindest nicht als Rückgabewert, wie das bei einer Funktion der Fall ist. Eine Prozedur wird durch die SQL-Anweisung call aufgerufen und füllt für uns lediglich die vorher angelegte Tabelle MV_CAPABILITIES_TABLE, die wir anschließend abfragen können. Wie wir aber bereits wissen, benötigen die Tabellen EMP, DEPT und SALGRADE jeweils ein MV-Log, damit wir überhaupt wissen, welche Zeilen der Ausgangstabelle sich geändert haben. Bei Tabelle DEPT ist das kein Problem, dort können wir das MV-Log ebenso erstellen wie bei Tabelle EMP, wo es ja bereits existiert, denn beide Tabellen haben einen Primärschlüssel. Tabelle SALGRADE hat jedoch keinen Primärschlüssel, daher müssen wir hier die Option wählen, ersatzweise die rowid zu verwenden. Die Anweisungen sehen also aus wie folgt:

```
SQL> create materialized view log on dept
  2    with primary key;
Log von Materialized View wurde erstellt.


SQL> create materialized view log on salgrade
  2    with rowid;
Log von Materialized View wurde erstellt.
```

Listing 12.16 Anweisungen zur Erzeugung der MV-Logs

Als Nächstes können wir uns nun die geplante MV erläutern lassen. Ich habe für diese MV die herkömmliche Schreibweise gewählt, weil das Package mit der ANSI-Schreibweise der Joins größere Schwierigkeiten hat. Zudem habe ich, weil ich das Problem der Zuordnung der Zeilen der View zu den Ausgangstabellen vorausahne, bereits die Primärschlüsselspalten EMPNO und DEPTNO mit in die Abfrage aufgenommen:

```
SQL> call dbms_mview.explain_mview(
  2    'select e.empno, e.ename mitarbeiter,
  3           d.deptno, d.dname abteilung,
  4           m.ename manager,
```

```
 5            e.job beruf,
 6            s.grade gehaltsstufe
 7     from emp e, emp m, dept d, salgrade s
 8    where e.deptno = d.deptno
 9      and e.mgr = m.empno (+)
10      and e.sal between s.losal and s.hisal');
```
Aufruf wurde abgeschlossen.

```
SQL> select capability_name, possible,
  2          related_text, msgtxt
  3    from mv_capabilities_table
  4   where capability_name not like 'PCT%'
  5   order by seq;
CAPABILITY_NAME               P RELATED_TE MSGTXT
----------------------------- - ---------- --------------------

REFRESH_COMPLETE              Y
REFRESH_FAST                  N
REWRITE                       Y
REFRESH_FAST_AFTER_INSERT     N S          Die SELECT-Liste
                                           verfügt nicht über
                                           die Row-IDs von allen
                                           Detail-Tabellen
REFRESH_FAST_AFTER_INSERT     N SCOTT.DEPT MV-Log muss
                                           ROWID aufweisen
REFRESH_FAST_AFTER_INSERT     N SCOTT.EMP  MV-Log muss
                                           ROWID aufweisen
REFRESH_FAST_AFTER_ONETAB_DML N            Siehe Grund, warum
                                           REFRESH_FAST_AFTER_
                                           INSERT deaktiviert ist
REFRESH_FAST_AFTER_ANY_DML    N            Siehe Grund, warum
                                           T_AFTER_ONETAB_DML
                                           deaktiviert ist

REWRITE_FULL_TEXT_MATCH       Y
REWRITE_FULL_TEXT_MATCH       Y
REWRITE_PARTIAL_TEXT_MATCH    Y
REWRITE_PARTIAL_TEXT_MATCH    Y
REWRITE_GENERAL               Y
REWRITE_GENERAL               Y

11 Zeilen ausgewählt.
```

Listing 12.17 Eine erste Analyse der geplanten MV

Die Abfrage auf diese Tabelle filtert einige Daten heraus, die für uns nicht von Interesse sind. Diese Optionen beschäftigen sich mit partitionierten Tabellen, einer speziellen Speicherform, die für sehr große Tabellen verwendet wird. Wenn wir die verbleibenden Zeilen durchsehen, wird klar, dass unsere erste Annahme, die MV-Logs seien mit Primärschlüsseln ausreichend ausgestattet, offensichtlich nicht stimmt. Die Datenbank fordert, dass auch dort rowid verwendet werden sollen. Bauen wir diese also zunächst um:

```
SQL> drop materialized view log on emp;
Log von Materialized View wurde gelöscht.

SQL> drop materialized view log on dept;
Log von Materialized View wurde gelöscht.

SQL> create materialized view log on emp
  2    with primary key, rowid;
Log von Materialized View wurde erstellt.

SQL> create materialized view log on dept
  2    with primary key, rowid;
Log von Materialized View wurde erstellt.
```

Listing 12.18 Neuanlage der MV-Logs für die Tabellen EMP und DEPT

Also lassen Sie uns nun sehen, welche Auswirkung dies hatte:

```
SQL> delete mv_capabilities_table;
11 Zeilen wurden gelöscht.

SQL> call dbms_mview.explain_mview(
  2  'select e.empno, e.ename mitarbeiter,
  3         d.deptno, d.dname abteilung,
  4         m.ename manager,
  5         e.job beruf,
  6         s.grade gehaltsstufe
  7    from emp e, emp m, dept d, salgrade s
  8   where e.deptno = d.deptno
  9     and e.mgr = m.empno (+)
 10     and e.sal between s.losal and s.hisal');
Aufruf wurde abgeschlossen.

SQL> select capability_name, possible,
  2         related_text, msgtxt
  3    from mv_capabilities_table
```

```
4    where capability_name not like 'PCT%'
5    order by seq;
```

```
CAPABILITY_NAME               P RELATED_TE MSGTXT
----------------------------- - ---------- --------------------
REFRESH_COMPLETE              Y
REFRESH_FAST                  N
REWRITE                       Y
REFRESH_FAST_AFTER_INSERT     N S          Die SELECT-Liste
                                           verfügt nicht über die
                                           Row-IDs von allen
                                           Detail-Tabellen
REFRESH_FAST_AFTER_ONETAB_DML N            Siehe Grund, warum
                                           REFRESH_FAST_AFTER_
                                           INSERT deaktiviert ist
REFRESH_FAST_AFTER_ANY_DML    N            Siehe Grund, warum
                                           REFRESH_FAST_AFTER_ONE
                                           _TAB_DML deaktiviert
                                           ist
REWRITE_FULL_TEXT_MATCH       Y
REWRITE_PARTIAL_TEXT_MATCH    Y
REWRITE_GENERAL               Y

9 Zeilen ausgewählt.
```

Listing 12.19 Zweiter Versuch: Nun fehlen Spalten.

Nun fordert die Datenbank, dass statt der Primärschlüssel die rowid der beteiligten Zeilen in die View mit aufgenommen werden sollen. Also gut, machen wir auch dies:

```
SQL> delete mv_capabilities_table;
11 Zeilen wurden gelöscht.
```

```
SQL> call dbms_mview.explain_mview(
   2  'select e.rowid e_rowid, e.ename mitarbeiter,
   3         d.rowid d_rowid, d.dname abteilung,
   4         m.rowid m_rowid, m.ename manager,
   5         e.job beruf,
   6         s.rowid s_rowid, s.grade gehaltsstufe
   7    from emp e, emp m, dept d, salgrade s
   8   where e.deptno = d.deptno
   9     and e.mgr = m.empno (+)
  10     and e.sal between s.losal and s.hisal');
Aufruf wurde abgeschlossen.
```

```
SQL> select capability_name, possible,
  2          related_text, msgtxt
  3    from mv_capabilities_table
  4    where capability_name not like 'PCT%'
  5    order by seq;


CAPABILITY_NAME                   P RELATED_TE MSGTXT
------------------------------- - ---------- ---------------
REFRESH_COMPLETE                  Y
REFRESH_FAST                      Y
REWRITE                           Y
REFRESH_FAST_AFTER_INSERT         Y
REFRESH_FAST_AFTER_ONETAB_DML     Y
REFRESH_FAST_AFTER_ANY_DML        Y
REWRITE_FULL_TEXT_MATCH           Y
REWRITE_PARTIAL_TEXT_MATCH        Y
REWRITE_GENERAL                   Y

9 Zeilen ausgewählt.
```

Listing 12.20 Weitere Änderung: Nun klappt's auch mit dem Nachbarn …

Nun scheint die Datenbank zufrieden zu sein. Beachten Sie bitte, dass wir für beide Aliase auf die Tabelle EMP jeweils die rowid mitschleppen müssen. Das ist auch logisch, denn der Manager eines Mitarbeiters hat ja eine andere rowid als der Mitarbeiter selbst. Zudem müssen die rowid-Spalten selbstverständlich ein Spaltenalias erhalten, denn ansonsten wären die Spaltenbezeichner zum einen mehrfach vorhanden, zum anderen ist der Bezeichner rowid nicht erlaubt, weil es sich um ein geschütztes Wort in (Oracle-) SQL handelt. Nachdem wir nun die Anforderungen der Datenbank erfüllt haben, können wir die MV mit dieser Anweisung auch anlegen:

```
SQL> drop materialized view emp_mv;
Materialized View wurde gelöscht.

SQL> create materialized view emp_mv
  2  refresh fast on commit
  3  as
  4  select e.rowid e_rowid, e.ename mitarbeiter,
  5         d.rowid d_rowid, d.dname abteilung,
  6         m.rowid m_rowid, m.ename manager,
  7         e.job beruf,
  8         s.rowid s_rowid, s.grade gehaltsstufe
  9    from emp e, emp m, dept d, salgrade s
 10    where e.deptno = d.deptno
```

```
11      and e.mgr = m.empno (+)
12      and e.sal between s.losal and s.hisal;
```

Materialized View wurde erstellt.

Listing 12.21 Nach der ganzen Arbeit: Erzeugung der MV

Vergessen Sie bitte nicht, die ältere Version der EMP_MV (refresh complete on demand) zu löschen und durch die neue Version zu ersetzen. Etwas unschön ist nun, dass die MV all diese rowid enthält. Um dieses Problem elegant zu umschiffen, können wir nun unsere ursprüngliche View EMP_VW auf die MV umleiten:

```
SQL> create or replace view emp_vw as
  2    select mitarbeiter, abteilung, manager,
  3           beruf, gehaltsstufe
  4    from emp_mv;
View wurde erstellt.
```

Listing 12.22 Umgearbeitete View EMP_VW

Nun haben wir den Vorteil der MV und keinen Nachteil durch Spalten, die uns eigentlich nicht interessieren. Ich erinnere mich daran, eine solche MV einmal verwendet zu haben, um folgendes Problem zu lösen: Ein Bericht hatte Daten aus insgesamt 13 Tabellen zusammengestellt. Der Optimizer hatte echte Probleme, einen guten Ausführungsplan zu finden. Die Folge: Die Ausführungszeit ging in Richtung 5 Minuten. Bei der Analyse der Auswertung viel auf, dass sieben Tabellen dafür zuständig waren, Stammdaten für den Bericht aufzuarbeiten. Diese Stammdaten ändern sich zwar, aber selten. Daher habe ich mich entschlossen, diese sieben Tabellen in einer MV zusammenzufassen und als refresh fast on commit zu vereinbaren. Das hat zwar etwas Mühe gekostet, weil auch hier einige Voraussetzungen erfüllt werden mussten, um die komplexe Abfrage dynamisch aktualisierbar zu machen, doch war das Ergebnis die Mühe wert: Die Abfrage konnte nun, um die MV erweitert, in weniger als 1 Sekunde erledigt werden.

Ähnliche logische Probleme erwarten Sie, wenn Sie Gruppenfunktionen in der Abfrage verwenden. Auch das ist verständlich: Wie ändert sich der Durchschnittswert der Gehälter einer Abteilung, wenn ein Mitarbeiter dieser Abteilung 100 Taler mehr verdient? Das können wir nur abschätzen, wenn wir wissen, wie viele Mitarbeiter in dieser Abteilung arbeiten und wie hoch die Summe der Gehälter ist. Es kann also sein, dass wir, um eine solche Abfrage inkrementell aktualisieren zu können, weitere Gruppenfunktionen wie count(*) oder sum(sal) mitführen müssen, obwohl diese für die eigentliche Abfrage nicht benötigt werden. Eine erschöpfende Diskussion der logischen Abhängigkeiten der Gruppenfunktionen führt hier aber zu weit, dazu möchte ich gern auf die Online-Dokumentation verweisen. Nähere Angaben zu

12

MVs und den damit zusammenhängenden Problemen finden Sie in einem sehr guten (aber auch englischsprachigen) PDF von Oracle: dem *Data Warehousing Guide*. In Version 11.2 finden Sie in den Kapitel 10 und 11 mehr als genug Informationen zum Anlegen einfacher und komplexer MVs.

12.4.3   Grenzen der Aktualisierung

Als letzten Abschnitt dieses Kapitels möchte ich Ihnen gern noch einige Fallstricke aufzeigen, die mit MVs verbunden sind. Die meisten dieser Fallstricke beziehen sich auf die vielleicht interessanteste Variante, die inkrementelle Aktualisierungsvariante. MVs werden häufig eingesetzt, um Daten zwischen Datenbanken zu *replizieren* (mit diesem Ausdruck wird die mehrfache, synchronisierte Speicherung von Daten an mehreren Stellen bezeichnet). Stellen Sie sich zum Beispiel vor, dass eine Produktionsdatenbank Teile der Daten in eine Berichtsdatenbank replizieren soll. Hierfür wären MVs wie geschaffen. Insbesondere wäre natürlich die schnelle, inkrementelle Replikation in diesem Zusammenhang sehr hübsch. Doch Achtung: Technisch gesehen, ist die Replikation von Daten auf eine zweite Datenbank innerhalb einer Transaktion eine sogenannte *verteilte Transaktion*. Vereinfacht gesagt, eine der beiden Datenbanken hat den Hut auf und leitet die Transaktion. Wenn die Daten in beide Datenbanken geschrieben wurden, fragt nun die leitende Datenbank, ob eine Bestätigung der Transaktion mit `commit` in Ordnung sei. Schön, wenn die zweite Datenbank nun zustimmt. Nicht schön, falls nicht! Wenn also zum Beispiel die zweite Datenbank aufgrund irgendeines Problems (Netzwerkproblem, die Datenbank ist nicht verfügbar, Windows ist installiert ... ;-) nicht antwortet, steht die Transaktion still und damit auch die Anwendung, die die Daten schreiben möchte. Solche Dinge möchten Sie in Produktionsumgebungen nicht erleben. Daher sollten Sie an diese eigentlich verlockende Variante mit großer Vorsicht gehen. Unproblematischer erscheint, wenn die Transaktion innerhalb der gleichen Datenbank abläuft, aber auch hier lauern Gefahren, zum Beispiel die, dass die MV physikalisch keinen weiteren Speicher anfordern kann oder Ähnliches. Zudem müssen Sie berücksichtigen, dass Arbeiten, die durchgeführt werden, immer länger dauern, als Arbeiten, die nicht durchgeführt werden. Im Klartext: Die Einbindung einer MV in einen Transaktionsablauf bedeutet immer auch zusätzliche Arbeit für die Datenbank. Spürbare Arbeit, die, je nach Zusammenhang, einen solchen Ansatz von vornherein zum Scheitern verurteilen kann.

Dann müssen Sie sich selbstverständlich noch vor einer anderen Gefahr hüten, nämlich vor dem Problem, nach dem Kauf eines Hammers nun jedes Problem für einen Nagel zu halten. MVs sind nur *eine* Strategie zur Datenreplikation. Oracle verfügt für diesen Zweck über eine ganze Reihe von Strategien, die zum Teil unter dem Begriff *Advanced Replication* zusammengefasst, je nach Einsatzzweck aber auch aus dem

Bereich *Data Guard* abgedeckt werden können. In diesem Zusammenhang werden MVs auch aktualisierbar, es ist also möglich, eine MV mit Daten aus einer Datenbanktabelle zu füllen, die Daten dann zu ändern und die geänderten Daten wieder in die Ursprungstabelle zu integrieren. Ich möchte diese Diskussion nicht weiterführen, da sie sehr weit in den Bereich der Datenbankadministration reicht, doch stehen für ein gegebenes Problem meistens viele Technologien bereit und die schlechteste Grundlage für eine informierte Entscheidung ist, nicht informiert zu sein. Daher sollten komplexe Probleme erst nach eingehender Beratung mit Leuten, die sich auskennen, und nach einer sorgfältigen Abwägung der Vor- und Nachteile angegangen werden. Weitergehende Informationen zu diesen Themen finden Sie in den PDF-Dateien *Advanced Replication*, dem *Data Warehousing Guide* sowie in den *Data Guard Concepts and Adminstration*, falls Ihr Ziel ist, eine parallel laufende Datenbank zur Datensicherung zu betreiben.

Ein weiteres Problemfeld stellen inkrementelle MVs dar, die Aggregationen enthalten. Diese MVs sind typischerweise nichts für transaktionsorientierte Datenbanken, denn eine Aktualisierung einer Zeile der Basistabellen der MV kann durch die Aktualisierung der MV ausgebremst werden. Dazu vielleicht ein Beispiel: Eine MV aggregiert 10.000 Einzelwerte zu einer Zeile. Nun werden an den Einzelwerten Änderungen vorgenommen. Natürlich werden all diese Änderungen Konsequenzen für die eine aggregierte Zeile der MV haben. Nun haben wir aber das Problem, dass eventuell Hunderte Benutzer, die die Änderungen an den Basistabellen vornehmen, innerhalb ihrer Transaktion alle auf die eine aggregierte Zeile der MV zugreifen möchten, um diese zu aktualisieren. Diese wird nun zum Flaschenhals für die gesamte Anwendung, weil natürlich immer nur ein einzelner Benutzer zur gleichen Zeit diese Zeile verändern kann. Probleme dieser Art müssen sorgfältig analysiert werden, um keine negativen Auswirkungen auf die gesamte Anwendung zu verursachen.

Ein weiteres Problem, das insbesondere die regelmäßige Aktualisierung der MV über einen Job betrifft, ist, dass diese Aktualisierung eventuell nicht durchgeführt wird. Hierfür können die Gründe vielfältig sein. Vielleicht ist der Job aus irgendwelchen Gründen auf einen Fehler gelaufen und hat sich deaktiviert, vielleicht ist der Job aber auch durch eine Unaufmerksamkeit deaktiviert oder sogar ganz gelöscht worden. Die Fehlermöglichkeiten sind hier vielfältig und sollten regelmäßig überwacht werden. Um zu sehen, ob alles soweit in Ordnung ist, können Sie die View USER_JOBS oder, je nach Einrichtung der MV, auch USER_SCHEDULER_JOBS verwenden, die Ihnen anzeigt, welche Jobs für Sie eingerichtet sind, wann diese zuletzt gelaufen sind und wann sie das nächste Mal zu starten beabsichtigen. Außerdem wird in dieser View darauf hingewiesen, ob ein Fehler aufgetreten ist oder nicht, leider aber auch nicht viel mehr. MVs sollten also regelmäßig überwacht werden, damit Sie nicht fälschlicherweise von aktuellen Daten ausgehen.

Kapitel 13
Tabellen erstellen

Grundlage aller relationalen Datenbanken sind Tabellen. Doch sind Tabellen nicht gleich Tabellen. Oracle stellt eine relativ große Bandbreite verschiedener Tabellentypen zur Verfügung, unter denen Sie auswählen können. Dieses Kapitel beleuchtet Einsatzbereiche und Vor- und Nachteile der verschiedenen Tabellentypen.

Mit der Erstellung von Tabellen kommen wir nun in einen Bereich, der normalerweise von reinen Anwendern von Datenbanken nicht tangiert wird, sondern eher Programmierern oder Datenbankadministratoren vorbehalten ist. Wenn Sie also beabsichtigen, nur das Abfragen von Daten oder auch die Manipulation bestehender Daten durchzuführen, können Sie dieses Kapitel später lesen oder sogar zunächst ganz überspringen. Wenn Sie allerdings die Arbeitsweise der Datenbank etwas genauer verstehen möchten oder planen, eigene Projekte mit Datenbanken umzusetzen, sollten Sie sich mit der Erstellung von Datenbanktabellen auseinandersetzen, selbst wenn Sie später Tabellen wohl vor allem über Assistenten von Anwendungsprogrammen, wie dem SQL Developer, ausführen werden. Tabellen anzulegen, erfordert allerdings nicht nur, die Syntax hierzu zu kennen, sondern auch die Grundlagen der Datenmodellierung zu beherrschen. Dieses Buch kann keine Einführung in dieses Thema bieten, da verweise ich lieber auf Sekundärliteratur. Kennen Sie die Grundlagen, fühlen sich aber nicht recht sicher bei der Wahl der Strategien zur Anlage eines Datenmodells, empfehle ich, auch das Kapitel 26, »Abbildung objektorientierter Strukturen«, durchzusehen, damit Sie einige Ideen dazu erhalten, wie Datenbanken aufgesetzt und wie immer wiederkehrende Probleme gelöst werden können.

Dieses Kapitel zeigt Ihnen, wie Sie Tabellen erstellen, welche Optionen vorhanden sind und worauf Sie speziell auch bei Oracle-Datenbanken achten sollten, damit Sie kein Potenzial verschenken. Zudem ist es sicher auch interessant, einige Punkte zur Anlage von Tabellen zu verstehen, damit klarer wird, warum gewisse Entscheidungen in den Datenmodellen, mit denen Sie arbeiten, auf diese Weise getroffen wurden.

13.1 Einfache Tabellen erstellen

Syntaktisch gesehen, ist die Erstellung einer Tabelle relativ einfach. Wir benötigen wiederum eine create-Anweisung, diesmal, zur Überraschung aller, allerdings die Anweisung create table. Wir vergeben einen Namen und listen anschließend die Spalten, deren Datentypen und eventuelle Constraints auf. Natürlich ist die Erstellung von Tabellen oftmals viel einfacher, wenn Sie die Assistenten der Anwendungsprogramme benutzen, wie etwa den Tabellenassistenten des SQL Developers. Hilfreich ist zudem, innerhalb dieses Assistenten einmal einen Blick auf den Reiter SQL zu werfen, denn dort wird die SQL-Anweisung für die Tabelle, die durch den Assistenten angelegt werden soll, gezeigt. Dies hilft nicht nur, die SQL-Anweisungen zu lernen, sondern kann natürlich auch sehr hilfreich sein, wenn Sie die SQL-Anweisungen in einem Installationsskript benötigen, denn sie kann aus dem Assistenten herauskopiert und in das Installationsskript eingefügt werden.

Bevor wir uns allerdings ein Beispiel ansehen, möchte ich gern einen Blick auf die Rechte werfen, die Ihnen eingeräumt werden müssen, damit Sie überhaupt eine Tabelle anlegen dürfen. Vielleicht erinnern Sie sich an die entsprechende Passage aus Kapitel 3, »Konzept einer relationalen Datenbank«, vielleicht aber auch nicht, daher noch einmal zur Erinnerung und für den Überblick: Zunächst einmal muss Ihnen der Administrator das Recht create table zugestanden haben. Ohne dieses Recht wird kein Versuch, eine Tabelle anzulegen, gelingen. Dieses Recht allein wird aber nicht ausreichen, denn zusätzlich muss der Administrator Ihnen noch erlauben, Festplattenplatz belegen zu dürfen. Normalerweise, dass nur als Hinweis, wenn Sie mit dem Administrator sprechen, wird Ihnen ein *Quota* auf einen *Tablespace* eingeräumt. Damit meint der DBA: Ihnen wird ein Anteil (Quota) am verfügbaren Speicherplatz in einer logischen Speicherstruktur (eben dem Tablespace, grob ist dies einem Ordner vergleichbar) zugestanden. Bis zu der hier eingestellten Grenze können Sie anschließend Speicherplatz verbrauchen. So ging es zumindest seit Ewigkeiten. Ab Datenbankversion 11 kommt es allerdings zu einem witzigen Verhalten, wenn Ihnen das Recht create table zugestanden wurde, Sie aber keinen Festplattenplatz belegen dürfen: Sie können, ungeachtet meines Geschwätzes von vor einem Satz, durchaus Tabellen anlegen. Das scheint nicht sehr logisch: Sie dürfen keinen Festplattenplatz benutzen, dennoch gelingt die Anlage einer Tabelle, aber anschließend misslingt das Anlegen eines Datensatzes in dieser Tabelle. Was ist der Grund, warum geht das erst ab Version 11 und überhaupt: Was soll das? Die Begründung ist, dass ab Version 11 eine Tabelle zunächst lediglich im Data Dictionary, nicht aber auf der Festplatte angelegt wird. Im Bild der Tabelle als Lager können Sie sich vorstellen, dass ein Lager zwar geplant, nicht aber tatsächlich gebaut wird. Dies geschieht erst, wenn der erste Farbeimer angeliefert wird. Wenn Sie also die erste Zeile in die Tabelle einfügen, wird tatsächlich Plattenplatz angefordert, und da Ihnen kein Quota zur Verfügung steht, misslingt dies. Wie alles im Leben hat diese Änderung von Oracle Vor- und Nachteile.

In vielen Datenmodellen finden Sie Tabellen, die während der gesamten Laufzeit der Anwendung leer bleiben. Sei es, dass die Tabellen für die Speicherung von Daten aus Anwendungsteilen genutzt werden, die entweder nicht lizenziert oder vom Anwender einfach nicht genutzt werden, oder weil es sich um Tabellen handelt, die aus Kompatibilitätsgründen zu alten Anwendungsversionen noch vorhanden sind. Manchmal schaffen es auch Testtabellen oder aus anderen Gründen vergessene Tabellen in eine Produktionsdatenbank. Warum sollte die Datenbank nun für diese Geistertabellen Festplattenplatz verschwenden? Also wird erst Platz allokiert, wenn tatsächlich Daten eingelagert werden sollen. Soweit der Vorteil. Der Nachteil: Wer garantiert Ihnen nun, dass zum Zeitpunkt der Einlagerung der ersten Daten auch tatsächlich Festplattenplatz vorhanden ist? Da zum Zeitpunkt der Erzeugung dieser Platz nicht reserviert wurde, könnte er durchaus zu einem späteren Zeitpunkt nicht mehr vorhanden sein. Oder aber er wird Ihnen schnöde vorenthalten, weil Ihnen das Recht, Festplattenplatz zu verbrauchen, fehlt. Auch dieses Problem bekommen Sie eventuell erst später mit. Oracle hat sich dennoch entschieden, diesen Weg zu gehen. Letztlich sollte Software vor Auslieferung getestet werden ...

Zurück zur Anlage von Tabellen. Es können alle Oracle-SQL-Datentypen verwendet werden, von den einfachen, skalaren Datentypen über komplexe, objektorientierte Typen bis hin zu eigenen Typen, die Sie ebenfalls als objektorientierte Typen in der Datenbank anlegen können. Achten Sie bei Zeichenketten aber immer auf die Zeichensatzkodierung Ihrer Datenbank. Sollten Sie, was heutzutage immer häufiger passiert und grundsätzlich auch gut ist, Unicode-basierte Datenbanken verwenden, müssen Sie sich darüber im Klaren sein, dass ein einzelnes Zeichen nicht notwendigerweise 1 Byte lang ist, sondern bis zu 4 Byte Platz beanspruchen kann. Bei Datenbanken, die auf dieser Kodierung basieren, müssen Sie sich demzufolge klarmachen, ob Sie zwölf Zeichen oder 12 Byte in einer Spalte speichern können möchten. Ich erinnere mich an eine Datenbank, die auf 12 Byte pro Spalte eingestellt war, was auch kein Problem darstellte, denn die Datenbank war in ISO 8859-1 kodiert, was eine Kodierung nach ISO-Norm bezeichnet, bei der ein Zeichen sicher auch 1 Byte lang ist. Nun sollte diese Datenbank allerdings in Unicode konvertiert werden. Das Problem: Ein zwölf Zeichen langer Eintrag in dieser Spalte enthielt einen Umlaut. Dadurch verlängerte sich die Speicheranforderung in der neuen Datenbank auf 13 Byte (Umlaute werden in *UTF-8*, der am häufigsten verwendeten Unicode-Kodierung mit variabel langen Bytefolgen, mit jeweils 2 Byte gespeichert), so dass dieser Primärschlüsselwert, um den es sich zu allem Überfluss auch noch handelte, nicht mehr in die Tabellenspalte passte. Seit langer Zeit gibt es daher in der Datenbank die Option, die Länge als Byte- oder Char-Semantik anzugeben. Vergessen Sie diese Angabe, wird das genommen, was für die Datenbank als Standard vorbelegt ist. Und wenn Sie nichts anderes festgelegt haben, steht dieser Standard auf der Einstellung byte, was unter Unicode schnell zu Problemen führen kann.

Ab Datenbankversion 12c kommt hinzu, dass der Datentyp `varchar2` nun eine maximale Größe von 32 kB hat, so dass Sie, je nach Situation, in dieser Datenbankversion nun um die Anlage eines `clob` herumkommen können.

13.1.1   Allgemeine Syntax

Dass wir eine `create`-Anweisung benötigen, habe ich bereits gesagt. Wir starten wieder mit einem einfachen Beispiel, schon, damit ich mir weitere Worte sparen kann:

```
SQL> create table emp_test(
  2    emp_id number(5,0),
  3    last_name varchar2(25 char),
  4    first_name varchar2(25 char),
  5    job_id number,
  6    department_id number,
  7    hire_date date,
  8    e_mail varchar2(50 char)
  9  );
Tabelle wurde erstellt.
```

Listing 13.1 Eine erste Anweisung zur Erzeugung einer Tabelle

Sie erkennen die einfache Struktur, in der eine Liste von Spaltennamen und -typen dazu verwendet wird, die Struktur der Tabelle zu beschreiben. Sehen Sie gern noch einmal in Abschnitt 4.2, »Oracle-Datentypen«, nach, falls Sie Schwierigkeiten mit dem Verständnis haben. Hervorheben möchte ich, dass ich bei der Spalte EMP_ID eine Ganzzahl mit maximal fünf Stellen vorgeschrieben habe, es sind aufgrund der Einschränkung keine Nachkommastellen erlaubt. Zudem habe ich in allen `varchar2`-Spalten darauf geachtet, die Längenbeschränkung in `char`-Semantik vorzuschreiben. Sie ahnen schon, warum: So sind Sie unabhängig davon, dass der Administrator einen Parameter korrekt eingestellt hat. Zudem können Sie auch abweichende Einstellungen vornehmen, sollte dies einmal Sinn machen.

Zu dieser einfachen Grundform gibt es nun beliebig viele Erweiterungen und Abwandlungen. Zunächst einmal können wir auch Constraints gleich mit definieren, zum Beispiel Primär- und Fremdschlüssel, aber auch das Constraint `not null` sowie `check`-Constraints. Damit ich mir nun die Datenbank nicht mit immer neuen, sinnfreien Tabellen verstopfe, lösche ich die gerade angelegte Tabelle direkt wieder und lege sie mit Constraints erneut an:

```
SQL> create table emp_test(
  2    emp_id number(5,0)
  3        constraint emp_pk primary key,
  4    last_name varchar2(25 char) not null,
```

```
 5    first_name varchar2(25 char) not null,
 6    department_id number,
 7    hire_date date,
 8    e_mail varchar2(50 char)
 9      constraint emp_chk_email
10        check (instr(e_mail, '@') > 0),
11    constraint emp_dept_fk foreign key (department_id)
12      references dept (deptno)
13  );
Tabelle wurde erstellt.
```

Listing 13.2 Eine ähnliche Tabelle, diesmal mit Constraints

Hier habe ich drei verschiedene Schreibweisen verwendet:

▶ Zum einen können einfache Constraints direkt hinter die Deklaration einer Spalte geschrieben werden, wie das zum Beispiel bei den not null-Constraints in Zeile 4 und 5 der Fall ist. In dieser Form, ohne eine Einführung über das Schlüsselwort constraint, lege ich fest, dass die Datenbank einen Bezeichner für den jeweiligen Constraint vereinbaren soll.

▶ Als zweite Schreibweise habe ich den Primärschlüssel in Zeile 3 mit dem Schlüsselwort constraint eingeführt, was mir erlaubt, den Namen des Constraints selbst zu definieren. Das ziehe ich in der Regel vor. Da es sich bei dem Constraint um einen Primärschlüssel handelt, der, wie wir wissen, aus einem not null- und einem unique-Constraint besteht, und da der unique-Constraint zwingenderweise einen unique-Index zur Folge hat, wird Oracle diesen Index nun mit dem Namen des Primärschlüssel-Constraints anlegen.

▶ Zum Dritten habe ich den Fremdschlüssel-Constraint nach der Liste der Spalten, sozusagen als eigene Spalte, vereinbart. Dies ist beim Fremdschlüssel so erforderlich, aber auch bei komplexeren Constraints, wie etwa einem Primärschlüssel über mehrere Zeilen. Diese Form könnten wir auch für die einfachen Constraints wählen, lediglich für komplexere Constraints ist diese Form Pflicht. Beachten Sie bitte, dass nicht nur Primärschlüssel in dieser Schreibweise auf mehrere Spalten definiert werden können, sondern auch zum Beispiel check-Constraints. In einem solchen Constraint können dann spaltenübergreifende Prüfungen durchgesetzt werden.

Wie viele dieser syntaktischen Details muss man nun kennen? Ich empfehle Ihnen, einen Editor wie SQL Developer zu benutzen und sich bei Bedarf anzusehen, welche Änderungen oder SQL-Anweisungen dort formuliert werden. Die komplette Dokumentation des Befehls create table ist entmutigend lang und verwickelt. Daher möchte ich vielleicht einmal umgekehrt vorgehen, und Ihnen zeigen, was die Datenbank im Data Dictionary tatsächlich gespeichert hat. Ich mache dann noch einige

Anmerkungen zu dieser Anweisung und hoffe so, dass Sie ein Gefühl für einige der Optionen bekommen, die in Tabellen eingestellt werden können. Deutlich genauer wissen müssen das eigentlich nur Datenbankadministratoren und Datenmodellierer. Der Anwendungsentwickler ist auch gut beraten, etwas mehr über die Speicherung von Tabellen und die damit verbundenen Optionen zu wissen. Das trage ich dann im Programmierbuch etwas ausführlicher nach. Zunächst einmal die Anweisung, die Oracle auf Verlangen für diese Tabelle »herausrückt«. Dieses Verlangen artikulieren Sie, indem Sie im SQL Developer die Tabelle mit der rechten Maustaste anklicken und DDL EXPORTIEREN wählen. Hier nur das Ergebnis dieser Aktion:

```
create table "SCOTT"."EMP_TEST" (
  "EMP_ID" number(5,0),
  "LAST_NAME" varchar2(25 CHAR) not null enable,
  "FIRST_NAME" varchar2(25 CHAR) not null enable,
  "DEPARTMENT_ID" number,
  "HIRE_DATE" date,
  "E_MAIL" varchar2(50 CHAR),
  constraint "EMP_CHK_EMAIL"
    check (INSTR(E_MAIL, '@') > 0) enable,
  constraint "EMP_PK" primary key ("EMP_ID")
    using index
    pctfree 10
    initrans 2
    maxtrans 255
    nocompress
    logging
    tablespace "USERS"  enable,
  constraint "EMP_DEPT_FK" foreign key ("DEPARTMENT_ID")
  references "SCOTT"."DEPT" ("DEPTNO") enable
) segment creation deferred
  pctfree 10
  pctused 40
  initrans 1
  maxtrans 255
  nocompress
  logging
  tablespace "USERS";
```

Listing 13.3 Was Oracle über die Tabelle EMP_TEST denkt ...

Ah ja ... alles klar soweit, hoffe ich? Lassen Sie mich einige Hilfestellungen geben. Zunächst fällt auf, dass alle Spaltenbezeichner in doppelte Anführungszeichen gesetzt wurden. Diese Schreibweise kennen Sie von Tabellenaliasen. Offensichtlich ist es möglich, eine Spalte einer Tabelle in Groß- und Kleinschreibung zu definieren. Man muss aber, das nur als Information, nicht alles machen, was möglich ist. Dennoch ist diese Schreibweise diejenige, die mit diesen Sonderfällen korrekt umgehen kann, denn wenn Sie keine Spaltenbezeichner in Groß- und Kleinschreibung verwenden, wird innerhalb der Datenbank standardmäßig die Großschreibung verwendet. Und dies kann nun entweder ohne oder mit Anführungszeichen geschrieben werden. Verwenden Sie hingegen Spalten in Groß- und Kleinschreibung, ist diese Schreibweise ebenfalls korrekt. Dann sind unsere Constraints um das Schlüsselwort `enable` erweitert worden. Damit wird die Option sichtbar, dass ein Constraint nicht nur gelöscht, sondern auch deaktiviert werden kann, denn wo es ein `enable` gibt, muss es auch ein `disable` geben. Schön ist diese Option bei der grundlegenden Datenpflege, wo Primär-, vor allem aber Fremdschlüssel relativ stark stören können. Mit dieser Option werden die Fremdschlüssel deaktiviert, die Arbeiten durchgeführt und anschließend die Fremdschlüssel wieder aktiviert. Sagen Sie nichts – das kommt in den besten Kreisen vor, denn Oracle geht beim Import von Daten ebenso vor, um das Problem zu umgehen, dass alle Tabellen in einer genau festgelegten Reihenfolge eingelesen werden müssten, wären die Constraints aktiv. Hier fehlt im Übrigen noch die Option `validate/novalidate`, die festlegt, ob bereits in der Tabelle befindliche Daten bei der Aktivierung dieses Constraints geprüft werden sollen oder nicht.

Heftiger wird die Erweiterung unserer Anweisung durch die Datenbank bei der Anlage eines Primärschlüssels. Wir haben gesagt, dass die Datenbank einen Primärschlüssel durchsetzt, indem sie einen `unique`-Index anlegt. Zu diesem Index werden hier Informationen angegeben, die steuern, auf welche Weise dieser Index gespeichert werden soll. Eine ähnliche Klausel (die als Speicherklausel bezeichnet wird) findet sich auch ziemlich zum Schluss mit ganz ähnlichen Angaben. Diese Klausel steuert die Speicherung der Tabelle. Vielleicht als Überblick: `initrans` und `maxtrans` steuern, wie viele Transaktionen gleichzeitig auf einen Block ausgeführt werden können. Mehr Transaktionen bedeuten mehr Speicherplatz im Block, das wird hier gesteuert. `pctree` und `pctused` steuern, ab welchem »Füllstand« ein Block als voll betrachtet wird. Blöcke werden nicht komplett gefüllt, weil die Zeilen sich durch `update`-Anweisungen später noch erweitern können. Dafür kann im Block Reserveplatz vorgesehen werden. Sie sehen: Hier sind wir nun wirklich in der Domäne der Datenbankadministratoren, daher: schnell weg!

Interessant ist aber die Klausel `segment creation deferred`, die Sie hinter der Spaltenliste entdecken können. Das ist, was ich vorhin erklärt habe, denn diese Option bewirkt, dass diese Tabelle erst beim Anlegen der ersten Zeile tatsächlich Platz auf der Festplatte allokiert, denn `deferred` bedeutet verzögert. Das hier von Segmenten gesprochen wird, hat seinen Grund darin, dass Oracle Speicherstrukturen auf der Festplatte allgemein ein *Segment* nennt. Dies könnte ein Index, eine Tabelle, aber auch anderes sein.

Zwei Optionen möchte ich dann noch kurz besprechen: `compress` und `logging`. Diese beiden Optionen steuern, ob die Tabelle komprimiert gespeichert wird oder nicht beziehungsweise ob bei der Änderung der Tabelle `redo`-Information erzeugt wird. `redo`-Information? Da war doch etwas, nur was? `redo`-Information wird erzeugt, wenn Sie eine Zeile einer Tabelle ändern. Unterscheiden Sie bitte `redo`- und `rollback`-Information. Bei Oracle sind das zwei verschiedene Dinge. `rollback`-Information dient dazu, im Fall eines `rollback` die alten Daten wiederherzustellen. Sie haben keine Wahl, was die `rollback`-Information angeht, die müssen stets erzeugt und gespeichert werden. Die `redo`-Information im Gegensatz dazu war aber die Aufzeichnung der Datenänderung auf unserem imaginären Videorecorder. Diese Information wird gebraucht, wenn die Datei, in der die Tabelle steht, durch einen Festplattenfehler unbrauchbar geworden und wiederhergestellt werden muss. Nun gibt es Tabellen, die Daten enthalten, die Sie ohne großen Aufwand aus anderen Tabellen ableiten können. Für diese Tabellen kann nun festgelegt werden, dass kein `redo` erzeugt werden soll (was nie ganz stimmt, etwas `redo` wird stets erzeugt, aber das Gros der `redo`-Information wird unterdrückt). Falls Sie diese Informationen nicht benötigen (was Sie bitte nicht eigenmächtig, sondern in Einverständnis mit Ihrem Datenbankadministrator entscheiden sollten), können Sie eine Tabelle auf `nologging` schalten. Und dann folgt als Letztes die Angabe des Tablespaces. Das muss ich etwas näher erläutern.

Ein *Tablespace* ist eine Art Ordner, in dem Tabellen angelegt werden können. Die Administratoren kontrollieren, welche Tablespaces es gibt, und vor allem, wer in welchen Tablespace Daten schreiben darf. Als ich vorhin sagte, dass Sie die Berechtigung benötigen, Festplattenplatz zu verbrauchen, war damit, genauer gesagt, gemeint, dass Ihnen der Administrator einen Anteil an einem Tablespace zur Verwendung zuweisen muss. Diesen Anteil nennt Oracle, wie bereits gesagt, ein `quota` (einen Teil). Der Benutzer `SCOTT` erhält zum Beispiel ein `quota` von `50MB` am Tablespace `USERS`. Wenn Sie diesen Satz flüssig sprechen können, punkten Sie beim Administrator bereits ungemein! Noch besser wäre natürlich, Sie wüssten auch, was das bedeutet: Der Administrator legt fest, dass, wenn `SCOTT` eine Tabelle anlegt, diese im Tablespace `USERS` angelegt werden kann. Die Daten dieser Tabelle dürfen dabei einen Maximalumfang von `50MB` annehmen. Auf diese Weise steuert der Administrator, wo welcher Benutzer wie viele Daten speichert. Da die Oracle-Datenbank über beinahe unendlich viele Tablespaces verfügen kann (über 65.000), kann somit sehr feingranular festgelegt werden, was auf den Festplatten so passiert. Wichtig ist nämlich: Ein Tablespace hat eine 1:n-Beziehung zu einer Datendatei auf der Festplatte. Oder anders: Ein Tablespace kann Daten in mehreren Datendateien speichern. Eine Datendatei wiederum nimmt grundsätzlich nur die Daten eines einzigen Tablespaces auf. Haben Sie nun ein `quota` auf Tablespace `USERS`, können Sie keine Daten in Tablespace `EXAMPLES` schreiben, es sei denn, Ihnen wäre auch an diesem Tablespace ein `quota` zugesprochen worden. Und nun kommen wir zur Anweisung zurück: Sollte Ihnen möglich sein, den Plattenplatz mehrerer Tablespaces zu nutzen, können Sie bei der Anlage der Tabelle den Tablespace auswählen, in dem die Tabelle (oder aber, wie Sie, wenn Sie sich die Anweisung noch einmal ansehen, bemerken werden, der Index des Primärschlüssels) gespeichert werden soll. Welche Prinzipien dabei gelten, liegt allerdings nicht im Fokus dieses Buches. Im Zweifel sollten Sie sich hierüber mit Ihrem Administrator austauschen, denn die Prinzipien hängen oft auch von den Gegebenheiten Ihres Unternehmens ab. Zumindest *ein* oft genutztes Prinzip orientiert sich an den Anforderungen des Backups der Datenbank. Man trennt gern Indizes von Tabellen und dabei wiederum gern Tabellen, die sich häufig ändern, von denen, bei denen das nicht der Fall ist. Auf diese Weise können nämlich diejenigen Tabellen, oder besser, Tablespaces, die diese Tabellen enthalten, häufiger in ein Backup genommen werden, die sich auch häufiger ändern, während die anderen Tabellen nur seltener ins Backup genommen werden. Wundern Sie sich nicht, falls Ihnen das nicht logisch erscheint: Es ist tatsächlich so, funktioniert auch und wird oft gemacht. Allerdings sind das die Wunder, die Datenbankadministratoren wirken, daher sollten wir diese Kirche auch in deren Dorf lassen.

13

13.1.2   Virtuelle Spalten

Seit Version 11 der Oracle-Datenbank existiert die Möglichkeit, für eine Tabelle virtuelle Spalten anzulegen. Dabei handelt es sich um Spalten, deren Werte nicht tatsächlich gespeichert, sondern bei Abfrage der Tabelle dynamisch berechnet werden. Normalerweise werden Sie für diesen Spaltentyp wohl eher selten eine Verwendungszweck finden, den Sie nicht auch durch eine View auf die Tabelle umsetzen könnten, doch in speziellen Fällen ist die Anlage einer virtuellen Spalte hilfreich. Nun habe ich jedoch für diesen Abschnitt das Problem, dass ich die Zusammenhänge rund um virtuelle Spalten und deren Vor- und Nachteile nur mit Wissen erläutern kann, das ich noch nicht vermittelt habe. Daher möchte ich Sie bitten, auf diesen Abschnitt später zurückzukommen, denn in der Folge werden Querverweise gemacht, die zum jetzigen Zeitpunkt noch keinen Sinn machen werden. Ich habe diesen Abschnitt dennoch an dieser Stelle eingefügt, weil er hierher gehört und Ihnen, wenn Sie später auf diese Funktion zurückkommen möchten, die Suche nach dieser Information erleichtern wird.

Syntax

Die Syntax zur Erzeugung einer virtuellen Spalte sieht so aus:

```
tot_sal number generated always as sal + nvl(comm, 100) virtual
```

Diese Schreibweise hat einige optionale Teile. Minimalvoraussetzung ist:

```
tot_sal as sal + nvl(comm, 100)
```

Die Schlüsselworte generated always und virtual werden laut Oracle lediglich zur Erhöhung der *syntaktischen Eindeutigkeit* (*syntactical clarity*) verwendet. Der Spaltentyp ist nicht aus Versehen weggelassen worden, sondern er wird, falls er weggelassen wird, aus der Formel abgeleitet. Eine realistische Syntax könnte ein Kompromiss aus der kürzesten und der etwas geschwätzigen Langversion sein:

```
tot_sal number as sal + nvl(comm, 100) virtual
```

Listing 13.4 Syntaxvarianten zur Erzeugung einer virtuellen Spalte

Auswirkung von virtuellen Spalten auf die INSERT-Anweisung

Bevor wir auf den Sinn einer solchen virtuellen Spalte eingehen, sollten wir uns zunächst einige Konsequenzen aus der Verwendung solcher Spalten ansehen. Zunächst einmal werden diese Werte nicht auf der Festplatte gespeichert, insofern »existieren« die Spalten also tatsächlich nur virtuell. Wenn Sie allerdings eine Tabelle mit einer solchen Spalte anlegen, hat dies Auswirkungen auf die insert-Anweisung, die Sie kennen sollten. Im folgenden Beispiel erstelle ich eine kleine Beispieltabelle ohne weiteren Sinn, die eine virtuelle Spalte beinhaltet:

```
SQL> create table virtual_test(
  2    id number,
  3    description varchar2(50 char),
  4    value_1 number,
  5    value_2 number,
  6    tot_value number as (value_1 + value_2) virtual);
Tabelle wurde erstellt.
```

Listing 13.5 Erstellung einer einfachen Beispieltabelle mit virtuellen Spalten

Die ersten Besonderheiten betreffen die insert-Anweisung, die nun nicht mehr in der (ohnehin eher zweifelhaften) Kurzschreibweise ohne Spaltenliste auskommt:

```
SQL> insert into virtual_test
  2    values(1, 'Ein Test', 10, 20);
insert into virtual_test
              *
FEHLER in Zeile 1:
ORA-00947: Anzahl der Werte reicht nicht aus
```

Obwohl eigentlich alle »richtigen« Spalten einen Wert haben, wird offensichtlich eine Eingabe für die virtuelle Spalte erwartet, die wir jedoch nicht direkt vornehmen können:

```
SQL> insert into virtual_test
  2    values(1, 'Ein Test', 10, 20, 30);
insert into virtual_test
```

```
                    *
FEHLER in Zeile 1:
ORA-54013: INSERT-Vorgang bei virtuellen Spalten nicht zulässig
```

Daher bleibt hier nur die Möglichkeit, die Spalten explizit anzugeben:

```
SQL> insert into virtual_test(
  2          id, description, value_1, value_2)
  3  values (1, 'Ein Test', 10, 20);
1 Zeile wurde erstellt.


SQL> commit;
Transaktion mit COMMIT abgeschlossen.
```

Listing 13.6 Auswirkungen einer virtuellen Spalte auf die INSERT-Anweisung

Diese Auswirkung lässt sich verschmerzen, weil die Empfehlung ohnehin lautete, die Spalten explizit anzugeben, um unabhängig von der Reihenfolge der Definition der Spalten zu sein. Sehen wir uns kurz an, ob die virtuelle Spalte auch funktioniert:

```
SQL> select *
  2    from virtual_test;


        ID DESCRIPTION          VALUE_1    VALUE_2  TOT_VALUE
---------- -------------------- ---------- ---------- ----------
         1 Ein Test                   10         20         30
```

Listing 13.7 Die virtuelle Spalte im Einsatz

Die Berechnungen, die Sie in einer virtuellen Spalte vornehmen, können lediglich Spalten berücksichtigen, die in der gleichen Tabelle existieren. Allerdings können auch selbst definierte PL/SQL-Funktionen verwendet werden. In diesen Funktionen kann diese Limitierung umgangen werden, denn diese Funktionen können Daten aus beinahe beliebigen Daten berechnen. Wichtig ist lediglich, dass diese Funktionen *deterministisch* sind, das heißt, dass sie zu jeder Zeit bei gleichem Parameter die gleichen Werte zurückliefern werden. Ich belasse es bei dieser Bemerkung zu Funktionen, da wir in reinem SQL die Möglichkeit zur Definition solcher Funktionen nicht haben, sondern hierfür PL/SQL benötigen. Die Funktion darf im Übrigen auch keine skalare Unterabfrage sein und keine Gruppenfunktionen enthalten.

Sinn von virtuellen Spalten

Zunächst einmal mag eine virtuelle Spalte nicht sehr sinnvoll sein, denn sie lässt sich ja einfach über eine View darstellen. Der Sinn dieses Spaltentyps liegt allerdings darin, dass sich über dieser virtuellen Spalte Indizes und Constraints anlegen lassen, ebenso können Sie hiermit die in diesem Buch nicht besprochenen Tabellenpartitionen einrichten. Stellen wir uns hierfür ein Beispiel vor: Sie möchten sicherstellen, dass die Summe aus Gehalt und Boni 3.500 Taler nicht überschreitet. Wie stellen Sie das sicher? Eine Möglichkeit ist ein check-Constraint über mehrere Spalten. Alternativ könnten Sie nun einen einfachen check-Constraint über die virtuelle Spalte durchsetzen. Eine Indizierung der virtuellen Spalte ist ebenfalls möglich, intern wird dieser Index ein funktionsbasierter Index sein, der natürlich auch bisher schon erstellt werden konnte. Was allerdings nicht ohne Weiteres geht, ist, dass die Summe der beiden Spaltenwerte einen Primärschlüssel darstellt. Dies ist mit einer virtuellen Spalte möglich. Vielleicht fragen Sie sich, wie das gehen soll, doch ist die Lösung ebenfalls mit bisher bekannten Bordmitteln darstellbar: Ein Primärschlüssel ist eine Kombination eines unique- und eines not null-Constraints. Der unique-Constraint kann als funktionsbasierter unique-Index über die Summe der Spalten definiert werden, und not null-Constraints sind einfach zu realisieren. Aus der Kombination dieser beiden Constraints entsteht so ein Primärschlüssel. Einfacher ist allerdings die Definition über die virtuelle Spalte. Im Übrigen verhalten sich ein funktionsbasierter Index auf eine Tabelle und eine virtuelle Spalte mit Index absolut identisch (was daran liegt, dass sie, technisch gesehen, auch ein und dasselbe sind, denn Oracle realisiert einen funktionsbasierten Index als virtuelle Spalte), allerdings hat die virtuelle Spalte den Vorteil, dass ein Spaltenkommentar an sie gehängt und die Dokumentationsqualität damit verbessert werden kann. Der Optimizer wird die virtuelle Spalte übrigens ebenso wie einen funktionsbasierten Index in der Optimierung einer Abfrage berücksichtigen (so die virtuelle Spalte denn indiziert ist).

Lassen Sie es mich einmal so sagen: Sie werden kaum einmal in die Verlegenheit kommen, virtuelle Spalten anzulegen. Diese Funktionalität stellt letztlich eine Strategie dar, die Oracle intern schon früher benutzt hat (zum Beispiel zur Realisierung eines funktionsbasierten Index) und die von Oracle nun der Allgemeinheit zugänglich gemacht wurde. Sinn oder Unsinn – darüber lässt sich trefflich streiten. Vielleicht ist eine virtuelle Spalte in einigen Fällen eine bessere Dokumentation einer Funktionalität als ein funktionsbasierter Index mit gleichem Inhalt, aber das überlasse ich Ihrem Gusto, denn auf der anderen Seite »müllen« Sie Ihre Tabelle nun mit Spalten voll, die lediglich der Performanzsteigerung bestimmter SQL-Abfragen dienen, und das kann auch nicht zielführend sein. Ich verwende diese Spalten selten. »Einfach nur so«, als Kurzform für eine View mit gleichem Inhalt, empfehle ich virtuelle Tabellen allerdings nicht, denn so wird die Grenze zwischen Datenspeicherung und Datenaufbereitung für eine Anwendung unnötig verwischt. Wenn eine virtuelle Spalte nicht Teil eines Constraints oder indiziert ist, sollte sie meiner Meinung nach stets in eine View oder die SQL-Abfrage ausgelagert werden. Sehr oft sehe ich Datenmodelle wie das folgende (dieses Datenmodell ist in Dimensionstabellen sinnvoll, ansonsten nicht):

```
create table einige_daten(
  id number,
  einstell_datum date,
  einstell_jahr integer,
  einstell_monat integer);
```

Listing 13.8 Beispiel für ein schlechtes Datenmodell

Das Problem: Die Spalten EINSTELL_JAHR und EINSTELL_MONAT hängen von EINSTELL_DATUM ab, müssen also beim Aktualisieren der Zeile stets konsistent mit gepflegt werden. Das ist nicht nur eine Fehlerquelle, sondern zudem auch unnötig, da alle Informationen ja bereits im Einstelldatum enthalten sind. Nun könnten diese Spalten als virtuelle Spalte angelegt werden, damit entfiele die Pflege der Daten, sie würden nun auch nicht mehr auf der Festplatte gespeichert. Alles unnötig, denn in einer View können diese Information leicht über

```
extract (month from einstell_datum) einstell_monat
```

ermittelt werden. Natürlich könnte, falls dies erforderlich ist, dieser Ausdruck auch indiziert werden, was aber im Vergleich zur Indizierung der Spalte EINSTELL_DATUM keinen Vorteil brächte. Dahinter steht die Denkweise, alles Mögliche in der Datenbank speichern zu wollen, weil man danach ja im Weiteren auswerten wolle. Meistens fahren Sie besser damit, nur die reine Information in der Datenbank zu speichern und die Auswertung in SQL zu erstellen. Lediglich im begründeten Ausnahmefall kann die redundante Speicherung einmal Sinn machen, ein Regelfall ist dies allerdings sicherlich nicht.

13.2   Weitere Tabellentypen

Neben den grundlegenden Tabellen, die wir nun ein wenig kennengelernt haben, existieren in Oracle noch weitere Tabellentypen. Nicht alle sind gleich wichtig für uns, daher treffe ich im Folgenden eine kurze Auswahl.

13.2.1   Indexorganisierte Tabelle

Viele Tabellen dienen als – oftmals als Lookup-Tabellen bezeichnete – Nachschlagtabellen für Werte. Ein Beispiel ist eine Tabelle, die verschiedene Anreden enthält. Hinter dem Kürzel HR verbirgt sich dann die Anrede Herr usw. Der Vorteil liegt auf der Hand: Auf diese Weise können diese Informationen zentral gespeichert werden. Es ist zudem möglich, an den Wert weitere Informationen zu binden, in unserem Fall vielleicht eine Genitiv- und eine Pluralvariante. Auf den Wert wird grundsätzlich über den Primärschlüssel zugegriffen. Da ein Primärschlüssel immer einen Index zur

Folge hat, existiert die Tabelle nun sozusagen zweifach: Einmal als Tabelle, dann noch einmal als Index. Der Index speichert die Lagerplatznummer (die `rowid`, die mit 14 Byte Länge nicht eben klein ist), und die Tabelle speichert hinter der Primärschlüsselinformation nur relativ triviale Datenmengen.

Greife ich nun auf eine Zeile dieser Tabelle zu, gehe ich zunächst zum Index, schlage nach, in welcher Zeile der Tabelle sich der Suchbegriff befindet, um anschließend mit dieser Information zur Tabelle zu gehen und 4 Byte Nutzinformation zu lesen: `Herr`. Da wäre es doch effizienter, ich würde diese Information direkt im Index vorhalten. Das ginge auch, denn ich könnte neben der Primärschlüsselspalte auch diese zweite Spalte in den Index aufnehmen. Dann jedoch wird es völlig wahnsinnig: Nun habe ich eine Tabelle, deren einzige Aufgabe darin besteht, einen Index mit Daten zu füllen, der nun die Abfrage beantwortet. Genau hierfür gibt es die indexorganisierte Tabelle, denn in dieser Struktur ist die Tabelle der Index (oder umgekehrt). Statt zweier Strukturen wird nur eine Struktur gepflegt. Die Anlage dieser Tabelle ist zunächst ganz einfach, allerdings gibt es einige Anforderungen (im Wesentlichen die gleichen, die auch für Indizes gelten), die es unmöglich machen, alle Tabellen indexorganisiert anzulegen, sollten sie nicht vorliegen. Hier ein kleines Beispiel:

```
SQL> create table salutation(
  2     salutation_id varchar2(4 char)
  3        constraint salutation_pk primary key,
  4     salutation_value varchar2(25 char))
  5     organization index;
Tabelle wurde erstellt.
```

Listing 13.9 Eine indexorganisierte Tabelle

Die Voraussetzungen sind: Eine Zeile muss relativ kurz sein (typischerweise maximal 3–3.500 Byte), und die Tabelle muss über einen Primärschlüssel verfügen. Die maximale Länge ist durch eine grundlegende Eigenschaft des Tablespaces limitiert, in dem die *IOT* (*Index Organized Table*) angelegt werden soll. Diese grundlegende Eigenschaft ist die Blockgröße, ein Maß für die kleinste Einheit, die von Oracle zur Speicherung von Daten verwendet wird. Diese Blockgröße ist normalerweise 8 kB groß, kann aber zwischen 2 und 32 kB variieren (die Grenzen hängen zum Teil vom Betriebssystem ab) . Die Anforderung ist nun, dass mindestens zwei Zeilen unserer IOT *sicher* in einen Block passen müssen. Ich betone hier das Wort sicher, weil dies eine Zusicherung ist, die immer eingehalten werden muss. Stellen wir uns nun einen 8 kB großen Block und eine Tabelle mit einem Primärschlüssel vom Typ `number` und einer weiteren Spalte vom Typ `varchar2(4000)` vor. Zwei Zeilen dieser Tabelle werden nicht sicher in einen Block passen, zumal der Block einige Byte (grob etwa 500 Byte) für eigene Zwecke benötigt. Die Folge: Der Index kann nicht angelegt werden, daher wird auch eine IOT nicht angelegt. Finden Sie solche Informationen spannend und wichtig? Dann sind Sie definitiv ein Kandidat für eine weitere Fortbildung im Bereich der Datenbankadministration. Als Anwendungsentwickler sollten Sie dieses Interesse für weiterführende Literatur zum Thema PL/SQL nutzen, denn dort werden diese Fragen intensiver bearbeitet. Ich muss es in diesem Buch bei diesen eher allgemeinen Informationen belassen, die Ihnen ein Gefühl dafür geben sollen, dass es noch »mehr« gibt, über das man sich bei der Erstellung von Tabellen Gedanken machen sollte.

Zurück zur Anlage einer IOT. Liegen die Anforderungen vor, dann reicht es, bei der Anlage hinter der Tabellendefinition einfach noch die Klausel `organization index` zu setzen (für »normale« Tabellen können Sie hier `organization heap` schreiben, wenn Sie mögen), der Rest wird von Oracle erledigt. Sie profitieren unmittelbar von den guten Zugriffseigenschaften dieses Tabellentyps, Tests zeigen etwa 20 % Ersparnis bezüglich der Rechenzeit beim Einsatz dieses Tabellentyps gegenüber dem Einsatz einer normalen Tabelle mit Primärschlüsselindex. In jedem Fall ist eine solche Tabelle auf der Festplatte deutlich kleiner als das Pendant aus Tabelle und Index. Diese Tabellenform mag ich sehr, etwa ein Drittel meiner Tabellen sind so organisiert. Sie sind aber keine Allzweckwaffe, sondern wie immer muss man die Verwendung abwägen und im Einzelfall entscheiden, ob diese Tabelle für den Zweck geeignet ist oder nicht. Damit ist für mich alles zu diesem Tabellentyp gesagt, aber natürlich noch nicht das Ende der Möglichkeiten erreicht, doch führt die Diskussion über die Indizierung von indexorganisierten Tabellen oder die Erläuterung von `overflow`-Segmenten für Spaltenlängen über das oben genannte Limit hinaus eindeutig zu weit. Sie können sich hierzu gerne weitere Informationen aus der Online-Dokumentation laden.

13.2.2 Temporäre Tabelle

Eine *temporäre Tabelle* ist eine Tabelle, die wie eine ganz normale Tabelle angelegt wird, allerdings mit der Anweisung `create global temporary table <Tabellenname>`. Wichtig ist, zu verstehen, was die temporäre Tabelle von anderen Tabellentypen unterscheidet: Diese Tabellen enthalten keine persistenten Daten, also Daten, die – für jeden sichtbar – auf lange Zeit in diesen Tabellen vorgehalten werden. Die Tabellen können zwar von allen berechtigten Benutzern gesehen werden, sind aber stets leer. Der Grund: Sie stellen eine Struktur bereit, die Sie wie eine Tabelle verwenden können, doch werden die Daten innerhalb dieser Tabelle von Ihnen im Rahmen einer Transaktion oder einer Session eingefügt und können anschließend nur von Ihnen gelesen, verändert oder gelöscht werden. Die Daten in temporären Tabellen sind also privat für Ihre Session. Das macht Sinn, falls Sie einige Informationen mit sensiblen Daten innerhalb Ihrer Session irgendwo ablegen möchten (vielleicht entschlüsselte, sensible Information) oder wenn Sie umfangreiche Berechnungen durchführen und Zwischenergebnisse in einer Tabelle ablegen möchten. Die Daten von temporären Tabellen sind von niemandem (auch nicht vom Datenbankadministrator) als von Ihnen im Rahmen Ihrer Transaktion oder Session einsehbar.

Ich unterscheide zwischen den Begriffen Transaktion und Session in diesem Abschnitt deshalb so deutlich, weil der Fokus, innerhalb dessen die Daten vorgehalten werden, bei der Anlage der temporären Tabellen entweder auf eine Transaktion oder auf eine Session eingestellt werden kann. Normalerweise verliert die temporäre Tabelle ihre Daten, sobald Sie die Transaktionsklammer mittels `commit` oder `rollback` schließen. Geben Sie aber eine zusätzliche Option `on commit preserve rows` an, bleiben die Daten für die Dauer Ihrer Session in dieser temporären Tabelle erhalten. Dadurch wird die Spezifikation Ihrer Tabelle nun doch etwas umfangreicher und sieht so aus:

```
create global temporary table emp_tmp
on commit preserve | delete rows (
<Spaltenliste>);
```

Listing 13.10 Pseudocode zur Erzeugung einer temporären Tabelle

Sie erkennen die zusätzliche Klausel `on commit preserve rows`, die anzeigt, dass die Daten ein `commit` »überleben« sollen. In jedem Fall werden die Daten der temporären Tabelle mit dem Ende der Session gelöscht. Dieser Tabellentyp ist, was seine Optionen angeht, weniger umfangreich als eine »richtige« Tabelle, doch sollten Sie in der Online-Dokumentation die genauen Einschränkungen nachschlagen, denen dieser Tabellentyp unterliegt. Warum es im Übrigen nicht reicht, einfach `create temporary table` zu schreiben, sondern die Klausel `global` eingefügt werden muss, entzieht sich meiner Kenntnis. Eventuell war einmal ein weiterer temporärer Tabellentyp geplant (oder es hat ihn in einer sehr frühen Oracle-Version gegeben), oder er existiert, weil andere Datenbanksysteme noch weitere Konstrukte dieser Art anbieten, von denen Oracle sich abgrenzen wollte; jedenfalls sind beide Schlüsselworte so erforderlich, und es existiert auch keine alternative Schreibweise.

Für die Verwendung temporärer Tabellen spricht neben der »Privatheit« der Daten noch einiges mehr: Es wird bei der Verwendung dieser Tabellen ab Version 12c kein `redo` erzeugt, weil sie ohnehin nicht wiederhergestellt werden könnten (sie sind ja an einen Sessionkontext gebunden, der beim Herunterfahren der Datenbank nicht mehr existiert), außerdem müssen für diesen Tabellentyp keinerlei Sperren verwaltet werden, weil ohnehin nur der Sessioneigentümer auf diesen Daten arbeiten kann. Sie empfehlen sich daher als leichtgewichtige Alternative zur »normalen« Tabelle immer dann, wenn sichergestellt ist, dass hier ohnehin nur temporäre Daten vorgehalten werden sollen. Allerdings spricht auch ein Argument gegen die Verwendung dieses Tabellentyps: die Mächtigkeit von Oracle SQL. Wenn nämlich der Grund für die Verwendung einer temporären Tabelle darin besteht, eine Bearbeitung, die Ihnen mit einer SQL-Anweisung zu aufwendig erscheint, auf mehrere Schritte zu verteilen und Zwischenergebnisse lieber in einer temporären Tabelle zu speichern, sind Sie immer dann auf dem falschen Weg, wenn die Gesamtauswertung auch in einer einzigen SQL-Anweisung möglich gewesen wäre. Oracles SQL-Implementierung ist sehr mächtig und kann gut mit sehr komplexem SQL umgehen. Temporäre Tabellen sollten also in diesen Fällen nicht per se angestrebt, sondern erst nach sorgfältigen Tests eingeführt werden.

13.2.3   Externe Tabelle

Dieses Thema ist ein wichtiges, denn es klärt vor allem die häufig gestellte Frage nach einem Importmechanismus für Daten, die außerhalb der Datenbank, zum Beispiel in einer CSV-Datei, vorliegen. Oracle fehlt es ja an einer einfach zu bedienenden grafischen Oberfläche für den Import von Daten. Für diesen Einsatzzweck steht ab Version 9 der Oracle-Datenbank das Konstrukt der externen Tabelle zur Verfügung, die vorher bekannte Mechanismen (zum Beispiel über den sogenannten *SQL Loader*, ein Zusatzprogramm, das mit der Datenbank ausgeliefert wird) ersetzt. Die Vorteile gegenüber anderen Verfahren liegen im Bereich der deutlich erhöhten Performanz dieser Ansätze (insbesondere, wenn Sie Ihre bestehenden Flaschenhälse bezüglich der Festplattenzugriffe über Komplettlösungen wie etwa Oracle Exdata aus der Welt geschafft haben), zudem sind alle Möglichkeiten von SQL zur Filterung der Zeilen, die eingelesen werden sollen, möglich. Das Thema ist, wie gesagt, wichtig, aber eben auch ein Thema, das vorrangig von Datenbankadministratoren gelöst werden muss. Daher soll uns in diesem Abschnitt reichen, ein Gefühl dafür zu erhalten, was eine externe Tabelle ist und welche Möglichkeiten uns damit generell zur Verfügung stehen.

Grundlagen: Was ist eine externe Tabelle?

Zunächst ist eine externe Tabelle eine Konstruktion, bei der im Data Dictionary der Datenbank beschrieben wird, auf welche Weise Daten, die in externen Dateien vorgehalten werden, als Spalten einer Tabelle interpretiert werden können. Daher ist eine externe Tabelle vorrangig eine lesende Tabelle. Um nun aber auf externe Daten zugreifen zu können, benötigen wir eine Möglichkeit, mit dem Dateisystem zu interagieren. Diese Möglichkeit stellt uns ein sogenanntes *Directory* zur Verfügung. Ein Directory ist ein Datenbankobjekt, das einen Ordner auf der Festplatte repräsentiert. An ein Directory können Lese- und Schreibrechte gebunden werden, zudem kann ein bestehendes Directory leicht auf verschiedene Verzeichnisse umdefiniert werden, so dass das gleiche Directory auf einer Testdatenbank zum Beispiel auf ein anderes Verzeichnis zeigt als auf der Produktionsdatenbank. Mit diesem Directory erhalten wir also zunächst einmal Zugriff auf externe Dateien. Dann benötigen wir jedoch auch noch ein Programm, mit dem die externen Dateien gelesen und interpretiert werden können. Hierfür bietet die Oracle-Datenbank zwei Alternativen an:

Zum einen das schon erwähnte Programm SQL Loader. Dieses Programm ist in der Lage, Textdateien zu lesen, als Spalten zu interpretieren und anschließend in Oracle-Datentypen zu konvertieren. Aus Sicht der Oracle-Datenbank ist anschließend das

Ergebnis einer Tabelle vergleichbar. Diese Umwandlung ist, wie Sie sich leicht vorstellen können, nur möglich, wenn wir das Format, in dem die Daten in der Textdatei vorliegen, genau beschreiben können. Wie sollen Spalten auseinandergehalten werden, welche Zeichen trennen Zeilen voneinander, welches Format soll angewendet werden, um Datumsangaben in »richtige« Datumswerte zu konvertieren? Das sind dabei nur die offensichtlichsten Fragen. Andere Fragestellungen, wie die nach der Sprache der Daten, der Zeichensatzkodierung, dem Umformen komplexer Datentypen etc. machen die Funktionalität komplett, aber auch komplex. Im Prinzip geht das Verfahren aber so: Es wird beschrieben, wie eine Textdatei interpretiert werden soll. Dann werden optional noch Dateien angegeben, in denen Loginformationen, aber auch abgelehnte, weil nicht lesbare Datensätze vermerkt werden (diese Datei wird Bad-Datei genannt). Dann kann noch ein Preprozessor-Programm angegeben werden, das dem Einlesevorgang vorangeschaltet ist und zum Beispiel dafür Sorge trägt, dass eine komprimierte Datei vor dem Einlesen entpackt wird und dergleichen mehr.

Als alternatives Einleseformat steht dann neben dem SQL Loader noch eine Datei im Format *Datapump* zur Verfügung. Dieses Format wird durch das Exportprogramm expdp (*export datapump*) erzeugt, einem Utility, das jeder Oracle-Datenbank seit Version 10 beiliegt. Das Verfahren ist hier wie folgt: In einem ersten Schritt kann durch eine SQL-Anweisung der Export der Daten in diesem Format erzeugt werden. Die Datenbank schreibt diese Informationen dann im entsprechenden Format in das Verzeichnis, dass durch ein Directory repräsentiert wird. Diese Datei kann dann von einer anderen Datenbank mittels einer externen Tabelle gelesen und in die Datenbank eingefügt werden. Dieser Ansatz erlaubt es der Datenbank also, in eine externe Tabelle zu schreiben. Allerdings ist dies nur in diesem Umfeld möglich, ein Schreiben in eine CSV-Datei funktioniert über diesen Mechanismus nicht. Möchten Sie Tabellendaten als CSV exportieren, steht Ihnen kein direktes Werkzeug zur Verfügung, Ansätze hierfür finden Sie, indem Sie das Programm SQL*Plus verwenden und das Ergebnis einer Abfrage in eine Datei umleiten (Befehl spool), oder aber mit der Programmierung einer PL/SQL-Prozedur, die dies für Sie übernimmt. Vielleicht wird in einer späteren Version der Datenbank eine einfachere und vor allem performantere Möglichkeit existieren, derzeit ist mir darüber aber nichts bekannt. Oracle geht offensichtlich davon aus, dass Daten, sind sie einmal bei Oracle angekommen, sozusagen am Ziel ihrer Entwicklung sind (was mehr könnten Daten wollen, als in einer Oracle-Datenbank gespeichert zu werden ;-).

Anwendung: Eine externe Tabelle mit SQL Loader erzeugen

Da dieses Thema schnell zu komplex für unser Buch werden kann, beschränke ich mich hier auf ein einfaches Beispiel für die beiden Möglichkeiten, externe Tabellen zu erzeugen. In beiden Fällen werde ich das gleiche Directory-Objekt verwenden, das wir hier zunächst erzeugen:

```
create directory ext_dir as '/usr/apps/datafiles';
grant read, write on ext_dir to scott;
```

Listing 13.11 Erzeugung eines Directory-Objekts

Diese Anweisung erzeugt ein Directory mit dem Namen ext_dir, das auf ein Unix-Verzeichnis zeigt (ein Windows-Pfad ist natürlich genauso möglich). Anschließend wird dem Benutzer SCOTT ein Lese- und Schreibrecht auf diesem Verzeichnis eingeräumt. Das Schreibrecht benötigen wir aus zwei Gründen: Zum einen möchte ich später in dieses Verzeichnis die Log- und Bad-Datei schreiben, zum anderen möchte ich im zweiten Fall die Datapump-Datei in dieses Verzeichnis schreiben lassen. Nun folgt also die Definition der externen Tabelle, zunächst mit dem SQL-Loader-Treiber, der eine Datei *employee.txt* verfügbar machen soll:

```
SQL> create_table emp_ext
  2    (employee_number      CHAR(5),
  3     employee_dob         CHAR(20),
  4     employee_last_name   CHAR(20),
  5     employee_first_name  CHAR(15),
  6     employee_middle_name CHAR(15),
  7     employee_hire_date   DATE)
  8  organization external (
  9    type ORACLE_LOADER
 10    default directory ext_dir
 11    access parameters (
 12      records delimited by newline
 13      characterset AL32UTF8
 14      badfile ext_dir: 'employee.bad'
 15      logfile ext_dir: 'employee.log'
 16      fields terminated by ";" (
 17        employee_number      CHAR(5),
 18        employee_dob         CHAR(20),
 19        employee_last_name   CHAR(18),
 20        employee_first_name  CHAR(11),
 21        employee_middle_name CHAR(11),
 22        employee_hire_date   CHAR(10)
 23          date_format DATE mask "mm/dd/yyyy"
 24      )
 25    )
 26    location ('employee.txt')
 27  ) reject limit unlimited;

Table created.
```

Listing 13.12 Erzeugung einer externen Tabelle für EMP

Diese Tabelle wird lediglich im Data Dictionary angelegt, denn eigentlich ist sie ja nichts anderes als eine Beschreibung einer externen Datei. Die verwendeten Optionen sind, denke ich, soweit selbsterklärend: Zunächst beschreiben wir die Struktur der resultierenden Tabelle, inkl. der von uns gewünschten Spaltennamen. Die Beschreibung der Struktur der Textdatei folgt in der Klausel `organization external`: Ein Datensatz muss als Trennzeichen zwischen den Feldern ein Semikolon aufweisen, jeweils ein Datensatz wird durch das Absatzzeichen beendet. Die Zeichensatzkodierung wird auf UTF-8 festgelegt (hier benötigen Sie die Zeichensatzkodierungen, wie sie bei Oracle definiert sind), und wir akzeptieren beim Import beliebig viele Fehler, die wir, sollten sie auftauchen, in die Datei *employee.bad* eintragen. Der gesamte Vorgang wird durch die Datei *employee.log* dokumentiert.

Liegt nun also eine Datei *employee.txt* in dem beschriebenen Verzeichnis, kann auf diese Datei mit einer einfachen SQL-Anweisung zugegriffen werden, etwa so:

```
SQL> insert into emp (empno, ename, hiredate)
  2    select to_number(employee_number),
  3            employee_last_name,
  4            employee_hire_date
  5      from emp_ext
  6     where employee_number not in
  7            (select to_char(empno)
  8                from emp);
1580 Zeilen eingefügt
```

Listing 13.13 Zugriff auf eine externe Tabelle

Der große Vorteil dieser Methode liegt nun darin, dass mit allem, was SQL zu bieten hat, der Import genau gesteuert werden kann, denn eine Einschränkung der Daten über eine `where`-Klausel ist ebenso möglich wie die Ableitung neuer Spaltenwerte aus dem Vorrat der zur Verfügung stehenden Daten, wie ich das bei der Anweisung oben angedeutet habe.

Eine externe Tabelle mit DATAPUMP erzeugen

Ähnlich funktioniert nun auch die zweite Variante mittels `datapump`-Datei. Allerdings erzeugen wir diese Datei zuerst, um sie anschließend dann einzulesen. Das Vorgehen ist eigentlich ähnlich, folgen Sie bitte den SQL-Anweisungen:

```
SQL> create table emp_ext
  2    organization external
  3    (
  4      type oracle_datapump
  5      default directory ext_dir
```

```
 6    location ('employee.dmp')
 7  )
 8  as select * from emp;
Table created.
```

Diese Anweisung hat bereits eine entsprechende Datei im Verzeichnis angelegt. Nach diesem Export können in dieser externen Tabelle Daten weder geändert noch hinzugefügt oder gelöscht werden. Nun könnte diese Datei auf einen anderen Rechner kopiert und dort eingelesen werden mit einem Befehl wie dem folgenden:

```
SQL> create table emp_import (
 3    empno number(4,0),
 4    ename varchar2(10 byte),
 5    job varchar2(9 byte),
 6    mgr number(4,0),
 7    hiredate date,
 8    sal number(7,2),
 9    comm number(7,2),
10    deptno number(2,0)
11  )
12  organization external
13  (
14    type oracle_datapump
15    default directory ext_dir
16    location ('employee.dmp')
17  );
Table created.
```

Listing 13.14 Erzeugung einer externen Tabelle und Einlesen der Daten in eine zweite Tabelle

Diese zweite Tabelle verfügt nicht über eine select-Anweisung, um die Daten zu wählen, sondern liest die Daten unmittelbar über die externe datapump-Datei ein. Auch hier gilt wieder, dass bereits durch die Anlage der externen Datei die Daten in die Tabelle eingelesen wurden.

Obwohl dieser Abschnitt streng genommen die Domäne von Datenbankadministratoren beschreibt, bin ich in diesem Thema deshalb nicht ausgewichen, weil ich glaube, dass das Verständnis dieser Prozesse auch für Anwender von Daten eine wichtige Rolle spielt. Sie haben mit diesem Wissen einfach mehr Überblick darüber, welche Schnittstellen die Datenbank bereitstellt, um mit externen Daten zu arbeiten. Dieses Wissen hilft Ihnen, bei entsprechenden Fragestellungen mit Ihrem Datenbankadministrator Kontakt aufzunehmen und mit ihm ein angemessenes

Vorgehen für den Import von externen Daten abzusprechen. Sollten Sie erschrocken feststellen, dass *Sie* dieser Administrator sind und weitere Informationen benötigen, verweise ich zum einen auf den *Oracle Database Administrators Guide*, Kapitel »Managing External Tables«, sowie andererseits auf *Oracle Database Utilities*, Kapitel »The ORACLE_LAODER Access Driver« bzw. »The ORACLE_DATAPUMP Access Driver«.

13.2.4 Partitionierte Tabelle

Dieser Tabellentyp ist äußerlich eine ganz normale Tabelle, physikalisch ist die Speicherung der Daten jedoch auf mehrere Tabellen aufgeteilt. Eine partitionierte Tabelle kann in Oracle nach derzeitigem Stand nur in der *Enterprise Edition* der Datenbank eingerichtet werden, zudem ist eine lizenzkostenpflichtige *Partitioning Option* erforderlich. Werden partitionierte Tabellen eingesetzt, stehen eine ganze Reihe weiterer SQL-Optionen für die Arbeit zur Verfügung. Für unser Buch soll es ausreichen, die Prinzipien einer partitionierten Tabelle zu verstehen.

Zunächst allerdings zum Prinzip. Über partitionierte Tabellen kursieren, wie über Indizes, viele Mythen, von denen viele ungenau oder schlicht falsch sind. Wie bereits beschrieben, trennen partitionierte Tabellen die Speicherung von Daten auf physikalisch unterschiedliche Tabellen auf, obwohl sie logisch wie eine Tabelle aussehen. Das macht man, um zum Beispiel bei sehr großen Tabellen (mit mehreren hundert Millionen Zeilen) die Daten besser handhabbar zu machen. Solche Tabellen speichern oft Daten vergangener Jahre, die aktuell nicht mehr geändert werden (dürfen). Andererseits werden in diesen Tabellen aber auch sehr viele Daten neu eingefügt oder geändert, nämlich die Daten des aktuellen Geschäftsjahres oder -monats. Teilen wir nun die Speicherung der Daten auf mehrere physikalische Tabellen auf, könnte eine Tabellenpartition, wie wir eine solche Teiltabelle nennen, nun die Daten eines Geschäftsjahres aufnehmen. So hätten wir also zum Beispiel zehn Partitionen für eine Tabelle, die Daten aus zehn Geschäftsjahren speichert. Der Vorteil ist zunächst einmal für den Datenbankadministrator offensichtlich, denn wenn die Daten des Geschäftsjahres 2002 weggeworfen werden können, reicht es nun aus, die entsprechende Partition wegzuwerfen. Hätten wir diese Partitionen nicht, müssten wir über alle Zeilen eine `delete`-Anweisung machen, was bei dieser Datenmenge eine echte Belastung für die Datenbank darstellte, denken Sie zum Beispiel nur an das hierdurch erzeugte `redo` und das `rollback`-Segment, dass die Daten aufnehmen müsste, um das `rollback` zu ermöglichen.

Zum anderen ergibt sich für den Datenbankadministrator der Vorteil, dass die Partitionen mit den älteren Geschäftsjahren in verschiedene Tablespaces und damit in verschiedene physikalische Dateien verlagert werden können. So könnten die alten Partitionen auf einer langsameren Festplatte gespeichert werden als das aktuelle

Geschäftsjahr. Vor allem aber müssten die alten Geschäftsjahre nun nicht mehr ständig ins Backup genommen werden, denn sie können sich ja definitionsgemäß nicht mehr ändern. Dies wäre ebenfalls ohne Partitionen nicht möglich, denn ohne Partitionen macht die Datenbank ja keinerlei Zusicherung darüber, in welcher Datei die Daten welchen Geschäftsjahres stehen.

Das sind zwei gewichtige Vorteile von partitionierten Tabellen, doch keiner hat bislang mit SQL oder der Beschleunigung von Abfragen zu tun. Doch auch in diesem Bereich können Partitionen helfen, denn wenn die Datenbank sieht, dass sich eine Abfrage lediglich auf das aktuelle Geschäftsjahr bezieht, kann sie in Kenntnis der Regeln für die Partitionierung nicht betroffene Partitionen aus der Suche ausschließen. Für Ihr BuzzWord-Vokabular: Diese Aktion nennen wir ein *Partition Pruning*. Zudem ergibt sich bei sorgfältiger Planung der Abfrage die Möglichkeit, mehrere Prozesse parallel auf die Auswertung einer SQL-Abfrage zu schicken, wenn zum Beispiel ein Jahresbericht gerechnet werden soll und zwölf Monatspartitionen bestehen. Sind die Auswertungen so organisiert, dass die Monatsauswertungen unabhängig voneinander sind, könnten zwölf Prozesse jeweils einen Monat berechnen, indem sie sich auf jeweils eine Partition beziehen und die Daten innerhalb dieser Partition aufbereiten. Solche Optimierungen erfordern allerdings sorgfältige Planung und sind daher nur für speziell geplante Abfragen wirklich relevant.

Zur Partitionierung stehen mehrere Verfahren zur Auswahl. Zum einen können Partitionen nach Wertebereichen einer Spalte eingerichtet werden. Hier bietet sich oftmals ein Datum an, so dass eine Partition zum Beispiel alle Umsätze eines Monats aufnehmen kann. Weil hier ein Wertebereich definiert wird, sprechen wir in diesem Fall von einer *Range Partition*. Alternativ könnte eine Zuweisung auf eine Partition entlang einer Liste von Werten vorgenommen werden. Ein Beispiel wäre die Erstellung einer Partition über eine Länderliste, etwa D-A-CH oder BE-NE-LUX. Da kein einfaches Kriterium angegeben werden kann (etwa alle Länder, die mit M beginnen), sondern eine explizite Liste von Werten verwendet wird, nennen wir dieses Verfahren eine *List Partition*. Dann ist es möglich, einen Wert für die Zuordnung zu einer Partition aus anderen Werten berechnen zu lassen. Ein Beispiel hierfür wäre, dass die Nachnamen auf einige wenige Werte reduziert werden, die dann für die Partitionierung genutzt werden. Hier werden normalerweise Hashalgorithmen eingesetzt, die nur sehr wenige unterschiedliche Ergebnisse liefern, sagen wir 7. Dabei würde der Name MEIER durch den Hashalgorithmus nun auf Partition 5 abgebildet, MAIER aber zum Beispiel auf Partition 4. Wichtig ist nur, dass die Ergebnisse des Algorithmus deterministisch sind und daher für jede Eingangsgröße immer auch die gleiche Partition zuweisen. Eine solche Partition nennen wir dann eine *Hashpartition*. Zudem können Partitionen in Unterpartitionen aufgeteilt werden, wobei auch gemischte Partitionierungsregeln (also zum Beispiel Range Partition für die Hauptpartition, List Partition für die Unterpartition) verwendet werden können.

Ehrlich gesagt, möchte ich es für den Moment bei diesen einführenden Bemerkungen zu partitionierten Tabellen belassen, es ist in erster Linie ein Administrationsthema, das zwar auch Auswirkungen auf SQL hat, die jedoch eher speziell sind und von fortgeschrittenen SQL-Anwendern verwendet werden.

13.3   Erweiterung zur »aktiven Tabelle«

Das abschließende Kapitel beschreibt weniger eine Technologie, als vielmehr eine Strategie. Daher, und weil die eingesetzten Technologien häufig die Programmiersprache PL/SQL erfordern, ist dieser Abschnitt eher als Einführung zu diesem Thema gedacht, sozusagen als Hintergrundinformation für Sie, denn eventuell gibt es solche Strategien in Datenmodellen, mit denen Sie arbeiten, oder Sie überlegen, solche Strategien in eigenen Projekten umzusetzen, und benötigen hierfür einige Anregungen und Argumente. In beiden Fällen ist aber zum vollständigen Verständnis die Kenntnis der Programmiersprache PL/SQL erforderlich, den Hinweis auf das entsprechende Buch brauche ich Ihnen wohl nicht mehr zu geben. Und: Dieser Abschnitt ist nicht erforderlich, wenn Sie »lediglich« SQL lernen möchten und mit der Entwicklung von Datenmodellen und Anwendungen nichts zu tun haben.

13.3.1   Die Idee der »aktiven Tabelle«

Der Begriff stammt nicht von mir, sondern wird schon lange verwendet, um eine Strategie der Datenhaltung zu beschreiben, die eine Tabelle als zentrales Speichermedium für Daten begreift und dieser Tabelle weitere Aufgaben in Bezug auf die Sicherung und Konsistenz der Daten zuweist, als das bislang möglich ist. Fassen wir den Stand zusammen: Um die Konsistenz von Daten zu sichern, stehen uns in erster Linie die Constraints zur Verfügung. Mit Hilfe dieser Constraints können Eindeutigkeit, referenzielle Integrität und schlichte Anforderungen an die verwendeten Daten einer Spalte durchgesetzt werden. Der Vorteil liegt auf der Hand, denn die Constraints werden deklarativ vereinbart, zwingen uns also nicht zur Programmierung und sind sehr schnell, weil die Datenbank sie unmittelbar im Datenbankkernel und in SQL durchsetzt. Alle nötigen Anforderungen an das Einrichten von Indizes etc. werden durch die Datenbank übernommen.

Nun existieren aber Anforderungen an die Datenkonsistenz, die wir durch die vorhandenen Constraints nicht abdecken können. Hierzu zählen zum Beispiel die Abhängigkeit gewisser Spaltenwerte von anderen Spalten (wenn Spalte a den Wert x hat, muss in Spalte b ein Wert stehen etc.), komplexere Überprüfungen der eingegebenen Werte auf Plausibilität, das Verhindern von Datenänderungen für spezielle Spalten und vieles weitere mehr. Die meisten Anwendungsentwickler reagieren auf diese Einschränkungen damit, dass diese Vorschriften im Anwendungscode realisiert werden. Das Problem liegt darin, dass dieser Code sehr weit von den Daten entfernt implementiert wird: Sowohl der direkte Eingriff durch Datenbankadministratoren oder sonstige berechtigte Benutzer umgehen diese Regeln als auch bestehende Anwendungen, bei denen die Implementierung dieser Regeln nicht konsistent erfolgt (oder die nicht implementiert werden können, weil es sich um Software von Drittherstellern handelt).

Ein alternativer Ansatz besteht darin, dass die fehlende Ausdrucksstärke der eingebauten Constraints durch Programmierung innerhalb der Datenbank kompensiert wird. Ein Beispiel hierfür habe ich schon einmal angedeutet, als ich über Trigger gesprochen habe. Diese Trigger bieten sich hier an: Es handelt sich um Programme, die einmal auf eine Tabelle aufgesetzt werden und die komplette Bandbreite an Tests zu den Daten der Tabelle übernehmen können. Ein Trigger gilt immer und überall, er kann vom Datenbankadministrator zwar ausgeschaltet, im eingeschalteten Zustand aber nicht umgangen werden. Dies macht den Trigger zu einem mächtigen Werkzeug, um die Tabelle so einzurichten, dass nur erlaubte Datenänderungen ermöglicht werden. Der Vorteil dieses Ansatzes liegt darin, dass diese Regeln nur einmal, nämlich bei Anlage der Tabelle und direkt dort, eingebaut werden müssen.

Ebenso verhält es sich mit Logik, die dem Datenschutz dient: Ein Trigger könnte ohne Weiteres dazu genutzt werden, Datenänderungen nur zu bestimmten Zeiten zu erlauben oder an sonstige, beliebige Umstände zu binden (zum Beispiel daran, dass der angemeldete Benutzer sich auch tatsächlich im Haus befindet, was durch einen Check gegen das Zutrittsverwaltungsprogramm geklärt werden könnte). Solche Prüfungen sind ebenfalls konsistent in der Datenbank realisiert und damit für alle Anwendungen bereits vordefiniert.

13.3.2   Zur Illustration: Beispiel eines Triggers

Eher zu Illustrationszwecken möchte ich Ihnen hier ein Beispiel für einen Trigger zeigen, der relativ einfache Aufgaben erledigen soll:

▶ Beim Einfügen eines neuen Datensatzes soll eine Primärschlüsselnummer aus einer Sequenz generiert werden.

▶ Nach Anlage des Datensatzes soll die Änderung eines Spaltenwertes verhindert werden.

▶ Eine Spalte soll einen Wert enthalten, falls eine andere Spalte einen bestimmten Wert enthält.

Das Beispiel ist so gewählt, dass ich nicht in die Tiefen der Programmierung abtauchen muss, sondern nur einfache Logik verwenden kann, die keine besondere Kenntnis der speziellen Syntax von SQL erfordert. Ein Trigger wird erstellt, indem er an eine Tabelle einerseits und an gewisse Ereignisse andererseits gebunden wird, die entscheiden, ob der Trigger ausgelöst wird oder nicht. In unserem Fall möchten wir einen Trigger an die Tabelle EMP binden, und zwar an die Ereignisse update und delete. Die möglichen Ereignisse dieses Trigger-Typs sind also DML-Anweisungen, die auf die Tabelle ausgeführt werden. Zunächst beginnt alles relativ harmlos, denn wir benutzen die Anweisung create or replace trigger, um den Trigger anzulegen. Durch eine spezielle Kombination von Schlüsselworten wird der Trigger auf die Tabelle und die zu überwachenden Ereignisse eingerichtet:

```
create or replace trigger trg_emp_briu
before insert or update on emp
  for each row
```

Listing 13.15 Der Startpunkt: Deklaration eines Triggers

Diese Anweisung besagt Folgendes: Erstelle (oder ersetze, es handelt sich ja nicht um ein Datenbankobjekt, dass Festplattenplatz verwendet) einen Trigger mit dem Namen trg_emp_briu. Dieser Name folgt einer Namenskonvention, die recht verbreitet ist: Dem Präfix trg_ für Trigger folgt der Name der Tabelle, auf die der Trigger aufsetzt, und eine Abkürzung der Ereignisse, auf die der Trigger reagieren soll: *before row insert update*. Damit meinen wir Folgendes: Führe das Programm, dass dieser Deklaration folgt, aus, *bevor* die eigentliche DML-Anweisung durchgeführt wird, und zwar vor *jeder* betroffenen Zeile (sowohl bei insert- als auch bei update-Anweisungen können sehr viele Zeilen betroffen sein). Reagiere nur bei insert- und update-Anweisungen, nicht aber bei delete-Anweisungen.

Nachdem dies definiert wurde, kommt nun das eigentliche Programm. Das Programm hat (bei dieser Form des Triggers) Zugriff auf den alten Zustand vor Ausführung der Anweisung, aber auch auf die Daten, die durch die Anweisung eingefügt werden sollen. Da wir uns noch vor der Ausführung der Anweisung befinden, können diese Daten durch den Trigger noch verändert werden. Die alten Spaltenwerte werden uns dabei über ein Objekt mit dem Namen old zur Verfügung gestellt, die neuen analog durch ein Objekt new. Etwas seltsam ist, dass wir diese Objekte mit einem Doppelpunkt voran ansprechen müssen, die Begründung ist aber etwas komplex und soll uns hier nicht interessieren. Das Programm selbst verwendet eine einfache Fallunterscheidung mit if <Bedingung> then <Befehl> end if;, und als Letztes ist noch interessant, dass in PL/SQL einer Variablen ein Wert zugewiesen wird, indem der Operator := verwendet wird. Sehen wir uns also den Code komplett an:

```
SQL> create or replace trigger trg_emp_briu
  2  before insert or update on emp
  3    for each row
  4  begin
  5    if inserting then
  6      :new.empno := emp_seq.nextval;
```

```
 7    end if;
 8    if updating then
 9       :new.ename := :old.ename;
10    end if;
11    if :new.job = 'SALESMAN' then
12       :new.comm := coalesce(:new.comm, :old.comm, 0);
13    else
14       :new.comm := null;
15    end if;
16    end;
17    /
Trigger wurde erstellt.
```

Listing 13.16 Ein einfacher Trigger

Drei Fallunterscheidungen machen wir hier: Zunächst einmal wird in Zeile 5 geprüft, ob das Ereignis, das den Trigger ausgelöst hat, eine insert-Anweisung war. Zu diesem Zeitpunkt ist also noch kein Datenbestand in der Tabelle, das Objekt old enthält keine Daten. Dem Objekt new wird in diesem Fall ein neuer Wert aus unserer Sequenz zugewiesen (dies geht so erst ab Version 11 der Datenbank), der anschließend in die Tabelle eingefügt wird. Im zweiten Zweig unserer Fallunterscheidung prüfen wir, ob das auslösende Ereignis eine update-Anweisung war. In diesem Fall verhindere ich hier (was vielleicht nicht sehr sinnvoll ist), dass der Name des Mitarbeiters verändert werden kann, indem einfach der alte Wert auf den neuen Wert kopiert wird. Dadurch wird eine eventuelle Änderung durch den Anwender rückgängig gemacht. Als Letztes habe ich noch eine Prüfung eingebaut, die in jedem Fall (insert oder update) prüft, ob der neue Beruf SALESMAN lautet. Ist dies der Fall, wird nachgesehen, ob bereits ein Bonus gezahlt wurde. Dieser würde erhalten, falls nicht ein neuer Bonus übergeben würde. Wären beide Boni null, würde ein Bonus von 0 vergeben. Ist der Beruf andererseits nicht gleich SALESMAN, wird ein eventueller Bonus einfach gestrichen. Der Trigger übernimmt also bereits einige Aufgaben, die mit normalen Constraints nicht umsetzbar sind, ohne dafür zu erfordern, dass die Anwendung dieses Verhalten kodiert.

Bevor wir uns vergewissern, dass der Trigger funktioniert, muss ich allerdings noch eine Verständnisfrage stellen: Wie kann der Trigger vor der Ausführung einer update-Anweisung eigentlich wissen, welcher neue Spaltenwert zum Beispiel für die Spalte SAL eingefügt werden soll, wenn in der update-Anweisung als neuer Wert SAL * 1.03 oder etwas Ähnliches notiert wäre, der neue Wert also durch die update-Anweisung selbst erst berechnet würde? Ich bin froh, dass Sie diese Frage stellen! Die Erklärung ist vielleicht ein bisschen überraschend: Eine update-Anweisung besteht stets aus einer select-Abfrage und der nachfolgenden update-Anweisung. In der select-

Abfrage wird unter anderem berechnet, welche Zeilen eigentlich von einem update betroffen sein werden, und in diesem Teil der Abfrage werden eben auch die neuen Spaltenwerte berechnet. Wird dann im zweiten Teil die eigentliche update-Anweisung ausgeführt, stehen die Daten bereits fest. Und genau zwischen diesen beiden Teilen der Anweisung wird nun die Ausführung unseres Triggers gestellt. Kontrollieren wir also, ob unser Trigger auch funktioniert:

```
SQL> insert into emp (ename, job, sal, deptno)
  2  values ('SCHULZE', 'SALESMAN', 1500, 20);
1 Zeile wurde erstellt.


SQL> select empno, ename, job, sal, comm
  2    from emp
  3   where ename = 'SCHULZE';


    EMPNO ENAME      JOB              SAL       COMM
---------- ---------- ---------- ---------- ----------
     8120 SCHULZE    SALESMAN        1500          0


SQL> update emp
  2     set ename = 'SCHULTZE',
  3         job = 'ANALYST'
  4   where ename = 'SCHULZE';
1 Zeile wurde aktualisiert.


SQL> select empno, ename, job, sal, comm
  2    from emp
  3   where ename in ('SCHULZE', 'SCHULTZE');


    EMPNO ENAME      JOB              SAL       COMM
---------- ---------- ---------- ---------- ----------
     8120 SCHULZE    ANALYST         1500


SQL> rollback;
Transaktion mit ROLLBACK rückgängig gemacht.
```

Listing 13.17 Test des Triggers

Der Trigger verhält sich, wie geplant: Beim Einfügen wird eine neue Mitarbeiternummer aus der Sequenz emp_seq ermittelt. Da der neue Beruf SALESMAN ist, wird eine COMM von 0 vergeben. Bei der Änderung der Daten versuchen wir, unseren Schreibfehler zu korrigieren, aber vergeblich. Da andererseits der Beruf nun nicht mehr SALESMAN ist,

ist auch der Bonusanspruch weg. Gehen die Entwickler diesen Weg, schützt die Tabelle sich selbst: Eine aktive Tabelle ist entstanden.

13.3.3   Bewertung dieses Verfahrens

So richtig sich dieses Verfahren zunächst anhören mag, so schwierig ist dessen Umsetzung. In der Regel werden Sie eine aktive Tabelle nicht ohne erheblichen Eingriff in die Anwendungslogik umsetzen können. Wenn eine Anwendung nicht damit rechnet, dass sich die Tabelle weigert, Daten anzunehmen, werden Sie mit ziemlicher Sicherheit keine Freude mehr an Ihrer Anwendung haben. Ich erinnere mich daran, in einer Anwendung einmal spaßeshalber die Verwaltung der Datenbanksessions so umgestellt zu haben, dass ein Benutzer, der 30 Minuten inaktiv war, seine Session entzogen bekam. Dies war ein Versuch, weil in einem sicherheitsrelevanten Umfeld die Anwendung erlaubte, dass ein Benutzer über Wochen angemeldet blieb, was die Mitarbeiter natürlich sofort ausgenutzt haben, um sich nicht immer wieder neu anmelden zu müssen. Der angemeldete Benutzer war längst in Urlaub, aber die Kollegen arbeiteten immer noch mit dessen Account. Als ich die Session nun begrenzte, waren 46 Fehlermeldungen auf der Oberfläche die Folge, bevor sich das Programm beruhigt hatte. Solche Eingriffe verbieten sich also. Dies muss man als Manko des Ansatzes werten, insbesondere, wenn Anwendungen existieren, auf die Sie keinen Zugriff haben.

Ein weiteres Problem besteht darin, dass die Diskussion, welche Art Regel auf welcher Ebene der Anwendung implementiert wird, nur sehr schwer zu beantworten sein kann. Ein Benutzer soll Daten nur während der »normalen« Geschäftszeiten ändern dürfen. Ist dies eine Regel der Datensicherheit oder vielleicht doch eine normale Geschäftsregel? Oder schauen Sie auf unseren Beispiel-Trigger: Natürlich ist es – unabhängig von der Frage, die uns hier umtreibt – kein guter Stil, den Beruf, der eine Kommissionsberechtigung beinhaltet, direkt in den Trigger hineinzuschreiben. Aber auch hier stellt sich die Frage, ob diese Regel noch eine Regel zum Erhalt der Datenkonsistenz oder bereits eine Geschäftsregel darstellt. Gehört so etwas also in einen Trigger?

Doch selbst wenn die Zuordnung relativ klar gegeben werden kann: Ist es nur die Aufgabe der Datenbank, diese Regeln durchzusetzen? Denken Sie an einen check-Constraint, der sicherstellt, dass nur die Werte Y und N in die Spalte einer Tabelle eingefügt werden dürfen. Ist dies zulässig? Vielleicht möchte die Anwendung selbst bereits diese Einschränkung vornehmen, damit falsche Daten nun nicht mehr auf der Oberfläche vorgenommen werden dürfen. Nur, woher erfährt die Anwendung, welche Werte genau zulässig sind? Im Beispiel ist das vielleicht noch nicht so kompliziert, da könnten Sie noch argumentieren, dass ein solches Feld doch ganz einfach nachgebaut werden könnte. Stellen Sie sich nun aber vor, der check-Constraint erlaubte nun auch noch den Wert U für undefined. Wo müssten Sie dies nun überall ändern?

Ich erinnere mich an ein Projekt, in dem ich als Softwarearchitekt in einem komplexen Umfeld genau dieses Problem zu lösen hatte. Die Anwendung war programmiert worden, um komplexe Antragsformulare für Subventionen verschiedener Ministerien elektronisch zur Verfügung zu stellen. Nun sollte diese Anwendung als Webanwendung erweitert werden. Nach wie vor sollten die komplexen Geschäfts- und Datenregeln (die für jedes Fördervorhaben und jedes Ministerium auch noch unterschiedlich sein konnten) eingehalten werden, allerdings sollte auch die Webanwendung in der Lage sein, diese Regeln auf dem Client zu prüfen, ohne den gesamten Antrag stets zu einem zentralen Server schicken zu müssen. Das Problem: Implementieren Sie die Regeln lediglich in der Webanwendung, können Sie nicht sicher sein, ob nicht Daten in die Datenbank gelangen, die dennoch gegen das Datenmodell verstoßen. Pflegen Sie die Geschäftsregeln aber sowohl auf der Oberfläche als auch in der Datenbank, haben Sie eine komplizierte Administration dieser Regeln an zwei Stellen zu überwachen. Wie lösen wir ein solches Problem? Nun, es geht nicht um die konkrete Lösung, die wir in diesem Fall gewählt haben (diese Anforderung wurde tatsächlich gelöst), sondern darum, ein Gefühl dafür zu schaffen, dass die Problematik, die hier bedacht werden muss, nicht eindimensional durch eine Entscheidung aus der Welt geräumt werden kann, sondern eine angemessene Lösung für ein gegebenes Problem verlangt.

Auf der Habenseite der Idee der aktiven Tabelle steht in jedem Fall: Die Tabelle kümmert sich um Probleme, die durch die Datenbank selbst aufgekommen sind, wie zum Beispiel die Erzeugung und Verwaltung von Schlüsselwerten. Diese Schlüssel werden nur gebraucht, damit die Datenbank die Daten in ihrem Datenmodell ablegen kann, da wäre es wirklich schön, wenn sie diese Probleme auch selbst lösen könnte. Dann ist es sehr charmant, die Datenzugriffslogik direkt bei der Tabelle zu implementieren, weil dadurch kein Zugriff auf die Datenbank diese Regeln umgehen könnte. Zudem lassen sich viele Probleme aus diesem Bereich mit den Mitteln der Datenbank oftmals mit weniger Code und mit höherer Geschwindigkeit lösen als mit externem Code. Ich betrachte diesen Ansatz als *ein* Mittel, die Probleme der Datenhaltung zu lösen. Nicht als *das* Mittel, doch als ein wichtiges.

Kapitel 14

Indizes erstellen

Kaum ein anderer Bereich der Datenbanken ist so von Mythen umgeben wie die Indizierung. Von den einen als Heilsbringer für Datenbankperformanz gelobt, von anderen als unnötiger Ballast verschrien. Dieses Kapitel bringt Licht in das Dunkel und räumt mit einigen Mythen auf.

Dieses Kapitel ist in Teilen eine Gratwanderung zwischen dem, was ein Buch über SQL bezüglich Indizes vermitteln muss und dem Arbeitsbereich von Administratoren. Anwendungsentwickler, aber auch SQL-Anwender, die komplexes SQL erstellen, benötigen allerdings eine relativ genaue Vorstellung davon, was Indizes tun und wie sie verwendet werden. Oft sehe ich in Projekten, dass die Entwickler die Beschleunigung von Abfragen für die Aufgabe der Datenbankadministratoren halten, die dann eben die nötigen Indizes einfügen müssten. Mehrere Gründe sprechen gegen diese Haltung: Erstens verwalten Administratoren oftmals viele Anwendungen. Daher kann man nicht erwarten, dass diese sich in jede Anwendung auf detailliertem Niveau einarbeiten und die Dinge bereinigen, die von den Anwendungsprogrammierern versäumt wurden. Zweitens sind viele Optimierungsmöglichkeiten an eine bestimmte Schreibweise der SQL-Anweisung gebunden, beispielsweise um funktionsbasierte Trigger (Abschnitt 14.2.2, »Funktionsbasierter Index«) oder spezielle Textindizes (Abschnitt 14.3.1, »Volltextindizierung«) verwenden zu können. An die SQL-Anweisungen, die oftmals Teil des Anwendungscodes sind, kommen die Administratoren allerdings nicht heran. Drittens, und das ist das wichtigste Argument, wird die Optimierung einer Anwendung nicht nur durch Indizes bewerkstelligt, sondern viele extrem leistungsfähige Optimierungen sind nur durch eine richtige Programmierstrategie gegen eine bestimmte Datenbank möglich. Daher hilft nur eins: Wenn ein Anwendungsprogrammierer eine Datenbankanwendung erstellt, muss er schlicht und ergreifend detaillierte Kenntnis von der Arbeitsweise der Datenbank haben, gegen die er entwickelt, wenn er denn performante und skalierbare Anwendungen entwickeln möchte.

Daher ist die Beschäftigung mit Indizes insofern wesentlich, als nicht allein speichertechnische Belange oder die Wartung von Indizes berührt sind. Fassen wir die Aufgabe dieses Kapitels so zusammen: Wir erläutern die Indizes in ihrer Funktion und im Anwendungsspektrum, die Wartung, Pflege und Entsorgung überlassen wir dann allerdings den Datenbankadministratoren. Zudem werde ich mich ausklinken, wenn die Indextypen zu speziell werden, teils weil mir in diesen Bereichen selbst die praktische Erfahrung fehlt und ich daher nur die Online-Dokumentation abschreiben könnte, teils weil die Gebiete, in denen diese Indizes verwendet werden, wohl eher einen kleinen Teil von Ihnen aktuell interessieren werden.

14.1   Was ist ein Index?

Ich komme noch einmal auf das Bild der Datenbanktabelle als Lager zurück. Wir hatten uns bereits klargemacht, dass ein Index in diesem Bild einem Ordner entspräche, in dem für jede unterschiedliche Farbe oder jeden unterschiedlichen Hersteller jeweils ein Blatt eingeheftet würde. Auf dem Blatt notieren wir, an welcher Lagerplatznummer die entsprechende Farbe oder ein Produkt des entsprechenden Herstellers gelagert werden. Der Vorteil: Wir finden ein gesuchtes Produkt sehr schnell, wenn die Fragestellung sich auf eine Produkteigenschaft bezieht, für die wir einen Ordner angelegt haben. Der Nachteil: Bei jeder Änderung am Lagerbestand müssen wir in allen Ordnern nachschauen, ob diese Änderung eine Änderung der Listen zur Folge hat. Der Aufwand der Verwaltung dieser Ordner kommt also beim Ändern des Lagers hinzu, profitieren tun wir nur, wenn wir einzelne Produkte suchen. Etwas technischer: Ein Index beschleunigt Lesezugriffe auf Tabellen und entschleunigt Schreibzugriffe. So weit, so gut. Doch über diese allgemeine Aussage hinaus sollten wir noch etwas mehr über Indizes wissen, um ein Verständnis dafür zu entwickeln, ob ein Index für eine konkrete Problemstellung lohnt oder nicht.

14.1.1   Einige Überlegungen zur Indizierung

Ob nun in Projekten, in denen ich arbeite, oder bei Schulungen: Immer wieder bemerke ich, dass die Frage, ob und wie eine Tabelle indiziert werden sollte, nur sehr schwammig beantwortet wird. Teils höre ich, dass dies Aufgabe der Administratoren sei, teils, dass möglichst jede Tabelle möglichst viele Indizes beinhalten solle. Ist eine `select`-Abfrage langsam, wird nach Indizierung gerufen. Im Folgenden möchte ich Ihnen gern einige Entscheidungsgrundlagen an die Hand geben, die ein Licht darauf werfen, wann indiziert werden sollte, und vor allem, wann nicht.

Erste Daumenregel: Die Selektivität muss hoch sein

Das Leben ist also komplizierter, als es zunächst den Anschein hat. Gehen wir einmal davon aus, Ihnen oder Ihrem Unternehmen fehlt es an Geld für Oracle Exadata. Dann können wir zumindest sagen, dass ein Index umso sinnvoller ist, je selektiver er ist, je weniger Zeilen durch die Suche also zurückgeliefert werden sollen. Hier wird die Datenbank einiges an Schützenhilfe leisten, denn ob ein Index ausreichend selektiv ist, entscheidet die Datenbank meist allein. Dafür verantwortlich ist ein Mechanismus, der für jede Tabelle statistische Daten ermittelt. Wie viele Zeilen enthält die Tabelle, wie groß ist die Tabelle auf der Festplatte, wie lang ist eine durchschnittliche Zeile, wie viele unterschiedliche Werte existieren etc.? Sie können sich diese statistischen Daten für eine Tabelle ansehen, indem Sie im SQL Developer den Reiter STATISTIK für eine Tabelle aufrufen. Abbildung 14.1 zeigt Ihnen diese Bildschirmseite einmal stellvertretend für die Tabelle SALES des Benutzers SH.

Name	Wert
NUM_ROWS	918843
BLOCKS	1769
AVG_ROW_LEN	29
SAMPLE_SIZE	2000
LAST_ANALYZED	05.12.2011 10:24:13
LAST_ANALYZED_SINCE	05.12.2011 10:24:13

Spaltenstatistik

Aktualisieren: 0

	TA...		COLUMN_NAME		...	LOW_V...	HIGH_VALUE		DEN...		NUM...		NUM_BUCKETS
SH	SALES		PROD_ID			72	C10E	C20231		0,000...		0		72
SH	SALES		CUST_ID			7059	C103	C30B0B		0,000...		0		1
SH	SALES		TIME_ID			1460	77C6...	78650C1...		0,000...		0		1
SH	SALES		CHANNEL_ID			4	C103	C10A		0,25		0		1
SH	SALES		PROMO_ID			4	C122	C20A64		0,25		0		1
SH	SALES		QUANTITY_SOLD			1	C102	C102		1		0		1
SH	SALES		AMOUNT_SOLD			3586	C10729	C2125349		0,000...		0		1

Abbildung 14.1 Ausschnitt der Tabellenstatistik für die Tabelle SALES

Diese Daten werden von der Datenbank in Version 11 automatisch im Rahmen sogenannter Wartungsarbeiten gesammelt. Version 10 hat dafür Wartungsjobs, die zum Teil vom Administrator angestoßen werden müssen. Der Administrator regelt hierzu die Details. Bewaffnet mit diesen Informationen, wird nun der *Optimizer*, also das Programm, das den Ausführungsplan einer Anweisung berechnet, kalkulieren, ob der Einsatz eines Indexes lohnt oder nicht. Sehen Sie sich stellvertretend in dieser Liste einmal die Information DENSITY (die 7. Spalte der unteren Tabelle in Abbildung 14.1) für die Zeilen CHANNEL_ID und PROMO_ID an. Die Statistik zeigt für beide Spalten die Dichte 0,25. Dies besagt, dass lediglich vier verschiedene Werte in der Tabelle vorhanden sind, wie das in Spalte 4 der Tabelle (NUM_DISTINCT) auch dargestellt wird. Dies bedeutet nun, dass ein Filter über diese Spalte im statistischen Mittel ca. 250.000 Zeilen zurückliefern würde. Daher wäre eine Suche über diese Spalte ziemlich sicher performanter, wenn ein Full Table Scan über die gesamte Tabelle durchgeführt würde, anstatt den Index zu benutzen, den es für diese Spalte durchaus gibt (warum das so ist, erläutere ich in Abschnitt 14.1.2, »Die Mythenbildung«). Dies stellt der Ausführungsplan einer entsprechenden Anweisung auch unmissverständlich klar, denn der Optimizer entscheidet sich für den Full Table Scan (Abbildung 14.2).

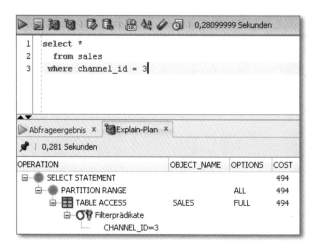

Abbildung 14.2 Ausführungsplan ohne Indexbenutzung

Wenn Sie mögen, können Sie sich vergewissern, dass diese Spalte indiziert ist (wenn auch mit einem Bitmap-Index, den ich in Abschnitt 14.2.3, »Bitmap-Index«, erklären werde). Auch das Thema Partitionierung von Tabellen, um das sich auch viele lustige Geschichten ranken, vertage ich auf ein noch zu verfassendes Buch zur Administration von Oracle (also hoffentlich auf ewig ...). Als erste Daumenregel halten wir also fest: Ein Index macht umso mehr Sinn, je weniger Zeilen durch die Abfrage zurückgeliefert werden. Oder anders: Wenn eine Spalte eine hohe Kardinalität hat (eine hohe Anzahl unterschiedlicher Werte), ist sie ein besserer Kandidat für eine Indizierung, als wenn dies nicht der Fall ist, denn die Zahl der Zeilen, die statistisch zurückgeliefert werden, entspricht dem Kehrwert der Kardinalität. Wohl dem also, der über CUST_ID suchen kann, denn die Anzahl der Zeilen, die statistisch zurückgeliefert wird, liegt hier bei 1/7059tel oder bei ca. 130. Probieren Sie es aus: Filtern Sie die Tabelle SALES über die Spalte CUST_ID, wird der Index sofort verwendet.

Zweite Daumenregel: Ein Index muss sinnvoll sein und benutzt werden können

Diese Abschnittsüberschrift klingt wie ein schlechter Witz: Natürlich muss das gelten. Lassen Sie mich dennoch erklären, was ich damit meine: *Ein Index muss sinnvoll sein* besagt vor allem, dass ein Index nicht auf eine Spalte angelegt werden sollte, die bereits indiziert ist (was häufiger passiert, als Sie vielleicht denken), denn diese Indizes kosten doppelt, nämlich bei Schreibvorgängen und dann noch einmal, weil sie durch den Optimizer berücksichtigt werden müssen und eventuell dafür verantwortlich sind, dass ein guter Ausführungsplan nicht berechnet werden kann. Interessant ist diese Forderung insbesondere vor dem Hintergrund, dass eine Primärschlüsselspalte immer auch eine indizierte Spalte ist! Zudem gilt aus den verschiedensten Gründen, dass eine Fremdschlüsselspalte immer auch eine indizierte

Spalte sein sollte (es aber nicht notwendigerweise ist, weil die Indizes nicht von Oracle selbst angelegt werden). Ein weiterer Index auf diese Spalten erübrigt sich dann! Vielleicht ein Wort zur »Unfähigkeit« des Optimizers, einen guten Ausführungsplan zu berechnen, wenn zu viele Indizes vorhanden sind: Die Anzahl der möglichen Ausführungspfade, die der Optimizer berechnen muss, können Sie überschlägig berechnen, indem Sie die Fakultät der beteiligten Tabellen und Indizes berechnen. Nehmen wir an, eine Abfrage betrifft drei Tabellen und sieben Indizes, dann sind theoretisch mindestens 10! oder etwa 3,6 Millionen Ausführungspläne möglich. Nun kommen noch verschiedene Ausführungsstrategien (*Nested Loop*, *Hashjoins* etc.) hinzu. Es ist völlig klar, dass Oracle diese möglichen Pläne nicht in einer oder zwei hundertstel Sekunden berechnen kann. Daher wird eine Vorauswahl getroffen. Dass diese Vorauswahl optimal ist, wird aber mit zunehmender Anzahl von Indizes und Tabellen unwahrscheinlicher. Zwar ist Oracle extrem gut darin, diese Vorauswahl auf hohem Niveau durchzuführen, doch sehen Sie das Problem. Unnötige Indizes verschärfen also diese Situation.

Zweitens muss ein Index auch benutzt werden *können*. Die Betonung auf »können« rührt daher, dass Sie eventuell glauben, einen Index auf eine Spalte korrekt angewendet zu haben, später dann jedoch feststellen, dass der Index konsequent vom Optimizer ignoriert wird. Ein Grund, weswegen dies passieren kann, ist der, dass Sie gar nicht nach dem Spaltenwert suchen, sondern nach einer Umformung des Spaltenwertes. Lassen Sie mich zunächst ein offensichtliches Szenario dafür entwerfen. Wir wissen, dass die Spalte EMPNO der Tabelle EMP indiziert ist, denn es handelt sich um eine Primärschlüsselspalte. Der Spaltentyp ist number. Nun aber suche ich nicht nach einer Zahl, sonder zwinge die Datenbank, nach einer Zeichenkette zu suchen (Abbildung 14.3).

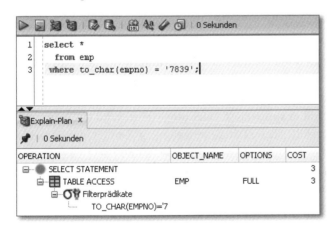

Abbildung 14.3 Der Index kann nicht genutzt werden.

Durch diese Umwandlung kann der Index nun nicht mehr benutzt werden, denn ich vergleiche das *Ergebnis einer Funktion* mit einer Konstanten, nicht aber meinen Spaltenwert. Etwas realistischer wird das Szenario, wenn wir uns vorstellen, wir suchten nach einem Namen und diese Spalte sei indiziert. Nun möchten wir allerdings eine Suche durchführen, die nicht auf Groß- und Kleinschreibung angewiesen ist, sondern beliebige Schreibweisen des Suchbegriffs in der Tabelle findet. Dafür wandeln wir den Spaltenwert in Kleinbuchstaben um, ebenso wie wir das für den Suchbegriff tun. Es werden also auf beiden Seiten der Spaltenwert und der Suchbegriff als Kleinbuchstaben verglichen. Diese Abfrage leidet allerdings am gleichen Problem, der Index wird ignoriert:

```
SQL> create index idx_emp_ename on emp(ename);
SQL> select *
  2    from emp
  3*  where lower(ename) = lower('Blake');
Ausführungsplan
--------------------------------------------------------
Plan hash value: 3956160932
--------------------------------------------------------

| Id  | Operation          | Name | Rows  | Bytes
--------------------------------------------------------
|   0 | SELECT STATEMENT   |      |   1 |    37
|*  1 |   TABLE ACCESS FULL| EMP  |   1 |    37
--------------------------------------------------------


Predicate Information (identified by operation id):
--------------------------------------------------------
   1 - filter(LOWER("ENAME")='blake')
```

Listing 14.1 Eine Abfrage, die einen Index nicht nutzen kann

Natürlich sagen wir unwillkürlich: »Das muss der Index doch abkönnen und trotzdem genutzt werden«, aber das ist nicht der Fall: Der Optimizer wird den Index ignorieren. Bevor wir dieses Problem lösen, indem wir einen Index erzeugen, der auch mit dieser Formulierung umgehen kann, machen wir uns klar: Ein Index muss auch genutzt werden *können*, damit er sinnvoll ist. Oder umgekehrt: Wird ein Index, entgegen Ihrer Erwartung, bei realistischen Datenmengen nicht genutzt, dann löschen Sie ihn wieder, überlegen Sie, warum er nicht genutzt wird, und passen Sie ihn entsprechend an. Die Lösung für eine indexunterstützte Suche, die nicht auf Groß- und Kleinschreibung prüft, sehen wir uns im Übrigen in Abschnitt 14.2.2, »Funktionsbasierter Index«, an.

In Datenbanken vor Oracle 11 konnten Effekte, wie oben beschrieben, zudem auch dann auftauchen, wenn man vergessen hatte, eine Variable von der Oberfläche in den korrekten Typ für die Suche umzuwandeln. Stellen wir uns eine Abfrage vor, die folgende Form hat:

```
select *
  from emp
 where hiredate = '15.05.2012';
```

Listing 14.2 Abfrage mit falschem Datentyp

Solche Abfragen kommen sehr häufig vor, insbesondere, wenn man sich auf ein Standarddatumsformat verlässt oder die Abfragen durch SQL-Generatoren automatisiert erzeugt. Dann wurde die Anweisung durch die Datenbank vor der Ausführung umgeschrieben zu:

```
select *
  from emp
 where to_char(hiredate) = '15.05.2012';
```

Listing 14.3 Implizierte Konvertierung von Oracle vor Version 11

Aufgrund dieser impliziten Typkonvertierung *auf der falschen Seite der Anweisung* kann nun ein Index auf Spalte HIREDATE nicht mehr verwendet werden. Das gibt es meiner Beobachtung nach in Version 11 nicht mehr, dort wird die korrekte Seite der Gleichung konvertiert, nämlich zu:

```
select *
  from emp
 where hiredate = to_date('15.05.2012');
```

Listing 14.4 Korrekte Umformung der gleichen Abfrage in Version 11

Und in dieser Form bliebe ein Index auf Spalte HIREDATE nutzbar. Allerdings bleibt die Abfrage selbst natürlich nach wie vor eine schlechte Abfrage! Sichern Sie Ihre Abfragen (nicht nur) vor solchen Seiteneffekten, indem Sie stets die korrekten Datentypen miteinander vergleichen. Verlassen Sie sich auch nicht auf Standardeinstellungen, sondern formulieren Sie die Abfrage stets explizit, damit es zu keinen Fehlern zur Laufzeit kommen kann.

14.1.2   Die Mythenbildung

Gerade Indizes sind von vielen Mythen umrankt, von der einfachen Idee, ein Index sei immer schnell bis hin zum Gedanken, eine Anwendung könne allein dadurch, dass richtig indiziert wurde, von einem lahmen Gaul zu einem Weltklassesprinter. In diesem Abschnitt greife ich einige der Mythen auf und korrigiere sie.

Mythos: Ein Index ist immer schnell

Direkt zu Beginn dieses Abschnitts muss ich einmal mit der Vorstellung aufräumen, Indizes seien immer schnell. Ganz generell gilt: Sagt Ihnen jemand, etwas sei

»immer« so, sollten Sie bereits skeptisch werden. Wäre das so, warum sollte dann Oracle dies nicht auch immer so machen? Ein Index kann eine Suchanfrage auch drastisch verlangsamen, wenn ich die Datenbank zwinge, ihn wider besseres Wissen der Datenbank zu verwenden. Das mag überraschend klingen, ist aber völlig logisch: Stellen Sie sich vor, Sie zwängen den Lagerarbeiter, stets in der Liste nachzusehen, ob im Lager noch die Farbe Gelb vorhanden ist, bevor er einen Eimer Farbe aus dem Lager holen darf. Das Problem: Sie arbeiten bei der Post. Da ist das Lager voller gelber Farbe. Die Frage wäre eher: Was für eine Farbe soll hier eigentlich sonst sein? Dennoch: Sie bleiben bei Ihrer Forderung. Nun geht der Lagerarbeiter also zum Ordner, sieht nach und stellt fest: Gelb, Lagerplatz 873. Prima, also los. Er holt den Eimer, geht zum Ordner und stellt fest: Gelb, Lagerplatz 521. Los, Eimer holen, zurück. Dann: Gelb, Lagerplatz 874. »Da war ich doch gerade erst!«, grummelt der Lagerarbeiter vor sich hin, aber: Dienst ist Dienst. So geht das immer weiter. Die Wege, die der Lagerarbeiter zurücklegt, sind ungleich größer als nötig, denn wenn zum Beispiel gesagt würde: »Es sind so viele gelbe Eimer im Lager, lass uns die Regale abgehen und alle herausnehmen«, wären Sie ungleich schneller fertig. Ein Index ist also nur dann schnell, wenn die Anzahl der Zeilen, die durch den Index gekennzeichnet werden, klein ist im Verhältnis zur Gesamtzahl der Zeilen der Tabelle. Als ganz grobe Daumenregel: Die Datenbank wird einen Index ignorieren, wenn mehr als etwa 10 % der Zeilen einer Tabelle zurückgeliefert werden müssen. Zwingen Sie die Datenbank, den Index dennoch zu benutzen, wird die Abfrage mit ziemlicher Sicherheit langsamer ausgeführt. Und es kommt noch schlimmer: Seite einiger Zeit wird von Oracle ein Gesamtpaket aus Hard- und Software angeboten, das von der Hardware, dem Betriebssystem und der Datenbanksoftware her komplett auf maximalen Durchsatz einer Oracle-Datenbank angelegt wurde: *Oracle Exadata*. Im Licht dieser Maschinen sind die Spielregeln noch einmal völlig anders, denn hier ist der Zugriff auf die Festplatteninformation kein (zeitliches) Problem mehr, die Daten werden mit rasender Geschwindigkeit angeliefert. Sie mögen als Administrator daran gewöhnt sein, die Zugriffsgeschwindigkeit auf die Platten für das eigentlich limitierende Element Ihrer Datenbank zu halten, doch wenn das nicht mehr stimmt, ändern sich auch die Regeln für Indizes. Hier ist ein Index, konkret gesagt, nur dann sinnvoll, wenn die Zahl der Zeilen, absolut gesehen, gering ist. Denn wenn wir indiziert sehr schnell 10 % der Zeilen identifizieren können, die gelesen werden müssen, das aber bei einer Tabelle mit einer Milliarde Zeilen tun, müssen wir halt immer noch 100 Millionen Zeilen lesen. Da kann der massiv parallele Zugriff dieser Maschinen durchaus schneller sein als das sequenzielle Lesen von so vielen Zeilen. Sie sehen also: Ein Index muss nicht von sich aus schnelle Abfragen bedeuten. Andersherum wird auch ein Schuh daraus, denn gälte dies, legte Oracle einfach auf jede Spalte einen Index an und die Datenbank wäre maximal schnell. Es gibt keinen Initialisierungsparameter fast=true, den man einfach setzen kann, es kommt immer auf den konkreten Einzelfall an.

Mythos: Indizes sind klein und können deshalb generös angelegt werden

Ein Index ist alles andere als eine kleine Datenbankstruktur. Im Einzelfall (was gar nicht so selten ist) ist ein Index sogar größer als die Tabelle, die durch den Index indiziert wird. Das scheint nun so gar nicht zum Bild des Aktenordners zu passen, das wir bemüht haben, als wir uns über die Indizierung unterhalten haben. Und das stimmt: Hierin unterscheiden sich Datenbankindizes erheblich von Indizes, wie wir Sie zum Beispiel aus Fachbüchern kennen. Der Grund: Ein Index ist eine ungleich komplexere Speicherstruktur als eine einfache Tabelle. Da die Daten im Index sortiert angelegt werden müssen, ist die innere Struktur eben aufwendiger als bei einer Tabelle. Zudem wird ein Index immer »auf Zuwachs« speichern, will sagen, da bekannt ist, dass der Index neue Werte aufnehmen und diese an definierten Positionen speichern muss, wird der Index größere Lücken in der Speicherung akzeptieren, um dort später noch weitere Werte einfügen zu können. Doch auch, wenn wir dies einmal nicht berücksichtigen, bleibt die Datenmenge, die zu speichern ist, relativ groß: Zu einigen Informationen, die als Zeilenheader für jeden Indexeintrag ohnehin gespeichert werden müssen, kommen noch die zu indizierenden Begriffe sowie die rowid hinzu, die auf die Zeile der Tabelle zeigt, die durch diesen Begriff indiziert wird. Die rowid ist mit etwa 14 Byte keine kleine Zahl. Stellen wir uns nun vor, ein Index würde auf eine Tabelle angelegt, die lediglich die Postleitzahl und den zugehörigen Ort enthält. Nun wird die rowid ziemlich sicher größer sein als die durchschnittliche Länge der Ortsnamen in Deutschland und damit ist der Index größer als die Tabelle. Ich hatte dieses Problem schon einmal bei der Besprechung der IOT in Kapitel 13, »Tabellen erstellen«, angesprochen. Ein Index ist also in der Regel eine große Struktur, nicht etwa eine kleine Indexdatei mit ein paar wenigen Byte Information. Deshalb ist bei großen Tabellen auch der Ressourcenverbrauch eines Indexes zu klären: einmal bezüglich des Plattenplatzes, dann bezüglich der Zeit und der Rechenkapazität, die es benötigt, diesen Index erstellen zu lassen, schließlich noch bezüglich des Ressourcenverbrauchs bei Backup und Recovery.

Mythos: Indizierung ist die Aufgabe von Administratoren

Auch dieser Mythos hält sich hartnäckig. Wie wir bei der Diskussion der verschiedenen Indextypen sehen werden, ist die Aufgabe der Indizierung durchaus eine Aufgabe des Entwicklers einer Datenbankanwendung. Es ist einfach unmöglich, eine skalierbare und performante Datenbankanwendung zu erstellen, ohne Kenntnis des verwendeten Datenbanksystems. Ich weiß zwar auch, dass die Industrie hier anders lautende Versprechungen macht, aber in allen Projekten, in denen diese Wunderwerkzeuge eingesetzt wurden, habe ich von den gleichen Problemen gehört: Zunächst läuft alles gut, bis dann irgendwann bei sehr großer Datenmenge das gesamte Kartenhaus zusammenstürzt, weil die Anwendung die geforderten Antwortzeiten nicht mehr erbringen kann. Spätestens dann muss das eingesetzte Werkzeug händisch optimiert werden, was ohne Kenntnis der Datenbankmöglichkeiten

14

einfach nicht funktioniert. Anders formuliert: Diese Werkzeuge funktionieren für die Regelzugriffe auf Tabellen (für die man aber eigentlich keine Werkzeuge braucht, denn hier greifen auch schlichte Codegeneratoren recht gut), versagen aber bei komplexen Abfragen, die auch für die herkömmliche Programmierung stets das Hauptproblem darstellen. Daher hält sich bei sehr datenlastigen Anwendungen der Gewinn durch solche Werkzeuge in engen Grenzen.

Viele Optimierungsstrategien sind zudem nach Abschluss der Programmierung durch die Strategie des Programms bereits verbaut. Denken Sie sich als Beispiel, dass Sie eine Top-N-Analyse durchführen möchten. Sie benötigen die fünf bestverkauften Produkte über einen gegebenen Zeitraum. Ihre SQL-Abfrage sortiert die Produkte absteigend nach Umsatz und filtert über den fraglichen Zeitraum. Sie denken, es sei clever oder zumindest ausreichend, die SQL-Anweisung dabei zu belassen, denn Sie lesen nur die ersten fünf Zeilen des Abfrageergebnisses und verwerfen den Rest. Die Datenbank muss aber nun alle Produkte sortieren, was eine unnötig hohe Last auf dem Datenbankserver zur Folge hat, da sie natürlich nicht wissen kann, dass Sie lediglich die ersten fünf Zeilen lesen möchten. Nur, was soll ein Index an diesem Problem verbessern können? Die Lösung wäre, der Datenbank zu sagen, dass Sie lediglich die besten fünf Produkte benötigen, dies aber kann kein Administrator ändern. In diesem Fall ist also die Optimierung der Anwendung durch einen Index gar nicht möglich. Doch auch, wenn dies geht, ist es zum Teil für den Administrator unmöglich, einen solchen Index einzurichten, weil die `select`-Abfrage geändert werden müsste, um den Index auch tatsächlich zu benutzen. Ein Beispiel hierfür zeige ich Ihnen in Abschnitt 14.2.2, »Funktionsbasierter Index«.

Die Erstellung einer Datenbankanwendung setzt die Kenntnis der eingesetzten Datenbank voraus. In Kenntnis der Möglichkeiten ist es denkbar, dass ein Index für ein gegebenes Problem die beste Handhabe ist, kurze Antwortzeiten zu garantieren. Vielleicht ist es aber auch eine andere Abfragestrategie. Ein Index ist ein Werkzeug in Ihrem Programmierwerkzeugkasten, kein Heilsbringer, der von einem, der sich auskennt, benutzt wird, um im Nachhinein Ihren Code zu optimieren. Die Alternative zu einer schlechten Anwendungsprogrammierung ist eine gute Anwendungsprogrammierung, nicht Performanz-Tuning über Indizes.

14.2   Indextypen bei Oracle

Sehen wir uns die Standardindextypen bei Oracle an.

14.2.1   B*-Baum-Index

Der Standardindex ist ein B*-Baum-Index. Ein solcher Index hat, grob gesagt, den Aufbau eines Baums. Allerdings ist ein B*-Baum im Gegensatz zum einfacheren

Binärbaum nicht nur mit zwei Ausgängen pro Entscheidungsknoten ausgestattet, sondern mit deutlich mehr: Pro Entscheidungsschritt kann zwischen sehr vielen »Ausgängen« gewählt und dadurch die gesamte Suche deutlich beschleunigt werden. Der Index ähnelt von seinem Aufbau her weniger einem Baum, als vielmehr einem Strauch: Er wächst nicht besonders hoch, ist aber sehr breit und weit verzweigt. Eine Besonderheit des B*-Baums ist zudem, dass er sich selbst balanciert. Damit ist gemeint, dass sich die Daten innerhalb der Speicherstruktur stets so ausrichten, dass die innere Struktur möglichst ausgeglichen ist. Das ist allerdings eher für Administratoren von Interesse. Wichtiger ist eine andere Eigenschaft: Die Einträge des Indexes kennen jeweils ihren Vorgänger und ihren Nachfolger. Wie bei einer Menschenkette halten sich die Einträge also sozusagen an der Hand. Das hat einen großen Vorteil bei Bereichssuchen, wie zum Beispiel nach allen Namen, die mit M beginnen, oder allen Verkäufen zwischen dem 01. und 31.01., denn diese Einträge sind in der richtigen Reihenfolge bereits verkettet im Index gespeichert. Dadurch muss nicht jeder Eintrag neu gesucht werden, sondern es kann nach dem ersten Eintrag in direkter Folge der Folgeeintrag gelesen werden, bis das Suchkriterium nicht mehr erfüllt ist.

UNIQUE- und NON UNIQUE-Indizes über eine Spalte

Ein B*-Baum-Index wird angelegt durch die Anweisung `create index`, wie Sie sich das wahrscheinlich bereits gedacht haben. Es ist im einfachsten Fall auch nicht viel mehr zu beachten:

```
SQL> create index idx_emp_hiredate on emp(hiredate);
Index wurde erstellt.
```

Listing 14.5 Erstellung eines B*-Baum-Indexes

Sie erkennen, dass nach dem Schlüsselwort `on` der Name der zu indizierenden Tabelle und in Klammern die Spalte(n), die indiziert werden soll(en), angegeben werden. Der einfachere Fall ist der, dass ein Index auch nur über eine Spalte angelegt wird, wie in unserem Beispiel. Dieser einfache Index ist sehr häufig, zum Beispiel als Index für einen Primärschlüssel oder, besser und genauer, als Index für einen `unique`-Constraint. Diese Indizes sind allerdings `unique`-Indizes, und die wiederum werden erzeugt durch die Anweisung

```
SQL> create unique index idx_emp_empno_pk on emp(empno);
Index wurde erstellt.
```

Listing 14.6 Erstellung eines UNIQUE-Indexes

Der technische Unterschied zwischen einem `non unique`- und einem `unique`-Index ist lediglich, dass ein Schlagwort in einem `unique`-Index nur einmal eingefügt werden darf, während diese Limitierung bei non unique-Indizes nicht existiert. In Analogie zum Index eines Fachbuches können wir also sagen, dass dies non unique-Indizes sind, denn Sie erlauben für einen Fachbegriff mehrere Seitenzahlen. Ein unique-Index limitiert die Seitenzahlen pro Fachbegriff einfach auf 1. Technisch sind die beiden Indextypen ansonsten völlig identisch.

Indizes über mehrere Spalten

Darüber hinaus können beide Indextypen auch noch mehrere Spalten indizieren. Ein Index über mehrere Spalten indiziert in der Reihenfolge, in der Sie bei der Anlage des Indexes die Spalten übergeben. Ein Index über mehrere Spalten indiziert zunächst nach der ersten übergebenen Spalte. Wenn in der Tabelle nach dieser Indizierung noch mehrere Einträge pro Indizierungsbegriff vorhanden sind, werden diese nach der zweiten Spalte indiziert usw. Ein solcher Index macht also zunächst einmal Sinn, wenn Sie sehr viele Zeilen haben, die durch den ersten Indizierungsschritt nicht auf wenige Zeilen eingegrenzt werden können.

Die Frage, die sich nun stellt, ist: Welche Überlegungen sollten Sie anstellen, wenn Sie einen Index über mehrere Spalten aufbauen? Wann macht er Sinn, und wie sollte er aufgebaut sein? Die Antwort ist, meine ich, recht leicht nachvollziehbar und lautet: Wenn Sie die Wahl haben, sollten Sie stets die selektivste Spalte als Erstes indizieren. Ziel ist eine möglichst effektive Eingrenzung der Zeilen. Gelingt dies bereits mit dem ersten Indizierungsschritt sehr gut, ist die Datenmenge, die durch den zweiten Indizierungsschritt durchsucht werden muss, bereits sehr klein. Im Beispiel der Tabelle SALES würde die Empfehlung also lauten, zunächst nach CUST_ID und danach eventuell noch nach CHANNEL_ID zu indizieren, wenn Sie nach beiden Spalten suchen müssen. Ich habe geschrieben: »Wenn Sie die Wahl haben«. Das klingt ein wenig seltsam, denn Sie werden doch stets die Wahl haben, wie ein Index angelegt werden soll. Das stimmt zwar, doch könnte die Wahl durch folgenden Sachverhalt eingeschränkt werden:

Stellen Sie sich vor, Sie haben eine ganze Reihe unterschiedlicher Abfragen auf eine Tabelle. Die Abfragen unterscheiden sich in der Anzahl der Spalten in der where-Klausel. Einige Abfragen enthalten beide indizierten Spalten, andere nur eine der beiden Spalten. Wenn Sie in den Abfragen nicht immer nach beiden indizierten Spalten suchen und zudem verhindern möchten, für beide Szenarien jeweils einen eigenen Index anlegen zu müssen, ist es eventuell sinnvoll, die Spalte, die in den meisten Abfragen vorkommt, als Erstes zu indizieren, selbst wenn diese nicht die selektivste ist. Denn ein Index kann nur in seltenen Fällen verwendet werden, wenn die erste Spalte des Indexes nicht in der Suchabfrage enthalten ist. Sie zwingen die Datenbank, den gesamten Index daraufhin zu durchsuchen, ob ein zweiter Eintrag dem gesuchten entspricht, denn dieser zweite Eintrag könnte sich ja »hinter« jedem Eintrag der ersten Spalte verbergen. Da der Index eine große Datenstruktur darstellt, bedeutet diese Suche möglicherweise mehr Aufwand als ein Full Table Scan. Nur, falls Sie dies einmal in einem Ausführungsplan sehen sollten: Manchmal entschließt sich die Datenbank zu einem *Full Index Flip Scan*. Hinter diesem Ausdruck verbirgt sich die Option, einen Index selbst dann zu verwenden, wenn das erste Indizierungskriterium nicht in der Suchabfrage verwendet wurde. Oracle zieht die Benutzung dieses Verfahrens manchmal einem Full Table Scan vor, die Effizienz dieser Abfrage ist aber deutlich schlechter als ein *Index Range Scan* oder ein *Index Uniqe Scan*. Mit diesen beiden Verfahren wird der »normale« Zugriff auf einen non unique- bzw. unique-Index bezeichnet.

Im Übrigen ist es egal, in welcher Reihenfolge Sie die beiden Spalten in der where-Klausel Ihrer Abfrage ansprechen. Wichtig zur Benutzung des Indexes ist lediglich, dass die erste Spalte des Indexes in der where-Klausel enthalten ist. Daraus ergibt sich, dass der Index auch dann genutzt werden kann, wenn nur über die erste, nicht aber über die zweite Spalte gesucht wird, denn oftmals ist die Datenmenge nach Anwendung des ersten Indizierungsschrittes bereits so klein, dass der Index auch in diesen Fällen genutzt werden kann. Ist Ihre erste Spalte aber so gut wie gar nicht selektiv, kann es sehr gut sein, dass der Index ignoriert wird.

Reverse-Key-Index

Der B*-Baum-Index existiert noch in einer etwas speziellen Variante, die normalerweise durch den Administrator verwaltet wird und daher hier nur erwähnt werden soll: als Reverse-Key-Index, bei dem nicht die eigentliche Zahl, sondern die von hinten nach vorn gelesene Zahl indiziert wird. Dieser Index hat gewisse Vorteile bei der Integration neuer Werte und der Arbeit, die der Index für die Balancierung aufwenden muss, aber auch Nachteile, insbesondere bei der Bereichssuche, die allerdings außerhalb unseres Fokus liegen, daher möchte ich es bei der Nennung belassen.

14.2.2   Funktionsbasierter Index

Dieser Indextyp stellt insofern eine Besonderheit dar, als nicht ein Spaltenwert indiziert wird, sondern das Ergebnis einer Berechnung. Erinnern Sie noch das Beispiel der Suche nach lower(ename)? Hier ist die Lösung für dieses Problem, denn wenn Sie nach dem Ergebnis einer Funktion suchen möchten, ist es geschickt, dieses Ergebnis bereits in einem Index vorzuhalten. Bei diesem Verfahren wird also für jede zu indizierende Zeile die Funktion ausgerechnet und das Ergebnis im Index abgelegt. Wird nun in einer Abfrage nach der indizierten Funktion gesucht, braucht diese Funktion nicht mehr berechnet zu werden, sondern das Ergebnis wird direkt aus dem Index gelesen. Wiederstehen Sie aber bitte der Versuchung, alle Funktionsaufrufe direkt indizieren zu wollen! Bedenken Sie den Ressourcenverbrauch und die Auswirkungen auf die Schreiboperationen. Zudem müssen gewisse Voraussetzungen vorliegen, damit die Indizierung über eine Funktion überhaupt durchgeführt werden kann.

Trotz aller Vorsichtsmaßnahmen ist es zudem denkbar, dass ein funktionsbasierter Index falsche (hauptsächlich veraltete) Daten liefern kann. Bevor wir uns allerdings diese Limitierungen anschauen, sollten wir zunächst einen Blick auf die Verwendung dieses Indextyps werfen.

Verwendung des funktionsbasierten Indexes

Als Beispiel stellen wir uns vor, eine Tabelle speichere Bestellungen. Alle Bestellungen haben eine Bestellmenge und eine Liefermenge. Nun sollen die Bestellungen gefiltert werden, deren Bestellmenge ungleich der Liefermenge ist, was eine nicht abgeschlossene Bestellung anzeigt (ich weiß, das Beispiel ist etwas stark vereinfacht, zeigt aber das Prinzip). Wenn die Tabelle über mehrere Millionen Einträge verfügt, müssen ebenso viele Berechnungen angestellt werden, nur, um einen sehr kleinen Prozentanteil der Zeilen zu filtern. Um diese Abfrage zu beschleunigen, wird ein Index über das Ergebnis der Differenz erstellt:

```
create index idx_order_open
      on orders(abs(ordered_items - delivered_items))
```

Nun muss die Abfrage nach den offenen Bestellungen den gleichen Funktionsaufruf beinhalten wie die Definition des Indexes:

```
select *
  from orders
 where abs(ordered_items - delivered_items) != 0;
```

Anstatt nun Millionen Rechenoperationen auszuführen, wird lediglich ein Index Range Scan durchgeführt, der uns die rowid der Zeilen liefert, die einen Lieferrückstand (oder zu viele gelieferte Produkte) haben. Wann und wie wird ein solcher Index gepflegt? Die Antwort ist: Wie jeder andere Index auch, nämlich durch eine DML-Anweisung, also während der Datenmanipulation mittels insert, update, delete oder merge. Sobald die Datenmanipulation abgeschlossen wird, werden die beteiligten Indizes aktualisiert.

Eines stört mich noch an dem gerade erzeugten Index: Er indiziert sehr viele 0-Werte, nämlich immer dann, wenn eine Bestellung abgeschlossen ist. Doch eigentlich wollen wir diese Werte nicht indizieren (Sie erinnern sich daran, dass Indizes nur genutzt werden, wenn die gesuchten Werte stark selektiv sind? Der 0-Wert in unserem Beispiel ist es sicher nicht). Sie verbrauchen also nur unnötigen Speicherplatz. Doch wie können diese Werte aus dem Index entfernt werden? Wir nutzen die Tatsache, dass Indizes grundsätzlich unfähig sind, null-Werte zu indizieren. Da diese Werte undefiniert sind, können sie auch nicht in eine (sortierte) Indexstruktur eingepasst werden, ein Index ignoriert den Wert null. Lassen Sie uns also die Funktion so umschreiben, dass der Normalwert gleich null gesetzt wird:

```
create index idx_order_open
      on orders(case when ordered_items = delivered_items
                     then null
                     else ordered_items - delivered_items end)
```

Achten Sie nun aber darauf, auch Ihre Abfrage mit dieser `case`-Anweisung zu schreiben, weil Oracle ansonsten nicht erkennen kann, dass der Index benutzt werden könnte:

```
select *
  from orders
 where case when ordered_items = delivered_items
            then null
            else ordered_items - delivered_items end
       is not null
```

Listing 14.7 Verwendung eines funktionsbasierten Indexes

Doch, einmal Hand aufs Herz: Wer würde freiwillig so eine Anweisung schreiben, wo doch auch die Form

```
...
where orderd_items != delivered_items
```

ausgereicht hätte? Antwort: Nur der, der bereits bei der Erstellung dieser Abfrage das Potenzial eines funktionsbasierten Indexes erkannt hätte. Sicher kann man dies durch einen Kommentar in der SQL-Abfrage kenntlich machen. Aber die Nachricht ist: Ohne die Kenntnis dieses Indextyps wären Sie niemals auf eine solche Schreibweise gekommen. Diese Schreibweise kann andererseits auch vom Datenbankadministrator nicht einfach eingeführt werden, weil er nicht an den Code Ihrer Anwendungen herankommt. Da der Index oben die Abfragezeit für diese Abfrage aber wirklich pulverisieren kann, hätten Sie ein Potenzial verschenkt, um das es schade wäre ...

Grenzen und Problem funktionsbasierter Indizes

Natürlich können nicht nur einfache Spaltenarithmetik, sondern auch Funktionsaufrufe indiziert werden. Diese Funktionen können selbst geschrieben oder von Oracle mitgeliefert worden sein, das spielt keine Rolle. Es können allerdings keine Gruppenfunktionen verwendet werden. Die Berechnung innerhalb der Funktion kann im Grunde beliebig komplex sein, allerdings müssen die Berechnungen *deterministisch* sein, was bedeutet, dass die Funktion zu jeder Zeit für die gleichen Eingangsgrößen gleiche Ausgangswerte zurückliefert. Daher ist eine Logik, die sich zum Beispiel auf eine Zufallszahl, den angemeldeten Benutzer oder das Systemdatum bezieht, nicht erlaubt. Achten Sie auch darauf, nicht mit kulturabhängigen Daten zu rechnen, wie es zum Beispiel der n-te Tag der Woche ist.

Stellen Sie sich vor, wir hätten eine Funktion, die uns für einen Kunden und eine Bestellsumme einen Bonus berechnet. Der Bonus ist abhängig vom Kunden, weil zum Beispiel der Gesamtumsatz berücksichtigt werden muss oder die Mitgliedschaft in einem Bonusprogramm. Egal wie, wir haben eine Logik, die sich hinter der Funktion get_bonus(client_id, order_amount) verbirgt. Wir legen einen funktionsbasierten Index an, damit wir nicht stets die gewährten Boni ausrechnen müssen, sondern eine Abfrage der Form

```
select *
  from orders
 where get_bonus(client_id, order_amount) < 0.15;
```

direkt aus dem Index berechnen können. Nun allerdings ändern sich die Bonusbedingungen. Daher programmieren wir die Funktion um. Nur, was ist mit den Indexeinträgen? Der Aufruf der Funktion hat sich nicht geändert, lediglich die Rechenregeln innerhalb der Funktion. Nun, der Index wird unverändert bleiben und sich nicht ändern, er zeigt in diesem Fall veraltete Informationen. Vielleicht möchten Sie das, denn der Index enthält ja die gewährten Boni *zur Zeit ihrer Berechnung*. Vielleicht möchten Sie aber, dass die Indexeinträge den aktuellen Stand der Bonusberechnung zeigen. Sie können die Datenbank dazu bringen, den Datenbestand zu aktualisieren, indem Sie den Index erneut komplett rechnen lassen. Die Anweisung lautet hierzu:

```
SQL> alter index idx_order_bonus rebuild;
Index wurde geändert.
```

Listing 14.8 Aktualisierung eines Indexes

So weit, so gut. Doch nun müssen Sie daran denken, bei jeder Änderung an der Funktion get_bonus auch die entsprechenden Indizes zu aktualisieren. Schlimmer noch, falls Sie den Bonusstand zur Zeit der Berechnung erhalten möchten: Nun *dürfen* Sie den Index *nicht* mehr aktualisieren, weil damit die alten Informationen verloren gingen! Das werden Sie aber nicht sicherstellen können. Ein Export der Datenbank, ein Festplattenfehler mit anschließendem Recovery, egal was, der Index wird früher oder später neu aufgebaut. Es ist einfach das falsche Mittel, diesen Index als Ersatz für ein schlechtes Datenmodell zu verwenden.

Funktionsbasierte Indizes und virtuelle Spalten

Eine Besonderheit zu funktionsbasierten Indizes muss ich noch erwähnen: Sie wurden seit ihrer Einführung in Version 8 (damals noch als Option der Enterprise Edition) stets als sogenannte virtuelle Spalten ausgeführt, als Spalten also, die an die Tabellen angefügt, nicht aber angezeigt werden. Ich hatte in Kapitel 13, »Tabellen erstellen«, bereits erläutert, dass mit Version 11 diese virtuellen Spalten nun auch für den Endanwender verwendbar wurden. Daher möchte ich an dieser Stelle noch einmal rückkoppeln, dass ein Index auf eine virtuelle Spalte stets ein funktionsbasierter Index und ein funktionsbasierter Index stets eine virtuelle Spalte zur Folge haben wird. Allerdings besteht ein wesentlicher Unterschied: Legen Sie lediglich einen funktionsbasierten Index an, ändern sich die Anforderungen an die insert-Anweisungen nicht, wie wir das für explizit angelegte virtuelle Spalten gesehen haben.

14.2.3 Bitmap-Index

Der Bitmap-Index wird beinahe ausschließlich in Datenwarenhäusern eingesetzt, dort ist er aber ziemlich genial. Zur Arbeitsweise: Der Index wird verwendet, wenn in einer Tabelle mit sehr vielen Zeilen nur relativ wenige unterschiedliche Werte gespeichert werden. In der Tabelle SALES ist das zum Beispiel in der Spalte CHANNEL_ID der Fall. Doch auch in der Spalte mit der höchsten Kardinalität, der Spalte CUST_ID, ist die Zahl der unterschiedlichen Werte deutlich kleiner als 1% der Zeilenzahl der Tabelle SALES. Ein Bitmap-Index funktioniert so, dass für jeden unterschiedlichen Wert einer Spalte eine Bitmap angelegt wird, also eine Binärzahl. Die Breite dieser Zahl entspricht der Anzahl der Zeilen der Tabelle, auf die der Index aufgebaut wird. Nehmen wir die Tabelle SALES als Beispiel, so würden für die Spalte CUST_ID vier unterschiedliche Bitmaps mit jeweils rund 1 Million Bit Breite angelegt. Das klingt nach viel, ist es aber eigentlich nicht: 1 Million Bit durch 8 sind 125.000 Byte, alle vier Schlüssel zusammen wären also (unkomprimiert) etwa 500 kB groß. Durch diese Anordnung entspricht also jedes Bit der Bitmap einer Zeile der Tabelle. Nun wird nachgesehen: Steht in der 1. Zeile der Tabelle der Wert 1, so wird das 1. Bit des Schlüssels für den Wert 1 auch eine 1 enthalten. Es wird also mit einem Bit markiert, ob die entsprechende Zeile der Tabelle an der Position, die durch das Bit markiert wird, den Wert enthält, der dem Schlüssel entspricht.

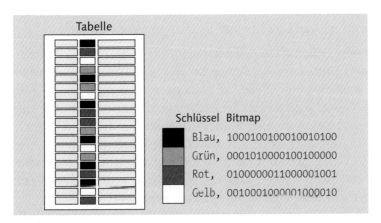

Abbildung 14.4 Versuch einer grafischen Darstellung: Bitmap-Index

Abbildung 14.4 versucht, diesen Index einmal grafisch darzustellen. Sie erkennen die unterschiedlichen »Farben«, die unsere vier Kunden repräsentieren. Auf diese Weise wird die Bitmap »Blau« all die Zeilen markieren, die diesen Wert enthalten. Die zweite Bitmap für den grünenWert markiert alle Spalten, die diesen Wert enthalten usw. Alle Schlüssel sind gleich breit. Stellt man die Schlüssel übereinander, wie in der Abbildung, so wird auch klar: Eine virtuelle »Spalte« dieser Schlüssel enthält immer an genau einer Stelle den Wert 1, alle anderen Zeilen dieser Spalten den Wert 0, weil eine Zeile der Tabelle nur eine der vier Farben in dieser Spalte enthalten kann. Da nun jeder Bitmap-Schlüssel tendenziell viel mehr 0-Werte als 1-Werte enthält (die Relation von 0 zu 1 entspricht wiederum dem Kehrwert der Kardinalität), lassen sich diese Bitmaps extrem gut komprimieren. Daher werden die Schlüssel in der Realität deutlich kleiner sein als rechnerisch ermittelt. Im einfachsten Fall muss ja nur angezeigt werden, wie viele 0-Werte nun folgen, bevor ein 1-Wert kommt.

Verwendung des Indexes in Datenwarenhäusern

aber nun zurück zu unserer Tabelle SALES. Stellen Sie sich nun vor, wir richten einen solchen Bitmap-Index auf alle Spalten ein, die einen Fremdschlüssel zu den Dimensionstabellen enthalten. Für diese Indizes könnte Folgendes gesagt werden: Alle resultierenden Bitmap-Schlüssel sind gleich breit, denn sie beziehen sich ja auf die gleiche Tabelle SALES. Für jeden unterschiedlichen Wert der jeweiligen Tabellen wird ein solcher Bitmap-Schlüssel vorhanden sein, egal, ob dieser Wert nun in der Tabelle CUSTO-MERS oder der Tabelle TIMES enthalten ist. Nun kommt der Trick. Stellen wir uns vor, wir wollten wissen, was Kunde 1483 am 15.05.1998 gekauft hat. Um das zu erfahren, müssen wir uns den Schlüssel von Kunde 1483 aus dem Bitmap-Index der Spalte CUST_ID nehmen sowie den Schlüssel 15.05.1998 aus dem Bitmap-Index der Spalte TIMES_ID. Legen wir beide übereinander und sehen nach, wo beide Bitmaps eine 1 haben, wissen wir, welche Zeilen der Tabelle TIMES Umsätze des Kunden 1483 am Tag 15.05.1998 beinhalten. Wir haben die Tabelle gefiltert, ohne sie auch nur anzufassen. Suchen dieser Art gehen unglaublich schnell vor sich (und darin liegt auch der Grund, warum unsere Abfragen gegen die Tabelle SALES so schnell waren).

Indizes dieser Art sind allerdings echte Spezialisten für Datenwarenhäuser. Verwenden Sie diesen Indextyp bitte nur mit größtem Bedacht in OLTP-Datenbankanwendungen, denn die Änderung einer Zeile hat umfangreiche Änderungen an allen Bitmaps dieser Tabelle zur Folge! Schlimmer noch: Da ein Bitmap-Index stets eine große Anzahl einzelner Zeilen in einer Bitmap speichert, hat die Aktualisierung eines Bitmap-Indexes (zumindest bei Oracle und in den jetzt lieferbaren Versionen) zur Folge, dass relativ viele Zeilen für konkurrierende Zugriffe gesperrt werden müssen. Aus diesem Grund ist ein Bitmap-Index die falsche Wahl, wenn eine Tabelle oft und von vielen konkurrierenden Benutzern geändert wird, denn der erforderliche Neuaufbau des Bitmap-Indexes wird die Skalierbarkeit Ihrer Anwendung negativ beeinflussen.

Die Erzeugung eines Bitmap-Indexes ist trivial:

```
create bitmap index sales_cust_bix on sales(cust_id);
```

Bitmap-Join-Index

In fortgeschrittenen Szenarien zur Performanzoptimierung nutzen wir darüber hinaus noch eine besondere Eigenart von Bitmap-Indizes: ihre Fähigkeit, Werte aus mehreren Tabellen zu indizieren. Diese Bitmap-Indizes werden auch Bitmap-Join-Indizes genannt, weil sie einen Join zwischen Tabellen indizieren können. Ich empfehle diese Bitmap-Index-Formen in Datenwarenhäusern, mit Bedacht auch im OLTP-Umfeld, wenn sichergestellt ist, dass keine starke Transaktionslast auf diesen Tabellen herrscht. Ein Beispiel könnten Stammdatentabellen sein. Die Idee des Indexes: Oftmals werden Tabellen nach einem immer gleichen Schema zusammen abgefragt, wie unser Paradebeispiel RECHNUNG und RECHNUNG_POSITION. Ähnliche Beispiele finden wir bei Lookup-Tabellen oder ähnlichen Konstruktionen. Nehmen wir als Beispiel eine Abfrage aus dem Umfeld des Benutzers HR und sehen uns dessen Ausführungsplan an:

```
SQL> explain plan for
  2  select e.first_name, e.last_name,
  3         d.department_name, j.job_title
  4    from employees e
  5    join departments d
  6      on e.department_id = d.department_id
  7    join jobs j on e.job_id = j.job_id;
EXPLAIN PLAN ausgeführt
```

```
SQL> @?\rdbms\admin\utlxpls
PLAN_TABLE_OUTPUT
-----------------------------------------------------------------
Plan hash value: 2870237099
-----------------------------------------------------------------
```

Id	Operation	Name	Rows	Bytes	Cost
0	SELECT STATEMENT		106	7420	10
* 1	HASH JOIN		106	7420	10
2	MERGE JOIN		107	5778	6
3	TABLE ACCESS BY INDEX	JOBS	19	513	2
4	INDEX FULL SCAN	JOB_ID_PK	19		1
* 5	SORT JOIN		107	2889	4
6	TABLE ACCESS FULL	EMPLOYEES	107	2889	3
7	TABLE ACCESS FULL	DEPARTMENTS	27	432	3

```
Predicate Information (identified by operation id):
--------------------------------------------------
   1 - access("E"."DEPARTMENT_ID"="D"."DEPARTMENT_ID")
   5 - access("E"."JOB_ID"="J"."JOB_ID")
       filter("E"."JOB_ID"="J"."JOB_ID")
21 Zeilen ausgewählt.
```

Listing 14.9 Eine übliche Abfrage aus dem Datenmodell HR

Diese Abfrage greift, von EMPLOYEES ausgehend, auf die beiden Tabellen DEPARTMENTS und JOBS zu. Die Join-Bedingung ist entlang der referenziellen Integrität, was wohl der Normalfall sein sollte. Diesen Zugriff könnte man durch einen Bitmap-Join-Index unterstützen. Voraussetzung ist, dass die Join-Bedingung durch unique-Constraints unterstützt ist, was bei Primärschlüsseln ja der Fall ist. Die Syntax ist dann für die Erstellung eines Indexes etwas ungewöhnlich:

```
SQL> create bitmap index bix_emp_dept_job
   2     on employees (d.department_name, j.job_title)
   3   from employees e, departments d, jobs j
   4   where e.department_id = d.department_id
   5     and e.job_id = j.job_id;
Index wurde erstellt.
```

Listing 14.10 Erstellung eines Bitmap-Join-Indexes

Dieser Index wird nun zunächst auf Tabelle EMPLOYEES angelegt, allerdings auf Spalten, die in anderen Tabellen stehen, nämlich in DEPARTMENTS und JOBS. Zusätzlich wird dem Index eine Join-Bedingung mitgegeben (die Joins müssen hier in Oracle-proprietärer Schreibweise formuliert werden, so weit geht Oracles Liebe zum ISO-Standard dann doch nicht ...). Der Index, der nun eingerichtet wird, enthält für jeden Spaltenwert der Tabellen DEPARTMENTS und JOBS, die im Join angesprochen werden, nun eine Bitmap. Die Einträge der Bitmap zeigen, ob der jeweilige Job- oder Abteilungsname in der indizierten Zeile der Tabelle EMPLOYEES verwendet wurde oder nicht. Um den Index in Aktion zu sehen, müssen Sie zunächst die bereits bestehenden Indizes auf den Fremdschlüsselspalten entfernen, da diese in der konkreten Datensituation noch als effizienter angesehen werden. Hier spielt hinein, dass die Anzahl der Zahlen relativ zur Anzahl der Abteilungen und Jobs beurteilt und die Kardinalität noch als ausreichend hoch angesehen wird. Das Skript zum Buch enthält alle nötigen Anweisungen, wir gehen davon aus, dass die Indizes entfernt wurden und sehen uns den Ausführungsplan der folgenden Anweisung an:

```
SQL> explain plan for
   2   select e.first_name, e.last_name,
   3          d.department_name, j.job_title
```

```
4    from employees e
5    join departments d on e.department_id = d.department_id
5    join jobs j on e.job_id = j.job_id
7   where d.department_name = 'Administration';
```
EXPLAIN PLAN ausgeführt.

SQL> @?\rdbms\admin\utlxpls
PLAN_TABLE_OUTPUT

Plan hash value: 1035164060

| Id | Operation | Name |Cost |

0	SELECT STATEMENT		6
1	NESTED LOOPS		
2	NESTED LOOPS		6
3	MERGE JOIN		5
* 4	TABLE ACCESS BY INDEX ROWID	DEPARTMENTS	2
5	INDEX FULL SCAN	DEPT_ID_PK	1
* 6	SORT JOIN		3
7	TABLE ACCESS BY INDEX ROWID	EMPLOYEES	2
8	BITMAP CONVERSION TO ROWIDS		
* 9	BITMAP INDEX RANGE SCAN	BIX_EMP_DEPT_JOB	
* 10	INDEX UNIQUE SCAN	JOB_ID_PK	0
11	TABLE ACCESS BY INDEX ROWID	JOBS	

Predicate Information (identified by operation id):
----

   4 - filter("D"."DEPARTMENT_NAME"='Administration')
   6 - access("E"."DEPARTMENT_ID"="D"."DEPARTMENT_ID")
       filter("E"."DEPARTMENT_ID"="D"."DEPARTMENT_ID")
   9 - access("E"."SYS_NC00012$"='Administration')
       filter("E"."SYS_NC00012$"='Administration')
  10 - access("E"."JOB_ID"="J"."JOB_ID")
```

28 Zeilen ausgewählt.

**Listing 14.11** SQL-Anweisung, die den Bitmap-Join-Index nutzt

In diesem speziellen Fall konnte der Index nur deshalb genutzt werden, weil sich die where-Klausel auf die Spalte DEPARTMENT_NAME bezog, weil ... ja, warum eigentlich? Denken Sie kurz darüber nach. Er konnte nur deshalb benutzt werden, weil einerseits die Spaltenwerte dieser Spalte indiziert wurden und diese Indizierung andererseits als
```

erste Spalte im Bitmap-Join-Index eingetragen wurde. Eine Filterung ausschließlich über den `JOB_TITLE` hätte den Index ignoriert. Was aber hätten wir getan, wenn wir einerseits die Suche über `DEPARTMENT_NAME`, andererseits aber auch über `JOB_TITLE` unterstützen wollten? Richtig, wir hätten zwei Bitmap-Join-Indizes auf jeweils eine der beiden Relationen eingerichtet. Anhand des Skripts zum Buch haben Sie eine Schablone, um mit diesem Indextyp zu experimentieren. Nutzen Sie diese Schablone, um die Unterstützung beider Abfragen als Übung umzusetzen. Gelingt Ihnen die Benutzung? Statt der Auswertung des Ausführungsplans über den hier beschriebenen Weg `explain plan for ...` und `@?\rdbms\admin\utlxpls.sql` können Sie natürlich einfacher im SQL Developer die Schaltfläche EXPLAIN PLAN (F10) verwenden.

14.3 Spezielle Indextypen

Zu dieser Kategorie gehören eine Gruppe sogenannter Oracle-Domänen-Indizes. Diese Indizes sind für eine spezielle Problemdomäne entwickelt worden, und zwar für die Indizierung großer Textmengen, auch spezieller Textformate, wie zum Beispiel Microsoft Word, Adobe PDF, HTML oder XML. Es tut sich, wollte man diese Domänen erklären, eine ganze Welt an Funktionalität auf, hochspezialisiert und wahrscheinlich für die allermeisten von uns jenseits der praktischen Einsetzbarkeit. Andererseits existieren spezialisierte Anwendungen, die diese Funktionalität bis zur Neige auskosten. Ich erinnere mich an ein Unternehmen, das in den Niederlanden am Markt ist und sich allwöchentlich die gesammelten Veröffentlichungen des Elsevier-Verlags (eines Fachverlags für hauptsächlich medizinische Veröffentlichungen) im Volltext schicken lies, um sie durch eine Oracle-Datenbank mittels der Volltextindizierung durchsuchen zu lassen. Das Unternehmen konnte so aus der Flut der Informationen ermitteln, welche Themen aktuell behandelt wurden, was an Neuerungen diskutiert wurde etc. Mit Hilfe dieser Angaben hat das Unternehmen dann Newsletter für Ärzte herausgegeben, in denen diese auf interessante Veröffentlichungen hingewiesen wurden. Haben Sie so etwas auch vor, dann ist dieses Thema für Sie! Falls nicht, dann ist es die Aufgabe dieses Buches, Ihnen ein Gefühl für die Nutzung dieser Möglichkeiten im kleinen Maßstab zu geben. Ich werde einen Domänenindex noch im Umfeld von XML zeigen können, was wir in Kapitel 17, »XML-Abfragen«, besprechen werden, doch auch hier soll ganz kurz auf die vielfältigen Möglichkeiten eingegangen werden, wissend, dass ich nur deren Oberfläche erkunden kann.

14.3.1 Volltextindizierung

Die Kernidee ist, dass große Textmengen nur schwer durch SQL durchsucht werden können. Zwar haben wir die Funktionen rund um die regulären Ausdrücke, doch ist es damit zum Beispiel nicht möglich, zu entscheiden, ob Worte »relativ nah« beieinanderstehen und deshalb möglicherweise eine größere innere Beziehung haben, nach Wortstämmen zu suchen oder Texte in Formaten wie Word oder PDF zu durchsuchen. Einfache Suchen, zum Beispiel in der Form

```
where ename like '%LL%'
```

hebeln zudem die Benutzung eines Indexes bereits aus, weil ein normaler B*-Baum-Index bei einer Abfrage dieser Art keinen »Einstieg« in die Indizierung findet. Die Folge ist ein sehr hoher Ressourcenverbrauch bei großen Tabellen, der durch die hohe Anzahl an Full Table Scans verursacht wird. Eine Lösung dieses Problems bieten die Indizes aus der Gruppe der Textindizes. Diese Gruppe umfasst mehrere Indextypen:

▶ CONTEXT
ein Index zur Indizierung großer Textmengen in Word, PDF, HTML und ähnlichen Formaten

▶ CTXCAT
ein Indextyp zur Indizierung vorrangig kleiner Textfragmente, wie zum Beispiel varchar2-Spalten normaler Tabellen

▶ CTXRULE
Dieser Indextyp wird im Zusammenhang mit Dokumentklassifikationen verwendet.

Der Indextyp CONTEXT hat eine Besonderheit: Dieser Index aktualisiert sich nicht, wie andere Indizes, mit der Transaktion, sondern er muss händisch in festen Intervallen aktualisiert, oder besser – wie Oracle dies nennt – *synchronisiert* werden. Daher enthält dieser Indextyp nicht ständig die aktuellsten Informationen und bietet sich daher lediglich dann an, wenn entweder auf die letzte Information verzichtet werden kann oder sich die Daten der zu indizierenden Tabelle selten ändern.

Zu den verschiedenen Indextypen gehören zum Teil spezielle Suchklauseln. So werden Suchen in einer Spalte, die durch einen CTXCAT-Index indiziert ist, durch das Schlüsselwort contains durchgeführt, bei CONTEXT wird catsearch verwendet und bei CTXRULE das Schlüsselwort matches. Sie erkennen daran, dass diese Indizes nicht zum »normalen« Sprachumfang von SQL passen, sondern Spezialfälle für spezielle Einsatzbereiche darstellen. Aufgrund dieser hohen Spezialisierung verzichte ich in diesem Buch auf eine komplette Darstellung, sondern verweise Sie auf die Oracle-Dokumentation, genauer auf die PDF-Dateien *Oracle Text Reference* und *Oracle Text Application Developers Guide*. Im Folgenden möchte ich Ihnen lediglich ein Gefühl für die zunächst unglaublich erscheinenden Möglichkeiten vermitteln, die sich durch solche Indizes auftun.

CONTEXT-Index

Beginnen wir mit der Indizierung von langen Texten. Im folgenden Beispiel lege ich eine Tabelle an, in die ich PDF-Dokumente einfüge. Die PDF-Dokumente sind die PDF-Varianten einiger Kapitel dieses Buches. Anschließend möchte ich in diesen

PDF-Dokumenten gern nach dem Vorkommen bestimmter Schlüsselworte suchen. Zunächst legen wir die Tabelle an. Sie wird einfach nur drei Spalten enthalten, die eine ID, den Dateinamen und den eigentlichen Inhalt des PDF aufnehmen. Daher ist diese letzte Spalte vom Typ blob:

```
SQL> create table full_text(
  2     id integer,
  3     datei_name varchar2(50 char),
  4     text blob);
Tabelle wurde erzeugt
```

Listing 14.12 Beispieltabelle für die Speicherung von PDF-Dokumenten

Anschließend füge ich – händisch – einige PDF-Dokumente in die Tabelle ein. Ich benutze dazu den SQL Developer, der es erlaubt, nach einem Doppelklick auf die blob-Spalte, mittels eines Assistenten eine Datei auszuwählen und in die Tabelle einzufügen. Das mache ich für einige PDF-Dateien.

Anschließend erzeuge ich einen context-Index auf diese Spalte. Ich verwende diesen Indextyp, weil er für die Bearbeitung längerer Texte optimiert ist. Ich erinnere aber daran, dass dieser Indextyp nicht durch eine Transaktion aktualisiert wird, sondern händisch synchronisiert werden muss, sobald neue Dateien in die Tabelle eingefügt werden. Ich verwende bei der Anlage des Indexes keine der umfangreichen Optionen, sondern lasse die Datenbank selbstständig die vorhandenen Datentypen analysieren und die entsprechend erforderlichen Robots zum Lesen der verschiedenen Dateitypen laden:

```
SQL> create index idx_full_text_ctx on full_text(text)
  2    indextype is ctxsys.context;
```

Listing 14.13 Erzeugung eines CONTEXT-Indexes

Anschließend möchte ich nun eine Suchanfrage gegen diese Tabelle ausführen. Mich interessiert, ob in den PDF-Dateien irgendwo von »RATIO« gesprochen wird:

```
SQL> select score(1), datei_name, text
  2    from full_text
  3    where contains(text, 'RATIO', 1) > 0;


SCORE(1) DATEI_NAME TEXT
-------- ---------- ----------------------------------------
       6 Kapitel 8  255044462D312E350A25C7EC8FA20A352030206F
                    626A0A3C3C2F4C656E67696C746572202F466C61
                    174654465636F64653E3E0A73747265616D0A789
```

Listing 14.14 Abfrage über den CONTEXT-Index

Ich muss, da ein context-Index verwendet wird, nun die Suchfunktion contains verwenden. Es existiert für diese Suchfunktion eine eigene Syntax, die es zum Beispiel erlaubt, nach einem von mehreren Begriffen zu suchen, nach dem Abstand zweier Worte etc. Dies führt hier aber zu weit, daher bleibt es bei der Erwähnung. Zudem existiert hier ein Operator score(n), der einen Quotienten für die Treffergenauigkeit angibt. Dieser Wert kann zwischen 0 und 100 variieren und entspricht einer Gewichtung der Fundstelle. Es können in einer Abfrage mehrere contains-Klauseln enthalten sein, die alle als letzten Parameter eine Zahl (in unserem Fall 1) erhalten. Diese Zahl wird durch den Operator score(n) referenziert und zeigt die Relevanz des referenzierten Suchbegriffs.

Sehen wir uns den Ausführungsplan dieser Anweisung an, und wir stellen fest, dass der Index tatsächlich benutzt wurde (Abbildung 14.5).

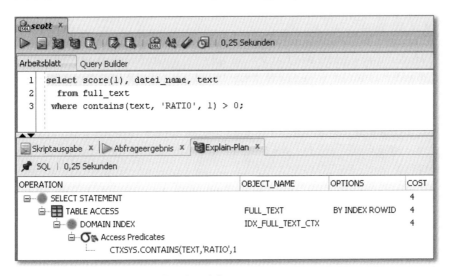

Abbildung 14.5 Ausführungsplan der Abfrage

Und in Kapitel 9 ist auch tatsächlich von *RATIO* die Rede (Abbildung 14.6).

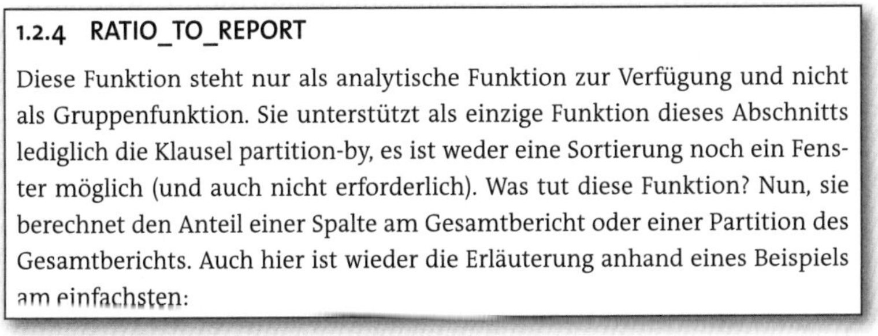

1.2.4 RATIO_TO_REPORT

Diese Funktion steht nur als analytische Funktion zur Verfügung und nicht als Gruppenfunktion. Sie unterstützt als einzige Funktion dieses Abschnitts lediglich die Klausel partition-by, es ist weder eine Sortierung noch ein Fenster möglich (und auch nicht erforderlich). Was tut diese Funktion? Nun, sie berechnet den Anteil einer Spalte am Gesamtbericht oder einer Partition des Gesamtberichts. Auch hier ist wieder die Erläuterung anhand eines Beispiels am einfachsten:

Abbildung 14.6 Fundstelle in Kapitel 9

Zum Zeitpunkt der Erstellung dieses Buches sind die Kapitel noch in einzelnen Dateien, daher funktioniert die Nummerierung noch nicht korrekt, es ist aber Kapitel 9 … Oracle wäre nicht Oracle, unterstützte es nicht die wesentlichen Dokumentenformate. Wesentlich heißt bei Oracle: So gut wie alle derzeit gebräuchlichen Formate können gelesen werden. Falls Sie eine genaue Liste interessiert: In Anhang B der *Oracle Text Reference* finden Sie die vollständige Liste mit Einschränkungen etc., darunter auch komprimierte Dateien, Datenbankformate, native E-Mail-Formate etc.

Sollten Sie den Index synchronisieren müssen, geht das so:

```
SQL> call ctx_ddl.sync_index('IDX_FULL_TEXT_CTX');
Aufruf wurde abgeschlossen.
```

Listing 14.15 Synchronisierung eines CONTEXT-Indexes

Diese Anweisung funktioniert, wenn Ihnen das Ausführungsrecht an dem Package ctx_ddl eingeräumt und Sie den Namen des Indexes in Großbuchstaben angegeben haben. Eher der administrativen Seite dieser Indizierungsart ist auch zuzuschreiben, dass Oracle zur Indizierung weitere Tabellen anlegt. Für den Index unseres Beispiels legt Oracle die Tabellen DR$IDX_FULL_TEXT_CTX$I, DR$IDX_FULL_TEXT_CTX$K, DR$IDX_FULL_TEXT_CTX$N und DR$IDX_FULL_TEXT_CTX$R an, in der die verschiedenen Textelemente verschlagwortet wurden. Als Beispiel zeige ich eine kleine Auswahl aus der Tabelle DR$IDX_FULL_TEXT_CTX$I:

```
SQL> select token_text, token_type type, token_last last,
  2         token_count count, token_info
  3    from dr$idx_full_text_ctx$i
  4   where token_text like 'Ab%'
  5     and rownum < 15;
```

TOKEN_TEXT	TYPE	FIRST	LAST	COUNT	TOKEN_INFO
Ab	0	1	6	6	00938F2881847A0189F00
Abbildung	0	2	7	4	00120E8D75811B308819825
Abend	9	2	2	1	0089E703
Aber	0	1	7	7	00AD835FB712CB618D7F957
Abf	0	6	7	2	
Abflug	9	4	4	1	00898659
Abflugdaten	0	4	4	1	00898659
Abfr	0	5	5	1	0091BB577F
Abfrag	0	3	6	3	0089FA1A0189C02F0289A07
Abfrage	0	1	7	7	00120B8476388820812D4E9
Abfrage	9	1	7	6	008A81815601C607B840812

```
Abfrageart          0    4    4    1 0089BE29
Abfrageebene        0    7    7    1 0089874C
Abfrageergebnis     0    6    6    1 0092AF578544
14 Zeilen ausgewählt
```

Listing 14.16 Ausschnitt aus einer der Indextabellen

Ich beschränke mich hier auf die einfachsten Möglichkeiten, die direkt aus SQL heraus genutzt werden können. Zusätzlich existieren für Programmierer noch weitreichende Möglichkeiten. So können zum Beispiel mit dem Aufruf einfacher Packages aus dem Namensraum CTX_ vielfältige Funktionen aufgerufen werden. Ein Beispiel wäre eine automatisierte Hervorhebung der Fundstellen im Dokument (mittels HTML oder einfachem Text) oder die Erzeugung von Dokumentenausschnitten, ähnlich, wie Sie das von Google etc. her kennen, wo bei der Ausgabe der Suchergebnisse immer auch das Umfeld, in dem der Suchbegriff gefunden wurde, dargestellt wird. Mittels dieser Funktionen lassen sich schnell leistungsfähige Suchmaschinen für große Textmengen implementieren.

14

CTXCAT-Index

Mit Indizes diesen Typs werden Abfragen unterstützt, die über mehrere Spalten suchen. Ideal ist dieser Indextyp, wenn zum Beispiel in einer Tabelle von Verkäufen nach einem Produkt als Textangabe und einem Preisbereich gesucht wird oder Ähnliches. Eine solche Tabelle haben wir mit der Tabelle SALES des Benutzers SH vorliegen, daher bietet es sich an, einmal über diese Tabelle einen solchen Index aufzubauen. Allerdings hat die Tabelle auch zwei Nachteile: Zum einen sind die Daten in ihr stark normalisiert, wir müssten also mehrere Tabellen abfragen, zum anderen ist sie durch Partitionierung und massive Indizierung durch Bitmap-Indizes bereits so optimiert, dass eine Suche über diese Tabelle eventuell andere Effekte zeigt als die beabsichtigte Benutzung unseres Indexes. Um also beide Probleme zu umgehen, verwende ich eine dieser coolen CTAS-Anweisungen, um mir eine Tabelle zu bauen, die Daten in der von mir gewünschten Form enthält:

```
SQL> connect sh/sh
Connect durchgeführt.
SQL> create table umsaetze as
  2  select s.time_id umsatz_tag,
  3         c.channel_desc verkaufs_kanal,
  4         p.prod_name produkt,
  5         sum(quantity_sold * amount_sold) umsatz
  6    from sales s, products p, channels c
  7   where s.prod_id = p.prod_id
```

```
8    and s.channel_id = c.channel_id
9    group by s.time_id, c.channel_desc, p.prod_name;
Tabelle wurde erstellt.
```

Listing 14.17 Anweisung zur Erzeugung einer Ausgangstabelle

Diese Tabelle enthält nun etwas über 80.000 Zeilen, die uns den Gesamtumsatz eines Produkts pro Tag und Verkaufskanal angeben. Als Nächstes analysiere ich nun, welche Abfragen gegen diese Tabelle normalerweise gestellt werden. Wir sagen für unser Beispiel, dass die Benutzer in dieser Tabelle vor allem nach der Produktbeschreibung suchen und anschließend nach Umsatz sortieren möchten. Daher müssen zumindest die beiden Spalten Produktbeschreibung und Umsatz indiziert werden.

Allerdings stellt sich das Problem, dass ein ctxcat-Index nicht einfach so über mehrere Spalten aufgebaut werden kann, wie das mit anderen Indizes möglich ist. Stattdessen muss eine Gruppe von Indizes erzeugt werden, die anschließend dem eigentlichen ctxcat-Index als Unterindex übergeben wird. Eine solche Indexgruppe wird von Oracle als *Index-Set* bezeichnet. Das ist sicherlich zu Beginn etwas kompliziert, doch andererseits eben erforderlich. Daher erstellen wir zunächst dieses Index-Set. Eine weitere Komplikation besteht darin, dass dies nicht durch SQL, sondern durch ein PL/SQL-Package durchgeführt wird:

```
SQL> begin
2    ctx_ddl.create_index_set('umsaetze_iset');
3    ctx_ddl.add_index('umsaetze_iset','umsatz');
4    ctx_ddl.add_index('umsaetze_iset',
                        'verkaufs_kanal');
5    end;
6    /
PL/SQL-Prozedur erfolgreich abgeschlossen.
```

Listing 14.18 Anweisung zur Erzeugung eines Index-Sets

Diese Anweisungen erstellen ein Index-Set mit dem Namen UMSAETZE_ISET. Beachten Sie, dass dieses Index-Set bislang nicht auf eine spezielle Tabelle bezogen ist, sondern unabhängig davon lediglich die Metadaten definiert. Anschließend werden zwei Spalten in dieses Index-Set eingefügt: Die Spalten UMSATZ und VERKAUFS_KANAL. Da die Anweisung erfolgreich ausgeführt wurde, existiert nun dieses Index-Set, das wir in der folgenden Anweisung zur Erstellung des ctxcat-Indexes nun als Parameter verwenden werden:

```
SQL> create index idx_umsaetze_cat on umsaetze(produkt)
2          indextype is ctxsys.ctxcat
```

```
   3        parameters ('index set umsaetze_iset');
Index wurde erstellt.
```

Listing 14.19 Erzeugung des eigentlichen CTXCAT-Indexes

Die Erstellung dauert einige Minuten. Anschließend kann der Index für Suchabfragen genutzt werden. Ich suche zunächst nach allen Produkten, die die Bezeichnung CD13272 enthalten und einen Umsatz von 7500 Talern überschritten haben und sortiere absteigend nach Umsatz:

```
SQL> set autotrace on
SQL> select umsatz_tag tag, verkaufs_kanal kanal,
   2        produkt, umsatz
   3    from umsaetze
   4    where catsearch(produkt, 'CD13272',
   5                  'order by umsatz desc') > 0
   6      and umsatz > 7500;


TAG      KANAL          PRODUKT                         UMSATZ
-------- -------------- ------------------------------- ----------
24.12.98 Internet       Model CD13272 Tricolor ...        16675,1
21.12.98 Direct Sales   Model CD13272 Tricolor ...         8978,9
21.12.98 Internet       Model CD13272 Tricolor ...         7696,2
26.04.98 Direct         Model CD13272 Tricolor ...        7523,94


Ausführungsplan
-----------------------------------------------------------
Plan hash value: 1126661284
-----------------------------------------------------------------
| Id  | Operation                   | Name             | Rows |
-----------------------------------------------------------------
|   0 | SELECT STATEMENT            |                  | 3569 |
|*  1 |  TABLE ACCESS BY INDEX ROWID| UMSAETZE         | 3569 |
|*  2 |   DOMAIN INDEX              | IDX_UMSAETZE_CAT |      |
-----------------------------------------------------------------


Predicate Information (identified by operation id):
---------------------------------------------------
   1 - filter("UMSATZ">7500)
   2 - access("CTXSYS"."CATSEARCH"("PRODUKT",'CD13272',
                       'order by umsatz desc')>0)
```

Listing 14.20 Abfrage mit einem CTXCAT-Index

14

Hätten wir diesen Index nicht, müssten wir mit der Klausel

```
where produkt like '%CD13272%'
```

operieren, was, wie Sie wissen, einen Full Table Scan zur Folge hätte, weil ein normaler B*-Baum-Index keinen Einstieg zur Suche fände. Etwas gewöhnungsbedürftig ist sicherlich die seltsame Syntax dieser Suche. Auch für die catsearch-Anweisung existiert eine eigene Syntax mittels derer Such- oder Sortieranweisungen an die Abfrage übergeben werden können. Natürlich führt es hier zu weit, diese syntaktischen Details komplett zu erläutern. Abschließend möchte ich Ihnen noch eine kleine Variante zur obigen Abfrage zeigen, die auch die zweite indizierte Spalte des Index-Sets nutzt, denn nun möchte ich die Suche auf den Verkaufskanal Internet einschränken:

```
SQL> select umsatz_tag tag, verkaufs_kanal kanal,
  2         produkt, umsatz
  3    from umsaetze
  4   where catsearch(produkt, 'CD13272',
  5                   'verkaufs_kanal = ''Internet''
  6                   order by umsatz desc') > 0
  7     and umsatz > 5000;

TAG       KANAL           PRODUKT                       UMSATZ
--------  --------------  ----------------------------  ----------
24.12.98  Internet        Model CD13272 Tricolor ...       16675,1
21.12.98  Internet        Model CD13272 Tricolor ...        7696,2
16.01.98  Internet        Model CD13272 Tricolor ...       5059,96
16.10.98  Internet        Model CD13272 Tricolor ...       5059,96
```

Listing 14.21 Abfrage mit einer Filterung über den Verkaufskanal

Der Ausführungsplan dieser Abfrage ist identisch mit der ersten Abfrage, auch hier wird der Domänenindex genutzt. Auch in diesem Fall hat Oracle im Übrigen eine weitere Tabelle DR$IDX_UMSAETZE_CAT$I angelegt, in der die verschiedenen Bestandteile unserer Produkte verschlagwortet werden.

Natürlich ist es richtig, dass Indizierungen dieser Art schon sehr spezielle Aufgabenstellungen lösen helfen. Doch wenn Sie auf eine solche Situation stoßen, ist es gut, sich an diese Möglichkeiten zu erinnern und einmal zu testen, ob dieser Indextyp helfen kann. Zudem ist dieser Indextyp natürlich auch ein gutes Beispiel für meine These, dass gute Anwendungsentwicklung gegen Datenbanken stets einer Kooperation zwischen Datenbankadministration und -entwicklung entspringt, niemals jedoch einer Konfrontation dieser beiden Gruppen. Hier ist klar: Die Einrichtung eines solchen Indextyps sollte mit der Datenbankadministration abgestimmt werden, andererseits müssen Sie durch die spezielle Form der Abfragesyntax eben auch als Entwickler relativ genau die Optionen kennen, die dieser Indextyp mit sich bringt, wenn Sie eine Problemstellung mit diesen Möglichkeiten lösen möchten.

CTXAPP-Index

Der letzte der drei Volltextindizes ist noch einmal spezieller, weshalb ich Ihnen an dieser Stelle kein Codebeispiel zeigen, sondern lediglich den Einsatzbereich skizzieren möchte. Dieser Indextyp wird verwendet, falls Sie Anwendungen programmieren, die Dokumente nach verschiedenen Regeln klassifizieren müssen. Zum Beispiel könnte es sein, dass Ihre Anwendung Dokumente zu den Themenkomplexen Computer, SQL, Hardware, Software, Datenbanken, Java etc. speichern soll. Nun möchten Sie schnell eine Möglichkeit haben, alle Dokumente einem oder mehreren Themenkomplexen zuzuordnen, um eine Bereichssuche über diese Themenkomplexe zu ermöglichen. Dafür ist dieser Indextyp gedacht. Sie können grundsätzlich drei Strategien bemühen, um Dokumente diesen Themenkomplexen oder *Klassifikationen*, wie Oracle dies nennt, zuzuordnen:

► Einerseits können Sie händisch Regeln entwerfen (die inhaltlich letztlich where-Klauseln darstellen), um ein Dokument einer Klassifikation zuzuordnen.

► Dann ist es möglich, anhand von Beispieldokumenten Oracle anzuweisen, Regeln aus diesen Dokumenten zu extrahieren und diese dann auf weitere Dokumente anzuwenden.

► Schließlich können Sie Oracle anweisen, komplett automatisiert eine Gruppierung vorzunehmen.

Diese Liste hat eine absteigende Reihenfolge, wenn es um die Genauigkeit der Analyse geht, die erste Strategie ist also am genauesten, weil Sie jede Regel händisch verfassen. Auf der anderen Seite hat diese Liste eine aufsteigende Reihenfolge, wenn es um die »Bequemlichkeit« geht, denn die letzte Strategie hat natürlich weniger Arbeit zu Folge als die erste. Insbesondere bei sehr hohen Dokumentzahlen kann daher die letzte Strategie die einzig mögliche sein, insbesondere, wenn Sie auch noch eine große Zahl von Klassifikationskriterien haben.

Als Beispiel stellen wir uns vor, wir gingen nach Strategie 1 vor. Dann benötigen wir eine Tabelle, die unsere Regeln aufnimmt. Diese Regeln sind, wie schon gesagt, letztlich where-Klauseln in der speziellen Syntax dieser Domänenindizes, die wir bereits gesehen haben. Eine Tabelle könnte im Prinzip so aussehen:

```
SQL> create table text_category_rules(
  2     category_id number,
  3     category_rule varchar2(200 char));
Tabelle wurde erstellt.
```

Listing 14.22 Zunächst wird eine Regeltabelle erstellt ...

Nun könnten wir in diese Tabelle einige Regeln einpflegen:

```
SQL> insert into text_category_rules
  2   select 1, 'index' from dual union all
  3   select 1, 'merge or insert or update or delete'
  4     from dual union all
  5   select 1, 'sum or avg or max or count'
  6     from dual union all
  7   select 1, 'sum and over' from dual;
4 Zeilen wurden erstellt.

SQL> commit;
Transaktion mit COMMIT abgeschlossen.
```

Listing 14.23 … dann werden die Regeln definiert.

Nun können wir einen entsprechenden Index auf diese Tabelle anlegen:

```
SQL> create index idx_text_category_rules
  2      on text_category_rules(category_rule)
  3          indextype is ctxsys.ctxrule;
Index wurde erstellt.
```

Und in der Folge können wir ihn mit dem matches-Operator verwenden:

```
SQL> select category_id, category_rule
  2    from text_category_rules
  3   where matches(category_rule,
  4           'Einrag über die merge-Anweisung')
  5           > 0;

CATEGORY_ID CATEGORY_RULE
----------- ----------------------------------------
          1 merge or insert or update or delete

SQL> select category_id, category_rule
  2    from text_category_rules
  3   where matches(category_rule,
  4         'Analytische Funktionen
  5           (z.B. sum(sal) over (order by emp)') > 0;

CATEGORY_ID CATEGORY_RULE
----------- ----------------------------------------
          1 sum and over
          1 sum or avg or max or count
```

Listing 14.24 Verwendung des Indexes

Statt der hartkodierten Suchbegriffe verwenden Sie in Ihrer Abfrage selbstverständlich später die Spalte, die Ihre Dokumente enthält.

14.4   Zusammenfassung

Das Thema Indizes ist komplex und vielschichtig. Natürlich sind die meisten Überlegungen, die wir in diesem Kapitel angestellt haben, Fragen aus dem Bereich der Performanzoptimierung gewidmet, denn dafür verwenden wir Indizes. Grundsätzlich gibt es zwar noch den zweiten Bereich des Einsatzes von Indizes, nämlich zur Sicherung eines unique-Constraints, doch ist dies weniger interessant, weil Oracle die Erzeugung und Pflege dieses Indexes für uns übernimmt. Natürlich ist dies kein vollständiges Kapitel über das Thema Performance-Tuning. Doch sind die Prinzipien, die hier besprochen wurden, für die wichtigsten Optimierungsarbeiten in diesem Bereich grundlegend. Für den SQL-Anwendungsentwickler ist die Auseinandersetzung mit den hier beschriebenen Prinzipien wichtig, um performante und skalierbare Abfragen gegen die Datenbank zu formulieren. Weitere Optimierungstechniken stehen nur dem DBA zur Verfügung, hier geht es um Optimierung des Festplattenzugriffs, der Arbeitsspeicherverwaltung und der Unterstützung nebenläufiger Arbeiten. Auch Fragen des Backups und Recoverys spielen in diese Thematik hinein, da sie die Verfügbarkeit der Datenbank betreffen. All diese Themen spare ich selbstverständlich aus. Auch ist der angebotene Stoff nicht umfangreich genug, um Sie in die Lage zu versetzen, eine problematische Abfrage sicher schneller machen zu können.

In einem Projekt, in dem ich seit einiger Zeit arbeite, habe ich zwei Kollegen, die sich mit der Optimierung von Datenbankabfragen beschäftigen. Sie haben mich als Oracle-Interessierten ausgemacht und diskutieren mit mir Fragen der Abfrageoptimierung, bevorzugt während der Mittagspause. Die Diskussionen, die wir dort führen, möchten Sie gar nicht kennen. Man kann sich erfolgreich in kleinsten Verästelungen der Datenbankarchitektur verlieren und ganz spezielle Teilprobleme lösen (»Wusstest du, dass Oracle in Version 11 die Behandlung von Leerzeichen innerhalb von XML-Elementen anders handhabt als in Version 10, aber nur, wenn als Speicherform binary xml ausgewählt wird?« – »Na klar, das ist ein Design-Bug in Version 10 gewesen ...«). Das alles ist aber natürlich in einem Buch nicht darzustellen, sondern lediglich durch weiterführende Literatur, tiefgreifende Oracle-Kenntnis und viel Erfahrung zu lösen.

Wenn Sie andererseits die Prinzipien, die wir hier besprochen haben, bei der Datenmodellierung Ihres Projekts berücksichtigen, und wenn Sie darüber hinaus auch noch Sorge dafür tragen, der Datenbank möglichst genau zu sagen, welche Daten Sie in welcher Form benötigen, ist die Wahrscheinlichkeit bereits sehr hoch, dass Ihre Anwendung mit guter Performanz funktioniert. Besonders kritisch wird es im Rahmen von Massendatenverarbeitung, im Bereich Data Warehousing und im Umfeld von Datenbanken mit extrem vielen, konkurrierend arbeitenden Benutzern. Da wird es spannend, und hier sollten Sie sich zumindest zu Beginn der Hilfe erfahrener Kollegen oder externer Berater versichern.

Kapitel 15

Einführung in die Rechteverwaltung von Oracle

Mit der Rechteverwaltung innerhalb von Oracle scheinen wir ein reines Administrationsthema zu besprechen. Das täuscht allerdings, denn aus der groben Kenntnis dieser Zusammenhänge werden einerseits Probleme und Fehlermeldungen in SQL verständlich, andererseits entwickeln sich Szenarien für die Programmierung von Anwendungen.

Es gibt zwei zentrale Verantwortlichkeiten von Datenbanken, die nicht an eine Anwendung außerhalb der Datenbank delegiert werden dürfen, ja nicht einmal delegiert werden können: Datenintegrität und Datensicherheit. Während wir uns bislang vor allem mit der Datenintegrität und den in die Datenbank hierfür integrierten Schutzmechanismen auseinandergesetzt haben (Themen waren hierbei Datenbank-Constraints, Transaktion, Lesekonsistenz, Rollback- und Recovery-Fähigkeit etc.), ist der zweite wesentliche Bereich, die Datensicherheit, vor allem eine Domäne der Rechte- und Zugriffsverwaltung von Oracle. Der Begriff der Datensicherheit kann dabei weiter oder enger gefasst werden, ich meine mit diesem Begriff, dass ein Datenbankbenutzer nur auf die Information Zugriff erhält, die auch für ihn bestimmt ist.

Ein Datensatz in der Datenbank wird manchmal auch als *Statement of Truth* (vielleicht am ehesten zu übersetzen mit *Tatsache*) bezeichnet. Damit ist gemeint, dass eine Zeile der Tabelle KUNDEN einen Kunden sozusagen *enthält*, dass dieser Datensatz gewissermaßen *der Kunde ist*. Auch wenn Sie da zwischen Datenbankwirklichkeit und Realität Unterschiede erkennen mögen, ist dennoch die Aussage insofern interessant, als sie die Sichtweise auf Daten beschreibt: Ein Unternehmen hortet in einer Datenbank für das Unternehmen vitale Daten, von denen das Überleben des Unternehmens nicht unerheblich abhängt. Schon vor einigen Jahren hat sich die Erkenntnis Bahn gebrochen, dass ein Unternehmen, das 4–5 Tage nicht an die zentralen Daten der Datenbanken herankommt, irreparabel geschädigt wird. Ich bin sicher, Ähnliches auch für den Fall sagen zu können, dass ein Unternehmen durch mangelnden Datenschutz große Teile der (Entwicklungs- oder Kunden-)Daten an einen Wettbewerber verliert.

Nun kann man argumentieren, dass die Datenbank nur einen Teil innerhalb der Sicherheitsstrategie bezüglich der Daten darstellt. Das ist sicher richtig, allerdings ist ein häufig vorgenommener Schluss aus dieser Sichtweise falsch: Die Sicherheitsarchitektur kann in aller Regel nicht beliebig auf die beteiligten Softwaresysteme verteilt werden. Insbesondere der direkte Zugriff auf die Daten einer Datenbank kann außerhalb der Datenbank nicht sicher orchestriert werden, weil

► nicht sichergestellt werden kann, dass alle Zugriffe auf die Daten immer über eine externe Anwendung durchgeführt werden,

► externe Anwendungen zu weit von den Daten entfernt sind, um sicher Probleme der Nebenläufigkeit zu kontrollieren,

► externe Programme die Sicherheitssysteme in aller Regel neu programmieren müssen und damit nicht den gleichen Grad von Zuverlässigkeit und Fehlerfreiheit aufweisen wie die entsprechenden Systeme innerhalb der Datenbank.

Zudem ist die Implementierung einer starken Datensicherheitsstrategie außerhalb der Datenbank ein erheblicher Aufwand, der durch die Lizenzierung der Datenbank bereits bezahlt wurde und daher idealerweise auch genutzt werden sollte.

Die Datensicherheitsmechanismen der Datenbank gliedern sich in verschiedene Bereiche. Einige Bereiche werden hier nicht besprochen, weil sie bereits bekannt sind: So spielt die View eine zentrale Rolle in der Organisation des Zugriffs von Benutzern auf Daten. In diesem Kapitel möchte ich die wichtigsten Datensicherheitskonzepte der Oracle-Datenbank vorstellen. Da dies kein Administrationsbuch ist, werde ich die Diskussion so halten, dass ein Verständnis für die verschiedenen Bereiche aufkommt, nicht aber jede Option besprochen wird. Zudem lasse ich einige fortgeschrittene Technologien, wie etwa *Database Vault*, weg, weil ich deren Fokus hauptsächlich im Bereich der Administration sehe. Andere Technologien, wie *Virtual Private Database*, sind zwar grundsätzlich sehr interessant, aufgrund des vergleichsweise speziellen Einsatzzwecks aber ebenfalls außerhalb des Fokus dieses Buches.

15.1   Datenbankbenutzer versus Schema

Die Grundlage jeder Datensicherheit ist die Einrichtung von Datenbankbenutzern. Wenn Sie Anwendungsentwickler sind, sollten Sie in jedem Fall dieses Konzept gut verstanden haben, denn in diesem Konzept liegt eine der entscheidenden Keimzellen für eine sichere Datenbankanwendung. Reine Anwender sollten eine Idee von Datenbankbenutzern haben, um abschätzen zu können, was genau Sie eigentlich in der Datenbank tun.

15.1.1   Was ist ein Datenbankbenutzer

Bei Oracle ist ein Datenbankbenutzer letztlich nichts anderes als eine Zeile einer Tabelle, an die gewisse Rechte gebunden werden können. Gespeichert werden die

Benutzer in einer Systemtabelle, USER$, die dem Benutzer SYS gehört. Der Benutzer SYS wiederum ist der Eigentümer aller Tabellen der Datenbank; auf Unix übertragen ist dieser Benutzer ROOT, er hat uneingeschränkte Rechte auf alles und jeden innerhalb der Datenbank.

Ein Datenbankbenutzer wird innerhalb der Datenbank durch einen Benutzer angelegt, der ein Recht hat, dies zu tun. Das ist in aller Regel ein Administrationsbenutzer, wie etwa der Benutzer SYSTEM. SYS und SYSTEM sind Benutzer, die bei der Anlage der Datenbank immer eingerichtet werden. SYS ist, wie gesagt, der Eigentümer der gesamten Datenbank, während der Benutzer SYSTEM als Hauptadministrator die meisten Administrationstätigkeiten ausführt (er ist ein Benutzer, der die Benutzerrolle DBA erhalten hat). Es versteht sich von selbst, dass Sie offensichtlich ein wichtiger Mitarbeiter Ihres Unternehmens sind, wenn Ihnen die Passwörter dieser beiden Benutzer für die Produktionsdatenbank bekannt sind.

Darüber hinaus existieren aber noch viele weitere Benutzer. Einige dieser Benutzer wurden bei der Installation der Datenbank angelegt, andere wurden vom Administrator hinzugefügt. Vielleicht ist es sinnvoll, drei Gruppen von Benutzern zu unterscheiden:

15

▶ Da wäre zum einen die Gruppe der *Administrationsbenutzer*. Diese Gruppe enthält die beiden Benutzer SYS und SYSTEM, aber eventuell noch weitere Benutzer, die alle über Administrationsrechte verfügen.

▶ Dann sind da die Benutzer, denen das Recht eingeräumt wurde, Tabellen (oder allgemeiner *Datenbankobjekte*) anzulegen und die dies auch getan haben. Diesen Benutzern *gehören* daher diese Datenbankobjekte, und sie haben alle Rechte bezüglich dieser Datenbankobjekte. Ein Beispiel für einen solchen Benutzer ist der Benutzer SCOTT. Solche Benutzer nennen wir *Schema-Eigentümer* oder kurz *Schemata*.

▶ Der Rest der Benutzer hat kein Recht, Datenbankobjekte anzulegen. Diese Benutzer existieren also lediglich als Benutzer, die der Datenbank bekannt sind. Dies sind »*einfache*« *Datenbankbenutzer*.

Warum, so fragt man sich, sollte es die letzte Gruppe von Benutzern eigentlich geben? Da sie keine Tabellen anlegen dürfen, sollten sie für die Datenbank doch unerheblich sein, oder? Nein, das ist ganz und gar nicht der Fall. Für diese Benutzer gilt, dass Sie zwar nicht selbst Tabellen anlegen dürfen, doch ist es durchaus möglich, dass ihnen das Recht zugeteilt wird, die Tabellen anderer Benutzer zu lesen oder auch zu ändern. Zudem gibt es Anwendungsprogramme, die lediglich Benutzern Zugriff gestatten, die innerhalb der Datenbank als Benutzer geführt werden. Hier übernimmt die Datenbank also die Verwaltung der Anwendungsbenutzer.

Die zweite Gruppe der Benutzer haben wir Schema-Eigentümer genannt. Was das ist, klären wir im nächsten Abschnitt.

15.1.2   Was macht einen Datenbankbenutzer zu einem Schema-Eigentümer?

Ein Schema existiert als Begriff in mehreren Datenbanken, doch haben die Datenbanken leicht unterschiedliche Vorstellungen davon, was ein Schema genau ist. Bei Oracle bezeichnet ein Schema die Summe der Datenbankobjekte, die einem Benutzer gehören. Wir können die Frage zu Beginn des Abschnitts also ganz einfach so beantworten, dass ein Datenbankbenutzer dann zum Schema-Eigentümer wird, wenn ihm das Recht zugestanden wird, Datenbankobjekte anzulegen und er von diesem Recht Gebrauch macht. Na ja, gerade dieser letzte Halbsatz ist etwas schwierig: Man kann durchaus sagen, ein Benutzer, der Datenbankobjekte anlegen könne, habe damit auch ein (zunächst leeres) Schema. Das ist aber zum Glück für die tägliche Arbeit nicht wesentlich.

Wesentlicher ist eine andere, bereits genannte Eigenheit: Ein Schema-Eigentümer hat bezüglich der Datenbankobjekte, die ihm gehören und also sein Schema ausmachen, *nicht entziehbare und vollständige* Rechte. Damit ist gemeint, dass Sie innerhalb der Datenbank nicht verhindern können, dass der Benutzer SCOTT die ihm gehörenden Tabellen löscht, physikalisch leert, Trigger auf die Tabellen deaktiviert oder was immer er sonst noch tun möchte, tun kann. Aus diesem Grund ist es wirklich keine gute Idee, den Eigentümer der Anwendungstabellen als Anwendungsbenutzer zu verwenden. Anders gesagt: Wenn Sie eine Anwendung haben, die sich an der Datenbank anmeldet, und sie tun dies im Namen des Benutzers SCOTT, haben Sie keine Möglichkeit, zu verhindern, dass der Anwendungsbenutzer die Tabellen löschen kann, vorausgesetzt, er kommt irgendwie an das Passwort des Anwendungsbenutzers.

Sind Sie dagegen Anwender und nur an select-Abfragen interessiert, ist es wichtig, zu wissen, dass Sie, wenn Sie als Eigentümer der Tabellen angemeldet sind, jederzeit die Anweisungen aus dem DML-Umfeld, aber auch die Anweisungen drop, truncate, alter etc. verwenden können. Diese Rechte können Ihnen nicht entzogen werden, denn Sie sind der Eigentümer dieser Tabellen. Anders ist dies, wenn Sie sich als ein anderer Benutzer angemeldet haben, dem lediglich Leserechte an allen Tabellen eingeräumt wurden.

Es gehört zu den absolut grundlegenden Mindestanforderungen an Anwendungen auf einer Produktionsdatenbank, dass sich *niemals* der Eigentümer der Tabellen anmeldet, sondern immer nur ein entsprechend autorisierter Datenbankbenutzer. Anmeldungen als Eigentümer der Tabellen sollten administrativen Arbeiten, wie dem Installieren einer neuen Softwareversion, vorbehalten bleiben.

15.2   Erstellung eines Datenbankbenutzers

Lassen Sie uns nun die SQL-Anweisungen ansehen, um einen Benutzer anzulegen. Dies ist natürlich nicht nur für Administratoren von Interesse, sondern auch für alle Anwender, die eine lokale Datenbank zum Lernen und Ausprobieren installiert haben. Viele der Anweisungen kennen Sie bereits, weil sie in anderem Zusammen-hang schon benötigt wurden, doch nutze ich die Gelegenheit, diese Anweisungen hier einmal näher zu besprechen.

15.2.1   Allgemeine Syntax

Ein Benutzer wird angelegt wie jedes andere Datenbankobjekt auch: Mit der Anwei-sung create. Hier verwenden wir create user. Wichtig ist, dass wir mit dieser Anwei-sung auch direkt das Passwort des neuen Benutzers festlegen müssen, denn es gibt in Oracle keinen Benutzer ohne Passwort. Die Syntax lautet also:

```
SQL> connect system
Kennwort eingeben:
Connect durchgeführt.
```

```
SQL> create user test_user identified by pwd_4_test;
Benutzer wurde erstellt.
```

Listing 15.1 Erzeugung eines Datenbankbenutzers

Nach der Anlage dieses Benutzers darf dieser zunächst einmal gar nichts. Es handelt sich um einen Benutzer, der bislang der Datenbank lediglich bekannt ist, aber noch keine Tabelle oder Ähnliches anlegen darf. Er darf sich auch noch nicht an der Daten-bank anmelden. Hierzu bedarf es einiger grundlegender Rechte, die wir dem Benut-zer noch geben müssen.

15.2.2   Grundlegende Rechte

Beginnen wir damit, dem Benutzer zu erlauben, sich an der Datenbank anzumelden. Dafür benötigt er ein Systemrecht (zur näheren Beschreibung sehen Sie bitte in Abschnitt 15.3.1, »Systemberechtigungen«, nach), und zwar das Recht CREATE SESSION. Dieses Recht wird durch die Anweisung grant erteilt und durch die Anweisung revoke entzogen:

```
SQL> grant create session to test_user;
Benutzerzugriff (Grant) wurde erteilt.
```

Listing 15.2 Der Benutzer erhält das Recht, sich anzumelden.

Nun gelingt die Anmeldung dieses Benutzers über die Anweisung connect:

```
SQL> connect test_user/pwd_4_test
Connect durchgeführt.
```

Listing 15.3 Anmeldung im Namen des neuen Benutzers

Da dieser Benutzer noch keine weiteren Rechte hat, kann er nun lediglich die Datenbankobjekte benutzen, die durch die Eigentümer oder Administratoren öffentlich gemacht wurden. Dies geschieht, indem ein Recht an den Benutzer PUBLIC erteilt wird. Um jetzt zu sehen, welche Tabellen oder Views dieser neue Benutzer bereits sehen kann, können wir eine View auf das Data Dictionary bemühen, nämlich die View ALL_OBJECTS. Auch diese View haben Sie bereits schon einmal gesehen. Das Präfix USER_ bedeutet, dass die Datenbank lediglich die Objekte anzeigt, die dem Benutzer gehören, das Präfix ALL_ bedeutet hingegen, dass alle Objekte angezeigt werden, die der angemeldete Benutzer benutzen darf, auch wenn sie anderen Benutzern gehören. Gehen wir vorsichtig heran und lassen uns eine Auswertung über die verschiedenen Objekttypen und deren Anzahl geben, die für diesen Benutzer bereits jetzt zur Verfügung stehen:

```
SQL> select object_type, count(*)
  2    from all_objects
  3    group by object_type;


OBJECT_TYPE            COUNT(*)
-------------------   ----------
EDITION                      1
CONSUMER GROUP               2
SEQUENCE                    13
SCHEDULE                     3
PROCEDURE                   38
OPERATOR                    55
DESTINATION                  2
WINDOW                       9
SCHEDULER GROUP              4
PACKAGE                    393
PROGRAM                     11
JAVA RESOURCE              832
XML SCHEMA                  51
JOB CLASS                    2
TABLE                      118
SYNONYM                  27699
VIEW                      1898
FUNCTION                   208
JAVA CLASS               22800
INDEXTYPE                    9
TYPE                      1475
EVALUATION CONTEXT           1
22 Zeilen ausgewählt.
```

Listing 15.4 Auswertung über die Objekte, die uns bereits zur Verfügung stehen

Wie gut, dass wir diese Auswertung zuerst gemacht haben! Alleine 1.898 Views stehen uns zur Verfügung! Der Grund liegt darin, dass wir viele Objekte benötigen, um grundlegende Dinge innerhalb der Datenbank zu tun, wie zum Beispiel nach der Uhrzeit zu fragen, nachzusehen, welche Objekte uns zur Verfügung stehen, und vieles andere. Allerdings ist diese Zahl wirklich sehr hoch. Oracle hat sich in den letzten Versionen zunehmend bemüht, die Menge der als unproblematisch eingestuften Objekte zu reduzieren und vom Benutzer PUBLIC wegzunehmen. Das ist allerdings kein leichtes Unterfangen, denn die Anwender und Anwendungsentwickler erwarten natürlich, dass Funktionalität, die bislang öffentlich war, auch in zukünftigen Versionen öffentlich sein soll. Ansonsten könnten Programme eventuell nicht problemlos laufen. Dennoch: Oracle versucht, insbesondere kritische Funktionalität einzuschränken. Zu den ganz heißen Kandidaten hierfür gehören Packages, die zum Teil mächtige Funktionalität beinhalten, wie die Packages UTL_FILE, UTL_HTTP, UTL_SMTP und UTL_TCP, die Zugriff auf das Dateisystem, http-Ströme, Mailserver oder allgemein das Netzwerk einräumen. Das sind in jedem Fall gewichtige Funktionalitäten. Seien Sie nicht überrascht, wenn Ihr Administrator diese Packages bereits aus PUBLIC entfernt hat.

Was unser Benutzer allerdings noch benötigt, um zu einem Schema-Eigentümer zu werden, ist das Recht, Tabellen anzulegen. Auch dies ist ein Systemrecht, und zwar CREATE TABLE. Zwar scheint dieses Recht auszureichen, um einem Benutzer das Anlegen von Tabellen zu ermöglichen, es kommt jedoch noch zu einer interessanten Komplikation, die wir schon einmal kurz in Kapitel 13, »Tabellen erstellen«, angesprochen haben. Zunächst räumen wir das Recht ein, Tabellen zu erstellen:

```
SQL> connect system
Kennwort eingeben:
Connect durchgeführt.

SQL> grant create table to test_user;
Benutzerzugriff (Grant) wurde erteilt.

SQL> connect test_user/pwd_4_test;
Connect durchgeführt.

SQL> create table my_first_table(
  2    id number,
  3    description varchar2(50 char));
Tabelle wurde erstellt.
```

Listing 15.5 Der Benutzer erhält das Recht, Tabellen anzulegen.

Soweit, so gut. Nun jedoch möchte ich eine erste Zeile in diese Tabelle einfügen:

```
SQL> insert into my_first_table
  2  values(1, 'My first row!');
insert into my_first_table
             *
FEHLER in Zeile 1:
ORA-01950: keine Berechtigungen für Tablespace 'USERS'
```

Listing 15.6 Ein Problem beim Einfügen einer Zeile

Obwohl wir das Recht haben, eine Tabelle anzulegen, haben wir nicht das Recht, Zeilen in der Tabelle anzulegen. Dieses Verhalten ist neu ab Version 11. In Versionen vor 11 wird bereits das Anlegen der Tabelle mit diesem Fehler quittiert, weil die Datenbank zu dieser Zeit bereits Festplattenplatz anfordert. Was wir benötigen, ist das Recht, Platz auf einer Festplatte zu belegen. Das werden wir als Nächstes einrichten.

15.2.3   Zugriff auf Festplattenspeicher

Die Regelung des Zugriffs auf die Festplatte ist ureigenste Aufgabe des Datenbankadministrators. Er steuert, welcher Benutzer wie viel Festplattenplatz auf welchen Platten belegen darf. Dies hat nicht nur historische Gründe, das nämlich Plattenplatz teuer und rar war, sondern durchaus auch Gründe der Datensicherheit, denn wenn ein Benutzer, zum Beispiel durch einen fehlerhaften Anwendungscode, die Platte überlaufen lässt, können andere, vitale Daten der Datenbank nicht mehr gespeichert werden. Dadurch fällt die Datenbank aus, wichtige Geschäftsprozesse können nicht mehr dargestellt werden. Sicherlich spielt in diese Diskussion auch hinein, dass ein *Denial of Service* (vielleicht zu übersetzen mit *Einsatzunfähigkeit*) verhindert werden soll. Darunter verstehen wir, dass die Datenbank aus technischen Gründen (wozu der Speicherplatz gehört, aber auch zum Beispiel die Rechenkapazität) nicht mehr verfügbar ist. Dies wird teilweise durch Hacker angestrebt, die eben nicht immer nur darauf aus sind, Daten zu stehlen, sondern durchaus auch ihr Ziel darin sehen können, die Einsatzfähigkeit eines Datenbankservers zu unterminieren.

Oracle bietet nicht nur die Möglichkeit, Tabellen einzelnen Benutzern zuzuordnen und auf diese Weise sozusagen logisch unabhängige Datenbanken in einer physikalischen Datenbank zu ermöglichen, der Administrator kann zudem auch die physikalische Speicherung sehr feingranular anlegen und sehr genau steuern, welcher Benutzer wo seine Daten ablegt. Obwohl die Diskussion des Verbrauchs von Festplattenplatz mittlerweile etwas in den Hintergrund getreten ist (der »kleinste« Exadata-Server X2-2 Quarter Rack von Oracle liefert derzeit knapp 10 Terabyte nutzbaren Plattenplatz), ist sie aus anderen Gründen immer noch aktuell: So regelt der Administrator in Abstimmung mit den Anwendungsentwicklern, welche Tabellen zusammen gespeichert werden sollen, um die Aufgaben des Backups der Datenbank zu optimieren. Denn es ist ja naheliegend: Wenn eine Tabelle sehr häufig geändert wird, eine andere jedoch so gut wie nie, ist es nicht sehr sinnvoll, beide Tabellen gleich häufig ins Backup zu nehmen. Das alles steuert der Datenbankadministrator, indem er für die Tabellen einen sogenannten Tablespace einrichtet. Die Grundlagen hierzu hatte ich bereits grob erläutert (in Abschnitt 13.1, »Einfache Tabellen erstellen«). Nun sehen wir diese Tablespaces aus Sicht der Rechteverwaltung wieder.

Der Administrator wird Ihnen also im Folgenden ein *Quota* (einen Anteil) am Gesamtspeicherplatz des Tablespaces zur Verfügung stellen. Bevor wir dies tun, möchte ich noch kurz klären, warum in der Fehlermeldung von vorhin der Tablespace USERS angesprochen wurde. Als wir die Tabelle angelegt haben, haben wir keine Festlegung zum Tablespace gemacht. Nun könnte der Administrator bei der Anlage eines Benutzers festlegen, dass dieser Benutzer in diesen Fällen einen speziellen Tablespace zugeordnet bekommt. Dieser Tablespace wäre dann der Default-Tablespace für diesen Benutzer. Die Anweisung hierzu ist eine alter user-Anweisung:

```
alter user test_user default tablespace example;
```

Haben wir aber nicht gemacht, als wir den Benutzer angelegt haben. Daher hat die Datenbank einen Tablespace genommen, der als Default-Tablespace definiert wurde, als die Datenbank angelegt wurde. Konkreter existiert ein Initialisierungsparameter, der gelesen wird, wenn die Datenbank gestartet wird. Und in diesem Parameter ist der Tablespace USERS als Default-Tablespace angelegt worden. Nun versucht die Datenbank also, Platz für den Benutzer TEST_USER im Tablespace USERS zu allokieren. Er hat dort aber kein Quota, also kommt die Fehlermeldung. Das war jetzt möglicherweise die ganz ausführliche Beschreibung, doch lag mir daran, diesen Prozess genau zu erläutern, weil die Fehlermeldungen, die von Oracle ausgegeben werden, schon zu großem Frust führen können, wenn die Zusammenhänge nicht klar sind. Nun folgt also die Anweisung, um einem Benutzer ein Quota auf USERS zuzugestehen. Auch dies ist eine alter user-Anweisung:

```
SQL> connect system
Kennwort eingeben:
Connect durchgeführt.


SQL> alter user test_user quota 20M on users;
Benutzer wurde geändert.
```

Listing 15.7 Anweisung, um ein Quota auf USERS einzurichten

Nach diesen Vorarbeiten gelingt nun auch das Einfügen einer Zeile:

```
SQL> connect test_user/pwd_4_test
Connect durchgeführt.
```

```
SQL> insert into my_first_table
  2  values(1, 'my first row!');
1 Zeile wurde erstellt.

SQL> commit;
Transaktion mit COMMIT abgeschlossen.
```

Listing 15.8 Nun funktioniert alles.

15.3   System- und Objektrechte

Wir haben gesehen, wie ein Benutzer grundsätzlich angelegt wird. Nun wollen wir die darunterliegenden Rechtekonzepte etwas genauer ansehen. Zunächst einmal macht die Trennung in System- und Objektberechtigungen Sinn: Systemberechtigungen sind Rechte, die datenbankweit gelten und zum Beispiel ermöglichen, Tabellen oder Views anzulegen oder sich an der Datenbank anzumelden. Im Gegensatz dazu stehen die Objektberechtigungen, die sich immer nur auf ein Datenbankobjekt beziehen und zum Beispiel dazu verwendet werden, ein Leserecht an einer Tabelle auf einen anderen Benutzer zu übertragen.

15.3.1   Systemberechtigungen

Ein Systemrecht regelt, was ein Benutzer in der Datenbank alles tun darf. Ein Administrator steht zu Beginn der Erteilungskette. Ein Administrator hat das Recht, alle Systemberechtigungen an weitere Benutzer weiterzugeben. Dies ist vereinfacht und stimmt so nicht immer, soll aber für uns jetzt einmal ausreichend genau sein. Konkret bedeutet dies, dass der Administrator jedes Systemrecht, das ihm wiederum durch seine Funktion als Administrator zusteht, mit einer speziellen Option erhält. Diese Option lautet admin option. Lassen Sie uns dies einmal an einem Beispiel nachvollziehen. Ein Administrator vergibt an einen Benutzer das Recht, sich an der Datenbank anzumelden. Dieses Recht heißt create session, wie wir bereits wissen. Nun lautet die Anweisung:

```
grant create session to test_user;
```

Auch dem Administrator ist dieses Recht vergeben worden, im Zweifel vom Benutzer SYS, dem alles in der Datenbank gehört, also auch die Rechte. Allerdings ist dem Administrator dieses Recht mit der admin option vergeben worden, was ihn befähigt, dieses Recht auch an andere Benutzer weiterzugeben, es also zu administrieren. Die Anweisung hierfür lautet:

```
grant create session to system with admin option;
```

Mittels dieser Anweisung darf der Administrator nun also dieses Recht administrieren. SYSTEM als Hauptadministrator hat jedes Systemrecht mit dieser admin option. Es wäre aber auch denkbar, dass ein anderer Benutzer nur eine ausgewählte Menge Systemrechte mit dieser Option erhält. Dadurch könnte er zum Beispiel lediglich Benutzer anlegen und ihnen das Recht create session zugestehen, nicht aber zum Beispiel ein Ausführungsrecht an sicherheitsrelevanten Packages erteilen.

Lassen wir es für den Moment bei diesem Detaillierungsgrad. Wir haben eine ganze Reihe an Systemberechtigungen, die wir einem Benutzer erteilen können. Vielleicht möchten Sie sich einmal einen Überblick verschaffen, welche Rechte der Benutzer SYSTEM hat, indem Sie als Benutzer SYSTEM folgende Abfrage ausführen:

```sql
SQL> select *
  2    from dba_sys_privs
  3    where grantee in ('DBA', 'SYSTEM');


GRANTEE     PRIVILEGE             ADM
----------  --------------------  ---
DBA         ADVISOR               YES
DBA         AUDIT ANY             YES
DBA         DROP USER             YES
DBA         RESUMABLE             YES
DBA         ALTER USER            YES
DBA         CREATE JOB            YES
DBA         ANALYZE ANY           YES
DBA         BECOME USER           YES
DBA         CREATE CUBE           YES

...
207 Zeilen ausgewählt
```

Listing 15.9 Übersicht über die Systemprivilegien des Benutzers SYSTEM

Sicher stimmen Sie mit mir überein, dass wir uns diese Liste nicht Position für Position ansehen. Wir verstehen, dass es eine Reihe von Rechten (oder auch Privilegien) gibt, die vom Administrator vergeben werden. Erhalten Sie die Fehlermeldung

```
ORA-01031: Nicht ausreichende Berechtigungen
```

wissen Sie nun, wen Sie anrufen müssen. Eine ganz andere Frage ist im Übrigen, *welches* Recht Ihnen konkret fehlt. Leider gibt die Fehlermeldung hierüber keine Auskunft.

Eine komplette Liste der verfügbaren Systemberechtigungen finden Sie im Übrigen in der View SYSTEM_PRIVILEGE_MAP.

Noch eine Anmerkung zur admin option. Stellen Sie sich vor, ein Benutzer habe vom Administrator ein Recht mit dieser Option erhalten. Nun macht er von dieser Option

Gebrauch und gibt das Recht an Sie weiter. Als Nächstes entzieht der Administrator diese Option vom Benutzer, der das Recht an Sie weitergegeben hat. Bedeutet dies nun, dass auch Sie das Recht verlieren, weil ja der Benutzer, der Ihnen das Recht weitergeben hat, über das Recht zur Weitergabe nun nicht mehr verfügt? Nein, bei Systemprivilegien gilt, dass ein einmal erteiltes Recht bei Ihnen verbleibt, bis es Ihnen explizit entzogen wird. Das ist auch gut so, denn wir könnten uns vorstellen, dass ein Benutzer als Administrator fungiert, dann jedoch seinen Posten verliert. Der Administrator entzieht dem Benutzer die Administrationsfunktion. Würde dies zur Folge haben, dass kaskadierend alle Benutzer, denen der Benutzer Rechte erteilt hat, nun auch ihre Rechte verlieren, hieße das, die gesamte Arbeit, die der Administrator geleistet hat, zu widerrufen. Das kann natürlich nicht gewollt sein.

Zu den Systemberechtigungen oder auch Systemprivilegien gehört im Übrigen noch eine weitere Option, die Sie in der Auflistung in Listing 15.9 bereits sehen können: die Option any. Diese Option besagt, dass der Benutzer, der dieses Recht erhält, dieses Recht *in allen Schemata* der Datenbank ausüben darf und nicht nur in seinem eigenen. Diese Option macht einen Benutzer zu einem Administrator. Interessant an diesem Konzept ist aber, dass nun sehr genau gesteuert werden kann, welche Rechte ein Benutzer mit any-Option erhält. Das können wir nutzen, um Bereichsadministratoren einzurichten, die zum Beispiel neue Datenbankbenutzer anlegen, nicht aber in allen Schemata Daten lesen können.

15.3.2   Objektberechtigungen

Ähnlich wie bei den Systemberechtigungen verfügt auch jedes Datenbankobjekt über eine Reihe von Berechtigungen, die durch den Eigentümer der Objekte oder von einem Administrator verwaltet werden können. Im Gegensatz zur Systemberechtigung ist eine Objektberechtigung stets nur auf ein Datenbankobjekt bezogen, also zum Beispiel auf eine Tabelle, eine View oder eine *Stored Procedure* (*gespeicherte Prozedur*, ein PL/SQL-Programm). Welche Rechte ein Datenbankobjekt konkret umfasst, variiert dabei von Datenbankobjekt zu Datenbankobjekt. Alle Objektberechtigungen finden wir in der View TABLE_PRIVILEGE_MAP. Dies klingt zunächst, als seien nur Rechte auf Tabellen gemeint, tatsächlich finden sich in der Liste jedoch auch Rechte für andere Datenbankobjekte, wie etwa das EXECUTE-Recht, das sich auf Stored Procedures bezieht.

Objektberechtigungen werden, wie gesagt, vom Eigentümer oder vom Administrator vergeben. Ich konzentriere mich hier einmal auf die Vergabe durch den Eigentümer. Analog zur Option admin option existiert auch für Objektberechtigungen die Option grant option. Vergeben Sie als Eigentümer einer Tabelle ein Recht mit dieser Option, hat der Begünstigte das Recht, dieses von Ihnen eingeräumte Recht wiederum an andere Benutzer weiterzugeben. Im Gegensatz zur admin option verhält es sich hier aber so, dass dieses Recht kaskadierend entzogen wird, falls Sie dieses Recht einem Benutzer entziehen, der es an andere Benutzer weitergegeben hat. Auch das macht Sinn, denn ansonsten hätten Sie keinerlei Kontrolle darüber, wer nun auf Ihre Daten zugreifen darf oder nicht.

Bezüglich einer Tabelle sind viele Rechte zu vergeben:

```
ALTER
DEBUG
DELETE
FLASHBACK
INDEX
INSERT
ON COMMIT REFRESH
QUERY REWRITE
REFERENCES
SELECT
UPDATE
```

Listing 15.10 Liste der Berechtigungen für eine Tabelle

Zusätzlich existiert noch das Schlüsselwort ALL, das als Platzhalter für alle erlaubten Objektrechte verwendet werden kann. Schon an dieser Liste erkennen Sie, dass die Rechtevergabe bezüglich eines Datenbankobjekts sehr feingranular erfolgen kann. Stellen Sie sich vor, dass jede Tabelle diese Rechte an jeden Datenbankbenutzer vergeben kann, und es wird klar, dass dies zwar möglich, ohne weitere Hilfsmittel aber nicht praktikabel ist. Wer soll das alles verwalten? Zum Glück existieren solche Hilfsmittel, wie Sie im weiteren Verlauf dieses Kapitels noch sehen werden. Es ist zudem nicht üblich, all diese Rechte auf diese Weise zu vergeben, sondern mit einer Handvoll wichtiger Rechte zu operieren: SELECT, INSERT, UPDATE und DELETE dürften die häufigsten Berechtigungen bezüglich Tabellen sein.

Lassen Sie mich einen Punkt wiederholen, weil er absolut zentral für die Datensicherheit ist: Der angemeldete Anwendungsbenutzer darf niemals der Eigentümer der Tabelle sein, sondern sollte stets ein weiterer Datenbankbenutzer sein, dem die oben genannten Rechte eingeräumt wurden. Wir können uns nun leicht vorstellen, dass einem Benutzer lediglich das Objektrecht SELECT an allen Tabellen eingeräumt wurde. Ein solcher Benutzer kann nun alle Tabellen befragen, Berichte und Statistiken erstellen, aber eben keinerlei Daten ändern, löschen oder noch Schlimmeres tun. Dies beruhigt meiner Erfahrung nach sowohl die Administratoren als auch die Anwender, die nun deutlich entspannter mit der Datenbank arbeiten.

Nur durch die Verwendung von Objektberechtigungen können Sie sicherstellen, dass ein Benutzer Daten zwar lesen und ändern, nicht aber löschen darf. Da diese Ein-

15

schränkung direkt in der Datenbank erfolgt, gilt sie uneingeschränkt und immer für alle Benutzer aller Anwendungen, solange diese nicht über Administrationsprivilegien verfügen. Und damit Ihnen die Scheu vor der Arbeit, die solche Objektprivilegien nach sich ziehen können, ein wenig genommen wird, möchte ich Ihnen ein kleines Skript in PL/SQL zeigen, das ein Leserecht an allen Tabellen eines Benutzers auf einen zweiten Benutzer überträgt. Solche Skripte sind gerade bei der Erstellung von Anwendungen nicht selten, denn sie lösen das Problem, ein Leserecht auf eine Tabelle vergessen zu haben:

```
SQL> declare
  2    cursor tables is
  3      select table_name
  4        from user_tables;
  5  begin
  6    for tbl in tables loop
  7      execute immediate
  8        'grant select on ' || tbl.table_name ||
  9        ' to test_user ';
 10    end loop;
 11  end;
 12  /
```

```
PL/SQL-Prozedur erfolgreich abgeschlossen.
```

Listing 15.11 Ein PL/SQL-Skript, um ein Leserecht an allen Tabellen an einen Benutzer zu vergeben

Die syntaktischen Details erspare ich mir, wichtig ist das Prinzip: In einer SQL-Abfrage erfragen wir alle Tabellennamen eines Benutzers. In der PL/SQL-Anweisung setzen wir jeden Tabellennamen in eine SQL-Anweisung ein und führen sie aus. Durch diesen Aufruf sind sicher alle Tabellen durchgearbeitet worden. Ein Skript dieser Art kommt sicher auch in Frage, wenn Sie eine bestehende Anwendung, die sich als Eigentümer der Tabellen anmeldet, auf einen anderen Benutzer »umbiegen« möchten, denn Ihre Anwendung wird wahrscheinlich während der normalen Benutzung lediglich DML-Anweisungen und select-Abfragen auf Tabellen oder Views absetzen und Stored Procedures aufrufen, für die dann das EXECUTE-Recht erforderlich ist. Mit einem Skript, ähnlich dem gezeigten, könnte ein weiterer Benutzer zunächst einmal summarisch mit diesen Rechten ausgestattet werden, bevor dann in einer detaillierten Analyse die einzelnen Rechte vergeben und entzogen werden.

Auch Objektrechte werden durch die grant-Anweisung erteilt, wie Sie das im Skript oben gesehen haben. Insofern unterscheiden sich Objektrechte nicht von Systemrechten. Eine Erweiterung gilt hinsichtlich sogenannter Spaltenrechte. Damit bezeichnet man ein Recht, dass lediglich bezüglich einer Spalte einer Tabelle gilt. Mit diesen Rechten kann ein UPDATE-Recht an einer Tabelle auf gewisse Spalten der Tabelle eingeschränkt werden.

Das folgende Beispiel zeigt, wie dem Benutzer WILLI ein update-Recht auf die Tabellenspalten EMP.ENAME und EMP.JOB eingeräumt wird:

```
SQL> grant update (ename, job) on emp to willi;
Benutzerzugriff (Grant) wurde erteilt.
```

Listing 15.12 UPDATE-Recht auf eine Tabellenspalte

15.3.3 Die REVOKE-Anweisung

Das logische Gegenstück zur grant-Anweisung ist die revoke-Anweisung. Mit ihr werden einmal gegebene Rechte entzogen, egal, ob es sich um Objekt- oder Systemrechte handelt. Die Syntax ist nicht spektakulär, es wird lediglich das Schlüsselwort to durch from ersetzt:

```
SQL> revoke all on emp from test_user;
Benutzerzugriff wurde aufgehoben (Revoke).
```

Listing 15.13 Alle Objektrechte werden (kaskadierend) von TEST_USER entzogen.

Bitte beachten Sie, dass die revoke-Anweisung bei Systemrechten nicht kaskadierend, bei Objektrechten jedoch kaskadierend die Rechte entzieht.

15.4 Rollen

Ein erster Schritt, Rechte für den Administrator handhabbar zu machen, besteht darin, mehrere Rechte zu Rollen zusammenzufassen. Auf diese Weise reicht es, einem Benutzer eine Rolle zuzuweisen, und alle darin enthaltenen Rechte werden direkt an den Benutzer übergeben. Eine Sonderstellung nehmen Ausführungsrechte an Stored Procedures ein, hier kann es erforderlich sein, die für die Ausführung der Stored Procedure erforderlichen Rechte direkt, das heißt nicht über eine Rolle, an einen Benutzer zu erteilen. Da dies aber nur ein Thema für Programmierer ist, verschiebe ich die Details hierzu in das PL/SQL-Buch.

Das Grundprinzip hinter einer Rolle ist einfach zu verstehen und so oder ähnlich auch aus Betriebssystemen bekannt. Zunächst wird eine Rolle in der Datenbank angelegt. Anschließend werden dieser Rolle Rechte zugewiesen. Dies können sowohl System- als auch Objektrechte sein. In einem dritten Schritt wird dann einem Benutzer eine Rolle zugewiesen, wodurch dieser Benutzer alle in der Rolle enthaltenen Rechte zugewiesen bekommt. Bei Oracle können Rollen andere Rollen beinhalten.

Dadurch können Rollen zum Beispiel für einen Anwendungsfall einer Anwendung eingerichtet und in einem zweiten Schritt mehrere dieser Rollen zu einem Anwenderprofil zusammengestellt werden. Wird nun einem Anwender diese Rolle zugewiesen, enthält er alle Rechte, die für die Ausführung aller Anwendungsfälle erforderlich sind. Wird ein Recht dabei mehrfach zugewiesen, ist dies kein Problem. Daher müssen Sie bei der Anlage solcher Rollenkonzepte nicht auf Redundanzfreiheit achten.

Sehen wir uns zunächst ein solches Rollenkonzept an. Wir erstellen eine einfache Rolle mit der Anweisung

```
create role user_role;
```

Das ist weder sehr überraschend noch übermäßig spannend. Nun weisen wir mit normalen grant-Anweisungen dieser Rolle System- und Objektberechtigungen zu:

```
grant create session to user_role;
grant select on emp to user_role;
```

Anschließend kann diese Rolle einem Benutzer zugewiesen werden:

```
grant user_role to test_user;
```

Wenn nun der Rolle ein weiteres Recht zugewiesen wird, ist dieses Recht damit auch dynamisch allen Benutzern zugewiesen, die über diese Rolle verfügen.

Zunächst möchte ich noch die Anweisungen rund um das Rollenkonzept komplett machen durch die Anweisung zum Entziehen einer Rolle und dem anschließenden Löschen dieser Rolle:

```
revoke user_role from test_user;
drop role user_role;
```

Listing 15.14 Anweisungen zur Verwaltung von Rollen

Daran ist sicher nichts Überraschendes. Möchten Sie eine Rolle einer anderen Rolle zuweisen und diese Rolle damit um alle Rechte der zugewiesenen Rolle erweitern, geht auch das sehr intuitiv:

```
grant hire_emp_role to user_role;
```

Listing 15.15 Zuweisung einer Rolle zu einer Rolle

Das eigentliche Problem liegt in einer konsistenten Pflege dieser Rollen und Berechtigungen. Ein nicht unerheblicher Zeitaufwand sollte für die Planung und Umsetzung des gewünschten Berechtigungskonzepts für eine Anwendung eingeplant werden. Diese Aufgabe ist bei der Programmierung einer Anwendung natürlich immer zu lösen. Die Frage ist, ob diese Arbeit in der Datenbank oder in der auf der Datenbank aufbauenden Anwendung programmiert werden sollte. Diese Frage ist schwer zu beantworten und hängt wahrscheinlich von vielen Punkten ab, die von Projekt zu Projekt unterschiedlich zu gewichten sind. Allerdings ist die Verwaltung datenbezogener Rechte innerhalb der Datenbank sicher ein sehr intuitiver und schnell umzusetzender Weg. Die sicherste Variante dürfte dieser Weg ohnehin sein, denn um dieses Konzept kommt auch nicht herum, wer sich an der Anwendung vorbei direkt auf die Datenbank aufschaltet.

Es existieren noch weitere Rollenkonzepte, wie zum Beispiel die *Secure Application Roles*, die allerdings für ein SQL-Buch nicht interessant sind, sondern sich auf die Art und Weise beziehen, wie sie einem Benutzer zugewiesen werden und sich daher für spezielle Programmier- oder Administrationsstrategien anbieten. Daher stehen sie außerhalb des Fokus dieses Buches. Dann existiert für die Datenbank durchaus die Möglichkeit, Rollenberechtigungen, Nutzerauthentifizierungen etc. durch eine Anbindung an ein LDAP-Verzeichnis verwalten zulassen. Auch hierfür gilt, dass dies ein reines Administrationsthema ist und daher hier nur erwähnt wird.

15.5   Passwort- und Ressourcenrechte

Ein weiterer Bereich der Sicherheitsarchitektur von Oracle ist die Verwaltung und Prüfung von Passwörtern und Ressourcen. Im Gegensatz zu System- und Objektberechtigung steuern wir hiermit, welche Regeln bezüglich der Passwörter eines Benutzers gelten und welcher Ressourcenverbrauch für einen Benutzer erlaubt wird. Administratoren haben mit diesen Festlegungen die Möglichkeit, sehr genau zu steuern, welcher Benutzer wie viel CPU-Zeit (pro Session oder aber auch pro SQL-Abfrage) erhält. Auf diese Weise wird ebenfalls einer Denial of Service Attack entgegengewirkt, denn ein Benutzer ist bei entsprechender Administration nun nicht mehr in der Lage, den Rechner durch eine große Anzahl aufwendiger SQL-Abfragen in die Knie zu zwingen.

In früheren Versionen der Datenbank wurden hierzu Profile angelegt, denen eine gewisse Menge CPU-Zeit zugeordnet werden konnte, und andere Einstellungen, zum Beispiel eine Laufzeit für Passwörter etc. Ab Version 10 der Datenbank ist die Empfehlung von Oracle, hierfür ein dediziertes Programm zu nutzen, das Teil der Administrationskonsole von Oracle ist und den Namen *Database Resource Manager* trägt. Mit diesem Werkzeug werden die Ressourcen der Datenbank extrem feingranular an Benutzer, Programme, Zeiten und andere Rahmenbedingungen gebunden. Dies ist nun allerdings wirklich ein reines Administrationsthema, wichtig für uns ist lediglich, dass die Sicherheitsarchitektur von Oracle auch diese Aspekte berücksichtigt und sehr leistungsstark regelt. Sie haben aus SQL-Sicht normalerweise weniger mit diesen Aspekten zu tun, im Gegensatz allerdings zu den System- und Objektberechtigungen.

TEIL IV

Spezielle Abfragetechniken

SQL ist mehr als nur ein einfacher SELECT-Befehl. Allerdings ist dieses »Mehr« auch verbunden mit mehr Komplexität und mehr Spezialisierung. Die Strategien und Anweisungen dieses Teils sind daher für die Leser gedacht, die die Grundlagen hinter sich gelassen haben und leistungsfähige Anweisungen für komplexe Probleme benötigen.

Kapitel 16
Hierarchische Abfragen

Hierarchische Abfragen stellen ein gutes Beispiel für die Speziali-
sierung von SQL dar. Ursprünglich als Erweiterung zu SQL erstellt,
haben sie – in anderer Form – nun Eingang in den ISO-Standard
gefunden. Hierarchische Abfragen lösen ein häufig auftretendes
Problem, das allerdings überraschend hinterhältig ist.

Hierarchien sind in Datenbanken schon seit geraumer Zeit selbstverständlich vorhanden. Sie lassen sich auf den ersten Blick einfach und elegant speichern, indem einfach zwei Spalten angegeben werden, deren eine die ID der Zeile enthält und deren andere die übergeordnete ID, oftmals als PARENT_ID bezeichnet. Sie haben das noch von der Tabelle EMP des Benutzers SCOTT in Erinnerung, ähnlich beim Benutzer HR. Doch schon bei dieser einfachen Speicherung stoßen wir auf überraschende Schwierigkeiten, wenn wir die Daten als Hierarchie auslesen möchten. Lassen Sie uns zunächst die einfachste Form der hierarchischen Speicherung mit zwei Tabellenspalten betrachten, die aufeinander verweisen. Zwar kommen in der Realität oft komplexere hierarchische Speichermodelle vor, doch können wir das Grundproblem bereits an dieser einfachen Modellierung zeigen.

16.1   Das Problem

Zunächst ist alles ganz einfach. Wenn wir in Tabelle EMP wissen möchten, wie der Vorgesetzte des Mitarbeiters SCOTT heißt, benötigen wir einen Self Join auf die Tabelle EMP. Bereits bei der Besprechung der Joins haben Sie gesehen, dass der einzige Trick dieser Abfrage darin besteht, zwei Aliase für die Tabelle EMP zu vereinbaren und zwischen diesen beiden Aliasen eine Join-Bedingung zu formulieren. Dadurch, so haben wir uns erklärt, stehen uns sozusagen zwei Finger zur Verfügung, die sich nun unabhängig voneinander in der Tabelle EMP bewegen können. Schlagartig schwerer wird die Abfrage aber nun, wenn wir umgekehrt zeigen möchten, wie die Untergebenen eines Mitarbeiters inkl. der Untergebenen dieses Untergebenen etc. heißen, kurz, wenn wir versuchen, das Organigramm des Unternehmens darzustellen. Warum? Stellen Sie sich vor, was nun passiert. Wir beginnen unsere Suche beim Mitarbeiter KING. Dieser hat keinen Chef mehr und ist daher der Ausgangspunkt unserer Untersuchung. In der Tabelle EMP sind drei Manager direkt KING unterstellt. Das haben wir mit unserem zweiten Finger einfach klären können. Wenn wir aber mit dem zweiten Finger beim ersten Manager stehen und uns fragen, wie denn dessen Untergebene heißen, kommen wir in Probleme: Wir benötigen einen dritten Finger, denn verließen wir den Manager, wüssten wir nicht mehr, wo wir hergekommen sind. Nun haben wir also einen dritten und auch noch einen weiteren Finger nötig, wenn der Untergebene unseres Managers weitere Untergebene hat. Wie viele Finger benötigen wir also? Wenn wir das Ganze etwas durchdenken, wird klar: Wir benötigen so viele Finger wie unser Unternehmen Gliederungsebenen hat. Und wie viele sind das? Hier liegt das erste Problem: Wir wissen es nicht.

Das zweite Problem ist etwas hinterhältiger. Nehmen wir an, unser Unternehmen habe maximal vier Gliederungsebenen. Nun benötigen wir also vier Aliase auf die gleiche Tabelle, wie in der folgenden Abfrage:

```
SQL> select e1.ename e1, e2.ename e2, e3.ename e3, e4.ename e4
  2    from emp e1
  3    join emp e2 on e1.empno = e2.mgr
  4    join emp e3 on e2.empno = e3.mgr
  5    join emp e4 on e3.empno = e4.mgr
  6   where e1.ename = 'KING;


E1          E2          E3          E4
----------  ----------  ----------  ----------
KING        JONES       FORD        SMITH
KING        JONES       SCOTT       ADAMS
```

Listing 16.1 Ein erster Versuch der Darstellung eines Organigramms

Alle Ebenen werden durch Joins miteinander verbunden. Das Ergebnis der Abfrage zeigt allerdings nur zwei Zeilen. Was ist passiert? Der Grund für die fehlenden Zeilen liegt darin, dass nicht alle Teilbäume des Organigramms vier Ebenen haben, einige haben lediglich zwei oder drei Ebenen. Was passiert nun mit den Teilbäumen, die nicht bis zur vierten Ebene organisiert sind? Da Ebene 2 vergeblich einen Eintrag in Ebene 3 sucht, wird die Ebene 2 nur dann gezeigt, wenn Ebene 3 durch einen Outer Join mit Ebene 2 verbunden wurde. Sehen wir uns die Abfrage mit einem Outer Join an:

```
SQL> select e1.ename e1, e2.ename e2, e3.ename e3, e4.ename e4
  2    from emp e1
  3    left join emp e2 on e1.empno = e2.mgr
  4    left join emp e3 on e2.empno = e3.mgr
  5    left join emp e4 on e3.empno = e4.mgr
  6   where e1.ename = 'KING';
```

```
E1           E2           E3           E4
----------   ----------   ----------   ----------
KING         JONES        FORD         SMITH
KING         JONES        SCOTT        ADAMS
KING         BLAKE        TURNER
KING         BLAKE        ALLEN
KING         BLAKE        WARD
KING         CLARK        MILLER
KING         BLAKE        MARTIN
KING         BLAKE        JAMES
```

Listing 16.2 Hierarchische Abfrage mit Outer Joins

Das funktioniert, die Abfrage zeigt die acht verschiedenen Zweige unseres Organigramms. Sie sehen allerdings, dass der Aufwand ins Unermessliche stiege, wenn wir nicht nur mit vier, sondern zum Beispiel mit 100 Ebenen zu tun hätten. Sie sagen, so etwas gibt es ja auch gar nicht? Ich erinnere mich daran, in einem Kurs einmal ein Team der Bundeswehr gehabt zu haben, das in einer Datenbank die komplette Stückliste eines Kampfhubschraubers gespeichert hatte und diesen nun als hierarchische Struktur ausgeben wollte. Was glauben Sie, wie viele Ebenen die Stückliste eines Kampfhubschraubers umfasst, wenn Sie bis zur letzten Schraube alles auflisten? Ich bin nicht sicher, ob wir da mit 100 Ebenen hinkommen.

Dieses Beispiel zeigt, dass wir SQL mit diesem Abfragetyp über die Sprachgrenze hinaus belasten. Auf der einen Seite ist das verwunderlich, denn die Frage ist doch gar nicht aus der Welt, sondern eher naheliegend. Auf der anderen Seite ist die Tatsache, dass sich Abfragen finden lassen, die mit SQL selbst nicht oder nicht gut zu beantworten sind, auch wieder kein Wunder; denn jede Programmiersprache hat einen Fokus, innerhalb dessen Probleme sehr einfach und gut gelöst werden können, und Bereiche, wo dies eben nicht mehr geht. Da allerdings die Arbeit mit hierarchischen Strukturen so ein normales Problem ist, hat Oracle bereits vor vielen Jahren die Sprache um ein spezielles Konstrukt erweitert, das die Arbeit mit Hierarchien deutlich einfacher und schneller macht: Die Abfrage connect by. Erst in der aktuellen Version der Datenbank kommt ein alternativer Ansatz hinzu, den wir uns danach ansehen werden.

16.2   Lösung mit der Abfrage CONNECT BY

Eine elegante und schnelle Lösung des Problems liefert die Abfrage connect by. Um mit Hierarchien arbeiten zu können, werden spezielle Klauseln und Pseudospalten definiert, die nur im Zusammenhang mit hierarchischen Abfragen benutzt werden. Zudem stehen einige neue Zeilenfunktionen für spezielle Fragestellungen zur Verfügung.

Grundform

Der Kern der Abfrage besteht aus zwei Klauseln, die einerseits festlegen, auf welche Weise die Hierarchie gebildet werden soll (also die Spalten definieren, in denen die Hierarchie gespeichert wird), und zum anderen, wo in den hierarchischen Baum eingestiegen werden soll. Damit wir in der folgenden Abfrage auch etwas sehen, habe ich zudem die (nur in diesem Zusammenhang definierte) Pseudospalte LEVEL verwendet, die uns anzeigt, auf welcher Ebene der Hierarchie wir uns befinden:

```
SQL>  select level,
  2            lpad('.', (level - 1) * 2, '.') || ename name
  3      from emp
  4      start with mgr is null
  5    connect by prior empno = mgr;
       LEVEL NAME
---------- -----------
         1 KING
         2 ..JONES
         3 ....SCOTT
         4 ......ADAMS
         3 ....FORD
         4 ......SMITH
         2 ..BLAKE
         3 ....ALLEN
         3 ....WARD
         3 ....MARTIN
         3 ....TURNER
         3 ....JAMES
         2 ..CLARK
         3 ....MILLER
```

Listing 16.3 Hierarchische Abfrage mit der Klausel CONNECT BY

Vielleicht erkläre ich kurz den etwas konfus wirkenden Ausdruck in der select-Klausel. Dieser Ausdruck hat nichts mit der hierarchischen Abfrage selbst zu tun, sondern erzeugt lediglich, abhängig von der Schachtelungstiefe, eine unterschiedliche Anzahl an Punkten, die vor dem Namen eingefügt werden und so dafür sorgen, dass wir in der Ausgabe der Anweisung die hierarchischen Beziehungen sehen. Wie habe ich das gemacht? Die Funktion lpad füllt Zeichenketten nach links auf. Ich fülle einen einzelnen Punkt auf (level - 1) * 2 Stellen auf. Bei Ebene 1 also auf 0 Stellen, womit die Punkte verschwinden, danach pro Ebene auf 2 Punkte. An diese Punkteliste klebe ich einfach den Namen. Sie können das Ergebnis leicht prüfen, die Spalte LEVEL zeigt Ihnen den jeweils gültigen Wert für die Schachtelungstiefe.

Wichtiger ist aber die Klausel connect by, die der ganzen Abfrage ihren Namen gibt. Sie legt fest, welche Spalten zur Definition der Hierarchie verwendet werden sollen. Dabei ist das Schlüsselwort prior dafür zuständig, zu definieren, welche Spalte den in der Abfrage hierarchisch höher stehenden Knoten definiert. In unserem Beispiel schreiben wir prior empno = mgr. Der Mechanismus funktioniert so: Wir suchen zwei Zeilen in der Tabelle, für die die Spalte EMPNO der einen Zeile gleich der Spalte MGR der anderen Spalte ist. Nun haben wir zwei Zeilen, die diese Bedingung erfüllen. Welche der beiden Zeilen ist nun hierarchisch höher? Da wir den Vorzug der Zeile geben, die den Wert in der Spalte EMPNO hat, wird diese Zeile hierarchisch höher eingestuft. Das Schlüsselwort prior hat übrigens eine ähnliche Funktion wie die analytische Funktion lag, denn sie ermöglicht den Zugriff auf eine vorhergehende Zeile (in diesem Kontext die hierarchisch höher stehenden Zeile), ähnlich wie das auch die Funktion lag tut. prior kann dabei durchaus auch mehrfach in der Abfrage verwendet werden.

In der Abfrage wird vorher noch die Klausel start with verwendet. Diese Klausel legt fest, wo wir in den hierarchischen Baum einsteigen möchten und erwartet eine Boolesche Prüfung, die für eine oder mehrere Zeilen zu wahr evaluiert werden können muss, wenn wir überhaupt eine Ausgabe sehen wollen. Ich habe die Zeile gewählt, deren Spalte MGR einen null-Wert enthält, weil ich das gesamte Organigramm zeigen wollte. Das ist aber nicht erforderlich, wir hätten auch eine Ebene tiefer einsteigen können, wie das folgende Beispiel zeigt:

```
SQL>  select level,
  2          lpad('.', (level - 1) * 2, '.') || ename name
  3      from emp
  4    start with job = 'MANAGER'
  5  connect by prior empno = mgr;
      LEVEL NAME
---------- -----------
          1 JONES
          2 ..SCOTT
          3 ....ADAMS
          2 ..FORD
          3 ....SMITH
          1 BLAKE
          2 ..ALLEN
          2 ..WARD
          2 ..MARTIN
          2 ..TURNER
          2 ..JAMES
          1 CLARK
          2 ..MILLER
```

Listing 16.4 Hierarchische Abfrage mit mehreren Einsprungspunkten

Die einzige Änderung dieser Abfrage ist der neue Boolesche Vergleich in der Klausel start with. Das Ergebnis zeigt nun nicht mehr den Mitarbeiter KING, denn der wird nun durch die Hierarchie nicht mehr gesehen, sondern lediglich drei Mitarbeiter auf Ebene 1, unsere Manager, sowie deren jeweilige Untergebene. Diese einfache Form macht diesen Abfragetyp so bestechend: Wir haben keinerlei Joins der Tabelle auf sich selbst benötigt, die gesamte Hierarchie wird durch einen einfachen Full Table Scan auf die Tabelle EMP sowie eine spezialisierte Optimierung sehr performant erledigt, wie Sie im Ausführungsplan sehen:

```
Ausführungsplan
-----------------------------------------------------------
Plan hash value: 763482334

-----------------------------------------------------------------
| Id  | Operation                           | Name | Rows  |
-----------------------------------------------------------------
|   0 | SELECT STATEMENT                    |      |    14 |
|*  1 |  CONNECT BY NO FILTERING WITH START-WITH|  |       |
|   2 |   TABLE ACCESS FULL                 | EMP  |    14 |
-----------------------------------------------------------------

Predicate Information (identified by operation id):
---------------------------------------------------

   1 - access("MGR"=PRIOR "EMPNO")
       filter("JOB"='MANAGER')
```

Listing 16.5 Ausführungsplan der letzten Abfrage

Als Erweiterung dieses Konzepts möchte ich Ihnen noch eine weitere Abfrage zeigen. Wir möchten herausfinden, wie der jeweilige Vorgesetzte heißt. Diese einfache Forderung scheint zunächst schwer umzusetzen, denn wie können wir auf den Vorgänger zugreifen? Ich hatte ja bereits angedeutet, dass das Schlüsselwort prior eine ähnliche Funktion wie die analytische Funktion lag hat und uns Zugriff auf die vorhergehende Zeile gewährt. Also probieren wir doch einfach diesen Weg:

```
SQL> select level, ename, prior ename manager
  2    from emp
  3    start with mgr is null
  4  connect by prior empno = mgr;

     LEVEL ENAME      MANAGER
---------- ---------- ----------
         1 KING
         2 JONES      KING
         3 SCOTT      JONES
```

```
4 ADAMS        SCOTT
3 FORD         JONES
4 SMITH        FORD
2 BLAKE        KING
3 ALLEN        BLAKE
3 WARD         BLAKE
3 MARTIN       BLAKE
3 TURNER       BLAKE
3 JAMES        BLAKE
2 CLARK        KING
3 MILLER       CLARK
```

Listing 16.6 Zugriff auf den Vorgänger mit PRIOR

Diese Auswertung hilft uns, zu verstehen, wie die Abfrage eigentlich funktioniert. Denn wenn uns `prior` den Zugriff auf die vorhergehende Zeile ermöglicht, ist nun auch klar, dass diese Funktion zur Erstellung der Hierarchie genutzt werden kann. Gleichzeitig sehen Sie daran, dass `prior` an mehreren Stellen der Auswertung genutzt werden kann. Als Beispiel hierfür möchte ich eine Abfrage erstellen, die uns die Leiter der Abteilungen zeigt, also die Mitarbeiter, deren Manager entweder in einer anderen Abteilung arbeiten oder keine Vorgesetzten haben:

```
SQL>  select ename, deptno
  2     from emp
  3     start with mgr is null
  4   connect by prior empno = mgr
  5       and prior deptno != deptno;


ENAME        DEPTNO
---------- ----------
KING             10
JONES            20
BLAKE            30
```

Listing 16.7 Ermittlung der Abteilungsleiter

In diesem Beispiel ist der Boolesche Ausdruck, der festlegt, welche Zeile als Vorgänger zur aktuellen Zeile anzusehen ist, aus zwei Teilprüfungen aufgebaut, daher werden nur die Mitarbeiter ausgegeben, die hierarchisch pro Abteilung am höchsten stehen. Insbesondere ist CLARK als Manager nun nicht mehr dabei, denn sein Chef KING ist in der gleichen Abteilung wie er. Daher wäre die einfache Suche über die Manager hier nicht korrekt gewesen

16.2.1   Die Pseudospalte LEVEL

Ein Wort zur Pseudospalte LEVEL. Diese Spalte wird zusammen mit der Hierarchie berechnet, und zwar bereits sehr früh im Zyklus der Abfrage, denn sie wird bereits in der from-Klausel gefüllt. Das bedeutet, dass diese Pseudospalte eben keine Zeilenfunktion ist, die in der select-Klausel ausgewertet wird, sondern bereits vorher gefüllt ist. Daher können Filterungen über diese Spalte in der where-Klausel vorgenommen werden oder auch Partitionierungen von Gruppenfunktionen. Betrachten Sie diese Spalte einfach wie jede andere Spalte Ihrer Tabelle auch. Im Folgenden möchte ich Ihnen gern einige kleine Auswertungen zeigen, die mit dieser Pseudospalte arbeiten. Ich stelle die Abfragen einfach mit einem kurzen Kommentar hintereinander, Sie können sich die Abfragen sicher leicht erklären, da keine neuen Techniken eingesetzt werden:

```
SQL> -- Maximale Anzahl Gliederungsebenen
SQL>  select max(level) max_level
  2      from emp
  3    start with mgr is null
  4  connect by prior empno = mgr;


 MAX_LEVEL
----------
         4


SQL> -- Anzahl Mitarbeiter und Durchschnittsgehalt pro Ebene
SQL>  select level, avg(sal) avg_sal, count(*) anzahl
  2      from emp
  3    start with mgr is null
  4  connect by prior empno = mgr
  5    group by level;


     LEVEL    AVG_SAL     ANZAHL
---------- ---------- ----------
         1       5000          1
         2 2758,33333          3
         4        950          2
         3    1731,25          8


SQL> -- Zeige nur Mitarbeiter in Level >= 3
SQL>  select level,
  2            lpad('.', (level - 1) * 2, '.') || ename name
  3      from emp
  4    where level >= 3
```

```
5    start with mgr is null
6  connect by prior empno = mgr;
```

```
    LEVEL NAME
---------- --------------------
        3 ....SCOTT
        4 ......ADAMS
        3 ....FORD
        4 ......SMITH
        3 ....ALLEN
        3 ....WARD
        3 ....MARTIN
        3 ....TURNER
        3 ....JAMES
        3 ....MILLER
```

Listing 16.8 Einige Abfragen mit der Pseudospalte LEVEL

16.2.2   Sortierung mit ORDER SIBLINGS BY

Eine einfache Sortierung einer hierarchischen Abfrage wäre zwar technisch möglich, aber nicht sinnvoll, weil dadurch die optische Zusammengehörigkeit der Knoten wieder aufgelöst würde:

```
SQL>  select level, lpad('.', (level - 1) * 2, '.') || ename name
   2    from emp
   3    start with mgr is null
   4  connect by prior empno = mgr
   5    order by ename;
```

```
    LEVEL NAME
---------- --------------------
        4 ......ADAMS
        3 ....ALLEN
        2 ..BLAKE
        2 ..CLARK
        3 ....FORD
        3 ....JAMES
        2 ..JONES
        1 KING
        3 ....MARTIN
        3 ....MILLER
        3 ....SCOTT
```

```
4 ......SMITH
3 ....TURNER
3 ....WARD
```

Listing 16.9 Hierarchische Abfrage mit falscher Sortierung

Zwar ist die Abfrage nun nicht wirklich falsch, aber die Zusammengehörigkeit der Knoten zueinander ist nicht mehr ersichtlich, denn wir haben alle Zeilen einfach nach Namen sortiert. Eigentlich sollten die Knoten nach Ebene sortiert werden und nicht über die Hierarchiegrenzen hinweg. Das geht mit normalen Mitteln nicht, sondern nur durch eine Erweiterung der Klausel order by um das Schlüsselwort siblings. Das bedeutet Geschwister und meint die Knoten, die auf der gleichen Hierarchieebene stehen. Verwenden wir diese Erweiterung, sieht unsere Abfrage gleich viel besser aus:

```
SQL>  select level, lpad('.', (level - 1) * 2, '.') || ename name
  2     from emp
  3     start with mgr is null
  4   connect by prior empno = mgr
  5     order siblings by ename;


    LEVEL NAME
---------- --------------------
        1 KING
        2 ..BLAKE
        3 ....ALLEN
        3 ....JAMES
        3 ....MARTIN
        3 ....TURNER
        3 ....WARD
        2 ..CLARK
        3 ....MILLER
        2 ..JONES
        3 ....FORD
        4 ......SMITH
        3 ....SCOTT
        4 ......ADAMS
```

Listing 16.10 Hierarchische Abfrage mit korrekter Sortierung

Sie erkennen, dass nun auf Ebene 2 BLAKE vor CLARK und JONES sortiert wurde, auch auf den anderen Ebenen stimmt nun die Sortierung. Eine solche Sortierung ist mit normalen SQL-Mitteln so gut wie nicht zu erreichen. Aber natürlich gilt auch für diese Erweiterung, dass sie lediglich im Umfeld von connect by-Abfragen verwendet werden kann, ebenso wie die Pseudospalte LEVEL.

16.3   Erweiterungen zur Abfrage CONNECT BY

Im Laufe der Zeit sind einige praktische Erweiterungen zu diesem Abfragetyp in Oracle integriert worden. Diese Erweiterungen ermöglichen es, auf einfache Weise eine Analyse der Hierarchie vorzunehmen, sich die Pfade zu einem Blatt des Baums anzeigen zu lassen und vieles mehr.

16.3.1   Weitere Pseudospalten

Im Zusammenhang mit der hierarchischen Abfrage definiert Oracle zwei weitere Pseudospalten neben LEVEL: CONNECT_BY_ISLEAF und CONNECT_BY_ISCYCLE. Von beiden Spalten halte ich die erste für die, welche häufiger genutzt werden dürfte: Sie zeigt an, ob ein Knoten noch Kindelemente hat oder nicht. In der Terminologie von Bäumen wird unterschieden zwischen Knoten und Blättern. Hat ein Knoten keine weiteren Kindelemente, wird er als Blatt bezeichnet, englisch also als leaf. Demzufolge ist auch klar, woher der Name der Funktion kommt. Die Pseudospalte CONNECT_BY_ISCYCLE zeigt an, ob eine Zeile einen Zirkelbezug erzeugt oder nicht. Stellen Sie sich dazu vor, Clerk SMITH sei in unserem Datenmodell der Vorgesetzte von KING. Dann wäre ein Kreis geschlossen, die Hierarchie ginge unendlich weiter. In diesem Fall würde bei SMITH angezeigt, dass hier ein Zirkelbezug beginnt. Beide Pseudospalten liefern entweder eine 0 oder eine 1, die falsch oder wahr entsprechen und ebenfalls genutzt werden können wie die Pseudospalte LEVEL. In der Folge zeige ich die Anwendung mit einigen kleinen Alternativen.

Um die Pseudospalte CONNECT_BY_ISCYCLE in Aktion zu zeigen, musste ich allerdings die Daten so verändern, dass SMITH eben auch der Manager von KING wurde. Zudem muss bei einer hierarchischen Abfrage, die Zirkelschlüsse beinhalten kann, die Option nocycle gesetzt werden, wie in der folgenden Abfrage zu sehen. Diese Option verhindert, dass Oracle in eine Endlosschleife gerät und einen Fehler wirft:

```
SQL> select level, ename
  2    from emp
  3    start with empno = 7839
  4  connect by prior empno = mgr
  5    order siblings by ename;

     LEVEL ENAME
---------- ----------
         1 KING
         2 BLAKE
         3 ALLEN
         3 JAMES
         3 MARTIN
```

```
                  3 TURNER
                  3 WARD
                  2 CLARK
                  3 MILLER
                  2 JONES
                  3 FORD
                  4 SMITH
                  5 KING
                  6 BLAKE
                  7 ALLEN
ERROR:
ORA-01436: CONNECT-BY-Schleife in Benutzerdaten
15 Zeilen ausgewählt.

SQL> select level, ename, connect_by_iscycle
  2     from emp
  3    start with empno = 7839
  4   connect by nocycle prior empno = mgr
  5    order siblings by ename;

     LEVEL ENAME      CONNECT_BY_ISCYCLE
---------- ---------- -------------------
         1 KING                         0
         2 BLAKE                        0
         3 ALLEN                        0
         3 JAMES                        0
         3 MARTIN                       0
         3 TURNER                       0
         3 WARD                         0
         2 CLARK                        0
         3 MILLER                       0
         2 JONES                        0
         3 FORD                         0
         4 SMITH                        1
         3 SCOTT                        0
         4 ADAMS                        0
```

Listing 16.11 Verwendung der Pseudospalte CONNECT_BY_ISCYCLE

Die Pseudospalte CONNECT_BY_ISLEAF kann jederzeit verwendet werden und zum Beispiel dazu genutzt werden, zu analysieren, ob ein Mitarbeiter Untergebene hat, oder, im Umfeld einer Anwendung, in der die Hierarchie ein Steuerelement füllt, um zu steuern, ob ein Ordner- oder Dateisymbol angezeigt werden soll. Die folgenden Abfragen sind einfache Beispiele für die Verwendung:

```
SQL>  select level, ename, connect_by_isleaf
  2      from emp
  3    start with mgr is null
  4  connect by prior empno = mgr
  5    order siblings by ename;

     LEVEL ENAME      CONNECT_BY_ISLEAF
---------- ---------- -----------------
         1 KING                       0
         2 BLAKE                      0
         3 ALLEN                      1
         3 JAMES                      1
         3 MARTIN                     1
         3 TURNER                     1
         3 WARD                       1
         2 CLARK                      0
         3 MILLER                     1
         2 JONES                      0
         3 FORD                       0
         4 SMITH                      1
         3 SCOTT                      0
         4 ADAMS                      1

14 Zeilen ausgewählt.

SQL> -- Filterung über die Pseudospalte CONNECT_BY_IS_LEAF
SQL>  select level, ename, connect_by_isleaf
  2      from emp
  3    where connect_by_isleaf = 0
  4    start with mgr is null
  5  connect by prior empno = mgr
  6    order siblings by ename;

     LEVEL ENAME      CONNECT_BY_ISLEAF
---------- ---------- -----------------
         1 KING                       0
         2 BLAKE                      0
         2 CLARK                      0
         2 JONES                      0
         3 FORD                       0
         3 SCOTT                      0

6 Zeilen ausgewählt.
```

Listing 16.12 Verwendung der Pseudospalte CONNECT_BY_ISLEAF

16.3.2 Operator CONNECT_BY_ROOT

Eine ähnliche Funktion wie der Operator `prior` hat der Operator `connect_by_root`. Er ermöglicht den Zugriff auf das jeweilige Wurzelelement der Zeile, und nicht auf den unmittelbaren Vorgänger. Die folgende Anweisung zeigt, wie auf den Namen des jeweils höchsten Vorgesetzten zugegriffen werden kann:

```
SQL> select level, ename, connect_by_root ename manager
  2    from emp
  3    start with job = 'MANAGER'
  4  connect by prior empno = mgr
  5    order siblings by ename;

     LEVEL ENAME      MANAGER
---------- ---------- ----------
         1 BLAKE      BLAKE
         2 ALLEN      BLAKE
         2 JAMES      BLAKE
         2 MARTIN     BLAKE
         2 TURNER     BLAKE
         2 WARD       BLAKE
         1 CLARK      CLARK
         2 MILLER     CLARK
         1 JONES      JONES
         2 FORD       JONES
         3 SMITH      JONES
         2 SCOTT      JONES
         3 ADAMS      JONES
```

Listing 16.13 Verwendung des Operators CONNECT_BY_ROOT

16.3.3 Die Funktion SYS_CONNECT_BY_PATH

Schließlich existiert noch eine Zeilenfunktion im Zusammenhang mit hierarchischen Abfragen, die es ermöglicht, den Pfad zu einem Knoten auszugeben. Diesmal müssen zwei Parameter übergeben werden, nämlich zum einen die Spalte, die als Pfad ausgegeben werden soll, zum anderen das Trennzeichen, das zwischen den Pfadangaben verwendet werden soll. Ansonsten ist die Verwendung ganz intuitiv:

```
SQL> select level, ename,
  2          sys_connect_by_path(ename, '/') pfad
  3    from emp
  4    start with mgr is null
  5  connect by prior empno = mgr
  6    order siblings by ename;
```

```
    LEVEL ENAME      PFAD
--------- ---------- -------------------------
        1 KING       /KING
        2 BLAKE      /KING/BLAKE
        3 ALLEN      /KING/BLAKE/ALLEN
        3 JAMES      /KING/BLAKE/JAMES
        3 MARTIN     /KING/BLAKE/MARTIN
        3 TURNER     /KING/BLAKE/TURNER
        3 WARD       /KING/BLAKE/WARD
        2 CLARK      /KING/CLARK
        3 MILLER     /KING/CLARK/MILLER
        2 JONES      /KING/JONES
        3 FORD       /KING/JONES/FORD
        4 SMITH      /KING/JONES/FORD/SMITH
        3 SCOTT      /KING/JONES/SCOTT
        4 ADAMS      /KING/JONES/SCOTT/ADAMS
```

Listing 16.14 Verwendung der Funktion SYS_CONNECT_BY_PATH

Diese Funktion kann natürlich sehr vielfältig genutzt werden. Ich möchte gerne noch ein Beispiel zeigen, dass uns mitteilt, welche übergeordneten Mitarbeiter von einer Änderung an einem untergeordneten Mitarbeiter in Kenntnis gesetzt werden müssen. Ich benutze hier eine Unterabfrage, in die ich die hierarchische Abfrage verlege:

```
SQL> select e.ename
  2    from (select ename,
  3                 sys_connect_by_path(ename, '|') path
  4            from emp
  5           where ename = 'ADAMS'
  6           start with mgr is null
  7         connect by prior empno = mgr) p,
  8         emp e
  9   where instr(p.path, e.ename) > 0
 10     and p.ename != e.ename;


ENAME
----------
JONES
SCOTT
KING
```

Listing 16.15 Verwendung der Funktion SYS_CONNECT_BY_PATH

Was hier genau passiert, möchte ich Ihnen gern als Tüftelaufgabe überlassen.

16.3.4   Ein etwas komplexeres Anwendungsbeispiel

Ich möchte Ihnen gern ein etwas komplexeres Anwendungsbeispiel einer hierarchischen Abfrage vorstellen. Dazu benötige ich etwas Vorarbeit: Wir werden zwei Tabellen mit Daten füllen und diese dann auswerten. Doch zunächst das Szenario: In einem Projekt werden verschiedene Aufgaben definiert. Die einzelnen Aufgaben sind hierarchisch aufgebaut, allerdings nicht in einem einfachen Baum, sondern als komplexeres Gewebe von Abhängigkeiten. All diese Aufgaben benötigen eine gewisse Zeit, um ausgeführt zu werden. Einige Aufgaben können erst begonnen werden, wenn alle hierarchisch vorhergehenden Aufgaben abgeschlossen wurden. Nun interessiert uns der sogenannte *kritische Pfad*, also die Frage: Welche Aufgaben haben die Dauer des Gesamtprojekts bestimmt? Es ist nicht ganz einfach, diese Frage zu beantworten, und viele Anwender von SQL reagieren auf diese Problemstellung, indem sie eine Prozedur programmieren. Aufgrund eines solchen Programms bin ich auch auf dieses Beispiel gekommen. Ausgangspunkt für unser Beispiel ist ein Blog von *leniel*, einem brasilianischen Programmierer, der eine C#-Implementierung dieses Problems vorstellt. Ich bin auf dieses Blog gestoßen, weil ich wiederum in einem Projekt genau dieses Verfahren im bestehenden Code gefunden und mich gefragt habe, ob so etwas nicht auch direkt in SQL geht.

Beginnen wir damit, uns das Problem anzusehen. Abbildung 16.1 habe ich dem Blog von *leniel* entnommen.

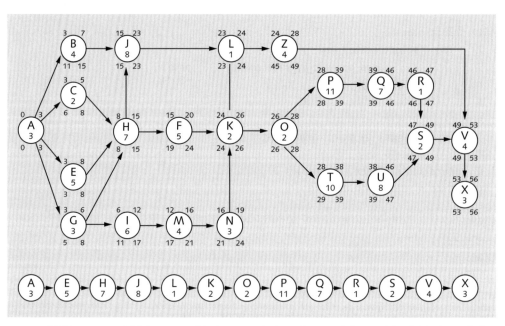

Abbildung 16.1 Abbildung verschiedener Aufgaben eines Projekts und des kritischen Pfades

Der obere Teil der Abbildung stellt verschiedene Aufgaben innerhalb eines Projekts dar. Die Pfeile zeigen die Abhängigkeiten. Jedes Projekt hat (innerhalb des Kreises angegeben) eine Ausführungsdauer. Oberhalb einer Aufgabe ist vermerkt, wann diese Aufgabe frühestens hätte gestartet und beendet werden können, unten stehen die entsprechenden Angaben für den spätestmöglichen Zeitpunkt. Geben Sie sich gern etwas Zeit, die Angaben zu verstehen. Als Beispiel können Sie Projekt C verwenden: Es dauert 2 Minuten, diese Aufgabe zu erfüllen. Da aber zunächst Aufgabe A erledigt werden muss und diese Aufgabe 3 Minuten benötigt, kann diese Aufgabe frühestens nach 3 Minuten gestartet werden und wäre demnach nach frühestens 5 Minuten erledigt. Auf dieser Ebene der Aufgaben ist Aufgabe E diejenige, die am längsten zur Ausführung benötigt, nämlich 5 Minuten. Daher könnte Aufgabe C auch noch so gestartet werden, dass sie nach insgesamt 8 Minuten (Aufgabe A plus Aufgabe E benötigen so lange) beendet würde. Da Aufgabe C 2 Minuten benötigt, könnte sie also nach 6 Minuten spätestens gestartet worden sein, ohne die Gesamtausführungsdauer des Projekts zu verändern.

Der untere Teil der Abbildung zeigt den kritischen Pfad, also die Aufgabenfolge, die die Gesamtausführungszeit bestimmt hat. Ich hatte für die erste und zweite Ebene ja bereits erklärt, dass Aufgabe A und E auf dem kritischen Pfad liegen, denn diese beiden Aufgaben bestimmen die Gesamtausführungszeit. Der Algorithmus, den *leniel* in C# vorstellt, berechnet nun aber den kritischen Pfad für das gesamte Projekt, und das ist sicher eine komplexere Aufgabe, denn es muss ja die Abhängigkeitenkette genau analysiert werden und die pro Ebene längste Aufgabe ermittelt werden. Aufgabenketten können aber auch enden, ohne für das gesamte Projektergebnis relevant zu sein. Diesen Fall hätten wir zum Beispiel, wenn Aufgabe Z (in der obersten Zeile der Abbildung) nicht noch eine Abhängigkeit zu Aufgabe V hätte. Dieser Teilbaum der Aufgaben endet dann halt, bevor der Hauptbaum abgearbeitet ist.

Die Idee der Programmierung klingt sehr gut: Es wird zunächst einmal in einem »Vorwärtslauf« ermittelt, wo der Hauptbaum des Projekts liegt, also, welche Folge von Aufgaben die längste Ausführungszeit benötigt. Hat man diese Endaufgabe identifiziert, wird über einen »Rückwärtslauf« der kritische Pfad so ermittelt, dass, ausgehend von der letzten Aufgabe, die Vorgängeraufgabe gesucht wird, die zeitlich als letzte beendet wurde. Das Ergebnis dieser Analyse ist der kritische Pfad, also die Folge von Aufgaben, die die Gesamtdauer des Projekts bestimmt hat. Dieser kritische Pfad wir im Bild unten auch dargestellt.

Vorarbeiten: Erstellung des Datenmodells

Ich möchte hier die SQL-Anweisungen zur Erstellung des Datenmodells nicht einzeln abdrucken, sie können Sie im Skript zum Buch nachlesen. Allerdings: Die Herausforderung liegt darin, dass eine Aufgabe Abhängigkeiten zu mehreren vorhergehenden Aufgaben haben kann. Daher scheidet ein einfaches Datenmodell aus, das lediglich zwei Spalten für die Vater-Kind-Beziehung vorsieht. Stattdessen verwende ich eine einfache Erweiterung, die die Hierarchie in eine eigene Tabelle auslagert, wie Abbildung 16.2 zeigt. Kapitel 24, »Speicherung hierarchischer Daten«, wird sich detailliert mit weiteren Speichermodellen für hierarchische Daten befassen.

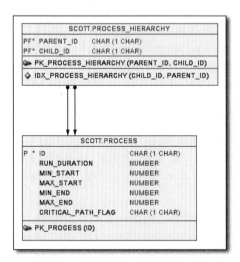

Abbildung 16.2 Datenmodell des Beispiels

Durch diese Erweiterung ist es nun möglich, eine Aufgabe mehrfach in der Tabelle PROCESS_HIERARCHY aufzuführen, jeweils mit einem anderen Kind- oder Vaterelement. Auf diese Weise kann also eine Aufgabe mehrere Vorgängeraufgaben haben, ebenso wie eine Aufgabe mehrere Nachfolgeaufgaben anstoßen kann. Die nähere Beschreibung zu einer Aufgabe ist dann ausgelagert in der Tabelle PROCESS gespeichert. Diese beiden Tabellen enthalten alle Punkte aus der Abbildung mit den gleichen Ausführungszeiten und Abhängigkeiten, wie in Abbildung 16.1 abgebildet. Um nun unser Problem, die Ermittlung des kritischen Pfades, zu lösen, gehen wir in mehreren Teilschritten vor.

Ermittlung des kritischen Pfades

Wir beginnen damit, mittels einer hierarchischen Abfrage die möglichen Pfade der Aufgaben des Projekts darzustellen. Dieser Teil ist noch relativ einfach nachvollziehbar, denn es handelt sich um eine normale hierarchische Abfrage, wie Sie sie nun bereits mehrfach gesehen haben. Für diese Auswertung reicht mir der Zugriff auf die Tabelle PROCESS_HIERARCHY, denn es geht ja nur um die möglichen Pfade durch die Hierarchie:

```
SQL>  select parent_id, child_id,
  2         sys_connect_by_path(parent_id, '|')
  3           || '|' || child_id || '|' path
```

```
4      from process_hierarchy ph
5   connect by prior ph.child_id = ph.parent_id
6     start with ph.parent_id = 'A';
```

```
P C PATH
- - -------------------------------
A B |A|B|
B J |A|B|J|
J L |A|B|J|L|
L K |A|B|J|L|K|
K O |A|B|J|L|K|O|
O P |A|B|J|L|K|O|P|
P Q |A|B|J|L|K|O|P|Q|
Q R |A|B|J|L|K|O|P|Q|R|
...
V X |A|C|H|F|K|O|P|Q|R|S|V|X|
R S |A|G|I|M|N|K|O|P|Q|R|S|
S V |A|G|I|M|N|K|O|P|Q|R|S|V|
V X |A|G|I|M|N|K|O|P|Q|R|S|V|X|
O T |A|G|I|M|N|K|O|T|
T U |A|G|I|M|N|K|O|T|U|
U S |A|G|I|M|N|K|O|T|U|S|
S V |A|G|I|M|N|K|O|T|U|S|V|
V X |A|G|I|M|N|K|O|T|U|S|V|X|
137 Zeilen ausgewählt.
```

Listing 16.16 Die Darstellung aller möglichen hierarchischen Pfade

Bemerkenswert ist vielleicht die Erweiterung der Pfadangabe um das aktuelle Element. Das ist nötig, damit der Pfad »komplett« ist, was die spätere Berechnung erleichtert.

Nun folgt ein kleiner Trick: Der kritische Pfad ist doch (definitionsgemäß) der Pfad, dessen Summe der einzelnen Ausführungszeiten maximal ist. Daher müssen wir nun noch zwei Dinge tun: Zum einen müssen wir die Ausführungszeiten aller Aufgaben eines Pfades summieren und dann noch zum anderen den Pfad finden, dessen Ausführungszeit maximal ist. Dieser zweite Schritt entspricht einer Top-N-Analyse und ist daher relativ einfach. Schwieriger ist: Wie können wir die Ausführungszeiten aller Teilaufgaben aufsummieren, die an einem Pfad beteiligt waren? Hier greift der »Trick«: Wir summieren die Ausführungszeiten all der Aufgaben, die in der Spalte PATH enthalten sind. Um dies zu erreichen, erstellen wir einen Join auf die Tabelle PROCESS über eine instr-Funktion. Die Join-Bedingung ist auch die Begründung dafür,

16

dass jeder Pfad auf einem Pipe-Zeichen endet. Hätten wir diese nicht, könnten falsche positive Matches auftauchen:

```
SQL> select h.path, sum(p.run_duration) sum_duration
  2    from ( select parent_id, child_id,
  3                    sys_connect_by_path(parent_id, '|') || '|'
  4                    || child_id || '|' path
  5               from process_hierarchy ph
  6            connect by prior ph.child_id = ph.parent_id
  7              start with ph.parent_id = 'A') h
  8    join process p
  9      on instr(h.path, '|' || p.id || '|') > 0
 10    group by h.path
 11    order by sum_duration desc;
```

```
PATH                               SUM_DURATION
--------------------------------   ------------
|A|E|H|J|L|K|O|P|Q|R|S|V|X|                   56
|A|E|H|J|L|K|O|T|U|S|V|X|                     55
|A|G|H|J|L|K|O|P|Q|R|S|V|X|                   54
|A|C|H|J|L|K|O|P|Q|R|S|V|X|                   53
|A|G|H|J|L|K|O|T|U|S|V|X|                     53
...
137 Zeilen ausgewählt
```

Listing 16.17 Aufsummierung der einzelnen Ausführungszeiten

Der letzte Schritt besteht nun darin, lediglich die erste Zeile herauszufiltern. Das geht auf mehreren Wegen. Ich entscheide mich für die Verwendung einer analytischen Funktion rank() und der anschließenden Filterung:

```
SQL> with critical_path as (
  2    select h.path, sum(p.run_duration) sum_duration,
  3           rank() over
  4           (order by sum(p.run_duration) desc) rang
  5      from ( select parent_id, child_id,
  6                    sys_connect_by_path(parent_id, '|')
  7                    || '|'|| child_id || '|' path
  8               from process_hierarchy ph
  9            connect by prior ph.child_id = ph.parent_id
 10              start with ph.parent_id = 'A') h
 11    join process p
 12      on instr(path, '|' || p.id || '|') > 0
 13    group by h.path)
```

```
14  select *
15    from critical_path
16   where rang = 1;
```

```
PATH                         SUM_DURATION RANG
---------------------------- ------------ ----
|A|E|H|J|L|K|O|P|Q|R|S|V|X|            56    1
```

Listing 16.18 Die endgültige Abfrage: Ermittlung des kritischen Pfades

Der Pfad entspricht dem Ergebnis der Kodierung des Blogs. Die Umsetzung in 16 Zeilen SQL halte ich persönlich für absolut machbar, daher würde ich diesen Weg bevorzugen, kennte ich nicht die entscheidenden Limitierungen dieses Verfahrens: Die Funktion sys_connect_by_path kann lediglich maximal 4.000 Byte zurückliefern. Ob Version 12c mit ihrer Erweiterung auf 32.767 Byte auch diese Funktion aktualisiert, kann ich zwar vermuten, nicht aber einschätzen, da die Datenbank derzeit noch nicht ausgeliefert wird. Längere Pfade sind mit Version 11 oder tiefer also ausgeschlossen. Sicher können Sie diese Grenze eine Zeit lang aufschieben, wenn Sie möglichst kurze Schlüssel für Ihre Aufgaben verwenden, aber sie sehen das grundsätzliche Problem. Auch die Berechnung der minimalen oder maximalen Start- bzw. Endzeit ist mit dieser Anweisung noch nicht gelöst. Doch wenn diese Limitierungen kein Hindernis für Sie darstellen, ist dieser Weg sicher elegant.

16.4   Hierarchische Abfragen nach ISO-Standard

Der Nachteil der Abfrage connect by: Diese Abfrageform ist Oracle-proprietär und kann so in anderen Datenbanken nicht verwendet werden. Eine neue Variante seit Version 11g Release 2 der Oracle-Datenbank ist die Unterstützung des offiziellen ISO-SQL-Standards für hierarchische Abfragen. Im Kern ist die Idee des Standards, hierarchische Abfragen über einen rekursiven Aufruf in der with-Klausel zu lösen. Na, herzlichen Dank, werden Sie sagen, was soll das denn sein? Unter *Rekursion* verstehen wir, dass sich eine Funktion selbst aufruft, um ein Problem zu lösen. Dieses nicht sehr intuitive Verfahren lässt sich vielleicht an der Fakultätsfunktion erklären. 3! (sprich 3 Fakultät) ist definiert als 3 * 2 * 1. Hätten wir also eine Funktion fak(n), könnte diese Funktion das Ergebnis berechnen, indem sie sich selbst mit kleiner werdendem n aufruft, bis n = 1 ist. Liefert nun fak(1) = 1 zurück und die anderen n * das Ergebnis des rekursiven Aufrufs, ergäbe das:

fak(3) = 3 * fak(2) = 3 * 2 * fak(1) = 3 * 2 * 1 = 6

Nicht nur Sie fragen sich, warum man so etwas tun sollte, doch wird dieses Verfahren häufig eingesetzt, wenn wir einfach vorab nicht wissen, wie oft eine Funktion sich selbst aufrufen muss. Das könnte dadurch gegeben sein, dass die Bedingung, die dazu führt, dass der rekursive Aufruf nicht mehr weitergeführt wird, erst bei der Analyse innerhalb der Funktion selbst ans Tageslicht kommt. Und genau diese Situation haben wir bei Hierarchien: Wir bearbeiten die Kindelemente rekursiv so lange weiter, bis eben keine weiteren Kinder mehr existieren. Da wir aber vorab nicht wissen, wie viele Ebenen wir hier hinunter müssen, bietet sich das Verfahren der Rekursion an.

16.4.1   Grundform

Die Umsetzung einer rekursiven Abfrage in SQL wird als harmonisierte Unterabfrage einer Abfrage union all durchgeführt, die in der with-Klausel der Anweisung notiert wird. Schön, wenn Sie diesen Satz direkt verstanden haben, noch schöner, wenn Sie sich sagen: Klar, hätte ich auch so gemacht ... Für alle anderen ist aber wohl eine Erläuterung angebracht: Sie erinnern sich, dass wir in der with-Klausel die Definition einer Inner View aus der eigentlichen Abfrage auslagern konnten. Nun nutzen wir diese Möglichkeit, um den rekursiven Aufruf unserer hierarchischen Abfrage zu realisieren. Sehen Sie sich eine erste Variante dieser Schreibweise an:

```
SQL> with hierarchie (lvl, ename, empno) as (
  2       select 1 lvl, ename, empno
  3         from emp
  4        where mgr is null
  5        union all (
  6       select h.lvl + 1, e.ename, e.empno
  7         from hierarchie h, emp e
  8        where h.empno = e.mgr))
  9   select lvl, ename
 10     from hierarchie;

       LVL ENAME
---------- ----------
         1 KING
         2 JONES
         2 BLAKE
         2 CLARK
         3 ALLEN
         3 WARD
         3 MARTIN
         3 SCOTT
         3 TURNER
         3 JAMES
         3 FORD
```

```
3 MILLER
4 SMITH
4 ADAMS
```

Listing 16.19 ISO-SQL-kompatible hierarchische Abfrage

Schon diese einfache Abfrage ist ein ziemlicher Brocken. Sehen wir uns die Bestandteile an. Zunächst ist leicht erkennbar, dass die Musik in der with-Klausel spielt. Dort definieren wir eine Inner View mit dem Namen HIERARCHIE. Diese Inner View besteht aus zwei SQL-Anweisungen, die über eine Klausel union all miteinander verbunden sind. Noch etwas Ungewöhnliches sehen wir darin, dass eine Liste mit Spaltenaliasen definiert werden muss, über die die Spalten der Inner View später angesprochen werden sollen. Diese Liste wird der eigentlichen SQL-Anweisung in Klammern vorangestellt. So etwas können Sie auch in »normalen« with-Klauseln oder auch bei der Definition einer View machen, es ist halt nicht sehr weit verbreitet und daher vielleicht etwas seltsam zu sehen. Im Zusammenhang mit der hierarchischen Abfrage ist diese Spaltenliste aber Pflicht.

Der Startpunkt unserer hierarchischen Abfrage wird durch den ersten Teil der Abfrage definiert. Hier steht zunächst einmal eine ganz einfache Abfrage, die lediglich die Zeile definiert, bei der die Hierarchie beginnen soll. In unserem Fall ist das die Zeile KING. Der zweite Teil der union all-Abfrage ist zwar für sich genommen auch nicht schwer, nur verwirrend, denn in dieser Abfrage wird ein Join auf die Inner View gesetzt, die wir gerade definieren, nämlich HIERARCHIE. Das ist doch schon sehr merkwürdig. Wir können uns das vielleicht so vorstellen: Wir starten mit der Zeile KING. Diese Zeile wird durch die erste Abfrage geliefert, und zwar nur diese Zeile, weil der union all-Teil der Abfrage null geliefert hat. Das ist verständlich, denn beim ersten Aufruf gibt es noch keinen Kontext, auf den wir uns beziehen können, h.empno ist daher null. Nun gehen wir im zweiten Durchlauf auf die gerade ermittelte Zeile KING (die sich nun in HIERARCHIE befindet) und suchen hierzu alle Untergebenen, für die deren MGR-Spalte gleich der bereits ausgewählten EMPNO-Spalte ist. Für jede Zeile, die sich dort ergibt, beginnt nun das Spiel noch einmal, wir gehen wiederum auf die gleiche Inner View HIERARCHIE, diesmal aber mit den, in der zweiten Teilabfrage ermittelten Zeilen. Solange neue Kindelemente gefunden werden, werden diese wiederum dafür sorgen, dass eine weitere Suche nach deren Kindern durchgeführt wird. Erst, wenn die zweite Teilabfrage keine Daten mehr liefert, wird dieses Spiel unterbrochen.

Dass dieses Spiel so gespielt wird, erkennen Sie im Übrigen auch an einer Spalte, die ich händisch berechnen lasse: Der Spalte LVL. Ich beginne damit, LVL = 1 zu setzen, wenn wir mit der Anweisung beginnen. Danach zähle ich in jedem Aufruf der zweiten Teilabfrage den Zähler um 1 hoch und erhalte damit die Anzahl der rekursiven Aufrufe der zweiten Teilabfrage. In der Ausgabe wirkt diese Spalte nun wie die Pseudospalte LEVEL aus der Oracle-Schreibweise.

16

Noch ist allerdings nicht alles gleich wie beim Pendant von Oracle. Insbesondere stört, dass die Abfrage zunächst alle Mitarbeiter auf Ebene 1, dann auf Ebene 2 usw. auswertet und anzeigt. Es mag ja sein, dass die Ebenen korrekt zugeordnet sind, aber so erkennen wir keine Struktur. Was wir benötigen, ist ein Verfahren, dass dem Baum an jedem Ast zunächst einmal bis zu den Blättern folgt und erst anschließend den nächsten Ast bearbeitet. Bislang ist das Verfahren so, dass zunächst alle Äste auf erster Ebene, dann alle Äste auf zweiter Ebene usw. bearbeitet werden. Wir können das Verfahren durch eine weitere Klausel umstellen:

```
SQL> with hierarchie (lvl, ename, empno) as (
  2       select 1 lvl, ename, empno
  3         from emp
  4        where mgr is null
  5        union all
  6       select h.lvl + 1, e.ename, e.empno
  7         from hierarchie h, emp e
  8        where h.empno = e.mgr)
  9  search depth first by ename set sort_seq
 10  select lvl, ename, sort_seq
 11    from hierarchie
 12    order by sort_seq;


       LVL ENAME          SORT_SEQ
---------- ---------- ----------
         1 KING                1
         2 BLAKE               2
         3 ALLEN               3
         3 JAMES               4
         3 MARTIN              5
         3 TURNER              6
         3 WARD                7
         2 CLARK               8
         3 MILLER              9
         2 JONES              10
         3 FORD               11
         4 SMITH              12
         3 SCOTT              13
         4 ADAMS              14
```

Listing 16.20 Verwendung der Option SEARCH DEPTH FIRST

Wir stellen die Abfrage so um, dass zunächst »in die Tiefe« (depth first) gesucht wird. Standard ist »in die Breite« (breadth first), das haben wir vorher gemacht, als

Standard muss dies nicht notiert werden. Zudem haben wir in dieser Klausel direkt auch noch eine Sortierung mitgegeben, die durch diese Anweisung anschließend in der neu angelegten Spalte SORT_SEQ gespeichert wird. Die Anfrage wird als Letztes nun noch nach dieser Spalte sortiert. Jetzt haben wir es fast: Die folgende Anweisung ermittelt das Ergebnis genau so, wie wir es bereits aus der connect by-Abfrage kennen:

```
SQL> with hierarchie (lvl, ename, empno) as (
  2        select 1 lvl, ename, empno
  3          from emp
  4         where mgr is null
  5         union all
  6        select h.lvl + 1, e.ename, e.empno
  7          from hierarchie h, emp e
  8         where h.empno = e.mgr)
  9   search depth first by ename set sort_seq
 10   select lvl,
 11          lpad('.', (lvl - 1) * 2, '.') || ename name
 12     from hierarchie
 13    order by sort_seq;

       LVL NAME
---------- --------------------
         1 KING
         2 ..BLAKE
         3 ....ALLEN
         3 ....JAMES
         3 ....MARTIN
         3 ....TURNER
         3 ....WARD
         2 ..CLARK
         3 ....MILLER
         2 ..JONES
         3 ....FORD
         4 ......SMITH
         3 ....SCOTT
         4 ......ADAMS
```

Listing 16.21 Auswertung wie bei CONNECT BY

Tja, was soll man sagen? Ist schon extrem elegant im Vergleich, die Oracle-proprietäre Schreibweise ... Nun könnte die neue Schreibweise ja empfehlenswert sein, wenn sie denn massive Vorteile böte. Einerseits, und das ist sicher ein Argument, ist diese

Schreibweise nicht proprietär. Ob dieses Argument allerdings sticht, muss sich zeigen. Nicht alle SQL-Anweisungen müssen direkt gegen zehn verschiedene Datenbanken funktionieren, zumal nicht sichergestellt ist, dass diese zehn auch alle diese Form der Standardnotation beherrschen (Oracle kann das ja auch erst ab Version 11.2). Dann könnte es natürlich sein, dass wir mit dieser Schreibweise Limitierungen der alten Schreibweise umgehen könnten. Doch bei Licht besehen, ist eigentlich derzeit eher das Gegenteil der Fall: Wir müssen umgekehrt erst einmal nachweisen, dass die Funktionalität der Schreibweise connect by auch in dieser Schreibweise möglich ist.

16.4.2   Erweiterungen

Wir hatten gesehen, dass wir die Sortierung bereits mit der Grundform »erschlagen« hatten. Daher fehlen uns noch die Pseudospalten connect_by_isleaf und connect_by_iscycle, der Operator connect_by_root sowie die Funktion sys_connect_by_path. Einfach zu realisieren sind die beiden letzten Teilaufgaben:

```
SQL> with hierarchie (lvl, ename, empno, pfad, root) as (
  2      select 1 lvl, ename, empno,
  3              '/' || ename pfad, ename root
  4        from emp
  5       where mgr is null
  6       union all
  7      select h.lvl + 1, e.ename, e.empno,
  8              h.pfad || '/' || e.ename, h.root
  9        from hierarchie h, emp e
 10       where h.empno = e.mgr)
 11   search depth first by ename set sort_seq
 12   select lvl, ename, pfad, root
 13     from hierarchie
 14*  order by sort_seq
```

LVL	ENAME	PFAD	ROOT
1	KING	/KING	KING
2	BLAKE	/KING/BLAKE	KING
3	ALLEN	/KING/BLAKE/ALLEN	KING
3	JAMES	/KING/BLAKE/JAMES	KING
3	MARTIN	/KING/BLAKE/MARTIN	KING
3	TURNER	/KING/BLAKE/TURNER	KING
3	WARD	/KING/BLAKE/WARD	KING
2	CLARK	/KING/CLARK	KING
3	MILLER	/KING/CLARK/MILLER	KING
2	JONES	/KING/JONES	KING

```
3 FORD      /KING/JONES/FORD         KING
4 SMITH     /KING/JONES/FORD/SMITH   KING
3 SCOTT     /KING/JONES/SCOTT        KING
4 ADAMS     /KING/JONES/SCOTT/ADAMS  KING
```

Listing 16.22 Simulation der Funktionen SYS_CONNECT_BY_PATH
und CONNECT_BY_ROOT

Die Funktion habe ich so simuliert, dass der Pfad durch die Rekursion einfach aufgebaut wird. Das geht sehr elegant und schafft zudem Raum für weitere Optionen, die wir mit dem Pendant der Abfrage connect by nicht hätten. Verbuchen wir das als Plus, ebenso ist die einfache Referenz auf eine Spalte HIERARCHIE natürlich sehr elegant, um sich Informationen aus der Wurzel des Baums zu besorgen. Diese beiden Punkte gehen an die neue Schreibweise.

Auch die Funktion connect_by_iscycle lässt sich darstellen, allerdings mit einer weiteren Klausel:

```
SQL> with hierarchie (lvl, ename, empno) as (
  2       select 1 lvl, ename, empno
  3         from emp
  4        where empno = 7839
  5        union all
  6       select h.lvl + 1, e.ename, e.empno
  7         from hierarchie h, emp e
  8        where h.empno = e.mgr)
  9  search depth first by ename set sort_seq
 10  cycle ename set is_cycle to 1 default 0
 11  select lvl, ename, sort_seq, is_cycle
 12    from hierarchie
 13   order by sort_seq;


       LVL ENAME        SORT_SEQ IS_CYCLE
---------- ---------- ---------- --------
         1 KING                1        0
         2 BLAKE               2        0
         3 ALLEN               3        0
         3 JAMES               4        0
         3 MARTIN              5        0
         3 TURNER              6        0
         3 WARD                7        0
         2 CLARK               8        0
         3 MILLER              9        0
         2 JONES              10        0
```

```
     3 FORD              11        0
     4 SMITH             12        0
     5 KING              13        1
     3 SCOTT             14        0
     4 ADAMS             15        0
```

Listing 16.23 Darstellung der Funktion CONNECT_BY_ISCYCLE

Was allerdings nur mit Klimmzügen geht, ist die wichtige Option `connect_by_isleaf`. Das Problem ist verständlich: Ob ein Knoten ein Blatt ist, erfahren wir erst im nächsten Rekursionslauf, also eigentlich zu spät. Wir wollen ja wissen, ob wir Kinder haben oder nicht, aufgrund der Natur der Rekursion wird dies aber lediglich dadurch ausgedrückt, dass es keine weitere Rekursion gibt. In der aktuellen Implementierung liegt keine Klausel vor, mit der wir diese Information erfragen können, es bleibt nur die nachfolgende Analyse. Dies könnte, wie in einem Blog von *Lucas Jellma* vorgeschlagen wird, dadurch simuliert werden, dass bei einer speziellen Sortierung nur die Elemente gezeigt werden, die – bei der Abfrageart `depth first` und gleichzeitiger Sortierung – nur die Elemente als Knoten bezeichnet, deren nachfolgendes Element eine größere Schachtelungstiefe hat. Viele Wenn und Aber für meinen Geschmack. Sehen wir uns diesen Fall einmal an. Es ist zumindest eine schöne Verwendung einer analytischen Funktion, denn wir müssen auf die Folgezeile einer Abfrage sehen:

```
SQL> with hierarchie (lvl, ename, empno) as (
  2        select 1 lvl, ename, empno
  3          from emp
  4         where mgr is null
  5         union all
  6        select h.lvl + 1, e.ename, e.empno
  7          from hierarchie h, emp e
  8         where h.empno = e.mgr)
  9   search depth first by ename set sort_seq
 10   select lvl, ename, sort_seq,
 11          case
 12          when lvl - lead(lvl) over
                 (order by sort_seq) < 0
 13          then 0 else 1 end is_leaf
 14     from hierarchie
 15    order by sort_seq;


      LVL ENAME         SORT_SEQ     IS_LEAF
---------- ---------- ---------- ----------
        1 KING                1          0
        2 BLAKE               2          0
```

3	ALLEN	3	1
3	JAMES	4	1
3	MARTIN	5	1
3	TURNER	6	1
3	WARD	7	1
2	CLARK	8	0
3	MILLER	9	1
2	JONES	10	0
3	FORD	11	0
4	SMITH	12	1
3	SCOTT	13	0
4	ADAMS	14	1

Listing 16.24 Simulation der Pseudospalte CONNECT_BY_ISLEAF

Es erfordert ein wenig Mühe, diesem Weg zu folgen, aber eigentlich ist das Ergebnis klar: Wenn die Folgezeile der aktuellen Zeile eine größere Schachtelungstiefe hat, muss es sich bei der Folgezeile um ein Kind handeln, daher ist die aktuelle Zeile ein Knoten. Für mich bleibt ein fader Nachgeschmack in zweierlei Hinsicht: Zum einen ist diese Schreibweise komplizierter als die Pseudospalte, zum anderen ist die Funktion von der korrekten Abfragetechnik und Sortierung abhängig. Das ist mir eigentlich etwas zu wackelig. Eine stabilere Implementierung dieser Funktion erreichen wir, wenn wir aus Sicht der übergeordneten Zeile nachsehen, ob es Kinder gibt. Das können wir zum Beispiel mit einem skalaren Ausdruck erreichen, wie in der folgenden Abfrage:

```
SQL> with hierarchie (lvl, ename, empno, is_leaf) as (
  2      select 1 lvl, ename, empno,
  3             (select decode(count(*), 0, 1, 0)
  4                from emp
  5               where mgr = m.empno) is_leaf
  6        from emp m
  7       where mgr is null
  8       union all
  9      select h.lvl + 1, e.ename, e.empno,
 10             (select decode(count(*), 0, 1, 0)
 11                from emp
 12               where mgr = e.empno) is_leaf
 13        from hierarchie h, emp e
 14       where h.empno = e.mgr)
 15  search depth first by ename set sort_seq
 16  select lvl, ename, is_leaf
 17    from hierarchie;
```

```
   LVL ENAME          IS_LEAF
---------- ---------- ----------
     1 KING               0
     2 BLAKE              0
     3 ALLEN              1
     3 JAMES              1
     3 MARTIN             1
     3 TURNER             1
     3 WARD               1
     2 CLARK              0
     3 MILLER             1
     2 JONES              0
     3 FORD               0
     4 SMITH              1
     3 SCOTT              0
     4 ADAMS              1
```

Listing 16.25 Simulation der Pseudospalte CONNECT_BY_ISLEAF

Dieses Beispiel einer Abfrage zeige ich Ihnen als Anwendung einer skalaren Abfrage, weniger als Empfehlung. Ich möchte solche Konstruktionen nicht jedes Mal schreiben müssen, nur um eine hierarchische Abfrage zu erzielen. Ich bleibe da konservativ und sage, dass mir die eingebaute Funktionalität besser gefällt, für mich ist sie intuitiver. Vielleicht bessert sich die Situation mit weiteren Releases der Oracle-Datenbank, allerdings müssen Sie berücksichtigen, dass eine Erweiterung dieser Funktion zunächst im ISO-SQL-Standard vorgenommen werden sollte, denn aus Gründen der Kompatibilität zum Standard gibt es diese Notation bei Oracle ja eigentlich nur. Eine einseitige Erweiterung des Standards durch Oracle macht also daher überhaupt keinen Sinn.

Fachlich ist zur Abfrage oben zu sagen, dass die skalare Unterabfrage als harmonisierte Unterabfrage auftritt und für jede Zeile die Anzahl der Zeilen zählt, in denen die aktuelle Mitarbeiternummer als Managernummer auftritt. Wird kein Kind gefunden, liefert die decode-Anweisung, die ich hier als Ersatz einer case-Anweisung wegen ihrer Kürze nutze, eine 1 zurück, ansonsten eine 0. Sie könnten berechtigterweise einwenden, dass mich nicht die genaue Anzahl der abhängigen Zeilen interessiert, sondern lediglich die Tatsache, dass ein Kind existiert und daher eine exists-Abfrage besser geeignet wäre, dieses Problem zu lösen, und ich stimme zu. Allerdings würde die Abfrage dann noch einmal wesentlich komplexer, das wollte ich mir und Ihnen eigentlich nicht zumuten. Wenn Sie das einmal als Übung machen wollen, gern.

Kapitel 17
XML-Abfragen

Das Thema XML ist eine Welt für sich. Dieses Buch kann daher in keinem Fall eine komplette Einführung in XML sein. Stattdessen konzentriert sich dieses Kapitel auf die Erzeugung von XML aus relationalen Daten mittels SQL und umgekehrt die Erzeugung relationaler Daten aus XML-Instanzen mit Hilfe von Zeilenfunktionen und XQuery.

Diesen Abschnitt werden Sie inhaltlich nur dann verstehen, wenn Sie zumindest eine grobe Vorstellung davon haben, was XML ist und wozu es genutzt werden kann. Vielleicht haben Sie in Ihrem Umfeld mit XML als Nachrichtenformat zwischen Systemen zu tun, etwa im Umfeld von *WebServices* und der darauf aufbauenden *Service Oriented Architecture (SOA)*, vielleicht müssen Sie XML-Dateien als Speicherform für Webseiten im Rahmen eines *Content Management Systems (CMS)* einsetzen oder benutzen eine der vielen anderen Gründe, mit XML aus der Datenbank umzugehen. In jedem Fall gibt es viele Anwendungsszenarien, die es erfordern, relationale Daten in XML umzuwandeln und andersherum XML-Daten auf relationale Tabellen aufzuteilen. Oracle unterstützt diese Aufgaben durch mehrere Strategien. Die Strategien zielen auf unterschiedliche Einsatzbereiche, sind zudem zum Teil historisch gewachsen und daher auch schon einmal redundant, zum Teil existieren Lösungen, die standardkonform sind und parallel zu proprietären Lösungen existieren. Daher hilft bestimmt, zunächst einen Überblick über das Thema zu erlangen.

Oracle liefert seit Version 9 der Datenbank die *Oracle XML DB* mit. Die XML DB ist, wenn man es etwas marktschreierisch formulieren möchte, eine XML-Datenbank. Etwas konkreter ist es zunächst einmal eine Reihe von Programmpaketen, objektorientierten Typen und Datenbanktabellen, die es dem Anwender ermöglichen, mit der Datenbank auf neue Weise zu kommunizieren. Kern ist ein integrierter, auf Apache aufsetzender WebServer, der es erlaubt, direkt über `http`, `https`, `ftp` oder `WebDAV` auf die Datenbank zuzugreifen. Diese Offenheit führt dazu, dass die Datenbank auf einmal aussehen kann wie ein Dateisystem (Oracle nennt dies das *XML DB Repository*), denn `WebDAV` stellt Webressourcen als Ordner in einem Dateisystem dar. Die Ordner und die Dateien, die innerhalb dieses Dateisystems angezeigt werden, speichert Oracle in Tabellen des Benutzers `XDB`, der hierfür natürlich installiert worden sein muss. Der Zugriff auf Ressourcen wird über *Access Control Lists (ACL)* gesteuert, wie das auch von Betriebssystemen her bekannt ist. Diese ACL liegen ebenso als XML in der

Datenbank wie auch die Ressourcen, soweit es sich um XML-Daten handelt. Andere Ressourcen werden in der Datenbank als `blob` abgelegt. Abbildung 17.1 zeigt einen solchen Zugriff auf die Datenbank über `WebDAV` (achten Sie auf den Pfad zu der Ressource).

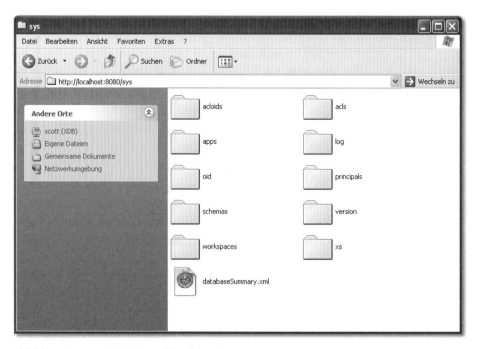

Abbildung 17.1 WebDAV-Zugriff auf die XML-Datenbank

Mit der XML DB wird auch ein objektrelationaler Datentyp eingeführt: `XMLType`. Dieser Typ ist ein Datentyp, der XML aufnehmen und bearbeiten kann. Im Gegensatz zum `clob`, der einfach nur Text aufnimmt, aber keine Kenntnis über die interne Struktur hat, ist `XMLType` tatsächlich XML, das durch XPath durchsucht und mit XSLT umgeformt werden kann. Zusätzlich werden APIs für verschiedene Programmiersprachen (Java, C, PL/SQL) mitgeliefert. Relationale Daten können über einen objektrelationalen Typ (`DBURIType`) generisch in XML umgeformt werden, die Datenbank wirkt dann von außen so, als sei sie eine große XML-Datei. Diese Strukturen können durch eigene Indizierungstechniken sehr schnell durchsucht werden, zudem stehen ab Version 11.2 eine hochspezialisierte Speicherform sowie ein neuer Indextyp zur Verfügung, die mit XML extrem effizient umgehen können. Das ist natürlich nur ein grober Überblick, der Technologie-Stack ist riesig, doch bezieht sich das meiste auf die Programmierung, so dass ich für dieses Buch lediglich diese Erläuterung geben möchte. Eine komplette Erläuterung der Funktionalität finden Sie im *Oracle XML DB Developers Guide*, einer der vielen Online-Ressourcen zur Oracle-Datenbank. Etwas genauer betrachte ich das Thema im Buch *Oracle PL/SQL – das umfassende Handbuch*.

Ein anderer Weg der Erzeugung und Bearbeitung von XML besteht in der Verwendung des Standards SQL/XML, einer Erweiterung des SQL-Standards um Zeilen- und Gruppenfunktionen zur Erzeugung von SQL. Das klingt eher, als sei dies ein Thema für uns, daher möchte ich Ihnen diesen Weg im Folgenden näherbringen. SQL/XML erzeugt ebenfalls den Datentyp *XMLType*, so dass die in diesem Datentyp enthaltenen Funktionen direkt für die Verarbeitung genutzt werden können. Mit diesem Datentyp beschäftigen wir uns ebenfalls.

Dann ist noch eine Implementierung der Abfragesprache *XQuery* in der Datenbank enthalten, die ebenfalls die Erzeugung und Umformung von XML erlaubt. Auch diesen Weg werde ich Ihnen aufzeigen. Da andererseits XQuery eine sehr umfangreiche Spezifikation ist (der Anspruch ist, eine Sprache zu definieren, die für XML das ist, was SQL für relationale Datenbanken ist), kann ich diese Erläuterung nur an der Oberfläche halten. Spezialisierte Bücher helfen Ihnen hier weiter, falls Sie diese Funktionalität benötigen.

17.1   XML-Instanzen mit SQL/XML erzeugen

Auch die Erweiterungen, die wir hier besprechen wollen, sind Teil des ISO-SQL-Standards, und zwar der Spezifikation SQL/XML. Im Kern handelt es sich um einfache Zeilen- und einige wenige Gruppenfunktionen, die wie alle anderen Zeilen- und Gruppenfunktionen in SQL verwendet werden. Den hier geschilderten Funktionen ist gemein, dass Sie einen Datentyp erzeugen, der mit der Oracle-Datenbank mitgeliefert wird und XMLType heißt. Dieser Datentyp ist nicht einfach nur ein Texttyp, der aussieht wie XML, sondern ein sogenannter objektorientierter Typ, der einerseits die Daten enthält, andererseits aber auch Methoden implementiert, um mit den Daten zu arbeiten. Im Fall des Typs XMLType sind dies Funktionen zum Suchen in XML mit Hilfe des Standards XPath, zum Umwandeln von XML mit Hilfe von XSLT-Dateien und weitere Aufgaben.

17.1.1   Ein einfaches Beispiel

Ich möchte Ihnen gern Schritt für Schritt die Erzeugung einer XML-Instanz zeigen. Die Aufgabenstellung: Wir erstellen eine XML-Instanz für jede Abteilung des Unternehmens, die die Daten der Mitarbeiter dieser Abteilung enthält. Bevor wir uns dieser Aufgabe nähern, sollten Sie verstehen, dass die Funktionen aus dem SQL/XML-Standard, die wir hierzu verwenden werden, ganz normale Zeilen- und Gruppenfunktionen sind. Sie entsprechen syntaktisch also einer Funktion lower oder sum und können ebenso verwendet werden, sogar in Kombination mit den »normalen« Zeilenfunktionen.

Beginnen wir mit einer zunächst seltsam aussehenden Anweisung:

```
SQL> select xmlelement("Mitarbeiter") resultat
  2    from dual;
RESULTAT
-----------------------------------------------
<Mitarbeiter></Mitarbeiter>
```

Listing 17.1 Start: Eine etwas seltsame Anweisung

Die Anweisung nutzt die Zeilenfunktion xmlelement und übergibt einen Parameter in doppelten Anführungszeichen. Die doppelten Anführungszeichen sind hier Pflicht, weil XML Groß- und Kleinschreibung unterscheidet und wir sicherstellen möchten, dass die Elementnamen exakt so benannt werden, wie wir das vorgeben. Das Ergebnis erzeugt ein leeres XML-Element. Bereits dieses Ergebnis ist für die Datenbank nun kein Text mehr, sondern tatsächlich XML.

Die nächste Erweiterung erzeugt zunächst einige Attribute in diesem Wurzelelement, daher wechsele ich nun zur Tabelle EMP. Wir möchten das Einstellungsdatum und die Mitarbeiternummer als Attribute modellieren. Um dies zu erreichen, schachteln Sie in den Aufruf der Funktion xmlelement als zweiten Parameter eine Funktion mit dem Namen xmlattributes. Diese Funktion erlaubt es Ihnen, eine Liste von Spalten mit einem Alias zu übergeben. Das Spaltenalias wird der Name des Attributs, der Spaltenwert der Attributwert. Beachten Sie bereits jetzt, dass wir eine sehr saubere Formatierung benötigen, damit wir nicht den Überblick über die ganzen Klammern verlieren. Nichts ist schlimmer, als nach einer seitenlangen Anweisung die Fehlermeldung ORA-00907: Rechte Klammer fehlt zu erhalten. Seien Sie also akribisch bei der Formatierung, dann sollte nichts schiefgehen.

```
SQL> select xmlelement("Mitarbeiter",
  2          xmlattributes(
  3            hiredate "einstellDatum",
  4            empno "id"
  5          )
  6        ) resultat
  7    from emp;
RESULTAT
-----------------------------------------------------------------
<Mitarbeiter einstellDatum="1980-12-17" id="7369"></Mitarbeiter>
<Mitarbeiter einstellDatum="1981-02-20" id="7499"></Mitarbeiter>
<Mitarbeiter einstellDatum="1981-02-22" id="7521"></Mitarbeiter>
<Mitarbeiter einstellDatum="1981-04-02" id="7566"></Mitarbeiter>
<Mitarbeiter einstellDatum="1981-09-28" id="7654"></Mitarbeiter>
<Mitarbeiter einstellDatum="1981-05-01" id="7698"></Mitarbeiter>
<Mitarbeiter einstellDatum="1981-06-09" id="7782"></Mitarbeiter>
<Mitarbeiter einstellDatum="1987-04-19" id="7788"></Mitarbeiter>
```

```
<Mitarbeiter einstellDatum="1981-11-17" id="7839"></Mitarbeiter>
<Mitarbeiter einstellDatum="1981-09-08" id="7844"></Mitarbeiter>
<Mitarbeiter einstellDatum="1987-05-23" id="7876"></Mitarbeiter>
<Mitarbeiter einstellDatum="1981-12-03" id="7900"></Mitarbeiter>
<Mitarbeiter einstellDatum="1981-12-03" id="7902"></Mitarbeiter>
<Mitarbeiter einstellDatum="1982-01-23" id="7934"></Mitarbeiter>

14 Zeilen ausgewählt.
```

Listing 17.2 Erweiterung um Attribute

Durch diesen Schritt hat Oracle also die Attribute angelegt. Attribute werden stets im direkt übergeordneten XML-Element eingefügt. Im nächsten Schritt erzeuge ich nun Kindelemente. Da diese Kindelemente bereits Blätter meiner XML-Struktur darstellen und keine Attribute enthalten sollen (ihr Inhalt ist also vom Typ simpleType), können wir hier eine Funktion mit dem schönen Namen xmlforest verwenden, die, analog zur Funktion xmlattributes, Kindelemente durch Übergabe von Spalten und Spaltenaliasen erzeugt. Sollen Ihre Kindelemente wiederum Kindelemente oder Attribute enthalten, funktioniert dieser Weg nicht, sie können aber auch die Funktion xmlelement aufrufen und haben dann wieder alle Möglichkeiten. Ich werde diesen Weg mit der nächsten Iteration beschreiten. Die Verwendung der nächsten Funktion hat noch die Besonderheit, dass ich einige Zeilenfunktionen aus dem bereits bekannten Umfeld verwendet habe, um zu zeigen, dass die Schachtelung von Zeilenfunktionen natürlich auch in diesem Umfeld funktioniert:

```
SQL> select xmlelement("Mitarbeiter",
  2           xmlattributes(empno "id",
  3                         hiredate "einstellDatum"),
  4           xmlforest(initcap(ename) "Name",
  5                     initcap(job) "Beruf",
  6                     to_char(sal, '9G990D00L') "Gehalt
  7           )
  8         ) resultat
  9    from emp;
RESULTAT
------------------------------------------------------------------
<Mitarbeiter id="7369" einstellDatum="1980-12-17"><Name>Smith</N
<Mitarbeiter id="7499" einstellDatum="1981-02-20"><Name>Allen</N
<Mitarbeiter id="7521" einstellDatum="1981-02-22"><Name>Ward</Na
<Mitarbeiter id="7566" einstellDatum="1981-04-02"><Name>Jones</N
<Mitarbeiter id="7654" einstellDatum="1981-09-28"><Name>Martin</
<Mitarbeiter id="7698" einstellDatum="1981-05-01"><Name>Blake</N
<Mitarbeiter id="7782" einstellDatum="1981-06-09"><Name>Clark</N
```

17

```
<Mitarbeiter id="7788" einstellDatum="1987-04-19"><Name>Scott</N
<Mitarbeiter id="7839" einstellDatum="1981-11-17"><Name>King</Na
<Mitarbeiter id="7844" einstellDatum="1981-09-08"><Name>Turner</
<Mitarbeiter id="7876" einstellDatum="1987-05-23"><Name>Adams</N
<Mitarbeiter id="7900" einstellDatum="1981-12-03"><Name>James</N
<Mitarbeiter id="7902" einstellDatum="1981-12-03"><Name>Ford</Na
<Mitarbeiter id="7934" einstellDatum="1982-01-23"><Name>Miller</
14 Zeilen ausgewählt.
```

Eine einzelne Zeile sieht komplett (und etwas formatiert) so aus:

```
<Mitarbeiter id="7369" einstellDatum="1980-12-17">
  <Name>Smith</Name>
  <Beruf>Clerk</Beruf>
  <Gehalt>800,00€</Gehalt>
</Mitarbeiter>
```

Listing 17.3 Eine verfeinerte Version mit Kindelementen

Es scheint Oracle durchaus bekannt zu sein, auf welche Weise ein Datum XML-konform zu konvertieren ist, denn die Übergabe der Spalte HIREDATE erfolgt als date, ohne Formatierungsmaske. Das Standarddatumsformat von XML lautet yyyy-mm-ddThh24:mi:ss. Da es sich bei der Spalte HIREDATE aber um ein Datum handelt und nicht um einen Zeitstempel, ist hier die kürzere und ebenfalls in XML erlaubte Form yyyy-mm-dd gewählt worden, denn für ISO ist ein Datum stets das Datum ohne Uhrzeit, wie Sie sich sicher erinnern. Möchten Sie aus einem Datum die Uhrzeit nach XML »retten«, müssen Sie die Konvertierung explizit vornehmen, oder aber die date-Spalte in eine timestamp-Spalte konvertieren. Bevor wir uns weitere Möglichkeiten ansehen, möchte ich diesen Punkt gern etwas verdeutlichen: Wie funktioniert die automatische Formatumwandlung nun genau? Sehen wir uns hierzu zwei Beispielabfragen an, die Ihnen ein Gefühl hierfür vermitteln werden:

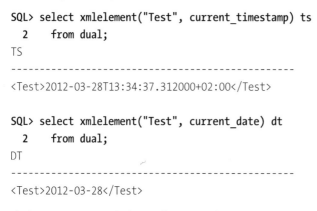

```
SQL> select xmlelement("Test", current_timestamp) ts
  2    from dual;
TS
--------------------------------------------------
<Test>2012-03-28T13:34:37.312000+02:00</Test>


SQL> select xmlelement("Test", current_date) dt
  2    from dual;
DT
--------------------------------------------------
<Test>2012-03-28</Test>
```

Listing 17.4 Automatische Umformung eines Datums

Nun ist es klarer: Ein Datum wird – ISO-konform – in eine kurze, ein Zeitstempel in eine lange Datumsangabe in XML konvertiert.

Aber weiter im Text. Da wir diese Funktionen als Zeilenfunktionen für eine Tabelle aufrufen, ist es nicht verwunderlich, dass wir eine entsprechende Anzahl an Zeilen zurückgeliefert bekommen. Jede enthält nun eine gültige Instanz des Typs XMLType und könnte somit jede der für diesen Typ definierten Typfunktionen aufrufen. Unsere Aufgabestellung war jedoch eine andere: Wir wollten eine Mitarbeiterliste pro Abteilung mit allen Mitarbeitern der Abteilung erstellen. Wir benötigen also noch eine Gruppenfunktion.

Zunächst einmal erweitern wir unsere Ausgabe durch ein weiteres Element, das den Namen Mitarbeiterliste bekommen soll:

```sql
SQL> select xmlelement("Mitarbeiterliste",
  2          xmlelement("Mitarbeiter",
  3            xmlattributes(empno "id",
  4                          hiredate "einstellDatum"),
  5            xmlforest(initcap(ename) "Name",
  6                      initcap(job) "Beruf",
  7                      to_char(sal, '999G990D00L') "Gehalt")
  8            )
  9          ) resultat
 10     from emp;
```

Hier sehen Sie ein Beispiel dafür, dass die Funktion xmlelement als Parameter in die Funktion xmlelement eingeschachtelt werden kann. Diese Schachtelung hat noch keine Gruppierung zur Folge, es wird lediglich ein weiteres XML-Element um jede Zeile gelegt. Nun folgt der entscheidende Schritt:

```sql
SQL> select xmlelement("Mitarbeiterliste",
  2          xmlagg(
  3            xmlelement("Mitarbeiter",
  4              xmlattributes(empno "id",
  5                            hiredate "einstellDatum"),
  6              xmlforest(initcap(ename) "Name",
  7                        initcap(job) "Beruf",
  8                        to_char(sal, '999G990D00L') "Gehalt")
  9              )
 10            )
 11          ) resultat
 12     from emp;
RESULTAT
--------------------------------------------------------------
<Mitarbeiterliste><Mitarbeiter id="7369" einstellDatum="1980-12
```

Listing 17.5 Gruppierung der XML-Ausgabe in einer Zeile

599

Durch die Verwendung der Gruppenfunktion xmlagg werden die innerhalb dieser Funktion liegenden Ergebnisse zu einer Gruppe von XML-Elementen (einem *XML-Fragment*) zusammengefasst und in das umgebende Element eingeschachtelt. Nun haben wir nur noch eine Zeile, nicht aber, wie eigentlich gefordert, eine Mitarbeiterliste pro Abteilung. Diese letzte Umwandlung hat jetzt aber nichts mehr mit SQL/XML, sondern mit einfachem SQL zu tun, denn die Gruppenfunktion wird über die Klausel group by lediglich partitioniert. Um das Ergebnis zu verdeutlichen, werde ich zusätzlich noch die Abteilungsnummer als Attribut abteilung im äußeren XML-Element Mitarbeiterliste ausgeben:

```
SQL> select xmlelement("Mitarbeiterliste",
  2            xmlattributes(
  3            deptno "abteilung"
  4          ),
  5            xmlagg(
  6              xmlelement("Mitarbeiter",
  7                xmlattributes(
  8                  empno "id",
  9                  hiredate "einstellDatum"),
 10                xmlforest(
 11                  initcap(ename) "Name",
 12                  initcap(job) "Beruf",
 13                  trim(to_char(sal, '999G990D00L')) "Gehalt"
 14                )
 15              )
 16            )
 17          ) resultat
 18    from emp
 19    group by deptno;
RESULTAT
----------------------------------------------------------------
<Mitarbeiterliste abteilung="10"><Mitarbeiter id="7782" einstell
<Mitarbeiterliste abteilung="20"><Mitarbeiter id="7369" einstell
<Mitarbeiterliste abteilung="30"><Mitarbeiter id="7499" einstell
```

Eine einzelne Zeile sieht formatiert nun aus wie folgt:

```
<Mitarbeiterliste abteilung="10">
  <Mitarbeiter id="7782" einstellDatum="1981-06-09">
    <Name>Clark</Name>
    <Beruf>Manager</Beruf>
    <Gehalt>2.450,00€</Gehalt>
  </Mitarbeiter>
  <Mitarbeiter id="7839" einstellDatum="1981-11-17">
```

```
  <Name>King</Name>
  <Beruf>President</Beruf>
  <Gehalt>5.000,00€</Gehalt>
 </Mitarbeiter>
 <Mitarbeiter id="7934" einstellDatum="1982-01-23">
  <Name>Miller</Name>
  <Beruf>Clerk</Beruf>
  <Gehalt>1.300,00€</Gehalt>
 </Mitarbeiter>
</Mitarbeiterliste>
```

Listing 17.6 Das Resultat: Eine Mitarbeiterliste pro Abteilung in XML

Die Syntax ist zunächst etwas gewöhnungsbedürftig, doch stimmen Sie mir sicher zu, dass die Erzeugung von XML aus relationalen Daten mit Hilfe dieser Funktionen äußerst einfach zu bewerkstelligen ist. Immerhin benötigen wir keinerlei Programmierung, eine einfache SQL-Anweisung genügt. Nach diesem Prinzip lassen sich zudem beliebig komplex geschachtelte XML-Instanzen erzeugen. Das Einzige, was Sie immer behalten sollten, ist: den Überblick. Werden Ihre Abfragen umfangreicher, ist die Kontrolle über die Funktionsaufrufe, deren Attribute und Schachtelung und insbesondere über die ganzen Klammerebenen überlebenswichtig.

Sie haben zudem die Möglichkeit, über skalare oder harmonisierte Unterabfragen eine tiefer geschachtelte XML-Struktur zu erzeugen. Die SQL-Anweisung für solche Strukturen ist dann zwar nicht mehr trivial, doch kann ich andererseits aus meiner Erfahrung mit XML-Strukturen in Datenbanken auch sagen, dass es eher selten ist, dass komplex strukturierte XML-Instanzen aus relationalen Daten erzeugt werden müssen. Die meisten Nachrichten kommen mit relativ schlichten inneren Strukturen aus. Eine andere Limitierung betrifft die Größe der resultierenden XML-Instanz. Zwar ist diese Größe nicht grundsätzlich limitiert, da XMLType letztlich ein clob ist, doch steigt die erforderliche Rechenzeit und auch der Speicherverbrauch exponentiell an. Über den Grund hierfür muss ich spekulieren, ich gehe jedoch davon aus, dass diese Funktionen einen *DOM-Baum* im Arbeitsspeicher einrichten und die Ergebnisse der Funktion als neue Elemente des DOM-Baums berechnen und dort einfügen. Da ein DOM-Baum im Arbeitsspeicher leicht die zehnfache Größe der resultierenden XML-Datei erreichen kann, wird verständlich, dass der Aufwand, eine solche Struktur zu verwalten, immer größer wird.

17

Exkurs DOM und SAX

Ich habe den Begriff *DOM-Baum* verwendet. Hierzu eine kurze Erläuterung: Eine XML-Instanz ist hierarchisch organisiert, hat also intern eine Baumstruktur. Allerdings ist das, was Sie und ich sehen, wenn wir eine XML-Instanz anschauen, nicht alles, was im

Zusammenhang mit DOM unter einem Baum verstanden wird. Zunächst einmal (ich habe vergessen, ihn vorzustellen) bedeutet DOM *Document Object Model*. Damit wird eine Darstellung einer beliebigen XML-Struktur verstanden. Wir unterscheiden die Wurzel, das Wurzelelement, Knoten und Blätter, aber auch Attribute, Weißraum, Elementwerte und andere Arten von Elementen. DOM-Bäume beschreiben diese ganzen Elemente in epischer Breite im Arbeitsspeicher und dienen dazu, einen SQL-Parser, also ein Programm, das XML verarbeiten soll, die Navigation und Manipulation der XML-Instanz zu ermöglichen.

Im Gegensatz dazu hört man verschiedentlich den Begriff *SAX* im Zusammenhang mit XML. Darunter versteht man ein dynamischeres Modell einer XML-Instanz. Eigentlich ist es sogar gar kein Modell, sondern eine Programmierstrategie: Eine XML-Instanz wird nämlich bei SAX seriell durchgelesen, vom Anfang bis zum Ende. Das eigentliche Programm »hört« hierbei zu und mischt sich ein, wenn etwas Interessantes kommt. Der Vorteil von SAX besteht darin, dass nicht der komplette Baum im Arbeitsspeicher aufgebaut werden muss, sondern immer nur der aktuell gelesene Knoten. Daher ist die Verarbeitung vieler XML-bezogener Prozesse mit Mitteln der SAX-Programmierung leichtgewichtiger und ressourcenschonender als der DOM-Ansatz, der dafür aber besser geeignet ist, wenn wir im Baum hin- und herspringen möchten.

In der Praxis tendiere ich dazu, mit dieser Technik XML-Instanzen bis zu einer Größe von ca. 1 MB zu erzeugen. Darüber hinaus sind andere Verfahren effizienter. Insbesondere bietet sich hier die Erzeugung einer XML-Instanz über die objektorientierten Funktionen der Datenbank an, denn es scheint, als würde die XML-Datei hier »in einem Rutsch« aus den objektorientierten Strukturen erzeugt und nicht Knoten für Knoten über den DOM-Baum. Daher ist dieser Weg zwar deutlich komplizierter zu erstellen und auch deutlich weniger flexibel, bei entsprechenden Anforderungen an die Performanz aber auch deutlich leistungsfähiger. Zudem beschreite ich diesen Weg, wenn ich in kurzer Zeit sehr viele XML-Instanzen erzeugen muss. Denn dann fallen die vielen einzelnen Erzeugungsschritte negativ ins Gewicht. Vielleicht formuliere ich es einmal so: Ich verwende den Ansatz von oben, solange es von der Performanz her in Ordnung ist, und ich wechsle zum objektorientierten Ansatz, wenn ich muss.

17.1.2   Übersicht über weitere SQL/XML-Funktionen

Neben den bis jetzt besprochenen Funktionen existieren in der Oracle-Datenbank noch eine Reihe weiterer Funktionen im Umfeld von SQL/XML, die wir hier besprechen werden.

Weitere Funktionen zur Erzeugung von XML-Instanzen

Im Grunde sind die folgenden Funktionen größtenteils selbsterklärend, da sie dazu dienen, besondere sprachliche Elemente in XML, wie etwa *Processing Instructions*,

Kommentare oder Prologinformationen, zu XML zu erzeugen. In diese Gruppe fallen die folgenden Funktionen:

▶ xmlroot

Erzeugung eines XML-Prologs der Form `<?xml version=1.0« standalone=«yes«?>`. Die Syntax ist insofern ein wenig unangenehm, als diese Funktion die gesamte `xmlelement`-Funktion einschließt und erst danach die weiteren Parameter übergibt. Dadurch wird der Beginn der Funktion und die Parameter sehr weit auseinandergezogen:

`xmlroot(xmlelement(...), version '1.0', standalone yes)`

▶ xmlpi

Erzeugt eine *Processing Instruction*, übersetzt vielleicht eine Prozessoranweisung. Diese Funktion kann an beliebigen Stellen innerhalb der SQL-Anweisung stehen. Die Syntax lautet: `xmlpi(name "xml-stylesheet", 'type="text/xsl" href= "sample.xslt"')`

▶ xmlcomment

Fügt, wie der Name vermuten lässt, einen Kommentar in den XML-Baum ein. Die Syntax ist einfach: `xmlcomment('...')`

▶ xmlconcat

Diese Funktion erlaubt es, XML Fragmente aneinanderzuhängen, ähnlich wie das auch die `concat`-Funktion in SQL tut. Und ähnlich wie diese Funktion habe ich auch `xmlconcat` noch nie benötigt

▶ xmlcdata

CData-Abschnitte sind Abschnitte, die durch den XML-Parser ignoriert werden, aber keine Kommentare sind. Sie werden verwendet, um zum Beispiel Binärdaten (in Base64-Kodierung) in die XML-Datei einzufügen. Die Syntax lautet: `xmlc-data('...')`

▶ xmlserialize

Diese Funktion erlaubt es, eine XML-Instanz (entweder ein wohlgeformtes Dokument oder ein XML-Fragment) zu erzeugen. Der Sinn dieser Funktion liegt darin, das in ihr, je nach Parameter eine abweichende Zeichensatzkodierung verwendet, Weißraum eingerückt und das Ergebnis zum Beispiel als `blob` ausgegeben werden kann. Eine Verwendung dieser Funktion habe ich im Skript zum Buch eingefügt.

Funktionen zur Extraktion von Daten aus XML-Instanzen

Der SQL/XML-Standard kennt einige Funktionen, um Daten aus XML-Instanzen zu extrahieren. Oracle unterstützt die folgenden Funktionen:

▶ extractValue

Diese Funktion ist Oracles Ersatz für die Funktion `xmlcast` des SQL/XML-Standards, die es bei Oracle nicht gibt. Diese Funktion erwartet eine XML-Instanz sowie einen XPath-Ausdruck, der den Knotenwert definiert, der extrahiert werden soll. Anschließend kann das Ergebnis dieser Konvertierung mit entsprechenden Funktionen (`to_*`, `cast`) in den Zieltyp überführt werden.

▶ `xmltable`

Diese mächtige Funktion erlaubt es, mit Hilfe eines XPath- oder XQuery-Ausdrucks eine XML-Instanz in eine relationale Tabelle zu verwandeln. Sie werden noch ein Beispiel für den Einsatz dieser Funktion sehen.

SQL/XML-Funktionen, die Oracle nicht oder nicht komplett unterstützt

Zusätzlich zu den Funktionen kennen Sie möglicherweise Funktionen, die Sie bei Oracle verwenden möchten, die aber nicht implementiert sind. Einige Funktionen kennen hier eine Alternative, andere werden derzeit noch gar nicht unterstützt. Es ist nicht hilfreich, Ihnen hier eine aktuelle Liste aufzuschreiben, denn diese Liste dürfte mit dem nächsten Datenbank-Release schon wieder nicht stimmen, zudem werden einige Dinge nicht korrekt sein, wenn Sie eine ältere Datenbankversion als die hier beschriebene verwenden. Daher möchte ich für solche Fragen der Kompatibilität mit dem Standard auf Anhang C der *Oracle Database SQL Language Reference* verweisen. Dort ist eine detaillierte Diskussion der Konformität zum SQL/XML-Standard für Ihre Datenbank hinterlegt.

17.2   Bearbeitung von XML-Instanzen in SQL

Es ist ebenso möglich, bereits bestehende XML-Instanzen zu aktualisieren. Damit ist nicht gemeint, dass die gesamte XML-Instanz einer Tabellenzelle durch eine neue Fassung ersetzt würde, sondern die feingranulare Änderung von Attribut- oder Elementwerten, das Anfügen von Kindelementen oder das Löschen von Teilbäumen des XML-Dokuments. Möglich wird dies durch eine Reihe von Zeilenfunktionen, die in normalen `update`-Anweisungen verwendet werden können und in der XML-Instanz mittels XPath navigieren.

Um Ihnen die Funktionen dieses Bereichs im Einsatz zu zeigen, werde ich die Mitarbeiterlisten, die wir uns in Abschnitt 17.1.1, »Ein einfaches Beispiel«, erzeugt haben, in einer Tabelle mit dem Namen `DEPT_EMP_XML` speichern. Sie kennen mittlerweile genug SQL, damit ich auf ein Abdrucken der hierfür erforderlichen `CTAS`-Anweisung verzichten kann. Im Skript zum Buch ist er natürlich aufgeführt. Die Tabelle enthält nun drei Zeilen mit den entsprechenden XML-Instanzen. Hier folgt ein Ausschnitt der ersten Zeile dieser Tabelle:

```
SQL> select *
  2    from dept_emp_xml
  3    where deptno = 10;
```

```
    DEPTNO LISTE
---------- ---------------------------------------------------------
        10 <Mitarbeiterliste abteilung="10">
               <Mitarbeiter einstellDatum="1981-06-09" id="7782">
                   <Name>Clark</Name>
                   <Beruf>Manager</Beruf>
                   <Gehalt>2.450,00€</Gehalt>
               </Mitarbeiter>
               <Mitarbeiter einstellDatum="1982-01-23" id="7934">
                   <Name>Miller</Name>
                   <Beruf>Clerk</Beruf>
                   <Gehalt>1.300,00€</Gehalt>
               </Mitarbeiter>
               <Mitarbeiter einstellDatum="1981-11-17" id="7839">
                   <Name>King</Name>
                   <Beruf>President</Beruf>
                   <Gehalt>5.000,00€</Gehalt>
               </Mitarbeiter>
           </Mitarbeiterliste>
```

Listing 17.7 Eine Mitarbeiterliste in Tabelle DEPT_EMP_XML

Wie Sie sehen, habe ich mich entschlossen, anstatt RESULTAT die etwas besser passende LISTE als Spaltenbezeichner zu verwenden.

17.2.1   Grundlagen zu Zeilenfunktionen, die XML bearbeiten

Die Zeilenfunktionen, die ich Ihnen nun vorstellen möchte, haben gewisse Gemeinsamkeiten. Die sollten wir vorab besprechen. Zunächst einmal werden die Funktionen auf einer Kopie der eigentlichen XML-Instanz angewendet. Dies machen alle Zeilenfunktionen (auch zum Beispiel upper) so, sie berechnen das Ergebnis und ersetzen den Ausgangswert, falls kein Fehler aufgetreten ist. Das ist zunächst einmal eine ganz unproblematische Sache, nur ist eine XML-Instanz im Zweifel größer, vielleicht sogar *sehr viel* größer als eine einfache Zahl. Dann fällt diese Eigenschaft ins Gewicht. Ob die entstehende XML-Instanz anschließend die gesamte XML-Instanz in der Datenbank überschreibt oder nicht, hängt ein wenig davon ab, wie die Datenbank administriert ist.

Kurzer Exkurs: Speicherformen von XML in der Datenbank

Grundsätzlich können XML-Instanzen nicht nur als clob in der Datenbank abgelegt sein (es bleibt dabei, es handelt sich um XML, aber die Speichersystematik ist im einfachsten Fall ein clob), sondern es ist auch möglich, eine XML-Tabelle auf einer *XML Schema-Definition-(XSD-)*Datei beruhen zu lassen. Diese Dateien, die ja die Struktur einer XML-Instanz beschreiben, können durch Annotationen (Attribute aus dem Namensraum Oracle XML DB) so erweitert werden, dass der Datenbank bekannt gemacht wird, wie eine solche XML-Instanz in einem Netz objektrelationaler Tabellen gespeichert werden soll. Grob gesagt, wird bei diesem Vorgehen eine XML-Instanz in seine Einzelteile geschreddert und verteilt auf ein Netz aus von Oracle angelegten Tabellen gespeichert. Einige Details hierzu werde ich im Umfeld der objektrelationalen Fähigkeiten der Datenbank in Kapitel 21, »Objektorientierung in der Oracle-Datenbank«, erläutern.

Ist eine XML-Instanz so gespeichert, würde die update-Anweisung dann tatsächlich nur die betroffenen Tabellen aktualisieren. Durch die neue Speicherungsform XMLBinary seit Datenbankversion 11.2 ist es allerdings unwahrscheinlicher geworden, dass Sie tatsächlich eine objektrelationale Speicherung von XML-Instanzen vornehmen lassen. Bei dieser Speicherform wird eine optimierte, geparste Binärdarstellung der XML-Datei gespeichert, die zudem, wenn ein Schema referenziert wurde, bereits validiert ist. Die Kombination aus dieser Speicherform und dem zugehörigen Indextyp XMLIndex ist extrem schnell und macht eine objektrelationale Speicherung im Regelfall unnötig.

Bleiben wir aber beim Regelfall: Eine XML-Instanz ist, technisch gesehen, ein intelligenter clob, der durch die folgenden Funktionen für uns feingranular geändert wird. Diese Änderung wird allerdings an einer Kopie der XML-Instanz durchgeführt und durch die update-Anweisung die bestehende XML-Instanz vollständig ersetzen.

Allen XML-Funktionen aus dieser Gruppe kann ein optionaler Parameter den Namensraum des Elements übergeben. Sie wissen: 90 % aller Fehler beim Umgang mit XML sind auf zwei Fehlerquellen zurückzuführen: XPath-Ausdrücke und Namensraumprobleme. Daher sollten Sie diese Option immer im Hinterkopf behalten, damit Sie nicht Stunden mit der Fehlersuche verbringen. Ist ein Element in einem anderen als dem null-Namensraum (anders gesagt, wenn also überhaupt ein Namensraum angegeben ist, egal, ob als *default namespace* oder mit einem Namensraumpräfix), müssen Sie diesen Namensraum auch übergeben, ansonsten finden Sie nichts. Der Namensraumparameter wird als Letztes den Funktionen übergeben.

Im Überblick zeige ich Ihnen in Tabelle 17.1 nun einmal die Funktionen, die wir für die einzelnen Bereiche zur Verfügung haben.

Einsatzbereich	Funktion
Ändern bestehender XML-Knoten	updatexml
Löschen bestehender XML-Knoten	deletexml

Tabelle 17.1 Liste der verfügbaren XML-Funktionen zum Bearbeiten von XML

Einsatzbereich	Funktion

Einfügen neuer XML-Knoten	`appendchildxml`
	`insertchildxml`
	`insertchildxmlbefore`
	`insertchildxmlafter`
	`insertxmlbefore`
	`insertxmlafter`

Tabelle 17.1 Liste der verfügbaren XML-Funktionen zum Bearbeiten von XML (Forts.)

Grundsätzlich gilt: Auch, wenn es anders möglich ist, sollten Sie diese Funktionen für die angegebenen Aufgaben benutzen. Es ist zum Beispiel möglich, mit `updatexml` neue Knoten in einen Baum einzufügen, allerdings ist dies weniger effizient, als die darauf spezialisierten Funktionen zu benutzen. Zudem haben Sie mit den spezialisierten Funktionen mehr Kontrolle über den Prozess.

Eine weitere Gemeinsamkeit: Die Funktionen unterstützen XPath-Angaben in Version 1.0 (Stand Oracle 11.2), und auch das nicht vollständig. Sie müssen testen, welche Möglichkeiten für Oracle akzeptabel sind und was nicht geht.

17.2.2   Bestehende XML-Instanzen ändern

Beginnen wir damit, dass wir den Beruf eines Mitarbeiters aktualisieren möchten. Herr King soll fortan PRÄSIDENT sein. Hierfür verwenden wir die Funktion `updatexml`:

```
SQL> update dept_emp_xml
  2     set liste = updatexml(liste,
  3            '/Mitarbeiterliste/Mitarbeiter[3]/Beruf/text()',
  4            'PRÄSIDENT')
  5   where deptno = 10;


1 Zeile wurde aktualisiert.
```

Listing 17.8 Aktualisierung eines XML-Knotens

Leider ist die Formatierung aufgrund des langen XPath-Ausdrucks etwas unschön. Was habe ich gemacht? Zunächst habe ich mit der Funktion `updatexml` eine aktualisierte Version unserer XML-Instanz angefordert. Dazu wird die aktuelle Version der XML-Instanz als Spalte der Funktion übergeben. Der zweite Parameter stellt einen XPath-Ausdruck dar, der innerhalb der XML-Instanz den Knoten definiert, der durch die Anweisung geändert werden soll. Beachten Sie bitte, dass der XPath-Ausdruck die XPath-Funktion `text()` enthält, so dass lediglich der Textknoten des Elements geliefert wird. Wäre dies nicht so, lieferte der Ausdruck das komplette Element Beruf mit Inhalt zurück. Daher wird als dritter Parameter der Funktion nun ein Text erwartet, nicht jedoch ein XML-Element. Wäre andererseits der XPath-Ausdruck so gestaltet, dass ein Knoten identifiziert würde, müsste auch eine XMLType-Instanz geliefert werden, die statt des vorhandenen Knotens eingefügt würde. Diese Funktion ist so etwas wie das Schweizer Taschenmesser unter dieser Gruppe von Funktionen, denn es sind noch eine Reihe weiterer Möglichkeiten gegeben: Dieser Funktion können nämlich auch mehrere XPath-Wertpärchen übergeben werden und damit in einem Rutsch mehrere Knoten der XML-Instanz aktualisiert werden. Hierfür ein Beispiel, ich zeige nun die Aktualisierung mit XMLType:

```
SQL> update dept_emp_xml
  2    set liste =
  3        updatexml(
  4            liste,
  5            '//Mitarbeiter[3]/Beruf',
  6            XMLType('<Beruf>PRÄSIDENT</Beruf>'),
  7            '//Mitarbeiter[2]/Name',
  8            XMLType('<Name>Müller</Name>'))
  9    where deptno = 10;


1 Zeile wurde aktualisiert.
```

Listing 17.9 Aktualisierung von zwei Knoten in einer Anweisung

Ich habe hier die Kurzform // als XPath-Ausdruck gewählt, um irgendein Kindelement Mitarbeiter in der XML-Instanz zu finden. Das hat natürlich lediglich optische Gründe, damit ich die langen XPath-Ausdrücke etwas kürzer halten kann. Wenn Sie etwas mehr Platz zur Eingabe einer solchen Funktion haben, wird das Ganze auch übersichtlicher, etwa so, wie auch eine decode-Funktion übersichtlich sein kann. Als Vorteil verbuchen wir, dass wir mit Hilfe dieser Funktion nicht mehr die gesamte XML-Instanz lesen, parsen und mit Code aktualisieren müssen. Als Nachteil verbuchen wir, das genau das nun die Datenbank tun muss, denn XMLType können Sie im Gebrauch immer gleich dem DOM-Baum setzen. Daher sind die Kosten für das Arbeiten mit solchen Strukturen umso höher, je größer die XML-Instanzen sind. Aber, so viel sollte auch klar sein: XMLType ist kein Ersatz für ein relationales Datenmodell. Manchmal kann die Speicherung von Informationen in XMLType in der Datenbank sehr, sehr gut sein, zum Beispiel bei narrativen Texten, die sich anders schlicht nicht gut speichern lassen und die dennoch gut indizier- und durchsuchbar bleiben sollen. Doch immer dann, wenn strukturierte Informationen mittels XML angeliefert werden sollen, ist eine strukturierte Speicherung in relationalen Tabellen wohl günstiger, weil schneller und weniger speicherintensiv. XML ist, neben vielen Vorzügen, nun auch einmal extrem geschwätzig. Aus diesem Grund sollte die Aktualisierung von XML-Instanzen mit diesen Funktionen auch nicht ebenso häufig nötig sein müssen wie die Aktualisierung einer strukturierten Information in einer Tabelle.

Eine andere Anmerkung: Theoretisch können Sie mit dieser `updatexml`-Funktion auch die Struktur einer XML-Instanz verändern. Damit meine ich, dass Sie grundsätzlich auch Teilbäume einer XML-Instanz umhängen oder Elementnamen austauschen könnten. Doch dürfte es hier im Regelfall günstiger sein, XSLT für solche Umformungen zu verwenden. Diese Funktionsgruppe, die wir hier beschreiben, dient vor allem der zielgenauen Veränderung von XML-Elementwerten. Hierzu vielleicht ein Szenario: In einer nachrichtenbasierten Anwendung habe ich einmal die Nachrichten selbst über eine SQL-Abfrage erzeugen lassen. Aus irgendwelchen Gründen konnte ich gewisse Elementwerte erst später für diese XML-Nachricht definieren. Das ist dann sehr gut über eine einfache XML-Anweisung mit `updatexml` möglich.

17.2.3   Löschen vorhandener Elemente

Die Funktion zum Löschen von Elementen ist recht einfach: Sie übergeben der Funktion `deletexml` die XML-Instanz, einen XPath-Ausdruck und, wenn Sie dies benötigen, einen Namensraum. Anschließend ist der Knoten halt weg. Hier ein kurzes Beispiel für die Anwendung. Aus Abteilung 10 soll der Präsident aus dem XML entnommen werden:

```
SQL> update dept_emp_xml
  2      set liste = deletexml(liste,
  3                  '//Mitarbeiter[Name="King"]')
  4   where deptno = 10;
1 Zeile wurde aktualisiert.


SQL> select liste
  2     from dept_emp_xml
  3   where deptno = 10;

LISTE
--------------------------------------------------
<Mitarbeiterliste abteilung="10">
  <Mitarbeiter einstellDatum="1981-06-09" id="7782">
    <Name>Clark</Name>
    <Beruf>Manager</Beruf>
    <Gehalt>2.450,00€</Gehalt>
  </Mitarbeiter>
```

```
<Mitarbeiter einstellDatum="1982-01-23" id="7934">
  <Name>Miller</Name>
  <Beruf>Clerk</Beruf>
  <Gehalt>1.300,00€</Gehalt>
</Mitarbeiter>
</Mitarbeiterliste>
```

Listing 17.10 Löschen eines Elements aus einer XML-Instanz

17.2.4   Einfügen neuer Elemente

Die meisten Funktionen beschäftigen sich mit dem Einfügen neuer Elemente. Allerdings sind viele Funktionen sehr ähnlich, so dass wir uns leicht einen Überblick verschaffen können, indem wir die Strukturen herausarbeiten.

Zunächst einmal unterscheiden wir generell, ob eine Funktion ein Kindelement einfügt oder ein Geschwisterelement. Zum Einfügen eines Geschwisterelements (vor oder nach dem, durch den XPath-Ausdruck angesprochenen Zielelement) verwenden Sie die Funktion insertxml (before oder after). Wenn Sie ein Element unterhalb des Zielelements als Kindelement anlegen möchten, verwenden Sie die Funktion mit dem child im Namen. appendchildxml legt das Kindelement als letztes Kind innerhalb des Zielelements ab, insertchildxml ohne Angabe legt es irgendwo ab (manchmal kann, bei schemabasiertem XML, die Position über das Schema bestimmt werden. Falls nicht, ist die Position zufällig). insertchildxmlbefore oder -after legt das Kindelement an einer Stelle in einer Liste von Elementen ab, die mit der Funktion übergeben werden muss. Das klingt zunächst etwas kompliziert, meint aber Folgendes: Wenn ein XML-Element Mitarbeiter in Mitarbeiterliste häufig auftaucht, dann können Sie bestimmen, dass das neue Element vor (oder hinter) dem zum Beispiel dritten Mitarbeiter der bestehenden Liste eingefügt wird, indem Sie einen XPath-Ausdruck (hier: Mitarbeiter[3]) übergeben, der angibt, vor oder hinter welchem Element der Liste das neue Element eingefügt werden soll.

Fassen wir also zusammen: Wir haben eine Gruppe von Funktionen, um neue Elemente in eine bestehende XML-Instanz einzufügen. Dabei unterscheiden wir, ob ein neues Element als Geschwister vor oder hinter einem bestehenden Element eingefügt werden soll (insertxml) oder ob das neue Element als Kindelement eines bestehenden Elements eingefügt werden soll (insertchildxml). Die Position des Elements kann generell über before und after gesteuert werden, bei Listen von Kindelementen können wird darüber hinaus ein Kindelement als letztes einfügen (appendchildxml) oder irgendwo dazu packen (insertchildxml).

Das vorweg, sind die Funktionen nun nicht mehr sehr schwer zu verstehen. Ich gebe ein Beispiel für die Funktion insertxmlbefore, appendchildxml und insertchildxmlbefore:

```
-- Ein Geschwisterelement vor dem zweiten Mitarbeiter einfügen
SQL> update dept_emp_xml
  2     set liste =
  3         insertxmlbefore(liste,
  4            '//Mitarbeiter[2]',
  5         xmltype(
  6          '<Mitarbeiter einstellDatum="2001-03-12">' ||
  7          '  <Name>Meier</Name>' ||
  8          '  <Beruf>Halbkreisingenieur</Beruf>' ||
  9          '  <Gehalt>3.500,00€</Gehalt>' ||
 10          '</Mitarbeiter>'))
 11     where deptno = 10;
```

```
LISTE
----------------------------------------------------------------
<Mitarbeiterliste abteilung="10">
  <Mitarbeiter einstellDatum="1981-06-09" id="7782">
    <Name>Clark</Name>
    <Beruf>Manager</Beruf>
    <Gehalt>2.450,00€</Gehalt>
  </Mitarbeiter>
  <Mitarbeiter einstellDatum="2001-03-12">
    <Name>Meier</Name>
    <Beruf>Halbkreisingenieur</Beruf>
    <Gehalt>3.500,00€</Gehalt>
  </Mitarbeiter>
  <Mitarbeiter einstellDatum="1982-01-23" id="7934">
    <Name>Müller</Name>
    <Beruf>Clerk</Beruf>
    <Gehalt>1.300,00€</Gehalt>
  </Mitarbeiter>
  <Mitarbeiter einstellDatum="1981-11-17" id="7839">
    <Name>King</Name>
    <Beruf>PRÄSIDENT</Beruf>
    <Gehalt>5.000,00€</Gehalt>
  </Mitarbeiter>
</Mitarbeiterliste>
```

```
SQL> -- Ein Kindelement als letzes anfügen
SQL> update dept_emp_xml
  2     set liste =
  3         appendChildXML(liste,
```

17

```
  4         '/Mitarbeiterliste',
  5         xmltype(
  6          '<Mitarbeiter einstellDatum="2001-03-12">' ||
  7          '  <Name>Meier</Name>' ||
  8          '  <Beruf>Halbkreisingenieur</Beruf>' ||
  9          '  <Gehalt>3.500,00€</Gehalt>' ||
 10         '</Mitarbeiter>'))
 11   where deptno = 10;
```

```
LISTE
----------------------------------------------------------------
<Mitarbeiterliste abteilung="10">
  <Mitarbeiter einstellDatum="1981-06-09" id="7782">
    <Name>Clark</Name>
    <Beruf>Manager</Beruf>
    <Gehalt>2.450,00€</Gehalt>
  </Mitarbeiter>
  <Mitarbeiter einstellDatum="1982-01-23" id="7934">
    <Name>Müller</Name>
    <Beruf>Clerk</Beruf>
    <Gehalt>1.300,00€</Gehalt>
  </Mitarbeiter>
  <Mitarbeiter einstellDatum="1981-11-17" id="7839">
    <Name>King</Name>
    <Beruf>PRÄSIDENT</Beruf>
    <Gehalt>5.000,00€</Gehalt>
  </Mitarbeiter>
  <Mitarbeiter einstellDatum="2001-03-12">
    <Name>Meier</Name>
    <Beruf>Halbkreisingenieur</Beruf>
    <Gehalt>3.500,00€</Gehalt>
  </Mitarbeiter>
</Mitarbeiterliste>
```

```
SQL> -- Ein Kindelement vor dem ersten Mitarbeiter einfügen
SQL> update dept_emp_xml
  2    set liste =
  3      insertChildXMLbefore(liste,
  4        '/Mitarbeiterliste',
  5        'Mitarbeiter[1]',
  6        xmltype(
  7          '<Mitarbeiter einstellDatum="2001-03-12">' ||
```

```
 8            '  <Name>Meier</Name>' ||
 9            '  <Beruf>Halbkreisingenieur</Beruf>' ||
10            '  <Gehalt>3.500,00€</Gehalt>' ||
11            '</Mitarbeiter>'))
12    where deptno = 10;
```

LISTE

```
----------------------------------------------------------------
<Mitarbeiterliste abteilung="10">
  <Mitarbeiter einstellDatum="2001-03-12">
    <Name>Meier</Name>
    <Beruf>Halbkreisingenieur</Beruf>
    <Gehalt>3.500,00€</Gehalt>
  </Mitarbeiter>
  <Mitarbeiter einstellDatum="1981-06-09" id="7782">
    <Name>Clark</Name>
    <Beruf>Manager</Beruf>
    <Gehalt>2.450,00€</Gehalt>
  </Mitarbeiter>
  <Mitarbeiter einstellDatum="1982-01-23" id="7934">
    <Name>Müller</Name>
    <Beruf>Clerk</Beruf>
    <Gehalt>1.300,00€</Gehalt>
  </Mitarbeiter>
  <Mitarbeiter einstellDatum="1981-11-17" id="7839">
    <Name>King</Name>
    <Beruf>PRÄSIDENT</Beruf>
    <Gehalt>5.000,00€</Gehalt>
  </Mitarbeiter>
</Mitarbeiterliste>
```

Listing 17.11 Einige Einfügeoperationen für XML-Elemente

Die Dinge, die Sie beachten sollten, sind: In der ersten update-Anweisung wird der XPath bis auf das Geschwisterelement angegeben (also Mitarbeiter), während bei den Funktionen, die Kindelemente einfügen, naturgemäß das übergeordnete Element, also Mitarbeiterliste, angegeben werden muss (geben Sie hier ebenfalls Mitarbeiter an, wird das neue Mitarbeiter-Element in das angegebene Mitarbeiter-Element geschachtelt). Dann wird bei der letzten update-Anweisung zusätzlich zum XPath für das Elternelement auch noch ein XPath-Ausdruck für ein Listenelement, vor oder hinter dem das neue Element eingefügt werden soll, mitgegeben.

Alle update-Anweisungen wurden mit rollback rückgängig gemacht, bevor ich die
nächste update-Anweisung ausgeführt habe, nur, damit Sie sich nicht wundern, wo
die ganzen Meiers geblieben sind. Ein Halbkreisingenieur reicht ja wohl auch für eine
Abteilung …

17.3   Extrahieren von Daten aus XML-Instanzen mit SQL/XML

Den umgekehrten Weg wie bei der Erzeugung von XML gehen wir, wenn wir aus einer
XML-Instanz wieder relationale Daten gewinnen möchten. In diesem Abschnitt
bespreche ich die Funktionen rund um extract, ein alternativer Ansatz besteht mit
der Funktion xmltable, die ich allerdings im Zusammenhang mit XQuery besprechen
möchte, da sie diese Technologie verwendet.

Das Problem beim Extrahieren der Daten aus XML besteht darin, dass wir eine Gruppenfunktion entschachteln müssen. Sie erinnern sich, dass wir die Mitarbeiterliste
durch die Funktion xmlagg erzeugt haben, eine Gruppenfunktion, die mehrere XML-
Instanzen in ein übergeordnetes Element einschachteln kann. Die Gruppierung nach
Abteilung hat dann ein einfaches group by erledigt. Nun müssen wir diese Gruppie-
rung rückgängig machen. Dazu benötigen wir eine Funktion, die das kann, und diese
Funktion heißt xmlsequence. Die Funktion xmlsequence erwartet ein XML-Fragment,
dessen Wurzelelemente als eigenständige XML-Instanzen betrachtet werden sollen.
Die Funktion liefert dann für jedes Kindelement eine XML-Instanz zurück. Das XML-
Fragment wiederum liefert uns die Funktion extract, die aus ein einer XML-Instanz
ein XML-Fragment extrahiert, das durch einen XPath bezeichnet ist. Sie kennen die
Funktion extract bereits aus dem Zusammenhang mit Datumsangaben (extract
(year from sysdate)), doch hier ist die Syntax anders, eher an den anderen XML-Funktionen orientiert. Wir haben wieder die XML-Instanz, den XPath-Ausdruck und den
optionalen Namensraum als Parameter der Funktion.

Dann kommt etwas SQL-Magie, die wir allerdings schon gesehen hatten, denn wir
verwenden die Funktion table, um diese einzelnen Zeilen der Funktion xmlsequence
als Zeilen einer Tabelle zu interpretieren. Ich muss das im Zusammenhang erklären,
weil dies nicht in Einzelschritten in SQL durchgeführt werden kann, sondern nur auf
einmal.

Entschachteln wir also die XML-Instanz:

```
SQL> select v.*
  2    from dept_emp_xml x,
  3         table(
  4           xmlsequence(
  5             extract(x.liste, '//Mitarbeiter'))) v
  6    where deptno = 10;
```

```
COLUMN_VALUE
---------------------------------------------------
<Mitarbeiter einstellDatum="1981-06-09" id="7782"><Na...
<Mitarbeiter einstellDatum="1982-01-23" id="7934"><Na...
<Mitarbeiter einstellDatum="1981-11-17" id="7839"><Na...


3 Zeilen ausgewählt
```

Listing 17.12 Entschachtelung der XML-Instanz

Sie sehen, dass wir wieder drei Zeilen mit jeweils einem Mitarbeiter erhalten. Das ist so, weil ich die Abfrage auf die Abteilung 10 limitiert habe. Lassen wir dies weg, haben wir wieder 14 Zeilen, denn alle Mitarbeiter aus den drei Mitarbeiterlisten sind damit entschachtelt worden. Wie schon bekannt, liefert uns die Funktion table eine Spalte mit dem Namen column_value zurück, die wir folgerichtig nun auch wieder sehen. Die entschachtelte Tabelle nenne ich v, so dass wir nun mit diesen Zeilen weiterarbeiten können.

Der nächste Schritt besteht darin, dass wir nun aus der Spalte V.COLUMN_VALUE mit der Funktion extract oder extractValue die Informationen herauslesen, die uns interessieren. XML ist eine formatierte Textdatei, mehr nicht, daher wird uns lediglich der Datentyp varchar2 entgegenkommen. Wenn wir also unsere ursprünglichen Datentypen wiederhaben möchten, müssen wir diese durch Konvertierung herstellen. Ich zeige das Vorgehen einmal an einem einfachen Beispiel, dann folgt die gesamte Auswertung. Zunächst also extrahieren wir nun den Namen des Mitarbeiters aus den Zeilen:

```
SQL> select extractValue(v.column_value, '//Name') ename
  2    from dept_emp_xml x,
  3         table(
  4           xmlsequence(
  5             extract(x.liste, '//Mitarbeiter'))) v;

ENAME
---------
Clark
Miller
King
Smith
Ford
Adams
Scott
Jones
Allen
```

```
James
Turner
Blake
Martin
Ward
```

14 Zeilen ausgewählt.

Listing 17.13 Extraktion des Mitarbeiternamens

Sie sehen, dass wir bei der Extraktion mit der Funktion extractValue (die uns den Elementwert und nicht das gesamte Element zurückliefert) die Spalte COLUMN_VALUE übergeben müssen. Der XPath bezieht sich auf dessen Wurzelelement Mitarbeiter und hieße korrekt eigentlich /Mitarbeiter/Name. Natürlich können wir den Ausdruck durch upper umschließen und so die Namen wieder in Versalien erzeugen. Hier nun also die komplette Abfrage zum Extrahieren der Daten, die in der XML-Instanz enthalten sind:

```
SQL> select upper(
  2            extractValue(
  3              v.column_value, '//Name')) ename,
  4          upper(
  5            extractValue(
  6              v.column_value, '//Beruf')) job,
  7          to_date(
  8            extractValue(
  9              v.column_value,
 10                '/Mitarbeiter/@einstellDatum'),
 11            'yyyy-mm-dd') hiredate,
 12          to_number(
 13            extractValue(
 14              v.column_value, '//Gehalt'),
 15            '999G990D00L') sal,
 16          x.deptno
 17    from dept_emp_xml x,
 18         table(
 19           xmlsequence(
 20             extract(x.liste, '//Mitarbeiter'))) v;
```

ENAME	JOB	HIREDATE	SAL	DEPTNO
CLARK	MANAGER	09.06.81	2450	10
MILLER	CLERK	23.01.82	1300	10

```
KING     PRÄSIDENT  17.11.81     5000        10
SMITH    CLERK      17.12.80      800        20
FORD     ANALYST    03.12.81     3000        20
ADAMS    CLERK      23.05.87     1100        20
SCOTT    ANALYST    19.04.87     3000        20
JONES    MANAGER    02.04.81     2975        20
ALLEN    SALESMAN   20.02.81     1600        30
JAMES    CLERK      03.12.81      950        30
TURNER   SALESMAN   08.09.81     1500        30
BLAKE    MANAGER    01.05.81     2850        30
MARTIN   SALESMAN   28.09.81     1250        30
WARD     SALESMAN   22.02.81     1250        30
```

```
14 Zeilen ausgewählt.
```

Listing 17.14 Entschachtelung und Umformung der Daten aus den XML-Instanzen

Schön oder nicht schön, das ist hier eher nicht die Frage. Allerdings wird die Arbeit dadurch etwas erleichtert, dass viel mit Copy & Paste gearbeitet werden kann. Trotzdem existiert ein etwas hübscherer Weg über die Funktion xmltable, die im Zusammenhang mit XQuery besprochen werden wird. Habe ich schon erwähnt, dass man solche Abfragen gern auch in Views in der Datenbank hinterlegen kann? Würde in diesem Fall in eine Importtabelle eine XML-Instanz eingelesen, könnte eine einfache Anweisung, wie etwa

```
insert into target
select *
  from my_new_view;
```

die Daten bereits extrahiert in relationale Tabellen übernehmen. Unser Beispiel ist natürlich aus didaktischen Gründen (oder höre ich da jemanden »aus Faulheit« murmeln?) einfach gewählt. Was passiert, wenn die XML-Instanz deutlich tiefer geschachtelt ist? Dann müssen weitere table-Funktionen auf die bereits teilweise entschachtelten XML-Fragmente ausgeführt werden. Dann wird das Ganze komplex. Dann habe ich keine Lust mehr, Ihnen das in einem SQL-Buch zu zeigen … Immerhin bleibt das Prinzip immer gleich.

Ich sollte aber noch erwähnen, dass für die Konvertierung der Daten in andere Datentypen noch ein weiterer Weg zur Verfügung steht. Dieser Weg nutzt SQL/XML-Funktionen, genauer die Funktion xmlcast, um ein XML-Element in einen SQL-Typ umzuwandeln. Das geht, allerdings zum Teil mehr schlecht als recht. Sie können in der Abfrage oben gern den Aufruf der Funktion to_date ersetzen durch folgende Formulierung:

```
xmlcast(
  extract(v.column_value, '/Mitarbeiter/@einstellDatum')
  as date)
```

Doch ist das bereits alles: Die anderen Spalten benötigen upper immer noch, und das Gehalt ist so formatiert, dass die entsprechende Funktion es nicht erkennt. Da auch keine Möglichkeit besteht, der Funktion zu erklären, was sie dort sieht, macht die Funktion nur dann Sinn, wenn absolut saubere Standardformate für die Daten verwendet werden. Dann jedoch kann die Funktion xmlcast auch date, timestamp, number etc. erzeugen. Möchten Sie explizit clob oder blob aus einer XML-Instanz extrahieren, empfiehlt Oracle nicht mehr die hierfür existenten Funktion XMLType.GetClob(), sondern die SQL/XML-Funktion xmlserialize, die wir ja bereits kennen.

Eine Anmerkung zu kulturspezifischem XML

Hier, wie auch in anderem Zusammenhang, müssen wir beim Konvertieren von Zahlen aus XML in den Typ number darauf achten, dass XML bei Gleitkommazahlen einen Punkt als Dezimaltrennzeichen vorschreibt. Wird nun diese Angabe in einen number-Typ überführt, ohne eine Formatmaske anzugeben, und ist für die Session zum Beispiel Deutsch als Sprache angegeben, wird eine Fehlermeldung die Folge sein, denn nun hofft die Datenbank auf ein Komma als Dezimaltrennzeichen, was die XML-Instanz nicht liefert. Hier der Nachweis:

```
SQL> select extract(
  2          xmltype(
  3            '<Foo>3.15</Foo>'),
  4            '/Foo/text()').getNumberVal() zahl
  5    from dual;
            '/Foo/text()').getNumberVal() zahl
                       *
FEHLER in Zeile 4:
ORA-01722: Ungültige Zahl
ORA-06512: in "SYS.XMLTYPE", Zeile 181
```

Das Problem: Eine Zahl wird in XML nun einmal immer mit einem Punkt getrennt, ansonsten ist dies keine valide XML-Zahl und würde demzufolge vom Parser als nicht valide ausgesondert. Daher wäre es nett, die lokalen Trennzeichen würden für die Konvertierung nicht berücksichtigt. Aus meiner Sicht ist das ein Bug.

Ach, und wenn ich schon einmal beim Meckern bin: Warum hat der XMLType eigentlich keine getDateVal()-Funktion? Auch hierfür existiert ja ein definierter XML-Schema-Standard, daher sollte eine Implementierung möglich sein. Na ja, vielleicht im nächsten Release ...

Ich habe mir einige Suchanfragen auch etwas leicht gemacht, indem ich eine separate Spalte DEPTNO in der Tabelle vorgehalten habe. Alternativ können Sie XML-

Instanzen auch dadurch auswählen, dass Sie einen Knotentest durchführen. Dieser Knotentest kann über die Funktion extract durchgeführt werden, obwohl das etwas hausbacken wirkt und mittlerweile durch andere Funktionen und Operatoren (insbesondere xmlexists) besser bewerkstelligt werden kann:

```
SQL> select liste
  2    from dept_emp_xml
  3    where extractValue(
  4            liste,
  5            '//Mitarbeiter[Name="Scott"]/Name')
  6         = 'Scott';


LISTE
--------------------------------------------------
<Mitarbeiterliste abteilung="20">
  <Mitarbeiter einstellDatum="1980-12-17" id="7369">
    <Name>Smith</Name>
    <Beruf>Clerk</Beruf>
    <Gehalt>800,00€</Gehalt>
  </Mitarbeiter>
  <Mitarbeiter einstellDatum="1981-12-03" id="7902">
    <Name>Ford</Name>
    <Beruf>Analyst</Beruf>
    <Gehalt>3.000,00€</Gehalt>
  </Mitarbeiter>
  <Mitarbeiter einstellDatum="1987-05-23" id="7876">
    <Name>Adams</Name>
    <Beruf>Clerk</Beruf>
    <Gehalt>1.100,00€</Gehalt>
  </Mitarbeiter>
  <Mitarbeiter einstellDatum="1987-04-19" id="7788">
    <Name>Scott</Name>
    <Beruf>Analyst</Beruf>
    <Gehalt>3.000,00€</Gehalt>
  </Mitarbeiter>
  <Mitarbeiter einstellDatum="1981-04-02" id="7566">
    <Name>Jones</Name>
    <Beruf>Manager</Beruf>
    <Gehalt>2.975,00€</Gehalt>
  </Mitarbeiter>
</Mitarbeiterliste>
```

Listing 17.15 Filterung der XML-Instanz mit XMLEXISTS

17

Ich zeige das eher als Beispiel, denn `xmlexists` ist besser für diese Aufgaben geeignet. Allerdings atmet diese Funktion den Geist (und die Syntax) von XQuery und soll daher dort besprochen werden. Dann noch eine Information für alle, die sich dunkel an die Funktion `existsNode` erinnern oder diese in einer Abfrage gesehen haben: Sie ist seit Version 11g R2 als *deprecated* eingestuft und sollte ebenfalls durch `xmlexists` ersetzt werden. Den gleichen Status haben seit dieser Datenbankversion im Übrigen auch die Funktionen `extract` und `extractValue`, die ich in diesem Abschnitt benutzt habe. Diese Funktionen sollten nach Möglichkeit durch die neuen SQL/XML-Funktionen `xmlquery` und `xmlcast` ersetzt werden, die wir im nächsten Abschnitt besprechen. Ich habe mich dennoch entschlossen, diese Funktionen zu verwenden, einfach, weil sie weit in Verwendung sind und in Datenbanken vor Oracle 11g erforderlich sind (`xmlcast` existiert erst ab Version 11).

17.4   Arbeiten mit XQuery

Sollten Sie sich bereits bestens mit XQuery auskennen, werden Sie mir vorwerfen, wie der Farbenblinde über Farben zu räsonieren, und ich muss zugeben, dass meine Kenntnisse über XQuery nicht eben tiefgreifend sind. Ich benutze diese Technologie eher an der Oberfläche, nehme das andererseits aber billigend in Kauf, weil ich bislang nicht durch entsprechende Problemstellungen in eine tiefe Beschäftigung mit XQuery getrieben worden bin.

XQuery, soviel weiß selbst ich, ist gewissermaßen ein Pendant zu SQL. Ähnlich, wie SQL daraufhin optimiert wurde, mit strukturierter Information in Tabellen zu arbeiten, ist XQuery daraufhin optimiert, mit semistrukturierten Daten in einer hierarchischen Struktur umzugehen. Es ist eine komplette Abfragesprache mit einer sequenzbasierten Ausrichtung: Alles wird in XQuery als eine Sequenz von Elementen oder skalaren Werten verstanden, ähnlich vielleicht einer Liste oder einem Array, nur, dass Werte mehrfach auftreten und die Listen sortiert sein können.

Basis der Abfragesprache ist ein *FLWOR*-Ausdruck (das wird ausgesprochen wie das englische Wort *flower* – Blume). Dieser Ausdruck ist ein Akronym für *for – where –let –order by –return*, was den Schlüsselworten einer typischen XQuery-Abfrage entspricht. Grundsätzlich entspricht dabei `for` und `let` dem `from`, `where` und `order by` entsprechen den SQL-Schlüsselworten und `return` entspricht dem `select`. Wir haben also auch semantisch eine große Nähe zwischen den Abfragesprachen, wenn auch die Reihenfolge der Begriffe eine andere ist.

Dennoch ist XQuery eine grundlegend andere Abfragesprache als SQL. Die Oracle-Datenbank unterstützt als alternative Abfragesprache XQuery in Version 1.0, also der aktuellen Version. Ebenfalls unterstützt werden XPath in Version 2.0, was Teil der XQuery-Spezifikation ist. Es existiert auch ein `SQL*Plus`-Befehl `XQUERY`, mit dessen

Hilfe `SQL*Plus` in einen XQuery-Modus versetzt werden kann. Offiziell ist jedoch eine Schnittstelle zwischen SQL und XQuery definiert, und diese Schnittstelle, die Teil des SQL/XML-Standards ist, wird über die Funktionen `xmlquery`, `xmltable`, `xmlexists` und `xmlcast` bereitgestellt. Diese Funktionen sind es, die ich Ihnen in diesem Abschnitt erläutern möchte, weniger die Interna von XQuery, die ich mir – wie ich zugeben muss – selbst noch weitgehend erarbeiten müsste. Ich bin lediglich in der Lage, Ihnen einfache Grundabfragen zu zeigen, die ausreichen, die Funktionen zum Leben zu erwecken. Von den weitergehenden Möglichkeiten, die geeignet sind, XSLT zu ersetzen und XML-Instanzen zu erzeugen, bin ich weit entfernt. Dieser Abschnitt ist also alles andere als ein Ersatz für ein spezialisiertes Buch über XQuery.

17.4.1 Funktion XMLQUERY

Beginnen wir mit der Funktion `xmlquery`, die dazu genutzt wird, XML aus relationalen Daten zu erzeugen oder aber XML aus anderen XML-Daten zu extrahieren. Die Funktion ist, wie bereits gesagt, Teil des SQL/XML-Standards, unterstützt aber nicht alle Verwendungsmöglichkeiten, die im Standard vorgegeben sind. Insbesondere kann diese Funktion lediglich `XMLType`-Instanzen zurückgeben, nicht aber Sequenzen, die ja die Bausteine von XQuery-Abfragen darstellen. Die Funktion `xmlquery` hat daher einige Klauseln, die zwar geschrieben werden müssen, aber ohne Alternative sind, weil die alternative Formulierung eben nicht unterstützt wird. Im Gegensatz zu sonst möchte ich Ihnen gerne den prinzipiellen Aufbau der Funktion zeigen, bevor wir ein Beispiel konstruieren. Die Funktion erwartet zunächst einen XQuery-Ausdruck als ersten Parameter. Ein XQuery-Ausdruck kann im einfachsten Fall aussehen wie ein XPath-Ausdruck, aber auch die volle Bandbreite einer `FLWOR`-Anweisung beinhalten. Anschließend können wir (das ist optional, aber wohl sehr häufig der Fall) einen Kontext übergeben. Dieser Kontext stellt die Rohdaten dar, auf die der XQuery-Ausdruck angewendet werden soll. Im einfachsten Fall haben Sie eine Tabelle mit einer XML-Instanz darin. Es können aber auch relationale Spalten und skalare Daten übergeben werden, allerdings keine objektrelationalen Strukturen. Diese müssten zuvor durch eine SQL/XML-Abfrage in XML überführt werden. Abschließend folgt dann die verpflichtende Klausel `returning content`. Ich denke, wir lassen es zunächst einmal dabei und sehen uns dies im Überblick an:

```
xmlquery(<XQuery-Ausdruck>
        passing <XML-Instanz>
        returning content)
```

Listing 17.16 Grundsätzlicher Aufbau der Funktion XMLQUERY

Beginnen wir mit einem ganz einfachen Beispiel, bei dem statt einer `FLWOR`-Abfrage lediglich ein XPath-Ausdruck übergeben und unsere bereits bekannte XML-Spalte als Kontext definiert wird:

```
SQL> select xmlquery(
  2            '/Mitarbeiterliste/Mitarbeiter'
  3            passing liste
  4            returning content) ergebnis
  5     from dept_emp_xml;
```

```
ERGEBNIS
------------------------------------------------------------
<Mitarbeiter einstellDatum="1981-06-09" id="7782"><Name>Clark...
<Mitarbeiter einstellDatum="1980-12-17" id="7369"><Name>Smith...
<Mitarbeiter einstellDatum="1981-02-20" id="7499"><Name>Allen...
```

Listing 17.17 Ein erstes Anwendungsbeispiel für XMLQUERY

Sie erkennen den XPath-Ausdruck, der lediglich die Mitarbeiter von dem Wurzelelement Mitarbeiterliste befreit und als XML-Fragment wieder ausgibt. In diesem einfachen Zusammenhang ist die Mächtigkeit dieser Funktion noch nicht erkennbar. Als nächste Steigerung werden wir auf eine passing-Klausel verzichten und die Daten für unsere XQuery-Abfrage direkt aus der Datenbank gewinnen. Dazu verwenden wir eine Funktion mit dem Namen fn:collection, die eine sehr seltsame Syntax aufruft, um Zeilen einer Datenbank als XML zu erfragen. Diese Syntax lautet oradb:/SCOTT/EMP und bedeutet: Siehe die Datenbank als riesige XML-Instanz an (oradb) und gehe innerhalb dieser Instanz zum Knoten SCOTT und darin zum Knoten EMP. Dahinter steht die Oracle XML DB, die es ermöglicht, relationale Daten auf standardisierte Weise als XML-Instanz darzustellen. Stellen wir uns eine Tabelle SCOTT.EMP vor, die wir auf diese Weise darstellen möchten. Die Standarddarstellung sieht vor, dass jede Zeile der Tabelle in einem Element ROW dargestellt wird. Jede Spalte produziert ein Kindelement mit dem Namen der Spalte und dem Spaltenwert dieser Zeile. Es entsteht also eine XML-Instanz folgender Struktur:

```
<SCOTT>
  <EMP>
    <ROW>
      <EMPNO>7369</EMPNO>
      <ENAME>SMITH</ENAME>
      <JOB>CLERK</JOB>
      <MGR>7902</MGR>
      <HIREDATE>1980-12-17</HIREDATE>
      <SAL>800</SAL>
      <DEPTNO>20</DEPTNO>
    </ROW>
    <ROW> ... </ROW>
```

```
   </EMP>
   <DEPT>...</DEPT>
</SCOTT>
```

Listing 17.18 Prinzipielles XML-Format einer Tabelle, über ORADB angesprochen

SMITH ist kein SALESMAN, daher nicht kommissionsberechtigt, daher fehlt bei ihm das Kindelement COMM. Generell werden null-Werte nicht ausgegeben. Da nun unsere FLWOR-Abfrage direkt zu Tabelle EMP geht, benötigen wir die Klausel passing also nicht, die Abfrage sieht nun so aus:

```
SQL> select xmlquery(
   2          'for $emp in fn:collection("oradb:/SCOTT/EMP")
   3          where $emp/ROW/SAL >= 3000
   4          return <Mitarbeiter>
   5                  <Name>{$emp/ROW/ENAME/text()}</Name>
   6                  <Gehalt>{$emp/ROW/SAL/text()}</Gehalt>
   7                  </Mitarbeiter>'
   8          returning content) ergebnis
   9    from dual;
```

```
ERGEBNIS
-----------------------------------------------------------------
<Mitarbeiter>
  <Name>SCOTT</Name>
  <Gehalt>3000</Gehalt>
</Mitarbeiter>
<Mitarbeiter>
  <Name>KING</Name>
  <Gehalt>5000</Gehalt>
</Mitarbeiter>
<Mitarbeiter>
  <Name>FORD</Name>
  <Gehalt>3000</Gehalt>
</Mitarbeiter>
```

Listing 17.19 Abfrage mit einem FLWOR-Ausdruck

Nach etwas Formatierung erkennen wir, dass wir mit dieser Funktion XML aus relationalen Daten erzeugt haben. Die Struktur wird direkt erzeugt dadurch, dass wir sie explizit hinschreiben. Das Ergebnis ist übrigens wirklich XML und sieht nicht nur so aus. Mit dieser Technik sind sogar Joins zwischen Tabellen möglich:

17

```
SQL> select xmlquery(
  2          'for $emp in fn:collection("oradb:/SCOTT/EMP"),
  3              $dept in fn:collection("oradb:/SCOTT/DEPT")
  4          where $emp/ROW/DEPTNO = $dept/ROW/DEPTNO
  5            and $emp/ROW/SAL >= 3000
  6          return <Mitarbeiter>
  7                     <Name>{$emp/ROW/ENAME/text()}</Name>
  8                     <Gehalt>{$emp/ROW/SAL/text()}</Gehalt>
  9                     <Abteilung>{$dept/ROW/DNAME/text()}
                                                </Abteilung>
 10                 </Mitarbeiter>'
 11      returning content) ergebnis
 12    from dual;

ERGEBNIS
----------------------------------------------------------------
<Mitarbeiter>
  <Name>KING</Name>
  <Gehalt>5000</Gehalt>
  <Abteilung>ACCOUNTING</Abteilung>
</Mitarbeiter>
<Mitarbeiter>
  <Name>FORD</Name>
  <Gehalt>3000</Gehalt>
  <Abteilung>RESEARCH</Abteilung>
</Mitarbeiter>
<Mitarbeiter>
  <Name>SCOTT</Name>
  <Gehalt>3000</Gehalt>
  <Abteilung>RESEARCH</Abteilung>
</Mitarbeiter>
```

Listing 17.20 Erweiterung um Joins

Natürlich fragen wir jeweils gegen Tabelle DUAL, weil die eigentlichen Tabellen ja in XQuery angesprochen werden. FLWOR-Ausdrücke können geschachtelt werden, um 1:n-Beziehungen von Elementen ineinander zu platzieren. Hierzu wird an der Stelle im Ausgabebaum (return-Klausel), an der die Kindelemente häufiger auftauchen sollen, der FLWOR-Ausdruck für die Kindelemente platziert. Da dies jedoch kein XQuery-Buch ist, verweise ich entweder auf dem *Oracle XML DB Developers Guide*, Kapitel 5, »Using XQuery with Oracle XML DB«, oder auf ein spezialisiertes XQuery-Buch.

17.4.2   Funktion XMLTABLE

Das Gegenteil zu `xmlquery` können wir mit der Funktion `xmltable` erreichen. Diese Funktion dient dem intuitiven Entschachteln von XML, um aus den Daten wiederum relationale Daten zu gewinnen. Wieder soll uns ein einfaches Beispiel reichen, denn auch mit dieser Funktion steht die gesamte Ausdrucksfähigkeit von XQuery zur Verfügung. Auch hier beginne ich mit einem Überblick über die Struktur der Funktion:

Zunächst erwartet die Funktion einen optionalen Parameter, der die verwendeten Namensräume der XML-Instanz deklariert. Damit ist es der Funktion dann möglich, Elemente des entsprechenden Namensraums zu verwenden. Anschließend folgen der XQuery-Ausdruck und eine optionale `passing`-Klausel, wie Sie das bereits kennen. Nun aber kommt der Clou der Funktion, denn nun kann in der folgenden `columns`-Klausel definiert werden, welcher Ausdruck als welcher Datentyp und welche Spaltenbezeichnung gelesen werden soll. Damit wird das Mapping von XML-Elementen auf eine relationale Tabelle recht intuitiv. Sehen wir uns die Funktion einmal im Überblick an:

```
xmltable(
    xmlnamespaces (<Namensraum-Deklaration>),
    <xQuery-Ausdruck>
    passing <XML-Instanz>
    columns <Spaltenmapping>)
```

Listing 17.21 Übersicht über die Funktion XMLTABLE

Natürlich wird diese Funktion in der `where`-Klausel einer SQL-Abfrage verwendet, das Ergebnis ist ja eine relationale Tabelle.

Als etwas komplexeres Beispiel habe ich mich entschlossen, dieses Mal auch einen XML-Namensraum zu verwenden, um diese Anwendung ebenfalls zu zeigen. Als Ausgangsmaterial verwende ich eine XML-Datei, die von der Europäischen Zentralbank täglich veröffentlicht wird und die Wechselkurse einiger wichtiger Währungen zum Euro enthält. Die Datei ist unter der URL *http://www.ecb.europa.eu/stats/ eurofxref/eurofxref-daily.xml* frei verfügbar und enthält zwei Namensräume, zum einen den des Umschlags und dann noch zum anderen den der europäischen Zentralbank. Die Datei sieht grob so aus:

```
<gesmes:Envelope
    xmlns:gesmes="http://www.gesmes.org/xml/2002-08-01"
    xmlns="http://www.ecb.int/vocabulary/2002-08-01/eurofxref">
    <gesmes:subject>Reference rates</gesmes:subject>
    <gesmes:Sender>
        <gesmes:name>European Central Bank</gesmes:name>
    </gesmes:Sender>
    <Cube>
```

625

```
            <Cube time="2012-03-29">
              <Cube currency="USD" rate="1.3272"/>
              <Cube currency="JPY" rate="109.21"/>
              <Cube currency="BGN" rate="1.9558"/>
              <Cube currency="CZK" rate="24.778"/>
              <Cube currency="DKK" rate="7.4372"/>
              <Cube currency="GBP" rate="0.83580"/>
              ...
              <Cube currency="THB" rate="40.971"/>
              <Cube currency="ZAR" rate="10.2562"/>
            </Cube>
          </Cube>
        </gesmes:Envelope>
```

Listing 17.22 Beispiel einer XML-Instanz mit Namensräumen

Was ich nun mache, grenzt für viele möglicherweise an Zauberei. Ich werde die XML-Datei in der aktuellen Version in der SQL-Abfrage selbst von der EZB einlesen und direkt auswerten lassen. Dazu benötige ich in Version 11 der Datenbank ein Zugriffsrecht auf die Online-Ressource mittels einer ACL. Im Skript zum Buch habe ich hinterlegt, wie das für den Benutzer SCOTT geht, das ist ein Administrationsthema und soll uns hier nicht stören. Allerdings kann ich nun eine Funktion nutzen, die wir etwas detaillierter in Kapitel 21, »Objektorientierung in der Oracle-Datenbank«, besprechen werden. Diese Funktion gestattet mir den Zugriff auf eine http-Ressource direkt aus SQL wie im folgenden Beispiel:

```
SQL> select httpUriType(
  2              'http://www.ecb.europa.eu/stats/eurofxref/
                  eurofxref-daily.xml').getXml() datei
  3    from dual;

DATEI
-----------------------------------------------------------------
<?xml version="1.0" encoding="WINDOWS-1252"?>
<gesmes:Envelope ...
</gesmes:Envelope>
```

Listing 17.23 Direkter Zugriff auf eine Online-Ressource aus SQL

Das ist natürlich schon cool. Der objektorientierte Typ httpURIType erwartet als Parameter eine URL, rennt los und besorgt die Ressource. Anschließend kann die gefundene Datei mit Hilfe der eingebauten Funktion getXml() als XMLType ausgelesen werden. Nun können wir unsere Abfrage von oben gleich so ergänzen, dass lediglich eine Tabelle mit den Umrechnungskursen ausgegeben wird. Um dieses Beispiel noch einigermaßen darstellen zu können, habe ich die Bezeichner der Namensräume verkürzt dargestellt. Zudem habe ich den gesmes-Namensraum nicht berücksichtigt, weil mich für die Ausgabe die Elemente des Nachrichtenumschlags nicht interessieren.

```
SQL> select k.currency, k.rate
  2    from (select httpUriType(
  3                      'http://www.ecb.....xml').getXml() msg
  4             from dual) ezb,
  5         xmltable(
  6           xmlnamespaces(
  7             default 'http://www.ecb..../eurofxref'),
  8           '//Cube[@currency]'
  9           passing ezb.msg
 10           columns
 11             currency char(3) path '@currency',
 12             rate number path
 13               'fn:translate(@rate, ".", ",")'
 14         ) k;


CURRENCY    RATE
--------  -------
USD       1,3272
JPY       109,21
BGN       1,9558
...
33 Zeilen ausgewählt.
```

Listing 17.24 Extraktion von Daten aus einer Online-XML-Ressource

Sehen wir uns die Bestandteile einmal an. Zunächst erkennen Sie in Zeile 2–4 die Inner View wieder, die von der EZB die Online-Ressource liest. Diese wird im Folgenden unter EZB.MSG verfügbar gemacht. Die xmltable-Funktion erhält diese Nachricht in Zeile 9 durch die passing-Klausel. Ich definiere den Standardnamensraum der EZB, damit ich anschließend diese Elemente überhaupt sehen kann, und ignoriere den gesmes-Namensraum, indem ich den XPath-Ausdruck // verwende, um im gesamten Dokument nach Cube-Elementen zu fahnden. Mich interessieren andererseits lediglich die Elemente, die ein currency-Attribut haben. Das mache ich durch den XPath-Ausdruck in Zeile 8 klar. In der columns-Klausel in den Zeilen 10–13 wird dann die Abbildung der Elemente auf Spalten der resultierenden Tabelle durchgeführt. Grundsätzlich ist das Mapping einfach, denn es wird einfach der Name und Datentyp der resultierenden Spalte sowie der XPath-Ausdruck, der sich nun auf das Ergebnis der XQuery-Abfrage bezieht, angegeben. Ein kleiner Gag am

Rande: Die Konvertierung in eine Zahl gelingt nicht ohne Weiteres: Entweder stellen Sie den Parameter nls_territory auf AMERICA um, oder Sie ersetzen im Attribut den Punkt durch ein Komma, denn standardmäßig wird das lokal gültige Dezimaltrennzeichen zur Konvertierung verwendet. Ich habe mich hier entschlossen, über eine fn:translate-Funktion die Konvertierung des Punktes in ein Komma ausführen zu lassen.

XML mit Namensräumen aus SQL ist schon etwas heftig. Vielleicht haben Sie insgesamt das Gefühl, solche SQL-Abfragen seien eher etwas für die Sado-Maso-Szene. Alles ist aber auch eine Frage der Gewöhnung. Die Syntax ist speziell, zum Teil auch recht empfindlich, was die Einhaltung der Regeln angeht, aber eben auch hocheffektiv. Solche Abfragen sind sicher nichts für Einsteiger, können aber dem Profi viel Programmierung ersparen und mächtige Dinge tun, eine Einarbeitung in die Konzepte von XQuery allerdings vorausgesetzt ...

17.4.3   Funktion XMLEXISTS

Lehnen wir uns etwas zurück und entspannen bei einer einfacheren Funktion. Diese Funktion heißt xmlexists und prüft die Existenz eines Elements in einer XML-Instanz. Auch hier sind generell XQuery-Abfragen möglich, aber da diese auch einfache XPath-Angaben sein können, ist die Funktion als schnelle Nachschlag- und Suchfunktion nicht schlecht. Nach der Abfrage des letzten Abschnitts wird Ihnen die Syntax nicht nur bekannt, sondern direkt einfach vorkommen. Ich benutze wieder die XML-Instanzen der Tabelle DEPT_EMP_XML:

```
SQL> select liste
  2    from dept_emp_xml
  3   where xmlexists(
  4           '/Mitarbeiterliste/Mitarbeiter
                           [Name = "King"]'
  5           passing liste);

LISTE
-----------------------------------------------------------
<Mitarbeiterliste abteilung="10">
  <Mitarbeiter einstellDatum="1981-06-09" id="7782">
    <Name>Clark</Name>
    <Beruf>Manager</Beruf>
    <Gehalt>2.450,00€</Gehalt>
  </Mitarbeiter>
  <Mitarbeiter einstellDatum="1982-01-23" id="7934">
    <Name>Müller</Name>
```

```
    <Beruf>Clerk</Beruf>
    <Gehalt>1.300,00€</Gehalt>
  </Mitarbeiter>
  <Mitarbeiter einstellDatum="1981-11-17" id="7839">
    <Name>King</Name>
    <Beruf>PRÄSIDENT</Beruf>
    <Gehalt>5.000,00€</Gehalt>
  </Mitarbeiter>
</Mitarbeiterliste>
```

Listing 17.25 Filterung über XMLEXISTS

17.4.4   Die Funktion XMLCAST

Sie haben diese Funktion bereits kurz in Aktion gesehen, und die Verwendung ist ähnlich schlicht wie die vorher gezeigte Funktion xmlexists. Sie übergeben einen Ausdruck (irgendeiner Form, zum Beispiel auch eine XQuery-Abfrage) und interpretieren diese als skalaren Datentyp. Einige Typen sind nicht erlaubt, die im SQL/XML-Standard definiert sind, so zum Beispiel XMLType. Beachten Sie, dass Sie keine Formatmaske übergeben können. Ist so etwas einmal erforderlich, müssen Sie dafür Sorge tragen, dass der Ausdruck, den Sie übergeben, die nötige Konvertierung soweit vorbereitet, dass eine Standardumwandlung gelingen kann. Ich persönlich glaube, dass dies die Mächtigkeit der Funktion stark einschränkt. Hier also noch einmal ein Beispiel:

```
SQL> select xmlcast(
  2            xmlquery(
  3              'for $e in //Mitarbeiter
  4                where $e/Name = "Scott"
  5                return
                    fn:translate($e/Gehalt, ",.€", ",")'
  6              passing liste
  7              returning content) as number) sal
  8    from dept_emp_xml
  9   where xmlexists(
 10            '/Mitarbeiterliste/Mitarbeiter
                                  [Name = "Scott"]'
 11            passing liste);
      SAL
----------
      3000
```

Listing 17.26 Verwendung der Funktion XMLCAST

In diesem Beispiel habe ich einmal alles zusammengenommen: xmlcast, xmlquery und xmlexists. Die Abfrage selbst ist wohl eher nicht so unverständlich, allerdings könnten doch einige Probleme auftauchen, wenn Sie diese Abfrage selber nachvollziehen. Fallstricke sind hier folgende:

▶ der Wert der Parameter NLS_TERRITORY, aber auch NLS_NUMERIC_CHARACTERS

▶ die Zeichensatzkodierung der Datenbank (bezüglich des Euro-Zeichens)

Solche Probleme können einem schon den letzten Nerv rauben ...

17.5   Indizierung von XML-Instanzen

Dieser Abschnitt wäre für Datenbanken vor Version 11 g R2 etwas länger gewesen. Seit diesem Release ist der einzige Indextyp, den Sie in Betracht ziehen sollten, der Domänenindex XMLIndex. Mit Hilfe dieses Indexes ist die Datenbank in der Lage, effektiv auf XML-Strukturen zuzugreifen. Administratoren können zwar auch mit diesem Index noch viel anstellen, so zum Beispiel strukturierte Speicherinseln bestimmen und optimiert indizieren, doch ist dies für die Anwendung aus SQL heraus recht uninteressant. Sie erzeugen einen XMLIndex auf unsere Tabelle DEPT_EMP_XML wie folgt:

```
SQL> create index idx_dept_emp_xml_liste
  2     on dept_emp_xml(liste)
  3  indextype is XDB.XMLIndex;
Index wurde erstellt.
```

Listing 17.27 Erzeugung eines Domänenindexes für XML-Spalten

Die anderen Indizierungsverfahren, die vor Datenbankversion 11g R2 noch eingesetzt wurden, wie funktionsbasierte Indizes auf die Funktionen extract bzw. extractValue sind *deprecated*, ebenso wie der veraltete Domänenindex CTXPath, der früher zur Indizierung von XML herangezogen wurde. Da hat sich einfach etwas getan, verwenden Sie also bei der aktuellen Datenbank diesen Indextyp. Benutzer älterer Datenbanken können nähere Informationen in den Dokumentationen der entsprechenden Datenbankversion nachlesen. Ich möchte es gern dabei belassen, die Details führen zu weit in das Feld der Administratoren.

Kapitel 18
Die MODEL-Klausel

Mit der Einführung der MODEL-Klausel mit Datenbankversion 10g hat Oracle eine Erweiterung des SQL-Standards implementiert, die SQL sehr in die Nähe von Tabellenkalkulationen rückt, natürlich ohne deren Beschränkung auf vergleichsweise kleine Datenmengen und schwachbrüstige Rechenleistung.

Die model-Klausel ist mit Datenbankversion 10g eingeführt worden und fristet seither – seien wir ehrlich – ein Schattendasein. Bislang hat noch kein Kunde von mir diese Technologie in seinen Projekten eingesetzt, ebenso wenig habe ich sie bislang in bestehendem Code meiner Kunden gesehen. Das ist eigentlich schade, denn die Klausel erweitert SQL um Funktionen, die entweder gar nicht oder nur mit unverhältnismäßigem Aufwand in einfachem SQL zu realisieren sind. Dabei ist die model-Klausel durchaus schnell und recht einfach zu implementieren. Die Klausel rückt SQL in die Nähe von Tabellenkalkulationen und spielt ihre Stärke in der Berechnung von Planungsdaten, Was-Wäre-Wenn-Szenarien und anderen Bereichen aus, in denen Daten aus bestehenden Daten neu abgeleitet werden müssen. Sehen wir uns ein einfaches Beispiel für das Problem an. Ich möchte gern eine Abfrage schreiben, die mir die erwarteten Verkäufe meiner Produkte als Annahme für das nächste Geschäftsjahr ausgibt. Dabei nehmen wir verschiedene Szenarien an. Ich möchte nun nicht übertreiben und werde ganz einfache Annahmen machen, denn ich möchte lediglich die erwarteten Verkäufe für 2002 (unsere Daten reichen bis 2001) aus den jeweiligen Verkäufen der beiden Vorjahre ableiten. Allerdings sollen leicht unterschiedliche Regeln je nach Produkt gelten, einige Produkte sollen schlicht die Summe der Verkäufe der Vorjahre erreichen, andere lediglich den Durchschnitt, wieder andere eine Steigerung von 5%. Denken wir über die Umsetzung einer solchen Abfrage nach. Wir haben nun das gesamte Instrumentarium zur Verfügung, kennen analytische Funktionen, Unterabfragen usw. Wie gehen wir dieses Problem an?

Nun, wir brauchen offensichtlich pro Produkt eine Referenz der Verkäufe 2001 auf 2000, damit wir die beiden Jahre in Verbindung stellen können. Da dies die einzige Basis ist, können wir anschließend mit einer case-Anweisung die unterschiedlichen Regeln implementieren. Das sollte also nicht allzu schwer sein. Die erste Abfrage bringt unsere Daten erst einmal in eine präsentable Form, denn uns interessieren für die Abfrage lediglich die Summen der Jahresverkäufe eines Produkts der Jahre 2000 und 2001. Zudem schränke ich die Abfrage auf die Produktgruppe Electronics ein, damit ich nicht zu viele Zeilen bekomme:

```
SQL> select p.prod_id, t.calendar_year,
  2          sum(amount_sold) amount
  3     from sales s,
  4          times t,
  5          products p
  6    where s.time_id = t.time_id
  7      and s.prod_id = p.prod_id
  8      and t.calendar_year in (2000, 2001)
  9      and p.prod_category_desc in ('Electronics')
 10    group by p.prod_id, p.prod_desc, t.calendar_year
 11    order by calendar_year, prod_id;
```

PROD_ID	CALENDAR_YEAR	AMOUNT
16	2000	604389,78
20	2000	2091346,27
29	2000	1936623,97
139	2000	89730,94
140	2000	124192,35
141	2000	78589,03
142	2000	46002,27
143	2000	32592,31
144	2000	11064,06
145	2000	37436,56
146	2000	44832,21
147	2000	10702,08
148	2000	93104,05
16	2001	1205027,35
20	2001	1675991,85
29	2001	1103406,72
139	2001	103623,24
140	2001	156539,41
141	2001	100546,16
142	2001	53100,3
143	2001	36326,06
144	2001	16726,41
145	2001	39059,16
146	2001	53500,29

```
     147           2001    44979,79
     148           2001   116024,21
26 Zeilen ausgewählt.
```

Listing 18.1 Die Rohdaten für die Auswertung

Auf Basis dieser Daten können wir nun unsere Voraussage für das Jahr 2002 durchführen. Erster Lösungsansatz: Wir kennen die lag-Funktion, die uns Zugriff auf den
Verkauf des Vorjahres gibt. Daher können wir mit dieser Funktion die Daten in Beziehung setzen und außerdem mit einer case-Anweisung die unterschiedlichen Regeln
durchsetzen – zumindest wäre das schön, aber analytische Funktionen können wir
leider nicht in einer case-Anweisung einsetzen, daher geht dieser Weg nicht.

Zweiter Lösungsansatz: Weil eine einfache case-Anweisung wohl nicht geht, müssen
wir die Verkäufe 2001 und 2000 trennen und möglichst als separate Spalten verfügbar
machen. Wir können das erreichen, indem wir zwei Abfragen als Inner View gestalten, einmal für die Verkäufe 2000 und einmal für 2001. Nur – ist dieser Aufwand nicht
etwas übertrieben? Was, wenn wir fünf Vergleichsjahre benötigen?

Oder aber wir schaffen uns eine Tabelle, die beide Daten pivotiert darstellt. Dazu nutzen wir die pivot-Klausel, die es uns erlaubt, die Jahre 2000 und 2001 in einer Abfrage
nebeneinander darzustellen. Das sollte dann doch mit einer case-Anweisung möglich sein. Die Grundabfrage lautet dann:

```
SQL> select prod_id, amount_2000, amount_2001
  2    from (select p.prod_id, p.prod_desc,
  3                   t.calendar_year,  amount_sold
  4            from sales s,
  5                 times t,
  6                 products p
  7           where s.time_id = t.time_id
  8             and s.prod_id = p.prod_id
  9             and t.calendar_year in (2000, 2001)
 10             and p.prod_category_desc in ('Electronics'))
 11    pivot (sum(amount_sold)
 12      for calendar_year in (
 13           2000 as amount_2000,
 14           2001 as amount_2001))
 15    order by prod_id;


   PROD_ID AMOUNT_2000 AMOUNT_2001
---------- ----------- -----------
        16   604389,78  1205027,35
        20  2091346,27  1675991,85
```

```
       29  1936623,97  1103406,72
      139     89730,94   103623,24
      140    124192,35   156539,41
      141     78589,03   100546,16
      142     46002,27     53100,3
      143     32592,31    36326,06
      144     11064,06    16726,41
      145     37436,56    39059,16
      146     44832,21    53500,29
      147     10702,08    44979,79
      148     93104,05   116024,21
13 Zeilen ausgewählt.
```

Listing 18.2 Die pivotierte Grundabfrage

Das sieht besser aus. Nun können wir mit einer case-Anweisung die erwarteten Verkäufe für 2002 berechnen:

```
SQL> select prod_id, 2002 calendar_year,
  2         case
  3           when prod_id in (146, 139, 143)
  4           then amount_2000 + amount_2001
  5           when prod_id in (140, 147, 145)
  6           then (amount_2000 + amount_2001)/2
  7           else amount_2001 * 1.05 end amount
  8    from (select p.prod_id, p.prod_desc,
  9                 t.calendar_year,  amount_sold
 10            from sales s,
 11                 times t,
 12                 products p
 13           where s.time_id = t.time_id
 14             and s.prod_id = p.prod_id
 15             and t.calendar_year in (2000, 2001)
 16             and p.prod_category_desc in ('Electronics'))
 17    pivot (sum(amount_sold)
 18      for calendar_year in (
 19          2000 as amount_2000,
 20          2001 as amount_2001))
 21    order by prod_id;

  PROD_ID CALENDAR_YEAR     AMOUNT
---------- ------------- ----------
       16          2002 1265278,72
       20          2002 1759791,44
```

```
  29        2002 1158577,06
 139        2002  193354,18
 140        2002  140365,88
 141        2002 105573,468
 142        2002  55755,315
 143        2002   68918,37
 144        2002 17562,7305
 145        2002   38247,86
 146        2002    98332,5
 147        2002  27840,935
 148        2002 121825,421
13 Zeilen ausgewählt.
```

Listing 18.3 Die komplette Abfrage

Das war ja einfach! Na ja, wenn Sie überlegen, was wir hier alles schreiben mussten, um eine so einfache Berechnung durchzuführen ... Da wird verständlich, dass Anwender solche Abfragen nicht mehr in SQL machen, sondern die vorbereiteten Rohdaten in eine Tabellenkalkulation laden und dort weiter verarbeiten. Denn: Was machen Sie, wenn die Regeln komplexer werden? Wenn zum Beispiel die Verkäufe der Y Box als Summe der Verkäufe 146 und 143 kalkuliert werden sollen? Das ist dann in SQL fast nicht mehr zu machen. Hier scheint ein externes Programm die einzige Lösung zu sein.

Nun allerdings ist das Problem, dass nicht recht klar ist, wer nun für die Wartung dieser Tabellenkalkulationsdateien verantwortlich ist. Ich erinnere mich an ein Krankenhaus, dessen Geschäftsführer nach dem Verkauf des Hauses an ein Unternehmen über 2 GB Excel-Dateien hinterlassen hat. Kein Mensch war in der Lage, mit diesen Dateien noch irgendetwas Sinnvolles anzustellen. Stimmen die hinterlegten Formeln? Was wird überhaupt berechnet? Dann kam hinzu, dass Excel bis vor Kurzem erhebliche Einschränkungen bezüglich der Datenmenge hatte, so dass die Daten zum Teil in voraggregierter Form ausgewertet wurden. Dies alles führt nicht nur zu Dateninseln, die nur äußerst schwierig in ein Backup-Konzept zu integrieren sind, sondern darüber hinaus fördert dieses Vorgehen auch Burghofwissen, denn nur der Ersteller einer Excel-Datei hat noch eine Vorstellung davon, was in der Datei gerechnet wird und wie.

18.1   Lösung des Problems mit der MODEL-Klausel

Die model-Klausel erweitert SQL um eine Klausel, die es Ihnen ermöglicht, mit Daten einer Tabelle zu rechnen, als wäre es eine Excel-Tabelle. Sehen wir uns zum Vergleich die Aufgabenstellung von vorhin einmal mit der model-Klausel an, um ein Gefühl für die Art der Abfrage zu bekommen·

```
SQL> select p prod_id, y caledar_year, a amount
  2    from (select p.prod_id, p.prod_desc,
  3                     t.calendar_year, sum(amount_sold) amount
  4              from sales s,
  5                     times t,
  6                     products p
  7             where s.time_id = t.time_id
  8               and s.prod_id = p.prod_id
  9               and t.calendar_year in (2000, 2001)
 10               and p.prod_category_desc in ('Electronics')
 11             group by p.prod_id, p.prod_desc, t.calendar_year)
 12    model return updated rows
 13          dimension by (calendar_year y, prod_id p)
 14          measures (amount a)
 15          rules (
 16          a[2002, any] = a[2001, cv()] * 1.05,
 17          a[2002, p in (146, 139, 143)] =
 18            a[2000, cv()] + a[2001, cv()],
 19          a[2002, p in (140, 147, 145)] =
 20            (a[2000, cv()] + a[2001, cv()])/2
 21          )
 22    order by p;
```

PROD_ID	CALEDAR_YEAR	AMOUNT
16	2002	1265278,72
20	2002	1759791,44
29	2002	1158577,06
139	2002	193354,18
140	2002	140365,88
141	2002	105573,468
142	2002	55755,315
143	2002	68918,37
144	2002	17562,7305
145	2002	38247,86
146	2002	98332,5
147	2002	27840,935
148	2002	121825,421

13 Zeilen ausgewählt.

Listing 18.4 Die Auswertung mit der MODEL-Klausel

Eine ungewöhnliche Syntax, sicher. Sehen wir uns einmal einige der Details an. Wir haben eine Unterabfrage, die unsere Daten voraggregiert, wie wir das auch schon vorher gemacht hatten. Nun aber werden die Daten nicht mehr pivotiert, sondern einfach so belassen, wie sie in der Tabelle stehen. Die `model`-Klausel übernimmt sozusagen die Pivotierung für uns, denn sie interpretiert die Daten als ein Rechenblatt mit den Dimensionen Zeit (`calendar_year`) und Produkt (`prod_id`). In diesem gedachten Rechenblatt ist der Umsatz (`amount`) der in den Zellen stehende Messwert. Auf diesem Rechenblatt definieren wir nun Formeln, hier *Rules (Regeln)* genannt. Die erste Regel legt fest, dass die Umsätze des angegebenen Produkts für das Jahr 2002 nach der hinter dem Gleichheitszeichen stehenden Formel berechnet werden sollen. Ähnliche Formeln definieren wir auch für die anderen Produkte. Zunächst fällt auf, dass die Regeln nun in den `model`-Bereich der Abfrage gewandert sind und nicht mehr in einer `case`-Anweisung in der Abfrage stehen. Allerdings scheint es auch eine Art Referenzsystem auf die »Zellen« des Rechenblattes zu geben, wie wir das aus Tabellenkalkulationen auch kennen (zum Beispiel A7 + B4). Die Details interessieren hier noch nicht, wir halten aber fest, dass mit diesen Referenzen auf die Dimensionswerte offensichtlich neue Werte berechnet werden können. Auch ist es offensichtlich möglich, dass eine Regel direkt für eine ganze Reihe von Produkten eingesetzt werden kann.

Aber die `model`-Klausel kann noch mehr, denn sie kann mit mehr Dimensionen als den zweien einer Excel-Tabelle rechnen, hat keinerlei Beschränkungen, was die Datenmenge angeht, und kann entlang einer Partitionierungsgrenze auch massiv parallel die Aufgabenstellungen lösen. Zudem gehören bei dieser Art Abfrage die Formel zur Aufbereitung und die SQL-Abfrage zur Datengewinnung zusammen, können in einer View hinterlegt werden und sind damit nicht nur unmittelbar durch die Backup-Strategie der Datenbank geschützt, sondern zudem auch noch für alle Berechtigten zentral nutzbar. Insbesondere mit der parallelen Strategie, Access-Datenbankanwendungen durch APEX-Anwendungen zu ersetzen, hält somit die Idee von einer zentralen Datenverwaltung in einem professionellen Datenbankumfeld im Unternehmen Einzug. Das Ziel ist, maximale Datensicherheit, maximale Performanz und maximale Transparenz mit zentralisierter Administration zu verbinden. Mal sehen, ob diese Erweiterung die hohen Erwartungen, die an sie gestellt werden, auch halten kann.

Die `model`-Klausel ist also, wie wir gesehen haben, eine Erweiterung des `select`-Befehls. Mit dem Schlüsselwort `model` wird diese Klausel eingeleitet. Die Kernidee ist, dass Daten einer `select`-Abfrage durch die `model`-Klausel virtuell als Tabelle betrachtet werden, auf die dann Formeln angewendet werden können. Diese Formeln können entweder bestehende Daten verändern oder aber auch komplett neue Daten errechnen. Nach der Berechnung durch die `model`-Klausel werden die Daten dann wieder in eine »normale« Tabelle zurückgeführt. Das Ergebnis ist, dass einige Zeilen aufgrund der Formeln andere Werte erhalten haben, andere Zeilen aber komplett neu hinzugekommen sind. Um diese Art der Berechnung zu ermöglichen, benötigen wir einige Angaben, die sozusagen das Layout unseres Rechenblattes bestimmen. Dann benötigen wir Angaben darüber, was im Rechenblatt als Zahlenmaterial zur Verfügung gestellt werden soll. Ist unser Rechenblatt fertig, brauchen wir dann noch Formeln, um die neuen oder aktualisierten Werte zu kalkulieren. Im Folgenden sehen wir uns die einzelnen Bestandteile etwas näher an.

18.2   Partitionierung, Dimension und Messung

Das Rechenblatt bauen wir mit Hilfe von drei Kategorien auf: Mit Partitionen, die letztlich mehrere unabhängige Rechenblätter mit gleicher Struktur, aber unterschiedlichen Daten erstellen, mit Dimensionen, die entscheiden, nach welchen Kriterien die Daten zu filtern sein sollen und mit Messungen, also Zahlenwerten, auf denen die Berechnungen durchgeführt werden sollen.

Um die einzelnen Beispiele der folgenden Abschnitte einfacher zu gestalten, möchte ich mich auf eine View beziehen, die uns die Daten, die wir auswerten möchten, bereitstellt. Wichtig für diese Bereitstellung von Daten ist, dass die Spalten, die später als »Spalten« und »Zeilen« unseres Rechenblattes genutzt werden sollen, in der Lage sind, einen Messwert eindeutig zu bestimmen. Wenn wir also zum Beispiel nach Kalenderjahr und Produkt auswerten und diese Auswertung für alle unsere Regionen durchführen möchten, müssen wir dafür Sorge tragen, dass der Bericht keine doppelten Einträge für Kalenderjahr und Produkt innerhalb einer Region enthält. Das wäre ähnlich, als wären in einem Rechenblatt innerhalb einer Zelle unseres Rechenblattes zwei Zahlen eingetragen.

Für unsere weiteren Beispiele legen wir folgende View zugrunde:

```
SQL> create or replace view sales_data as
  2    select c.country_region_id region_id,
  3           p.prod_id,
  4           t.calendar_year year,
  5           sum(amount_sold) sum_amount,
  6           sum(quantity_sold) sum_quantity
  7    from sales s,
  8           times t,
  9           products p,
 10           customers cu,
 11           countries c
 12    where s.time_id = t.time_id
 13      and s.prod_id = p.prod_id
```

```
14      and s.cust_id = cu.cust_id
15      and cu.country_id = c.country_id
16      and t.calendar_year in (2000, 2001)
17      and p.prod_category_desc in ('Electronics')
18    group by p.prod_id, t.calendar_year, c.country_region_id;
View wurde erstellt.
```

Listing 18.5 Die Basisabfrage als View

Die View liefert uns die Daten aggregiert nach Region (hier im Sinne einer Gruppe von Ländern), Jahr und Produkt. Ich habe die Produktkategorie Electronics gewählt und das Jahr auf 2000 und 2001 beschränkt, wie schon im einführenden Beispiel. Nun aber habe ich zwei Summen gebildet: Die Umsatzsumme und die Anzahl der verkauften Einheiten.

Durch die Gruppierung nach den drei Kriterien Region, Jahr und Produkt wird sich anbieten, eine Partitionierung nach Region vorzunehmen, innerhalb einer Partition werden wir nach Jahr und Produkt dimensionieren (stellen Sie sich vielleicht das Jahr als Spalten und die Produkte als Zeilen unseres Rechenblattes vor). Messen können wir dann in den Zellen zwei Dinge: den Umsatz und die Anzahl der verkauften Einheiten. Durch die Gruppierung nach den ersten drei Kriterien in der Abfrage ist sichergestellt, dass keine Doppeldeutigkeit innerhalb dieser Gruppierung auftauchen kann: Ein Umsatz gehört immer zu einem Produkt in einem Jahr in einer Region, hier kann es keine zwei Summen geben. Daher sind die drei Kriterien bezüglich eines Umsatzes so etwas wie ein Primärschlüssel.

18.2.1   Partitionierung mit PARTITION BY

Beginnen wir mit der Partitionierung. Wie gesagt, möchten wir die Tabelle, die unsere Daten enthält, nach Region partitionieren. Diese Partitionierung erfolgt innerhalb der model-Klausel über das Schlüsselwort partition by. Die Auswertung durch die Regeln, die wir im Anschluss machen werden, wird dadurch parallel auf jedem virtuellen Rechenblatt (eines pro Region) durchgeführt. Hier ist für Oracle bereits die erste Optimierung möglich, denn eine Partition ist, was die Daten angeht, definitionsgemäß unabhängig von den anderen Partitionen. Daher können mehrere Prozesse der Datenbank die Daten parallel ermitteln.

Sehen wir uns die Syntax bis hierhin einmal an:

```
select *
  from sales_data
 model partition by (region_id r)
...
```

Listing 18.6 Die Partitionierung in der MODEL-Klausel

Sie erkennen, dass die Spalten, die zur Partitionierung herangezogen werden sollen, einerseits in Klammern notiert werden müssen, andererseits durch Aliase maskiert werden können, was deshalb schön ist, weil dadurch später die Formeln etwas kürzer werden. Erforderlich ist diese Maskierung allerdings nicht, sie können auch mit den Spaltenbezeichnern weiterarbeiten. Natürlich ist eine Partitionierung über mehrere Spalten möglich, diese würden dann als kommaseparierte Liste in die Klammer geschrieben und zur Folge haben, dass für jede Kombination der Spaltenwerte ein »Rechenblatt« angelegt würde.

18.2.2   Dimensionierung mit DIMENSION BY

Mit Hilfe des Schlüsselwortes `dimension by` wird anschließend festgelegt, welche »Spalten« und »Zeilen« für unser Rechenblatt gelten sollen. Ich werde im weiteren Verlauf nicht mehr von Zeilen und Spalten sprechen, denn dies ist eine Vorstellung, die bei zwei Dimensionen funktioniert, nicht jedoch bei fünfen. Die `model`-Klausel kann jedoch durchaus mit vielen Dimensionen rechnen, daher ist der Begriff der Dimension hier einfacher. Allgemein gesprochen, gelten für die Dimensionen: Die Summe der Dimensionsspalten muss einen Messwert (innerhalb einer Partition) eindeutig definieren. Es können, wie in unserem Beispiel ja auch, mehrere Messwerte existieren, aber jeder Messwert muss eindeutig definiert sein. Diese Eindeutigkeit wird von Oracle geprüft und mit einem Fehler quittiert, falls sie nicht eingehalten wurde. Diese Prüfung können Sie deaktivieren, um Rechenzeit zu sparen. Machen Sie das aber nur, wenn Sie sicher sein können, dass die Prüfung auch wirklich unnötig ist, wie in unserem Beispiel. Ich werde zunächst die `select`-Abfrage so erweitern, dass die Klausel `dimension by` verwendet wird, und anschließend zeigen, wie die Prüfung auf Eindeutigkeit ausgeschaltet werden kann:

```
select *
 from sales_data
model partition by (region_id r)
      dimension by (year y, prod_id p)
...
```

Listing 18.7 Erweiterung um die Klausel DIMENSION BY

Standard ist die Prüfung auf Eindeutigkeit. Dies ist gleichbedeutend mit der Klausel `unique dimension`. Diese Klausel muss daher nicht aufgeführt werden. Möchten Sie diese Prüfung abschalten, verwenden Sie stattdessen die Klausel `uniqe single reference`. Mit dieser Klausel wird jetzt nur noch geprüft, dass die verwendeten Referenzen (die Zellwerte, die Sie später in den Formeln verwenden) auch tatsächlich eindeutig sind. Diese Prüfung wird also nur dann einen Fehler werfen, wenn die verwendeten Daten nicht eindeutig gefunden werden konnten. Die Klausel wird so geschrieben:

```
select *
  from sales_data
 model unique single reference
       partition by (region_id r)
       dimension by (year y, prod_id p)
 . . .
```

Listing 18.8 Abschaltung der Prüfung auf Eindeutigkeit

18.2.3 Messung mit MEASURES

Mit der Klausel measures leiten wir die Spaltenliste der Spalten ein, die durch die Partitions- und Dimensionsspalten eindeutig definiert werden. Ihre View kann gerne noch weitere Spalten enthalten, doch werden für die model-Klausel lediglich die Spalten greifbar, die Sie nun in der measures-Klausel definieren. Damit sind die Zellwerte definiert, mit denen Sie später rechnen können werden.

```
select *
  from sales_data
 model unique single reference
       partition by (region_id r)
       dimension by (year y, prod_id p)
       measures (sum_amount a, sum_quantity q)
 . . .
```

Listing 18.9 Definition der Messwertspalten

Damit ist unser Rechenblatt komplett definiert. Ich habe das Beispiel bewusst so gehalten, dass wir uns (mit einer Ausnahme) die Angaben in einer Excel-Datei vorstellen können. Die Ausnahme besteht in den zwei Messwerten, die wir uns nur mit verdoppelten Spalten vorstellen können, aber das nehme ich jetzt einmal hin. Wir haben jetzt also einen Stapel Rechenblätter (ein Rechenblatt pro Region), mit Jahren als Spalten, Produkten als Zeilen und den Salden für Umsatz und verkaufte Einheiten. Nun können wir beginnen, mit diesen Werten zu rechnen.

18.3 Regeln

Um nun mit unserem Rechenblatt arbeiten zu können, benötigen wir Regeln. Eine Regel entspricht grob einer Formel, mit dem Unterschied, dass Regeln mächtiger sein können als Formeln eines Rechenblattes, weil sie direkt für eine ganze Reihe von Zellen definiert werden können, ohne physikalisch dorthin kopiert werden zu müssen. Sie entsprechen also eher Spaltenfunktionen.

Das Prinzip basiert darauf, dass ein Zellwert (referenziert durch seine Partitions- und Dimensionskoordinaten) mit einem neuen Wert belegt wird, der durch die anschließende Formel errechnet wird. Daher besteht eine Regel aus einer linken und eine rechten Seite. Auf der linken Seite wird eine Zelle referenziert, der ein neuer Wert zugeordnet werden soll, und auf der rechten Seite wird dieser Wert berechnet. Zur Berechnung können wiederum Verweise auf andere Zellen gemacht oder sogar Unterabfragen formuliert werden. Die Möglichkeiten sind sehr vielfältig.

Doch bevor wir uns in die einzelnen Möglichkeiten vertiefen, sind noch einige grundlegendere Optionen zu besprechen. Damit beginnen wir.

18.3.1   UPSERT versus UPSERT ALL versus UPDATE

Wenn wir einer Zelle auf der linken Seite der Regeln einen Wert zuordnen, unterscheiden wir zwei Fälle:

▶ Fall 1: Die Zelle existiert bereits
Existiert die Zelle bereits, wird deren Wert durch die Formel verändert, die Zeile aktualisiert. Wichtig ist hier wie stets: Da wir im Umfeld einer select-Abfrage arbeiten, werden selbstverständlich keine Daten der Tabelle verändert, sondern lediglich die Ausgabe berechnet.

▶ Fall 2: Die Zelle existiert noch nicht
In diesem Fall wird die Zelle neu angelegt und mit Daten gefüllt. Wenn die Abfrage als Ganzes ausgeführt wurde, werden ja die Werte des Rechenblattes wieder in Tabellenzeilen rückgeführt. Diese Option hat dann zur Folge, dass weitere Zeilen der Abfrage hinzugefügt werden, unsere Abfrage also mehr Zeilen liefert, als durch die where-Klausel definiert.

Dieses Verhalten bezeichnet Oracle mit dem schönen Kunstwort *upsert*, aus *update* und *insert* gebildet und nicht etwa von *upset* abgeleitet, was aufgeregt bedeutet (nicht, das Sie das verwechseln ...). Sie können die model-Klausel allerdings auch so einstellen, dass keine neuen Daten angelegt werden. In diesem Fall (was nicht der Standard wäre) ist es erforderlich, der rules-Klausel die Anweisung update mitzugeben, wie im folgenden Beispiel:

```
select *
  from sales_data
 model unique single reference
       partition by (region_id r)
       dimension by (year y, prod_id p)
       measures (sum_amount a, sum_quantity q)
       rules update (...)
...
```

Listing 18.10 Die Regel soll keine neuen Zeilen anlegen.

Das Beispiel zeigt auch gleichzeitig, dass alle Regeln, analog zu den anderen Klauseln, als Ganzes eingeklammert werden müssen. Möchten Sie explizit erlauben, dass Oracle bei der Berechnung auch neue Zeilen anlegt, übergeben Sie hier upsert (oder lassen es, weil es Standard ist, weg).

Dann existiert noch eine Variante upsert all. Diese Variante entspricht grob dem einfachen upsert, erlaubt es jedoch mehr Notationsformen, neue Zeilen zu erzeugen.

18.3.2 Referenzen auf Zellen

Nun zu einem wichtigen Punkt: Wie referenzieren Sie einen Wert? Zunächst einmal werden die Messwerte durch die Partitionierung in logische Teiltabellen untergliedert. Dadurch ist eine Zelle mit einem Messwert nun über die Angabe der Dimensionswerte eindeutig ansprechbar. Und genau das machen wir uns nun zunutze. Ich möchte einfach beginnen und den (neuen) Umsatz für 2002 für das Produkt 146 fest als 15.000 definieren:

```
select *
  from sales_data
 model unique single reference
       partition by (region_id r)
       dimension by (year y, prod_id p)
       measures (sum_amount a, sum_quantity q)
       rules upsert (
         a[2002, 146] = 15000
       )
...
```

Listing 18.11 Eine erste, einfache Regel

Wir können jetzt schon die Abfrage ausführen, allerdings möchte ich lediglich die tatsächlich geänderten (oder hier besser neu hinzugefügten) Zeilen sehen, damit es übersichtlich bleibt. Das erreiche ich, indem ich der model-Klausel die Anweisung gebe, lediglich die aktualisierten Zeilen zurückzugeben. Dies wird durch die zusätzliche Angabe return updated rows gesteuert, die den Standard return all rows ersetzt:

```
SQL> select r region_id, y year, a amount
  2    from sales_data
  3   where prod_id = 146
  4   model unique single reference
  5         return updated rows
  6         partition by (region_id r)
  7         dimension by (year y, prod_id p)
  8         measures (sum_amount a, sum_quantity q)
```

```
 9        rules upsert (
10           a[2002, 146] = 15000
11        );
```

```
REGION_ID       YEAR     AMOUNT
---------- ---------- ----------
    52805       2002      15000
    52801       2002      15000
    52802       2002      15000
    52803       2002      15000
```

Listing 18.12 Das Ergebnis der ersten Abfrage

Wie Sie sehen, sind die Verkäufe dieses Produkts nun für alle Regionen und das Jahr 2002 auf 15.000 geschätzt. Darüber hinaus fällt auf, dass die select-Klausel unsere Abkürzung aus der model-Klausel benutzt und nicht etwa die der Abfrage zugrunde liegenden Spaltenbezeichner der Inner View. Das ist auch logisch, denn die model-Klausel muss ja zwischen der select-Klausel und der Inner View stehen, weil die Daten durch die model-Klausel auf Basis der Tabelle erzeugt werden. Aber zurück zur Syntax innerhalb der Regel: Sie referenzieren einen Messwert (oder, synonym, eine Zelle), indem Sie die »Koordinaten« der Zelle in eckigen Klammern übergeben. Dabei haben wir eine Reihe von Möglichkeiten. Ich habe hier die positionale Referenz benutzt, symbolisch wäre auch gegangen. Zunächst also eine Erläuterung hierzu.

18.3.3 Positionale und symbolische Referenz

Wir können die Dimensionswerte einer Zelle entweder ohne weitere Angabe, lediglich in der Reihenfolge ihrer Definition, übergeben, so wie ich das oben gemacht habe. Diese Art der Referenzierung wird *positionale Referenz* genannt. Alternativ könnten Sie die Referenz *symbolisch* definieren, indem Sie den Werten die Spaltenbezeichner voranstellen, etwa so:

```
...
      a[y = 2002, p = 146] = 15000
...
```

Listing 18.13 Symbolische Referenz

Allerdings existiert ein wesentlicher Unterschied zwischen den beiden Notationen: Im ersten Fall würde ein nicht existierender Wert durch diese Angabe neu erzeugt, im zweiten Fall nicht. Vielleicht stellen Sie sich die symbolische Referenz eher wie eine where-Klausel vor. Existiert eine Zelle mit den Angaben, wird sie geliefert, falls nicht eben nicht. Im Gegensatz hierzu wird eine positionale Referenz als Aufforderung verstanden, einer Zelle mit den übergebenen Koordinaten einen Wert zuzuordnen. Existiert diese Zelle nicht, wird sie angelegt. Probieren Sie es aus: Ersetzen Sie in unserer ersten Abfrage die positionale durch die symbolische Referenz, und Sie erhalten keine Zeile mehr zurück.

Beachten Sie darüber hinaus, dass auch bei der symbolischen Notation die Reihenfolge der Dimensionswerte so angegeben werden muss, wie in der Klausel dimension by definiert. Tun Sie dies nicht, erhalten Sie einen Fehler. Zudem ist es möglich, beide Notationsformen zu mischen. Das kann sinnvoll sein, wenn Sie eine neue Zeile für ein Jahr anlegen möchten, aber nur, falls ein Produkt auch existiert.

Dieses Verhalten ist, wie beschrieben, falls Sie die Regel im »Standardmodus« upsert betreiben. Falls Sie die Variante upsert all verwenden, ist es möglich, das auch symbolische Referenzen (zu denen auch die Platzhalter any etc. gehören, die wir aber später besprechen) neue Zeilen erzeugen.

18.3.4   NULL-Werte versus fehlende Zellen

Natürlich haben wir auch im Umfeld der model-Klausel mit null-Werten zu tun. Es kommt allerdings noch eine weitere Spielart hinzu, denn eine Zelle kann existieren, aber einen null-Wert enthalten, oder aber sie kann erst gar nicht existieren. Zum Glück ist das für die weitere Betrachtung nicht erheblich, denn beide logischen Zustände werden von Oracle wie ein null-Wert behandelt. Nun kann aber eingestellt werden, ob diese Werte beibehalten werden und Formeln, die auf diese Werte zugreifen, folglich ebenfalls einen null-Wert liefern oder ob ein Ersatzwert verwendet werden soll. Im Gegensatz zur Funktion nvl bzw. coalesce wird bei der nun folgenden, abfrageweit gültigen Einstellung allerdings ein fester Ersatzwert nach Tabelle 18.1 verwendet.

Datentyp	Ersatzwert
numerische Datentypen	0
Datumstypen	01.01.2000
Zeichenketten	leere Zeichenkette
sonstige Datentypen	null-Wert

Tabelle 18.1 Liste der Ersatzwerte für NULL-Werte

Sie fordern diese Ersatzwerte an, indem Sie die Standardeinstellung keep nav (*NAV = Not a value*) durch die Klausel ignore nav ersetzen. Der Platz, um dies zu tun, ist unmittelbar hinter dem Schlüsselwort model, so dass eine Abfrage, die null-Werte generisch ersetzt, wie folgt aussieht:

```
select *
  from sales_data
 model ignore nav
       unique single reference
       partition by (region_id r)
       dimension by (year y, prod_id p)
       measures (sum_amount a, sum_quantity q)
       rules upsert (
         a[2002, 146] = 15000
       )
...
```

Listing 18.14 MODEL-Klausel, die NULL-Werte ersetzt

Alternativ können Sie allerdings auch eventuelle null-Werte explizit durch die Zeilenfunktionen nvl oder coalesce ersetzen, schließlich sind wir nach wie vor in SQL:

```
SQL> select r region_id, y year, a amount
   2     from sales_data
   3   where prod_id in (140, 146)
   4   model unique single reference
   5         return updated rows
   6         partition by (region_id r)
   7         dimension by (year y, prod_id p)
   8         measures (sum_amount a, sum_quantity q)
   9         rules upsert (
  10         a[2002, 146] = nvl(a[y=2001, p=140], 15000)
  11         );
```

REGION_ID	YEAR	AMOUNT
52805	2002	6221,22
52801	2002	92026,45
52802	2002	13919,8
52803	2002	44371,94

Listing 18.15 Abfrage mit expliziter Ersetzung für den NULL-Wert

In diesem Beispiel habe ich den Jahresumsatz von 2001 für das Produkt 140 als neuen Wert für den Jahresumsatz 2002 für das Produkt 146 genommen. Sollte dieser Wert null sein, wird stattdessen 15.000 verwendet. Dieses Beispiel zeigt darüber hinaus eine Referenz auf ein anderes Produkt, die uns in »normalem« SQL größte Schwierigkeiten gemacht hätte. Hier ist es ganz einfach, wir zeigen einfach auf eine andere Zelle, so wie wir das auch in einer Tabellenkalkulation gemacht hätten.

18.3.5   Funktionen und Klauseln für die MODEL-Klausel

Damit haben Sie die grundsätzlichen Bausteine einer Regel kennengelernt. Jetzt ist zwar der grundsätzliche Aufbau klar, doch ist noch nicht recht viel mit den jetzt bekannten Funktionen machbar. Daher kümmern wir uns nun um die Möglichkeiten, die uns die Regeln anbieten. Beginnen wir damit, dass wir einige spezielle Zeilenfunktionen im Zusammenhang mit Zellen haben, die uns erlauben, recht flexibel auf die Zellwerte zuzugreifen.

Die Platzhalter ANY und IS ANY

Die beiden Platzhalter any und is any werden genutzt, um eine Dimension logisch immer zu wahr evaluieren zu lassen. Im Grundsatz sind die Funktionen gleichbedeutend mit der Bedingung <Spalte> is null or <Spalte> is not null. any wird dabei als positionale Notation verwendet, is any als symbolische Notation. Allerdings sind beide Platzhalter einer where-Bedingung gleichzusetzen, daher wird die positionale Notation any keine neuen Zeilen erzeugen können, wenn nicht gleichzeitig die Direktive upsert all mitgegeben wird. Ohne diese Direktive werden beide Platzhalter lediglich alle Treffer aktualisieren.

Wenn Sie is any verwenden möchten, sieht das dann so aus:

```
a[y is any, p = 146]
```

Listing 18.16 Verwendung des Platzhalters IS ANY

Die Funktion FOR

Mit Hilfe der Funktion for können Sie auf der linken Seite der Formel (und nur da) direkt eine größere Anzahl an Zellen auswählen. Die Zuweisung der rechten Seite wird dann direkt für jede Zelle der linken Seite berechnet. Beachten Sie allerdings, dass Oracle jede Zellzuweisung als eine Regel zählt, was wichtig ist, weil die Gesamtzahl der Regeln auf 10.000 limitiert ist. Das klingt zwar zunächst viel, ist aber, wenn Sie viele Zeilen einer Tabelle berechnen möchten, eine echte Limitierung. Die Syntax der Anweisung hat verschiedene Ausprägungen. Die einfachste Form ist vielleicht folgende:

```
a[2002, for p in (146, 143, 16)] = <Ausdruck>
```

Listing 18.17 FOR-Schleife mit einer Liste von Werten

In diesem Beispiel wird einfach eine Liste von Werten übergeben, die dann nacheinander abgearbeitet wird. Die oben stehende Anweisung wird dann ausgewertet zu:

```
a[2002, 146] = <Ausdruck>
a[2002, 143] = <Ausdruck>
a[2002, 16] = <Ausdruck>
```

Listing 18.18 Auflösung der FOR-Schleife

Wichtig an dem Beispiel ist die positionale Notation, der die for-Schleife entspricht. Dies bedeutet, dass die Regel eigentlich drei Regeln umfasst, die jeweils positional notiert sind, und dass sie daher auch mit der Direktive upsert in der Lage ist, neue Zeilen zu erzeugen.

Als nächste Variante existiert die for-Schleife mit einer Unterabfrage. In dieser Verwendung ist die Anzahl der Werte nicht hartkodiert, sondern hängt vom Ergebnis der Unterabfrage ab. Auch hier gilt das Limit, dass insgesamt nicht mehr als 10.000 Regeln ausgeführt werden können. Haben Sie also zwei Regeln, die jeweils 5.001 Iterationen anfordern, wird dies nicht funktionieren, weil die Gesamtzahl der Regeln zu hoch wird. Die Syntax sieht aus wie erwartet:

```
a[2002, for p in (select prod_id from products)]
   = <Ausdruck>
```

Listing 18.19 FOR-Schleife mit einer Unterabfrage

Diese Schleife wird nun über alle Produkte der Produkt-Dimensionstabelle iterieren. Beachten Sie, dass für Unterabfragen einige Einschränkungen gelten:

▶ Es können keine harmonisierten Unterabfragen gestellt werden.

▶ Die Gesamtzahl der Regeln darf 10.000 nicht überschreiten.

Es gibt noch weitere Einschränkungen, die allerdings recht speziell sind und die ich Sie bitte, in der Dokumentation nachzulesen.

Als letzte Variante, die allerdings nicht besonders schwer zu verstehen ist, kann die Unterabfrage auch mehrere Spalten liefern. Eine solche Unterabfrage ist dann in der Lage, mehrere Dimensionsspalten aus einer select-Abfrage zu erfragen und als Einzelregeln zu interpretieren. Die Syntax ist daher auch nicht viel komplizierter als im letzten Beispiel und unterliegt auch den gleichen Einschränkungen:

```
a[for (y, p) in (select 2002, prod_id from products)]
   = <Ausdruck>
```

Listing 18.20 FOR-Schleife mit einer Unterabfrage

Die Funktion CV()

Mit Hilfe dieser Funktion wird auf der rechten Seite der Formel der aktuelle Wert der linken Seite der Formel verwendet. Das macht dann Sinn, wenn auf der linken Seite der Formel mehrere Zellen referenziert werden, sei es durch any/is any, eine Liste von Werten oder durch eine for-Schleife. Ist dies so, wird die Funktion cv (das steht für *current value = aktueller Wert*) den für jeden Durchlauf aktuellen Wert der positional entsprechenden Dimension liefern. Auf diese Weise ist es möglich, für eine Liste von Produkten direkt mit einer Formel den jeweiligen Umsatz zu berechnen, ohne die

Formel mehrfach notieren zu müssen. Sehen wir uns hierzu noch einmal eine der Regeln aus Listing 18.17 an:

```
a[2002, p in (146,139,143)] = a[2000, cv()] + a[2001, cv()]
```

Listing 18.21 Eine Regel, die mehrere Werte auf einmal berechnet

Die for-Schleife bespreche ich im nächsten Abschnitt, sehen wir uns zunächst die Verwendung der Funktion cv() auf der rechten Seite an. Die for-Schleife wird nacheinander die Zellreferenzen [2002, 146], [2002, 139] und [2002, 143] liefern. Für jede Zellreferenz wird die rechte Seite der Formel ausgewertet. Die Funktion cv() liefert dann für jeden Durchlauf den entsprechenden Wert der Dimension p zurück, weil hier positional die Dimension angenommen wurde. Alternativ könnten Sie p aber auch als Parameter in die Klammern der Funktion cv() schreiben.

IS PRESENT, PRESENTV und PRESENTNNV

Der Ausdruck is present liefert dann true, wenn die Zelle, die referenziert wurde, bereits vor Beginn der Regelberechnung existierte. Es ist ja möglich, dass eine Regel eine Zelle neu anlegt. Wenn nun eine nachfolgende Regel diese Zelle referenziert, wird sie also existieren. Doch falls Sie in der nachfolgenden Regel nur dann etwas berechnen möchten, wenn die Zelle ursprünglich bereits existiert hat, nutzen Sie die Funktion is present. Die Syntax dieses Ausdrucks lautet wie folgt:

```
a[2002, 146] = case when a[2001, 140] is present
                    then <Ausdruck_1>
                    else <Ausdruck_2> end
```

Anstatt nun diesen Ausdruck zu nutzen, können Sie auch die Funktion presentv nutzen. Sie hat die allgemeine Form

```
presentv(Zelle, Ausdruck_1, Ausdruck_2)
```

Diese Funktion erinnert an die Funktion nvl2: Sie liefert Ausdruck_1 zurück, falls die referenzierte Zelle vor Beginn der Regelberechnung bereits existiert hat, und ansonsten Ausdruck_2. Daher ist das Anwendungsbeispiel von oben wie folgt:

```
a[2002, 146] = presentv(a[2001, 140], <Ausdruck_1>, <Ausdruck_2>)
```

Listing 18.22 Verwendung von IS PRESENT und PRESENTV

Dann existiert noch die Alternative presentnnv. *NNV* steht für *Not Null Value*. Der Unterschied zur syntaktisch ansonsten gleichen Funktion presentv ist, dass Ausdruck_1 nur dann geliefert wird, wenn die Zelle vor Berechnung der Regeln existierte und bereits zu dieser Zeit einen not null Wert hatte. Ist dies nicht der Fall, wird ebenfalls Ausdruck_2 geliefert. Ein eigenes Beispiel hätte hier wohl keinen Wert.

18.3.6   Sortierung von Regeln und Zellen

Ein wichtiger Aspekt der model-Klausel betrifft die Reihenfolge, in der die Regeln ausgeführt werden. Dies betrifft die Reihenfolge der Regeln an sich, aber auch die Reihenfolge, in der Zellreferenzen innerhalb einer Regel aufgelöst werden. Sehen wir uns beide Aspekte an.

Sortierung von Regeln

Normalerweise werden die Regeln der Reihe nach, in der sie definiert wurden, ausgeführt. Dabei können Ergebnisse späterer Regeln durchaus die Ergebnisse früherer Regeln überschreiben, so, wie ich das in unserem Beispiel aus Listing 18.4 angewendet habe, wo im Regelfall eine Steigerung von 5%, bei einigen Produkten jedoch abweichende Regeln angenommen wurden.

Nun ist es aber auch möglich, dass eine Regel sich auf Rechenergebnisse bezieht, die durch andere Regeln berechnet wurden. Wenn dies der Fall ist, ist die Reihenfolge der Regelauswertung entscheidend. Oracle bietet hierfür einige Optionen an, die ich zumindest kurz dargestellt haben möchte. Die Alternative besteht darin, eine sequenzielle Sortierung zu erzwingen, oder aber, Oracle einen Abhängigkeitsgraphen berechnen zu lassen, der die Reihenfolge der Regelauswertung nach deren innerer Abhängigkeit sortiert. Die normale Einstellung ist sequential order, alternativ lautet die Direktive automatic order. Beide Klauseln müssen, wenn sie verwendet werden sollen, hinter dem Schlüsselwort rules eingetragen werden. Das folgende Beispiel bezieht sich auf eine nachfolgend berechnete Zelle und legt die automatisierte Sortierung fest:

```
SQL> select r region_id, y year, a amount
  2    from sales_data
  3   where prod_id in (140, 146)
  4     and region_id = 52805
  5   model unique single reference
  6         return updated rows
  7         partition by (region_id r)
  8         dimension by (year y, prod_id p)
  9         measures (sum_amount a, sum_quantity q)
 10         rules upsert automatic order (
 11           a[2003, 146] = a[2002, 146] * 1.05,
 12           a[2002, 146] = (a[2001, cv()] + a[2000, cv()]) / 2
 13         );


REGION_ID        YEAR     AMOUNT
---------- ---------- ----------
     52805        2002    1744,77
     52805        2003  1832,0085
```

Die gleiche Abfrage, nun aber mit sequential order:

```
REGION_ID        YEAR      AMOUNT
---------- ---------- ----------
     52805       2003
     52805       2002   1744,77
```

Listing 18.23 Eine Auswertung mit automatischer Sortierung

Die Auswertung berechnet die erwarteten Verkäufe für das Jahr 2003 als 5%igen Zuwachs, bezogen auf das Jahr 2002. In der nachfolgenden Regel wird allerdings erst der erwartete Umsatz für 2002 berechnet. Bei normaler Sortierung wird also für das Jahr 2003 ein null-Wert ausgegeben, wie das die zweite Ausgabe auch zeigt. Übernimmt Oracle allerdings die Sortierung, erkennt die Datenbank die Abhängigkeit der Regeln und ändert die Sortierung, so dass nun die korrekte Auswertung gezeigt werden kann.

Sortierung von Zellreferenzen

Ein weiterer Aspekt betrifft die Sortierung von Zellen. Damit ist gemeint, dass in einer Regel, die mehrere Zellen anspricht, die Reihenfolge der Auswertung dieser Zellreferenzen von Belang sein kann. Sehen wir uns dazu ein Beispiel an:

```
SQL> select p prod_id, y year, a amount
  2     from sales_data
  3    where prod_id in (140, 146)
  4      and region_id = 52802
  5    model unique single reference
  6          return updated rows
  7          partition by (region_id r)
  8          dimension by (year y, prod_id p)
  9          measures (sum_amount a, sum_quantity q)
 10          rules update automatic order(
 11            a[any, any] = a[cv() - 1, cv()]
 12          )
 13    order by p, y;

   PROD_ID        YEAR      AMOUNT
---------- ---------- ----------
       140       2000
       140       2001
       146       2000
       146       2001
```

Nun erzwingen wir für die Zellreferenz eine feste Reihenfolge:

```
SQL> select p prod_id, y year, a amount
  2    from sales_data
  3   where prod_id in (140, 146)
  4     and region_id = 52802
  5   model unique single reference
  6           return updated rows
  7           partition by (region_id r)
  8           dimension by (year y, prod_id p)
  9           measures (sum_amount a, sum_quantity q)
 10           rules update automatic order(
 11             a[any, any] order by y desc = a[cv() - 1, cv()]
 12           )
 13   order by p, y;


   PROD_ID        YEAR     AMOUNT
---------- ---------- ----------
       140       2000
       140       2001   10351,85
       146       2000
       146       2001    4057,28
```

Listing 18.24 Vergleich einer Regel mit und ohne Zellsortierung

Diese etwas kryptische Regel setzt den aktuellen Wert auf den Wert des Vorjahres des gleichen Produkts (wir hätten auch die Differenz zum Vorjahr berechnen können). Das Problem: Ohne eine entsprechende Sortierung ist nun nicht gewährleistet, dass das Folgejahr tatsächlich auf das Vorjahr zugreifen kann, denn dies geht nur, wenn die einzelnen Zellen in definierter Reihenfolge berechnet werden. Das aber ist erst der Fall, wenn wir zwei Dinge tun: Wir müssen Oracle die Sortierung überlassen, und wir müssen die Reihenfolge, in der die Zellen herangezogen werden sollen, über eine order by-Klausel nach der Zellreferenz explizit sortieren lassen.

18.4   Weitergehende Konzepte

Das sind die Grundlagen der model-Klausel. Wie alle Technologien von Oracle, so hat auch diese Klausel noch Erweiterungen, die den Rahmen der einfachen Anwendung deutlich sprengen. Zu den spektakulären Möglichkeiten der model-Klausel gehört, dass auf der rechten Seite beinahe alles möglich ist, was SQL kann. So sind zum Beispiel analytische Funktionen ebenso erlaubt wie Unterabfragen. Natürlich kann ein Kapitel über die model-Klausel nicht erschöpfend über diese Technologie berichten. Wenn Sie Problemstellungen haben, die extrem komplexe SQL-Anweisungen erfordern, können die Möglichkeiten der model-Klausel aber in jedem Fall eine große Hilfe sein. Die Online-Dokumentation bietet Ihnen eine Reihe von Anwendungsbeispielen, die zum Teil so komplex sind, dass Sie mit Sicherheit eine etwas längere Zeit vor der Abfrage verbringen werden, aber die Möglichkeiten sind schon enorm. Einige Beispiele für die weiteren Konzepte möchte ich Ihnen dennoch kurz vorstellen.

18.4.1   Iterationen

Regeln können näherungsweise gerechnet werden. Wir benötigen diese Art der Berechnung bei Grenzwert- oder Optimierungsaufgaben, aber auch, wenn wir rekursive Probleme lösen möchten. Bei der iterativen Bearbeitung von Regeln rufen sich diese immer wieder selber auf, bis eine Abbruchbedingung erfüllt ist. Diese Abbruchbedingung kann entweder eine fest vorgegebene Zahl oder ein Boolescher Ausdruck sein, der bei jedem Iterationslauf dynamisch berechnet wird. Als Beispiel zeige ich Ihnen hier eine klassische Problemstellung rekursiver Programmierung, die Berechnung der Fakultät. Die Fakultätsfunktion wächst rasant, weshalb bei Oracle eine Berechnung von Fakultäten nur bis zur Zahl 84 möglich ist, denn über dieser Zahl ist der Datentyp number nicht mehr groß genug, die Zahl hat über 126 Stellen. Die Beispielsberechnung sieht daher eine Maximalgrenze von 84 Iterationen vor. Sollte allerdings die zu berechnende Fakultät kleiner als diese Grenze sein, bricht die Berechnung ab, sobald n = 1 ist. Dabei lautet die Rechenregel:

```
n! = 1 * 2 * 3 * ... * (n-1) * n
```

Wir benötigen also noch einen Zähler, der die Anzahl der Iterationen enthält. Dieser Zähler wird uns von Oracle zur Verfügung gestellt, und zwar in der Variablen iteration_number, die wir bei iterativen Regeln verwenden können. Die Iteration selbst wird einmal für alle Regeln definiert und kann nicht nur für einzelne Regeln gelten. Sehen wir uns die Beispielabfrage an:

```
SQL> select n, f
  2    from (select 9 n, 1 f
  3            from dual)
  4    model dimension by (1 d)
  5          measures(f, n)
  6    rules update
  7          iterate(84) until n[1] = iteration_number
  8          (f[1] = f[1] * greatest(iteration_number, 1));


         N          F
---------- ----------
         9     362880
```

Listing 18.25 Berechnung der Fakultät mit der MODEL-Klausel

Der interessante Punkt ist in Zeile 7 zu sehen: Die Regeln werden auf Iterationsmo-dus eingestellt, sie iterieren maximal 84-mal, könnten aber vorher abgebrochen wer-den, falls der Iterationszähler n erreicht. Aus syntaktischen Gründen benötigen wir für die model-Klausel eine Dimension. Daher verwenden wir in Zeile 4 eine Konstante, die wir direkt in der Dimensionsklausel deklarieren. In der Abfrage übergebe ich das n sowie eine Spalte mit dem Startwert 1, der das Ergebnis der Berechnung aufnimmt. Die eigentliche Rekursion sehen Sie in der Regel, wo dem aktuellen Wert von f das Produkt von f mit einer immer größer werdenden Zahl iteration_number zugewie-sen wird. Da iteration_number bei 0 startet, muss dieser Wert durch 1 ersetzt werden, was ich hier mit der greatest-Funktion erledigt habe. Dieses nicht ganz ernst gemeinte Beispiel (die Fakultätsfunktion ist nicht korrekt und vollständig imple-mentiert, negative Werte, null-Werte und Bruchzahlen liefern falsche Ergebnisse oder Fehler etc.) soll natürlich lediglich das Prinzip zeigen.

Schön wäre, wenn wir das Beispiel so ergänzen könnten, dass es gleich mehrere Fakultäten rechnen kann. Das ist aber nicht so einfach, weil die Iterationsgrenze nicht dynamisch übergeben werden kann. Ginge dies, könnten wir sehr schön schreiben iterate(n), aber das geht leider nicht. Denn einerseits darf als fixe Ober-grenze lediglich eine Zahl übergeben werden (nicht einmal einen Ausdruck können wir hier einsetzen), andererseits wird in der until-Klausel eine Referenz auf eine Dimensionsspalte nicht ausgewertet, also für jeden Regellauf aktualisiert, sondern lediglich einmal vor Aufruf der Regeln. Notieren Sie also an dieser Stelle einen Aus-druck wie n[d], erhalten Sie den Fehler, dass eine Multizellenreferenz angegeben wurde, denn potenziell könnten ja mehrere Zeilenwerte geliefert werden. Als Ersatz habe ich folgende Variante für Sie, die das Problem dadurch löst, dass immer die maximale Anzahl an Iterationen berechnet wird, bei iteration_number > n allerdings mit dem Faktor 1 multipliziert wird:

```
SQL> select n, f
  2    from (select rownum d, rownum n, 1 f
  3            from all_objects
  4          where rownum < 17)
  5    model dimension by (d)
  6          measures(f, n)
  7    rules update
  8          iterate(84)
  9          (f[d] = f[cv()] *
 10                case
 11                when iteration_number = 0 then 1
 12                when iteration_number > n[cv()] then 1
 13                else iteration_number end);
```

```
    N              F
  ---  --------------
    1              1
    2              2
    3              6
    4             24
    5            120
    6            720
    7           5040
    8          40320
    9         362880
   10        3628800
   11       39916800
   12      479001600
   13     6227020800
   14    87178291200
   15  1307674368000
   16 20922789888000
16 Zeilen ausgewählt.
```

Listing 18.26 Variante, um mehrere Fakultäten auf einmal rechnen zu lassen

Beide Beispiele sind natürlich etwas gewollt, und vielleicht geht es sogar auch cleverer, aber Sie erkennen das Prinzip. In der Online-Dokumentation finden Sie weitere Beispiele, wie zur Optimierung eines Ratenkredits und Ähnliches.

18.4.2   Referenzen

Bislang haben wir lediglich mit den Daten gearbeitet, die durch die Partitionierung, Dimensionierung und Messung zustande gekommen sind. Zusätzlich existiert allerdings noch die Möglichkeit, über Referenzen auf andere Datenbestände externe Werte einzubinden. Diese Werte dienen lediglich als Nachschlagewerte, sie können nicht verändert werden. Es ist aber zum Beispiel möglich, dort Zielwerte zu hinterlegen, die dann für die Berechnung der eigentlichen Planung berücksichtigt werden. Eine solche Referenz kann im Grunde beliebig komplex sein und sogar selbst wieder eine model-Klausel beinhalten. Um Ihnen ein Beispiel zu demonstrieren, verwende ich wieder eine Abfrage aus Kapitel 17, »XML-Abfragen«, die die aktuellen Umrechnungskurse der EZB für einige wichtige Währungen bereitstellt. Die Idee: Ich möchte gern in den Regeln festlegen, dass die in lokaler Währung gemeldeten Umsätze in EUR ausgewiesen werden. Natürlich ändern sich diese Kurse ständig, daher macht es keinen Sinn, die aktuellen Kurse innerhalb der Tabelle SALES oder einer Dimensionstabelle zu speichern. Wir brauchen stattdessen eine Abfrage, die uns die Werte dynamisch zur Verfügung stellt. Wir benötigen allerdings nicht nur die View mit den Umrechnungskursen, sondern auch noch eine Mappingtabelle, mit deren Hilfe die COUNTRY_ID der Tabelle COUNTRIES auf die entsprechende Währung abgebildet wird. Diese Tabelle nenne ich COUNTRY_2_CURRENCY, die View mit den Umrechnungskursen CURRENCY_CONVERSION.

Im Skript zum Buch finden Sie die entsprechenden Anweisungen, die fachlich hier nicht so sehr von Interesse sind. Wichtiger ist, dass wir diese externen Datenquellen zusätzlich zu unserer Abfrage als Referenzen einbinden möchten. Ich werde über die beiden Tabellen eine select-Abfrage stellen, die mir die COUNTRY_ID und den Umrechnungskurs in EUR liefern wird. Diese Information verwende ich dann in den Regeln, um die Beträge umzurechnen.

Syntaktisch benötige ich nun eine Referenz, die mir die externen Daten verfügbar macht. Wie gesagt, ist diese Referenz für sich genommen wiederum ein Model, besteht also aus Dimensionen und Messungen. Im Gegensatz zum Hauptmodel, das demzufolge optional auch main genannt wird, darf bei einer Referenz auf externe Daten keine Partitionierung angegeben werden. Zudem müssen wir auch hier darauf achten, dass für eine Dimension sicher nur eine Zelle zurückgeliefert wird. Ich schreibe Ihnen zunächst einmal die Referenz für sich auf:

```
reference c2c on
  (select co.country_id, co.country_name, cc.currency_id, cc.rate
     from currency_conversion cc
     join country_2_currency c2c
       on cc.currency_id = c2c.currency_id
     join countries co
       on c2c.country_id = co.country_id)
  dimension by (country_id co)
  measures (rate)
```

Listing 18.27 Ausschnitt aus der Anweisung: Deklaration einer Referenz

Sie erkennen die wesentlichen Bestandteile eines Models. Diese Referenz ist nun, analog zu den bereits gesehenen Abfragen, über den Namen bzw. die Dimensionskürzel benutzbar. Die Abfrage der Referenz liefert die folgenden Ergebnisse:

```
SQL> select co.country_id, co.country_name,
  2         cc.currency_id, cc.rate
  3    from currency_conversion cc
  4    join country_2_currency c2c
  5      on cc.currency_id = c2c.currency_id
  6    join countries co
  7      on c2c.country_id = co.country_id;
```

```
COUNTRY_ID COUNTRY_NAME                         CUR    RATE
---------- ----------------------------------- --- ----------
     52790 United States of America            USD    1,3068
     52789 United Kingdom                      GBP     ,8242
     52779 France                              EUR         1
     52776 Germany                             EUR         1
```

Listing 18.28 Abfrageergebnis des Mappings der Währungen

Die Referenz werden wir nun in der vollständigen Abfrage benutzen. Ich beschränke mich auf zwei Jahre (2000, 2001) und eine kleine Reihe von Ländern, für die ich das Mapping auf die Währung in der Tabelle COUNTRY_2_CURRENCY hinterlegt habe. Sehen wir uns zunächst die Rohdaten an, die für die Abfrage benötigt werden:

```
SQL> select t.calendar_year, co.country_id,
  2          sum(amount_sold) sum_amount,
  3          sum(quantity_sold) sum_quantity
  4    from sales s,
  5         times t,
  6         customers c,
  7         countries co
  8   where s.time_id = t.time_id
  9     and s.cust_id = c.cust_id
 10     and c.country_id = co.country_id
 11     and t.calendar_year in (2000, 2001)
 12     and co.country_id in
 13          (52790, 52789, 52779, 52776)
 14   group by t.calendar_year, co.country_id
 15   order by t.calendar_year;
```

```
CALENDAR_YEAR COUNTRY_ID SUM_AMOUNT SUM_QUANTITY
------------- ---------- ---------- ------------
         2000      52776 2275388,56        20705
         2000      52779  886244,61         8391
         2000      52789 1552223,06        14609
         2000      52790 13120594,2       135106
         2001      52776 2604893,08        23400
         2001      52779 1025156,84         8744
         2001      52789 1674751,85        15330
         2001      52790 15061257,6       147964
8 Zeilen ausgewählt.
```

Listing 18.29 Die Rohdaten der Abfrage

Nun bauen wir also alles zusammen. Die Abfrage ist recht lang, daher kürze ich die Darstellung so, dass ich lediglich die beiden oben stehenden Abfragen als Querverweis erwähne. Die Abfrage finden Sie natürlich komplett im Skript zum Buch:

```
SQL> select y year, c country_id, a amount
  2    from (SQL-Abfrage der Rohdaten)
 16    model reference c2c on
 17          (SQL-Abfrage des Währungsmappings)
 23          dimension by (country_id co)
 24          measures (rate)
 25    main sales_by_country
 26          dimension by (calendar_year y, country_id c)
 27          measures (sum_amount a, sum_quantity q)
 28          rules upsert (
 29            a[any,any] = a[cv(),cv()] * c2c.rate[cv(c)]
 30          );


     YEAR COUNTRY_ID     AMOUNT
---------- ---------- ----------
     2000      52779  886244,61
     2001      52779 1025156,84
     2000      52776 2275388,56
     2000      52790 17145992,5
     2001      52776 2604893,08
     2001      52790 19682051,5
     2000      52789 1279342,25
     2001      52789 1380330,47
8 Zeilen ausgewählt.
```

Listing 18.30 Die Abfrage mit Benutzung der Referenz

Wenn Sie die einzelnen Werte vergleichen, stellen Sie fest, dass in Deutschland (52776) der Betrag unverändert geblieben ist, während in Amerika und England (52790 bzw. 52789) die Beträge laut aktuellem Umrechnungskurs in EUR umgerechnet wurden. Die Referenz ist nach der Deklaration normaler Teil der model-Anweisung und kann ebenso referenziert werden wie die Messungen des main-Models. Ich habe hier der Klarheit halber den Namen der Referenz vorangestellt, doch ist dies nicht erforderlich, wenn die Namen abfrageweit eindeutig sind.

Ebenso wie die Verwendung hier ist natürlich auch denkbar, dass die bislang hartkodierten Steigerungswerte der einzelnen Länder über Referenzen auf entsprechende Tabellen eingebunden werden. Zudem können Referenzen geschachtelt werden etc. Diese speziellen Erweiterungen überlasse ich aber der weiterführenden Dokumentation. Falls Sie ganz eifrig sind, versuchen Sie doch einmal, das letzte Beispiel aus Kapitel 23, »SQL for Modeling«, des *Oracle Data Warehousing Guide* von Oracle zu verstehen, das in einer einzigen `select`-Abfrage die Amortisation von Hausfinanzierungen kalkuliert ...

18.5   Bewertung der MODEL-Klausel

Eine abschließende Bewertung fällt mir, ehrlich gesagt, schwer. Ich habe diese Klausel zu selten im Einsatz gesehen, um mir ein Urteil über die tatsächliche Leistungsfähigkeit dieses Ansatzes zu gestatten. Ich denke, man kann dennoch Folgendes festhalten: Diese Klausel hat es schwer, sich gegen zwei Tendenzen durchzusetzen. Die erste Tendenz ist die, dass sich gerade routinierte SQL-Anwender zunehmend schwertun, neuen »Moden« hinterherzulaufen und direkt für ihren Werkzeugkasten zu adaptieren. Vieles von dem, was die `model`-Klausel kann, ist eben auch über andere Wege zu erreichen. Und wenn man diese Wege gut kennt ... Der andere Problembereich ist, dass Entwickler überzeugt werden müssten, Anwendungslogik in größerem Stil als bisher in die Datenbank auszulagern. Fragen wie »Wer konvertiert mir das, wenn eine andere Datenbank diese Klausel nicht unterstützt?« oder Anmerkungen wie »Das habe ich schneller in Java geschrieben, als die `model`-Klausel zu lernen« haben ihre Berechtigung und machen der Klausel das Leben nicht eben leicht.

Bei der Beschäftigung mit den Möglichkeiten fiel mir auf, dass die Klausel aber natürlich nicht nur im klassischen Sinn für Vorhersagen und Planungen zu verwenden ist, sondern auch in einem Umfeld, das durch komplexe Fallunterscheidungen mit Hilfe langer `case`-Anweisungen geprägt ist. Hier könnte dieser Ansatz zu leichter verständlichem, besser zu wartendem Code führen. Ich möchte Ihnen für die Verwendung in diesem Zusammenhang ein Beispiel zeigen. Wir haben eine Abfrage, die das Gehalt und die Boni der Mitarbeiter aktualisieren soll. Dies würden wir normalerweise durch eine `case`-Anweisung durchführen, alternativ könnten wir aber auch diese Abfrage hier verwenden:

```
select empno, ename, job, mgr, hiredate, sal, comm, deptno
  from emp
 model dimension by (deptno, job, empno)
       measures (sal, comm, ename, mgr, hiredate)
       rules update sequential order(
         sal[any, 'CLERK', any] = sal[cv(), cv(), cv()] * 1.05,
         sal[20, 'MANAGER', any] = sal[cv(), cv(), cv()] + 125,
         comm[30, 'SALESMAN', any] =
           greatest(comm[cv(), cv(), cv()] +
                 sal[cv(), cv(), cv()] * 0.05, 100),
```

```
    sal[any, for job in ('ANALYST', 'PRESIDENT'), any] =
      sal[cv(), cv(), cv()] * 1.07
);
```

Listing 18.31 Aktualisierung des Gehalts mit der MODEL-Klausel

In diesem Beispiel werden alle Messwertspalten, die nicht angesprochen werden, unverändert ausgegeben. Die Dimension richtet sich einerseits danach, wovon die Gehaltsänderungen abhängig sein sollen, und andererseits danach, welche Informationen erforderlich sind, um die Referenz auf die Zeilen eindeutig zu machen. Die Regeln steuern die Aktualisierung und haben natürlich Zugriff auf alle anderen Gehälter, Werte etc. Etwas aufwendig ist sicher die wiederholte Aufzählung der cv()-Funktion auf der rechten Seite der Gleichung, doch kann ich mir vorstellen, dass ein komplexes Gewebe von Einzelregeln auf diese Weise eventuell besser darstellbar ist als mit geschachtelten case-Anweisungen.

Bezüglich der Performanz sind Aussagen natürlich schwierig. Beispiele und Forumseinträge zum Thema weisen darauf hin, dass die model-Klausel etwas schneller als herkömmliches SQL, aber langsamer als analytische Funktionen ist, so dass, neben dieser groben Einschätzung, ausreichende Tests vor dem Einsatz stehen. Einen Einsatzbereich kann ich mir im Übrigen nur im echten Ausnahmefall vorstellen: Das nämlich Controller Ad-hoc-Anfragen mit der model-Klausel formulieren. Sicherlich gibt es extrem gut in SQL ausgebildete Controller, doch ist das Niveau solcher Abfragen schon recht hoch, so dass ich vermute, dass die Heimat dieser Klausel doch eher die EDV-Abteilung der entsprechenden Unternehmen sein wird. Sind Sie aber einer dieser Controller: Chapeau!

Kapitel 19
Pivotieren von Daten

Dieses Kapitel beschreibt die Strategien, die Oracle zur Pivotierung von Daten zur Verfügung stellt. Die Pivotierung ist ein häufig genutztes Verfahren zur Aufbereitung von Berichten, deren Kenntnis Ihnen mehr Flexibilität in Ihre Abfragen bringen wird.

Dieses Kapitel stellt Ihnen eine spezielle Abfragetechnik vor: Es geht um das Pivotieren von Daten. Damit ist gemeint, dass Informationen, die bislang in mehreren Zeilen einer Tabelle standen, nun auf mehrere Spalten verteilt werden. Sie kennen das als Kreuztabelle aus Tabellenkalkulationen. Nehmen wir zum Beispiel eine Auswertung mit den Gehaltssummen der verschiedenen Berufe pro Abteilung:

```
SQL> select deptno, job, sum(sal) sum_sal
  2     from emp
  3     group by deptno, job
  4     order by deptno, job;

    DEPTNO JOB           SUM_SAL
---------- ---------- ----------
        10 CLERK            1300
        10 MANAGER          2450
        10 PRESIDENT        5000
        20 ANALYST          6000
        20 CLERK            1900
        20 MANAGER          2975
        30 CLERK             950
        30 MANAGER          2850
        30 SALESMAN         5600
9 Zeilen ausgewählt.
```

Listing 19.1 Eine Auswertung mit einer Gruppierung über JOB und DEPTNO

Nun könnten Sie die Ausgabe so formatieren wollen, dass Sie die Abteilungen als Spalten definieren und die Berufe als Zeilen: Sie möchten die Tabelle pivotieren. Hierfür gibt es in SQL zwei Ansätze: Der eine Weg nutzt eine clevere Anwendung der Gruppenfunktionen, der zweite Ansatz verwendet eine neue Klausel, die Oracle mit der Datenbankversion 11g eingeführt hat, die pivot- bzw. unpivot-Klausel.

19.1   Pivotierung mit Gruppenfunktionen

Der erste Ansatz funktioniert in allen Datenbanken und verwendet Gruppenfunktionen. Wir machen uns dabei zunutze, dass Gruppenfunktionen null-Werte ignorieren. Um Ihnen diesen Weg zu zeigen, werde ich die Pivotierung in mehreren
Einzelschritten vornehmen. Die Idee: Zunächst beginnen wir damit, dass die Abfrage
für jede Abteilung eine eigene Spalte erhält, in der das Gehalt des Mitarbeiters angezeigt wird. Wir benutzen eine case-Anweisung, um zu prüfen, ob die Abteilung der
aktuellen Zeile gleich 10, 20 oder 30 ist. Falls die Abteilung mit einer der Zahlen übereinstimmt, wird das Gehalt in die entsprechende Spalte eingefügt. Für diese Anweisung verwende ich allerdings nicht die case-Anweisung, weil sie mir hier zu lang ist,
sondern die decode-Funktion, die ich ausschließlich in diesem Zusammenhang verwende. Wir gehen also einen Schritt zurück und erzeugen uns zunächst die Rohdaten
in einem »pivotierten« Format:

```
SQL> select job,
  2          decode(deptno, 10, sal) dept_10,
  3          decode(deptno, 20, sal) dept_20,
  4          decode(deptno, 30, sal) dept_30
  5    from emp;

JOB             DEPT_10     DEPT_20     DEPT_30
----------   ----------  ----------  ----------
CLERK                          800
SALESMAN                                   1600
SALESMAN                                   1250
MANAGER                       2975
SALESMAN                                   1250
MANAGER                                    2850
MANAGER           2450
ANALYST                       3000
PRESIDENT         5000
SALESMAN                                   1500
CLERK                         1100
CLERK                                       950
ANALYST                       3000
CLERK             1300
14 Zeilen ausgewählt.
```

Listing 19.2 Erster Schritt: Aufteilung der Gehälter auf Abteilungen

Wenn Sie die Abfrage ansehen, ist klar, welchen Vorteil die Verwendung der decode-
Funktion hier hat: Die Einzelwerte stehen tabellarisch übereinander, zudem ist die
Funktion so trivial, dass keine Verständnisprobleme zu befürchten sind. Das Ergeb-

nis der Auswertung zeigt uns nun die Berufe und die zugehörigen Gehälter, verteilt auf drei Abteilungsspalten. Wenn Sie bereits jetzt kritisch anmerken, dass ich für eine solche Abfrage aber auch wissen muss, wie viele Abteilungen vorhanden sind, und dass die Abfrage mit einer wechselnden Zahl von Abteilungen nicht zurechtkommt, sind Sie nicht nur ein kritischer Geist, sondern haben zudem auch noch Recht. Das ist ein Nachteil, der allerdings in SQL prinzipiell bedingt ist, denn die Abfrage muss definieren, wie viele Spalten erzeugt werden sollen. Das könnte sie aber nicht, wenn die Anzahl der pivotierten Spalten von den Daten der Abfrage abhinge. Eine Alternative gibt es mit der pivot-Klausel, die wir im folgenden Abschnitt besprechen werden, aber auch dieser Ausweg ist nicht so einfach und intuitiv möglich, wie Sie sich das vielleicht vorstellen. Andererseits sind viele Pivotierungen durchaus mit einer festen Anzahl von Spalten möglich, denken Sie zum Beispiel an die Aufteilung von Umsatzzahlen auf die Monate eines Jahres. Es steht nicht zu befürchten, dass sich die Zahl der Monate pro Jahr häufiger ändert, und falls doch, müssten Sie halt eine neue Version Ihrer Abfrage formulieren ...

Fahren wir zunächst einmal fort, indem wir die Auswertung von oben zusammenfassen und die Summen der Gehälter bilden. Tatsächlich reicht nun diese Summierung aus, denn, wie wir gesagt haben, ignorieren Gruppenfunktionen null-Werte, die Summe über die Gehälter wird dennoch korrekt gebildet. Gruppieren wir die Auswertung von oben nach Beruf und summieren die Einzelgehälter, sind wir bereits fertig:

```
SQL> select job,
  2          sum(decode(deptno, 10, sal)) dept_10,
  3          sum(decode(deptno, 20, sal)) dept_20,
  4          sum(decode(deptno, 30, sal)) dept_30
  5    from emp
  6    group by job;

JOB            DEPT_10    DEPT_20    DEPT_30
---------- ---------- ---------- ----------
CLERK            1300       1900        950
SALESMAN                                5600
PRESIDENT        5000
MANAGER          2450       2975       2850
ANALYST                     6000
```

Listing 19.3 Die fertige, pivotierte Abfrage

Dieses Verfahren mag Ihnen eventuell etwas »händisch« vorkommen, doch hat es den Vorteil, in jeder Datenbankversion zu funktionieren. Statt der Summenfunktion sind selbstverständlich auch alle anderen Gruppenfunktionen erlaubt. Sinnvoll sind zum Beispiel auch die max- oder min-Funktion, die es Ihnen gestatten, Zeichenketten zu pivotieren. Wichtig ist nur, dass alle pivotierten Spalten eine Gruppenfunktion benötigen. Und, wie immer, müssen alle anderen Spalten, da sie keine Gruppenfunktion erhalten, in die Klausel group by wandern. Aus diesem Grund unterliegen die Daten, die Sie in einer pivotierten Abfrage anzeigen können, den gleichen Einschränkungen wie alle anderen gruppierten Abfragen.

19.2   Pivotierung mit der PIVOT-Klausel

Neu in Version 11g der Datenbank ist die pivot-Klausel, die Sie für solche Pivotierungsaufgaben verwenden können. Eine Einschränkung, die wir bei der pivot-Klausel beachten müssen, ist die, dass die Tabelle, die wir betrachten, lediglich die Werte enthalten darf, die wir auch pivotieren möchten. Das ist bei der Tabelle EMP nicht der Fall, weshalb wir uns die Werte durch eine echte oder durch eine Inner View zunächst entsprechend zurechtlegen müssen. Ich verwende in der Folge eine View mit folgender Deklaration:

```
SQL> create or replace view emp_pivot as
  2  select job, deptno, sal
  3    from emp;
```

```
View wurde erstellt.
```

Listing 19.4 Deklaration der View für unsere Pivotierung

Wir haben zwei Varianten der pivot-Klausel. Die erste und einfachere verwendet eine explizite Liste von Werten, die pivotiert werden sollen. Bei der zweiten Variante steht uns die Möglichkeit offen, eine dynamische Liste von Pivotierungsspalten zu definieren, allerdings mit der Folge, dass nun keine einfache SQL-Tabelle mehr ausgegeben wird, sondern XML als Ausgabeformat verwendet wird. Dies hat seinen Grund darin, dass in SQL alle Spalten der Ausgabe explizit bekannt sein müssen und sich nicht erst aus der Abfrage heraus ergeben dürfen. Diesen Einschränkungen unterliegt XML nicht.

19.2.1   Die Klausel FOR IN

Starten wir mit der einfachen Variante, die mit einer in-Liste arbeitet, um die verschiedenen Spaltenwerte auf Tabellen aufzuteilen. Diese Abfrageform erscheint wie eine einfache Transformation der Abfragestrategie des vorherigen Abschnitts auf eine neue Klausel.

Pivotierung mit einer Gruppenfunktion

Sehen wir uns die gleiche Abfrage von oben mit dieser Klausel an:

```
SQL> select *
  2     from emp_pivot
  3     pivot (sum(sal) for deptno in
  4            (10 as dept_10,
  5             20 as dept_20,
  6             30 as dept_30));
```

```
JOB            DEPT_10     DEPT_20     DEPT_30
----------  ----------  ----------  ----------
CLERK             1300        1900         950
SALESMAN                                  5600
PRESIDENT         5000
MANAGER           2450        2975        2850
ANALYST                       6000
```

Listing 19.5 Verwendung der Klausel PIVOT

Wie Sie sehen, geben wir also als Erstes die Gruppenfunktion für die Werte an, die wir berechnen möchten. Anschließend wird die Spalte, über die wir pivotieren möchten, hinter dem Schlüsselwort for angegeben. Dieses Schlüsselwort funktioniert ähnlich wie eine Schleife in einer Programmiersprache, sie erlaubt es, eine Anweisung mehrfach auszuführen. Stellen Sie sich für den Moment einfach vor, die for-Klausel schriebe auf Basis der übergebenen Liste von Abteilungsnummern die SQL-Anweisungen analog zu Listing 19.3 und benennte die Spalten mit den übergebenen Aliasen. Die Klausel

```
sum(sal) for deptno in (
   10 as dept_10,
   20 as dept_20,
   30 as dept_30)
```

würde dann intern umgerechnet zu

```
sum(decode(deptno, 10, sal) as deptno_10,
sum(decode(deptno, 20, sal) as deptno_20,
sum(decode(deptno, 30, sal) as deptno_30
```

Listing 19.6 Visualisierungsversuch der Arbeitsweise der PIVOT-Klausel

Die fett gesetzten Teile der Abfrage stammen aus der formulierten Klausel und wurden durch die for-Schleife an den entsprechenden Stellen der Anweisung eingefügt. Tatsächlich arbeitet Oracle auf diese Weise, auch wenn Oracle statt der decode-Funktion eine case-Anweisung verwendet. Wir sehen also, dass diese Schreibweise keine eigentlich neue Funktionalität der Datenbank darstellt, sondern eher eine generische, in SQL integrierte Schreibweise, um die gleiche Funktionalität zu erreichen, die wir explizit bereits schreiben konnten. Allerdings ist diese Schreibweise eleganter, vor allem, wenn wir mehrere Gruppierungen verwenden möchten. Dann wird die Ausführung dieser Form auch schneller als das explizit verfasste Pendant. Der Ausführungsplan dieser Anweisung verrät uns, dass Oracle für diese Art Abfrage eine eigene Optimierung eingeführt hat. Achten Sie auf die Operation in bei ID 1:

```
Ausführungsplan
----------------------------------------------------
Plan hash value: 1475541029


----------------------------------------------------
| Id  | Operation           | Name | Rows  | Bytes |
----------------------------------------------------
|   0 | SELECT STATEMENT    |      |     5 |    75 |
|   1 |  HASH GROUP BY PIVOT|      |     5 |    75 |
|   2 |   TABLE ACCESS FULL | EMP  |    15 |   225 |
----------------------------------------------------
```

Listing 19.7 Der Ausführungsplan einer PIVOT-Anweisung

Eine Erweiterung zu dieser Schreibweise finden Sie in der Möglichkeit, ein Alias bereits für die Gruppenfunktion und damit vor der for-Schleife anzugeben. Diese Variante sorgt dafür, dass dieses Alias hinter den Aliasen der einzelnen Spalten angefügt wird. Das geht allerdings nur, wenn die einzelnen Spaltenaliase nicht mit einer Zahl beginnen, da dies als Spaltenbezeichner nicht erlaubt ist:

```
SQL> select job,
  2         dept_10_sum_sal, dept_20_sum_sal, dept_30_sum_sal
  3    from emp_pivot
  4    pivot (sum(sal) as sum_sal
  5        for deptno in
  6          (10 as dept_10,
  7           20 as dept_20,
  8           30 as dept_30));

JOB        DEPT_10_SUM_SAL DEPT_20_SUM_SAL DEPT_30_SUM_SAL
---------- --------------- --------------- ---------------
CLERK                 1300            1900             950
SALESMAN                                              5600
PRESIDENT             5000
MANAGER               2450            2975            2850
ANALYST                               6000
```

Listing 19.8 Verwendung eines globalen Alias mit der PIVOT-Klausel

In diesem Beispiel habe ich zudem die Spaltenliste explizit aufgeführt, was nicht nötig ist, aber zeigt, dass die Spalten vor der Verarbeitung der select-Liste bekannt sind und entsprechend weiterverarbeitet werden können, falls dies erforderlich ist. Bitte merken Sie sich auch, dass die Reihenfolge der Bearbeitung dieser Abfrage so aussieht, dass zunächst die gesamte Pivotierung als virtuelle Tabelle gerechnet und auf dieser dann die select-Liste angewendet wird. Daraus ergeben sich zwei Konsequenzen: Zum einen sind lediglich die Spalten der pivot-Klausel in der select-Liste abfragbar und nicht mehr die Spalten Ihrer View, die ursprünglich in der Abfrage referenziert wurden. Zum anderen wird die Filterung der pivotierten Zeilen über eine where-Klausel syntaktisch hinter die pivot-Klausel geschrieben und nicht etwa hinter die from-Klausel der Abfrage. Die pivot-Klausel wirkt auf unsere Abfrage wie eine Unterabfrage. Damit möchte ich sagen, dass die Gruppierung innerhalb der pivot-Klausel ausgeführt und vor der select-Klausel »versteckt« wird. Daher sind folgende Filterungen auch ganz einfach über die where-Klausel möglich und erfordern keine having-Klausel:

```
SQL> select *
  2    from emp_pivot
  3    pivot (sum(sal) for deptno in
  4          (10 as dept_10,
  5           20 as dept_20,
  6           30 as dept_30))
  7    where dept_30 < 3500;


JOB          DEPT_10    DEPT_20    DEPT_30
---------- ---------- ---------- ----------
CLERK            1300       1900        950
MANAGER          2450       2975       2850
```

Listing 19.9 Filterung der Gruppenfunktionen in einer PIVOT-Abfrage

Sie können sich das ähnlich vorstellen, als würde folgende Abfrage gestellt:

```
SQL> select *
  2    from (select job,
  3                 sum(decode(deptno, 10, sal)) dept_10,
  4                 sum(decode(deptno, 20, sal)) dept_20,
  5                 sum(decode(deptno, 30, sal)) dept_30
  6          from emp_pivot
  7          group by job)
  8    where dept_30 < 3500;
```

Listing 19.10 Darstellung der Arbeitsweise der PIVOT-Klausel

In dieser Form wird klar, dass Sie weder Zugriff auf die Spalten der View EMP_PIVOT mehr, sondern lediglich auf die in der pivot-Klausel deklarierten Spaltenaliase haben, noch eine having-Klausel für die Filterung der Ergebnisse benötigen (und auch nicht mehr einsetzen können, weil keine Gruppenfunktion in der äußeren Abfrage verwendet wird).

Die im Beispiel gezeigte Filterung ist so in Ordnung, denn sie ist vor der Pivotierung nicht möglich, weil ja das Ergebnis der Gruppenfunktion gefiltert wird. Technisch zwar möglich, aber nicht sinnvoll ist die Filterung der pivotierten Abfrage über die Spalte JOB. Diese Filterung sollten Sie in der Grundabfrage der View EMP_PIVOT vornehmen, denn wenn Sie dies erst nachträglich tun, muss die Datenbank die Pivotierung auch für diesen Beruf vornehmen (das bleibt schlechter Stil, auch wenn der Optimizer Ihnen diese Nachlässigkeit wegoptimieren wird). Die Diskussion ist die gleiche, die wir auch anlässlich der Filterung über where- oder having-Klausel in Abschnitt 8.2.4, »Filtern der Gruppenergebnisse durch HAVING«, geführt haben.

Pivotierung mit mehreren Gruppenfunktionen

Sehen wir uns als Nächstes eine Erweiterung der Abfrage auf mehrere Gruppenfunktionen an. Ich habe nun ein Formatierungsproblem, denn jede Gruppenfunktion hat in unserem Beispiel drei neue Spalten zur Folge, da nun für jede zu pivotierende Spalte und für jede Gruppenfunktion eine Ausgabespalte erzeugt wird. Um dieses Problem zu umgehen, werde ich nun drei Gruppenfunktionen, aber nur noch eine Abteilung verwenden. Dadurch entstehen ebenfalls insgesamt vier Spalten. Sie können anhand der Benennung der Spalten jedoch erkennen, dass mehrere Spalten auftreten, wenn Sie mehrere Abteilungen pivotieren lassen. Dieses Beispiel habe ich dann im Skript zum Buch hinterlegt.

```
SQL> select *
  2    from emp_pivot
  3   pivot (sum(sal) as sum_sal,
  4          avg(sal) as avg_sal,
  5          max(sal) as max_sal
  6     for deptno in
  7       (30 as dept_30));

JOB        DEPT_30_SUM_SAL DEPT_30_AVG_SAL DEPT_30_MAX_SAL
---------- --------------- --------------- ---------------
CLERK                  950             950             950
SALESMAN              5600            1400            1600
PRESIDENT
MANAGER               2850            2850            2850
ANALYST
```

Listing 19.11 Pivotierung mit mehreren Gruppenfunktionen

Ich denke, das Prinzip ist klar geworden. Fassen wir also zusammen:

▸ Die `pivot`-Klausel erwartet eine Tabelle, die nur noch die zu pivotisierenden Daten enthält. Dies kann, wie hier, über eine View geschehen, kann aber natürlich auch über eine Inner View oder mit Hilfe der `with`-Klausel vorab definiert werden.

▸ Die in Abschnitt 19.1, »Pivotierung mit Gruppenfunktionen«, verwendete Klausel `group by` wird bei der `pivot`-Klausel ersetzt durch die Liste von Spalten, die in der Tabelle oder View der Abfrage enthalten sind und nicht durch die `pivot`-Klausel angesprochen werden. In unserem Beispiel werden die Spalten `SAL` und `DEPTNO` in der `pivot`-Klausel angesprochen, also bleibt lediglich die Spalte `JOB`, nach der nun gruppiert wird. Enthielte die Abfrage weitere Spalten, würde auch nach diesen gruppiert, unabhängig davon, ob Sie diese Spalten in der `select`-Liste Ihrer Anweisung referenzieren oder nicht.

▸ Verwenden Sie mehrere Gruppenfunktionen in der `pivot`-Klausel, werden die Pivotierungen für jede Gruppenfunktion durchgeführt, und die Anzahl der Spalten erhöht sich entsprechend.

19.2.2   Die XML-Klausel

Als Alternative zur Ausgabe einer Pivotierung steht uns noch die Möglichkeit offen, die zu pivotierenden Spalten als XML ausgeben zu lassen. Dieser Ansatz hat einen entscheidenden Vorteil: Da die pivotierten Spalten nun als Kindelemente einer XML-Instanz übergeben werden, entfällt die Notwendigkeit, die Anzahl der pivotierten Spalten explizit angeben zu müssen.

Pivotierung mit ANY

Die Funktionalität bleibt gleich, es wird lediglich als Ausgabe eine XML-Instanz gebildet. Allerdings ist nun, entgegen der Online-Dokumentation, die explizite Angabe der Spaltenliste nicht mehr möglich, stattdessen muss das Schlüsselwort `any` oder eine Unterabfrage angegeben werden. Möchten Sie, dass nur eine Teilmenge der Abteilungen ausgegeben wird, empfiehlt sich entweder der Weg über eine Unterabfrage oder die Einschränkung der Abteilung bereits in der Inner View zur Vorbereitung Ihrer Daten. Hier sehen Sie das Ausgabeergebnis mit der Klausel `any`:

```
SQL> select *
  2    from emp_pivot
  3  pivot xml
  4       (sum(sal) as sum_sal
  5         tor deptno in (any));
```

```
JOB         DEPTNO_XML
----------  -------------------------------------------------------
ANALYST     <PivotSet>
              <item>
                <column name = "DEPTNO">20</column>
                <column name = "SUM_SAL">6000</column>
              </item>
            </PivotSet>
CLERK       <PivotSet>
              <item>
                <column name = "DEPTNO">10</column>
                <column name = "SUM_SAL">1300</column>
              </item>
              <item>
                <column name = "DEPTNO">20</column>
                <column name = "SUM_SAL">1900</column>
              </item>
              <item>
                <column name = "DEPTNO">30</column>
                <column name = "SUM_SAL">950</column>
              </item>
            </PivotSet>
MANAGER     <PivotSet>
              <item>
                <column name = "DEPTNO">10</column>
                <column name = "SUM_SAL">2450</column>
              </item>
              <item>
                <column name = "DEPTNO">20</column>
                <column name = "SUM_SAL">2975</column>
              </item>
              <item>
                <column name = "DEPTNO">30</column>
                <column name = "SUM_SAL">2850</column>
              </item>
            </PivotSet>
PRESIDENT   <PivotSet>
              <item>
                <column name = "DEPTNO">10</column>
                <column name = "SUM_SAL">5000</column>
              </item>
```

```
                    </PivotSet>
SALESMAN        <PivotSet>
                    <item>
                        <column name = "DEPTNO">30</column>
                        <column name = "SUM_SAL">5600</column>
                    </item>
                </PivotSet>
```

Listing 19.12 Die PIVOT-Klausel mit der Option XML

Diese Ausgabe zeigt Ihnen, dass XML eben nicht über die Beschränkungen verfügt, die SQL auferlegt sind. Daher kann die Klausel any natürlich auch genutzt werden, um eine unbekannte Anzahl an Abteilungen zu pivotieren. Dies ist sozusagen ein Nebeneffekt der Schreibweise. Sehen Sie sich das Format der XML-Instanz an, stellen Sie fest, dass für jeden Pivotierungswert ein item-Element angelegt wird. Dieses Element enthält jeweils column-Elemente für jede zu pivotierende Spalte und für jede Gruppenfunktion. Das Attribut name dieser Elemente zeigt den Spaltennamen, während der Elementwert den Spaltenwert repräsentiert. Noch etwas fällt auf: Wenn wir diese Klausel verwenden, wird lediglich dann ein item-Element angelegt, wenn für den entsprechenden Gruppierungsbegriff auch ein pivot-Wert in der entsprechenden Tabelle enthalten ist. Ein null-Wert hat zur Folge, dass das zugehörige item-Element fehlt.

Falls Sie eine Pivotierung über mehrere Spalten wünschen, müssen Sie die Spaltenliste in Klammern angeben. In diesem Fall wiederholen Sie auch das Schlüsselwort any so oft, wie Sie Spalten zum Pivotieren anlegen.

Pivotierung mit Unterabfrage

Alternativ kann zur Klausel any auch eine Unterabfrage verwendet werden, die die Abteilungen auswählt:

```
SQL> select *
  2    from (select *
  3            from emp_pivot
  4          where job in ('CLERK', 'MANAGER'))
  5    pivot xml
  6          (sum(sal) as sum_sal,
  7           avg(sal) as avg_sal
  8          for deptno in (
  9            select deptno
 10              from dept));
```

```
JOB        DEPTNO_XML
---------- --------------------------------------------------
CLERK      <PivotSet>
             <item>
               <column name = "DEPTNO">10</column>
               <column name = "SUM_SAL">1300</column>
             </item>
             <item>
               <column name = "DEPTNO">20</column>
               <column name = "SUM_SAL">1900</column>
             </item>
             <item>
               <column name = "DEPTNO">30</column>
               <column name = "SUM_SAL">950</column>
             </item>
             <item>
               <column name = "DEPTNO">40</column>
               <column name = "SUM_SAL"></column>
             </item>
           </PivotSet>
MANAGER    <PivotSet>
             <item>
               <column name = "DEPTNO">10</column>
               <column name = "SUM_SAL">2450</column>
             </item>
             <item>
               <column name = "DEPTNO">20</column>
               <column name = "SUM_SAL">2975</column>
             </item>
             <item>
               <column name = "DEPTNO">30</column>
               <column name = "SUM_SAL">2850</column>
             </item>
             <item>
               <column name = "DEPTNO">40</column>
               <column name = "SUM_SAL"></column>
             </item>
           </PivotSet>
```

Listing 19.13 Verwendung einer Unterabfrage zur Definition der PIVOT-Spalten

Zwar erkennen wir das Format der Ausgabe wieder, allerdings mit einem wesentlichen Unterschied: Nun wird für jeden pivot-Wert ein item-Element angelegt, ob ein

Wert in der entsprechenden Gruppierung vorhanden ist oder nicht. Ein kleines Detail vielleicht, das aber bei der Arbeit mit XML zu unvorhergesehenen Problemen führen kann. Hierzu brauchen Sie sich nur vorzustellen, dass Sie die XML-Instanz mit Hilfe eines Stylesheets in eine HTML-Tabelle überführen möchten. Wenn die Struktur nicht gleich ist, müssen Sie dies bei der Gestaltung des XSLT berücksichtigen. Eine Variante mit Unterabfrage führt leichter zum Ergebnis.

Wie Sie an der Unterabfrage erkennen können, stehen Ihnen grundsätzlich alle Möglichkeiten von SQL offen, um die Pivotierungswerte zu ermitteln. Wichtig ist nur, dass Sie eine eindeutige Liste von Werten liefern, weil Sie ansonsten eine Fehlermeldung erzeugen. Daher kann die `distinct`-Klausel erforderlich werden.

19.3   Unpivotierung mit Gruppenfunktionen

Zunächst sollte es ja, denkt man, gar nicht so schwierig sein, eine logische Umkehrung der Pivotierung mittels Gruppenfunktion zu schreiben. Problematisch ist aber, dass Sie die Gruppenfunktionen rückgängig machen müssen. Wenn wir uns noch einmal eine pivotierte Abfrage ansehen

```
SQL> select job,
  2          sum(decode(deptno, 10, sal)) dept_10,
  3          sum(decode(deptno, 20, sal)) dept_20,
  4          sum(decode(deptno, 30, sal)) dept_30
  5    from emp
  6    group by job;

JOB              DEPT_10    DEPT_20    DEPT_30
----------    ----------  ----------  ----------
CLERK              1300       1900        950
SALESMAN                                 5600
PRESIDENT          5000
MANAGER            2450       2975       2850
ANALYST                       6000
```

Listing 19.14 Eine Pivotierung mit Gruppenfunktionen

stellen wir fest, dass wir, wollen wir die Abfrage unpivotieren, eine größere Zahl an Zeilen erzeugen müssen. Die Frage ist, wie viele? Das ist zum Glück ohne große Hirnakrobatik zu klären: Die Anzahl der Zeilen wird mit der Anzahl der pivotierten Spalten multipliziert, um die Anzahl der unpivotierten Zeilen zu erhalten. Wir brauchen in unserem Beispiel also eine Tabelle mit drei Zeilen, gegen die wir einen Cross-Join einrichten können, um die gewünschte Anzahl an Zeilen zu erzeugen. Hierzu könnten wir die Tabelle `all_objects` referenzieren, aber ich möchte Ihnen gern einen anderen Weg zeigen, der etwas von hinten durch die Brust ins Auge ist, aber auch wieder recht elegant, wenn man den Trick verstanden hat:

```
SQL>  select level unpivot_row
  2      from dual
  3   connect by level < 4;


UNPIVOT_ROW
-----------
          1
          2
          3
```

Listing 19.15 Eine etwas obskure Methode, Zeilen aus dem Nichts zu erzeugen

Sie sehen eine connect by-Abfrage, die als Join-Bedingung eine Prüfung der Pseudo-spalte LEVEL verwendet. Alle anderen Teile der Abfrage sind optional und werden daher weggelassen. Ausgegeben wird lediglich die Spalte LEVEL. Die Idee: Die Pseudo-spalte beginnt bei 1 für den ersten Durchlauf und wird mit sich verbunden, denn die Bedingung ist wahr. Nun verzweigt die Abfrage in Ebene 2 und das gleiche Spiel beginnt von vorn. Das machen wir, bis die Bedingung nicht mehr wahr liefert, wenn also die Schachtelungstiefe 3 überschreiten möchte. Dies gelingt nicht mehr, also wird 3 als Letztes ausgegeben. Auf so etwas muss man nicht selbst kommen. Ich denke, solche Abfragen sind das Ergebnis der Arbeiten eines SQL-Enthusiasten, der die Grenzen und Möglichkeiten der connect by-Abfrage ausloten wollte und auf dieses Verhalten stieß. Aber nett ist es schon ...

Nun haben wir also unsere pivotierten Werte und die Abfrage, die drei Zeilen erzeugt. Wir machen zwischen diesen beiden Tabellen nun einen Cross-Join und erhalten die gewünschte Zeilenzahl:

```
SQL> with pivot_table as (
  2          select job,
  3                 sum(decode(deptno, 10, sal)) dept_10,
  4                 sum(decode(deptno, 20, sal)) dept_20,
  5                 sum(decode(deptno, 30, sal)) dept_30
  6            from emp
  7           group by job),
  8        unpivot_table as (
  9          select level unpivot_row
 10            from dual
 11          connect by level < 4)
 12  select p.*, u.unpivot_row
```

```
13    from pivot_table p
14    cross join unpivot_table u;
```

```
JOB              DEPT_10     DEPT_20     DEPT_30 UNPIVOT_ROW
---------- ---------- ---------- ---------- -----------

CLERK              1300        1900         950           1
SALESMAN                                    5600          1
PRESIDENT          5000                                   1
MANAGER            2450        2975        2850           1
ANALYST                        6000                       1
CLERK              1300        1900         950           2
SALESMAN                                    5600          2
PRESIDENT          5000                                   2
MANAGER            2450        2975        2850           2
ANALYST                        6000                       2
CLERK              1300        1900         950           3
SALESMAN                                    5600          3
PRESIDENT          5000                                   3
MANAGER            2450        2975        2850           3
ANALYST                        6000                       3
15 Zeilen ausgewählt.
```

Listing 19.16 Erster Schritt: Erzeugung der benötigten Zeilen

Nun haben wir die Daten, um die Entschachtelung mit einer case-Anweisung durchführen zu können. Die Idee: Unsere Spalte UNPIVOT_ROW steht für die Abteilung 10, 20 oder 30. Wir haben die pivotierten Daten dreimal ausgegeben, für jede pivotierte Abteilung. Wenn nun die UNPIVOT_ROW den Wert 1 hat, lesen wir den Wert der Spalte DEPT_10 als SUM_SAL und den Wert 10 als DEPTNO. Alle anderen Werte werden nicht berücksichtigt:

```
SQL> with pivot_table as (
  2        select job,
  3               sum(decode(deptno, 10, sal)) dept_10,
  4               sum(decode(deptno, 20, sal)) dept_20,
  5               sum(decode(deptno, 30, sal)) dept_30
  6          from emp
  7         group by job),
  8        unpivot_table as (
  9          select level unpivot_row
 10            from dual
 11         connect by level < 4)
 12  select p.job,
```

675

```
13              case u.unpivot_row
14              when 1 then 10
15              when 2 then 20
16              when 3 then 30 end deptno,
17              case u.unpivot_row
18              when 1 then dept_10
19              when 2 then dept_20
20              when 3 then dept_30 end sum_sal
21    from pivot_table p
22    cross join unpivot_table u;
```

JOB	DEPTNO	SUM_SAL
CLERK	10	1300
SALESMAN	10	
PRESIDENT	10	5000
MANAGER	10	2450
ANALYST	10	
CLERK	20	1900
SALESMAN	20	
PRESIDENT	20	
MANAGER	20	2975
ANALYST	20	6000
CLERK	30	950
SALESMAN	30	5600
PRESIDENT	30	
MANAGER	30	2850
ANALYST	30	

```
15 Zeilen ausgewählt.
```

Listing 19.17 Die vollständige Unpivotierung

Wenn Sie mögen, können Sie die gesamte Abfrage nun noch in eine weitere Abfrage schachteln und nur die Daten anzeigen, für die SUM_SAL nicht null ist, sortieren, und Sie haben das Ergebnis, das wir mit einer Gruppierung ohne Pivotierung erhalten hätten:

```
SQL> with pivot_table as (
  2        select job,
  3              sum(decode(deptno, 10, sal)) dept_10,
  4              sum(decode(deptno, 20, sal)) dept_20,
  5              sum(decode(deptno, 30, sal)) dept_30
  6          from emp
  7         group by job),
  8        unpivot_table as (
```

```
 9           select level unpivot_row
10              from dual
11           connect by level < 4)
12  select deptno, job, sum_sal
13    from (select p.job,
14                   case u.unpivot_row
15                   when 1 then 10
16                   when 2 then 20
17                   when 3 then 30 end deptno,
18                   case u.unpivot_row
19                   when 1 then dept_10
20                   when 2 then dept_20
21                   when 3 then dept_30 end sum_sal
22              from pivot_table p
23              cross join unpivot_table u)
24    where sum_sal is not null
25    order by deptno, job;
```

```
DEPTNO JOB          SUM_SAL
---------- ---------- ----------
        10 CLERK         1300
        10 MANAGER       2450
        10 PRESIDENT     5000
        20 ANALYST       6000
        20 CLERK         1900
        20 MANAGER       2975
        30 CLERK          950
        30 MANAGER       2850
        30 SALESMAN      5600
9 Zeilen ausgewählt.
```

Listing 19.18 Aufgehübschte Variante, die nun exakt die gleichen
Daten zeigt, wie bei einfacher Gruppierung

Sicher sind Sie mit mir einer Meinung, dass diese Variante, mehr noch als das Pivotieren, nach einer Vereinfachung schreit. Sehen wir uns also die neue Variante hierzu an.

19.4   Unpivotierung mit der UNPIVOT-Klausel

Hier ist zwar auch nicht alles ganz einfach, aber vieles doch viel eleganter als in herkömmlicher Schreibweise. Ich schreibe Ihnen einfach einmal die gesamte Anweisung hin und erläutere die spannenden Teile anschließend:

```
SQL> with pivot_table as (
  2        select *
  3          from emp_pivot
  4        pivot (sum(sal) for deptno in
  5                (10 as dept_10,
  6                 20 as dept_20,
  7                 30 as dept_30)))
  8  select deptno, job, sum_sal
  9    from pivot_table
 10        unpivot exclude nulls (
 11          sum_sal for
 12          deptno in (dept_10 as 10,
 13                     dept_20 as 20,
 14                     dept_30 as 30))
 15    order by deptno, job;

    DEPTNO JOB          SUM_SAL
---------- ---------- ----------
        10 CLERK            1300
        10 MANAGER          2450
        10 PRESIDENT        5000
        20 ANALYST          6000
        20 CLERK            1900
        20 MANAGER          2975
        30 CLERK             950
        30 MANAGER          2850
        30 SALESMAN         5600
9 Zeilen ausgewählt.
```

Listing 19.19 Das Ganze einmal rückwärts: Unpivotierung mit Klausel

Das sieht nun doch etwas einfacher aus. Zunächst benötige ich wieder die Pivotierung in der with-Klausel. Normalerweise entfällt das natürlich, weil Sie die Daten ja
bereits pivotiert vorliegen haben. Daher beschränkt sich die Arbeit auf die unpivot-
Klausel, die wir uns nun etwas genauer ansehen. Zunächst einmal haben Sie mittels
der Klausel exclude/include nulls die Möglichkeit, zu steuern, ob null-Werte ausgegeben werden sollen oder nicht. Ich entschließe mich, diese Werte nicht auszugeben,
weil ich das gleiche Ergebnis wie bei einer einfachen Gruppierung erhalten möchte.
Komplizierter ist die unpivot-Klausel selbst. Zunächst geben wir an, wie die Spalten
bezeichnet werden sollen, die unsere Gruppierungswerte enthalten. In unserem Fall
haben wir lediglich eine Gruppierung, nämlich die Gehaltssumme, daher nenne ich
diese Spalte SUM_SAL. Danach müssen wir definieren, welche Werte dieser Spalte zugeordnet werden sollen. Dazu verwenden wir zunächst wieder einmal einen Spaltenbe-

zeichner, der die Spalte mit den ehemals pivotierten Werten bezeichnet, in unserem Fall die Abteilungsnummer DEPTNO, und dann eine Liste der Spalten, die für diese Pivotierung verwendet wurden. Für die Ausgabe vergebe ich Aliase, um die Spaltenbezeichner wieder in Datenbankwerte zurückzuverwandeln.

Das ist zwar auch nicht gerade einfach zu verstehen (und vor allem zu behalten), ist aber deutlich besser als das Pendant mit der case-Anweisung und dem Cross-Join auf eine virtuelle Zeilenquelle.

Als Abschluss dieses Kapitels und als Anregung zum Experimentieren mit SQL möchte ich Ihnen eine etwas sonderbare Verwendung der unpivot-Klausel zeigen. Das Beispiel stammt nicht von mir, sondern von Tom Kyte, der dieses Beispiel für die Druckausgabe unhandlich langer Spaltenlisten verwendet. Es zeigt, was mit SQL so alles angestellt werden kann, wenn man nicht nur in den gewohnten Bahnen denkt (was bei Tom Kyte nicht ungewöhnlich ist). Die Aufgabe dieser Anweisung ist, die Spalten einer Tabelle mit ihren Spaltenwerten daneben für die Ausgabe untereinanderzudrucken. Insofern ist es also eine klassische Pivotierungsproblematik: Spalten sollen zu Zeilen werden. Zusätzlich zu den normalen Pivotierungsproblemen müssen wir allerdings berücksichtigen, dass die Ausgabe von Daten in einer Spalte stets nur dann gelingt, wenn die Datentypen der Zeilen gleich sind. Wenn Sie also viele unterschiedliche Spalten unpivotieren möchten, müssen Sie sicherstellen, dass alle auf einen gemeinsamen Datentyp vereinheitlicht werden. Für die Druckausgabe bietet sich natürlich Text an:

```
SQL> with all_objects_data as (
  2            select owner,
  3                       object_name,
  4                       subobject_name,
  5                       to_char(object_id) object_id,
  6                       to_char(data_object_id)
                                       data_object_id,
  7                       object_type,
  8                       to_char(created) created,
  9                       to_char(last_ddl_time) last_ddl_time,
 10                       timestamp,
 11                       status,
 12                       temporary,
 13                       generated,
 14                       secondary,
 15                       to_char(namespace) namespace,
 16                       edition_name
 17            from all_objects
 18            where rownum = 1
```

19

```
19              )
20   select column_name, column_value
21     from all_objects_data
22          unpivot include nulls(
23            column_value for
24             column_name in
25              (owner, object_name, subobject_name,
26                object_id,data_object_id, object_type,
27                created, last_ddl_time, timestamp, status,
28                temporary, generated,secondary, namespace,
29                edition_name));
```

```
COLUMN_NAME      COLUMN_VALUE
--------------   ---------------------------------------------
OWNER            SYS
OBJECT_NAME      ORA$BASE
SUBOBJECT_NAME
OBJECT_ID        100
DATA_OBJECT_ID
OBJECT_TYPE      EDITION
CREATED          02.04.10
LAST_DDL_TIME    02.04.10
TIMESTAMP        2010-04-02 13:18:39
STATUS           VALID
TEMPORARY        N
GENERATED        N
SECONDARY        N
NAMESPACE        64
EDITION_NAME
```

Listing 19.20 Verwendung der UNPIVOT-Klausel zum Drucken von Spaltenwerten

Was bin ich froh, Ihnen bereits vorher die Schreibweise mit der with-Klausel gezeigt zu haben, denn nun haben Sie keine Schwierigkeiten, die beweglichen Teile dieser Abfrage zu analysieren: Die Abfrage in der with-Klausel wählt die anzuzeigenden Spalten und harmonisiert die Datentypen auf varchar2. Anschließend wird die unpivot-Klausel auf diese Abfrage losgelassen. An sich ist sie nicht sehr schwer zu verstehen, doch etwas unübersichtlich, weil die vielen Spalten als Einträge in der in-Liste notiert werden müssen. Doch die Ausgabe macht wieder klar, was der Sinn der Abfrage ist und wie Tom Kyte darauf gekommen ist.

Kapitel 20
Umgang mit Datum und Zeit

In diesem Kapitel beschäftigen wir uns eingehender mit der Speicherung und Verwaltung zeitbezogener Informationen. Die Themen sind einerseits die korrekte Verwaltung von Zeitzonen und andererseits die Arbeit mit Datumsbereichen, einer häufigen Anforderung.

Das Arbeiten mit Datumstypen ist naturgemäß komplex, weil bei diesem Datentyp, stärker als bei allen anderen Datentypen, kulturspezifische Belange berücksichtigt werden müssen. Zudem dreht sich die Erde leider nicht in einem gut teilbaren Verhältnis um die Sonne, so dass Schaltjahre, Schaltsekunden und anderes berücksichtigt werden müssen. Auf der Erde leben wir mit einem wilden Gewirr von Zeitzonen, zum Teil politisch motiviert, die unsere Situation auch nicht gerade vereinfachen. Oracle unterstützt eine Vielzahl dieser Besonderheiten durch mächtige Datumstypen, wie den `timestamp with time zone` oder die `interval`-Typen. Für Sie ist die Beherrschung dieser Typen umso wichtiger, je multinationaler Ihr Unternehmen aufgestellt ist, denn in diesem Rahmen haben Sie zunehmend mit diesen Problemen zu tun. Ein anderer Anwendungsfall könnte Sie durchaus noch häufiger treffen: Sie müssen Daten aus einer CSV-Datei importieren, die mit einem Zeitzonenversatz gespeichert wurden oder die eine abweichende Zeitzoneninformation beinhalten.

Über diese Grundthemen hinaus ist die Verwaltung von Zeit in der Datenbank aber auch ein zentrales Problem für viele Berichtsdatenbanken. Datenbanken speichern Informationen über lange Zeiträume und müssen in der Lage sein, über diese Zeiträume hinweg konsistente Berichte zu erstellen. Gerade die Veränderung der Rahmenbedingungen über die Zeit verlangt dabei vom Datenmodell eine besondere Ausrichtung. Ziel dieses Kapitels ist es daher auch, Ihnen verschiedene Methoden der Verwaltung von Zeit in der Datenbank näherzubringen, damit Ihnen anschließend die Varianten in den Datenmodellen, mit denen Sie arbeiten, bekannt sind und Sie angemessen darauf reagieren können.

20.1 Erzeugung von Datumstypen

Ich möchte zur Erzeugung eines Datums lediglich noch die Punkte anführen, die über das bereits Gesagte in Abschnitt 7.2, »Datumsfunktionen«, hinausgehen.

20.1.1   Arbeiten mit Zeitzoneninformation

Datumsangaben können Sie über mehrere Funktionen in SQL erzeugen. Neben den einfachen Funktionen, die wir bereits kennen, interessiert mich hier vor allem die Implikation, die durch die Zeitzonen hinzukommt. Sie erinnern sich an die Funktionen `sysdate`, `systimestamp`, `current_date` und `current_timestamp` sowie `localtimestamp`. Beachten Sie zunächst die Vorsilben `sys`, `current` und `local`. Das Präfix `sys` steht für die Zeit des Betriebssystems des Datenbankservers, während `current` für die in der Session eingestellte Datenbankzeitzone steht. Im Gegensatz dazu liefert `local` ebenfalls eine Zeit in der eingestellten Zeitzone der Datenbank, allerdings fehlt im Rückgabetyp die Angabe dieser Zeitzone. Die zweite Unterscheidung betrifft die Frage, ob ein (Oracle-)Datum oder ein Zeitstempel (eventuell mit Zeitzoneninformation) zurückgeliefert werden soll. Sie haben es wahrscheinlich noch aus der Diskussion der Datentypen in Abschnitt 4.2, »Oracle-Datentypen«, in Erinnerung: Ein Datum vom Typ `date` ist bei Oracle stets mit einem Uhrzeitanteil ausgestattet, allerdings lediglich bis zu einer Genauigkeit von einer Sekunde. Zudem enthält dieser Datumstyp keine Zeitzoneninformationen. Im Gegensatz dazu ist der `timestamp` optional mit diesen Informationen ausgestattet (`timestamp with timezone`) und liefert eine Genauigkeit bis zu einer Milliardstel Sekunde.

Um den Unterschied der verschiedenen Funktionen zu erkennen, sehen Sie sich das Ergebnis der folgenden SQL-Abfrage an. Der Datenbankserver steht in Deutschland und ist auch auf die deutsche Zeitzone eingestellt. Bevor wir die eigentliche Abfrage starten, stelle ich für diese Session die Zeitzone auf `Amerika/Chicago` um. Dann sehen wir uns die Ausgabe der verschiedenen Funktionen an:

```
SQL> alter session set time_zone='America/Chicago';
Session wurde geändert.

SQL> alter session set nls_date_format =
  2        'dd.mm.yyyy hh24:mi:ss';
Session wurde geändert.

SQL> select sysdate, current_date
  2    from dual;
SYSDATE              CURRENT_DATE
-------------------- --------------------
19.03.2012 12:09:42 19.03.2012 06:09:42

SQL> select systimestamp,
  2          current_timestamp,
  3          localtimestamp
  4    from dual;
```

```
SYSTIMESTAMP
----------------------------------------
CURRENT_TIMESTAMP
----------------------------------------
LOCALTIMESTAMP
----------------------------------------
19.03.12 12:10:34,296000 +01:00
19.03.12 06:10:34,296000 AMERICA/CHICAGO
19.03.12 06:10:34,296000
```

Listing 20.1 Die verschiedenen Ausgaben der Datumsfunktionen

Wenn Sie die Ausgaben der verschiedenen Funktionen vergleichen, erkennen Sie, dass die Funktion `localtimestamp` und `current_date` bis auf die höhere Genauigkeit von `localtimestamp` im Grunde die gleiche Information liefern. Ein `timestamp` ohne Zeitzone unterscheidet sich, wie bereits in Abschnitt 4.2, »Oracle-Datentypen«, beschrieben, ja auch nur durch die höhere Präzision vom Datentyp `date`. Nebenbei: Warum lediglich beim Präfix `current` ein Unterstrich eingefügt wurde, bei den beiden anderen jedoch nicht, entzieht sich meiner Kenntnis. Falls Sie nicht wissen, welche Zeitzonen in der Datenbank und in Ihrer Session aktuell eingestellt sind, können Sie diese über die folgende SQL-Abfrage erfragen:

```
SQL> select dbtimezone, sessiontimezone
  2    from dual;
DBTIMEZONE SESSIONTIMEZONE
---------- ----------------
+00:00     America/Chicago
```

Listing 20.2 Ausgabe der eingestellten Zeitzonen

Beim Aufsetzen der Datenbank wird die Datenbank mit einer Zeitzone aufgesetzt. Legen Sie nichts anderes fest, verwendet Oracle die Zeitzone des Betriebssystems, so diese denn eine gültige Zeitzone für Oracle ist. Ist das nicht der Fall, wird die Zeitzone *UTC* (*Universal Time Coordinated*) verwendet. die der *Greenwich Mean Time* entspricht. Oracle empfiehlt darüber hinaus, diesen Parameter stets auf UTC zu stellen, denn dies beschleunigt die Kooperation verschiedener Datenbanken, zum Beispiel im Umfeld von replizierten Datenbanken. Diese Datenbankzeitzone bleibt in aller Regel unverändert und gilt als interne Referenz der Datenbank.

Stellen Sie sich nun vor, Benutzer Ihrer Datenbankanwendung säßen in Chicago und in Berlin. Beide Benutzer erfassen Daten. Nun ist die Frage, wie ein Datum in der Datenbank hinterlegt werden soll. Möglich wären zwei Varianten: Zum einen könnten Sie sagen, dass Sie jederzeit wissen möchten, wie spät es *beim Benutzer, der die Daten erfasst hat*, gewesen ist, als dieser die Daten eingegeben hat. Hätte der Benut-

20

683

zer in Chicago die Daten um 09:30 Uhr Ortszeit Chicago eingegeben, erwarten Sie also, dass als Datum `09:30 -06:00` gespeichert würde (es sei denn, in Illinois herrsche anstatt *Central Standard Time (CST)* aktuell *Central Daylight Time (CDT)*, dann wäre nur ein Offset von `-05:00` Stunden einzutragen. In Amerika beginnt zum Beispiel in 2012 die Sommerzeit am 11.03.2012 und damit früher als in Deutschland). Möchten Sie zum anderen wissen, wie spät es *bei Ihnen* gewesen ist, als die Daten in Chicago eingefügt wurden, erwarten Sie, dass Ihnen `16:30 +01:00` angezeigt wird. Auf UTC bezogen bezeichnen beide Angaben den gleichen Zeitpunkt, nämlich 15:30 Uhr UTC, doch für die Darstellung wird einmal der Zeitpunkt auf Ihre Zeitzone umgerechnet (`local timezone`), oder aber die Zeitzone des Eingebenden beibehalten (`timezone`).

Oder andersherum: Falls Sie eine Datumsangabe als `timestamp with local timezone` speichern möchten, wird die Datenbank Folgendes tun: Das eingegebene Datum wird auf `dbtimezone` »normalisiert« gespeichert. Geben Sie also in Deutschland eine Zeit von 13:00 Uhr ein, wird die Datenbank, so sie denn, wie in unserem Beispiel, auf UTC eingestellt ist, 12:00 Uhr speichern. Je nach eingestellter Session-Zeitzone würde nun jeder angemeldete Benutzer die Uhrzeit, umgerechnet auf seine Zeitzone, sehen können. Im Gegensatz dazu wird ein Datum `timestamp with timezone` die Zeitzoneninformation mit speichern und stets anzeigen, eine Umrechnung auf die, für die Session eingestellte, Zeitzone erfolgt nicht. Für die Datenbank bedeutet dies, dass eine Zeitangabe mit `local timezone` keine Zeitzoneninformation zu speichern braucht, da beim Anlegen der Daten auf UTC (besser auf `dbtimezone`) normalisiert wurde. Lediglich bei `timestamp with timezone` wird also die Zeitzoneninformation gespeichert.

Halten wir also im Überblick noch einmal fest:

▶ Das Präfix `sys` bezieht sich auf die Zeiteinstellung des Betriebssystems des Datenbankservers.

▶ Die Präfixe `current` und `local` beziehen sich auf die aktuell gültige Zeitzone der Session.

▶ `timestamp with local timezone` wird normalisiert auf die Datenbankzeitzone gespeichert (normalerweise UTC) und jeweils für die eingestellte Zeitzone der Session dargestellt.

▶ Nur `timestamp with timezone` speichert die Zeitzone, die bei Anlage des Datensatzes eingestellt war.

Nun stellt sich die Frage, welcher Datentyp wann verwendet werden sollte. Gehen wir die Vor- und Nachteile der einzelnen Datentypen durch: Generell haben Zeitstempel den Vorteil gegenüber `date`, auch »ISO-offiziell« eine Zeit enthalten zu dürfen. Beim normalen `timestamp` ist zunächst, wie bei allen Zeitstempelformaten, die höhere Auflösung im Subsekundenbereich ein weiterer Vorteil gegenüber `date`. Allerdings wird keine Zeitzoneninformation gespeichert, und die eingegebene Zeit wird auch nicht automatisch auf UTC oder eine andere Zeitzone der Datenbank normalisiert. Dieser

Datentyp bietet sich an, wenn Sie die lokal gültige Zeit speichern möchten. Eine Anwendung, die diesen Datentyp nutzt, wird in jeder Zeitzone gleich funktionieren. Allerdings ist es nach dem Einfügen eines Datensatzes nicht mehr möglich, Datumsangaben über den lokalen Kontext hinaus zu synchronisieren, weil die Information der lokalen Zeitzone nun natürlich fehlt.

Der Datentyp `timestamp with time zone` behebt dieses Problem, denn er speichert die zum Zeitpunkt der Anlage innerhalb der Session gültige Zeitzone. Dadurch werden auch Kalenderanwendungen denkbar, deren Daten in der Zukunft liegen. Denn in diesen Fällen ist es möglich, dass sich durch die Sommerzeit die tatsächliche Zeit ändert. Ist aber das Datum mit Zeitzone gespeichert, ist es gegen solche Umstände immun, vorausgesetzt, es wurde eine Zeitzonenregion wie `Europe/Berlin` zur Definition genutzt und nicht nur ein Zeitoffset. Administratoren werden diese Funktion auch deshalb mögen, weil ein Job, der jeden Morgen um 01:00 Uhr starten soll, dies auch dann tut, wenn von Sommer- auf Winterzeit umgestellt wird.

Der Vorteil des Datentyps `timezone with local time zone` besteht darin, dass, unabhängig davon, wo ein Ereignis erfasst wird, die Zeit stets normalisiert auf die Standardzeitzone gespeichert wird. Dadurch werden Ereignisse unabhängig von ihrem Eingabeort oder den Einstellungen der Datenbanksession stets in einem vergleichbaren Format gespeichert und dem Benutzer einer anderen Region korrekt angezeigt. Allerdings geht auch hier die Information verloren, zu welcher lokalen Zeit dieses Ereignis eingegeben wurde, denn diese Zeitzoneninformation wird ja nicht mit gespeichert. Die Folge für eine Anwendung ist allerdings, dass eine Eingabe, die in Amerika zu normalen Bürozeiten gemacht wurde, in Deutschland als mitten in der Nacht getätigt ausgewiesen wird. Dadurch ist zwar der absolute Zeitpunkt (bezogen auf UTC) bekannt, allerdings zulasten einer direkt vergleichbaren, relativen Zeiterfassung.

20.1.2   Nähere Angaben zu Zeitzonen

Nun haben wir die Grundlagen der Zeitzonenproblematik besprochen. Als Nächstes möchte ich Ihnen nun einige Informationen zu den Zeitzonen geben, damit Sie mit diesen arbeiten können. Zeitzonen können in verschiedenen Formen angegeben werden. Zum einen könnte lediglich die Differenz zur UTC in Stunden und Minuten angegeben werden. Alternativ bietet Oracle zum anderen die Möglichkeit, die Zeitzone über einen Regionsnamen zu referenzieren. Dies hat nicht nur den Vorteil, dass Sie den tatsächlichen Zeitversatz nicht zu kennen brauchen, sondern, wichtiger, den Vorteil, dass diese Zeitzonenangaben mit der Sommerzeit umgehen können, was eine fixe Einstellung nicht kann. Als Letztes stehen Ihnen noch zwei spezielle Formen zur Verfügung, `local` und `dbtimezone`. Mit `local` stellen Sie die Zeitzone auf die Zeitzone des Betriebssystems zum Zeitpunkt der Anmeldung an der Datenbank, mit `dbtimezone` auf die Zeitzone des Betriebssystems zum Zeitpunkt des Starts der Datenbank (was unterschiedlich sein kann). Wie schon gesehen, wird die Einstellung der

Zeitzone über eine `alter session`-Anweisung vorgenommen. Hier also einige beispielhafte Umstellungen:

```
SQL> alter session set time_zone = dbtimezone;
SQL> alter session set time_zone = local;
SQL> alter session set time_zone = 'Europe/Berlin';
SQL> alter session set time_zone = '+06:30';
```

Listing 20.3 Einstellung der Sessionzeitzone

Die Zeitzonen-Region (`timezone_region`) sowie die Abkürzung (`timezone_abbr`) können Sie aus der View `V$TIMEZONE_NAMES` erfragen:

```
SQL> select *
  2    from v$timezone_names;


TZNAME            TZABBREV
----------------  ----------------

Africa/Algiers    LMT
Africa/Algiers    PMT
Africa/Algiers    WET
Africa/Algiers    WEST
Africa/Algiers    CET
Africa/Algiers    CEST
Africa/Cairo      LMT
Africa/Cairo      EET
Africa/Cairo      EEST

...
1458 Zeilen ausgewählt
```

Listing 20.4 Die Zeitzonenliste aus V$TIMEZONE_ NAMES

Allerdings kann zur Festlegung der Zeitzone lediglich TZNAME verwendet werden. Interessant ist sicherlich, dass zum Beispiel für Algier verschiedene Zeitzonen gelten können. Anhand dieses Beispiels möchte ich Ihnen die Erklärung für die Doppelbelegung
geben:

▶ CET bzw. CEST ist *Central European Time* oder *Central European Summer Time*, die
gegen UTC um +01:00 versetzt ist und natürlich auch bis Afrika und die Antarktis
gilt ...

▶ LMT steht für *Local Mean Time*. Die gibt es überall und bezieht sich auf den Son-
nenstand: Grob gesagt, ist es 12:00 Uhr, wenn die Sonne am höchsten Punkt steht.

▶ PMT steht für *Pierre & Miquelon Standard Time*, die -03:00 Stunden gegenüber
UTC versetzt ist.

▶ WET bzw. WEST steht für *Western Europe Time* oder *Western Europe Summer Time*, die Zeiten haben keinen Offset zu UTC.

▶ Na ja. Einige dieser Abkürzungen stehen gleichzeitig auch als Regionsname in Spalte TZNAME zur Verfügung und können daher auch zur Definition der Sessionzeitzone verwendet werden:

```
SQL> select tzname, tzabbrev
  2    from v$timezone_names
  3    where tzname = tzabbrev;


TZNAME     TZABBREV
---------- ----------
CET        CET
CST        CST
EET        EET
EST        EST
GMT        GMT
HST        HST
MET        MET
MST        MST
PST        PST
WET        WET
10 Zeilen ausgewählt.
```

Listing 20.5 Zeitzonenabkürzungen, die auch zur Festlegung verwendet werden können

20.1.3   Zeitzonenangaben in Literalen

Wie Sie bereits wissen, lassen sich Zeitstempel auch über Literale erzeugen. Im Licht der Diskussion von Zeitzonen ist natürlich lediglich das Erzeugen eines timestamp with time zone über Literale von Interesse, weil nur in diesem Datumstyp die Zeitzoneninformation gespeichert wird. Wir erzeugen einen solchen Datumstyp, indem wir der Zeichenkette die Zeitzoneninformation als Differenz in Stunden oder als Zeitzonenname übergeben. Alternativ können Sie auch die Literale at time zone verwenden. Ich zeige Ihnen Beispiele für alle drei Varianten:

```
SQL> select timestamp
  2          '2012-03-26 15:30:00 CET' zeitstempel
  3    from dual;


ZEITSTEMPEL
----------------------------------
26-MRZ-12 15.30.00.000000000 CET
```

```
SQL> select timestamp
  2          '2012-03-26 15:30:00 -05:30' zeitstempel
  2    from dual;


ZEITSTEMPEL
-------------------------------------
26-MRZ-12 15.30.00.000000000 -05:30


SQL> select timestamp
  2          '2012-03-26 15:30:00'
  3          at time zone 'CST' zeitstempel
  4    from dual;


ZEITSTEMPEL
-----------------------------------
26-MRZ-12 15.30.00.000000000 CST
```

Listing 20.6 Beispiele für die Erzeugung eines TIMESTAMP WITH TIME ZONE über ein Literal

Auch hier sind natürlich wieder alle Regionsnamen für Zeitzonen möglich, ebenso ist die Referenz at local statt at time zone möglich, als Zeitzonenbezeichner können darüber hinaus dbtimezone oder sessiontimezone verwendet werden.

20.2 Erzeugung von Intervallen

Die Grundlagen der Erzeugung von Intervallen habe ich Ihnen bereits in Kapitel 7, »Zeilenfunktionen«, nähergebracht. Einfache Intervalle habe ich in diesem Kapitel bereits erzeugt. Allerdings ist die Syntax etwas gewöhnungsbedürftig. Daher möchte ich beginnen, Ihnen eine kurze Hilfestellung zur Syntax zu geben.

20.2.1 Allgemeinere Einführung in die Syntax

Grundsätzlich gehen wir von der ISO-Formatierung aus. Diese lautet:

```
yyyy-mm-dd hh24:mi:ss
```

Da wir über zwei Intervalltypen verfügen, die an der Schnittstelle Monat zu Tag voneinander getrennt sind, können wir im ersten Intervalltyp lediglich Jahre und Monate, im zweiten Intervalltyp dann alle Angaben vom Tag hinunter bis zum Sekundenbruchteil angeben. Wenn wir nun ein Intervall erstellen möchten, könnten wir grundsätzlich alle Stellen belegen, also zur Erzeugung einer Dauer von 15 Stunden und 30 Minuten zum Beispiel schreiben:

```
interval '0 15:30:00' day to second
```

Da diese Schreibarbeit aber unnötig lang ist, können wir auch lediglich einen Teil dieser Zeichenkette verwenden, müssen dann aber sagen, von wo bis wo unsere Zeichenkette ausgeschnitten wurde. Das ist erforderlich, denn wenn wir die Nullen alle weglassen, bliebe über:

```
interval '15:30'
```

Nur, was ist nun gemeint? 15 Minuten und 30 Sekunden? Daher ist es erforderlich, zu beschreiben, wie diese Information interpretiert werden soll:

```
interval '15:30' hour to minute
```

Nun ist die Angabe eindeutig. Ähnlich verfahren wir mit allen anderen Intervallen, denn das Intervall '15' könnte ja alles Mögliche bedeuten. Wir benötigen also zwei Schritte zur Erzeugung unserer Intervallangabe:

▶ Zunächst entnehmen wir die Trennzeichen aus dem ISO-Datumsformat (Bindestriche im Datum, ein Leerzeichen zwischen Tag und Uhrzeit, Doppelpunkte innerhalb der Uhrzeit).

▶ Dann beschreiben wir, wie Anfang und Ende unseres Literals zu verstehen sind. Diese Angaben sind zudem immer im Singular zu verwenden.

20.2.2   Intervalle über lange Zeiträume erstellen

Bei langen Zeiträumen, die über 99 Monate oder Jahre hinausgehen, ist die Angabe eines zusätzlichen Parameters erforderlich. Dieser Parameter steuert, wie viele Stellen der Zahl für die Berechnung der Intervalldauer berücksichtigt werden. Es sind bis zu neunstellige Angaben erlaubt. Ein Beispiel hierzu:

Sie möchten ein Intervall von 200 Monaten erzeugen. Da 200 dreistellig ist und über dem Standard von zwei Stellen liegt, geben Sie die Stellenzahl als Parameter hinter dem Literal an:

```
SQL> select interval '200' month(3) monate
  2    from dual;

MONATE
-------
+016-08
```

Listing 20.7 Einstellung der Stellenzahl bei langen Intervallen

Sie erkennen, dass Oracle dieses Intervall in ein Intervall von 16 Jahren und acht Monaten umrechnet. Ohne die Angabe der Stellenzahl hätte diese Anweisung einen

Fehler geliefert. Falls Sie nun die Befürchtung haben, für einen berechneten Ausdruck immer auch die Stellenzahl kalkulieren zu müssen, kann ich Sie insofern beruhigen, als die Angabe des Längenparameters als maximale Länge begriffen wird. Sind Sie also nicht sicher, wie viele Stellen Ihre Längenangabe haben wird, verwenden Sie einfach den Parameter 9, dann funktioniert es ebenfalls. Warum allerdings als Standard nicht einfach die maximale Stellenzahl angenommen wird, entzieht sich meiner Kenntnis. Eine weitere Einschränkung müssen Sie beachten: Sie können kein Intervall erzeugen, das aus 150 Jahren und 200 Monaten besteht. Wenn Sie eine Schreibweise wählen, die aus Jahren und Monaten besteht, dürfen für den Monatsanteil nur noch plausible Werte zwischen 1 und 11 verwendet werden.

20.2.3 Intervalle aus Zahlen ermitteln

Eine weitere Variante zur Erzeugung von Literalen besteht darin, eine Zahl als Intervall zu begreifen. Dieser Fall ist zum Beispiel dann von Interesse, wenn Sie zwei Datumsangaben voneinander abgezogen haben und das Ergebnis als Intervall interpretieren möchten. Oft wird ein solches Intervall auch verwendet, um lediglich die Uhrzeit darzustellen, die Uhrzeit wird also als eine Dauer von Mitternacht bis zur aktuellen Stunde interpretiert. Da wir zwei Intervalltypen haben, stehen auch zwei Funktionen zur Verfügung, um diese Intervalle zu erzeugen: numtoyminterval und numtodsinterval. Diese Funktionen bergen, wenn Sie sie beherrschen, schon aufgrund ihres einschüchternden Namens erhebliches Neidpotenzial (ich erinnere mich bei diesen Funktionen immer an die Überschriften im Kleinanzeigenteil eines Musikermagazins: *GRUSUMU* und *MUSUGRU*. Tüfteln Sie doch bei Gelegenheit mal aus, was damit wohl gemeint sein könnte). Wir lesen die Namen als *Number to Year Month Interval* bzw. *Number to Day Second Interval*. Beide Funktionen erwarten eine Zahl, die umgewandelt werden soll, sowie eine Zeichenkette analog zu den Literalen oben, die angibt, wie die Zahl interpretiert werden soll. Dabei werden allerdings nur die größten Einheiten festgelegt. Sehen wir uns das an einem Beispiel an: Die Zahl 1,75 soll einmal als 1,75 Jahre, einmal als 1,75 Tage interpretiert werden:

```
SQL> select numtoyminterval(1.75, 'year') jahr,
  2        numtodsinterval(1.75, 'day') tag,
  3        numtodsinterval(
  4            sysdate - trunc(sysdate), 'Day') uhrzeit
  5   from dual;


JAHR          TAG                     UHRZEIT
------------- ----------------------- -----------------------
+000000001-09 +000000001 18:00:00.000 +000000000 19:38:53.999
```

Listing 20.8 Verwendung der Funktionen NUMTOYMINTERVAL und NUMTODSINTERVAL

Eindreiviertel Jahre sind 1 Jahr und 9 Monate, eindreiviertel Tage sind 1 Tag und 18 Stunden. Die Uhrzeit ist als Differenz des aktuellen Datums minus dem aktuellen Datum 00:00 Uhr ermittelt worden und dann als 0 Tage, 19:38:53.999 interpretiert worden. Ich hoffe, Sie verzeihen Oracle den Rundungsfehler bei der Uhrzeit ... Lassen Sie sich bitte auch von einer anderen Eigenheit nicht ablenken: Bei SQL sind Groß- und Kleinschreibung egal, daher können die Einheiten in allen möglichen Varianten geschrieben werden.

20.2.4   Datumsarithmetik mit Intervallen

Grundsätzlich hatte ich Ihnen bereits die einfachen Grundlagen der Datumsarithmetik mit Intervallen gezeigt. Die Technik selbst ist selbsterklärend und sollte Sie nun nicht mehr vor allzu große Probleme stellen. Ein Problem haben wir allerdings mit dieser Arithmetik: Wir können, wenn wir ein Intervall von einem Monat addieren, nicht davon ausgehen, dass dies immer fehlerfrei gelingt. Das liegt daran, dass dieser Weg (im Gegensatz zur Funktion add_months, die aber wiederum nicht mit timestamp arbeitet) nicht berücksichtigt, ob das Datum, das durch die Berechnung ermittelt wird, tatsächlich existiert oder nicht. Na ja, vielleicht ist das so falsch formuliert. Genauer wäre wohl: Es wird bei der Berechnung mit Monaten und Jahren stets der gleiche Tag des Folgemonats bzw. der gleiche Tag des Folgejahres ermittelt, ob dieser nun existiert oder nicht. Existiert dieser Tag im folgenden Monat oder Jahr nicht, wird ein Fehler geworfen. Hier ein kurzes Beispiel für diesen – nun ja, lassen Sie mich es einmal so nennen – Bug:

```
SQL> select date '2012-01-31' + interval '1' month datum
  2    from dual;
select date '2012-01-31' + interval '1' month datum
                          *
FEHLER in Zeile 1:
ORA-01839: Datum für angegebenen Monat nicht gültig
```

Listing 20.9 Vorsicht bei der Datumsarithmetik mit längeren Intervallen!

Was ist hier passiert? Auf den 31.01.2012 wurde ein Monat aufaddiert. Das Ergebnis dieser Addition ist der 31.02.2012, und den gibt es nun einmal nicht. Das ist wirklich ärgerlich und kann zu sehr hinterhältigen Problemen führen, insbesondere, wenn Sie mit Zeitstempeln arbeiten und nicht den Ausweg der Funktion add_months haben, die mit diesem Problem umgehen kann! Ich habe mich in einem Blog einmal über diese Implementierung beschwert und die aus meiner Sicht richtigere Implementierung in den Datenbanken SQL-Server von Microsoft, PostgreSQL etc. als Vorbild hingestellt, denn dort verhalten sich diese Operationen wie die Funktion add_months, indem stets der Ultimo des resultierenden Monats angenommen wird. Ich wurde allerdings eines Besseren belehrt: Es handelt sich nicht um einen Bug, sondern um ein Feature! Warum? Der ISO-Standard legt dieses Verhalten explizit so fest, um zu verhindern, dass ein Datum, dem ich einen Monat erst hinzuaddiere und anschließend wieder abziehe, nicht auf einmal ein anderer Tag ist, denn das passiert, wie wir uns am Beispiel des Januars leicht klarmachen können:

```
31.01. + 1 Monat = 28.02.
28.02. - 1 Monat = 28.01.
```

Mag sein, sage ich da, aber praktikabel finde ich das nicht. Das Problem liegt ja darin, dass die Länge eines Monats (oder eines Jahres, das gleiche Problem haben Sie, wenn Sie auf den 29.02. ein Jahr aufaddieren) einfach nicht exakt definiert ist. Reagiere ich aber nun mit einem Fehler, wenn der entsprechende Tag des Monats im Folgemonat nicht existiert, komme ich schnell in eine Situation, wo das Aufaddieren auf eine Datumsspalte fast immer funktioniert, irgendwann aber eben nicht mehr. Solche versteckten Fehler halte ich nicht für tolerabel, auch wenn sie aus der Sicht des Standardisierungsgremiums unumgänglich sein mögen. Dann wäre es besser, dass Rechnen mit nicht exakten Dauern generell zu untersagen. Oder stellen Sie sich vor, sie wollten einen Monat auf eine Spalte von Datumswerten addieren. Nun wird dieser Fehler geworfen. Nur: Welcher Eintrag hat diesen Fehler denn nun provoziert? Viel Spaß bei der Suche in 55.000 Zeilen …

Als Ausweg aus dem Dilemma bleibt nur, mit Monats- oder Jahresadditionen auf unbekannte Datumsspalten sehr, sehr vorsichtig zu sein. Vielleicht können Sie in den meisten Fällen auch mit 30 oder 365 Tagen leben, die Sie auf ein Datum addieren? In jedem Fall bleibt das Problem. Und um zuzugeben, dass mir hier auch ein Fehler unterlaufen ist: Natürlich hätte ich mich trefflich über den angeblichen Rechenfehler von SQL aufregen können, wenn nämlich nach Addition und Subtraktion eines Monats nicht mehr der gleiche Tag herauskommt. Man muss sich halt davor hüten, dass eigene, intuitive Verständnis als normative Kraft wahrzunehmen.

20.3 Konvertierung von Zeichenketten in Datumstypen

Sie hatten bereits die grundlegende Verwendung dieser Funktionen (to_date, to_timestamp, to_timestamp_tz oder umgekehrt to_char) kennengelernt. Hier nun folgt das komplette Bild, inkl. der Beschreibung der möglichen Datumsformate und der Berücksichtigung der Formatierung von Zeitzoneninformationen.

20.3.1 Optionaler Parameter NLS_PARAM

Ein bislang nicht besprochener dritter Parameter dieser Konvertierungsfunktionen, neben der Zeichenkette, die konvertiert werden soll, und der Formatmaske, betrifft die Sprache, in der eine Konvertierung durchgeführt werden soll. Falls es Ihnen spanisch vorkommt, dass wir für die Konvertierung eines Datums eine Sprache festlegen können: Diese Angabe dient dazu, zu steuern, in welcher Sprache ein ausgeschriebener Wochen- oder Monatsname interpretiert werden soll. Falls Sie also eine Zeichenkette der Form 01.Januar 2012 vorliegen haben, können Sie durch die Angabe 'NLS_DATE_LANGUAGE=German' die Interpretation des Monatsnamens in Deutsch erzwingen, selbst, wenn Ihre Session vielleicht auf Amerikanisch eingestellt sein sollte. Umgekehrt können Sie eine Ausgabe eines Datums mit englischen Monats- und Tagesnamen erzwingen, selbst wenn Sie eine deutsche Datenbanksession haben. Hier ein Beispiel für die Verwendung:

```
SQL> select to_char(sysdate, 'Day') deutsch,
  2          to_char(sysdate, 'Day',
  3                  'nls_date_language=AMERICAN') englisch
  4    from dual;


DEUTSCH    ENGLISCH
---------- ----------
Dienstag   Tuesday
```

Listing 20.10 Verwendung des Parameters NLS_PARAM

Der Parameter nls_date_language, der diese Konvertierung steuert, könnte natürlich auch als Parameter für die Session gesetzt werden, doch ist die explizite Übergabe mit der Funktion einfacher und muss auch anschließend nicht wiederrufen werden, da sie lediglich für den Aufruf der Funktion gilt. Sie können jede gültige Sprache, die von Oracle unterstützt wird, als Parameterwert verwenden. Witzigerweise ist lediglich dieser eine Parameter nls_date_language in der Funktion erlaubt, so dass man sich mit gewisser Berechtigung fragen könnte, warum er dann explizit hingeschrieben werden muss. Der Grund liegt wohl darin, dass die Funktion to_char auch mit anderen Datentypen als Datum arbeitet und dort andere Parameter erlaubt sind. So können bei der Konvertierung einer Zahl zum Beispiel die Dezimal- und Gruppentrennzeichen über einen entsprechenden Parameter festgelegt werden. Dieser Parameter heißt anders (nls_numeric_characters), daher mag diese Mimik Sinn machen. Im Licht der Tatsache, dass sich aber auch die Typen der übergebenen Werte unterscheiden ... Na ja, Oracle hat seinen Spaß daran und wir unseren Spaß an Oracle.

20.3.2   Die Formatmasken

Alle Konvertierungsfunktionen eines Datums erwarten eine Formatmaske, die die Konvertierung steuert. Die Abstimmung zwischen den Zeichenketten und den Formatmasken muss sehr genau sein, ansonsten kann Oracle die Zeichenketten nicht korrekt erkennen. Meiner Erfahrung nach werden Sie später mit einer geringen Zahl unterschiedlicher Formate zu tun haben, so dass Sie die Formatmasken schnell auswendig lernen können. Nur für spezielle Aufgabenstellungen werden Sie dann hierher zurückkommen und die Formatmasken neu verstehen müssen. Abhängig davon, ob Sie sehr viel mit Zeitzonen zu tun haben oder nicht, werden Sie sich auch diese Formatmasken einprägen.

Der erste Parameter ist normalerweise nicht das Problem, denn entweder ist die Zeichenfolge bereits gegeben und wird von Ihnen einfach verwendet (zum Beispiel beim Import von Textdaten, die als Datum interpretiert werden sollen), oder Sie schreiben sie selbst, so dass nur Formate verwendet werden, die Sie ohnehin kennen. Der zweite Parameter hat es in sich. Für diesen Parameter zeigt Ihnen hier nun Tabelle 20.1 die verschiedenen Optionen. Diese Tabelle ist sehr umfangreich, aber nur wenige Optionen sind so aus der Welt, dass Sie für die allermeisten Zwecke uninteressant wären, so dass ich sie einfach mit aufführe, auch auf die Gefahr hin, dass Sie sich fragen, was das denn bedeuten soll.

Format	Bedeutung
-/,.;: "text"	Trennzeichen und Text in doppelten Anführungszeichen werden unverändert übernommen.
AD, A.D.	Angabe AD mit oder ohne Punkte (die neuere Angabe *CE* für *Common Era* bzw. *BCE* wird nicht unterstützt)
AM, A.M.	Mittagsanzeige mit oder ohne Punkte
BC, B.C.	Anzeige vor oder nach Christus
CC, SCC	Jahrhundert; sind die letzten beiden Stellen > 00, wird das Jahrhundert um eines größer ausgegeben als angegeben. Beispiel: Das Jahr 2011 liefert 21 zurück, während 2000 20 liefert.
D	Tag der Woche, 1–7; welcher Tag mit 1 bezeichnet wird, hängt vom Parameter nls_territory ab.
DAY	Name des Tages in vollständiger Schreibweise; hängt von den Parametern nls_language bzw. nls_date_language ab. Groß- und Kleinschreibung sind analog zur Verwendung der Maske: DAY = alle Buchstaben groß day = alle Buchstaben klein Day = erster Buchstabe groß, dann klein Die Sprache zur Interpretation dieser Formatmaske kann über einen dritten Parameter bei Konvertierungsfunktionen explizit gesetzt werden.

Tabelle 20.1 Liste der verfügbaren Datumsformatmasken

Format	Bedeutung
DD	Tag des Monats, 1–31, zweistellig
DDD	Tag des Jahres, 1–366
DL	»langes Datum«; liefert eine lange Datumsformatierung in Abhängigkeit von den Parametern nls_date_format, nls_territory und nls_language, in Deutschland zum Beispiel: Sonntag, 27. November 2011.
DS	»kurzes Datum«; liefert eine kurze Datumsformatierung in Abhängigkeit der Parameter nls_territory und nls_language, in Deutschland zum Beispiel: 27.11.2011.
DY	abgekürzter Name des Tages; hängt vom Parameter nls_language ab. Groß- und Kleinschreibung sind analog zur Verwendung der Maske: DY = alle Buchstaben groß dy = alle Buchstaben klein Dy = erster Buchstabe groß, dann klein
E	abgekürzter Ära-Bezeichner bei Thai-Kalendern; zu Details frage Tante Wikipedia ...
EE	vollständiger Ära-Bezeichner bei Thai-Kalendern; zu Details frage Tante Wikipedia ...
FF [1..9]	Sekundenbruchteile ohne Dezimaltrennzeichen; um ein Dezimaltrennzeichen zu drucken, wird ein x der Maske vorangestellt oder das Trennzeichen direkt eingefügt. Die nachgestellte Ziffer steuert, wie viele Nachkommastellen angegeben werden. Wird keine Zahl angegeben, ist die Genauigkeit von der Spaltendeklaration oder durch die Standardgenauigkeit definiert.
FM	Erzeugt eine Zeichenkette ohne führende oder nachfolgende Leerzeichen. Wird im Zusammenhang mit ausgeschriebenen Monats- oder Tagesnamen verwendet, um unnötige Leerzeichen zu unterdrücken.
FX	Stellt ein, dass das Formatmodell exakt mit der Zeichenkette übereinstimmen soll.
HH, HH12	Stunde des Tages, 1–12

Tabelle 20.1 Liste der verfügbaren Datumsformatmasken (Forts.)

20

Format	Bedeutung
HH24	Stunde des Tages, 0–23
IW	Kalenderwoche, 1–52(53), basierend auf ISO-Kalender
IYYYY, IYY, IY, I	letzte 4, 3, 2 oder 1 Stelle des ISO-Jahres
J	Julianischer Tag, Anzahl der Tage seit dem 01.01.4712 v. Chr. (nach astronomischer Rechnung: 01.01.-4713)
MI	Minute, 0–59 *Achtung*: Nicht mit MM (Monat) verwechseln!
MM	Monat, 01–12 *Achtung*: Nicht mit MI (Minute) verwechseln!
MON	abgekürzter Name des Monats; hängt vom Parameter nls_language ab. Groß- und Kleinschreibung sind analog zur Verwendung der Maske: MON = alle Buchstaben groß mon = alle Buchstaben klein Mon = erster Buchstabe groß, dann klein
MONTH	vollständiger Name des Monats; hängt vom Parameter nls_language ab. Groß- und Kleinschreibung sind analog zur Verwendung der Maske: MONTH = elle Buchstaben groß month = alle Buchstaben klein Month = erster Buchstabe groß, dann klein
PM, P.M.	Mittagsanzeige mit oder ohne Punkte
Q	Quartal des Jahres, 1–4, Januar bis März = 1
RM	Monat in römischer Nummerierung, I–XII, Januar = I
RR	zweistellige Jahresinterpretation; ist der Wert zwischen 00 und 49, wird das Jahr dem aktuellen Jahrhundert zugerechnet, ansonsten dem vergangenen Jahrhundert. Ist das aktuelle Jahr > 49, ist die Logik umgekehrt. Es wird erreicht, dass das Jahr dem »plausibelsten« Jahrhundert zugewiesen wird. *Achtung*: Bei Geburtstagen ist diese Logik nicht plausibel!

Tabelle 20.1 Liste der verfügbaren Datumsformatmasken (Forts.)

Format	Bedeutung
RRRR	gerundetes Jahr; verhält sich bei zweistelliger Eingabe wie RR, ansonsten wird das Jahrhundert explizit angenommen.
SS	Sekunde, 0–59
SSSSS	Anzahl der Sekunden seit Mitternacht, 0–86399
TS	»kurzes Zeitformat«; liefert eine kurze Zeitformatierung in Abhängigkeit von den Parametern nls_date_format, nls_territory und nls_language, in Deutschland zum Beispiel: 18:48:27. *Achtung:* Ist nur zur Verwendung in Zusammenhang mit den Formatmasken DL oder DS geeignet.
TZD	Sommerzeitinformation; abgekürzte Bezeichnung einer Zeitzone mit Sommerzeit. Muss mit TZR korrespondieren. *Achtung:* Ist nur für Zeitstempel nutzbar, nicht für date.
TZH	Zeitzonenstunde; wird zusammen mit TZM verwendet. *Achtung:* Ist nur für Zeitstempel nutzbar, nicht für date.
TZM	Zeitzonenminute, wird zusammen mit TZH verwendet. *Achtung:* Ist nur für Zeitstempel nutzbar, nicht für date.
TZR	Zeitzonenregion *Achtung:* Ist nur für Zeitstempel nutzbar, nicht für date.
WW	Woche des Jahres (nach Oracle-Implementierung), 1–53; beginnt mit dem ersten Tag des Jahres in 7-Tage–Inkrementen.
W	Woche des Monats (nach Oracle-Implementierung), 1–5; beginnt mit dem ersten Tag des Monats in 7-Tage–Inkrementen.
X	lokaler Dezimaltrenner bei Sekundenbruchteilen in Zeitstempeln
Y,YYYY	Jahresangabe mit Komma an der entsprechenden Position *Achtung:* Zeichen wird nur an dieser Stelle erkannt und durch das Tausendertrennzeichen ersetzt. Hängt ab von den Parametern nls_territory und nls_language.
YEAR, SYEAR	ausgeschriebene Jahresangabe, nicht lokalisiert; vorangestelltes S erzeugt ein Minuszeichen bei Jahren v. Chr.

Tabelle 20.1 Liste der verfügbaren Datumsformatmasken (Forts.)

20

Format	Bedeutung
YYYY, SYYYY	vierstellige Jahresangabe; vorangestelltes S erzeugt ein Minuszeichen bei Jahren v. Chr.
YYY, YY, Y	3, 2 oder 1-stellige Jahreszahl

Tabelle 20.1 Liste der verfügbaren Datumsformatmasken (Forts.)

Diese Liste gibt einen Eindruck der Vielfalt der verfügbaren Formatmaskenelemente. Ich empfehle Ihnen schon, sich einmal einige Formatmasken anzusehen und damit zu experimentieren. Mir selbst ist irgendwann auch einmal passiert, dass ich eine Formel in SQL geschrieben habe, um herauszufinden, der wievielte Tag des Jahres heute ist, bis ich dann darauf hingewiesen wurde, dass dies auch über die Formatmaske DDD möglich sei ...

20.4 Zeilenfunktionen für Zeitstempel mit Zeitzonen

Zusätzlich zu den bereits bekannten Zeilenfunktionen für Datumsangaben existieren noch spezialisierte Zeilenfunktionen für die Bearbeitung von Zeitstempeln mit Zeitzonenangaben.

20.4.1 DBTIMEZONE, SESSIONTIMEZONE

Diese beiden Funktionen haben Sie bereits im Einsatz gesehen, sie dienen der Anzeige der für die Datenbank (dbtimezone) bzw. die Session (sessiontimezone) eingestellten Zeitzonen. Die Ausgabe kann entweder ein Offset in der Form +/- hh:mi oder der Name einer Zeitzone aus V$TIMEZONE_NAMES sein. Die Benutzung hatte ich bereits gezeigt, daher benötigen wir kein weiteres Beispiel hierfür.

20.4.2 FROM_TZ

from_tz ist eine Funktion, die hilft, einen Zeitstempel vom Typ timezone in einen Zeitstempel des Typs timestamp with timezone zu überführen. Als Parameter wird zum einen der Zeitstempel, zum anderen die Zeitzone in der Form +/- hh:mi oder ein gültiger Zeitzonenname aus V$TIMEZONE_NAMES erwartet:

```
SQL> select from_tz(localtimestamp, 'America/Chicago') ts_with_tz
  2    from dual;

TS_WITH_TZ
------------------------------------------------------------------
25.03.12 11:42:03,593000 AMERICA/CHICAGO
```

```
SQL> select from_tz(localtimestamp, '-07:30') ts_with_tz
  2    from dual;


TS_WITH_TZ
----------------------------------------------------------------
25.03.12 11:42:05,046000 -07:30
```

Listing 20.11 Verwendung der Funktion FROM_TZ

Als kleine Nachfrage: Warum habe ich in der Beispielabfrage `localtimestamp` und nicht `systimestamp` verwendet? Probieren Sie es aus …

20.4.3   NEW_TIME

Auch `new_time` ist eine Hilfsfunktion, um eine Zeit aus Zeitzone `a` in Zeitzone `b` zu überführen. Diese Funktion ist gewissermaßen eine Ergänzung zu `from_tz`, doch hat die Funktion gegenüber `from_tz` einige gravierende Einschränkungen:

▶ Der Rückgabetyp der Funktion ist stets `date`, nicht `timestamp with timezone`.

▶ Es steht nur eine eingeschränkte Anzahl an Zeitzonen zur Verfügung, um die Umwandlung vorzunehmen.

Aufgrund dieser Limitierungen ist die Funktion `new_time` hauptsächlich für das explizite Umrechnen eines gegebenen Datums in ein Datum einer anderen Zeitzone interessant, ohne dass dadurch die Zeitzoneninformation dem Datum hinzugefügt würde:

```
SQL> select localtimestamp,
  2         new_time(localtimestamp,
                   'GMT', 'EST') new_date
  3    from dual;


LOCALTIMESTAMP                    NEW_DATE
------------------------------    -------------------
25.03.12 11:50:56,718000          25.03.2012 06:50:56


SQL> select sysdate,
  2         new_time(sysdate, 'GMT', 'EST') new_date
  3    from dual;


SYSDATE               NEW_DATE
-------------------   -------------------
25.03.2012 12:50:57 25.03.2012 07:50:57
```

Listing 20.12 Die Verwendung der Funktion NEW_TIME

Die Liste der verwendbaren Zeitzonenabkürzungen finden Sie in Tabelle 20.2.

Zeitzonenkürzel	Bedeutung
AST, ADT	Atlantic Standard/Daylight Time
BST, BDT	Bering Standard/Daylight Time
CST, CDT	Central Standard/Daylight Time
EST, EDT	Eastern Standard/Daylight Time
GMT	Greenwich Mean Time
HST, HDT	Alaska-Hawaii Standard Time/Daylight Time
MST, MDT	Mountain Standard/Daylight Time
NST	Newfoundland Standard Time
PST, PDT	Pacific Standard/Daylight Time
YST, YDT	Yukon Standard/Daylight Time

Tabelle 20.2 Liste der Zeitzonenkürzel für NEW_TIME

Der Klarheit halber: Diese Einschränkung betrifft nur die Funktion new_time. Daher ist die Funktion from_tz flexibler, hat aber auch den Nachteil (wenn es denn einer ist), timestamp with timezone zurückzuliefern.

20.4.4   SYS_EXTRACT_UTC

Diese Funktion normalisiert einen timestamp with timezone auf UTC. Diese Funktion dürfte (Genaues weiß man nicht) intern von Oracle genutzt werden, um timestamp with timezone auf timestamp with local timezone abzubilden, jedenfalls ist es genau das, was diese Funktion tut:

```
SQL> select sys_extract_utc(
  2            timestamp
  3              '2012-05-15 15:30:00 America/Chicago')
                 utc_time
  4     from dual;

UTC_TIME
---------------------------
15.05.12 20:30:00,000000000
```

Listing 20.13 Verwendung der Funktion SYS_EXTRACT_UTC

20.4.5   TZ_OFFSET

Diese Funktion hat die einfache Aufgabe, die Differenz der übergebenen Zeitzone (als Offset, Zeitzonenname oder als Verweis auf dbtimezone bzw. sessiontimezone) gegenüber UTC auszugeben:

```
SQL> select tz_offset('America/Chicago') offset
  2    from dual;
OFFSET
-------
-05:00
```

```
SQL> select tz_offset('US/Eastern') offset
  2    from dual;
OFFSET
-------
-04:00
```

```
SQL> select tz_offset(dbtimezone) offset
  2    from dual;
OFFSET
-------
+00:00
```

```
SQL> select tz_offset(sessiontimezone) offset
  2    from dual;
OFFSET
-------
+01:00
```

```
SQL> select tz_offset('UTC') offset
  2    from dual;
OFFSET
-------
+00:00
```

Listing 20.14 Verwendung der Funktion TZ_OFFSET

20.4.6   ORA_DST_*

Wenn Sie durch die Oracle-SQL-Dokumentation blättern, kommen Sie eventuell an diesen Funktionen vorbei. Ein erster Blick zeigt Ihnen, dass diese Funktionen mit Zeitzonen zu tun haben. Damit Sie nun nicht denken, dieses Buch behalte Ihnen dieses

Wissen vor, möchte ich zumindest den Hintergrund erläutert haben. Eines vorweg: Sie werden diese Funktionen im Regelfall nicht benötigen. Die Sache ist nämlich die: Eine Oracle-Datenbank speichert die Zeitzonen in einer externen Datei, die sich in einem Programmordner der Datenbank befindet. Das ist eigentlich ein komischer Ort, wo doch Datenbanktabellen existieren, um solche Daten zu speichern, doch ist der Grund unter anderem darin zu suchen, dass externe Programme, zum Teil bei nicht geöffneter Datenbank, auf die Informationen dieser Dateien zugreifen können müssen. Verständlicherweise liegen die Zeitzonendateien in verschiedenen Versionen vor, da sich ja auch die Zeitzonen über die Zeit ändern. Daher kann es sein, dass ein externes Programm auf diese Informationen in einer veralteten oder falschen Version zugreift, falls nicht alle Versionen dieser Dateien im Verzeichnis vorhanden sind, oder aber eine Zeitzonendatei nicht findet, die es dort erwartet. Dieses etwas seltsame Problem betrifft zum Beispiel die Oracle Express Edition in Version 11g, der nicht alle Zeitzonendateien mitgegeben wurden. Diese Dateien, die in einer kurzen und einer langen Version vorliegen, liegen im Verzeichnis *<ORACLE_HOME>\oracore\zoneinfo*. Die Dateien haben nicht notwendigerweise einen direkten Bezug zur Datenbankversion, in Version 11gR2 ist die Datei für die aktuellen Zeitzonen die Datei *timezlrg_14.dat*.

Wir haben bereits gesagt, dass die Datenbank bei der Installation eine Datenbankzeitzone definiert, meistens und empfohlenerweise UTC. Zudem speichert sie Daten mit expliziter Zeitzoneninformation in der Datenbank. Die Angaben dieser Zeitzonen müssen natürlich in den Zeitzonendateien enthalten sein, was nicht notwendigerweise der Fall ist, wenn es sich um exotische Zeitzonen handelt. Wenn nun die Zeitzonendatei einer Datenbank geändert werden soll oder sonstige administrative Arbeiten an diesen Daten durchgeführt werden sollen, benötigen Sie Funktionen, die prüfen, ob es Probleme bei der Umstellung der Zeitzonendatei geben könnte etc. Für solche Zwecke werden die Funktionen dieser Namensgruppe verwendet, also: ein Administrationsthema.

20.5   Abfragen über die Zeit: Flashback

Seit Version 10g der Datenbank (beginnend, aber nicht so komfortabel in Version 9) haben wir ein neues Feature, dass, wenn es denn richtig administriert wurde, eine ganze Reihe Probleme lösen hilft. Dieses Feature heißt *Flashback*. Das Thema Flashback ist eines, das nur mit etwas Mühe in dieses Kapitel passt. Es ist zeitbezogen und wird auch mit Zeitarithmetik verwendet. Daher passt es irgendwie schon. Andererseits ist es auch ein eher administratives Thema, doch ist die Kenntnis dieser Zusammenhänge auch für den reinen SQL-Anwender oder den Anwendungsentwickler interessant. Ich denke, Sie sollten sich einen ersten Überblick verschaffen und dann überlegen, ob dieses Thema für Sie von Interesse ist oder nicht.

Lassen Sie mich, bevor ich auf Anwendungen zu sprechen komme, zunächst erläutern, was Flashback ist. Datenbanken vergessen sofort den alten Zustand, sobald ein Datenbestand geändert wurde. Die einzige Voraussetzung ist, so haben wir gelernt, dass ein `commit` abgesetzt wurde. Danach gibt es keine Möglichkeit mehr, den alten Datenbestand zu restaurieren. Nun stimmt diese Aussage so nicht, denn ein Datenbankadministrator hat immer schon die Möglichkeit gehabt, die Datenbank auf einen früheren Stand zurückzustellen. Allerdings geht das so: Alle Änderungen werden protokolliert, und zwar in der sogenannten *Redo-Log-Datei*. Über die Zeit entstehen viele dieser Redo-Log-Dateien, die typischerweise in einem Archiv aufbewahrt werden. Zusätzlich wird von der Datenbank in regelmäßigen Abständen ein Backup erstellt. Ich möchte die Dinge nicht unnötig komplizieren und gehe daher einfach davon aus, das Backup der gesamten Datenbank wäre zuletzt morgens um 06:00 Uhr erstellt worden. Nun ist es 10:30 Uhr. Ein Benutzer hat einen Fehler in der Datenbank mit `commit` bestätigt und daher soll die Datenbank auf den Stand von 10:15 Uhr zurückgefahren werden. Damit das geht, muss der Administrator das Backup von morgens 06:00 Uhr einspielen (die Datenbank hat danach also den Stand von 06:00 Uhr) und anschließend alle protokollierten Änderungen aus den Redo-Log-Dateien nachspielen, die bis 10:15 Uhr vorgenommen wurden. Anschließend setzt er ein Kommando ab, das der Datenbank mitteilt, dass dieser Stand nun als aktuell angesehen werden soll und öffnet die Datenbank wieder. Der ganze Prozess ist ein wenig aufwendig und unflexibel, war bis Version 9 der Datenbank aber im Prinzip unumgänglich.

Nun aber gibt es Flashback. Diese Funktion speichert die protokollierten Änderungsdaten zusätzlich in einer Datei, die es der Datenbank erlaubt, sich sozusagen rückwärts zu bewegen. Der Administrator benötigt nun nur noch den Befehl

```
flashback database
  to time "to_date('2012-09-15', 'yyyy-mm-dd')";
```

und die Datenbank geht zu diesem Zeitpunkt zurück. Allerdings, das liegt in der Natur der Sache, kann die Datenbank auf diese Weise nicht unendlich weit in die Vergangenheit reisen, denn die Datei, die dies sichern müsste, würde ja unendlich groß. Daher wird dies so administriert, dass ein Zeitintervall eingestellt wird, in dem Oracle garantiert, dass ein Flashback möglich sein wird. Oftmals ist dieses Zeitintervall nur wenige Minuten bis Stunden (die Standardeinstellung sieht 15 Minuten vor) und dient dazu, Ad hoc-Lösungen für Benutzerfehler bereitzustellen.

Wenn Sie wissen möchten, ob Ihre Datenbank diese Option unterstützt, müssen Sie einen Initialisierungsparameter abfragen. Dieser Parameter lautet UNDO_RETENTION und gibt die Zeit in Sekunden an. Die folgende Abfrage zeigt uns die Einstellung:

```
SQL> connect system
Kennwort eingeben:
Connect durchgeführt.
```

```
SQL> show parameter undo_retention;
NAME                     TYPE         VALUE
---------------------- ----------- -------
undo_retention           integer      900
```

Oder, außerhalb von SQL*Plus:

```
SQL> select value
  2     from v$parameter
  3   where name = 'undo_retention';
VALUE
-------
900
```

Listing 20.15 Abfrage des Parameters UNDO_RETENTION

Hier steht der Wert also noch auf dem Standard von 15 Minuten. Setzen Sie eine längere Zeit fest, wird sich die zugehörige Datei vergrößern. Nun ist die Frage, was passiert, wenn die Datei eigentlich noch wachsen müsste, dies aber aus irgendwelchen Gründen nicht kann. In diesem Fall wird eine Schreiboperation auf eine Tabelle gelingen, eine Abfrage auf den früheren Datenzustand aber mit dem Fehler Ora-1555 "snapshot too old" quittiert werden, was bedeutet, dass die Datenbank diesen alten Zustand (trotz gegenteiliger Zusicherung) nicht speichern konnte. Möchten Sie dies nicht, kann Ihr Administrator durch einen Parameter bei der Anlage der Undo-Datei auch erzwingen, dass die Zeit erhalten bleibt. Das hat allerdings zur Folge, dass eine Schreiboperation, die in die Datei sozusagen nicht mehr hineinpasst, nicht ausgeführt werden wird. Soweit zu den eher administrativen Hintergrundinformationen.

20.5.1   Verwendung von Flashback auf Tabellenebene

Allerdings ist diese Option nicht nur für den Datenbankadministrator von Interesse, auch Sie können eine Abfrage erstellen, die Ihnen den Zustand der Daten vor der letzten Änderung (die hierzu mit commit festgeschrieben werden muss) anzeigt. Das ist enorm praktisch bei Bedienfehlern, wie das folgende Beispiel zeigt:

```
SQL> update emp
  2     set deptno = 10;
14 Zeilen aktualisiert

SQL> commit;
Transaktion mit COMMIT abgeschlossen.
```

Gut, die Meldung, das 14 Zeilen aktualisiert wurden, hätte schon skeptisch machen können, aber nun ist es zu spät: Die where-Klausel fehlt, die Information, wo welcher Mitarbeiter gearbeitet hat, ist verloren. Daher erfragen wir den Zustand vor dieser Änderung:

```
SQL> select ename, job, deptno
  2    from emp
  3      as of timestamp
  4          systimestamp - interval '10' minute;
```

```
ENAME      JOB         DEPTNO
---------- --------- ----------
SMITH      CLERK           20
ALLEN      SALESMAN        30
WARD       SALESMAN        30
JONES      MANAGER         20
MARTIN     SALESMAN        30
BLAKE      MANAGER         30
CLARK      MANAGER         10
SCOTT      ANALYST         20
KING       PRESIDENT       10
TURNER     SALESMAN        30
ADAMS      CLERK           20
JAMES      CLERK           30
FORD       ANALYST         20
MILLER     CLERK           10
14 Zeilen ausgewählt.
```

Da haben wir also die Daten vor der Transaktion am Wickel. Beachten Sie die Klausel as of timestamp. Hier sind auch Alternativen möglich, doch werden Sie als SQL-Anwender wohl vor allem mit dieser Variante zu tun haben. Wir sehen also 10 Minuten in die Vergangenheit, genug, um die alten Daten vor der Änderung zu sehen. Die folgende Anweisung schreibt diese alten Daten wieder zurück:

```
SQL> update emp e
  2    set deptno = (select deptno
  3                    from emp
  4                      as of timestamp
  5                      systimestamp - interval '10' minute
  6                    where empno = e.empno);
14 Zeilen wurden aktualisiert.
```

```
SQL> commit;
Transaktion mit COMMIT abgeschlossen.
```

Die Daten wurden zurückgeschrieben, hier nun zur Kontrolle die korrigierten Daten:

```
SQL> select ename, job, deptno
  2    from emp;

ENAME      JOB          DEPTNO
---------- ---------- ----------
SMITH      CLERK            20
ALLEN      SALESMAN         30
WARD       SALESMAN         30
JONES      MANAGER          20
MARTIN     SALESMAN         30
BLAKE      MANAGER          30
CLARK      MANAGER          10
SCOTT      ANALYST          20
KING       PRESIDENT        10
TURNER     SALESMAN         30
ADAMS      CLERK            20
JAMES      CLERK            30
FORD       ANALYST          20
MILLER     CLERK            10
14 Zeilen ausgewählt.
```

Listing 20.16 Verwendung der Flashback Query

Diese Variante wird von Oracle als *Flashback Query* bezeichnet. Eine zweite Variante der Abfrage kann uns darüber hinaus zeigen, wie sich die Datensätze bewegt haben. In diesem Fall sprechen wir von einer *Flashback Versions Query*. Die Syntax ändert sich insofern, als statt der Klausel as of nun die Klausel versions between timestamp verwendet wird. Auch hier ist es möglich, die Zeit in der Vergangenheit nicht nur über Zeitstempel, sondern auch über SCN anzugeben, doch ist dies, wie gesagt, wohl eher etwas für Administratoren:

```
SQL> select ename, job, deptno,
  2          versions_operation,
  3          versions_xid,
  4          versions_starttime
  5    from emp
  6          versions between timestamp
  7          systimestamp - interval '10' minute
  8      and systimestamp
```

```
 9    where ename = 'SMITH'
10    order by versions_starttime desc nulls last;

ENAME    JOB    DEPTNO V VERSIONS_XID      VERSIONS_STARTTIME
-------  -----  ------ - ---------------- ----------------------
SMITH    CLERK      20 U 07001000E3430000 22.09.12 16:15:25
SMITH    CLERK      10 U 05001100614B0000 22.09.12 16:11:04
SMITH    CLERK      20
```

Listing 20.17 Verwendung der Flashback Versions Query

Hier kommen noch einige Spalten ins Spiel, die wir vorher nicht kannten: Die Spalte VERSIONS_OPERATION, die uns anzeigt, welche Operation ausgeführt wurde (in unserem Beispiel U für update), dann die Spalte VERSIONS_XID, die uns die Transaktions-ID zeigt, schließlich noch die Spalte VERSIONS_STARTTIME, die, wie unschwer zu erraten ist, die Startzeit der Operation anzeigt.

Flashback-Abfragen können im Übrigen auch auf Tabellenebene verwendet werden. Das Problem von oben hätten wir auch einfacher so lösen können:

```
flashback table emp to timestamp
systimestamp - interval '10' minute;
```

Listing 20.18 Verwendung der Flashback Table Query

Doch hat dies den Nachteil, dass Sie hierfür die Enterprise Edition der Datenbank benötigen sowie dass die Tabellen auf spezielle Weise aufgesetzt sein müssen (sie benötigen, das nur für die Administratoren unter Ihnen, die Option enable row movement). Diese Optionen führen mich allerdings zu weit in das Feld der Datenbankadministration, daher verlasse ich diesen Pfad und fasse kurz zusammen, wofür Sie als SQL-Anwender Flashback verwenden können.

20.5.2   Zusammenfassung

Flashback-Abfragen können genutzt werden, um Anwenderfehler zu korrigieren. Vielleicht haben Sie aber eine Anwendung im »regulären« SQL-Umfeld, denn im Rahmen der eingestellten Zeit kann zum Beispiel der Verlauf eines Aktienkurses mit einer einfachen Abfrage dargestellt werden, ohne dass ein historisierendes Datenmodell vorhanden sein muss. Aufgrund der Einschränkungen bezüglich der Garantie, ob der alte Datenbestand auch tatsächlich verfügbar ist, ist dieses Mittel wohl aber kein Ersatz für ein entsprechendes Datenmodell. Bei Licht betrachtet, ist der Einsatzbereich außerhalb der Datenbankadministration für diese Funktionalität wohl cher klein, obwohl Ich mir gut vorstellen kann, dass im entsprechenden Umfeld diese

Möglichkeiten sehr segensreich sind. Eines sollte diese Funktion allerdings keinesfalls auslösen: Eine Sorglosigkeit im Umgang mit Datenänderungen nach dem Motto: Schlägt es fehl, kann ich die alten Daten ja wiederholen. Im Übrigen wird die gleiche Anfrage auch im SQL Developer unterstützt, sie müssen lediglich eine Tabelle auswählen und auf den Reiter FLASHBACK schauen.

Kapitel 21

Objektorientierung in der Oracle-Datenbank

Kaum eine Funktionalität der Oracle-Datenbank hat so kontroverse Diskussionen ausgelöst wie die Integration objektorientierter Techniken. In diesem Kapitel zeige ich Vor- und Nachteile dieser Techniken auf und zeige Ihnen sinnvolle Einsatzgebiete.

Mit Version 8 der Datenbank haben objektorientierte Fähigkeiten Einzug in die vormals rein relationale Oracle-Welt gehalten. Oracle reagierte damit auf die Bewegung der IT-Industrie hin zu objektorientierter Programmierung, aber auch auf die Konkurrenz objektorientierter Datenbanken. In der Zwischenzeit ist die damalige Aufregung der Normalität gewichen, objektorientierte Datenbanken bezeichnen sich heutzutage als postrelational und bieten neben der objektorientierten Schnittstelle auch eine relationale Sicht auf Daten; Oracle selbst bezeichnet seine Datenbank als objektrelationale Datenbank, die eine objektorientierte Sicht auf relationale Daten bietet.

Mittlerweile haben die nachfolgenden Datenbankversionen, insbesondere die Version 9, das Portfolio objektorientierter Funktionen um Vererbung, Typenfunktionen etc. erweitert, so dass prinzipiell dem Gedanken einer objektorientierten Speicherung von zum Beispiel Java-Klassen in der Datenbank kein technischer Grund mehr im Weg steht. Dennoch wird diese Variante äußerst selten eingesetzt. Zu unterschiedlich sind letztlich doch die Anforderungen zwischen diesen beiden Technologien. Insbesondere auch die Tatsache, dass viele Datenmodelle in mehr als einem Anwendungszusammenhang genutzt werden und zum Teil schon seit erheblich längerer Zeit existieren als die aktuellen Anwendungen, hat dieser Technologie den Durchbruch auf breiterer Ebene bislang versagt.

Nicht zuletzt aufgrund der Tatsache, dass Oracle selbst intensiven Gebrauch von Objekten macht (XMLType, Dicom, Spatial, Advanced Queuing, URIType, um nur einige Bereiche zu nennen) ist die Beschäftigung mit den objektorientierten Fähigkeiten der Datenbank für alle Anwender, Administratoren und Programmierer von Oracle-Datenbanken ein Muss.

Allerdings: Die Objektorientierung bei Oracle ist eine Domäne der Anwendungsentwickler, weniger der SQL-Anwender. Für mich ergibt sich hieraus das Problem, dass ich mich bei den Beispielen, die ich Ihnen gebe, auf die »reine Speicherung« von Daten in objektorientierten Strukturen beschränken muss, die zusätzlich mögliche Funktionalität über Methoden der Objekte steht im Hintergrund, ich werde sie aber ganz kurz darstellen. Die Programmierungsmöglichkeiten werden dann im Fokus des entsprechenden Kapitels im zweiten Band stehen.

21.1 Einführung in die Objektorientierung

Dieser Abschnitt gibt Ihnen einen möglichst leicht verständlichen Überblick über die Prinzipien der Objektorientierung, soweit sie für das Verständnis der Objektorientierung einer Oracle-Datenbank erforderlich sind. Bitte verurteilen Sie mich nicht, wenn ich einiges weglasse, und ärgern Sie sich nicht über den vereinfachenden Ton, den ich hier anschlage. Ich gehe fest davon aus, dass Sie, wenn Sie dieser Abschnitt inhaltlich langweilen sollte, Objektorientierung bereits kennen. Dann ist dieser Abschnitt ohnehin nicht für Sie gedacht. Wenn Sie allerdings »schon immer mal« wissen wollten, worum es bei diesem Hype geht, und einen einfachen Einstieg in die Prinzipien suchen, werden Sie, hoffe ich, hier fündig.

Grundlage der objektorientierten Programmierung ist eine andere Sicht auf die Welt. Die Idee ist, dass ein Problem der realen Welt am besten dadurch in Software modelliert werden kann, dass man Programmeinheiten schafft, die reale Objekte möglichst gut nachbilden. Warum, so fragen sich objektorientierte Entwickler, sollte man ein Auto nicht als Softwareobjekt nachbilden? Dann wüsste das Objekt alles, was es als Auto eben wissen, und könnte auch alles, was ein Auto eben können muss. Die Kernidee ist also, Eigenschaften und Fähigkeiten in einem Softwarestück zu bündeln. Ich möchte eigentlich nicht mit dem Beispiel des Autos weitermachen, es ist mir einerseits zu abgedroschen, zum anderen auch zu komplex. Ich möchte etwas Kleineres haben, etwas, bei dem der Nutzen dieser Kombination einfacher nachzuvollziehen ist. Reden wir doch einmal über Geld.

21.1.1 Alles ist ein Objekt

Geld ist deshalb ein gutes Beispiel, weil es eben einige Daten mit umfangreichen Fähigkeiten kombiniert. Vielleicht haben Sie schon einmal Software entwickelt, die (verantwortlich) mit Geld umgehen musste. Dann kennen Sie den Aufwand, der damit verbunden sein kann. Geld darf unter keinen Umständen verloren gehen, es hat einen über die Zeit schwankenden Wert und definiert sich relativ zu anderen Währungen. Das Rechnen mit Geld ist anders als mit normalen Zahlen, verschiedenste Rundungsverfahren müssen implementiert werden usw.

Geld würde in der objektorientierten Datenbank als eigener Datentyp verstanden. Bezeichnen wir ihn im Moment einmal als Klasse (im Sinne von einer Art, einer

Klasse von Dingen). Diese Klasse könnte einfach dadurch gestaltet werden, dass in ihr sowohl der Betrag als auch die Währung gespeichert würde, doch griffe dies zu kurz: Ich müsste immer noch alle Rechenvorschriften, die Formatierung für die korrekte Ausgabe oder was auch immer zusätzlich programmieren und vor allem garantieren, dass die Daten ausschließlich durch diese Rechenvorschriften manipuliert würden, nicht aber durch »einfaches« SQL. Das eigentliche Problem wäre lediglich etwas gemildert. Was aber nun, wenn ich das Geld mit allen Funktionalitäten ausstattete, die ich benötige, um mit diesem Datentyp korrekt umzugehen? Wenn also das Geld selbst wüsste, wie es addiert, dividiert, umgerechnet oder ausgedruckt werden muss? Die Kernidee ist also, dem Datentyp noch die benötigten Fähigkeiten mitzugeben. Wir trennen nicht zwischen Daten und Verhalten, sondern integrieren beides in einer »intelligenten« Klasse.

Lassen wir die Details der Implementierung für den Moment noch beiseite und stellen uns vor, diese Anforderung wäre für die Klasse mit Namen Money erfolgreich umgesetzt. Nun erstelle ich eine Tabellenspalte vom Typ Money. Ich kann nun keine einfache Zahl mehr in diese Spalte einfügen, ähnlich, wie ich nicht einfach 17 in eine Datumsspalte schreiben kann. Ich muss Money in diese Spalte einfügen. Gut, aber dann stellt sich die Frage, wie ich denn wohl Money in der Datenbank erzeugen sollte? Gegenfrage: Wie erstellen Sie denn ein Datum in der Datenbank? Indem Sie eine Funktion aufrufen, die eine Zeichenkette in ein Datum umrechnet und Ihnen das Datum zurückliefert. Daher benötigt diese Funktion nicht nur die Datumszeichenkette, sondern zusätzlich auch noch eine Beschreibung, auf welche Weise die Datenbank diese Zeichenkette interpretieren soll, um daraus ein korrektes Datum zu erzeugen.

Wie erzeugen wir nun Money? Indem wir eine Funktion aufrufen, die den Betrag und die Währung enthält und daraus Money erzeugt. Das Prozedere ist vollständig identisch zum Vorgehen beim Datum und sollte Sie daher nicht schrecken. Das Datumsformat hat lediglich den Vorteil, seit vielen Jahren verwendet und mit Oracle mitgeliefert worden zu sein, daher ist die Funktion (to_date()) ebenfalls seit Langem bekannt. Man hat sich daran gewöhnt. Doch wie ist das mit Money? Oracle kann natürlich nicht wissen, welche Typen Sie für Ihre Domäne noch entwickeln möchten. Daher kann auch keine Funktion mitgeliefert werden, die Ihre Klasse erzeugen kann. Aus diesem Grund benötigen wir einen anderen Mechanismus. Und ich finde, dass dieses Problem überraschend einfach gelöst wurde: Die Funktion zur Erzeugung eines Typs heißt einfach so wie der Typ selbst. Haben wir einen Typ Money, dann heißt die Funktion, um Money zu erzeugen, eben Money(). Als Parameter werden die Parameter erwartet, die Sie benötigen, um einen Typ mit Werten zu belegen, also in unserem Beispiel die Parameter Betrag und Währung. Diese Werte werden als *Attribute* der Klasse bezeichnet, im Gegensatz zu den Prozeduren und Funktionen, die allgemein als *Methoden* der Klasse bezeichnet werden. Damit haben wir also schon einmal dieses Problem im Griff. Die Methode, die den Datentyp selbst erzeugt, heißt Konstruktor, denn sie »konstruiert« ja diesen Datentyp. Bei Oracle wird diese Funktion *Konstruktormethode* genannt. Das konkrete Money, den diese Konstruktormethode liefert, wird übrigens nicht mehr als Klasse bezeichnet, denn dieser Begriff bezeichnet ja sozusagen die allgemeine Bauweise dieser Typen. Stattdessen spricht man von einer *Instanz* dieser Klasse, ähnlich, wie ein konkretes Datum ja auch nicht identisch zum Datentyp date ist, sondern sozusagen eine konkrete Anwendung. Als alternativer Begriff für eine solche Instanz hat sich der geläufige Begriff *Objekt* eingeprägt. Da haben Sie also Ihr Objekt! Wir verstehen nun, warum Programmiersprachen, die so arbeiten, *objektorientiert* heißen: Sie orientieren sich in ihrer Ausrichtung daran, Objekte aus Klassen zu erzeugen und mit diesen Objekten zu arbeiten. Denn da unser Objekt vom Typ Money ist, hat es nicht nur die Attribute, sondern auch die Methoden des Typs bei sich und kann nun alles, was Sie der Ausgangsklasse Money beigebracht haben.

21.1.2 Das zweite Reizwort: Vererbung!

Nun ist Geld allerdings vielgestaltig. Euro verhalten sich, was bestimmte Eigenschaften angeht, anders als zum Beispiel der schweizerische Franken. Der Franken kennt zwar theoretisch auch einen einzelnen Rappen, hat dafür aber keine Münze. Die kleinste Münze ist die 5-Rappen-Münze. Eine Diskussion, die 1- und 2-Cent-Münzen abzuschaffen, hat es übrigens in Deutschland auch schon gegeben. Es war für mich eine lehrreiches Stück, zu hören, mit welchen Argumenten der Erhalt dieser Münzen durchgesetzt wurde: Es sei ungerecht, auf den nächsten 5-Cent-Betrag zu runden, da dies statistisch zulasten der Verbraucher gehe. Mathematisch habe ich das zwar nicht verstanden, aber das ist ein anderes Thema. Kommen wir darauf zurück, dass Geld sich verschieden verhalten kann. Nun muss ich als Entwickler natürlich Sorge dafür tragen, dass sich jede Währung auch korrekt verhält. In einer herkömmlichen Programmierung hat dies zur Folge, dass in einer langen Auswahlliste entschieden werden muss, welches Verhalten für welche Währung implementiert werden soll. Denn wenn zum Beispiel der Franken ein abweichendes Rundungsverhalten erfordert, prüfe ich, ob die Währung des aktuellen Geldbetrags der Franken ist und rufe dann eine andere Rundungsmethode auf als beim Euro. Objektorientierung löst dieses Problem anders: Es schafft eine Hierarchie von aufeinander bezogenen Klassen. Stellen wir uns in dieser Hierarchie Money als »Stammvater« vor. Nun könnte von diesem Typ ein EuroTyp und ein FrankenTyp abgeleitet werden. Wichtig wäre allerdings, dass sich diese »Nachkommen« in den relevanten Teilen wie ihr Stammvater verhalten, ähnlich, wie alle Autos ein Lenkrad, ein Gaspedal und eine Bremse besitzen. Es sollte idealerweise möglich sein, in einer Tabellenspalte alle Nachkommen von Money zu speichern, unabhängig davon, dass einige von ihnen vielleicht das Rundungsverhalten anders verstehen als andere. Und genau das ist möglich. Money spielt die Rolle des Stellvertreters, er vereint in sich sozusagen die Fähigkeiten aller Nachkommen und kann daher als Spaltentyp herhalten, obwohl in der Spalte später ausschließlich seine

Nachkommen gespeichert werden. In der Objektorientierung wird die Implementierung der Möglichkeit, sich auf eine andere Klasse zu beziehen und dessen Fähigkeiten zu benutzen, als *Vererbung* bezeichnet.

Denken wir dieses Gedankenspiel noch etwas weiter. Wir können, hätten wir einen `EuroTyp` und einen `FrankenTyp` erstellt, auf die oben geschilderten Entscheidungsbäume verzichten! Warum? Weil der `EuroTyp` einfach ein anderes Rundungsverhalten bekommt als der `FrankenTyp`. Auch hier mag ein Vergleich mit dem Auto diesen Sachverhalt verdeutlichen: Ob Ihr Gaspedal mit einem Bowdenzug mit dem Motor verbunden ist oder diese Steuerung elektronisch vornimmt, ist Ihnen weitgehend egal, denn Sie geben in allen Autos auf die gleiche Weise Gas. Wichtig ist letztlich ja nur, dass beide Typen überhaupt runden können und dass der Aufruf der Rundungsfunktion bei beiden Typen gleich ist. Solange dies sichergestellt ist, brauchen wir eigentlich gar nicht zu wissen, wie die einzelnen Typen konkret runden, solange die Datentypen selbst wissen, wie sie *korrekt* runden. Da aber nun der `FrankenTyp` auf fünf Rappen rundet und der `EuroTyp` (zumindest in Deutschland und zumindest jetzt noch!) auf einen Cent, muss ich nicht mehr entscheiden, welche Rundungsfunktion aufgerufen werden muss, und der Entscheidungsbaum entfällt.

Allerdings hieße das ja nun auch, dass wir bei jedem Typ jede Funktion immer wieder neu definieren müssten, und das kann es ja wohl nicht sein, insbesondere wenn wir gar keine Änderung des Verhaltens durchführen wollen. Zum Glück ist das auch gar nicht nötig, denn wir werden es uns einfach machen und sagen, dass alle Funktionen, die gleich sind, unverändert vom Stammvater übernommen werden sollen. Daher muss ich nur *die* Funktionen neu definieren, die ich anders implementieren möchte. Zusätzlich kann ich aber auch neue Funktionen hinzufügen, die nur dieser Nachkomme beherrscht. Natürlich kann ich dann nicht mehr diese Funktion für alle anderen Typen aufrufen, doch ist das vielleicht im Einzelfall auch gar nicht nötig. Ideal wäre eigentlich: Der Stammvater definiert eine Methode. Damit steht diese Methode allen Nachkommen zur Verfügung. Diese benutzen diese Methode auch, es sei denn, sie benötigen die Funktion etwas anders. Dann definieren diese Nachkommen die allgemeine Methode nach ihren Bedürfnissen neu. Bei der Ausführung wird dann immer die Methode genommen, deren Definition sozusagen am nächsten zum Nachkommen steht: Hat er selbst eine Definition, so nimmt er diese. Hat sein Vorfahr eine, so nimmt er diese. Der Nachkomme »überschreibt« also sozusagen die Standardimplementierung. Und genauso wird dieses Verfahren auch genannt: *Überschreibung* (*Override*).

21.1.3   Abstrakte und finale Klassen

Ein weiteres Konzept entwickelt sich direkt aus der Vererbung. Stellen Sie sich vor, wir hätten für jede Währung eine entsprechende Klasse erstellt und diese bezögen sich alle auf den Stammvater (oder die Urmutter, wenn Ihnen das besser gefällt)

Money, in dem viele der gemeinsamen Methoden deklariert und implementiert wurden. Dann wollen wir vielleicht gar nicht, dass jemand die Konstruktormethode von Money aufruft, denn die Lebensberechtigung von Money erschöpft sich darin, für andere die gemeinsame Funktionalität bereitzustellen und als »Platzhalter« für Tabellendeklarationen zu fungieren. Doch wie wollen wir verhindern, dass jemand dies dennoch tut? Dies erreichen wir, indem wir diese Klasse als *abstrakt* definieren. Ein großes Wort für eine eigentliche Kleinigkeit: Abstrakte Klassen lassen sich nicht instanziieren, sondern dienen lediglich als Stammklasse für *konkrete Klassen* (das ist der Begriff für das Gegenteil von abstrakt).

Auch in eine andere Richtung können wir allerdings noch denken: Vielleicht möchten wir verhindern, dass eine Klasse Nachkommen bekommt. So könnte es sinnvoll sein, zu verbieten, dass weitere Klassen von EuroTyp abgeleitet werden. Wer sollte so etwas überhaupt wollen? Vielleicht entscheiden die Niederlande, die Rundung auf fünf Cent einzuführen, Deutschland aber nicht. Und nun? Wohin jetzt mit der Rundungsfunktion? Warum erben wir nicht vom EuroTyp einen NLEuroTyp? Vielleicht missfällt dies allerdings den Verantwortlichen und sie entscheiden, solche Erweiterungen nicht zuzulassen. Dann können Klassen als *final* bezeichnet werden. Finale Klassen lassen sich nicht ableiten (es können also keine Nachkommen erzeugt werden, wenn Sie von der anderen Seite aus gucken). Eine nette Kombination wäre im Übrigen eine abstrakte, finale Klasse. Diese Klasse wäre die vollkommene Verkörperung eines Stoikers, der, unbeeinflusst von äußeren Einflüsterungen, sich selbst genug wäre.

Bei Oracle werden diese Begrifflichkeiten zum Teil etwas anders benannt. Das ist für Programmierer wohl auch von Interesse. Wichtig ist mir hier aber eher, Begriffe der Objektorientierung einzuführen, damit sich diese für Sie mit Sinn füllen.

21.1.4 Objektidentität versus Statement of Truth

In einer Datenbank ist es ja ganz einfach: Eine Zeile ist eine Zeile. Zwei Zeilen, die in allen Spalten gleiche Werte speichern, sind nicht voneinander unterscheidbar und gelten als Fehler in der Datenbankmodellierung. Komplizierter werden die Dinge, wenn wir LOBs betrachten, denn dort wird die eigentliche Information durch einen Zeiger repräsentiert. Nun können wir unterscheiden, ob zwei Zeiger auf das gleiche LOB zeigen oder ob zwei unterschiedliche LOBs den gleichen Inhalt haben. Da werden die Dinge also bereits etwas komplizierter, allerdings aus gutem Grund, denn ansonsten hätten wir größte Datenmengen im Arbeitsspeicher, obwohl wir vielleicht eigentlich nur wissen wollten, ob dieses LOB überhaupt existiert. Das ist in der Objektorientierung vergleichbar, denn eine Klasse ist für sich eigentlich nicht nutzbar, sondern lediglich als instanziiertes Objekt. Dieses Objekt wird ebenfalls durch einen Zeiger auf dieses Objekt repräsentiert, ähnlich wie ein LOB-Zeiger ein LOB repräsentiert. Es wäre also theoretisch möglich, mehrere Zeiger auf das gleiche Objekt zeigen zu lassen. Vielleicht hätte man dies auch anders machen können, aber Objekte können, ähnlich wie LOBs, erhebliche Datenmengen repräsentieren, daher ist die Aufteilung in einen Zeiger und die tatsächlichen Daten nicht schlecht.

Nun kommt eine Sache, die Einsteiger in die Objektorientierung immer verzweifeln lässt: Gleich ist in der Objektorientierung nicht gleich. Vor dem Hintergrund dessen, was ich bislang gesagt habe, ist das eigentlich verständlich: Wenn zwei Zeiger auf das gleiche Objekt zeigen, kann ich entweder prüfen, ob die beiden Zeiger auf das gleiche Objekt zeigen, oder aber, ob sie auf zwei unterschiedliche Objekte zeigen, die sich allerdings gleichen, zum Beispiel, weil alle Attribute gleich sind. Zunächst zum ersten Fall: Zwei Zeiger repräsentieren jeweils ein Objekt. Doch, handelt es sich hierbei um ein und dasselbe Objekt? Dies prüfen wir, indem wir die beiden Zeiger auf Gleichheit prüfen. Zeigen die beiden Zeiger auf unterschiedliche Objekte, sind sie (die Zeiger!) nicht gleich. Jetzt der zweite Fall: Zeigen die Zeiger auf unterschiedliche Objekte, könnten diese Objekte dennoch »gleich« sein. Warum in Anführungszeichen? Na ja, was heißt denn jetzt schon gleich? Sind eineiige Zwillinge gleich? Sind Objekte immer dann gleich, wenn sie gleiche Attributwerte haben? Wie vergleiche ich Objekte, die ich ja selbst gerade erst erstellt und definiert habe? Darum geht es beim zweiten Vergleich. Dieser Vergleich ist nicht generisch zu beschreiben, sondern muss von jedem Objekt selbst vereinbart werden. Ich betrachte vielleicht ein Auto dann als gleich, wenn es den gleichen Hersteller, Typ, Farbe etc. hat, auch wenn die Fahrgestellnummern voneinander abweichen. Was gleich ist, entscheidet derjenige, der die Klasse deklariert.

So geschmäcklerisch ist die Datenbank nicht, wie wir gesehen haben: Eine Zeile ist gleich einer anderen Zeile, wenn sie in allen Attributen übereinstimmt. Diese (Datenbank-)Sicht auf die Dinge wird gelegentlich als *Statement of Truth* bezeichnet. Das bedeutet: Ist eine Zeile vorhanden, die die Daten eines Kunden enthält, so *ist* diese Zeile für die Datenbank der Kunde. Wir haben also nun einen unterschiedlichen Begriff von Identität. Eine Datenbankzeile existiert als Summe ihrer Attribute, während ein Objekt eine unabhängige Identität über den Zeiger hat. Die Analogie wäre enger, wenn wir für eine Zeile auch noch die rowid mit ins Spiel brächten, denn dann könnten wir sagen: Auch die Zeile einer Datenbank hat eine zweite Identität über ihre Speicheradresse. Allerdings werden Objekte immer nur über diese Zeiger angesprochen, daher ist die Analogie in der Realität etwas schief, denn die rowid ist nicht identitätsstiftend, sie kann, ohne Zutun der Anwendung, zum Beispiel durch administrative Eingriffe verändert werden.

Doch was speichert nun der Zeiger? Technisch gesehen, werden die Objekte im laufenden Programm durch ihre Speicheradresse unterschieden, ebenso, wie persistente LOBs durch ihre Speicheradressen auf der Platte unterschieden werden. Das bedeutet natürlich auch, dass, wenn ein Objekt gespeichert (und irgendwann auch wiedergefunden) werden soll, eine *zusätzliche* Identifikation mitgespeichert werden muss, die sozusagen diese Identität des Objekts repräsentiert. Diese Information wird bei Oracle-Datenbanken die *Objekt-ID* (*OID*) genannt und von Oracle automatisch erzeugt. Werden Objekte in der Datenbank gespeichert, benötigen sie also verpflichtend eine OID, weil Sie anders nicht wiederzufinden wären.

Es geht noch weiter: Klassen müssen vereinbaren, auf welche Weise sie sortiert werden können. Denken wir an Money: Wie, um alles in der Welt, soll Money sortiert werden? Nach Währung und dann nach Betrag? Oder umgekehrt? Diese Fragen müssen wir explizit klären. Ebenso verhält es sich mit der Frage, welches Kriterium für die Indizierung herangezogen werden soll. Da Objekte in der Regel über viele Attribute verfügen, muss geklärt werden, mittels welcher Logik ermittelt werden kann, wie ein Index über ein Objekt erstellt werden kann, wie Objekte also sortiert werden können.

21.1.5   Klassen haben komplexe Strukturen

Ein großer Unterschied zwischen objektorientierter und relationaler Speicherung ist bei der Abbildung von 1:n-Beziehungen zu erkennen. Relationale Datenbanken (darüber denkt man eigentlich nie nach, weil es im Laufe der Jahre so selbstverständlich geworden ist) werden so gestaltet, dass die Vaterdatensätze ihre Kinddatensätze nicht kennen, sondern nur umgekehrt. Wie das? Nun, ein Fremdschlüssel zeigt auf den Vaterschlüssel, nicht umgekehrt. Das ist mathematisch wahrscheinlich sinnvoll, aber natürlich nicht uneingeschränkt intuitiv. Normalerweise sind wir an eine umgekehrte Sprachregelung gewöhnt: »Diese Rechnung besteht aus diesen Rechnungspositionen«, nicht aber: »Diese Rechnungspositionen gehören zu dieser Rechnung«. Die Datenbank zwingt uns, genau andersherum zu denken, als wir dies intuitiv tun würden. Objektorientierte Programmierung nicht: Wenn ein Objekt eine Liste von anderen Objekten enthält (das klingt jetzt komisch, sagen wir, wenn eine Rechnung eine Liste von Rechnungspositionen enthält), dann wird dies so gestaltet, dass die Rechnung halt eine Liste von Rechnungspositionen enthält. Klingt nachvollziehbar? Wie auch immer, jedenfalls klingt das nach nichts Gravierendem. Ob die Beziehung nun linksrum oder rechtsrum gestaltet wird, sollte doch keine Glaubenskriege auslösen, oder? Tatsächlich ist in diesem Problem jedoch ein erhebliches Abbildungsproblem enthalten, denn ähnlich wie bei XML benötigt die Objektorientierung aus diesem Grund keine Schlüsselwerte, nur um eine Beziehung zu modellieren. Warum auch, die Objekte sind ja in das Vaterobjekt eingeschachtelt. Im Gegenteil sehen Sie wohl eher verwunderte Blicke bei objektorientierten Programmierern, wenn Sie diesen erklären, wozu Sie all diese Schlüssel in Datenbanken benötigen. Und dann dürfen die einzelnen Zeilen auch nur in einer bestimmten Reihenfolge eingefügt und in der umgekehrten Reihenfolge gelöscht werden.

Das Problem wirft allerdings auch ein Licht darauf, dass Klassen aus Klassen bestehen, und so eine erheblich komplexe, innere Struktur aufweisen können. Diese internen Strukturen sind sozusagen das Datenmodell der Objektorientierung, und das ist genau umgedreht zur relationalen Datenmodellierung. Ich würde sagen, dass das relationale Modell prima darin ist, viele Datenstrukturen effizient zu speichern, wohingegen die objektorientierte Sichtweise prima darin ist, eine komplexe Datenstruktur intuitiv abzubilden. Denn komplex sind unsere Datenstrukturen in beiden Fällen, da sollten sich relationale Datenmodellierer nicht auf eine einzelne Tabelle herausreden. Um eine Datenstruktur, sagen wir, eine Rechnung inkl. Lieferant, Artikelstammdaten, Rechungspositionen, gewährter Skonti etc., aus relationalen Tabellen zusammenzustellen, ist erheblicher (SQL-)Aufwand erforderlich. Das Ergebnis ist eine komplexe Datenstruktur. Diese Darstellung ist in der Objektorientierung intuitiver. Allerdings haben objektorientierte Strukturen große Probleme damit, eine Auswertung über Hunderte und Tausende dieser komplexen Strukturen durchzuführen. Aber deshalb ist ja nun keines der Verfahren per se schlecht!

Nehmen wir diese Unterschiede mit Langmut hin (hier im Rheinland weiß man: Jeder Jeck ist anders!), bleibt dennoch ein wesentliches Problem bestehen. Dieses Problem liegt darin, dass die unterschiedlichen Sichtweisen aufeinander abgebildet werden müssen. Objekte wollen in Tabellen gespeichert werden. Dazu müssen die Objekte zunächst einmal lernen, was ein ordentlicher Primärschlüssel ist. Doch damit fängt die Lernkurve erst an: Jeder hierarchische Teilbaum der Klasse muss nämlich ebenfalls einen Schlüssel erhalten, um auf seinen Vaterdatensatz zeigen zu können. Dann muss die Struktur in der richtigen Reihenfolge in Tabellen überführt werden. Schließlich muss noch geklärt werden, auf welche Weise Klassen, die sich nur in Nuancen unterscheiden (Vererbung ist hier das Stichwort!) auf Tabellen abgebildet werden. Was, wenn eine abgeleitete Klasse ein weiteres Attribut deklariert? Wohin speichere ich so ein Ding? Um ehrlich zu sein: Hier spielt die Musik. Diese Probleme hat die Industrie, allen gegenteiligen Marketingpapieren zum Trotz (objektrelationales Mapping und Konsorten) nicht im Griff. Zu komplex sind die Probleme, zu unterschiedlich die Anforderungen. Leider kann auch ich Ihnen in diesem Punkt nicht helfen: Das ist und bleibt eine Einzelfallentscheidung mit einer Menge unbekannter Variablen! Projekte stehen und fallen da und dort durchaus mit der Lösung dieses Problems. Das Einzige, was ich Ihnen sicher sagen kann: Eine gute Lösung werden Sie nur dann finden, wenn Sie beide Seiten der Medaille gut genug kennen, um die Folgen Ihrer Entscheidungen abwägen zu können. Und die besten Lösungen kommen diesmal nicht aus dem Internet, sondern tatsächlich nur aus sorgfältiger Analyse Ihres konkreten Problems und der möglichen Lösungsansätze.

21.2   SQL-Typen

Im Grundsatz rankt sich die objektorientierte Fähigkeit der Datenbank um die strukturierten Datentypen type (was in etwa einer Klasse mit einfachen Attributen entspricht), varray (eine Liste bekannter Länge eines Typs) und nested table (eine Liste unbekannter Länge eines Typs). Mit den `varray` können wir zum Beispiel eine Liste von bis zu drei Telefonnummern in einer einzelnen Tabellenzelle speichern, im Gegensatz dazu könnte eine `nested table` in einer Zelle einer Tabelle eine Liste von Rechnungspositionen beliebiger Länge speichern.

Zunächst ist diese Denkweise etwas ungewohnt, und, wie eingangs bemerkt, auch in der Praxis zur Speicherung von Daten seltener anzutreffen. Die Strukturen sollten Sie dennoch im Grundsatz kennen, denn als View werden sie ebenso verwendet wie als Typen in der Programmierung der Datenbank.

21.2.1   TYPE

Beginnen wir mit einem `type`. In der einfachsten Form können Sie verschiedene Datentypen unter einem Namen zusammenfassen und unter einem neuen Datentyp ansprechen. So könnte zum Beispiel eine Adresse aufgebaut werden wie folgt:

```
SQL> CREATE TYPE Adresse_Typ AS OBJECT (
  2    Plz          number(5),
  3    Ort          varchar2(40),
  4    Strasse      varchar2(40),
  5    Hausnr       varchar2(5)
  6    );
  7  /
Typ wurde erstellt.
```

```
SQL> desc adresse_typ;
 Name            Null?    Typ
 ------------    -------- -------------
 PLZ                      NUMBER(5)
 ORT                      VARCHAR2(40)
 STRASSE                  VARCHAR2(40)
 HAUSNR                   VARCHAR2(5)
```

Listing 21.1 Ein einfacher Adresstyp

Beachten wir die Details. Neben den nun bereits gewohnten Schlüsselworten `create type` und dem Namen fällt auf, dass wir noch `as object` schreiben, bevor wir eine Definition der Bestandteile des Typs vornehmen, wie wir das bei Tabellen täten. Ein Detail ist auch, dass zum Ende der Anweisung (zumindest in `SQL*Plus`) der Schrägstrich gesetzt werden muss. Das liegt daran, dass ein Objekt nicht in SQL, sondern in PL/SQL deklariert wird. Neben den Attributen kann ein Objekt eben auch Methoden in Form von Funktionen und Prozeduren enthalten. Daher erfolgt die Deklaration in der Programmiersprache von Oracle und nicht in SQL. In dieser Programmiersprache jedoch wird das Semikolon als Endezeichen einer einzelnen Anweisung, nicht aber des gesamten Programms verwendet. Daher benötigt SQL*Plus im »Programmiermodus«, in dem es sich nun befindet, ein weiteres Steuerzeichen, um diesen Modus wieder zu verlassen, und dieses Sonderzeichen ist der Schrägstrich, der als einziges Zeichen auf einer neuen Zeile steht.

Wir haben nun einen eigenen Datentyp erstellt. Die Frage ist nun, wie ein solcher Typ erzeugt wird. Ich habe bereits beschrieben, dass in der objektorientierten Welt mit Konstruktormethoden gearbeitet wird, die ebenso heißen, wie der Typ selbst. Daher ist die Instanziierung eines Objekts relativ einfach:

```
SQL> select adresse_typ(
  2             12345, 'Dorthausen', 'Hohlweg', '7') adresse
  3    from dual;

ADRESSE(PLZ, ORT, STRASSE, HAUSNR)
------------------------------------------------------------
ADRESSE_TYP(12345, 'Dorthausen', 'Hohlweg', '7')
```

Listing 21.2 Die Verwendung eines Objekts in SQL

Natürlich ist auch dieses Objekt derzeit lediglich im Arbeitsspeicher enthalten. Wenn wir einen Schritt weitergehen, können wir zunächst in dieses Objekt »hineingreifen«, um die einzelnen Bestandteile wieder auszulesen. Ich mache das hier, indem ich das Objekt in einer Inner View erzeuge und anschließend Teile anzeigen lasse:

```
SQL> with objekt as (
  2       select adresse_typ(
  3               12345, 'Dorthausen', 'Hohlweg', '7') adresse
  4        from dual)
  5  select o.adresse.plz plz,
  6         o.adresse.ort ort,
  7         o.adresse.strasse strasse,
  8         o.adresse.hausnr hausnr
  9    from objekt o;

       PLZ ORT        STRASSE H
---------- ---------- ------- -
     12345 Dorthausen Hohlweg 7
```

Listing 21.3 Zugriff auf die Objektattribute

Wir verwenden eine Punktnotation, um auf die Bestandteile des Objekts zugreifen zu können. Das ist auch logisch und konsistent, wenn wir überlegen, dass eine Tabelle ja auch über SCOTT.EMP ansprechbar ist. Auch hier trennt der Punkt die hierarchischen

719

Ebenen. Vergessen Sie nicht die Spaltenbezeichnung ADRESSE, die wir unserem Objekt als Alias vergeben haben, den Bestandteilen des Objekts voranzustellen. Dann ist es immer erforderlich, die Tabelle, die das Objekt enthält, durch ein Alias zu kennzeichnen und dieses Alias auch beim Zugriff auf die Objektbestandteile zu benutzen. Dadurch hat Oracle einen Zeiger auf das Objekt, um die Referenzen aufzulösen. Machen Sie dies nicht, erhalten Sie eine Fehlermeldung:

```
SQL> with objekt as (
  2        select adresse_typ(
  3                  12345, 'Dorthausen', 'Hohlweg', '7') adresse
  4          from dual)
  5  select adresse.plz plz,
  6         adresse.ort ort,
  7         adresse.strasse strasse,
  8         adresse.hausnr hausnr
  9    from objekt;
       adresse.hausnr hausnr
       *
FEHLER in Zeile 8:
ORA-00904: "ADRESSE"."HAUSNR": ungültiger Bezeichner
```

Listing 21.4 Hier fehlt das Tabellen-Alias, und schon geht's schief.

Natürlich haut uns dieses Beispiel noch nicht um. Diese Daten zu speichern, soviel ist klar, wäre auch mit einer »normalen« Tabelle möglich gewesen. Und das wird auch so bleiben, denn alle Erweiterungen, die ich nun noch besprechen möchte, können (und müssen, Oracle macht unter der Haube auch nichts anderes) in relationalen Tabellen gespeichert werden. Das ist aber auch nicht der Punkt. Sehen wir es doch einmal aus diesem Blickwinkel: Die Daten, die bislang relational gespeichert wurden, können mit einer einfachen View nun objektorientiert dargestellt werden. Nehmen wir doch einfach einmal einen Typ, der einen Mitarbeiter repräsentiert:

```
SQL> create type mitarbeiter_typ as object (
  2    emp_id number,
  3    emp_name varchar2(20 char),
  4    job varchar2(20 char),
  5    salary number,
  6    hire_date date,
  7    department_id number
  8  );
  9  /
Typ wurde erstellt.
```

Listing 21.5 Erstellung eines Objekts, das einen Mitarbeiter repräsentiert

Nun können wir eine View erstellen, die unsere Mitarbeiter als Objekte anbietet:

```
SQL> create or replace view emp_obj as
  2    select mitarbeiter_typ(
  3             empno, ename, job, sal, hiredate, deptno
  4           ) mitarbeiter
  5      from emp;
View wurde erstellt.
```

```
SQL> select mitarbeiter
  2      from emp_obj;
```

```
MITARBEITER(EMP_ID,EMP_NAME,JOB,SALARY,HIRE_DATE, DEPARTMENT_ID)
----------------------------------------------------------------
MITARBEITER_TYP(7369, 'SMITH', 'CLERK', 800, '17.12.80', 20)
MITARBEITER_TYP(7499, 'ALLEN', 'SALESMAN', 1600, '20.02.81', 30)
MITARBEITER_TYP(7521, 'WARD', 'SALESMAN', 1250, '22.02.81', 30)
MITARBEITER_TYP(7566, 'JONES', 'MANAGER', 2975, '02.04.81', 20)
MITARBEITER_TYP(7654, 'MARTIN', 'SALESMAN', 1250, '28.09.81', 30)
MITARBEITER_TYP(7698, 'BLAKE', 'MANAGER', 2850, '01.05.81', 30)
MITARBEITER_TYP(7782, 'CLARK', 'MANAGER', 2450, '09.06.81', 10)
MITARBEITER_TYP(7788, 'SCOTT', 'ANALYST', 3000, '19.04.87', 20)
MITARBEITER_TYP(7839, 'KING', 'PRESIDENT', 5000, '17.11.81', 10)
MITARBEITER_TYP(7844, 'TURNER', 'SALESMAN', 1500, '08.09.81', 30)
MITARBEITER_TYP(7876, 'ADAMS', 'CLERK', 1100, '23.05.87', 20)
MITARBEITER_TYP(7900, 'JAMES', 'CLERK', 950, '03.12.81', 30)
MITARBEITER_TYP(7902, 'FORD', 'ANALYST', 3000, '03.12.81', 20)
MITARBEITER_TYP(7934, 'MILLER', 'CLERK', 1300, '23.01.82', 10)
```

14 Zeilen ausgewählt.

Listing 21.6 Die Mitarbeiter als Objekte

Nur – wofür braucht man so etwas? Falsche Frage. Noch wissen wir zu wenig über die Möglichkeiten, um uns bereits um die Bewertung zu kümmern. Dennoch, damit Sie nicht mit einer negativen Grundhaltung an die folgenden Beispiele herangehen: Diese Objekte benötigen wir zum Beispiel, um sehr schnell aus relationalen Daten XML zu erzeugen, denn das geht über diesen Weg tatsächlich viel schneller als mit SQL/XML, wir benötigen so etwas aber auch im Umfeld von *Advanced Queueing*, einer Technologie zur Übermittlung von Nachrichten aus der Datenbank (ich habe die Anwendung zum Beispiel in einer Bank zur Übermittlung von Buchungsdaten gesehen etc.), aber auch in der Anbindung objektorientierter Programmierung, die auf diese Weise einen objektorientierten Zugang zu relationalen Daten bekommen können. Kurz: Wir brauchen so etwas verstärkt im Umfeld der Datenbankprogrammierung, die sich inhaltlich an dieses Buch sozusagen anschließt.

Aber zurück zum Beispiel. Vielleicht fragen Sie sich, warum ich in dieser Abfrage kein Tabellenalias vereinbart habe, obwohl ich das doch gerade vorher gesagt habe. Der Grund: Ich sehe nicht »in die Objekte hinein«, daher benötige ich das hier ausnahmsweise nicht. Sobald Sie allerdings die einzelnen Bestandteile eines Objekts referenzieren, wird das Tabellenalias erforderlich. Vielleicht gewöhnen Sie es sich im Umgang mit objektorientierten Typen einfach an.

Dieses Objekt hat allerdings noch eine andere, überraschende Seite: Das Objekt kann so, wie es von uns hier erstellt wurde, nicht anders instanziiert werden als mit allen Parametern, die wir hier auch angegeben haben. Ein Teil der Werte kann nicht übergeben werden, es sei denn, wir erweitern den Typ um eine explizite Konstruktormethode, die mit weniger Parametern auskommt. Das können wir eigentlich auf der Habenseite verbuchen, denn diese Zusicherung gibt uns ja die Sicherheit, dass die Daten auch in jedem Fall vorhanden sind, ansonsten wäre das Objekt nicht instanziiert worden. Wenn wir allerdings möchten, dass dieses Objekt auch mit weniger Attributen erzeugt werden können soll, müssen wir die Deklaration um eine Konstruktormethode erweitern. Das ist zwar PL/SQL, doch ist die Programmierung so einfach, dass ich Ihnen ein Beispiel zumuten möchte. Nehmen wir an, es soll möglich sein, einen Mitarbeiter alternativ auch noch nur mit einem Nachnamen anlegen zu können. In diesem Fall soll automatisch eine neue ID berechnet werden. Dann möchten wir in der Lage sein, einen Mitarbeiter flexibel über einige andere Parameter anzulegen, der Typ soll so viel Logik wie möglich für uns übernehmen. Dann sähe die Deklaration so aus:

```
SQL> create or replace type mitarbeiter_typ as object (
  2    emp_id number,
  3    emp_name varchar2(20 char),
  4    job varchar2(20 char),
  5    salary number,
  6    hire_date date,
  7    department_id number,
  8    constructor function mitarbeiter_typ(
  9      self in out nocopy mitarbeiter_typ,
 10      emp_name in varchar2)
 11      return self as result,
 12    constructor function mitarbeiter_typ(
 13      self in out nocopy mitarbeiter_typ,
 14      emp_name in varchar2,
 15      job in varchar2,
 16      salary in varchar2 default null,
```

```
17      department in number default null)
18      return self as result
19  );
20  /
```

Typ wurde erstellt.

Listing 21.7 Eine komplexere Typdefinition mit expliziten Konstruktormethoden

Gestandenen objektorientierten Entwicklern wird beim Anblick dieser Syntax etwas mulmig. Wir sehen an dieser Syntax, dass die Objektorientierung nachträglich der Sprache aufgepfropft wurde. Vielleicht dauert es noch ein, zwei, drei Dekaden, bis dieser Trieb richtig eingewachsen ist, aber bis dahin müssen wir mit dieser seltsamen Konstruktion leben. Sehen wir uns an, was ich gemacht habe:

In den Zeilen 8 und 12 habe ich dem Typ zwei explizite Konstruktormethoden hinzugefügt. Beide Methoden heißen genauso wie der Typ und haben als ersten Parameter ein seltsames Konstrukt mit Namen SELF, den diese Funktionen auch zurückliefern. Das ist ein Zeiger auf das Objekt, das die Funktion erstellen soll. in out nocopy bedeutet, dass dieser Parameter in die Funktion hinein und auch wieder herausgegeben werden kann und dabei nicht kopiert werden soll, was die Speicherbelastung senkt. Lassen wir es dabei, das ist einfach so. Der Typ dieses ominösen Parameters entspricht, was bei kurzem Nachdenken so unlogisch auch nicht ist, dem Typ, den wir erzeugen möchten. Dann definiere ich die Parameter, die ich dieser Funktion übergeben können möchte. Hier treffe ich also die Auswahl der möglichen Kombinationen von Attributen. Wenn Sie die zweite Konstruktormethode ansehen, stellen Sie fest, dass einige Parameter mit einem Default-Wert belegt wurden. Dadurch werden diese Parameter optional, müssen also nicht notwendigerweise übergeben werden. Es fällt auf: Es ist kein Konstruktor vorhanden, der ein hire_date oder eine emp_id akzeptieren würde. Das habe ich aus eigener Machtvollkommenheit einfach so entschieden, weil ich den Typ von diesen Details befreien möchte.

So, wie das im Moment geschrieben steht, ist zwar alles definiert, wir können diesen Typ aber noch nicht benutzen. Denn die Frage muss ja gestattet sein, woher dieser Typ nun wissen kann, wie er eine Instanz aufbauen soll. Das habe ich offensichtlich vergessen, doch andererseits: Dieser Typ ist bereits erstellt und ohne Fehler kompiliert worden. Die Lösung: Die Implementierung der Konstruktormethoden wird nicht bei der Spezifikation des Typs vorgenommen, sondern in einer separaten Implementierung, die der *Typkörper* genannt wird. Wir trennen Spezifikation und Implementierung, damit wir uns in der Spezifikation nicht mit den Details befassen müssen. Hier beschreiben wir nur, wie andere diesen Typ von außen sehen und benutzen können. Die Details machen wir sozusagen privat. Hier kommt nun PL/SQL

21

zum Einsatz, aber nur in homöopathischer Dosis, so dass der fade Nachgeschmack für Sie hoffentlich nicht allzu lange anhält:

```
SQL> create or replace
  2  type body mitarbeiter_typ
  3  as
  4    constructor function mitarbeiter_typ(
  5      self in out nocopy mitarbeiter_typ,
  6      emp_name in varchar2)
  7      return self as result
  8    as
  9    begin
 10      self.emp_id := emp_seq.nextval;
 11      self.emp_name := emp_name;
 12      self.hire_date := trunc(sysdate);
 13      return;
 14    end;
 15
 16    constructor function mitarbeiter_typ(
 17      self in out nocopy mitarbeiter_typ,
 18      emp_name in varchar2,
 19      job in varchar2,
 20      salary in varchar2 default null,
 21      department in number default null)
 22      return self as result
 23    as
 24    begin
 25      self.emp_id := emp_seq.nextval;
 26      self.emp_name := emp_name;
 27      self.hire_date := trunc(sysdate);
 28      self.job := job;
 29      self.salary := salary;
 30      self.department_id := department;
 31      return;
 32    end;
 33  end;
 34  /

Type Body wurde erstellt
```

Listing 21.8 Die Implementierung des Typkörpers

Syntaktisch fällt auf, dass nun ein type body angelegt wird, auch die Ergänzung as object fällt weg, denn das wissen wir ja bereits aus der Spezifikation. Hier gibt es auch keine Klammern, sondern einen PL/SQL-Block, der durch die Schlüsselworte AS und END definiert wird. Innerhalb dieser Grenzen, die ich durch Einrückung kenntlich gemacht habe, können die Funktionen, nun ebenfalls um je einen PL/SQL-Block erweitert, implementiert werden. Diese PL/SQL-Blöcke enthalten nun die Schlüsselworte AS, BEGIN und END. Die Attribute werden hier nicht wiederholt, denn auch die kennen wir ja bereits. Was wir allerdings wiederholen müssen, ist die Spezifikation der Konstruktormethoden, denn aufgrund gleicher Spezifikation zwischen Deklaration und Implementierung findet der Compiler die zugehörige Implementierung. Innerhalb der Konstruktormethoden greifen wir auf das Objekt, das gerade erstellt wird, mit Hilfe der Punktnotation zu. SELF ist dabei sozusagen der Zeiger, den wir bei SQL durch das Tabellenalias erzeugt haben. Mit Hilfe dieses Zeigers können wir durch Punktnotation in das Objekt hineinsehen und dort die Attributwerte belegen. Wir verwenden den herrlich altmodisch wirkenden Zuweisungsoperator :=, um dies zu tun. Zugewiesen wird entweder der Wert des übergebenen Parameters (der auch anders heißen kann als das Attribut; beachten Sie in Zeile 30, dass der Parameter DEPARTMENT auf das Attribut DEPARTMENT_ID kopiert wird), oder aber er wird durch einen Funktionsaufruf berechnet. Das habe ich in den Zeilen 10 und 12 gemacht, wo ich einmal eine Sequenz angesprochen (Achtung, diese Schreibweise funktioniert erst ab Version 11 der Datenbank) und einmal die Funktion sysdate verwendet habe.

Die Implementierung legt also die Logik fest, mit der das Objekt erstellt werden soll. Mal sehen, ob uns diese Konstruktormethoden nun etwas mehr Freiheit bei der Anlage von Mitarbeitern geben:

```
SQL> select mitarbeiter_typ('Müller') mitarbeiter
  2   from dual;

MITARBEITER(EMP_ID,EMP_NAME,JOB,SALARY,HIRE_DATE,DEPARTMENT_ID)
---------------------------------------------------------------
MITARBEITER_TYP(1230, 'Müller', NULL, NULL, '08.06.12', NULL)


SQL> select mitarbeiter_typ(
  2          'Müller', 'Analyst', 1500) mitarbeiter
  3   from dual;

MITARBEITER(EMP_ID,EMP_NAME,JOB,SALARY,HIRE_DATE,DEPARTMENT_ID)
---------------------------------------------------------------
MITARBEITER_TYP(1240, 'Müller', 'Analyst', 1500,'08.06.12',NULL)
```

Listing 21.9 Die Verwendung der Konstruktormethoden

Nun haben wir deutlich mehr Freiheiten. Natürlich ist das resultierende Objekt immer ein Objekt, das alle Attribute enthält. Aber während der Standardkonstruktor

21

alle Attribute belegen wollte (hätten wir einige Werte nicht belegen wollen, hätten wir explizit NULL dafür übergeben können), ist es ohne Weiteres möglich, die Logik der Anlage auch in den Typ selbst zu verlagern. Das Objekt beginnt, uns Arbeit abzunehmen, und das ist ja schon mal was.

Typen können nun nicht nur Konstruktormethoden enthalten, sondern beliebige weitere Funktionen, um mit den Daten des Objekts herumzurechnen. Einige dieser Funktionen können dazu verwendet werden, die Objekte zu sortieren oder in Indizes zu verwenden, andere stellen standardisierte Funktionen zur Verfügung, die direkt bei den Daten definiert sind. All diese Erweiterungen lasse ich hier weg, denn sie führen tief in den Dschungel der Programmierung, sind mithin etwas für den zweiten Band. Dort werde ich auch die Vererbung, finale und abstrakte Klassen etc. besprechen, denn aus SQL-Sicht haben wir seltener mit diesen Konstruktionen zu tun. Wichtiger erscheint mir, ein geschachteltes Objekt zu erstellen, und richtig lustig wird dies auch nur, wenn wir Kollektionen verwenden können. Daher sehen wir uns diese Kollektionen als Nächstes an, bevor wir dann alles zu einem mehr oder minder sinnvollen Ganzen zusammenfügen.

21.2.2   VARRAY

Der erste Kollektionstyp ist das varray, eine Liste von Objekten mit definiertem Typ und definierter Maximalzahl. Dieser Typ entspricht einem Array in vielen Programmiersprachen und hat gegenüber der nested table, die ebenfalls eine Liste von Objekten mit definiertem Typ, aber undefinierter Maximalzahl ist, vor allem den Vorteil, dass die Liste der Objekte in einer definierten Reihenfolge abgelegt wird und nicht, einer normalen Tabelle ähnlich, in beliebiger Reihenfolge, wie das bei der nested table der Fall ist. Zudem sind die Speicherplätze in einem varray fest vorgegeben und können auch Lücken enthalten. Dieser Typ bietet sich an, wenn Sie eine kleine Liste von Werten in einer spezifischen Reihenfolge speichern möchten, etwa Telefonnummern zu einer Adresse. Als Beispiel für einen solchen Typ nehme ich dann auch eine Telefonnummernliste mit maximal drei Telefonnummern:

```
SQL> create type Telefon_Array as
  2    varray(3) OF varchar2(20);
  3  /
Typ wurde erstellt.
```

Listing 21.10 Beispiel für ein VARRAY: Liste von drei Telefonnummern

In diesem Beispiel ist das varray auf einem skalaren Datentyp (varchar2(20)) aufgebaut, aber das muss nicht sein, ebenso hätte ein Objekt verwendet werden können. Wenn Sie die Syntax betrachten, wird, sozusagen im Nachgang, auch klarer, warum Sie bei der Deklaration eines Objekts as object schreiben mussten: Hier wird an entsprechender Stelle as varray(3) verwendet. Auf diese Weise kann Oracle also die verschiedenen Typen unterscheiden. Die Benutzung dieses Typs ist nicht weiter schwierig, wir übergeben der Konstruktormethode einfach eine kommaseparierte Liste von Telefonnummern als varchar2:

```
SQL> select telefon_array(
  2            '+49-1234-5678', '+49-2345-7896-15')
  3    from dual;


TELEFON_ARRAY('+49-1234-5678','+49-2345-7896-15')
-------------------------------------------------------
TELEFON_ARRAY('+49-1234-5678', '+49-2345-7896-15')
```

Listing 21.11 Verwendung des VARRAY-Typs

Etwas schwerer ist vielleicht die Frage zu beantworten, wie denn die Konstruktormethode aufzurufen ist, wenn Objekte in das varray eingetragen werden sollen. Aber eigentlich birgt auch dieses Problem keine große Überraschung, denn dann wird eine Folge von Konstruktormethoden für die Objekte, die im varray gespeichert werden sollen, mit den entsprechenden Parametern übergeben. Wir werden hierfür noch ein Beispiel sehen, wenn wir alles zusammenbauen.

Im Beispiel oben habe ich nur zwei der möglichen drei Werte des varray mit Telefonnummern belegt. Das ist möglich, wie Sie sehen, und daher kommt natürlich auch die Bezeichnung *variable array*. Ähnlich wie beim Datentyp varchar2 werden auch hier lediglich die verwendeten Speicherplätze tatsächlich auch belegt, und auch bei varchar2 haben wir ja eine Maximallänge, die nicht überschritten werden darf. Das ist hier exakt das Gleiche, nur dass uns das varray Zugriff auf jedes gespeicherte Objekt einzeln gewährt. Ebenso einfach, hoffen wir, sollte nun auch der Zugriff auf einzelne Einträge eines varray möglich sein. Vielleicht versuchen wir es einmal mit einem Zugriff über einen Index:

```
SQL> with telefonliste as(
  2            select telefon_array(
  3                    '+49-1234-5678',
  4                    '+49-2345-7896-15') telefon
  5              from dual)
  6    select t.telefon(2)
  7      from telefonliste t;
select t.telefon(2)
        *
FEHLER in Zeile 5:
ORA-00904: "T"."TELEFON": ungültiger Bezeichner
```

Listing 21.12 So geht es leider nicht: Versuch, auf ein Element eines VARRAY zuzugreifen

Nanu? Diese Fehlermeldung ist nur zu erklären, wenn wir davon ausgehen, dass Oracle eine Funktion mit dem Namen TELEFON gesucht hat, der ein Parameter mit dem Wert 2 übergeben werden kann. Diese Funktion gibt es aber nicht. An der grundsätzlichen Abfrage liegt es nicht, denn die funktioniert, wenn wir die Klammer mit der 2 weglassen:

```
SQL> with telefonliste as(
  2           select telefon_array(
  3                    '+49-1234-5678',
  4                    '+49-2345-7896-15') telefon
  5           from dual)
  6  select t.telefon
  7    from telefonliste t;


TELEFON
--------------------------------------------------
TELEFON_ARRAY('+49-1234-5678', '+49-2345-7896-15')
```

Listing 21.13 Das funktioniert – liefert aber das gesamte VARRAY zurück.

Das Problem liegt darin, dass wir nun eine Kollektion von Werten haben. Stellen Sie sich das vielleicht wie eine Gruppenfunktion vor. Die Gruppenfunktion hat ja in einer einzelnen Zeile mehrere Werte zusammengefasst, allerdings im Fall der Gruppenfunktion zu einem skalaren Wert (oder zu einer XML-Instanz, wie Sie sich vielleicht noch aus der Funktion xmlagg erinnern). Wir müssen die Kollektion entschachteln, um die Einzelwerte direkt in SQL nutzbar zu machen. Wie das geht? Nun, wir treffen eine alte Bekannte wieder: die Funktion table(). In der folgenden Anweisung benutze ich die Funktion, um eine Kollektion als Zeilenliste auszugeben:

```
SQL> select *
  2    from table(select telefon_array(
  3                    '+49-1234-5678',
  4                    '+49-2345-7896-15') telefon
  5           from dual);
COLUMN_VALUE
--------------------
+49-1234-5678
+49-2345-7896-15
```

Listing 21.14 Entschachteln einer Kollektion mit der TABLE-Funktion

Wieder sehen Sie, dass die Funktion eine Spalte mit der Spaltenbezeichnung COLUMN_VALUE erzeugt hat, in der nun die einzelnen Einträge der Kollektion stehen. Nun ist der Zugriff mit SQL-Mitteln möglich, aber umständlich, wie ich zugeben muss.

21.2.3 NESTED TABLE

Der dritte Typ, den wir erzeugen können, ist ein nested table. Dieser Typ ist nicht in der Länge beschränkt, verhält sich in allen Details wie eine Tabelle und wird in der Oracle-Datenbank auch genauso gespeichert. Es hat schon etwas Seltsames, wenn wir uns vorstellen, dass eine Zelle einer Tabellenzeile eine eigene Tabelle enthält, aber so ist das. Ich zeige Ihnen als Beispiel direkt eine Anwendung, die das bisher Gezeigte zusammenfasst und eine Tabelle von Adressen aufnimmt. Um dies vorzubereiten, folgt zunächst ein weiterer Typ, und zwar ein Kunde. Dieser Kunde hat einige Attribute, wie zum Beispiel Name etc., aber auch eine Adresse und eine Liste (ein varray) von Telefonnummern. Dieser Typ ist also etwas komplexer aufgebaut, kann aber nun einen Kunden mit Adresse und Telefonliste speichern:

```
SQL> create type Kunde_Typ as object (
  2    KNr         integer,
  3    Name        varchar2(20),
  4    Adresse     Adresse_Typ,
  5    Tel_liste   Telefon_Array
  6    );
  7  /
Typ wurde erstellt.
```

Listing 21.15 Erzeugung eines komplexen Typs: Ein KUNDE

Bevor wir nun eine Tabelle von Kunden anlegen, möchte ich an einem kurzen Beispiel zeigen, wie ein solcher Kunde instanziiert wird:

```
SQL> select kunde_typ(
  2          10, 'Müller',
  3          adresse_typ(
  4            12345, 'Dorthausen', 'Hohlweg', '7'),
  5          telefon_array(
  6            '+49-1234-5678',
  7            '+49-2345-7896-15')) kunde
  8    from dual;

KUNDE(KNR, NAME, ADRESSE(PLZ,ORT,STRASSE,HAUSNR), TEL_LISTE)
----------------------------------------------------------------
KUNDE_TYP(10, 'Müller',
  ADRESSE_TYP(12345, 'Dorthausen', 'Hohlweg', '7'),
  TELEFON_ARRAY('+49-1234-5678', '+49-2345-7896-15'))
```

Listing 21.16 Verwendung des Typs KUNDE

21

Zwar ist die Syntax, wie schon so oft in diesem Buch, etwas gewöhnungsbedürftig, aber einfach nachvollziehbar: Jedem Attribut wird entweder ein Wert (bei skalaren Attributen) oder eine Konstruktormethode (bei Objekttypen) zugewiesen. Die Konstruktormethoden werden analog zur direkten Verwendung genutzt, da gibt es nichts Neues. Wir müssen uns natürlich hüten, mit den Klammern durcheinanderzukommen, aber das ist ebenfalls nicht ungewöhnlich in SQL. Dennoch bleibt ein etwas fader Nachgeschmack. Damit dieser wieder vertrieben wird, möchte ich die Benutzung dieses Typs aus SQL zeigen, und das ist dann zunächst einmal wieder etwas versöhnlicher. Lassen Sie uns den Ort anzeigen, in der der Kunde wohnt. Die SQL-Abfrage vergleichen wir im Hinterkopf mit der Abfrage, die nötig wäre, falls der Kunde in mehreren Tabellen gespeichert wäre:

```
SQL> with kunden as(
  2          select kunde_typ(
  3                  10, 'Müller',
  4                  adresse_typ(
  5                   12345, 'Dorthausen', 'Hohlweg', '7'),
  6                  telefon_array(
  7                   '+49-1234-5678',
  8                   '+49-2345-7896-15')) kunde
  9          from dual)
 10   select k.kunde.adresse.ort
 11     from kunden k;


KUNDE.ADRESSE.ORT
-----------------
Dorthausen
```

Listing 21.17 Zugriff auf Attribute eines komplexen Typs

Der relevante Teil der Abfrage steht lediglich in den Zeilen 10 und 11, denn das Objekt selbst wäre ja in einer Tabelle hinterlegt. Und so, mit dieser einfachen Punktnotation, macht SQL nun doch wieder Spaß. Wir haben keine zweite Tabelle ADRESSE, auf die wir einen Join hätten ausführen müssen, sondern eine direkte *Traversierung*, wie man das so schön nennt, vom Kunden in die Adresse und von dort in den Ort hinein. Wir haben also den Aufwand verlagert: Die insert-Anweisung für einen solchen Typ ist aufwendiger als in einem relationalen Konstrukt, wobei dort allerdings zwei oder gar drei Tabellen angesprochen werden müssten. Die Abfrage ist allerdings sehr einfach, solange wir keine geschachtelten Kollektionen auflösen müssen. Und noch etwas Wesentliches hat sich geändert: Wir benötigen keine Fremdschlüsselbeziehung zwischen der Adresse und dem Kunden mehr! Diese Beziehung ist durch die Schachtelung bereits für uns vorgenommen worden. Auch das sieht auf den ersten Blick wie ein Vorteil dieser Technologie aus. Die Beurteilung kommt allerdings später ...

Nun endlich können wir einen Tabellentyp ableiten. Hierzu hätten wir im konkreten Beispiel sogar zwei Möglichkeiten, ich verwende hier allerdings zunächst einmal ein weiteres Objekt, das in der Lage ist, beliebig viele Kunden zu speichern:

```
SQL> create type kunden_liste_tab as
  2  table of kunde_typ;
  3  /
Typ wurde erstellt.
```

Listing 21.18 Erstellung einer NESTED TABLE

In dieser Form ist eine Kollektion ohne Anforderungen an die Sortierung entstanden, denen wir nun mit einer weiteren Schachtelung beliebig viele Kunden zuordnen können. Das wird nun allerdings mit der Tabelle DUAL langsam ein bisschen albern. Daher möchte ich Sie bitten, die nächste Abfrage gegen den Benutzer HR auszuführen. Zunächst beginnen wir damit, auch dem Benutzer HR die benötigten Typen zu erläutern, damit wir nachher auch verstanden werden, wenn wir von Kunden sprechen:

```
SQL> connect hr/hr;
Connect durchgeführt

SQL> create or replace type Adresse_Typ as object (
  2    Plz          varchar2(12),
  3    Ort          varchar2(40),
  4    Strasse      varchar2(40),
  5    Hausnr       varchar2(5)
  6    );
  7  /
Typ wurde erstellt.


SQL> create or replace type telefon_array as
  2  varray(3) of varchar2(20);
  3  /
Typ wurde erstellt.


SQL> create type Kunde_Typ as object (
  2    KNr          integer,
  3    Name         varchar2(20),
  4    Adresse      Adresse_Typ,
  5    Tel_liste    Telefon_Array
  6    );
  7  /
Typ wurde erstellt.
```

21

```
SQL> create or replace type kunden_liste_tab as
  2   table of kunde_typ;
  3  /
Typ wurde erstellt.
```

Listing 21.19 Erzeugung der Objekttypen im Benutzer HR

Nun würde ich Ihnen gern eine einfache `select`-Abfrage zeigen, die uns direkt die Liste der Kunden liefert. Dahin kommen wir auch, aber ich muss einen Zwischenschritt einlegen, damit Sie verstehen, was ich tue. Beginnen wir damit, dass wir die Daten aus den Tabellen EMPLOYEES und LOCATIONS so interpretieren, dass sie für uns die Kundenliste füllen können. Ich habe für dieses Beispiel den Datentyp der PLZ auf `varchar2(12)` geändert, weil dies so in Tabelle LOCATIONS definiert ist und ich Probleme vermeiden wollte. Die Abfrage gegen die Tabellen ist ganz einfach:

```
SQL> select e.employee_id knr,
  2            e.last_name name,
  3            l.postal_code plz,
  4            l.city ort,
  5            l.street_address strasse,
  6            null hausnr,
  7            e.phone_number telefon_1,
  8            e.email telefon_2
  9     from employees e
 10     join departments d on e.department_id = d.department_id
 11     join locations l on d.location_id = l.location_id;
```

Listing 21.20 Rohdaten für unsere Abfrage

Diese Abfrage taucht demnächst in der `with`-Klausel auf. Der Übersichtlichkeit wegen lasse ich diese Abfrage dort weg und nenne sie einfach *Rohdatenabfrage*. Dann erzeugen wir zunächst für jede Zeile der Ergebnismenge eine Instanz vom Typ KUNDE_TYP. Das geht noch relativ einfach:

```
SQL> with kunden as(
  2            <Rohdatenabfrage>)
 13  select kunde_typ(
 14            k.knr, k.name,
 15            adresse_typ(
 16               k.plz, k.ort, k.strasse, k.hausnr),
 17            telefon_array(
 18               k.telefon_1, k.telefon_2)) kunden
 19     from kunden k;
```

```
KUNDEN(KNR, NAME, ADRESSE(PLZ, ORT, STRASSE, HAUSNR), TEL_LISTE)
----------------------------------------------------------------
KUNDE_TYP(198, 'OConnell',
  ADRESSE_TYP('99236', 'South San Francisco',
                       '2011 Interiors Blvd', NULL),
  TELEFON_ARRAY('650.507.9833', 'DOCONNEL'))

KUNDE_TYP(199, 'Grant',
  ADRESSE_TYP('99236', 'South San Francisco',
                       '2011 Interiors Blvd', NULL),
  TELEFON_ARRAY('650.507.9844', 'DGRANT'))
...
116 Zeilen ausgewählt
```

Listing 21.21 Erzeugung von Instanzen des Typs KUNDE_TYP

Die Abfrage entspricht dem, was wir bereits kennengelernt haben. Nun wird es aber
etwas komplizierter, denn nun benötigen wir eine Gruppenfunktion, die aus all den
Zeilen eine nested table erzeugt. Diese Funktion heißt multiset. Mit Hilfe dieser
Funktion ist es möglich, mehre Zeilen einer Tabelle als ein Objekt »zusammenzufassen«. Allerdings hat diese Funktion darüber hinaus keine Ahnung, welcher Typ aus
diesem Objekt einmal entstehen soll. Daher wird das Ergebnis der Umwandlung mittels der Funktion cast in einen spezialisierten Typ konvertiert. Und der heißt – Überraschung! – KUNDEN_LISTE_TAB. Wir machen das alles, indem wir die Abfrage von oben
in eine weitere Abfrage einschachteln, die das Casting für uns übernimmt. Im Prinzip
möchten wir also Folgendes erreichen:

```
select cast(multiset(kunden_typ_instanzen) as kunden_liste_tab)
```

Listing 21.22 Unser Plan: Das soll die folgende Abfrage erreichen.

Und wenn wir uns dies vor Augen führen, ist die Abfrage denn auch einigermaßen
einfach zu verstehen:

```
SQL> with kunden as(
  2         <Rohdatenabfrage>)
 13  select cast(
 14         multiset(
 15           select kunde_typ(
 16                 k.knr, k.name,
 17                 adresse_typ(
 18                   k.plz, k.ort, k.strasse, k.hausnr),
 19                 telefon_array(
 20                   k.telefon_1, k.telefon_2))
 21             from kunden k
```

```
22              ) as kunden_liste_tab
23          )
24    from dual;
```

Listing 21.23 Die endgültige Abfrage

Das Ergebnis ist tatsächlich eine einzige Zeile mit einem großen Objekt darin. Dieses Objekt kann dann entweder an die Oberfläche ausgeliefert oder aber innerhalb der Datenbank weiterverarbeitet werden, zum Beispiel zu einer XML-Instanz. Dieses Verfahren, zunächst einmal ein Objekt aufzubauen und mit Daten zu füllen, um es anschließend mit Hilfe eines PL/SQL-Programms in XML zu überführen, ist wirklich sehr schnell und löst Probleme, die Sie mit SQL/XML aufgrund der hohen Speicheranforderungen und der damit verbundenen Rechenzeit nicht gelöst bekommen. Allerdings ist der Aufwand in der Erstellung schon hoch, insbesondere ist natürlich die Flexibilität von SQL/XML im Vergleich zu dieser Lösung unschlagbar. Aber: Wenn Sie eine performante Lösung benötigen und SQL/XML nicht ausreicht, können Sie eben diesen Weg gehen.

21.3   Objektorientierte Tabellen

Diesen Abschnitt möchte ich relativ kurz halten. Zunächst einmal ist es ganz trivial möglich, eine Spalte einer Tabelle als Objekttyp anzulegen. Das haben wir auch schon oft gemacht, zum Beispiel mit dem Typ XMLType. Natürlich kann jeder Typ (auch unser KUNDEN_TYP) direkt als Tabellenspalte genutzt werden. Besprechen möchte ich eigentlich drei Dinge, die Sie in jedem Fall zu diesem Thema wissen sollten: Zum einen ist es möglich, eine Tabelle direkt auf einem Typ beruhen zu lassen, zum anderen gibt es einige wichtige Zusatzinformationen zum Speichern von nested tables und schließlich gibt es eine besondere Syntax zur Referenz von Objekten.

21.3.1   Anlage einer Tabelle, basierend auf einem Objekt

Eine Tabelle kann direkt, als auf einem Objekt basierend, angelegt werden. Die Deklaration ist ganz ähnlich wie die Typdeklaration einer nested table, nur das halt direkt eine Tabelle erzeugt wird:

```
SQL> create table kunden of kunde_typ;
Tabelle wurde erstellt.
```

Listing 21.24 Erstellung einer Tabelle, basierend auf einem Objekt

Diese Anweisung haben wir auch schon bei der Besprechung von XML gesehen. Sehen wir uns die Beschreibung der Tabelle an:

```
SQL> desc kunden;
Name                         Null?    Typ
------------------------ -------- -------------
 KNR                                 NUMBER(38)
 NAME                                VARCHAR2(20)
 ADRESSE                             ADRESSE_TYP
 TEL_LISTE                           TELEFON_ARRAY
```

Listing 21.25 Beschreibung der Tabelle KUNDEN

Folgerichtig entspricht die Struktur der Tabelle unserer Typdeklaration. Interessant wäre natürlich, zu erfahren, auf welche Weise nun Oracle diese Tabelle eigentlich speichert. Ein guter Weg, Oracle auf die Spur zu kommen, ist, sich einmal die DDL-Anweisung für die Tabelle ausgeben zu lassen. Im SQL Developer haben Sie im Kontextmenü zu einer Tabelle die Option SCHNELL-DDL (oder den Reiter SQL in der Tabellenansicht). Diese Anweisung sehen wir uns hier einmal an:

```
---------------------------------------------------------
--  DDL for Table KUNDEN
---------------------------------------------------------
CREATE TABLE "HR"."KUNDEN" OF "HR"."KUNDE_TYP"
  OIDINDEX (PCTFREE 10 INITRANS 2 MAXTRANS 255
  STORAGE(
    INITIAL 65536 NEXT 1048576 MINEXTENTS 1 MAXEXTENTS 2147483645
    PCTINCREASE 0 FREELISTS 1 FREELIST GROUPS 1
    BUFFER_POOL DEFAULT
    FLASH_CACHE DEFAULT
    CELL_FLASH_CACHE DEFAULT)
  TABLESPACE "USERS" )
PCTFREE 10 PCTUSED 40 INITRANS 1 MAXTRANS 255 NOCOMPRESS LOGGING
STORAGE(
  INITIAL 65536 NEXT 1048576 MINEXTENTS 1 MAXEXTENTS 2147483645
  PCTINCREASE 0 FREELISTS 1 FREELIST GROUPS 1
  BUFFER_POOL DEFAULT
  FLASH_CACHE DEFAULT
  CELL_FLASH_CACHE DEFAULT)
TABLESPACE "USERS" ;
```

Listing 21.26 DDL-Anweisung der Tabelle KUNDEN

Hier fällt, neben der allgemeinen, wohl nur Administratoren interessant erscheinenden Unübersichtlichkeit auf, dass für die Tabelle ein Index angelegt wurde, und zwar ein unique index mit dem schönen Namen SYS_C0019005 auf die Tabellenspalte SYS_NC_OID$. Weder das eine noch das andere haben wir allerdings angefordert. Was also verbirgt sich hinter diesem Index und der Spalte? Jedes Objekt hat bei Oracle einen eindeutigen Primärschlüssel, eine sogenannte *Object ID* (OID). Diese OID ist eine beeindruckend lange Zahl in Base64-Notation, die Sie sich als Spalte (unter dem Spaltennamen SYS_NC_OID$) ausgeben lassen können. Die OID wird von einer Funktion erzeugt, die sicherstellt, dass diese ID *mit hinreichender Wahrscheinlichkeit* datenbankweit (mehr noch global) eindeutig ist. Sie ist 16 Byte lang. Ähnliche Verfahren werden auch in Programmiersprachen angewendet, dort wird diese Information als *Globally Unique Identifier* (*GUID*) bezeichnet. Ich zeige diese Spalte einmal zusammen mit ihrer Speicherungsform, die wir uns durch die Funktion dump ausgeben lassen können:

```
SQL> select k.sys_nc_oid$, dump(k.sys_nc_oid$)
  2     from kunden k
  3    where rownum = 1;


SYS_NC_OID$
DUMP(K.SYS_NC_OID$)
----------------------------------------------------------------
D7429138FD1545A79679F4361A53F0A7
Typ=23  Len=16:
215,66,145,56,253,21,69,167,150,121,244,54,26,83,240,167
```

Listing 21.27 Darstellung der OID

Alternativ (und von Oracle empfohlen) zu dieser versteckten Spalte der Tabelle gibt es noch eine Pseudospalte OBJECT_ID mit gleichem Inhalt, aber intuitiverem Namen. Die OID fungiert als Primärschlüssel auf die Objekte, die in dieser Tabelle gespeichert sind. Daher wird ein unique-Index benötigt, und der wird im Hintergrund gleich mit angelegt. Ein Wort vielleicht zu den vielen Optionen, die hier angezeigt werden: Die meisten beziehen sich darauf, auf welche Weise die Tabelle gespeichert wird. Die interne Organisation der Datenblöcke, das Wachstum der Tabelle als Ganzes etc. werden hier festgelegt. Für Sie interessant ist vielleicht die Tatsache, dass sowohl der Index als auch die Tabelle im Tablespace USERS angelegt wurden. Wollten Sie die Einstellungen ändern, könnten Sie auch diese etwas längere Anweisung zum Erstellen der Tabelle verwenden und die Optionen Ihren Wünschen anpassen.

Was wir nicht erkennen, ist, dass die Typen ADRESS_TYP und TELEFON_LISTE irgendwie besonders gespeichert würden. Sie können zumindest die Adresse mit der dump-Anweisung ausgeben lassen und sehen Folgendes:

```
SQL> select dump(k.adresse)
  2     from kunden k
  3    where rownum = 1;
DUMP(K.ADRESSE)
```

```
-----------------------------------------------------------------
Typ=121 Len=50: 132,1,50,5,57,57,50,51,54,19,83,111,117,116,
104,32,83,97,110,32,70,114,97,110,99,105,115,99,111,19,50,48,
49,49,32,73,110,116,101,114,105,111,114,115,32,66,108,118,100,255
```

Listing 21.28 Interne Speicherung des Adresstyps

Das ist einfach binäre Information. Etwas genauer sehen Sie die Daten, wenn Sie als Systemadministrator diese Tabelle ansehen, denn dann kann Ihnen Oracle auch die Interna zeigen, die normalerweise vor Ihnen versteckt werden. Ich lasse die konkrete Anfrage hier dennoch weg, sie führt uns zu tief in eine administrative Diskussion über Sinn und Unsinn solcher Speicherformen. So viel möchte ich jedoch sagen: Intern werden versteckte Spalten verwendet, um die einzelnen Bestandteile des Adresstyps zu speichern. Dadurch ist diese Tabelle letztlich doch wieder eine einfache relationale Tabelle. Allerdings übernimmt Oracle für uns die Anlage und Verwaltung der Objekttypen.

Ein varray wird dagegen über dump nicht ausgegeben, da keine Überladung für diesen Typ existiert. Dennoch wird auch dieser Typ als Binärinformation in der Datenbank gespeichert, und zwar als raw, sollte die zu erwartende Maximalgröße des varray 4.000 Byte nicht überschreiten, ansonsten als blob. Im Gegensatz dazu, das werden Sie im nächsten Abschnitt sehen, sind nested tables tatsächliche Tabellen mit einer Fremdschlüsselbeziehung über die OID.

21.3.2   Eigenheiten der Speicherung von NESTED TABLE

Wie schon angedeutet, ist die Situation der Speicherung von nested table komplett anders. Eine nested table wird als separate Tabelle angelegt, dabei wird die OID als Fremdschlüssel auf das Objekt benutzt, zu dem die Tabelle gehört. Die Datenbank macht also eine relationale Modellierung auf Basis unseres Objekts. Dass dabei nicht unbedingt Best Practices eingehalten werden, sehen Sie zum Beispiel daran, dass die Fremdschlüsselspalte der nested table (in älteren Versionen von Oracle jedenfalls, in der aktuellen Version ist das nicht so) nicht indiziert wird, was für solche Spalten eigentlich erforderlich wäre. Zudem können wir nur ein Speichermodell wählen. Stellen wir uns für ein Beispiel eine Tabelle vor, die – warum auch immer – eine Gruppe von Personen speichert. Die Personen werden, als Interessenten und Kunden unterteilt, in je einer nested table gespeichert. Beide nested tables sind vom Typ KUNDEN_LISTE_TAB. Bevor ich nun die SQL-Anweisung zur Erzeugung einer solchen Tabelle zeigen kann, muss ich noch erläutern, dass die Spalten, die unsere nested table enthalten werden, nicht einfach angelegt werden können, sondern auf Tabellen abgebildet werden müssen, die gleichzeitig mit angelegt werden. Daher ist die SQL-Anweisung etwas umfangreicher als im letzten Beispiel:

21

```
SQL> create table akquisition(
  2      produkt_id number,
  3      status_id number,
  4      interessenten kunden_liste_tab,
  5      kunden kunden_liste_tab)
  6    nested table interessenten
  7      store as interessenten_nt
  8    nested table kunden
  9      store as kunden_nt;
Tabelle wurde erstellt.
```

Listing 21.29 Erstellung einer Tabelle mit NESTED TABLES

Nun ist sicher interessant, sich einmal das Data Dictionary anzusehen. Dort finden sich nun die drei Tabellen AKQUISITION, INTERESSENTEN_TN und KUNDEN_NT. Die beiden letzteren sind vom Typ KUNDEN_LISTE_TAB, haben also einen gleichen Aufbau wie die Tabelle KUNDEN aus dem letzten Abschnitt. Tabelle AKQUISITION hat wiederum einen Primärschlüsselindex erhalten, ebenso wurden Fremdschlüsselindizes auf die geschachtelten Tabellen eingerichtet (diese automatischen Indizes gibt es nicht in allen Versionen der Datenbank). Die Indizes zeigen auf eine Spalte NESTED_TABLE_ID, wie die folgende DDL-Anweisung zeigt:

```
---------------------------------------------------------
--   DDL for Index SYS_FK0000090043N00005$
---------------------------------------------------------
CREATE INDEX "HR"."SYS_FK0000090043N00005$"
    ON "HR"."KUNDEN_NT" ("NESTED_TABLE_ID")
  PCTFREE 10 INITRANS 2 MAXTRANS 255 COMPUTE STATISTICS
  STORAGE(
    INITIAL 65536 NEXT 1048576 MINEXTENTS 1 MAXEXTENTS 2147483645
    PCTINCREASE 0 FREELISTS 1 FREELIST GROUPS 1
    BUFFER_POOL DEFAULT
    FLASH_CACHE DEFAULT
    CELL_FLASH_CACHE DEFAULT)
  TABLESPACE "USERS" ;
```

Listing 21.30 DDL-Anweisung zur Erzeugung eines Indexes auf Tabelle KUNDEN_NT

Obwohl diese Tabellen nun im Data Dictionary ganz normal angezeigt werden, kann auf sie allerdings nicht direkt zugegriffen werden:

```
SQL> select *
  2    from kunden_nt;
  from kunden_nt
```

```
         *
FEHLER in Zeile 2:
ORA-22812: Speichertabelle der Spalten einer Nested Table
           nicht referenzierbar
```

Listing 21.31 NESTED TABLES sind nicht direkt verfügbar.

Es bleibt nur der Weg über die Tabelle AKQUISITION. Wollen wir aus der Tabelle AKQUI-SITION nun auf die Daten zugreifen, ist dies nicht sehr schwer, denn wir können wieder die Punktnotation verwenden. Sehen wir uns das einmal an einem Beispiel an. Zunächst fügen wir einige Daten in die Tabelle ein. Uns reichen ein Produkt und einige Kunden und Interessenten:

```
SQL> insert into akquisition
  2   select 15, 20,
  3          cast(
  4            multiset(
  5              select k.*
  6                from kunden k
  7                where k.knr between 200 and 210)
  8              as kunden_liste_tab),
  9          cast(
 10            multiset(
 11              select k.*
 12                from kunden k
 13                where k.knr between 110 and 120)
 14              as kunden_liste_tab)
 15     from dual;
1 Zeile wurde erstellt.


SQL> commit;
Transaktion mit COMMIT abgeschlossen.
```

Listing 21.32 Einfügen von Daten in Tabelle AKQUISITION

Diese insert-Anweisung wirkt zunächst einmal wieder verwirrend. Doch sehen Sie sich die einzelnen Teile in Ruhe an, es ist eigentlich das Gleiche wie schon in den Abfragen vorher: Eine Liste von Kunden wird entweder als Interessent oder als Kunde interpretiert und in die entsprechenden Spalten eingefügt. Der Kunde-Typ ist ja bereits durch die Tabelle KUNDEN vorbereitet.

Nun können wir eine Abfrage auf diese Tabelle durchführen. Ich möchte zunächst wissen, in welchen Orten die Interessenten wohnen. Wieder müssen wir, um auf die geschachtelten Daten zuzugreifen, die `nested table INTERESSENTEN_NT` mit der Funktion `table()` entschachteln, allerdings sind keinerlei Joins erforderlich:

```
SQL> select distinct i.adresse.ort
  2    from akquisition a,
  3         table(a.interessenten) i;


ADRESSE.ORT
----------------------------------------
London
Seattle
Munich
Toronto
```

Listing 21.33 Auswertung auf die Tabelle AKQUISITION

Ist das nun elegant? Ich denke schon! Ein Dreizeiler, um durch eine Hierarchie von Tabellen zu traversieren, keine expliziten Joins etc. Unter der Haube ist zwar alles beim Alten geblieben, aber das ist ja zum Glück Oracles Problem. Allerdings: Der Zugriff auf die Orte unserer Interessenten ist nun auch nur noch auf die gezeigte Weise möglich. Und das stört mich nun sehr: Bereits im allerersten Einstieg hatte ich auf den Unterschied zwischen Daten und Information hingewiesen. Information ergibt sich, indem Daten in einen Kontext gestellt werden. Datenbanken erlauben definitionsgemäß, Daten in einen beliebigen Kontext zu stellen. Objektorientierte Tabellen mischen sich in diese Freiheit regulierend ein, und das mag ich nicht.

21.3.3   Objektreferenzen

Bislang haben wir – aus relationaler Sicht betrachtet – 1:n-Beziehungen nachgebildet, indem wir entweder ein Objekt oder eine Kollektion von Objekten in ein anderes Objekt eingeschachtelt haben. In der Objektorientierung ist allerdings auch das Gegenstück zu einer m:n-Beziehung möglich, und zwar einfach dadurch, dass verschiedene Objekte ein anderes Objekt referenzieren. Wenn ich einen oder mehrere Verweise auf ein Objekt speichere, kann dieses Objekt natürlich auch durch andere Objekte referenziert werden. Diese Referenz auf ein Objekt ist auch innerhalb der Datenbank möglich, wenn also zum Beispiel ein Objekt in ein anderes geschachtelt werden soll, dass in einer anderen Tabelle liegt. Oracle benötigt hierfür eine Referenz auf dieses andere Objekt, das ja letztlich in einer Tabelle als Zeile vorliegt. Wie bereits geschildert, verfügt jedes Objekt in der Datenbank über einen *Object-Identifier* oder eine *Object-ID* (*OID*), doch leider reicht diese OID allein nicht aus, es können nur Tabellen referenziert werden, die auf Basis eines Objekts angelegt wurden. Die Tabelle KUNDEN ist eine solche Tabelle, daher werden wir diese verwenden. Wir erstellen eine Tabelle ANGEBOTE, die eine Referenz auf Kunden speichern soll:

```
SQL> create table angebote(
  2      id number,
  3      kunde ref kunde_typ);
Tabelle wurde erstellt.
```

Listing 21.34 Erste Schritte, um das Datenmodell vorzubereiten

Sie erkennen, dass wir das Schlüsselwort REF verwenden, um anzuzeigen, dass keine Instanz vom Typ KUNDE_TYP, sondern eine Referenz auf ein solches Objekt gespeichert wird. Wichtig: Obwohl eine Objektreferenz an sich ja lediglich eine Binärzahl, ein Zeiger ist, muss dieser Zeiger dennoch auf eine Instanz vom Typ KUNDE_TYP zeigen, ansonsten misslingt das Einfügen einer Referenz. Wir können also nicht einfach eine Referenz auf ein Auto oder so einfügen, was ja inhaltlich auch Sinn macht. Nun fügen wir eine Referenz auf einen Kunden in die Tabelle ein. Dies geht mit einer Funktion REF, die als Parameter das Alias der Tabelle erwartet, in der der Kunde gespeichert ist. Ich wähle hier einen Kunden aus, indem ich in der Abfrage die Kundennummer des Kunden filtere:

```
SQL> insert into angebote (id, kunde)
  2    select 10, ref(k)
  3      from kunden k
  4    where k.knr = 200;
1 Zeile wurde erstellt.
```

Listing 21.35 Einfügen einer Objektreferenz in eine Tabelle

Nun wäre ja einmal interessant, zu sehen, was in dieser Spalte nun so gespeichert wird. Die folgende Abfrage zeigt diese enorm lange Information:

```
SQL> select *
  2      from angebote;
ID KUNDE
-- ------------------------------------------------------
10 00002202089B9674BB60FE4A309E1F30743EDC1867B20B683FE...
```

```
SQL> select dump(a.kunde)
  2      from angebote a;
DUMP(A.KUNDE)
----------------------------------------------------------------
Typ=111 Len=36:
0,34,2,8,155,150,116,187,96,254,74,48,158,31,48,116,62,220,24,
103,178,11,104,63,229,85,64,63,142,171,201,144,7,40,144,138
```

Listing 21.36 Die Speicherung einer Objektreferenz braucht erheblichen Platz.

Sie sehen, dass diese Objektreferenz insgesamt 36 Byte Speicherplatz beansprucht. Das ist nun nicht mehr allein durch die Länge der OID verursacht, denn hier ist noch mehr »Magie« am Werk, es werden zum Teil dynamisch berechnete Informationen mit der OID zusammen dargestellt, aber nicht physikalisch gespeichert etc. Das Ganze ist etwas kompliziert. Der Vorteil ist natürlich, dass nun auch andere Tabellen eine Referenz auf dieses Objekt speichern könnten. Dadurch haben wir die Möglichkeit, m:n-Beziehungen zu modellieren. Bei den bisherigen Abfragen mit objektorientierten Typen war immer das Lesen der Objekte angenehmer als das Einfügen. Lassen Sie uns einmal sehen, ob das auch hier so ist:

```
SQL> select id, a.kunde.name, a.kunde.adresse.ort
  2    from angebote a;
       ID KUNDE.NAME   KUNDE.ADRESSE.ORT
---------- ------------ -------------------
       10 Whalen       Seattle
```

Listing 21.37 Traversierung in das Objekt hinein über die Referenz

Auch hier besticht die Abfrage durch eine relative Eleganz, denn nun kann die Referenz auf die Tabelle KUNDEN_T ohne Join, direkt durch die Punktnotation aufgelöst werden. Beachten Sie, dass auch hierfür wiederum ein Tabellenalias erforderlich ist.

Betrachten wir zum Abschluss einmal die DDL-Anweisung, die für diese Tabelle hinterlegt ist. Sie erkennen, dass auch diese Tabelle eine relativ »normale« Tabelle ist, es werden keine versteckten Indizes oder sonstigen Datenbankobjekte angelegt. Die DDL-Anweisung der Tabelle KUNDEN haben wir uns ja bereits angesehen, nun noch die DDL-Anweisung der Tabelle ANGEBOTE:

```
CREATE TABLE "HR"."ANGEBOTE" (
  "ID" number,
  "KUNDE" ref "HR"."KUNDE_TYP"
 ) SEGMENT CREATION IMMEDIATE
  PCTFREE 10 INITRANS 2 MAXTRANS 255 COMPUTE STATISTICS
  STORAGE(
    INITIAL 65536 NEXT 1048576 MINEXTENTS 1 MAXEXTENTS 2147483645
    PCTINCREASE 0 FREELISTS 1 FREELIST GROUPS 1
    BUFFER_POOL DEFAULT
    FLASH_CACHE DEFAULT
    CELL_FLASH_CACHE DEFAULT)
  TABLESPACE "USERS" ;
```

Listing 21.38 Eine »normale« DDL-Anweisung zur Erzeugung der Tabelle

21.4   Objekttabellen als Speichermechanismus

In diesem Anschnitt möchte ich begründen, warum ich immer wieder davon abgeraten habe, Objekttabellen als Speichermechanismus zu verwenden. Als Beispiel möchte ich mich an einem einfachen Tabellenkonstrukt orientieren, so, wie es beim Benutzer SCOTT verwendet wird. Allerdings wird die Beziehung zwischen der Tabelle DEPT und EMP als Objekttabelle modelliert. Dadurch wird die Tabelle DEPT unsere führende Tabelle, denn sie enthält eine nested table für jeden Mitarbeiter. Die Syntax zur Erzeugung dieser Tabelle ist nun bekannt:

```
SQL> connect scott/tiger
Connect durchgeführt.

SQL> create type emp_typ as object(
  2     empno number(4),
  3     ename varchar2(10),
  4     job varchar2(10),
  5     mgr number(4),
  6     hiredate date,
  7     sal number(7,2),
  8     comm number(7,2)
  9  );
 10  /
Typ wurde erstellt.

SQL> create type emp_tab_typ as table of emp_typ;
  2  /
Typ wurde erstellt.

SQL> create table dept_obj (
  2     deptno number(2),
  3     dname varchar2(20),
  4     loc varchar2(20),
  5     employees emp_tab_typ,
  6     constraint dept_obj_pk primary key (deptno)
  7  )
  8     nested table employees store as emp_nt;
Tabelle wurde erstellt.
```

Listing 21.39 Ein mögliches Datenmodell für SCOTT

Vielleicht geht Ihnen gegen den Strich, dass wir nun die Abteilung in den Fokus stellen und nicht den Mitarbeiter. Nun ist zwar allgemein bekannt, dass der Mensch stets im Mittelpunkt (und dort meistens im Weg) steht, doch ist das Datenmodell so erforderlich, weil eine Abteilung nun eine geschachtelte Tabelle mit allen Mitarbeitern enthält. Dies wäre in einer objektorientierten Klasse, die ein Unternehmen darstellt, durchaus ein vernünftiger Ansatz. Für einige der nun folgenden »Anregungen zum Nörgeln« bin ich Thomas Kyte (hier insbesondere aus seinem – ohnehin exzellenten – Buch »Expert Oracle Database Architecture«) zu Dank verpflichtet. Ich sage das, weil ich mich nicht dem Odor des Raubkopierens aussetzen möchte, tue dies aber gleichzeitig auch im Bewusstsein, den Vorwurf, ich habe von Tom Kyte abgekupfert, jederzeit damit entkräften zu können, dass ich als Gegenfrage stelle: »Na und? Kennen Sie einen besseren?«. Wie auch immer, die Einsichten sind interessant und sollten daher hier auch dargestellt werden.

Die erste Einschränkung, die wir sehen, ist, dass eine Fremdschlüsselbeziehung in einer nested table nicht möglich ist. Die nested table lebt ein Eigenleben innerhalb der Tabelle DEPT_OBJ, sie tritt weder mit sich selbst noch mit anderen Tabellen in Kontakt. Sie können das schön am Beispiel der Spalte MGR sehen. Diese Spalte könnte (sagen wir eher, sie sollte) eine Fremdschlüsselbeziehung zur Spalte EMPNO in der gleichen Tabelle enthalten. Der Grund: Nur so ist gewährleistet, dass einem Mitarbeiter ein Manager zugeordnet wird, den es im Unternehmen auch tatsächlich gibt. Allerdings schlägt dies fehl:

```
SQL> alter table emp_nt
  2    add constraint emp_nt_mgr_empno_fk
  3    foreign key (mgr) references emp_nt(empno);
alter table emp_nt
     *
FEHLER in Zeile 1:
ORA-30730: Referenzielles Constraint bei
           Nested Table-Spalte nicht zulässig
```

Listing 21.40 Keine referenzielle Integrität in NESTED TABLE

Dies ist etwas, das einfach (im Doppelsinn wörtlich und übertragen) nicht geht. Sie können sich die Datenintegrität nicht durch solche Begrenzungen diktieren lassen. Lassen wir dies beiseite, so haben wir nun virtuell eine eigene Tabelle pro Abteilung, in die nun die Mitarbeiter dieser Abteilung eingeschachtelt sind. Physikalisch, so haben wir gesehen, ist natürlich lediglich *eine* weitere Tabelle, nämlich EMP_NT, angelegt worden und nicht eine Tabelle pro Tabellenzeile der Tabelle DEPT_OBJ. Diese Tabelle wird offensichtlich über den Join so gefiltert, dass nur die zugehörigen Daten in Tabelle DEPT_OBJ als nested table erscheinen und so den Eindruck erwecken, es werde jeweils eine Tabelle pro Zelle gespeichert.

Als Nächstes kopieren wir nun die Werte aus EMP und DEPT in diese Tabelle:

```
SQL> insert into dept_obj
  2  select deptno, dname, loc,
  3         cast(
  4           multiset(
  5             select empno, ename, job,
  6                    mgr, hiredate, sal, comm
  7               from emp e
  8               where e.deptno = d.deptno)
  9             as emp_tab_typ
 10           )
 11    from dept d;
4 Zeilen wurden erstellt.
```

Listing 21.41 Tabelle DEPT_OBJ wird befüllt.

Tatsächlich wurden nur vier Zeilen erstellt. Oder – vielleicht nicht »nur«, sondern »sogar« vier Zeilen? Tabelle DEPT enthält die Abteilung 40, in der kein Mitarbeiter arbeitet. Dennoch hat die Join-Bedingung der harmonisierten Unterabfrage offensichtlich diese Zeile ermöglicht, obwohl die Bedingung des Joins nicht erfüllt wurde. Das funktioniert, weil die Funktion cast offensichtlich eine leere Ergebnismenge dennoch als EMP_TAB_TYP instanziieren konnte und den Join als Outer Join interpretiert hat. Gut, nun aber weiter im Text. Zunächst einmal lässt sich diese objektorientierte Tabelle einfach als relationale View darstellen, indem wir die nested table entschachteln:

```
SQL> select d.deptno, d.dname, d.loc,
  2         e.empno, e.ename, e.job
  3    from dept_obj d,
  4         table(d.employees) e;
```

DEPTNO	DNAME	LOC	EMPNO	ENAME	JOB
10	ACCOUNTING	NEW YORK	7782	CLARK	MANAGER
10	ACCOUNTING	NEW YORK	7839	KING	PRESIDENT
10	ACCOUNTING	NEW YORK	7934	MILLER	CLERK
20	RESEARCH	DALLAS	7369	SMITH	CLERK
20	RESEARCH	DALLAS	7566	JONES	MANAGER
20	RESEARCH	DALLAS	7788	SCOTT	ANALYST
20	RESEARCH	DALLAS	7876	ADAMS	CLERK
20	RESEARCH	DALLAS	7902	FORD	ANALYST

21

30 SALES	CHICAGO	7499 ALLEN	SALESMAN
30 SALES	CHICAGO	7521 WARD	SALESMAN
30 SALES	CHICAGO	7654 MARTIN	SALESMAN
30 SALES	CHICAGO	7698 BLAKE	MANAGER
30 SALES	CHICAGO	7844 TURNER	SALESMAN
30 SALES	CHICAGO	7900 JAMES	CLERK

```
14 Zeilen ausgewählt.
```

Listing 21.42 Relationale Darstellung der Daten einer objektorientierten Tabelle

Soweit so gut. Zudem haben wir noch den bereits gezeigten Vorteil, Daten aus der Tabelle EMP_NT ohne Join-Bedingung direkt durch die Punktnotation anzusprechen. Doch wie verhält sich diese Tabelle nun, wenn wir update-Anweisungen durchführen?

Wir möchten nun allen Mitarbeitern eine Gehaltserhöhung von 5% ermöglichen. Kein Problem, sollte man meinen, doch leider verhält sich die Tabelle DEPT_OBJ nun so, als habe sie eine separate Tabelle pro Abteilung für die Mitarbeiter angelegt:

```
SQL> update table(select employees
  2                from dept_obj) e
  3      set e.sal = e.sal * 1.05;
update table(select employees
             *
FEHLER in Zeile 1:
ORA-01427: Unterabfrage für eine Zeile liefert
           mehr als eine Zeile
```

Listing 21.43 So geht es nicht: Update auf eine NESTED TABLE

Dass wir nicht direkt Tabelle DEPT_OBJ aktualisieren können, versteht sich von selbst. Daher wird die update-Anweisung auf die table-Funktion ausgeführt. Nur ist das Problem, dass diese Funktion nun mehrere »Tabellenrohlinge« zurückliefert, was die Funktion table nicht toleriert. Wollten wir also eine solche Aktualisierung ausführen, zwänge uns dies, jede Abteilung einzeln zu aktualisieren:

```
SQL> update table(select employees
  2                from dept_obj
  3                where deptno = 10) e
  4      set e.sal = e.sal * 1.05;
3 Zeilen wurden aktualisiert.
```

Listing 21.44 Die Aktualisierung funktioniert nur abteilungsweise.

Ähnlich hinterhältig verhält sich die Funktion, wenn eine Abteilung angesprochen wird, die es nicht gibt:

```
SQL> update table(select employees
  2                  from dept_obj
  3              where deptno = 11) e
  4     set e.sal = e.sal * 1.05;
update table(select employees
*
FEHLER in Zeile 1:
ORA-22908: Referenz auf Tabellenwert NULL
```

Listing 21.45 Ebenfalls nicht möglich: Aktualisierung einer nicht existenten Abteilung

Eine update-Anweisung auf eine »normale« Tabelle würde in diesem Fall keinen Fehler werfen, es würden lediglich 0 Zeilen aktualisiert, wie dies im Übrigen auch hier passiert, wenn wir Abteilung 40 ansprechen, in der kein Mitarbeiter arbeitet. Noch etwas: Durch die Aktualisierung der Abteilung 10 sperren wir *alle* Mitarbeiter dieser Abteilung, auch, wenn wir nur einen einzigen Mitarbeiter aktualisieren möchten. Da aber der Zugriff auf einen Mitarbeiter nur über die Abteilung möglich ist, ist die Sperrung aller Mitarbeiter unumgänglich. Gewissermaßen haben wir uns eine Ausdrucksschwäche objektorientierter Programmierung ins (relationale) Haus geholt, denn wenn wir ein Attribut einer Klasse aktualisieren, benötigen wir eine Instanz dieser Klasse. Möchten wir aber ein Attribut von vielen Klassen auswerten, benötigen wir die Instanz von vielen Klassen. So auch hier, denn die Aktualisierung aller Mitarbeitergehälter erzwingt nun eine Aktualisierung je Abteilung. Möchten Sie diesen Gedanken weiter spinnen? Gut, dann suchen Sie doch einmal einen Mitarbeiter namens BLAKE in diesem Unternehmen …

Die Nachricht hinter diesen Beispielen ist: Datenbanken haben ihre Stärke darin, Daten in einer Form zu speichern, die es ermöglicht, schnell und effizient Daten *für beliebige Zwecke* zusammenzustellen. Ein gutes Datenmodell stört diese Abfragen möglichst wenig und unterstützt parallel die wichtigsten Anwendungsfälle durch eine effiziente Speicherung der Daten. Die objektorientierte Speicherung orientiert sich demgegenüber an einem konkreten Anwendungsfall und optimiert die Speicherung der Daten daraufhin. Objektorientierte Datenmodelle tendieren also dazu, spezieller auf ein Aufgabengebiet hin optimiert zu sein, Datenbanken tendieren dazu, Daten allgemein verwertbar zu speichern. Nun können Sie mich natürlich für das konkrete Datenmodell kritisieren und argumentieren, dass in der Objektorientierung nicht eine solche Speicherung, sondern wohl eher eine Speicherung von Objektreferenzen auf Mitarbeiter, die in einer anderen Tabelle gespeichert würden, verwendet worden wären, womit das Problem weitgehend aus der Welt geschafft wäre. Das ist aber eigentlich nicht der Punkt. Der Punkt ist, dass eine Modellierung, die für ein Anwendungsprogramm optimal ist, für die Speicherung in Datenbanken alles andere als optimal sein wird. Dies ist zumindest regelhaft der Fall und taucht mit schöner Regelmäßigkeit auch erst später als Problem auf, wenn nämlich alternative Zugriffspfade auf die Daten erforderlich werden.

21.5 Beurteilung

Tja, die Beurteilung dieser neuen Möglichkeiten fällt schwer. Zunächst einmal mag man vielleicht die objektorientierten Fähigkeiten der Datenbank als ein Entgegenkommen von Oracle der Gruppe der Java-Programmierer gegenüber verstehen, vielleicht mit dem Hintergedanken, dieser Gruppe die Speicherung von Objekten in der Datenbank schmackhaft zu machen. Das mag ein erster Eindruck sein, ich glaube allerdings, dieser Eindruck ist falsch (oder sollte es zumindest sein). Denn als Datenmodell sind die objektorientierten Tabellen aus meiner Sicht nicht geeignet, es sei denn, es handelt sich um weit verbreitete und allgemeine Typen, wie zum Beispiel `XMLType` oder `Dicom` etc. Auch die Speicherung von Vektordaten für die Geografie ist sicherlich ohne Objektorientierung nur schwer machbar. Zur Speicherung ganzer Anwendungsdatenmodelle empfehle ich das Verfahren nicht, denn unter der Haube ist Oracle nach wie vor eine relationale Datenbank. Wenn Sie diese Techniken zur Definition eines Datenmodells verwenden, wird Oracle dies durch ein Netz aus relationalen Tabellen abbilden. Allerdings müssen Sie sich nun darauf verlassen, dass Oracle hierbei einen guten Job macht, denn Sie wissen nun kaum noch, welche Tabellen eigentlich welche Daten enthalten, haben nur beschränkten Einfluss auf die Strategie der Umsetzung (gerade in Randbereichen wie Vererbung etc.) und beschneiden die Möglichkeiten des direkten Datenzugriffs durch SQL. Das halte ich nicht für gut. Zudem fällt bei dieser Art der Datenmodellierung negativ ins Gewicht, dass viele Informationen nur noch im Zusammenhang mit anderen Informationen gelesen werden können, wie wir das am Beispiel des Wohnortes eines Kunden oder der geschachtelten Tabelle mit den Mitarbeitern einer Abteilung gesehen hatten. Datenbanken zeichnen sich aber nicht zuletzt durch den wahlfreien Zugriff auf alle Informationen aus, hierin begründet sich die Mächtigkeit der Datenbanken. Genau diese Mächtigkeit wird durch eine solche Modellierung allerdings auf die geplanten Verwendungsmöglichkeiten der Daten, so wie sie für eine konkrete Anwendung benötigt wird, eingeschränkt.

Über die Speicherung mitgelieferter objektorientierter Typen hinaus existieren allerdings wichtige Einsatzbereiche beim Lesen und Aufbereiten von Daten. Die Fähigkeit der Datenbank, relationale Daten durch eine einfache `select`-Abfrage in eine objektorientierte Struktur zu bringen, erweitert das Einsatzspektrum von SQL nicht unerheblich. Natürlich kann eine objektorientierte Abfrage auch als View über relationale Tabellen eingerichtet werden und so die Anbindung an Anwendungen erleichtern. Eine solche View wird oftmals sogar eine »durchschreibbare« View sein, auf die also ohne Weiteres `update`-Anweisungen ausgeführt werden können. Weitere Einsatzbereiche, das habe ich bereits angedeutet, liegen in der Verwendung mit *Advanced Queueing*, wo solche Objekte als Nachrichten zwischen Systemen versendet werden, und vielen anderen Bereichen, wie zum Beispiel der Rules- und Expressions-Maschine, einer Erweiterung von Oracle, die es Ihnen gestattet, eingehende Daten einer Datenbank kontinuierlich nach bestimmten kritischen Werten zu überwachen etc. XML hatte ich genannt. Überall dort wird immer häufiger auf die objektorientierte Seite der Datenbank zurückgegriffen. Ein Grund dafür ist, dass ein Objekt über eine reine Datensammlung hinaus weitere Zusicherungen bezüglich der Struktur der Daten vereinbart und eine strukturierte Information in einem Container verfügbar macht. Nicht unwichtig ist auch, dass Objekte normalerweise im Vergleich zu einer Tabellenhierarchie kompakter sind und daher bei der Übermittlung über das Netzwerk Vorteile aufweisen. Doch erscheinen mir die meisten Lösungen eher für den lesenden als für den schreibenden Bereich von Interesse.

Als Strategie zur Abfrage von Daten ist eine objektorientierte Sicht auf Daten zweischneidig: Zum einen haben wir die elegante Konstruktion der Punktnotation, die es mir erlaubt, direkt in das Objekt hineinzunavigieren. Schön ist auch, dass eine Kollektion keine Fremdschlüsselbeziehung benötigt, um zu funktionieren (na ja, jedenfalls sehen wir keine, Oracle legt für jedes Objekt eine aufwendige OID an, die für ein Objekt als Identität aufgefasst werden und auf deren Basis nested tables oder ref-Konstrukte realisiert werden). Auf der anderen Seite ist allerdings die Unfähigkeit von SQL, direkt das n-te Element einer Kollektion anzusprechen, äußerst unschön. Der zusätzliche Aufwand mit table-Funktionen und der damit verbundenen komplexen Abfragetechnik erschwert den Umgang mit den Objekten nicht unerheblich. Viele Anwender dieser Technologien haben zudem einen gehörigen Respekt vor der cast(multiset(...))-Semantik, die sich wohl erst bei häufiger Anwendung soweit automatisiert, dass sie einem nicht mehr fremd vorkommt.

In PL/SQL existiert für solche Kollektionen eine Reihe von Attributen, die wir abfragen können. Ebenso ist es möglich, auf die einzelnen Bestandteile einer Kollektion mit einem Index direkt zuzugreifen. Ich weiß nicht, ob eine zukünftige Version von SQL diesen direkten Zugriff erlauben wird, glaube es persönlich aber eher nicht. Schön wäre eigentlich auch, in SQL die Attribute von Kollektionen, wie etwa COUNT oder EXISTS, nutzen zu können, aber das bleibt wohl Zukunftsmusik. Weil aber diese Funktionalität fehlt, möchte ich solche Kollektionen eigentlich nicht in meinen Datenbanken als Speicherform stehen haben. Als View, um Programme mit vorbereiteten Daten zu beliefern – schön. Aber die Auswertung mit SQL ist mir so einfach zu umständlich. Allerdings: In der Programmierung von Datenbanken sind diese Typen sehr gefragt und äußerst praktisch. Und umgekehrt ist in diesem Umfeld die Tatsache, dass Objekte und Kollektionen in SQL ebenso bekannt sind wie in PL/SQL sehr angenehm. Aus diesem Grund werden Sie wahrscheinlich auch als SQL-Anwender häufiger einmal in die Situation kommen, Funktionen aus SQL mit einem Objekttyp aufrufen zu müssen. Auch dann werden die Konstruktormethoden und die Arbeit mit Objekten benötigt.

Wie alles ist es in erster Linie ein sich Darangeben, bis die Grundlagen soweit verstanden sind, dass Sie sich mit dieser Syntax sicher bewegen können. Ist dies einmal geschafft, öffnen sich allerdings faszinierende Anwendungsbereiche: Im zweiten Band stelle ich eine Idee vor, wie ein eigener, objektorientierter Typ erstellt und genutzt werden könnte. Dies ist der Typ Money, der mit Geld umgehen kann (und nicht so eine Lachnummer, wie er in anderen Datenbanken als Zahl mit zwei Nachkommastellen verwendet wird). Der Grund für einen objektorientierten Typ: Dieser Typ schützt sich vor unlogischen Veränderungen, kann bei der EZB die aktuellen Umrechnungskurse einsehen, einen Bericht in eine Zielwährung umrechnen und vieles mehr. Solche Aufgaben kann man gern an die Datenbank delegieren, finde ich. Ein anderes Beispiel wäre ein Datentyp zur Speicherung physikalischer Messwerte, der zum Beispiel automatisch die Konvertierung von Konzentrationen von *mg/Dl* in *mmol* vornehmen kann etc.

Lassen Sie es mich einmal so zusammenfassen: Die Funktionalität ist da und kann auch nicht mehr wegdiskutiert werden. Haben Sie keine Ahnung von dieser Seite der Datenbank, entfallen viele nützliche Funktionen. Ein Loblied auf die Objektorientierung und einen Abgesang auf relationale Techniken möchte ich aber auch nicht anstimmen. Ich sehe diese Technologien stärker im Umfeld der Programmierung der Datenbank denn als Speichermechanismus.

Im Übrigen habe ich in diesem Kapitel die Interna der Objektorientierung lediglich gestreift. Vieles bliebe noch zu sagen. Doch die Themengebiete gehen eher in Richtung Administration (zur effizienten Speicherung von Objekten), in Richtung Programmierung (zur korrekten Behandlung von Objekts, zur Erweiterung durch Methoden etc.) oder in Richtung Datenmodellierung (Für und Wider der verschiedenen Implementierungen, Abbildungskonzepte von Vererbung etc.). Ich habe versucht, Ihnen einen ersten Eindruck der Technik zu geben und dabei die Punkte herausgearbeitet, auf die man als SQL-Anwender stoßen könnte. Administratoren und Programmierer haben auf andere Weise und intensiver mit diesen Typen zu tun, daher muss weiterführende Information in Publikationen für diese Zielgruppe zu finden sein, nicht hier.

TEIL V
Datenbankmodellierung

Im abschließenden Teil dieses Buches geht es um die Daten-modellierung. Dieses Thema steht für Anwender von SQL nicht unbedingt als Erstes auf der Agenda, für Datenbankentwickler ist es allerdings ein Problem von zentraler Bedeutung. Dieser Teil ist so konzipiert, dass er vor allem auch Anwendern einen Blick »hinter die Kulissen« der Datenbanken ermöglicht, um das Verständnis für die eigenen Abfragen zu steigern.

Kapitel 22

Die Grundlagen der Daten-
modellierung

Dieses Kapitel beleuchtet die Grundlagen der Datenmodellierung und ermöglicht Ihnen ein genaueres Verständnis der Probleme, die Datenbankmodellierer zu lösen haben. Die Kenntnis dieser Problemstellungen hilft Ihnen, sich in bestehenden Datenmodellen besser zu orientieren, und erleichtert somit die Erstellung von SQL-Abfragen.

Eins vorweg: Das Modellieren von Datenbanken ist ein eigener Beruf, der sehr viel Erfahrung und Kenntnisse voraussetzt. Daher können dieses und die folgenden Kapitel Sie nicht zum Datenbankmodellierer machen, sondern Ihnen lediglich einige der Problemstellungen beschreiben, die Datenbankmodellierer zu lösen haben. Natürlich existieren für Standardprobleme auch Standardlösungen mit bekannten Vor- und Nachteilen. Dieses Kapitel zeigt einige dieser Standardlösungen auf und diskutiert alternative Datenmodelle. Dabei habe ich nicht den Anspruch, eine vollständige und ins Detail gehende Darstellung des Themas zu erreichen, sondern ich verfolge eher einen pragmatischen Ansatz, der Ihnen erklärt, was »man so findet« und warum dies so ist. Andere Bücher konzentrieren sich vollständig auf diese Problematik und sind daher ungleich besser geeignet, dieses Themenfeld darzustellen, falls Ihr Interesse darin liegt, eigene Datenmodelle zu entwickeln. Ein Beispiel ist das bereits in 4. Auflage vorliegende Buch »Datenbanken – Grundlagen und Design« von Frank Geisler aus dem MITP-Verlag. Dieses Buch kann ich nur empfehlen und mit diesem Buch möchte ich auch nicht wetteifern. Dieser Teil des Buches ist für zwei Zielgruppen gedacht: Für diejenigen, die als Anwender von SQL mit komplexen Datenmodellen umgehen und diese verstehen möchten, und für diejenigen, die als Anwendungsentwickler selbst vor dem Problem stehen, kleinere Datenmodelle entwickeln zu müssen. Wir beginnen in diesem Kapitel daher mit einem kurzen Überblick über die Grundlagen, damit wir uns vergewissern, von der gleichen Sache zu sprechen.

22.1 Normalisierung

Unter der *Normalisierung* von Datenbanken versteht man die Anwendung von Regeln, die verhindern sollen, dass Daten in nicht optimaler Weise in Datenbanken gespeichert werden. Es existieren insgesamt fünf Normalisierungsregeln, die aufeinander aufbauen (die »dritte Normalform«, also die dritte Normalisierungsregel, umfasst daher die Anforderungen der Normalformen 1 und 2), sowie einige speziellere Regeln, wie etwa die Boyce-Codd-Normalform oder die Domain/Key-Normalform. In der Praxis wird man im Allgemeinen bestrebt sein, die Daten in die dritte Normalform zu bringen, doch sehen wir in den tatsächlich bestehenden Datenbanken erhebliche Abweichungen von diesen Normalformen. Lassen Sie mich nicht jede einzelne Normalisierungsregel einzeln erklären. Die Idee ist, dass Zellen in einer Tabelle folgende Bedingungen erfüllen:

▶ Sie enthalten stets nur skalare Werte.
Damit ist gemeint, dass in einer Zelle einer Tabelle keine Wertelisten enthalten sein dürfen, etwa drei Telefonnummern, durch ein Komma getrennt (verwechseln Sie dies bitte nicht mit einem Objekt, also etwa einem varray, das in einer Zelle gespeichert werden kann, hier geht es um eine einfache Liste von Werten).

▶ Alle Attribute einer Zeile hängen ausschließlich von einem Primärschlüssel ab.
Damit ist gemeint, dass in einer Zeile einer Tabelle nicht Angaben zu einem Kunden mit Angaben zu einem Ansprechpartner im Unternehmen, der diesen Kunden betreut, gemischt sein dürfen. Die Informationen einer Zeile müssen durch den Primärschlüssel der Zeile (und nur durch diesen) spezifiziert sein.

▶ Es gibt keine transitiven oder funktionalen Abhängigkeiten.
Diese nette Formulierung meint, dass sich Daten in einer Zeile nicht aus anderen Spalten ableiten lassen (zum Beispiel könnte der Preis eines Produkts als Spalte erscheinen, obwohl er sich aus dem Nettopreis, dem gewährten Skonto und dem MwSt-Satz ermitteln ließe), was eine funktionale Abhängigkeit beschreibt, oder aber Daten, die einen speziellen Wert einnehmen, weil eine andere Spalte einen gegeben Wert hat. Als Beispiel für diese transitive Abhängigkeit könnten Sie sich vorstellen, dass für eine gegebene Tätigkeit eines Kundenbetreuers ein entsprechender Stundensatz in Rechnung gestellt und in der gleichen Zeile gespeichert wird. Dieser Stundensatz hängt also nicht allein von der Dauer der tatsächlich geleisteten Arbeit, sondern auch von der Art der Dienstleistung ab und sollte daher in einer Tabelle gespeichert werden, die die verschiedenen Dienstleistungen beschreibt.

Damit wäre ein Datenmodell in der dritten Normalform und bereit für den Einsatz. In der Praxis zeigt sich jedoch, dass die Datenmodelle oftmals nicht diese Qualität erreichen. Nun könnte man meinen, dies läge vor allem an indisponiertem Personal (es ist ja zunehmend schwierig, gutes Personal zu bekommen, aber wem sage ich das ...). Das ist nur zum Teil richtig. Einerseits kommt es vor, dass ein Datenmodell zu Beginn zu klein oder an der tatsächlichen Anforderung vorbei konzipiert wurde. Dies ist insbesondere der Fall, wenn die Fachseite ein schlechtes Konzept geschrieben hat oder die Umstände, in denen die Anwendung betrieben wird, sehr volatil sind. In einem solchen Umfeld kann es passieren, dass zur Zeit der ersten Datenmodellierung die Anforderungen einfach noch nicht komplett bekannt waren. Nun ändern sich die Anforderungen oder aber zumindest das Wissen des Modelliererteams um diese Anforderungen. Eine Änderung des Datenmodells ist bei bereits laufender Anwendung aber nur schwer möglich:

▸ Zum einen müssen Bestandsdaten in das neue Datenmodell migrierbar sein. Das ist kompliziert und nicht immer ohne händische Arbeit möglich.

▸ Zum anderen muss die Anwendung daraufhin durchgesehen werden, ob sie mit dem neuen Datenmodell fehlerfrei arbeitet.

Da ist es oft leichter, einem bestehenden Datenmodell eine Erweiterung an etwas unpassender Stelle zu gönnen als das bestehende Datenmodell zu ändern. Erweiterungen sind einfacher zu implementieren, weil sie normalerweise an den Bestandsdaten nichts ändern und vom Code leichter toleriert werden. Haben Sie das allerdings fünfmal gemacht, dürfte Ihr Datenmodell nun nicht mehr im besten Zustand sein.

Doch selbst, wenn die Entwickler des Datenmodells einen recht guten Überblick über die Anwendung haben, wird man zum Teil an einigen Stellen Verstöße gegen die »reine Lehre« der Datenmodellierung sehen. Das liegt meistens daran, dass eine Balance gefunden werden muss zwischen der Anzahl der Tabellen auf der einen und der Ausführungsgeschwindigkeit auf der anderen Seite. Stellen wir uns das an einem einfachen Beispiel vor: Sie haben eine Adresse gespeichert. Eigentlich ist der Straßenname einer Adresse nicht vom Primärschlüssel der Adresse abhängig, denn es wohnen viele Adressaten auf dieser Straße, vielleicht sogar im selben Haus. Daher böte sich an, die Straße aus der Adresstabelle auszulagern und unter einem eigenen Schlüssel verfügbar zu machen. Die Anzahl der Tabellen steigt aber nun für eine Adresse stark an, so dass viele Datenmodellierer diesen zusätzlichen Aufwand für entbehrlich halten und die Straße direkt in eine Adresstabelle integrieren. Anders könnte dies sein, wenn Ihre Anwendung als *CRM* (*Customer Relation Management*)-Anwendung hauptsächlich mit Adressen zu tun hat. In diesen Fällen ist die Adresse so zentral für die Anwendung, dass diese Normalisierungen Sinn machen. Datenmodelle spiegeln also nicht nur das Wissen der Modellierer, sondern auch den erwarteten Einsatzzweck wieder.

Ich habe bei Tom Kyte einmal ein schönes Beispiel für eine Situation gelesen, in der ein korrekt modelliertes Datenmodell vollständig am Einsatzzweck der Anwendung vorbei gestaltet wurde: In einer internen Oracle-Anwendung sollte eine Art Netzwerkkalender für die Angestellten des Konzerns programmiert werden. Eine der Aufgaben, die im Pflichtenheft stand, war, dass die Kalenderdaten mit dem Palm synchronisiert werden sollten (Für die jüngeren Leser unter uns: Das war so eine Art Dino-Blackberry ohne Telefonfunktion ...). Bei der Analyse des Problems stellte sich schnell heraus, dass die Synchronisation mit dem Palm eine Herausforderung darstellte. Daher wurde zunächst das Datenmodell des Palms analysiert. Wiederkehrende Termine wurden auf dem Palm aufgrund des geringen verfügbaren Speichers nur einmal gespeichert und zudem vermerkt, wie oft und in welchem Rhythmus dieser Termin wiederkehrt. Die Entwickler waren von dieser effizienten Speicherung angetan und entschieden nun, das eigene Datenmodell entsprechend aufzubauen. Wir können wohl davon ausgehen, dass man bei Oracle weiß, wie ein Datenbankmodell zu strukturieren ist. Daher können wir auch davon ausgehen, dass dieses Datenmodell den hier angesprochenen Regeln durchaus entsprochen hat, in diesem Sinn also *richtig* und *gut* war. Durch das gewählte Datenmodell war die Schnittstelle zum Palm nun auch kein wesentliches Problem. Allerdings zeigte sich nach einigen Wochen und Monaten des Gebrauchs der Anwendung, dass die Synchronisation zwar wunderbar funktionierte, die Anwendung als Ganzes aber überhaupt nicht, weil die Performanz so schlecht war, dass an ein sachgemäßes Arbeiten nicht zu denken war.

Was war passiert? Dem Programm wurde der eigene Erfolg zum Verhängnis. Denn nun nutzten 30.000 Anwender das System fleißig. Doch nun geschah Folgendes: Fünf Mitarbeiter wollten einen Termin in einem Zeitbereich von zwei Wochen in einem von drei Besprechungsräumen planen. Die Frage war: Wann haben alle Mitarbeiter Zeit und wann ist einer der drei Besprechungsräume frei? Das Programm musste nun *alle* wiederkehrenden Termine *aller* Mitarbeiter daraufhin durchrechnen, ob einer dieser wiederkehrenden Termine im fraglichen Zeitpunkt in einem der möglichen Besprechungsräume gebucht war oder ob einer der wiederkehrenden Termine einen der an der Besprechung teilnehmenden Mitarbeiter blockierte. Diese Berechnung war nun für jede Terminanfrage nötig. Zudem musste berücksichtigt werden, dass eine Anfrage eines Mitarbeiters die parallel laufenden Anfragen der anderen Mitarbeiter blockiert, weil nicht vorhergesehen werden kann, ob der parallel neu eingestellte Termin eines anderen Mitarbeiters die Terminplanung des anfragenden Mitarbeiters tangiert. Kurz: Das Programm tat nichts anderes mehr, als die Termine der Mitarbeiter durchzurechnen, es war aufgrund des Designs auch auf eine serialisierte Bearbeitung der Terminanfragen zurückgeworfen worden. Eine einfache, überzeugende und völlig falsche Lösung für ein komplexes Problem. Die Lösung bestand darin, die Anwendung wegzuwerfen und neu zu konzipieren. Wenn nun ein Termin wiederkehrt, hat dies zur Folge, dass die Datenbank hundert Zeilen mit den wiederkehrenden Terminen speichert. Eine Suchanfrage ist nun eine einfache `select`-Abfrage gegen einige Tabellen, die in Echtzeit und parallel beantwortet werden kann. Lediglich die Schnittstelle zum Palm erforderte nun etwas mehr Aufmerksamkeit.

Die Normalisierung von Datenmodellen ist also lediglich *ein* Werkzeug des Datenbankmodellierers, nicht aber ein Regelwerk, das sicher eingesetzt werden kann, um performante und erweiterbare Anwendungen zu erstellen. Die Hauptaufgabe der Normalisierung liegt darin, zu verhindern, dass eine als sinnvoll erachtete Datenstruktur logische Fallstricke oder Fehler aufweist, nicht jedoch, diese Datenstruktur zu ermitteln. Lassen Sie es mich vielleicht so ausdrücken: Auch unter Beachtung dieses Regelwerkes können Sie den größten Quatsch veranstalten.

22.2 Tabellendesign

Die Basis eines Datenmodells ist recht einfach zu verstehen. Wie schon dargestellt, liegt einer relationalen Datenbank lediglich eine einzige architektonische Idee zugrunde, nämlich die 1:n-Beziehung. Diese Idee finden Sie daher in allen Datenmodellen, doch am häufigsten und komplexesten in Datenmodellen für sogenannte *OLTP (Online Transaction Processing)*-Datenbanken. Dieser Begriff kennzeichnet Datenbanken, die von vielen Benutzern gleichzeitig genutzt werden, um relativ kleine Datenmengen in der Datenbank zu speichern oder von dort auszulesen. Beispiele für solche Datenbanken sind Buchungssysteme bei Banken, Datenbanken für Internet-Anwendungen, Adressverwaltungen und viele mehr. Im Grunde sind diese Datenbanken die am häufigsten vorkommenden Datenbanken. Davon abweichend spricht man von *Data Warehouses (Datenwarenhäusern)* für Datenbanken, die auf aufwendige Berichte, Bilanzen etc. großer Unternehmen spezialisiert sind. Im Umfeld dieser Datenbanken werden normalerweise andere Datenmodellierungstechniken benutzt. Diese Modellierungstechniken sehen wir uns in Kapitel 25, »Data Warehouse«, an.

22.2.1 Tabellen für verschiedene Einsatzbereiche

Eine OLTP-Datenbank legt großen Wert darauf, Daten redundanzfrei zu speichern, das bedeutet, dass eine Information nach Möglichkeit nur ein einziges Mal gespeichert wird. Dies scheint zunächst eine Selbstverständlichkeit zu sein, doch stimmt dies nicht, denn zum einen steht dieser Aspekt bei Datenwarenhäusern nicht im Vordergrund, zum anderen finden wir auch bei OLTP-Datenbanken gezielte Redundanz, gerade im Zusammenhang mit den Problemen, die sich aus der Speicherung von Daten über lange Zeit und die Dokumentation der Veränderungen von Daten über die Zeit ergeben. Hier gibt es verschiedenste Verfahren, die wir uns in Abschnitt 23.2.2, »Historisierende Datenmodelle«, genauer ansehen werden.

Ist eine Datenbank gut organisiert, ist es recht einfach, sich einen Überblick über die Speicherung der Daten zu verschaffen. Es gibt in der Regel Tabellen für alle Substantive, die Ihnen zu einem Anwendungsfall einfallen. Wenn Sie Daten einer Bestellung einsehen möchten, können Sie im Regelfall Tabellen für die Substantive KUNDE, BESTELLUNG, ARTIKEL, LIEFERANT usw. erwarten. Auch die grobe Struktur der Daten sollte Ihren Erwartungen entsprechen: So ist es in diesem Zusammenhang sehr wahrscheinlich, dass die Tabelle BESTELLUNG die Tabellen KUNDE, ARTIKEL und LIEFERANT referenzieren wird. Beinhaltet das Datenmodell zudem referenzielle Integrität über Fremdschlüsselbeziehungen, so werden Ihnen diese ebenfalls beim Verständnis sehr helfen. Sie sollten in jedem Fall die Constraints der beteiligten Tabellen einsehen und sich fragen, ob Ihnen diese sinnvoll erscheinen. Ist dies nicht der Fall, sehen Sie wahrscheinlich auf eine erste Anomalie des Datenmodells, die Ihren Abfragen später die »Würze« geben.

Fast alle Datenmodelle aus dem OLTP-Bereich haben zudem eine grobe Unterteilung in zwei Bereiche: *Bewegungsdaten* und *Stammdaten*. Damit sind Tabellen gemeint, die durch die Benutzung des Programms mit Daten gefüllt werden, wie etwa die Tabelle BESTELLUNG, und Daten, die nur sehr selten geändert werden, wie vielleicht eine Tabelle NIEDERLASSUNG, in denen die Filialen Ihres Unternehmens hinterlegt sind. So griffig diese beiden Begriffe sind, so ungenau sind sie auch: Was ist zum Beispiel mit der Tabelle KUNDE, gehört die zu den Bewegungs- oder Stammdatentabellen? Dennoch sollten Sie bei Abfragen gegen OLTP-Datenbanken überlegen, welche Tabellen besonders häufigen Änderungen unterworfen sind, denn dort haben Sie, insbesondere bei länger laufenden Berichten, häufig das Problem, dass Sie mit vielen konkurrierenden Schreibzugriffen umgehen müssen und die Abfragen deshalb unter verschärfter Beobachtung stehen sollten, um zu verhindern, dass Ihre lange laufenden Berichte die Datenbank nicht in zu hohe Aufwände bei der Beantwortung dieser Abfragen zwingt. Im Gegensatz dazu sind Zugriffe auf die Stammdatentabellen häufig deutlich weniger problematisch.

Unter den Stammdatentabellen können Sie, wenn Sie mögen, noch die »Lookup-Tabellen« abgrenzen, Tabellen, die im Datenmodell immer am Ende einer Beziehungskette stehen und Angaben zu häufig verwendeten Werten beinhalten. Ein klassisches Beispiel ist die Tabelle ANREDE, in der neben einem Schlüsselwert wie HR oder FR die Langtextbezeichnung Herr oder Frau stehen könnte. Im Regelfall müssen Sie diese Tabellen in Abfrage über Joins einbinden, damit Sie in der Auswertung die Schlüsselwerte durch sprechende Bezeichnungen ersetzen können. Abgrenzen möchte ich von diesen Tabellen die Tabellen, die noch weitere Funktionen wahrnehmen können, wie zum Beispiel die Tabelle ABTEILUNG, in der zwar auch der Abteilungsname stehen wird, die aber doch meistens noch in ein Beziehungsgeflecht mit anderen Tabellen wie ORT etc. eingebunden ist.

Interessant ist an Stammdaten zweierlei, nämlich einerseits die häufige Forderung, dass Änderungen an diesen Tabellen historisch zumindest nachvollziehbar sein sollen, zum anderen sind diese Tabellen häufig auch noch dem Problem unterworfen, für eine Anwendung in verschiedene Sprachen übersetzbar sein zu müssen. Strategien für diesen letzten Punkt sehen wir uns in Kapitel 27, »Internationalisierung«, an.

22.2.2   Spalten, die in vielen Tabellen verwendet werden

Viele Datenmodelle umfassen ein System von einigen Spalten, die in allen Tabellen gleichermaßen eingesetzt werden. Am häufigsten finden Sie vielleicht Spalten mit

Angaben zum Benutzer, der eine Information in der Tabelle angelegt hat, zusammen mit dem Datum, wann das war, sowie die entsprechenden Angaben zur letzten Änderung dieses Datensatzes. Ganz verstanden habe ich den Einsatz dieser beiden letzten Spalten allerdings nicht, denn es wird natürlich lediglich gespeichert, wer die Daten *als Letzter* verändert hat, nicht aber die komplette Historie und auch nicht, *was* dieser Benutzer geändert hat. Daher habe ich den Eindruck, gerade diese Modellierungstechnik soll den Auftraggeber in der Sicherheit wiegen, die Daten seien korrekt historisiert, obwohl sie es eigentlich nicht sind. Es sind aber auch andere Standardspalten möglich.

In vielen Datenmodellen werden Daten zudem nicht gelöscht, sondern ein Datensatz als ungültig gekennzeichnet. Das ist eine Anforderung, die nur schwer zu umgehen ist. Stellen wir uns vor, wir hätten eine Spalte, die zu einem Datensatz speichert, wer ihn angelegt hat. Nun verlässt dieser Mitarbeiter das Unternehmen. Wird dieser Mitarbeiter nun aus der Datenbank gelöscht, hieße dies, dass alle Daten, die in seinem Namen angelegt wurden, nun nicht mehr korrekt referenziert werden können. Entweder verzichten Sie also auf einen Fremdschlüssel, oder aber Sie löschen den Namen des Benutzers nicht. Als Ausweg hierfür werden Spalten eingeführt, die einen Benutzer als ungültig, storniert, deaktiv oder sonst etwas kennzeichnen. Die Kenntnis dieser generellen Strategien ist für Sie sehr wichtig, wenn Sie Abfragen gegen solche Datenmodelle planen, denn nur wenn Sie die gelöschten Daten korrekt behandeln, hat Ihre Auswertung auch etwas mit der Realität zu tun. Im Regelfall wollen Sie wohl als gelöscht markierte Daten von der Abfrage ausschließen, doch haben wir am Beispiel des Anlagebenutzers gesehen, dass dies durchaus nicht immer so sein muss.

Interessant sind natürlich die kleinen »Verunreinigungen«, die in Datenmodellen über die Zeit Einzug halten und normalerweise nur sehr spärlich dokumentiert werden. Ich erinnere mich an eine Situation, die dies vielleicht illustrieren kann: In einer Datenbank wurden Aufenthalte eines Patienten in einem Krankenhaus hinterlegt. Nun musste ich eine Auswertung machen, die unter anderem zeigen sollte, wie lange die Patienten durchschnittlich im Krankenhaus bleiben. Bei der Analyse des Datenmodells stieß ich bei der Berechnung der Dauer auf negative Werte. Wie kann das sein? Patienten waren also bereits entlassen, bevor Sie aufgenommen wurden? Tatsächlich datierte in all diesen Zeilen das Entlassungsdatum früher als das Aufnahmedatum. Eine schnelle Analyse zeigte mir, dass dies bei so vielen Daten der Fall war, dass ein Fehler des Programms auszuschließen war: Das war Absicht. Nur, warum? Erst eine eingehende Analyse machte mir klar, was hier passierte: Wenn ein Patient einbestellt wurde (»Kommen Sie in zwei Wochen auf Station A3«), wurde dieses Datum als Aufnahmedatum gespeichert. Wenn nun aber dieser Patientenaufenthalt storniert wurde, zum Beispiel weil der Patient nicht kommen konnte, so fehlte für diesen Zweck im Datenmodell eine Spalte für das Stornierungsdatum. Kurzerhand entschied das Entwicklerteam, diese Information in die Spalte für das Entlassungsdatum zu schreiben, denn diese Spalte wird ja bei einem Patienten, der niemals aufgenommen wird, nicht sinnvoll belegt werden können. Hinterhältig? Ja, finde ich schon, aber üblich. Solche oder ähnliche Seiteneffekte werden Sie immer wieder finden. Gerade, wenn Sie sich in Datenmodelle einarbeiten, die Sie nicht selbst erstellt haben, müssen Sie ein gutes Verständnis für das vorhandene Datenmodell entwickeln, um einigermaßen sicher Auswertungen erzeugen zu können. Daraus leitet sich auch eine weitere Empfehlung ab: Sie müssen, wenn nötig mit Kollegen von der Fachseite, Ihre Auswertung stets auf Plausibilität hin testen, damit Ihnen Fehler dieser Art nicht unbemerkt in die Auswertungen rutschen.

22.3   Primärschlüssel

Es gibt verschiedene Denkschulen bei der Modellierung von Datenbanken, die sich mehr oder weniger missionierend auch auf die Frage stürzen, ob ein Primärschlüssel für eine Tabelle verwendet werden sollte oder nicht. Gut, eigentlich ist das nicht so sehr die Frage, eher vielleicht, ob *immer* ein Primärschlüssel verwendet werden sollte oder ob es auch Situationen gibt, wo das nicht erforderlich ist. Zudem wird eine Diskussion darum geführt, ob ein solcher Primärschlüssel stets ein *technischer Schlüssel* (also eine Information, die außer der Tatsache, dass sie als Primärschlüssel fungiert, keinerlei weitere Information trägt) sein sollte oder ob er auch anders definiert werden könnte. Bin ich wahnsinnig, hier urteilen zu wollen? Ja, eigentlich schon. Zumindest teile ich Ihnen hier meine Meinung mit: Ich glaube, dass eine Tabelle ohne Primärschlüssel einem Grundprinzip der Datenbank widerspricht, nämlich dem, Information nur einmal speichern zu wollen. Aber – und diese Einschränkung ist wichtig – ich rede hier primär von OLTP-Systemen, weniger von Datenwarenhäusern. Der Grund liegt einfach darin, dass OLTP-Systeme durch Benutzerinteraktion ihre Daten erhalten. Viele Anwendungen, viele Anwender, viele konkurrierende Aktionen auf die Datenbanken zeichnen OLTP-Systeme aus und schaffen gleichzeitig einen idealen Nährboden für Datenkonsistenzprobleme aller Art. Ein Benutzer macht eine Fehlbedienung, ein anderer stößt auf einen Programmfehler, ein Dritter macht eine Ad-hoc-Abfrage gegen die Datenbank und vertut sich dabei. In einem solchen Umfeld benötigen Ihre Datenbanken ein Set leistungsfähiger Regeln, um die Konsistenz der Daten sicherzustellen. Primärschlüssel und seine Kollegen sind diese Mittel und Regeln. Ohne diese Regeln werden Ihre Daten ganz seltsame Zustände annehmen. Es besteht nicht die Gefahr, sondern Gewissheit darüber.

Eine ganz andere Diskussion führen wir im Umfeld von Datenwarenhäusern, die normalerweise in deutlich größeren Intervallen, durch Computerprogramme und begleitet durch mannigfaltige Tests mit Daten gefüllt werden, die zudem bereits durch die Datenbank-Constraints der liefernden Systeme auf eine gewisse Mindestqualität hin geprüft wurden. Hier ist die Implementierung eines kompletten Sets von Datenbank-Constraints möglicherweise weniger bedeutend, wenn auch nicht nutzlos, denn so teilen Sie dem Optimizer der Datenbank mit, welche innere Beziehung Ihre Datensätze haben. Oftmals sind diese Constraints in Datenwarenhäusern allerdings rein deklarativ und validieren nicht tatsächlich. Das bedeutet, dass sie zwar angelegt, aber deaktiviert sind und lediglich dem Optimizer Informationen über ihre Existenz geben, ohne die Einhaltung dieser Regeln tatsächlich aktiv durchzusetzen. Man verlässt sich auf die Datenqualität und empfindet Verstöße gegen diese Regeln als Programmfehler, die behoben werden müssen.

22.3.1   Primärschlüssel versus Geschäftsinformation?

Das sozusagen zum Hintergrund. Die Feinheiten der Diskussion sind dann aber deutlich vielfältiger. Da wäre zunächst die Frage, ob ein Primärschlüssel jemals Geschäftsinformation tragen darf. Nein, rufen nun alle im Chor, das darf nicht sein! Natürlich ist es denkbar, dass eine Information wie die in Deutschland seit Neuerem jedem Einwohner auf die Stirn tätowierte, lebenslange *Steuer-Identifikationsnummer* (*IdNr*), die sich perfekt als Primärschlüsselinformation eignet, entweder irgendwann doch noch einmal verändert wird oder, was häufiger sein dürfte, bei der ersten Eingabe falsch getippt wurde und daher den Benutzer der Datenbank zwänge, Primärschlüsselinformationen nachträglich zu ändern. Aber ehrlich, wie stichhaltig ist dieses Argument? Einen ersten Hinweis gibt die Frage, wie die Steuer-Identifikationsnummer eigentlich gebildet wurde. Sie besteht aus elf Ziffern, wovon zehn Stellen eine zufällige Zahl darstellen und die elfte Stelle eine Prüfziffer für die ersten zehn Stellen ist. Nun, für mich klingt das wie eine technische ID mit Prüfmechanismus. Das ist also sozusagen Ihre persönliche ISB-Nummer. Sollte eine solche Information nicht auch gut genug als Primärschlüssel sein? Wenn wir uns also dazu durchringen, diese Nummer als Primärschlüssel zu verwenden, verstoßen wir gegen den ehernen Grundsatz, denn unser technischer Schlüssel ist nun zugleich auch eben Steuer-Identifikationsnummer. Ist der Sündenfall erst eingetreten, lebt es sich bekanntermaßen ungeniert, daher können wir auch die PLZ, einen ISO-Code, eine ISB-Nummer oder was auch immer als Primärschlüssel akzeptieren.

Gehen wir die Diskussion einmal andersherum an und vergleichen diesen Ansatz mit der Idee, eine technische Information zusätzlich zur IdNr zu verwenden. Uns war einfach nicht wohl bei dem Gedanken, diese Information als Primärschlüssel zu verwenden. Nun haben wir einen technischen Schlüssel und die Steuer-Identifikationsnummer, stellen aber fest, dass diese Nummer einmal falsch geschrieben wurde. Sie freuen sich, dass Sie diese Information gefahrlos ändern können, da ihr technischer Schlüssel hiervon unberührt bleibt. Das Problem können Sie aber nur lösen, *falls sich der Fehler herausstellt.* Was aber, wenn nicht? Was passiert, wenn ein Mitarbeiter die Steuer-Identifikationsnummer für einen Datensatz sucht, dort nicht findet und deshalb einen neuen Datensatz mit dieser Nummer anlegt? Nun haben Sie zwei technische Schlüssel, die auf eine eigentlich gleiche Information zeigen. Sie haben also eigentlich gar nichts gewonnen. Denn selbst, wenn später der Fehler entdeckt wird und Sie die falsche Information korrigieren, bleiben beide Datensätze als Dublette bestehen. »Nichts leichter als das«, werden Sie denken, dafür gibt es unique-Constraints. Okay, das stimmt. Machen Sie doch gleichzeitig noch einen not null-Constraint auf die Spalte, weil die Information nicht fehlen darf, und sie haben – richtig – einen zweiten Primärschlüssel. Nun wird der technische Schlüssel nichts anderes als zusätzlicher Ballast. Er hat nicht verhindern können, dass Informationen falsch in die Datenbank gespeichert werden, eröffnete sogar erst den Weg für eine Datendublette, die wir nur umgehen konnten, indem wir die eigentliche Information zum Primärschlüssel erklären.

22.3.2 Primärschlüssel im Umfeld von m:n-Verbindungen

Eine Erweiterung dieser Diskussion führt uns zu der Frage, ob, und wenn ja, wie, eine Verbindungstabelle einer m:n-Beziehung einen Primärschlüssel benötigt. Das Problem besteht ja darin, dass diese Tabellen, die im einfachsten Fall lediglich die zwei Primärschlüsselspalten der beteiligten Tabellen speichern, einen einfachen Primärschlüssel nur als Kombination der beiden Spalten durchsetzen können. Ein zusammengesetzter Primärschlüssel ist vielen Datenbankmodellieren aus prinzipiellen Überlegungen heraus jedoch ein Dorn im Auge, denn eine Tabelle, die sich auf diese Relation bezieht, muss wiederum alle Spalten der Primärschlüsselinformation aufnehmen. Daher ist die Befürchtung, dass wir in großem Umfang Tabellenspalten von Tabelle zu Tabelle kopieren könnten, wenn wir zusammengesetzte Primärschlüssel als Standard akzeptieren. Die Alternative: Wir können einen zusätzlichen, technischen Schlüssel einführen, der uns als Primärschlüssel auf diese Verbindungstabelle dient. Dieser Primärschlüssel ist dann wiederum ein rein technischer Schlüssel, eine Zahl, die einfach über andere Tabellen referenziert werden kann.

Doch auch dieser zusätzliche technische Schlüssel unterliegt den gleichen Problemen und Einschränkungen wie ein zusätzlicher technischer Schlüssel im Umfeld von an sich bereits vorhandenen Primärschlüsselinformationen. Wir wollen verhindern, dass die Relation zwischen zwei Datensätzen der beteiligten Tabellen mehrfach gespeichert wird. Gut. Aber das erreichen wir eben nicht durch den zusätzlichen Schlüssel, der im Gegenteil erst ermöglicht, doppelte Fremdschlüsselkombinationen unter dem Deckmantel eines Primärschlüssels anzulegen. Auch hier gilt: Mehrere Spalten stellen die Primärschlüsselinformation dar, daher sind es auch mehrere Spalten, die als Primärschlüssel ausgewählt sein sollten. Aus meiner Erfahrung mit verschiedensten Datenmodellen leite ich zudem ab, dass eine solche Situation nur sehr selten zu mehr als drei oder vier Spalten für die Primärschlüsselinformation führt. Ist dies nicht der Fall, sollten Sie einmal überlegen, ob Ihr genereller Ansatz noch korrekt ist. Im Ausnahmefall mag das aber durchaus auch einmal in Ordnung sein.

22.3.3   Müssen Primärschlüssel Zahlen sein?

Diese Diskussion ist technisch ganz einfach zu beantworten: natürlich nicht. Jeder Spaltentyp, der unique indiziert werden kann, eignet sich als Primärschlüssel. Die Vorliebe für numerische Primärschlüssel kommt aus der Eigenheit der Datenbanken, für diesen Datentyp Sequenzen, Autowertspalten oder ähnliche Konstrukte anzubieten. Doch diese Schlüsselwerte haben auch Nachteile. Im Grundsatz sind numerische Primärschlüssel, gerade für Bewegungsdaten, sicher die geeignetsten Datentypen. Doch im Bereich der Stammdaten können Sie auf ungeahnte Probleme stoßen. Um einige dieser Probleme geht es mir, nicht um von diesem Schlüsseltyp abzuraten, sondern um in Erinnerung zu rufen, dass es durchaus eben nicht nur Vorteile gibt.

Gerade wenn eine Datenbankanwendung gepflegt werden soll und bei mehr als einem Kunden, einem Mandanten oder was auch immer läuft, stellt sich über kurz oder lang die Frage, was mit Stammdaten passieren soll, die Sie bereits mitgeliefert haben. Ich erinnere mich an eine Anwendung, in der dynamisch erzeugte Berichte mitgeliefert wurden. Das hierfür erforderliche SQL lag in Tabellen vor und konnte dann durch die Anwendung dynamisch ausgeführt werden. Der Endanwender hatte die Möglichkeit, eigene Berichte hinzuzufügen. Wenn nun eine neue Version der Software ausgeliefert wurde, musste unterschieden werden zwischen den vom Hersteller gelieferten und den vom Kunden erfassten Berichten. Ein einfacher numerischer Primärschlüssel eignet sich für eine solche Aufgabe nur bedingt. Entweder vereinbaren Sie, dass die mitgelieferten Berichte in einem eigenen Nummernkreis liegen (etwa alle Berichte zwischen 1 und 1.000), oder Sie vereinbaren ein Flag, das die mitgelieferten Berichte kennzeichnet, oder Sie schaffen ein System mehrerer Tabellen, in dem Sie Ihre Berichte in eine und der Endkunde seine Berichte in eine zweite Tabelle schreibt. Eine View könnte diese Berichte zusammenfassen, Sie jedoch können sich auf die Tabelle beschränken, in dem Ihre Berichte stehen.

Ein alphanumerischer Schlüssel auf der anderen Seite schafft in diesem Fall zwei Vorteile: Zum einen »kennen« Sie die Namen Ihrer Berichte, denn die Schlüssel haben Sie bereits vergeben. Daher können Sie Ihre Berichte von denen der Kunden unterscheiden. Zum anderen haben Sie keine Probleme, einen speziellen Bericht wiederzufinden, denn Sie können diesen Bericht ja über seinen eindeutigen Namen ansprechen. Dann aber sind Sie sicher, dass dieser Bericht in jeder Installation gleich heißt, denn Sie sind beim Anlegen nicht auf einen gewissen Status der Sequenz, die den Primärschlüssel erzeugt, angewiesen. Lassen Sie uns diesen Punkt ein wenig genauer diskutieren. Natürlich könnten Sie argumentieren, dass Sie, weil Sie die

Berichte in eine ansonsten leere Tabelle einfügen, stets bei 1 starten. Das muss aber nicht sein, denn wenn aus irgendeinem Grund das erste Einfügen misslingt, ist die Sequenz bereits weiter fortgeschritten und wird beim zweiten Einfügen neue Sequenzwerte definieren. Nun wissen Sie nicht mehr, welche Primärschlüsselinformation für welchen Bericht verwendet wurde. Zudem ist das Verfahren abhängig von einer ganz bestimmten Einfügereihenfolge.

Natürlich ist alles lösbar. Sie könnten einen Trigger bauen, der nur dann neue Sequenzwerte abfragt, wenn diese Spalte nicht bereits beim Einfügen durch einen Wert belegt ist. Sie können andere Verfahren implementieren, zum Beispiel einen eindeutigen Namen zusätzlich wählen (aber Achtung, weil dieser Name eindeutig und vorhanden sein muss, haben Sie einen zweiten Primärschlüssel!), doch erscheint in diesem Licht die Lösung, einfach einen alphanumerischen Schlüssel zu wählen, gar nicht so verkehrt, wie es sich zu Beginn angehört haben mag. Allerdings möchte ich eine Einschränkung machen: Sie sollten in jedem Fall die alphanumerischen Schlüssel auf eine definierte Schreibweise (nur Großbuchstaben zum Beispiel) sowie auf eine bestimmte Zeichenmenge (keine Sonderzeichen und Umlaute) beschränken. Ansonsten könnten sehr komische Konsequenzen drohen: Ich habe einmal eine Datenbank nicht von ISO8859-1 nach UTF-8 migrieren können, weil Primärschlüsselwerte die Maximallänge erreichten und einen Umlaut umfassten. In der UTF-8-Datenbank benötigt dieser Schlüssel dann mehr Platz und der war in der Tabellenspalte nicht vorgesehen.

Natürlich sind gerade die letzten Anmerkungen auch wieder Gegenargumente gegen alphanumerische Schlüssel, das ist mir wohl klar. Und ich muss gestehen, dass in den Datenmodellen, die wir in unserem Unternehmen oder bei Projekten erstellen, zwischen den Beteiligten die Diskussion über die richtige Schlüsselstrategie immer hin und her wogt. Mir liegt einfach daran, zum Nachdenken über die sinnvollste Strategie anzuregen. Kommen Sie in Ihrem Projekt zu Ihren Entscheidungen. Ein Argument vielleicht noch für alphanumerische Schlüssel: Ganz und gar für diese Schlüssel bin ich, wenn ich mich damit auf zum Beispiel eine ISO-Norm beziehen kann. Nehmen wir als Beispiel die Referenzierung einer Sprache. Hier gibt es zwei- und dreistellige ISO-Codes für die verschiedenen Sprachen (siehe ISO-639), zudem noch die Kombination mit einem Ländercode nach ISO 3166. Wenn ich eine solche Information habe, nehme ich sie auch als Primärschlüssel. Besser geht es doch eigentlich gar nicht. Zudem ist dieser Code in der Datenbank selbsterklärend und zumindest besser verständlich als der Wert 236, der für Deutsch steht.

Überhaupt eignen sich Industriestandards hervorragend, um insbesondere Lookup-Tabellen auszustatten. Ich ärgere mich immer ein wenig, wenn ich in Datenmodellen selbst gemachte, häufiger noch frei parametrierbare Tabellen für so bekannte Dinge wie Geschlecht, Ländercodes, Maßeinheiten etc. finde. Das ist doch bereits alles definiert! Sie können aus meiner Sicht nur gewinnen, wenn sich Ihre Anwendung an diesen Standards orientiert.

22.4   Fremdschlüssel

Die logische Ergänzung zum Primärschlüssel ist der Fremdschlüssel. Dieser Abschnitt beleuchtet einige Aspekte dieser Constraints, vor allem mit dem Ziel, Ihnen eine eventuelle Abneigung gegen Fremdschlüssel zu nehmen. Diese Abneigung ist meiner Meinung nach darauf zurückzuführen, dass ganze Generationen von Fachbüchern mit mehr oder minder überzeugenden Argumenten versucht haben, nachzuweisen, dass Fremdschlüssel langsam seien. Zudem, und das ist für jeden Programmierer spürbar, fügen Fremdschlüssel einen zusätzlichen Komplexitätslevel zur Programmierung hinzu, denn sie zwingen den Anwendungsentwickler in eine bestimmte Reihenfolge beim Einfügen und Löschen von Daten. Doch der Reihe nach. Bereits zu Beginn unseres Rundganges durch die Datenbank habe ich gezeigt, dass Fremdschlüssel nicht aufwendig durchzusetzen und daher auch nicht langsam sind. Alles, was sie tun, ist, nachzusehen, ob ein einzufügender Wert bereits als Primärschlüssel in der referenzierten Tabelle existiert. Da ein Primärschlüssel immer auch einen unique-Index zur Folge hat, reduziert sich die Arbeit darauf, einen Eintrag in einem Index nachzuschlagen. Dieser Aufwand ist vor dem Hintergrund, was Sie im Gegenzug dafür erhalten, absolut zu vernachlässigen: Die Sicherheit nämlich, dass unter allen Umständen die Fremdschlüsselbeziehung und damit die Datenkonsistenz in diesem Bereich garantiert eingehalten wird. Zum zweiten Problem, den Auswirkungen auf die Reihenfolge der Programmierung, habe ich nachher noch einen Tipp für Sie.

22.4.1   Fremdschlüssel und Indizes

Ein Fremdschlüssel sollte also zum Standardrepertoire Ihrer Datenmodelle gehören. Allerdings hat ein Fremdschlüssel noch eine zweite, ebenso wichtige Konsequenz, für die Sie allerdings selbst sorgen müssen: Eine Fremdschlüsselspalte muss immer auch eine indizierte Spalte sein. Dieser Index ist technisch nicht erforderlich (das Constraint kann ja auch ohne diesen Index durchgesetzt werden). Daher wird die Datenbank nicht automatisch diesen Index für Sie anlegen. Er ist aber dringend erforderlich, weil eine Suche vom Primär- zum Fremdschlüssel über diesen Weg beschleunigt wird und weil nur sehr aufwendig festzustellen ist, ob ein Primärschlüsselwert durch eine Fremdschlüsselspalte tatsächlich referenziert wird oder nicht.

Zur Erinnerung: Eine Primärschlüsselspalte kann durch viele Tabellen mit Fremdschlüsseln referenziert werden. Dass dies so ist, weiß die Datenbank natürlich, denn sie kennt ja die Definition der Fremdschlüssel. Ob allerdings ein konkreter Wert der

Primärschlüsselspalte von einer der referenzierenden Tabellen wirklich referenziert wird oder nicht, kann der Fremdschlüssel selbst nicht sagen, dass hängt davon ab, ob der konkrete Primärschlüsselwert in einer der Fremdschlüsselspalten vorkommt oder nicht. Wenn nun die Datenbank einen Primärschlüsselwert löschen oder ändern möchte, muss sie sich vorher vergewissern, dass keine referenzierenden Fremdschlüsselspalten diesen Wert verwenden. Oracle kennt – dies nebenbei – keine kaskadierende update-Anweisung, daher kann ein geänderter Primärschlüsselwert auch nicht an die anderen Tabellenspalten weitergegeben werden. Zum kaskadierenden Löschen kommen wir später. Da die Datenbank nun ermitteln muss, ob ein Wert in einer Liste von Werten vorkommt oder nicht, stehen im Grunde zwei Wege zur Verfügung, das zu tun: Entweder habe ich einen Index, den ich hierfür nutzen kann, oder ich muss einen Full Table Scan durchführen. Allerdings muss im Fall eines Full Table Scans zusätzlich noch sichergestellt werden, dass während des Scans dieser Wert nicht noch an einer Stelle eingefügt wird, die ich bereits gelesen habe. Ich benötige also eine exklusive Sperre auf die Tabelle, schlimmer noch, auf alle Tabellen, die meine Primärschlüsselspalte referenzieren. Das ist für eine Datenbank absolute Höchststrafe. Daher möchten wir gern diese Full Table Scans vermeiden, und das geht eben nur, wenn ein Index für die Fremdschlüsselspalte existiert.

Die folgende Abfrage, die ich Tom Kyte entlehnt habe, zeigt Ihnen im Übrigen alle Tabellen Ihres Datenmodells, die zwar über einen Fremdschlüssel, nicht aber über einen Index über diese Spalten verfügen:

```
SQL>  with constraint_cols as (
  2         select a.table_name,
  3                a.constraint_name,
  4                a.column_name,
  5                a.position pos,
  6                count(*) over (
  7                  partition by a.constraint_name) col_cnt
  8           from user_cons_columns a,
  9                user_constraints b
 10          where a.constraint_name = b.constraint_name
 11            and b.constraint_type = 'R')
 12  select table_name tabelle, constraint_name,
 13         listagg(column_name, ', ')
 14         within group (order by column_name) spalten
 15    from constraint_cols c
 16   where col_cnt > all
 17         ( select count(*)
 18             from user_ind_columns i
 19            where i.table_name = c.table_name
 20              and i.column_name = c.column_name
```

```
21                and i.column_position <= c.col_cnt
22             group by i.index_name
23          )
24    group by table_name, constraint_name;
```

```
TABELLE                   CONSTR_NAME            SPALTEN
----------------------    --------------------   ----------------
EMP                       FK_DEPTNO              DEPTNO
EMP_TEST                  EMP_DEPT_FK            DEPARTMENT_ID
EMPLOYEE_HIERARCHY        FK_EMP_HIER_EMP_MGR    MGR
```

Listing 22.1 Abfrage zur Ermittlung von fehlenden Fremdschlüsselindizes

Sicher ist die Abfrage nicht ganz trivial. Zunächst wird in der with-Klausel eine Liste der Spalten pro Constraint ermittelt und einer Tabelle zugeordnet. Der Constraint-Typ ist dabei auf R (*Reference*) festgelegt, also auf Fremdschlüssel-Constraints. Dadurch haben wir eine Tabelle, die pro Spalte des Fremdschlüssels eine Zeile erzeugt. Auf der anderen Seite haben wir eine View, die alle Spalten unserer Indizes enthält, nämlich USER_IND_COLUMNS. Gemeinsam muss beiden Abfragen die Tabelle sein, die indiziert wird, sowie die Spalten, die indiziert werden. Natürlich müssen die Indizes und Constraints nicht exakt aufeinander passen, aber in einem Index müssen alle Spalten eines Constraints enthalten sein, damit der Index den Constraint unterstützen kann. Ob das so ist, klären wir mit der Unterabfrage in der where-Klausel, die prüft, ob die Anzahl der Spalten der Constraints größer ist als die Anzahl der Spalten im Index. Ist dies so, sind also nicht alle Spalten des Constraints indiziert. Diese Constraints gebe ich dann mit Informationen zur Tabelle und einer Liste der Spalten aus.

22.5   Überlegungen zu Datentypen und zur Namenskonvention in Tabellen

Deutlich bodenständiger ist das nun folgende Thema: Konventionen zu den Spaltenbezeichnern und einige grundlegende Überlegungen zu den Datentypen.

22.5.1   Überlegungen zu Datentypen

Beginnen wir mit den Datentypen. Zunächst einmal kann ich eine harte Empfehlung für folgendes Grundprinzip aussprechen: Zahlen werden als Zahlen, Texte als Text und Datumsangaben als Datum gespeichert, niemals anders. Viele Datenmodelle weichen von diesem Prinzip ab, und alle Datenmodelle, die abweichen, haben damit Probleme. Zum großen Teil sind diese Datenmodelle historisch gewachsen, von einem externen Berater so empfohlen worden, der sich aus dem Staub gemacht hat, bevor er die Konsequenzen seiner Beratung auch wieder ausbügeln musste oder aus welchen Gründen auch immer. Außer im *wirklich* gut begründeten Ausnahmefall sollten Sie von diesem Prinzip nicht abweichen. Einer der vielen Gründe für diese Empfehlung liegt in der Zusicherung, die Ihnen ein solches Datenmodell gibt: In einem Feld für das Geburtsdatum eines Kunden steht ein Datum und nicht grün. Zudem haben Sie optimierte Speichermechanismen, spezialisierte Bearbeitungsfunktionen, eine intelligente Sortierung und eine bessere Dokumentation sozusagen kostenlos dabei. Das, meine ich, kann man getrost als fixe Regel formulieren.

Schwieriger wird die Diskussion bezüglich der Länge von Textspalten. Was ist hier richtiger: eine realistische, aber vielleicht im Einzelfall zu knappe Limitierung des Nachnamefeldes auf 40 Zeichen oder die völlige Ausnutzung der Maximallänge von 4.000 Byte (32.767 ab Version 12 c), weil ein `varchar2`-Datentyp deshalb variabel heißt, weil nur gespeichert wird, was auch wirklich vorhanden ist. Die Antwort ist überraschend konservativ: Legen Sie sich fest, und gehen Sie nicht den Weg, alles zuzulassen. Hier sind die Gründe schwerer festzumachen. Zum einen möchte ich Ihnen einfach einmal mit der schlichten Tatsache drohen, dass, wenn Sie einen Nachnamen von 4.000 Zeichen zulassen, dieser auch irgendwann einmal auftauchen wird. Sind Sie, oder besser Ihre Anwendung, auf solche Fälle vorbereitet? Ich weiß nicht recht, wie Sie aus einem solchen Namen eine Absenderadresse berechnen, die noch in den Fensterausschnitt eines Normbriefes passt. Vielleicht in 2 pt Schriftgröße ... Spaß beiseite: Mir drängt sich der Verdacht auf, einem Datenmodell, das grundsätzlich mit der maximalen Spaltenbreite arbeitet, fehlt es an einer ernsthaften Analyse der Daten, die in der Datenbank gespeichert werden sollen. Was erwarten Sie an Daten? Diese Frage ist sehr wichtig und sollte nicht mit einem »Egal!« abgetan werden. Konkret werden Sie bei einer Spaltenbreite von 4.000 Byte wahrscheinlich bereits früher an konkrete Probleme stoßen, wenn nämlich diese Spalte, vielleicht auch mit mehreren weiteren Spalten, indiziert werden soll. Wenn ein Array von Spaltenwerten eingerichtet werden soll und dieses Array auf einmal riesige Ausmaße annimmt, weil es grundsätzlich auf die Aufnahme von bis zu 4.000 Byte pro Platz vorbereitet sein muss. Wenn der Optimizer in solchen Datenmodellen davon ausgehen muss, dass die Leseaktionen von erheblichem Aufwand werden, weil enorme Datenmengen auf der Festplatte durchsucht werden können müssen. Wenn, wenn, wenn ... Ein bisschen geht diese Diskussion in die Richtung, dass eine Schere aufklappt zwischen generischen Möglichkeiten und schneller und effizienter Ausführung eines Programms. Werden Sie zu generisch, leidet die Anwendung. Andersherum gesagt: Definieren Sie Ihre Erwartungen, und lassen Sie diese Definitionen in das Datenmodell fließen. Eine Spalte `last_name` mit 40 char Breite sagt eben auch aus: Hier steht ein Nachname, ich erwarte eine maximale Länge von 40 Zeichen für diese Information, darauf ist meine Anwendung, sind meine Ladeskripte, ist meine Umgebung eingerichtet. Als Nachbemerkung zu meiner Behauptung, eine Spalte von 4.000 Zeichen Länge habe Probleme bei der Indizierung: Das Problem liegt hier darin, dass immer mindestens zwei Zeilen in einen Datenbankblock passen müssen, damit der Index eine Entscheidung »nach links oder rechts« treffen kann. Ein Datenbankblock ist normalerweise 8 kB groß. Einiges an Platz wird für die Verwaltung des Blocks benötigt, so dass lediglich ca. 7.500 Byte für die eigentlichen Zeilen zur Verfügung stehen. Da eine varchar2(4000)-Spalte aber länger als die Hälfte des zur Verfügung stehenden Platzes ist, funktioniert die Indizierung nicht. Lassen Sie es nicht so weit kommen, lösen Sie das Problem vorher durch eine sorgfältige Datenanalyse.

Dann die Frage: char oder varchar2? Der Unterschied: Der Datentyp char wird immer mit der angegebenen Breite gespeichert, während der Typ varchar2 nur die tatsächlich verwendete Zeichenmenge speichert. Also sollte varchar2 der Vorzug gegeben werden. Technisch gesehen wird dies noch offensichtlicher, denn char ist technisch ein varchar2, der künstlich mit Leerzeichen aufgefüllt wird. Das hat sehr hinterhältige Konsequenzen, wie Sie am folgenden Beispiel schön sehen können:

```
SQL> create table char_test(
  2    last_name char(40 byte));
Tabelle wurde erstellt.

SQL> insert into char_test
  2  values ('MEYER');
1 Zeile wurde erstellt.

SQL> select *
  2    from char_test
  3    where last_name = 'MEYER';

LAST_NAME
----------------------------------------
MEYER

SQL> select *
  2    from char_test
  3    where last_name = rpad('MEYER', 40, ' ');

LAST_NAME
----------------------------------------
MEYER
```

Listing 22.2 Verwendung einer CHAR-Spalte: Noch sieht alles gut aus.

Das Beispiel lässt noch nichts Böses ahnen, denn nachdem wir einen Wert in die Tabelle eingefügt haben, können wir entweder nach der Form mit oder ohne das zusätzliche Leerzeichen suchen und beide Varianten funktionieren. Allerdings übersehen wir dabei, dass Oracle die Datentypen implizit konvertiert. Dies findet nicht mehr statt, wenn wir eine Variable von außen übergeben, wie das Programme in aller Regel tun. Dazu definiere ich in SQL*Plus eine Variable und übergebe diese. Lassen Sie sich nicht von der etwas seltsamen Syntax stören, im Prinzip haben wir mit diesem Mechanismus lediglich simuliert, was Programme tun:

```
SQL> variable v_last_name varchar2(40 byte);
SQL> exec :v_last_name := 'MEYER';
PL/SQL-Prozedur erfolgreich abgeschlossen.

SQL> select *
  2    from char_test
  3   where last_name = :v_last_name;

Es wurden keine Zeilen ausgewählt
```

Listing 22.3 Nun geht es nicht mehr: Die Variable findet keinen Treffer.

Wir finden auf einmal keine Zeile mehr, denn die implizite Konvertierung der Datentypen findet hier nicht statt. Dies ging noch nicht einmal, obwohl wir die Variable exakt gleich breit vereinbart haben wie die Spalte. Stellen Sie sich nun ein Datenmodell vor, dass einmal char und einmal varchar2 verwendet, und Sie sehen, was ich meine. Ich verwende char nur in einem Umfeld, obwohl die Motivation dafür relativ kosmetischer Natur ist: Wenn Sie genau n Zeichen speichern werden. Dies kann zum Beispiel sein, wenn Sie eine Spalte für eine ISO-Norm verwenden, die einen Begriff mit genau n Zeichen kodiert, etwa eine Währung oder ein Land, oder aber wenn Sie ein Flag wie Y/N speichern möchten. Zwar könnten Sie auch dann ohne Weiteres varchar2 verwenden, doch erscheint mir die Dokumentationsqualität hier höher, wenn ich durch den Datentyp anzeige, dass die Zusicherung gemacht werden kann, dass immer die entsprechende Anzahl Zeichen enthalten sein werden.

Am anderen Ende dieses Problems stehen Sie, wenn Sie recht lange Texte, vielleicht in einer Unicode-basierten Datenbank, speichern möchten. Für den Datentyp varchar2 gibt es eine harte Obergrenze von 4.000 (32.767) *Byte* Länge. Diese Länge kann auch durch die Angabe 4000 char nicht erweitert werden. Zwar ist diese Angabe zulässig, doch kann es sein, dass Sie lediglich 1.000 Zeichen in diese Spalte einfügen können, wenn dies zum Beispiel traditionell chinesische Zeichen sind. Neben diesem, für unsere Breitengrade wohl eher exotischen Problem kann diese Grenze aber schnell zu eng werden, wenn zum Beispiel Hilfetexte oder Ähnliches gespeichert werden sollen. In diesen Fällen habe ich verschiedentlich gesehen, dass Datenbankmodellierer den Text auf mehrere Zeilen aufteilen. Gerade auch Anwendungen, die auf mehreren Datenbanksystemen laufen sollen, machen solche Dinge gern; wenn zum Beispiel eine der unterstützten Datenbanken eine maximale Spaltenbreite von lediglich 255 Byte unterstützt, werden bei diesen Datenbankmodellen längere Texte eben auf n Zeile à 255 verteilt. Ob so etwas im Einzelfall nun der beste Weg ist, mag ich nicht einzuschätzen, ich favorisiere, wo immer möglich, das Maximum an Funktionalität aus einer Datenbank herauszuholen und mich nicht durch die schwächste Datenbank limitieren zu lassen. Doch im Zweifel, wenn mir 4.000 (32.767) Byte zu wenig sein könnten, weiche ich sofort auf `clob` aus. Eine `clob`-Spalte unterliegt dieser Begrenzung nicht und sollte mit bis zu 128 TB Informationen pro Zelle auch für längere Hilfetexte ausreichend Raum bieten. Ist die Information kürzer, nämlich bis zu 32 kB, verhält sich diese Spalte zudem absolut identisch zu einer `varchar2`-Spalte, zumindest, was deren Verwendung in SQL angeht: Jede Zeilenfunktion zur Textmanipulation, wie etwa `instr`, `substr`, `replace` usw., funktioniert exakt gleich. Nur, wenn Sie mehr als 32 kB für Ihre Inhalte annehmen müssen, ersetzen Sie die normalen Zeilenfunktionen durch Aufrufe des Packages `dbms_lob`, das dann diese Funktionen auch auf größte Datenmengen anwenden kann. Ist die Textmenge zudem kleiner als 4.000 Byte, ist auch die physikalische Speicherung exakt identisch zu einer `varchar2`-Spalte. All diese Anmerkungen gelten so natürlich nur für Datenbanken bis einschließlich Version 11gR2, da ab Version 12c dieser Datentyp weiter gefasst wurde.

Datumsspalten sollten als Datum gespeichert werden, nur so sind Sie sicher vor kulturspezifischen Eigenheiten, unlesbaren Datumsformaten (»vorgestern um 11«) und nur so stehen Ihnen die Funktionen zur Datumsbearbeitung zur Verfügung. Doch welche Ausprägung des Datumsformats soll es sein? `Date` oder doch `timestamp`, vielleicht noch mit (`local`) `timezone`? Wichtiges Unterscheidungskriterium ist hier, ob Sie Daten aus internationalen Quellen erwarten. Denn in diesem Zusammenhang stellt sich die Frage nach der Behandlung der Zeitzonen. Auch in »innerdeutschen« Anwendungen kann dieser Punkt Bedeutung erlangen, denken Sie nur an die Sommerzeit. Sind diese Punkte für Sie von elementarer Bedeutung, verwenden Sie `timestamp with` (`local`) `timezone`. Ansonsten können Sie auf den einfacheren `date`-Typ ausweichen. Die Frage, wie Zeitintervalle gespeichert werden sollen, ist dagegen eine interessante Aufgabenstellung für unser Kapitel 23, »Datenmodellierung von Datum und Zeit«, daher werde ich an dieser Stelle mehr dazu sagen.

22.5.2   Überlegungen zu Namenskonventionen

Nun wird es schwammig. Wenn Sie sich in diese Dinge nicht hineinreden lassen möchten, verstehe ich das gut, denn oft liest man in Büchern, man solle *genau eine* Namenskonvention verwenden um damit der Glückseligkeit teilhaftig zu werden. Ich mochte mich hieran nicht beteiligen, aber dennoch einige Gedanken zum Thema loswerden, die sich im Laufe meiner Beschäftigung mit Datenbanken als sinnvoll herausgestellt haben.

Konventionen aus der Realität

Oft ist es so, dass ich in Projekten eine Konvention sehe, die mir gut gefällt, andererseits sehe ich aber auch Probleme aus anderen Konventionen oder besser, bei fehlenden Konventionen. Das entscheidende Kriterium ist, dass Sie sich *überhaupt* auf eine Konvention einigen sollten. Lassen Sie dies nicht den Zufall oder den Geschmack der einzelnen Teammitglieder entscheiden. Das Problem ist nämlich, dass Sie bei 100 Tabellen mit 20 Konventionen nicht mehr verstehen, welche Tabelle wie angesprochen werden soll. Hieß es hier LAST_NAME oder LASTNAME? ID oder EMP_ID? Woran erkennen Sie einen Primärschlüssel, woran einen Fremdschlüssel? Das sind wichtige Fragen, denn Sie sollten sich mit diesen Formalien nicht von der Lösung der Fragestellung abbringen lassen. Eine durchgängige Konvention erleichtert das Leben ungemein. Ein Beispiel habe ich in einem Projekt bei einer Bank gesehen. Dort hatten die Tabellen Bezeichner wir PRODUKT_KOMPONENTE oder PREISLISTE oder ähnlich. Der Primärschlüssel wurde dort aus dem Tabellennamen abgeleitet, und zwar als vierstelliges Spaltenpräfix mit der Erweiterung _ID. Daher hieß der Primärschlüssel der ersten Tabelle PRKO_ID, der der zweiten Tabelle PREI_ID. Daran gewöhnt man sich schnell, und dann profitiert man unmittelbar. Die Fremdschlüsselbeziehungen waren ähnlich aufgebaut, denn wenn ein Schlüssel aus der Tabelle PREISLISTE eine PRODUKT_KOMPONENTE referenzierte, wurde die Fremdschlüsselspalte mit beiden Präfixen gebildet: PREI_PRKO_ID. Umgekehrt hieß die Spalte analog PRKO_PREI_ID. Damit war auch die Information, welche Tabelle die n-Seite der Beziehung darstellt, im Namen kodiert. Ein sehr einfaches und dennoch leistungsfähiges System, wie ich finde. Erweitern könnte man eine solche Konvention dadurch, dass man allen Spalten einer Tabelle das Tabellenpräfix voranstellt. Das kann Sinn machen, wenn die Spalten durch eine Anwendung automatisiert referenziert und Dubletten vermieden werden sollen. Eine solche Dublette findet sich bereits in den Tabellen EMP und DEPT, die Spalte DEPTNO zwingt uns, die Spalte über einen Tabellenalias auszuzeichnen. Das ist zwar grundsätzlich auch eine gute Idee, doch könnte eine striktere Namenskonvention hier helfen: In Tabelle EMP (oder, sagen wir: EMPLOYEE) hieße die Spalte damit EMPL_DEPA_ID und in Tabelle DEPARTMENT dann DEPA_ID, denn dort ist sie Primärschlüssel. Ein Join sähe dann so aus:

```
select e.empl_last_name, e.empl_first_name,
       d.depa_name, d.depa_location
  from employee e
  join department d
    on e.empl_depa_id = d.depa_id
```

Listing 22.4 Beispiel der Verwendung der Namenskonvention

So ist das vielleicht nicht tausendschön, doch als Konvention entfaltet ein solcher Ansatz sehr schnell eine große Kraft, denn nun können Anweisungen ohne langes Nachsehen und vor allem für alle Tabellen gleich formuliert werden. Bedenken Sie auch, dass die Namenskonventionen von Tabellen lediglich dem Zweck dienen, Ihnen die Erstellung von SQL-Anweisungen zu erleichtern, nicht aber, nach außen besonders hübsch zu sein. Wenn die Fachseite eine Schnittstelle zu den Daten benötigt und auf sprechende Bezeichner besteht, gibt es immer noch die Möglichkeit, eine View zwischen die Tabelle und die Fachseitenbenutzer zu stellen. Dies hätte zudem den Vorteil, eventuell nicht erwünschte Schreibzugriffe gleich mit zu verbieten, denn die Views liegen idealerweise in einem anderen Schema, auf das der Eigentümer der Tabellen lediglich `select`-Rechte vergibt.

Tabellenbezeichner werden nach einer häufig genutzten Konvention im Plural angegeben, es heißt als `PREISLISTEN` anstatt `PREISLISTE`, um deutlich zu machen, dass es eben um eine Menge Preislisten und nicht etwa nur um eine einzige geht. Ob man dies so sklavisch befolgen muss, weiß ich, ehrlich gesagt, nicht, ein Mischmasch beider Bezeichnungsformen ist allerdings wohl eher nachteilig.

Ein anderer Hinweis betrifft geschützte oder zu allgemeine Spaltenbezeichner. Einige Schlüsselworte aus dem SQL-Sprachumfang können Sie gar nicht für Spaltenbezeichner verwenden, etwa `FROM` oder `ALTER` oder ähnlich, weil diese SQL-Anweisungen sind und den Parser durcheinanderbringen. Dann gibt es aber auch eine Reihe Bezeichner, die zwar zulässig, aber äußerst verwirrend sind. Dazu gehören Bezeichner wir `RANK` oder viele andere. Diese Bezeichner sind verwirrend, weil sie auch als SQL-Funktionen oder Schlüsselworte auftauchen, vom Parser aber nicht als »verwirrend genug« angesehen werden, um die Erstellung der Tabelle zu verhindern. Solche Spaltenbezeichner sind ebenso wenig empfehlenswert wie Bezeichner, die zu allgemein gehalten sind, wie zum Beispiel `TEXT`. Was für ein Text? Ist diese Spalte für einen Bezeichner auf der Oberfläche Ihrer Anwendung vorgesehen, könnte man vielleicht `DISPLAY_TEXT` oder `ITEM_NAME` verwenden. Je nach Konvention sagen diese Bezeichner besser aus, welche Information sich in den Spalten befindet.

Ich habe eine gewisse Vorliebe für englische Tabellen- und Spaltenbezeichner, einfach, weil SQL selbst auch Englisch ist und sich die gesamte Anweisung nachher (für mich) flüssiger liest. Andererseits ist die Herausforderung, für eine Domäne stets englische Spaltenbezeichner zu finden, auch etwas zweischneidig: Was verbirgt sich zum Beispiel hinter der Bezeichnung `BARRING_REASON`? Es ist wohl nicht jedem unmittelbar klar, dass hier (*hier* heißt im Umfeld der Telekommunikation) ein `SPERR_GRUND` vorliegt. Das würde ich aber als nachrangiges Problem sehen, wichtig ist nur, dass Sie bei einer Sprache bleiben. Warum sehe ich in einer Tabelle die Spalte `DOC_LETTER` und direkt daneben `DOC_TYP` statt `DOC_TYPE`? Solche Dinge werden Sie sich auch nach Jahren noch nicht richtig merken können.

ISO

Es gibt aber noch eine andere Sichtweise auf Namenskonventionen, und das ist eine ISO-Norm. Diese Norm, ISO-11179, schlägt eine Namenskonvention für Begriffe aller Art vor, an der sich auch ein Datenbankmodellierer orientieren kann. Hier geht es weniger um Groß- und Kleinschreibung und damit verbundene Probleme, sondern um eine Namensgebung, die den Anspruch verfolgt, einheitliche Bezeichner für gleiche Objekte einer Industrie zu definieren. Auf diese Weise wird die Verständlichkeit erhöht. Ich hatte als Beispiel schon vom BARRING_REASON gesprochen. Dieser Sperrgrund (im Sinne von Grund, aus dem eine Sperrung vorgenommen wurde, nicht Grund und Boden) ist in der Industrie der Telekommunikation üblich und würde daher sowohl bei T-Mobile als auch bei Vodafone als Begriff wiedererkannt. Liegen solche Begriffe vor, ist es natürlich mehr als sinnvoll, sie auch in der Benennung von Spalten zu verwenden. Sie erkennen aber auch an diesem Beispiel: Die Benennung einer Spalte ist nichts, was man leichtfertig und nach Gefühl vornehmen sollte. Änderungen von Spaltennamen sind nur mit großem Aufwand später zu ändern, daher macht es Sinn, sich im Vorfeld eine Strategie zurechtzulegen und dieser dann konsequent zu folgen. Insbesondere während der Entwicklung kann es sonst schnell dazu kommen, dass man »mal eben« eine Spalte einfügt, die dann nicht der Konvention gehorcht und stets als Fremdkörper in einem Datenmodell bestehen bleibt.

Als Erweiterung dieser Idee habe ich in großen Softwareprojekten verschiedentlich gesehen, dass Tabellen angelegt werden, die erlaubte Bezeichner enthalten. Die Qualitätssicherung hat dann unter anderem die Aufgabe, zu überwachen, dass sich keine Spaltenbezeichner einschleichen, die nicht im zentralen Repository enthalten sind. Nötigenfalls werden neue Begriffe definiert und in das Repository eingefügt. Das klingt zwar alles andere als angenehm, doch muss man bedenken, dass in Großunternehmen die Fluktuation von Mitarbeitern oft recht hoch ist (denken Sie nur an externe Berater, die kommen und gehen), so dass eine konsistente Namenskonvention auch diesen Leuten die Einarbeitung erleichtert. Die Kontrolle, welche Spaltenbezeichner im Datenmodell verwendet werden, ist übrigens ganz einfach über die View USER_TAB_COLS durchzuführen. Hier können auch Konventionen zum Spaltentyp hinterfragt werden.

22.6   Zusammenfassung

Soweit zu den eher allgemeinen Themen der Datenmodellierung und den praktischen Problemen, denen ich bei der Diskussion über bestehende oder neu zu erstellende Datenmodelle begegnet bin. Es gibt natürlich noch viel mehr zu besprechen, doch diese Teile habe ich in die folgenden Kapitel ausgegliedert. Eine Liste von Best

Practices zur Datenmodellierung kann ich Ihnen leider nicht an die Hand geben, zu unterschiedlich sind die Anforderungen der einzelnen Projekte. Wohl aber kann ich Ihnen einige Ziele formulieren, die Ihre Datenmodelle zu erreichen suchen sollten:

- Ihr Datenmodell sollte so klar und einfach wie möglich sein. Wichtig ist hier die möglichst konsistente Berücksichtigung von Namenskonventionen und Datenmodellierungstechniken, zum Beispiel bezüglich Änderungen, der Speicherung von Zeitintervallen, der Behandlung von `null`-Werten und vielem mehr.

- Viele Tabellen zu haben ist nichts grundsätzlich Verwerfliches. Versuchen Sie nicht, Informationen aus verschiedensten Bereichen in wenige Tabellen zu packen, nur um die Zahl der Tabellen zu reduzieren. Oft sieht man so etwas bei Datenmodellen, die einen gewissen Grad an Gemeingültigkeit anstreben. Es geht eine Schere auf zwischen generisch verwendbaren und einfach zu verstehenden, schnellen Datenmodellen.

- Balancieren Sie die Anzahl der Tabellen gegen die Anzahl der Joins aus, und überlegen Sie, welche Regeln der Normalisierung Sie einhalten und welche sie übergehen wollen. Nehmen Sie als Beispiel die Adressverwaltung, und überlegen Sie, welchen Grad an Kontrolle Sie über die Adresse benötigen. Ist eine vollständige Normalisierung hier erforderlich oder sinnvoll? Wenn nein, reduzieren und speichern Sie `null`-Werte oder redundante Bezeichner, wie etwa für die Straße und den Ort.

- Verwenden Sie die gesamte Bandbreite von Tabellentypen, die Oracle Ihnen anbietet. Insbesondere möchte ich für IOT (indexorganisierte Tabellen) plädieren, die aus meiner Sicht viel zu selten eingesetzt werden.

- Verwenden Sie in jedem Fall angemessene Datentypen und eine, an der Analyse der Daten orientierte, realistische Längenbeschränkung für Zeichenspalten. Diese Empfehlung gilt auch über die Grunddatentypen `date`, `varchar2` und `number` hinaus für Datentypen wie `XMLType`, `dicom` und ähnliche.

- Überlegen Sie, ob Anwendungen, die auf Ihr Datenmodell zugreifen, dies nicht generell über eine View (oder gar über eine Schicht von PL/SQL-Programmen) tun sollten. Sie schaffen sich dadurch eine zusätzliche Möglichkeit der Entkopplung vom Datenmodell und der Logik, die auf die Daten zugreift. Stellen Sie später fest, dass Sie eine Tabelle ändern möchten, kann diese Änderung bestenfalls durch eine Änderung der View für den Anwendungscode transparent gehalten werden. Diese Möglichkeit schafft Ihnen mehr Spielraum, ein in die Jahre gekommenes Datenmodell zu verbessern. Stellen Sie sich zum Beispiel vor, Sie möchten Ihr Datenmodell nachträglich um Historisierung der Datenbestände erweitern. Eine View könnte nun so gebaut werden, dass sie lediglich den aktuell gültigen Datenbestand zeigt. Die Historisierung ist damit vor dem Anwendungscode verborgen, wenn dieser die Änderung nicht kennen muss.

▶ Aktualisieren Sie Ihr Datenmodell nach dem alten Pfadfinder-Prinzip: Hinterlassen Sie das Datenmodell etwas besser, als Sie es vorgefunden haben. Natürlich darf man Änderungen am Datenmodell nicht auf die leichte Schulter nehmen, aber ein zusätzlicher Constraint, der gefehlt hat, oder eine bessere Bezeichnung für eine Spalte, die durch den vorangegangenen Tipp für die Anwendung transparent geändert wurde, garantieren mittelfristig ein gutes, aktuelles Datenmodell. Haben Sie also die Möglichkeit, durch weitere Strategien Ihre Beweglichkeit für Datenmodelländerungen zu erhöhen, tun Sie dies!

▶ Außer im wirklich gut begründeten Einzelfall ist die Erstellung eines Datenmodells Handarbeit. Verlassen Sie sich nicht auf maschinell erzeugte Datenmodelle, insbesondere nicht auf Datenmodelle, die durch objektrelationale Mappingwerkzeuge erstellt wurden. Die Denkweise dieser Werkzeuge ist vollständig anders als die eines Datenbankmodellierers. Sie werden wohl nur im seltenen Ausnahmefall wirklich glücklich mit diesen Modellen.

Kapitel 23

Datenmodellierung von Datum und Zeit

In diesem Kapitel beschäftigen wir uns mit der Datenmodellierung im Umfeld von Datenbanken, die Informationen über Zeiträume historisierend speichern müssen. Diese Erweiterung des Begriffs des Loggings von Datenänderungen hält wichtige Strategien bereit, die wir uns in diesem Kapitel ansehen werden.

Dieses Kapitel hat zwei große Bereiche, einmal die Speicherung von Datumsbereichen und dann die Arbeit mit historisierenden und bitemporalen Datenmodellen. Beiden Problembereichen gemeinsam ist, das eine eindeutig beste Lösung nicht existiert, die verschiedenen Varianten sind sehr unterschiedlich, was ihre Leistungsfähigkeit angeht. Daher muss im Projekt nach gründlicher Überlegung entschieden werden, wie mit diesem schwierigen Feld umzugehen ist.

23.1 Datumsbereiche

Eine der häufigsten Anwendungen von Datumsangaben in Datenbanken besteht darin, einen Datumsbereich zu beschreiben. Damit ist gemeint, dass durch ein Start- und ein Enddatum der Gültigkeitszeitraum eines Faktums beschrieben wird. Beispiele finden sich viele: Mitarbeiter SMITH hat von ... bis ... in Abteilung 30 gearbeitet, ein Medikament wurde über eine Zeitdauer eingenommen, ein Artikel war über eine Zeitdauer einer Produktgruppe zugeordnet ... Ich möchte Ihnen gern einige der weiter verbreiteten Datenmodelle zeigen, die Vor- und Nachteile benennen und Ihnen ein Gefühl für die SQL-Abfragen geben, die Sie für häufige Fragestellungen benötigen.

23.1.1 Speicherung von Datumsbereichen mit zwei Zeitpunkten

Die einfachste Form, solche Informationen in Datenbanken zu speichern, besteht darin, einfach ein Startdatum und ein Enddatum in zwei Spalten zu speichern. Oft haben diese Spalten Bezeichnungen wie DATE_FROM und DATE_TO oder ähnlich. Diese

Art der Speicherung ist unmittelbar einsichtig, hat aber auch einige Nachteile: Stellen Sie sich vor, ein neuer Zustand der Daten soll gespeichert werden. Nun reicht eine insert-Anweisung allein nicht mehr aus, denn das Enddatum des momentan gültigen Intervalls muss nun auf eine Sekunde vor dem Start des neuen Intervalls geändert werden. Es hat sich eingebürgert, bei Spalten des Typs date diese Sekunde zu verwenden, denn sie ist resistent gegenüber Problemen, die aufgrund des Uhrzeitanteils einer Abfrage auftauchen und die wir schon verschiedentlich besprochen haben. Allerdings ist diese zusätzliche update-Anweisung ein Aufwand, der etwas unangenehm ist. Verschlimmert wird dieses Problem noch dadurch, dass es eventuell möglich ist, dass in ein bestehendes Intervall ein anderes Intervall eingefügt werden soll. Ist also beispielsweise ein Fakt vom 01.01. bis zum 31.12. eines Jahres gültig und soll nun dokumentiert werden, dass sich dieses Faktum vom 15.05. bis zum 01.08. in einem anderen Zustand befunden hat, müssen Sie logisch aufwendige Operationen an der Tabelle vornehmen, um diese Intervalle korrekt abzugrenzen. Das ist mit einer SQL-Anweisung allein nicht mehr zu schaffen, es muss entweder händisch in mehreren SQL-Anweisungen oder durch ein Programm gesteuert werden. Die Logik, solche Abgrenzungen stets logisch korrekt durchzuführen, ist alles andere als trivial.

Ein weiteres Problem dieses Datenmodells besteht darin, dass es keine einfache Möglichkeit gibt, zu verhindern, dass sich Intervalle überlappen können. Vielleicht ist eine solche Überlappung von Intervallen in Ihrem Geschäftsfall ja erlaubt, falls jedoch nicht, haben Sie kaum eine Möglichkeit, dies in der Datenbank zu verhindern. Das gilt leider auch für die Programmierung in der Anwendung, denn diese ist normalerweise zu weit von der Datenbank weg, um sicher durchsetzen zu können, dass solche Überlappungen nicht vorkommen. Eine Lösung bestünde in der Programmierung eines eigenen Indextyps für solche Zwecke, aber das ist selbst für Datenbankprogrammierer schon hohe Schule.

Lassen Sie uns dennoch einmal einen Blick auf dieses Datenmodell werfen. Zunächst stellen wir uns eine Tabelle vor wie folgt:

```
create table time_range_test (
  id number,
  action varchar2(25 char),
  valid_from date,
  valid_to date);
```

Listing 23.1 Eine Testtabelle zur Demonstration von Datumsbereichen

Im Skript zum Buch habe ich eine insert-Anweisung beigefügt, die folgende Daten erzeugt:

```
SQL> select *
  2    from time_range_test;
```

ID	ACTION	VALID_FROM	VALID_TO
1	Start of project	15.02.2010 19:30:00	16.02.2010 09:30:59
1	Kick off	16.02.2010 09:31:00	16.02.2010 11:59:59
1	Phase 1	16.02.2010 12:00:00	03.03.2010 07:59:59
1	Phase 2	03.03.2010 08:00:00	31.12.2099 00:00:00
2	Start of project	19.02.2010 19:30:00	20.02.2010 09:30:59
2	Kick off	20.02.2010 09:31:00	20.02.2010 11:59:59
2	Phase 1	20.02.2010 12:00:00	01.03.2010 07:59:59
2	Phase 2	01.03.2010 08:00:00	31.12.2099 00:00:00
3	Start of project	18.02.2010 19:30:00	19.02.2010 09:30:59
3	Kick off	19.02.2010 09:31:00	19.02.2010 11:59:59
3	Phase 1	19.02.2010 12:00:00	18.03.2010 07:59:59
3	Phase 2	18.03.2010 08:00:00	31.12.2099 00:00:00

12 Zeilen ausgewählt.

Listing 23.2 Die Beispieldaten

Wir haben also drei Projekte, die wir in aufeinanderfolgenden Intervallen durch jeweils vier Status begleiten. Beachten Sie bitte, dass ich in meiner Version zur Speicherung der Tatsache, dass ein Faktum aktuell noch gilt, ein Abschlussdatum gewählt habe, das weit in der Zukunft liegt. Das ist relativ üblich, aber nicht notwendigerweise so. Alternativ sehe ich hier häufig auch null-Werte. Wird ein null-Wert verwendet, verbietet sich die einfache Prüfung über between, es sei denn, Sie definieren einen Ersatzwert für null in der between-Anweisung. Beachten Sie aber als Nachteil dieser Variante, dass eine solche Suche sicher nicht indiziert durchgeführt werden kann: Zum einen steht ein null-Wert nicht im Index, zum anderen ist sysdate als möglicher Ersatzwert nichtdeterministisch und kann daher auch nicht funktionsbasiert indiziert werden. Natürlich können Sie immer noch andere Spalten indizieren, aber diese Spalten eignen sich aufgrund des null-Wertes nicht.

Starten wir zunächst mit einfachen Abfragen. Welche Projekte sind am 03.03.2010 in Phase 2? So etwas ist ganz einfach:

```
SQL> select to_char(id) id, action, valid_from, valid_to
  2    from time_range_test
  3   where to_date('03.03.2010', 'dd.mm.yyyy')
  4         between valid_from and valid_to
  5   and action = 'Phase 2';
```

23

779

```
ID  ACTION           VALID_FROM           VALID_TO
--- ---------------- -------------------- --------------------
2   Phase 2          01.03.2010 08:00:00 31.12.2099 00:00:00
```

Listing 23.3 Eine einfache Abfrage mit Datumsbereichen

Diese Art der Datenmodellierung finden Sie häufig in Datenmodellen, die historisierend sind, das heißt, bei denen man auf einfache Weise nachfragen kann, in welchem Zustand sich die Daten zu einem Stichtag befunden haben. Ebenfalls häufig ist dieses Datenmodell für Abfragen, die in einem Bericht nachzeichnen müssen, welcher Artikel von wann bis wann einer Artikelgruppe angehört hat, wie dies in Berichtsdatenbanken fast immer der Fall ist. Das Szenario ist hier: Wenn ein Produkt bis zum 15.05. zur Produktgruppe A gehört hat, ab dann aber zur Produktgruppe B, muss bei einer Monatsauswertung des Monats Mai der Umsatz dieses Produkts abgegrenzt werden: Die Umsätze bis zum 15.05. einschließlich werden Produktgruppe A zugeschlagen, anschließend Produktgruppe B. Zumindest ist dies das häufigste Szenario.

Andere Auswertungen sind ebenso einfach: So könnten wir uns fragen, wie lange wir durchschnittlich in Phase 1 verharrt haben, bevor wir in Phase 2 gelangt sind:

```
SQL> select avg(valid_to - valid_from) dauer
  2    from time_range_test
  3    where action = 'Phase 1';

    DAUER
----------
16,8333218
```

Listing 23.4 Eine erste Analyse

Schöner wird die Ausgabe, wenn wir aus der Zahl ein Intervall erzeugen:

```
SQL> select numtodsinterval(
  2           avg(valid_to - valid_from), 'day') dauer
  3    from time_range_test
  4    where action = 'Phase 1';

DAUER
-----------------------------
+000000016 19:59:59.000000000
```

Listing 23.5 Ausgabe der durchschnittlichen Dauer als Intervall

Die hier verwendete Datumsarithmetik ist sicher leicht nachvollziehbar. Problematisch wird die Auswertung allerdings, wenn wir uns fragen, wie viele Tage im März wir eigentlich in Phase 2 zugebracht haben. Das Problem ist die Abgrenzung auf den Monat März. Vielleicht ist das noch möglich, wenn wir konkret nur nach einem Monat fragen, aber sobald wir versuchen, dies auf alle Monate eines Jahres zu übertragen, wird die Auswertung doch recht trickreich. Beginnen wir damit, zunächst nur nach dem März zu fragen. Damit ich später leichteres Spiel habe, werde ich in einer inneren Abfrage zunächst einmal den Beginn und das Ende des Monats erzeugen, damit ich die hierfür nötigen Formeln nicht häufiger wiederholen muss. Um diese Inner View ordne ich dann die eigentliche Abfrage an:

```
SQL> select sum(least(m.month_end, t.valid_to) -
  2              greatest(m.month_start, t.valid_from)) days
  3    from time_range_test t
  4    join (select to_date('01.03.2010', 'dd.mm.yyyy')
                                      month_start,
  5              to_date('31.03.2010 23:59:59',
  6                  'dd.mm.yyyy hh24:mi:ss') month_end
  7          from dual) m
  8      on valid_from <= month_end
  9        or valid_to >= month_start
 10   where t.action = 'Phase 2';


       DAYS
----------
72,9999653
```

Listing 23.6 Wie viele Tage wurden im März für Phase 2 geleistet?

Hier benötigen wir eine Funktion, um die Daten voneinander abzugrenzen. Statt einer längeren case-Anweisung habe ich die Funktionen least und greatest verwendet. Damit erreiche ich, dass beim Beginn der Phase stets das spätere Ereignis verwendet wird: Monatsbeginn oder Projektbeginn. Analog verwende ich das frühere Ereignis beim Ende des Intervalls: Projektende oder Monatsende. Dann ist eine Join-Bedingung erforderlich, die dafür Sorge trägt, dass die Phase den in Frage stehenden Monat überhaupt berührt. In unserem Beispiel berühren alle Projekte den März, daher würde in diesem Fall nicht einmal auffallen, wenn die Join-Bedingung fehlte, doch ist die bei weiteren Auswertungen dringend erforderlich. Achten Sie auf die Konstruktion dieser Join-Bedingung, denn es können mehrere Fälle auftreten: Ein Intervall liegt vollständig im Monat, eine der Intervallgrenzen liegt außerhalb des Monats, beide Intervallgrenzen liegen außerhalb des Monats, beinhalten diesen aber. Bei Fragen wie diesen hilft mir da und dort ein einfaches Stück Papier, auf dem ich dann die Rahmenbedingungen skizziere (Abbildung 23.1).

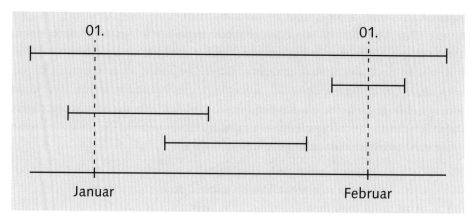

Abbildung 23.1 Improvisierte Visualisierung der Intervallgrenzen

▶ Was gilt für den Beginn aller dieser Intervalle?
Sie sind kleiner als das Monatsende.

▶ Was gilt für das Ende all dieser Intervalle?
Sie sind größer als der Monatsbeginn. Sind beide Bedingungen erfüllt, berührt das Intervall den Monat.

▶ Welchen Zeitpunkt müssen wir als Startdatum nehmen?
Das Maximum aus Intervallstart und Monatsstart. Analog gilt für das Ende, dass wir das Minimum aus Intervallende und Monatsende verwenden müssen.

Erweitern wir nun unsere Abfrage, um zu sehen, wie viele Tage pro Phase in den jeweiligen Monaten geleistet wurden. Das erste Problem: Wir benötigen nun eine Tabelle mit den in Frage kommenden Monaten. Diese Tabelle haben wir aber nicht. Daher erstelle ich diese Tabelle innerhalb von SQL dynamisch. Anschließend sollte die Abfrage weitgehend unverändert funktionieren. Sehen wir einmal. Ich würde Ihnen gern den Trick mit der Datumserzeugung vorweg zeigen, damit die Abfrage nachher nicht zu unübersichtlich wird:

```
SQL> select add_months(
  2           to_date('01.01.2010', 'dd.mm.yyyy'),
  3           rownum - 1) month_start,
  4         last_day(
  5           add_months(
  6             to_date('01.01.2010', 'dd.mm.yyyy'),
  7             rownum - 1))
  8         + interval '23:59:59' hour to second month_end
  9    from all_objects
 10   where rownum < 4;
```

```
MONTH_START         MONTH_END
------------------- -------------------
01.01.2010 00:00:00 31.01.2010 23:59:59
01.02.2010 00:00:00 28.02.2010 23:59:59
01.03.2010 00:00:00 31.03.2010 23:59:59
```

Listing 23.7 Erzeugung mehrerer Monate aus einer Abfrage

Der Trick ist hier, irgendeine Tabelle mit vielen Zeilen zu referenzieren. ALL_OBJECTS ist eine Tabelle, die normalerweise ausreichend viele Zeilen enthält:

```
SQL> select count(*)
  2    from all_objects;

  COUNT(*)
----------
     55670
```

Listing 23.8 Referenz auf eine große Tabelle

Sie können aber jede andere Tabelle referenzieren, die genug Zeilen für Ihre Zwecke hat, weil wir keine Information der Tabelle benötigen, nur die Tatsache, dass dort ausreichend Zeilen vorhanden sind. Nun geben wir ein Startdatum vor und machen etwas Datumsarithmetik, um uns die benötigten Zeitintervalle zu besorgen. Sehen Sie sich einmal an, auf welche Weise wir den letzten Tag des Monats berechnet haben. Fallen Ihnen hierzu noch Alternativen ein? Wie wäre es mit:

```
add_months(to_date('01.01.2010', 'dd.mm.yyyy'), rownum)
 - interval '1' second
```

Listing 23.9 Alternative Berechnung des jeweiligen Monatsendes

Versuchen Sie doch einmal, eine solche Formel für den Datentyp timestamp zu entwickeln. Zurück zum Problem. Diese Datumsarithmetik wird nun für alle Zeilen ausgeführt, die unter der angegebenen Maximalzahl liegen. Für ein Jahr geben wir hier zwölf Zeilen aus (rownum < 13). Programmierer können solche Funktionen generisch als Tabellenfunktionen programmieren, Sie können eine solche Abfrage als View hinterlegen (schön gerade auch dann, wenn Sie immer zum Beispiel das Zeitintervall von Beginn letzten Jahres bis Ende dieses Jahres verwenden, weil Sie dann das Startdatum auch noch aus sysdate errechnen können), oder aber Sie schaffen sich eine Tabelle, die diese Daten für die nächsten 20 Jahre gespeichert vorhält. Das ist unter dem Gesichtspunkt der Datenmenge selbst dann kein Problem, wenn Sie für jeden Tag der nächsten 20 Jahre eine Zeile anlegten, denn diese Tabelle hat in der Größenordnung 7.300 Zeilen, was für eine Tabelle wirklich nicht viel ist. Ein Beispiel für eine

23

solche Tabelle besprechen wir im nächsten Abschnitt. Egal wie, eine solche Tabelle benötigen wir, um nun die Abgrenzung gegen die Monate durchführen zu können. Die Abfrage von oben hinterlege ich in der Datenbank als View mit dem Namen MONTHS, damit ich den Code nicht zu wiederholen brauche. Die generalisierte Abfrage ist nun um den Monat erweitert, gruppiert die Zeiten nach Monat und stellt sie dar:

```
SQL> select month_start,
  2          round(
  3            sum(
  4              least(m.month_end, t.valid_to)
  5              - greatest(m.month_start, t.valid_from)),
  6            1) days
  7    from time_range_test t
  8    join months m
  9      on valid_from <= month_end
 10     and valid_to >= month_start
 11   where t.action = 'Phase 1'
 12   group by month_start
 13   order by month_start desc;


MONTH_START                DAYS
------------------- ----------
01.03.2010 00:00:00          20
01.02.2010 00:00:00        30,5
```

Listing 23.10 Generalisierte Abfrage

Zur Kontrolle können wir uns ausgeben, wie die Intervalle nun den einzelnen Monaten zugeschlagen werden:

```
SQL> select t.id, t.valid_from, t.valid_to,
  2          greatest(m.month_start, t.valid_from)
                                         interval_start,
  3          least(m.month_end, t.valid_to) interval_end
  4    from time_range_test t
  5    join months m
  6      on valid_from <= month_end
  7     and valid_to >= month_start
  8   where t.action = 'Phase 1'
  9   order by t.id, interval_start;


 ID VALID_FROM  VALID_TO     INTERVAL_START INTERVAL_END
--- ----------- ----------- -------------- ------------
  1 16.02 12:00 03.03 07:59 16.02 12:00     28.02 23:59
```

```
1 16.02 12:00 03.03 07:59 01.03 00:00    03.03 07:59
2 20.02 12:00 01.03 07:59 20.02 12:00    28.02 23:59
2 20.02 12:00 01.03 07:59 01.03 00:00    01.03 07:59
3 19.02 12:00 18.03 07:59 19.02 12:00    28.02 23:59
3 19.02 12:00 18.03 07:59 01.03 00:00    18.03 07:59
6 Zeilen ausgewählt.
```

Listing 23.11 Kontrollauswertung zur Zuweisung der Intervalle

Aus Platzgründen habe ich beim Datum das Jahr und die Sekunde weggelassen, aber Sie sehen die Abgrenzung. Dieses Prinzip ist sehr typisch für die Arbeit mit Datumsbereichen. Dennoch ist es immer wieder kompliziert, solche Abfragen zu erstellen, weil Sie stets von Neuem mit den Fragestellungen der korrekten Abgrenzung von Datumsbereichen konfrontiert werden. Das Beispiel oben hat im Übrigen noch eine Schwäche, falls die Auswertung auch den aktuellen Monat betreffen soll. Sehen Sie diese Schwäche? Sie liegt darin, dass wir, wenn wir im aktuellen Monat, sagen wir am 18.03., die Abfrage stellen, dennoch die Tage bis zum letzten des Monats in die Auswertung übernehmen, denn falls ein Enddatum sehr weit in der Zukunft liegt, sehen wir als Minimum von Intervallende und Monatsende das Monatsende. Wir müssen dafür Sorge tragen, dass wir höchstens bis sysdate nach »vorne« gucken, falls wir die Anzahl der tatsächlich investierten Tage berücksichtigen möchten. Nur, wie erreichen wir dies auf einfachste Weise? Es ist überraschend einfach: Sie müssen lediglich sysdate als dritten Parameter in die least-Funktion aufnehmen, egal, an welcher Stelle. Nun wird der kleinste der drei Werte (sysdate, valid_to, month_end) geliefert, und das Problem ist behoben. Dennoch: So etwas ist schon hinterhältig und muss gut getestet werden.

Eine leichte Abwandlung des Datenmodells oben haben wir, wenn kein weit in der Zukunft liegendes Enddatum, sondern ein null-Wert verwendet wird. Aber letztlich können Sie sich bereits vorstellen, dass wir für den null-Wert über eine nvl- oder coalesce-Funktion lediglich sysdate einsetzen, was in den meisten Fällen wohl der korrekte Ersatzwert wäre. Daher denke ich, dass wir auf ein Beispiel verzichten können.

Oracle bietet im Übrigen für die Prüfung, ob sich Datumsintervalle überlappen, eine weitere Möglichkeit an. Dies ist der overlaps-Operator, der zwei Intervalle miteinander vergleicht. Der Operator liefert true zurück, wenn sich die Intervalle überlappen und false im anderen Fall. Im folgenden Beispiel zeige ich Ihnen einmal seine Verwendung:

```
SQL> select month_start,
  2         round(
  3           sum(
  4             least(m.month_end, t.valid_to)
```

```
  5            - greatest(m.month_start, t.valid_from)),
  6        1) days
  7    from time_range_test t
  8    join months m
  9      on (valid_from, valid_to) overlaps
 10         (month_start, month_end)
 11    where t.action = 'Phase 1'
 12    group by month_start
 13    order by month_start desc;
```

```
MONTH_ST        DAYS
--------  ----------
01.03.10          20
01.02.10        30,5
```

Listing 23.12 Verwendung des (geheimen!) OVERLAPS-Operators

Der overlaps-Operator hat den großen Vorteil, Teil der ISO-Spezifikation zu sein, und den großen Nachteil, nicht Teil der Oracle-SQL-Spezifikation zu sein, denn er ist undokumentiert (zumindest noch in Version 11.2). Daher kann für diesen Operator auch keine Empfehlung ausgesprochen werden. Sollten Sie ihn dennoch benutzen wollen, sollten Sie eine Eigenheit dieser Funktion kennen, denn er markiert Intervalle, die sich lediglich berühren (das Ende des ersten Intervalls entspricht dem Beginn des zweiten Intervalls), als *nicht* überlappend. Das hat zur Folge, dass ein between-Operator andere logische Ergebnisse liefert als der overlaps-Operator.

23.1.2   Speicherung von Datumsintervallen mit WMSYS.WM_PERIOD

Eine interessante Alternative zur Speicherung von Intervallen findet sich im Werkzeugkasten des *Workspace-Managers*, einer Option, die in einer Oracle-Datenbank normalerweise installiert ist. Falls nicht, fragen Sie Ihren Datenbankadministrator oder Apotheker. Es führt zu weit, den Workspace-Manager vorzustellen, nur so viel: In dieser Erweiterung existiert ein objektorientierter Datentyp WMSYS.WM_PERIOD. Dieser Datentyp speichert Datenintervalle. WMSYS ist ein Benutzer, dem dieser Datentyp gehört. Er definiert eine Reihe von Operatoren, die mit diesem Intervalltyp arbeiten können. All diese Operatoren und der Datentyp selbst sind über ein Synonym direkt in allen Schemata zugänglich. Diese Operatoren sind:

▶ WM_OVERLAPS
   Prüft, ob sich Zeitintervalle überlappen. Entspricht logisch dem overlaps-Operator, ist allerdings dokumentiert.

▶ WM_CONTAINS
   Prüft, ob das erste Intervall das zweite vollständig enthält.

▶ WM_MEETS

Prüft, ob das Ende des ersten Intervalls dem Beginn des zweiten Intervalls entspricht.

▶ WM_EQUALS

Prüft, ob zwei Intervalle identische Start- und Endzeiten haben.

▶ WM_LESSTHAN

Prüft, ob Intervall 1 vor Intervall 2 endet.

▶ WM_GREATERTHAN

Prüft, ob Intervall 1 nach Intervall 2 endet.

▶ WM_INTERSECTION

Liefert das Intervall, das beiden übergebenen Intervallen gemeinsam ist.

▶ WM_LDIFF

Liefert das Intervall das vor dem gemeinsamen Intervall beider übergebener Intervalle liegt.

▶ WM_RDIFF

Liefert das Intervall das hinter dem gemeinsamen Intervall beider übergebener Intervalle liegt.

Als Beispiel können wir uns vorstellen, dass eine Tabelle eine Spalte dieses Datentyps anlegt:

```
SQL> create table emp_dept(
  2    empno number,
  3    deptno number,
  4    date_range wm_period);
Tabelle wurde erstellt.

SQL> insert into emp_dept
  2  select empno, deptno,
  3         wm_period(
  4           hiredate,
  5           to_date('31.12.2999', 'dd.mm.yyyy'))
  6    from emp;
14 Zeilen wurden erstellt.

SQL> commit;
Transaktion mit COMMIT abgeschlossen.

SQL> select e.empno, e.deptno,
  2         e.date_range.validfrom,
  3         e.date_range.validtill
  4    from emp_dept e;
```

23

```
EMPNO    DEPTNO DATE_RANGE.VALIDFROM    DATE_RANGE.VALIDTILL
------   ------- ----------------------  ------------------------
 7369       20 17.12.1980               31.12.2099
 7499       30 20.02.1981               31.12.2099
 7521       30 22.02.1981               31.12.2099
 7566       20 02.04.1981               31.12.2099
 7654       30 28.09.1981               31.12.2099
 7698       30 01.05.1981               31.12.2099
 7782       10 09.06.1981               31.12.2099
 7788       20 19.04.1987               31.12.2099
 7839       10 17.11.1981               31.12.2099
 7844       30 08.09.1981               31.12.2099
 7876       20 23.05.1987               31.12.2099
 7900       30 03.12.1981               31.12.2099
 7902       20 03.12.1981               31.12.2099
 7934       10 23.01.1982               31.12.2099
14 Zeilen ausgewählt.
```

Listing 23.13 Verwendung des Datentyps WM_PERIOD

Dieses, in der letzten Ausgabe etwas geschönte Beispiel, zeigt die Verwendung. Sie erkennen, dass der Datentyp zwei Attribute VALIDFROM und VALIDTIL enthält, die durch den Konstruktor, den wir für diesen objektorientierten Typ erstellt haben, mit Werten belegt wurden. Diesen Datentyp können wir nun mit den Operatoren untersuchen, wie in der folgenden Abfrage, die analysiert, wer im Mai 1981 im Unternehmen gearbeitet hat:

```
SQL> select e.empno, e.deptno, e.date_range.validfrom
  2    from emp_dept e
  3   where wm_overlaps(
  4             date_range,
  5             wm_period(
  6               date '1981-05-01',
  7               date '1981-05-31')) = 1;


    EMPNO    DEPTNO DATE_RANGE.VALIDFROM
---------- ---------- ----------------------------------
      7369        20 17.12.80 00:00:00,000000 +02:00
      7499        30 20.02.81 00:00:00,000000 +02:00
      7521        30 22.02.81 00:00:00,000000 +02:00
      7566        20 02.04.81 00:00:00,000000 +02:00
      7698        30 01.05.81 00:00:00,000000 +02:00
```

Listing 23.14 Verwendung des Operators WM_OVERLAPS

Wir übergeben der Funktion zwei Zeitbereiche vom Typ `WM_PERIOD`. Der erste ist ja bereits in der Tabelle `EMP_DEPT` enthalten, den zweiten mit dem Testzeitraum erzeugen wir uns gleich selbst. An der Ausgabe erkennen Sie, dass wir eigentlich mit Zeitstempeln hätten arbeiten sollen, doch interessiert mich die Uhrzeit nicht, so dass ich mich hier aus Bequemlichkeit auf die implizite Konvertierung des leicht zu erzeugenden Datums in einen `timestamp` verlassen habe. Auch die erste Ausgabe hat Zeitstempel ausgegeben, die ich jedoch für dieses Buch um die ohnehin leeren Zeitangaben erleichtert habe.

Eines stört mich am Typ `WM_PERIOD`: Mir wäre eine zweite Konstruktormethode lieb gewesen, der ich einen Zeitstempel und ein Intervall für die Länge des Zeitbereichs übergeben könnte. Das ist leider nicht der Fall. Ansonsten kann natürlich die Dauer des Intervalls leicht durch Subtraktion der Zeitpunkte ermittelt werden. Es lohnt auch ein Blick auf die anderen Operatoren und Funktionen, die in diesem Schema definiert sind. Möglicherweise hilft Ihnen dieser Datentyp ja bei der Lösung eines Zeitbereichsproblems.

23.1.3   Andere Datenmodelle zur Speicherung von Datumsbereichen

Alternativ habe ich weitere Datenmodelle gesehen, um Zeitbereiche zu speichern. Ein Ansatz speichert aufeinanderfolgende Zeiträume lediglich mit einem Startdatum, ein weiterer Ansatz speichert ein Startdatum und eine Dauer.

Speicherung mittels eines Startdatums

Die Idee: Wenn für eine `ID` mehrere Zeilen mit jeweils definierten Startzeitzeitpunkten existieren, ist die Reihenfolge der Ereignisse über den Startzeitpunkt definiert, die Dauer über die Differenz des Startzeitpunktes des älteren zum Startzeitpunkt des jüngeren Eintrags.

Zunächst einmal scheint eine solche Speicherung eher unorthodox und wenig effizient zu sein, denn der offensichtliche Vorteil, nur ein Startdatum speichern zu müssen, scheint durch den Nachteil, stets die gesamte Tabelle nach möglichen weiteren Einträgen durchsuchen zu müssen, aufgezehrt zu werden. Doch auf der anderen Seite ist es natürlich auch ein Vorteil, dass ein neues Ereignis nicht auf die Suche nach seinem Vorgänger gehen und dort das Enddatum pflegen muss. Zudem ist die angeblich so aufwendige Suche nach dem jeweiligen Nachfolger, um die Dauer des Intervalls zu berechnen, nicht so schrecklich aufwendig, wenn Sie überlegen, dass ein Primärschlüssel dieser Spalte mindestens die Spalten `ID` und `VALID_FROM` enthalten muss. Durch diese Anforderung stehen die entsprechenden Zeilen der Intervalle im Index direkt beieinander, und das auch noch in der richtigen Reihenfolge. Ein weiterer Vorteil dieses Datenmodells besteht darin, dass es keine überlappenden Intervalle geben kann, denn ein neuer Eintrag beendet automatisch den älteren Eintrag, und der Primärschlüssel verhindert, dass ein Startdatum zweifach für eine ID gespeichert wird. Diese Gründe sind meiner Meinung nach gut genug, um uns die gleiche Projektsituation einmal in diesem Datenmodell anzusehen.

Ein Nachteil dieses Ansatzes besteht allerdings darin, dass ein Enddatum nicht ohne Weiteres eingegeben werden kann, sondern durch ein zusätzliches Datum definiert werden muss. Dieses Datum kann als zweite Spalte eingefügt werden, oder aber als weitere Zeile, die durch ein Flag als Endereignis definiert wird. Für den Umbau unseres Datenmodells werden wir diesen Nachteil dadurch umgehen, dass wir einen weiteren Status definieren: End of project. Das Projektende müsste dann durch eine eigene Zeile definiert werden. Problematischer ist es allerdings, wenn unsere Zeiträume auch Lücken enthalten könnten. Das ist zwar ebenfalls über einen Status zu organisieren, doch ist die Darstellung der Zeiträume dann doch recht aufwendig. Die Tabelle zur Speicherung solcher Daten sähe dann etwa so aus:

```
SQL> create table time_point_test (
  2     id number,
  3     action varchar2(25 char),
  4     valid_from date,
  5     constraint pk_time_point_test
  6       primary key (id, valid_from));

SQL> Tabelle erstellt.
```

Listing 23.15 Erstellung der Tabelle im neuen Datenmodell

Wieder habe ich im Skript zum Buch eine SQL-Anweisung beigefügt, die unsere Beispieldaten einfügt. Wir haben nun folgende Daten, die ich im Fall des ersten und dritten Projekts um ein Enddatum ergänzt habe:

```
SQL> select *
  2     from time_point_test
  3     order by id, valid_from;

        ID ACTION                     VALID_FROM
---------- ------------------------- ----------------
         1 Start of project           15.02.2010 19:30
         1 Kick off                   16.02.2010 09:31
         1 Phase 1                    16.02.2010 12:00
         1 Phase 2                    03.03.2010 08:00
         1 End of project             19.04.2010 08:00
         2 Start of project           19.02.2010 19:30
         2 Kick off                   20.02.2010 09:31
         2 Phase 1                    20.02.2010 12:00
```

```
      2 Phase 2                      01.03.2010 08:00
      3 Start of project            18.02.2010 19:30
      3 Kick off                    19.02.2010 09:31
      3 Phase 1                     19.02.2010 12:00
      3 Phase 2                     18.03.2010 08:00
      3 End of project             07.04.2010 08:00
```

14 Zeilen ausgewählt.

Listing 23.16 Beispieldaten im neuen Datenmodell

Interessant wäre als Erstes vielleicht, eine Abfrage zu erstellen, die uns zeigt, von wann bis wann eine Projektphase galt. Um auf eine Zeile vor oder nach der aktuellen Zeile zu sehen, erinnern wir uns der analytischen Funktion lag bzw. lead, daher lautet die Abfrage:

```
SQL> select id, action, valid_from,
  2         nvl(
  3           lead(valid_from) over
  4             (partition by id order by valid_from) -
  5               interval '1' second,
  6           to_date('31.12.2099', 'dd.mm.yyyy'))
                                        valid_to
  7    from time_point_test;

         ID ACTION                   VALID_FROM   VALID_TO
---------- ------------------------ ------------ ------------
          1 Start of project        15.02. 19:30 16.02. 09:30
          1 Kick off                16.02. 09:31 16.02. 11:59
          1 Phase 1                 16.02. 12:00 03.03. 07:59
          1 Phase 2                 03.03. 08:00 19.04. 07:59
          1 End of project          19.04. 08:00 31.12. 00:00
          2 Start of project        19.02. 19:30 20.02. 09:30
          2 Kick off                20.02. 09:31 20.02. 11:59
          2 Phase 1                 20.02. 12:00 01.03. 07:59
          2 Phase 2                 01.03. 08:00 31.12. 00:00
          3 Start of project        18.02. 19:30 19.02. 09:30
          3 Kick off                19.02. 09:31 19.02. 11:59
          3 Phase 1                 19.02. 12:00 18.03. 07:59
          3 Phase 2                 18.03. 08:00 07.04. 07:59
          3 End of project          07.04. 08:00 31.12. 00:00
14 Zeilen ausgewählt.
```

Listing 23.17 Abfrage des Start- und Enddatums der Phasen

Sie sehen, dass mit einer – nun ja, einfachen? – SQL-Abfrage die gleichen Daten erzeugt werden konnten, die auch vorhin gespeichert wurden. Allerdings werden nun die Enddaten der Phasen dynamisch gerechnet und nicht mehr gespeichert, was schon angenehm ist, denn so müssen wir nicht mehr beim Aktualisieren einer Zeile auf diese Abgrenzung achten. Ein Nachteil dieses Ansatzes ist sicherlich, dass wir nun nicht mehr einfach unterscheiden können, ob ein Projekt beendet wurde (status = 'End of project'), denn auch hier wird als Enddatum ein Datum in der Zukunft angegeben. Dies könnten wir noch durch eine case-Anweisung entschärfen, allerdings sehen Sie, dass der Aufwand nun doch steigt.

Wenn Sie dieses Beispiel nachvollziehen, werden Sie zudem feststellen, dass der Ausführungsplan noch relativ einfach aussieht, insbesondere auch dann, wenn Sie lediglich die Daten eines einzigen Projekts auswerten und lediglich ID und VALID_FROM anzeigen lassen. In diesem Fall erkennen Sie, dass Oracle diese Abfrage direkt aus dem Index heraus beantworten kann. Grundsätzlich wäre es also möglich, diese Daten als View zur Verfügung zu stellen und die Auswertung gegen diese View durchzuführen.

Mich interessiert allerdings, ob es auch möglich ist, direkt mit den Daten zu arbeiten und eine Abgrenzung nach Monat durchführen zu können. Wenn wir über das Problem nachdenken, wird zunächst klar, dass es schon nicht ganz einfach sein wird, zu erkennen, ob ein Intervall zu einem Monat gehört oder nicht. Natürlich, das Startdatum kann leicht daraufhin überprüft werden, ob es kleiner ist als das Monatsende oder nicht. Aber umgekehrt muss eben der Beginn der nächsten Zeile bekannt sein, um zu entscheiden, ob der aktuelle Monat überhaupt berührt wird oder nicht. Das ist allerdings nur mit der analytischen Funktion zu beantworten. Es ergibt sich also relativ schnell, dass wir den Umweg über die analytische Funktion gehen müssen. Ob dies ein Vor- oder Nachteil dieses Datenmodells ist, möchte ich im Moment noch nicht diskutieren. Wir könnten uns aber zum Prinzip machen, Datumsbereiche, die auf die hier geschilderte Weise gespeichert werden, durch eine View in das in Abschnitt 23.1.1, »Speicherung von Datumsbereichen mit zwei Zeitpunkten«, geschilderte Datenmodell zu überführen und die Auswertungen gegen diese View zu formulieren.

Andere Probleme, die wir für die erste Speicherform mit einer VALID_FROM- und einer VALID_TO-Spalte bereits diskutiert haben, existieren in dieser Form im Übrigen auch, denn wenn Sie zum Beispiel ein Intervall in ein bestehendes Intervall einschachteln möchten, kämen Sie auch hier nicht über eine neue, zusätzliche Zeile herum, die das Ende des eingeschachtelten Datums definiert. Allerdings stellen sich die logischen Probleme in diesem Zusammenhang als einfacher heraus als beim Modell mit zwei Spalten.

Speicherung mittels Startdatum in Dauer

Bei dieser Speicherung gehen wir ganz ähnlich vor wie bei der Speicherung des vorigen Abschnitts. Wir erweitern allerdings die Speicherung um eine Intervallspalte, die

die Dauer des Intervalls enthält. Durch diese zusätzliche Information ist es nun möglich, Lücken zwischen den Intervallen zuzulassen, die immer dann entstehen, wenn eine Dauer kürzer ist als die Differenz zum Folgestartdatum. Dies war ja in dem Datenmodell aus dem vorigen Abschnitt, ohne diese Information, nicht möglich. Dieser Ansatz erscheint mir allerdings eher die Probleme beider Ansätze auf sich zu vereinigen, ohne signifikante Vorteile zu bieten, denn nun muss bei direkt aufeinander folgenden Intervallen doch eine Dauer berechnet und in einer anderen Spalte gepflegt werden, zudem ist die Nutzung eines Indexes hier kaum möglich, denn letztlich werden wir aus dem Startdatum und dem Intervall doch wieder ein Enddatum berechnen müssen. Dieses Enddatum könnten wir zwar indizieren, doch ist der Aufwand höher, als wenn wir direkt das Enddatum speicherten. Auch für die Diskussion um das Problem überlappender Bereiche helfen uns Intervalle nicht recht weiter, denn auch hier existiert keine einfache Möglichkeit, überlappende Intervalle zu verhindern. Zudem ist ein Intervall, wie wir wissen, auch keine kleine Speicherstruktur, auch von daher ist also kein Vorteil zu erwarten.

Wenn Sie sich Abfragen gegen solche Datenstrukturen vorstellen, dann werden Sie wahrscheinlich ebenfalls zu einer View kommen, die das erste Datenmodell unserer kleinen Betrachtung simuliert. Dennoch möchte ich nicht automatisch eine Empfehlung für das erste Modell aussprechen. Es ist zwar das häufigste Datenmodell, aber die Nachteile bei der Abgrenzung von Intervallen wiegt schwer, insbesondere dann, wenn keine Intervalle geschachtelt werden. In diesem Fall könnte die Speicherung durch ein Startdatum und die anschließende View auf diese Tabelle ein eleganterer Weg sein, dieses Problem zu lösen, zumindest, wenn keine Lücken zwischen den Intervallen existieren dürfen.

23.1.4 Analyse gegen eine Zeitdimension

In Abschnitt 23.1.1, »Speicherung von Datumsbereichen mit zwei Zeitpunkten«, haben wir gesehen, dass zeitbezogene Auswertungen sehr schnell auch zeitliche Abgrenzungen gegen ein festes Intervall, wie etwa einen Tag, eine Woche, einen Monat oder Ähnliches erfordern können. Wir haben in diesem Beispiel die Auswertung gegen eine maßgeschneiderte View vorgenommen, mit deren Hilfe wir eine Referenztabelle anbieten konnten, um die Abgrenzung der Zeitintervalle gegen die Monatsgrenzen vornehmen zu können. Ein allgemeineres, aber nicht mehr so häufig außerhalb von Datenwarenhäusern anzutreffendes Verfahren, mit solchen Zeitabgrenzungen umzugehen, besteht darin, sich – sozusagen als Anleihe bei Datenwarenhäusern – eine Tabelle zu erstellen, die verschiedene Zeitintervalle bereits fertig enthält. In einer solchen Tabelle könnten wir zum Beispiel für jeden Tag eines Jahres und über einen Zeitraum von zehn Jahren eine Zeile vorhalten, die nicht nur das Datum des entsprechenden Tages, sondern darüber hinaus auch weitere Angaben zu diesem Tag enthält, zum Beispiel, der wievielte Tag des Monats, des Quartals, des Jahres dieser Tag ist, wie viele Tage der Monat enthält usw. Eine solche Hilfstabelle dient als Quelle für die Zeitintervalle, mit deren Hilfe dann die Auswertung gegen Datumsbereiche vorgenommen werden kann.

Im Datenmodell des Beispielbenutzers SH findet sich ein Beispiel für eine solche Referenztabelle. Sie trägt den Namen TIMES und ist dort im Rahmen eines Datenmodells für Datenwarenhäuser als sogenannte Dimensionstabelle eingerichtet. Ich möchte an dieser Stelle noch nicht allzu tief in die Denkweise von Datenwarenhäusern eindringen, sondern lediglich grob erklären, dass der Begriff daher rührt, dass entlang vorgegebener Dimensionen ein Bericht gefiltert werden kann. So könnte eine Dimension die Zeit beschreiben, eine andere die Kunden, eine dritte die Produkte. Möchten Sie nun einen Bericht nach Produkt und Monat filtern, können Sie dies tun, indem Sie die Tabellen für die Produkte und die Zeit filtern. Da jeder Eintrag dieser Dimensionstabelle über eine Fremdschlüsselbeziehung zu einem Messwert, zum Beispiel einem Verkauf eines Produkts an einen Kunden an einem Tag, steht, wird über diese Filterung auch die Verkaufstabelle gefiltert.

Auf unser Beispiel übertragen wäre eine solche Tabelle ebenfalls hilfreich, denn die Filterung eines Berichts nach der Zeit ist eine absolut übliche Anforderung, daher profitieren wir von dieser Idee auch außerhalb des Rahmens eines Datenwarenhauses. Sehen wir uns doch einmal einige der Spalten der Tabelle TIMES an (Tabelle 23.1).

Spaltenname	Bemerkung
TIME_ID	PK, Datum des Tages, 00:00 Uhr feinste Granularität
DAY_NAME	Montag bis Sonntag
DAY_NUMBER_IN_WEEK	1–7, 1 = Montag
DAY_NUMBER_IN_MONTH	1–31
CALENDAR_WEEK_NUMBER	1–53
WEEK_ENDING_DAY	Datum des letzten Tages der Woche
CALENDAR_MONTH_NUMBER	1–12
DAYS_IN_CAL_MONTH	Anzahl der Tage des Monats
END_OF_CAL_MONTH	Datum des letzten Tages des Monats
CALENDAR_MONTH_NAME	Januar bis Dezember
DAYS_IN_CAL_QUARTER	Anzahl der Tage des Quartals

Tabelle 23.1 Einige Spalten der Dimensionstabelle TIMES

Spaltenname	Bemerkung
END_OF_CAL_QUARTER	Datum des letzten Tages des Quartals
CALENDAR_QUARTER_NUMBER	1–4
CALENDAR_YEAR	Zahl (zum Beispiel 2012)
DAYS_IN_CAL_YEAR	Anzahl der Tage eines Jahres
END_OF_CAL_YEAR	Datum des letzten Tages des Jahres

Tabelle 23.1 Einige Spalten der Dimensionstabelle TIMES (Forts.)

Die Auswahl, die ich getroffen habe, schließt die Spalten des fiskalischen Jahres aus, die bei abweichendem Geschäftsjahr durchaus sinnvoll sein könnten, sowie einige ID-Spalten, die mir für eine solche Tabelle etwas zu weit führen. Ebenfalls habe ich die Beschreibungsspalten entfernt. Es bleibt aber das Prinzip erkennbar: Wir haben eine Tabelle, die redundant für ein Datum speichert, zu welchem Monat es gehört, wie viele Tage der Monat enthält, welches Jahr existiert usw. An eine schöne Erweiterung hierzu erinnere ich mich aus einem Projekt im Einzelhandel: Dort wurde in einer Spalte für jedes Jahr gepflegt, wie viele Tage vor oder nach Ostern der entsprechende Tag ist. Der Hintergrund: Da die beweglichen Feiertage in Deutschland auf Ostern bezogen sind, können mit dem Abstand zu Ostern Brückentage etc. leicht identifiziert und jahresübergreifend ausgewertet werden. Im Skript zum Buch habe ich eine Anweisung hinterlegt, die als Startpunkt für eigene Projekte eine solche Zeittabelle als materialisierte Sicht erzeugt. Ein Problem ist die korrekte Berechnung der Kalenderwoche, ich habe im Skript die ISO-Definition verwendet.

Eine solche Tabelle ist durch eine entsprechende SQL-Abfrage relativ leicht mit Daten zu füllen (wenn wir einmal von der Differenzspalte zu Ostern absehen, die die Programmierung einer Datumsfunktion nach Gauss erfordert), so dass die Tabelle automatisiert mit Daten gefüllt wird. Darüber hinaus ist diese Tabelle ein Kandidat für eine materialisierte Sicht, die sich zu Beginn eines neuen Jahres neu berechnet und so immer einen Zeitraum von 10, 15 oder 30 Jahren relativ zum aktuellen Jahr abdeckt.

Der Vorteil liegt auf der Hand: Alle Zeitauswertungen können nun gegen diese »Zeitdimensionstabelle« ausgeführt werden und werden dadurch einheitlicher. Wenn Sie beispielsweise eine Auswertung auf einen Monat gruppieren möchten, können Sie dies erreichen, indem Sie das Umsatzdatum auf den Tag abrunden und dann gegen die Tabelle TIMES joinen. Über die Spalte CALENDAR_MONTH_NUMBER steht Ihnen nun ein Gruppierungs- und Filterkriterium zur Verfügung. Natürlich funktioniert dieser Trick so auch gegen Quartalsauswertungen etc.. Die Tabelle TIMES filtert und gruppiert nun den Bericht.

Wie bereits gesagt, ist dieser Tipp etwas für Datenbanken, die gelegentlich auch Berichte erzeugen müssen, ohne den ganzen Weg hin zu einem spezialisierten Data Warehouse gehen zu müssen. Als Anleihe ist diese Idee aber sicher eine gute Wahl. Ein Join auf diese Zeittabelle ist natürlich nicht immer über einen Primärschlüssel-Fremdschlüssel-Join möglich, zum Beispiel dann, wenn die Zeit in der Verkaufstabelle mit Uhrzeit gespeichert wurde. In diesen Fällen ist eine andere Join-Bedingung (zum Beispiel `trunc(umsatzdatum) = time_id`) erforderlich, wie es ja auch in unserer Abfrage aus dem letzten Abschnitt erforderlich war, in der wir die Abgrenzung zum Monat durchgeführt haben.

23.2   Historisierung und Logging

Gehen wir von dem Problem aus, dass Sie nicht wissen, warum einem Kunden vor drei Monaten eine Rechnung an eine falsche Adresse gesendet wurde, weil in der Zwischenzeit die Adresse korrigiert wurde. Ein pragmatischer Ansatz, dieses Problem zu lösen, besteht darin, der Rechnung einfach die Adresse, an die die Rechnung ging, beizufügen. Das habe ich durchaus schon häufiger in Datenbanken gesehen. Die Datenmodellierung ist dann so, dass die Spalten, die eine konkrete Adresse beschreiben, in der Tabelle RECHNUNG noch einmal auftauchen und die Daten dorthin kopiert werden. Zunächst einmal sieht das sehr nach redundanter Speicherung von Daten aus, doch könnte man argumentieren, dass mit dieser Speicherung eben nicht die Adresse des Kunden, sondern die Adresse des Kunden *zum Zeitpunkt der Rechnungsstellung* gespeichert werde, was eine andere Information darstellt. Zudem, so könnte man argumentieren, sei diese Form der Speicherung auch deshalb nicht schlecht, weil für die Ermittlung der Rechnungsadresse kein Join auf eine andere Tabelle gebraucht werde. Schließlich könnte man sogar auf die Idee kommen, diese Speicherung deshalb zu bevorzugen, weil das Programm eventuell die Änderung der Adresse für eine Rechnung zuließe, ohne die tatsächliche Adresse in der Datenbank zu aktualisieren. In diesem Fall würde dann die Adresse so, wie sie eingegeben wurde, gespeichert. Natürlich bietet sich eine solche Strategie nicht für sehr viele Tabellen und Anwendungsfälle an, sie würden ja Tabellenspalten im großen Stil in mehreren Tabellen anlegen und pflegen müssen. Auch das letzte Argument, dass eine abweichende Lieferadresse nur bei der Rechnung gespeichert wird, überzeugt nicht, weil eine Adresse auch außerhalb einer konkreten Rechnungsstellung einen Wert an sich darstellt, der nicht dadurch eingeschlossen werden sollte, dass er nur im Zusammenhang einer speziellen Rechnung gefunden werden kann.

Nun ja, in jedem Fall haben diese Argumente einen faden Nachgeschmack. Richtig sauber wirkt das nicht. In der Realität finden sich daher andere Datenmodelle, die sich mit diesem Problem auf gewissermaßen professionelle Weise beschäftigen. Unterscheiden möchte ich dabei zwei Strategien: Das *Logging* von Stammdatenänderungen und die *historisierenden Datenmodelle*. Der Unterschied liegt in der Verwendung: Während das Logging von Stammdatenänderungen eher den Fokus hat, später nachzuvollziehen, wie sich ein Datenbestand geändert hat, haben wir an historisierende Datenmodelle die Forderung, dass diese auf einen alten Zustand zurückgestellt werden können, also ohne großen Aufwand die Daten so zeigen können sollen, wie sie zu einem Stichtag ausgesehen haben. Als Sonderfall eines historisierenden Datenmodells stelle ich Ihnen dann noch das *bitemporale Datenmodell* vor.

23.2.1   Logging von Stammdatenänderungen

Ein häufig anzutreffendes Verfahren, um Datenänderungen über die Zeit aufzuzeigen, ist es, Änderungen an einer Tabelle dadurch zu dokumentieren, dass der alte Zustand der Tabelle in eine speziell dafür eingerichteten »Historisierungstabelle« kopiert wird. Es bietet sich an, für die »Historisierung« dieser Daten einen Trigger einzurichten, der im Fall einer DML-Anweisung den alten Zustand in diese Tabelle kopiert. Ich benutze den Begriff *Historisierungstabelle* hier in Anführungsstrichen, weil eigentlich keine vollständige Historisierung, sondern lediglich ein Logging der Datenänderung durchgeführt wird. Ich verstehe unter einem Datenmodell, das Stammdatenveränderungen aufzeichnet, um sie anschließend für die gezielte Recherche »wieder sichtbar« zu machen, kein historisierendes Datenmodell, denn an ein solches Datenmodell möchte ich weitergehende Anforderungen stellen. Im Grunde ist das Logging von Datenänderungen eine Vereinfachung des historisierenden Datenmodells, das wir uns im nächsten Abschnitt etwas genauer ansehen.

Ein solches Datenmodell finden Sie beim Benutzer HR, genauer in der Tabelle JOB_HISTORY. Diese Tabelle speichert den alten Beruf eines Mitarbeiters, der einen neuen Beruf erhält, sowie den Zeitraum, zu dem diese Kombination von Mitarbeiter und Beruf gültig war. Ähnlich verfährt diese Tabelle bei Änderungen der Abteilung. Und diese Tabelle hat bereits eine Menge der Probleme, die wir mit dem Speichern von Datenänderungen über die Zeit haben. Zum einen ist es nämlich gar nicht so einfach, herauszufinden, welchen Beruf welche Mitarbeiter am 15. Juni 2005 hatten. Vielleicht versuchen Sie sich einmal an dieser Abfrage. Das Problem entsteht, weil die Tabelle JOB_HISTORY eben nur die Daten enthält, die geändert wurden, nicht aber den aktuellen Stand. Ist nun ein Mitarbeiter immer noch in seinem ersten Beruf, so müssen für diesen Mitarbeiter die Daten aus einer anderen Tabelle kommen als für einen Mitarbeiter, der bereits einige Berufsänderungen hinter sich hat und daher einen Datensatz in der Tabelle JOB_HISTORY hat. Man könnte, das muss ich zugeben, dieses Problem recht einfach dadurch lösen, dass in der Tabelle JOB_HISTORY alle Zeilen aus EMPLOYEE initial hineinkopiert würden. Dann wäre die gesamte Historie in JOB_HISTORY enthalten, allerdings zulasten der Tatsache, dass Sie nun alle Daten doppelt speichern: Den aktuellen Zustand in Tabelle EMPLOYEE, die gesamte Historie in Tabelle

JOB_HISTORY. Das Problem besteht eigentlich darin, dass die Zuordnung eines Mitarbeiters zu einem Job und zu einer Abteilung eigentlich keine 1:n-Beziehung ist, sondern eine m:n-Beziehung über die Zeit, so dass Sie eine eigene Tabelle für die Zuordnung benötigen. Wie das geht, erläutere ich im nächsten Abschnitt.

Ein weiteres Problem: Diese Tabelle speichert die Beziehung des Mitarbeiters zu einem Beruf *und* zu einer Abteilung. Ändert sich nun aber der Beruf, nicht aber die Abteilung, wird die neue Abteilung (die die alte ist) noch einmal in der JOB_HISTORY gespeichert. Umgekehrt verhält es sich, wenn der Mitarbeiter mit gleichem Beruf die Abteilung wechselt. Die Attribute JOB_ID und DEPARTMENT_ID des Mitarbeiters ändern sich nicht notwendigerweise synchron, daher entsteht eine nicht eindeutige Speicherung in der Tabelle JOB_HISTORY, die sehr unschön ist. Datenmodelle, die diese Art des Loggings implementieren, leiden zudem an einer großen Zahl spezialisierter »Historientabellen«, weil im Normalfall für jede Tabelle, die auf diese Weise Datenänderungen aufzeigen soll, jeweils eine Historientabelle erforderlich ist, die zudem das Problem haben, nur sehr schwierig Änderungen an der Struktur der »Basistabellen« mitzumachen, da in ihnen ja historische Daten mit eventuell anderer Struktur gespeichert wurden.

In einem Projekt, in dem von mir diese Art des Loggings gefordert wurde, habe ich versucht, das Problem dadurch zu lösen, dass ich eine generische Logging-Tabelle eingesetzt habe. Dieser Ansatz, das muss ich gleich sagen, eignet sich nicht für viele Millionen oder gar Milliarden Datensätze, ist aber aus meiner Sicht für das Logging von Stammdatensätzen eine überlegenswerte Alternative. Wie funktioniert so etwas?

Die Basis besteht darin, einige der Informationen, die für jeden Log-Eintrag benötigt werden, in eigenen Spalten einer Tabelle anzulegen. Zu diesen Informationen gehören die üblichen Verdächtigen: *Wer* hat *was* an *welcher Tabelle wann* gemacht. Damit meine ich den angemeldeten Benutzer, eine Einfüge-, Änderungs- oder Löschoperation, den Namen der Tabelle und, wenn einheitlich Zahlen als Primärschlüssel genutzt werden, auch den Primärschlüssel sowie einen Zeitstempel. Das Problem sind aber die Daten, die geändert wurden. Hier habe ich mich entschlossen, einen objektorientierten Typ einzusetzen, der auf einfache Art eine Anzahl Tupel speichern kann in der Form <Spaltenname>,<Wert als Zeichenkette>. Ich zeige Ihnen hier die SQL-Anweisung zum Erzeugen einer solchen Tabelle inkl. der objektorientierten Typen:

```
SQL> create or replace
  2  type log_arg as object(
  3    col varchar2(32),
  4    val varchar2(4000 char));
  5  /
Typ wurde erstellt.
```

```
SQL> create or replace
  2  type log_args as table of log_arg;
  3  /
Typ wurde erstellt.

SQL> create sequence log_seq;
Sequence wurde erstellt.

SQL> create table log_historie (
  2      id number,
  3      wer varchar2(50 char) not null,
  4      wann date not null,
  5      tabelle varchar2(32 char) not null,
  6      aktivitaet char(1 char) not null,
  7      row_id number not null,
  8      daten log_args,
  9    constraint log_historie_pk primary key (id)
 10  )
 11  nested table daten store as log_daten
 12  return as value;
Tabelle wurde erstellt.
```

Listing 23.18 SQL-Anweisung zur Erzeugung einer generischen Log-Tabelle

Für Logging-Zwecke ist das eigentlich ausreichend, denn wir möchten im Zweifel ja lediglich eruieren können, was sich geändert hat. Nun können wir einen einfachen Trigger schreiben, der auf jede Tabelle angewendet werden kann, die Einträge in unsere zentrale Logging-Tabelle machen soll. Dieser Trigger unterscheidet die verschiedenen Aktivitäten, belegt die Daten der explizit definierten Spalten vor und erzeugt eine Instanz des Objekttyps, der die Tupel der Spalten aufnimmt. Die folgende Beispielanweisung zeigt, auf welche Weise Daten in die generische Log-Tabelle gespeichert werden können:

```
insert into log_historie (
  id, wer, wann, tabelle, aktivitaet, row_id, daten)
values(
  log_seq.nextval, 'WILLI', systimestamp, 'TEST_TABELLE', 12345,
  log_args(
    log_arg('SPALTE_1', 'Alter Wert'),
    log_arg('SPALTE_2', 'Alter Wert 2')));
```

Listing 23.19 Beispielhafte INSERT-Anweisung für einen Log-Eintrag

23

Ein Trigger auf Tabelle EMP könnte daher aussehen wie folgt:

```
SQL>  create or replace
  2  trigger ariud_emp
  3  after insert or update or delete on emp
  4  for each row
  5  declare
  6    aktion char(1);
  7  begin
  8    if inserting then
  9      aktion := 'I';
 10    elsif updating then
 11      aktion := 'U';
 12    else
 13      aktion := 'D';
 14    end if;
 15    insert into log_historie
 16      (id, wer, wann, tabelle, aktivitaet, row_id, daten)
 17    values (
 18      log_seq.nextval, user, systimestamp,
 19      'EMP', aktion, :new.empno,
 20      log_args(
 21        log_arg('ENAME', :new.ename),
 22        log_arg('JOB', :new.job),
 23        log_arg('MGR', :new.mgr),
 24        log_arg('HIREDATE',
                       to_char(:new.hiredate, 'dd.mm.yyyy')),
 25        log_arg('SAL', to_char(:new.sal)),
 26        log_arg('COMM', to_char(:new.comm)),
 27        log_arg('DEPTNO', to_char(:new.deptno))
 28        )
 29      );
 30  end;
 31  /
Trigger wurde erstellt.
```

Listing 23.20 Ein einfacher Log-Trigger

Dieser Trigger speichert die Aktion in einer Variablen mit dem Namen AKTION und ruft anschließend die insert-Anweisung für die Log-Tabelle auf. Mit Hilfe der Pseudovariablen NEW können dann die neuen Werte in die Tabelle eingefügt werden. Da diese Trigger feuern, wann immer eine DML-Anweisung ausgeführt wird, können wir unsere Logging-Tabelle mit initialen Werten füllen, wenn uns danach ist, indem wir einfach ein Update auf die Tabelle ausführen, ohne etwas zu ändern. Dies kopiert alle Daten in die Logging-Tabelle.

Eine View kann anschließend die Einträge in der Logging-Tabelle für die Oberfläche wieder »relational« sichtbar machen:

```
SQL> select l.wer, l.wann, l.tabelle, l.aktivitaet,
  2         l.row_id, d.*
  3    from log_historie l,
  4         table(l.daten) d

WER    WANN       TABEL A ROW_ID COL         VAL
------ ---------- ----- - ------ ---------- ----------------
SCOTT  03.08.12   EMP   U 7369   ENAME       SMITH
SCOTT  03.08.12   EMP   U 7369   JOB         CLERK
SCOTT  03.08.12   EMP   U 7369   MGR         7902
SCOTT  03.08.12   EMP   U 7369   HIREDATE    17.12.1980
...
SCOTT  03.08.12   EMP   U 7934   ENAME       MILLER
SCOTT  03.08.12   EMP   U 7934   JOB         CLERK
SCOTT  03.08.12   EMP   U 7934   MGR         7782
SCOTT  03.08.12   EMP   U 7934   HIREDATE    23.01.1982
SCOTT  03.08.12   EMP   U 7934   SAL         1300
SCOTT  03.08.12   EMP   U 7934   COMM
SCOTT  03.08.12   EMP   U 7934   DEPTNO      10
98 Zeilen ausgewählt.
```

Listing 23.21 Darstellung der Log-Tabelle in relationaler Form

Hübscher ist natürlich die pivotierte Darstellung, doch leider gelingt diese nicht mit dem pivot-Operator, weil diesem die Spalten COL und VAL zu »kompliziert« sind:

```
SQL> select l.wer, l.wann, l.tabelle, l.aktivitaet, l.row_id, d.*
  2    from log_historie l,
  3         table(l.daten) d
  4   pivot (d.val for d.col in
  5         ('ENAME', 'JOB', 'MGR', 'HIREDATE',
  6          'SAL', 'COMM', 'DEPTNO'));
 pivot (d.val for d.col in ('ENAME', 'JOB', 'MGR', 'HIREDATE', 'SAL', 'COMM',
'DEPTNO'))
             *
FEHLER in Zeile 4:
ORA-01748: Hier sind nur einfache Spaltennamen zulässig
```

Listing 23.22 Zu kompliziert: Die Pivot-Klausel ist am Ende.

23

Sie können die Daten aber mit der herkömmlichen Methode pivotieren. Die `select`-Abfrage hierfür finden Sie online, ich hoffe, wie das geht, ist soweit klar. Allerdings benötigen Sie nun eine View pro Tabelle, die im Logging steht, denn Sie sprechen die Spalten ja explizit an. Mit etwas Programmieraufwand, und das ist die Lösung, die ich für meinen Kunden entwickelt hatte, ist es aber auch möglich, die Sicht auf diese Tabelle mit Hilfe von XML in eine HTML-Seite umzurechnen. Damit haben Sie beide Vorteile: generische Speicherung und flexible Sicht auf die Daten. Zudem ist die Log-Tabelle durch entsprechende Indizierung auf den Tabellennamen und den Änderungsbenutzer auch für Ad hoc-Abfragen gut gerüstet, die Informationen kommen recht schnell. Aufgrund der doch etwas komplexeren Programmierung erspare ich mir und Ihnen allerdings das Beispiel. Damit haben Sie die Keimzelle einer generischen Lösung für das Logging.

Wenn Sie im Übrigen die Speicherung der geänderten Daten als Objekt nicht mögen, bietet es sich an, die Tabelle als Detailtabelle mit den Spalten `COL` und `VAL` direkt anlegen zu lassen. Es ändert sich im Grunde nur, dass der Trigger den objektorientierten Typ an ein Stückchen Programmcode übergibt, der daraus die Detailtabelle füllt. Um ehrlich zu sein, ist das die Alternative, die ich implementiere, denn ich hatte meinen Unmut über die Speicherung von Objekten ja schon kundgetan. Zudem ist dieser Weg für die anschließende Auswertung auch einfacher. Wenn Sie mögen, könnten Sie zudem Logik hinterlegen, die lediglich die Spalten speichert, die sich tatsächlich verändert haben. Das geht, indem Sie entweder den alten Wert im Trigger mitgeben, in der Benutzung einfacher ist es aber, die übergebenen Werte mit den bereits in der Detailtabelle gespeicherten Werten zu vergleichen. Das geht durchaus auch in einer einzigen `insert`-Anweisung. Diese Ideen sollten Ihnen aber als Anregung ausreichen, die Implementierung einmal selbst zu versuchen. In jedem Fall ist ein gewisser Programmieranteil erforderlich, daher möchte ich dieses Thema hier nicht weiter vertiefen.

23.2.2   Historisierende Datenmodelle

Unter einem historisierenden Datenmodell möchte ich hier ein Datenmodell verstehen, dass auf einfache Weise in der Lage ist, den Datenzustand zu jedem beliebigen Zeitpunkt darzustellen. Erinnern wir uns an das Datenmodell des Benutzers HR, dann ist die Tabelle `JOB_HISTORY` wohl offensichtlich so etwas wie eine Tabelle, die für eine historisierende Speicherung verwendet werden soll, denn sie speichert ja, welcher Mitarbeiter welchen Beruf zu welcher Zeit hatte. Ich hatte allerdings bereits gesagt, dass ich dieses Datenmodell nicht für ein gutes Beispiel für ein historisierendes Datenmodell halte, denn der Aufwand, herauszufinden, welcher Mitarbeiter welchen Beruf am 15.05.2004 hatte, ist relativ hoch, wie die folgende Auswertung zeigt (aber die haben Sie ja bereits selbst entwickelt, nicht wahr?):

```
SQL> select e.employee_id, e.first_name, e.last_name,
  2          nvl(jh.job_id, e.job_id) job_id
  3    from employees e
  4    left join job_history jh
  5      on e.employee_id = jh.employee_id
  6   where to_date('15.05.2004', 'dd.mm.yyyy')
  7         between nvl(jh.start_date, e.hire_date)
  8             and nvl(jh.end_date, sysdate);
```

```
EMPLOYEE_ID FIRST_NAME           LAST_NAME            JOB_ID
----------- -------------------- -------------------- ----------
        102 Lex                  De Haan              IT_PROG
        101 Neena                Kochhar              AC_MGR
        201 Michael              Hartstein            MK_REP
        200 Jennifer             Whalen               AC_ACCOUNT
        184 Nandita              Sarchand             SH_CLERK
        205 Shelley              Higgins              AC_MGR
        137 Renske               Ladwig               ST_CLERK
        115 Alexander            Khoo                 PU_CLERK
        174 Ellen                Abel                 SA_REP
        157 Patrick              Sully                SA_REP
        156 Janette              King                 SA_REP
        108 Nancy                Greenberg            FI_MGR
        204 Hermann              Baer                 PR_REP
        203 Susan                Mavris               HR_REP
        141 Trenna               Rajs                 ST_CLERK
        206 William              Gietz                AC_ACCOUNT
        109 Daniel               Faviet               FI_ACCOUNT
        192 Sarah                Bell                 SH_CLERK
        100 Steven               King                 AD_PRES
19 Zeilen ausgewählt.
```

Listing 23.23 Darstellung der Datensituation am 15.05.2004

Interessant ist zum Beispiel Neena Kochhar, die aktuell AC_VP ist, zum Stichtag aber noch AC_MGR war. Sie sehen, dass wir zur Beantwortung dieser relativ einfachen Frage einen Outer Join sowie einige null-Wertbehandlungsfunktionen benötigen. Das Problem dieses Datenmodells: Logisch existiert eine m:n-Beziehung zwischen dem Mitarbeiter und der Abteilung einerseits und dem Mitarbeiter und dem Beruf andererseits. Das können wir uns so klar machen: Ein Mitarbeiter kann über die Zeit wechselnde Berufe haben, aber in der gleichen Abteilung arbeiten. Zudem kann ein Mitarbeiter auch in wechselnden Abteilungen arbeiten, aber den gleichen Beruf behalten. Natürlich kann ein Berufs- und Abteilungswechsel auch einmal zeitgleich vorkommen, doch gibt es keine fixe Abhängigkeit zwischen diesen beiden Attributen, ein Abteilungswechsel ist also nicht zwingend mit einem Berufswechsel verbunden und umgekehrt. Da also m:n-Beziehungen vorliegen (und zwar gleich zwei davon), sollten diese nicht in einer Tabelle gespeichert werden, wie dies im Datenmodell aber der Fall ist. Die Lösung für das Problem, die Historie der beruflichen Entwicklung mit der Tabelle JOB_HISTORY nachzuzeichnen ist nachträglich angebaut und zwingt uns in diese Form der Abfrage. Richtig komplex wird die Abfrage noch, wenn wir außerdem berücksichtigen, dass ein Eintrag in Tabelle JOB_HISTORY immer dann erforderlich wird, wenn sich Beruf *oder* Abteilung geändert haben. Dadurch kann es durchaus vorkommen, dass in der Tabelle bezüglich der Abteilung gar keine Änderung stattgefunden hat, obwohl eine Zeile in der Historie steht. Normalerweise würden diese Informationen in einer, besser noch zwei, separaten Tabellen gespeichert, etwa so wie in Abbildung 23.2.

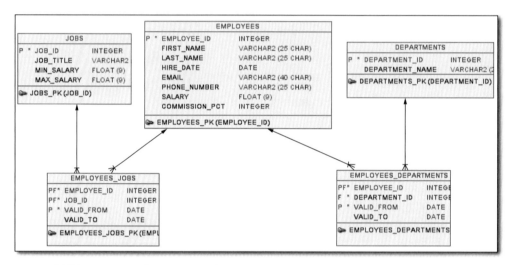

Abbildung 23.2 Umbau zu einem historisierenden Datenmodell

Wenn Sie genauer hinschauen, erkennen Sie, dass die Verweise auf DEPARTMENTS und JOBS aus der Tabelle EMPLOYEES verschwunden sind. Das ist korrekt so, diese Relation ist nun in die Zuordnungstabelle ausgelagert worden, denn sie müssen ja als m:n-Beziehung gestaltet werden. Nebenbei, einen Fehler habe ich zu spät bemerkt: Eigentlich sollten wir die Änderung auch um die Spalte SALARY erweitern, denn auch das Gehalt ändert sich über die Zeit. Wahrscheinlich ist das Gehalt nur lose an den Beruf gekoppelt, es kann sich ja bei gleichem Beruf über die Zeit ändern. Daher gilt analog, dass auch das Gehalt in eine eigene Tabelle ausgelagert werden sollte, wenn es wichtig ist, zu wissen, welches Gehalt wann verdient wurde. Da dies aber im ursprünglichen Datenmodell überhaupt nicht gespeichert werden konnte, lasse ich das jetzt auch so.

Im Übrigen gehört nun auch der Datumsbereich zur Join-Bedingung eindeutig dazu. Ein normaler Join zwischen den Tabellen lautet nun also (ich verwende hier einmal wegen der besseren Übersichtlichkeit die Oracle-proprietäre Join-Schreibweise):

```
SQL> select e.employee_id, e.first_name,
  2            e.last_name, e.hire_date,
  3            e.email, e.phone_number,
  4            e.salary, e.commission_pct,
  5            d.department_id, d.department_name,
  6            j.job_id, j.job_title
  7    from employees e, departments d, jobs j,
  8            employees_departments ed,
  9            employees_jobs ej
 10    where e.employee_id = ed.employee_id
 11      and ed.department_id = d.department_id
 12      and sysdate between ed.valid_from and ed.valid_to
 13      and e.employee_id = ej.employee_id
 14      and ej.job_id = j.job_id
 15      and sysdate between ej.valid_from and ej.valid_to;
```

Listing 23.24 Abfrage gegen ein historisierendes Datenmodell

Diese Abfrage ist natürlich auch nicht gerade einfach, aber immer gleich strukturiert. Wenn Sie nun wissen möchten, wie der Datenbestand zu einem gegebenen Zeitpunkt aussah, müssen Sie lediglich sysdate durch Ihr gewünschtes Datum ersetzen. Sie erkennen aber auch: Für das gelegentliche Nachschlagen eines alten Datenbestands ist diese Vorgehensweise möglicherweise zu aufwendig, da ist die Modellierung des Benutzers HR möglicherweise der bessere Kompromiss. Denn es kommt hinzu: Auch in Tabelle DEPARTMENTS ist der Verweis auf LOCATION_ID konsequenterweise entfernt worden, da eine Abteilung durchaus umziehen und über die Zeit in unterschiedlichen Städten angesiedelt worden sein kann. Dieses Verfahren darüber hinaus aber auch noch von LOCATIONS aus auf COUNTRIES und von dort auf REGIONS zu wiederholen, machen wohl nur noch sehr grundsätzlich orientierte Datenmodellierer. Es mag unsinnig erscheinen, davon auszugehen, dass eine Stadt, die heute Land A angehört, morgen Land B angehören soll, aber da hätten Sie Ihre Rechnung wohl ohne den ehemaligen Ostblock gemacht … Ebenso verhält es sich natürlich auch bezüglich der Zuordnung von Ländern zu Verkaufsgebieten. Ich habe einmal ein Datenmodell gesehen, bei dem selbst die Zuordnung der Wochentage zu einer Woche ausgegliedert war (es könnte ja sein, dass die Woche irgendwann einmal 8 Tage haben wird …), muss aber gestehen, dass ich das nun wirklich für zu viel des Guten halten würde.

23

Ein solches Datenmodell hat also Auswirkungen auf die Joins. Ist dies geschafft, verhalten sich die Datenmodelle dann wieder ebenso wie die bereits jetzt im Schema HR angelegten Benutzer. Das eröffnet nette Möglichkeiten: Sehen wir uns doch an diesem Beispiel meine Empfehlung an, all diese Joins hinter Views zu verbergen. Dann könnte die hartkodierte Angabe eines Datums (zum Beispiel sysdate) durch einen Join auf eine Zeitdimensionstabelle aus Abschnitt 23.1.4, »Analyse gegen eine Zeitdimension«, ersetzt werden, die Sie anschließend bei der Abfrage leicht filtern können. Damit wären die Views beliebig versionierbar:

```
SQL> create or replace view employees_history as
  2  select e.employee_id, e.first_name, e.last_name,
  3         e.hire_date, e.email, e.phone_number,
  4         e.salary, e.commission_pct,
  5         d.department_id, d.department_name,
  6         j.job_id, j.job_title,
  7         t.time_id
  8    from employees e, departments d, jobs j,
  9         employees_departments ed,
 10         employees_jobs ej,
 11         times t
 12   where e.employee_id = ed.employee_id
 13     and ed.department_id = d.department_id
 14     and t.time_id between ed.valid_from and ed.valid_to
 15     and e.employee_id = ej.employee_id
 16     and ej.job_id = j.job_id
 17     and t.time_id between ej.valid_from and ej.valid_to;
View wurde erstellt.

SQL> select first_name, last_name, job_title
  2    from employees_history
  3   where time_id = to_date('15.05.2004', 'dd.mm.yyyy');

FIRST_NAME       LAST_NAME          JOB_TITLE
---------------- ------------------ ---------------------------
Lex              De Haan            Programmer
Neena            Kochhar            Accounting Manager
Shelley          Higgins            Accounting Manager
William          Gietz              Public Accountant
Hermann          Baer               Public Relations Representative
Susan            Mavris             Human Resources Representative
Jennifer         Whalen             Public Accountant
Daniel           Faviet             Accountant
Nancy            Greenberg          Finance Manager
```

```
Alexander        Khoo                Purchasing Clerk
Steven           King                President
Renske           Ladwig              Stock Clerk
Trenna           Rajs                Stock Clerk
Nandita          Sarchand            Shipping Clerk
Janette          King                Sales Representative
Sarah            Bell                Shipping Clerk
Michael          Hartstein           Marketing Representative
Patrick          Sully               Sales Representative
Ellen            Abel                Sales Representative
19 Zeilen ausgewählt.
```

Listing 23.25 Erweiterung zu einer versionierbaren View

Alternativ kann eine zweite View so angelegt werden, dass Sie nicht auf TIMES zeigt, sondern hart über sysdate filtert. Diese View, die inhaltlich der ersten Abfrage entspräche, zeigt dann also stets den aktuellen Datenbestand. Ich habe in den Skripten zum Buch eine solche historisierende Version des Datenmodells von HR unter dem Benutzer HR_NEW erstellt. Wenn Sie mögen, können Sie dort die Beispiele nachvollziehen. Natürlich bleiben auch bei diesen Datenmodellen alle Varianten bezüglich der Speicherung von Datumsbereichen grundsätzlich bestehen, daher ist die Implementierung, die ich verwendet habe, nicht verbindlich. Generell hat ein solcher Umbau weitreichende Konsequenzen, denn wenn wir uns zu diesem Umbau entschließen, müssen wir die Altdaten in die neue Struktur migrieren. Auch die hierfür erforderlichen insert- und update-Anweisungen habe ich im Skript nachgereicht.

Ein wesentliches Problem der historisierenden Speicherung muss ich allerdings noch ansprechen: Sie verlieren eventuell Ihren Primärschlüssel! Wie kommt das? Sehen wir uns an, wie die Änderung auf ein historisierendes Modell eine Tabelle beeinflusst. Wir starten mit einer einfachen Tabelle in folgender Form:

PROD_ID	PROD_NAME	PREIS
123	Tolles Auto	15000

Nun möchten wir diese Tabelle historisierend anlegen und dabei haben wir natürlich den Preis im Blick, der sich über die Zeit ändern könnte. Also kommen wir zu folgender Erweiterung:

PROD_ID	PROD_NAME	PREIS_VON	PREIS_BIS	PREIS
123	Tolles Auto	15.02.2010	31.12.2011	15000
123	Tolles Auto	01.01.2012	31.12.2099	16500

Unser Artikel kann nun über die Zeit unterschiedliche Preise haben. Modellieren Sie dies so, wie oben gezeigt, ist klar, dass der Artikel nun seine Artikelnummer mehrfach in der Tabelle speichern muss. Damit ist diese Information aber nun keine Primärschlüsselinformation mehr. Die Änderung des Datenmodells hin zu einer historisierenden Speicherung macht also den Primärschlüssel unbrauchbar. Oder doch nicht? Sehen wir etwas genauer hin, stellen wir fest, dass diese Daten nun auch nicht mehr den Regeln der Normalform gehorchen, denn der Preis ist nicht nur vom Primärschlüssel, sondern auch vom Zeitbereich abhängig.

Es handelt sich hierbei also um eine funktionale Abhängigkeit des Preises von den Spalten PREIS_VON und PREIS_BIS. Den Normalisierungsregeln zufolge muss daher der Preis in eine eigene Relation ausgelagert werden. In dieser Tabelle wären die Spalten PROD_ID und (mindestens) PREIS_VON Primärschlüsselspalten, die Spalte PROD_ID dieser Tabelle würde dann als Fremdschlüssel die Spalte PROD_ID unserer ursprünglichen Tabelle referenzieren. Ein solcher Aufwand lohnt sich, wenn sich der Preis relativ häufig ändert. Ist dies nicht der Fall, und ist zudem sichergestellt, dass sich der Preis nicht rückwirkend ändern kann, könnte man auch eine andere Modellierung in Betracht ziehen.

ID	PROD_ID	PROD_NAME	PREIS_VON	PREIS_BIS	PREIS
1	123	Tolles Auto	15.02.2010	31.12.2011	15000
2	123	Tolles Auto	01.01.2012	31.12.2099	16500

In dieser Variante haben wir also eine neue, technische ID eingeführt, unter der nun der Artikel eindeutig referenziert werden kann. Die Forderung, dass sich die Preise nicht rückwirkend ändern dürfen, ergibt sich daraus, dass in diesem Fall bereits bestehende Referenzen auf den Schlüssel 1 durch eine Referenz auf Schlüssel 2 ersetzt werden müssten, und das in Abhängigkeit von einem Datum, das Sie möglicherweise nicht einmal im Datenmodell gespeichert haben. Oracle unterstützt ein solches Verfahren, dass man *kaskadierendes Update* nennt, nicht, weil es als extrem unsauber gilt. Zudem sehen wir schon an der Wiederholung des Produktnamens, dass hier Redundanz vorliegt, die wir auf diese Weise nur in sehr speziellen Datenmodellen akzeptieren, nämlich in Dimensionstabellen von Datenwarenhäusern. Die bespreche ich allerdings etwas später.

In OLTP-Umgebungen kommen Sie um die Erkenntnis nicht herum, dass historisierende Datenmodelle stets auch mehr Aufwand an Tabellen, Joins und Views nach sich ziehen. Hier wird wieder sehr schön sichtbar, was gemeint ist, wenn behauptet wird, der beste und schnellste Weg, etwas zu tun, sei, es nicht zu tun. Wenn Sie aber diese Funktionalität benötigen, kommen Sie um den damit verbundenen Aufwand nicht herum.

23.2.3   Bitemporale Datenmodelle

Unter der etwas kryptischen Bezeichnung bitemporale Datenmodelle verstehen Datenbanktheoretiker Datenbanken, die mit zwei Zeitbereichen parallel operieren. Der entscheidende Gedanke ist, dass es durchaus nicht unwichtig ist, zu unterscheiden, wann eine Datenänderung bekannt war und wann eine Datenänderung tatsächlich existiert hat. Das klingt zunächst nach einem spitzfindigen Problem, doch ist es das nicht. Stellen Sie sich vor, Sie schreiben einem Kunden eine Rechnung. Die Adresse entnehmen Sie einer Tabelle, die in der Lage ist, Ihnen zu sagen, von wann bis wann dieser Kunde wo gewohnt hat. Aus dieser Tabelle geht eindeutig hervor, dass Ihr Kunde derzeit (es ist Mai) in Köln wohnt. Sie schicken also die Rechnung nach Köln. Nun kommt diese Rechnung aber nicht an. Erst später stellt sich heraus, dass der Kunde bereits seit März in Stuttgart wohnt. Sie korrigieren nun den Stammdatensatz. Nun haben Sie aber keine Möglichkeit mehr, später zu ermitteln, warum die Rechnung im Mai nach Köln geschickt wurde, denn dieses Wissen ist nun gelöscht.

Ein bitemporales Datenmodell speichert im Gegensatz hierzu zwei Datumsbereiche: Im ersten Bereich hinterlegen wir, wann wir von einer Information Kenntnis erhalten haben, in dem zweiten Datumsbereich, wann diese Information tatsächlich so bestanden hat. Zunächst, also bei der Anlage der Daten, sind beide Datumsbereiche gleich. Stellt sich aber heraus, dass die Information falsch war und einem anderen Datumsbereich gegolten hat, wird lediglich der zweite Datumsbereich angepasst, der erste aber unangetastet gelassen. Wenn Sie nun die Rechnung schreiben, beziehen Sie sich auf den zweiten Datumsbereich, um herauszufinden, welche Daten derzeit gültig sind. Sollten Sie aber nachweisen müssen, warum im Mai die Rechnung nach Köln geschickt wurde, beziehen Sie sich auf den Datumsbereich, der zeigt, *wovon Sie im Mai ausgegangen* sind, als Sie die Rechnung damals gesendet haben.

Dieses Beispiel zeigt, dass Datenbanken eine weitere Dimension der Komplexität aufzeigen: Wir müssen nicht nur in der Lage sein, die Daten der Datenbank korrekt darzustellen, wir müssen (je nach Domäne natürlich, das ist nicht immer so) auch in der Lage sein, nachzuweisen, warum wir in der Vergangenheit inkorrekte Daten hatten. Datenbanken sind also in zwei Dimensionen zu historisieren: Einerseits bezüglich der gespeicherten Fakten, andererseits bezüglich unserer Kenntnis über diese Fakten. Ein spannendes Thema, finde ich.

Aus Sicht des SQL-Anwenders ist diese Unterscheidung nicht so sehr problematisch, weil, je nach Abfragesituation, entweder auf das eine oder das andere Intervall Bezug genommen werden muss. Allerdings stellen sich eine Reihe von Fragen, wenn es zum Beispiel um den Schutz dieser Daten, die Abgrenzung und die referenzielle Integrität solcher Daten geht. Stellen wir uns ein Datenmodell vor, das alle Daten stets bitemporal historisierend speichert. Dann ist klar, dass keine einfache referenzielle Integrität mit Primär- und Fremdschlüssel mehr durchgesetzt werden kann, denn ein Vergleich eines Faktums über eine Schlüsselspalte allein reicht ja nun nicht mehr aus, es muss immer auch die Zeitdimension berücksichtigt werden, und das noch variabel bezüglich der Kenntnis über die Fakten und der Fakten selbst. Daraus wird klar, dass die Datenbank grundlegend anders arbeiten muss, wenn solche Konzepte unterstützt werden sollen. Derzeit sind hierzu zwar theoretische Überlegungen, aber noch keine praktisch verwertbaren Lösungen hervorgegangen. Bitemporale Datenmodelle existieren allerdings dennoch in entsprechenden Problemdomänen. Sie werden aber meist nicht durchgängig auf das gesamte Datenmodell, sondern lediglich für die Bewegungsdaten eingesetzt, bei denen die Unterscheidung der beiden Fälle von Belang ist. Daher war es mir wichtig, aus diesem Blickwinkel zumindest die grundlegenden Gedanken zu diesem Themenkomplex erläutert zu haben.

Kapitel 24

Speicherung hierarchischer Daten

*Nachdem wir uns bereits angesehen haben, wie hierarchische
Abfragen auf Daten durchgeführt werden, widmen wir uns in diesem
Kapitel dem Bereich der Datenmodellierung zum Speichern von
Hierarchien.*

Dieser Abschnitt beleuchtet andere Formen der Speicherung von Hierarchien in Datenbanken, die über die einfache Speicherung in zwei Spalten hinausgehen. Wie wir gesehen haben, ist eine Speicherung einer Hierarchie in gerade einmal zwei Spalten aufgrund ihrer Einfachheit und Eleganz weit verbreitet. Sie hat aber auch gravierende Nachteile, denn zum einen kann ein hierarchischer Eintrag stets nur ein Vaterelement referenzieren, zum anderen kann nicht gespeichert werden, dass eine hierarchische Beziehung über eine gewisse Zeit bestanden hat. Das zweite Argument will sagen, dass die einfache Speicherung in zwei Spalten nicht historisierend sein kann, denn wenn ein Eintrag in einer Spalte geändert wird, ist die vorhergehende Information verloren.

24.1 Hierarchie mittels zusätzlicher Hierarchietabelle

Beide Probleme können wir lösen, indem wir die Hierarchie in eine eigene Tabelle auslagern, denn wir erkennen damit an, dass ein Element nicht nur zu einer hierarchischen Stufe gehören kann, sondern zu mehreren und daher die Modellierung einer m:n-Beziehung erforderlich ist:

```
SQL> create table employee as
  2  select empno, ename, job, sal, comm, hiredate, deptno
  3    from emp;
Tabelle wurde erstellt.

SQL> create table employee_hierarchy as
  2  select empno, nvl(mgr, empno) mgr,
  3         hiredate valid_from,
  4         to_date('31.12.2099', 'dd.mm.yyyy') valid_to
  5    from emp;
Tabelle wurde erstellt.
```

```
SQL> alter table employee add
  2   constraint pk_employee primary key (empno);
Tabelle wurde geändert.

SQL> alter table employee_hierarchy add
  2   constraint fk_emp_hier_emp_empno
  3     foreign key (empno) references employee(empno)
  4     on delete cascade;
Tabelle wurde geändert.

SQL> alter table employee_hierarchy add
  2   constraint fk_emp_hier_emp_mgr
  3     foreign key (mgr) references employee(empno)
  4     on delete cascade;
Tabelle wurde geändert.

SQL> alter table employee_hierarchy add
  2   constraint pk_emp_hier
  3       primary key (empno, mgr, valid_from);
Tabelle wurde geändert.
```

Listing 24.1 Erstellung einer separaten Tabelle für die Hierarchie

Lassen Sie sich ein wenig Zeit, um die Skripte zu verstehen. Wir haben eine Tabelle als Kopie der Tabelle EMP angelegt, diesmal allerdings ohne die Spalte MGR. Die Beziehung zwischen Mitarbeiter und Manager habe ich in die Tabelle EMPLOYEE_HIERARCHY ausgelagert und um zwei Spalten mit einem Start- und Enddatum erweitert. Die Tabellen haben einige Constraints erhalten. Interessant ist vielleicht der Primärschlüssel über die Tabelle EMPLOYEE_HIERARCHY, der nicht nur die Tupel EMP und MGR umfasst, sondern auch noch das Startdatum. So ist es nun also möglich, einen Mitarbeiter mehrfach dem gleichen Manager zu unterstellen, vorausgesetzt, dies geschieht zu unterschiedlichen Zeiten. Soweit ist dieses Datenmodell also exakt das, was ich in Abschnitt 23.2, »Historisierung und Logging«, über die Erstellung eines historisierenden (aber nicht bitemporalen) Datenmodells geschrieben habe. Ein Nachteil dieser Modellierung (die aber meiner Kenntnis nach ohne Programmierung nicht zu umgehen ist) besteht darin, dass nicht vermieden werden kann, dass sich zwei Intervalle überlappen. Damit meine ich, dass unsinnige, aber formal korrekte Einträge in der Datenbank möglich sind wie in folgender Darstellung:

```
EMPNO MGR   VALID_FROM  VALID_TO
----- ----  ----------- ----------
 8100 7936   15.05.2006 31.12.2099
 8100 7936   16.09.2010 31.12.2099
```

Listing 24.2 Formal korrekte, aber unsinnige Einträge

Offensichtlich sind die beiden Einträge insofern falsch, als vergessen wurde, den älteren Eintrag nach hinten zu begrenzen. Eine einfache Lösung für dieses Problem gibt es nicht, denn auch, wenn Sie die Spalte VALID_TO in den Primärschlüssel einbeziehen, wäre diese Zeile gültig. Zudem könnte ja auch ein anderes Enddatum als gerade das Maximaldatum eingetragen worden sein, zum Beispiel der 03.10.2010. Die Daten wären auch dann formal korrekt, aber inhaltlich sinnlos. Was wir bräuchten, wäre eine Funktion, die einfach prüfen könnte, ob sich die Intervalle überlappen. Dann ist aber das Problem, dass dies nicht durch einen einfachen check-Constraint durchgeführt werden könnte, denn dieser kann nicht zeilenübergreifend prüfen (was im ISO-SQL-Standard übrigens geht und vielleicht durch zukünftige Datenbankversionen implementiert werden könnte). Das alles klingt nach einem Index, doch wie indizieren Sie solche Dauern? Ich habe bislang keinen befriedigenden Weg zur Lösung dieses Problems gefunden, außer, einen Index selbst zu programmieren.

Lassen wir dieses Problem einmal beiseite und kommen zur hierarchischen Abfrage zurück. Zunächst einmal ist diese Form der Speicherung kein Problem, wir können nach wie vor mit einfachen connect by-Abfragen die Hierarchie darstellen:

```
SQL>  select level,
  2          lpad('.', (level - 1) * 2, '.') ||
  3          e.ename name
  4    from employee e
  5    join employee_hierarchy h on e.empno = h.empno
  6    start with h.mgr = h.empno
  7  connect by nocycle prior h.empno = h.mgr;


     LEVEL NAME
---------- -------------
         1 KING
         2 ..JONES
         3 ....SCOTT
         4 ......ADAMS
         3 ....FORD
         4 ......SMITH
         2 ..BLAKE
         3 ....ALLEN
         3 ....WARD
         3 ....MARTIN
         3 ....TURNER
         3 ....JAMES
         2 ..CLARK
         3 ....MILLER

14 Zeilen ausgewählt.
```

Listing 24.3 Eine einfache hierarchische Abfrage auf dem neuen Datenmodell

Beachten Sie bitte die Konsequenz, die ich aus der Tatsache ziehen musste, dass mein Einstiegspunkt in den Baum nun nicht mehr ein null-Wert ist (was nicht erlaubt wäre, weil die MGR-Spalte Teil des Primärschlüssels ist), sondern EMPNO entspricht. Bei einer »normalen« hierarchischen Abfrage erzeugt diese Konvention einen Zirkelschluss, den wir durch die Klausel nocycle ausschließen müssen.

Nun aber lassen wir unser Datenmodell zeigen, was es zusätzlich kann. Dazu füge ich zwei weitere Zeilen an und ändere eine dritte. Durch diese Änderungen ist nun ein Mitarbeiter über die Zeit einem anderen Manager unterstellt worden und ein anderer Mitarbeiter untersteht zwei Managern:

```
-- Alte Unterstellung beenden
SQL> update employee_hierarchy
  2     set valid_to = to_date('15.05.2010', 'dd.mm.yyyy')
  3                        - interval '1' second
  4   where empno = 7499;
1 Zeile wurde aktualisiert.


-- Neue Unterstellung einfügen
SQL> insert into employee_hierarchy
  2   values (7499, 7839,
  3           to_date('15.05.2010', 'dd.mm.yyyy'),
  4           to_date('31.12.2099', 'dd.mm.yyyy'));
1 Zeile wurde erstellt.


-- Doppelte Unterstellung einfügen
SQL> insert into employee_hierarchy
  2   select empno, 7839, valid_from, valid_to
  3     from employee_hierarchy
  4   where empno = 7844;
1 Zeile wurde erstellt.


SQL> -- Abfrage des neuen Datenbestands
SQL> select level, h.empno,
  2           lpad('.', (level-1)*2, '.') || e.ename name
  3     from employee e
  4     join employee_hierarchy h on e.empno = h.empno
  5    where sysdate between valid_from and valid_to
  6    start with h.mgr = h.empno
  7   connect by nocycle prior h.empno = h.mgr;
```

```
    LEVEL      EMPNO NAME
---------- ---------- --------------------
         1       7839 KING
         2       7499 ..ALLEN
         2       7566 ..JONES
         3       7788 ....SCOTT
         4       7876 ......ADAMS
         3       7902 ....FORD
         4       7369 ......SMITH
         2       7698 ..BLAKE
         3       7521 ....WARD
         3       7654 ....MARTIN
         3       7844 ....TURNER
         3       7900 ....JAMES
         2       7782 ..CLARK
         3       7934 ....MILLER
         2       7844 ..TURNER
```

15 Zeilen ausgewählt.

Listing 24.4 Erweiterung des Datenbestands, um die erweiterten Fähigkeiten zu demonstrieren

Wenn Sie vergleichen möchten, ist ALLEN nun direkt KING unterstellt, was er vorher nicht war. Zudem ist TURNER nun sowohl KING als auch (nach wie vor) BLAKE unterstellt. Ersetzen Sie sysdate in der where-Klausel durch to_date('14.05.2010', 'dd.mm.yyyy'), werden Sie sehen, dass die Abfrage nun wieder ALLEN als Untergebenen von BLAKE führt.

24.2   Closure Table

Über die Datenmodellierung mit diesen zwei Spalten hinaus existieren noch andere Verfahren, die hauptsächlich dem Zweck dienen, die lesenden Zugriffe auf Hierarchien zu vereinfachen. Ein Verfahren ist mir als *Closure Table* bekannt und dem Entwurf von oben sehr ähnlich. Als Erweiterung unseres Datenmodells wird nun eine Tabelle gepflegt, die alle möglichen Verbindungen zwischen zwei Elementen speichert. Zunächst einmal hat jedes Element eine Verbindung mit sich selbst, ähnlich unserem Wurzelelement KING. Dann wird in der Tabelle aber auch jede mögliche Beziehung eines Knotens zu seinen Vorgängern gespeichert, also nicht nur zu seinem direkten Vorgänger, sondern zu allen in der Hierarchie. Damit uns dies ein wenig klarer wird, erzeugen wir uns eine solche Tabelle in ihrer einfachsten möglichen Form selbst:

```
SQL> create table hierarchy_closure as
  2  select h.ename mitarbeiter, e.ename vorgaenger
  3    from emp e
  4    join ( select ename,
  5                     sys_connect_by_path(ename, '|') pfad
  6             from emp
  7            start with mgr is null
  8          connect by prior empno = mgr) h
  9      on instr(h.pfad, e.ename) > 0;
Tabelle wurde erstellt.
```

Listing 24.5 Erstellung einer Closure-Tabelle

Falls Sie nun das Gefühl bekommen, das Lesen des Buches »stocke« etwas, weil Sie zwischendurch mehr Zeit benötigen, eine SQL-Anweisung zu verstehen, als vorher, dann glauben Sie mir bitte eins: Ich weiß. Dazu sind die Abfragen ja da ...

Die Abfrage erzeugt eine hierarchische Darstellung, in der jeder Mitarbeiter mit sich selbst und jedem seiner Vorgänger verbunden ist. Für den Mitarbeiter ADAMS sieht das beispielsweise so aus:

```
SQL> select *
  2    from hierarchy_closure
  3   where mitarbeiter = 'ADAMS';


MITARBEITE VORGAENGER
---------- ----------
ADAMS      JONES
ADAMS      SCOTT
ADAMS      KING
ADAMS      ADAMS
```

Listing 24.6 Ausschnitt der Tabelle HIERARCHY_CLOSURE für den Mitarbeiter ADAMS

Das hat für die Abfrage gewisse Vorteile, denn nun ist für jede mögliche Verbindung ein Datensatz in der Hierarchietabelle vorhanden, der über eine einfache Filterung identifiziert werden kann. In unserem Beispiel könnten wir uns vorstellen, dass der Mitarbeiter ADAMS, der SCOTT direkt unterstellt ist, nun einmal einen Eintrag in der Tabelle enthält, in der ADAMS auf sich selbst zeigt, dann aber auch auf SCOTT, wie bisher, und zusätzlich noch auf JONES, den Vorgesetzten von SCOTT und auf KING. Möchte ich nun alle Untergebenen von JONES sehen, reicht es, alle Datensätze zu zeigen, bei denen in der Spalte VORGAENGER der Eintrag JONES enthalten ist. Dadurch ist keine rekursive Iteration über alle Zeilen der Tabelle erforderlich, sondern es reicht ein einfacher (eventuell indexunterstützter) Scan auf die Spalte VORGÄNGER. Das klingt gut und wird in speziellen Szenarien sicher auch Probleme lösen helfen. Die andere Frage ist natürlich, wie sich ein solches Datenmodell beim Schreiben verhält. Zunächst einmal muss beim Einfügen eines Datensatzes in die Tabelle EMP nun sichergestellt sein, dass dieser neue Benutzer, verknüpft mit sich selbst, auch in die Hierarchietabelle kommt, verbunden mit einem Datensatz für jeden Vorgänger in der Hierarchie. Das können wir über eine union all-Abfrage noch relativ einfach sicherstellen, wie in der folgenden Anweisung, in der wir den neuen Mitarbeiter WILLIAMS unter SCOTT einfügen:

```
SQL> insert into hierarchy_closure
  2  select 'WILLIAMS', vorgaenger
  3    from hierarchy_closure
  4   where mitarbeiter = 'SCOTT'
  5  union all
  6  select 'WILLIAMS', 'WILLIAMS' from dual;
4 Zeilen wurden erstellt.


SQL> select *
  2    from hierarchy_closure
  3   where mitarbeiter = 'WILLIAMS';

MITARBEITE VORGAENGER
---------- ----------
WILLIAMS   JONES
WILLIAMS   SCOTT
WILLIAMS   KING
WILLIAMS   WILLIAMS
```

Listing 24.7 Eine Einfügeanweisung eines neuen Mitarbeiters

Hier wird auch klar, warum wir einen Eintrag in der Tabelle benötigen, in der ein Mitarbeiter auf sich selbst zeigt, denn ansonsten würde der direkte Vorgesetzte durch die oben angegebene Abfrage nicht gefunden.

Beim Löschen eines Eintrags gehen wir ähnlich vor und löschen alle Einträge, in denen der zu löschende Eintrag als Vorgänger enthalten ist. Lediglich das Aktualisieren eines Eintrags ist schwierig, wenn nämlich ein Mitarbeiter an einer anderen Stelle des Baums integriert werden soll. Hier dürfte es das einfachste sein, den Mitarbeiter zunächst zu löschen und anschließend neu anzulegen. Allerdings gibt es ein größeres Problem, wenn der Mitarbeiter *und alle seine Untergebenen* umgehängt werden sollen, denn nun sind Zeilen in der Tabelle betroffen, die sich nicht auf den Mitarbeiter beziehen, der eigentlich umzieht. Ein Nachfolger von SCOTT hat ja auch eine eigene Referenz auf den Vorgänger von SCOTT, ohne SCOTT jedoch explizit zu benennen. Das ist nun weniger schön, denn wir müssen in zwei Schritten vorgehen: Zunächst müssen alle hierarchischen Einträge entfernt werden, die sich nicht auf das direkte Verhältnis zwischen SCOTT, der umziehen soll, und seine Untergebenen beziehen. Ich zeige die Lösch- und die anschließende Einfügeanweisung hier als select-Abfrage, um klarzumachen, welche Zeilen betroffen sein werden:

```
SQL> select *
  2    from hierarchy_closure
  3   where vorgaenger in (
  4         select vorgaenger
  5           from hierarchy_closure
  6          where mitarbeiter = 'SCOTT')
  7     and mitarbeiter in (
  8         select mitarbeiter
  9           from hierarchy_closure
 10          where vorgaenger = 'SCOTT'
 11            and mitarbeiter != vorgaenger);

MITARBEITE VORGAENGER
---------- ----------
WILLIAMS   JONES
ADAMS      JONES
WILLIAMS   SCOTT
ADAMS      SCOTT
WILLIAMS   KING
ADAMS      KING
6 Zeilen ausgewählt.
```

Listing 24.8 Löschen der überflüssigen Einträge

Anschließend müssen wir dafür sorgen, dass die Einträge (und zwar alle) am neuen Standort korrekt verdrahtet werden. Dies erfordert einen Cross Join auf dieselbe Tabelle:

```
SQL> select n.mitarbeiter, v.vorgaenger
  2    from hierarchy_closure n
  3   cross join
  4         hierarchy_closure v
  5   where n.vorgaenger = 'SCOTT'
  6     and v.mitarbeiter = 'MARTIN';
```

```
MITARBEITE VORGAENGER
---------- ----------
SCOTT      MARTIN
SCOTT      BLAKE
SCOTT      KING
ADAMS      MARTIN
ADAMS      BLAKE
ADAMS      KING
WILLIAMS   MARTIN
WILLIAMS   BLAKE
WILLIAMS   KING
9 Zeilen ausgewählt.
```

Listing 24.9 Erneute Verbindungsaufnahme der beteiligten Mitarbeiter

Ehrlich? If it's not a simple solution, it might be the wrong solution ...

Es kommen noch deutlich komplexere Probleme hinzu. Wie heißt mein direkter Vorgänger? Keine Ahnung, denn da ich Beziehungen zu all meinen Vorgängern unter-
halte, kann ich nicht sagen, »wie weit weg« diese sind. Dazu müssten wir zusätzlich
noch anzeigen, wie weit ein Kontakt weg ist. Dann: Wie finde ich die Geschwister auf
meiner Ebene? Auch das ginge nur mit einer Anzeige der Pfadlänge. Diese jedoch ist
so einfach nun auch wieder nicht zu ermitteln, denn einfaches SQL schlägt hier fehl.
Wir sehen also erhebliche Aufwände beim Schreiben und Editieren solcher Baumstrukturen, allerdings auch einen Vorteil beim Lesen. Ob dieser allerdings rechtfer-
tigt, auf eine Lösung wie die connect by-Abfrage oder die rekursive with-Klausel zu
verzichten, vermag ich nicht zu beantworten. Vielleicht finden sich Anwendungsbereiche in extrem großen Baumstrukturen. Aber machen wir uns nichts vor: In solch
extrem großen Baumstrukturen ist eine solche Tabelle nicht nur extrem, sondern
geradezu exorbitant groß, denn die Anzahl der Einträge explodiert mit der Schachtelungstiefe geradezu.

24.3   Weitere Modelle

Ein weiteres Modell zur Speicherung von Hierarchien in Datenbanken besteht darin,
jedem Element der Hierarchie zwei Zahlen mitzugeben, die gemeinhin als *linke* und
rechte Grenze bezeichnet werden. Die Idee dahinter ist, dass wir einen hierarchischen
Baum zunächst in die Tiefe eines Zweiges abgehen und dabei jedem Element »links«
eine inkrementierende Zahl verpassen. Ich habe einmal versucht, das auf Abbildung
24.1 zu visualisieren.

Wir starten also am Beginn des Baums, dem wir links eine 1 verpassen, und gehen
zum ersten Kindelement, das dann links eine 2 erhält. So gehen wir diesen Teil des

Baums nach unten. Sind wir unten angelangt, vergeben wir diesem Element rechts die nächste Zahl und gehen von dort zunächst zu unseren Geschwistern, denen wir links und anschließend rechts die nächsten Zahlen zuweisen. Sind keine weiteren Geschwister vorhanden, gehen wir eine Ebene nach oben, weisen dem Element, aus dem wir vorher gekommen sind, die nächste Zahl zu und gehen dann zum nächsten Geschwister dieses Elements (und eventuell seiner Kinder). Irgendwann haben wir auf diese Weise (Sie erinnern sich vielleicht noch, dass sich dieses Verfahren depths first nannte) wieder unser Ausgangselement erreicht. Nun haben wir eine Speicherungsform, die uns die Analyse des Baums ermöglicht. Im Übrigen ist es nicht erforderlich, dass die Zahlen für die linke und rechte Grenze lückenlos aufeinanderfolgen, es können beliebige Zahlen verwendet werden, solange sie stetig steigen.

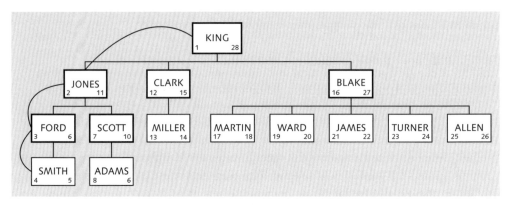

Abbildung 24.1 Abbildung der Hierarchie mit rechter und linker Grenze

Wieder erkennen wir Vorteile beim Lesen solcher Baumstrukturen, denn die Extraktion eines Teilbaums ist ganz einfach, da die linke oder rechte Grenze des Wurzelelements des Teilbaums einfach zwischen der linken und rechten Grenze seines Vorgängers liegen muss. Um also JONES und alle seine Untergebenen zu ermitteln, reicht es, zu fragen:

```
select *
  from emp_hierarchy
 where linke_grenze between 2 and 11;
```

Listing 24.10 Pseudoanweisung zur Ermittlung eines Teilbaums

Wir machen uns natürlich auch hier wieder zunutze, dass der between-Vergleich die linke und rechte Grenze enthält, daher wird in unserem Fall JONES mit ausgewählt. Natürlich können die hartkodierten Grenzen auch über eine Unterabfrage dynamisch ermittelt werden. Das ist wohl der Fokus dieser Speicherung, hier funktioniert dies sehr gut. Allerdings sind weitere Fragen schon schwerer zu beantworten:

▶ Wie heißt mein direkter Vorgänger, wie mein direkter Nachfolger?

▶ Was sind meine Geschwisterlemente?

▶ Welche Elemente sind meine Vorgänger, wie lautet der Pfad?

Gar nicht nachdenken möchte ich im Übrigen darüber, wie hoch der Aufwand der Ermittlung der linken und rechten Grenzen ist, insbesondere, wenn nachträglich Elemente in den Baum eingehängt werden können oder sich der Baum häufig erweitert. In all diesen Fällen müssen im Regelfall alle Elemente des Baums neue linke und rechte Grenzen erhalten. Ein Vorteil ergibt sich allerdings doch noch: Wenn Sie einfach nur ein Element löschen, werden dessen Kindelemente automatisch Kinder des Vorgängers des gelöschten Elements. Ob das allerdings ein wirklicher Anwendungsfall ist? Ich weiß nicht recht.

Ein anderes Modell speichert die IDs aller Vorgänger, ähnlich, wie wir das zum Beispiel von einem Dateipfad her kennen, als Zeichenkette. Dadurch wird ein ähnlicher Effekt erreicht wie in der Speicherung mit Hilfe einer Closure Table, denn nun ist die Verbindung jedes Elements mit jedem anderen Element beim Element selbst gespeichert, nun allerdings denormalisiert als Zeichenkette mehrerer IDs. Die Nachteile dieser Speicherung liegen

▶ in der Tatsache begründet, dass die maximale Länge der Pfadtiefe nun durch die Anzahl der Zeichen der Spalte begrenzt wird, in die der Pfad gespeichert wird (und zudem von der Länge der IDs),

▶ dann darin, dass keine referenzielle Integrität mehr durchgesetzt werden kann, es also möglich ist, auf Vorgänger zu verweisen, die es gar nicht gibt und schließlich

▶ darin, dass die Suche nach einzelnen Elementen nicht durch Indizes beschleunigt werden kann (Volltextindizierungsverfahren einmal ausgenommen), da in den »Pfaden« nur mit Mitteln der Textsuche gesucht werden kann.

24.4   Zusammenfassung

Es existieren noch weitere Vorschläge, Hierarchien in relationalen Datenbanken zu speichern. Leider ist kein mir bekannter Weg dabei, der die Probleme dieser Darstellungsform auf ein ähnlich intuitives Niveau heben könnte, wie dies zum Beispiel in XML der Fall ist: Dort werden Elemente einfach ineinander geschachtelt, und fertig. Das Umhängen, Aktualisieren und Ermitteln von Teilbäumen in solchen Datenstrukturen ist trivial. Relationale Datenbanken leiden daran, solche Strukturen auf gefällige Weise »flachklopfen« zu müssen, um sie in das relationale Konzept zu zwingen. Offensichtlich gelingt dies nicht so einfach.

Im Gegensatz zur einfachen Speicherung in zwei Tabellenspalten und der Abfrage über connect by- oder rekursiven with-Abfragen haben alle anderen Verfahren gravierende Nachteile bei der Bearbeitung der Hierarchie sowie der Beantwortung anderer als der vorgesehenen Fragestellungen. Daher empfiehlt sich das einfache Verfahren, vielleicht erweitert um die Auslagerung der Hierarchie in eine separate Tabelle, in Verbindung mit den vorgenannten Abfragen, solange Sie mit dieser Variante gut auskommen. Erst wenn die konkrete Situation und die tatsächlichen Geschäftsanforderungen Sie zwingen, für diese Lösung eine Alternative zu finden, ist eine der anderen Lösungen aus meiner Sicht sinnvoll.

Je nach Aufgabenstellung könnte aber auch ein ganz anderer Vorschlag von Interesse sein: Vielleicht ziehen Sie einen Spezialisten für Hierarchien zurate? Damit meine ich im Moment keinen externen Berater, sondern – ganz einfach – XML! Die Datenbank unterstützt die Indizierung, Bearbeitung und Auswertung von XML durch vielfältige Technologien. Warum sollte im konkreten Einsatzfall eine Speicherung hierarchischer Strukturen in einem hierarchischem Datenformat nicht die einfachste und effizienteste Speicherungsform darstellen?

Kapitel 25

Data Warehouse

Datenwarenhäuser sind Spezialdatenbanken für das Berichtswesen und unterliegen daher ganz anderen Regeln, als sie für OLTP-Datenbanken gelten. Dieses Kapitel gibt einen ersten Einblick in die Denkwelt dieser Datenbanksysteme.

Hier arbeiten Sie mit schwerem Gerät. In typischen Data Warehouses ist alles riesig, die Server, die Datenmengen, die SQL-Anweisungen, die Probleme. Data Warehouses beschäftigen sich mit dem Berichtswesen, der Qualitätsüberwachung, der Auswertung von Datenbeständen und ähnlichen Themen. Klassischerweise laufen in einem Data Warehouse Daten aus vielen produktiven Systemen zusammen und werden dort bereitgehalten, um die verschiedensten Auswertungsverfahren zu unterstützen. Diesem Zweck ordnet sich in einem Data Warehouse beinahe alles andere unter. Daher ist in einem solchen System die Normalisierung von Daten nicht das erste Gebot, ebenso wenig wie die vollständige Prüfung der Daten durch Datenbank-Constraints. Normalerweise handelt es sich bei den Daten ja um solche, die bereits durch referenzielle Integrität geschützt wurden, da sie aus entsprechenden Datenbanksystemen kommen. Von der Integrität kann also ausgegangen werden, falls keine Programmfehler die Daten gezielt zerstören. Das aber würde dann ja regelhaft auftauchen und kann durch eine korrigierte Programmversion behoben werden.

Die Motivation, ein Data Warehouse zu erstellen, kommt in Zeitraffer etwa so zustande: Zunächst haben Sie ein einfaches OLTP-Datenmodell, das Ihre Produktionsdaten erfasst. Sie möchten nun aber auch Auswertungen auf die erfassten Daten durchführen. Eine Zeit lang geht das auch ganz gut, doch irgendwann wird die Datenmenge für die Auswertungen recht groß, und auf der anderen Seite wird parallel auf die auszuwertenden Tabellen geschrieben. Ich möchte noch einmal in Erinnerung rufen, dass diese Konfliktstellung innerhalb der Datenbank dazu führt, dass alte Zustände der Tabelle noch für einen Bericht benötigt werden, während neue Zustände bereits in die Tabelle geschrieben werden. Die alten Zustände werden in dem Rollback-Segment gespeichert. Diese Datenstruktur wird in den Momenten, in denen Sie die Datenbank auswerten, richtig groß. Irgendwann wird sie zu groß, die Datenbank beendet die `select`-Abfrage mit dem Fehler *snapshot too old*. Was tun? Eine erste Möglichkeit besteht, wie ich bereits erläutert habe, darin, die Daten in eine zweite Tabelle umzukopieren, die dann nur für das Berichtswesen zur Verfügung steht. Bei der Gelegenheit können wir natürlich einige Dinge tun, die das Berichtswesen erleichtern: Wir lassen überflüssige Spalten und Zeilen weg (stornierte Datensätze zum Beispiel), fassen unnötige Joins direkt zusammen (zum Beispiel, indem wir nur die aktuell gültige Adresse übernehmen und ähnliche Vereinfachungen) und erhalten eine optimierte Tabelle für einen Bericht. Anschließend packen wir diese Tabelle in ein eigenes Schema, dann in eine eigene Datenbank: Ein Data Warehouse entsteht.

Bei weitergehender Betrachtung ist diese Sicht aber zu einfach. Ein Data Warehouse muss viele weitere Aufgaben erfüllen. Hier ein paar Beispiele:

▶ Daten aus mehreren Produktionssystemen mit möglicherweise unterschiedlichen Schlüsselwerten, Gruppierungen und Bezeichnungen müssen integriert werden

▶ Daten aus Produktionssystemen müssen vor dem endgültigen Einladen in das Data Warehouse fehlerkorrigiert werden, vielleicht müssen Datentypänderungen vorgenommen oder fehlende Daten ergänzt sowie doppelte Daten zusammengefasst werden (Adressbereinigung zum Beispiel).

▶ Zusätzliche Daten müssen gepflegt werden, die in den Produktionssystemen nicht enthalten sind, für das Berichtswesen aber benötigt werden, wie zum Beispiel Zielvorgaben, Auswertungskriterien und vieles weitere mehr.

▶ Daten, die nicht für eine historisierende Speicherung vorgesehen wurden, müssen im Data Warehouse historisierend gespeichert werden.

▶ Eine Vielzahl unterschiedlicher Berichte mit unterschiedlichsten Anforderungen muss unterstützt werden.

▶ Die Daten müssen in unterschiedlicher Granularität und für unterschiedliche Zielgruppen aufbereitet werden.

▶ Der Gesamtprozess der Datenmanipulation, die beim Importieren in das und bei der Aufbereitung innerhalb des Data Warehouses durchgeführt wird, muss vollständig dokumentiert werden.

Diese Vielzahl von Aufgaben wird in einem Data Warehouse mit sehr viel Aufwand und einer erheblichen Menge Programmierung umgesetzt. Es haben sich verschiedene Strategien herauskristallisiert, die ich hier im Einzelnen nicht besprechen kann, doch sind einige Strategien beinahe überall anzutreffen:

Da haben wir zum einen die ETL-Komponente. *ETL* steht für *Extraktion – Transformation – Laden*, und bezeichnet Komponenten, die Daten aus den Quellsystemen auslesen, aufbereiten und anschließend in das eigentliche Data Warehouse laden. Diese Prozesse sind normalerweise Programmcode, die nur zum Teil in SQL realisiert werden und uns hier nicht weiter interessieren, obwohl in ihnen wohl 80 % des Aufwands stecken. Wir stellen uns einfach vor, das sei nun alles erfolgreich geschehen.

Viele Datenwarenhäuser lassen die aufbereiteten Daten nun in eine *Basisdaten-bank* fließen. Mit diesem Begriff bezeichnen wir eine Tabellensammlung in normalisierter Form, in die fehlerfreie, aufbereitete und integrierte Daten gespeichert werden. Weil die Datenqualität in dieser Basisdatenbank kontrolliert und normalerweise sehr hoch ist, spricht man etwas ehrfürchtig von dieser Datenbank manchmal als der *Single Source of Truth*. Aus diesem Quell der Wahrheit sprudeln die Daten dann wiederum mit Hilfe weiterer Ladeprozesse in sogenannte *Data Marts*. Diese Dateninseln sind für eine spezielle Gruppe von Berichten optimiert und gehorchen normalerweise nicht den Regeln der Normalisierung, sondern des im folgenden Abschnitt beschriebenen *Star Schemas*. Die Data Marts können durchaus mehrfach aufgesetzt und unterschiedlich zugeschnitten werden. So können Data Marts für verschiedene Abteilungen des Unternehmens wie Finanzcontrolling, Management oder Marketing zusammengestellt worden sein oder aber auch für Teilbereiche eines Unternehmens, um die Datenmenge überschaubarer zu halten oder Daten aus Datenschutzgründen voneinander abzugrenzen. Hier sind viele Varianten denkbar. Wichtiger ist mir, Ihnen die Kernidee und den inneren Aufbau eines solchen Data Marts näher vorzustellen.

25.1   Star Schema

Grundlage aus Datenbankmodellierungssicht ist das sogenannte *Star Schema*. Die Kernidee hinter dieser Modellierung ist recht einfach, in der konkreten Umsetzung aber nicht immer ganz trivial. Wir gehen von der Überlegung aus, dass verschiedene Berichte an sich immer die gleichen Daten aufbereiten. Legen wir die Berichte, die im Standardberichtswesen gefordert werden, nebeneinander, erkennen wir vielleicht, dass immer die Anzahl der verkauften Güter sowie der hierfür erlöste Preis im Fokus der Berichte stehen, angereichert um Zusatzinformationen wie gewährte Skonti oder was auch immer. Das ist noch relativ einfach zu erkennen. Dann allerdings fällt auf, dass die Berichte immer nach ähnlichen Kriterien gruppiert oder gefiltert werden: Die Zeit wird fast immer berücksichtigt (Monatsbericht, Quartalsbericht etc.), dann die Niederlassungen mit ihren Eingliederungen in Verkaufsgebiete, die Produkte und ihre Gruppierung, vielleicht die Lieferantenstruktur oder was auch immer interessant sein mag. Die Analyse dieser beiden Komponenten unserer Berichte ist zentral für das Layout des Data Marts, denn für jede Kenngröße, die ausgewertet wird, wird in einer zentralen Tabelle eine Spalte angelegt. Diese Informationen werden als *Fakten* bezeichnet. Für jedes Filter- oder Gruppierungskriterium wird eine Tabelle angelegt, die denormalisiert die Filterkriterien und deren Gruppierung enthält. Diese Kriterien werden als *Dimensionen* bezeichnet. Oftmals werden Dimensionstabellen zudem noch historisierend gespeichert, wobei jeder gültige Datensatz zu einer Zeit mit einer eigenen, technischen ID versehen wird.

Die eigentliche Kernidee des Star Schemas ist es nun, dass jeder zu analysierende Geschäftsvorfall eine Referenz auf jede der beteiligten Dimensionstabellen haben muss. Ich denke, das klingt zunächst sehr abstrakt, daher hier ein einfaches Beispiel aus dem Umfeld des Benutzers SH. In Abschnitt 9.2, »Erweiterung von Gruppenfunktionen zu analytischen Funktionen«, habe ich im Umfeld der Besprechung der analytischen Funktionen bereits auf dieses Schema hingewiesen und es auch einmal gezeigt. In Abbildung 25.1 zur Erinnerung noch einmal das Datenschema.

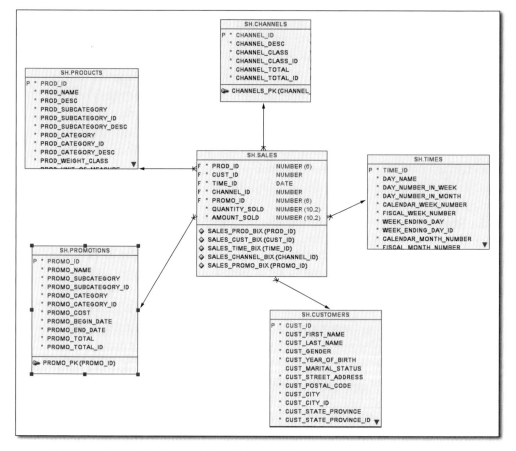

Abbildung 25.1 Das Datenmodell des Schemas SH

Die Faktentabelle in der Mitte ist gut erkennbar. In ihr werden lediglich zwei Fakten gemessen: QUANTITY_SOLD und AMOUNT_SOLD, also die Anzahl und der erlöste Preis. Das Datenmodell verfügt über fünf Dimensionen: die Produktdimension PRODUCTS, die Verkaufskanaldimension CHANNELS, die Zeitdimension TIMES, die Kundendimension CUSTOMERS und die Werbeaktionsdimension PROMOTIONS. Es könnte sich, aufgrund der Ausrichtung der Dimensionen, also um einen Data Mart für das Marketing handeln, das viele Berichte entlang seiner Werbeaktivitäten filtern oder gruppieren möchte, um den Erfolg der Aktionen messen zu können. Für das Finanzcontrolling sind wahrscheinlich ganz andere Kriterien interessant. Entscheidend für das Data Mart ist nun, dass in der Faktentabelle für jede Zeile eine Referenz auf jede Dimensionstabelle hergestellt werden muss. Daher finden wir in der Faktentabelle einige Fremdschlüsselspalten, die auf die entsprechenden Dimensionstabellen zeigen. Stellen wir uns das so vor: Eine Zeile dieser Tabelle entspricht einem Verkauf eines bestimmten Produkts an einem bestimmten Tag in einer bestimmten Niederlassung für einen bestimmten Kunden auf Basis einer bestimmten Werbeaktion. Ob ein Verkauf stets einer bestimmten Werbeaktion zugeordnet werden kann, ist natürlich fraglich, zur Vermeidung von null-Werten können wir uns aber vorstellen, eine Werbeaktion UNBEKANNT vorzuhalten, nötig ist das aber nicht. Was aber passiert, wenn ein Kunde an einem Tag mehrere gleiche Produkte in der gleichen Niederlassung etc. gekauft hat? Wir werden hier entweder mehrere Zeilen finden, oder aber sagen, dass uns diese feine Auflösung nicht interessiert.

Wichtig ist, für den Data Mart festzulegen, welche Granularität die in ihm enthaltenen Daten aufweisen sollen. Es wäre also ohne Probleme möglich, beim Beladen des Data Marts alle Daten auf einen Verkaufsmonat zusammenzufassen. Dann wären entsprechend weniger Zeilen im Mart enthalten, allerdings auch die »Auflösung«, oder besser *Granularität*, geringer. Diese Balance können wir uns entlang jeder Dimension vorstellen: Vielleicht interessiert uns nicht jedes einzelne Produkt, sondern nur eine Produktgruppe, oder aber nicht jede Niederlassung, sondern nur Verkaufsgebiete etc. Der Data Mart enthält die Daten in einer Granularität, die der 80/20-Regel folgt: Es sollen die meisten Berichte durch den Data Mart erstellbar sein und die hierfür geforderte Granularität beinhalten. Sonderberichte, die vielleicht nur selten ausgeführt werden oder, weil es eben sehr wenige sind, den ansonsten erforderlichen Aufwand nicht rechtfertigen, werden in einigen Datenwarenhäusern nicht durch einen Data Mart, sondern durch eine direkte Abfrage gegen die Basisdatenbank ausgeführt. Aber gerade in diesem Bereich werden Sie mehr Variationen als Standards finden.

Unser Data Mart ist so granuliert, dass er Verkäufe eines Tages aggregiert. Nun kommt der Trick, oder sagen wir besser, der Grund, warum wir das Datenmodell so angeordnet haben: Wenn uns interessiert, welche Verkäufe in einem bestimmten Zeitraum, in einer bestimmten Gruppe von Niederlassung, für bestimmte Produkte etc. erfolgt sind, so müssen wir nun nicht die zentrale Faktentabelle filtern, sondern wir filtern die Dimensionstabellen. Indem wir die Zeilenmenge der Dimensionstabellen einschränken, werden diese über die Join-Bedingung zur Faktentabelle auch die Faktentabelle einschränken. Dies ist besonders interessant, weil sich dieser Prozess durch einen Bitmap-Index extrem gut indizieren lässt. Anstatt nun die wirklich große Faktentabelle filtern zu müssen, filtern wir die deutlich kleineren Dimensionstabellen und über die Bitmap-Indizes wird dann die resultierende Zeilenmenge der Faktentabelle bestimmt. Ich möchte die technischen Details hier nicht noch einmal erläutern, das habe ich in Abschnitt 14.3, »Spezielle Indextypen«, bereits kurz getan.

25

25.2   Dimensionen

Eine weitere Kernidee habe ich im vorherigen Abschnitt bereits kurz angesprochen, nun möchte ich sie etwas verfeinern: Wir speichern die Dimensionskriterien denormalisiert (achten Sie hier auf die Schreibweise: Es heißt nicht demoralisiert, nicht, dass Sie das verwechseln ...) und historisiert in Dimensionstabellen. Was müssen wir uns darunter vorstellen?

25.2.1   Die Dimension PRODUCTS

In Abschnitt 23.1.4, »Analyse gegen eine Zeitdimension, hatte ich bereits eine kurze Anleihe bei der Dimensionstabelle TIMES gemacht, um Ihnen Datumsauswertungen gegen eine Zeitdimension zu erläutern. Daher möchte ich Ihnen nicht noch einmal dieses Beispiel zumuten, sondern die Dimension PRODUCTS heranziehen, um zu zeigen, auf welche Weise mit Dimensionstabellen gearbeitet wird.

Die Dimensionstabelle PRODUCTS umfasst folgende Spalten:

```
PROD_ID
PROD_NAME
PROD_DESC
PROD_SUBCATEGORY
PROD_SUBCATEGORY_ID
PROD_SUBCATEGORY_DESC
PROD_CATEGORY
PROD_CATEGORY_ID
PROD_CATEGORY_DESC
PROD_WEIGHT_CLASS
PROD_UNIT_OF_MEASURE
PROD_PACK_SIZE
SUPPLIER_ID
PROD_STATUS
PROD_LIST_PRICE
PROD_MIN_PRICE
PROD_TOTAL
PROD_TOTAL_ID
PROD_SRC_ID
PROD_EFF_FROM
PROD_EFF_TO
PROD_VALID
```

Listing 25.1 Spalten der Tabelle PRODUCTS

Wenn Sie sich die Spalten (und die Daten dazu) einmal ansehen, wird Ihnen klar, dass die Tabelle eine innere, hierarchische Struktur besitzt. Es beginnt beim Produkt mit seiner PROD_ID. Dieses Produkt gehört einer PROD_SUBCATEGORY_ID an, die offensichtlich für mehrere Produkte gleich ist. Diese wiederum gehört einer PROD_CATEGORY_ID an. Alle Produkte wiederum sind Teil der PROD_TOTAL_ID, die sozusagen das Wurzelelement einer Produkthierarchie anzeigt. Auf jeder Ebene der Hierarchie existieren weitere Spalten, die zur näheren Bestimmung der Ebenen herangezogen werden: PROD_NAME und PROD_DESC gehören offensichtlich zur Ebene PROD_ID, während PROD_SUBCATEGORY und PROD_SUBCATEGORY_DESC zur nächsten Ebene gehören usw.

Diese Verstöße gegen Normalisierungsregeln werden billigend in Kauf genommen, weil die Kosten für entsprechende Joins auf die Ausführungszeiten viel höher einzuschätzen sind als der durch die Normalisierung eingesparte Plattenplatz. Immerhin sind die Dimensionstabellen relativ klein gegenüber der Faktentabelle, der Platzverbrauch steht also nicht immer im Vordergrund. Zudem sind die Probleme der Aktualisierung von Datenbeständen hier nicht so relevant, weil die Dimensionstabelle sich typischerweise nur langsam ändert und auf Basis der Daten der Basisdatenbank berechnet wird. Daher ist die Gefahr, inkonsistente Daten zu erhalten, bei korrektem Programmcode nicht gegeben.

25.2.2 Das Datenbankobjekt DIMENSION

Allerdings wissen wir nun etwas über diese Dimensionstabellen, was die Datenbank bislang noch nicht weiß: Wir erkennen die hierarchische Struktur. Diese ist der Datenbank nicht bekannt. Das wäre aber gut, damit der Optimizer der Datenbank diese Zusicherungen in die Berechnung seines Ausführungsplans einarbeiten kann. Um dies zu ermöglichen, existiert in der Datenbank eine Struktur, die passenderweise DIMENSION genannt wird. Ein dimension-Objekt in der Datenbank bezeichnet Metadaten, die für die Beschreibung der inneren Struktur von Dimensionstabellen benötigt werden. Es hat keinerlei Auswirkungen, die einem Fremdschlüssel vergleichbar wären, stellt dem Optimizer aber Angaben zur inneren Struktur einer Dimension zur Verfügung. Sehen wir uns an, wie eine dimension für die Dimensionstabelle PRODUCTS definiert ist:

```
create dimension products_dim
   level product      is (products.prod_id)
   level subcategory  is (products.prod_subcategory_id)
   level category     is (products.prod_category_id)
   level products     is (product.prod_total_id)
   hierarchy prod_rollup (
     product          child of
     subcategory      child of
     category         child of
     products)
   attribute product determines (
```

```
   prod_name, prod_desc,
   prod_weight_class, prod_unit_of_measure, prod_pack_size,
   prod_status, prod_list_price, prod_min_price)
attribute subcategory determines (
   prod_subcategory, prod_subcategory_desc)
attribute category determines (
   prod_category, prod_category_desc);
```

Listing 25.2 DIMENSION der Tabelle PRODUCTS

Die Anweisung definiert zunächst die verschiedenen Ebenen und vergibt für diese Ebenen Bezeichner. Sie erkennen dies am Schlüsselwort LEVEL ... IS. Wir zeigen auf die Spalten, die innerhalb dieser Tabelle die Ebenen definieren, hier unsere ID-Spalten. Danach definieren wir, wie die verschiedenen Ebenen zueinanderstehen. PRODUCT, sehen wir, ist ein Kind von SUBCATEGORY, dies wiederum von CATEGORY und dies wiederum von PRODUCTS. Als Letztes definieren wir noch, welche Spalten als Attribute der entsprechenden Ebenen verstanden werden sollen. Auf Ebene CATEGORY sehen wir als Attribute die Spalten PROD_CATEGORY und PROD_CATEGORY_DESC. Mit diesen zusätzlichen Metadaten hat die Datenbank also ein Wissen über die interne Struktur, das dem entspricht, das sie hätte, wären die Tabellen normalisiert gespeichert worden – allerdings ohne den Aufwand zu benötigen, Joins aufzulösen, um eine Abfrage zu beantworten.

25.2.3 Slowly Changing Dimensions

Dimensionstabellen können darüber hinaus historisierend gespeichert werden. Da sich die Zuordnung der Produkte zu Produktgruppen über die Zeit, wenn auch nicht oft, ändern kann, spricht man hier auch von *Slowly Changing Dimensions*. Auch unsere Produktdimension kann sich langsam bewegen: Sie erkennen, dass wir zwei Spalten vorhalten, die als Zeitstempel fungieren können, in unserem Beispiel aber alle nur ein Startdatum und einen null-Wert als Enddatum enthalten: Die Spalten PROD_EFF_FROM und PROD_EFF_TO. Wir möchten nun aber nicht unsere Join-Bedingung zur Produktdimension um ein Datumsfeld erweitern, dies widerspräche auch der Nutzung der Bitmap-Indizes. Stattdessen wird einfach eine neue technische ID als PROD_ID eingesetzt. Das mag zunächst einmal etwas brutal erscheinen, denn nun wissen wir nicht mehr eindeutig, um welches Produkt es sich handelt. Das ist eigentlich auch eine Schwäche unserer Dimension, denn normalerweise sollte die Produkt-ID, also der Primärschlüssel des Produkts in der Basisdatenbank, als zusätzliche Information mitgeführt werden. Die PROD_ID, die hier hinterlegt ist, ist letztlich lediglich ein technischer Schlüssel *auf eine Zeile der Dimensionstabelle* und beschreibt als solcher, welches Produkt von wann bis wann einer hierarchischen Struktur angehörte. Beim Einfügen in die Faktentabelle sind die Beladungsprozesse nun dafür verantwortlich, die korrekte technische ID aus der Dimensionstabelle zu referenzieren. Wir verschieben also die Auswertung des Datumsbereichs auf das Einfügen neuer Datensätze in den Data Mart, damit wir uns beim Lesen nicht mehr um dieses Problem kümmern müssen. Blöd wäre natürlich, wenn sich die Zuordnung eines Produkts im Nachhinein ändern könnte. Das ist in Datenwarenhäusern allgemein aber verpönt, normalerweise müssen die Data Marts nicht Daten der Vergangenheit aktualisieren, sondern werden nur fortgeschrieben. In Ausnahmesituationen kann dies aber durchaus nötig werden (man nennt so etwas dann häufig einen Korrekturlauf), aber, glauben Sie mir, diese Aktionen werden mit viel Aufmerksamkeit verfolgt, um sicherzugehen, dass keine falschen Referenzen im Data Mart eingetragen werden.

Warum der Aufwand, werden Sie fragen. Nun, der Hauptgrund ist, dass Auswertungen gern nach dem Schema Was-As-Was (bitte englisch aussprechen: »Es war, wie es war«) durchgeführt werden. Damit ist gemeint, dass ein Umsatz zu einem Produkt, das ab Mai einer neuen Produktgruppe angehört, normalerweise abgegrenzt ausgewertet werden können muss: Sie müssen die Umsätze bis Mai zur alten Produktgruppe, die Umsätze ab Mai der neuen Produktgruppe zuordnen können. Das geht nur, wenn Sie das Wissen hierüber in der Dimension speichern.

25.3   Arbeiten mit dem Star Schema

Lassen Sie mich noch ein paar Worte zum Arbeiten mit dem Star Schema verlieren. Ich möchte das grob in zwei Gruppen einteilen: die Arbeit über SQL und die Speicherung in multidimensionale Würfel.

25.3.1   Analyse des Star Schemas mit SQL

Haben Sie die Strukturen eingerichtet, wie oben beschrieben, also mit einer Faktentabelle in der Mitte, die auf Dimensionstabellen mit Fremdschlüsselspalten zeigt, haben Sie zudem diese Fremdschlüsselspalten mit Bitmap-Indizes versehen, um die Filterung über die Dimensionstabellen leicht erstellen zu können, ist die Arbeit mit einem solchen Datenwürfel immer recht gleich und erfolgt in vier Schritten:

1. Zusammenstellung der Faktentabelle und der Dimensionstabellen
   In diesem Schritt werden die Dimensionstabellen, die für die Filterung oder Aggregation der Auswertung benötigt werden, über Joins mit der Faktentabelle verbunden. Die Join-Bedingung ist dabei stets trivial, nämlich die Bindung über Primär- zu Fremdschlüssel. Nicht benötigte Dimensionstabellen werden nicht referenziert.

2. Filterung der Dimensionstabellen
   Furch die Filterung der Dimensionstabellen wird geklärt, welche Geschäftsvorfälle für die Auswertung überhaupt berücksichtigt werden sollen. Durch die Einschränkung über die Dimensionen ist es relativ intuitiv möglich, die relevanten Ge-

25

schäftsvorfälle einzugrenzen. Beachten Sie dabei, dass bei der Filterung über die Dimension gezielt die Denormalisierung genutzt wird, um keine komplexen Filterbedingungen schreiben zu müssen. Sie schreiben also etwa

```
where times.calendar_month_desc = '2001-03',
```

um den gesamten Würfel auf März 2001 einzuschränken, und nutzen nicht irgendwelche between-Konstruktionen. Das Dimensionsobjekt in Ihrer Datenbank klärt für Oracle, welche Konsequenzen aus diesen Informationen abgeleitet werden können, und optimiert die Abfrage entsprechend.

3. Aggregation der Daten
   Der nächste Schritt besteht darin, die Fakten zu aggregieren. Hier wird festgelegt, ob Sie Durchschnitte, Abweichungen oder was auch immer sehen möchten. Durch die Aggregation werden auch die fehlenden Dimensionsfilter bereinigt, denn da die Fakten normalerweise mit Spalten aus den angesprochenen Dimensionen kombiniert werden, gehen alle anderen Faktenzeilen durch die Gruppierung in den gruppierten Zeilen auf.

4. Als optionaler letzter Schritt können nun analytische Funktionen eingesetzt werden, um die aggregierten Daten einer Analyse zu unterziehen, Rangfolgen zu bilden oder Ähnliches. Wichtig ist, zu verstehen, dass die analytischen Funktionen nun nur noch auf die Ergebnismenge der vorherigen Schritte angewendet werden und daher nicht über viele Millionen Zeilen arbeiten müssen, sondern im Regelfall über wenige tausend oder zehntausend Zeilen. Nicht zuletzt auch dadurch werden diese Berechnungen sehr schnell.

25.3.2   Speicherung als multidimensionaler Würfel

Diese Option setzt derzeit eine kostenpflichtige Zusatzoption zur Enterprise Edition der Datenbank voraus: die OLAP-Erweiterung. Mit Hilfe dieser Erweiterung versetzen Sie die Datenbank in die Lage, ein Star Schema als multidimensionalen Datenwürfel, als sogenannten *Cube*, zu speichern. Diese Cubes stellen Datenstrukturen dar, die entlang der Dimensionen konstruiert werden und die Fakten bereits als vorberechnete Aggregate enthalten. Letztlich sind die so entstehenden Datengebilde die Grundlage für die Befüllung von Kreuztabellen-Controls auf grafischen Oberflächen, mit denen dann eine schnelle Ad-hoc-Analyse großer Datenbestände möglich ist. Die Kernidee besteht darin, alle hierfür nötigen Berechnungen weitestgehend innerhalb der Datenbank ausführen zu lassen und nicht externe Programme mit größten Mengen Rohdaten zu belasten, um diese Aggregate zu berechnen. Innerhalb der Datenbank können gewisse Prozentsätze der aufwendigen Analysen bereits vorweg gerechnet werden. Diese Daten vergrößern dann zwar den Würfel, reduzieren aber auch die Antwortzeit. Parallel können materialisierte Sichten eingebunden werden, die als eine Art hochintelligente Indizes weitere Abfragen vorbereiten können.

Zudem können die Cubes entlang definierbarer Grenzen partitioniert werden, also zum Beispiel entlang des Geschäftsjahres. Auch diese Maßnahme hilft bei der Bewältigung großer Datenmengen.

Zu Oracle OLAP gehören demzufolge nicht nur diese Möglichkeiten, sondern auch grafische Werkzeuge zur Erstellung der Cubes sowie zur Analyse der im Cube gespeicherten Daten und vieles mehr. Zudem bietet dieser Weg die Möglichkeit, externe Analysewerkzeuge mit den Daten für ihre Auswertungen zu versorgen. Ich muss allerdings selbstkritisch eingestehen, dass ich in diesem Bereich schon nicht mehr recht scharf sehe, denn das ist eher Anwendung als Entwicklung, eher Fachseite als IT, daher halte ich mich aus diesem Geschäft weitgehend heraus. Wichtig ist mir nur, Ihnen sozusagen die Nahtstelle zur »Außenwelt« aufgezeigt zu haben.

25.4 Zusammenfassung

Modellierung von Datenwarenhäusern ist nichts, was ich in einem Kapitel eines Buches abschließend beschreiben könnte. Lassen Sie mich mal einen etwas schiefen Vergleich so versuchen: Stellen wir uns vor, Datenwarenhäuser zu modellieren, sei wie Autofahren. Autofahren kann sehr unterschiedlich sein, sie könnten zum Beispiel im Formel-1-Geschäft unterwegs sein. Das Wissen, was Sie hier benötigen, ist etwa so weit vom Wissen eines normalen Autofahrers entfernt wie das Wissen, das zur Datenmodellierung und -programmierung einer High-End-Datenbank mit mehreren 10.000 konkurrierenden Benutzern gebraucht wird. Im Vergleich dazu ist das Erstellen eines Datenmodells für Datenwarenhäuser vielleicht das Betreiben einer Spedition: Hier ist alles groß, schwer, aufwendig. »Eine Berechnung für unsere Kunden«, sagt ein Vertreter des Fachbereichs, »soll hinzugefügt werden.« Das sei auch kein Problem, das dauere, habe man gestoppt, höchstens eine Millisekunde pro Kunde. Aber bei *fünf Millionen* Kunden macht allein diese zusätzliche Arbeit rein rechnerisch bereits 1 Stunde und 23 Minuten Rechenzeit, und das in einem Zeitfenster von insgesamt 8 Stunden ... Das Wissen, das Sie benötigen, um funktionierende Data Warehouses mit vielleicht 500 TB Größe aufzusetzen und zu betreiben, ist ebenso weit von einem durchschnittlichen Autofahrer entfernt wie das Betreiben einer großen Spedition. Das sind einfach unterschiedliche Dinge, die einem Anfänger in SQL auch nicht zugemutet werden (dürften).

Sollten Sie sich mit dem Gedanken tragen, ein Data Warehouse aufzusetzen und betreiben zu wollen, empfehle ich Ihnen neben dem Sammeln von viel, viel Erfahrung vor allem die weiterführende Literatur.

25

Kapitel 26

Abbildung objektorientierter Strukturen

Eine häufige Anforderung an Datenbankmodellierer ist das Speichern von Daten aus objektorientiert erstellten Anwendungen. Hier geht eine Schere auf zwischen den Vorstellungen der Anwendungsentwickler und denen der Datenbankmodellierer. Dieses Kapitel beleuchtet das Problem und übliche Strategien zu seiner Lösung.

Das ist ein ganz eigenes, relativ komplexes Thema. Es ist zudem ein Thema, das sich nicht alle Leser in gleicher Weise betreffen wird. Daher möchte ich dieses Kapitel an gewisse Vorbedingungen knüpfen. Die Vorbedingungen lauten, dass Sie ein gewisses Grundverständnis des Problem mitbringen sollten, insbesondere sollten Sie die objektorientierte Programmierung etwas genauer kennen, und Sie sollten zudem einen wirklichen Bedarf an der Lösung dieser Fragestellungen haben, denn es wird zum Teil recht speziell. Allen anderen Lesern empfehle ich, das Kapitel eher grob zu überfliegen und darauf zurückzukommen, wenn Sie tatsächlich einmal in diesem Umfeld Datenbanken modellieren müssen. Allerdings kann dieses Kapitel sicher auch interessant sein für Leser, die sich klarmachen möchten, warum die Datenbank auf eine gewisse Weise gestaltet worden ist, eine Weise, die das Ergebnis einer solchen Abbildung objektorientierter Strukturen auf eine relationale Datenbank ist.

Das Problem besteht darin, zwei Weltsichten aufeinander abzubilden. Auf der einen Seite haben wir die Anwendungssicht mit Klassen, Vererbung und Polymorphie, auf der anderen das relationale Modell mit Tabellen, referenzieller Integrität, Datenbank-Constraints und Indizes. Wahrscheinlich würden beide Technologien gar nicht miteinander gekoppelt, wenn man nicht unbedingt müsste, denn die objektorientierte Welt hat es bislang nicht geschafft, einen vergleichbar starken Speichermechanismus für größte Mengen strukturierter Information zur Verfügung zu stellen (ich bitte um Nachsicht bei den Anhängern objekt-, oder besser, postrelationaler Datenbanken), auf der anderen Seite ist über die prozedurale und zu relationalen Datenbanken gut passende Programmierung die Zeit definitiv hinweggegangen (hier bitte ich um Nachsicht bei allen, die noch Oracle Forms programmieren oder ihr Geld mit APEX-Entwicklung verdienen). Die Zweiteilung der Softwareentwicklung in relationale Datenbanken und objektorientierte Anwendungsentwicklung muss weitgehend als gesetzt angesehen werden. Das mag man mögen oder nicht, aber es ist so. Neben den eher »weichen« Problemfaktoren (zur Zeit der Einführung von Java hat es in größeren Softwareentwicklungshäusern durchaus schon die Androhung körperlicher Verweise zwischen den Programmieren und den Datenbankmodellierern gegeben), die sich heute allerdings meistens auf schlichte Unwissenheit über die jeweils andere Technologie beziehen, gibt es eine Reihe tatsächlicher Abbildungsprobleme, um die ich mich in diesem Abschnitt kümmern möchte.

26.1 Vererbung

Das erste und prominenteste Problem: Datenbanken kennen keine Vererbung. Dass Objekte in der Anwendungsentwicklung einfach nur verwendet werden, ist eher selten. Meistens werden von diesen Objekten andere abgeleitet, die für spezielle Einsatzzwecke optimiert werden. Das schöne Beispiel Fahrzeuge, das in Auto, Motorrad und Fahrrad aufgeteilt wird, ist zwar wirklich langweilig, zeigt aber das Prinzip. Bevor wir uns ansehen, wie solche Objekthierarchien gespeichert werden können, müssen wir uns zunächst klarmachen, dass Objekte aus zwei Aspekten bestehen: einem interessanten und einem uninteressanten Teil. Welchen Teil Sie interessant finden und welchen nicht, macht Sie übrigens je nachdem zum Anwendungsentwickler oder zum Datenbankmodellierer. Hier also mein gut gepflegtes Vorurteil: Der Anwendungsentwickler interessiert sich vornehmlich für die Funktionalität seiner Klasse. »Was kann das Ding, und wie wird es benutzt?«, sind die Kernfragen, die er sich stellt. Sie als Datenbankmodellierer interessieren sich vor allem für die Attribute dieser Klasse: »Woraus besteht das Ding?«, fragen Sie sich. Für die Speicherung einer Klasse in der Datenbank ist die Funktionalität zweitrangig, mithin ist auch eine Klasse, die sich von einer anderen nur durch die Funktionalität unterscheidet, für die Datenbank schlicht gleich. Die Funktionalität ist Sache der Anwendungsentwicklung. Wenn aber die Attribute einer Klasse unterschiedlich sind, werden wir hellhörig.

Eine Klasse ist für uns natürlich auch nur dann interessant, wenn sie »Speichernswertes« enthält. Eine Klasse, die als Hilfsklasse zur Ausgabe in Dateien dient, ist für die Datenbank uninteressant, sie wird nicht als »persistente« Klasse angesehen, muss also für die korrekte Funktion der Anwendung nicht in Datenbanken vorgehalten werden. Nur Klassen, die etwas darstellen, was wir vorher auch in Datenbanken gespeichert hätten, sind für uns von Interesse. Ein Vertrag, ein Fahrzeug, ein Kunde. So etwas halt. Und hier beginnt ein Teil des Problems: Denn solche Dinge haben wir auch früher schon gespeichert, wir haben also eine genaue Vorstellung davon, wie so etwas zu gehen hat. Nun kommen aber die Anwendungsentwickler mit ihrem eher funktionalen Blick und entwerfen Klassen, die sich nur marginal unterscheiden (Interessent, Kunde, Geschäftskontakt, ehemaliger Kunde oder was auch immer), ohne Rücksicht darauf, wie diese Dinger in der Datenbank gespeichert werden sollen.

Denn dafür – auch hierfür habe ich ein passendes Vorurteil – haben Anwendungsentwickler ja Hibernate, TopLink oder irgendein anderes Framework, das dem Programmierer die Datenbankkenntnis erspart.

Diese Frameworks sind ebenso schlicht gestrickt wie ich und unterteilen die möglichen Abbildungen dieser Klassen auf Tabellen in drei verschiedene Typen:

▶ Table per Class
Bei diesem Verfahren wird für jede Klasse, die der Code anlegt, brachial eine
Tabelle angelegt.

▶ Table per Concrete Class
Schon etwas besser, denn diese Technik analysiert, ob von der entsprechenden
Klasse überhaupt jemals ein konkretes Objekt angelegt werden kann. In unserem
Beispiel von oben könnte es durchaus sein, dass Sie kein Fahrzeug als solches
instanziieren können, sondern nur eine der abgeleiteten Formen, also etwa Auto
oder Motorrad. Für jede diese konkret möglichen Klassen würde eine Tabelle angelegt.

▶ Table per Class Family
Hier bleiben wir ganz ruhig und legen lediglich eine Tabelle für die Klasse Fahrzeug
an. Dann analysieren wir, welche Attribute in den geerbten Klassen eigentlich hinzukommen und fügen für diese Attribute neue Spalten an unsere Tabelle an.

Nun kann mit Hilfe einiger Konfigurationsdaten eine Abbildung der Daten auf Tabellen durchgeführt werden. Allerdings ahnen Sie schon: So einfach dürfte es dann letztlich doch nicht sein. Damit haben Sie Recht.

26.1.1   Allgemeine Probleme

Zunächst einmal besteht ein wesentlicher Unterschied zwischen einer Datenbank
und einem Programm, das ausgeführt wird. Datenbanken haben ein Elefantenge-
dächtnis und speichern sehr viele Klassen über lange Zeiträume, während Anwendungen nur das kennen, was sie seit dem Start der Anwendung in den Speicher
geschrieben haben. Daher benötigen unsere Klassen einen Mechanismus, um wiedergefunden zu werden in den Weiten der Datenbank. Jede Art der Speicherung
addiert zur Klasse ein Attribut, das dem Wiederfinden in der Datenbank dient. Dabei
ist es egal, ob wir eine relationale oder eine postrelationale Datenbank verwenden,
das Problem ist hier, dass die sonst für diesen Zweck genutzte Speicheradresse im
Arbeitsspeicher nicht ausreicht, um ein Objekt wiederzufinden. Wir benötigen einen
Primärschlüssel. Das ist noch relativ einfach zu lösen.

Deutlich – und ich sage deutlich – schwerer zu lösen ist das Problem, dass sich eine
Klasse über die Lebensdauer der Anwendung ändern kann. Eine neue Version der
Software definiert die Klasse eventuell anders. Meistens wird es sich hier um Erweite-

rungen handeln, das muss aber nicht sein. Vielleicht gibt es auch funktionale Änderungen: Wo vorher eine Adresse erlaubt war, ist nun eine Kollektion von Adressen erlaubt usw. In der Datenbank sind aber noch alte Klassen gespeichert, die von diesen Änderungen nichts mitbekommen haben. Wie geht nun die Anwendung mit solchen Klassen um? Oder das gleiche Problem für die Datenbank: Nun muss statt einer einzelnen Adresse, die vielleicht aus sechs Spalten bestanden hat, auf einmal eine weitere Tabelle referenziert werden, in die die Adressen gespeichert werden. Wer bewegt die Altdaten dorthin, schafft die entsprechenden Fremdschlüsselbeziehungen etc.? Solche Fragen gibt es auch in Anwendungen herkömmlicher Machart, nur ist dort der Kontakt der Entwickler mit der Datenbank in aller Regel größer, weil kein Framework zwischen den beiden steht. Nur wenige Frameworks sind mächtig genug, solche Änderungen durchzuführen.

Dann ist die Frage, wie wir Klassen wiederfinden. Natürlich ist das nicht schwer, wenn wir die Primärschlüsselinformation der Klasse kennen. Aber was, wenn nicht? Auf welche Weise sucht nun eine objektorientierte Anwendung in unserer Datenbank, wenn sie sich doch standhaft weigert, die Interna der Speicherung auch nur zur Kenntnis zu nehmen? Anders gefragt: Haben wir so etwas wie SQL, nur eben auf objektorientierter Ebene? Ich möchte hier nicht zu sehr in die Interna der Programmierung gehen, aber einige Frameworks bieten solche Sprachen an, wie etwa *HQL* (*Hibernate Query Language*). Doch wie gut sind diese Abfragesprachen, und wie aufwendig ist es, die Abfragen zu optimieren, falls sie doch nicht gut genug sind?

Ein weiteres Problem liegt darin, dass die Klassen in der Datenbank liegen und damit ziemlich weit weg. Sie sind »ein Netzwerk weit« entfernt, im Gegensatz zu den Klassen, die im Speicher der Anwendung existieren. Nun dauert das Lesen in der Datenbank, nicht zuletzt aufgrund dieser Entfernung, deutlich länger als das Lesen der gleichen Klasse im Speicher gleich nebenan. Damit die Anwendung also nicht permanent von Festplatte lesen muss, wird sie beginnen, Klassen aus der Datenbank im Speicher zwischenzuspeichern, zu cachen. Das ist in der Regel solange kein Problem, solange nur diese eine Anwendung die Daten dieser Klasse benötigt. Laufen aber parallel Programme, die in der Datenbank die Daten der Klasse ändern können, stellt sich schnell das Problem, wie der Cache von dieser Änderung erfahren soll. Hier werden die Probleme dann richtig vertrackt.

Doch wir beschäftigen uns hier mit den Aspekten der Datenmodellierung, daher möchte ich Ihnen die konkreten Gedanken der Abbildung von Klassen auf Tabellen etwas näher vorstellen.

26.1.2   Table per Class

Wenn wir diesen Ansatz verwenden, haben wir einen großen Vorteil: Die Anwendungsentwickler wissen, dass jede Klasse eine entsprechende Tabelle besitzt, in die

die Attribute der Klasse hineingeschrieben werden können. Daher haben diese Tabellen exakt so viele Spalten, wie das Objekt Attribute hat (theoretisch zumindest, es ist auch möglich, nur eine Auswahl der Attribute speichern zu lassen). Bei der Vererbung ist einer der Vorteile, dass Klassen, die hierarchisch höher stehen als abgeleitete Klassen, Attribute definieren, die dann allen abgeleiteten Klassen ohnehin zur Verfügung stehen. In diesen Klassen werden diese Attribute entweder umdefiniert (was nicht so schön ist) oder erweitert. Haben wir also eine Tabelle pro Klasse, würden in diesen Tabellen nur die neu definierten Attribute der abgeleiteten Klasse aufgenommen, während die in der Ursprungsklasse definierten Attribute bereits als Spalten in der entsprechenden Tabelle definiert sind. Die einfache Umsetzung der Klassenhierarchie auf eine gleichartige Tabellenhierarchie ist aber normalerweise nicht zielführend, denn um eine Klasse zu instanziieren, muss die Datenbank nun mehrere Tabellen, und zwar für jede Vererbungsebene eine, befragen, um alle Attribute einer Klasse zusammenzubekommen. Insbesondere bei komplexeren Vererbungshierarchien leidet hierunter die Geschwindigkeit der Abfrage stark.

Allerdings hat diese Speicherung einen Vorteil. Und die Diskrepanz zwischen Nach- und Vorteil wird sich auch bei den anderen Speichermodellen stets an der Frage Auswerten bzw. Suchen oder Erzeugen von Klassen zeigen lassen. Hier gilt: Wenn wir eine Hierarchie von Klassen haben, uns aber lediglich interessiert, wie viele Klassen der obersten Hierarchie wir haben, ist diese Anfrage leicht zu beantworten, denn wir haben für die oberste Hierarchie eine Tabelle und jede Klasse stellt eine Zeile innerhalb dieser Tabelle dar. Auf der anderen Seite ist die Erzeugung einer konkreten Klasse durch die vielen Tabellen, die Attribute enthalten können, teuer.

26.1.3   Table per Concrete Class

Dieses Speichermodell hat zunächst den Vorteil, nicht so viele Tabellen zu erzeugen. Wenn eine Klasse nicht instanziiert werden kann (also abstrakt ist, siehe Kapitel 21, »Objektorientierung in der Oracle-Datenbank«), so wird für diese Klasse keine Tabelle erzeugt. Die in der abstrakten Klasse enthaltenen Attribute müssen daher in den Tabellen für die konkreten Klassen enthalten sein. Habe ich nun mehrere konkrete Klassen, haben die entsprechenden Tabellen dann eine Reihe gleichnamiger Spalten, die die konkreten Klassenattribute speichern. Das ist besser für die Erzeugung der konkreten Klassen, denn es müssen nun keine Joins mehr ausgeführt werden, um die Attribute der abstrakten Klassen »einzusammeln«. Der Nachteil ist dann bei der Auswertung bzw. Suche zu sehen: Um nämlich zu erfahren, wie viele Klassen eines abstrakten Obertyps wir haben, müssen wir mehrere Tabellen durchsuchen (nämlich all die, in denen die konkreten Klasse der abstrakten Klasse stehen) und die Ergebnisse addieren. Stellen Sie sich auch eine Suche in einem solchen Modell vor: Wenn Sie lediglich eine Person suchen, egal, ob sie Kunde, Interessent, Lieferant oder

26

Mitarbeiter ist, müssen Sie all diese Tabellen durchsuchen, was nicht nötig gewesen wäre, wenn Sie eine Tabelle PERSONEN gehabt hätten, in denen der Name der Person als Attribut der abstrakten Klasse vorhanden gewesen wäre.

Ein ganz hinterhältiges Problem dieser Speicherstruktur existiert allerdings. Stellen wir uns vor, wir hätten eine abstrakte Oberklasse und drei Ableitungen, etwa eine Person und die Ableitungen Kunde, Interessent und Mitarbeiter. Nun könnte es theoretisch sogar so sein, dass ein und dieselbe Person Kunde und Mitarbeiter ist, eine Klasse also in zwei Ausprägungen vorliegt. Das wäre im Datenmodell möglich, denn wir haben ja zwei Tabellen, die jeweils die eine abstrakte Oberklasse referenzieren. Und da wir wissen, was wir gerade erzeugen wollen, ist es auch möglich, die korrekten Tabellen anzusprechen. Was wir aber nicht verhindern können (im Übrigen bei keiner der verschiedenen Speicherformen, wenn Sie darüber nachdenken) ist, dass eine Klasse nur in *genau einer* Ausprägung vorhanden sein darf. Eventuell lässt sich dies noch mit einem Trigger in den beiden anderen Speicherformen lösen, doch für die Variante Table per Concrete Class müssten wir sicherstellen können, dass ein Primärschlüssel nur von einer Tabelle referenziert wird, und das geht nicht. Hier müssen wir uns auf Anwendungslogik verlassen.

Blöd, denn nun sind wir wieder in einer Situation, in der wir sagen müssen: Was ist besser? Es kommt darauf an. Leider haben wir keinen einfachen Entscheidungspfad, der uns sagt, welches Verfahren nun das geeignete ist. Und dann gibt es noch die letzte Variante.

26.1.4 Table per Class Family

Bei dieser Variante wird, wie gesagt, lediglich eine einzige Tabelle angelegt. Alle Attribute aller abgeleiteten Klassen werden in dieser Tabelle gesammelt. Sozusagen »links« stehen die abstrakten Attribute, die alle Klassen haben, nach »rechts« wird es dann immer luftiger, denn eine Klasse, die ein Attribut nicht besitzt, muss hier einen null-Wert einfügen. Das ist nicht schön, denn null-Werte verbieten die Benutzung einfacher Datenbank-Constraints, wie zum Beispiel den not null-Constraint (bei längerem Nachdenken erscheint mir das irgendwie logisch …). Ein solcher Constraint kann aber durchaus hilfreich sein, um abzusichern, dass eine Anwendung nicht aus Versehen einen Wert löscht, der dazu führt, dass sich die Klasse nicht mehr instanziieren lässt, weil sie diesen Wert unbedingt voraussetzt. Hier schlüge dann die Stunde konditionaler Primärschlüssel, also funktionsbasierter Indizes, die aufgrund einer Bedingung einen unique-Index füllen. Die Bedingung für diese konditionalen Primärschlüssel ist aber, dass sie wissen, um welche Art Klasse es sich konkret handelt. Und dieses Wissen ist nicht unmittelbar vorhanden. Unter anderem aus diesem Grund müssen wir zusätzlich zur Primärschlüsselinformation auch noch speichern, um welche Art Klasse es sich handelt. Ansonsten aber versammeln wir einige Vorteile:

Wir haben keine Joins, gleichzeitig aber eine Zeile pro Instanz der abstrakten Oberklasse, Suchen und Erzeugen von Daten geht also mehr oder minder gleich schnell. Die Nachteile liegen in der potenziell großen Anzahl von Spalten, die dieses Speichermodell mit sich bringt und der »spärlichen Besetzung«, wie man das nennt, der konkreten Attribute. Der Aufwand zur Durchsetzung selbst einfacher Datenbank-Constraints steigt. Denken Sie zum Beispiel daran, dass ein check-Constraint nicht auf eine zweite Spalte zugreifen kann und daher auch nicht in der Lage ist, eine Fallunterscheidung für ein Attribut, basierend auf der Art des Objekts, durchzusetzen etc.

26.2   Kollektionen

Klassen können als Attribut nicht nur skalare Werte, sondern auch Kollektionen von Werten aufnehmen. Ich möchte zunächst den einfacheren Fall betrachten, dass nämlich die Kollektion eine Liste skalarer Werte darstellt und nicht etwa eine Referenz auf Klassen, was auch denkbar wäre. In diesem einfachen Fall ist die Kollektion durch ein Framework normalerweise recht einfach auf eine Referenztabelle abbildbar, es muss lediglich der Primärschlüssel der Klasse als Fremdschlüssel mitgegeben werden. Kompliziert wird die Situation bei geschachtelten Kollektionen, hier wird aber im Prinzip lediglich die Verwaltung der Schlüsselinformationen zum Problem, denn mehrere Referenztabellen müssen nun aufeinander zeigen, um die Beziehung zwischen den einzelnen Kollektionen aufrechtzuerhalten.

Ein weiteres Problem entsteht, wenn eine Klasse eine Referenz auf eine andere Klasse oder auf eine Kollektion anderer Klassen enthält. In diesen Fällen referenzieren wir Objekte mit eigenem »Existenzrecht«, also bereits bestehenden Klassen in der Datenbank mit jeweils eigenem Primärschlüssel. Da wir nicht wissen, ob dieselbe Klasse, die wir referenzieren, auch aus anderen Klassen referenziert wird, müssen wir zunächst von einer 1:n-Beziehung zu dieser Klasse ausgehen, wir speichern also zunächst einmal eine Referenz auf diese Klasse und müssen, vielleicht über einen Fremdschlüssel, vermerken, woher diese Klasse kommt. Doch nun gibt es einige Probleme. Stellen wir uns zunächst vor, eine referenzierte Klasse habe wiederum Unterklassen, die von der Oberklasse erben. Stellen wir uns weiterhin vor, wir hätten diese Klasse mit dem Konzept *Table per Concrete Class* in der Datenbank abgebildet. Nun weiß unser Fremdschlüssel nicht mehr, auf welche Tabelle er sich beziehen soll, denn es ist im Prinzip möglich, dass die referenzierte Klasse in n verschiedenen Tabellen enthalten ist. Verzichten wir unter diesen Umständen nun auf Fremdschlüssel? Wir könnten schon, unser Problem wäre damit behoben, doch um welchen Preis?

Nur: Wie können wir dafür sorgen, dass auch in diesen Fällen die Fremdschlüssel korrekt gesetzt werden? Letztlich damit, dass wir diese Beziehungen als m:n-Beziehungen verstehen. Das, was nun kommt, ist etwas Hirnakrobatik: Wir drehen die Beziehung um. Wir starten damit, dass wir eine Klasse referenzieren möchten, die in unserer Klasse beinhaltet sein soll. Daher ist unsere Seite die n-Seite einer 1:n-Beziehung: Wir speichern den Fremdschlüssel auf die Klasse. Da aber das Ziel unserer Referenz in mehreren Tabellen stehen kann, benötigen wir eine Zwischentabelle, die als Ziel des Fremdschlüssels dienen und dann die Beziehung auf mehrere Tabellen weiterführen kann. Dies geht nur, wenn einerseits die referenzierte Klasse einen Primärschlüssel zur Verfügung stellt und andererseits zu den einzelnen Klassenausprägung eine 1:0..1-Beziehung unterhält, denn eine konkrete Klasse kann in verschiedenen Ausprägungen auftauchen, aber immer nur in einer zur gleichen Zeit. Das ist mit Bordmitteln aber nicht zu schaffen, denn es ist nicht möglich, zu verhindern, dass ein Primärschlüssel von drei Tabellen referenziert wird, nicht aber nur von einer.

Noch einmal komplizierter wird es, wenn eine Kollektion von Klassenreferenzen verwaltet werden soll. Hier wird das gesamte Problem auf eine m:n-Beziehung ausgeweitet. Lassen Sie mich die konkreten Implementierungsprobleme nicht einzeln besprechen, ich denke, Ihnen ist schon bis hierhin etwas seltsam zu Mute geworden. Die Frage, die sich aufdrängt, ist: Sind wir hier noch auf dem richtigen Weg? Und diese Frage ist eine wirklich gute. Frameworks, die Abbildungen objektorientierter Klassen auf Datenbanktabellen durchführen, gibt es, sie werden auch weithin eingesetzt. Viele der konkreten Umsetzungen, die durch diese Frameworks vorgenommen werden, basieren allerdings auf der optimistischen Annahme, der Code des Frameworks könne die Datenintegrität der angeschlossenen Tabellen sicherstellen. Die schlechte Nachricht lautet aus meiner Sicht: Er kann es nicht. Das Framework ist aus meiner Sicht zu weit von der Datenbank entfernt, um in massiv parallel arbeitenden Prozessen mit allen Problemen der Nebenläufigkeit, Ausfallsicherheit, Wiederherstellbarkeit, des Cachings, der Transaktionskontrolle etc. fertigzuwerden. In vielen Projekten, die solche Frameworks einsetzen, höre ich von Verantwortlichen: »Ich bin ja kein Fan, aber es wird nun mal benutzt ...«, »90 % gehen gut, aber die restlichen 10 % sind ein Fiasko ...«, »Wenns wirklich kompliziert wird, können wir nicht den Default-Code des Frameworks verwenden, sondern müssen doch wieder von Hand ran ...«

26.3   Zusammenfassung

Sicher ist dieses Kapitel relativ stark in Richtung Programmierung gegangen. Wie eingangs gesagt, glaube ich, dass diese konkrete Problemstellung vor allem objektorientierte Anwendungsentwickler umtreibt, die verstehen wollen, was in der Datenbank im Hintergrund eigentlich abgeht. Daher habe ich die verschiedenen Aspekte auch vor dem Hintergrund des Wissens dieser Gruppe dargestellt.

Leider wird sehr oft die Mär vom alles umfassenden Framework verbreitet, dass schnelle, performante und sichere Datenbankanwendungen ohne irgendwelche Kenntnisse der eingesetzten Datenbank verspricht. Das ist grober Unfug und gilt nur für die dargestellten Marketing-Use-Cases. Richtige Anwendungen aus dem richtigen Leben haben typischerweise einen ungleich höheren Komplexitätsgrad als diese einfachen Einstiegsanwendungen. Es mag sein, dass einige Projekte mit den Frameworks zu einem gewissen Teil programmiert werden können, doch meiner Erfahrung nach niemals vollständig. Leider ist es so, dass die tatsächlich, auf das Gesamtprojekt gerechnet, gesparte Zeit durch das Framework nicht so hoch ist, wie gedacht, denn die einfachen Fälle sind auch auf herkömmliche Weise und über Codegeneratoren schnell abgewickelt. Langwierig ist immer der komplexe Rest, und der bleibt komplex und setzt profunde Kenntnis der Datenbank voraus.

Ich habe mich bemüht, die Strategien vorzustellen, die genutzt werden, um die Abbildung einer objektorientierten Klassenlandschaft auf ein relationales Datenmodell darzustellen, doch bin ich von dieser Idee nicht grundsätzlich begeistert. Die Datenmodellierung sollte aus meiner Einschätzung heraus parallel zur Anwendungsplanung durchgeführt werden und sich nicht aus dem Klassengefüge der Anwendung »dynamisch« ergeben. Ich glaube, dass die Blickwinkel beider Lager zu unterschiedlich sind, um insgesamt gute Ergebnisse zu erzielen, wenn nur aus einer Richtung geschaut wird. Normalerweise dürften bessere Ergebnisse erzielt werden, wenn ein Datenmodell für die relationale Welt optimiert wird und der Anwendungscode für die Anwendungsfälle. Die Frage, wie die Schnittstelle zwischen Datenspeicherung und Anwendung dann am elegantesten ausgeführt wird, kann auf vielerlei Art beantwortet werden (auch unter kontrolliertem Einsatz eines Frameworks), diese Diskussion sollte allerdings die Datenmodellierung nicht dominieren.

26

Kapitel 27
Internationalisierung

Das Thema Internationalisierung ist überraschend vielschichtig. Gerade in einem nichtangloamerikanischen Markt ist allerdings das grundlegende Verständnis der Strategien wichtig. Dieses Kapitel behandelt einige der zentralen Fragen, bezogen auf die Daten-modellierung.

In diesem Kapitel möchte ich einige der Strategien aufzeigen, die in Datenbanken genutzt werden, um Anwendungen internationalisierbar zu machen. Das Thema ist sehr komplex, denn es umfasst nicht nur die Übersetzung einer Anwendung, sondern eine Reihe weiterer Fragestellungen. Ich erinnere mich beispielsweise an eine Anwendung, die meinen BMI mit 3,5 ausgerechnet hat, was zwar mit dem Leben unvereinbar ist, aber ein Schlaglicht darauf wirft, dass eben auch Maßeinheiten alles andere als international einsetzbar sind. Diese Punkte tangieren eher den Programmierer als den Datenbankmodellierer, auch wenn wir darauf achten können, Messgrößen beispielsweise in SI-Einheiten zu speichern, so das denn möglich ist. Doch ändert sich durch diese Probleme relativ wenig am Datenmodell. Eine andere Frage ist, welche kulturspezifischen Formate, zum Beispiel für Datumsangaben, aber auch für die Sortierung etc. eine Rolle spielen, doch auch in diesem Bereich ist der Datenbankmodellierer immer dann weitgehend außen vor, wenn er die korrekten Datentypen verwendet und eine Datumsangabe nicht zum Beispiel als Zeichenkette in die Datenbank legt. Ähnliches gilt grundsätzlich für die Wahl eines ausreichend mächtigen Zeichensatzes, der auch in der Lage ist, zum Beispiel arabische Anwendungen korrekt zu unterstützen. Oft vergessen wird, dass bei einer Anwendung, die nun von rechts nach links gelesen wird, alle Grafiken für Pfeile etc. geändert werden müssen. Speichern Sie also diese Objekte ebenfalls in der Datenbank, müssen Sie darüber nachdenken, wie sie diese Objekte sprachgesteuert ausliefern.

27.1 Oracle im multilingualen Kontext

Dieser Abschnitt befasst sich mit einigen Fragen zum multilingualen und multikulturellen Kontext, in dem sich eine Datenbank wie Oracle beinahe zwangsläufig befindet: Anwendungen werden in verschiedenen Ländern eingesetzt und speichern ihre Daten zentral in einer Datenbank. Außerdem hat Oracle bereits dann mit multilingualen Problemen zu tun, wenn sie in einem anderen Land als in Amerika eingesetzt wird. Unglücklicherweise sind viele der Probleme, die mit diesem Aufgabenfeld verbunden sind, noch immer nicht überzeugend gelöst, oder wenn doch, dann ist diese Lösung nicht weit verbreiteter Standard. Eigentlich ist es unglaublich: Selbst 40 Jahre nach Einführung der Personal Computer und einer so dominanten Position, wie sie Computer einnehmen, ist es immer noch ein Problem, etwas Triviales wie einen Umlaut korrekt auf einem Bildschirm anzuzeigen, wie Sie bereits an einer Standardinstallation von Oracle sehen können, die über die Anwendung SQL*Plus über die Kommandozeile angesprochen wird:

```
SQL> delete from emp;
15 Zeilen wurden gel÷scht.
```

Dieses Problem hat nicht Oracle, sondern die Kommandozeilenanwendung zu verantworten. Vielleicht kennen Sie auch eine Möglichkeit, die Zeichensatzkodierung für die Kommandozeilenumgebung anders einzustellen, aber das ist nicht der Punkt: Der Punkt ist, dass diese Probleme einfach nicht gelöst sind und funktionieren. Der Punkt ist, dass aktive Anstrengungen unternommen werden müssen, um so triviale Dinge richtig zu machen. Ich erinnere mich, dass ich in einem Programmierprojekt für einen großen Kunden Dateien ausliefern musste. Diese Dateien mussten durch einen gewissen Arbeitsfluss, bei dem sie durch mehrere Editoren geöffnet und gespeichert wurden. Ein einziger Editor, der die Problematik der Umlaute nicht korrekt behandelt, hat in diesem Arbeitsfluss bereits gereicht, um die Umlaute auf immer im Datennirwana verschwinden zu lassen. Da ich nicht alle Schritte unter meiner Kontrolle hatte, haben wir immer wieder mit diesen lästigen Problemen gekämpft. Doch woher kommen diese Probleme, und auf welche Bereiche erstrecken sie sich? Dazu möchte ich hier einige Informationen zusammenstellen.

27.1.1 Was ist das Problem?

Zunächst einmal haben wir im multilingualen und multikulturellen Kontext einfach unterschiedliche Traditionen, denen eine Computeranwendung Rechnung tragen muss. Da ist zum einen die Sprache mit ihren Eigenheiten. Zu den Eigenheiten gehört nicht nur, dass einige Sprachen andere Zeichen verwenden als andere Sprachen, sondern damit verbunden auch zum Beispiel andere lexikalische Sortierungen haben als andere Sprachen. Eine Liste von Werten, die nach Namen sortiert sein soll, kann in Spanien anders sortiert werden als in Deutschland. Wo werden Umlaute einsortiert? Wo ein Akzent? Diese unterschiedlichen Traditionen erstrecken sich in der Regel auf Sortierung, Sonderzeichen und auf Datumsangaben. Der letzte Punkt ist am Beispiel nine-eleven gut nachvollziehbar: Amerika nennt den Monat, dann den Tag. Außerdem beginnt eine Woche in Amerika am Sonntag und nicht am Montag, wie bei uns. Beispiele dieser Art von Problemen gibt es zuhauf.

Der andere Punkt, aus dem immer noch massive Probleme erwachsen, ist die Zeichensatzkodierung. Das ist wirklich nicht mehr nachvollziehbar und allein historisch begründet, aber immer noch nicht aus der Welt zu bringen: Alle Hersteller von Computern haben in einer gewissen Zeitspanne bewusst voneinander differierende Zeichensatzkodierungen auf dem Markt platziert und in ihre Betriebssysteme integriert, um den Verkauf von Peripherie (Drucker, Bildschirmkarten etc.) zu kontrollieren. Dieses Relikt aus längst vergangenen Tagen hat bis heute seine Konsequenz, denn noch heute kann bei einem Editor zwischen Hunderten verschiedener Zeichensatzkodierungen gewählt werden. Zwar ist schon seit vielen Jahren eine Alternative auf dem Markt, und es gibt kein einigermaßen modernes Betriebssystem, dass diese Alternative nicht unterstützt, aber keiner kann sich entschließen, die Altlasten endlich einmal über Bord zu werfen und auf der Müllhalde der Computergeschichte zu entsorgen. Sehen wir uns also die verschiedenen Bereiche dieser Problemstellung etwas genauer an.

27.1.2   Zeichensatzkodierungen

Das ist das Thema, das am ehesten durch aktive Entscheidungen gelöst werden könnte, und gleichzeitig das am wenigsten gelöste.

Exkurs: Was ist eine Zeichensatzkodierung?

Unter einer Zeichensatzkodierung verstehen wir ein Verfahren, mit dem die Buchstaben, Ziffern und Sonderzeichen eines Alphabets auf eine computerlesbare Zeichenfolge abgebildet werden. Dies ist erforderlich, damit der Computer »versteht«, welchen Buchstaben wir meinen, wenn wir eine Taste auf der Computertastatur eingeben, aber auch, welche Zeichen der Computer ausgeben muss, wenn er eine Textdatei auf dem Bildschirm darstellen soll.

Es existieren zwei grundlegende Techniken der Zeichensatzkodierung, zwischen denen wir unterscheiden müssen: die Single-Byte- und die Multi-Byte-Kodierungen. Hintergrund dieser Diskussion ist, dass historisch für die Kodierung eines Zeichens eines Zeichensatzes jeweils 1 Byte verwendet wurde. Da 1 Byte 256 verschiedene Zustände kodiert, können in einem Zeichensatz dieser Kodierung ebenso viele verschiedene Zeichen kodiert werden. Grundlage aller Kodierungen, die heute verwendet werden, ist, dass die wichtigsten lateinischen Buchstaben, arabischen Zahlen und Steuerzeichen der westlichen Schriftsysteme mit der Hälfte dieser Zeichenmenge auskommen. Da diese Grundzeichen bereits seit Anbeginn der Computerprogrammierung verwendet werden und früh standardisiert wurden, bilden diese Zeichen sozusagen das Rückgrat aller verwendeten Zeichensatzkodierungen. Diese Zeichen wurden durch die *American Standard Code for Information Interchange (ASCII)* 1967 standardisiert und sind seitdem unverändert.

27

Komplizierter wird die Situation durch den Anspruch der verschiedenen Länder, auch deren jeweilige Schriftsonderzeichen darstellen zu können. Für den Westeuropäischen Bereich sind dies vor allem die Umlaute, Akzente und Ligaturen (wie das ß), die ausschließlich in diesen Ländern verwendet werden. Doch ist selbstverständlich der Anspruch der Griechen, Russen, Araber etc. ebenso gerechtfertigt, deren jeweilige Sonderzeichen und differierenden Alphabete anzeigen zu können. Dabei reden wir noch nicht von den japanischen oder chinesischen Schriftzeichen, von indischen, jüdischen usw. Leider ist die Einführung dieser Sonderzeichen nicht so unproblematisch verlaufen, denn zur Zeit der Integration dieser Zeichen war die Computerindustrie der Hoffnung, mittels proprietärer Kodierung der Sonderzeichen Marktanteile sichern zu können. So existierten (und existieren immer noch) Zeichensatzkodierungen für Windows (zum Beispiel Win-1252), Macintosh (zum Beispiel MacRoman) etc., die sich in der Kodierung der Sonderzeichen unterscheiden. Konkret liegen in diesen Zeichensatzkodierungen dem Sonderzeichen ß beispielsweise unterschiedliche Bytewerte zugrunde, bei Windows 1252 zum Beispiel der Wert DF und bei MacRoman der Wert A7. Daher können Inhalte in einer Kodierung oft nur mit Schwierigkeiten in anderen Kodierungen angezeigt werden, vor allem, wenn die Datei die Information über ihre Kodierung nicht mehr trägt. Diese Diskussion ist zwar längst vorbei, doch halten wir aus dieser Zeit immer noch die Vielzahl zueinander inkompatibler Zeichensatzkodierungen vor: Oracle listet derzeit noch 222 unterstützte Zeichensatzkodierungen auf. Diese Vielfalt bereitet auch heute noch unvorhergesehene Probleme.

In dieser Situation wird durch die ISO die Anordnung der Sonderzeichen in Zeichensätzen international standardisiert, und zwar in der Norm ISO-8859. Diese Norm wird ergänzt durch regionsspezifische Sonderzeichenseiten, die als Teilnormen nummeriert und an den Standard angehängt werden. So ist zum Beispiel die Norm ISO-8859-1 die Kodierung für den Westeuropäischen Bereich, ISO-8859-5 kodiert kyrillische, ISO-8859-7 griechische Alphabete etc. Mittlerweile ist die Teilnorm für den Westeuropäischen Bereich ISO-8859-1 (Latin-1) durch die ISO-8859-15 (Latin-9) ergänzt worden, da diese (unter anderem) das €-Zeichen enthält.

All diese Normen beziehen sich auf Single-Byte-Zeichensätze, da zur Speicherung eines Buchstabens nach wie vor 1 Byte verwendet wird. Diese Normen werden heutzutage allerdings nicht mehr weiterentwickelt, denn seit vielen Jahren versucht man, die Probleme der Zeichensatzkodierung auf andere Weise zu lösen. Die Multi-Byte-Zeichensätze verfügen im Gegensatz zu den älteren Single-Byte-Zeichensätzen über mehrere Byte pro Buchstabe. Daher können diese Kodierungen sehr viel mehr unterschiedliche Zeichen kodieren und haben daher nicht mehr die Notwendigkeit, mittels verschiedener Teilnormen einen Zeichenvorrat für eine Region definieren zu müssen. Gerade für Hersteller von Produkten, die in vielen Ländern verkauft werden, sind diese Zeichensätze insofern von großem Vorteil, als sie alle Sonderzeichen aller benötigter Sprachen in einer einheitlichen Kodierung enthalten.

Diese Zeichensätze werden im Standard Unicode definiert. In den ersten Unicode-Versionen, die als UTF-16 2 (oder 4) Byte pro Zeichen vereinbaren, beinhaltete der Standard auch das (im Übrigen als offizielle Sprache anerkannte) Klingonisch, das auch heute noch aktiv von vielen gesprochen wird (es gibt Übersetzungen von Shakespeare ins Klingonische »Original« sowie ein Projekt für ein Wörterbuch Klingonisch – Altägyptisch, an dem Sie sich gern beteiligen dürfen, sollten Sie sonst nichts zu tun haben). In der Zwischenzeit ist Unicode in Version 6.2 (veröffentlicht September 2012) verfügbar. Es kodiert gut 110.000 verschiedene Zeichen, darunter auch die lang und schmerzlich vermissten Sonderzeichen der Schriften Meroitisch, Sorang-Sompeng, Chakma, Sharada, Takri und Pollard (Version 6.1) und das neue türkische Währungssymbol (Version 6.2 seit September 2012). Diese und all die anderen unglaublichen Informationen habe ich natürlich aus Wikipedia). Die Speicherung erfolgt je nach Standard unterschiedlich. Zum einen ist der Standard UTF-16 zu nennen, der die Zeichen in ein oder zwei, je 2 Byte langen Einheiten speichert. Zum anderen existiert UTF-32, das für jedes Zeichen 4 Byte verwendet. Interessant und weit verbreitet ist allerdings der Standard UTF-8, der die Zeichen in 14 Byte langen Worten speichert. Dabei (und das ist eine nachvollziehbare Forderung des angloamerikanischen Sprachraums) werden die Zeichen aus dem ursprünglichen ASCII-Vorrat nur mit 1 Byte gespeichert, Sonderzeichen wie die Umlaute oder auch Zeichen aus anderen Alphabeten werden mit mehreren Byte gespeichert.

Oracle unterstützt beinahe alle geläufigen Zeichensatzkodierungen, insbesondere natürlich auch ISO-8859 und UTF. Die Zeichensatzkodierung, in der Oracle die Daten speichert, wird im Rahmen der Installation der Datenbank angegeben und kann anschließend nicht mehr (ohne Weiteres) verändert werden. Das macht auch Sinn: Zum einen änderte eine umgestellte Kodierung beinahe alle Daten in der Datenbank, denn ein Umlaut ist in einer Zeichensatzkodierung ja auf einem anderen Platz hinterlegt als auf einer anderen Kodierung, beim Wechsel einer Single-Byte-Kodierung auf eine Multi-Byte-Kodierung änderte sich zum anderen auch noch der Platzbedarf jeder einzelnen Zelle. Da die meisten Oracle-Datenbanken die Daten eines Unternehmens speichern und in diesen Unternehmen eventuell viele unterschiedliche Zeichensatzkodierungen zum Einsatz kommen, sollte die Kodierung vom Administrator beim Aufsetzen der Datenbank mit Bedacht gewählt werden.

Ist die Zeichensatzkodierung einmal gewählt, sind die Im- und Exportprogramme von Oracle normalerweise in der Lage, die verschiedenen Kodierungen korrekt aufeinander abzubilden. Daher können die verschiedenen Single-Byte-Zeichensätze normalerweise ohne Informationsverlust in die Datenbank eingespielt werden. Erstellen Sie allerdings Daten über eine SQL-Skriptdatei, die in einer von der Datenbank abweichenden Kodierung gespeichert ist, werden Sie Ihre Umlaute verlieren, denn zum einen ist in den Skriptdateien die Information ihrer Kodierung nicht enthalten, zum anderen konvertiert SQL die Daten eben nicht in eine passende Kodierung, selbst wenn Sie Ihre Kodierung der Datei angäben. Zudem gibt es Probleme, wenn Sie Daten in einem Multi-Byte-Zeichensatz vorliegen haben und in eine Datenbank importieren, die nur über einen Single-Byte-Zeichensatz verfügt. Denn zum einen könnte nun eine Spalte, die für zwölf Buchstaben vorgesehen ist, nun 13 oder mehr Byte Platz beanspruchen und damit nicht mehr passen, zum anderen könnten Zeichen in der Datei enthalten sein, die dem Zeichensatz Ihrer Datenbank vollständig unbekannt sind. Bei der Programmierung mit Zeichendaten müssen Sie darüber hinaus die gesamte Verarbeitungskette daraufhin durchsehen, ob eine konsistente Textverarbeitung gewährleistet ist. Wird irgendwo in der Verarbeitungskette eine Umformung vorgenommen, sind die Informationsverluste gar nicht mehr und die Konvertierungsfehler kaum noch zu lösen.

Damit Sie nun Unicode-basierte Daten in einer Datenbank speichern können, die einen Single-Byte-Zeichensatz besitzt, bietet Oracle Ihnen eine zweite Zeichensatzkodierung an. Diese kann seit Version 9 der Datenbank nur ein Multi-Byte-Zeichensatz sein, also zum Beispiel UTF-8 oder UTF-16. Nun können sowohl alte Datenbestände in einer Single-Byte-Kodierung als auch neuere Daten in einer Multi-Byte-Kodierung gespeichert werden. Zur Unterscheidung dieser beiden Kodierungen bietet Oracle alle zeichenorientierten Datentypen in einer Variante mit der Grundkodierung als auch in einer Variante mit der Zusatzkodierung der Datenbank an. Die Grundkodierung wird bei den bekannten Datentypen varchar2 etc. verwendet, während den Zusatzkodierungen ein n für *National Language Support* (*NLS*) vorangestellt wird. Daher ist der Datentyp nvarchar2 ebenso in der Zusatzkodierung kodiert wie der Datentyp nclob. Anders gesagt: Wenn Sie zum Beispiel einen Text in UTF-8 in eine Datenbank speichern möchten, die als Kodierung ISO-8859-15 verwendet, ist es relativ sicher, dass Sie Daten verlieren werden, wenn Sie nicht eine Spalte vom Typ nclob zur Speicherung verwenden. Natürlich hat diese Flexibilität ebenfalls ihren Preis: Sie müssen bei der Gestaltung des Datenmodells bereits darauf achten, die Informationen, die in einer abweichenden Kodierung gespeichert werden sollen, mit dem entsprechenden Datentypen zu definieren. Möchten Sie darüber hinaus eingebaute Objekttypen, wie zum Beispiel XMLType, nutzen, haben Sie nur marginalen Einfluss auf die konkrete Speicherung, hier können Ihnen Umlaute abhandenkommen, ohne das Sie dies beeinflussen können.

Char- und Byte-Semantik

Einen weiteren Punkt müssen Sie im Auge behalten: Wenn Sie einen zeichenorientierten Datentyp verwenden, der in einer Multi-Byte-Kodierung abgelegt wird (egal, ob nvarchar2 oder varchar2 in einer Multi-Byte-Datenbank), kann es sein, dass ein Nachname mit zwölf Buchstaben nicht in eine (n)varchar2(12)-Spalte passt. Das liegt daran, dass die Länge einer Spalte wahlweise in Byte oder in Char angegeben werden kann. Damit ist gemeint, dass Oracle entweder Platz für 12 Byte oder für zwölf

Zeichen reservieren wird. Ist die Zeichensatzkodierung zum Beispiel ISO-8859-15, dann sind beide Längenangaben synonym. Bei UTF-8 aber nicht: Dort würde Oracle maximal 48 Byte Platz für zwölf Zeichen reservieren müssen. Standardmäßig ist die Datenbank so eingestellt, dass alle Längenangaben in Byte vorgenommen werden. Der Administrator kann das ändern, doch verlassen würde ich mich darauf an Ihrer Stelle nicht, sondern ich habe mir angewöhnt, bei der Definition von Spalten immer explizit anzugeben, ob ich Byte oder Char meine. Unabhängig von diesen Festlegungen wird allerdings die maximale Länge einer `varchar2`-Spalte immer 4.000 *Byte* betragen, niemals 4.000 *Zeichen* in einer Multi-Byte-Kodierung (natürlich *könnten* 4.000 Zeichen in eine solche Spalte passen, wenn alle Zeichen aus ASCII kommen; das erste Zeichen außerhalb dieses Zeichenvorrats wird allerdings die Gesamtzahl der Zeichen reduzieren). Alle Äußerungen gelten für Datenbanken bis Version 11gR2, ab Version 12c müssen Sie dies analog für die Obergrenze 32.767 Byte beachten.

An dieser Diskussion erkennen Sie, wie problematisch die Situation durch die Vielzahl der verwendeten Zeichensatzkodierungen ist. Es macht mit Sicherheit sehr viel Sinn, die gesamte Verarbeitungsumgebung innerhalb Ihres Unternehmens auf eine Zeichensatzkodierung zu normieren. Haben Sie viel mit international kodierten Daten zu tun (oder aber auch mit XML und/oder Java, die standardmäßig UTF-8 verwenden), empfiehlt sich ein Multi-Byte-Zeichensatz, bevorzugt UTF-8 (diese Kodierung hat die Oracle-interne Bezeichnung `AL32UTF8`). Ist dies nicht zu erwarten, und möchten Sie keine variabel langen Zeichen speichern, ist ISO-8859-15 (Oracle-intern `WE8ISO8859P15`) die empfehlenswerteste Variante.

27.1.3   Datumsformate

Mit der Diskussion der verschiedenen Datumsformate treten wir in einen Bereich ein, der eigentlich vollständig gelöst und umgesetzt ist und zum problemlosen Funktionieren lediglich Ihre Mithilfe benötigt. Grundlage der Diskussion ist, dass Oracle ein komplettes Set an Möglichkeiten anbietet, so gut wie jedes auch nur irgendwie denkbare Datumsformat erstellen oder interpretieren zu können, inkl. so exotischer Varianten wie julianischer oder buddhistischer Kalender oder ISO-Jahr.

Die Warnung, die ich in diesem Bereich aussprechen möchte, ist denn auch weniger technischer als vielmehr logischer Natur: Bitte achten Sie darauf, dass Sie in Ihren Anweisungen möglichst keine kulturspezifischen Datumsformate verwenden. Verlassen Sie sich zudem bitte niemals auf eine Default-Einstellung der Datenbank. Doch zunächst das Problem im Einzelnen:

Wie schon beschrieben, wird das Datum in der Datenbank anders gespeichert, als es angezeigt wird. Wir hätten auch nicht viel Freude an der internen Speicherung, so dass die Datenbank die Umwandlung dieser internen Speicherform in ein lesbares Datum für uns immer vornimmt. Das kann sie auf dreierlei Basis tun: Entweder

27

sagen wir explizit, welche Art der Darstellung wir wünschen. Das wird im Rahmen der SQL-Anweisung in einer Funktion zur Umwandlung eines Datums in eine Zeichenkette gemacht und hat Vorrang vor allen anderen Verfahren. Zweitens können wir einstellen, wie Datumsangaben für unsere aktuelle Datenbankverbindung dargestellt werden sollen. Diese Einstellungen gelten dann für alle SQL-Anweisungen innerhalb dieser Datenbankverbindung, wenn sie nicht durch explizite Angaben übersteuert wird. Im Programm SQL Developer wird dies zum Beispiel im Menü EXTRAS • VOREINSTELLUNGEN • DATENBANK • NLS festgelegt (Abbildung 27.1).

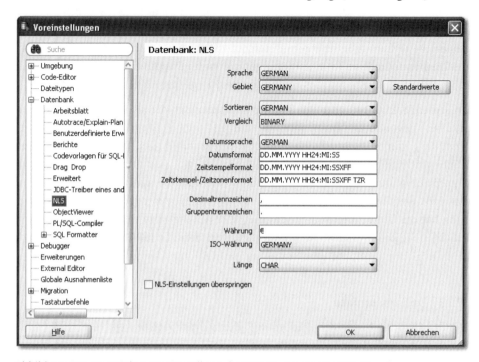

Abbildung 27.1 Der Dialog zur Einstellung der NLS-Parameter im SQL-Developer

Sie erkennen, dass im Bereich Datumsformat eine Formatmaske definiert werden kann, die anschließend automatisch für diese Session als Standardeinstellung verwendet wird. Die Auswahl der möglichen Formatmasken haben wir in Abschnitt 7.2, »Datumsfunktionen«, besprochen. Dieses Beispiel sorgt für ein Datumsformat nach deutschem Standard inkl. einer Zeitdarstellung im 24-Stunden-Modus inkl. Sekundendarstellung. Als dritte Variante ist in der Datenbank noch ein Standardformat hinterlegt, das herangezogen wird, wenn keine andere Festlegung getroffen wurde. Dieses Standarddatumsformat ist abhängig von den anderen Einstellungen, insbesondere zu Sprache und Territorium. In einer Datenbank, die auf amerikanisches Territorium eingestellt ist, würde ein Datum in der Form 13-MAR-11 ausgegeben werden, während das gleiche Datum bei deutschem Territorium als 13.03.11 dargestellt würde. Insbesondere das amerikanische Datumsformat hätte beinahe dem Unternehmen, für das ich vor Jahren tätig war, die Existenz gekostet: Dort war auf einem deutschen Clientrechner eine Zeile für die Datenbank in amerikanischer Standardkodierung erstellt und an einen amerikanischen Datenbankserver gesendet worden. Das Datum war ebenfalls im März, dem Monat, als wir eine Software in einem großen Callcenter installierten. Nun hat der deutsche Client aber folgende Zeichenkette an die Datenbank gesendet: `13-MRZ-01`. Der amerikanische Server hat nur noch Bauklötze gestaunt und das Einfügen dieser Zeile abgelehnt. Gut, wir haben das korrigiert, dann lief alles, aber was wäre passiert, wenn wir die Software im Juni installiert hätten: `JUN`, `JUL`, `AUG`, `SEP` wären problemlos gelaufen, doch am 1. Oktober hätte das gesamte Callcenter abrupt stillgestanden, denn dann wäre `OKT` übermittelt worden! Vielleicht sehen Sie an diesem Beispiel, wie brandgefährlich kulturspezifische Daten an der richtigen Stelle sind.

Fassen wir die Empfehlungen zu Datumsformaten zusammen:

1. Eine Zeichenkette, die ein Datum darstellt, sollte so bald wie möglich in ein echtes Datum umgewandelt werden. Das gilt zum Beispiel, wenn Sie Daten aus externen Schnittstellen oder Dateien in die Datenbank einlesen.

2. Ein Datum sollte erst unmittelbar vor dem Flachbildschirm in eine Zeichenfolge zurückübersetzt werden. Nur als letzter Schritt vor der Darstellung für den Benutzer können Sie bedenkenlos jedes beliebige Datumsformat verwenden, dort tut es nicht mehr weh. Innerhalb der Datenbank sollten Sie darauf achten, stets mit dem Datumstyp zu arbeiten. Das ist insbesondere wichtig im Umfeld des Berichtswesens, wo zum Beispiel oftmals Daten auf einen Monat aggregiert werden sollen.

3. Bei der Umwandlung in ein Datum oder in eine Zeichenkette verwende ich stets die explizite Angabe der Formatmaske. Das ist zwar mehr Schreibaufwand, reduziert aber mögliche Fehlerquellen, die dadurch entstehen, dass Sie in multilingualen Betriebssystemumgebungen arbeiten oder dadurch, dass die Datenbank anders administriert wurde, als Sie denken.

4. Als Datumsformat verwende ich stets eine Formatmaske ohne kulturspezifische Anteile, wie zum Beispiel die nach ISO standardisierte Form `2011-11-23` für den 23.11.2011, niemals aber Formate wie `23. November 2011`, nur weil es vielleicht hübscher aussieht. Einzige Ausnahme: Die Darstellung auf der Oberfläche der Anwendung oder im Druck.

27.1.4   Sortierung

Die Sortierung ist überraschend vielfältig, gleichzeitig aber für Sie weitestgehend transparent. Wenn Sie sich den Dialog zur Einstellung der länderspezifischen Einstellungen in Abbildung 27.1 ansehen, erkennen Sie eine Möglichkeit, die Sortierung für ein Land einzustellen. Die Datenbank hat alle möglichen Algorithmen für die unterstützten Länder hinterlegt und wird die Daten entsprechend sortieren. Damit möchte ich aber überhaupt nicht gesagt haben, dass das Thema für die Datenbank einfach zu lösen wäre! Einen Eindruck erhalten Sie, wenn Sie den *Globalization Support Guide* der Datenbank lesen, der unter der Rubrik »Sortierung« die entsprechenden Verfahren auflistet. Die Probleme, die dort gelöst werden müssen, sind sehr vertrackt, und ich bin sehr froh, dass alles, was ich tun muss, das Einstellen eines Parameters ist! Allerdings bietet die Datenbank dem Interessierten in den entsprechenden Spezialfunktionen weitgehende Möglichkeiten der Beeinflussung der Sortierung. Für diese Einführung sind diese Funktionen allerdings außerhalb des Fokus.

27.1.5 National Language Support (NLS)

Alle Punkte und noch einige mehr, die ich in diesem Kapitel bislang angesprochen habe, werden bei Oracle durch die Funktionalität im Rahmen des *National Language Supports* (*NLS*) behandelt und gelöst. Die Einstellungen können über den SQL Developer elegant und intuitiv eingestellt werden, aber ich wiederhole: Natürlich wird in der Datenbank alles in SQL gemacht. Daher könnten Programme diese Einstellungen jeweils ebenfalls beeinflussen, und das tun sie auch. Oracle unterscheidet die beiden Parameter Sprache und Territorium und legt darüber hinaus eine Menge weiterer Einstellungen fest, wie das Dezimaltrennzeichen, das Tausendertrennzeichen, die Sortierung etc. Sie sehen das im SQL Developer.

Weiterführende Informationen zu NLS finden Sie in dem bereits angesprochenen *National Support Guide*. Für Anwendungsentwickler, die multilinguale Anwendungen entwickeln, ist diese PDF-Datei eigentlich Pflichtlektüre, und sei es nur, um sich ein Bild von der Vielfältigkeit der mit dieser Aufgabenstellung verbundenen Probleme zu verschaffen. Als Fazit bleibt, dass viele der angesprochenen Aufgaben durch die Datenbank überzeugend umgesetzt wurden, auch die Unterstützung der verschiedenen Zeichensatzkodierungen, doch müssen im Umfeld um die Datenbank entsprechende Konventionen eingeführt und beachtet werden, damit dieses Themenfeld nicht zum Alptraum wird.

27.2 Datenmodelle zur Übersetzung von Stammdaten

Direkt betroffen ist das Datenmodell, wenn durch die Unterstützung internationaler Anforderungen Informationen gespeichert werden müssen, die normalerweise im Kernmarkt nicht benötigt werden, oder doch zumindest in anderer Form als im Heimatland üblich. Ein gutes Beispiel hierfür sind Anreden von Personen. Vielleicht haben Sie für Ihre Domäne festgelegt, dass HR, FR, FA als Anrede ausreichen. Das seien die erlaubten Werte in einer Tabellenspalte. Nun aber soll die Software international eingesetzt werden, und dort werden weitere Anreden benutzt. Sicher, dieses Beispiel mag sehr trivial erscheinen, denn an so etwas könnte man beim Design der Anwendung schon denken, aber ebenso sicher haben Sie ein Problem mit Ihrem Datenmodell, wenn Sie die Regeln für die Benutzung dieser Spalte über einen check-Constraint durchsetzen, nicht aber über eine Lookup-Tabelle. Situationen wie diese werden Sie sehr oft haben. Da ist zunächst einmal nur von zwei Status bezüglich eines Projekts die Rede. Also wird ein check-Constraint mit den Werten AKTIV und BEENDET erstellt. Für diese zwei Werte, so meint man, lohnt doch keine eigene Tabelle. Dann aber kommen weitere Status hinzu, und jede Änderung hat eine Änderung des Datenmodells zur Folge. Etwas vertrackter wird das Problem, wenn Sie die Liste der Werte nun auch noch übersetzen können müssen. Nehmen wir noch einmal das Beispiel Anrede. Natürlich kommt nun zu HR und FR auch noch MR und MRS hinzu. Doch die Logik, die im Hintergrund arbeitet, soll doch nun auch nicht immer geändert werden, nur weil ein Begriff auf der Oberfläche anders übersetzt wird. Dies aber dürfte erforderlich werden, wenn eine Lookup-Tabelle einfach weitere Werte einführt, auf die dann, zum Beispiel im Rahmen einer case-Anweisung, reagiert werden muss.

Doch hilft uns hier eine einfache Lookup-Tabelle überhaupt noch weiter? Wir können doch für eine Lookup-Tabelle nicht noch fordern, dass die Daten dieser Tabelle beliebig übersetzt werden können dürfen, oder doch? Da nun ein Wert mehrere Übersetzungen annehmen kann, hieße das, das wir einen von zwei Wegen gehen müssten: Entweder belassen wir es bei einer Tabelle, oder aber wir schaffen eine zweite Tabelle, die die Übersetzungen unserer Lookup-Werte aufnimmt. Ist das noch ein realistischer Aufwand? Ich befürchte, wir müssen. Denn wenn die Übersetzungen in einer Tabelle gespeichert werden sollen, muss zusätzlich zum Primärschlüssel der Tabelle für jeden übersetzten Eintrag auch noch die Sprache mitgespeichert werden, die daher Teil des Primärschlüssels würde. Nun aber ist keine referenzielle Integrität mehr durchsetzbar, weil diese die Angabe einer konkreten Sprache in der Referenz auf die Lookup-Tabelle mitführen müsste und daher eben gerade nicht mehr übersetzbar ist. Begeben wir uns also auf den Weg und erstellen eine Übersetzungstabelle.

27.2.1   Sprachtabelle

In jedem Fall benötigen wir zunächst eine Tabelle, die die erlaubten Sprachen für unsere Anwendung aufnimmt, zum Beispiel, um damit ein Auswahlmenü auf der Oberfläche zu füllen, oder aber, um ein Mapping auf eine Datenbanksprache anzubieten. Gern erweitere ich eine solche Tabelle im Übrigen noch um eine Spalte mit einem Sortierkriterium. Der Grund: Mit diesem Kriterium könnte ich für eine Anwendung eine gewisse Reihenfolge der Sprachen festlegen. Ist für einen Wert keine Übersetzung in der eigentlich gewünschten Sprache vorhanden, könnte dieses Sortierkriterium mir eine Ersatzsprache und eine Default-Sprache anbieten, in dem die Anwendung ursprünglich programmiert wurde. Als Schlüssel sehe ich vor, dass

27

der ISO-Ländercode sowie der ISO-Sprachcode gewählt werden sollen. Alternativ, und ebenso gut, könnten wir uns eine Liste der erlaubten Sprachen aus der View V$NLS_VALID_VALUES ausgeben lassen wie im folgenden Skript:

```
SQL> select value
  2    from v$nls_valid_values
  3   where parameter = 'LANGUAGE'
  4     and isdeprecated = 'FALSE';
VALUE
--------------------
AMERICAN
GERMAN
FRENCH
CANADIAN FRENCH
SPANISH
ITALIAN
DUTCH
SWEDISH
NORWEGIAN
DANISH
FINNISH
...
66 Zeilen ausgewählt
```

Listing 27.1 SELECT-Abfrage zur Ermittlung der unterstützten Sprachen

Diesen Weg bevorzuge ich, wenn ich meine Spracheinstellungen an die Datenbanksession binden möchte, denn die kann ich über den Parameter NLS_LANGUAGE ganz einfach abfragen:

```
SQL> select value
  2    from nls_session_parameters
  3   where parameter = 'NLS_LANGUAGE';
VALUE
---------
GERMAN
```

Listing 27.2 Abfrage der aktuell eingestellten Sprache

Wenn Sie mögen, können Sie aus der Tabelle auch eine Dimensionstabelle machen, die für eine Sprache gleich eine Reihe von Informationen speichert. Kandidaten wären hier:

▶ der Sprachname von Oracle

▶ die Sprachcodes gemäß ISO 639-1 bzw. -2

▶ die HTML-Sprachcodes gemäß RFC 1766

▶ eine Sortierungsspalte mit einem null-Wert für alle Sprachen, für die keine Übersetzungen vorliegen sollen

▶ eine Klartextbezeichnung der Sprache, um Auswahlmenüs zu füllen (witzig wird es, wenn diese Bezeichner übersetzt vorliegen sollen ...) und weitere Spalten nach Bedarf

Anbei eine mögliche Tabelle zur Speicherung von Sprachen:

```
create table languages (
  language_id number primary key,
  oracle_language varchar2(30 char) not null,
  iso_3166_A2_code char(2 byte) not null,
  iso_3166_A3_code char(3 byte) not null,
  rfc_1766_code varchar2(24 char) not null,
  display_value varchar2(64 char) not null,
  sort_order number(3,0),
  constraint languages_pk primary key (language_id));

insert into languages
values (
  49, 'GERMAN', 'DE', 'DEU', 'de-DE', 'Deutsch', 10);
insert into languages
values (
  1, 'AMERICAN', 'US', 'USA', 'en-US', 'Amerikanisch', 0);
...
```

Wichtig ist, ein Primärschlüsselkriterium zu finden, das auch funktioniert. Wenn Sie sich lediglich an den Spracheinstellungen der Oracle-Datenbank orientieren, haben Sie Probleme, Österreichisch, Schweizerdeutsch etc. zu unterscheiden, denn für all diese Sprachen liegt nur eine Übersetzung innerhalb von Oracle vor. Umgekehrt kann die feinere Abstufung zum Beispiel über RFC 1766 von einer Webanwendung durchaus gesteuert werden und dazu führen, dass die aktuelle Session auf eine in dieser Tabelle abgebildete Übersetzung eingestellt wird. Ein technischer Schlüssel kann helfen, allerdings sollte sichergestellt werden, dass ein fachlicher Zugriff, zum Beispiel über eine Sprache der Webanwendung, nicht zu mehrfachen Ergebnissen führt.

27.2.2   Übersetzung mit einer Übersetzungstabelle

Diese Tabelle bietet das Rückgrat der Übersetzungstabelle, die nun einen technischen Schlüssel, einen Verweis auf die Sprache (eventuell auch als technischen Schlüssel) und den zu übersetzenden Begriff enthält. Möchten wir also zum Beispiel eine Tabelle haben, die eine Anrede von dessen Übersetzung separiert, so könnten die Tabellen aussehen wie folgt:

```
create table salutations (
  salutation_id varchar2(12 char)
  constraint salutations_pk primary key (salutation_id));
);

insert into salutations
values('HR');
...

create table salutation_translations(
  salutation_id varchar2(12 char),
  language_id varchar2(30 char),
  translation varchar2(64 char),
  constraint salutation_trans_pk primary key
    (salutation_id, language_id),
  constraint salutation_sal_id_fk
    foreign key (salutation_id)
    references salutations(salutation_id),
  constraint salutation_lang_id_fk
    foreign key (language_id)
    references languages(language_id));

insert into salutation_translations
values ('HR', 49, 'Herr');
...
```

Doch wenn wir dieses Modell durchdenken, hat es den großen Nachteil, dass jede Abfrage durch einige Joins »verteuert« wird und andererseits eine große Zahl trivial einfacher Tabellen entsteht. Am Join werden wir nichts ändern können. Bei Licht betrachtet, werden die vielen anderen Tabellen aber auch nur Informationen der Art in der Tabelle benötigen, wie sie bereits in der Tabelle SALUTATION_TRANSLATIONS stehen. Vielleicht können wir das Problem in diesem Licht dadurch vereinfachen, dass wir nur eine zentrale Tabelle für alle Übersetzungen anbieten? Diese Tabelle könnte dann von allen Tabellen, die Übersetzungen benötigen, referenziert werden.

27.2.3   Übersetzung mit einer zentralen Übersetzungstabelle

Diese Tabelle hätte, um zunächst einmal zu beginnen, den gleichen Aufbau wie SALUTATION_TRANSLATIONS, allerdings einen allgemeingültigeren Namen, sagen wir einfach TRANSLATIONS.

Dieser Ansatz mag auf den ersten Blick nicht als gute Idee erscheinen, da alle Tabellen, die übersetzte Informationen beinhalten, auf diese zentrale Tabelle zugreifen müssten. Allerdings tun sie dies nur lesend, daher kann die Tabelle im Grunde konstant im Arbeitsspeicher gehalten und von dort sehr schnell ausgelesen werden. Bedenken Sie dabei auch, dass Übersetzungen von Informationen in beinahe allen Fällen lediglich für Stammdaten, wahrscheinlicher sogar lediglich in Lookup-Tabellen von Interesse sind. In diese Bereiche wird nur äußerst selten geschrieben, daher besteht auch aus diesem Blickwinkel kein größeres Problem.

Ein anderes Problem mag darin liegen, dass die Datenlänge der Übersetzung nun nicht mehr für den Einzelfall definiert werden kann. Während wir in einer nicht internationalisierten Anwendung über einfache Längenbeschränkungen einer Spalte hinterlegen konnten, ob eine Information maximal 24 oder 4.000 Zeichen umfassen konnte, ist dies mit einer zentralisierten Übersetzungstabelle so feingranular nicht mehr zu machen. Dieses Problem bleibt bestehen, dafür kann ich Ihnen auch keine einfache Lösung anbieten. Doch denke ich, dass dieser Ansatz einen einfachen und für viele Szenarien ausreichend leistungsfähigen Mechanismus bereitstellt. Meiner Beobachtung nach ist diese Lösung auch ein weit verbreiteter Standard.

27.2.4 Entity-Attribute-Value-Tabellen

Vielleicht überzeugt Sie der Gedanke an eine einzige, zentrale Übersetzungstabelle so sehr, dass Sie diesen Ansatz gleich auch auf Lookup-Tabellen generell erweitern und alle Lookup-Daten in eine einzige Tabelle einlagern. Auf diese Weise hätten wir nicht nur eine zentrale Übersetzungstabelle, sondern zudem auch noch nur eine einzige, zentrale Tabelle für alle Lookup-Werte. Solche Datenmodelle haben eine eigene Bezeichnung erhalten: Man nennt eine solche Tabelle eine *EAV-(Entity Attribute Value-)*Tabelle. Das Problem mit solchen Tabellen: Normalerweise stellen die Entitäten dieser Tabellen die 1-Seite einer 1:n-Beziehung dar, wie wir uns leicht am Beispiel der Anrede klarmachen können. Daher böte sich ein Fremdschlüssel auf diese Tabelle an, was grundsätzlich auch funktioniert. Allerdings ist es nicht möglich, die Beziehung lediglich auf einige Werte dieser EAV-Tabelle zu reduzieren, denn ein Constraint gilt immer für eine ganze Spalte und nicht nur Teile hiervon. Dies führt dazu, dass unser Datenmodell nicht verhindern kann, dass wir als Anrede die Abteilung Finanzen eintragen, denn beide, die Anrede Herr und die Abteilung Finanzen, sind als Schlüsselwerte in der EAV-Tabelle enthalten. Die Prüfung obliegt nun der Geschäftslogik, und das dürfte im Regelfall zu weit weg von den Daten sein: Eine direkte update-Anweisung zum Beispiel reicht, um die Datenkonsistenz auszuhebeln.

Ein weiteres Problem dieses Ansatzes ist die Unübersichtlichkeit. Eine solche Tabelle sehe ich manchmal in existierenden Datenmodellen, insbesondere, wenn sehr viele Lookup-Tabellen erforderlich sind oder diese aufgrund der Parametrierung der

27

Datenbank eventuell noch dynamisch durch die Anwendung erzeugt werden kön-nen. In Abfragen haben Sie dann mit dem Wert 15678 aus dem Bereich 186489 zu tun, was in unserem konkreten Fall vielleicht bedeuten könnte Herr oder Abteilung Finanzen. Man muss schon ein hartgesottener Liebhaber von Schlüsselwerten sein, wenn einem eine solche Lösung noch intuitiv und einfach zu benutzen vorkommt. Machen Sie doch eine solche Tabelle gleich noch mandantenfähig und übersetzbar, dann blicken Sie wahrscheinlich gar nicht mehr durch. Idealerweise sollte dann noch jeder Kunde, der Ihre Software installiert, die Gruppenbezeichner dynamisch beim Anlegen zugewiesen bekommen, so dass jeder Berater in diesem Modell neu nach-schlagen können muss, was der Schlüssel 186489 wohl für eine Gruppe sein könnte.

Da noch weitere Probleme mit diesem Ansatz existieren, merken wir uns, dass nor-malerweise eine Schere aufgeht zwischen einem schnellen, sicheren und einfach zu verwendenden Datenmodell und einem generischen Datenmodell, dem die oben genannten Eigenschaften normalerweise abgehen. Das gilt im Übrigen für unsere Übersetzungstabelle nicht in gleicher Weise, weil die hier hinterlegten Informationen sehr gleichartig sind. Wir halten aber auch hier den Nachteil fest, dass die Überset-zungstabelle nicht durch referenzielle Integrität geschützt werden kann, denn eine Übersetzung bezieht sich auf einen Primärschlüssel, der in einer beliebigen Lookup-Tabelle verzeichnet worden sein kann. Abhilfe schüfe hier eine Tabelle, die zwischen den beiden Tabellen vermittelt. Die Idee ist hierbei, davon auszugehen, dass jeder Lookup-Eintrag eine 1:1-Beziehung zu einer Tabelle TRANSLATION_ITEM unterhält und dadurch klarmacht, dass es sich bei diesem Element um ein übersetzbares Element handelt. Der Primärschlüssel liegt dann in der Tabelle TRANSLATION_ITEM. Anderseits kann sich nun die Tabelle TRANSLATION eindeutig auf diese Tabelle beziehen und die Übersetzungen an das TRANSLATION_ITEM mittels 1:n-Beziehung binden.

27.2.5   Übersetzung in einer Tabelle, reloaded

Welche Alternativen haben wir noch? Können wir auf die Erstellung einer separaten Tabelle verzichten? Offensichtlich nicht, wie Sie gesehen haben. Oder haben wir noch weitere Alternativen?

Klar. Zunächst einmal könnten wir die Übersetzung einfach als weitere Spalten in der ursprünglichen Tabelle anfügen. Wie viele Sprachen möchten wir denn übersetzen? Vielleicht sagt Ihnen Ihre Fachseite: drei, niemals mehr. Dann könnten wir doch für die Beschreibung einfach weitere Spalten mit SPRACHE_1 und SPRACHE_2 einfügen und die Übersetzungen dort hineinstellen. Ich habe diesen Vorschlag tatsächlich in einem Blog unter dem Thema »Internationalisierung« gefunden! Aber natürlich ist diese Lösung blanker Unsinn: Ihr Unternehmen macht gute Fortschritte, im nächs-ten Jahr expandiert man nach Spanien, Griechenland und Italien, und schon haben Sie Ihr Problem. Mal ganz abgesehen von der Frage, wie Ihre SQL-Anweisungen eigentlich aussehen sollen, die in der Lage sind, eine ganze Anwendung in verschiedenen Sprachen zu betreiben.

Also, was noch? Ein Datenmodell finde ich persönlich ziemlich clever. Es funktioniert nur, wenn die Primärschlüssel Zahlen sind. Aber in diesem Zusammenhang gehen die Dinger wirklich gut. Sehen wir uns die Idee an einem Beispiel an. Wir möchten einfach nur die Tabelle DEPT übersetzen. In der Tabelle stehen englische Begriffe für die Namen der Abteilungen. Das möchten wir internationalisieren. Der Schlüssel der Tabelle ist eine Zahl. Um Ihnen zu zeigen, wie die Idee funktioniert, ändere ich die Spaltendefinition DEPTNO der Tabelle DEPT:

```
SQL> alter table dept
  2  modify (deptno number(4,2));
Tabelle wurde geändert.
```

Diese Anweisung erweitert die Tabelle DEPT so, dass ein Primärschlüssel nun auch zwei Nachkommastellen speichern kann. Die bestehenden Einträge werden nicht geändert.

```
SQL> select *
  2    from dept;
    DEPTNO DNAME          LOC
---------- -------------- -------------

        10 ACCOUNTING     NEW YORK
        20 RESEARCH       DALLAS
        30 SALES          CHICAGO
        40 OPERATIONS     BOSTON
```

Nun machen wir einfach folgenden Eintrag in die Tabelle:

```
SQL> insert into dept
  2  values (20.49, 'FORSCHUNG', 'DALLAS');
1 Zeile wurde erstellt.
```

```
SQL> insert into dept
  2  values (20.33, 'RECHERCHE', 'DALLAS');
1 Zeile wurde erstellt.
```

```
SQL> commit;
Transaktion mit COMMIT abgeschlossen.
```

Listing 27.3 Eintrag einer neuen Abteilung

Sie sehen, dass eine neue Zeile ohne Probleme eingefügt werden kann. Nur, was bringt uns das? Ich habe nicht ohne Grund gerade 0,49 zur Primärschlüsselinformation hinzugerechnet. Die Zahl 49 entspricht ja der deutschen internationalen Vorwahl, daher kann man sich das gut merken. Immer dann, wenn ich nun eine deutsche Übersetzung für meine Anwendung habe, addiere ich nämlich einfach diesen Wert zum Primärschlüssel hinzu und komme auf meinen übersetzten Wert. Wollen Sie mal sehen, wie die Abfrage funktioniert, die uns nun die deutsche Version zeigt? Na ja, dazu brauchen wir dann aber auch noch eine Fallback-Lösung, sollte ein übersetzter Wert nicht existieren. Beides geht in einer Abfrage:

```
SQL> select deptno, dname, loc
  2    from (select trunc(deptno) deptno, dname, loc,
  3                 rank() over (
  4                   partition by loc
  5                   order by deptno desc) rang
  6           from dept d
  7          where mod(deptno, 1) in (0, 0.49)))
  8   where rang = 1;

   DEPTNO DNAME          LOC
---------- -------------- -------------
       40 OPERATIONS     BOSTON
       30 SALES          CHICAGO
       20 FORSCHUNG      DALLAS
       10 ACCOUNTING     NEW YORK
```

Listing 27.4 Ein erster Versuch, die Tabelle als Übersetzung zu zeigen

Mit einer solchen Abfrage brauchen Sie nun nur noch die Zahl zu ändern, um verschiedene Übersetzungen zu erhalten. Ist eine Übersetzung nicht da, wird halt die Default-Sprache genutzt. Nun ist noch die Frage, was eigentlich mit den Primärschlüsseln ist? Die ändern sich natürlich nicht, denn referenziert wird nach wie vor die Zeile in der Originalübersetzung. Dann bliebe noch eine Frage, ob das Ganze denn nun langsamer ist? Ja und nein. Einerseits ist der Zugriff auf ein übersetztes Element möglich, wenn wir beim Join ebenfalls unsere Übersetzungszahl hinzuaddieren. Dann sollte aber eine große Sicherheit bestehen, dass dieses Element auch in einer übersetzten Fassung vorliegt. Wenn Sie dies voraussetzen können, ist dieser Weg sicher nicht schlecht. Müssen Sie aber immer über eine Rückfalllösung wie oben gehen, ist der Aufwand selbstverständlich höher. Den Gesamtaufwand können Sie natürlich reduzieren, wenn Sie die Tabelle ohnehin als übersetzte View anbieten. Dann sind die Optimierungen Teil der View, von »außen« merkt man nichts, alle Views zeigen sich entweder im deutschen oder englischen Gewand. Stellen wir uns hierfür folgende Strategie vor: Sie möchten alle Sprachen unterstützen, die auch Oracle unterstützt, und die View soll in der Sprache antworten, in der die Session eingestellt ist. Wir könnten unsere Tabelle LANGUAGES aufbohren, oder eine neue Tabelle erstellen, die etwa so aufgebaut ist:

```
SQL> create table languages as
  2  select value language_code, rownum * 0.01 language_id
  3    from v$nls_valid_values
  4   where parameter = 'LANGUAGE'
  5     and isdeprecated = 'FALSE';
Tabelle wurde erstellt.


SQL> update dept
  2     set deptno = trunc(deptno) +
  3                      (select language_id
  4                         from languages
  5                        where language_code = 'GERMAN')
  6   where mod(deptno, 1) = 0.49;
1 Zeile wurde aktualisiert.


SQL> commit;
Transaktion mit COMMIT abgeschlossen.
```

Listing 27.5 Erstellung einer Sprachtabelle

Nun haben wir eine Sprachtabelle, die hier – natürlich auf eine nicht zur Nachahmung empfohlene Weise – Sprachcodes für die verschiedenen Sprachen erzeugt. Sie sollten, wenn Sie das nachmachen, dafür Sorge tragen, dass die Sprachcodes pro Sprache konstant über die Zeit bleiben und nicht von Anzahl und Sortierung der Zeilen abhängen. Nun sieht unsere View, die unsere Abteilungen zeigt, so aus:

```
SQL> create or replace view get_language_id as
  2  select language_id
  3    from languages l
  4    join nls_session_parameters p
  5      on l.language_code = p.value
  6   where p.parameter = 'NLS_LANGUAGE';
View wurde erstellt.
```

Nun können wir die Übersetzung der Tabelle DEPT elegant hinter folgender View verbergen:

```
SQL> create or replace view dept_v as
  2  select deptno, dname, loc
  3    from (select trunc(deptno) deptno, dname, loc,
  4                 rank() over (partition by loc
```

```
5                              order by deptno desc) rang
6                 from dept d
7                 cross join get_language_id
8                 where mod(deptno, 1) in (0, language_id))
9    where rang = 1;
View wurde erstellt.
```

Listing 27.6 Umsetzung einer View, die sich selbstständig übersetzt

Ein kartesisches Produkt auf die View GET_LANGUAGE_ID? So schlimm ist das in diesem Fall nicht, denn durch die Abfrage auf LANGUAGES, die über die Sessionsprache filtert, kommt sicher nur eine Zeile zurück. Daher ist das kartesische Produkt hier nicht schlimm. Die analytische Funktion, die entscheidet, welche Übersetzung angezeigt werden soll, ist ebenfalls nicht teuer, denn auch hier werden maximal zwei Zeilen pro Begriff erwartet. Da ist dann die Sortierung nicht schwer. Testen wir doch einmal unseren Ansatz. Wir erwarten, dass Abteilung 20 sich nun je nach Sessioneinstellung in unterschiedlichen Sprachen präsentiert:

```
SQL> alter session set nls_language = 'FRENCH';
Session altered.

SQL> select *
  2     from dept_v
  3    where deptno = 20;
    DEPTNO DNAME            LOC
---------- -------------- -------------
        20 RECHERCHE        DALLAS

SQL> alter session set nls_language = 'GERMAN';
Session wurde geändert.

SQL> select *
  2     from dept_v
  3    where deptno = 20;
    DEPTNO DNAME            LOC
---------- -------------- -------------
        20 FORSCHUNG        DALLAS
```

Listing 27.7 Die übersetzende View in Aktion

Ein witziges Datenmodell reicht natürlich nicht aus, wir sollten auch die negative Seite dieses Ansatzes nicht vergessen. Etwas seltsam an diesem Ansatz ist, dass sozusagen eine Parallelwelt neben der eigentlichen referenziellen Integrität entsteht, denn die übersetzten Begriffe werden ja nie direkt referenziert (zumindest sollte das so sein!). Diese Parallelwelt mag den ein oder anderen stören. Dabei ist sicher ein Problem, dass sich die Datenmenge dann stark erhöht, wenn eine Zeile viele Attribute, aber nur einen zu übersetzenden Begriff enthält, denn diese Zeile wird komplett kopiert, nur um einen einzigen Begriff zu ändern. Für hochperformante Anwendungen ist wahrscheinlich der Trick auch nicht recht interessant. In all diesen Fällen hilft vielleicht dann doch eher die zentrale Übersetzungstabelle, die eigentlich auch einen gewissen Standard in der Datenmodellierung darstellt.

Wenn ich das richtig überblicke, wird dieses Datenmodell im Übrigen bei *APEX* (*Application Express*, eine Programmierumgebung von Oracle zur Erstellung webbasierter Anwendungen) verwendet, und zwar immer dann, wenn eine Anwendung in mehreren Sprachversionen vorliegen soll. Die Anwendungselemente werden bei APEX in Datenbanktabellen abgelegt, und daraus werden die Anwendungen letztlich erzeugt. Wenn nun eine Anwendung in mehrere Sprachen übersetzt werden soll, kopiert APEX einfach alle Anwendungselemente und legt sie mit dem oben beschriebenen Verfahren neu an. Nun werden die kopierten Anwendungselemente übersetzt und anschließend von der Anwendung nach einem ganz ähnlichen Verfahren wie unsere übersetzende View ausgewählt und für die Anzeige genutzt.

27

Index

K

L

M

J

Q

R

1294 S., 5. Auflage 2012, 59,90 Euro
ISBN 978-3-8362-1944-0
www.galileocomputing.de/3153

Dirk Mertins, Jörg Neumann, Andreas Kühnel

SQL Server 2012

Das Programmierhandbuch

Vom ersten Datenbankentwurf und den SQL-Grundlagen, der Migration von SQL Server 2008 oder SQL Server 2005 bis hin zu den neuen Features und konkreten Programmierbeispielen beschreiben die Autoren alles, um den SQL Server 2012 als Programmierplattform und Datenmanagement-Server zu nutzen. Inkl. ADO.NET Entity Framework

ca. 650 S., 2. Auflage, mit CD, 29,90 Euro
ISBN 978-3-8362-1938-9, Januar 2013
www.galileocomputing.de/3142

Daniel Caesar, Michael R. Friebel

Schnelleinstieg Microsoft SQL Server 2012

Für Administratoren und Entwickler

Ob Sie Microsoft SQL Server 2012 administrieren oder sichere Anwendungen dafür entwickeln wollen: Mit diesem Einstieg beherrschen Sie schnell zentrale Themen wie Serversicherheit, Hochverfügbarkeit und Skalierbarkeit oder wichtige Grundlagen in T-SQL, Powershell und Scripting.

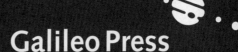

- Installation, Konfiguration, Administration, Programmierung

- Skalierung, Hochverfügbarkeit und Performance-Tuning

- Wichtige Tools wie »mysqladmin«, zahlreiche Praxistipps und umfassende Befehlsreferenz

Stefan Pröll, Eva Zangerle, Wolfgang Gassler

MySQL

Das Handbuch für Administratoren

Wie Sie als Administrator MySQL installieren, konfigurieren und in der Praxis verwalten, erfahren Sie hier. Von Performance- und Abfrageoptimierung über Zusatz-Tools bis hin zu Sicherheit werden alle wichtigen Themen erläutert. Inkl. umfassender Befehlsreferenz zum Nachschlagen und großer Beispieldatenbank auf DVD.

750 S., 2011, mit DVD, 49,90 Euro
ISBN 978-3-8362-1715-6
www.galileocomputing.de/2533

»Mit knapp 700 Seiten kann das Fachbuch als Kompendium für MySQL betrachtet werden.« der webdesigner